国家出版基金项目
NATIONAL PUBLICATION FOUNDATION

郑天挺 著

常建华等 整理

郑天挺

清史讲义

上册

中华书局

图书在版编目(CIP)数据

郑天挺清史讲义/郑天挺著;常建华等整理. —北京:中华书局,2021.8
ISBN 978-7-101-15155-8

Ⅰ.郑…　Ⅱ.①郑…②常…　Ⅲ.中国历史-研究-清代
Ⅳ.K249.07

中国版本图书馆 CIP 数据核字(2021)第 062615 号

书　　名	郑天挺清史讲义(全三册)
著　　者	郑天挺
整 理 者	常建华等
责任编辑	葛洪春
出版发行	中华书局
	(北京市丰台区太平桥西里 38 号　100073)
	http://www.zhbc.com.cn
	E-mail:zhbc@zhbc.com.cn
印　　刷	北京瑞古冠中印刷厂
版　　次	2021 年 8 月北京第 1 版
	2021 年 8 月北京第 1 次印刷
规　　格	开本/710×1000 毫米　1/16
	印张 76½　插页 6　字数 1300 千字
印　　数	1-3000 册
国际书号	ISBN 978-7-101-15155-8
定　　价	268.00 元

目录

探微技艺精　宏论卓识高

整理说明

一、《郑天挺清史讲义》是根据郑天挺教授 20 世纪 30—70 年代在北京大学历史学系、西南联合大学历史学系、南开大学历史学系开设"明清史"、"清史研究"、"中国近代史"等课程,举办"明清史讲座"、"清史专题"所用的授课讲义大纲、卡片整理而成的。

二、郑先生的明清史课保留了大纲,部分卡片按照这个大纲排列;更多的卡片按照清史专题排列保存,因此我们决定兼顾"明清史"大纲,按照专题编排讲义。特别是将"中国近代史"列为专题之一,使得这部清史讲义成为"全清史"。新编的清史专题尽量保存原有卡片分类与顺序,同时将相关专题的资料移入,以使问题集中、资料完整。

三、为了读者得窥郑先生遗存清史卡片的原貌,便于利用、研究,我们将原卡片分类编号,呈现出原来的排列顺序,作为附录。列入附录的还有清代以外的读书卡片、教学大纲与讲义、理论学习摘录、综合性的清史专题卡片。

四、原存清史卡片正中为标题,左上角为分类标识,一般分为三级。第一级为事、人、制、书等,第二级为清(或明),第三级为政、财、经、军、文、外、民、社、俗、学、史。也有兼跨两小类的,如"事、清、政、军"兼有政治、军事两项,"事、清、政、制"兼有政治、制度两项,"事、清、政、文"兼有政治、文化两项。还有兼顾两个时代的,如"事、明、清、政"兼顾明朝与清朝。我们在附录的卡片目次中保留这些分类标识,讲义正文不再重出。原卡片同一标题下一张以上卡片标出卡片数量,附录的卡片目次中亦保留,正文则将其合并为一。原卡片多在最后标有写作时间,1949 年之前为民国纪年,我们统一改为公元纪年。

五、郑先生所见文献版本与今天通行之本多有不同,且摘录文字常依己意简括或重述,此类情况,均从原貌,所标注版本、页码也一仍其旧。遇有明显错字、讹字,径改不出校。文中的着重号、下划线、问号等标识,予以保留。文中括号内的文字,为郑先生所加之注释,亦有移入的"旁注"。郑先生的案语和评述性文字,酌情以仿宋体标出。卡片中无法辨识的文字,以"□"表示。整理者所作之校记、按语,主要以页下注出现。

六、《郑天挺清史讲义》整理工作由南开大学常建华教授主要利用"明清史料精读"课程,同听课的博士生、硕士生共同完成,参加的同学有刘畅、王月、董琳、丁强、陈小梅、张德安、范喜茹、赵永翔、孙宜强、杜水莲、王丽亚以及旁听课程的本科生史志强诸位。此外,南开大学博士生段晓亮也参加了部分整理工作。我们的工作是将打印文档同卡片核对文字,再尽可能核对原书,先由同学核对,常建华进行部分复核并校定全稿,最后由研究生邢书航通校全稿。

本书的整理出版得到郑克晟先生、冯尔康先生的支持、鼓励,孙卫国教授、封越健研究员拍摄卡片照片、将卡片目次打字,王昊副教授将卡片照片打印出纸质本,使得整理工作顺利进行,中华书局俞国林编审在出版方面给予帮助,谨在此一并致以诚挚的谢意!

2019 年 4 月 15 日

一、清史资料

1.《清史稿》

《清史稿》五百二十九卷,目录五卷,共五百三十四卷。民国赵尔巽等编。

纪十二(共二十五卷)

　　　　14卷　5　9　28　12　8　4　8　6　6　4

志十六:　天文、灾异、时宪、地理、礼、乐、舆服、选举、职官、食货、河渠、

　　　　12　3　4　4　8

　　　　兵、刑法、艺文、交通、邦交(共一百三十五卷)

　　　　5　1　1　6　3　2　2　19

表十:　皇子、公主、外戚、诸臣封爵、藩部、大学士、军机大臣、部院大臣、

　　　　12　2

　　　　疆臣、交聘(共五十三卷)

　　　　1　7　　4　4　3　10　3　2　4

传十五:后妃、诸王、诸臣、循吏、儒林、文苑、忠义、孝义、遗逸、艺术、

　　　　2　4　6　8　4

　　　　畴人、列女、土司、藩部、属国(共三百十六卷)

《清史稿》《土司传》六卷　湖广、四川、云南、贵州、广西、甘肃,各一卷。

　　　《藩部传》八卷　如科尔沁、杜尔伯特、土默特、青海额噜特、西藏之类是也。

　　　《属国传》四卷　如朝鲜、琉球、越南之类是也。

　　　外国人《邦交志》。

2.《清史稿》之修成

清史馆设于民国三年甲寅——见金梁《清史稿校刻记》。

《清史稿》印行于民国十六年丁卯——见赵尔巽《清史稿发刊缀言》。

历时十四年。

金梁《清史稿校刻记》(《清史稿》卷首):"甲寅年(民国三年)始设清史馆,以赵公尔巽为馆长。……庚申(九年),初稿略备,(凡历七年)始排比复辑。丙寅(十五年)秋,重加修正。自开馆至是,已岁纪一周,其难其慎,盖犹未敢为定稿也。丁卯(十六年)夏袁君金铠创刊稿待正之议,赵公韪之,即请袁君总理发刊事宜,而以梁任校刻,期一年竣事。……是秋赵公去世,柯君兼代馆长,一仍旧贯,岁暮校印过半,乃先发行,至今夏(十七年戊辰)全书告成。"(戊辰端阳作)

"乃稿实未齐,且待修正,只可随修随刻,不复有整理之暇矣。"

3.《清史稿》取材

金梁《清史稿校刻记》:"……其取材则以实录为主,兼采国史旧志及本传,而参以各种记载,与夫征访所得,务求传信,不尚文饰焉。"

4.《清史稿》纂修时初拟从删篇目

《清史稿》纂修时初拟从删及改定之篇目(据金梁《清史稿校刻记》)

纪:"宣统纪初拟为今上本纪,后改定。"

志:"初拟有国语、氏族、外教三志,皆删。"

表:"初以大学士与军机合称宰辅,后改。"

传:"初拟有明遗臣、卓行、货殖、客卿、叛臣诸目,皆删并。"

5.《清史稿》纂修姓氏

清史馆职名(见《清史稿》卷首):

馆长	赵尔巽				
兼代馆长总纂	柯劭忞				
总阅	于式枚				
总纂	王树枏	郭曾炘	李家驹	缪荃孙	吴士鉴	吴廷燮
	马其昶	夏孙桐	秦树声	金兆蕃(十人)		
纂修	邓邦述	章钰	王大钧	袁励准	万本端	陶葆廉
	王式通	顾瑗	杨钟羲	简朝亮	张采田	何葆麟

　　　　陈曾则　　姚永朴　　夏曾佑　　唐恩溥　　袁克文　　金兆丰(十八人)

协修　　五十七人

提调　　五人

校勘　　五人

收掌　　五人

总理发刊事宜总阅　　袁金铠

办理校刻事宜总阅　　金　梁

6.《清史稿》纂修人手

　　金梁《清史稿校刻记》:"丁卯夏(民国十六年)袁君金铠创刊稿待正之议,赵公题之,……是时留馆者仅十余人,于是公推以柯君劭忞总纪稿,王君树枏总志稿,吴君廷燮总表稿,夏君孙桐、金君兆蕃分总传稿,而由袁君与梁校阅付刊。"

本纪　　太祖　　邓邦述、金兆蕃原稿　　奭良复辑　　柯劭忞删正

　　　　太宗　　邓邦述、金兆蕃原稿　　柯劭忞删正

　　　　世祖　　邓邦述、金兆蕃原稿　　柯劭忞删正

　　　　圣祖　　邓邦述、金兆蕃原稿　　奭良复辑　　柯劭忞删正

　　　　世宗　　邓邦述、金兆蕃原稿　　奭良复辑　　柯劭忞删正

　　　　高宗　　吴廷燮原稿　　柯劭忞删正

　　　　仁宗　　吴廷燮原稿　　奭良复辑　　柯劭忞删正

　　　　宣宗　　吴廷燮原稿　　柯劭忞删正

　　　　文宗　　吴廷燮原稿　　奭良复辑　　柯劭忞删正

　　　　穆宗　　吴廷燮原稿　　李哲明复辑　　柯劭忞删正

　　　　德宗　　瑞洵原稿　　李哲明复辑　　柯劭忞删正

　　　　宣统　　瑞洵原稿　　奭良复辑　　柯劭忞删正

　志　　天文　　柯劭忞原稿

　　　　时宪　　柯劭忞原稿

　　　　灾异　　柯劭忞原稿

　　　　地理　　秦树声原稿　　王树枏复辑

　　　　礼　　　张书云、王大钧、万本端分稿　　金兆丰复辑

　　　　职官　　金兆丰、骆成昌、李景濂、徐鸿宝分稿　　金兆丰复辑

　　　　乐　　　张采田原稿

　　　　舆服　　何葆麟原稿

　　　　选举　　张启后、朱希祖、袁励准分稿　张书云复辑

　　　　食货　　姚永朴、李岳瑞、李哲明、吴怀清分稿　吴怀清复辑

　　　　河渠　　何葆麟等原稿　吴怀清复辑

　　　　交通　　罗惇曧等分稿　吴怀清复辑

　　　　兵　　　俞陛云、秦望澜、田应璜、袁克文分稿　俞陛云复辑

　　　　刑法　　王式通等分辑　后用许受衡稿

　　　　艺文　　章钰、吴士鉴原稿　朱师辙复辑

　　　　邦交　　李家驹、吴广霈、刘树屏分稿　戴锡章复辑

　　表　诸王　　吴士鉴原稿

　　　　公主　　吴士鉴原稿

　　　　外戚　　吴士鉴原稿

　　　　诸臣封爵　刘师培原稿

　　　　军机大臣　唐邦治原稿

　　　　其余诸表　吴廷燮原稿

　　传　后妃　　邓邦述、奭良、金兆蕃原稿　金兆蕃复辑

　　　　诸王　　邓邦述、奭良、金兆蕃原稿　金兆蕃复辑

　　　　开国至乾隆诸臣　在馆诸人分纂　金兆蕃复辑

　　　　嘉道咸同诸臣　在馆诸人分纂　夏孙桐复辑

　　　　光宣诸臣　在馆诸人分纂　马其昶、金兆丰复辑　金梁补辑

　　　　循吏　　在馆诸人分纂　夏孙桐复辑

　　　　艺术　　在馆诸人分纂　夏孙桐复辑

　　　　儒林　　缪荃孙原稿　金梁重补辑

　　　　文苑　　马其昶原稿　金梁重补辑

　　　　畴人　　陈年原稿　柯劭忞复辑

　　　　忠义　　章钰复辑

　　　　孝义　　金兆蕃复辑

　　　　列女　　金兆蕃复辑

　　　　遗逸　　王树枬、缪荃孙原稿　金梁复辑

　　　　土司　　缪荃孙原稿

　　　　藩部蒙古　吴廷燮原稿

潘部西藏　吴燕绍原稿

属国　韩朴存原稿

以上皆据金梁《清史稿校刻记》。

1939.10.26

7.《清史稿》之批评

《清史稿》之可议者(孟心史《清史讲义》)：

《宣统纪》应称《逊帝纪》。

《灾异》即《五行志》，太简略且无必要。

《时宪志》即《历志》，避高宗讳而以清代历法之名为称，不当。

《时宪志》列八线表太繁且人人所知，应删。

《艺文志》疏漏久为目录家诟病。

《畴人传》前史所无，亦无必要，可并入《儒林》。

优点：

《交通》(电报、铁路、邮政)、《邦交》二志，以时政之重要列为专志。

《部院大臣》列至侍郎有特识，用意周密。

《疆臣表》亦有特识，中叶以后实有外重之渐。

《交聘》与《邦交志》相应。

1939.10.26

8.《清史稿》的私改

私改指《清史稿》出版后，金梁自行改动之处。影印本悉照私改本付印，此于金梁底本可以看出。底本现藏余处。

纪　　仍旧

志　《时宪志》　删第十、十一、十二、十三、十四、十五、十六共七卷

表　　仍旧

传二百三十八，《刘含芳传》附陈黉举，已列于目而未附。余于底本散页，见金梁私造《陈传》附于《刘传》之后，并将《刘传》删减成十六行(原十七行)，其下紧接《陈传》，凡十五行，列为"五页"。其后接《游智开传》，列为"又五页"。六页以后仍旧。但此散页并未发行。今《光宣列传》(1934 金梁

印行)将《陈传》改于卷末,标为十页,并加小注,文句与散页亦不同。缩印本与馆印本同。

传二百五十六,原《赵尔丰传》甚长,占三页(三至六页),金删节成十五行(原六十七行),改标"三四五"合页。缩印本与馆印本同。

传二百六十,原《张勋传》附张彪,金改本删张彪(自二页末行起删十一行),《康有为传》改本删末一句,余皆同。缩印本与改本同,但传末杂入他卷。

《文苑传》二,金于严长明后加朱筠、翁方纲二传,列为"又十二页"。

联合书店缩印本《清史稿》(1942出版),列传二百六十《张康传》用金改本(即影印本),但卷末杂有传外文七行(在《张康传》"论曰"之后),其前四行即馆印本传二百五十九《沈曾植传》"设存古[学堂……著有《海日楼文诗集》]"一段。后三行为新撰传论,文曰:"乃宣、曾植皆学有远识,本其所学,使获竟其所施,其治绩当更有远到者。乃朝局迁移,挂冠神武,虽皆侨居海滨,而平居故国之思,无时敢或忘者。卒至憔悴忧伤,赍志以没。悲夫!"这一段传论是改馆印本二百五十九卷传论后半而成。这或者就是金梁所谓关内本"列传第二百六十卷张康合传竟删去,而以前卷割而为二,以充卷数"(《清史例案叙》)的那一问题。我们现在看这个问题,主要在是谁改的。金自言"至今夏(1928)全书告成"(《校刻记》),又言"以梁任校刻"、"随修随刻"(《校刻记》),则当时终其事者实即金梁一人,而编成即印成之时,其间没有旁人强改的时间。金又言"幸携奉所发者尚在其先,皆照原刻",则当时确已印出、装订并流通。当即出之时,正张作霖遁逃,遇炸,南军入城之时,人心惶惶,非主其事而心怀危疑者谁。

1955.3.3—4

9. 实录

清历朝实录

清历朝所修,虽其间时有修改,要为清代重要之史籍,《清史稿》、《东华录》皆据之修成。

精缮本,故宫博物院文献馆藏一部,存大高殿。沈阳故宫藏一部。"满洲国"国务院印本,民国二十八年夏闻之袁守和"满洲国"据沈阳藏本印出行世(铅印影印未详),河内博物院有之。其中有关对日交涉者大都空白未印。

10. 清史有纪表

《清会典事例》卷一〇五一《翰林院·职掌》:"(嘉庆八年奉旨)向来史书皆有本纪,以为弁冕。我朝列圣相承,均经国史馆恭修本纪,敬谨存藏。伏念皇考高宗纯皇帝圣德神功,登三咸五,业于四年春特命纂修实录,自应恭修本纪,以垂史册。着国史馆总裁派提调等督率编纂,随时进呈。务于实录告成后,陆续办竣。至国史馆尊藏五朝本纪尚未装潢成帙,亦着该馆将原本分函装修谨贮,并着另缮一分进呈,以昭慎重。"

11.《东华录》

《东华录》

蒋良骐修,自天命至雍正	三十二卷
王先谦修,自天命至同治,十朝	四百二十五卷
均据《清实录》。	
潘颐福《东华续录》(咸丰朝)	六十九卷
朱寿朋《光绪东华录》	二百二十卷

12. 清国史纂修列传

《清会典事例》卷一千四十九《翰林院·职掌》:"(乾隆三十年谕)……着将国初以来满汉大臣已有列传者,通行检阅核实,增删考正。其未经列入之文武大臣,内而卿贰以上,外而将军、督抚、提督以上,并宜综其生平实迹,各为列传。均恭照实录所载及内阁红本所藏,据实排纂,庶几淑慝昭然,传示来兹,可存法戒。"

又命国史立表。

13.《明元清系通纪》

《明元清系通纪》　已印行十五册　孟森撰

此书旧称《清朝前纪》(商务出版),后又作《满洲开国史》(北大有讲义),此书盖整理补充后所改作。

孟氏自记："今以明代之纪元,叙清代之世系,成一编年之文,一览了然,既为《明史》所削而不存,又为《清史》所讳而不著,则此一编正为明清两史补其共同之缺也。"

14.《满洲源流考》

《满洲源流考》　官书　二十卷　乾隆四十二年阿桂奉敕撰
述满洲开国　地理类

15.《开国方略》

《四库简明目录·史部·编年类》："《开国方略》三十二卷,乾隆三十八年奉敕撰。洪惟列圣龙兴,肇基东土……鸿纲巨目,编年纪载,开创洪猷,炳炳麟麟,与日月齐耀焉。"

16. 平定台湾

《平台纪略》一卷,清蓝鼎元撰。《四库简明目录》曰:"纪康熙辛丑(1721,六十年)平定台湾逆寇朱一贵始末。起是年四月迄雍正元年(1723)四月,鼎元时在其兄总兵官廷珍军中,故见闻最悉。"

17. 平定苏四十三

《兰州纪略》。《四库简明目录·史部·纪事本末类》曰:"乾隆四十六年(1781)奉敕撰。记戡定逆番苏四十三始末。苏四十三倡立新教于循化,啸聚贼党于河州,其尽歼无遗则在兰州龙尾山也。"

18. 平定准噶尔

《平定准噶尔方略》前编五十四卷,正编八十五卷,续编三十三卷。《四库简明目录·史部·纪事本末类》:"乾隆三十七年(1772)奉敕撰,记开辟西域始末。……前编述圣祖以来挞伐之事,正编述扫荡伊犁,俘达瓦齐及削平阿睦尔撒纳,歼戤波罗尼部霍集占之事,续编述一切善后之事。"

19. 平定朔漠

《亲征平定朔漠方略》四十八卷。《四库简明目录》:"康熙三十五年(1696)二月以噶尔丹数为边患,亲统六师往征,逆党溃遁,是年九月再幸塞北,降其所属诸部,明年(1697)二月又亲征之,噶尔丹败亡,朔漠悉平。诏大学士温达等纪其始末为此编,康熙四十七年(1708)告成。"

20. 平定金川

《平定金川方略》三十三卷。《四库简明目录》:"乾隆十三年(1748)奉敕撰。记讨定大金川始末,起于九姓之构衅,讫于郎卡之归命。"

21. 戡定山东

《临清纪略》十六卷。《四库简明目录·史部·纪事本末类》曰:"乾隆三十九年(1774)奉敕撰。记戡定山东逆寇王伦始末。王伦倡乱于寿张而伏诛于临清,故以临清纪略为名。"

22. 平定两金川

《平定两金川方略》一百五十二卷。《四库简明目录·史部·纪事本末类》:"乾隆四十一年(1776)奉敕撰。述歼除小金川逆酋僧格桑、大金川逆酋索诺木事。"

23. 清代实录

清代实录	纂修	重修	校定
《太祖实录》十三卷	天聪元年 1627	康熙二十一年 1682	雍正十二年 1734

《太宗实录》六十八卷	顺治九年 1652	康熙十二年 1673	雍正十二年 1734
《世祖实录》一百四十七卷	康熙六年 1667		雍正十二年 1734
《圣祖实录》三百三卷	康熙六十一年 1722		
《世宗实录》一百五十九卷	雍正十三年 1735		
《高宗实录》一千五百卷	嘉庆四年 1799		
《仁宗实录》三百七十四卷	道光四年 1824		
《宣宗实录》四百七十六卷	咸丰二年 1852		
《文宗实录》三百五十六卷	同治元年 1862		
《穆宗实录》三百七十四卷	光绪五年 1879		
《德宗实录》五百六十一卷	宣统亡后		

以上据《清史稿·艺文志二》

《宣统政纪》七十卷　亡后修　述至宣统三年十二月

1955.2.24

24.《满洲实录》

《满洲实录》八卷，订八册。满汉蒙三体文。伪满国务院影印。前见某人论文谓此书印本凡三，待考。

今西春秋（满和对译）《满洲实录》一册，390 页，昭和十三年（西 1938）日满文化协会铅印本。

1947.10.1

25. 政书

《清会典》一百卷,乾隆二十六年(1761)奉敕撰。初修于康熙三十三年(1694),再修于雍正五年(1727),一切大经大法无不胪载。

《大清会典》五修:

康熙二十五年修　二百五十卷　自崇德元年迄康熙二十五年

雍正五年修　　　二百五十卷　自康熙二十六年迄雍正五年

乾隆二十六年修　一百卷,《则例》一百八十卷

嘉庆二十三年修　八十卷,《图》一百三十卷,《事例》九百二十卷

光绪二十五年修　一百卷,《图》二百七十卷,《事例》一千二百二十卷

《八旗通志初集》二百五十卷,雍正五年(1727)奉敕撰,乾隆四年(1739)告成。以兵制为根柢,而一切典章、爵秩、人物、艺文皆条分胪载。《四库》入"史部·政书类·军政"之属。

《大清则例》一百八十卷,乾隆二十六年(1761)与《会典》同修。《四库简明目录》云:"观于《会典》可知法守之常经,参以《则例》可知变通之大用,互相经纬,而百余年之因革损益源委灿如。"

《大清通礼》四十卷,乾隆元年(1736)奉敕撰。二十一年(1756)告成。

《皇朝文献通考》二百六十六卷,乾隆十二年(1747)奉敕撰。于马氏二十四门旧目外分立群庙考一门。

《皇朝通志》二百卷,乾隆三十二年(1767)奉敕撰。一仍郑樵原书。

26. 清代史籍

《清史稿·艺文志二》

纪事本末类:

《皇朝武功纪盛》　赵翼　四卷

《圣武记》十四卷　魏源

《平定罗刹方略》四卷　不著撰人

《平定粤匪纪略》十卷《附记》四卷　杜文澜

《湘军志》十六卷　王闿运

《湘军记》二十卷　王定安

《平浙纪略》十六卷　秦缃业、陈钟英

《吴中平寇记》八卷　钱勖

《淮军平捻记》十二卷　周世澄

《豫军纪略》十二卷　尹耕云

《山东军兴纪略》二十二卷　不著撰人

《霆军纪略》十六卷　陈昌

《平定关陇纪略》十三卷　易孔昭、胡孚骏

《粤东剿匪纪略》五卷　陈坤

《平回志》八卷　杨毓秀

《剿定新疆记》八卷　魏光焘

《浙东筹防录》四卷　薛福成

《国朝柔远记》十八卷　王之春

《中西纪事》二十四卷　夏燮

诏令奏议类①

1955.2.24

27. 近人著作

近人著作一（以日人著作为蓝本，新派）：

《清朝全史》　日本稻叶君山著　中华书局有译本

《清代通史》　萧一山　商务出版

《清史讲义》　汪荣宝

近人著作二（旧派）：

《清史纲要》　吴增祺　商务

《清史要略》　陈怀　北大

———————

① 编者注：原卡片有类无书目。

28. 传记

《清史列传》　中华书局排印本
《国朝先正事略》
《清儒学案》
《碑传集》
《续碑传集》
《碑传集补》　闵尔昌

29. 传记引得

《三十三种清代传记综合引得》　燕京哈佛社

30. 老档

《满洲老档》　二十六套,一百八十册。沈阳故宫崇谟阁藏。

金梁(汉文)译《满洲老档》　一百卷,三十册。抄本。中央研究院历史语言研究所藏。自天命迄崇德,即上书之汉译本。

金梁《满洲老档秘录》　上下两编,订二册。金氏铅印本。即上书之节本。

金梁《满洲秘档》　一册。铅印本。即上书之再版改订本。

藤冈胜二(日文)译《满文老档》　三册。稿本影印。上册天命,1—888页;中册天聪,889—1441 页,下册崇德 1443—1757 页。日本昭和十四年(1939)岩波书店印行。

1947.10.1

31. 建国史料

满洲老档　未入关前之满文档案,存奉天清宫,金梁有摘译本。未经删改之史料。

32. 分辑

《清开国史料》六卷　谢国桢　北平图书馆
《清代文字狱档》　　　　　　故宫
《清代外文史料》　　　　　　故宫
《中日交涉史料》　　　　　　故宫
《三朝夷务始末》道咸同　　　故宫
《清三藩史料》　　　　　　　故宫
《太平天国史料》　　　　　　北大

33. 清史资料

研究明清史有一个优越条件,就是资料多。

两朝实录基本完整,文集多,方志多,笔记多,官修书籍多。

但问题亦在此。如何甄用?

我们要"详细地占有材料"(《毛选》822 第一版),而又"不是甲、乙、丙、丁的现象罗列"(822),我们要"尊重自己的历史"(679),而又"不能无批判地兼收并蓄",这就是必须有分析,有选择,有批判。

我们认识客观事物,需要有一个反复实践的过程,在收集史料也一样,必须反复的分析、选择。不能走马看花,不能东张西望,不能道听途说,更不能搜集一些表面的、片面的个别材料为自己主观设想辩护。而要深入地、广泛地用马克思主义进行调查研究,取得系统的、基础的知识。

资产阶级学者,喜欢用稀见的、冷僻的历史资料,以炫渊博,我们反对只是这样作,我们不排斥从最常见的史料中用马克思主义观点、立场、方法进行具体分析,引出固有的结论。

34. 编年史

实录是大事日志,是资料长编,无疑是史料价值很高的。

但是它是以帝王为中心的,非帝王言行闻见不录。

它是以起居注、发抄题本,后期以折包为依据的。明发者录,秘件不录,日期问题参差,经过不明。

它是以封建政治礼法为主的,祭祀、朝见,无关。

35. 清代编年史

《清历朝实录》

《清历朝实录总目》

《清太祖实录稿本》三种

《清太祖武皇帝实录》四卷

《东华录》三十二卷　蒋良骐　通行本八卷

《东华录》　王先谦　天命 4 卷　天聪 11　崇德 8　顺治 36　康熙 110 雍正 26　乾隆 120　嘉庆 50　道光 60　咸丰 69　同治 100

乾隆以下称《东华续录》,合前称《十一朝东华录》,又称《东华全录》。

《光绪朝东华续录》二百二卷　朱寿朋　宣统元年上海铅印

《东华录缀言》六卷　奕赓　《佳梦轩丛著》

《清太宗日录残卷》　《史料丛刊初编》

《清圣祖起居注》　仝上

《清圣祖起居注残稿》　仝上

《清鉴纲目》十六卷　印鸾章　1936 年世界书局

《清史纲要》十四卷　1913 年商务印书馆编译所编印

《清鉴辑览》二十八卷　1918 年文明书局编印

《清史揽要》四卷　日本增田贡　1902 年上海书局石印　叙至同治十三年止

36. 清代传记

《(清)国史列传》八十卷　《六经堪丛书》二集

《清史列传》八十卷　中华书局 1929 年铅印

《国朝满汉名臣传》八十卷　满四十八卷汉三十二卷　菊花书屋刻巾箱本

《碑传集》一百六十四卷　钱仪吉　天命迄嘉庆　浙江局本

《续碑传集》八十六卷　缪荃孙　道光迄光绪　江宁局本

《碑传集补编》十四卷　缪荃孙　补乾嘉诸人　未刊

《碑传集补》六十卷卷末一卷　民国闵尔昌　燕京大学铅印本　卷末为民国时人

《耆献类征初编》七百二十卷　清李垣　光绪刻本

《闺媛类征》十二卷　清李垣　光绪刻本

《耆献类征续编》五百五十卷　李垣　未刊

《近代名人小传》二卷《当代名人小传》二卷　费行简　民国上海崇文书局铅印　费行简为王闿运弟子,曾参奎俊幕。

《从政观法录》三十卷　朱方增　道光刻本　从《国史列传》删录

《文献征存录》十卷　钱林　咸丰刻本　专录文人儒者

《国史儒林文苑传稿》　阮元　黄氏《知足斋丛书》

《国朝先正事略》六十卷　李元度

《中兴将帅别传》三十卷《续编》六卷　朱孔彰　坊刻易名《续先正事略》

《钦定八旗满洲氏族通谱》八十卷　乾隆九年纂

《昭代名人尺牍小传》二十四卷　吴修　《碧琅玕轩丛书》(黄任恒)

《清(国)朝汉学师承记》八卷　江藩　《粤雅堂丛书》二编　《丛书集成》

《清朝宗学渊源记》二卷　江藩　《粤雅堂丛书》二编　《丛书集成》

《清儒学案》　徐世昌　刻本

37.《碑传集》

《碑传集》一百六十四卷,钱仪吉纂录,黄彭年编定,诸可宝校刊,光绪十九年浙江书局雕板印行。

前有钱仪吉《自序》,题道光六年;诸可宝《校刊记》,题光绪十九年;沈登善书札,题光绪二十年甲午;诸可宝识沈登善书后。总目后有钱仪吉《后序》。

钱仪吉《后序》:"嘉庆二十一年,江西漕项奏销册达户部,列其目有里民津贴银米者,按部例无有,谓外吏之私征也,严诘之三,……会予再莅云南司,检旧牍,见乾隆季年报部册固有之,绵历数十年未当驳诘,疑必有故。……时道光三年也。后数年读李穆堂侍郎所为《郎温勤公墓志》,其事乃大明白。……(中叙其案经过)……又以见旧章之当博考,而文字之益为无穷也。久之读《八旗通志》范承勋、郎廷极传,言之益详。……"

　　私家传志不讳恩怨,而回护惭德,相互对照,反而可见真象。如姚启圣传碑,极言施琅攘功事,而施琅墓志、逸事一无所及,则攘功必确;又如康熙时党争于徐氏、王氏、高氏、许氏、郭氏,诸传可以得其背后内幕。

　　诸可宝《校刊记》:"此一部为类二十有五,……统一千六百八十余人,列女又三百三十余人,采文五百六十余家,……近今湘阴李氏有《国朝耆献类征》初编四百十六卷之刻,搜罗别集止三百余家,而史馆列传居太半,视先生书……相去又不待论。"

1963.9.24

38.《清史稿》印行先后

　　《清史稿》　《史稿》的纂修……印行所谓关外本　关内、关外两本异同《史稿》的禁锢　今天的看法

　　《清史稿》五百三十六卷　纪二十五卷　志一百四十二卷　表五十三卷传三百十六卷　分订一百三十本,目录一本。

　　民国三年(1914)设馆　民国十六年(1927)全稿略具(此句朱师辙文)(79)　凡十四年。

　　民国十六年(1927)十二月发行五十册　纪7　乐志2　舆服志1　职官志2　河渠志1　刑法志、交通志1　皇子世表4　大学士年表1　军机大臣年表1　疆臣年表11　藩部世表3　列传12—87,127—179,共17册

　　天案,细数较总数多一册。

　　民国十七年(1928)五月续印出八十一册　目录1　天文志1　灾异志2时宪志6　地理志5　礼志2　选举志2　食货志2　兵志3　艺文志2　邦交志2　公主及外戚表1　诸臣封爵表4　部院大臣表4　交聘表1　列传1—11,88—126,180—262,共二十一本　循吏传1　儒林传3　文苑传1　畴人传1　忠义传3　孝义传3　遗逸及艺术传1　列女传2　土司传1　藩部传3　属国传2

　　天案,细数较总数少一册。

　　以上傅振伦《〈清史稿〉评论上》见《清史述闻》301—302页。

最初史馆印一千一百部,每部一百三十本,目录一本,预约每部一百元。第一次印成五十本,二次印成三十本,预约取得最多者仅八十本,其余五十一本陆续出版。

金梁运出关外四百部(全)。见《述闻》430页。

以上朱师辙文,《清史述闻》431页。又428页容庚文,言燕京大学图书馆藏本为八十册。

39.《清史稿》的关内与关外本

朱师辙(少滨)《清史述闻》(1955年撰印)卷五《窜改更正第九》"《清史稿》关内本与关外本"条:"至民国十七年(1928),国民政府北伐方亟,馆中赶印《史稿》,代馆长(柯劭忞)及编纂诸人益无暇问馆事。金梁乃乘时局纷扰之际,恣其伎俩,偷将各人之稿增改,复将卷首职名任意开列,又私作《校刻记》,窃称总阅,俱未呈明馆长核准,任意发刊,皆无人知之。及北伐告成,书方印竣,金梁方自得意,以为稿印就,时局如此,史馆即结束,纵将来发现偷改,木已成舟,谁人能再更改。且关外(原注:东三省)预约四百部,未呈馆长阅览核准发行,金梁已于印成时即运关外,馆中仅存七百部。……"(80页)

据此,金梁改《清史稿》在付印以前,不在出版以后。

《清史述闻》卷二《综核提要第四》引夏孙桐(闰枝)复张尔田(孟敏)书:"馆长(赵尔巽)既殁,柯凤老代之,与袁(金铠,字洁珊)、金(梁,字息侯)意不合,交稿不阅,即付金手,金几执全权,弟断断相持,手中者未听干涉。及印书将毕,尚余曾、左、李三专传未成,金乃以初稿付印。"(42页)

据此,金梁能改《史稿》,实由代馆长授之以权。

又注文:"师辙按,金梁乃一校对,见人极恭顺,无权干涉人,人亦并不许其干涉。仅印稿时,偷改人稿,人皆不知。后余调所印余编《艺文志》观,始发其弊,乃有抽改之举。由此有关内、关外本之分。"(42页)

据此,抽改已印成《清史稿》者乃关内本,非关外本。

《清史述闻》五《窜改更正第九》:"金梁惊惧潜遁(以再运《史稿》被制止),故宫委员马衡、沈兼士等,恐馆中书籍档案遗失,公函请师辙代为照料保管。公函附后:

少滨先生大鉴:敬启者:清史馆已于六月二十八日由衡、同奎、瀛、兼士、瑜等暂行接收,所有文书、图籍业经封锁保管。惟查该馆书目及簿记向不完备,殊难稽考。夙知先生熟悉该馆情形,敢请先生加入为临时图书点查员。先生对于维护文物素具热忱,谅必乐于赞助也。专此敬请大安。故宫接收委员马衡、俞同奎、吴瀛、沈兼士、萧瑜启。(1928)七月十七日。(80页)

……余乃承命至馆,……余调前所编《艺文志》印本翻阅,不意开卷一序已改长篇为一纸,将前后倒置,且文气局促,句语欠妥,……乃执以示馆长(代馆长柯劭忞)及同事,众皆指其妄缪,谓必金梁所为,皆欲取观全书。柯凤老阅目录,见所开职名,谓未呈核定,谬误甚多。既睹金梁自题‘校刻总阅’,……众阅毕皆哗然。……又睹列传二百六十卷张勋、康有为《传》,附有《张彪传》,凤老复言,张勋、康有为传本有拟稿,后议决从缺,另有深意,何以窃行增入,至张彪亦何能附传。……遂召开会议于宣武门内大街头发胡同口鸿运楼饭庄。

是日到者:柯馆长(劭忞)、王晋老(王树枏,字晋卿,总纂)、夏闰老(总纂夏孙桐,字闰枝)、金雪生(纂修金兆丰)、张书云(协修,字卿五)、戴海珊(协修戴锡章,字海珊)、奭召南(协修奭良,字召南)诸先生及余(朱师辙,字少滨),讨论其事。众皆主张窃改者抽换,其卷首职名经众商定,由金雪生先生秉笔,书就交余重印,校刻记抽去。……其必应抽改者各别加讨论,惟时间匆促,与经费困难,只重要数处先行抽换,由众决定,交余执行,余待将来细检查,再行办理……”(80—82页)

据此,清史馆于1928年六月二十八日已接收,旧馆长、总纂、协修实已当然去职,故七月十七日有临时图书点查员之聘。会议抽改更在七月十七日之后。就当时法律观点言之,诸人实无此权力。而竟然抽换改订,且未请示故宫接收人员并得其同意,实为滥用职权。金梁之妄改付印虽属不当,但仍是借势揽权,是清史馆内部问题,出版之后仍属合法的,与朱师辙等在清史馆接收之后抽改仍有不同。清史馆此后从未恢复。

又:“兹将关内本(原注“亦称正本”)、关外本(原注“亦称伪本”)异同重要者分述于后……”(82页)

案,此以关外本为伪本,亦不妥当,见上。

朱师辙《清史艺文志》在《清史稿》下半部出版前已单独刊行。见《述闻》387页。

上列(　)皆天挺所加。

故宫博物院审查《清史稿》请禁,用关内本。

日本人影印两种，一小字洋装，一大字洋装，均用关外本。

金梁影印本，用关外本删改。删《时宪志》10—15 卷，补《翁方纲传》等。

上海书业联合公司印《二十六史》本，合用关内、关外两本。传 259 两论并载。

关外本应称清史馆初印本。

关内本应称清史馆抽改本。

台湾修改《清史》用关内本。

1963. 10. 9

40.《清史稿》关内关外本异同

孟森《关内外两本异同录》（原载北京大学《国学季刊》三卷四号），见《清史述闻》404—424。

"异同目录：

一、职名

二、总目

三、校刻记

四、《艺文志序》

五、列传二百五十九

六、列传二百六十

以上六处，所有异同俱将两本原文录出对照，可以见馆员自避时忌之意，有所在矣。而不料今之遭禁者，反在此不在彼。"（404—405 页）

案，《清史稿》关内外本之异同，大抵只此六项，其后金梁印本始加多。此中一、三、四为一类，文人相轻及私人感情所激也；二、五、六为一类，留京诸人趋避时忌者也。详后。

天挺案，关外本列传二六〇为张勋、康有为《传》，疑实《史稿》之旧，而分卷二五九为两传则留京诸人事后所分。何以言之。张康为复辟元凶，实清代遗老所景慕，不可能不为之立传，一也。关外本《张勋传》，于辛亥革命下紧接"东渡日本，归属津，筑张园自隐。乙丑（1925）迎跸驻园（指溥仪出宫移津事），供张服用，夙夜唯勤。丁卯（1927）秋病笃……"（《述闻》414 页），于复辟事一字不提，此即柯劭忞所谓"另有深意"之意,如早已"决议从缺",而系馆外所撰,则又何能讳之,二也。张勋死于 1927 年秋,康有为亦死于 1927 年,时去《史稿》全书付印已极近,果决议从缺,何暇更为此传,三也。劳乃煊、沈曾植均复辟时大臣,清末官职未崇,不能二人独立一行,其人其事合梁鼎芬诸人同传最为相宜。从编裁言之,关内本明系割二五九卷为两传,四也。1927 年"赵尔巽乞款于张作霖、吴俊升,而袁金铠为之介,果得款"(张尔田文,见《述闻》283 页),张吴军人,复辟亦有关连,为无《张勋传》似非所愿,五也。其所以必去张康《传》,则以当时群谓《清史稿》反革命之故,亦即孟森先生所谓"馆员自避时忌"之意也,此其六。

1963.10.9 北京

41. 禁《清史稿》

"(民国)十八年(1929)十二月,故宫博物院具呈国民政府,谓《清史稿》'乖谬百出,开千古未有之奇'。列举十九项:一,反革命;二,藐视先烈;三,不奉民国正朔;四,例书伪谥;五,称扬诸遗老,鼓励复辟;六,反对汉族;七,为满清讳;八,体例不合;九,体例不一致;十,人名先后不一致;十一,一人两传;十二,目录与书不合;十三,纪表传志互不相合;十四,有日无月;十五,人名错误;十六,事迹之年日不详载;十七,泥古不化;十八,简陋;十九,忽略。"(容庚《〈清史稿〉解禁议》见《清史述闻》424 页。故宫博物院原呈见《述闻》418—424 页)

十三"互不相合"原呈作"互相不合",十六"年日"原作"年月"。

故宫审查用关内本,见孟森文注。(418 页)

请禁原因:"故宫博物院欲以修史为己任。"(容庚文,425 页)

"清史稿之成也,持论者以赵尔巽非作家,意已轻之。"(孟森文,297 页引)

"查禁之原动力,或谓出于李石曾(煜瀛),或谓出于谭组庵(延闿)。一则目其父传为不佳(原注"李鸿藻"),一则因其父未与立传(原注"谭钟麟"),其实亦不尽然。必籀其因素,无非南北互纽,内外相倾,结合而成之耳。"(尹炎武 1955 年《清史述闻》跋,1 页)

42. 对《史稿》关内关外本意见

关外本之名创自金梁。金梁知北京清史馆诸人抽改《史稿》，欲站住脚步，表示自己运往东北之四百部非伪造，遂创为关外本、关内本之名，以明关外本是正本留在关外者，而认为关内本为抽改本，非正本。

清史馆留京诸人，主之者朱师辙，以国民革命军入城，时论以《清史稿》反革命为言，不无恐惧；又以金梁任意改旧稿，又自称总阅，不无愤嫉。遂有抽改之议，既以推卸责任，又有快意之意。（撤销总阅及《校刻记》）既改之后，亦自居于关内本，无形中遂承认了关外本，成为两本同是正本。

其后觉察其不妥，遂目关内本为正本，关外本为伪本，但已关内关外并称之势已成，无人谈正本与伪本也。

《清史稿》出于众手，而始终其事者则为夏孙桐、金兆蕃，金氏遗稿交上海文物管理委员会，夏氏手稿不知存否。诸表成于吴廷燮，增订者唐邦治，唐稿归南京文物管理委员会，吴稿由家人以乱纸售出，不知所在。（均见尹炎武《清史述闻》跋）而关内本、关外本之主者朱师辙与金梁，一则参修初稿（朱），一则主持印稿（金），均非撰纂主要人物。

《清史稿》纂述之人，自馆长至协修，均属遗老或准遗老（朱师辙辛亥时年三十三，且无功名，自非遗老），以效忠清朝，用史报清的立场自居，自然仇恨辛亥革命；且十四年中经费日绌，撰手数更，又无总阅之人，自然缪误抵牾不一而足。此故宫博物院呈文，傅振伦诸人言之详矣。

《清史稿》关内、关外两本，其撰述立场、态度（人人均有自我千秋的态度）、谬误、抵牾都是一样的。至于有无张勋、康有为《传》并不能为之改变面貌。

《艺文志》问题亦多，早在《清史稿》未出版前，朱师辙已将《艺文志》单行出版。范希曾、蠡舟均有评论，其误不在于序文，抽改与否亦无关系。国民革命军北伐胜利之后，张学良在东三省独立政权，关内、关外交通隔阻，学者不知关内、关外两本歧异所在，颇寄深望于关外本。孟森先生尽大力得之，相互比较又为之失望。

关内本抽改后，最后五十一本并未发行，故宫乃有审查之举。审查均用关内本,而所谓反革命、藐视先烈、不奉民国正朔等十九款,均在关内本中,遂禁止发行,而留京清史馆人为之夺气。孟森先生所谓"而不料今之遭禁者反在此不在彼",正指此(在此,指十九款;不在彼,指《张勋传》)。(后朱师辙于1935离北平往四川,1939复归北平。)

《清史稿》既遭禁,学者求之愈力,于是金梁影印本出。原印为白连史纸,此为有光纸。其形式大小与原印本同,但原印本系铅印,此系原样影印,事在1933年,用关外本在北京印,删改补增均有,以关外本相号召,实系金梁私改,与原印不同。此本朱师辙称之为"伪中之伪",所以称之为私改,以在出版后以一人意见改之也。原卷数亦改。此可称伪本,不能以关外本目之。应注意。

在今天看起,《清史稿》关内、关外两本,无论政治上、学术上都是同等的价值不高的,无优劣之别,无正伪之分,我们不要再纠缠进去。关内、关外之名是当日政权分裂的产物,也可以不用。从出版时间看,一个初印本,一个部分抽改本。

今天如果用《清史稿》,两本都可以用,如果再印《清史稿》,应该用初印本(关外本)。因为(1)它是初印的,(2)它是广泛传布的(日本两本,中国二十六史本),(3)它多了张勋、康有为《传》,在史料上他们二人的传,是有参考必要的,(4)《校刻记》虽有遗漏,大致不差,有参考价值。但不妨将抽改本的《艺文志·序》,二五九、二六〇两传论附在后面。

至于金梁影印本,可以不用。如买有此书,应注意其页数,凡有"又一"、"又二"页码的,都是后改加的,不要用。

《清史稿》既谬误如此,应否重修?必须重修。

能否照原体例修?绝不能。旧体例已不适用于今天。必须另定。定新体例,打破纪传体。

如何处理《清史稿》?应听其存在,作史料读。

今天再用《清史稿》为蓝本,用纪传体裁修改清史是荒谬的。台湾出版的《清史》是显著的例子。

1963. 10. 10

43. 台湾出版清史

1961 年十月,台湾匪帮清史编纂委员会由"国防研究院"出版"《清史》",凡八册 6278 页,分正编 529 卷,补编 21 卷,共 550 卷。就《清史稿》略加删改,将原稿 536 卷减为 529 卷(少 7 卷),新撰"补编"。一年完成。

其所减少七卷,为《郑成功传》改载记等是也。

其所删改,为《董全胜传》"伪潮王"改"洪军将潮王";《牛师韩传》"发捻各寇",改"洪军及捻";《张英麟传》"乙丑冬卒",改"民国十五年卒";《周馥传》"谥愨慎",删;《盛宣怀传》"而鄂变亦起",改"鄂中革命亦起";《赵尔丰传》"武昌变作",改"武昌革命作";《徐致靖传》"庚子联军",改"二十六年联军";《苏元春传》"同治初"改"同治二年"。

其所补,《南明纪》五卷,《明遗臣列传》二卷,《郑成功载记》二卷,《洪秀全载记》八卷,《革命党人列传》四卷。

作者自言"洪秀全以民族英雄,崛起草野……",又言"原《清史稿》……至书洪氏为贼为寇,是非混淆,殊失史家公正之态度。本载记乃就民族大义之观点,以叙述洪氏之开国立业,可谓识其本源。……原《清史稿》置洪氏于列传,今予以废弃,改撰载记,略师《东观汉记》之遗意,复为行文之便利而采用编年体……"

旧史叙述不相统属,列国之事曰载记,班固始以之记平林、新市、公孙述事,作列传载记二十八篇,太平天国事与之不同,一也(太平天国是对清朝的革命起义);南明称纪,洪氏称载记,同属与清朝对立之独立政权,不必记载不同,二也;旧史本纪不能两政权并立,南明已打破成规,何以洪氏不能同列,三也;郑氏在台湾虽属独立政权,但未称号建国,与洪氏之建立太平天国者不同,从史书体例看,不应与郑氏同列载记,四也(应如《项羽本纪》之例);从性质来看,洪氏系反清起义,郑氏系抗拒满族压迫,而从规模大小来看,则洪远过于郑,亦不应同样看待,五也;载记之称是认清为正统,民族观点云何,六也。革命党人列传虽然都是尊重革命之意,但其内容、用语未能体现此意,如云"以逆竖昌言革命,大逆不道入奏"(6174 页 9 行)、"帝崩"(6188.9)、"载湉崩"(6189.1)、"会清帝后相继殂殒"(6189.3)均是。

44. 康熙时修三朝国史

《清史列传》卷九《徐九文传》："（康熙）二十九年（1690）四月，诏修三朝国史，以大学士王熙为监修总裁官，大学士伊桑阿、阿兰泰、梁清标及元文为总裁官。"（37 页）

仝卷《阿兰泰传》系于康熙二十八年（1689）四月，文曰："二十八闰三月，……奏减罪可矜疑者四十五人。四月，充三朝国史总裁官。五月，擢武英殿大学士。"（26 页）

仝卷《伊桑阿传》："二十七年（1688）授文华殿大学士，兼吏部尚书。寻充纂修三朝国史总裁官。"（25 页）

又卷八《王熙传》："（康熙）二十五年……加太子太傅，时编纂《三朝圣训》、《政治典训》暨《平定三逆方略》、《大清会典》、《一统志》、《明史》，并充总裁官。二十七……"（3 页）

《清史列传》七十九《贰臣传·梁清标传》失载。梁死于康熙三十年（1691）。（40 页下）

王氏《东华录》康熙四十五，康熙二十九年壬辰朔："乙未，礼部等衙门议，准御史徐树谷奏请纂修三朝国史。得旨：太祖太宗肇造丕基，永垂谟烈，神功圣德，千古莫伦。世组统一寰区，宏开景运，治化蕃隆，光昭天壤。且当时勋旧翊赞勤劳，若不及时汇辑成书，恐岁久人湮，诸臣事绩致有阙略。依议即行编纂，昭示奕禩。应行事宜，着内阁、翰林院会同详议具奏。"（7 页）

徐树谷为徐乾学之子。

45. 清代国史

王鸿绪《明史稿》卷首《史例议上》："恭读国史，弘光亦称福王。"（敬慎堂刻本，16 页下）

《明史稿》，王鸿绪于雍正元年（1723 年）六月送进，而《史例议下》有康熙五十九年（1720）记事，则此文必作于康熙末年。当时所指国史应为《国史列传》及《世祖实录》，非别有国史其书。

46. 清代史

《清朝全史》　日本,稻叶君山　1914 年著　1914 年但焘译　1915 年中华书局出版

《清史要略》　陈怀　1931 年中华书局出版

《清代通史》　萧一山

47. 清代政书

《中枢政考》

《清盐法志》三百卷,吴县张茂炯纂修,1920 年盐务署印行。起顺治,讫宣统,分通例、长芦、东三省、山东、河东、陕西、两淮、两浙、福建、两广、四川、云南、援证十三编,其体例区为盐场、运销、征榷、缉私、职官、经费、建置、杂记八门,又各系子目,事缘地起,目以事分。

48.《枢垣记略》

《枢垣记略》十六卷,道光三(二)年(癸未［壬午］,1823［1822］)梁章钜撰。光绪元年(乙亥,1875)奕䜣命朱智等补辑道光三年以后事,成书二十八卷。

梁章钜原序:"自雍正庚戌(八年,1730)设立军机处,迨兹九十余年,纲举目张,人才辈出,而载稽故实,尚缺成书。章钜于嘉庆戊寅(二十三年,1818)选充章京,僬直余闲,翻阅旧档,辄思辑为一书。随笔甄综,日有所积,至道光壬午(二年,1822)春季奉命守郡,匆匆出直,此后遂无由再缀一词。……因于簿书之隙,重加勘汇,阅月而成编,为门七,为卷十有六。卷首恭录训谕,次列除授,又次纪恩叙,又次详规制,又次考题名,而以诗文及杂记附末。……书中艮限仍以壬午春季为断,俟好事者续增焉。军机处为我朝政府,考官制者谓即唐、宋之枢密,因题为《枢垣记略》云。道光癸未(三年,1823)秋仲,梁章钜识于清江浦之以政学斋。"

增补本奕䜣序:"……闽梁芷林中丞充章京时,撰《枢垣记略》一书,为门七,为卷十有六,分类排纂,具有条理,盖仿宋《麟台故事》、元《秘书监志》等

书之例。惟其书成于道光壬午(二年,1822),迄今已五十余年。制度相沿,因时损益,……爰属章京朱智等,详稽档册,依原书体例,重加修辑。其训谕、除授、恩叙、规制、题名、诗文六门,今增十二卷,合原书共为二十八卷。……光绪元年岁次乙亥十二月谷旦。"

据增补本卷十八《题名四·汉军机章京》:

梁章钜,字芷林,福建长乐人。嘉庆壬戌(七年,1802)进士。二十三年(戊寅,1818)四月,由礼部主事入直,官至江苏巡抚。(15页)

又卷十九《题名五·汉军机章京》:

朱智,字茗笙,浙江钱塘人。咸丰辛亥(元年,1851)举人,八年(戊午,1858)七月,由工部主事入直,现官太仆寺卿。(7页)

增补本目录(原阙,天挺据补)

卷一	训谕		至同治元年
卷二	除授一	军机大臣	自雍正十年至道光元年
卷三	除授二	军机大臣	自道光三年至同治七年
卷四	除授三	军机章京	自雍正十一年至道光元年
卷五	除授四	军机章京	自道光三年至同治九年

1963.10.25

49. 清代则例

清代则例　据曹宗儒《记清代则例》,原载民国二十九年北京《中和月刊》一卷十一期63—66页。

《宫中现行则例》　乾隆朝　同治九年　光绪朝排印本　年份系纂修时期

《宗人府则例》　道光三年　十九年　二十九年　光绪四年　十四年　三十四年

《王公处分则例》　咸丰六年

《六部则例》　乾隆五十五年

《吏部则例》　乾隆七年　二十六年　四十八年　六十年　嘉庆五年　道光二十三年　同治朝　光绪十二年

《吏部稽勋司则例》　嘉庆朝　道光朝

《吏部验封司则例》　道光朝

《处分章程》　道光朝　同治五年　十二年

《吏部满官铨选则例》　乾隆七年　五十五年　道光二十三年　同治
　　十二年　光绪十二年

《吏部汉官铨选则例》　仝上

《户部则例》　乾隆二十年　四十六年　道光十一年　二十八年　咸
　　丰朝　同治四年　十三年(63)

《户部旗务则例》　乾隆三十四年

《户部鼓铸则例》　仝上

《户部军需则例》　乾隆四十一年　五十年

《礼部则例》　乾隆四十九年　嘉庆九年　道光二十年

《科场条例》　乾隆六年　道光二十九年　咸丰朝　光绪十一年　十
　　三年　二十八年

《学政全书》　嘉庆十年　十七年

《兵部处分则例》　道光三年

又《续纂》　道光九年

《兵部武场条例》　同治朝　光绪二十一年

《督捕则例》　乾隆八年

《兵部筹饷章程》

《兵部军需则例》　乾隆四十一年　四十九年

《兵部八旗则例》　乾隆六年　十一年　三十九年　四十九年

《中枢政考》　乾隆六年　二十九年　三十九年　四十九年　嘉庆十
　　三年　道光九年　十二年　光绪十六年

《工部则例》　乾隆朝　嘉庆三年　十七年　二十六年　光绪十年
　　十九年

《工部军器则例》　乾隆五十六年　嘉庆二十一年

《工部军需则例》　乾隆四十一年

《工程做法》　乾隆元年

《内廷工程做法》　仝上

《物料价值》　仝上(64)

《乘舆仪仗做法》　乾隆十四年

《理藩院则例》　附《通例》《回疆则例》　道光十三年　光绪十七
　　年　三十四年

《蒙古律例》　乾隆朝　嘉庆朝

《钦定台规》　道光七年　光绪十八年

《太常寺则例》　乾隆五十年　道光朝

《坛庙祀典》　乾隆二十三年

《国子监则例》　乾隆三十七年　嘉庆二年　道光四年

《金吾事例》　咸丰元年

《白塔信炮章程》

《总管内务府则例》　同治九年　光绪十年　宣统三年　民国二十四
　　年故宫文献馆刊本

《内务府广储司则例》　民国二十四年故宫文献馆刊本

《内务府掌仪司则例》　仝上

《内务府都虞司则例》　仝上

《内务府会计司则例》　仝上

《内务府庆丰司则例》　仝上

《晋政辑要》　光绪十三年

《粤东省例》

以上已刊

《皇子事例》（65）

《六部则例》　天挺案：上文已见

《户部炉藏则例》　光绪二十五年钞本

《户部海运新案》　道光二十八年

《户部海运续案》　咸丰元年

《漕运则例纂》　乾隆朝

《都察院则例》

《顺天府则例》

《光禄司则例》　道光八年续纂本　天挺案，应作光禄寺

《太仆寺则例》

《护军统领则例》

《内务府营运司则例》　故宫藏本

《内务府慎刑司则例》　故宫藏本

《内务府上驷院则例》　故宫藏本

《内务府武备院则例》　故宫藏本

《内务府奉宸院则例》　故宫藏本　天挺案，应作奉宸苑

《内务府圆明园则例》 故宫藏本

《内务府静明园则例》 故宫藏本

《内务府静宜园则例》 故宫藏本

《内务府清漪园则例》 仝上

《内务府掌关防管理内管领事务处则例》 仝上

《内务府管理三旗银两庄头处则例》 仝上

《内务府官房租库则例》 仝上

《内务府中正殿则例》 仝上

《内务府造办处则例》 仝上

《内务府武英殿修书处则例》 仝上

《内务府御药房则例》 仝上

《内务府宁寿宫则例》 仝上

《内务府雍和宫则例》 仝上

《内务府南苑则例》 故宫藏本

《内务府景山官学则例》 仝上

《内务府咸安宫官学则例》 仝上

《内务府管辖番役处则例》 仝上

《内务府牺牲所则例》 仝上

以上未刊

1962. 11. 12 北大

50.《书目答问》介绍的经济名臣

《书目答问》附录二《国朝著述诸家姓名略·经济家》注：

熊赐履(文端)

汤斌(文正)   《潜庵先生疏稿》一卷(《汤文正公遗书》)《汤子遗书》
四卷(《三贤政书》)

魏裔介(文毅) 《魏文毅公奏议》三卷(《畿辅》、《集成》)《兼济堂文
集》二十卷(《四库》)

魏象枢(敏果) 《寒松堂集》十卷(《畿辅》、《集成》) 《寒松堂奏
议》四卷

李光地(文贞) 《榕村全集》四十卷(《李文贞全集》、《榕村全书》)

于成龙(清端)　《政书》八卷(《四库》)　《于山奏牍》七卷

陆陇其(清献)　《三鱼堂文集》十二卷《外集》六卷(《四库》、《陆子全
　　　　　　　　书》)

靳辅(文襄)　《靳文襄奏疏》八卷(《四库》)

张伯行(清恪)　《正谊堂集》五卷(《三贤政书》)

陈鹏年(恪勤)

赵申乔(恭毅)　《赵忠毅公文录》(《国朝文录续编》)

孙家淦(文正)

李绂(穆堂)　《穆堂文钞》一卷(《清二十四家文钞》)

陈宏谋(文恭)　《培远堂偶存稿十卷》(《全集》)　《培远堂文集》十
　　　　　　　　卷(《陈榕门先生遗书》)

朱轼(文端)

鄂尔泰(文端)　《平蛮奏疏》一卷

舒赫德(文襄)

方观承(恪敏)　《述本堂诗集》

刘统勋(文正)

阿桂(文成)

松筠(文清)

傅鼐

陶澍(文毅)　《印心石屋文钞》一卷(《陶黄江先生全集》)

林则徐(文忠)　《林文忠公政书》(《遗集》)　《林文忠公奏议》(《三
　　　　　　　　公奏议》)

胡林翼(文忠)　《奏议》五十一卷(《全集》)

曾国藩(文正)　《曾文正公全集》

　　　天案,光绪间,尚可增加数人:

左宗棠(文襄)　《左文襄公奏稿》六十四卷(《全集》)

李鸿章(文忠)　《李文忠政书》一百六十五卷

张之洞(文襄)　《奏议》七十二卷(《全集》)　《电奏》十三卷(《全
　　　　　　　　集》)　《张宫保政书》十二卷

刘坤一(忠诚)

沈葆桢(文肃)　《沈文肃政书》十二卷

51. 清代史丛书

《满清野史》

《满清稗史》

《清初史料四种》

《史料丛编》

《痛史》

《东北文献丛书》

《心史丛刊》

《昭代丛书》

《荆驼逸史》

《国朝稗乘》

《清人说荟》

《中国内乱外患历史丛书》

《旧闻零拾》

《申报馆丛书·掌故类》

《清代征献类编》

52. 日本研究明清史的学者

据邓嗣禹《日本学者对于日本与东洋之研究》，传略及其著作略。

1961 年香港大学出版　英文本　凡四八五页

Japanese Studies on Japan and the Far East

书凡分三十二类

根据:《文化人名录》　日本著作权协议会编　1957

　　　《人事兴信录》　人事兴信所编　1956

　　　《大学研究者研究题目总览》

　　　《东洋史研究文献类目》

　　　《杂志记事索引·人文科学篇》

　　　《全日本出版物总目录》

安部健夫 ABE Takeo　1903—　京都大学　满蒙史　雍正史　清代典

当业　八旗制度　耗羡提解

藤井宏　FUJII Hiroshi　1913—　社会经济史　明代盐商　灶田考　明代盐场考　一条鞭法的一侧面

荻原淳平　HAGIWARA Jumpei　《明实录》　土木之变前后　小王子的一考察

石原道博　ISHIHARA Michihiro　1910—　中日关系史　郑成功与朱舜水　明末日本乞师的研究　日明交涉的开始

岩见宏　IWAMI Hiroshi　1924—　嘉靖赋役改革　雍正时公费　明代银差

神田信夫　KANDA Nobuo　1921—　清史　议政大臣　《啸亭杂录》及其作者　吴三桂　明初云南土司

庆松光雄　KEIMATSU Mitsuo　地震史　明代地震概要　康熙十八年河北省大地震

间野潜龙　MANO Senryū　1923—　明代思想史　明代的家规(《东方学报》1954年八期83—93页)　阳明学派与儒佛论争

松村润　MATSUMURA Jun　1924—　蒙古史　满洲入关前史　为研究满文老档者之一

楢木野宣　NARAKINO Shimesu　1913—　清代军制史家

佐久间重男　SAKUMA Shigeo　1914—　明清经济史

清水泰次　SHIMIZU Taiji　1890—　明代经济史

铃木正　SUZUKI Tadashi　1913—　张居正研究者　明代家丁考(《史观》1952年37期23—40页)　清初两淮盐商

山根幸夫　YAMANE yukio　1921—　晚明赋税史

矢泽利彦　YAZAWA Toshihiko　十八九世纪天主教史

1962.10.27

53. 清人笔记

《九朝新语》十六卷　《十朝新语外编》一卷　民国胡思敬　《退庐全书》

张宸《青琱杂记》　顺康时人。1931年上海《人文杂志》曾载其杂记一篇,述顺治死时情形,极详,据云原稿似金山钱氏守山阁所藏,可设法打听

《人文杂志》是否已全登，尚有余稿否。

《扬州画舫录》	李斗
《归云室见闻杂记》	陈焯
《巢林笔谈》	
《三冈识略》	董含
《消夏闲记》	顾公燮　《涵芬楼秘笈》
《片刻余闲集》	刘埥
《桥西杂记》一卷	叶名澧
《思补斋笔记》八卷	潘世恩
《淮南杂识》四卷	闻益
《竹叶亭杂记》八卷	姚元之
《吹纲录》六卷	叶廷琯
《爨余丛话》四卷	郭麐
《樗园消夏录》三卷	仝上
《履园丛话》二十四卷	钱泳
《萝藦亭笔记》八卷	乔松年
《蕉轩随录》十二卷	方浚师
《南台旧闻》十六卷	黄叔璥　刻本
《内阁小识》一卷附《内阁故事》	叶凤毛　《指海》本
《枢垣记略》十六卷	梁章钜　刻本
《槐厅载笔》二十卷	法式善　刻本
《清秘述闻》十六卷	法式善　嘉善钱氏刻本　附《续》十六卷王家相著
《墨梅人名录》	童翼驹
《钝吟杂录》十卷	冯班　守山阁本
《居易录》三十四卷	王士禛　刻本
《池北偶谈》二十六卷	王士禛
《天咫偶闻》	震钧
《天香阁随笔》	李寄
《永宪录》	萧奭
《北游录》	谈迁
《吴川闻见录》	

《阅世编》	叶梦珠	《上海掌故丛书》
《广东新语》	屈大均	
《觚賸》	钮琇	
《听雨丛谈》	福格	
《陶庐杂录》	法式善	
《啸亭杂录》	昭梿	
《养吉斋丛录》二十二卷	吴振棫	
《郎潜纪闻》初笔十四卷	陈康祺	
二笔十六卷		
三笔十二卷		
《枣林杂俎》	谈迁	
《筠廊偶笔》二卷《二笔》二卷	宋荦	
《广阳杂记》五卷	刘献廷	《畿辅丛书》本
《见闻记忆录》五卷	余国桢	
《雕丘杂录》十八卷	梁清远	
《熙朝新语》十六卷	余金（德水）	
《南村随笔》六卷	陆廷灿	
《客舍新闻》一卷	彭孙贻	
《尖阳丛笔》十卷	吴骞	
《檐曝杂记》六卷《续》一卷	赵翼	
《西征随笔》二卷	汪景祺	
《楚南随笔》一卷	吴省兰	
《匏园掌录》一卷	杨夔生	
《柳南随笔》六卷《续笔》四卷	王应奎	借月山房本
《茶余客话》十二卷	阮葵生	《小方壶斋丛书》本,凡二十二卷,足本
《莜田杂录》二卷	崔述	
《水曹清暇录》十六卷	汪启淑	
《恩福堂笔记》	英和撰	见《养吉斋丛录》卷九,12 页
《隙光亭杂记》	揆叙撰	仝上
《松窗笔乘》	方渭仁撰	仝上书卷十,1 页
《柳南随笔》	仝上	

《清秘述闻》	仝上书卷十,11 页
《胪传纪事》	缪彤撰　纪科举事　见《养吉斋丛录》卷九,5 页
《瞥记》	梁玉绳撰　见《养吉斋丛录》卷二十六,10 页
《三异笔谈》	许元仲　见《养吉斋余录》卷八,3 页

54. 清末笔记

高树:《金銮琐记》　高曾为军机章京

林纾:《铁笛亭琐记》(又名《畏庐琐记》)

陈夔龙:《梦蕉亭杂记》

潘荣陛:《帝京岁时纪胜》　乾隆时人

梁恭辰:《池上草堂笔记》(又名《劝善九录》)

刘体仁:《异辞录》

震钧:《天咫偶闻》　震钧,字在廷,瓜尔佳氏。后改名唐晏,字元素。见《雪樵(杨钟羲)自订年谱》。

文廷式:《闻尘偶记》

汪康年(醒醉生):《庄谐选录》

费行简(沃丘仲子):《慈禧传信录》

罗惇曧:《宾退随笔》

奉宽:《妙峰山琐记》

李岳瑞:《春冰室野乘》

李宝嘉:《南亭笔记》

55. 清末民初笔记

《洹上私乘》　民国袁克文　中有戊戌变法告密事,为其父辨诬。见《榕园续录》。

《榕园琐录》十卷《续录》四卷　民国杨傭子　杨,广东梅县人,所记以梅县事为多。1943 年铅印《东山中学丛书》之一。

《逸壶杂志》　见《榕园琐录》一。

《长安宫词纪事》　清胡延　记孝钦后庚子西走长安事,有自注,胡时办理内廷支应。

《寒松阁谈艺琐录》　清张鸣珂　张为浙江人,光绪三十四年(1908)年八十。

56.《养吉斋丛录》

《养吉斋丛录》二十六卷《余录》十卷。清吴振棫撰,光绪木刻本。

振棫,字仲云,浙江钱塘人。嘉庆十九年(1814)进士,由翰林官知府,历官至云贵总督,同治十年(1871)卒。《清史稿》列传二百十一、《清史列传》四十八有传。

书扉有王懿荣篆签,称年家子。书前有光绪二十二年(1896)谭献叙。知其为光绪中初刊本。谭叙自称"乡里后生"。

每卷第二行题"赐进士出身,云贵总督,翰林院编修臣吴振棫纂",此晚清风气,结衔必署出身与翰林院官。谭叙称之为"吴尚书仲云先生",此尚书不见于本传,或总督兼衔也,然不应以之为称,亦清末风气。

吴氏在翰林九年(1814—1822)即出守云南,此书不似在翰林时所作。咸丰八年(1858),吴氏由云贵总督告病,就养其子春杰山西雁平道署,岂其时所作欤?

吴氏有孙名庆坻字子修,曾孙士鉴字绚斋,皆翰林有名。士鉴著有《晋书斠注》。

57.《清史稿》人名的错误

《清史稿·艺文志二·史部·杂史类》:"《鲁春秋》一卷,查士佐撰。"

案,张钧衡《适园丛书》有《鲁春秋》一卷,查继佐撰。查继佐即著《罪惟录》者,"士"字为"继"字之误。

《清史稿·地理志二十三·新疆·疏勒府》:"乾隆间,准噶尔汗囚其曾孙玛罕木于伊犁,并其二子波罗泥都、霍集占。二十年,平伊犁,玛罕木已死,定北将军班第释波罗泥都囚,使归喀什噶尔统其众,留霍集占于军,旋逃至叶尔羌,据城叛。"

案,"玛罕木",《圣武记》作"玛罕木特",清《国史·回部贝勒霍集斯传》作"阿哈玛特"。

《圣武记》:"玛墨特者,当明之末年,……逾葱岭,东迁喀什噶尔,是为新疆有回酋之始,即霍集占兄弟等之高祖也。……其质伊犁之回酋阿布都实特……是为霍集占兄弟之祖,至其子玛罕木特,噶尔丹策零复袭执而幽之,并羁其二子,使率回民数千垦地输赋。长曰布那敦,亦曰博罗尼都(Burhan-al-Din),次曰霍集占(Khozi Khan),即所谓大小和卓木(Hodja)也。"

《国史·回部贝勒霍集斯传》:"旧和卓曰阿哈玛特,为派罕帕尔裔,世居叶尔羌、喀什噶尔辖回族,……子二,长布拉呢敦,次霍集占,……"

1955.6.5

58. 清人关于明史著作

《清史稿·艺文志二》

正史类:《明史》三百三十六卷　康熙十八年敕撰,乾隆四年书成表进
　　　1 页

　　　《明史考证攟逸》四十二卷　王颂蔚撰　2 页

编年类:《御批通鉴辑览》一百十六卷　附《明唐桂二王本末》三卷　乾
　　　隆三十二年傅恒等奉敕撰　3 页

　　　《御定通鉴纲目三编》四十卷　乾隆四十年敕撰　3 页

　　　《小腆纪年附考》二十卷　徐鼒撰(原作徐才鼎,误。自宏光迄
　　　郑氏)　3 页

纪事本末类:《明史纪事本末》八十卷　谷应泰撰(原作《明纪事本末》,误)
　　　4 页

　　　《续明纪事本末》十八卷　倪在田撰

　　　《明纪事本末补编》十五卷　彭孙贻撰(原作彭贻孙,误)
　　　4 页

　　　《三藩纪事本末》四卷　杨陆荣撰(福、唐、桂三藩)　4 页

　　　《四藩始末》四卷　钱名世撰　4 页

别史类:《明书》一百七十一卷　傅维鳞撰　5 页

　　　《明史稿》三百十卷　王鸿绪撰　5 页

　　　《明史稿》二十卷《续》二卷　汤斌撰　5 页

　　　《拟明史列传》二十四卷　汪琬撰　5 页

　　　《拟明史传》不分卷　姜宸英撰　5 页

《蜀难叙略》一卷　沈荀蔚撰　6页

《金陵野钞》十四卷　顾苓撰　6页

《甲申传信录》十卷　钱士馨撰　6页

《史外》八卷　汪有典撰　6页

《明季北略》二十四卷　计六奇撰　6页

《明季南略》十八卷　计六奇撰　6页

《东南纪事》十二卷　邵廷寀撰　6页

《西南纪事》十二卷　邵廷寀撰　6页

《南疆逸史》三十卷　温睿临撰　6页

《恤谥录》八卷《摭遗》二卷　温睿临撰　6页

《南疆绎史》五十八卷　李瑶撰　6页

《海东逸史》十八卷　不著撰人氏名　6页

《爝火录》三十卷　李本撰　6页

《小腆纪传》六十五卷　徐鼒撰　6页

《小腆纪补遗》五卷《考异》一卷　徐承礼撰　6页

传记类：

1961. 10. 14

59. 有关满洲入关前记载各书

明，程令名，《东夷奴儿哈赤考》（万历末），见《筹辽硕画》卷首。

张鼐《辽夷略》，见《宝日堂集》卷二十五。

明，黄道周，《博物典汇》，卷二十《四夷》。

明，于燕芳，《剿奴议》。

明，苕上愚公，《东夷考略》，苕上愚公为茅瑞征别号，见朱彝尊《静志居诗话》卷十六。

明清之际，管葛山氏，《山中闻见录》，见罗振玉《玉简斋丛书》，管葛山氏为彭孙贻。

明，茅元仪，《女直考》，见所著《武备志》卷二二八。

《皇明经世要略》

《经世挈要》

《全辽志》

明,王在晋,《三朝辽事实录》

朝鲜　《燃黎室记述》

　　　《栅中日录》

　　　《通文馆志》

　　　《春坡堂日月录》

　　申忠一,《建州纪程图记》,《研经斋全集》,见《震檀学报》十卷。

清,吴振臣,《宁古塔纪略》

60.清初问题参考论文

建州居地:

稻叶岩吉　《建州女直之原地及迁住地》　《满洲历史地理二》

池内宏　　《鲜初东北境与女真之关系》　《满鲜地理历史研究报告》2、4、5、7

和田清　　《明初之满洲经营》　　　　　全上十五

鸳渊一　　《建州左卫之迁住地》　　　　《桑原博士还历纪念东洋史论丛》

61.满洲初起参考

《大明实录》　　　　　　　　　　　《朝鲜李朝实录》

《清太祖实录》　　　　　　　　　　《元史》、《明史》

郑晓《皇明四夷考》　　　　　　　　叶向高《四夷考》

方孔炤《全边纪略》　　　　　　　　茅瑞征《东夷考略》

彭孙贻《山中闻见录》　　　　　　　王在晋《三朝辽事实录》

张尔田《蒙古源流笺证》　　　　　　钱大昕《养新录》

I. J. Schmidt. —Geschichte der Ost—Mongolen von SSanang Ssetsen. St. Petersburg, 1929.

G. Huth. —Geschichte des Buddhismus in der Mongolei. Strassburg, 1896.

P. S. Pallas. —Samlungen historischer Nachrichten über die Mongolischen Völkerschaften. st. Petersburg, 1776—1801.

H. H. Howorth. —History of the Mongols. London, 1876—1888.

E. H. Parker. —Mongolia after The Genghigides and before The Manchus. JNCBRAS XLIV, 1913.

J. F. Baddeley. —Russia, Mangolia, China. London, 1919.

原田淑人	《明代之蒙古》(《东亚同文会报告》一〇八——一二四)
中岛竦	《蒙古通志》
市村赞次郎	《明代之满洲》(《史学杂志》二四之七)
稻叶岩吉	《满洲发达史》
和田清	《兀良哈三卫の本据について》(《史学杂志》四〇之六)
和田清	《兀良哈三卫に闢する研究》(《满鲜地理历史研究报告》一二及一三)
又	《明初之蒙古经略》(同上一三)
又	《明初之满洲经略》(同上一四)
又	《内蒙古诸部落の起源》、《明末清初に于ける蒙古族の西征》(《东洋学报》一一之二)

以上和田清著《东洋中世史·明代史》第四篇《明代之蒙古与满洲》所列之参考书。

1950. 5. 21

62. 八旗制度参考

中山八郎 《明代女真与八旗的统治素描》 《历史学研究》五《满洲史研究》

鸳渊一 《清初の八固山额真に就いて——清初八旗研究之一出》《山下先生还历记念东洋史论文集》

63. 清史参考书

《实录》

《东华录》

《清史稿》

各种方略

《圣武记》   魏源

《清史纪事本末》

《清史列传》

《耆献类征》七百二十卷　李桓

《先正事略》　　　　　李元度

《清会典》

《清通典》

《清通志》

《清通考》

《续清通考》

《经世文编》　　　　　贺长龄　　《续》　盛康

《清朝全史》　　　　　稻叶君山　章节

《清代通史》

《清史纲要》　　　　　吴曾祺　　编年

《清鉴》　　　　　　　印鸾章　　编年

《清史要略》　　　　　陈怀　　　章节

《清朝史》　　　　　　沈恩膏　　章节

64. 建州卫所在之参考

a. 箭内亘　　《元代满洲之疆域》　　　　　　《满洲地理历史》卷二

b. 池内宏　　《元代地名开元之沿革》　　　　《东洋学报》二卷三号

　　箭内亘　　《元代地名开元之沿革》　　　　《东洋学报》十三卷一号

　　池内宏　　《三万卫考》　　　　　　　　　《史学杂志》二六卷五号

　　和田清　　《元代开元路》　　　　　　　　《东洋学报》十七卷三号

c. 孟森　　　《建州卫地址变迁考》　　　　　北大《国学季刊》四卷三号

d. 徐中舒　　《明初建州女真居地迁徙考》　　中研《史语所集刊》六本二分

　　a. 谓开元久治黄龙府即今吉林农安县(长春北),世祖至元移治今辽宁开原。

　　b. 谓开元创置之初即治于今三姓(吉林,依兰)附近,元末移治今开原。

　　c. 谓元代开元在濒海恤品路即今吉林珲春以东之地。

　　d. 谓明所谓开原皆指《元史·地理志》之咸平府治而言,即今之开原。

其旧开原则在今俄属东海滨省之双城子,俄人谓之尼古里司克,《朝鲜实录》称为东开原。斡朵里即今吉林宁安,宁古塔城北之萨尔湖城。

屠寄　　《蒙兀儿史记·太宗纪》五年九月注　谓元之开元路即今吉林农安县。

内藤原次郎　　谓俄漠惠为今朝鲜会宁府。

1939.11.9

65.明末清初故实参考书

王士禛	《池北偶谈》
朱彝尊	《静志居诗话》
	《复社姓氏》
	《明诗综》
马汝骥	《西元集》
刘侗	《帝京景物略》
储欣	《卢忠烈公(象昇)传》
吴伟业	《梅村诗话》
程穆衡(迓亭)	《吴梅村诗笺》
	《墙东先生识小录》(福王逃亡事)
杨陆荣	(论福王事)
夏复	《掌录》(福王)
赵吉士	《寄园寄所寄》
程穆衡	《娄东耆旧传》
吴伟业	《绥寇记略》
尹守衡	《史窃》
陈沂	《金陵世纪》
余怀	《板桥杂记》
尤侗	《明史乐府注》
陆世楷	《排闷录》(京师寺庙)
李日华	《六研斋笔记》
王士禛	《感旧集补传》
姜宸英	《明刑法志》

徐釚？　　　　《续本事诗》

　　　　　　　《花村看行侍者谈往》？（周延儒赐死）

姜绍书　　　　《韵石斋笔谈》（项墨林事）

高士奇　　　　《天禄识余》

　　　　　　　《杜弢武（文焕）全集序》（杜武人讨流寇）

惠栋　　　　　《精华录训纂》

王晫　　　　　《今世说》

汤斌　　　　　《孙氏（奇逢）墓志》

刘体仁　　　　《七颂堂文集》

尤侗　　　　　《艮斋杂说》

陈鼎　　　　　《东林列传》

董含　　　　　《三冈志略》（清初）

孙承泽　　　　《春明梦余录》

周篔　　　　　《析津日记》

孙国敉　　　　《燕都游览志》

彭时　　　　　《可斋笔记》

高士奇　　　　《扈从西巡日记》

戴洵　　　　　《司成集》

孙承泽　　　　《退谷小志》

丁炜　　　　　《问山集》

王士禛　　　　《居易录》

陆启浤　　　　《客燕日记》

陈维崧　　　　《湖海楼集》

邓孝威　　　　《诗观初集》

汪怀德　　　　《燕邸纪闻》

王在晋　　　　《国朝山陵考》

陆元辅　　　　《菊隐纪闻》

秦征兰　　　　《天启宫词注》

陈奋永　　　　《寄斋集》

　　　　　　　《破梦闲谈》（崇祯）

　　　　　　　《戴司成集》

徐贞明　　　　《潞水客谭》

朱彝尊　　　　　《曝书亭集》

孙承泽　　　　　《畿辅人物志》

蒋一葵　　　　　《长安客话》

姚旅　　　　　　《露书》

徐学聚　　　　　《明典汇》

尤侗　　　　　　《宫闺小名录》

　　　　　　　　《钝翁类稿》(洪承畴寿序)

陈维崧　　　　　《妇人集》

孙伯度(廷铨)　　《南征纪略》(清初)

邹漪　　　　　　《流绮遗闻》(有南明事)

横云山人　　　　《明史稿》

　　　　　　　　《燕程日记》

沈德符　　　　　《野获编》

高士奇　　　　　《金鳌退食笔记》

陆次云　　　　　《圆圆传》

钮琇　　　　　　《觚賸》

陆次云　　　　　《湖壖杂记》

　　　　　　　　《陶园存友札小引》

王晫　　　　　　《南窗文略》

陈瑚　　　　　　《确庵文稿》(清初)

王晫　　　　　　《今世说》

曾传灿　　　　　《过日集》(清)

毛奇龄　　　　　《西河诗话》

　　　　　　　　《八旗通志》

陈季方　　　　　《见闻录》(之遴子)

蒋景祁　　　　　《瑶华集》

吴翊　　　　　　《乐园集》

顾星景　　　　　《白茆堂集》

雷礼　　　　　　《大政记》

孙铉　　　　　　《诗盛初编》

蒋景祺　　　　　《瑶华集》

陈尚古　　　　　《簪云楼杂说》

张照　　　　《得天居士集》

李蓘　　　　《嘉靖宫词》

朱国祯　　　《涌幢小品》

宋荦　　　　《筠廊偶笔》

　　　　　　《练川杂记》

许旭　　　　《秋水集》

周裳　　　　《玄览阁集》

　　　　　　《蚓庵璅语》

毛奇龄　　　《后览录》

王晫　　　　《赠言偶集》

高士奇　　　《松亭行纪》

陆世仪　　　《桴亭集》

刘若愚　　　《芜史》

蒋德璟　　　《悫书》

魏坤　　　　《倚晴阁杂钞》

以上吴翊凤《梅村诗集笺注》引。

1944.6.8—15

66. 历代河北水田的计划参考

宋　何承矩

元　托克托　郭守敬　虞集

明　徐贞明　邱浚　袁黄　汪应蛟　左光斗　董应举　秦鳌(嘉靖)

清　怡亲王允祥　李光地　陆陇其　朱轼　徐越　汤世昌　胡宝琭
柴潮生　蓝鼎元　林则徐

　　徐贞明:《潞水客谈》《明史》本传

　　清　沈梦兰:《五省沟洫图说》

　　清　徐越:《畿辅水利疏》

　　清　陆陇其:《论直隶兴除事宜疏》(书?)

　　清　李光地:《饬兴水利牒》《请兴河间水田》

《元史》虞集本传

《明史·河渠志》

明　汪应蛟:《海滨屯田疏》(万历三十年保定巡抚)

清　允祥:《请设营田疏》《京西南水利情形疏》《京东水利情形疏》

《畿辅通志》　天津蓝田　京东局　京西局　京南局　天津局

《畿辅安澜志》

清　柴潮生:《水利救荒疏》

《后汉书》张堪本传

《水经注》:魏将军刘靖以嘉平二年道高粱河,造戾陵遏,开车箱渠……

《魏书》裴延俊本传

《隋书·食货志》:"齐皇建中……"

《册府元龟》:"隋皇中,幽州都督裴方行引卢沟水,开稻田千顷。"

《唐书·地理志》渔阳郡三河

《宋史》何承矩本传

《宋史·食货志》咸平六年,知保州赵彬

《元史·顺帝纪》脱脱言京畿近水地,召募南人耕种……

《明史·河渠志》:"天启二年,命太仆卿董应举管天津至山海屯田规划。"

又:"永乐八年,浚定襄故渠,引滹沱水灌田六百余顷。万历三十年……"

明　来复:《保安卫水田记》

清　范时纪:《京南洼地种稻疏》

明　袁黄:《皇都水利书》《宝坻劝农书》

清　许承宣:《西北水利议》

清　蓝鼎元:《论北直水利书》

明　邱浚:《大学衍义补》

明　左光斗:《屯田水利疏》

清　汤世昌:《请修沟道疏》

清　胡宝瑔:《开田沟路沟疏》(河南)

清　王心敬:《井利说》

清　蒋炳:《谕民凿井疏》

清　刘于义:《庆云盐山事宜疏》
　　　　　　以上三书不专言河北

清　刘于义、高斌:《水利事宜疏》

清　陈仪:《后湖官地议》(玉田县后湖营田,湖心官地不垦,出允祥意)

清　陈黄中:《京东水利议》

清　沈联芳:《邦畿水利集说》

清　毕沅:《陕省农田水利疏》

明　周用:《东省水利议》(山东)

明　冯应京:《重农考》(河南、山西)

　　　　以上据林则徐"《畿辅水利议》"。

清　林则徐:《畿辅水利议》　抄本　凡十二门

　　按(乾隆)《玉田县志》卷二《公署》:"雍正四年十一月,奉总理水利营田府为请设河道以专责成事案内,玉田县添设管河县丞员缺,驻扎鸦鸿桥。"(2页,志中有水田数,无其记载。)

1958.3.4

二、清代之先世

1. 满洲与"外族"

满洲在明初为建州卫,建州卫为奴儿干都司一百八十四卫之一,在中国领土之内。努尔哈齐受明官爵,亲自朝明三次,是中国领地内少数族的头领。

何以我们用"外族"来处理满洲问题?

这是由于明朝当时认为这些边境上的少数族,属于"化外",认为他们"非我族类",所以在明朝一直认为是外族。满洲的入侵视为外族的入侵,与鞑靼、瓦剌相同,满洲的入主中原视为外族的入主中国,与蒙古、契丹相同。

我们根据明朝的当时情况,所以也用外族来处理,认为是民族矛盾、民族斗争。

2. 明太祖对辽左之态度

《明太祖实录》卷一百四十五,洪武十五年(1382)五月己酉朔,是月:"士卒馈运渡海有溺死者,上闻之,命群臣议屯田之法。谕之曰:'昔辽左之地,在元为富庶,至朕即位之二年,元臣来归,因时任之。其时有劝复立辽阳行省者,朕以其地早寒,土旷人稀,不愿建置劳民,但立卫以兵戍之,其粮饷岁输海上。每闻一夫有航海之行,家人怀诀别之意。然事非获已,忧在朕心。至其复命,士卒无虞,心乃释然。近闻有溺死者,朕终夕不寐。尔等其议屯田之法,以图长久之利。'"(20/145/7)

洪武二十四年(1391),建沈王府于沈阳,建韩王府于开元,二十五年(1392)建辽王府于广宁。

3. 女真之三部

海西女真——兀狄哈——金山以东,金山在开原西北,在海西境。当在

松花江南,牡丹江西。(?)或曰海西在松花江西,辽河东。(指明海西卫言)

野人女真——生女真——松花江以北,黑龙江之地。

建州女真——在辽东都司境内,当在松花江南,牡丹江东。

孟心史《明元清系通纪·前编》:"自明中叶以来,纪载涉东北夷,皆云女真。国初分为数种,居海西者曰海西女真,居建州、毛怜诸处者曰建州女真,极东最远者曰野人女真。"(18页)

4. 建州三卫

孟森《明元清系通纪·前编》:"建州三卫,皆缘事递嬗而生,在明廷初未划地授职。所因其归附而设卫者,只有最初之建州一卫。其设卫之地何在,乃与世所信为建州卫故地者相去甚远。"(42页)

建州右卫为王杲,与清先世无关。(42页)

建州左卫据明官书谓置于永乐十年(1412),《明实录》于永乐十四年(1416)始见建州左卫指挥使猛哥帖木儿之名。左卫地址最初在朝鲜之庆源府。永乐八年(1410),肇祖乘兀狄哈侵朝鲜,乃于中反侧取利。朝鲜庆源郡界内不堪其扰,遂废郡退守以避之。肇祖于是以其地纳于明,而设卫以处己,遂于建州本卫以外多一独当一面之局。始亦未正名为左卫,逐渐形成一独立之卫。而左卫之名,定于事实之发生,故《实录》不能书其设卫月日耳。至二十余年之后,朝鲜世宗李祹,乘肇祖父子被兀狄哈所杀,左卫无主,逐肇祖之子弟而去之,其子童仓逃还建州。(50—52页)

《明实录》正统三年(1438)六月:"建州卫掌卫事都指挥李满住,遣指挥赵歹因哈奏:'旧住猪婆江,屡被朝鲜国军马抢杀,不得安稳,今移住灶突山东南浑河上,仍旧与朝廷效力,不敢有违。'"(灶突山即《清实录》之虎栏哈达,虎栏华言灶突,哈达华言山也)(50页)建州卫至是而始定后来之局,未几左卫、右卫并住其地,遂为清代发祥之所。(50页)

建州卫、建州左卫既合居灶突山,左卫凡察又与肇祖之子董山互争卫印,久之至正统七年(1442)又增一右卫以为调停,而其辖地仍在灶突山一境——即兴京。按其史实,建州三卫只是一地。(前编52—53页)

明太祖洪武二十年(1387)设三万卫于斡朵里(珲春以东,46页)——建州始居之地,肇祖所居,一年因粮饷难继卫废,移开元,即开原。

明成祖复设建州卫于开元路——同时一部侵入朝鲜为左卫(50页),永乐末(二十二年,1424)去开元路旧址至鸭绿江西佟家江,今名浑江。

正统三年(1438)建州人自迁灶突山——兴京——左卫亦至。正统七年(1442)内部争印,又增右卫。

5. 建州三卫与女真迁徙

孟森《清朝前纪》(与孟先生后来之说不同):

建州三卫

　　永乐二年(1404)置奴儿干都司,凡一百八十四卫,建州卫在内。

　　永乐十年(1412)设建州左卫(清代祖先)。

　　正统七年(1442)设建州右卫。

女真三部

　　野人女真　黑龙江之南,松花江之北,今黑龙江省。

　　海西女真　金山(开原西北二百五十里辽河北岸)以东,松花江以南,
　　　　　　　牡丹江以西。今吉林省。

　　建州女真　松花江以南牡丹江以东。今辽宁省。

兀良哈三卫

　　朵颜　自全宁抵喜峰,近宣府。今热河境。

　　泰宁　自锦义历广宁,至辽河。今沈阳以南之辽西地。

　　福余　自黄泥洼逾沈阳、铁岭至开原。今沈阳以北至开原。

女真迁徙

　　永乐初(1403)　福余占开原,侵海西,海西北又为野人所侵。

　　永乐末(1424)　海西旧境渐为野人所入,海西女真入建州。

　　正统末(1449)　英宗北狩,海西女真之扈伦四部为野人所有,海西时
　　　　　　　　　在建州(? 再查)。

建州迁徙

　　洪武末(1398)　猛哥居斡朵里,今伊兰。

　　正统元年(1436)　李满住,居婆猪江即佟家江,近朝鲜,为忽剌温野
　　　　　　　　　　人所侵,欲移辽河、草河。

　　正统三年(1438)　李满住移灶突山(今新宾西)之东南浑河上,满住
　　　　　　　　　　死,董山承其业,为清室之始基。

媽　*ma*
因　*n*
朱　*chù*

1945.2.25

6. 清代先世世系

清代先世世系人罕知之,其原因有二:

一、年代久远,当时文化不发达,记载不详。

二、明待建州最厚,清人尽讳之,《明史》中务尽删没,而清代祧庙中永奉肇、兴、景、显四祖,致论清事者疑其世系之不确。清先世世系,惟孟心史先生博稽史料始大发明,心史先生自谓"可云前无古人"(《清史讲义》),实则可谓"后无来者"也。

甲、合各记载所详之清世系

一世　布库里庸顺　始受元代斡朵里万户职,清称天女所生,认为始祖。

二世　范察　清太祖自谓系天女所生子之后十世,始定范察为第二世,究竟为子为孙不能确定。

三世　童挥厚　姓童,至太祖乃作姓佟。

四世　童猛哥帖木儿　先袭万户,后归明,清称都督孟特穆,后尊为肇祖。

五世　充善　袭建州左卫长,以叛诛,明作董山。

六世　石豹奇　受都指挥,明作失保。

七世　福满　太宗建国为四亲之首,追尊兴祖,只见《清实录》为石豹奇之子。

八世　觉昌安　福满第四子,追尊景祖,明作叫场,原作觉常刚。

九世　塔克世　觉昌安第四子,追尊显祖,明作他失,原作塔世。

十世　太祖　塔克世长子。

乙、《清实录》所详之世系

一世　布库里雍顺　天女所生。命其姓为爱新。

二世

三世

四世　都督孟特穆　追尊肇祖

五世　充善　肇祖第一子

六世　锡宝齐篇古　充善第三子,原作石豹奇。

七世　福满　石豹奇子,追尊兴祖。

八世　觉昌安　福满四子,追尊景祖。原作觉常刚。

九世　塔克世　觉昌安四子,追尊显祖,原作塔失。

十世　太祖努尔哈赤　塔克世长子。

以上二表据孟心史先生《清史讲义》。

　　　案《太祖武皇帝实录》卷一:"三酋长息争,共奉布库里英雄为主,以百里女妻之,其国定号满洲,乃其始祖也。历数世后,其子孙暴虐,部属遂叛,于六月间将鳌朵里攻破,尽杀其阖族子孙,内有一幼儿,名范嚓,脱身走至旷野……隐其身以终焉。……其孙都督孟特木……"是范嚓是否为布库里英雄之子或孙或数世孙,均不可考,孟先生列之二世盖伪定之说耳。但孟特木为范嚓孙,决无可疑。

7.《清太祖武皇帝实录》所列太祖世系

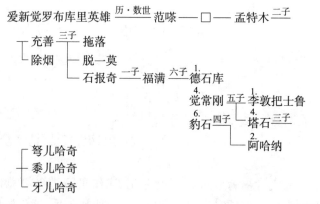

1939. 11. 8

8.《清史稿》所列太祖世系

《清史稿·太祖本纪》所列太祖世系

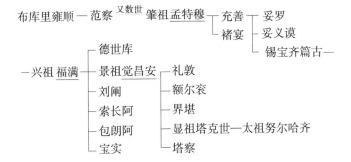

9.《清史稿》所列蒙哥帖木儿世系

《清史稿》所列猛哥帖木儿世系（列传九《阿哈出传》）

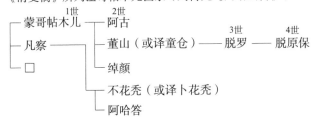

10.《清史稿》所列阿哈出世系

阿哈出事系(《清史稿》列传九《阿哈出传》)

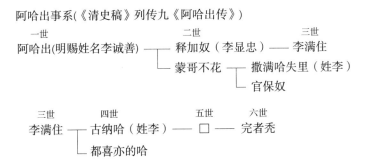

11. 清祖系之疑

　　金之亡在金哀宗天兴三年,即宋理宗端平元年,蒙古太宗六年,西 1234。

去宣德八年(1433)八月蒙哥帖木儿之死,凡200年。

宣德八年(1433),去奴儿哈赤之生,嘉靖三十八年,西1559,凡127年。

何以前200年传四世或五世(40—50年一世),而后127年传五世至六世(20—25年一世)。此点诸家未谈。

金亡而斡朵里改封,亦孟先生说。

12. 清先世与朝鲜及明朝之关系

据《明元清系通纪·正编》:

洪武二十四年(1391)　高丽实录恭让王瑶三年　十二月"兀良哈及斡朵里来朝争长"。斡朵里即清肇祖。

二十八年(1395)　朝鲜太祖李成桂四年　闰九月吾都里上万户童猛哥帖木儿等五人,来献方物。

建文元年(1399)　朝鲜定宗元年　正月……赐酒于……吾音会吾都里万户猛哥帖木儿……等。

永乐二年(1404)　朝鲜太宗四年　三月吾都里童猛哥帖木儿等三人来朝,……以吾都里猛哥帖木儿为上护军。……赐童猛哥帖木儿段衣一称,钑花银带一腰,及笠靴,命内臣馈之。

三年(1405)　朝鲜太宗五年　正月朝廷(明)使臣千户高时罗等,奉圣旨到吾都里地面,……吾都里童猛哥帖木儿不迎命。……遣(朝鲜遣)大护军李愉于东北面吾音会,谕童猛哥帖木儿以应变事宜,赐表里段衣一领。

四月　王教化的(明使)(如建州卫)等到吉州,先送伴人于童蒙哥帖木儿……等居处。猛哥帖木儿等云:"我等顺事朝鲜二十余年矣(据此则当在洪武十八年以前),朝鲜向大明交亲如兄弟,我等何必事大明乎?"

五月　童蒙哥帖木儿……等迎敕书,受彩段,教化的诱之也。……招谕猛哥帖木儿……等将赴朝廷。(此肇祖之权术,一方表忠顺于朝鲜,一方早由阿哈出通款于明。)

九月　童猛哥帖木儿同王教化的入朝京师。

四年(1406)　朝鲜太宗六年　三月贺正使姜思德等回自京师(北京),通事曹显启曰:"吾都里万户童猛哥帖木儿等入朝,帝授猛哥帖木建州卫都指挥使(正三品),赐印信,钑花金带。"

永乐三年九月己酉《朝鲜实录》书:

计禀使通事曹士德回自京师,启曰:"童猛哥帖木儿事。皇帝宣谕内:'……猛哥帖木儿,皇后之亲也,遣人招来者,皇后之愿欲也。骨肉相见,人之大伦也。……皇亲帖木儿,何关于汝乎?'"

　　　此所谓皇后,固系朝鲜从俗混称,但称皇亲,则必后宫有兄弟子侄等关系。或猛哥自有姑姊妹等入宫得幸也。

孟森《清史讲义》:"……其后(充善以后)驯伏无扰,直至太祖在建号天命之初对明犹朝贡不辍。太祖身自朝明者三次[1],皆见《明实录》。明宠以高官,既为都督,又进龙虎将军[2],则《清实录》亦自载之。而又自谓与明为敌国,自古未敢臣服则徒自失实,烦史学家为之纠摘,于清实无加损也。"(13页)

　　　孟氏《明元清系通纪》至嘉靖三年为止,其后稿成未印。

[1]万历十八年(1590)四月,二十六年(1598)十月,二十九年(1601)十二月。

[2]《明史》七十二《职官志一·兵部下》:"……凡武官六品,其勋十有二。散阶三十。岁凡六选。"原注:"正二品初授骠骑将军,升授金吾将军,加授龙虎将军。……"

13. 明初辽东女直人来归

《明太祖实录》卷一百七十五,洪武十八年(1385)九月庚申朔,甲申:"女直高那日、捌秃、秃鲁不花三人诣辽东都指挥使司来归。自言高那日乃故元奚关总管府水银千户,捌秃、秃鲁不花乃失怜千户之部人也。皆为野人获而奴之,不胜困苦,辽东乐土也,愿居之。乞圣朝垂恩,得以琉璃珠、弓弦、锡、蜡遗野人,则可赎八百余家,俱人辽东。事闻,赐高那日等衣人一袭,琉璃珠五百索,锡五斤,弓弦十条。"(24/175/3)

1949.5.2

14. 清代祖居——斡朵里在朝鲜之证据

一、《清太祖实录》斡朵里在长白山东,而赫图阿喇即后名兴京者,在其西千五百余里,是斡朵里实在朝鲜东北界。(《通纪·前编》45页)

二、朝鲜北境,在金元时实系女真地,明初尚然,永乐后始以赐朝鲜。

（《前编》45 页）

三、《明实录》洪武二十一年三月辛丑，徙置三万卫于开元（此开元孟心史先谓应作开原，下同，谓徙置后地也）。先是诏指挥佥事刘显等至铁岭（鸭绿江上源，朝鲜地）立站，招抚鸭绿江以东夷民。会指挥佥事侯史家奴，领步骑二千，抵斡朵里立卫，以粮饷难继，奏请退师，还至开元。野人刘怜哈等集众屯于溪塔子口（开元治即金之黄龙府，为隆州之旧名，在混同江岸，与开原之在辽河流域者相距颇远。又 46 页开元在珲春以东），邀击官军，显等督军奋杀百余人，败之，抚安其余众，遂置卫于开元。（《通纪·前编》45 页，注见 43 页）

四、《元史地理志》："开元路……治黄龙府。"《金史地理志》："隆州……辽太祖时有黄龙见，遂名黄龙府。……县一利涉（注曰……有混同江、涞流河）。"

五、《东国舆地胜览》卷五十《庆源都护府下》云："训春江，源出女真之地，至东林城入于豆满江，斡朵里野人所居。"（《通纪·前编》46 页。豆满江即图门江，亦作图们、豆漫，以移兰豆漫所聚居而得名。移兰即女真语"三"，豆漫即女真语"万户"。其地原以三万户得名。37 页）

六、《朝鲜地理志》："会宁都护府，本高丽地，俗称吾音会，胡言斡木河，童猛哥帖木耳乘虚入居之。"（《清实录》之鳌莫辉、俄莫惠、鄂谟辉，皆吾音会。《前编》51 页）

15. 满洲与诸申

天挺读藤冈胜二所译《满文老档》，凡称满洲处多用 gušen 字，其满洲字待查（5,8,30,31,45,148,431 等页均有），当即太宗时禁用之珠申、诸申 Chu-Shên。此字当从女真 gu-chên, gusjen 而来，或肃慎 Su-shên 而来。待求语音上之证据。

满洲在《老档》亦有称 manju 者（30 页），或系后来太宗所改。

满洲亦有称 Aisin（爱新）国者（722 页），当为初改之号。

1947.4.22 北平

16. 满洲名义之起源前论

此段应另作，应加新材料，如《满文老档》等。三十六年四月二十四

日天挺北平

称东三省为满洲,始自清末日本人,康熙三年《东华录》:"十二月壬午,改奉天所属锦县为锦州府。"

光绪三十三年改省,始有东三省之名。

清代满洲与汉人对称。如"满汉部院大臣"、"满汉酒席"、"满汉饽饽"。决非地名。

满洲又与蒙古对称。如"满洲正黄旗人"、"蒙古正红旗人"之类,似是地名,其实仍属种族之称;因汉军旗人亦称"汉军正白旗人",与蒙古、满洲对举,其非地名可知。

满洲之称始于清太宗天聪九年(西1635)(《太祖实录》成)。以前无此年号、国号。在以前惟太祖天命元年(1616)前三年(1613)《满洲老档》中有满洲字样。疑是满文酋长之称,与国号无关。

(1)近人称东三省为满洲然否?

(2)满洲之称所自始?

(3)满洲名义所自来?

天聪元年四月《东华录》:"我师既克广宁,诸贝勒将帅遂欲进山海关,我皇考曰:'……因欲听汉人居山海关以西,我自居辽东地方,满汉各自为国,故未入关而返。'"

又有"我满洲世居辽东"之语(出典待查),可证满洲非地名。

我们在旧日载籍及民间习俗上证明了满洲二字在清代只是与汉族对待的名称,并非专指某一个地方——如东三省。称东三省为满洲为清末之事。

满洲二字之发现最早为天命前三年——万历四十一年(西1613)之《满文老档》。

17. 满洲名义之起源

满洲名义之来源,其说有四:

一、国名　《太祖武皇帝实录》:"三酋长息争,共奉布库里英雄为主,以百里女妻之,其国定号满洲,乃其始祖也。"注:"南朝误名建州。"

二、部族名　清代《钦定满洲源流考》卷一云:"按满洲本部族名,以国书考之,国书本作满珠,二字皆平读。我朝光启东土,每岁西藏献丹书,皆称曼殊师利大皇帝。翻译名义曰曼珠，华言妙吉祥也。又作曼殊室利大教王，经云：释迦牟尼师毗卢遮那如来，而大圣曼殊室利，为毗卢遮那本师。殊珠音同，师室一音也。当时鸿号肇称，实本诸此。今汉字作满洲，盖因洲字义近地名，假借用之，遂相沿耳。实则部族而非地名。"

三、地名　稲叶君山《清朝全史》以为满洲之名出于伪造，并非其地固有之名称，清朝发祥之地为建州，故改其名为满洲。近人傅斯年《东北史纲》申其说以为满建二字为叠韵，故改建州为满洲。

四、尊称　孟森《明元清系通纪·前编》："《隋书》始以'勿吉'之音谐为'靺鞨'（《隋书》八十一《靺鞨传》），亦曰即古之肃慎氏，所居多依山水，其渠帅曰'大莫弗瞒咄'。《北史·勿吉传》同。《唐书·黑水靺鞨传》言其酋曰'大莫拂瞒咄'。以女真语释之，女真呼长老曰'马法'，今满语犹然。《武皇帝实录》载朝鲜国王与太祖书，犹称'建州卫马法足下'，犹言建州卫酋长云尔。'马法'即《隋书》、《北史》及《唐书》之'莫弗'或'莫拂'。……而瞒咄则其尊称。隋唐时已有佛号，夷俗信佛尤笃，文殊之称，信为佛之最尊，而即以尊其渠酋，瞒咄即曼珠，……为酋长之尊称。至明而建州卫最大之酋长，为李满住。李为明廷所赐之姓，满住则明代皆认为其酋之名，其实非也。……《栅中日录》……言，约和后军始下山饮水，胡将仍言，此事当到城见满住后许令还国。则当时太祖已称天命四年，而将士尚称之曰满住，可知满住为建州最尊之号，而李满住在前此百数十年，其称满住即非其名，而为建州酋长之称矣。隋唐时之瞒咄，明时之满住一也，同为君之尊称。……建州曾称为满珠部落（案其义谓满住所主之地域也），……对其部落以外曰我满珠如何云云，犹中国人言奉皇帝诏旨云云。"

案，孟先生所谓尊称盖即中国大皇帝陛下之陛下，大总统阁下之阁下，西洋文之 title，如 H. E. Ambassador 之 H. E.。

案，以上四说皆有未安。二说既谓是佛号非地名，而又云本部族名，且清代以前亦无此部族名，此可议也。三说假造满洲二字以代建州，其说似矣，但何以不用其他字而必用满洲？其说亦不圆。傅斯年以建满为叠韵，亦未确。罗莘田云建在愿韵，读为 Kjǐɐn；满在缓韵（均依《广韵》），读为 muan，并非叠韵但同为山摄耳。四说最近，但谓文殊为佛之最尊称，即以尊其渠酋，亦未必然。窃疑《隋书》所谓其酋曰"瞒咄"必有所本；其后知佛号中有文殊位甚尊，遂取来附会瞒咄译音，以欺迷信佛法之民族，如西藏等；但佛号中国知之最悉，不能以相欺，故清太宗改为音近之满洲,兼以避去建州之名。

瞞咄 ── 满住 ── 满珠 ── 满洲

曼殊　文殊

原始的　　　　　　　自然的　　　　　　　　　　　人为的,假借的

酋长个人之尊称──推而为酋长管辖区内之人之泛称──强以为种族之称──误而为地名

18. 清代之种族

孟森《清史讲义》:"惟清之先,以种族论确为女真;以发达言,称王称帝实已一再。肃慎与女真,古本同音,中间以移殖较繁之所在,就其山川之名而转变,遂为挹娄,为勿吉,勿吉又为靺鞨,唐末仍复女真。……唐时成渤海国,……由唐开元十七年(729)乙巳,……至后唐同光三年(925)乙酉为辽所灭,传国一百九十七年。……未几又乘辽之衰,与辽代兴。金一代自有正史位置。……元能灭金,不能灭女真之种,仅驱还女真故地,……有五万户之设。其中斡朵怜万户,后遂为建州女真。……元亡归附于明,明就其建州部落之名,授以土官卫职,而即名建州卫。"(6—7页)

清高宗《御制全韵诗》,自注谓满洲为部族名。此族名古未闻。(《太祖武皇帝实录》又称"其国定号满洲"。)

清代又自谓与金一源。清太祖尝自称后金,东三省石刻牌匾用后金年号者甚多。又《明史钞略》万历四十七年:"建州进号后金皇帝,改元天命,指中国为南朝。"(《显纪四》,32页)则必与金同一种族。

明沈国元《皇明从信录》四十,戊午万历四十六年闰四月:"奴儿哈赤归汉人张儒绅等,赍夷文请和,自称建州国汗……"又己未五月:"朝鲜方咨报奴酋移书声吓,僭号后金国汗,建元天命,指中国为南朝,黄衣称朕,意甚恣。"

《金史》卷一《世纪》:"金之先,出靺鞨氏。靺鞨本号勿吉。勿吉,古肃慎地也。"此可证清之种族属于肃慎。

旁证。《东华录》(王氏)天聪九年十月庚寅:"谕曰:'我国原有满洲、哈达、乌喇、叶赫、辉发等名,无知之人往往称为诸申。诸申乃席北超墨尔根之裔,与我国无涉。今后一切人等止许称我国满洲原名。'"

"诸申",《满洲源流考》作"珠申",谓肃慎之转音。疑此举盖因已定满洲之名,不愿人民更称旧号;民间既有此旧号,则必有其来源,可证其族出于肃慎也。

一、满洲为其部族之原始名之说不可信

二、就清代自谓与金同源可证其为肃慎……证一

三、就后金建号可证其为肃慎……证二

四、就清初禁用诸申名可证其为肃慎……证三

商周,肃慎;后汉、三国,挹娄;晋,肃慎;北魏,勿吉;隋、唐,靺鞨;唐中叶,渤海国;唐末、五代,女直;辽,女直(避辽兴宗讳改女直,兴宗名宗真);金、元,斡朵怜万户;明,建州卫。

19. 清代之祖居

一、清人自承之祖居

《清太祖武皇帝实录》卷一:"长白山高约二百里,周围约千里,此山之上有一潭名他们,周围约八十里,鸭绿、混同、爱滹三江俱从此山流出。鸭绿江自山南泻出,向西流,直入辽东之南海。混同江自山北泻出,向北流,直入北海。爱滹江向东流,直入东海。此三江中,每出珠宝。……

满洲源流

满洲原起于长白山之东北布库里山下一泊,名布儿湖里。初,天降三仙女浴于泊,长名恩古伦,次名正古伦,三名佛古伦。浴毕上岸,有神鹊衔一朱果,……色甚鲜妍,佛古伦爱之,……其果入腹中即感而成孕。……佛古伦后生一男,生而能言,倏尔长成。母告子曰:'天生汝,实令汝为夷国主,可往彼处。'……彼时长白山东南鳌莫惠(地名)鳌朵里(城名)内,有三姓夷酋争长,……三酋长闻言罢战,同众往观。及见,果非常人,异而诘之,答曰:'我乃天女佛古伦所生,姓爱新(华言金也)觉罗(姓也),名布库里英雄。……三酋长息争,共奉布库里英雄为主,以百里女妻之,其国定号满洲,乃其始祖也(南朝误名建州)。历数世后,其子孙暴虐,部属遂叛。于六月间,将鳌朵里攻破,尽杀其阖族子孙,内有一幼儿名范嗏,脱身走。……于是范嗏得出。……其孙都督孟特木,生有智略,将杀祖仇人之子孙四十余,计诱于苏苏河虎栏哈达(山名)下黑秃阿喇(黑秃华言横也,阿喇山也),距鳌朵里西千五百余里,杀其半。……于是孟特木居于黑秃阿喇。"

王氏天命朝《东华录》"鳌莫惠"作"俄漠惠",注曰"一作鄂谟辉";"鳌朵里"作"俄朵里",注曰"一作鄂多理";"苏苏河"作"苏克苏浒河",又于苏浒下注曰"二字或作素护";"虎栏哈达"下注曰"或作呼兰";"黑秃阿喇"作"赫

图阿喇",并注曰"后称兴京"。

又"长白山东南鳌莫惠",《东华录》作"长白山东",无"南"字。"距鳌朵里西千五百余里",《东华录》作"四千五百余里","西"作"四"。

20. 建州所在之又一说

明赵辅《平夷赋》有《序》(《纪录汇编》卷三十九):"建州三卫世为女直,东方之黠虏也。……永乐间,开原降虏杨木荅户者悖逆,率众数百骑往投之,其党类遂滋,日浸强悍,……一岁间寇边者九十七次,杀虏人口十万余,皇上(宪宗)震怒,乃兴问罪之师。……俱以成化丁亥秋九月二十日又四日,兵分五路,深入虏地。左掖右哨出浑河、柴河,越石门、土木河至分水领;右掖右哨由鸦鹘关、喜昌口过凤凰城、黑松林、摩天岭至泼猪江;中军自顺抚(应作抚顺?)经薄刀山、粘鱼岭,过五岭,渡苏子河至古城。期以是月二十有九日大兵起烽。……寻有遁寇指挥张额的里率其妻赴军门,哀词乞降,且曰……太宗东征至凤凰城而止,亦未尝入吾境土……。予惟建州之地,东南接鸭绿江朝鲜,正南则三江月虎城,正东则毛怜卫七姓野人、黑龙江奴儿干诸夷,东北泊北率皆海西四百余卫野人女直卤,此又泰宁、富峪、朵颜三卫之虏贼也,而建州实处其中,左右前后尽为夷狄……"(1—2页)

1932. 1. 20

21. 清代祖居——建州女真

孟森《明元清系通纪·前编》:"女真在明世为三种(海西、野人、建州),而建州女真为清之正系。……建州女真之称由来已久,……辽移建州治灵河之南,后再移灵河之北,灵河即凌河,在今蒙古喀喇沁、土默特二旗之间,当明兀良哈境内。金元相承皆有建州,皆即此辽时移置之建州。《元一统志》有故建州,在上京之南……正长白宁古塔等地(?),谓之故建州,以别于辽金元之建州,……故建州亦曰东建州。马文升《抚安东夷记》:'……老营者,朝廷岁取人参、松子地也,名为东建州,初止一卫,复增左右二卫。'……"(35页)

又:"建州故地,其东偏本为清之发祥地,然明代竟划入朝鲜。而西偏之呼尔哈部地(宁古塔河附近),转为建州三卫所麇聚,渐向西向南蔓延。……其地界则东南抵鸭绿江,西抵抚顺边,皆为建州女真盘据之所,其地皆明之

辽东都司所辖。"（37 页）

《名山藏》："……斡朵伦卫，永乐十一年置。"（《通纪·前编》20 页）

孟森曰："斡朵伦乃清始祖布库里雍顺所居之地。"（《通纪·前》38 页）

22. 嘉靖时所记之女直

明魏焕《九边考》卷二《辽东边夷》："女直初号女真，后臣属于辽，避兴宗讳改曰女直，即古肃慎地，在混同江之东。东滨海，西接兀良哈，南邻朝鲜，北至奴儿北海。部族散居山谷，至阿骨打始大，易部建国曰金，灭辽都渤海，金亡归元。永乐元年，野人头目来朝，悉境归附。自开元以北，因其部族所居，制奴儿干都司一，建州毛邻等卫一百八十有四，兀者隐勉赤等所一十有四。其酋长为都督、指挥、千百户、镇抚等职，给之以印，俾以旧俗统厥属。每年一朝贡，每贡都督许带一十五人，共一千五百人。建州毛邻则渤海大氏遗孽，乐作种，善缉纺，饮食服用皆如华人，自长白迤南可拊而治也。海西山寨之夷曰熟女直，完颜之后，金之遗也。俗尚耕稼，妇女以金珠为饰，倚山作寨，聚其所亲居之。居黑龙江者曰生女直，其俗略同山寨，数与山寨仇杀，百十战不休。自乞里迷去奴儿干三千余里，一种曰女直野人，又一种曰北山野人，不事耕稼，惟以捕猎为生。诸夷皆善驰射，虽通职贡，时加抢掠，居民苦之，但较之三卫（兀良哈）则少差耳。"

魏焕，嘉靖己丑进士（今年适值己丑，相去四百二十年），文内所谓"奴儿"谓"奴儿干都司"。三十八年六月十九日

23. 太祖初起明方之布置

布置（《皇明从信录》）：

辽镇总兵　李如柏　　广宁

　　　　　杜松　　　山海关

　　　　　刘綎、柴国柱　入京调度

　　　　　杨镐　经略——辽阳——沈阳

　　　　　汪可受　辽蓟总督

　　　　　顺天抚臣　移住山海

　　　　　保定抚臣　移住易州

陈王庭　　巡按开原

24. 满洲为国名之说

以"满洲"为国名之说：

一、始自宋末元初

《清太祖武皇帝实录》："……三酋长息争，共奉布库里英雄为主，以百里女妻之，其国定号满洲，乃其始祖也。"（注"南朝误名建州"）。

> 天挺案，《实录》清肇祖为范嗏孙，范嗏为布库里英雄数世后之子孙，据孟心史先生，肇祖在洪武二十四行事已见《实录》之说，则布库里英雄当在宋末元初（以布库里英雄至肇祖凡五世计之。布库里英雄——□——范嗏——□——肇祖，每世相距二十年，应为八十年，自洪武二十四年[1391]上溯八十年为元武宗至大四年[1311]；若每世以二十五年计，应为百年，自洪武二十四年上溯百年为元世祖至元二十八年[1291]；若以三十年一世上溯一百二十年，则为南宋度宗咸淳七年[1271]；若以六世七世计则更远矣）。（《清史稿·太祖纪》不采国名始自布库里雍顺说，而以满洲为部族名始自其时。）

1939.11.2—5

25. 清入关后西藏对清廷之称谓

《西藏考》（撰人未详，纪事至乾隆元年止，见《仰视千七百二十九鹤斋丛书》，《丛书集成》排印本共四十七页）："布鲁克巴在西藏西北，……两家贡使于甲寅年（雍正十二年）正月……前赴京都，各有奏书。布鲁克巴奏书：天下含生共戴满主西天大主明鉴，……噶毕东鲁卜奏书：天下含生共戴满主西天大主明鉴，……惟有……祝满主西天大主万万年耳。……此皆满主西天大主怜悯再造之恩也。……"（2—4页）

> 案，此"天下含生共戴满主西天大主"之称系乾隆以前译名，满主当即满洲主，此可证乾隆谓满洲之名源于曼殊师利之非。二十九年一月二十九日灯下。

> 又案，《卫藏通志》（撰人未详，或谓和琳所辑，非也，余疑其为松筠幕府所辑）卷十五亦引此两奏，但一译曰"天下含生共戴满洲西土大

主"，一译曰"天下含生共戴满洲西土大皇帝"。翌日又记。

26. 清顺治时自论与金代之关系

《东华录·顺治二十八》顺治十四年正月："戊午，谕礼部：金代帝陵向在房山县地方，历有年所，迨至明季国运衰微，因我朝克取辽东，误疑金代陵寝王气相关，遂将陵后地脉掘断。又因己巳年我太宗皇帝统师入关，追念金代先德，特遣王贝勒大臣往陵告祭，乃故明复将陵前石柱等折毁，建立关帝庙镇压风水。朕思天祚本朝，于金何与。故明不思运数有归，辄毁及金朝陵寝，愚诞甚矣。除金太祖、世宗已入帝王庙祭祀，其陵寝照旧守护，地方官春秋致祭外，尔部即遣官前往房山看视金陵周围，如切近处所果有毁坏，即酌量修整。仍撰文一道叙述缘由，祭告立碑以志不朽。其关帝庙仍旧留存。"

据此谕可知：明代时上下均知清之先代与金代有关，清太宗亦自知其先代与金代有关。而谕中"于金何与"盖当时已得中原欲讳之矣。

乾隆《东华录》八十六，乾隆四十二年八月壬子谕。(《满洲源流考》缘起)论与金关系。

顺治二年正月，命房山县知县祭金太祖、世宗陵时，于常用祭品外加太牢一。是年二月，复命房山县知县祭金陵。自后岁以春秋仲月或岁一祭，或岁二祭，皆以知县将事。《清文献通考》一百二十。(《十通》本，《考》，5893页)

1941.5.27

27. 清代祖居——康乾所推定之俄漠惠所在

康熙敕撰《皇舆表》卷二："俄朵里城在兴京(辽宁新宾县)东北一千五百里，四至莫考。"(《明元清系通纪·前编》，8页引)

乾隆自指发祥地在宁古塔附近，以今敦化县为鄂多理，而于其左近，觅一俄漠惠音近之地以实之，此所觅得之俄漠惠，仅从康熙内府舆图中，按其字音摸索而得。(《明元清系通纪》引，8页)

孟森曰："清代康雍乾三世，追维王迹，发扬先绪，极欲考寻俄漠惠及俄朵里所在，止知向明代之女真地域内搜求，不知元代之女真实有朝鲜东北境镜城之地。敦化在长白山北，非长白山东。"(同上，8页)

28. 清之祖居——俄漠惠所在

孟森《明元清系通纪·前编》:"清代帝王欲追溯其祖宗之王迹,乃于辽东边外松花江流域,妄指地名为俄漠惠、俄朵里以实之。又以三姓之说,牵合松花江上之三姓地,附会愈多而愈不合。其实最初传说……俄漠惠地之俄朵里城,确在长白山之东南,……实在后来之高丽境内,并非松花江流域也。日本人考得朝鲜镜城之斡木河,实当《清实录》之俄莫惠,其说最确。……高丽北部之地,在元代实为版图以内开元等路之地,元初设斡朵怜万户府,即设长白山之东,清为斡朵里部族,实始于此,证以《元史》及《明实录》,地望乃定。"(4页)

1. 双城子
2. 黑龙江
3. 松花江
4. 开原
5. 牡丹江
6. 宁安、宁古塔
7. 敦化
8. 长白山
9. 会宁
10. 农安县
11. 依兰
12. 珲春

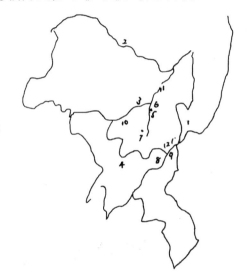

29. 明初建州女真居地之迁徙

徐中舒《明初建州女真居地迁徙考——兼论元代开元路治之所在》(《中央研究院历史语言研究所集刊》第六本第二分,页 163—192,民国二十四年九月作,二十五年出版)

旧建州之所在

"据《明一统志》及《辽东志》所引《元志》云:

'混同江俗呼松阿哩江,源出长白山,北流经旧建州西五十里,会诸水东

北流,经金故上京,下达五国头城北,又东北注于海。'

'海兰河在沈阳路,经旧建州东南一千里,入于海。'

'上京之南曰建州。'

据此数地推之,所谓旧建州或建州,当在今松花江之东,阿勒楚喀城(金之上京)之南,而海兰河之西北,约在今吉林省会迤东之地。盖此时之建州(元),已由绥芬河流域而迁于松花江东岸矣。"(163 页)

池内说误

"日人池内宏谓建州部族初居于吉林省会之东,其后乃迁于三姓之地,其说虽与此合,而实误甚,不可不辩也。"(164 页)

明初建州

"考元代旧建州,虽已迁于松花江流域,但明初设卫之地则仍在今朝鲜之东北境,及绥芬河流域一带。"(164 页)

"《明实录》载建州卫之设,在永乐元年十一月。"(164 页)

"《朝鲜实录》太宗四年(1404,永乐二年)四月丁酉条云:'……帝遣王可仁于女真,欲设建州卫……'"

明初往建州必由朝鲜

"此时明廷使臣之至建州卫者,皆由朝鲜境内前往。《朝鲜实录》太宗四年下载:

'六月己卯,辽东千户三万卫千户赍敕谕及赏赐与杨内史偕来,随后而入,盖以向建州卫也。'

'甲申,辽东千户等至阙(即朝鲜王廷)告辞,以向建州卫也。'

此时……明廷赐此二人(阿哈出、猛哥帖木儿)敕谕抚赏等,亦由朝鲜境内前往。……诸卫必在朝鲜东北之近境,不然,明廷招谕之使必不迂迴朝鲜境内前往也。"(165 页)

建州名称之来源

"东北地名每随部族迁移,而故地名称仍可沿用不废。此建州卫之设必为沿用渤海之旧称也。(166 页)渤海建州属率宾府,见《新唐书·地理志》。"

元代建州部族之居地箭内亘之说

"明初之建州卫,原为继承三万卫而设。三万卫乃由三万户得名。据朝鲜记载,阿哈出原为火儿阿万户,猛哥帖木儿原为斡朵里万户,与托温酋长卜儿阔并称三万户。……(《龙飞御天歌》)注:

'……斡朵里地名,在海西江之东,火儿阿江之西。火儿河亦地名,在二江合流之东……'

……海西江即松花江,……火儿阿江即胡里改江,今谓之呼尔哈河。据日人箭内亘之意见:火儿阿在二江合流之东,即今吉林之依兰(即三姓之地);斡朵里在松花江东,呼尔哈河西,即三姓对岸地。……其说……不无可以商榷之处。"(167 页)

斡朵里所在

"又据《辽东志》载,斡朵里城之方位云:……

据此所载,斡朵里城在东京城北(吉林),呼尔哈河西岸,……疑即今吉林宁安,即宁古塔城北之萨尔湖城即其地。"(168 页)

"以上斡朵里、胡里改、托温诸地,……均不越呼尔哈河流域。"(169 页)

明初建州部族之居地

"当元之末造,辽东骚乱,……物资来源断绝,此汉化女真生活之窘迫,自不待言,其势不得不沿呼尔哈河流域而南迁于高丽近境图们江外诸地,仰赖高丽而居。"(170 页)

"洪武二十一年明廷设三万卫于斡朵里,……据《东国舆地胜览》卷五十'庆源山川'条云'训春江源出女真之地,至东林城入于豆满江,斡朵里野人所居';训春江即珲春江,其地在图们江迤北,当元明之际,斡朵里部族实居于此。"(170 页)

旧开原之所在

"案:明代所谓开原皆指《元史·地理志》之咸平府治而言,即今之开原。其旧开原则在今俄属东海滨省之双城子,俄人谓尼古里司克城,《朝鲜实录》称为东开原,其《地理志》及《东国舆地胜览》则称为巨阳城,或开阳城,以巨与开、阳与原,鲜人声读相同也。"(173 页)

建州部族之迁徙

"明初建州阿哈出、猛哥帖木儿两部族,尚居于朝鲜东北近境图们江外诸地,……及建州卫既设之后,阿哈出部族旋即迁居于辽东开原近境之凤州。"(179 页)(凤州即《辽东志》之房州,又作坊州,《朝鲜实录》之奉州。日人稻叶岩吉以辉发河北岸之胖色城拟其地,或近是。)

"自阿哈出部族迁居凤州以后,建州女真之居于图们江外者,益为单弱,而斡朵里部族又素与兀狄哈互相仇杀,至是遂不得不移居于朝鲜图们江内之会宁之地。"(182 页)(猛哥人居会宁,当在朝鲜太宗元年至五年,即中国建文三年至永乐三年,西历 1401—1405。)

建州兀良哈

"明代记载,每区分女真为三种(海西、建州、野人),……凡此皆明代中叶以后,就政治上之便利,漫为区分之辞。既非女真自有之名,明初亦无此等分别也。《朝鲜实录》称建州阿哈初部族及毛怜卫部族,并曰兀良哈;而建州猛哥帖木儿部族则曰斡朵里,斡朵里之得名,据《朝鲜实录》世宗二十二年八月丁丑条云:

'吾都里亦是女真之种,只以居吾都里城,故因以为号耳。'

此吾都里即斡朵里之转音,……《朝鲜实录》有时亦称之曰斡朵里兀良哈。……女真语凡林木丛茂处谓之'兀狄','哈'人也,即林中人之意。……据《华夷译语》,兀良哈亦为林中人之意,清人谓之乌梁海,……据此兀良哈与兀狄哈在生活上并无若何区别,……"(190—191 页)

1939.11.8—9

30. 满洲强大之故

满洲所以能强大之因素:

一、由于人　太祖及其所用文武。

二、由于制度　八旗。

三、由于知道文化之重要　创制文字。

1947.4.30,北平

此六年前一九四七年之所见也,强调个人、强调制度而不知从经济生产分析,满洲之所以能强大:

一由于在其邻近有文化较高之中国与朝鲜,使其社会急遽发展,由有氏族残余的奴隶社会一变而入封建社会,生产提高,促使其内部团结,有余力向外发展。1953.5.11　臆说待证

31. 建州女真附近诸图

建州女真附近诸图，
据和田清说

1. 尚阳堡	7. 上夹河	13. 王家堡子
2. 抚顺	8. 清河*	14. 横道川
3. 大甲邦	9. 烟筒山	15. 连山关
4. 萨尔湖	10. 太祖居城	16. 通远堡
5. 界藩	11. 兴京	17. 凤凰城
6. 赵家堡子	12. 新宾堡	18. 宽甸

32. 弩尔哈齐

弩尔哈齐　满洲音作 Nurhaci

清太祖之特异于众者,其武勇而外,一、有坚强之意志,如其人之艰忍,不中途改变,个性极强。二、不放过机会。

33.清太祖初时与之争衡诸人

据《东华录·天命一》:

尼堪外兰(苏克苏浒部)　德世库　刘阐　索长阿　宝实等子孙(诸人皆兴祖子)

谐米纳奈喀达(撒尔湖城)　李岱(浑河部)　万汗(哈达)

龙敦(索长阿之子。可疑)　萨木占(太祖之继母弟)　阿海巴颜(董鄂部)

哲陈部　苏克苏浒部　浑河部　哲陈部

以上皆在万历十一年(1583)至十五年(1587)。

34. 满清初起东北各民族

日本平凡社《东洋中世史》第四册《明代史》第四编第七章(和田清著):

(野人)"满洲初起时,东方最远之东海窝集(wêji)部,即今松花江下游之库尔喀部(Khurkhe),及南方间岛方面之瓦尔喀部(Warkha),当时统称野人女直。"

天案,今地理书谓瓦尔喀人奉萨满教,以渔猎为生,愚蠢简陋,喜用鱼皮为衣,俗称"鱼皮鞑子",又因其善捕貂,清代岁以所捕入贡,又称为"贡貂部",一称"黑斤"。住牡丹江江西北一带。牡丹江又名瑚布哈河。日本人所谓"间岛",指图们江(即豆满河)之西和龙一带。上文所述之窝集,区域无乃太广?

(建州)"建州女直据沈阳、辽阳以东山地,分数部。"(506页)

(海西)"海西女真占居今之长春、哈尔滨周近中心区及北满之沃土,南达开原,其势最盛。就中,哈达部(Hada)据开原广顺关之东哈达河上;叶赫部(Yehé)据镇北关之北,叶赫河畔;乌拉部(Ula)据今吉林之北乌拉街;辉发部(Hoifa)据辉发河上游之扈尔奇山城(Hurki)。所谓呼伦(Hulun)四部云。"(506页)

"南关哈达与北关叶赫最近明边,扼交通之冲要,以故威势最振。正德中,叶赫大酋楚孔格(Chüköngge)叛明,为哈达酋长旺住外兰(Wangju

Wailan)所捕杀,由是哈达益得明之保庇,渐并叶赫之地,势益张,旺住外兰为部下所杀。嘉靖末,其侄万汗(Wan Han)嗣立,事明益恭。万汗即明代记载海西南关之王台。《东夷考略》云:'当是时,台所辖东尽灰扒(辉发)、兀剌(乌拉)等江,南尽清河建州,北尽二奴,延袤几千里,内属保寨甚盛。'其所谓二奴,指叶赫楚孔格之孙逞加奴(ChingChianu)与仰加奴(YangChianu)也。"(506页)

"建州左右卫在浑河流域,建州卫在浑江流域。"(506页)

案,浑河在西,汇辽河,入辽东湾。浑江在东,汇鸭绿江,入黄海。浑河流域,沈阳、辽阳是也。浑江流域,通化、桓仁是也。

此编昭和九年(1934)十月和田清著。

1950.5.21

35. 满洲入关前附近诸国一

《满洲实录》卷一:"时各部环满洲国扰乱者,有:

苏克素护部(Suksuhu,苏克素护河即苏子河流域,为浑河上游)[1]

浑河部(Hunehe,浑河本流之南,抚顺关之东,太子河上游之北)

完颜部(Wanggiya,佟家江上游,富尔江口东北之王家堡子至通化城一带)

栋鄂部(Donggo,佟家江中流,横道川即翁鄂洛城)

哲陈部[2](Jechen,浑河上游英额河流域,兆嘉城即今赵家堡子)

长白山,讷殷部

鸭绿江部

东海,窝集部(Weji)

瓦尔喀部(Warka)

库尔喀部(Kuika)

呼伦国(Hulun)中(即朝鲜史料中之忽剌温 Hu-la-wen,火剌温 Huo-la-wen)

乌拉部(Ula,松花江上游,今吉林永吉北乌拉街附近)

哈达部(Hada,开原南关之东,今小清河上游流域)

叶赫部(Yehe,开原北关之北,今大清河支流叶赫河流域)

辉发部(Hoifa,松花江支流辉发河流域)

各部蜂起,皆称王争长,互相战杀,⋯⋯太祖能恩威并行,⋯⋯削平诸部。"
[1]扎喀即今上夹河,其下游入哲陈部。
[2]哲陈为满洲语 Jechen 之对音,"境界"之意也。稻叶君山以为为蒙古语 Setsen(聪明)之音译,非也。

哲陈部在苏克素护部、浑河部之北,即建州女真最北端,其北即扈伦四部,故称哲陈(境界)也。

以上据和田清《满洲诸部之位置に就いて》,见《东亚论丛》第一辑——《近代支那研究》,昭和十四年(1939)东京文求堂印行。

和田此说与稻叶君山不同,又驳刘选民《清开国初征服诸部疆域考》(《燕京学报》二十三期 135—150 页),其所据新材料为朝鲜申忠一之《书启附图记》,见《研经史全集》(汉城李丙焘藏)。稻叶对申氏书有解说,见《青丘学丛》第二十九号;朝鲜李仁荣有《建州纪程图记之研究》,见《震檀学报》第十卷。

书名待查,或《书启》附《图记》。

1951.5.25

36. 清太祖

《清太祖武皇帝实录》:"觉昌刚第四子塔石⋯⋯生三子,长名弩儿哈奇(即太祖)。⋯⋯孕十三月生太祖,时己未岁,大明嘉靖三十八年也(西1559)。⋯⋯太祖生凤眼大耳,面如冠玉,身体高耸,骨格雄伟,言词明爽,声音响亮,一听不忘,一见即识,龙行虎步,举止威严。其心性忠实刚果,任贤不二,去邪无疑,武艺超群,英勇盖世,深谋远略,用兵如神,因此号为明汗。"(1—3 页)

又:"有尼康外郎者,于癸未岁万历十一年(1583),唆构宁远伯李成梁攻古勒城主阿太,⋯⋯城中人信其言,遂杀阿太而降。成梁诱城内人出,不分男妇老幼尽屠之。阿太妻系太祖大父(伯父)李敦之女,祖觉昌刚闻古勒被围,恐孙女被陷,同子塔石往救之,⋯⋯进城⋯⋯大明兵并杀觉常刚父子。后太祖奏大明曰:'祖父无罪何故杀之?'诏下,言:'汝祖父实是误杀。'遂还其尸,仍与敕书三十道,马三十匹,复给都督敕书(据下文尚有'坐受左都督[正二品]敕书,续封龙虎将军[龙虎将军为正二品武职加授散阶,见 72 兵部,《明史》]大敕一道,每年给银八百两,蟒段十五匹')。(9页)……太祖欲报祖父之仇,止有遗甲十三副,遂结诺米纳,共起兵攻尼康外郎,时癸未岁(万历十一年,1583)夏五月也。太祖年二十五矣。"

又:"己亥年(明万历二十七年,西1599),……时满洲未有文字,文移往来,必须习蒙古书,译蒙古语通之。二月,太祖欲以蒙古字编成国语,……太祖曰:'写阿字下合一妈字,此非阿妈乎? 阿妈,父也。厄字下合一脉字,此非厄脉乎? 吾意决矣,尔等试写可也。于是自将蒙古字编成国语颁行。创制满洲文字,自太祖始。"

37. 清太祖之称号

清太祖初号"淑勒贝勒"Sure Beile(原注"淑勒贝勒,华言聪睿王也")。见《武皇帝实录》卷一,二页,系于太祖生时。

继号"明汗"。见《武帝实录》卷一,三页,系于十岁前叙性情时。

蒙古人称之为"崐都仑汗"(原注"华言恭敬之意")。见《实录》卷二,二页,系于丙午(1606)年。

继号"列国沾恩英明皇帝"Genggiyen Han,见《实录》卷二,九页。系于丙辰(1616)称帝时。

"天命"实系皇帝称号,非年号,见孟森《清史讲义》十四页。

38. 太祖之武功与李成梁

《明史》二三八《李成梁传》:隆庆四年(1570),年四十五岁,成梁始代辽东总兵官。万历十九年(1591),年六十六岁,十一月解任,凡领辽东二十二年。二十九年(1601),年七十六岁,复镇八年(至三十六年[1608年]六月罢?)。年九十岁卒(四十三年,1615?)。

　　隆庆四年（1570），李成梁始镇辽东。时高拱为首辅，张居正为大学士。

　　万历十一年（1583），弩尔哈赤起兵，年二十五，有甲十三副。与苏克苏浒河部内之萨尔浒城、嘉木湖寨、沾河寨盟，共敌尼堪外兰。上年张居正卒。

　　五月克图伦城。八月取撒尔湖城。（因背盟）

　　十二年（1584）　正月克兆佳城。六月取马儿墩寨。七月克瓮郭落城，攻董鄂部城不下。

　　十三年（1585）　四月攻哲陈部。九月攻苏克浒河部。

　　十四年（1586）　五月攻浑河部。七月攻哲陈部，下托漠河城，杀尼堪外兰。

　　十五年（1587）　六月攻哲陈部。八月克把尔达城。

　　十六年（1588）　四月苏完部降，董鄂部降。九月攻王甲城克之。

　　十七年（1589）　正月克兆佳城。明命太祖为都督佥事。

　　十八年（1590）　四月太祖入朝于明，率一百八人往。

　　十九年（1591）　正月略长白山之鸭绿江部。十一月李成梁罢。

　　二十一年（1593）　九月叶赫、哈达、乌喇、辉发、科尔沁、席北部、卦尔察部、朱舍里路、讷殷路九姓之国来攻，分三路，败之。十月征服朱舍里路。

　　二十二年（1594）　正月科尔沁蒙古通好，喀尔喀蒙古通好。

　　二十三年（1595）　六月攻克辉发之多壁城。

　　二十五年（1597）　正月与扈伦四部盟。

　　二十六年（1598）　正月征安褚拉库路取之。十一月再朝于明。

　　二十七年（1599）　正月东海渥集部降。九月灭哈达。

　　二十九年（1601）　三次朝明，率一九九人。李成梁再领辽东。

　　三十二年（1604）　正月征叶赫。明封太祖龙虎将军。（据《史稿·本纪》）

　　三十五年（1607）　五月征渥集部，取赫席黑路。九月灭辉发。

　　三十六年（1608）　正月征乌喇。六月李成梁罢。

　　三十七年（1609）　十二月征渥集，取瑚叶路。

　　三十八年（1610）　十一月征渥集，取那木都鲁、绥分、宁古塔、尼玛察四路。

　　三十九年（1611）　七月征渥集，取乌尔古、辰木伦二路。十二月征东海虎尔哈部，降。

　　四十年（1612）　九月征乌喇，取临河五城，及金州城。

四十一年（1613）　正月灭乌喇。九月征叶赫。

四十二年（1614）　十一月征渥集部,取雅揽、西临二路。

四十三年（1615）　十一月征渥集部,克东额黑库伦。

四十四年（1616）　正月称帝。七月征东海萨哈连部。

四十五年（天命二年,1617）　二月取东海沿边诸部。

四十七年（四年,1619）　八月灭叶赫。

天启三年（天命八年,西 1623）　四月攻扎鲁特部。

天启五年（天命十年,西 1625）　三月征东海瓦尔喀部。四月征瓦尔喀部。八月征东海虎尔哈部、卦尔察部,完全收服在天聪时。

1944.2.28；1945.3.5

39. 后金建国

《太祖武皇帝实录》:"太祖削平各处,……太祖明敏才智,法度得宜,敬老尊贤,黜谗远佞,恩及无告,为国事日夜焦思,上体天意,下合人心,于是满洲大治。……因是诸王臣会议称帝号,遂表闻于太祖。丙辰岁（万历四十四年,西 1616）正月朔甲申,八固山诸王率众臣聚于殿前排班,太祖升殿,诸王皆跪,八臣出班进御前跪呈表章,……宣表颂为列国沾恩明皇帝,建元天命。……时帝年五十八矣。"

王氏天命《东华录》二:"天命元年（明万历四十四年,1616）春正月壬申朔,大贝勒……及八旗贝勒大臣率群臣集殿前,分八旗序立。上升殿,登御座,贝勒、大臣率群臣跪,八大臣出班,跪进表章。……尊上为覆育列国英明皇帝。……建元天命,以是年为天命元年。时上年五十有八。"

《明史钞略·显皇帝本纪四》万历四十七年（1619）:"建州进号后金皇帝,改元天命,指中国为南朝。"

《明史·神宗纪》不载即位及定国号事。

《明书》十六《神宗本纪》:"四十四年（1616）丙辰……是年我太祖即皇帝位,国号大清,改元天命。"

《罪惟录》纪十四,四十一页:"万历四十六年（1618）戊午,建州纵间汉人张儒绅请和,称'建州国汗',大略以护北关、嫁老女及三岔柴河退垦等七事为兵端。"

　　案,《罪惟录》四十七年二月后原稿截去九行,其后遂称"后金"矣。

疑此九行即述后金建国事,惜不见。

孟森《明元清系通纪》已出十五册,至嘉靖三年止,尚未至后金建国事。

《皇明从信录》(沈国元)四十,戊午(万历四十六年,1618):"闰四月,奴儿哈赤归汉人张儒绅等,赍夷文请和,自称'建州国汗',备述恼恨七宗,大略以护北关、嫁老女及三岔、柴河退垦为辞。实藉儒绅等以行间。"

又己未(四十七年,1619):"五月……朝鲜方咨报奴酋移书声吓,僭号后金国汗,建元天命,指中国为南朝,黄衣称朕。"

40. 满洲兴起与蒙古

日本平凡社《东洋中世史》第四册《明代史》第四篇《明代之蒙古与满洲》第七章《明末之满洲一》:"东蒙古统一之势力兴,其威力必加于满洲,也先、脱脱不花盛时,其蹂躏最甚。其后蒙古势颓,东西蒙古分争,东边之女真始得稍苏息,而能继续独自之发展。"(505页)

案,此篇和田清著。

1950.5.20

41. 满洲自认为明属国

王氏天聪《东华录》九,天聪八年,崇祯七年(1634),八月丁丑:"上复与明帝书,曰:'满洲国皇帝致书于明国皇帝:昨见皇帝书云(满洲原系属国)。此不惟皇帝言之,即予亦未尝以为非也。止因……'"(九,17页上)

三、满洲入关前的礼俗

1. 清初狩猎生活词汇的丰富

日本浦廉一《清朝の木兰行围に就て》(《山下先生还历记念东洋史论文集》,433 页—548 页):"清朝开国期满洲民族之生活,狩猎占重要地位,此不但可征之于文献及由近代通古斯系诸民族之生活实况可以类推,即由《清文鉴》卷九《畋猎类之顽鹰犬类》,卷二十二《打牲类之打牲器用类》,卷三十《鸟雀部》,卷三十一《兽部》、《牲畜部》、《鳞甲部》及其他各部类中关于狩猎种类、方法、猎具等语汇之相当丰富,已可窥知。"(433 页)

山下先生指山下寅次

1950.5.20

2. 清初起时之渔

天聪《东华录》六,天聪五年(1631):"六月丁未,上率群臣渔于河之上游。辛亥,渔至抚顺界。……"

崇德《录》四,四年(1639)五月:"甲戌,上以礼亲王代善追痛其二子(岳托、马瞻俱二月征明阵亡),乃率诸王、贝勒、大臣同至混河捕鱼,以娱之。设大宴,宴毕还宫。"

此渔以解忧。

崇德《录》一,元年(1636)五月:"癸亥(时代善子萨哈廉新死),上率礼亲王代善、成亲王岳托往浑河观鱼舒忧,以所得鱼赐新附蒙古、汉官,宴之,还宫。"

3. 清未进关前之猎

天命《东华录》四,天命十年(1625):"四月己卯(初二),初,上命族弟王善、大臣达朱户、车尔格统兵千五百人征瓦尔喀部,俘获甚众,至是军还,上出沈阳城迎之。翼日,至避荫地行猎,凡四日,会于木户角洛地,椎牛八,祭麤毕,王善、达朱户、车尔格率军士朝谒。……"

　　此凯旋行猎。

　　崇德《东华录》六,崇德六年(1641)十月:"乙卯(十三日),上笃念宸妃(宸妃于九月庚寅死),哀痛不已,诸王、贝勒等请上出猎,遂猎于蒲河。己未(乙卯后四日),上回銮。……"

　　此猎以解忧。

　　天聪《东华录》十,天聪九年(1635)九月:"辛未,……大贝勒代善以子尼堪祜塞病,遂率本旗人员各自行猎。……"

　　此亦解忧。

　　天聪《东华录》十,天聪九年(1635)九月壬申(太宗宣布代善罪):"朕今岁托言出游,欲探诸贝勒出师音耗,方以胜败为忧,而大贝勒乃借名捕蜓,大肆渔猎,以致战马俱疲。及遣兵助额尔克楚虎尔贝勒时,正红旗马匹以出猎之故瘦弱不堪。"

　　此知出猎为行乐,又多猎无益。

　　崇德《东华录》四,崇德四年(1639)十一月:"丁卯,上猎于叶赫。辛巳,猎于英格布占,时礼亲王代善射獐,马蹶伤足,上驰至王所,亲为裹创,酌以金卮劝饮,因而泣下,遂罢猎。"

　　此知有忧患不猎。

　　天命《录》三,六年(1621)七月甲子:"又谕侍臣曰:愚暗之夫,出猎行兵之事漠不经心,所修治者宴会时服饰,此与妇人何异。"

　　此行兵出猎并举。

　　天聪《录》五,四年(1630)十一月甲午:"上……曰:凡出兵行猎不至错乱,庶大事可成。"

　　又七,六年(1632)十二月癸酉:"谕曰:今后不许私入庄屯,出猎时山木亦不得砍伐,违者执究。"

　　此禁伐木。

　　崇德《录》一,崇德元年(1636)五月:"丁巳,设都察院官,谕曰:朕或奢侈无度,误杀功臣,或逸乐畋猎,荒耽酒色,不理政事,……尔其直谏无隐。"

　　逸乐畋猎并举,知其相近。

　　崇德《录》二,二年(1637)四月丁酉:"又谕诸王、贝勒曰:……今若不时亲弓矢,惟耽宴乐,则田猎行阵之事必致疏旷,武备何由而得饬乎?"

　　田猎行阵并举

崇德《录》二,二年(1637)七月辛未:"(数代善罪)朕因城内出痘者多,故托开边往都尔鼻城一带田猎,相视地方。比还时,见围场间断,令希尔艮滕起取断围者之箭,希尔艮滕起不取,朕怒鞭之。后集断围诸人谕曰:凡田猎出师,无论子侄、官员,不可乱行,乱行何益。……"

此田猎有"乱行"、"断围"之禁。

崇德《录》三,三年(1638)三月甲子:"先是,行猎博硕堆时,右翼叶臣固山下席翰康喀赖二甲喇合围中断,有黄羊逸出,众皆乱射。贝子硕托见彼处乱行围断,遂拔席翰康喇赖佩箭,令伦拜屯齐哈二甲喇驻其断处。……(下议罪)"

崇德《录》七,七年(1642)六月:"癸卯,命大学士范文程等传谕诸王、贝勒、大臣曰:昔太祖时,行兵巡幸,军士有践踏田禾者,重则射之,轻则鞭之,……近来,诸王、贝勒行兵出猎,见践田禾者,亦曾察出定罪否?……"

此禁践田禾,《录》中又见有猎于山之记载[*],亦同此故(恐伤树木)。

崇德《录》七,七年(1642)十二月:"丁卯,上猎于叶赫。……丁丑……圣躬不豫,诸王、贝子、大臣请罢猎,不许。"

此有忧患罢猎。

*见天聪《东华录》十,九年(1635)九月壬申,议代善等罪:"大贝勒复庇济农,辄变前言,谓彼未尝上山,实猎于野耳。展转回护,其罪一也。"

乙卯(万历四十三年)十一月"上出猎"。

天聪元年十月"戊申,上猎于东郊三百里外"。(癸亥还)　十五日

二年十二月"戊子,上猎于东北四百里外之三洼"。(辛丑还)　十三日

四年五月"辛巳,上出猎"。(己丑还)　八日

十一月"己卯,上出猎"。

十二月"壬子,上猎于积墩"。(丁卯还)　十五日

六年九月"癸亥,上出猎"。

十月"庚午,猎于费德里山"。(甲戌还)　自癸亥十一日

"丁亥,上猎于叶赫"。(十一月辛丑还)　十四日

六年十二月"癸酉,上率诸贝勒出猎至抚顺所"。(己丑还)　十六日

七年十月"丁丑,上猎于俄黑多"。(十一月朔己亥还宫)　二十二日

十一月"辛亥,上猎于叶赫"。(十二月辛未还宫)　二十日

八年十一月"甲戌,上猎于蒙古,驻跸上榆林"。(十二月癸未朔还
　　宫)　九日

九年三月"甲子,上猎于三岔堡"。(丁卯还)　三日

　　四月"癸巳,上猎于张义站,渡布喀河驻跸"。(己酉还)　十
　　六日

　　八月"丙午,上出上榆林边射猎"。(九月辛未还)　二十五日

　　十一月"癸亥,上猎于长岭"。(十二月己卯还)　十六日

崇德二年三月"癸丑,上出猎"。

　　四月乙卯"上猎于叶赫。丙辰,上渡辽河行猎"。

　　九月辛未"上猎于抚安堡"。

　　十一月庚寅"上率兵西猎于打草滩"。(十二月癸丑还,猎二十
　　三日)

　　四年十月辛卯"上猎于哈达"。(丁未还)　十六日

　　十一月丁卯"上猎于叶赫。辛巳,猎于英格布占"。

　　五年闰正月乙酉"上临察哈尔固伦公主所居地行猎"。(戊申还)
　　二十三日

　　六年十月乙卯"……猎于蒲河"。(己未还)　四日

　　十一月乙酉"上猎于叶赫"。(辛丑还)　十六日

七年二月癸卯"上猎于叶赫"。(壬戌还)　十九日

　　十一月甲戌"上猎于克勒"。"丁丑,上猎于开原"。(闰十一
　　月甲辰还)　自甲戌三十日

　　　十二月丁卯"上猎于叶赫"。"丁丑,上……猎于忽昆布克
　　　滩……"。(癸巳还)　自丁卯二十六日

以上皆据王氏《东华录》

崇德《东华录》一,元年七月,丁卯:"上又谕曰:……昔太祖时,我等闻明
日出猎,即于今日调鹰、蹴毬,若不令往,泣请随行。今之子弟惟务游行街
市,以图戏乐。在昔时,无论长幼,穷困之际,皆以行兵出猎为喜,尔时仆从
甚少,人各牧马披鞍,自爨而食,如此艰辛,尚各为主效力,国势之隆非由此
劳瘁而致乎?今子弟,遇行兵出猎,或言妻子有疾,或以家事为辞者多矣,不
思奋发向前,而惟耽恋室家,国势能无衰乎?"

1942.11.27—28

4.入关后渔猎之限制

康熙《东华录》二十九,康熙二十一年五月戊申朔:"丙寅(十九日),谕宁古塔将军巴海、副都统萨布素、瓦礼祜等,朕幸吉林地方(二月乙未谒孝陵,辛丑出山海关,三月壬子谒福陵、昭陵),访询民隐,见兵丁役重差繁,劳苦至极,此等情由回銮之日将军以下至于兵丁教谕大意,已有特旨。朕自至京师,复为思绎,不将各种无益差徭显与革除,兵丁人等终无裨补,且不得霑实惠矣。……一围猎以讲武事,必不可废,亦不可无时,冬月行大围,腊底行年围,春夏则看马之肥瘠酌量行围,令贫人采取禽兽皮肉,须预先传明日期,以便遵行,所获禽兽均行分给,围猎不整肃者照例惩治,不可时加责罚,寄求琐屑,遇有猛兽须小心防御,以人为重,勿致误有所伤。一打鲟、鳇等鱼,既有专管,西特库等乌喇兵丁应停差役。……"

1943.7.12

5.金之先世

《金史》一《世纪》:"金之先世出靺鞨氏,……李勣破高丽,粟末靺鞨保东牟山,后为渤海,称王,传十余世。有文字、礼乐、官府、制度,有五京、十五府、六十二州。黑水靺鞨居肃慎地,东濒海,南接高丽,……其后(唐)渤海盛强,黑水役属之,朝贡遂绝。五代时,契丹尽取渤海地,而黑水靺鞨附属于契丹。其在南者籍契丹,号熟女直;其在北者不在契丹籍,号生女直。生女直地有混同江、长白山,混同江亦号黑龙江,所谓'白山、黑水'是也。"

```
勿吉七部 ┬ 粟末 ── 渤海国
         └ 黑水 ┬ 熟女直
               └ 生女直 ── 金
```

金始祖函普　　德帝乌鲁　　安帝跋海　　献祖绥可
昭祖石鲁　　景祖乌古乃　　世祖劾里钵

1942.11.8

6. 挹娄(满洲之先世)

《三国志》三十《魏志·东夷挹娄传》:"挹娄在夫余东北千余里,滨大海,……有五谷、牛马、麻布。人多勇力,无大君长,邑落各有大人。处山林之间,常穴居,大家深九梯,以多为好。土气寒,剧于夫余。其俗好养猪,食其肉,衣其皮。冬以猪膏涂身,厚数分,以御风寒。夏则裸袒,以尺布隐其前后,以蔽形体。其人不洁,……其弓长四尺,力如弩,矢用楛,长尺八寸,青石为镞,古之肃慎氏之国也。善射,射人皆入。……出赤玉、好貂,今所谓挹娄貂是也。……其人众虽少,所在山险。……其国便乘船,寇盗,邻国患之。东夷饮食类皆用俎豆,唯挹娄不法,俗最无纪纲也。"

《通典》一八六《边防二·勿吉》:"详考传记,挹娄、勿吉、靺鞨,俱肃慎之后裔。"(994页)

《新唐书》二一九《黑水靺鞨传》:"黑水靺鞨居肃慎地,亦曰挹娄,元魏时曰勿吉。"

1942. 11. 12

7. 勿吉(满洲之先世)

《魏书》一百《勿吉传》:"勿吉国在高句丽北,旧肃慎国也。邑落各自有长,不相总一,其人劲悍,于东夷最强,言语独异。……其地下湿,筑城穴居,屋形似冢,开口于上,以梯出入。其国无牛,有车马,佃则偶耕,车则步推。有粟及麦穄,菜则有葵,……太和初,又贡马五百匹。"

《通典》一八六《边防二·东夷下·勿吉(又曰靺鞨)》:"勿吉后魏通焉,在高句丽北,亦古肃慎国地,邑落各自有长,不相总一。凡七种……所居多依山水,渠帅曰大莫拂瞒咄,东夷中为强国……其地卑下湿,筑堤凿穴以居,室形似冢,开口于上,以梯出入,无牛有车马,佃则偶耕,车则步推,有粟及麦穄,菜则有葵。……隋文帝初,靺鞨国有使来献,谓即勿吉也。"(994页,一二)

《魏书》一百《勿吉传》:"其父母春夏死,立埋之,冢上作屋,不令雨湿;若秋冬,以其尸捕貂,貂食其肉,多得之。"(补上页)

《通典》一八六《勿吉》:"其父母春夏死立埋之,冢上作屋不令雨湿;若

秋冬死,以其尸饵貂,貂食其肉则多得之。"(补上页,994 页中)

1942.10.29

8. 靺鞨(满洲之先世)

《旧唐书》一百九十九卷下《北狄靺鞨传》:"靺鞨,盖肃慎之地,后魏谓之勿吉,……东至于海,西接突厥,南界高丽,北邻室韦。其国凡为数十部,各有酋帅,或附于高丽,或臣于突厥,而黑水靺鞨最处北方,尤称劲健,每恃其勇,恒为邻境之患。俗皆编发,性凶悍,无忧戚,贵壮而贱老。无屋宇,并依山水掘地为穴,架木于上,以土覆之,状如中国之冢墓,相聚而居。夏则出随水草,冬则入处穴中。……俗无文字。兵器有角弓及楛矢。……死者穿地埋之,以身衬土,无棺殓之具,杀所乘马于尸前设祭。……隋末率其部千余家内属,处之于营州,……其白山部,素附于高丽,因收平壤之后(此谓"收平壤",当指唐高宗总章元年[668]李勣平高丽之役),部众多入中国。汩咄、安居骨、室等部(据《通典》一八六,勿吉凡七种:一、粟末部;二、汩咄部[咄,都勿反];三、安车骨部;四、拂涅部;五、号室部;六、黑水部;七、白山部。此云"室部"当脱"号"字),亦因高丽破后奔散微弱,后无闻焉,纵有遗人,并为渤海编户。"

《新唐书》二百十九《黑水靺鞨传》:"黑水靺鞨……其著者曰粟末部,居最南,抵太白山,亦曰徒太山,与高丽接,依粟末水以居,水源于山西,北注它漏河;……黑水……盖其居最北方者也。人劲健,善步战,常能患它部。俗编发,缀野豕牙,插雉尾为冠饰,自别于诸部。性忍悍,善射猎,无忧戚,贵壮贱老。居无室庐,负山水坎地,梁木其上,覆以土,如丘冢然。夏出随水草,冬入处。……死者埋之,无棺椁,杀所乘马以祭。……无书契。……畜多豕,无牛羊,有车马,田耦以耕,车则步推。有粟麦。……"

1942.10.30

9. 金代——生女真——之旧俗与新俗

《金史》一《世纪》:"女直之俗,杀人偿马牛三十自此始(金始祖函普)。"
又:"黑水旧俗无室庐,负山水坎地梁木其上,覆以土,夏则出随水草以居,冬则入处其中,迁徙不常。献祖(绥可)乃徙居海古水,耕垦树艺,始筑室,有栋宇之制,人呼其地为纳葛里。'纳葛里'者,汉语居室也。"

又:"生女直无书契,无约束,不可检制。……昭祖(石鲁)稍以条教为治,……诸部犹以旧俗,不肯用条教。"

又:"昭祖(时讨伐诸部)……至姑里甸,得疾。……至逼刺纪村止焉。是夕,卒。载枢而行,遇贼于路,夺枢去。部众追贼与战,复得枢。加古部人蒲虎复来袭之,垂及,蒲虎问诸路人曰:'石鲁枢去此几何?'其人曰:'远矣,追之不及也。'蒲虎遂止。于是乃得归葬焉。"

> 据此可推知,当时似无用枢之俗,否则贼何必夺之,蒲虎何必追之,当时似未尝有尊重棺枢之俗。贼之夺枢,或因不知枢为何物,或疑中有财宝。应详考。

《金史》一《世纪》:"生女直之俗至昭祖时……尚未有文字,无官府,不知岁月晦朔,是以年寿修短莫得而考焉。"

又:"辽主……以(景祖为乌古乃)为生女直部族节度使,……既为节度使,有官属,纪纲渐立矣。"

又:"生女直旧无铁,邻国有以甲胄来鬻者,倾赏厚贾以与贸易。"

又:"生女直之俗,生子年长即异居。景祖……乃命(子)劾者与世祖同居,劾孙与肃宗同居。(均景祖子)"

《金史》二《太祖纪》:"穆宗(景祖子,太祖之叔)将伐萧海里,募兵得千余人,女直兵未尝满千,至此太祖勇气百倍。"

又:"穆宗末年,令诸部不得擅置信牌,驰驿讯事,号令自此始一,皆自太祖启之。"

又收国元年(1115):"正月壬申朔,群臣奉上尊号。是日,即皇帝位。上曰:'辽以宾铁为号,取其坚也。宾铁虽坚,终亦变坏,惟金不变不坏。金之色白(?),完颜部色尚白。'于是国号大金。"

又天辅元年(1117):"五月丁巳诏,自收宁江州已后同姓为婚者,杖而离之。"

> 案,宁江州克于金太祖即位之次年,即收国元年之前一年,时辽天庆四年,宋政和四年,西1114,宁安之克为金太祖建业之始基。

《金史》二《太祖本纪》:"康宗即世,太祖袭位为都勃极烈。辽使阿息保……他日……复来,径骑至康宗殡所,阅赗马,欲取之,太祖怒,欲杀之,宗雄谏而止。"

> 此知金有枢有殡所矣。

1942.11.8

10. 清初起已有城

《东华录·天命一》:"于是肇祖居赫图阿喇地(原注:谨案《开国方略》,在苏克素护河、嘉哈河之间,后称兴京)。"

肇祖,太祖之祖之高祖,肇祖至太祖七世。

又:"兴祖生子六,长德世库,次刘阐,次索长阿,次即景祖翼皇帝讳觉昌安,次包朗阿,次宝实。景祖居赫图阿喇地,德世库居觉尔察地,刘阐居阿哈河洛地,索长阿居河洛噶善地,包朗阿居尼麻喇地,宝实居章甲地,分筑五城,距赫图阿喇城近者约五里,远者约二十里,环卫而居。"

兴祖,太祖之曾祖;景祖,太祖之祖。

又:"(李)成梁攻古勒城,其城据山依险,阿太章京守御甚坚,数亲出绕城冲杀,成梁兵死者甚众,不能克。"

事在明万历十一年癸未,西 1583,二月

《东华录·天命一》,癸未(万历十一年,1583)八月:"上……取撒尔湖城而回,众有来归者,上悉还其妻孥,遣之,其众复修撒尔湖城以叛。"

又,癸未二月:"上谓(明)使臣曰:'害我祖父者尼堪外兰所构也,必执以与我乃已。'明使臣曰:'前因误杀,故与敕书、马匹,又与都督敕书,事已毕,今复过求,我当助尼堪外兰筑城于甲版,令为尔满洲国主矣。'"

此条应上条之前

又,癸未八月:"尼堪外兰惧,携其子及近属兄弟数人逃于鹅尔浑,筑城居之。"

又,甲申(十二年)正月:"先是,兆佳城李岱引哈达来侵,至是上率兵征之,……上……曰:'李岱我同姓兄弟,乃自相戕害,……'至兆佳城下,时索长阿之子龙敦豫使人密告李岱,李岱鸣角集众,登城以待。"

《东华录·天命一》,丁亥(万历十五年,西 1587):"春正月,上于硕里口虎栏哈达东南加哈河两界中之平冈,筑城三层并建宫室。"

《东华录·天命一》,癸卯(万历三十一年,西 1603):"上自虎栏哈达南冈移于苏克苏浒河、加哈河之间,赫图阿喇祖居地筑城居之,以牛羊犒筑城夫。"

又,乙巳(万历三十三年,西 1605):"上命于赫图阿喇城外更筑大城环之,以牛羊犒役夫者五。"

又，丁未（万历三十五年，西1607）："春正月，……上命弟贝勒舒尔哈齐、长子洪巴图鲁褚英、次子贝勒代善、一等大臣费英东、侍卫扈尔汉率兵三千至蜚悠城，徙之。……尽收环城屯寨凡五百户，命扈尔汉率兵三百护之先行。"

以上所称城未必与明代诸城相同，其始或即寨耳，环聚既多，乃外加以城，亦以土筑之，是否用砖待考。   1942.10.31 昆明

又，《天命二》，天命三年（万历四十六，西1618）四月："壬寅……书七大恨告天，……（征明）甲辰昧爽，往围抚顺城，……于是抚顺、东州、马根单三城及台堡寨，共五百余悉下，……乙巳，留兵四千毁抚顺城。"

毁城不知何意。

又，《天命三》，天命四年："二月己巳，令夫役万五千人赴界凡（原注：在兴京西北铁背山上），运石筑城。"

又六月："遂驻跸界凡，令军士尽牧马于边，建宫室于界凡城内，诸贝勒、大臣、兵民房舍皆成。迎皇后并诸贝勒福金至，大宴行庆贺礼。"

1942.10.31 昆明、11.8

11. 清初起已有屋室

《东华录·天命一》，癸未（万历十一年）九月："有贼乘夜阴晦至上所居，欲拔寨潜入，有犬名扬古哈四顾惊吠，上觉而起，……持刀……因以刀柄击窗棂，复奋足撼窗，为由窗而出之状，既而仍由户出，贼惊走。时上有从人帕海宿牖下，被贼刺死。"

"拔寨"二字可疑，或指围墙式之寨，或即帐篷[1]。

又，甲申（万历十二年）正月："萨木占（太祖之继母弟）……率族众邀噶哈善哈思虎（太祖同母妹之夫）于路杀之，上闻之大怒，欲聚众收其骸骨，……遂收其骸骨以归，上不以外姓为嫌，移骸骨入室，殓以所御冠履衣服，厚葬之。"

有棺殓葬墓矣。此条应入"满洲初起时已有丧葬"卡片。

又，甲申四月："上……尝夜寝，闻户外有声，披衣起，……佩刀持弓矢潜出户，伏烟突旁，伺之。……少顷，贼将逼烟突旁，忽有电光照见……"

天命《东华录》三，四年六月："建宫室于界凡城内，诸贝勒、大臣、兵民房舍皆成。迎皇后并诸贝勒福金至。"

又,天命五年十月:"自界凡迁于撒尔湖,建军民庐舍,至十一月乃成。"

[1]《太祖武皇帝实录》一:"九月内,贼乘夜阴晦,拔太祖住宅栅木潜入,时有犬名汤古哈,四顾惊吠,太祖觉之,……"据此盖外围之栅木墙也。

1942.10.31

12. 清初人之修饰与鹰犬

天聪《东华录》六,天聪五年七月:"辛巳,集贝勒、大臣谕曰:……近见新进少年诸臣,每至朕前,言动举止专事修饰,未足凭也。宜勤慎职业,各殚忠诚。又谕曰:诸贝勒、大臣见朕有过,即当极谏,人孰能无过,如议论国事时,夸诩鹰犬,旁近戏言,岂非过乎,过贵能改,讳之奚为?"

又七,六年十二月:"乙丑,……又谕曰:……我国风俗醇朴,近者奢靡僭越之风往往而有,不可不定为法,昭示国中。"

天命《东华录》三,天命六年七月甲子:"谕诸贝勒,……又谕侍臣曰:愚暗之夫,……所修治者宴会时服饰,此与妇人何异,当深为诫。"

1943.2.4

13. 清初禁同族嫁娶

《清史稿》本纪二《太宗本纪》天聪五年七月甲戌:"并禁官民同族嫁娶,犯者男妇以奸论。"

此事《东华录》失载。

1943.2.4 壬午除夕

14. 金之拜天

《金史》二十八《礼志一·南北郊》:"金之郊祀,本于其俗有拜天之礼。其后,太宗即位,乃告祀天地,盖设位而祭也。天德以后,始有南北郊之制。"

此知金俗始向天而拜,继设位而祭,最后而郊祀,其渐效华俗可见。

又:"大定十一年始郊,……上……又谓宰臣曰:'本国拜天之礼甚重。今汝等言依古制筑坛,亦宜。'……乃以八月诏曰:国莫大于祀,祀莫大于天,……"

《金史》三十五《礼志八·拜天》："金因辽俗,以重五、中元、重九日行拜天之礼。重五于鞠场,中元于内殿,重九于都城外。其制,剡木为盘,如舟状,赤为质,画云鹤文。为架高五六尺,置盘其上,荐食物其中,聚宗族拜之。"

1942.12.6

15. 满洲初起时已有丧葬

天命《东华录》三,天命五年三月丙戌:"费英东卒,年五十有七,……上欲临其丧,众贝勒以恐有所忌,谏阻,上曰:'吾股肱大臣同休戚者今先凋丧,能无悲乎?'亲往哭之恸,长号良久,至夜半乃还。"

又,九月甲申:"皇弟青巴图鲁贝勒穆尔哈齐薨,及祭墓车驾临奠,因至费英东墓,泣数行下,躬奠酒者三。又至喇哈吉木巴逊墓,令从臣奠酒,二人皆上之勋劳近臣也。"

又,天命六年六月:"甲申,左翼总兵官……额亦都卒,……祭墓时上亲临恸哭者三,始回宫。"

又,天命八年十月丁丑:"扈尔汉卒,上亲临其丧,哭之。"

天命《东华录》四,天命九年四月甲申朔:"时于东京城东之阳鲁山营建陵寝,命族弟铎弼……往虎栏哈达之赫图阿喇,以太牢祭告祖陵,奉移梓宫。铎弼等奉景祖、显祖、孝慈皇后梓宫,暨皇伯父礼敦,皇弟舒尔哈齐、穆尔哈齐,皇叔塔察篇古之子贝勒祜尔哈齐灵椟至,上率诸贝勒、大臣出城迎二十里外,至皇华亭悉俯伏道左,俟灵舆过乃起。"

移祖椟兼及兄弟伯叔,疑旧葬未尽如汉制也,俯伏一节详写之,疑亦初效汉俗。

1942.11.8

16. 满洲初起时之祭告

天命《东华录》三,天命四年十一月:"庚辰朔,上命大臣……五人,偕喀尔喀来使赍誓辞赴期会之地,刑白马乌牛,设酒一器,肉一器,血骨及土各一器,昭告天地。誓曰……"（更见 4 页）

天命《东华录》一,丁酉（明万历二十五年）:"春正月,叶赫、哈达、乌喇、辉发同遣使告上曰：'……自今以后愿复缔前好,重以婚媾,……'上许焉。具鞍马铠甲为聘,更椎牛刑白马祀天,设卮酒、块土及肉、血、骨各一器,四国相继誓曰:既盟以后,若弃婚姻背盟好,其如此土,如此骨,如此肉,永坠厥命。若始终不渝,饮此酒,食此肉,福禄永昌。"（更见 4 页）

天命《东华录》一,戊申（明万历三十六年）:"上欲与明通好,谓群臣曰:'……吾欲与明昭告天地同归于好。'遂会明辽东副将及抚顺所备御同勒誓辞于碑,刑白马祭天。其誓辞曰……"（据天聪元年正月致表巡书时亦用乌牛。）

天命《东华录》三,天命六年八月:"戊寅,喀尔喀部……送其二子一女为质,上刑白马祭天。……"

天命《东华录》四,天命九年二月庚子:"初,我与科尔沁通使,往来者数年,至是上使人往约与坚盟好,……上遣巴克什库尔缠、希福往会盟,刑白马乌牛,置酒、肉及骨、血、土各一器,焚香誓曰:满洲、科尔沁二国愤察哈尔侮慢,故缔结盟好,昭告天地,今后若为察哈尔所诱惑,私与之和,天地降以灾殃,如此血,如此骨,如此土,俾坠厥命,既盟之后,始终不渝,则天地佑之,永其年,子孙昌炽。"

又,天命十一年:"六月丁丑,上命刑白马乌牛,祭告天地,与奥巴盟（科尔沁部）。……"

天聪《东华录》二,天聪元年:"三月庚午,刑白马乌牛,焚香,供酒、肉、骨、血、土各一器,偕盟焚誓词。……"

与朝鲜王李倧盟,满洲由阿敏派刘兴祚、库尔缠二使,在朝鲜。

案,《大清会典》四十,《太庙前殿时祫陈设图》、《二十七圜丘大祀图第二成陈设图》,均无骨、血、土之设,知此本俗,其后废之矣。大祀所供献皆汉制也。

天聪《录》六,五年十月戊辰（祖大寿与太宗及诸贝勒誓）:"大寿等誓曰（具名）……谨具香帛昭告于上帝神祇。……"

此知汉人与清誓仍用汉俗用香帛。

1942.11.8

《清太祖武皇帝实录》一,丁酉:"夜黑、兀喇、哈达、辉发,同遣使,……太祖……更杀牛设宴,宰白马,削骨,设酒一杯,肉一碗,血土各一碗,歃血会盟,四国相继而誓,曰:自此以后,若不结亲和好,似此屠牲之血,蹂踏之土,剮削之骨而死。如践盟和好,食此肉,饮此血(酒?),福寿永昌。……"

又卷三,天命四年:"十一月初一日,帝命……五人赍誓书与胯儿胯部五卫王等,……宰白马乌牛,设酒肉血骨土各一碗,对天地誓曰:……若毁盟……则皇天不祐,夺吾满洲国十固山执政王之算,如此血出、土埋、暴骨而死。……若践此盟,天地祐之。饮此酒,食此肉,寿得延长,子孙百世昌盛。……"

又卷四,天命九年二月:"帝遂遣榜什库儿缠、希福往,与……(廓儿沁)各台吉等会盟,宰牛马,置白骨、血、土、酒、肉各一碗,焚香而誓曰:满洲廓儿沁(科尔沁)二国,因有查哈儿(察哈尔)欺凌之愤,故以盟言昭告天地,……既盟之后,……而先与之和者,穷苍不祐,降以灾殃,如此骨暴血出,土埋而死。果能践盟,则天地祐之,寿得延长,子孙万禩,永享荣昌。"

1942. 12. 4

17. 祭堂子

《大清会典》三十五《礼部·军礼·亲征之礼》:"皇帝将有讨于弗庭者,既卜日,先期遣官祗告天、地、宗庙、社稷、太岁,颁行军律令。至日,遣官致祭道路之神于天安门,祭火炮之神于教场,銮仪卫陈骑驾卤簿于午门外。兵部陈八旗蒙古画角十有六,海螺二百于堂子街门外;西向设御营,黄龙大纛于堂子内门外;设八旗护军纛八,火器营纛八,于黄龙大纛后;均北向。所司豫设皇帝拜位于圜殿外甬道正中,及大纛前。……礼部堂官诣乾清门奏吉时,皇帝御征衣,佩刀出宫,乘骑。……至长安桥,八旗鸣角军鸣角,护军吹螺,驾入堂子街门,螺角止。皇帝降骑。礼部堂官二人恭导,由内门中门入就圜殿外拜位,南向立,鸿胪官引王公于丹陛上,众官于丹陛下,序立。鸣赞官奏跪拜兴,皇帝率群臣行三跪九拜礼,毕,恭导皇帝就大纛前拜位南向立,引王公百官咸就拜位,皇帝率从征将士及群臣行三跪九拜礼。(原注:不赞)螺角齐鸣。礼部尚书跪奏礼成。"

此仪可注意者三:一、鸣螺角不奏乐,二、南向行礼,三、拜大纛不赞。

又案,《明史》五十七《礼志十一·军礼·亲征礼》:"前期,择日祭告天地宗社。……其仪与大祀同。又于国南神祠行祃祭礼。"堂子之义或取于祃祭乎?

天命《东华录》一,壬子(万历四十年):"(征乌喇布占泰)冬十二月朔,上以太牢告天,祭纛。"

此未言堂子,实与堂子无异,盖太祖已出征,营于金州城,无堂子也。

天命《东华录》一,癸巳(万历二十一年):"(九月叶赫等九姓来侵)率诸贝勒大臣诣堂子拜,复再拜祝曰……"

案,《清太祖武皇帝实录》作"谒庙",不言堂子。

天命《东华录》二,天命三年四月:"壬寅,上率贝勒大臣统步骑二万征明,鸣鼓奏乐谒堂子,书七大恨告天曰……"

此言鸣鼓奏乐与《会典》不同。(见6页)

天聪《东华录》二,天聪元年:"春正月己巳朔,上诣堂子拜天,还御殿,诸贝勒暨群臣朝见。……"

此元旦谒堂子,与征伐不同。

天聪《东华录》三,天聪二年三月:"(征察哈尔还)上至沈阳谒堂子还宫。"

此凯旋。

案,《会典》三十五《六军凯旋》:"……皇帝由都门入,……驾诣堂子,率从征不从征之王公一品官于圜殿行三跪九拜礼,毕,……驾还宫。……"皆先谒堂子后还宫。

崇德《录》四,四年正月:"丁卯,降固山贝子硕托为辅国公,罚银五百两,以其元旦在堂子越分悬挂纸钱也。"

悬挂纸钱未详其制,北平俗过年有以纸钱挂门楣者或即此。

又五,五年三月:"己亥,命……济尔哈朗……多铎……率兵往修义州城,屯田,令明山海关外宁锦地方不得耕种,上谒堂子,亲送五里,授方略遣之。"

天聪元年正月己巳朔:"上诣堂子拜天。"

六年正月己亥朔:"上率诸贝勒拜天谒神毕,御殿受朝贺。行新定朝仪。"

崇德八年正月丙申朔:"上不豫,命亲王以下诣堂子行礼。"

顺治元年正月庚寅朔:"上诣堂子行礼,还御殿,受朝贺。"

上据王氏《东华录》。元旦诣堂子或行或止,不详其故,顺治而后更不见矣。疑其渐化为祃祭矣。

1942.11.22

《清太祖武皇帝实录》一,癸巳年(夜黑等九国来侵):"天明饭毕,率诸王臣谒庙,再拜祝曰⋯⋯"

又卷二,天命三年:"四月十三壬寅,巳时,帝将步骑二万征大明,临行,书七大恨告天曰⋯⋯"

> 案,此二事,王氏《东华录》皆明著诣堂子之文,而此无之,或当时尚顾忌堂子二字不雅也。

1942.12.4

《大清会典》八十八《内务府·掌仪司一》:"凡祀堂子之礼,建堂子于长安左门外,街门北向,内门西向。建祭神殿于正中南向,前为拜天圜殿,殿南正中设大内致祭立杆石座,次稍后两翼分设各六行,行各六重,第一重为诸皇子致祭立杆石座,次亲王(二重)、郡王(三重)、贝勒、贝子、公各依次序列,均北向。东南建上神殿,南向,岁正朔皇帝率王公满一品文武官诣堂子行拜天礼(原注:由礼部豫期请旨)。是日,内府官设皇帝拜位于圜殿外甬道正中,鸿胪卿率鸣赞官夹甬道东西面序立,有司陈香镫,⋯⋯皇帝御礼服乘礼舆出宫,⋯⋯不与行礼之百官(及蒙古王公)⋯⋯咸朝服跪送,<u>导迎鼓吹设而不作</u>。皇帝由堂子街门入,⋯⋯至内门降舆,皇帝由中门入,至圜殿前就拜位,南向立。鸿胪官引王公于丹陛上,各官于丹陛下,均南向序立,东位西上,西位东上,鸿胪官奏跪拜,兴,皇帝率群臣行三跪九拜礼,奏礼成,礼部堂官恭导皇帝出内门升舆,法驾卤簿前导,导迎乐作,奏祐平之章,皇帝回銮,王公从,各官以次退,不与行礼之百官及蒙古王公⋯⋯于午门外跪迎。午门鸣钟,王公随驾入至内金水桥,恭候皇帝还宫,王、贝勒、贝子赴乾清门,竢入坤宁宫祭神殿行礼。"

> 案,堂子规制不见于《会典》七十一《工部营缮司坛庙》,而见于"内务府",此可注意者一。与祭仅王公与满百官,蒙古王公、汉官皆不与,可注意者二。皇帝还宫后,诸王尚竢入坤宁宫祭神殿行礼,与郊天大祀等还宫后无事不同,可注意者三。余见上。坤宁宫在交泰殿后。

《会典》八十八《内务府·掌仪司一》:"凡立杆祭神于堂子之礼,岁以季春、季秋月朔(原注:或二四八十月,或上旬诹吉)。前一日有司立杆于圜殿南正中石座。祭日悬黄幡系采绳,缀五色缯百缕,楮帛二十有七,备陈香镫,司俎官由大内请神位安奉于祭神殿内,南向,陈糕饵九盘,酒盏三;圜殿陈糕饵三盘,酒盏一,楮帛如前数。设御座于祭神殿檐下,西旁,⋯⋯日出前十刻,礼部堂官诣乾清门奏时,皇帝御龙袍衮服,乘礼舆出宫,警跸扈从如元正仪。……皇帝至内门降舆,由中门入,到祭神殿升阶,至檐下,就御座,东向坐,王、贝勒于丹陛上,贝子入八分公于丹陛下,均按翼北上,东西面相向坐。赞祀二人先于祭神殿,次于圜殿内,坼九酌献三致祷,司俎官率执事奏乐举和,所司设御拜褥一于祭神殿,一于圜殿,礼部堂官恭导皇帝诣神殿、圜殿,赞祀各致祝辞,皇帝各行一跪三拜礼,王公百官序立丹陛下两旁,不随行礼,礼毕,恭导皇帝至檐下,就御座,南向坐,王公等各就原处列坐,司俎尚膳彻馂,尚茶彻酒,皇帝命分赐王公,各祗受讫,降丹陛下序立,礼部堂官跪奏礼成,恭导皇帝由中门出,升舆,奏乐还宫,百官跪迎,仪均与正同。司俎官恭奉神位还御。如皇帝不亲诣行礼,王公百官不齐集,以赞祀致辞行礼。"

又:"王公等致祭日,立杆于各班石座,至街门外下马,自内门右门入,坐于西檐前阶下,东面。"

1942.12.8

又:"大内致祭后,越日,为马祭神于堂子如仪。"

又:"官员庶人不得设立堂子,有违例致祭,并王公不按爵次争祭者论。"

又:"凡月祭之礼,孟春上旬三日,余月朔日,大内遣司俎官率堂子官吏于圜殿奠献……如仪。"

又:"凡浴佛之礼,岁以孟夏上旬八日,司俎官率执事人等自大内请佛至堂子,祭神殿……浴佛毕……三致祷如仪,礼成奉佛还御。……"

又:"凡大内祭神之礼,奉晨祀神位于祭神殿西位东向,奉夕祀神位于西北南向。日昧爽,于晨祀神位前设糕饵九盘、尊一、盏一、炉三。寅刻,进二豕于庭,赞祀就神位酌献祝祷,司俎官率所属奏乐、举和毕,赞祀跪致辞,乃刲牲。先荐血,次熟而荐于俎,赞祀酌献致辞,行礼毕,彻馔,分胙如仪。申刻,于夕祀神位前陈盏五、炉五,不酌献,祝祷时伐鼓,余均与朝荐同。皇帝躬祭坛庙,斋戒日、忌辰、清明、禁屠日不祭,余皆日以为常。月朔之翼日昧爽,立杆于庭,陈豕一以祀天,司祝致辞毕,刲牲。先荐血,次伦肤为脟,并炊谷饭以荐,司祝致辞如前。"

又:"岁以四孟月用马、牛、金币祗荐于神,赞祀致辞如仪。"

此条列于堂子礼内(其下述亲征拜堂子礼)则亦祭堂子也,用马牛犹旧俗也。

1942.12.10

18. 祭祀之牛

崇德《东华录》一,元年七月:"丁卯,上御殿视事毕,召巴布海前跪,谕群臣曰:巴布海常不入朝,纵来亦不安坐。昔年,遣阿拜与巴布海同往东京致祭祖庙,巴布海不俟阿拜同行,急遽前往,不俟祭牛初九日祭期,乃取他牛宰之于初八日,祭讫,即于是夜驰归。阿拜后至,以携去祭牛偿牛主,牛主以牛小不受。……朕特命代朕行礼,乃不思孝享先灵,仓卒致祭,中夜驰归,果有何事乎?"

此知祭祀所用之祭牛,乃由特备者,非随时征取也。

1942.12.6

19. 清初之丧仪

天命《东华录》四,天命十一年八月:"庚戌(案,《会典》在八月十一日)未刻,上崩,……辛亥辰刻,大妃以身殉焉,遂同时敛。巳刻,恭奉龙辇出宫,奉安梓宫于沈阳城中西北隅。……"

辰刻殁,巳刻移榇出,并即日葬,丧仪甚俭,且臣下之服制未述,可见当时仪制未备也。

又:"天聪三年二月己亥,葬福陵。"

天聪《东华录》四,天聪三年二月:"己亥,奉移太祖高皇帝、孝慈高皇后梓宫合葬沈阳石觜头山,妃富察氏(太祖继妃,莽古尔泰及德格类之母。富察氏为妃在孝慈高皇后前,殉葬之大妃未祔)祔。"

崇德《东华录》八,崇德八年八月:"庚午……是夜亥刻,无疾坐南榻而崩,……寿五十有二,奉安梓宫于崇政殿。"

顺治《东华录》一:"崇祯八年癸未八月壬戌朔,庚午(初九日)亥刻,太宗文皇帝宾天,＊＊＊内外和硕亲王以下,牛录章京以上,朝鲜国世子等;及公主、和硕格格、福金以下,牛录章京等官命妇以上咸集。设卤簿。内外亲王、贝勒、贝子、公等牛录章京以上,朝鲜世子等;及公主、格格、福金、牛录章京等官命妇以上,衣带皆缟素。内外亲王以下,牛录章京以上,皆截发辫;福金以下,牛录章京等官命妇以上,亦截发。公主下嫁者衣带缟素,不截发。王以下,奉国将军以上;公主以下,固山格格以上;和硕福金以下,奉国将军之妻以上。咸集清宁宫前,诣大行皇帝几筵焚香,跪奠酒三,毕,皆起立举哀。固山额真、昂邦章京、承政等以下,咸集崇政殿前;固山额真、昂邦章京、承政等命妇以下,俱集大清门外,各按旗序立举哀。”

又:“辛未(初十日)酉刻,奏乐迎梓宫出,奉安于崇政殿,王、贝勒、群臣朝夕哭临三日。每入哭时,梓宫前焚香,献馔,众皆跪奠酒三,叩头三,起立哭。哭临毕,王、贝勒、贝子、公等及众福金归第,斋戒。部院诸臣斋宿本衙门,闲散诸臣俱赴笃恭殿斋戒。固山额真、昂邦章京、承政等官命妇以下,于初十日暮各还家。诸王率固山额真等每日黎明哭临一次,祭奠如前,又七日,禁止屠宰,凡十三日。”

牛录章京后改佐领,固山额真后改都统。

案,《通典》八十五《丧制三》“既小敛敛发服变”条:“周制士丧,……既小殓主人髺发袒众,主人绖于东房,妇人髽于室。……大唐之制,男子敛发,布巾帕头,女子敛发而髽。”无截发之说。

又案,《明史》五十八《礼志》:“(洪武)三十一年,太祖崩。礼部定议,京官闻丧次日,素服、乌纱帽、黑角带,赴内府听遗诏。于本署斋宿,朝晡诣几筵哭,越三日成服,朝晡哭临,至葬乃止。自成服日始,二十七日除。命妇孝服,去首饰,由西华门入哭临。……文帝崩于榆木川,……京师闻讣,皇太子以下皆易服。宫中设几筵,朝夕哭奠。百官素服,朝夕哭临思善门外。……命妇第四日由西华门入,哭临三日,俱素服,……妇人素服不妆饰。……京城闻丧日为始,寺观各鸣钟三万杵,禁屠宰四十九日。”无截发之说。是知百官哭临,命妇哭临,斋戒斋宿,以及禁屠宰,均汉制也。惟截发为汉制所无,当系满洲旧俗也。清太祖为开国之君,其丧仪不如太宗之备,知自此始用汉制也。明自世宗崩,免命妇哭临,而此仍袭之,或满洲未之知也。

康熙《东华录》一,顺治十八年正月辛亥朔:“(丁巳夜子刻,世祖章皇帝宾天)癸亥,谕礼部及议政王贝勒大臣等,禁中设立上帝坛及奉先殿祭典,着查历代有无旧例,定议具奏。寻议,历代旧制止有冬至祀天于南郊,宫中上帝坛应请罢祭。至奉先殿,应照洪武三年例,朝夕焚香,朔望瞻拜,时节献新,生忌致祭用常馔,行家人礼。从之。”

世祖甫崩,忽议此,不知其故,岂满洲旧俗欤?抑与丧仪无关乎?

康熙以后帝丧不复详载,盖以《会典》已详之也。

《大清会典》五十一(乾隆二十三年修成,见凡例)《丧礼一》:“凡列圣大丧仪,初丧嗣皇帝就主丧位,冠去纬,哭踊,宫中自皇后以下咸摘耳环去首饰。……既敛,王公以下民,公侯伯子男以上二品官,于乾清门外;三品以下文武有顶戴官于景运门外;皇后、妃、嫔、宫人、公主、皇子皇孙福晋及近支王公福晋夫人于几筵殿内;诸王公福晋夫人郡主县君以上二品夫人,于丹墀右;三品淑人以下于隆宗门外,齐集哭临。皆男摘冠纬,女去首饰。奠献时皆随行礼,举哀毕,各退。皇帝成服截发辫,居倚庐。皇子皇孙随成服,截发辫,居宫中别室。王公百官宗室觉罗咸成服截发辫,旗员居阙左门外,汉员于各官署。皇后率妃嫔等成服剪发,皇子皇孙福晋随成服剪发,诸王福晋命妇及内府三旗官员护军等妻咸成服剪发。……皇帝行三年丧礼,……诸皇子皇孙及恭理丧仪王公大臣,殡宫守卫执事各官,百日除服。群臣二十七日除服。咸百日薙发。"

顺治《东华录》一,崇德八年八月:"遣官颁哀诏于朝鲜、蒙古诸国,诏曰:……其原定丧制开载甚明,凡祭葬礼仪悉从俭朴,仍遵古制以日易月,二十七日释服。"

康熙《东华录》一,顺治十八年二月:"癸未,上诣梓宫前行初祭礼,是日释服。"(世祖崩二十七日)

又,四月:"丙申,上诣世祖章皇帝梓宫前行百日致祭礼。"顺治《东华录》于太宗崩百日未尝书,天聪《东华录》亦无,雍正《东华录》于圣祖崩百日书):"(二月)癸酉,行百日大祭礼。"

《明史》五十九《礼志十三》:"洪武十五年,皇后马氏崩,礼部引宋制为请。于是命……二十七日而除服,素服百日。……"

　　则"百日"汉人旧制也,满所未有。

　　案,《会典》之"截发辫"在《皇朝冠服志》(王侃撰)作"剪发辫",此满洲之俗也。《明史》五十八《礼志十二》:"洪熙元年,仁宗崩,皇太子还自南京,……易素服至长安右门下马,步哭至宫门外,释冠服披发诣梓宫前,五拜三叩首,哭尽哀。宫中自皇后以下皆披发哭。"

　　披发与截发或同一作用。然太祖太宗时未尝披发也。

天聪《东华录》九,天聪八年:"二月壬戌定丧祭例。"(初五日)

　　此划界也,其前后必有不同,宜详考。其例必已汉化许多。

又三,二年正月:"丁卯谕国中,凡送死者殉葬焚化之物各遵定制毋奢费。"

1942.11.16、17、22

20. 清丧仪中之丹旐

《大清会典》五十一《丧礼一·列圣大丧仪》："初丧，……届时恭奉梓宫奉安于宫中正殿，设几筵，建丹旐于宫门外之左，陈法驾卤簿于宫门之外。……既敛，……成服后，……尚茶尚膳，……殷奠，……诹日而殡，……奉梓宫出，登大昇舆，……灵驾至行奉安礼，设几筵，皇帝祭酒，举哀，众随行礼，举哀毕，焚楮帛丹旐，各退。"

据此丹旐初丧而设，既殡而焚。

又："初祭礼……设法驾卤簿于殡宫大门外，陈馔筵八十一席，羊二十七，酒四十一尊，楮制丹旐一，楮帛四十万五千，张黄幕于二门外之右，……皇帝亲诣上食祭酒，其齐集读文送燎均如前仪。"

此云楮旐，盖以纸作，则上述之丹旐非纸作也。

《大清会典》五十一《丧礼二·列后大丧》："初丧，……恭奉梓宫奉安于宫中正殿，设几筵，建丹旐于宫门外之右，陈仪驾于宫门外。"

此建丹旐于宫门外之右，盖男在左女在右也。

又："诹日而殡，……焚楮帛丹旐而退。"

此与帝殡同，初祭仪亦同。

又，五十二，皇贵妃丧、贵妃丧、妃丧、嫔丧、贵人丧均建丹旐于二门外之右。

又，五十三，皇太子丧："既殓，奉安金棺于皇太子宫正殿，设几筵，建丹旐于宫门外之左。"（余同）

又，皇子丧："既殓，奉采棺于正殿，设灵座，建丹旐于门外之左。"（余同）

《大清会典》五十三《亲王丧》："既敛，……设灵座奠案，建丹旐于大门之左。……卜日发引，……前引丹旐，次列仪卫鞍马、散马各十有五匹，以次前导，……奉采棺安于殡堂，……焚楮帛丹旐各散。"（初祭用楮制丹旐同。大祭亦用楮制丹旐，郡王、贝勒、贝子、公、将军、福晋等同。）

又五十四《民公丧》："……卜日而发引，……以梼舆异柩，以灵车载魂帛，陈鞍马八匹，仪从各以次前导。……前引以丹旐铭旌（原注"旗人用丹旐，汉人用铭旌"）。"

据此丹旐为满洲旧俗，并不强汉人为之。

发引用丹旐而葬不用，其义不明。

《大清会典》九十《内务府掌仪司》："建织金九龙绮丹旐于宫门外之左，旗悬以竿，承以座，竿及座皆髹以黄。日以工部（原作王部，臆改，工部不司此也）内务府广储司营造司司官各一人守之，每日暮下旐，广储司官恭奉，内务府总管一人率至宫门，授宫殿监督领侍等，首领内监一人接受奉入，设几筵左侧，次日黎明宫殿监督领侍等率首领内监奉出，至宫门外授内务府总管，广储司官接受升悬，至暮仍送进如前。"

又："列后丹旐用织金九凤绮，建于宫门外之右，暮则陈于几筵右侧，余皆同。"

旐　上声　兆

1942.11.24、12.7

21. 丧内音乐嫁娶

《明史》五十八《礼志十二》："文帝崩于榆木川，……礼部定丧礼，宫中自皇太子以下，及诸王公主成服日为始斩衰三年，二十七月除，服内停音乐嫁娶，……文武官闻丧……衰服二十七日，……凡音乐祭祀并辍百日，婚嫁官停百日，军民停一月。"

此明制也。事实上，遗诏多命以日易月，嗣天子则多丧服百日。

天聪《东华录》一，天命十一年（八月庚戌太祖崩）十二月戊辰（除夕，太祖崩后一百三十九日）："达海库尔缠等入见，上（太宗）素服居丧，俯首独坐。……达海等至代善家，代善亦素服俯首，卧榻侧。至阿敏家，阿敏在寝室与三福金同坐，三福金俱盛服，阿敏垂涕。至莽古尔泰家，莽古尔泰与其妹莽古济、弟德格类盛饰筵宴，女乐吹弹为戏，德格类坐右榻弹筝，达海等见之惊讶而回。"

女真本俗丧仪未备，疑此丧服者汉化，而奏乐者本俗也。况其时已逾百日乎。

天聪《东华录》二，天聪元年正月己巳（原作乙巳，似误）："国制每于除夕元旦备陈乐舞设大宴，时以太祖丧悉停止。"太祖崩已一百四十日。

又三，天聪二年三月，庚寅："初多铎欲娶国舅阿布泰女……"时太祖崩已一年七月。十九月。（此条删，当时另有故，见同年六月庚寅条）

据此太祖崩时丧仪，既不同古之二十七日，又不同通行之百日，复不同礼之二十七月，见其初汉化莫衷一是也。

《大清会典》五十一:"凡列圣大丧,……皇帝行三年丧礼,……百日后素服,……皇子皇孙……百日除服,群臣二十七日除服,……京朝官二十七月不作乐,期年不嫁娶。……"

案,此规定较之明制尤过之:

明　皇帝斩衰三年　群臣衰服二十七日　群臣辍乐百日　官停婚嫁百日　民停婚嫁一月

清　皇帝斩衰三年　群臣衰服二十七日　(在京)群臣辍乐二十七月,官停婚嫁期年　(在外)群臣辍乐期年,官停婚嫁百日　民停婚嫁一月

1942. 11. 20—21

22. 殉葬

天命《东华录》四,天命十一年八月:"庚戌未刻崩。……先是孝慈皇后崩后立乌喇贝勒满太女为大妃,辛亥(次日)辰刻大妃以身殉焉。……又有二庶妃亦殉焉。"

顺治《东华录》一,崇德八年(……太宗文皇帝宾天):"时章京敦达里、安达里二人愿殉,……诸王贝勒亦甚义之。"

案《明史》五十八《礼志十二》:"英宗崩,命东宫过百日成婚,不得以宫妃殉葬。"则英宗以前明代帝王亦有人殉葬也。

崇德《东华录》四,崇德四年(崇祯十二年)四月戊子朔:"己亥……杜度等携……贝勒岳托骸骨还,……岳托妻福金殉焉。岳托,……礼亲王代善子也。"

天聪《东华录》九,天聪八年:"二月壬戌定丧祭例。妻愿殉夫葬者许之,仍予表扬;逼侍妾殉者妻坐死。"

《清史稿》列传五《诸王传四·太祖诸子三·多尔衮传》:"王薨时,其侍女吴尔库尼将殉,请以王所制八补黄袍、大东珠素珠、黑貂褂置棺内。……"

《太祖武皇帝实录》二,癸卯:"九月内中宫皇后薨,后姓纳喇氏……乃夜黑杨机奴贝勒之女……太祖爱不能舍,将四婢殉之。"

1942. 11. 16

23. 清代殉葬之禁

《清史稿》列传五十一《刘楗传》附《朱裴传》："朱裴字小晋，山西闻喜人，亦顺治三年进士（案，上文刘楗顺治二年进士，此言亦不知其意）。知直隶易州，移河南禹州，……擢刑部员外郎，迁广东道御史，再迁礼部给事中。满洲俗尚殉葬，裴疏请申禁，略言泥信幽明未有如此之甚者，夫以主命责问奴仆，或畏威而不敢不从，或怀德而不忍不从，二者俱不可为训，好生恶死人之常情，捐躯轻生非盛世所宜有，疏入报可。累迁工部侍郎以疾之休归。"

前于书肆见《松下杂钞》有朱裴禁殉葬一条，其后欲求其书不得，时耿于怀，今日检《史稿》得其传不禁狂喜。卅二年七月七日灯下。

康熙《东华录》十三，康熙十二年六月乙卯："命禁止八旗包衣佐领下奴仆随主殉葬。"

《清史稿》纪六《圣祖本纪一》，康熙十二年六月："乙卯禁八旗以奴仆殉葬。"

以上均未著朱裴之名。蒋氏《东华录》失载。

朱裴于康熙十七年八月己巳由太常寺卿迁左副都御史（《东华录》二十二），十八年正月乙卯迁工部右侍郎（《录》二十三），五月己亥调户部右侍郎（《录》二十三），二十年二月乙酉原品休致（《录》二十七），上月命吏部、都察院开列懒惰不上衙门、老疾孱弱不能任事者，裴名在列，以故与左侍郎田六善同罢。

1943.7.8—9

24. 清初之聘礼

天命《东华录》一，丁酉（万历二十五年）："叶赫贝勒布扬古愿以妹归上，金台石愿以女妻上次子代善，上许焉。具鞍马铠胄为聘。更椎牛刑白马祀天，……相继誓曰……"

又，癸卯（万历三十一年）："乌喇贝勒布占泰……又聘蒙古科尔沁贝勒明安女，以铠胄、貂裘、猞猁狲裘、金、银、橐驼、鞍马为聘，明安受其聘不予女。……"（见3页）

《大清会典》二十九《婚礼》："大婚之礼，……所司制册宝备仪物（未列其详），豫期行纳采礼。……是日……至皇后邸，……执事官奉仪物由中门入，各陈于案，陈马于庭。……行纳征礼，所司具大征仪物（亦未详例）。……赐后父母金银衣服鞍马。"

案，此与《明史》五十五《礼志·天子纳后仪》所载略同。惟明纳采未著陈马事，仅谓"执事官陈礼物于正堂"。纳征则"用元𫄧、束帛、六马、谷圭等物，……使者至，以制书玉帛置案上，六马陈堂下"。则《清会典》所载盖汉制也。纳征赐物明制未载，有鞍马盖旧俗也。

《大清会典》二十九《婚礼二·皇子婚礼》："……诹吉行纳采礼，所司豫日具仪物舁以采亭。"

又，公主厘降礼："……行纳采礼，是日质明额驸诣午门，恭进驼马酒筵。……既诹吉厘降，……至日陈设衾具，……额驸具马驼甲胄牲酒馔筵诣午门恭进如纳采仪。……若公主下嫁外藩，纳采及下嫁日止进牲酒不进馔筵。"

又，王公婚礼："……行纳采礼，自亲王至辅国公各具簪珥、领约、指环、衣裳、衾褥有差。"

案，公主下降聘礼有甲胄，此满俗之保存者。王公纳采诸物则全部似汉俗矣。

《清太祖武皇帝实录》卷二："布占太……后又聘蒙古廓儿沁明安之女，以盔甲十副，貂裘猞猁狲裘共十领，羊裘十领，金银各十两，骆驼六只，马十匹，鞍鞴俱备为聘礼。明安受其礼食言不与。……"

《大清会典》八十九《内务府掌仪司二》："凡皇子婚礼，……诹吉行纳采礼，金领约一，金耳饰六，皆饰以东珠；金簪大小各三，皆饰以珠，表裹百端，棉三百斤；貂皮百四十，白狐皮九十，狐皮百八十。以内务府总管宫殿监督领侍充使，赐福晋父母冠服、簪环、金带、鞍马，筵燕五十席，羊三十六，酒五十尊。……"

1942.11.22

25. 清初起之婚礼

天命《东华录》一，戊子（明万历十六年）："哈达国万汗之子贝勒扈尔干以女来归，……上纳其女，设宴成礼。"（《太祖武皇帝实录》有"亲迎之"之语）

又，九月："贝勒纳林布禄送妹来归，上率诸贝勒大臣迎之，大宴礼成，是为孝慈高皇后，即太宗母也。"

又，丙申（万历二十四年）十二月："乌喇贝勒布占泰……以妹妻上弟舒尔哈齐，迎归大宴成礼。"

又，辛丑（万历二十九年）十一月："乌喇贝勒布占泰以其兄贝勒满泰之女来归，迎宴如礼。"

又，壬子（万历四十年）正月："上闻科尔沁贝勒明安女甚贤，遣使往聘，明安许焉。送女至，上具车服以迎，筵宴如礼。"

天命《东华录》一，甲寅（万历四十二年）四月："丁酉蒙古札鲁特部贝勒钟嫩以女妻贝勒代善，上命亲迎，设宴成礼。"

又："蒙古科尔沁贝勒莽古思以女归上子四贝勒为婚，……上命亲迎至辉发扈尔奇山筵宴如礼。"

《大清会典》二十九《礼部·婚礼一》："是日，五鼓皇帝法驾卤簿乐悬全设如常仪；銮仪卫设皇后仪驾于皇后邸。……届时礼部堂官奏请御殿，皇帝礼服朝于皇太后宫，……御太和殿，……鸿胪官引正副使（正使大学士、副使礼部尚书）就拜位，……（授册宝）……陈册宝于龙亭，……前列御仗，自……太和门午门大清门中道出，……皇帝还宫。正副使至皇后邸，后父朝服率亲属跪迎于大门外道右，……内监奉册宝以次由中门入，皇后御礼服，引礼女官二人恭导，出迎于庭中道右，……随入听事，……皇后跪，……女官奉册文宣讫，……皇后祇受，……皇后行六肃三跪三拜礼毕，恭导皇后入内。……钦天监官报升舆吉时，……册宝亭先行，……皇后升舆，……后母率诸妇跪送于庭，后父率亲属跪送于大门外。皇后舆由大清门中门入，……至中宫阶下降舆，……恭侍女官迎皇后入中宫。……至午时皇帝御太和殿赐后父及亲属燕，王公百官咸与；皇太后御宫赐后母及亲属燕，公主福晋大臣命妇咸与。吉时届，宫中设燕行合卺礼。翼日皇帝偕皇后朝于皇太后。越三日，……皇帝御太和殿，……皇后诣皇帝前行礼毕，御中宫，公主福晋命妇行庆贺礼。是日以大婚礼成颁诏布告天下。"

案，此大婚礼注与《明史》五十五《礼志九·天子纳后仪》大同小异。明代册后仪注"大抵参唐宋之制而用之"（《明史》五十四），且多"即位后行册立礼"，正统七年英宗大婚始定纳后仪注，今摘其与清制不同者如下：

明　发册奉迎礼部陈雁及礼物于丹墀。　使者至后家捧制书，执

　　　　　　　　　　　　　　　　　　　　　　　事者以雁及礼物从之。

清　内务府官奉仪物陈于丹陛(不知有雁否)。　　仅称奉仪物,不知
　　　　　　　　　　　　　　　　　　　　　　有雁及礼物否。

明　女官以九龙四凤冠袆衣进皇后。　　　　　皇后乘舆前父母有戒词。

清　无之。　　　　　　　　　　　　　　　　　无之。

明　舆入,进奉天门至内庭幕次。　　　　　　皇后出舆由西阶进,皇帝
　　　　　　　　　　　　　　　　　　　　　　由东阶降迎于庭,揖皇后
　　　　　　　　　　　　　　　　　　　　　　入内殿。

清　至中宫阶下。　　　　　　　　　　　　　女官迎入中宫。

明　帝迎后入,更礼服同诣奉先殿行谒庙礼,祭毕还宫合卺。

清　有赐燕燕后父母,无谒庙礼。

　　据此,赐燕燕后父母一节似即"设宴成礼"、"大宴成礼"之遗俗。不
谒庙当亦以旧俗无之。帝不迎后此非满洲旧俗(亲迎之事屡见于书),
盖汉化后更将皇帝身分加高也。至仪物内有无雁当再查《会典则例》。

1942.11.21—22

26. 金碑

　　大金得胜陀颂碑　　在今吉林省扶余县石碑崴子,距扶余县城东北 160
里。碑阳汉文,碑阴女真文,碑头篆文"大金得胜陀颂"六字。大定二十五年
(1185)七月建。

　　《明史》二十二《熹宗本纪》:天启元年(1621)三月乙卯,大清兵取沈阳。
总兵官尤世功、贺世贤战死。

　　《明史》四十一《地理志·山东省》:辽东都指挥使司,沈阳中卫洪武三十
一年闰五月置卫。

　　天启元年三月壬戌,大清兵取辽阳,经略袁应泰死之。

　　《明史》四十一《地理志》:定辽中卫,洪武十七年置卫。

　　五年(1625)正月癸亥,大清兵取旅顺。

　　《明史》二十一《神宗本纪》:万历四十六年(1618)四月甲辰,大清兵克
抚顺城,千总王命印死之。

　　《明史》四十一《地理志·沈阳中卫》注:"东北有抚顺千户所,洪武二十
一年(1388)置所。"

四十七年(1619)六月丁卯,大清兵克开原,马林败没。

27. 清未入关前用《明会典》

崇德《东华录》一,天聪十年(1636,五月以后改元崇德)四月乙酉:"黎明上率诸贝勒大臣祭告天地,乃受宽温仁圣皇帝尊号,建国号为大清,改元为崇德元年。"

又,崇德元年(1636):"五月甲辰朔……壬子(初九日)贝勒萨哈廉薨,年三十三(应生于明万历三十二年甲辰,西1604,时太祖居赫图阿喇)。礼亲王代善第三子也。通满汉蒙古文义,明达聪敏。"

又,六月甲戌朔己卯(初六日):"上在翔凤阁偶寝,梦颖亲王萨哈廉(五月丁巳追封)求上赐牛,及觉以问内院大臣,希福等对曰:'皇上思慕正切故有此梦。'上曰:'不然,朕未尝思之,此梦最为真切。'希福等检《会典》视之,凡亲王薨初祭时钦赐一牛,希福等奏闻,上异之,因命礼部撰文,遣官以太牢致祭。"

案,乾隆甲申(二十九年)《御制大清会典·序》:"国家应大宝命,列圣肇兴,礼乐明备,皇祖圣祖仁皇帝康熙二十三年始敕厘定《会典》,则以时当大业甫成,实永肩我太祖太宗世祖三朝之统绪不可以无述,而述固兼作矣。"

又康熙《东华录》三十三,二十三年五月丙寅朔:"己巳(初四日)纂修《大清会典》。"则希福等所检者《明会典》也。

1942.11.23

28. 朝鲜仁祖与明协力对胡之政策

《朝鲜仁祖大王实录》卷一,天启三年(1623)三月丁未(十七日):"上御西别堂,引见毛都督问安使南以恭曰:'卿今当远行,问答之际善为措辞,以同心协力之意详谕于毛将可矣。'以恭对曰:'自前每事搪塞故彼有怒意,今则屯田煮盐等事皆已许之,且知同心协力之意则岂不感悦乎?'"(1册,15—16页)

　　仁祖于三月十三日举义兵奉王太妃复位,以太妃命即王位,废光海君,放于江华,此次政变后朝鲜对明对满洲之政策显有改变,光海时依违两大,至此则欲与明协力剿灭满洲矣。此问安使盖使于毛文龙者也。

又三月戊申（十八日）：“上御西别堂引见平安监司金荩国曰：‘关西非但与奴贼接，天朝将官多在境上，接应烦紧予甚忧之，今得卿付之，自此可纾西顾之忧矣。’……上曰：‘奴贼情形早晚必一入寇，备御之道岂容小忽，但我国不善侦探，若不先知贼兵之多寡何以御之。’上又曰：‘贼若不来则大善，来犯则当以干戈从事，岂可束手以待之乎？’荩国曰：‘……囊时则贼虽犯境不以干戈从事，故林畔之贼可使只轮不返，而坐观不战使如入无人之境，诚可痛也。’”（17页）

又卷一，四月：“辛未（十二日），上引见都元帅张晚于明光殿。上曰：‘今见唐将以协力讨贼为言，而兵事无形何以为之？’晚曰：‘大乱之后事势固然，但天朝师期尚远，一二年休息民生之后，则民亦知不得已之举，必乐为之用矣。今圣算已定，庙谟已决，臣只许一死敢不尽瘁乎！……’上曰：‘即今中原形势其能出兵而讨贼耶？’晚曰：‘中原非但形势孤弱，亦似夺魄，与我国壬辰畏倭同矣。’上曰：‘倘与中原协力讨贼则度用几许兵？’晚曰：‘臣之意则非十万不可也。’上曰：‘我国办得十万势甚未易矣。’晚曰：‘十万不易得非五万则不可。’”（47页）

又卷一，三月乙卯（二十五日）：“上又御明光殿，引见大将金鎏、李贵、李适。李贵曰：‘张晚已差元帅（本日定议以张晚为帅），西方之事自可担当，而当今事势当与毛将（文龙）合势收拾人心，臣虽老矣，欲往见毛将以诚意激动，期于请来与圣上相见矣。’上曰：‘卿老矣，且国事方殷，卿不可远去矣。’鎏曰：‘李尚吉年虽衰老尚有筋力，且与毛将情意相孚，毛将至于屡送私书称以诚，臣以尚吉差送接伴使则当得其欢心。’”（31页）

又卷一，三月：“丁巳（二十七日）备边司启曰：‘今日鼎革之初事多未遑，而西边之事不可不急先料理，伊贼（谓满洲）倘来越边接语，则当云两国曾无仇怨，彼疆我界不须挽越扰害，各守封疆可也，你若动兵来侵，我亦当以干戈从事，至于唐将来往我境，辽民越来投命于唐将，皆非我国指挥，你不可以此执言。……今后凡系问答之事一一告知毛将，切勿隐讳为当。……’从之。”（34页）

又卷一，四月辛酉（初二日）：“上御明光殿引见都元帅张晚，……上曰：‘贼（谓满洲）若犯境则何以御之？’晚曰：‘……当与天将协力讨之，岂可退缩而不战乎？’……晚曰：‘臣若见毛都督则当陈协力同仇之义矣。’上曰：‘卿可往见，陈其协力之意，且言轻动之非。’”（37页）

又卷一,四月辛未(十二日):"上曰:'贼势如何?'(张)晚曰:'有鸷鸟敛翼之形矣。'上曰:'有将犯我国之势耶?'晚曰:'贼方锐意犯关,何暇东抢,似无近忧矣。'上曰:'予意闻我国消息亦必忌惮矣。'晚曰:'兵家以间谍为上,臣欲募得假狄伶俐者侦探贼中,而不可不先告于毛将矣。'上曰:'卿言是矣,告于毛将得剃汉厚待用之可矣。'晚曰:'我国善华语者剃其发,偕剃汉侦探而悬赏购募则必有乐往之人矣。'"(47页,此条应连于三页一条)

又卷一,四月壬午(二十三日):"上接见毛文龙差官时可达于明政殿,上曰:'敝邦当与天朝协力讨虏,已拜元帅,明当启行,使即往诣督府奉议军务矣。'"(54页)

又卷一,四月甲申:"上夕讲《大学衍义》于文政殿,……副提学郑经世曰:'协力讨贼之言,奴贼亦应闻之,不可坐而待之。'"(55页)

又卷二:"六月朔庚申,孙军门移咨朝廷羁縻联络,作我援助云云,备局以弊司方出都元帅,调兵运饷以俟军门之令协力毛督恢复辽左之意答之。"(2册,14页)

又卷二,七月乙未(初七日):"都元帅张晚驰启言:'近接义州之报毛将已为渡江,游骑出没于凤凰、汤站之间,日日放炮以为声势。又闻易承惠等已自上流渡江,其军之单弱臣已目见,其所声言必曰合朝鲜之兵,而乘虚入辽,彼虎狼之移怒断可知矣,必将分兵侵我,欲绝议后之计,而两西储粮罄竭如洗,虽欲收合军卒添入边上,而无可馈之粮,下道运饷无一船来到者,军兵时未整顿,器械未及修造,将领未得其人,……依臣前启,亦宜早赐回下,俾无缓不及事之悔。'"(2册,22页)

又李廷龟之论毛文龙,见"朝鲜与毛文龙"卡片五。

又卷四,天启四年(1624)正月:"壬申(十七日)前教授文晦……韩诉等诣阙上变,即推鞫于阙内。……诉又曰:'吾辈将通于姜弘立、金景瑞,使引奴兵而来压境上,胁制朝庭,令复旧主,吾辈从中而起,则虽有智者不能为之谋矣。'"(4册,4页。据此知李适等起兵反仁祖,欲通于满洲,可反证仁祖与明协力对胡之政策。)

1940.7.18—20

29. 清初与蒙古的关系

稻叶君山《清朝全史》十六章:

明代四百年间女真大抵服属于蒙古，及勃起长白山下而双方战争起。

万历二十一年（1593）九月，科尔沁蒙古曾参加叶赫、哈达九部攻女真。

万历四十七年（1619）七月，（萨尔浒战后）喀尔喀蒙古攻女真失败。十一月立和约。

天启五年（1625）蒙古背盟，斩金之斥堠送明朝，清太祖派兵攻之。

天启四年（1624）二月科尔沁与满洲订约同盟，共防察哈尔。科欲脱察之羁绊，满欲掌握蒙古。

五年（1625）十一月察哈尔攻科尔沁，满洲出兵。六年（1626）科满缔婚。

察哈尔蒙古林丹汗自万历四十七年（1619）起即受明朝利诱（年四千两，后增四万两）抗满洲，时常出兵。崇祯四年（1631），满洲攻察哈尔，林丹汗遁死。

崇祯八年（1635）多尔衮等又率大军西征蒙古，内蒙古诸部完全统一于满洲。

1953.5.29

30. 清帝之血统①

太祖（满洲）　孝慈后（叶赫纳喇氏）

太宗（1/2 满洲，1/2 叶赫）　孝庄后博尔济吉特氏（蒙古科尔沁）

世祖（1/4 满，1/4 叶，2/4 科）　孝康后佟佳氏（汉军）

圣祖（1/8 满，1/8 叶，2/8 科，4/8 汉）　孝恭后乌雅氏（满洲）

世宗（1/16 满，1/16 叶，2/16 科，4/16 汉，8/16 满＝9/16 满，1/4 汉）孝圣后钮祜禄氏（满洲）

高宗（1/32 满，1/32 叶，2/32 科，4/32 汉，8/32 满，16/32 满＝25/32 满）

高宗（25/32 满，1/32 叶，2/32 科，4/32 汉）　孝仪后魏佳氏（汉军）

仁宗（25/64 满，1/64 叶，2/64 科，4/64 汉，32/64 汉＝36/64 汉，25/64 满）　孝淑后喜塔腊氏（满）

宣宗（36/128 汉，1/128 叶，2/128 科，25/128 满，64/128 满＝89/128 满）

宣宗（89/128 满，36/128 汉，1/128 叶，2/128 科）　孝全后钮祜禄氏（满洲）

---

① 编者注：此部分原稿为谱系表形式。

文宗（89/256 满，36/256 汉，1/256 叶，2/256 科，128/256 满 = 217/256 满） 孝钦后那拉氏（叶赫）

穆宗（217/256 满，36/512 汉，2/512 科，1/512 叶，256/512 叶 = 257/512 叶，217/512 满，36/512 汉，2/512 科）

三十二年二月二十四日作，怀想此事已数日，欲以证清帝之汉人血分也，有不能知者诸后之血统是否纯粹耳，如汉军是否杂有满洲，满洲杂有蒙古、叶赫诸事，非就《八旗通志》或其它书考之不可。

六月读《皇清通志·氏族略》。

1943.6.27

卅二年六月廿七日草成《清代诸帝之血系》一文，改正如此：

太祖（满洲） 孝慈后（1/4 叶赫——假定）

太宗（1/2 满，1/8 叶，3/8 满） 孝庄后（蒙古）

世祖（1/2 蒙，1/16 叶，7/16 满） 孝康后（1/2 汉，1/2 满）

圣祖（1/4 汉，1/4 蒙，2/4 满） 孝恭后（满）

世宗（1/8 汉，1/8 蒙，6/8 满） 孝圣后（满）

高宗（1/16 汉，1/16 蒙，14/16 满） 孝仪后（汉军——假 1/8 汉）

仁宗（1/32 汉，1/32 蒙，14/32 满；1/16 汉，7/16 满 = 3/32 汉，1/32 蒙，28/32 满） 孝淑后（满）

宣、文、穆、德，均满血，他血微甚。

1943.2.24、6.27

31. 满汉通婚

《续清文献通考》二十六："光绪二十七年……懿旨，……满汉臣民，朝廷从无歧视，惟旧例不通婚姻，原因入关之初风俗语言或多未喻，是以著为禁令。……"

案，"满汉不通婚"清代传说最盛，但实无法令之根据，其见之文字仅此条耳。此条仅称旧例，盖亦不得其根据所在，又含混其理由。入关之前若李永芳之流皆尝娶满女，彼时又何尝计及"风俗语言"之喻否。更考之《户部则例》（同治十二年修）法令上乃有相反之规定：

《钦定户部则例》卷一《户口一·旗人嫁娶》："一、在京旗人之女不准嫁与民人为妻,倘有许字民人者,……系已经挑选(秀女)及例不入选之女,将主婚之旗人照违令例治罪,聘娶之民人亦将主婚者一例科断,仍准完配,将该旗民开除户册。若民人之女嫁与旗人为妻者,该佐领族长详查呈报一体给与恩赏银两。……至旗人娶长随家奴之女为妻者严行禁止。"

案,蔡逢年《律例便览》(同治十一年)卷三《户律·婚姻》:"凡八旗内务府三旗人将未经挑选之女许字民人杖一百,将已挑选及例不入选之女许字民人笞四十。聘娶之人一体科罪。"

又:"一旗人告假出外,已在该地方落业,编入该省旗籍者准与该地方民人互相嫁娶(原注"同治四年六月奏准")。"

案,此条于同治四年六月奏准,岂前此有禁耶?

顺治五年八月庚申《东华录》:"谕户部,朕欲满汉官民共相辑睦,令其互结婚姻前已有旨(另录*),嗣后凡满洲官员之女欲与汉人为婚者,先须呈明尔部,查其应具奏者即与具奏,应自理者即行自理,其无职人等之女,部册有名者令各牛录章京报部方嫁,无名者听各牛录章京自行遣嫁,至汉官之女欲与满洲为婚者亦行报部,无职者听其自便不必报部,其满洲官民娶汉人之女实系为妻者方准其娶。"

*顺治五年八月壬子《东华录》:"谕礼部,方今天下一家,满汉官民皆朕臣子,欲其各相亲睦,莫若缔结婚姻,自后满汉官民有欲联姻好者听之。"

天聪《东华录》七,六年正月己亥朔:"癸丑(十五日),兵部贝勒岳托奏①:

1943.6.4—1944.1.2

32.褚英死后其妻仍受太宗优礼

天命《东华录》一:"戊戌(明万历二十六年)春正月,……褚英赐号洪巴图鲁。"

又:"丁未(明万历三十五年)春正月……上赐……褚英号阿尔哈图土门(argatu tumen)。"

天命《东华录》一,乙卯(明万历四十三年):"秋闰八月乙巳朔,皇长子洪巴图鲁阿尔哈图土门贝勒褚英薨,年三十六。"

---

① 编者注:原稿以下并未摘录内容。

天聪《东华录》七,天聪六年,明崇祯五年,正月:"癸卯,上以兄阿尔哈图土门贝勒之妻,嫂也;……俱亲属之长,因新年礼赐宴,并赐黑貂裘、白毡各一,上亲送之出,还宫。"

此与雍正时屡称褚英以大逆诛死说不同,或褚英死,其妻仍受恩礼也。

33. 薙发

天命《东华录》三,天命六年(天启元年)三月:"辽阳既下,河东之三河堡……大小七十余城官民俱薙发降。"

明降人薙发始见此,前此抚顺李永芳降(天命三年),开原破(四年)皆未著薙发事。

又:"癸亥遗朝鲜国书曰:今辽东官民皆以薙发归顺,降官悉复原职。……"

天聪《东华录》二,天聪元年七月:"(答朝鲜王李倧书)……斯言非为贪得逃人,……如有贪意,前薙发降我如许人民,盟誓之后为何遣归。"

据此朝鲜降人亦薙发。

天聪《东华录》四,天聪三年十月:"癸丑朔,上亲统师启行(伐明),……丁丑,左翼兵攻克龙井关,……至汉儿庄城,……有副将标下官李丰率城内民薙发出降。"

又五,天聪四年正月:"攻永平,……甲申寅时薄城,……(城官或死或降)及旦,上命达海、麻登云等执黄旗于城上,谕军民薙发。"

天聪《录》六,五年十一月:"丙戌上曰:'……张春(阵获明将)不肯剃头,可令与白喇嘛同居三官庙。'"

崇德《录》一,元年,十二月:"(征朝鲜)壬午,……郭山守臣遁,军民皆降,上谕曰:'尔等既降,勿逃避山谷,宜速剃发在家。……'"

崇德《录》七,七年四月庚子朔:"都察院参政张存仁奏:'……窃思(洪)承畴欢然幸生,是能审天明达时务,……宜令其剃头在官任使。……'"(案,承畴于二月十八日被擒,见豪格奏疏,至是已四十三日;于三月癸酉解沈阳,至是亦二十余日,尚未剃头则当时尚不甚严也。及五月初五日承畴朝太宗,当薙发矣。)

顺治《东华录》二,顺治元年四月:"(多尔衮征明,与吴三桂晤于山海关)己卯,师至山海关,吴三桂率众出迎,……王谓三桂曰:'尔可令尔兵各以白布系肩为号,不然同系汉人何以为辨,恐致误杀。'……(破李自成)是日,进吴三桂爵为平西王,……令山海城内军民各薙发。……凡百姓……莫不大悦,各还乡里薙发迎降。"

此知三桂初未薙发,破贼后始令为之。

顺治《录》二,元年五月戊子朔:"多尔衮师至通州,知州率百姓迎降,谕令薙发。"

又,庚寅:"(时入北京)摄政睿亲王谕兵部曰:'……各处城堡着遣人持檄招抚,檄文到日薙发归顺者,地方官各升一级,军民免其迁徙。……有虽称归顺而不薙发者,是有狐疑观望之意,宜核地方远近定为限期,届期至京酌量加恩,如过限不至显属抗拒,定行问罪,发兵征剿。'"

此清入关最初之显明表示。

顺治《录》五,二年八月丙申:"先是给事中许作梅、庄宪祖、杜立德,御史王守履、桑芸、李森先、罗国士、邓孕槐、吴达等交章劾奏宏文院大学士冯铨,……礼部左侍郎孙之獬,……礼部侍郎李若琳,……(摄政)王于重华殿传集内院大学士等官及刑部科道各官逐一鞫问,所劾冯铨、孙之獬、李若琳各款俱无实迹。因冯铨自投诚后薙发勤职,孙之獬于众人未薙之先即行薙发,男妇皆改满装,李若琳亦先薙发,故结党同谋陷害。"

此见清初降官亦不愿薙发。首先薙者为此数人。

《明季稗史》初编十九《江南闻见录》:"乙酉(顺治二年,弘光元年)五月……二十日,……忻城(赵之龙)剃头起,是后徐魏国(文爵)、柳安远(祚昌)、徐永康(宏爵)、汤灵璧(国祚)、李临淮(祖述)等,以渐剃讫。……二十日,……黄山虎兵约万余人俱自薙发。……"

此南都首先薙发之人。

顺治《录》四,二年六月:"丙寅谕礼部:向来薙发之制不即令画一姑听自便者,欲俟天下大定始行此制耳。今中外一家,君尤父也,民尤子也,父子一体岂可违异,若不画一终属二心,不几为异国之人乎?此事无俟朕言,想天下臣民亦必自知也。自今布告之后,京城内外限旬日,直隶各省地方自部文到日亦限旬日尽令薙发,遵依者为我国之民,迟疑者同逆命之寇,必置重罪,若规避惜发,巧辞争辩,决不轻贷,该地方文武各官,皆当严行察验,若复有复为此事渎进奏章,欲将已定地方人民仍存明制不随本朝制度者杀无赦。其衣帽装束许从容更易,悉从本朝制度,不得违异,该部即行传谕,京城内外并直隶各省府州县卫所城堡等处,俾文武衙门官吏师生一应军民人等一体遵行。”

　　　　此严旨也。时南京已下。

蒋良骐《东华录》卷五,顺治二年:“八月原任陕西河西道孔闻漂言臣家宗子衍圣公已遵令薙发,但念先圣为典礼之宗,章甫缝掖自汉暨明三千年未之有改,今一旦变更,恐与皇上崇儒重道之典有所未备。应否蓄发以复本等衣冠,统惟圣裁。报曰:薙发严旨违者无赦,孔闻漂姑念圣裔免死,着革职永不叙用。”(王先谦《录》见于十月戊申,闻漂作文謤)

　　　　此见薙发令之严。

顺治《东华录》五,二年七月丁丑:“凤阳巡抚赵福星奏,伪弘光总漕田仰指薙发为名,鼓惑奸民作乱,杀通州如皋海门牧令,臣……领兵剿抚,悉就平定。”

　　　　此见当时流人反对薙发。

又案韩菼《江阴城守纪》,乙酉南都亡,清命方亨为江阴知县,豫王下令薙发,六月二十八日方亨出示晓谕,闰六月初一日诸生耆老会于文庙,许用大言“头可断,发决不可薙”,适府中檄下,有“留头不留发,留发不留头”之语。下午北州少年遂鸣锣呐喊至县前,方亨允备文请免薙,初二日县民下方亨于狱,起师。与清兵抗者八十日,至八月二十一日城破。

　　　　此见反对之烈,然全城已降清而独反对薙发亦不可解,何若从始不降耶?

又朱子素《嘉定县乙酉纪事》:“六月初四月乙卯北兵入郡。……(闰六月)十二日壬辰北下薙发令至县,大哗,始谋举事矣。”至七月初四日城破,凡二十余日。

　　《江上孤忠录》　江阴　《启祯记闻录》　苏州吴江

　　　　　　　　　　　　　　　　　　　　　1942.11.11、28、29

34. 清初章服

崇德《录》二,崇德二年四月丁酉:“谕诸王贝勒曰:‘……尔等训练士卒,勤习武事,凡出师田猎许服便服,余俱令遵国初定制仍服朝服。’”

　　　　此朝服便服分别言之,则未入关前清服已有变更也。

顺治《录》三,顺治元年七月己亥:“山东巡按朱朗鑅启言:‘中外臣工皆以衣冠礼乐覃敷文教,顷闻东省新补监司三人,俱关东旧臣,若不加冠服以临民,恐人心惊骇,误以文德兴教之官,疑为统兵征伐之将,乞谕三臣各制本品纱帽圆领临民理事。'摄政睿亲王谕:'目下急剿逆贼,兵务方殷,衣冠礼乐未遑制定,近简用各官姑依明式速制本品冠服,以便莅事,其寻常出入,仍遵国家旧制。'"

此知多尔衮五月入京后明章服未改,且清官亦用明服。

顺治《录》四,二年六月:"丙寅谕礼部:……其衣帽装束许从容更易,悉从本朝制度。"

此知时严薙发之命,尚未及冠服。

又五,二年七月:"戊午谕礼部:官民既已薙发,衣冠皆宜遵本朝之制,从前原欲即令改易,恐物价腾贵,一时措置维艰,故缓至今日。近今京城内外军民衣冠遵满式者甚少,仍着旧时巾帽者甚多,甚非一道同风之义。尔部即行文顺天府五城御史晓示禁止,官吏纵容者访出并坐,仍通行各该抚按转行所属一体遵行。"

此知自是始严。

徐世溥《江变纪略》:"(顺治五年正月金声桓在九江抗清,前已降清矣。)时服色变易已久,仓猝求冠带不能具,尽取之优伶箱中。……乡民扶携拥街巷艳观啧啧,惟视其翅间前后皆秃无鬓,以此征异。"(秃无鬓谓薙发也)

此知严改服色三年半耳,明代章服绝迹矣。

《东华录》天聪六年十二月乙丑,布令国中禁冠服僭越。

《清史稿·太宗纪》,天聪七年六月乙巳:"谕官民冠服遵制画一。"王氏《东华录》同。

天命六年七月甲子《东华录》:"……又谕侍臣曰:愚暗之夫,出猎行兵之事,漠不经心,所修治者宴会时服饰,此与妇人何异,当深为诫。"

1942.11.27—29

四、满洲入关前的社会

1. 满洲入关前的社会性质（努尔哈赤时期的满洲社会）

一、十四世纪以前的女真族　挹娄、靺鞨、渤海国、金

二、十五、十六世纪的女真族　《朝鲜李朝实录》

三、十七世纪初的女真族　努尔哈赤

四、努尔哈赤和他周围部落的作战和联姻

五、努尔哈赤和他周围部落的结盟

六、努尔哈赤和他的八旗制度　驻防

七、清代的世管佐领

八、清代的包衣

九、皇太极时期的八旗人义务

十、皇太极时期的入塞掠夺

十一、入关后的满洲人　如何适应汉人的社会

十二、满汉的分居

2. 清开国时的学习汉俗

努尔哈齐天命十一年（1626）八月十一日卒。十二月三十日皇太极、代善仍孝服。

此与汉俗不同，汉俗孝服百日，此已逾百日，且一百四十日矣。

此与后来之满俗亦不同，满人穿孝百日，百日毕易吉服。

看出皇太极、代善是学汉人而不合，莽古尔泰则仍用满俗着吉服。

就此事正看出当时满清正在向汉人的高度封建主义转变。所谓汉化应该理解为高度封建化，不能只看做文化习俗，应该看做一个为基础服务的上层建筑。

1955. 3. 29

3. 奴儿哈赤

嘉靖三十八年(1559)	奴儿哈赤生。
四十三年(1564)	六岁,舒尔哈齐生,奴同母弟。
隆庆二年(1568)	十岁,丧母。
万历五年(1577)	十九岁,与父分居。
八年(1580)	二十二岁,长子褚英生。
十一年(1583)癸未	二十五岁起兵攻尼堪外兰,时已有一女二子。
十四年(1586)丙戌	二十八岁,杀尼堪外兰。
十五年(1587)丁亥	二十九岁,在赫图阿拉(?)建城。
十六年(1588)戊子	三十岁,与哈达万汗之孙女结婚,以长女嫁何和里,又与叶赫杨吉砮女结婚,即太宗之母。
二十一年(1593)癸巳	三十五岁,破叶赫等九部之师。
二十三年(1595)乙未	三十七岁,朝鲜派人来探。
二十四年(1596)丙申	三十八岁,朝鲜传其大病。《宣祖实录》八七。
三十五年(1607)丁未	四十九岁,舒尔哈齐出征不力战,兄弟始不睦,舒欲移居黑扯木。
三十九年(1611)辛亥	舒尔哈齐卒,年四十八。奴儿哈赤年五十三岁。
四十年(1612)壬子	五十四岁,子多尔衮生。
四十三年(1615)乙卯	五十七岁,子褚英卒,年三十六。
四十四年(1616)丙辰	五十八岁,建国。

4. 奴儿哈赤始见《李朝实录》

《李朝实录·宣祖实录》二十三,宣祖二十二年(万历十七年,1589)七月丁巳(丁卯):"平安兵使书状满浦呈,内建州卫彼人童坪者等十八名,童海考等十六名,童多之者四十八名归顺。出来言,内左卫酋长老乙可赤兄弟以建州卫酋长李以难等为麾下属。老乙可赤则自中称王,其弟则称船将。多造弓矢等物,分其军四运,一曰环刀军,二曰铁锤军,三曰串赤军,四曰能射军,间间练习,胬(胁?)制群胡,从令者馈酒,违令者斩头,将为报仇中原之计云云。名(又?)曰众胡之言,如出一口,毛麟(邻?)率建州卫已服从,温火卫未服从,自相攻击,老乙可赤桀骜之状据此可知。"(《李抄》,491页)

《李朝实录》,奴儿哈赤始此。时年三十一(1559—1589)。

《李朝实录》老乙可赤即奴儿哈赤。(1)《宣祖实录》三十,二十五年九月辛未条有"建州卫老乙可赤来救"一条,其下甲戌一条叙辽东都司移咨,有"建州奴儿哈赤部下原有马兵三四万,步兵四五万,皆精勇惯战,……待冬冰合,即便渡江杀倭……"之语,可知老乙可赤即奴儿哈赤朝鲜译音。(2)李朝《光海君日记》四十四,辛亥(1611)注"奴即建夷也。初以老胡称之,中朝改称奴胡"(十三册,341页);《李朝实录·光海君日记》五十,壬子(1612)二月初六日注"奴胡即建奴夷也。我国常以其酋名老乙可赤称为老胡,中朝号其酋为奴儿哈赤,故今称奴胡"(十三,346页)。

5. 朝鲜记载中之奴儿哈赤

李朝《宣祖实录》六十五,二十八年(万历二十三年,1595)丁酉:"备边司启曰:……老可赤有名建州鞑子之中,浸浸有强大之势,今已十余年矣。"(《李朝实录抄》十三册,23页)

此云十余年,如以十五年计,则当1580年时已开始强大,其时奴儿哈赤二十二岁,似稍早(1559—1580)。或指1583年起兵,则十二年耳。

又卷一二七,三十三年(1600)七月戊午:"备边司启曰:……兵使李守一久在南边,故老酋根脚不能详知,因其文书有此云云矣。此胡仰顺天朝,受职为龙虎将军,本姓佟,其印信则乃是建州左卫之印云云。此胡前日因事送一文书于平安道边上,具文字字画大概与此书相同。"(十三册,142页)

又卷七三,二十九(万历二十四年,1596)三月甲申:"译官李亿礼书启曰:臣与余希元二月初二日越江,……初七日距建州城三十里许,于老乙可赤农舍,老乙可赤兄弟领骑兵三四千迎接,……下马设酌,……入(建州)城,老乙可赤兄弟即设下马宴,老乙可赤说称,保守天朝地界九百五十里,俺管

事后十三年不敢犯边,非不为恭顺也,而杨布政说我不顺,今方欲题本征我部落。……"(十三册,80 页)

　　1596 前十三年为 1583 年,即万历十一年。

　　又卷一八九,宣祖三十八年(万历三十三年,1605)七月戊午:"平安兵使成允文驰启,……则夫者卓古之为忽温酋,似为分明。大概前日所闻如许酋罗里、忽温酋卓古等,往在癸巳年间相与谋曰,老可赤本以无名常胡之子,崛起为酋长,合并诸部,其势渐至强大,我辈世积威名,羞与为伍。不意合兵来攻老酋……"(十三册,234 页)

　　案,癸巳年为万历二十一年(1593),其年九月叶赫、布寨、纳林布禄与哈达、孟格布禄等九部攻满洲失败。此所谓"无名常胡"似指其非明朝任命之高官(卫指挥)。

　　李朝《宣祖修正实录》四一,四十一年(万历三十六年,1608)二月:"初老乙可赤设一部落于南略耳(胡地),诱纳山外水下诸胡,尽令来附。诸胡苦忽刺温之侵暴,多归之,兵势寝盛。"(十三册,308 页)……留屯作农……

　　诸胡多归之,必其制度有改易,非复奴隶制矣。下文"留屯作农"一语尤显,忽刺温即扈伦,此指乌喇。

6. 朝鲜往探奴儿哈赤

　　李朝《宣祖实录》六九,二十八年(万历二十二年,1595)十一月戊子:"平安道兵使边应奎驰启曰:'满浦金使柳濂牒报,去八月十八日唐官家丁与乡通事河世国等(中为人名),……一时宣谕事,老乙可赤处入送,今十一月初二日各人及老胡兄弟次将马臣、佟羊才等一时出来,河世国处房情推问则老亦可赤当时所住之家,麾下四千余名佩剑卫立,而设座交椅,唐官家丁先为请入拜辞而罢,然后世国亦为请入,揖礼而出。小乙可赤处一样行礼矣。老乙可赤屠牛设宴,小乙可赤亦屠猪设宴。……老乙可赤所住家舍则盖瓦,各以十坐,分为木栅,各造大门,别设楼阁三处,皆为盖。大概目睹,则老乙可赤麾下万余名,小乙可赤麾下五千余名。……'"(《李朝实录抄》十三册,40 页)

　　据此,1595 时,奴儿哈赤与黍尔哈赤同住一城,各有兵马(奴马七百余匹,黍马四百余匹,同见下文),其政治则统一于奴儿哈赤,时奴年三十七岁。

李朝《宣祖实录》七一,二十九年(1596)正月:"丁酉,南部主簿申忠一书启:'臣于上年十二月十五日到江界,……二十二日……臣与乡通事罗世弘、河世国……等并晌午离发满浦(满浦在朝鲜境),冰渡鸭绿江,前向奴酋家进发。自二十二日至二十八日所经一路事载录于图。一、奴酋家在小酋家北,南向造排,小酋家在奴酋家(南),北向造排。……'"(55 页)"南"字原缺,臆补。

58 页有:"小酋送马三匹来请臣等,臣等骑往参宴,凡百器具不如其兄远矣。"

案,此次系朝鲜派申忠一偕河世国再往奴尔哈赤处探视。上次河世国随明朝官员(胡游击差官余希元)家丁前往。李朝《宣祖实录》七十,宣祖二十八年(1559)十二月甲辰条,"满浦镇金节制使柳濂呈,本年十月十八日差本镇通事河[洗](世)国等二名随同游击府宣谕官家丁杨大朝前往建州"(49 页),即第一次前往。其后 1596 二月又派李亿礼随余希元往。(79 页)[ ]原误,( )新加

是为第三次,李亿礼是译官。三次均见奴儿哈赤。

《李朝实录·光海君日记》卷一六九(老海君)十三年(天启元年辛酉,1621)九月初十日戊申:"遣满浦金使郑忠信通和虏营。自保河丧师之后(指万历四十七年,1619,杨镐征辽,朝鲜以姜弘立为都元帅,金景瑞为副元帅统兵一万三千人助阵,败于深河,姜、金经河瑞国联系投降),朝廷(指朝鲜)日忧东抢而不能为自强之计,唯以目前缓师为急,使(郑)忠信于奴营(十三卷,518 页),……是行,忠信往返月余,行二千余里,深入虏穴,详探虏中事情,无不详探。盖老酋有子二十余人,而将兵者六人。长早亡,次贵盈哥(古英巴图鲁代善),次洪太主(皇太极),次亡可退(莽古尔泰),次汤古台(汤古代),次加文乃(阿巴泰?),次阿之巨(阿济格?)也。贵盈哥(代善)特寻常一庸夫,洪太主(皇太极)虽英勇超人,内多猜忌,恃其父之偏爱,潜怀弑兄之计,其他四子无是称者。总之非老酋之比也。有阿斗( )者,酋之从弟也,勇而多智,超出诸将之右,前后战胜皆其功也。……后阿斗密谓贵盈哥(古英巴图鲁代善)曰,洪太主(皇太极)与亡可退(莽古尔泰)、阿之巨( )将欲图汝,……贵盈哥(代善)见其父而泣,……酋即招三子问之,[曰]自言无此,语甚详悉,酋责问阿斗( ),以为交构两间,锁杻而图之密室,籍没家赀,酋之弃阿斗,是自坏其长城也。"(527—528 页)其兵有八部:

老酋自领二部:

一部阿斗(阿敦 adun)尝将之,黄旗无画(后之正黄旗);

一部大舍(达尔汗辖? darhan hiya?)将之,黄旗画黄龙(后之镶黄旗)。

贵盈哥(古英巴图鲁代善 guyen baturu)领二部:

一部甫乙之含(　)将之,赤旗无画(后之正红旗);

一部汤古台(汤古代)将之,赤旗画青龙(后之镶红旗)。

洪太主(皇太极)领一部,洞口渔夫(　)将之,白旗无画(后之正白旗)。

亡可退(莽古尔泰 manggūltai)领一部,毛汉那里(　)将之,青旗无画(后之正蓝旗)。

酉侄阿民太主(阿敏台吉 amin)领一部,其弟者送哈(济尔哈朗)将之,青旗画黑龙(后之镶蓝旗)。

酉孙斗斗(杜度 dudu,代善子)阿古(阿哥)领一部,羊古有(扬古利 yangguri)将之,白旗画黄龙(后之镶白旗)。

此 1621 年即天启元年、清天命六年、朝鲜光海君十三年事。

《光海君日记》卷一六九,《李朝实录抄》十三册 528—529 页。

"河瑞国等说称,虏有八将,而每将统长甲军合计九万。"(《光海君日记》166,十三年六月二十七日,十三册,510 页)

1963.10.22

7. 满洲初期的农村

《李朝实录·光海君日记》卷一三七,十一年(万历四十七年,1619)二月二十七日(二十八?):"(时朝鲜军随明军攻满洲)元帅(都元帅姜弘立,副元帅金景瑞,景瑞原名应瑞)兵逾牛毛岭,驰启曰:……日没时到牛毛寨,原有三十余胡家,已经焚烧,埋置米谷,都督(明,刘綎?)军兵掘取为粮。"(《李朝实录抄》十三册,429 页)

据此,满洲民间储粮不少,既已焚烧逃走,岂带奴隶同逃欤?似已非奴隶制矣。

又卷一四二,十一年七月初八日:"体察副使张晚驰启:被掳(战败投降之朝鲜军)走回人,各道都合一千四百余人,而至今不绝。先是从弘立渡鸭江者精兵凡一万三千余人,投降之后,将士被厮杀殆尽,军卒皆部分于农民(以守之),故逃还相继。"(十三册,448 页)

据此,满洲以俘虏交农民看管。管理并不严,故得逃回。亦可证当时并未以之为奴隶,亦非奴隶制之证明。

又卷一四七,十一年(1619)十二月十八日丁卯:"平安兵使禹致绩驰启曰:本月十一日三和炮手任进称,……初以中营所属渡辽,被掳之后,分派于奴酋旧城外寨居胡家作农为事。"(477页)

据此满洲以朝鲜俘从事农业。

又卷一五二,十二年(1620)五月二十日:"备边司以走回人金应泽招辞启曰:己未……三月……初四日,势不得已,胡地部落诸处觅得杂谷分给军卒前进奴寨,猝遇(以上489页)奴贼大军,唐兵先败,次败我国左右营,……(投降满洲)……三月廿四日抄择两班称名四百七十余人尽为斯杀,军兵则以农军各处安置。同年七月十九日,……渠(指金应泽)则……称名胡处分置,[常常]作农,[常在城内……]"(490页)[ ]为原文,指太白山本《李朝实录》校记。

1963.10.8

8. 满洲建国前的虏掠人口

《李朝实录·宣祖实录》二十一,宣祖二十年(万历十五年,1587)十一月丙午:"备忘记曰:……黠虏(指中国东北少数族)变诈百出,其在平时,自为虏去,自为刷还(刷还,清查归还),阳若纳款,阴受重赏,以我国边氓作一生奇货,赏之愈厚,掠之愈数。……"(《李朝实录抄》十二册,479页)

9. 满洲初期的汉人

李朝《宣祖实录》六九,二十八年(万历二十三年,1595)十一月戊子(满浦金使柳濂谍报据河世国报):"画员二名,瓦匠三名,则天朝命送之人云,而时方始役燔瓦。文学外郎则以唐人投属房地几至三十余年,而所通书则此人专掌云。"(《李朝实录抄》十三册,40页)外郎应为人名。

此河世国(朝鲜人)入建州所见。时奴年三十七岁。

又卷七十,二十八年(1595)十二月:"癸卯,兵曹判书李德馨启曰:臣昨日就见[金](余)希元于下处,……希元说:……俺差人杨大朝入房中,见[折](浙)江绍兴府会稽县(人)龚正六,年少客于辽东,被抢在其处,有子姓群妾,家产致万金,老乙可赤称为师傅,方教老乙可赤儿子书,而老乙可赤极其厚待，房中识字者只有此人，而文理未尽通矣。此汉闻<u>杨大朝</u>系是浙人，俺与<u>胡游击</u>俱是同地方之人，待之甚为缱绻，引<u>大朝</u>指示<u>老乙可赤</u>战马军器所在处。且言俺有一子在<u>浙江</u>，尔若率来，则欲以此金帛给遗云。""俺闻其言，作一书使<u>大朝</u>传谢曰：尔若尽告贼情而无误大事，则我当招尔子使得相见云矣。"（48 页）[ ]原误，（　）新改。

此<u>杨大朝</u>在建州所见。

又卷七一，二十九年（万历二十四年，1596）正月丁酉："南部主簿<u>申忠一</u>书启：……<u>歪乃</u>本上国人，来于<u>奴酋</u>处掌文书云，而文理不通，此外之人更无解文者，且无学习者。"（57 页）

此<u>申忠一</u>（朝鲜官吏）所见。时奴儿哈赤三十八岁。

日本人以<u>歪乃</u>即<u>外郎</u>之异译，<u>龚正六</u>也。但以外郎为官名，又以正六为正陆皆未安。《李录》有二处作正陆，余均作正六。

日本人又谓教其子乃教其弟之误，亦非。

奴儿哈赤在 1583 已有一女二子，至 1595 至少十三岁矣。

李朝《宣祖实录》一二七，三十三年（万历二十八年，1600）七月戊午："备边司启曰：……传闻有汉人<u>龚正陆</u>者掳在其中，稍解文字，因房中无解文之人，凡干文书皆出于此人之手，故文字字画前后如一云云。"（《李朝实录抄》十三册，142 页）

据此，1600 年<u>龚正六</u>仍在建州。

又卷七四，宣祖二十九年（万历二十四年丙申，1596）四月己酉："平安道兵使<u>李庆浚</u>状启曰：……彼若问相公（指<u>余希元</u>）去留，而<u>龚正六</u>密报来到，则何以答之？"（十三册，85 页）

据此朝鲜与<u>余希元</u>似均与<u>龚正六</u>有密约并通消息。

（接上条）"启下备边司，备边司回启曰：……若问余相公，则曰以禀事事已往辽东，还期早晚时未定矣。<u>龚正六</u>密报来到，则当受之，而以传送余相（<u>申忠一</u>书启中有'古未介酋长金歪斗'之称，古未介似为辉发）公之意答之似当。上从之。"（85—86 页）

案，此尚为假设之词，<u>龚正六</u>并未与之密信。

wanju	wailan	旺住外兰	哈达万汗之叔，见《满洲实录》一"满洲发迹之处"。
nikan	wailan	尼堪外兰	
nikan		尼堪	奴儿哈赤天命十年征南瑚尔哈部将领

之一,见仝上书八

10. 佟养正与佟养真非一人

李朝《宣祖实录》卷一百八,三十二年(万历二十七年,1599)正月乙酉:
"上幸佟副总(养正)所馆行拜礼。"(《李抄》十三册,113页)

副总即副总兵,位较高。

又卷二七,二十五年(万历二十年,1592)六月壬寅:"宽奠参将佟养正。"
(《李抄》十二册,494页)

1592年已为参将,时在1618年满洲入占抚顺前二十七年,如果属
一人,则降清时已在五十岁以上。

日本人及孟心史先生均以为佟养正即佟养真,且言"真"改"正"为
避世宗讳。此必不然,《宣祖实录》早成,不能避后来清人讳也。

11. 舒尔哈齐父子

王氏《东华录·天命一》,丁未,万历三十五年(1607):"春正月,东海瓦
尔喀部蜚悠城长策穆特黑来朝,……乞移家来附。上命弟贝勒舒尔哈齐、长
子洪巴图鲁贝勒褚英、次子贝勒代善、一等大臣费英东、侍卫扈尔汉,率兵三
千至蜚悠城徙之。……前至蜚悠城,尽收环城屯寨凡五百户,命扈尔汉率兵
三百护之先行。布占泰(乌喇贝勒)发兵万人邀诸路,………初接战时,舒尔
哈齐率五百人止山下,及二贝勒破敌追击,始驱兵前进。……上初命大臣常
书、侍卫纳齐布护从两贝勒,常书等不随两贝勒前进,反率兵百人与舒尔哈
齐同止山下,无所斩获,遂论死。舒尔哈齐请曰:诛二臣与我死无异。上乃
宥其死,罚常书金,罚纳齐布所属之人。"(广百宋本,13页)

"自是上不遣舒尔哈齐将兵,舒尔哈齐居恒郁郁,语其第一子……第三
子……曰:'吾岂以衣食受羁于人哉。'移居黑扯木。上怒,诛其二子。"见《史
稿》传二,本传。

辛亥,万历三十九年(1611):"八月,丙戌,达尔汉巴图鲁贝勒舒尔哈齐
薨,年四十八。子六人,长阿敏,次……济尔哈朗……"(15页)

舒尔哈齐凡有九子,与此不合,见《史稿》本传。

王氏《东华录·天聪一》:"丙辰年,太祖建元天命,以上(皇太极)及长

子代善,第五子莽古尔泰,弟贝勒舒尔哈齐之子阿敏并为和硕贝勒,国中称代善大贝勒,阿敏二贝勒,莽古尔泰三贝勒,上四贝勒。"(1页)

又天命十一年九月:"庚午朔。太宗率贝勒大臣告天,行九拜礼,即位。"(1页)"上率诸贝勒向代善、阿敏、莽古尔泰三拜,不以臣礼待之。"(2页)

《东华录·天聪五》,天聪四年(1630)正月辛巳朔:"壬午(初二日)至永平,……癸未(初三日),……乘夜攻永平。……甲申(初四),……我兵遂登,……丙戌(初六日),上率诸贝勒入城。"(1页)

又三月辛巳朔:"甲辰(二十四日),阿敏、硕托等至永平。"(3页)

又四月:"庚午(二十一日),镇守永平贝勒奏,明马步兵四千人来攻。"(4页)

又五月:"癸未(初四日),副将孟乔芳遣人报,阿敏言………明兵……欲围永平。"(4页)

又六月:"乙卯,命诸贝勒大臣及官兵集阙下,上御殿,令贝勒岳托传旨宣谕阿敏罪状曰:'贝勒阿敏,怙恶不悛,由来久矣。阿敏之父乃叔父行,当太祖在时,兄弟和好,阿敏嗾其父欲离太祖,移居黑扯木。太祖闻之,坐其父子罪,既而宥之。……此其一也。……太祖在时,守边驻防原有定界,因边内地瘠,粮不足用,遂展边开垦。移两黄旗于铁岭,两白旗于安平,两红旗于石城,两蓝旗所分住张义站、靖远堡,地土瘠薄,因与以大城之地,彼越所分地界,擅过黑扯木开垦。曾定阿敏一旗罪,将所获之粮入官。后又弃靖远堡偏向黑扯木移住,上见其所弃皆膏腴良田,谓之曰:防敌汛地不可轻弃,靖远堡地若不堪种,移于黑扯木犹可,今皆良田,何故弃之。莽古尔泰言:汝违法制,擅弃防敌汛地,移居别所,得勿有异志耶? 阿敏不能答。若此举动,岂非欲乘间移居黑扯木以遂其素志乎? 此其六也。阿敏……曰吾梦……有黄蛇护身,我之神即此。此其七也。……不思急公,惟耽逸乐。此其八也。……自视如君,欺陵诸贝勒。此其九也。……阿敏攘臂言曰:吾自杀吾弟,将奈吾何? 此其十也。……妄自尊大,此其十一也。……此其十六也。众议皆云当诛,上不忍加诛,免死幽禁。夺所属人口奴仆财物牲畜,……俱给济尔哈朗。"(5—7页)

崇德《东华录》五,崇德五年(1640)十一月戊寅朔:"癸巳,阿敏卒于幽所,年五十五岁。"(4页)

　　应生于1586,太祖称帝时(1616)年三十一,太祖卒时(1626)年四十一,幽禁时(1630)年四十五,凡幽禁十年而卒。

1955.3.27

12. 褚英之死

王氏《东华录·天命一》，乙卯，万历四十三年(1615)："秋闰八月，乙巳朔，皇长子洪巴图鲁阿尔哈图土门贝勒褚英薨，年三十六。"(18—19 页)

褚英应生于 1580，万历八年，其时太祖年二十二。

蒋氏《东华录》不载褚英之死。《满洲实录》亦不载。

罗振玉印《太祖实录》稿本第一册缺此年记载。第二、四册亦缺。此三种均康熙二十一年重修稿本。(二册三册为一种，一册四册各为一种，凡三种。)

初修于崇德元年(1636)，天聪九年(1635)修成实录图。

《太祖高皇帝实录》卷四，乙卯年："秋闰八月乙巳朔，皇长子洪巴图鲁阿尔哈图土门贝勒褚英薨，年三十六。"(故宫本，26 页)

此为王氏《东华录》所从出。雍正十二年(1734)三修本也。

《清史稿》本纪一《太祖本纪》："乙卯(1615)……秋闰八月，帝长子褚英卒。先是太祖将授政于褚英，褚英暴伉，众心不附，遂止。褚英怨望，焚表告天，为人所告，自缢死。"(5 页)

《清史稿》列传三《诸王传·广略贝勒褚英传》："褚英屡有功，上委以政，不恤众，诸弟及群臣诉于上，上寖疏之。褚英意不自得，焚表告天自诉，乃坐咀咒幽禁，是岁癸丑(万历四十一年，1613)，越二年乙卯(万历四十三年，1615)闰八月，年三十六。明人以为谏上毋背明，忤旨被谴。褚英死之明年(万历四十四年，1616，丙辰)，太祖称尊号。"(1 页)

又："褚英子三，有爵者二：杜度，尼堪。"(2 页)

《东华录》自戊申(1608)后已不见褚英事。

王氏《东华录·天聪七》，六年正月癸卯(初五)："上以见阿尔哈图土门贝勒之妻，嫂也，……俱亲属之长，因新年礼赐宴，并赐黑貂裘、白毡各一，上亲送之出，还宫。"

《清史稿》传三《诸王·褚英附其孙杜努文传》："子苏努，初袭镇国公，事圣祖，累进贝勒。雍正二年坐与廉亲王允禩为党，削爵黜宗室。"(3 页)

《清史稿》传七《诸王·允禩传》："上(康熙)复谕诸皇子曰：……允禩因怨朕与褚英孙苏努相结，败坏国事。"(8 页)

王氏雍正《东华录》，雍正四年二月初五日："允祉、允祺、允祐奏述康熙年间面奉皇考罪状允禩之旨。……苏努之祖即阿尔哈图土门贝勒也,在太祖时,因获大罪被诛。……"

阿尔哈图土门即褚英,据此可证其为诛死,可证《太祖实录》有删削。

《东华录》康熙四十七年九月庚寅谕:"昔我太祖高皇帝时,因诸贝勒大臣讦告一案,置阿尔哈图土门贝勒褚燕于法。"

又丙子谕:"苏努自其祖相继以来,即为不忠。其祖阿尔哈图土门贝勒褚燕在太祖时曾得大罪,置之于法。"(又见雍正上谕八旗四年二月初五日,曾引此谕。)

明黄道周《建夷考》:"长子数谏酋勿杀弟,且勿负中国,奴亦囚之。"

《明从信录》引《建夷考》:"御史翟风翀新入辽,疏称奴酋……长子洪巴兔儿一语罢兵,随夺其兵柄,囚之狱。"

案,褚英之废在八旗制定之前,褚英死在闰八月(乙卯,1615),八旗设于同年,月日不详,容详考之。

又案,褚英所属包衣,多在镶红旗,则褚英未被罪前应与代善同属红旗,褚英代善同母兄弟也。

又案,《朝鲜实录·光海君日记》,天命六年褚英之子杜度领镶白旗,但《八旗通志》中镶白旗不见其迹。杜度本传与代善同征战之事为多,又杜度死于崇德七年(1642),其时镶白旗久属多铎,杜度何时离镶白旗待考。杜度或代多铎领旗,或未尝领旗也。

褚英事不多,就此简单叙述,可以看出:

1. 满洲当时并无长子继承制度。否则其家人兄弟必不敢攻讦之。

2. 褚英被谗至于焚表告天以自明,可见当时斗争必甚激烈,而此种斗争后面一定有强固的、不相同的集团。因为各人所代表的阶级是一样的,利益是一致的,那末发生斗争原因是内部斗争,是各人的斗争,是各人属下的斗争,是各人属下的氏族斗争。

3. 褚英的反对背明,一定是畏惧明朝,反映出满清自己的人少,兵力不够,生产还不够多;也反映出他们的封建统治还不够成熟,所以看不出明朝封建统治已趋衰落。

1955. 3. 27、4. 29

13. 莽古尔泰之死

《清史稿》传四《诸王·莽古尔泰传》:"莽古尔泰太祖第五子。……天命元年(1616),授和硕贝勒。……天聪……五年(1631),从围大凌河。……当围大凌河时,莽古尔泰以所部被创言于上,上偶诘之,……莽古尔泰曰:上何独与我为难。……抚佩刀频目之,……诸贝勒议莽古尔泰大不敬,夺和硕贝勒,降多罗贝勒,……六年(1632)……十二月卒,……九年(1635),……冷僧机告莽古尔泰与德格类(其弟)、莽古济格格(其妹)盟誓怨望,将危上,……追夺莽古尔泰爵。"(2页)

王氏《东华录·天聪六》,天聪五年八月:"甲寅,大凌河岸一台降,攻城东一台克之。上出营,坐城西山冈。莽古尔泰奏曰:'昨日之战,我旗将领被伤者多,我旗摆牙喇兵有随阿山出哨者,有随达尔汉额驸营者可取还乎?'上曰:'朕闻尔所部兵凡有差遣每致违误。'莽古尔泰曰:'我部众凡有差遣每倍于人,何尝违误。'上曰:'果尔,是告者诬矣。待朕与尔追究之。……'言毕面赤含怒,将乘马。莽古尔泰曰:'皇上宜从公开谕,奈何独与我为难。我止以皇上之故,一切承顺,乃意犹未释而欲杀我耶?'言毕,举佩刀柄前向,频摩视之。……上默然复坐,区处事务毕还营。愤语众曰:'莽古尔泰贝勒幼时皇考曾与朕一体抚育乎?因一无所与,故朕推其余以衣食之,遂倚朕为生。……今莽古尔泰何得犯朕,……何期轻视朕至此。'怒责众侍卫曰:'朕恩养尔等,何用?彼露刃欲犯朕,尔等何不拔刃趋立朕前耶?'……薄暮,莽古尔泰率四人止于营外里许,遣人奏曰:'臣以枵腹酒四卮,对上狂言竟不自知,今叩头请罪于上。'上遣扬古利达尔汉传谕曰:'尔拔刃欲犯朕,复来何为？……尔等如强来,朕即手刃之矣。'拒不纳。"

王氏《东华录·天聪六》,天聪五年十月:"癸亥,大贝勒代善及诸贝勒拟莽古尔泰御前持刃罪,议革去大贝勒,降居诸贝勒之列,夺五牛录。……"(10页)

案,下文,莽古尔泰虽降贝勒,仍在诸贝勒之上。

王氏《东华录·天聪七》,天聪六年(1632)十二月乙丑:"和硕贝勒莽古尔泰薨,年四十有六。上临哭之。"(8页)

莽古尔泰应生于1587,太祖称帝时年三十,太祖卒时年四十。

又《天聪十》,天聪九年(1635)十二月:"辛巳,先是贝勒莽古尔泰与其女弟莽古济格格、格格之夫敖汉部琐诺木杜棱于贝勒德格类、屯布禄、爱巴礼、冷僧机等前,对佛焚誓词云:'我已结怨皇上,尔等助我,事济之后如视尔等不如我身者,天其鉴之。'琐诺木及其妻誓云:'我等阳事皇上,阴助尔,如不践言,天其鉴之。'……冷僧机首于刑部,……诸贝勒大臣等会审得实。……诛莽古济,免琐诺木罪。……莽古尔泰六子……俱黜为庶人。……以正蓝旗入上旗,分编为二旗。……后籍莽古尔泰家,获所造木牌印十六,文曰'金国皇帝之印'。"(9页)

1955.3.27

14. 代善与皇太极之矛盾

《东华录·天聪十》,天聪九年(1635)九月:"壬申,上御内殿,谕诸贝勒大臣曰:'朕欲诸人知朕心事,故召集于此。……大凡国中有力强而为君者君也,有幼冲而为君者亦君也,有为众所拥戴而为君者亦君也。既已为君岂有轻重之分？今正红旗固山贝勒等轻蔑朕处甚多,大贝勒昔从征明北京时,违众欲返,征察哈尔时又坚持欲回。(1)朕方锐志前进而彼辄欲退归。(2)所俘人民令彼加意恩养,彼既不从,反以为怨。……(3)今正红旗贝勒于赏功罚罪时辄偏护本旗,……朕今岁托言出游,欲探诸贝勒出师音耗,方以胜败为忧,而大贝勒乃借名捕蜓,大肆渔猎,以致战马俱疲。……(4)且大贝勒诸子借名放鹰辄擅杀民间牲畜,所行如此,贫民何以聊生。……(5)济尔哈朗因其妻亡,以察哈尔汗妻苏泰太后乃其妻之妹,欲娶之。……诸贝勒皆言当允其请,朕方许济尔哈朗,大贝勒独违众欲娶。……(6)朕曾遣人令大贝勒娶察哈尔囊囊福金,彼以其贫而不娶。……(7)往时阿济格部下大臣车尔格有女,扬古利额驸欲为其子行聘,大贝勒胁之。……(8)昔征大同……杀降人。……(9)毕喇习额驸分给大贝勒赡养,每以衣食不足不能聊生来告于朕。……凡此特举其重者言之耳。其余小事违悖者言不能尽。……且朕非自图富贵而厌薄兄弟也,……尔等悖乱如此,朕将避门而居,尔等别举一强力者为君,朕引分自守足矣。'厉词谕毕遂入宫。于是诸贝勒大臣、八固山额真、六部承政审拟此案,议毕至朝门处跪请曰:……伏祈临朝,亲决万几。上许之,乃出朝听政,诸贝勒大臣以会议罪状,奏曰:……大贝勒违背定议,……三次欲独还者何意,岂非藐视皇上耶。其罪一也。[①]四贝勒征取孔果尔,久无音耗,……及令贝勒多铎出兵锦州侦探,……大贝勒一旗马瘦,仅能充数,……其罪一也。[②]……且与哈达格格原无往还,闻其怨望皇上,反与交好。其罪一也。[③]济农在开原……围猎,大贝勒云……若以济农从人付我,我必射穿其胁,及议济农第二次在哈达叶赫山围猎之罪,大贝勒复庇济农,辄变前言,……其罪一也。[④]应革大贝勒名号,削和硕贝勒,夺十牛录属人,罚雕鞍马十,甲胄十,银万两。……奏入,上皆免之,罚代善……银马甲胄。……"[①](6—8页)

　　皇太极与阿敏之矛盾,爆发于天聪四年(1630)

　　皇太极与莽古尔泰之矛盾,爆发于天聪五年(1631)

　　皇太极与代善之矛盾,爆发于天聪九年(1635)　　　明年改国号年号

　　案,皇太极所举代善之罪九款,实无一可以论罪之处,乃以退位相胁,诸贝勒勉强议罪只得四款,均极微细之事,而责罚甚重,竟至革大贝勒,削和硕贝勒,夺十牛录,盖无可如何者也。皇太极亦不能不免之。盖皇太极所争者为封建王朝皇帝之体统,代善之所以放纵者在氏族关系之长兄。八旗制度至天聪末,氏族色彩日薄,封建色彩日浓,昔之所谓旗有制者已变为族主所有制矣,观于旗主之日富,旗民之日穷可知。而旗主们一方用封建剥削以自己享受,另一方用氏族关系以自己逃避皇帝之统治。皇太极所以如此作法,亦以不如此不能突破旗主们的把持。果然在此事之后半年,遂国号为清,改年号为崇德,改称号为皇帝,而代善亦封兄礼亲王,不复存大贝勒制度矣。

1955. 3. 28

---

①　编者注:文中上标括号数字系卡片底稿原有。

15. 清太祖太宗所居地

据王氏《东华录》:

肇祖居赫图阿喇地。(原注"……后称兴京")

肇祖即猛哥帖木儿,清称孟特穆第四世(1384 降朝鲜,1406 通明,1412 为左卫指挥)。迁兴京实非肇祖,乃其子充善,时在正统五年(1440)。

景祖居赫图阿喇地。景祖即觉昌安,明称叫场。第八世。

太祖于万历十五年(1587)在硕里口虎栏哈达东南加哈河两界之平冈筑城。第十世。

三十一年(1603)自虎栏哈达南冈移于苏克苏浒河、加哈河之间赫图阿喇祖居地,筑城居之。

天命四年(万历四十七年,1619)六月驻跸界凡城。建宫室。

五年(万历四十八年,1620)十月自界凡迁于撒尔湖。次年闰二月筑城竣。

六年(万历四十九年,1621)三月定议迁都辽阳,四月后妃及诸臣眷属至。

1942.11.9

太祖于天命七年(天启二年,1622)三月以辽阳城圮议筑城于城东五里太子河旁建宫室,迁焉,名曰东京。

十年(天启五年,1625)三月欲迁都沈阳,诸臣谏,太祖不从,庚午自东京启行,辛未至沈阳。居东京凡三年。

太祖居虎栏哈达　　　　　十六年(1587—1603)
　　　赫图阿喇　　　　　十六年(1603—1619)
　　　界凡　　　　　　　一年(1619—1620)
　　　撒尔湖　　　　　　五月(1620—1621)
　　　辽阳　　　　　　　一年(1621—1622)
　　　东京　　　　　　　三年(1622—1625)
　　　沈阳　　　　　　　一年七月而崩(1625—　　)
太宗居沈阳　　　　　　　十七年

1942.11.15

16. 太祖时迁都之争

王氏《东华录·天命三》，天命四年(1619)，万历四十七年，六月："辛酉，上率兵四万征明开原城，……丁卯，平旦，薄开原城，……城上兵四面皆溃，……上驻开原三日，……乃班师。上谕贝勒诸臣曰：'吾等勿回都城(谓赫图阿喇)，筑城界凡，治室庐以居，牧马边境，勿渡浑河，何如？'贝勒诸臣议曰：'不如还都，近水草息马，浴之饲之，且使士卒归家缮治兵仗。'上曰：'非计也。今六日盛夏，行兵已二十日矣，若还都，二三日乃至，军士由都城至各路屯寨又须三四日。炎蒸之时，复经远涉，马何由壮耶。吾居界凡，牧马于此，至八月又可兴师矣。'遂驻跸界凡，令军士尽牧马于边，建宫室于界凡城内。诸贝勒大臣兵民房舍皆成，迎皇后并诸贝勒福金至。……"(5页)

据此可知当时迁都甚速，必其人无安土重迁之思想，习俗如此故也。抑亦无私财之证。

天命《东华录》，天命六年(1621)，明天启元年，三月癸亥："上集贝勒诸臣议曰：'天既眷我，授以辽阳，今将移居此城耶，抑仍还我都城耶？'贝勒诸臣俱以还都城对(指撒尔湖)。上曰：'国之所重在土地人民，今还师则辽阳必复为敌兵据守，凡城堡居民悉逃匿山谷，不复为我有矣。舍已得之疆土而还，后必复烦征讨，非计之得也。且此地乃明及朝鲜、蒙古接壤要地，天既与我，即宜居之。'贝勒诸臣皆曰善，遂定议迁都，移辽阳。官民居北城关厢，其南大城则上与贝勒诸臣及将士居之。"(13页)

天命《东华录》四，天命十年(1625)，明天启五年："三月上欲迁都沈阳，与贝勒诸臣议。贝勒诸臣谏曰：'迩者筑城东京(辽阳城东)，宫室既建，民之庐舍尚未完缮，今复迁移，岁荒食匮，又兴大役，恐烦苦我国。'上曰：'沈阳形胜之地。西征明，由都尔潭渡辽河，路直且近；北征蒙古，二三日可至；南征朝鲜，可由清河路以进。且于浑河、苏克苏浒河之上流伐木，顺流下，以之治宫室，供炊爨不可胜用也。时而出猎，山近兽多，河中水族亦可捕取。朕筹此熟矣，汝等宁不计及耶。'""庚午，上自东京启行。辛未，至沈阳。"(5页)

太祖频于迁都盖为经济条件所促成。

1955.3.28

17. 汉人政制之法效

天聪《东华录》六,天聪五年(1631)七月:"庚辰上集贝勒大臣议定官制,设立六部。"

设管□部事,满蒙汉承政各一,启心郎一或分满汉。承政下又有参政。

天聪《录》九,八年(1634)十月:"己丑谕工部曰:太祖山陵应建寝殿,植松木,立石象狮虎马驼,俱仿古制行之。"

仿古制者汉化也。

天聪《录》十一,十年(1636)四月:"丁酉叙功,册封大贝勒代善为和硕兄礼亲王。……"

亲王始此。据满文盖译音,知满所未有也。

崇德《录》一,元年(1636)五月:"丁巳设都察院官。……"

18. 满洲初起时之习俗

《东华录·天命二》,天命三年(1618)九月:"上因界凡河滨嘉木湖地秋禾成,令纳邻音德率四百人往获之。"

已知农稼。

又:"上与诸贝勒大臣议曰:'今与明为难,我仍居国内之地,西向行师,则迤东军士远道马力困乏,须牧马于沿边之地,近明界筑城界凡居之。"

仍有游牧。

又《天命三》,天命四年(1619)四月:"丙辰谕诸臣曰:'今战马羸瘠,须牧以青草,沿边之地宜设兵以卫农人。'"

又六月:"上谕贝勒诸臣曰:'吾等勿回都城……何如?'贝勒诸臣议曰:'不如还都,近水草息马,浴之饲之,且使士卒归家缮治兵仗。'上曰:'非计也,……吾居界凡,牧马于此,至八月又可兴师矣。'遂驻跸界凡。……"

天聪《东华录》二,天聪元年(1627)正月乙巳朔:"国制每于除夕元旦备陈乐舞,设大宴,时以太祖丧悉停止。"

天聪《东华录》三,天聪二年(1628)正月:"丁卯谕国中凡送死者殉葬焚化之物各遵定制,毋奢费。"

　　案,焚化之物为清代皇帝丧仪中之"殷奠礼",诹日而行,王公百官公主福晋命妇咸集,陈俎豆馔筵楮帛,张黄幕于宫门外之右,设反坫,具尊罍,设卤簿,陈冠服,于几筵前,列馔筵,积于燎所积楮帛,礼部堂官读祭文,侍臣奉冠服恭送燎所,焚冠服楮帛众各退。见《大清会典》五十二①。

1942.11.8

19. 满洲初起时言谈之引中国史事经传

　　天命《东华录》二,天命三年(1618)闰四月壬午:"谕侍臣曰……尧、舜、禹、汤、文、武及金世宗诸令主,皋陶、伊尹、周公、诸葛亮、魏征诸贤臣……"

　　　　太祖引中国古先圣哲始此。

　　天命《东华录》四,天命十一年(1626)六月乙未:"谕诸贝勒曰……舜……传说……胶鬲……百里奚……金世宗……"

　　天聪《东华录》六,天聪五年(1640)正月:"谕额驸佟养性曰,……廉颇蔺相如……"

　　　　太宗令佟养性效之,所引颇不类,又叙其故事,疑确为太宗所言,非史官虚构也。

20. 汉化之提倡

　　天命《东华录》四,天命十年(1625)四月:"庚子上大宴诸贝勒谕曰……昔我国满洲原与蒙古汉人国别俗殊,今共处一城如同室然,惟和洽乃各得其所焉。……"

　　天命《东华录》三,天命四年(1619)六月:"丙辰谕侍臣曰:'为国之道以教化为本,移风易俗,实为要务。'"

　　天命《录》三,五年(1620)正月:"庚辰朔,谕贝勒诸臣以宣德意,兴教化。"

---

①　编者注:此处应为"卷五十一"。

21. 清太祖对于汉化之防范

天聪《东华录》二，天聪元年四月甲辰："（太宗）答李喇嘛书曰……我师既克广宁，诸贝勒将帅遂欲进山海关，我皇考曰昔日辽金元不居其国，入处中国之地，易世之后皆成汉俗；因欲听汉人居山海关以西，我自居辽东地方，满汉各自为国，故未入关而返。"

太祖下广宁在天命七年（天启二年，西1622）正月。

天聪《东华录》四，天聪三年（崇祯二年，西1629）九月壬午："先是乙丑（明天启五年，清天命十年，西1625）年十月太祖察出明绅衿尽行处死，谓种种可恶皆在此辈，其时儒生隐匿得脱者约三百人。"

案，太祖"因辽阳广宁诸处归顺之明绅衿屡煽惑降民，潜引叛逆，尽察诛之"见天聪《东华录》一，天命十一年九月丁丑。此或其表面原因，而其人之煽惑亦必有指摘满俗之处。

1942.11.20

22. 汉俗之法教

天聪《东华录》十一，十年："三月丙午朔清明节，上祭太祖陵。"

清明祭陵前此未见。

23. 清代一代保存之满洲文化

一、衣冠始终未改。

二、八旗制度存在，精神已变。

三、语言文字在满洲集团仍保留，但在同时仍用汉人语言文字为法定之语言文字。有不知满文满语之人，而无不知汉语之人。

四、满洲祭祀存在，汉俗之祭祀不废。

五、婚嫁丧葬习俗掺入汉俗之中。

24. 清初汉化成功之原因

一、未入关前已用汉人制度,其来已渐。

二、汉人多而满人少。

三、清代公文书及考试,满汉并重,而仍以汉文为主。考试用满文者仍系翻译汉文。

四、多尔衮、世祖、圣祖均为崇拜明太祖之人,本人汉化程度极高。世祖圣祖均成长于汉人之手——太监及其他侍候之人。

五、满汉不同居,使满洲人羡慕不同之风俗,反而法效易而速。

25. 满洲初起之寺庙

《东华录·天命一》,乙卯(万历四十三年,西 1615):"夏四月,始建佛寺及玉皇诸庙于城东之阜。凡七大庙三年乃成。"(时太祖居赫图阿喇。)

天聪《东华录》六,天聪五年十一月丙戌:"张春不肯剃头,可令与喇嘛同居三官庙。"

又,闰十一月庚戌:"禁国中不得私立寺庙,其私为喇嘛及一切巫觋星士左道俱禁之。"

崇德《东华录》一,元年八月:"(时议豪格、岳托罪)豪格复奏:'臣非欲自释己罪,但臣实无穆成格、宜成格数以臣言奏上之语,今愿与岳托誓。'上许之。岳托、豪格遂诣城隍庙焚词誓告。"

此不用满俗对天誓而誓于城隍,汉化也。

1942. 10. 31

26. 入关后八旗分驻北京区域

两黄旗驻营在京北　　两白旗驻营在京东
两红旗驻营在京西　　两蓝旗驻营在京南
　　　以上城外
镶黄旗居住安定门内　　正黄旗居住德胜门内

正白旗居住东直门内　　正红旗居住西直门内
镶白旗居住朝阳门内　　镶红旗居住阜成门内
正蓝旗居住崇文门内　　镶蓝旗居住宣武门内
　　以上城内

27. 京城皇城住居限制

顺治《东华录》三十,顺治十五年四月丙戌:"由三院议复宗人府奏,皇城为皇上宸居,诸王在内居住,所属人员往来出入难以稽察,应迁居于外。"

28. 满汉不杂居

天命《东华录》三,天命六年三月:"……遂定议迁都移辽阳,官民居北城关厢,其南大城则上与贝勒诸臣及将士居之。"
　　此一城分南北居之也。虽未著满汉之别,其实即以满汉而分也。
天聪《东华录》三,天聪二年九月:"刘兴祚……有叛志,与明奸细往来交通,……复差二仆送书于毛文龙,被获正法,因逮兴祚,上故谓事虚,复释兴祚,迁其家于城内,兴祚诈为自缢,其妻见而解之,事闻上复令兴祚移城外故居。……"
　　此似是满人居城内,汉降人居城外(沈阳),故移之城内有所不愿也。但天命十年初迁沈阳时,太祖谕群臣有"今共处一城如同室然"之语,不知何故。

29. 满汉分居

顺治《东华录》十一,顺治五年八月癸巳朔辛亥:"谕户部等衙门,京城汉官汉民原与满洲共处,近闻争端日起,劫杀抢夺,而满汉人等彼此推诿,竟无已时,似此何日清宁? 此实参居杂处之所致也。朕反复思维,迁移虽劳一时,然满汉各安不相扰害实为永便。除八旗投充汉人不令迁移外,凡汉官及商民人等尽徙南城居住,其原房或拆去另盖,或贸卖取价,各从其便。朕重念迁徙累民,着户工二部详察房屋间数,每间给银四两,此银不可发与该管官员人等给散,令各亲身赴户部衙门当堂领取,务使迁徙之人得蒙实惠。六部都察院翰林院顺天府及大小各衙门书办吏役,若系看守仓库原住衙门内者勿动,另住者即行搬移。若俗人入庙焚香往来,日间不禁,不许留宿过夜,如有违犯,其该寺庙僧道量事轻重问罪。着礼部详细稽查。凡应迁徙之人先给赏银听具择便,定限来岁岁终搬尽。着该部传谕通知。”

1944.1.5

30. 汉军之分

《清史列传》五《金砺传》:“(崇德)四年分汉军四旗,砺属镶红旗汉军。”(13 页)

又《刘之源传》:“崇德五年……是年镶黄旗汉军都统马光远因疾解任,以之源代之。……七年……时分设八旗汉军都统,授之源镶黄旗汉军都统。”(14 页)

又卷四《李国翰传》:“(崇德)四年授镶蓝旗汉军副都统。”(44 页)

又《李思忠传》:“(崇德)七年以汉军分隶八旗,思忠隶正黄旗。”(39 页)

又《张大猷传》:“(崇德)四年……六月更定汉军旗制,授镶黄旗副都统。”

据此崇德四年(1639)定汉军四旗　镶黄　镶红　镶蓝

崇德七年(1642)定汉军八旗

31. 恩军

《辽东志》(正统八年毕恭修,嘉靖十六年任洛、薛廷宠重修)卷三《兵食志·徭役门·寺牧类》:“恩军　(原注)四百六十名。永乐四年行令各省并南北直隶府州县衙所调编。”(《辽海丛书》本,40 页)

寺牧类。寺指苑马寺。永乐四年设于辽阳,专理孳生马匹。见卷五《官师志》。(日本《尊经阁丛书》本,314 页)

1955.3.21

32. 清代缺人口

明太祖年二十五(至正十二年)从军,二十六自将,四十一称帝,统一天下,凡十五年。

清太祖年二十五(万历十一年,1583)起兵,五十八称帝,统一辽东明土以外,凡三十三年。又二十八年而入关,又十七年而统一中国。距起兵已七十八年矣。

其原因首在兵源不足,人口稀少。

清太祖天命五年(明万历四十八年),蒙古察哈尔致书满洲,自称四十万众蒙古之主,称满洲为水滨三万人之主。清朝大怒。

据此可知满洲人少,当时人悉知之。

是以太祖太宗均以增加人口为念。其与他族缔婚、使降者自统其众,以及掳掠均为此。

33. 明初太监有建州卫人

嘉靖《辽东志》卷五《官师志》“镇守内宦”条:“王彦,建州松花江人。国初从征靖难,骈承宠锡,镇辽三十余年,累至捷功。然性嗜佛,沿边建寺庙数十,其巨者广宁普慈寺观音阁云。卒年六十九,上遣官谕祭。”(日本铅印本,296 页)

34. 建州朝贡由抚顺关

嘉靖修《辽东志》(嘉靖十六年,薛廷宠修,日本《尊经阁丛书》铅印本)卷首,《辽东河东城堡地方总图》。

卷二《建置志·关梁》:“鸦鹘关　辽阳城东三百三十里。”(129 页,关名大字,下为小字双行)

“抚顺关　在抚顺所东三十里。建州夷人朝贡出入。”(129 页)

1962. 5. 31

35.《东戍见闻录》所记建州

嘉靖《辽东志》卷七《艺文志·经略》引国朝卢琼《东戍见闻录》:“夫辽阳山带海,诸夷环徼而居,……自汤站抵开原,曰建州、毛邻、海西、野人、兀者,皆有室庐,而建州为最。……建州、毛邻,则渤海大氏遗孽,乐住种,善缉纺,饮食服用,皆如华人,自长白山迤南,可拊而治也。……诸夷皆善驰猎,

女直建州多喜治生,三卫则最无赖也。……"(483页,日本印本)

　　案,本书卷六《人物志·流寓》:"卢琼,江西浮梁人,由进士监察御史,嘉靖六年(1527)谪三万卫,后以恩宥回籍。"(472页)

　　又魏焕《九边考》所述建州,似即据此。

1962.6.5

36. 辽东边墙始于正德

嘉靖《辽东志》卷七《艺文志·奏议》引巡按御史李善奏议:

"切见辽东边事疲敝,臣至辽阳开原,询及故老,皆云宣德年间,本镇初无边墙,时唯严瞭望远烽燧,海运直通辽阳铁岭以达开原,故开原城西有曰老米湾者,又旧行陆路,自广宁直抵开原三百余里。……"(484页,日本版)

　　案,本书卷五《官师志·名宦》:"李善,陕西陇州人,成化戊戌进士,授行人,拜监察御史,按辽东。时总兵官罗雄,武备废弛,太监韦朗侵渔军饷,……闻善来,遂屏息。"(356页)

　　同卷巡按内,弘治年间列有李善。

　　又引龚用卿(翰林院修撰)、吴希孟(户科给事中)奏议:

"题为陈边务固边疆以图长治久安事:臣等奉命诏谕朝鲜,于辽东地方往来经历,凡人情土俗,安危利病,见之颇真,知之颇熟,谨以有关地方者摘为五事,伏乞详议施行:一增筑边墙以备房患。访得辽东地方,自广宁至开原旧有陆路,不过三百余里,洪武永乐年间海运边储船只,直抵开原,今开原城西有地名老米湾是也。正德年间,始立边墙,故沿河迤里,随河之湾曲,筑垒设墩,延长八百余里,致将河套之利委弃城外,为寇贼之资。……"(486页)

1962.6.5

37. 清代祖先与农业

《清太祖武皇帝实录》托始祖于布库里英雄,是为弩尔哈齐之一世祖。"清之始祖所受俄朵里万户职自在元代。"(孟森《明元清系通纪》前编,9页)其时情况不得详。孟森又云"始祖当在元初"(孟正编一,70页),建州左卫据《明实录》、《朝鲜李朝实录》,始于猛哥帖木儿,即《清太祖实录》之都督孟特木,为弩尔哈齐之四世祖,其时代当明洪武永乐时。其人于洪武十四至十七年之间(1381—1384)降于朝鲜(《通纪》正编卷一,68页),其所居之斡朵里城在今朝鲜会宁府(咸镜北道)。"金元两朝,朝鲜北境久在中国版图之内,元且高丽为征东行省。"(《通纪》正编卷一,10页)

　　猛哥自言:"少时蒙(朝鲜)太祖招安,支给农牛农器,粮料衣服,许于阿木河居住。"(孟正一,69页)可知其在1384年时已知农业。

永乐三年(1405),成祖命猛哥"尔可亲自来朝,与尔名分赏赐,令尔安抚军民,打围牧放,从便生理",猛哥不奉命。见《朝鲜实录》。(孟正一,25页)

　　中国尚以游牧目之。

永乐八年(1410),朝鲜太宗十年,《朝鲜实录》书:"(四月辛丑)童猛儿帖木儿寇北边。"(孟引,40页)又己未:"命议政府赐赙战亡人,复其户。韩兴宝既死,庆源之民畏贼,不能安业,郭承祐……败北,民益畏惧,未敢出原野畜牧耕稼,咸愿避狄于龙城之地。"(孟正编一,44页)

　　据此知朝鲜北境农业亦盛。

永乐十年(1412),朝鲜太宗十二年,朝鲜以北境屡受猛哥之扰,遂弃庆源,猛哥乃纳土于明,明设建州左卫,见《明史·兵志》、《会典》、《名山藏·王享记》、《潜确类书》。但《明实录》、《朝鲜实录》均未见。(孟,57页)

永乐十一年(1413)十一月猛哥帖儿朝贡于明,是为猛哥见于《明实录》之始。

在此以前猛哥数掠朝鲜,并求米布盐酱,可知其需要此类物品。"永乐二十一年,朝鲜世宗五年,四月乙亥,《朝鲜实录》书,咸吉道兵马都节制使驰报,今四月十四日童猛哥帖木儿管下童家吾下等二十七名来告庆源府云,我指挥蒙圣旨,许令复还阿木河地面以居,指挥先令我曹率男女二百余名,牛一百余头,送还旧居耕农,仍使朝京请谷口粮,且移镜城庆源官文我等带来矣。猛哥帖木儿则随后率正军一千名,妇人小儿共六千二百五十名,今四月晦时出来。……"(孟,67页)

　　据此当时猛哥所部早已耕种务农。

"建州左卫在庆源屡为兀狄哈所攻,至是又向朝鲜内徙,并入其家族旧居之斡河,并借朝命以自重,介居两大,惟利是图。肇祖时之处境如此。惟此时肇祖之内徙又当有他故。马文升言'永乐末……建州女真……自相攻杀',……或假此以避攻杀之阑及耳。"(孟一,68页)

　　建州虽早知农业,但尚时常向朝鲜乞米。当系产量不敷,或技术不高之故。

宣德八年(1433),即朝鲜世宗十五年十月,猛哥及其子为七姓野人兀狄哈所杀,其部下欲入居朝鲜境内,为朝鲜所拒,朝鲜遂谋乘机收复土地(猛哥所占之地),而左卫亦由图们江移入明边至赫图阿剌。(孟正三,61 页)左卫凡察曾向明请兵,问野人之罪,未允。(孟正三,69、67 页)

猛哥既死,其弟凡察理左卫事,后其子董山(清称充善)于正统二年(1437)袭左卫指挥使,见《实录》,(孟正四,46 页)并请明廷许其(凡五百户)移住辽东。此为太祖之五世祖。建州卫李满住屡寇朝鲜,为朝鲜所攻。住居婆猪江(即佟家江),董山欲与之同住。得明朝允许。满住董山同移灶突山(孟,47—48 页)。正统三年(1438)正月发生董山与凡察争印事,至七年(1442)始分为左右卫(孟正五,26 页)。五年(1440)明命凡察曰:"已敕辽东总兵官曹义等安插尔等于三土河,及婆猪江迤西冬古河(栋鄂河)两界间同李满住居住。"(孟正四,100 页)"谨守朝廷法度,自在耕牧,安分生理。"(101 页)

在《朝鲜实录》中屡言建州女真之掳掠迁移及其农业:

宣德八年(1433),朝鲜世宗十五年:"臣(李蕆)妄意令边将先使人切责之(建州)曰:'汝等近居我境,乞索盐酱口粮,辄便给与,恩养足矣。但尔等掳掠中国人口及我边民为奴婢使唤,往往有逃来者,审问根脚,中国人发还辽东,我国之人仍令复业,此乃尊朝廷爱百姓事理之当然也。我国何负于汝,……近者结聚群党,暗入作贼,掳去男女七十余口,杀害四十余口,牛马财物,尽数抢夺。……'"(孟正三,15 页)

宣德八年(1433)十二月癸亥:"(朝鲜)赐李满答失里及李满住米各二十石。"(仝上,65 页)

时朝鲜讨建州之役结束,李满住使人往朝鲜朝贡。不久朝鲜又讨之。

宣德十年(1435),朝鲜世宗十七年。

正统元年(1436),朝鲜世宗十八年,朝鲜因女真屡来掠夺,派人往探其巢穴,据报:"潜渡婆猪江,直抵兀剌山北隅吾弥府,见水两岸大野率皆耕垦。农人与牛布散于野,而马则不见。人家十八户扑在水岸,而散排山陕者不能遍视。"(孟正四,26 页)"建州之兵,才有三百……以屯度彼之众多不过四百余矣。"(仝,26—27 页)"过婆猪江马行一日之程,吾弥府洞,源深流长,其水南流合于婆猪江,右水南边则蒋家都督率三十余户居焉,常养马十四匹;北边则李满住率二十余户居焉,常养马十二匹;隔江相对而居。……大率建州之众,老弱妇女共五百余,而正兵则不过二百余。……"(孟正四,28—

29 页）

吾弥府,《明实录》作兀弥府,《明史》、《明史稿》作九猕府。(孟四,
33 页)

朝鲜李蕆上言对付李满柱之策,其一:"发兵急进击之,先问渠魁所在,
遂击其屯,蹂其禾谷,火其庐舍,以其所获随即还来,休养士马,量时复入,彼
不得安业,此又一策也。"(孟正四,32 页)

此可见李满住亦以农业为主。

正统五年(1440),朝鲜世宗二十二年七月,朝鲜为凡察欲与李满住同住事
奏明廷曰:"先据……咸吉道……呈报……本道镜城居住吾都里凡察,<u>耕农打
围</u>为由,带领妻小于东良地面,无时擅便往来,至正统五年三月初头,挈家起移
去讫,……凡察逼勒管下人逃出时分,带去一百六十八户,不肯随去仍留安
业……共计一百八十户。(孟四,88—89 页)……臣(朝鲜王李祹)窃详本人等
(凡察等)阴谋诡计,反覆无常,上以欺诳朝廷,下以谋扰本国,妄构多端。臣仰
体屡降敕谕事意,更戒所在官吏,一切差发税粮并不科扰,耕农打围以至畜牧
亦听自便,其有所求,随请随给,多方抚恤,不期凡察犹蹈前非。……"(89 页)

耕农打围,人口稀少。

天顺末(八年,1464)董山请开抚顺关市易,其先则在开原,距离较
远,此事与清之发展有关。

弩尔哈齐六世祖为石豹奇,无事迹。

弩尔哈齐七世祖为福满,清追尊兴祖,当正德时曾上书于明。

弩尔哈齐之祖为第八世,名觉昌安,追尊景祖,嘉靖,生于正德。

弩尔哈齐之父为第九世,名塔克世,追尊显祖,嘉靖,万历。

1955.3.21—22

38. 草场均徭

《辽东志》卷三《兵食志·均徭门·草场类》:"均徭　(原注)本寺岁用
表笺精微、祭祀纸札、心红柴薪、马夫等项共五百九两七钱;俱于养马军余照
门出办。其书写、门隶、老人、阴阳、医生、快手、仓库人役、禁子等役俱于养
马军余逐年审编。"(41 页)

39. 熟制人参

王先谦天命《东华录》一,乙巳(万历三十三年,1605):"初国人刨采人参,未谙制法,渍之以水,明人佯不欲市,国人恐朽败,急售,鲜所利益。上教以制法,令熟而干之,可以经久,不急售,仍许通市于明,所济甚众,民用益饶。"(广百宋斋本,13 页)

40. 清入关前之采矿

《东华录》(王先谦)《天命一》,己亥(明万历二十七年,1599):"三月始开金银矿铁冶。"(广百宋斋本,11 页)

41. 满洲之社会组织

据 S. M. Shirokogoroff. ——Social Organization of the Manchus. pp 15—19, 21, 50—51, 60; 及 Social Organization of the Northern Tungus p 121 note2. 所述,满洲族社会构成上之单位,依血族团体分为姓(hala)、氏(gargan,枝之意)、族(mukūn)三者。姓为元来男系同祖,同祭一神之一团。其后因社会之发展,人事之复杂,属人增加,姓遂分裂为氏。其后氏又因同样理由分而为族。故姓为血族团体社会构成之最上层。如觉罗(gioro,麾之意)为姓,分为爱新觉罗(Aisin gioro)、舒舒觉罗(Susu gioro,紫觉罗)为氏,其下更分族。

1950. 5. 23

42. 觉罗

觉罗 gioro(麾之意)
爱新觉罗 Aisin gioro(金觉罗)
厈尔汉觉罗 Fulgiyan gioro(红觉罗)
舒舒觉罗 Susu gioro(紫觉罗)
　　　　Suwayan gioro(黄觉罗)

户田茂喜《赫图河拉城构成的素描》665 页(《山下先生还历纪念东洋史论文集》)。

1950.5.22

43. 明代的辽东

据《辽东志》(明正统八年[1443]毕恭著,嘉靖十六年[1536]薛廷宠重修。《辽海丛书》本):

卷一《地理志·沿革》:"洪武四年(1371)置定辽都卫,八年(1375)改为辽东都指挥使司,十年(1377)革所属州县置卫,永乐七年(1409)复置安乐、自在二州,今领卫二十五,州二。"(1 页)

辽阳　广宁　义州　锦州　宁远　开原

又《疆域》:"东至鸭绿江五百三十里。

"西至山海关一千五十里,至北京一千七百里。

"南至旅顺海口七百三十里,渡海至南京三千四十里。(原注:水路约五百里,陆路二千五百四十里。)

"北至开原三百四十里。"

1955.3.21

44. 明代辽东的生产

《辽东志》(明正统毕恭、嘉靖薛廷宠重修)卷一《风俗》:"人多侨居,俗各异好(原注"图册"),性悍,善骑射(原注"元志"),人性淳实,务农桑,粗习文理(原注"广宁志"),有中国之风(原注"旧志")。"(一册,21 页)

"薛子(廷宠)曰:……地饶习靡,官墨士悍。"(21 页)

又《物产》:"谷:黍　稷　稻　粱　穈　粟　稗　黄豆　菉豆　豌豆蚕豆　黑豆　豇豆　小豆　大麦　小麦　荞麦　芝麻　苏子　蜀黍　扁豆。"(21 页)

案,所列凡二十一种,稷为高粱。

《辽东志》卷三《兵食志·武备》:"辽东都司,定辽左等二十卫二州:

户口　　275155

马队额军　52282 名　操马　55198 匹

步队额军　37495 名　边墩　1067 座(1)

招集军　13627 名

屯田军　18603 名

煎盐军　1174 名

炒铁军　1548 名

寄籍民　7109 名。"

卷三《兵食志》"沿边城堡墩台"内均列有"冬操夏种"计：

南路宁远等处　前屯　冬操夏种　官军三百员名　10 页　（官军等六字原用小注，下同）

宁远　冬操夏种　官军六百二员名　12 页

西路义州等处　锦州　冬操夏种　官军一千五百五十五员名

14 页

义州　冬操夏种　官军四百五十七员名　16 页

中路广宁地方　冬操夏种　官军二千一十三员名　17 页

右屯　冬操夏种　官军二百七十一员名　17 页

东路辽阳等处　海州　冬操夏种　官军二千一百二员名　19 页

辽阳　冬操夏种　官军二千四百六十五员名　21 页

抚顺　冬操夏种　官军一百七十四员名　23 页

沈阳　冬操夏种　官军五百八十员名　23 页

蒲河　冬操夏种　官军四十四员名　24 页

北路开原等处　懿路　冬操夏种　官军一百三十五员名　24 页

汎河　冬操夏种　官军一十二员名　25 页

铁岭　冬操夏种　官军九十员名　25 页

开原　冬操夏种　官军二百一十九　28 页

沿海　金州　冬操夏种　官军余丁七百员名　28 页

复州　冬操夏种　官军五百五十二员名　29 页

盖州　冬操夏种　官军舍余二千二百二十五员名

29 页

案，此所谓"冬操夏种"应即屯田官军。

《辽东志》卷三《兵食志·财赋》："辽东都司，定辽左等二十五卫，额田

额田　31620 顷

额粮　364900 石

额草　5940630 束

额盐　3770473 斤

额铁　395070 斤

鱼课银　635 两

盐课银　339 两

课程银　53 两　铜钱 522160 文

苇炭银　300 两

马价银　14070 两

定辽中卫野猫湖书院官田　3 顷　佃户岁租 72 石,柴 30 车。"

(《辽海丛书》,30 页)

案,此云官田三顷岁租七十二石,则一顷岁租二十四石,一亩岁租二斗四升。

"山东布政司征解:

本色钞　1873500 锭

折钞银　29726 两

本色布　333809 匹

本色花　139580 斤

折布花银　102714 两

永平府征解:

户口盐银　1013 两 1 钱

地亩花绒　346 斤。"(33—34 页)

《辽东志》卷三《兵食志·徭役》:"辽东都司,定辽左等二十五卫二州,均徭银岁三等,审编增损不一,约计一万七千五百一十九两。

均徭银　17519 两

修边夫　28693 名

修仓夫　750 名

局造　1971 名

窑造　1442 名

纳粮　5620 名

跟官　3540 名

斗级　433 名

狱卒　320 名

水手　100 名

走递马　772 匹

驴　370 头。"（34 页）

案,各卫详列数字内有"寄籍均徭银"一项。

1955.3.21

45. 女真之氏族社会

明杨循吉《金小史》(《辽海丛书》第一集):

"金起自辽之属部,号女真,又曰女直,于夷狄中最微且贱者也。世豢东海上,而在高丽之北,有七十二部落,不相统制。辽兴……其间无大君长,皆散居山谷间,各推其家以为主,而完颜部最强。"(卷一,1 页)

1956.5.29

46. 辽东海运的兴废①

明李辅《全辽志》卷一《山川志》附《海道》:"国初置辽东,即发兵数万戍辽,命镇海侯吴祯总舟师万人,由登莱转达,岁以为常。至永乐四年,平江伯陈瑄犹督运至辽。其后设有屯田,粮运始废,止令山东岁运布花,以给军士。皆由登州发运,至金州、旅顺止卸。当时倭寇偶犯,而总兵刘江遂有望海埚之捷,其患亦绝。岁运至弘治十八年船坛暂止。山东乃征以轻赍灌输,岁丰用充,不暇购求。嘉靖七年,巡按王重贤先为即墨知县,言:有司苦于布花折色,乃请通海道,复旧制。金州刘训导明言:家世登州,自海运不通,生理萧条。然则在山东亦自有利害矣。三十七年,辽东荒歉,乃欲求通。"

1956.6.2

47. 满洲社会

据《明元清系通纪》	卷用汉字,页用阿拉伯
和亲陈兵	五,23

---

① 编者注:此为卡片一,以下缺。

斡朵里无兵(小族)	五,23	
入京减奴婢	五,23	
凡察离朝鲜为了赋役	五,22	
野人免赋役	五,22	
斡朵里免赋役	五,24	
哈达叶赫之始	五,25	
朝鲜的女直人未籍为军	十五,37	正德十四年
女直人的子弟	十五,39	正德十四年
野人的移徙聚居	十五,39	正德十五年
降附朝鲜野人	十五,41	正德十五年
贡明貂皮马匹	十五,42	正德十六年
温下卫无酋长附建州	十五,44	嘉靖元年
扈伦即明代之忽喇温	十五,45	嘉靖元年
女真赏物折银	十五,43	嘉靖元年　此是自请,后乃给钞锭

48. 奴籍壮丁同样征调

王氏《东华录·天聪五》,天聪四年,崇祯三年,庚午(1630):

"十月辛酉谕曰:时值编审壮丁,……或有隐匿壮丁者,将壮丁入官,本主及牛录额真,拨什库罚土黑勒威勒;知情隐匿者,每丁罚银五两,仍罚土黑勒威勒。凡贝勒包衣牛录或系置买人口及新成丁者准与增入,毋得以在外牛录下人入之。丙寅年(天命十一年,1626)九月初一日以后(皇太极以九月初一日即位)有编入者退还原牛录。凡贝勒家每牛录止许四人供役,溢额者察出启知贝勒退还。"(五,13页下—14页上)

据此规定:

1.隐匿之壮丁入官,本主、本管罚俸。

2.包衣下壮丁及置买人口,准与增编入册,不作隐匿,不罚。

3.在外牛录下人,不准编入包衣册。"在外牛录"与"包衣牛录"是不同的两类。

4.太宗即位后编入包衣册内者,退还原牛录。

5.贝勒家每牛录只许供给四个人使用,不再征调。(如三十牛录已一百二十人。)

此时太宗即位已四年,其贵族隐匿壮丁不服国家征役的情况仍很严重,故复有此规定。意在把各贵族的属下的人户先有个数,以便在这个基础上再整顿。

所谓甲寅年九月的原定办法,如下:

天聪《东华录》一,天命十一年九月庚午朔:"丁丑(初八日),先是,天命十年十月,因辽阳、广宁诸处归顺之明绅衿,屡煽惑降民,潜引叛逆,尽察诛之。编其户口,每十三壮丁为一庄,按满洲各官品级分给为奴。上虑分给日久,恐受陵虐,命按满洲官品,每一备御止给壮丁八名,以供使令,其余分屯别居,编为民户,选汉官清正者辖之。自此汉民无逃叛者。禁止贝勒大臣属下人私索汉官马匹鹰犬,或勒买器物及恣意行游者。凡有告讦,实则治罪,诬则反坐。"(一,3页)

1962.7.17

49. 清军的俘戮原则

王氏《东华录·天聪十》,天聪九年十月己卯:"遣使赍书谕明喜峰口、满家口、董家口诸边将曰……今后凡大兵所至,<u>有敢逆我颜行者杀之</u>,<u>避匿山林者俘之</u>,<u>若安居不动</u>,<u>投降内附者</u>,<u>秋毫无犯</u>。"(十,15页上)

逆我颜行即迎面不避、仍然前进的,在清军不辨其意图是否欲抗拒,故杀之。避匿山林是对满军有疑惧不友好,故俘之。

又《天聪七》,天聪六年五月甲子:"上至归化城立营。大兵一日内约驰七百里,西至黄河木纳汉山,东至宣府,自归化城南及明边境,所在居民逃匿者悉俘之,<u>归附者编为户口</u>。"(七,7页下)

50. 入关前拔出奴籍

王氏天聪《东华录》四,天聪三年,崇祯二年(1629)己巳:"九月壬午朔,初考试儒生。……至是考试,分别优劣,得二百人。凡在皇上包衣下,八贝勒等包衣下,及满洲、蒙古家为奴者皆拔出。"(四,4页下)

又天聪《东华录》六,天聪五年(1631)十二月壬辰:"参将宁完我奏,臣蒙皇上,出之奴隶,登之将列,……"(六,22页下)

又天聪《东华录》十一,天聪十年丙子(1636)二月庚寅:"革宁完我职。

完我原系贝勒萨哈廉家人,因通文史,上擢置文馆,预机务,……从征北京时,留守永平,以赌博……审实拟罪,上宥之。屡谕不改,后复……博,……审实,革世职,追夺赐物,解任,仍给萨哈廉为奴。"(十一,2 页下)

禁赌博在天聪六年二月己卯。(七,4 页上)

崇德《东华录》三,崇德三年,崇祯十一年戊寅(1638)正月:"己卯,都察院承政祖可法、张存仁等奏:'近见礼部谕令儒生应试,满汉蒙古家仆俱不准与试。今各家奴仆皆东西南北俘获之人,中间岂无真才,……臣等谓各家奴仆皆宜准其考试,……若得十人真才,何惜十人换出。……'上谕可法等曰:'前得辽东时,良民为奴仆者甚多,朕着诸王以下及民人之家察出,编为民户,又两三次考试,将少通文义者拔为儒生。今满洲家人,非先时滥行占取者可比,间有一二生员,皆攻城破敌之际,或经血战而获者有之,或因阵亡而赏给者亦有之,……乃无故夺之,则彼死战之劳,捐躯之义,何忍弃之乎? 若另以人补给,所补者独非人乎? 无罪之人强令为奴亦属可悯,尔等止知爱惜汉人,不知爱惜满洲有功之人及补给为奴之人也!'"(三,1—2 页)

51. 发尚阳堡为民　入关前

王氏天聪《东华录》十一,天聪十年二月:"……宁完我……后复与大凌河归附甲喇章京刘士英博,……审实,……籍刘士英家,发尚阳堡为民。"(十一,2 页下)

据此,入关前已以尚阳堡收容罪犯,但"为民"而非"为奴"。

尚阳堡在今辽宁省开原县东。

52. 入关前的民与奴

王《录》天聪四年(1630)六月,议阿敏罪:"丙寅,先是阿敏屠永平官民,以其妻子分给士卒。上曰:'彼已屠朕所养官民,复奴其妻子耶?'命编为民户,以房舍衣食给之。"(五,13 页下)

53. 入关前清军骚扰

王氏天聪《东华录》八,天聪七年:"六月壬戌谕曰:我国将士向来骚扰辽东民人,以故至今诉告不息。今新附人民,一切勿得侵扰。此辈乃攻克明地涉险来归者,若仍前骚扰,实为乱首,并妻子处死,决不姑恕。"(八,8页上)

此阶级矛盾而以民族形式表露者也。

54. 满洲贵族心目中之逃人

王氏天聪《东华录》二,天聪元年七月:"朝鲜国王李倧……其书言不忍缚送被俘后逃归之人,……癸未遣大臣……往,又与书曰:'……又言逃人因思父母而来,复缚送之,中心不忍。……攻城陷阵之时,我师岂无死伤乎?力战所获之俘,复经逃窜,尔收而庇之,乃谓不忍再视其离散,尔昔日来侵我国,屠戮吾民,其父子兄弟岂无离散者乎? 辽东之民,久经分给将士,<u>谊关主仆</u>,一旦仆弃其主窜归,岂得不谓之离散乎?……若以彼父母、兄弟完聚为词,<u>可将逃人发出</u>,<u>约一地方</u>,<u>付与逃人原主</u>,<u>听各随意取赎可也</u>。'"(二,17—18页)

55. 清入关前的徭役

王氏天聪《东华录》十,天聪九年乙亥(1635),三月:"戊辰,谕诸臣曰:'朕昨出见民间耕种愆期,盖因牛录章京有事城工,欲先时告竣,额外派夫,致误耕作。田地荒芜,民食何赖? 嗣后有滥役民夫致妨农务者,该管牛录章京,小拨什库等俱治罪。'"(十,4页下)

此似封建徭役非奴隶,如为奴隶制必兼作。

56. 努尔哈赤时期的社会性质

不宜强调外因。

不宜过于强调民族矛盾而漠视阶级矛盾。

奴儿哈赤之能迅速平定周边各国是社会制度先进原因,不是兵力。

刷还人物是封建的反映。

舒尔哈赤想到黑扯木是进步与落后。(8页)

争　反映进入封建

民户　俘虏之别
分于各军　如何解释
奴儿死后的丧仪

57. 八固山

八固山诸王　140

八固山额真　218

八固山执政王　233

八固山王　294

八固山四大王四小王　358

天命六年正月十二日鸣誓　248

《满洲实录》译本
代善　阿敏
莽古尔泰　皇太极
德格类　济尔哈朗
阿济格　岳托

58. 满语

一、emu

二、juwe

三、ilan

四、duin

五、sunja

六、ninggun

七、nadan

八、jakūn

九、uyun

十、juwan

59. 拖克索

拖克索在《满洲实录》凡两见。

一在卷二《太祖恩养布占泰》"率兵至拖克索寨",满文作 tokso(拖克索)gebungge(称为)gašan(村),意为拖克索村。(今西译本,69页)

一在卷三《洪巴图鲁·代善贝勒败乌拉兵》"取赫席赫、鄂谟和苏噜、佛讷赫三处",满语作 fenehe tokso(99页),汉字未译 tokso,"三处"满文作 tese ilan(三)golo(地方),是 fenehe tokso 为一个地名。《清史列传》四《费英东传》作"佛讷赫拖克索路"。

《清文汇》书译为"屯里"、"庄子",《清文鉴》作庄屯,按应译为屯,而与村 gašan(村)不同,土居所住为村,外地移来为屯。

60.《李朝实录》所见奴儿哈赤部下之姓名

《李朝实录抄》十三册(521—528页)《光海君日记》一六九(郑忠信报告,时在天启元年、天命六年,1621):

彦加里(贵幸臣)

兀古达(酋壻)

所豆里(酋将)

大海(甫乙之下)

贵盈哥(老酋子将兵)　古英巴图鲁代善 guyeng baturu

洪太主(老酋子将兵)　皇太极 hong taiji

亡可退(老酋子将兵)　莽古尔泰 manggūltai

汤古台(老酋子将兵)　汤古岱 tanggūdai 或汤古代

加文乃(老酋子将兵)

阿之巨(老酋子将兵)　阿巴泰?

阿豆(酋之从弟)

　　案,阿斗当系阿敦,当即《清史列传》七十八《李永芳传》之阿登,"永芳遂乘骑出降,我管旗大臣阿登引之谒上"。待考。

锄车(酋之族子)

61.《满洲实录》与《李朝实录》

《满洲实录》五,天命四年:"三月二十一日,令朝鲜降将张应京及官三员通事一人,书七大恨之事,遗书一封,遣二使者与之俱往。"在满文"朝鲜降将"下有"都元帅姜功立部下"数字。功立作 gung liyei,当为弘 hung 立,时朝鲜都元帅姜弘立也。张应京据《李朝实录·光海君日记》一三九,己未四月初二日"胡(指满洲)差来境上,进奴酋书,被俘从事官郑应井(原注:武官)等偕来",则郑 jeng 误为张 jang,井误为京也。《李朝实录》只言"胡书极书天朝待夷之失,请与我通好,辞极傲悖",而未录原文,不知与《满洲实录》有出入否。朝鲜复文,两书均见,大致不远。

1964.4.26

62. 满语对音

据今西春秋译《满洲实录》人名地名索引(汉字卷数,阿拉伯字页数):

ahai janggin 阿亥章京 一.21

ai gi pu 爱家堡 八.358

alamin janggin 阿拉敏章京 二.60

an šan 鞍山 七.267

argatu tumen 阿尔哈图图门 三.98、102

atai janffin 阿太章京 一.21—23

bagadarhan 巴哈达尔汉 四.130

basun 巴逊 一.29

be ging 北京 五.176

bei cen 贝臣 一.20

boihoci 贝和齐 七.285、313

boo ceng siyan 鲍承先 六.246

boo ding fu 保定府 五.176

bukūri yongšon 布库哩雍顺 一.2、5

butaci 布塔齐 八.353

cai gnwe ju 柴国柱 七.266 c＝彳

cang an 长安 七.274

cecen han 车臣汗 八.332

cen be 陈柏 六.257

ci giya 戚家 七.290 c=ㄑ

daišsan 代善 二.54 š=尸

du sung 杜松 四.176

fenehe tokso 佛讷赫拖克索 三.99

fang ceng hiyūn 房承勳 七.271

jargūci 扎尔固齐 二.55

fušun šo 抚顺所 一.24、27

gin ioi ho 金玉和 五.210

giyang 姜 六.259

liyei 立 五.196

doo 岛 八.340 moo 茂 八.327

hoo 鹤 七.286

jeo 州 四.159 j=业

io 尤 六.255

joo 赵 五.176 oo=o?

liyoo 辽 六.215

loosa 劳萨 二.75

ooba 鄂巴 八.348

sahalca 萨哈尔察 四.155

šaji 沙济 一.21

san ca el 三岔儿 五.165

šan hai guwan 山海关 六.232

subahai 苏巴海 七.285

šurgaci 舒尔哈齐 一.12

u ioi 吴玉 八.340

yoo 姚〔八.340

yulengge janggin 裕楞额章京 二.75

今西春秋自言罗马字系根据 P. G von Mollendorff, *A Manchu Grammer.*

卷首之音译法。

1963.10.22

63. 满语中的马褂

溥雪斋云:满俗长袖马褂又称得胜马褂,或得胜褂,满语曰斡勒拨(wolebo?)。

短袖马褂,满语曰额兰代(elandai?)。

黄马褂是长袖马褂,属于斡(卧)勒拨。

清帝不穿黄马褂,前引大臣及后扈大臣均穿,因职务而穿的与赏穿者不同,因职务而穿者称职任褂子,满语称秃山褂子,不珍贵。

正黄旗都统穿黄色马褂,与黄马褂又不同。

镶黄旗都统穿黄色红边马褂。

1964.7.15

64. 明与建州关系

《宪宗实录》四九,成化三年十二月戊午:"朝鲜国王李琇……来奏所获建州贼属,……　且敕琇曰:'董山等世受国恩,以为藩卫,近者阳为朝贡之名,阴行盗边之计。……'"(153/49/11)

此盗边即在边境抢掠扰乱。

奴儿哈赤自言为明守边,与此"世受国恩,以为藩卫"相同。

如建州非受明封,何必以七大恨告天而后攻明。

李朝《宣祖实录》69,万历二十三年奴儿哈赤致朝鲜书有"我无违法,只是尊守国法,保守九百五十余里之边疆"云云(十三册,36页)。

万历二十三年有刷还朝鲜人口之事,可以已入封建社会。——此不然,嘉靖三十一年已见(十二,370页)。

努尔哈赤于万历三十四年(朝鲜宣祖二十九年,1606)向朝鲜余希元等曰:"保守天朝地界九百五十里,俺管事后十三年不敢犯边,非不为恭顺也,而杨布政无端说我不顺……"(《李朝实录·宣祖》卷73,日本缩印本,第二十八册,469页下)

此杨布政指杨镐。见前页。

此所谓管事后应指1583年"起兵"攻尼堪外兰。

五、明清之战事

1. 奴儿哈赤始为患

《明神宗实录》一九二,万历十五年(1587)十一月己丑:"先是辽东巡抚顾养谦疏论开原道参政王缄抚剿无定策,反复其词,贻祸边疆,宜重加议处。至猛骨索罗已叛而从逆,奴儿哈赤益骄而为患,乞行巡按查勘,相机处分。章下兵部覆奏。上以王缄玩寇养患,命锦衣卫逮问。于是给事中彭国光疏论养谦职秉节钺,果有定见,缄果展转规避,即特参可也。何乃俟其颠踬而始罪归于下。盖幸缄策中则将与同功,不幸事败则驾言道罪。宜行议斥,为偾事推诿之戒。疏入,文书官传谕内阁,本内说有功则首叙,有罪则诿之人,巡抚亦该处。大学士申时行奏:'辽东三面皆虏,四时皆防,于九边最为劳苦。养谦抚辽,边务皆有调理,与李成梁同心协力,共保冲边,此边臣中之最有才能者。海西属夷,乃开原藩蔽,仰逼二奴,乃海西仇敌,今二奴侵陵海西,其势日强,恐他日为开原患,故养谦与成梁议主于剿。王缄议论互有异同,始主抚谕,后复支吾。故养谦参论示警,不过降调,其拿问则出自宸断。科臣为缄不平,遂论养谦失事推诿。今二奴未尝入犯,开原未尝被兵,原无失事,其请剿二奴在先,参论王缄在后,原无推诿。若遽将养谦议处,则边臣闻之皆避怨畏祸,不敢主张一事,不敢参论一人,而边事益坏矣。'上允之,命养谦供职,……"(387/192/4页)

又:"甲寅,大学士申时行等题,今日该文书官刘成将下镇抚司问过王缄本,口传圣旨,本内称称,先年开原地方贪功生事,多杀无辜,还将任天祚、宿振武等拿来,与王缄质对。窃惟先年开原地方属夷王杲为患,赖有海西王台擒获王杲,献俘阙下,边境始安。及王台既死,王杲之子结连仰逼二奴,为父报仇。于是李成梁提兵出塞,擒杀王杲之子。后仰逼二奴见王台二子微弱,欲行虐害,于是李成梁又擒杀仰逼二奴。其事情始末,兵部具有功次卷案,臣等之所知也。然则海西诸夷,顺即当抚,叛即当剿,其理甚明。……至谓种田百姓,则边外之田,原非我有,属夷所在,原无民居,万无杀及良民之理。……"(387/192/9—10页)

《神宗实录》一九七,万历十六年四月甲寅朔:"庚申,兵科给事中张希皋奏,辽左猛骨那林之剿,……二酋乞和,歹商效顺,……顾二酋负险筑坚,输服恐未可信。而建州夷奴儿哈赤及北房恍忽太结连助逆,实烦有徒,不可一日而忘备也。"

《明神宗实录》二百三,万历十六年九月戊寅条。(389/203/9—10页)

1958. 1. 2

2. 金太祖伐辽告天

《金史》二《太祖本纪》:"二年甲午(太祖继康宗位之第二年,时未称帝,无年号,西1114)六月,……乃入见宣靖皇后(肃宗之后,太祖之叔母),告以伐辽事,……即奉后率诸将出门,举觞东向,以辽人荒肆,不归阿疏,并己用兵之意,祷于皇天后土。酹毕,后命太祖正坐,与僚属会酒,号令诸部。……九月,……诸路兵皆会于来流水,得二千五百人。致辽之罪,申告于天地曰:'世事辽国,恪修职贡,定乌春、窝谋罕之乱,破萧海里之众,有功不省,而侵侮是加。罪人阿疏,屡请不遣。今将问罪于辽,天地其鉴佑之。'遂命诸将传梃而誓曰……"(百衲本,6页)

1942. 11. 8

3. 清太祖告天七大恨

《清太祖武皇帝实录》天命三年(万历四十六年,西1618,戊午):"四月十三壬寅巳时,帝将步骑二万征大明,临行,书七大恨告天曰:

吾父祖于大明禁边寸土不扰,一草不折,秋毫未犯,彼无故生事于边外,杀吾父祖。此其一也。

(王先谦《东华录》二,天命三年四月壬寅:"书七大恨告天曰:'我之祖父未尝损明边一草寸土,明无端起衅边陲,害吾祖父。恨一也。'"

《御批历代通鉴辑览》万历四十六年四月"临行书七大恨告天",注:"其词曰:我之祖父未尝损明边一草寸土也,明无端起衅边陲害我祖父。恨一也。")

虽有祖父之仇,尚欲修和好,曾立石碑盟曰:'大明与满洲皆勿越禁边,敢有越者见之即杀,若见而不杀殃及于不杀之人。'如此盟言大明背之,反令兵出边卫夜黑。此其二也。

(《东华录》:"明虽起衅,我尚修好,设碑勒誓,凡满汉人等毋越疆圉,敢有越者见即诛之,见而故纵殃及纵者。讵明复渝誓言,逞兵越界卫助叶赫。恨二也。"

《通鉴辑览》注:"明虽起衅,我尚欲修好,设碑勒誓:'凡满汉人等毋越疆圉,敢有越者见即诛之,见而故纵殃及纵者。'讵明复渝誓言,逞兵越界卫助叶赫。恨二也。")

自清河之南,江岸之北,大明人每年窃出边入吾地侵夺,我以盟言杀其出边之人,彼负前盟责以擅杀,拘我往谒都堂使者纲孤里、方吉纳二人,逼令吾献十人于边上杀之。此其三也。

(《东华录》:"明人于清河以南,江岸以北,每岁窃逾疆场,肆其攘夺,我遵誓行诛,明负前盟责我擅杀,拘我广宁使臣纲古里、方吉纳,胁取十人杀之边境。恨三也。"

《通鉴辑览》注:"明人于清河以南,江岸以北,每岁窃逾疆场肆其攘夺,我遵誓行诛,明负前盟责我擅杀,拘我广宁使臣纲古哩、方吉纳,挟取十人杀之边境。恨三也。")

遣兵出边为夜黑防御,致使我已聘之女转嫁蒙古。此其四也。

(《东华录》:"明越境以兵助叶赫,俾我已聘之女改适蒙古。恨四也。"

《通鉴辑览》注:"明越境以兵助叶赫,俾我已聘之女改适蒙古。恨四也。")

将吾世守禁边之钗哈(原注"即柴河")、山七拉(原注"即三岔")、法纳哈(原注"即抚安")三堡耕种田谷不容收获,遣兵逐之。此其五也。

(《东华录》:"柴河、三岔、抚安三路,我累世分守疆土之众,耕田艺谷,明不容刈获,遣兵驱逐。恨五也。"

《通鉴辑览》注:"柴河、三岔、抚安三路,我累世分守疆土之众,耕田艺谷,明不容刈获,遣兵驱逐。恨五也。")

边外夜黑是获罪于天之国,乃偏听其言,遣人责备,书种种不善之语以辱我。此其六也。

(《东华录》:"边外叶赫获罪于天,明乃偏信其言,特遣使臣遗书诟詈,肆行陵侮。恨六也。"

《通鉴辑览》注:"边外叶赫获罪于天,明乃偏信其言,特遣使臣遗书诟詈,肆行陵侮。恨六也。")

哈达助夜黑侵我二次,吾返兵征之,哈达遂为我有,此天兴之也。大明又助哈达,逼令反国,后夜黑将吾所释之哈达掳掠数次。夫天下之国互相征伐,合天心者胜而存,逆天心者败而亡。死于锋刃者使更生,既得之人畜令复返,此理果有之乎?天降大国之君宜为天下共主,岂独吾一身之主?先因糊笼部(原注"华言诸部")会兵侵我,我始兴兵,因合天意,天遂厌糊笼而佑我也。大明助天罪之夜黑,如逆天然,以是为非,以非为是,妄为剖断。此其七也。

(《东华录》:"昔哈达助叶赫二次来侵,我自报之,天既授我哈达之人矣,明又党之,胁我还其国,已而哈达之人数被叶赫侵掠。夫列国之相征伐也,顺天心者胜而存,逆天意者败而亡,岂能使死于兵者更生,得其人者更还乎?天建大国之君即为天下共主,何独构怨于我国也。初扈伦诸国合兵侵我,天厌扈伦起衅,惟我是眷,今明助天谴之叶赫,抗天意,倒置是非,妄为剖断。恨七也。"

《通鉴辑览》注:"昔哈达助叶赫二次来侵,我自报之,天既授我哈达之人矣,明又党之,挟我以还其国,已而哈达之人数被叶赫侵掠。夫列国之相争伐也,顺天心者胜而存,逆天意者败而亡,何能使死于兵者更生,得其人者更还乎?天建大国之君即为天下共主,何独构怨于我国也。初呼伦诸国合兵侵我,故天厌呼伦起衅,惟我是眷,今明助天谴之叶赫,抗天意,倒置是非,罔为剖断。恨七也。")

凌辱至极,实难容忍,故以此七恨兴兵。"

(《东华录》:"欺陵实甚,情所难堪,因此七大恨之故是以征之。"

《通鉴辑览》注:"因此七大恨之故是以征之。")

案,太祖以七大恨告天征明,《清史稿·太祖本纪》略其目,《太祖实录》、《东华录》、《通鉴辑览》注所载与档案亦不同,孟心史先生有考订,容取证。

天挺　二十八年一月二十日昆明柿花巷

孟文摘于后十一至十九叶　二十八年十二月六日昆明靛花巷

《罪惟录》纪十四,四十一页:"万历四十六年戊午,建州纵间汉人张儒绅请和,称'建州国汗',大略以护北关、嫁老女及三岔柴河退垦等七事为兵端。"

明刘若愚《酌中志》卷七："……至卢大司礼受掌印时（卢受），其掌家王朝弼，即今之王朝应者，潜差张书绅等往抚顺作买卖，七宗恼恨之书，人言啧啧，章满公车，盖原委根因卢原不知由朝应私遣也。"（《丛书集成》本，43 页）

案，张书绅当即张儒绅，《明书》亦作儒绅。

《明书》十六，万历四十六年戊子："闰四月，清兵归汉人张儒绅等赍番文请和。"（商务铅印本，214 页。）

"北京大学史料室存有天聪四年正月印刷黄榜，为再度入关复述戊午七恨之文，事实颇有不同，当尚是戊午原状。事隔十三年，对明之心理尚未变，且明边内外相接，所需此榜文之效用，尚未悟其无谓，故有复述榜发之举。"（孟森《清史讲义》，131 页）

> 七大恨原作七种恼恨，史官润色为七大恨告天则严重多矣。如云以七种恼恨起兵，祭堂子而后行，则不显其严重矣。太祖当时只是如此，故所述七种恼恨多平常无谓之事，实够不上"大恨"也。

王在晋《三朝辽事实录》："万历四十六年闰四月，奴儿归汉人张儒绅等，赍夷文请和，自称建州国汗，备述七种恼恨，呈按院陈王庭。内云：'先年李成梁、李如松父子，无故杀我祖父教场，夺我土地，一恨。又差部轵围列界上，杀我人，抢马匹，二恨。私自过界，盗斫粮草，三恨。求婚北关，赖我亲事，四恨。又将大兵五百名助北关交战，五恨。纵放辽民魃地盗去参种，六恨。我与北关朝鲜同为藩臣，他厚我薄，七恨。故因动发兵马，叛抢是实。'张儒绅系东厂差役，奴酋藉以行间，言官纠卢受通夷，事中格。"孟心史曰："王在晋当时巡抚山东，辽东本其兼辖地，旋复为经略，于辽事皆所亲任，所言自可信。但此告天七恨之文字则不足据。撮叙既甚简略，又赍呈原属夷文，情节得之译述，如云'建州国汗'当是译者以意为之。并无原来汉文可据，其实当是'金国汗'耳。七项事目亦不同。"（《史学》，6 页）

《天聪间木刻揭榜之七大恨文》（北大研究所藏）："金国汗谕官军人等知悉。我祖宗以来与大明看边，忠顺有年。只因南朝皇帝高拱深宫之中，文武边官欺诳壅蔽，无怀柔之方略，有势利之机权，势不使尽不休，利不括尽不已。苦害侵凌，千态莫状。其势之最大最惨者计有七件：我祖宗与南朝看边进贡忠顺已久，忽于万历年间将我二祖无罪加诛，其恨一也。癸巳年（癸巳为万历二十一年，时明方与日本战于朝鲜）南关、北关、灰扒、兀剌、蒙古等九部会兵攻我，南朝休戚不关，袖手坐视。仗庇皇天，大败诸部。后我国复仇，攻破南关，迁入内地，赘南关吾儿忽答为婿，南朝责我擅伐，逼令送回，我即遵依上命，复置故地。后北关攻南关，大肆掳掠，南朝不加罪。然我国与北关同是外番，事一处异，何以怀服，所谓恼恨二也。先汗忠于大明，心若金石，恐因二祖被戮，南朝见疑，故同辽阳副将吴希汉宰马牛祭天地，立碑界，铭誓曰'汉人私出境外者杀，夷人私入境内者杀'，后沿边汉人私出境外挖参采取，念山泽之利系我过活，屡屡申禀上司竟若罔闻，虽有冤怨无门控诉，不得已遵循碑约始敢动手伤毁，实欲信盟誓杜将来，初非有意欺背也。会值新巡抚下马，例应叩贺，遂遣干骨里、方巾纳等行礼，时上司不究出□招衅之非，反执送礼行贺之人，勒要十夷偿命。欺压如此，情何以堪，所谓恼恨者三也。北关与建州同是属夷，我两家构衅，南朝公直解分可也，缘何助兵马，发火器，卫彼拒我？畸轻畸重良可伤心，所谓恼恨者四也。北关老女系先汗礼聘之婚，后竟渝盟，不与亲迎，彼时虽是如此，犹不敢轻许他人，南朝护助改嫁西房，似此耻辱谁能甘心，所谓恼恨者五也。我部看边之人，二百年来均在近边住种，后前朝信北关诬言，辄发兵逼令我部远退三十里，立碑占地，将房屋烧毁，□禾丢弃，使我部无居无食，人人待毙，所谓恼恨者六也。我国素顺，并不曾稍倪不轨，忽遣备御萧伯芝蟒衣玉带大作威福，秽言恶语，百般欺辱，文□之间，毒不堪受，所谓恼恨者七也。怀此七恨，莫可告诉。辽东上司既已尊若神明，万历皇帝复如隔于天渊，踌躇徘徊无计可施，于是告天兴师收聚抚顺，欲使万历皇帝因事询情得申冤怀。遂详写七恨多放各省商人。颙望伫候不见回音。……"孟心史先生曰："此为天聪间追述天命年事，然告天七恨之文，以此为最近原状，七条事实皆太祖时事，……如末条以萧伯芝蟒衣玉带为恨，后来太觉无谓，至天聪九年作《实录》即已改之。文中译名皆与明代纪述中相合，至修《实录》已多所改正。"

　　天挺案，此榜文揭于天聪四年正月即崇祯三年也。所谓北关盖指叶赫，南关即哈达也。孟说见《史学》第一期，七页。

　　天聪《东华录》二："天聪元年丁卯（明天启七年）春正月乙巳朔……丙子（天挺案乙巳、丙子相距三十二日，乙巳朔不应有丙子日，两者必有一误。考是年正月丙子后有丁丑日，则丙子并无误；上年十二月有壬戌、丙寅、戊辰日，则正月不应有乙巳，当为己巳朔也。然则丙子为初八日），……遣方吉纳、温塔石遗书明宁远巡抚袁崇焕曰：'满洲国皇帝致书袁巡抚：吾两国所以构兵者，因昔日尔辽东广宁守臣高视尔皇帝如在天上，自视其身如在霄汉，俾天生诸国之君，莫能自主，欺藐陵轹难以容忍，是用昭告于天，兴师致讨，惟天不论国之大小，止论事之是非，我国循理而行，故仰蒙天佑，尔国违理之处非止一端,可为尔言之:如癸未年(万历十一年)尔国无故兵害我二祖,一也。癸巳年(万历二十一年)叶赫、哈达、乌喇、辉发与蒙古会兵侵我,尔国并未我援。后哈达复来侵我,尔国又未曾助我。己亥年(万历二十七年)我出师报哈达,天以哈达畀我,尔国乃庇护哈达,逼我复还其人民,及已释还,复为叶赫掠去,尔国则置若罔闻。既称为中国,宜秉公持平,乃于我国则不援,于哈则援之,于叶赫则听之,偏私至此二也。尔国虽启衅,我犹欲修好,故于戊申年(万历三十六年)勒碑边界,刑白马乌牛誓告天地云两国之人毋越疆圉,违者殛之。乃癸丑年(万历四十一年)尔国以卫助叶赫发兵出边,三也。又曾誓云凡有越边境者见而不杀,殃必及之,后尔国之人潜出边境,扰我疆域,我遵前誓杀之,尔乃谓我擅杀,缧绁我使臣<u>纲古礼</u>、<u>方吉纳</u>,索我十人杀之边境,以逞报复,四也。尔以兵卫助叶赫,俾我国已聘叶赫之女改适蒙古,五也。尔又发兵焚我累世守边庐舍,扰我耕耨,不令收获,且移置界碑于沿边三十里外,夺我疆土,其间人参貂皮五谷财用产焉,我民所赖以为生者攘而有之,六也。甲寅年(万历四十二年)尔国听信叶赫之言,遣使遗书,种种恶言肆行侮慢,七也。我之大恨有此七端,至于小忿何可悉数,陵逼已甚,用是兴师。……"孟心史先生曰:"此书中仍以七恨为说,其七端颇与《实录》不同。"又云:"当时尚未发生满洲之名。"(《史学》,4页)

孟森《清太祖告天七大恨之真本研究》,《史学》第一期(1—8页),民国二十四年一月北京大学史学社出版。

孟先生此文凡录《清太祖武皇帝实录》、《东华录》天命三年戊午、金梁《满洲老档》、《东华录》天聪元年正月丙子、王在晋《三朝辽事实录》、天聪间(四年正月)木刻揭榜等所列七大恨事目全文六篇,而各系短跋,大抵以木刻揭榜为最近实;《满洲老档》盖全钞《东华录》天聪元年正月致袁崇焕书原文,并非真译满文者也。

二十八年十二月六日靛花巷三院二楼西间灯下

1939.11.28、29,12.6

4. 木刻七大恨榜文

《国学季刊》第一卷第二号(民国十二年四月出版)首页珂罗版,原题"清太宗天聪四年(1630)伐明以七大罪誓师谕,北京大学藏",文曰:"金国汗谕官军人等知悉。我祖宗以来与大明看边,忠顺有年,只因南朝皇帝高拱深宫之中，文武边官欺诳雍蔽，无怀柔之方略，有势利（之）（括号内系原缺或模糊者，大抵者皆在一行之末，似系制板时所去）机权，势不使尽不休，利不括尽不已，苦害侵凌，千态万状。其势之最大最惨者计有七件：我祖宗与南朝看边进贡，忠顺已久，忽于万曆（原作暦，简书乎？缺笔乎？可疑）年（间）将我二祖无罪加诛，此其一也。癸巳年间（案癸巳为明万历二十一年，1593）南关、北关、灰扒、兀剌、蒙古等九部会兵攻我，南朝休戚不关，（袖）手坐视，仗庇皇天，大败诸部，后我国复仇（攻）破南关，迁入内地，赘南关吾儿忽答为婿，南朝责我擅伐，逼令送回，我即遵依上命，复置故地，后北关（攻）南关，大肆掳掠，南朝毫不加罪，然我国与北（关）同是外番，事一处异，何以怀服，所谓恼恨者二也。先汗忠于大明，心若金石，恐因二祖被戮南朝见疑，故同辽阳副将吴希汉宰马牛祭天地，立碑界（　）铭誓曰‘汉人私出境外者杀，夷人私入境内者杀’，后沿边汉人私出境外刨参采取，念山泽之利系我过活，屡屡申禀上司竟若罔闻，虽有冤怨无门控（诉），不得已遵循碑约始敢动手伤毁，寔欲信盟誓杜将来，初非有意于欺背也。会值新巡抚下马，例应叩贺，遂遣干骨里、方巾纳等行礼，时上问不究出（　）招衅之非，反执送礼行贺之人，勒要十夷偿命，欺压如此，情何以堪？所谓恼恨者三也。北关与建州同是属夷，我两家结构，南朝公直解分可也，缘何助兵马发火（器），卫彼拒我？觭轻觭重良可伤心。所谓恼恨者四也。北关老女系先汗礼聘之婚，后竟渝盟，不与亲迎，彼时虽是如此，犹不敢轻许他人，南朝护（助）改嫁西虏，似（此）耻辱，谁能甘心？所谓恼恨者五也。我部看边之人二百年来俱在近边住种，后南朝信北关诬言辄发兵马逼令我部远退三十里，立碑占地，将房屋烧毁，（　）木丢弃，使我部无居无食，人人待毙。所谓恼恨六也。我国素顺，并不曾稍（倪）不轨，忽遣备御萧伯芝蟒衣玉带大作威福，秽言恶语，百般欺辱，文（　）之间毒不堪受。所谓恼恨七也。怀此七恨莫可告诉，辽东上司既已尊若神明，万历皇帝复如隔于天渊，躇踌徘徊，无计可施。于是告天兴师，收（聚）抚顺，欲使万历皇帝因事询情，得申冤怀，遂详写七恨多放各省商人，颙望仁俟不见回音。迨至七月始克清河，彼时南朝恃大矜众，其势直欲踏平（　）地。明年二月四路发兵（案指万历四十七年杨镐事），漫山塞野，孰意众者败而寡者胜，强者伤而弱者全乎？嗣是而再取开铁，以及辽沈，既得河东，发书广宁，思欲讲和，当道官员（若）罔闻知，竟无回复，故再举兵而广宁下矣。逮至朕躬，寔欲罢兵戈享太平，故屡屡差人讲说，无奈天启崇祯二帝渺我益甚，逼令退地，且教削去帝（号），及禁用国宝。朕以为天与土地何敢轻与,其帝号国宝一一遵依,易汗请印,委曲至此,仍复不允。朕忍耐不过,故吁天哀诉举兵深入,渡陈仓阴平之道,(　)破釜沉舟之计。皇天鉴佑,势成破竹。顺者秋毫无犯,违者阵杀攻屠,席卷长躯以至都下。朕又五次奉书,无一回音,是崇祯君臣欺傲不悛,而藐辱更炽也。(今)且抽兵回来,打开山海通我后路,迁都内地,作长久之计。尔等莫误谓我归去也。朕诸凡事宜惟秉于公,成败利钝悉委于天,今反覆告谕不顾谆谆者叙我起兵之由,明我奉天之意,恐天下人不知颠末,怪我狂逞,因此布告,咸宜知闻,特谕。朕每战必胜,每攻必克,虽人事天意两在,朕毫不敢骄纵,今仗天攻下此城,是朕好生一念实心养活,尔等当衔我再生之恩,勿得惊惶,勿起妄念,若皇天佑朕,得成大业,尔等自然安康,若朕大业不成,尔等仍是南朝臣子,朕亦毫不忌怪,尔等若不遵朕命,东逃西窜(只)自寻死亡,自失囊橐,即至异乡别土亦难过活,即行至天涯朕果得成大业尔等亦无所逃。推诚相告,咸宜遵依。附谕。

天聪肆年正月　日。"

此榜已就孟心史先生文录过,恐有脱误,兹见原印本更录一过。三十年四月六日。

1941.4.5—6

5. 明末辽事之坏

《明史》二百五十九《杨镐传》附《李维翰传》:"李维翰,睢州人,万历四十四年以右副都御史巡抚辽东。辽三面受敌,无岁不用兵,自税使高淮朘削十余年,军民益困,而先后抚臣皆庸才,玩愒苟岁月,天子又置万几不理,边臣呼吁漠然不闻,致辽事大坏。……"

6. 明清抚顺之战

明万历四十六年,清太祖天命三年四月,太祖以七大恨告天,遂趋抚顺,围其城,游击李永芳降,抚顺、东州、玛哈丹三城及台堡悉下。广宁(今辽宁北镇县)总兵张承胤帅师往援,分兵三路据险立营,后为清兵所破,死之。

7. 明清清河堡之战

明万历四十六年(1618),清天命三年七月,清兵自鸦鹘关入围清河城(今辽宁新宾县西南一百六十里),守将邹储贤以万人固守,清兵克之。储贤战死。清河在四山之中,东距宽佃,南距瑷阳(堡,今凤城县北一百廿八里),北距沈阳,清河既失,全辽震动,而诸军路尚未出关。至冬四方援兵始集。

清河之形势。

鸦鹘关在清河东南,关之东有喜昌口,在今新宾县,明代为中外分界处。

8. 杨镐经略辽东

明万历四十六年(1618)四月辽事急,闰月起杨镐为兵部尚书经略辽东。廷议谓镐熟谙边事也。赐尚方宝剑得斩总兵以下官。

《明史》二百五十九《杨镐传》:"杨镐,商邱人,万历八年(1580)进士,历知南昌、蠡二县,入为御史,……再迁山东参议,分守辽海道。………进参政,二十五年(1597)春,偕副将李如梅出塞,失部将十人,士卒百六十余人。会朝鲜再用兵,命免镐罪,擢右佥都御史,经略朝鲜军务。……十二月,镐会总督邢玠、提督麻贵议进兵分略,分四万人为三协,副将高策将中军,李如梅将左,李芳春、解生将右,合攻蔚山。……明年(1598)正月二日,行长救兵骤至,镐大惧,狼狈先奔,诸军继之,……辎重多丧失。是役也,谋之经年,倾海内全力,合朝鲜通国之众,委弃于一旦,举朝嗟恨。………镐遭父丧,诏夺情视事,御史汪先岸劾其他罪,阁臣庇之,拟旨褒美,旨久不下。……赞画主事丁应泰……抗疏尽列败状,言镐当罪者二十八,可羞者十,并劾(张)位、(沈)一贯扶同作奸,帝震怒。……以天津巡抚万世德代之。……东征事竣……诏许复用。三十八年(1610)起抚辽东,……引去。四十六年(1618)……廷议镐熟谙辽事,起兵部右侍郎往经略,既至申明纪律,征四方兵图大举。……诏赐尚方剑,得斩总兵以下官。……败书闻,京师大震,御史杨鹤劾之,不报。无何开原、铁岭又相继失,言官交章劾镐,逮下诏狱,论死,崇祯二年(1629)伏法。"

9. 明清萨尔浒之战

廷议出师

明万历四十七年(1619)二月,帝以四方援辽兵大集,恐师老财匮,下廷议,方从哲(字仲涵,其先德清人,隶籍锦衣卫。时以礼部尚书兼东阁大学士)与兵部尚书黄嘉言(即墨人)、兵科给事中赵兴邦等发红旗日趣杨镐进兵。镐乃于二月中出塞,分兵四道,(王在晋《辽事实录》言朝鲜兵外实 88590 余名):

四路并进

总兵官马林	出开原攻北	金事潘宗颜监其军(约一万五千余?)
杜松	出抚顺攻西	以赵梦麟、王宣为佐(约三万余)
李如柏	从鸦鹘关(清河之东南)出趋清河攻南(约二万五千余)	
刘綎	出宽甸由凉马甸(一名晾马台,在宽甸东北)捣后(攻东南)	
	以副使康应乾监之(约一万余)	
	令游击乔一琦别监朝鲜军为助	

号四十七万。期三月一日会二道关(今新宾县城西)并进。

西路之败

天大雪,兵不前,师期泄。松欲立首功,先渡浑河,连克二小寨,乘胜趋萨尔浒谷口,清兵方筑界藩城(在新宾西北铁背山上),役夫万五千人,以精骑四百获之。闻松军至,伏精骑于谷口,以待松军,过将半,伏兵尾击之,追至界藩渡口与筑城夫合,据吉林崖,松引军围崖,别遣将营萨尔浒山上,松军攻崖方战,大清益千人助之。已又续遣二旗兵,趋界藩以为援;而别遣六旗兵攻松别将于萨尔浒山上。明日六旗兵大战破萨尔浒军,死者相枕藉。所遣助吉林崖者自山驰下击松军,二旗兵亦直前夹击,松与梦麟、宣皆死,全军尽覆。(萨尔浒山旧作撒尔湖,在今新宾县西一百二十里。)

北路之败

马林率开原兵出三岔口(今辽宁海城县西?明置关,今废),闻松军败结营自固,清军乘高奋击,林大败遁去,潘宗颜力战死。

南路之败

杨镐闻败急檄止李如柏、刘綎两军。如柏甫抵虎栏关,清兵哨兵二十人见之,登山鸣螺作大军追击状,如柏军大惊,奔走相蹴死者亦千余人。

东南路之败

刘𬘩已深入三百里至深河(宽甸东北由镇江路二百五十余里为深河子,皆小径深林),克三寨,时清兵守栋鄂路闻𬘩军至逆战,𬘩犹不知杜松军覆,复整众进登阿布达哩冈,遇清兵亦登冈出其上,而别以一军趋𬘩西冈。上军自高驰下,奋击𬘩军,趋𬘩西者复从旁夹击;已乃张松旗帜,被其衣甲以绐𬘩,𬘩营中大乱,力战死。士卒脱者无几。

朝鲜兵败

康应乾兵及朝鲜兵营富察之野,清师邀击大破之,应乾仅以身免,乔一琦败走朝鲜营,朝鲜师率众降,一琦投崖死。

是役也,文武将吏前后死者三百一十余,亡失马驼甲仗无算。(以上《辑览》,112页)

《明史》二百五十九《杨镐传》:"文武将吏前后死者三百一十余人,军士四万五千八百余人,亡失马驼甲仗无算。"

《明史》二百三十九《杜桐传》附《杜松传》:"时车营五百尚阻浑河,而松已败;顷之马林、刘𬘩两军亦败,独李如柏一军遁还。事闻,朝议多咎松轻进。"

《明史》二百四十七《刘𬘩传》:"四十六年帝念辽警,召为左府佥事,明年二月经略杨镐令𬘩及杜松、李如柏、马林四路出师。𬘩兵四万由宽佃,……𬘩镇蜀久,好用蜀兵,久待未至,遂行。而所分道独险远,重冈叠岭,马不成列。……𬘩战死。……𬘩于诸将中最骁勇,平缅寇,平罗雄,平朝鲜倭,平播酋,平猓,大小数百战威名震海内,𬘩死举朝大悚,边事日难为矣。𬘩所用镔铁刀百二十斤,马上轮转如飞,天下称刘大刀。"

孟森《清史讲义》:"明四路将帅忠勇骁健者皆殉,刘𬘩、杜松世尤惜之,坐为经略非人所误。独李如柏迟迟不进,闻败全师而还,镐之私李,李之通敌,益为世口实。"(131页,又曰镐固承平科目庸才。)

10. 杨镐与萨尔浒之战

《论万历征东岛山之战及明清萨尔浒之战》,王崇武论文,《史语所集刊》第十七本,137—164页。

此为王氏读《明史·杨镐传》之论文,分甲乙丙三章:甲、岛山之战;

乙、萨尔浒之战;丙、杨镐性格。

乙、萨尔浒之战

"清官书记此次战事者,皆谓其能以寡敌众,以弱击强。"(149 页)

"(前引万历四十二年六月二十五日朝鲜《光海君日记》,载李时言见光海君谈话)时去萨尔浒之战尚有五年,而太祖已拥有本部精兵万余,合忽剌温骑兵不下数万。"(150 页)

"(前引万历四十三年《朝鲜实录》)此亦言太祖兵甲强盛。"(150 页)

"(前引王在晋《三朝辽事实录》四十六年六月条)时去萨尔浒役仅十月,而其势力膨胀竟近十万人,故明兵三路溃败,不足异矣。"(150 页)

"反观明朝军队……调集总额不过九万人左右,而实出兵仅七万余名而已。"(所据为万历四十六年七月甲寅《实录》)(150 页)

"是在七万兵中,其质的方面已极坏,再以分配于四路,主客异势,劳逸判殊,持与养精蓄锐,训练有素之建州兵较,宜乎大败而归也。"(151 页)

"(刘)綎至少一部分士兵未带餱粮,出宽甸后,艰于得食。"(158 页)

"《清实录》诬张明兵死伤之众及清兵损失之少,亦不可信。"(158 页)

"清虽徼幸获胜,伤亡已多。"(161 页)

丙、杨镐性格

"(杨)镐胸怀褊浅,任气好矜。虽操履方洁,然军旅战阵实非所长。"(164 页,杨赏罚不公,与刘綎有隙。)

1949. 4. 29

11. 记萨尔浒之战

《记奴儿哈赤之倡乱及萨尔浒之战》,李光涛撰,《史语所集刊》第十二本,第一、二分合刊,173—191 页。

本文分上下两节,上节叙奴儿哈赤倡乱原因(173—180 页),下节叙萨尔浒一役之战事(180—190 页)。钩稽史料以明奴儿哈赤之得志,全出侥幸。上节证明:1. 奴儿哈赤之言语习惯几与内地人无异。2. 奴儿哈赤寨内文书由汉人掌管,其人多不通。3. 奴儿哈赤喜读《三国演义》及《水浒传》。且多受其影响。4. 奴儿哈赤出身微贱。5. 奴儿哈赤之倡乱由于结交汉人太多之故,此辈皆失意好事之徒。6. 辽事之坏与奴儿哈赤之坐大,成于李成梁之漠视。而中央亦务以宽大为怀。

下节证明:1.明廷之腐败。2.杨镐庸劣之才,不当用。3.调兵一事未能认真办理。4.奴儿哈赤广布奸细,招来叛将。5.奴儿哈赤之胜杜松,由于以多击少。(此与清人记载大异)6.马林为庸懦不可共事之人,而镐重用之。7.刘𬘡受制于庸人杨镐。(刘杨不相得)8.奴儿哈赤之兵并非无敌之军。"所以萨尔浒之战,关于奴儿哈赤之致胜,只可说得之于侥幸,得之于偶然,而明朝之三路丧师,亦只在用人之不当,与应付之忽略。"(188 页)

文末有傅斯年附识,谓:"举当时情势论之,兵非部曲,师由乌合,朝不识兵,而惟知督战,世昧辽事而妄论边略,加以宦寺当国,主昏臣庸,虽以命世之才如熊廷弼、袁崇焕者当之,犹无可为,况杨镐乎? 故奴儿哈赤之捷,虽全出于微幸,而成其微幸者,责在明廷,不在杨镐也。"

傅又曰:"使老奴生于明初,一裨将平之矣;生于正嘉,一大将平之矣;生于明季,而君非熹思,或臣不朋党者,熊袁亦早平之矣。是彼之成功成幸运之集合也。然彼能以一人之力,集数万之众,对万里一统之国,成此大事,其智勇固不世出,……论史事者,权衡彼此,或得其平乎?"(191 页)

1949.4.28

12. 明成祖朝鲜选妃

《明成祖朝鲜选妃考》,王崇武撰,《史语所集刊》第十七本,165页—176页。

本文根据朝鲜《太宗实录》所记,明成祖于永乐六年在朝鲜选处女权氏、任氏、李氏、吕氏、崔氏,十五年选处女黄氏、韩氏。权氏封显仁妃,有宠。

明遇诸女家甚厚。

1949.4.29

13. 明末之辽帅

万历四十六年(《天命三》,1618)闰四月　杨镐　经略辽东军务凡十一月而败,又三月而罢。

　　四十七年(四,1619)六月　熊廷弼　经略辽东军务(驻沈阳)
凡十六月(熊未至,清克开原[六月]铁岭[七月])。

　　四十八年(熹宗即位,五,1620)十月　袁应泰(原辽东巡抚)　经略
辽东军务　凡五月战死(天启元年三月辽阳陷,袁死之)

　　天启元年(六,1621)四月　薛国用(原巡抚)　经略辽东军务
凡三月

　　王化真　巡抚广宁(驻广宁)　凡九月败还(天启二年正月西平堡
陷,自广宁退,崇祯五年杀)

　　六月　熊廷弼　经略辽东(驻山海)　凡七月败还(天启二年正月
自大凌河退,天启五年八月杀)

　　天启二年(七,1622)三月　王在晋　经略辽蓟天津登莱军务

　　八月　孙承宗　督理山海关辽蓟天津登莱军务　凡三年二月

　　天启五年(十,1625)十月　高第　经略辽蓟登莱天津军务　凡三
月败,罢

　　天启六年(《天命十一》,1626)二月　袁崇焕　专理军务驻宁远

　　三月　袁崇焕　巡抚辽东山海　凡一年二月罢　不设经略

　　天启七年(1627)五月　王之臣　巡抚辽东山海

　　崇祯元年三月　袁崇焕　兵书督师蓟辽　凡一年八月下狱

　　二年(1629)十二月　孙承宗　驻山海关　凡一年十一月罢

　　十二年(1639)　正月　洪承畴　总督蓟辽　凡三年一月降清

1939. 12. 12

14. 明代辽帅之数更与太祖之对策

　　杨镐四路军既败,明廷乃以熊廷弼代镐,清太祖遂敛兵不动,间以零骑
掠边。廷弼方规画大举,事未集而廷议其老师怯战,排之去。廷弼身捍大
敌,相持年余,朝廷不以未有丧失为功,而以不急挞伐为罪,于廷弼所图制胜
方略亦漠然不知,且不问。以袁应泰代之。(《明史》二百五十九有熊传,廷
弼有胆略知兵,然性刚好谩骂,物情不甚附。)

　　袁应泰既代熊廷弼(应泰曾有三路出师,复清河抚顺策未及行),清太祖
知其易与,又大人边,天启元年(1621,天命六年)三月十三日取沈阳,二十一
日取辽阳,应泰自焚死。朝廷又大震,复起熊廷弼。时清太祖已由故居赫图

阿喇移辽阳,谓之迁都,一改其抄掠之故态。(《袁应泰传》亦见《明史》259。应泰历官精敏强毅,用兵非所长,又宽下喜招降,卒致败。)

明既复用熊廷弼,廷臣党派纷起,辽东巡抚王化贞与廷弼不合,不用其命,于是经抚不和,而内阁兵部均祖化贞,多数台谏亦毁经誉抚,廷弼无所措手足。明降将李永芳在清太祖军中,沟通化贞部下,诳言共图太祖,化贞恃为奇秘,益轻廷弼。廷弼乞休。而太祖于天命七年(天启二年,1622)正月已攻化贞兵,化贞弃广宁走,四十余城均下,廷弼遂与同入关。当时经抚尽弃关外,太祖兵虽不到亦为蒙古占领。

明天启二年(天命七年)八月以孙承宗(兵部尚书东阁大学士)经略蓟辽,又渐收辽西地。清太祖不敢逼,于是拢络蒙古使与己合,以孤明边。又自辽阳徙沈阳(事在天启五年三月,1625)。与孙承宗相持三年。(承宗以知兵名,防守严。)

天启五年(天命十年,1625)十月孙承宗致仕(与奄党不相容),以高第为经略,太祖知可乘,六年(天命十一年,1626)正月大举西攻,第檄尽弃承宗所复地退守关门。惟宁远前屯卫道员袁崇焕固守宁远(今辽宁兴城)。不奉命(第时为兵部尚书,素惬怯)太祖视宁远城小围攻,意可立拔,两日为崇焕再挫,死伤多,乃撤围还,咄咄自恨,谓生平未遇此败,疽发背死(或谓太祖受伤死)。

以上均见孟森《清史讲义》。

宁远,今兴城,见《辞源》。或谓今北镇。以天聪时和议条件证之,不确,应在兴城也。

15. 清太祖、太宗在位年数

明万历四十四年丙辰(西1616)　太祖建元天命,凡十一年

明天启六年丙寅(西1626)崩　天命十一年

明天启七年丁卯(西1627)　清太宗建元天德,凡九年

至明崇祯九年丙子(西1636)四月　天聪九年又三个月(十年)

明崇祯九年丙子(西1636)四月　清太宗改元崇德,凡八年

崇祯十六年癸未(西1643)崩　崇德八年

1942.4.28

16. 清太祖侵明先后

据《清史稿·太祖纪》：

天命三年（万历四十六年,1618）戊午二月壬辰　伐明以七大恨告天,下抚顺。

五月　克抚安等五堡。

七月　入鸦鹘关。

四年（万历四十七年,1619）己未六月　克开原。

七月　克铁岭。

五年（万历四十八年,1620）庚申　明经略熊廷弼。

六年辛酉（天启元年,1621）三月乙卯　下沈阳;癸亥　下辽阳。明经略袁应泰死之。

天命七年（天启二年,1622）正月　克广宁　明经略熊廷弼,巡抚王化贞。攻义州克之。

十年（天启五年,1625）正月　攻旅顺　明经略高第驱辽西民入山海关。

十一年　正月　攻宁远不下　明守将袁崇焕。

1943.4.18

17. 明朝所传清太祖死讯

《明熹宗实录》卷七十一,天启六年（1626）九月庚午朔:"丁酉（二十八日）,奴尔哈赤死于沈阳（案,清太祖之死在本年八月十一日,太宗即位在九月初一日,明廷此时始得其讯,抑何迟也）,四子与长子争继未定。辽东督师王之臣,巡抚袁崇焕以闻。得旨:'奴毙已真,其子争位,狡黠叵测,着严加防御,整兵以待。'"（492/71/18 页）

又:"戊戌（二十九日）。辽抚袁崇焕复奏:'……回乡络绎（谓自满洲回乡之人民）,皆云奴酋耻宁远之败,遂蓄愠患疽,死于八月初十日。夫奴屡诈死懈我,今或仍诈,亦不可知。若臣正惧奴之死,盖老奴残暴,失人心,多疑不轻发,其诸子则凶性横溢不啻豺狼,拒一虎易于拒八狼也。无已,乘其位置未定,并大耦尊之时,图为之间,八犬同牢,投之骨必噬,臣正与经督及内

臣谋其能往者。'"（492/71/19 页）

　　天启六年八月为庚子朔，清太祖卒于庚戌日，应为十一日，袁疏谓死于八月初十日，误。又太祖死于瑷鸡堡，距沈阳四十里，与疏亦小异。

　　《明熹宗实录》七十二，天启六年十月庚子朔，戊申："御史汪若极（言）：'……抚臣决志殉城，奴焰大挫，一旦疽发而伏天诛矣，况孽子争位，部落能不携心。……'"（493/72/6 页）

　　又壬子："辽东巡抚袁崇焕遣喇嘛僧锁南等入奴侦探情形具疏上闻，且言：'臣欲乘奴子争立乘机进剿。……'"（493/72/9 页）

　　又卷七十四，十二月己亥朔，辛亥："初辽抚袁崇焕以奴死虏信未的，奏遣喇嘛僧李锁南以烧纸为名往侦之，至是还言：'渡三岔河，河冰忽合，自西连东，如桥而渡，奴以为神，供亿一如内地，酋四子待以客礼。令僧阅其兵马器械并抢杪花夷人以示威，仍具参貂玄狐雕鞍，差夷答谢。'既而又奏，自宁远败后，旋报死亡，只据回乡之口，未敢遽信，幸而……奴死的耗，与奴子情形，我已备得。"（494/74/14 页）

　　案，袁崇焕派李喇嘛吊奠清太祖，为当时辽东督师王之臣所反对，《实录》七十四，十九至二十一页有王疏，谓"喇嘛东去，臣绝不知，知而止之，则已行已"，并反对和。

1949.4.19

18. 袁崇焕治辽策

　　《明史》二百五十九《袁崇焕传》："崇焕以前此熊廷弼、孙承宗皆为人排构不得竟其志，上言：'恢复之计不外臣昔年以辽人守辽土，以辽土养辽人，守为正著，战为奇著，和（"和"字或作"款"字）为旁著之说。法在渐不在骤，在实不在虚。……'"

19. 皇太极名号之由来

　　《记清太宗皇太极三字称号之由来》，李光涛撰，《史语所集刊》第十二本一、二分合刊，237—239 页。

　　文中据朝鲜《仁祖实录》卷十四，页三十六所称：

"奴酋死后，第四子黑还勃烈承袭。"

定太宗本名为"黑还勃烈";"勃烈"或即"贝勒"。

至"皇太极"之称,则为太宗夺得汗位后之"自称自尊"。

1949.4.28

20. 清太宗与《三国演义》

《清太宗与〈三国演义〉》,李光涛撰,《史语所集刊》十二本一、二分合刊,251—272页。

1949.4.28

21. 清太宗之扰明

袁崇焕守宁远(天启六年正月,天命十一年,1626)有功,举朝大喜,立擢崇焕右金都御史(《明史》二百五十九本传)。高第(经略)、杨麒(山海关总兵)并褫官去,而以王之臣代第,赵率教代麒。自清兵所向无不摧破,诸将罔敢议战守,议战守自崇焕始。天启六年三月复设辽东巡抚,以崇焕为之。崇焕为人慷慨,负胆略,好谈兵,遇老校退卒辄与论塞上事,晓其厄塞情形,以边才自许。(崇焕,字元素,东莞人,万历四十七年进士。本传)其后(七年)罢经略,以关内外尽属崇焕。

清伐朝鲜①

清太祖崩,(天启六年八月)崇焕遣使吊,且以觇虚实。太宗遣使报之。(本传)明廷哗然,谓崇焕通敌。清太宗欲以其间与明相周旋,而急攻朝鲜以绝其从后牵制之患。(孟森《清史》,《明史》表本传谓崇焕欲议和。)

明廷方指摘崇焕,清太宗乘机以反间中之。

宁锦之战

朝鲜及毛文龙同告急,朝命崇焕发兵援,而朝鲜已为清兵所服。崇焕初

---

① 编者注:此小标题原系卡片上的旁注,兹加入正文,便于长文分段阅读。下同。

议和,朝廷不知。及奏报,优诏许之,后以为非计,频旨戒谕。及朝鲜文龙被兵,言官因谓和议所致(本传)。五月,清兵围锦州,崇焕以宁远兵不可动,命祖大寿选精骑四千绕出清军后,大寿等未至,清兵已进围宁远。旋引去,魏忠贤使其党论崇焕不救锦州为暮气,以王之臣代之。

杀毛文龙

崇祯元年(1628)四月,忠贤伏法,再命崇焕以兵部尚书兼右副都御史,督师蓟、辽,兼督登、莱、天津军务(本传)。赐尚方剑,假之便宜(《辑览》)。崇焕始受事,即欲诛毛文龙。文龙者,仁和人。以都司援朝鲜,逗留辽东。辽东失,自海道遁回,乘虚袭杀大清镇江守将,报巡抚王化贞,而不及经略熊廷弼,两人隙始开。用事者方主化贞,遂授文龙总兵,累加至左都督,挂将军印,赐尚方剑,设军镇皮岛如内地。

岛事

皮岛亦谓之东江,在登、莱大海中,绵亘八十里,不生草木,远南岸,近北岸,北岸海面八十里即抵大清界,其东北海则朝鲜也。岛上兵本河东民,自天启元年(1621)河东失,民多逃岛中。文龙笼络其民为兵,分布哨船,联接登州,以为掎角计。中朝是之,岛事由此起。四年(1624)五月,文龙遣将沿鸭绿江越长白山,侵大清国东偏,为守将击败,众尽歼。八月遣兵经义州城西渡江,入岛中屯田。大清守将觉,潜师袭击,斩五百余级,岛中粮悉被焚。五年(1625)六月,遣兵袭耀州之官屯寨,败归。六年(1626)五月,遣兵袭鞍山驿,丧其卒千余。越数日又遣兵袭撤尔河,攻城南,为大清守将所却。七年(1627)正月,大清兵征朝鲜,并规剿文龙。三月,大清兵克义州,分兵夜捣文龙于铁山。文龙败,遁归岛中。时大清兵恶文龙蹑后,故致讨朝鲜,以其助文龙为兵端。顾文龙所居东江,形势虽足牵制,其人本无大略,往辄败衄,而岁糜饷无算;且惟务广招商贾,贩易禁物,名济朝鲜,实阑出塞,无事则鬻参贩布为业,有事亦罕得其用。

袁毛交恶原因

工部给事中潘士闻劾文龙糜饷杀降,尚宝卿董茂忠请撤文龙,治兵关、宁。兵部议不可,崇焕心弗善也,尝疏请遣部臣理饷。文龙恶文臣监制,抗疏驳之,崇焕不悦。及文龙来谒,接以宾礼,文龙又不让,崇焕谋益决。至是,遂以阅兵为名,泛海抵双岛(辽宁金县西南海中),文龙来会。崇焕与相燕饮,每至夜分,文龙不觉也。崇焕议更营制,设监司,文龙怫然。崇焕以归乡动之,文龙曰:"向有此意,但惟我知东事,东事毕,朝鲜衰弱,可袭而有也。"崇焕益不悦。以六月五日邀文龙观将士射，先设幄山上，令参将谢尚政等伏甲士幄外。文龙至，其部卒不得入。崇焕曰："予诘朝行，公当海外重寄，受予一拜。"交拜毕，登山。……崇焕因诘文龙违令数事，文龙抗辩。崇焕厉色叱之，命去冠带絷缚，文龙犹倔强。崇焕曰："尔有十二斩罪，知之乎？……"数毕，文龙丧魂魄不能言，但叩头乞免。……遂取尚方剑斩之帐前。……时崇祯二年五月也。（《明史》二百五十九《袁崇焕传》）

第一次扰明

崇祯二年（清太宗天聪三年，1629）十一月。十月，清太宗亲督大兵（左翼）入龙井关（迁安县西北一百九十里），以蒙古科尔沁台吉布尔噶图曾受赏入边，用为向导。遂攻克洪山口（今河北遵化北少东，有关城），别将（右翼）克大安口（遵化西北，亦有关城），会于遵化。越蓟州西，徇三河，击走宣大援兵，下顺义，进军薄北京，屯德胜门外。袁崇焕率军入援，营沙窝门外。清人设间，令所获宦官知之，下崇焕狱。清兵所陷隘口皆蓟辽总督刘策所辖，崇焕千里入援，自谓有功无罪，而都人多谓崇焕拥兵坐视。清兵薄永定门，移营南苑，且猎且行，分兵下固安、良乡，回军至卢沟桥，由通州东克香河、遵化、永平，别兵攻山海关、抚宁、昌黎皆不下。次年二月，取道冷口（关名，迁安县东北）而归。此役明名将如赵率教、满桂、孙祖寿，先后战殁；祖大寿、何可纲（袁崇焕将）拥众毁山海关去。时诸贝勒咸请攻入北京，太宗不许而先后使人七致书议和，皆不报（《清史稿·太宗本纪》）。明复起用孙承宗督师。

大凌河之围

崇祯四年（天聪五年，1631 年）八月，清兵围大凌河。孙承宗先取滦州，复迁安、永平、遵化。继筑城大凌河。七月兴功，筑甫竣，而大清兵抵城下。祖大寿固守。张春、吴襄、钟纬等以马步兵四万来援，壁小凌河。援兵趋大凌河，距城十五里，清兵大败之。清兵复以红衣炮攻守台，远近百余台俱下，城中粮尽援绝，大寿降。大寿复以计归锦州。承宗引疾归。（《明史》250 有孙承宗专传）

取旅顺

六年（天聪七年，1633）七月，清兵取旅顺。

第二次扰明

崇祯七年（天聪八年，1634）七月，清太宗亲征察哈尔，降，因旋师入边，四路并进，自宣府趋应州，进略大同，克灵邱、保安，攻下城堡无数，下万全左卫而归。（清兵伐蒙古，旋师入明边）

第三次扰明

九年(1636)四月,清太宗建国号大清,改元崇德,七月清兵入喜峰口,由间道至昌平,连下畿内州县(顺义、宝坻、定兴、安肃),克十六城,五十二战皆捷,八月清兵东归。

十年(崇德二年)二月,清兵下朝鲜。

第四次扰明

十一年(崇德三年,1638)九月,清兵分路入墙子岭(密云北)、青山口(蓟县东北长城边),遂深入抵牛栏山,遂由卢沟桥趋良乡,下畿辅四十有八。又自德州渡河(十二年,崇德四年,1639,正月,下山东州县十有六),明以卢象昇督兵应战。时杨嗣昌与中官高起潜阴主和议,象昇召见,对言臣意主战,帝色变,象昇固奏备御形势,帝壮之。象昇名督天下师,兵实不及二万,又与嗣昌、起潜议不合,时清兵分三路深入:一由涞水攻易州,一由新城攻雄县,一由定兴攻安肃。象昇闻之从涿州进据保定,多将分道出御。大战庆都,尚未败衅,而一时列城多降,象昇进军至巨鹿南贾庄,卒仅五千,行至嵩水桥与大清兵遇,围三重,炮尽矢穷而死。

十二年(1639,崇德四年)三月,清兵自青山口出,俘获人口五十余万,他物称是。明以洪承畴总督蓟辽军务。

杏山之战

十四年(崇德六年,1641),时祖大寿为明守锦州,清屡招之不应,令诸王迭出困之。(《清史稿》三,11页)清围城久,环城列炮,刈附近禾稼。七月洪承畴调马科、吴三桂等八大将兵十三万援锦州进次松山。清太宗亲率大军阵于松山、杏山之间,横截大路,承畴等惧,以数千骑略阵,旋败走。伺清军还从后进袭,清军转战,洪军复败绩。王朴、吴三桂等遂夜遁去,清军往来截击,明军奔窜,自杏山(锦县西南)迤南沿海至塔山(锦县西南六十里)一路,赴海死者不可胜计。总兵曹变蛟入松山(锦县西十八里)与承畴坚守。食尽,督师范志完不能救。十五年二月,松山副将夏承德约日献城,清军如期攻之,城遂拔,巡抚邱民仰、曹变蛟死之,洪承畴降。祖大寿在锦州食亦尽,战守计穷,亦率所部以城降。杏山、塔山皆下。

第五次扰明

十五年(崇德七年,1642)十一月,清兵自墙子岭(密云东北九十里)入蓟州,分道南下,河间以南多失守,至山东连下兖州等府,俘获人民、牲畜、金币以数十万计。凡攻克八十八城。十六年(崇德八年,1643)四月,清兵北还至近畿,帝忧甚,<u>周延儒</u>自请视师,驻通州,不敢战,惟与幕下客饮酒。六月清师还。时明于关内外并建二督,又设二督于昌平、保定;又有宁远、永平、顺天、保定、密云、天津六巡抚,宁远、山海、中协、西协、昌平、通州、天津、保定八总兵,星罗棋布,无地不防,而事权反不一。

22. 清太宗扰明情形

<u>祁彪佳</u>《祁忠敏公日记》(中华民国二十六年绍兴县修志委员会铅印本)第五册《壬午日历》崇祯十五年十一月:"二十三日……入城(案为淮安城)晤史道林(案,即可法先生),乃闻房警时已讹传直迫通州矣,然而未也。"(32页)

"二十五日,行三十里渡河(案,为黄河),饭于老鹳亭,途次接张撒藩父母书,询其人乃知,奴房果于初七日入口,京城初九即戒严矣。"(32页)

　　案,《东华录》(十一月丙申)左翼兵于初五日从界岭口毁边墙而入,右翼兵于初八日至黄严口,初十日自黄严口向蓟州进发。《明史》十一月壬申(初六日)"大清兵分道入塞,京师戒严"。

"二十六日,有河鱼之疾不能行(时在沭阳),商贾闻北警,自中途返者纷纷而至,予乡尤多。"(32页)

闰十一月:"初四日……屡从史通林借邸报阅,乃知奴房于十五日破蓟州,尚盘踞蓟州未动。"(33页)

　　案,祁氏时因北警折回淮阳住王氏园。又案,《明史》占蓟州在十一月庚辰(十四日)。

"初九日,因北信稍缓,途间渐有行者。别驾<u>程</u>君于古自二十五日都中来,则以为止有叛兵原无大房,此在政府幕中闻之。行益决。"(34页)

"十一日,从淮徐道借阅邸报至二十九日,见都门之信稍宽,予乃坚意前行。"(34页)

"十五日,早行四十里至宿迁,……<u>王觉斯</u>(案,王铎,孟津人)以孟津残破(河南孟津残破盖由流贼),移家欲居吾乡,晤次恻然。"(35页)

"十七日,……又传房警自德州而下临清矣。"(35页)

"十九日,月下行三十里早抵沂水……晚宿马站,<u>丁</u>君<u>淑</u>已业住此四日矣,传北信更紧。"(35页)

"二十日,早渡穆陵关(案在山东临朐之南大岘山上),……见逃民男妇

自天津、玉田至者甚多，而邸报至此不通已十二日矣。传虏骑有至京城者，营于南海。"（35页）

案，《明史》："壬寅（初六日）大清兵南下，畿南郡邑多不守。"

"二十一日，邑令（案临朐县令）王君化远来晤，谈虏势甚明晰，云止有二股，一攻山海关而挫，今合此并下临清矣。乘马行五十里，抵青州，宿于东关，太守何君永清及别驾朱君、司理胡君俱来晤，询以北信，大概皆揣摩。沧州之真状亦不能知矣。"（35页）

"二十二日，……过临淄，……再行二十余里，宿于白土丘，逆旅主人言其族人从蓟州归，言虏俱南下，蓟已无虏。"（35页）

"二十四日，早行抵李家口（案在乐安，今广饶），渡河，始知河间已破，讹传贼在德州。"（36页）

"二十六日，……日西至盐山……传沧州有警。"（36页）

"二十八日，过兴济，乃虏所过之地，一望丘墟，即有茅屋亦寂无居人。抵青县犹是也，遂不能前行。渡河而西借宿于援引寺，是日遂不得中饭，离乱之景伤心惨目。"（36页）

"十二月初一日辰刻行，冯留仙差官兵迎至大王庄，自庆云以北，民心惊惶，初苦于贼，继苦于兵，见予数十前来皆升屋而望，及询知为南来官员，则惊且喜。抵天津。……是日，传虏过杨柳青，冯留仙遣侦之，则叛兵数十骑也。"（36—37页）

"初二日，……先是盐山以来（案，自闰十一月二十六日始，闰月小），日中皆不得一飧。是日，鼓旗许弁治一饭以待。……途中闻范兵（案，范成六援兵）百数十骑时作残掠，乡民畏之，多望北逃徙。"（37页）

"初四日，抵都城之齐化门外，盘诘方入。"（37页）

"初五日，朝见……朝士相晤无不询予来路，以为若从天而降也。时都中方讹传虏破之地甚多，予为一二备述，人情赖以大安。"（37页）

案，祁氏于闰十一月十三日自淮阳启行，凡二十一日而达京师。

"三十日，……今虏在内地无出口之期，流寇扰乱，中州一空，百余万之贼俱在楚中，圣上以焦劳之极，臣下无能仰体，颇有怒色，而举朝无能尽一策以退虏御寇。予辈处都城如漏舟然，此中何能稍舒乎！……予自腊朔抵天津，而所过之杨信于初三日破矣。……奴于十二日破临清（案在十一月）。"（40—41页）

《癸未日历》崇祯十六年癸未岁："正月初一日，……是年为大朝贺之期，

乃因房警各省多不至,予预事计典者亦不能举,为国家二百八十年一变局,念此能不郁郁。"(1 页)

1940.1.6

23. 清太宗扰明之目的

清太宗扰明之目的有三:

一、对明用武力压迫,以求更多权利;

二、满足国内要求,掠夺人口、财货、牲畜;

三、转移国内目标,减低内部矛盾。

《清史稿·太宗本纪》:"天聪四年(崇祯三年,1630)……四月……己卯,贝勒阿巴泰、济尔哈朗等自永平还。上问:'是役俘获较前孰多?'对曰:'此行所获人口甚多。'上曰:'财帛不足喜,惟多得人为可喜耳。'"——第一次扰明

又:"(崇德)元年(崇祯九年,1636)……七月……辛酉,阿济格等会师出延庆州,俘人畜一万五千有奇。"

又:"(崇德)元年……九月……己酉,阿济格等奏我军经保定至安州,克十二城,五十六战皆捷(《东华录》作'克十六城,五十二战'),生擒总兵巢不昌等人畜十八万。"——以上第三次扰明

《清史稿·太宗本纪》:"(崇德)四年(崇祯十二年,1639)……三月……丙寅,多尔衮、杜度等疏报自北京至山西界,复至山东,攻济南府破之,蹂躏数千里,明兵望风披靡,克府一州三县五十七,……俘获人口五十余万,他物称是。"——第四次扰明

《清史稿》列传五《多尔衮传》:"答(吴)三桂书曰:'我国欲与明修好,屡致书不一答,是以整师三入,盖示意于明,欲其熟筹通好。'"

《清史稿》列传十九《范文程传》:"多尔衮帅师伐明,文程上书言:'……曩者弃遵化,屠永平,两次深入而复返。彼必以我为无大志,惟金帛子女是图,因怀疑贰。……'"

《清史稿》列传五《豫通亲王多铎传》:"(崇德)五年三月,命与郑亲王济尔哈朗率师修义州城,驻兵屯田,并扰明山海关外,毋使得耕稼。"

《东华录》顺治元年四月:"庚午,摄政睿亲王师次辽河,以军事谘洪承畴,承畴上启曰:'流寇……一旦闻我军至,必焚其宫殿府库遁而西行。……

及我兵抵京,贼已远去,财物悉空,逆恶不得除,士卒无所获,亦大可惜也。今宜计道里限时日,……出其不意,……如此庶逆贼扑灭而神人之怒可回,更收其财畜以赏士卒,殊有益也。'"

《东华录》崇德八年(崇祯十六年,1643)五月:"癸卯,奉命大将军多罗饶余贝勒阿巴泰、内大臣图尔格等奏:'臣等率大军入明境,…克三府、十八州、六十七县,共八十八城。……获金万二千二百五十两,银二百二十万五千二百七十七两,珍珠四千四百四十两,段五万二千二百三十匹,段衣三万三千七百二十领,皮衣一百一十领,貂狐豹等皮五百有奇,角千一百六十副,俘获人民三十六万九千,驼马骡牛驴羊共五十五万一千三百有奇,外有发窖所得银两剖为三分,以一分赏将士,其众兵私获财物无算。'"——第五次扰明

《东华录》崇德四年(崇祯十二年,1639):"三月戊午朔……丙寅,左翼睿亲王多尔衮、右翼贝勒杜度……奏捷,……左翼疏云……俘获人口二十五万七千八百八十。……右翼疏云……杀其二总督及守备以上官共百余员,生擒一亲王、一郡王、一奉国将军,俘获人口二十万四千四百二十有三,金四千三十九两,银九十七万七千四百六两。"——第四次扰明

1939.12.22、28

24. 四路征辽之败与朝鲜

《朝鲜仁祖大王实录》卷一,天启三年(1623)癸亥三月:"甲辰(十四日),……王大妃下教书宣谕中外,若曰:'……我国服事天朝二百余载,义即君臣,恩犹父子。壬辰再造之惠(征倭援朝鲜,事在万历二十年),万世不可忘也。先王(宣祖李昖)临御四十年,至诚事大,平生未尝背西而坐。光海忘恩背德,罔畏天命,阴怀二心,输款奴夷(谓清太祖奴儿哈赤)。己未征虏之役(谓万历四十七年杨镐四路征辽之役),密教帅臣观变向背,卒致全师投虏,流丑四海。王人之来本国,羁縻拘囚,不啻牢狴。皇敕屡降,无意济师。使我三韩礼义之邦,不免夷狄禽兽之归,痛心疾首,胡可胜言。"(一册,5页)

此王太妃废光海立仁祖之教书,盖以背明为光海罪状之一,其征虏之役仅谓其视变向背全师投虏。

又四月丁卯(初八日):"上接见推官孟养志于南别宫。……上曰:'……前王(光海君)昏庸,不思祖宗二百年事大之诚,天朝壬辰拯济之恩,征虏之时,潜教帅臣泄漏师机,以致败没。不谷当与天朝协心一力,期灭此贼耳。'

推官曰：'俺来驻贵境，贤王忠义之诚，闻之饱矣。今承协力剿虏之教，贤王将树万世不朽之丰烈矣。皇上若闻此报，岂不嘉悦乎?'上曰：'为天朝何敢一毫懈弛，若闻师期，则当协力同事耳。'"（一册，43 页）

　　此仁祖对明使之词，则谓光海命帅臣潜泄师机，较太妃教又进一步矣。自此朝鲜遂复欲出兵，助明讨满洲矣。但事实上以内乱并未实现。

　　又三月壬子（二十二日）："上接见应守备于明政殿。守备名时泰，毛文龙差官也。……上曰：'我东方二百年至诚事大，少无欠缺。至于昭敬王，四十年恪谨侯度（此二字或有误，当系"□虔"二字），未尝少弛。旧主（光海）忘祖宗事大之诚，负天朝再造之恩。都府东来，义声动天，而凡所恳请之事，一不动听。非但此也，戊午征虏（万历四十六年，1618，亦谓杨镐事）之役，阴教帅臣，使之观望，以致士无战心，终至只轮不返，使我国二百年事大之诚归于虚地，可胜痛哉。不谷当与督府同心协力，期剿此虏。但生民久在水火之中，兵单粮竭，以此为虑耳。'"（一册，24 页）

　　此条应列上条之前。与第一条同意。

　　　　　　　　　　　　　　　　　　　　　　　　1940. 7. 17

25. 朝鲜目中之满洲

　　《朝鲜仁祖实录》卷五天启四年三月："戊辰（三月乙卯朔，戊辰为十四日），上御资政殿，引见延安府使南以兴、安州牧使郑忠信，上曰：'卿等必能知虏情矣，虏若长驱则何以御之乎?'郑忠信曰：'臣出入虏穴备知贼情，非但彼我众寡不敌，铁骑冲突难以野战争衡，惟守城庶可防遏矣。'……上谓忠信曰：'曾往虏中，事情如何? 而其兵众几何耶?'忠信曰：'兵马精强，实难当之贼。其兵之多寡虽未详知，闻有八部大人之说，又有四百为一哨之语，大约可至九万余矣。所谓长甲军、重甲军各一百人，皆着水银甲，别为一哨，此则别抄壮勇者，用于攻城云。'上曰：'虏马皆良马乎? 其数几何?'忠信曰：'无非良马，而见其屯聚之数，概似万余匹矣。'上曰：'奴酋一小丑耳。我国数千里地方，岂无制敌之人，但求之不诚，得之未易耳。今将臣皆以入守为言，而未有出战之计，岂不寒心乎?'忠信对曰：'我国本是无兵之国，虽良将谁与为战? ……'"（五册，15 页）

　　　　　　　　　　　　　　　　　　　　　　　　1940. 7. 25

26. 岛事

"岛事"谓毛文龙据皮岛,见"清太宗之扰明"卡片三。
见《明史》二百五十九《袁崇焕传》。

27. 毛文龙

毛文龙事见《明史》二百五十九《袁崇焕传》。
又见"清太宗之扰明"卡片三—五。

28. 朝鲜与毛文龙(参看"朝鲜政策"卡片)

《朝鲜仁祖大王实录》卷一天启三年(1623)四月:"乙亥(十六日),上御明光殿,引见领议政李元翼、兵曹判书金鎏、吏曹参判李贵。上曰:'毛都督差官赍来蟒衣、玉带,何以处之?'李贵曰:'臣自壬辰见天朝将官曾无以玉带、蟒衣相赠者,此则似为即祚之初,故别有是赠矣。'……元翼曰:'……且出于毛将款好之意,不受则似落莫矣。'上曰:'……鱼皮鞑子率来事,何以答之?'元翼曰:'鱼皮鞑子事,则以"非我族类,恐有后患"答之,似为便当。'"(一册,49—50页)

又卷一,天启三年四月(二十一日)壬午:"上接见毛文龙差官时可达于明政殿。……差官曰:'鱼皮鞑子事,都督使俺奉议而来矣。'上曰:'所谓鱼皮,何地方耶?'差官曰:'鱼皮鞑子在中国东北,所谓忽温也。'上曰:'忽温尽为降附于奴贼,未有余存者乎?'差官曰:'忽温虽降附奴贼,而余种数十余户合屯一处,愿为归附,故欲招集行计于庈中矣。'上曰:'招集异类,倘有泄漏军机之患,则抑恐无益而有害矣。'"(一册,54页)

又卷二,天启三年五月:"丙申(初七日),上朝讲于文政殿,……(特进官李)曙曰:'毛都督拨银三万两督换粮饷,今方措处而似有日后难继之患,生财之道不可不讲。'"(二册,5页)

     时朝鲜民弊不堪
又卷二,五月:"戊戌(初九日),以李尚吉为毛都督接伴使。"
又卷二,六月:"辛未(十二日),上昼讲《论语》于文政殿。……韩汝溆

曰:'都督所请军粮似难输送。'上曰:'移咨以通可也。'"(二册,16 页)

　　时国储不足

　　又卷二,七月:"辛卯(初三日),上御文政殿引对诸臣。……上曰:'今年又将失稔,粮饷何以为措?毛都督所请贸粮,前已转送数万石,而其求无已。今则灾害如此,内外空虚,恐前头无以继之。'大臣以下皆曰:'须遣大臣告此危迫之情,不许则复令都元帅言之。'"(二册,19 页)

　　时西路粮饷匮乏

　　又卷二,七月:"己酉(二十一日),奏闻使李庆全等驰启曰:'臣等到登州投呈报单,军门即招臣等而谓曰:'尔旧国王在否?'……对曰:'……毛都督驻弊邦,凡干事情,无不洞知。如有可疑之事,毛爷必不掩护小邦,欺瞒朝廷矣。'军门颇以为然。'"(二册,27 页)

　　案,四月丙戌(二十七日)遣庆全如京师奏请册请。

　　又卷三,十月癸酉(十六日):"毛都督发银求买黄豆一万硕,接伴使李尚吉弛奏以闻。"(三册,14 页)

　　又卷三,闰十月丁未(二十一日):"毛都督接伴使李尚吉驰启言:'都督部下将士皆献轴颂都督功德。其意欲使我国人效而为之,微言于译官。又要立石颂德,娇耀于诏使。'备边司请令平安监兵使率诸守令进轴,又令接伴使及诸道监兵使皆献轴,都督碑文速为撰送,俾及勒石于诏使未来之前。上命撰送碑文而姑停献轴。"(三册,26 页)

　　又卷三,闰十月辛亥(二十五日):"上昼讲《大学》于文政殿。……上曰:'伊贼行兵,非如我国,有事便发,其行甚疾。而在我边备如彼虚疏,近来多有设弊者,而未闻救弊之策,未知将何为也。毛将或能相援否?'(李)庭龟曰:'虽贼兵渡江,都督必无出战之理。且其所率皆乌合之卒,岂足为用?'上曰:'汉卒皆已夺气,将自救不赡,安能救我乎?'庭龟曰:'废朝所大忌者战也。都督知其意,故常以进剿、夹击等言声言于我,而实则本无是意矣。毛文龙始以孤军远涉海外,声言灭胡,招抚辽民,数年之间,辽民之归者以万计。虏亦疑其议,后不敢专意西向。其与中原声势相倚,为掎角之形,其功亦不浅。而今则徒享富贵,无意进取。识者皆忧其终不利于中原,而为我国之深患。'"(三册,30 页)

　　又卷三,十一月乙丑(初九日):"以尹义立为毛都督接伴使,代李尚吉也。"(三册,37 页)

　　又卷四,天启四年正月壬戌(初七日):"时毛都督军兵遍满西路,祸及鸡

犬。朝廷恐有意外之变,请令伴使李尚吉恳谕毛将,令除出其不合战用者入送登州。从之。"(四册,2页)

又卷四,四年二月壬辰(初八日):"初备边司以逆适称兵之状,移咨于毛都督。至是又请委差赍咨,备陈'贼锋迫京,冀出援师'之意。上从之。已而接伴使尹毅立驰启,言:'都督闻贼报,使游击王辅点兵于蛇浦。辅谓臣曰:"都督命俺领兵一万进剿,而军兵未及出来。"臣以此贼不日就诛,不足烦天兵进讨答之云。'盖毅立之意,毛兵若出陆,则恐或有难处之忧也。"(四册,19页)

又卷四,四年二月戊申(二十四日):"备边司启曰:'顷见都督咨文,则欲发兵二万以助讨逆。虽因贼亦败散,未果出兵,而为我国助顺之意,不可不谢。'"(35页)

《朝鲜仁祖实录》卷五,天启四年三月戊辰(十四日):"上又御资政殿,引见领议政李元翼、完丰李曙、训练大将申景禛等,……曙曰:'臣之所忧在于西边,况虏知我有衅必生东寇之心,毛将设屯牛家庄之举尤为召敌之祟,臣意宜严饬备边。'"(16页)

　　毛文龙贺朝鲜王帖,自称侍生,称朝鲜王为贤王殿下贵国;王答帖自称不谷,见《仁祖实录》卷五,16—17页。

1940.7.20、21

29. 皮岛所在

《明熹宗实录》卷七十,天启六年(1626)八月庚子朔甲子(二十五日):"平辽总兵官毛文龙疏言:'……部议又谓臣所驻须弥岛去奴寨二千余里,欲臣移驻近岛。夫须弥从大路去义州止一百里,义州与镇江相对不过三四里,镇江至辽阳三百六十里,是须弥距奴寨在五百里内,铁山路亦如之。今谓去奴二千余里,不知何臣作此狂言。'"(492/70/23页)

又卷七十五,天启七年(1627)正月:"丙戌,兵部尚书冯嘉会言:'……毛帅标下游击陈汝明公务在京,惯熟海道,给之印批火牌前去,昼夜兼行,三日可至登州,顺风扬帆又二日可抵皮岛。'"(494/75/11页)

1949.4.19

30. 朝鲜目中之毛文龙兵力

《朝鲜仁祖宗录》卷二,天启三年(1623)六月辛末(十二日):"时柳公亮自毛营还,仍令入侍,……公亮对曰:'臣留都督门下一日,……以其兵力观之,似无剿胡之势。张晚去时结阵以见之,而军皆疲劣。虽或见小利而动,恐难举大事耳。'上曰:'流民之来者几许?'公亮曰:'数十里间流民盈路,物货贩卖,无异辽东矣。'上曰:'军兵器械比我国如何?'公亮曰:'兵器只于杖头插铁,不比我国之精利矣。盖都督为人,只是一慷慨人,自知与彼贼不相敌,万无出战之理,不过挟我国之势,为山海关之殿后耳。'"(二册,16—17页)

又看"朝鲜仁祖与明协力对胡之政策"卡片六。

又看"朝鲜与毛文龙"卡片五。

1940.7.20

31. 明与朝鲜

《明史》二十《神宗纪》:"(万历)二十年(1592)……五月,倭犯朝鲜,陷王京,朝鲜王李昖奔义州求救。……秋七月……甲戌,副总兵祖承训帅师援朝鲜,与倭战于平壤,败绩。……八月乙巳,兵部右侍郎宋应昌经略备倭军务。……冬十月壬寅,李如松提督蓟、辽、保定、山东军务,充防海御倭总兵官,救朝鲜。"

又二十二《熹宗纪》:"(天启)七年(天聪元年,1627)……是春,大清兵征朝鲜。"

又二十三《庄烈帝纪》:"(崇祯)九年(崇德元年,1636)……十二月,大清兵征朝鲜。"

两役相距三十五年而明朝国势寖衰,竟坐视莫能救矣。

1939.12.13

32. 清入关前之真象

《清入关前之真象》,李光涛著论文,见《中央研究院历史语言研究所集刊》第十二本第一、二分合刊,129页—171页。

本文钩稽史料，以证清在入关前之弱点：攻城固其所短，野战亦非所长，一遇劲敌胆寒退避；其所以得志中原，并非由满军之无敌，实因明代汉奸之作祟，而辽人叛将为尤烈。金国汗初无意于进取。

1949.4.28

33. 南海岛大捷

《记崇祯四年（1631）南海岛大捷》，李光涛撰，《史语所集刊》第十二本，第一、二分合刊，241—250页。

南海岛即明人所称之皮岛。

此文据《朝鲜仁祖实录》及其它史料，述崇祯四年清太宗勾结刘兴治失败后杀其全家，复派冷格里、额克笃礼征南海岛，为明兵所败事。此事明清记载均甚略，《崇祯长编》虽较长，亦不详。

34.《清太宗求款始末提要》

《清太宗求款始末提要》，李光涛撰，《历史语言研究所集刊》第十二本第一、二分合刊，125—128页。

李氏撰有《清太宗求款始末》一文，凡四万字，抗战中付印陷敌，不知存亡，故撮要以成此篇。（原稿并未亡失）

文中材料大部分取于档案，尤以取之于《天聪实录稿》者为多。文中证明清太宗因迫而求款，故不敢为过分的请求，且词旨逊顺，有效顺之望。其结论要点如下：

"明朝与宋朝不同，宋时中国弱，而金国强。宋之于金，自称曰侄、曰臣。既辱国体，又原是敌国。至若明季之建州，则与此绝异。建州称明曰大国、曰天朝、曰皇朝,自称曰建州卫都督臣、曰属夷、曰外番、曰番边、曰忠顺、曰忠于大明,呈文曰奏本。又请印、请封,请用崇祯年号。且又系纳款进贡,中国之体自尊。即准其封赏之请,或封王,或封三公九卿,均无不可,有何窒碍难行? 乃当时之朝廷,并此亦不知,可见明朝无人。"(127 页)

又文中述《天聪实录稿》内,原文与涂改后不同之例甚多,如:"金国汗"改为"满洲国皇帝","番书"改"满洲国书","老寨"改"兴京","谨奏皇帝"改"致明帝书","皇朝"改"明朝","抢掠"改"攻明","袁老大人"改"袁巡抚","太监老大人"改"太监","回家"改"回国"或"回朝"。

1949.4.28

35. 明清和议条款

《东华录》天聪元年,明天启七年(1627)正月丙子:"遣方吉纳、温塔石遗书明宁远巡抚袁崇焕曰:'……今尔若以我为是,欲修两国之好,当以金十万两、银百万两、段百万匹、布千万匹,为和好之礼。既和之后,两国往来通使,每岁我国以东珠十颗、貂皮千张、人参千斤馈尔;尔国以金一万两、银十万两、段十万匹、布三十万匹报我。两国诚如约修好,则当誓诸天地,永矢勿谕。尔即以此言转奏尔皇帝,不然是尔仍愿兵戈之事也。'"

此书疑有增饰,原本或不若此书之苛。又天命十一年(1626)十一月乙酉,《东华录》有"至两国和好之事,前皇考(太祖)至宁远时,曾致玺书,令尔转达,尚未见答"之语,则清太祖在天命十一年(明天启六年,1626)正月初到宁远已有求和之意(其事《武皇帝实录》未见)。1618、1619 和议事另见。

又此书,袁崇焕有答书,见《东华录》三月壬申。同时并携来为袁奔走和议之李喇嘛(奉密宗之人,或即真喇嘛)信。

又此书中之条件,太宗随即减少。如下:

《东华录》天聪元年(1627)四月甲辰:"遣明使杜明忠还答袁崇焕书曰:'……先开诸物所当酌裁,夫讲信修睦,藉金帛等物以成礼耳,我岂贪多而利此者,设尔国力有不支,则初和之礼可酌减其半(金五万两、银五十万两、段五十万匹、布五百万匹),我国亦以东珠、人参、貂狐皮等物酌报之。(查?)既和以后,两国往来之礼仍如前议。若如此定约修好永息兵争,两国之福也。……我今揆以义,酌以礼,书中将尔明皇帝下天一字书,我下尔明皇帝

一字书,尔明诸臣下我一字书。以后尔凡有书来当照此式写。若尔国诸臣
与我并书,我必不受也。'"

1939.12.13

36. 清太祖初起兵对明要求之条件

《清太祖武皇帝实录》卷二,天命三年(1618)戊午:"六月二十二日(时
清太祖已得抚顺),广宁巡抚遣通事一名,从者五名,及前送书者(四月二十
二日太祖曾遣人书七大恨付之使还中国)共七人,来言两国修好,令送还所
掳之人。帝曰:'吾征战所得者,虽一人何可还哉? 若以我为是,于所得之外
更加金帛方和;若以我为非,我则不和,征伐如故。'令来使回。"(13 页)

又:"九月二十五日(时清已得清河),遣兵掠会安堡,屠戮甚众,……留
一人割双耳令执书回,其书曰:'若以我为逆理,可约定战期出边,或十日或
半月攻城搦战;若以我为合理,可纳金帛以了此事。'"(13 页)

又卷三,天命四年(明万历四十七年,1619)正月:"二十二日令大明使者
李继学及通使赍书回(按上年"十二月初二日,辽东经略杨镐遣承差李继学
同前放还者二人至"。见卷二),其书曰:'皇帝上若声辽人之罪,撤出边之
兵,以我为是,解其七恨,加以王封,岂有不罢兵之理? 再将我原赏,及抚顺
所原有敕书五百道,并开原所有敕书千道,皆赐吾兵将;我与大臣外加段三
千匹,金三百两,银三千两。'"(1 页)

1943.4.18

37. 明朝所传金使礼节

《明熹宗实录》卷七十四,天启六年十二月己亥朔庚申:"(辽东巡抚袁)
崇焕又奏:'奴遣方金纳、温台什二夷奉书至臣,恭敬和顺,三步一叩,如辽东
受赏时。书封称大人,而犹书大金字面,一踵老酋故智,臣即封还之。'"
(494/74/24 页)

　　案,《东华录·天聪一》,天命十一年十一月:"乙酉。李喇嘛回,
遣方吉纳、温塔石并七人偕往,因遗书曰:'大满洲国皇帝致书于大明
国袁巡抚。……'"又十二月丙寅:"方吉纳、温塔石等至,言明不遣人
来,亦无回书,但口说大明国大满洲国并写,不便奏闻,将原书带回。"

与此合。

1949. 4. 19

38. 满洲与明朝之和议

天聪四年正月木刻揭榜(北大文科研究所藏):"金国汗谕官军人等知悉……(中叙七大恨)……遂详写七恨多放各省商人。颙望伫候,不见回音。迨至七月始克清河,彼时南朝恃大矜众,其势直欲踏平□地。明年二月,四路发兵,漫山塞野,孰意众者败而寡者胜,强者伤而弱者全乎?嗣是而再取开、铁,以及辽、沈。既得河东,发书广宁,思欲讲和,当道官员若罔闻知,竟无回复,故再举兵而广宁下矣。逮至联躬,实欲罢兵戈、享太平,故屡屡差人讲说,无奈天启、崇祯二帝渺我益甚,逼令退地,且教削去帝号,及禁用国宝。朕以为天与土地何敢轻与,其帝号、国宝一一遵依,易汗请印,委曲至此,仍复不允。朕忍耐不过,故吁天哀诉,举兵深入,渡陈仓阴平之道,行破釜沉舟之计,皇天鉴佑,势成破竹,顺者秋毫无犯,违者阵杀攻屠,席卷长驱以至都下。朕又五次奉书,无一回音,是崇祯君臣欺傲不悛,而藐辱更炽也。今日抽兵回来,打开山海,通我后路,迁都内地作长久之计,尔等毋误谓我归去也。朕诸凡事宜,惟秉于公,成败利钝悉委于天,今反覆告谕不惮谆谆者,叙我起兵之由,明我奉天之意,恐天下人不知颠末,怪我狂逞,因此布告,咸宜知闻。特谕。朕每战必胜,每攻必克,虽人事天意两在,朕毫不敢骄纵,今仗天攻下此城,是朕好生一念,实心养活尔等,当衔我再生之恩,勿得惊惶,勿起妄念。若皇天佑朕,得成大业,尔等自然安康;若朕大业不成,尔等仍事(?)南朝臣子,朕亦毫不忌怪。尔等若不遵朕命,东逃西窜,只自寻死亡,自失囊橐,即至异乡别土亦难过活,即行至天涯,朕得成大业,尔等亦无所逃。推诚相告,咸宜遵依。附谕。天聪四年正月日谕。(《史学》第一期孟森《清太祖告天七大恨之真本研究》引,见第 7 页)

上半略去之处见"清太祖告天七大恨"卡片十二至十五页。

1939. 12. 6

39. 满洲初起时与明互市地

《东华录·天命一》,戊子(万历十六年,1588)四月:"是时,上(太祖)招徕各路,归附益众,……国势日盛,明亦遣使通好,岁以金币聘问,我国产东珠、人参、紫貂、元狐、猞猁狲诸珍异之物,足备服用。于抚顺、清河、宽甸、瑷阳四关口互市,以通商贾,自此国富民殷云。"

40. 松山战后之明清和议

《清史稿》三《太宗纪》崇德七年(崇祯十五年,1642)三月:"乙酉,阿济格等奏明遣职方郎中马绍愉来乞和,出明帝敕兵部尚书陈新甲书为验。上曰:'明之笔札多不实,且词意夸大,非有欲和之诚。然彼真伪不可知,而和好固朕夙愿。……'"

"五月……壬午,明使马绍愉等始至。"

"六月辛丑,……上……以书报明帝曰:'向屡致书修好,贵国不从,事属既往,其又何言?予承天眷,自东北海滨以讫西北,其间使犬、使鹿、产狐、产貂之地,暨厄鲁特部、斡难河源,皆我臣服,蒙古、朝鲜尽入版图,用是昭告天地,正位改元。迩者兵入尔境,克城陷阵,乘胜长驱,亦复何畏?余特惓惓为百万生灵计,若能各审祸福,诚心和好,自兹以往,尽释宿怨,尊卑之分,又奚较焉。古云:"情通则明,情蔽则暗。"使者往来,期以面见,情不壅蔽。吉凶大事,交相庆吊,岁各以地所产互为馈遗,两国逃亡亦互归之。以宁远双树堡为贵国界,塔山为我国界,而互市于连山适中之地。其自海中往来者,则以黄城岛之东西为界,越者各罪其下。(国界)贵国如用此言,两君或亲誓天地,或遣大臣莅盟,唯命之从。否则后勿复使矣。'遂厚赍明使臣及从者,遣之。后明议中变,和事竟不成。"(13页)

《东华录》崇德七年(1642)三月乙酉:"驻守锦州杏山王贝勒等遣启心郎詹霸奏,明国差总兵二员,锦衣卫官一员,职方司官一员,至王贝勒前欲求讲和,赍来伊主敕谕一道云:'谕兵部尚书陈新甲,据卿部奏辽沈有休兵息民之意,中朝未轻信者,亦因以前督抚各官未曾从实奏明,今卿部屡次代陈,力保其出于真心,我国家开诚怀远,似亦不难听从,以仰体上天好生之仁,以复还我祖宗朝恩义联络之旧。今特谕卿便宜行事,差官宣布,取有的确信音回奏。'上览毕,敕谕诸王贝勒曰:'阅尔等所奏明之笔札,多有不实。若谓与我国之书,何云谕兵部尚书陈新甲?既谓与陈新甲,又何用皇帝之宝?况其所用之宝大而且偏,岂有制宝而不循定式若是其大且偏者乎?必非真宝明矣。况札内竟无实和之语。又云我国家开诚怀远似亦不难听从,以复还我祖宗恩义联络之旧等语,此皆藐视我国,实无讲和之真心。然彼虽巧诈,朕以实情言之,曩启兵端原非我国之愿,因明朝不辨是非,陵辱我国,情实难堪,故不得已而起兵耳。朕初每欲和好,明国不从,今明国欲和,其真伪虽不得而知,然和好固朕之夙愿,朕岂有所迫而愿和欤?朕蒙皇天眷顾,昔时金国所属尽为我有,元裔朝鲜悉入版图,所获明国官民不啻数百万,所向无敌,如此而犹欲和好者,盖为百万生灵惜耳!若和事果成,何必争内外大小之名,但各居其国,互相赠遗,通商贸易,悉安生业,则两国之君臣百姓共享太平之福矣。惟是我朝兵强国富且谆谆愿和,奈明国执滞不通,自以为天之子鄙视他人,口出大言不愿和好,不知皇天无亲,有德者受命,无德者废弃,从来帝王有一姓相传永不易位者乎?明之君臣虑不及此,不愿修好致亿万生民死于涂炭者,皆明之君臣自杀之耳。朕以实意谕尔等知之,尔等其传示于彼,使明知朕意。'"

《历代通鉴辑览》一百十五:"壬午(崇祯)十五年(崇德七年,1642)……夏四月,谢升罢。初我太宗文皇帝屡遗书议和,兵部尚书陈新甲以国内困敝,亦请主和以纾患,密遣职方郎中马绍愉等持书乞和。我太宗文皇帝宴劳有加礼,仍受以书令还报,遣人送至连山而还,其事甚密。一日新甲私告傅宗龙,宗龙以语谢升,升后见疆事大坏,于帝前述宗龙之言,帝惭,升进曰:'倘肯议和,和亦可恃。'帝默然。已而言官谒升,升言上意主和。于是言官交章劾升,帝怒其泄露,削籍去,新甲亦由此得罪。(注曰)初帝密以和议委新甲,手诏往返者数十,皆戒以勿泄。一日马绍愉以密语报新甲,视之置几上,其家僮误以为塘报,付之抄传,于是言路哗然,论劾新甲。帝怒甚,留疏不下,严旨切责,令自陈。新甲不引罪,反诩己功。遂诏下狱,寻弃市。"

《东华录》崇德七年(崇祯十五年,1642):"五月己巳朔,郑亲王济尔哈朗等奏,明遣兵部职方司员外马绍愉,主事朱济之,副将周维墉、鲁宗孔,游击、都司、守备八员,僧一名,从役九十九名至宁远城欲来见皇上求和,遣使迎之。"

又崇德七年五月:"壬午(十四日)往迎明使詹霸、叶成格奏,明使十四日必至。上命迎于二十里外设宴。宴时令来使先行一跪三叩头礼,宴毕仍行一跪三叩头礼,谢恩,入城于馆驿停歇。复命礼部承政满达尔汉,参政阿哈尼堪,大学士范文程、刚林,学士罗硕至馆驿宴明使,马绍愉等先行一跪三叩头礼,宴毕复行一跪三叩头礼。其来使携有敕书一道云:'敕谕兵部尚书陈新甲,昨据卿部奏称前日所谕休兵息民事情,至今未有确报,因未遣官至沈,未得的音,今准该部便宜行事。差官前往确探实情,具奏。特谕。'"

《东华录》崇德七年(崇祯十五年)五月:"丙申,都察院参政祖可法、张存仁等奏,明寇盗日起,各方饥馑,兵力竭而仓廪虚,征调不前,势如瓦解,守边文武重臣皆为我擒,兵将散失八九,今遣使乞和,计必南迁,应邀其纳贡称臣,画地以黄河为界。上不纳。"

《东华录》崇德七年:"六月辛巳,赐明使兵部职方司员外马绍愉,主事朱济之,副将周维墙、鲁宗孔并天宁寺僧性容,游击王应宗,都司朱龙,守备乔国栋、张祚、赵荣祖、李国登、王有功、黄有才等貂皮白金;从役九十九人各赐貂皮,遣还。命大臣送至五十里外宴饯之。仍赍书明主曰:'向来所以构兵者,因尔明国无故害我二祖,我皇考太祖皇帝犹固守边疆,和好如旧,乃尔明国反肆凭陵干预境外之事,哈达国万汗窃踞之地我已征服,尔逼令复还,又遣人于叶赫金台石、布扬古处设兵防守,以我国已聘之女嫁于蒙古。己卯年尔明国夺我土地,扰我耕获,逐我居民,烧毁庐舍,仍驱逐出境,所在勒石,是以我皇考太祖皇帝收服附近诸国,乌喇布占泰、辉发拜音达里、哈达万之子蒙格布禄所有之地,俱已削平,于是昭告天地,亲征尔明国,又平叶赫金台石、布扬古之地。其后每欲致书修好,而贵国不从,事渐滋蔓,遂至于今。此皆贵国先朝君臣事也,事属既往,于皇帝何与?然从前曲直亦宜辨之。今予仍欲修好者非有所迫而然也,予缵承皇考太祖皇帝之业,嗣位以来蒙天眷佑,从东北海滨迄西北海滨,其间使犬、使鹿之国,及产黑狐、黑貂之地,不事耕种、渔猎为生之俗,厄鲁特部以至鄂诺河源,在在臣服,蒙古元裔及朝鲜国悉入版图,于是举朝诸王大臣及外藩诸王等合词劝进,乃昭告天地受号称尊,国号大清,改元崇德。迩来我兵每入尔境辄克城陷阵,乘胜长驱,若图进取亦复何难?然予仍欲和好,特为亿兆生灵计耳。盖嗜杀者殃,好生者祥,感应之理昭然不爽。若两国各能审度祸福,矜全亿兆,诚心和好,则自兹以后宿怨尽释,尊卑之分又何必较哉?古云情通则明,情蔽则暗,若尔国使来予令面见,予国使往尔亦令面见,如此则情不壅蔽,而和事可久;若自视尊大,俾使臣不得面见,情词无由通达,则和事终败,徒贻国家之忧矣。夫岂拒使进见遂足以示尊耶!至两国有吉凶大事须当遣使交相庆吊,每岁贵国馈兼金万两,银百万两,我国馈人参千斤、貂皮千张。若我国满洲蒙古汉人及朝鲜人等有逃叛至贵国者,当遣还我国;贵国人有逃叛至我国者,亦遣还贵国。以宁远双树堡中间土岭为贵国界,以塔山为我国界,以连山为适中之地,两国俱于此互市。自宁远双树堡土岭界北至宁远北台直抵山海关长城一带,若我国人有越入及贵国人有越出者,俱加稽察按律处死;或两国人有乘船捕鱼海中往来者,尔国自宁远双树堡中间土岭沿海至黄城岛以西为界,我国以黄城岛以东为界,若两国有越境妄行者亦当察出处死。倘愿如书中所言以成和好,则我两人或亲誓天地,或各遣大臣代誓,尔速遣使赍和书及誓书以来,予亦遣使赍和书及誓书以往。若不愿和好,再勿遣使致书,其亿兆死亡之孽于予无与也。'于是以书授来使,命章京库尔禅、萨苏喀等率兵四十人过锦州出我军侦探地,送来使至连山而还。"

《东华录》崇德七年(崇祯十五年,1642)六月:"癸亥,朝鲜国王李倧遣其第三子淏及使臣等贡方物上表称贺,并赍奏疏至。奏云:'本年五月十七日世子陪臣李景奭捧到敕谕云:"朕自与明朝构兵以来,每见生民死伤太多,心实不忍,屡欲和好,奈明朝君臣妄自尊大,其视军民之涂炭,毫不关心,竟不欲和。及见朕命诸王率师围困锦州,十三万援兵顷刻覆没,始惧而欲和。乃命锦衣卫官一员,职方司官一员,总兵官二员三至军前求和。领兵诸王以其无明主御宝书札拒回。嗣后又赍御宝书札至,其来官与我臣接见甚是逊词恭敬,自居其下,不似曩日矣。诸王悉以情状来奏,朕阅所用皇帝之宝大而稍偏,初疑而未信,乃以示所获总督洪承畴,承畴云:'此宝札果真,况壬申年皇帝征察哈尔时,张家口沈巡抚六月二十八日盟誓之事,明朝皇帝亦明知之,但不胜文臣浮议,故罢巡抚之任。后来复命会议,和事又为诸文臣所沮,遂寝其事。此来请和决非虚语。'朕初以彼之请和,不过设计诳诱,欲免锦州四城之难,亦未深信,今复遣官至,朕思四城已破,十三万援兵已尽,加以饥馑荐臻,窃盗蜂起,流贼转炽,益迫于不得不和耳。朕想今日我之藩服不为不多,疆圉不为不广,彼既请和,朕意欲成和事共享太平之福。诸王贝勒等咸谓明朝时事已衰,正宜乘此机会攻取北京,安用和为?但念征战不已,死伤必众,固有所不忍,纵蒙天眷得成一统,世岂有长生之人,子子孙孙宁有世守不绝之理乎?昔大金曾亦一统,今安在哉?朕之真心如此,诸王等所见如彼,进取与和好二者孰善,以王谊属一体,故降敕商议,宜陈其所见,勿得隐讳。特谕。"臣钦此钦遵。外,臣窃照自古帝王之兴必上合天心,下顺人望,春生秋杀,天之道也;畏威怀德,人之情也。维我皇上应天顺人,威德并隆,战无不克,攻无不取,威声所暨远迩震叠,德化既浃髦倪鼓舞,以致松锦杏塔一举迅扫,实前代未有之盛烈也。以破竹之势有席卷之形,诸王之必欲乘此机会者宜也。皇上宽仁不忍死伤之多欲成和事,得享太平之乐,此诚帝王止杀为武不战屈人之胜算,圣念所及与天同大,无容议为。顾此和战重事有非藩臣所敢与闻,而特降推心之问,益切衔感之私。臣无任感激惶恐之至。缘系恭承圣敕,仰答明旨事,理为此谨具奏闻。'"

《明史》二五七《陈新甲传》:"陈新甲,(四川)长寿人。万历时举于乡,……崇祯……十三年(1640)正月,召代<u>傅宗龙</u>为兵部尚书。自弘治初<u>贾俊</u>后,乙榜无至尚书者。兵事方亟,诸大臣避中枢,故<u>新甲</u>得为之。……<u>新甲</u>雅有才,晓边事,然不能持廉,所用多债帅,深结中贵为援,与司礼<u>王德化</u>尤昵,故言路攻之不能入。……初,<u>新甲</u>以南北交困,遣使与大清议和,私言于<u>傅宗龙</u>。<u>宗龙</u>出都日,以语大学士<u>谢升</u>。<u>升</u>后见疆事大坏,述<u>宗龙</u>之言于帝。帝召<u>新甲</u>诘责,<u>新甲</u>叩头谢罪。<u>升</u>进曰:'倘肯议和,和亦可恃。'帝默然,寻谕<u>新甲</u>密图之,而外廷不知也。已,言官谒<u>升</u>,<u>升</u>言:'上意主和,诸君幸勿多言。'言官骇愕,交章劾<u>升</u>,<u>升</u>遂斥去。帝既以和议委<u>新甲</u>,手诏往返者数十,皆戒以勿泄。外廷渐知之,故屡疏争,然不得左验。一日,所遣职方郎<u>马绍愉</u>以密语报,<u>新甲</u>视之置几上,其家僮误以为塘报也,付之抄传,于是言路哗然。给事中<u>方士亮</u>首论之,帝愠甚,留疏不下。已,降严旨,切责<u>新甲</u>,令自陈。<u>新甲</u>不引罪,反自诩其功,帝益怒。至七月,给事中<u>马嘉植</u>复劾之,遂下狱。<u>新甲</u>从狱中上书乞宥,不许。……遂弃<u>新甲</u>于市。<u>新甲</u>为<u>杨嗣昌</u>引用,其才品心术相似。军书旁午,裁答无滞。帝初甚倚之,晚特恶其泄机事,且彰主过,故杀之不疑。"

《明史》二五七《熊明遇传》:"(崇祯五年,壬申清天聪六年,1632)"当是时,我大清兵入宣府,巡抚<u>沈棨</u>与中官<u>王坤</u>遣使议和,馈金帛牢醴,师乃旋。事闻,帝恶<u>棨</u>专擅,召对<u>明遇</u>等于平台。<u>明遇</u>(时为兵部尚书)曲为<u>棨</u>解,帝不悦,逮<u>棨</u>下吏。"

案此即《东华录》<u>洪承畴</u>所称之壬申沈巡抚和议。

1939.12.19—22

41.松山战后明清和议日表

明崇祯十五年,清崇德七年,1642。

二月十八日戊午,清兵克松山,洪承畴降。(《明史》)

　　《东华录》系辛酉,但述明十八日夜城下。

三月初八日己卯(?),明锦州粮尽,祖大寿降。(《东华录》)

　　《明史》系己卯,《东华录》、《清史稿》同。但《东华录》又明叙三月初八日祖大寿降,初八为戊寅,己卯为初九,必有一误。

十四日(?)乙酉,清驻锦州,王贝勒奏(《东华录》)。明遣马绍愉来乞和(《清史稿》)。

　　《东华录》、《清史稿》均系于乙酉,但己卯如为初九日则当为十五日,非十四日也。

四月二十六日乙丑,明削谢升籍。(《明史》)

五月初一日己巳,清驻杏山(《东》),济尔哈朗奏马绍愉来乞和,遣使迓之(《清》)。马至宁远城求见(《东》)。

十四日壬午,明使马绍愉始至(《清》),迎于二十里外(《东》)。

六月初三日辛丑,明使马绍愉还命(《东》)。居沈凡二十日。

八月二十九日丁卯,明兵部尚书陈新甲下狱,旋弃市。(《明》)

二十八年十二月二十日夜一时,实二十一日晨矣。

1939.12.20

六、满洲入关与顺治朝

1. 多尔衮生平

多尔衮之生平

多尔衮与帝位

多尔衮之政策

多尔衮称皇父

多尔衮与太后下嫁

多尔衮之获罪

万历四十年(1612)　多尔衮生　太祖第十四子,母曰大妃纳喇氏,时年二十三,太祖年五十四　多尔衮较太祖长子褚英小三十二岁,较太宗小二十岁

万历四十四年,天命元年(1616)　多尔衮五岁　清太祖称金国汗太祖年五十八

天启六年,天命十一年(1626)　多尔衮十五岁　清太祖殂,太宗即位　太宗年三十四

崇祯十六年,崇德八年(1643)　多尔衮三十二岁　清太宗殂,世祖即位　世祖年六岁

崇祯十七年,顺治元年(1644)　多尔衮三十三岁　多尔衮称叔父摄政王

顺治五年(1648)　多尔衮三十七岁　多尔衮称皇父摄政王(十一月)

顺治七年(1650)　多尔衮三十九岁　多尔衮薨(十二月),追尊成宗义皇帝

顺治八年(1651)　多尔衮以追尊成宗义皇帝祔太庙(正月),二月削

2. 多尔衮

《清史稿》列传五《诸王四·太祖诸子三·睿忠亲王多尔衮传》:"睿忠

亲王多尔衮,太祖第十四子,初封贝勒,天聪二年(年十七),太宗伐察哈尔多罗特部,破敌于敖穆楞,多尔衮有功,赐号墨尔根代青。……五年(年二十),初设六部,掌吏部事。从上围大凌河,战,多尔衮陷阵,明兵堕壕者百余,城上炮矢发,将士有死者,上切责诸将不之阻。…六年(年二十一),从征察哈尔。七年(年二十二),诏问征明及朝鲜察哈尔三者何先? 多尔衮言宜整兵马,乘谷熟时入边,围燕京,截其援兵,毁其屯堡,为久驻计,可坐待其敝。八年五月,从上伐明,克保安,略朔州。九年(年二十四),……多尔衮自平鲁至朔州,毁宁武关,略代州、忻州、崞县、黑峰口及应州,复自归化携降众还。……崇德元年(年二十五),进封睿亲王。……三年(年二十七),上伐喀尔喀,王留守,筑辽阳都尔弼城,城成,命曰屏城;复治盛京至辽河大道。八月,命为奉命大将军,将左翼……伐明,自董家口毁边墙入,……越明都至涿州,分兵八道,行略地至山西,南徇保定,击破明总督卢象昇,遂趋临清,渡运河,破济南,还略天津、迁安,出青山关,克四十余城,降六城,俘户口二十五万有奇。……"

又:"八年(年三十二),太宗崩,王与诸王贝勒大臣奉世祖即位,诸王贝勒大臣议以郑亲王济尔哈朗与王同辅政,誓曰……郡王阿达礼、贝子硕托劝王自立,王发其谋。……寻与济尔哈朗议罢诸王贝勒管六部事。……济尔哈朗谕诸大臣,凡事先白王,书名亦先之,王由是始专政。"

伐明

又:"顺治元年……四月乙丑,上御笃恭殿授王奉命大将军印并御用纛盖,敕便宜行事,率武英郡王阿济格、豫郡王多铎及孔有德等伐明。丙寅发盛京,壬申次翁后,明平西伯吴三桂自山海关来书乞师,王得书移师向之。"

答吴三桂书

"癸酉次西拉塔拉,答三桂书曰:'我国欲与明修好,屡致书不一答,是以整师三入,盖示意于明,欲其熟筹通好,今则不复出此,惟底定中原与民休息而已。闻流贼陷京都,崇祯帝惨亡,不胜发指,用率仁义之师沉舟破釜,誓必灭贼出民水火。伯思报主恩,与流贼不共戴天,诚忠臣之义,勿因向守辽东与我为敌尚复怀疑。昔管仲射桓公中钩,桓公用为仲父以成霸业。伯若率众来归,必封以故土晋为藩王,国仇可报,身家可保,世世子孙长享富贵。'丁丑,次连山,三桂复遣使请速进。夜逾宁远抵沙河。戊寅,距关十里,三桂报自成兵已出边。王令诸王追击,败李自成将唐通于一片石。己卯,至山海关,三桂出迎,王慰劳之,令所部以白布系肩为识,先驱入关。"

与李自成交兵

"时<u>自成</u>将二十余万人自北山列阵,横亘至海,我兵阵不及海岸。王令曰:'流贼横行久,犷而众,不可轻敌,吾观其阵大,首尾不相顾,可集我军鳞比伺敌阵尾,待其衰,击之必胜。……'既成列,令<u>三桂</u>居右翼后搏战,大风扬沙,咫尺不能辨,力斗良久,师噪风止,自<u>三桂</u>阵右突出捣其中坚,马迅矢激,<u>自成</u>登高望见夺气,策马走,师无不一当百,追奔四十里,<u>自成</u>溃遁。王即军前承制进<u>三桂</u>爵平西王。"

政一、下令薙发

"下令关内军民皆薙发。以马步兵各万人属<u>三桂</u>追击<u>自成</u>。"

政二、誓诸将

"乃誓诸将曰:'此行除暴救民灭贼以安天下,勿杀无辜,掠财物,焚庐舍,不如约者罪之。'自关以西百姓有逃窜山谷者皆还乡里,薙发迎降。辛巳,次新河驿使奏捷,师遂进。"

政三、明吏如故

"途中明将吏出降,命贡职如故。五月戊子朔,师次通州,<u>自成</u>先一日焚宫阙载辎重而西,王令诸王偕<u>三桂</u>各率所部追之。"

政四、葬明帝

"己丑,王整军入京师,……下令将士皆乘城勿入民舍,民安堵如故。为崇祯帝发丧三日,具帝礼葬之。诸臣降者仍以明官治事。……王初令官民皆薙发,继闻拂民愿,谕缓之,令戒饬官吏网罗贤才,收恤都市贫民。用<u>汤若望</u>议厘正历法,定名曰《时宪历》。"

政五、省刑减讼

"复令曰:'养民之道莫大于省刑罚,薄税敛。自明季祸乱,刁风日竞,设机构讼,败俗伤财,心窃痛之。自今咸与维新。凡五月初二日昧爽以前罪无大小悉行宥免,违谕讦讼以所罪罪之。……'"

政六、讼师陷良反坐

"讼师诬陷良民,加等反坐。"

政七、删除加派

"前朝弊政莫如加派,辽饷以外复有剿饷、练饷,数倍正供;远者二十年,近者十余年,天下嗷嗷朝不及夕。更有召买粮料诸名目,巧取秧民。今与民约,额赋外一切加派尽予删除,官吏不从察实治罪。"

政八、定都燕京

"六月，遣……何洛会等迎上定都燕京。……九月，上入山海关。……十月乙卯朔，上即位。"

又："六年二月，自将讨大同叛将姜瓖，……先归。……禁诸王及内大臣干预部院政事及汉官升降，不论是非皆治罪。七月，复征大同。……十月，移师讨喀尔喀。……至喀屯布拉克不见敌乃还。……七年……十一月复猎于边外，十二月薨于喀喇城。年三十九。"

"多尔衮于征朝鲜时，《朝鲜实录》中载其举动在满洲中独为温雅得体。"（孟森《清史讲义》）

"摄政王既定燕京，……十月……十日甲子，上御皇极门颁诏天下，大赦，……诏中除宣赦外，悉数蠲除明季苛杂加派赋税，地亩钱粮悉照前明会计录，……关津商税普免一年，明末所增之商税则永豁免。……凡此皆从明末人民生计之苦曲折体贴，又于明时已有之惠恤不因现在加之通令转有废阁。此开国第一恩诏适合人民苦于征纳思解倒悬之心理，与未入关前对待关内方法截然不同。……实即摄政王听纳群言熟察民瘼所得之结果。其余培风化，收人望，敬礼先代帝王贤圣，守护明代陵寝诸端，皆合中国旧来崇尚，无复夷风。摄政王乐引汉人，为满洲旧人所嫉，此亦其所收之效也。"（孟森《清史讲义》，146 页）

3. 入关先后日表

顺治元年（1644）正月二十七日丙辰　清欲结农民军①并取中原。

三月初六日甲午　明征诸镇兵入援。（《明史》本纪）

三月十六日甲辰　吴三桂率师入关。（《清史稿》本传）

三月十七日乙巳　李自成至京师。

　　　十八日丙午　李自成至外城。

三月十九日丁未　明崇祯帝殉国，而清未之知。

　　　二十日戊申　明吴三桂入援军至丰润（《清史稿》三桂本传）

　　　二十一日己酉　明臣朝自成。

　　四月初四日辛酉　清范文程启摄政王入关，时仍不知闯王入京，故

---

① 编者注：原稿的"农民军"、"闯王"、"称帝号"系郑先生划掉已写的"流寇"、"闯贼"、"僭帝号"所改。推测该条作于 1949 年之前，此后有增订。

有"流寇踞于西土"之语。

初七日甲子　清以大军南伐祭告。

初八日乙丑　拜多尔衮大将军,往定中原。

初九日丙寅　清多尔衮大军启行。

十三日庚午　清师次辽河,以军事咨洪承畴。时已知闯王入京。

十五日壬申　清军次翁后,明吴三桂致书来请兵。

十六日癸酉　清多尔衮答吴三桂书。

二十日丁丑　清军次连山,吴三桂请迅进兵。

二十一日戊寅　清军与闯军战于一片石。

二十二日己卯　清军至山海关,与闯军战于北山。清封吴三
　　　　　　　桂为平西王。

二十四日辛巳　清军次新河。李自成还京师。(《烈皇小识》)

二十五日壬午　清军次抚宁。

二十七日甲申　清军次滦州。

二十九日丙戌　清军次玉田。李自成称帝号,是夕(《明史·
　　　　　　　流贼传》)出北京西走(《烈皇小识》)。

五月初一日戊子　多尔衮师次通州。

初二日己丑　多尔衮师至燕京。

初三日庚寅　谕令薙发。命明官员照旧供职。

六月十一日丁卯　定议建都燕京。

八月二十日乙亥　顺治自盛京来京。

九月十八日癸卯　顺治至通州。(九月丙戌朔)

十九日甲辰　顺治至北京。

十月初一日乙卯　顺治即皇帝位于北京。

4. 清尝与流寇相结

《明清史料》丙编第一册八十九叶,顺治元年正月二十七日与西据明地诸帅书稿:"大清国皇帝致书于西据明地之诸帅:朕与公等山河远隔,但闻战胜攻取之名,不能悉知称号,故书中不及,幸勿以此而介意也。兹者致书,欲与诸公协谋同力并取中原,倘混一区宇富贵共之矣,不知尊意如何耳? 惟速驰书使倾怀以告,是诚至愿也。顺治元年正月二十六日。"

　　此所谓西据明地诸帅,盖指闯将而言,时驻榆林者为自成将高一功、李锦等。

　　此书欲与流寇并取中原,与自来请兵而后动之说不尽合(康熙六十一年遗诏)。李光涛有《顺治元年正月致西据明地诸帅书稿跋》一文。

5. 多尔衮入关之原因

多尔衮入关之原因。

一、由于内哄。

　　崇德八年八月初九日太宗殂,八月二十六日世祖即位。太宗殂(庚午)后十八日世祖即位(丁亥)。

　　《明清史料》乙编571页,崇祯十六年(清崇德八年)十一月初二日兵部题"行辽东巡抚黎玉田咨"稿:"准团练镇吴总镇手本,……酋(指清太宗)亡之初,九酋(指多尔衮)立其幼子,其老大酋(指代善)之子(指硕托)、之孙(指阿达礼)各起争立之心,当为九酋戕杀。此是确报。"

　　《清朝全史》二十三章引朝鲜世子《手记》:"(八月)十四日诸王均会于大衙门,大王(指代善)发言曰:'虎口(指豪格)为帝长子,当承大统。'虎口曰:'福少德薄,不堪承任。'固辞而退。帝之手下将领辈佩剑前曰:'吾等食于帝,衣于帝,养育之恩同于天大,若不立帝之子则宁从帝于地下。'大王曰:'吾虽帝之兄,久不闻朝政,何可参入此议。'即起而去,八王(阿济格)亦随去;十王(多铎)默无一言,九王(多尔衮)应之曰:'汝等之言是也,虎口既退让,无继续之意,则当立帝之第三子。至谓年岁幼稚,吾与右置王(济尔哈朗)分掌其半,可左右辅政,年长之后再当归政。'由是誓天而散。"

　　《明清史料》乙编569页《塘报》:"近据难民之口,四酋(清太宗)原死是实,因八酋(阿济格)争憨,各酋说:'你若取得关外四城即让你坐。'"

　　朝鲜世子《手记》:"俊王(阿达礼)与小退(硕托)密言于大王曰:'今立稚儿,国事可知,不可不速为处置。'大王曰:'既誓天而立,何出此言耶? 幸勿更生他意。'……有某人以之告发于九王,九王曰:'吾亦知之矣。'即于十六日之夕,将俊王与小退捕送于衙门。……杀之。……俊王之财政与军兵没入于大王,小退之财产没入于九王,……八王(阿济格)则心以立稚儿为非,自退出以后称病不出。……嗣闻小退之财产皆没入于九王,心实不以为然,以为宜散之部下。"

《明清史料》乙编573页,崇祯十六年十一月初二日《密谕》:"谕兵部,逆奴(清太宗)已伏天诛,诸孽争立相杀,明有内乱情形,乘机用间正在此时。……"

据此可知太宗既卒,争立之人甚多,多尔衮辅政顺治,诸人未必尽服,多尔衮盖假入关以转国人目标,暂离是非之地,如立功更可减诸人之反对,塞诸人之口。

6. 范文程入关之议

《东华录》顺治元年四月戊午朔:"辛酉(初四日),大学士范文程上摄政王启曰:'乃者有明流寇踞于西土,水陆诸寇环于南服,兵民煽乱于北陲,我师燮伐其东鄙,四面受敌其君若臣安能相保耶? ……此正欲摄政诸王建功立业之会也。……中原百姓蹇罹丧乱茶苦已极,黔首无依,思择令主,以图乐业。……明之受病种种已不可治,河北一带定属他人,其土地人民不患不得,患得而不为我有耳。盖明之劲敌惟在我国,而流寇复蹂躏中原,……我国虽与明争天下,实与流寇角也。为今日计我当任贤以抚众,使近悦远来,蠢兹流孽,亦将进而臣属于我,彼明之君知我规模非复往昔,言归于好亦未可知,倘不此之务,是徒劳我国之力而为流寇驱民也。……是当申严纪律,秋毫勿犯,复宣谕以昔日不守内地之由,及今进取中原之意,而官仍其职,民复其业,录其贤能,恤其无告,将见密迩者绥辑,遐听者风声自翕然而向顺矣。夫如是则大河以北可传檄而定也,河北一定,可令各城官吏移其妻子避患于我军,因以为质,又拔其德誉素著者置之班行。……此行或直趋燕京,或相机攻取,要于入边之后,山海长城以西择一坚城而守以为门户,我师往来斯为甚便。'"

7. 洪承畴入关进兵之议

《东华录》顺治元年四月庚午:"摄政睿亲王师次辽河,以军事谘洪承畴,承畴上启曰:'我兵之强,天下无敌,将帅同心,步伍整肃,流寇可一战而除,宇内可计日而定矣。今宜先遣官宣布王令,以示此行特扫除乱逆,期于灭贼,有抗拒者必加诛戮,不屠人民,不焚庐舍,不掠财物之意。仍布告各府州县有开门归降者官则加计,军民秋毫无犯,若抗拒不服者城下之日官吏诛,百姓仍予安全;有首倡内应立大功者,则破格封赏,法在必行,此要务也。……今宜计道里,限时日,辎重在后精兵在前,出其不意从蓟州密云近京处疾行而前。'"

8. 吴三桂请兵

《东华录》顺治元年四月:"壬申,摄政睿亲王师次翁后,明平西伯吴三桂遣副将杨坤、游击郭云龙自山海关来致书曰:'……流寇逆天犯阙,……京城奸党开门纳款,先帝不幸,九庙灰烬,……我国积德累仁,讴思未泯,各省宗室如晋文公汉光武之中兴者容或有之。远近已起义兵,羽檄交驰,山左江北密如星布。三桂受国厚恩,悯斯民之罹难,拒守边门,欲兴师以慰人心,奈京东地小兵力未集,特泣血求助。我国与北朝通好二百余年,今无故而遭国难,北朝应恻然念之,而乱臣贼子亦非朝所宜容也。……况流贼所聚金帛子女不可胜数,义兵一至皆为王有,此又大利也。王以盖世英雄值此摧枯拉朽之会,诚难再得之时也。乞念亡国孤臣忠义之言,速选精兵直入中协西协,三桂自率所部合兵以抵都门。灭流寇于宫廷,示大义于中国,则我朝之报北朝者岂惟财帛,将裂地以酬,不敢食言。本宜上疏于北朝皇帝,但未悉北朝之礼,不敢轻渎圣听,乞王转奏。'王得书即遣学士詹霸、来衮往锦州,谕汉军赍红衣炮向山海关进发。"

又:"癸酉,摄政睿亲王师次西拉塔拉,报吴三桂书曰:'向欲(与)明修好,屡行致书。明国君臣不计国家丧乱,军民死亡,曾无一言相答。是以我国三次进兵攻略,盖示意于明国官吏军民,欲明国之君熟筹而通好也。若今日则不复出此,惟有底定国家与民休息而已。予闻流寇攻陷京师,明主惨亡,不胜发指,用是率仁义之师,沉舟破釜誓不返旌旗,必灭贼出民水火。及伯遣使致书,深为喜悦,遂统兵前进。夫伯思报主恩与流贼不共戴天,诚忠臣之义也。伯虽向守辽东,与我为敌,今亦勿因前故尚复怀疑。昔管仲射桓公中钩,后桓公用为仲父以成霸业。今伯若率众来归,必封以故土晋为藩王,一则国仇得报,一则身家可保,世世子孙长享富贵如河山之永也。'"

又:"丁丑,摄政睿亲王军次连山,吴三桂复遣郭云龙、孙文焕来致书曰:'接王来书,知大军已至宁远,救民伐暴,扶弱除强,义声震天地,其所以相助者实为我先帝,而三桂之感戴犹其小也。三桂承王谕,即发精锐于山海以西要处诱贼速来,今贼亲率党羽蚁聚永平一带,此乃自投陷阱,而天意从可知矣。今三桂已悉简精锐以图相机剿灭,幸王速整虎旅,直入山海首尾夹攻,逆贼可禽,京东西可传檄而定也。又仁义之师首重安民,所发檄文最为严切,更祈令大军秋毫无犯,则民心服而财土亦得,何事不成哉.'王得书即星夜进发,逾宁远次于沙河。"

9. 吴三桂请兵之人

《广阳杂记》卷一:"平西(吴三桂)同墨勒根虾(李国翰)取四川,兵至叙州府,蜀王刘文秀兵多而锐不可当,平西兵不战而走,至保宁,……平西计无所出,固山杨珅力持进兵,……遂进兵,……大捷。……杨珅字秀函,明涿州指挥,在山海关为平西标下将,谋画多出于珅,乞师东方皆珅往也。珅子彦先,字毅叔,未乱已死,其人高朗有古人风。"

案,《清史稿·吴三桂传》作杨坤,从土不从玉。

1943.7.3

10. 吴三桂请兵之原因

《清史稿》第四百七十四,列传二百六十一《吴三桂传》:"吴三桂字长伯,江南高邮人,籍辽东。父襄明崇祯初官锦州总兵,三桂以武举承父荫,初受都督指挥,襄坐失机下狱,擢三桂总兵,守宁远。……三桂,祖大寿甥也,大寿既降,太宗令张存仁书招三桂,不报。顺治元年李自成自西安东犯,太原、宁武、大同皆陷,又分兵破真定,庄烈帝封三桂平西伯,并起襄提督京营,征三桂入卫。宁远兵号五十万,三桂简步骑遣入关而留精锐自将为殿。三月甲辰入关,戊申次丰润,而自成已以乙巳破明都,遣降将唐通、白广恩将兵东攻滦州,三桂击破之,降其兵八千,引兵还保山海关,自成胁襄以书招之,令通以银四万犒师,遣别将率二万人代三桂守关,三桂引兵西至滦州,闻其妾陈为自成将刘宗敏掠去,怒还击破自成所遣守关将,遣副将杨坤、游击郭云龙上书睿亲王乞师,王方西征,次翁后,三桂使至,明日,进次西拉塔拉,报三桂书许之,自成闻三桂兵起自将二十万人以东,执襄置军中,复遣所置兵政部尚书王则尧招三桂,三桂留不遣。越四日,王进次连山,三桂又遣云龙赍书趣进兵,师夜发,逾宁远次沙河。"

11. 吴三桂之入援与降清

《明史》三百九《流贼·李自成传》："初(吴)三桂奉诏入援(事在崇祯十七年三月初六日),至山海关京师陷,犹豫不进,自成劫其父襄作书招之,三桂欲降,至滦州闻爱姬陈沅被刘宗敏掠去,愤甚,疾归山海,袭破贼将,自成怒,亲部贼十余万执吴襄于军,东攻山海关,以别将从一片石越关外,三桂惧,乞降于我大清。……"

12. 多尔衮复吴三桂书

吴三桂请兵,多尔衮以书答之,见"多尔衮卡片"三。

13. 多尔衮与李自成关外之战。

李自成将二十万人与多尔衮遇于山海关外北山,多尔衮大败之。见"多尔衮卡片"四。

14. 一片石之战

《清史稿》列传二百六十一《吴三桂传》:"……王(多尔衮)……逾宁远次沙河,明日距山海关十里,三桂遣逻卒报自成将唐通出边立营,王遣兵攻之,战于一片石(关名,在抚宁县东北),通败走。"

15. 山海关之战

《清史稿》列传二百六十一《吴三桂传》:"……战于一片石,通败走,又明日师至关,三桂出迎。王命设仪仗吹螺,偕三桂拜天毕,三桂率部将谒王。王命其兵以白布系肩为识,前驱入关。自成兵(二十万)横亘(在关内)山海间列阵以待,王令诸兵向自成兵而阵,三桂兵列右翼之末。阵定,三桂先与自成兵战,力斗数十合,及午大风尘起,咫尺莫能辨。师噪风止,武英郡王阿济格、豫郡王多铎以二万骑自三桂阵右突入,腾跃摧陷,自成方立马高冈观战,诧曰:'此满洲兵也。'策马下冈走,自成兵夺气,奔溃逐北四十里。即日王承制进三桂爵平西王,分马步兵各万隶焉。令前趋逐自成。"

16. 多尔衮年岁

《清史稿》列传五,多尔衮于顺治七年(1650)十二月卒,年三十九,应生于明神宗万历四十年(1612)。

太祖天命元年	年五岁
太宗天聪元年	年十六岁
太宗崇德元年	年二十五岁
世祖顺治元年	年三十三岁
三年	年三十五岁
五年	年三十七岁
七年	年三十九岁

17. 多尔衮之称号

俞正燮《癸巳存稿》卷九:"墨尔根王府述"条:"墨尔根王为睿亲王,为摄政王,当时称为台星可汗,见毛奇龄《后鉴录》;顺治七年十二月二十日至八年二月二十日尊称成宗义皇帝,其后撤爵封。"

1942.9.21

毛奇龄《后鉴录》:"会大清兴兵将讨贼,而总兵吴三桂家京师,闻其姜陈沅为贼所得,大恨。……自成亲率所部……夹攻,三桂惧不敌,乃乞师于台星可汗,九王发铁骑五万,以英王、豫王分领之入关。"

待校。1944.6.18

18. 多尔衮府

俞正燮《癸巳存稿》卷九"墨尔根王府述"条:"墨尔根王为睿亲王,……今世袭墨尔根王府在东单牌楼石大人胡同,乾隆时所立也。其旧府据《恩福堂笔记》在东安门内之南,明时南城,今玛哈噶喇庙。案《日下旧闻考》'普度寺在里新库北',谨案称:'睿亲王府,康熙三十三年建玛哈噶喇庙,乾隆四十一年始名普度寺,本明南城旧宫,今寺左黑佛殿内藏铠甲弓矢,睿亲王旧物也。王以顺治七年十二月初九日薨于喀喇城,十七日柩至京,入府治丧,吴伟业《读史偶述》诗云'松林路转御河行,寂寂空垣宿鸟惊,七载金縢归掌握,百僚车马会南城',其地址俱合,盖撤封以其女及养子家产人口给信王以后诗,故曰空垣也。'"

19. 顺治元年四月清兵南下①

崇祯十七年(1644),清顺治元年

四月初四日　范文程启摄政入关

　　初七日　以南伐祭告

　　十五日　多尔衮师翁后,吴三桂遣副将来请讨贼

　　二十二日　清军至山海关与吴三桂合兵破李自成

20. 范文程

《清史稿》列传十九《范文程传》:"范文程字宪斗,……其先世明初自江西谪沈阳,遂为沈阳人,居抚顺所。曾祖鏓,正德间进士,官至兵部尚书,《明史》有传(《明史》一百九十九,范鏓字平甫,其先江西乐平人,迁沈阳。鏓登正德十二年进士)。"

性格

"文程少好读书,颖敏沉毅,与其兄文寀并为沈阳县学生员。天命三年,太祖既下抚顺,文寀、文程共谒太祖,太祖伟文程与语器之。……"

武功

"上伐明取辽阳,度三岔,攻西平,下广宁,文程皆在行间。太宗即位,召直左右。天聪三年,复从伐明,……文程别将偏师徇潘家口,马兰峪、三屯营、马栏关、大安口,凡五城皆下。既明围我师大安口,文程以火器进攻,围解。太宗自将略永平,留文程守遵化,敌掩至,文程率先力战,敌败走。以功授世职游击。……"

计谋

"六年,从上略明边,文程与同值文馆宁完我、马国柱上疏论兵事以为入

---

① 编者注:此卡片原无标题,题目为整理者所拟。

宣大不若攻山海,及师至归化城,上策深入,召文程等与谋,文程等疏言:'察我军情状志皆在深入,当直抵北京决和否,毁山海关水门而归,以张军威。……我师进利在深入,否利在速归,半途而返无益也。'疏入,上嘉纳之。……自是破旅顺,收平岛,讨朝鲜,抚定蒙古,文程皆与谋。崇德元年,改文馆为内三院,以文程为内秘书院大学士。……文程所典皆机密事。……世祖即位,命隶镶黄旗。……"

入关三议

"及流贼李自成破明都,报至,文程方养疴盖州汤泉驿,召决策。文程曰:'闯贼涂炭中原,戕厥君后,此必讨之贼也。……'又曰:'……国家止欲帝关东则已,若将统一区夏,非义安百姓不可。'(本传太略,应据《东华录》语)……"

新政

"既克明都,百度草创,用文程议,为明庄烈愍皇帝发丧,安抚孑遗,举用废官,搜求隐逸,甄考文献,更定律令,广开言路,招集诸曹胥吏,征求册籍。明季赋额屡加,册皆毁于寇,惟万历时故籍存,或欲下直省求新册,文程曰:'即此为额,犹虑病民,其可更求乎?'于是议遂定。……二年,江南既定,文程上疏言治天下在得民心,士为秀民,士心得则民心得矣。请再行乡会试,广其登进。从之。……十一年八月,……自陈衰病乞休,九月上温谕进太傅兼太子太师致仕。……康熙五年八月庚戌卒,年七十。……谥文肃,御书祠额曰'元辅高风'。"

21. 教士所记之多尔衮辅政

英文,20 页。

此 Lewis Le comte Jesuit 致 Pontchastsain 书之英译本,氏于 1688 抵北京,此书当在其时,英译本有二,此 1737 年伦敦译本也。

1940.11.17　天雨一日未出户

22. 阿玛王

冯承钧译,费赖之著《入华耶稣会士列传》第四十九《汤若望传》有"先是,阿玛王擒永历太后例纳(Héline)及其他妃主送京师"之语,而著阿玛王之原文为 Amawang。案阿玛王即教士书中之 amavan 对音,其字源于满洲文之□□（阿·玛阿·斡阿昂 ama wang），译言父王也。此事当专作一文,附旧作多尔衮诸文之后。参考"多尔衮称皇父之臆测"、"The present state of china"（P20）及诸教士书。

二十九年十一月十八日早八时半　天挺

又 198 页有"皇叔阿玛王"之语。

23. 阿济格尚可喜追李自成

《清史列传》七十八《贰臣传甲·尚可喜传》："（顺治二年二月）会豫亲王多铎已破潼关,定西安,可喜奉诏与英亲王追剿自成,分兵攻克郧阳、荆州、襄阳诸郡,降贼将王光恩、苗时化等,复与英亲王合兵下九江,闻自成窜死九宫山,乃班师。"（18 页）

24. 李自成自陕西退出以后

《清史列传》二《多尔衮传》："（顺治二年七月,多尔衮）又致书英亲王曰:'尔等先称流贼尽灭,李自成已死,后又言战败贼兵凡十三次。则先称歼贼竟属虚语,今又闻自成遁江西。'"又《多铎传》："（顺治二年正月）二日,（多铎）师至西安,自成已先五日毁室庐,挈子女、辎重出蓝田口,窜商州,南走湖广。"（二册,17 页）

又卷一《阿济格传》："（顺治二年二月）时自成已为豫亲王多铎所败,弃西安,据商州。上命多铎还趋江南,而以阿济格追剿流贼。方自成南走时,携贼十三万,并湖广襄阳、承天、荆州、德安守御贼七万,声言欲取南京,水陆齐下。王（阿济格）分兵蹑其后,追及于邓州、承天、德安、武昌、富池口、桑家口、九江,屡败贼,抚其降者,穷追至贼老营大破之。自成仅以步卒二十人遁,斩其两叔父及伪汝侯刘宗敏于军,伪军师宋献策、总兵左光先等皆就俘。……故明宁南侯左良玉子梦庚方泊九江,闻大军至,……诣军门降。计所下河南属城十二,湖广属城三十九,江西属城六,江南属城六。……八月,师旋。方自成遁时,王诳报已死,又不候旨班师。摄政王多尔衮传语,以王等有罪不遣迎。……"（一册,10 页,未完）

25. 李自成之弟李孜降清时的兵力

《清史列传》三《勒克德浑传》:"(顺治二年九月)时明唐王之总督何腾蛟合流贼一只虎,窃据湖广州郡。……三年正月,大兵自江宁抵武昌,……次彝陵,流贼李自成弟孜、伪磁侯田见秀、伪义侯张耐、伪武阳伯李佑、伪太平伯吴汝义及伪将三十九人,马步贼五千有奇,诣军前降,获马骡牛万二千余。捷闻,得旨优奖。……"(三册,9 页)

26. 李自成自西安退出以后

《清史列传》卷一《满达海传》:"(顺治)二年二月,克沿边三城及延安府,自成遁湖广,蹑之,屡败贼,八月凯旋。"(一册,4 页)①

27. 顺治时之政治

顺治十八年间,其政治可分二期,元年至七年(1644—1650)为多尔衮摄政期,八年至十八年(1651—1661)为顺治亲政期。此二期除多尔衮御满洲人及宗室较严,而顺治于满洲及宗室时有敷衍之处外,大体相同。多尔衮与顺治同为明太祖崇拜者,故两人之政治主张亦皆法明,清初除薙发及衣冠外,一切政制、经济、法律皆沿明之旧。此由于所用之人如范文程、洪承畴、冯铨、陈名夏诸人之关系者半,由于崇拜明太祖个人者亦半。

顺治时之政治重要者有四,曰:法明,减赋,圈地,投充。前二者固善,后二者则莠政也。

28. 顺治初年的政治军事经济

(与形式卡片参看)
二年(1645)　据《清史稿》本纪
五月福王政权瓦解。

---

①　编者注:此条仅存卡片三。

六月申薙发令。

闰六月李自成死。

八月阿济格班师还京。

八月以河间等府荒地、明戚余地给八旗。

十月多铎班师还京。

三年（1646）

正月命豪格等攻四川。

五月命多铎攻叛降蒙古的各部落。

七月勒克德浑师还。

十月多铎师还。

十一月唐王政权瓦解。又张献忠死。

四年（1647）

二月清军入广州杀聿鐭。

三月禁汉人投充满洲，罢圈。

十二月清军入长沙、衡州，何腾蛟失败，拨田宅。

五年（1648）

正月豪格师还。

据此在五年正月以前，满洲贵族均调回，各地亦皆为清所控制。

二月金声桓在江西南昌起兵，命谭泰、何洛会讨之（满人而非贵族）。

闰四月命贝子屯齐讨陕西回（五月平）。

八月命英亲王阿济格讨天津土贼。

九月命英亲王阿济格讨曹县土贼。

九月命郑亲王讨湖广贼。

六年（1649）

正月命敬谨郡王尼堪征太原。

二月多尔衮征大同姜瓖。

四月命各省以荒田给民，六年后征租。

五年六年虽有贵族出征，均是小战役。只湖广稍大。

五月命孔有德、耿仲明、尚可喜(老降将)征广西、广东。

七年(1650)

正月郑亲王济尔哈朗师还。

十一月尚可喜下广州。

六年、七年湖南战事剧烈。

八年(1651)

正月孔有德下桂林。

闰二月严禁贪污虐民。一谕。

闰二月严禁税关扰民。一谕。

闰二月整饬吏治。一谕。

闰二月严禁藉捕扰民。一谕。

闰二月免涿、良乡圈地。

七月严禁投充汉人生事害民,有犯严治。

九年(1652)

七月明孙可望下桂林,孔死之。

清命亲王尼堪攻湖南、贵州。

十年(1653)

四月行一条鞭法。

五月招农还乡,命洪承畴经营湖广、广东、广西、云南、贵州。

十一年(1654)诏造各省丁地册。

十二月李定国撤离广东新会。

自九年至十一年两广军事剧烈。自五年(1648)后虽有战事而非全国性的。五年至十一年(1654)较十二年以后仍为激烈。十二年以后明军逐步退入贵州、云南,不复有主动力量,清军事益显松缓。而专力于恢复。

十四年(1657)

二月宽隐匿逃人律。

十月修《赋役全书》。

待正

入关1644，统一1683，凡40年。大规模战争四年：1644—1647。小规模而激烈七年：1648—1654。小规模较缓和七年：1655—1661。灭桂王：1661。三藩发生：1673。三藩：1673—1681。台湾战争九年：1683。

29. 清初抗清斗争的失败

李自成部下李来亨在康熙三年八月初五日失败自杀（见《圣祖实录》十三，四页，八月己卯张长庚疏），李军抗清武装告终（1664）。

永历帝在顺治十八年（1661）十二月被俘，次年（1662）遇害，李定国亦于康熙元年（1662）死，张军抗清武装告终（1662）。

台湾郑克塽于康熙二十二年（1683）降清，海上抗清武装告终（1683）。

此外起义者尚多，皆属微弱，于是抗清斗争转入地下。

抗清斗争最初不是没有希望的，而所以没有成功的原因：

一、人民在长期战争之后（自崇祯元年[1628]农民战争起），要求恢复生产的安定局面，因之参加斗争者不是太多，而且一遇挫折即行退入生产。一方面清廷宣传对农民让步，取消明末加派和苛征，以缓和阶级矛盾，农民信其宣传，归田生产者多。抗清心不巩固，不持久。这是主要的。

二、清朝强调明朝的阶级斗争，声言为明复仇，以缓和民族矛盾，明臣受其愚弄，投降者很多，内部分化。

三、清军入关，中国的统一局面破坏，失去了中心和重心，因而造成了分裂局面，各地军阀拥兵、观望，形同割据。如左良玉以及四镇，分散了军事力量。

四、南明在1646以前，没有和农民起义军合作共同抗清。

五、军事上，明军不能共同作战，没有配合，如1654李定国到广东，曾约郑成功出兵，郑没有出兵（其年张攻镇江）。又如1659郑攻南京，时李已退至滇边。

六、政治上，明朝没有鲜明的反清口号。

待正
1956.12.18

30. 清军入关时的形势

清军于顺治元年即崇祯十七年甲申（1644）四月入山海关。当时：

大顺军（李自成）占有：今河北、山西、陕西、河南、山东各省全境及甘肃、宁夏、湖北、安徽、江苏、内蒙、察哈尔各省区的大部或一部。

张献忠部（后称大西军）占有：四川。

明福王所属史可法部：驻扬州。辖四镇：刘泽清（淮北）、高杰（泗水）、刘良佐（临淮）、黄得功（庐州）。

明福王所属左良玉部：驻武昌。稍复楚西荆州、德安、承天。

江西：何腾蛟、袁继咸，皆与左良玉善。

与明福王相呼应的河南地主武装：刘洪起（开封、汝宁间）、萧应训（南阳）、李际遇（洛阳），结寨自固。

明福王驻南京，占有南直隶，浙江（张秉贞、陈洪范），湖北、湖南（后由何腾蛟驻守），广东、广西（后由①），云南、贵州（后由李定国驻守）。

1959.7.7

31. 清军入关南下侵略之先后

据《清史稿》本纪四《世祖本纪一》、卷五《世祖本纪二》、卷六《圣祖本纪一》、卷七《圣祖本纪二》，以《清鉴纲目》补。史言"定"此改"进攻"，史言"悉平"此改"占"。史言"伪装"、"复叛"此改"抗"。

顺治元年（1644）六月进攻山东，进攻山西

六月占山东

九月进攻河南，山东青州抗清

十一月占山西

二年（1645）正月攻陕西，占西安

二月攻徐州

三月占河南

四月清军渡淮，攻扬州

---

① 编者注：原稿空缺。应作"后由丁魁楚驻守"。

二年(1645)五月清军渡江占南京,福王亡。占江南

六月占杭州

八月攻松江、江阴

九月占江西南昌等十一府

九月李自成死。清军入湖广

十月占徽州

三年(1646)正月攻四川

二月攻福建浙江

六月占浙东

八月占浙江。攻湖广、广东、广西

十一月攻福建,占福建,唐王亡。占四川,张献忠死

四年(1647)二月占广州,占梧州

三月攻长沙

八月占四川

十二月占湖南

大规模战争结束。四年七月诏有"中原底定,声教遐敷,惟粤东尚为唐藩所阻。……用移南伐之师,席卷惠、潮,遂达省会……"之语。

五年(1648)二月金声桓在南昌抗清,江西复入于明。六年正月金死

六年(1649)四月<u>占福建(占福宁)</u>

五月攻广西、广东

八月占辰州、宝庆、靖州、衡州。<u>湖南全占</u>

七年(1650)九月明孙可望兵至贵州

十一月清军<u>占桂林</u>

九年(1652)七月<u>明李定国兵占桂林</u>、湖南、四川、广西。清命将攻湖南、贵州

十年(1653)五月明李定国兵占广东高州、廉州、雷州诸府

十二年(1655)二月清军占广东高、雷、廉三府及广西横州

十三年(1656)二月清军<u>占广西</u>南宁,桂王由黔入滇

十四年(1657)十二月清军攻贵州

十五年(1658)五月清军<u>占贵州</u>

十六年(1659)正月清军<u>占云南</u>

32. 南明政权

南京福王政权 1644—1645　1645 为弘光元年,凡一年。

绍兴鲁王政权 1645—1656　1646 为监国元年,凡十一年。

福州唐王政权 1645—1646　1645 为隆武元年,凡二年。

西南桂王政权 1647—1661　1647 为永历元年,凡十五年。是年为吴三桂所执,次年死。

海上奉桂王正朔 1662—1683　1662 称永历十六年,1683 称永历三十七年　1647、1648 称隆武三、四年。

此外还有为官僚拥戴之明代贵族,建号设官,然所关不大,不具录,就是这几个南明政权,本来也不是重视,但为了明了纪年的关系,略为说说。

33. 迁海

清初,屈大均《广东新语》卷二《地语》"迁海"条,29 下—引上。

34. 刘洪起失败

《清史列传》四《何洛会传》:"(顺治)三年……六月,命驻防西安,道经河南,剿灭西平县叛贼刘洪起等。"

35. 顺治时两太后

孟森《太后下嫁考实》:"世祖时之尊为皇太后者有二后:太宗元后孝端;太宗庄妃以生世祖而尊为后,曰孝庄。孝端崩于顺治六年,年五十一;摄政王薨于顺治七年,年三十九。孝庄后崩于康熙二十六年,年七十五。计其年,孝端长于摄政王十三岁。顺治五年间,摄政王称'皇父'时,孝端已五十岁矣。孝庄则少于摄政王者两岁(误,见后表)。以可以下嫁论,当属孝庄。"

《清史稿》列传一:"太宗孝端文皇后,博尔济吉特氏,科尔沁贝勒莽古思女。……顺治六年四月乙巳,崩,年五十一。……"

又:"孝庄文皇后,博尔济吉特氏,科尔沁贝勒塞桑女,孝端皇后侄也。……(崇德)三年正月甲午,世祖生。世祖即位,尊为皇太后。……十三年,……上承太后训,撰《内则衍义》,并为序以进。圣祖即位,尊为太皇太后。九年,上奉太后谒孝陵。十年,谒福陵、昭陵。十一年,幸赤城汤泉,……太后不预政,朝廷有黜陟,上多告而后行。尝勉上曰:'祖宗骑射开基,武备不可弛,用人行政,务敬以承天,虚公裁决。……'十九年四月,上撰《大德景福颂》进太后。二十年复奉太后幸汤泉。……二十二年夏,奉太后出古北口避暑。秋,幸五台山。……二十六年九月,太后疾复作。……十二月……乙巳,崩,年七十五(应生于明万历四十一年)。上哀恸,欲于宫中持服二十七月,王大臣屡疏请遵遗诰,以日易月,始从之。"

36. 顺治董妃

陈垣《汤若望与木陈忞》第二章《董妃来历问题》:"董妃旧传为秦淮名妓董小宛,故友孟心史先生著《董小宛考》已辨之。董本译音,或作栋鄂,或作董鄂。顺治《御制行状》作董氏,满洲人,内大臣鄂硕女,年十八入宫,顺治十三年八月立为贤妃。……"(金之俊有《董妃传》)

"(《汤若望回忆录》)继又云:顺治皇帝对于一位满籍军人之夫人,起了一种火热爱恋,当这军人因此申斥他的夫人时,竟被对于他这申斥有所闻知的天子,亲手打了一个极怪异的耳掴,这位军人于是乃因愤致死,或许竟是自杀而死。皇帝遂即将这位军人底未亡人收入宫中,封为贵妃。这位贵妃于一千六百五十七年产生一子,是皇帝要规定他为将来的皇太子的,但是数星期之后,这位皇子竟而去世,而其母于其后不久亦薨逝。"

"据此所述,其为董妃无疑。《御制行状》云:'后于丁酉(顺治十一年,西1658)冬生荣亲王,未几王薨,后意岂必己生者为天子始慊心乎,是以绝不萦念。'此与汤若望要规定他为皇太子之言相合。……"

"然所谓满籍军人者,究为何人,其夫人能接近皇帝,则非疏逖之臣可知,故有人疑此为顺治之弟,名博穆博果尔,顺治十二年十二月封襄亲王者,太宗之第十一子也。治栖之俗,当时本不以为异,太祖第五子莽古尔泰死,其妻分给从子豪格及岳托;第十子德格类死,其妻给其弟阿济格;顺治五年豪格死,多尔衮又与阿济格各纳其福晋一人,此皆著之国史。博穆博果尔顺治十三年七月初三日卒,年十六,二十七日服满,即为八月,故董妃以八月册贤妃,其时日适符也。"(陈氏所据为杨丙辰译德人魏特著《汤若望传》)

冯承钧译《入华耶稣会士列传》第四十九《汤若望传》:"不幸帝宠爱一幼年孽妇逾常,此妇诱其不信正教,不理国政,而迷信佛说。此妇有一子,帝许此子将来承继大位,不意此子夭殇,而此妇亦逾六月死。顺治帝悲甚,得疯疾,已而发热甚剧,至于大渐。"(ldist. relat., pp 299 Seg. Rougemont. Historia, pp. 142 Seg.)

37. 襄昭亲王

《清史稿》列传六《襄昭亲王传》:"襄昭亲王博穆博果尔,太宗第十一子。顺治十二年,封襄亲王。十三年,薨,予谥。无子,爵除。"

《清史稿》列传一《后妃太宗懿靖大贵妃传》:"懿靖大贵妃,博尔济吉特氏,阿霸垓郡王额齐格诺颜女。崇德元年,封麟趾宫贵妃。……康熙十三年,薨,圣祖侍太后临奠。子一,博穆博果尔。……"

《清史稿》本纪五:"(顺治)十二年……二月……丙子,封博穆博果尔为和硕襄亲王。"

又:"(顺治)十三年……秋七月……己酉,和硕襄亲王博穆博果尔薨。"

顺治《东华录》二十七,十三年秋七月:"己酉和硕襄亲王博穆博果尔薨,年十六。"

崇德《东华录》六:"(崇德六年)十二月……辛酉,皇十子博穆博果尔生,麟趾宫贵妃出也。"

案,此条《太宗本纪》失载。

38. 记顺治死事之书

据孟森《清初三大疑案考实》,记顺治死事者有下列诸书:
《玉林国师年谱》
《王文靖集》附自撰《年谱》　王熙
《王文靖公行状》　韩菼
《王文靖公墓志铭》　张玉书

《张宸杂记》　民国二十年上海《人文杂志》

39. 顺治之削发

载顺治削发事者:《汤若望回忆录》、《续指月录》、《玉林语录》

《汤若望回忆录》:"此后皇帝便把自己完全委托于僧徒之手,他亲手把他的头发削去,如果没有他的理性深厚的母后和若望加以阻止时,他一定会充当了僧徒的。"

《续指月录》:"玉林(通琇)到京,闻森首座(行森)为上净发,即命众聚薪烧森。上闻,遂许蓄发乃止。"

《玉林语录》:"十月十五日到皇城内西苑万善殿,世祖就见丈室,相视而笑。世祖谓师曰:'朕思上古,惟释迦如来舍王官而成正觉,达摩亦舍国位而为禅祖,朕欲效之何如?'师曰:'若以世法论,皇上宜永居正位,上以安圣母之心,下以乐万民之业。若以出世法论,皇上宜永作国王帝主,外以护持诸佛正法之轮,内住一切大权菩萨智所住处。'上意欣然听决。"

以上据陈垣著《汤若望与木陈忞》,见《辅仁学志》七卷一二号。

其年为顺治十七年,顺治年二十三岁。

陈(垣)援庵先生以为:"此文最可注意者为相视而笑四字,盖是时上首已秃也。"又曰:"故谓顺治出家未遂则可,谓其无出家之意,无出家之事则不可。"

40. 顺治多尔衮等之年龄

年代	顺治	孝端太后	孝庄太后	多尔衮	董鄂后	襄亲王	纪事
	崇祯十一年,崇德三年生,1638	万历二十七年生,1599	万历四十一年生,1613	万历四十年生,1612	崇祯十二年,崇德四年生(?),1639	崇祯十四年,崇德六年生,1641	
顺治元年1644	七岁	四十六岁	三十二岁	三十三岁	六岁	四岁	封多尔衮为叔父摄政王。

年代	顺治	孝端太后	孝庄太后	多尔衮	董鄂后	襄亲王	纪事
二年 1645	八岁	四十七岁	三十三岁	三十四岁	七岁	五岁	
三年 1646	九岁	四十八岁	三十四岁	三十五岁	八岁	六岁	
四年 1647	十岁	四十九岁	三十五岁	三十六岁	九岁	七岁	
五年 1648	十一岁	五十岁	三十六岁	三十七岁	十岁	八岁	十月多尔衮称皇父。三月豪格死。
六年 1649	十二岁	五十一岁	三十七岁	三十八岁	十一岁	九岁	十二月多尔衮妃死。四月孝端太后崩。
七年 1650	十三岁		三十八岁	三十九岁	十二岁	十岁	正月多尔衮纳豪格妃。五月多尔衮亲迎朝鲜福金于连山。十二月多尔衮死。
八年 1651	十四岁	×	三十九岁	×	十三岁	十一岁	八月册博尔济吉特氏为皇后。十一月皇第一子牛钮生,母曰庶妃巴氏。
九年 1652	十五岁		四十岁		十四岁	十二岁	
十年 1653	十六岁		四十一岁		十五岁	十三岁	八月废皇后博尔济吉特氏为静妃。七月皇二子福全生,母曰宁悫妃。

续表

年代	顺治	孝端太后	孝庄太后	多尔衮	董鄂后	襄亲王	纪事
十一年 1654	十七岁		四十二岁		十六岁	十四岁	六月册立孝惠皇后。三月圣祖生，母曰孝康后，时年十五。册孝惠皇后妹为妃。
十二年 1655	十八岁		四十三岁		十七岁	十五岁	
十三年 1656	十九岁		四十四岁		十八岁	十六岁	八月立董鄂妃为贤妃，十二月进皇贵妃。七月襄亲王死。
十四年 1657	二十岁		四十五岁		十九岁	×	十月皇四子生，母曰孝献后，即董鄂妃。十一月皇五子常宁生，母曰庶妃陈氏。
十五年 1658	二十一岁		四十六岁		二十岁		
十六年 1659	二十二岁		四十七岁		二十一岁		十一月皇六子奇授生，母曰庶妃唐氏。
十七年 1660	二十三岁		四十八岁		二十二岁		四月皇七子隆禧生，母曰庶妃钮氏。八月皇贵妃董鄂氏薨。十二月皇八子永幹生，母曰庶妃穆克图氏。
十八年 1661	二十四岁		四十九岁		×		正月帝崩。

　　案,《清史稿·后妃传》"孝献皇后,栋鄂氏(《本纪》作董鄂氏),内大臣鄂硕女,年十八入侍,上眷之特厚,宠冠后宫,十三年八月立为贤妃"云云兹假定入宫之年即为册立之年,故定为生于崇德四年,如入宫在前则其年应更长也。

　　又案,《后妃传》世祖妃嫔除上述之外,见之《史稿》者尚有贞妃、恭靖妃、端顺妃、恪妃石氏、杨氏、苏氏、纳喇氏诸人。

　　案,《清史稿》列传一《孝惠章皇后传》"顺治十一年五月,聘为妃,六月,册为后。贵妃董鄂氏方幸,后又不当上旨"云云,则十一年董鄂妃已在宫内,其入宫或尚在前,姑以十一年入宫年十八计,已较世祖长一岁矣。但如此则与襄亲王年龄不合,或传中云云乃连下文"十五年正月皇太后不豫"云云而读也。

41. 顺治时政治传说之参考书

郑天挺:《多尔衮称皇父之臆测》,《国学季刊》六卷一号

孟森:《太后下嫁考实》,《三大疑案考实》之一

吴宗慈:

孟森:《董小宛考》,《心史丛刊》

陈垣:《汤若望与木陈(道)忞》,《辅仁学志》七卷一二号

孟森:《世祖出家考实》,《三大疑案考实》之二

《汤若望传》、《入华耶稣会士列传》、《玉林语录》、《续指月录》、道忞《北游集》

42. 顺治董妃与吴梅村诗

《越缦堂日记》四十三册,光绪十年十月二十日:"吴梅村七绝《读史有感》八首,盖亦为孝陵董贵妃作也。其第一首云:'弹罢熏弦便薤歌,……'第二首云:'重璧台前八骏蹄,……'第八首云:'铜雀空施六尺床,……'其情事皆甚显。又《古意》六首,其第一首云:'争传婺女嫁天孙,……'第二首云:'豆蔻梢头二月红,……'第四首云:'玉颜憔悴几经秋,……'第五首云:'银海居然妒女津,……'则皆不知何指矣。或云为摄政王娶肃武亲王妃而作,然诗旨不似言朱邸也。疑章皇崩后,嫔御有出嫁之事,年代已远,国史又讳

之,莫得而详。后来世俗悠谬之谈,遂从此出,君子所不道焉。"(56页)

又四十七册,光绪十二年十二月初三日:"吴梅村《读史有感》八首,其二云:'重璧台前八骏蹄,歌残黄竹日轮西。君王纵有长生术,忍向瑶池不并栖。'其三云:'昭阳甲帐影婵娟,惭愧恩深未敢前。催道汉皇天上好,从容恐杀李延年。'其八云:'铜雀空施六尺床,玉鱼银海自茫茫。不如先拂西陵枕,扶下君王到便房。'皆与《长生殿》传奇同意。至梅村《古意》六首,其一云:'争传婺女嫁天孙,才过银河拭泪痕。但得大家千万岁,此生那得恨长门。'其二云:'豆蔻梢头二月红,十三初入万年宫。可怜同望西陵哭,不在分香卖履中。'其四云:'玉颜憔悴几经秋,薄命无言只泪流。手把定情金合子,九原相见尚低头。'其五云:'银海居然妒女津,南山仍锢慎夫人。君王自有他生约,此去惟应礼玉真。'又《仿唐人本事诗》,其一云:'聘就蛾眉未入宫,待年长罢主恩空。旌旗月落松楸冷,身在昭陵宿卫中。'所指皆别是一事,盖孝陵末年有被选入宫、未得幸而遭国恤者,味其诗意,似当日栋鄂贵妃(即追谥为孝端敬皇后者。梅村《清凉山赞佛诗》所谓"可怜千里草",盖本董姓改为栋鄂氏,犹佟佳本佟,章佳本张也),宠冠昭阳,故天眷虽深,而贯鱼未逮,《长生殿》中有《絮阁》一出,亦其微意也。"(39—40页)

　　天挺案,栋鄂妃追谥孝献庄和至德宣仁温惠端敬皇后,故《清史稿》称孝献皇后,世祖遗诏称端敬皇后,李氏注孝端敬皇后误。

1940.7.3

43. 流徙宁古塔

顺治《东华录》(王氏)三十五,顺治十七年七月甲寅朔丁丑:"刑部等衙门议,准刑部尚书杜立德奏,'席北'虽属国地方,然在边外,今后有应徙'席北'者俱改徙'宁古塔'。从之。"(43页后)

又十一月壬子朔,辛酉:"议政王贝勒大臣九卿科道等遵旨议奏魏裔介、季振宜奏参刘正宗……各款,……得旨:刘正宗……从宽免死,着革职,追夺诰命,籍没家产一半归入旗下,不准回籍;张缙彦……亦从宽免死,着……追夺诰命,籍没家产,流徙宁古塔地方。……"(46页)

　　案,流徙宁古塔并非始于顺治十七年,此盖改席北为宁古塔之始也。十五年四月壬辰吴维华、胡名远徙宁古塔见同书。

1951.7.20

44. 于七党

《清史稿·圣祖本纪一》,康熙六年(1667)四月甲子(二十日):"御史田六善言,奸民告讦,于南人不曰'通海',则曰'逆书',北人不曰'于七党',则曰'逃人',请鞫诬反坐。从之。"(甲子)

《东华录·康熙七》,康熙六年夏四月:"庚午(二十六日)刑部议覆:御史田六善奏,近见奸民捏成莫大之词,逞其诈害之术,在南方者不曰'通海'则曰'逆书',在北方者不曰'于七贼党'则曰'逃人'。谓非此则不足以上耸天听,下怖小民。臣请敕下督抚,以后如有首告实系谋反逃人等事,即与审理,情实者据实奏闻,情虚者依律反坐,毋得借端生事,株累无辜。如奸民不候督抚审结,径来叩阍者,依光棍律治罪。查定例不俟原问官审结径行叩阍者,旗人枷号两月,鞭一百;系民责四十板,流三千里,相应照此例行。从之。"

《清史稿·圣祖本纪一》,顺治十八年(1661)辛酉(十五日):"山东民于七作乱,逮问巡抚许文秀,总兵李永盛、范承宗,命靖东将军济世哈讨平之。"(本传作济席哈)

《东华录·康熙一》,顺治十八年十月甲子(十八日):"以失察叛贼于七,逮山东巡抚许文秀、沂州总兵官李永盛、登州总兵官范承宗来京。"

又:"辛未(二十五日)命都统济世哈为靖东将军,统领满汉官兵征剿山东叛贼于七。"

《清史稿》列传二十九《济席哈传》:"济席哈,亦富察氏,满洲正黄旗人。……初亦授牛录额真。崇德四年,擢巴牙喇纛章京。……顺治元年,从入关,……二年,从端重亲王博洛下浙江,既克杭州,以梅勒额真驻守。……七年,调刑部,擢尚书,……十年,解尚书,……移兵镇湖南。十一年,召还。……十四年,……从大将军贝子罗托征云南。……十八年,授靖东将军,讨栖霞土寇于七,击破所据岠嵎山寨,七窜入海。康熙元年,卒。六十年,以其子西安副都统阿禄疏请,追谥勇壮。"(岠嵎山在山东栖霞县东,产金。)

《清史稿·文苑传一·宋琬传》:"宋琬,字玉叔,莱阳人。……少能诗,有才名。顺治四年进士,授户部主事,累迁吏部郎中。出为陇西道,……调永平道,又调宁绍台道,皆有绩。十八年,擢按察使。(案《东华录》,事在十

七年十二月十五日丙申。)时登州于七为乱。琬同族子怀宿憾,因告变,诬琬
与于七通。立逮下狱,并系妻子。逾三载,下督抚外讯。巡抚蒋国柱白其
诬,康熙三年放归。十一年,有诏起用,授四川按察史。……始琬官京师,与
严沆、施闰章、丁澎辈酬唱,有'燕台七子'之目。……王士祯点定其集为三
十卷。尝举闰章相况,目为'南施北宋'。"

《东华录·康熙三》,康熙二年十一月乙丑朔:"刑部议覆山东总督祖泽
溥审鞫原任按察使宋琬等通同于七谋反一案,两议上请,一拟极典,一拟流
徙,将原审总督祖泽溥议处。得旨,据审宋琬等原无通贼情节,干证唐进夏、
吴八等亦坚称乌有,叛逆重罪理应详审,情实即应正法,如虚即应免罪,尔等
将无确据之事悬揣定拟两议,均属不合,宋琬等着免罪,总督祖泽溥亦免
议处。"

1940. 4. 8

45. 清代的农民起义

顺治十八年(正月康熙帝即位)十月,山东登州于七起义。

七、平定三藩

1. 三藩世系

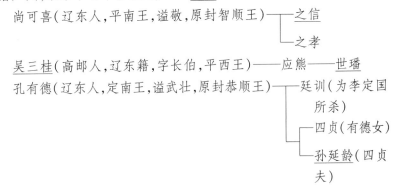

耿仲明(字云台,辽东人,靖南王,原封怀顺王)——继茂(谥忠敏,
先藩广州,顺治十七年移福建)——精忠
尚可喜(辽东人,平南王,谥敬,原封智顺王)┬之信
　　　　　　　　　　　　　　　　　　　　└之孝

吴三桂(高邮人,辽东籍,字长伯,平西王)——应熊——世璠
孔有德(辽东人,定南王,谥武壮,原封恭顺王)┬廷训(为李定国
　　　　　　　　　　　　　　　　　　　　　　所杀)
　　　　　　　　　　　　　　　　　　　　　├四贞(有德女)
　　　　　　　　　　　　　　　　　　　　　└孙延龄(四贞
　　　　　　　　　　　　　　　　　　　　　　夫)

2. 平定三藩

魏源《圣武记》卷二《康熙戡定三藩记上》:"国朝兵事大者曰'前三藩,
后三藩'。前三藩,明福王、唐王、桂王也。后三藩,平西王吴三桂、平南王尚
之信、靖南王耿精忠也。语敌寇之名号则前顺而后逆,语国家之兵力则前甫
新造而后乘全盛,语戡定之战功则前若拉朽而后等摧山,事倍功半劳佚相百
者何哉? 势重则藩镇剧于殷顽,助少则守成劳于创业。"

3. 三藩

《清史稿》列传二百六十一《吴三桂传》:"是时(康熙初)(尚)可喜镇广
东,(耿)继茂子精忠镇福建,并称三藩,而三桂骄恣尤甚。"
南明三王或亦称之为三藩,故又称三桂等为后三藩。
康熙五十六年杨陆荣著《三藩纪事本末》即述南明三王事。

4. 三藩之封

《清史稿·世祖纪一》："顺治元年（1644）……四月……己卯，……睿亲王多尔衮……封（吴）三桂为平西王。"

又："顺治六年（1649）……五月……丁丑，改封孔有德为定南王（太宗时封恭顺王），耿仲明为靖南王（太宗时封怀顺王），尚可喜为平南王（太宗时封智顺王）。"

1633 年孔、耿降，1634 年尚降。

案《史稿》传二六一吴三桂本传及表八《诸臣封爵世表一》，三桂于康熙元年五月进亲王，本纪未见。

《清史稿》五《世祖本纪二》："顺治十四年……十一月……壬戌，明桂王将孙可望来降，……十二月……甲戌，封孙可望为义王。"

5. 孔有德

《清史稿》传二十一《孔有德传》："孔有德，辽东人，太祖克辽东，与乡人耿仲明奔皮岛，总兵毛文龙录置部下善遇之，袁崇焕杀文龙，……有德与仲明走依登州巡抚孙元化，为步兵左营参将。天聪五年（崇祯四年，1631），李九成……咻有德谋为变，纠众数千掠临邑，陵商河，残河东，围德平，破新城，恣焚杀甚酷。……庄烈帝命侍郎朱大典督师讨有德。……大典督诸军筑长围困之，九成出战死，明师攻益急，有德乃谋来降。天聪七年（1633）有德、仲明入谒，授有德都元帅，仲明总兵官，……命率所部驻东京，号令鼓吹仪卫皆如旧，惟刑人出兵当以闻。……别敕令旗纛用皂色。……八年（1634）……及尚可喜来降，上遇之亚有德、仲明，命更定旗制以白镶皂，号有德、仲明军为天祐兵，可喜军为天助兵，国语谓汉军乌真超哈，有德等自将所部不相属。……有德等为部将请敕，上命自给札（许黜陟部将也），……顺治元年（1644），从睿亲王多尔衮入关，追击李自成至庆都，……十月，……旋命有德从定国大将军豫亲王多铎西讨李自成。二年（1645），陕西既定移师下江南，克扬州，取明南京，攻江阴，有德皆有劳。八月师还……命还镇辽阳，简士马待征发。三年（1646）……八月，授有德平南大将军，率仲明、可喜……率师南征，策自湖广下江西赣南入广东。……五年（1648），……湖南诸郡县悉定,又旁取贵州黎平府、广西全州。……上命有德班师。……六年(1649)五月,改封有德定南王(崇德元年封恭顺王)。……令将旧兵三千一百、新增兵万六千九百,合为二万人征广西。……十二月,遂拔桂林,……九年(1652),明将李定国、冯双礼自黎平出靖州。……七月,定国自西延大埠取间道疾驱击破全州军,薄桂林。……城兵寡,定国昼夜环攻,有德躬守陴,矢中额,……敌夺城北山俯攻,有德令其孥以火殉,遂自经。……有德女四贞,……嫁有德部将孙龙子延龄,延龄叛应吴三桂,自有传。

6. 耿仲明

《清史稿》列传二十一《耿仲明传》:"耿仲明,字云台,辽东人。初事明总兵毛文龙,文龙死,走登州,依巡抚孙元化,皆与孔有德俱。……天聪七年五月从仲明(此《史稿》原文,应作有德)来降。……崇德元年封仲明怀顺王。……七年八月,命隶正黄旗。……(顺治)六年,改封靖南王。……仲明自降后屡出征伐,恒与有德俱,未尝独将,是岁始与有德分道出师,有德征广西,仲明与尚可喜征广东。……师既行,刑部奏论仲明部下梅勒章京陈绍宗等纵部卒匿逃人,罪当死,上因谕仲明察……毋隐,仲明察得三百余人械归,上疏请罪,吏议当夺爵,上命宽之,……仲明未闻命,十一月次吉安,自经死。子继茂……从可喜俱南,定广东诸郡县,……八年世祖亲政,继茂嗣为王。……初继茂与可喜攻下广州,怒其民力守,尽歼其丁壮,即城中驻兵牧马,营靖南、平南二藩府,东西相望,继茂尤汰侈,广征材木,采石高要七星岩,工役无艺,复创设市井私税,民咸苦之。……十七年七月,改命移福建。(十五年高要知县杨雍建内迁给事中疏陈广东滥役私税诸大害,谓一省不堪两藩,请量移他省。)

7. 尚可喜

《清史稿》列传二十一《尚可喜传》:"尚可喜,辽东人。……明庄烈帝崇祯三年擢副总兵,黄龙为东江总兵官驻皮岛,可喜隶部下。……龙兵败自杀(事在天聪七年七月),……明以沈世奎代龙为总兵,部校王廷瑞、袁安邦等构可喜诬以罪,世奎檄可喜诣皮岛,可喜诇得其情,遂还据广鹿岛。天命七年十月,遣部校……谒上乞降。……八年正月,可喜举兵略定长山、石城二岛,行且至,上命诸贝勒集满汉蒙古诸臣谕曰:'……承天眷佑,彼自来附,八家贝勒已出粟四千石,凡积粟之家当量出佐饷,仍予以值.'……旋授可喜总兵官,……号其军曰'天助兵',命驻海州.……崇德元年四月,封智顺王.……顺治元年,从入关击李自成,追至庆都.……复与英亲王合军下九江,闻自成窜死九宫山乃班师(事在二年闰六月).……还镇海州.三年八月,授(孔)有德为平南大将军,征湖广,命可喜率所部偕行.……湖南既定,师还(有德班师在五年九月己丑,《清史稿》本纪失载).……六年五月,改封平南王,……旋命率旧兵二千三百、新增兵七千七百合万人与(耿)仲明同征广东.……七年正月,进克韶州,……二月,师薄广州.……围合十阅月,……克广州.……九年,可喜与继茂(耿仲明子,传中前未见继茂名,不应不叙其姓,此纂修失察处)帅师南下,……于是高、雷、廉、琼四府皆定.……十三年四月,又克揭阳、晋宁、澄海三县.……自是明桂王徙云南,(李)定国等不复侵广东,数岁无兵事.可喜与继茂并开府广州,所部颇放恣为民害.……十七年,移继茂福建,可喜专镇广东,广东初定,又以令徙濒海居民,民失业去为盗.……康熙……十二年……三月,可喜疏乞归老海城(参看"三藩乞归"卡片),……十一月三桂反(参看"吴三桂起兵"卡片)……可喜初请以长子之信袭爵,继恶之信酗酒嗜杀,请更授次子之孝,之信阴通三桂,……(十五年)二月,之信发兵围可喜第叛,可喜卧疾不能制,愤甚自经,左右救之苏,疾益甚,十月卒,疾亟犹服太宗所赐朝衣,遗令葬海城(年七十余?)."

8. 孔、尚、耿与毛文龙

《东江遗事》孔、尚、耿三王传,称三人均由毛文龙抚之为孙.孔有德名毛永诗,尚可喜名毛永喜,耿仲明名毛有杰.

《东江遗事》民国乙亥七经堪石印,原题沧江漫叟辑,有嘉庆丙寅序,罗振玉考订为吴兔床.

9. 清初孔耿尚之镇两粤

《清史稿》四《世祖本纪一》:"(顺治)六年……五月……丁丑……命孔有德征广西,耿仲明、尚可喜征广东,各挈家驻防."

10. 洪承畴之经历

《明清史料》丙编第二本一〇二页,内院大学士洪承畴咨吏部文:"本职福建泉州府南安县人,繇进士初任刑部江西清吏司主事,二任本部贵州清吏司署员外郎事主事,……十一任兵部右侍郎兼都察院右佥都御史总督陕西三边军务,……十五任太子太保兵部尚书兼都察院右副都御史总督蓟辽军务,大清顺治元年六月十四日奉叔父摄政王令旨奏奉圣旨着以原官内院大学士办事。曾祖父以诜,……祖父有秩,……父启熙……顺治二年三月日咨。"

又第二本一六〇页经略洪承畴揭帖:"职承畴年六十四岁,满洲籍,福建泉州府南安县人,由进士顺治元年六月内奉命授内翰林秘书院大学士太子太保兵部尚书兼都察院副都御史办事,顺治二年闰六月内奉命以原官招抚江南各省地方总督军务兼理粮饷,……"据揭:

顺治元年六月	内翰林秘书院大学士
二年闰六月	招抚江南
四年十二月	交代回京
五年五月	复入内院办事
八年四月二十一日	奉旨提问
五月二十三日	免罪仍以原官内院办事
八年九月	疏请拨入牛录当差
十月	准拨入镶黄旗牛录管应祖下
九年正月初四日	奉旨提问
初七日	奉旨免罪仍以原官内院办事
十年五月二十五日	加授太保兼太子太师内翰林国史院大学士兵部尚书兼都察院右副都御史经略湖广广东广西云南贵州等处总督军务兼理粮饷(闰六月十五日出京)
八月	奉命经略湖广江西广西云南贵州。(改广东为江西)
十一月	武昌到任
十一年三月	到湖南长沙府驻扎

（十八年四月乞休，康熙四年正月卒，见《史稿》）

揭帖上于顺治十三年六月二十九日。

入旗

《明清史料》丙编第二本第一三一页，户部题本："……户科抄出内翰林秘书院大学士……洪承畴奏前事，内称臣松锦之役，原是罪应万死之身，蒙太宗文皇帝不杀隆恩，豢养优遇，又蒙皇上破格任用，官禄过厚，臣虽捐此顶踵不足图报。但臣隶在镶黄旗下业已八年，俱有钦赐房屋田地壮丁，向来未知满洲事例，未敢请命拨入牛录下，无地可以自效。臣受皇上天恩实同在旧臣之列，乃披甲当差尚未附旧臣之后，寝食魂梦不敢自安。伏乞圣恩，准臣入镶黄旗乌金绰哈固山牛录下，使臣得照例当差……等因，顺治八年九月初七日奏。本日奉圣旨该部知道，……抄出到部……该臣等看得洪承畴既在旧臣之列，自宜照例随固山，今住址现在镶黄旗地方，相应允从所请，将壮丁数目收入镶黄旗乌金绰哈固山下可也。……谨题请旨。顺治八年十月初一日。……（朱批）洪承畴愿归何牛录下，听从其便。"

招抚江南

《明清史料》丙编第二本一二五页，江南招抚洪承畴题本："臣于顺治二年七月内钦奉简命招抚江南各省，八月内随钦命平南大将军贝勒至江宁。维时江南初定，各省尚须征剿，大兵云集省城，所需米麦豆草数多。又值改京为省，百务新创，仓场俱无积贮。……顺治五年二月二十六日。"

改京为省

又二本一一六页，江南招抚洪承畴揭帖："……臣自二年八月内到江宁，时当改京为省，百务纷杂，职日夜拮据，不敢时刻懈怠。……顺治四年九月初八日。"

《清史稿》纪四《世祖本纪》，顺治二年闰六月："癸巳命大学士洪承畴招抚江南各省。""乙巳改南京为江南省，应天府为江宁府。"七月："壬子（初三日）命贝勒勒克德浑为平南大将军，同固山额真叶臣往江南代多铎。"三年："四月己卯诏贝勒勒克德浑班师。"三年二月："甲申罢江南旧设部院，差在京户兵工三部满汉侍郎各一人驻江宁，分理部务。"

案，洪承畴顺治十三年（1656）年六十四岁，应生于万历二十一年（1593），康熙四年（1665）正月卒（《清史稿》本纪六），得年七十三。洪氏以万历四十四年（1616）中进士，时年二十四岁（中进士见《清史稿》传二十四），崇祯四年（1631）九月为总督（《明史》二十三本纪），年三十九岁,崇祯十五年(1642)二月降清(《明史》二十四),年五十岁。

1950.6.6

11. 吴三桂入清之武功

《清史稿》列传二百六十一《吴三桂传》:"吴三桂,字长伯,江南高邮人,籍辽东。(李)自成……弃明都西走,命三桂从阿济格逐自成至庆都(今河北省中部望都县),屡战皆胜,自成走山西乃还师。……寻命英亲王阿济格为大将军西讨自成,三桂率所部从,自边外趋绥德。(顺治)二年克延安、鄜州,进攻西安,……自成出武关南走,帅从之,自襄阳卜武昌,自成走死,师复东徇九江。八月师还,……出镇锦州。……五年(事在四月),命与定西将军墨尔根侍卫李国翰同镇汉中。六年,……有王永强者为乱,破延安、榆林等十九州县,……三桂督兵克宜君、同官,……进克蒲城、宜川、安塞、清涧诸县,定边、榆林、府谷皆下。八年,……张献忠将孙可望、李定国等皆降于明,率兵扰川北诸郡县,命三桂偕国翰率师讨之。……十四年,……诏授三桂平西大将军,与国翰率师徇贵州。时大将军罗托经略洪承畴等出湖南,将军卓布泰等出广西(本纪五,十七页,作赵布泰),三道并进。三桂等发汉中道保宁、顺庆,次合州,破明兵,收江中战舰,……遂下遵义,克开州。会罗托等已克贵阳,卓布泰亦自都匀、安远入,信郡王多尼将禁旅至,……三桂驰与罗托等会于平越杨老堡,议分道进兵。三桂自遵义出天生桥,……绕出乌撒土司境,次霑益,……十六年……二月,三桂与尚善、卓布泰合军克云南会城,……取永昌,……取腾越,……诏三桂镇云南。……十八年,三桂遣使缅甸刻师期,令于猛卯迎师,……十一月,会师木邦,……十二月,师进次旧晚坡,距缅甸都六十里,……缅甸逐执由榔及其母妻等送军前,……师还。

12. 吴三桂之镇云南

《清史稿》列传二百六十一《吴三桂传》:"(顺治)十六年(1659)……二月,三桂与尚善、卓布泰合军克云南会城,……诏三桂镇云南,命总管军民事,谕吏兵二部云南将吏听三桂黜陟。……康熙元年(1662)捷闻(禽桂王由榔),诏进三桂亲王并命兼辖贵州。"

"三桂初以开关迎师,位望出诸降将孔有德、耿仲明、尚可喜辈右,……

而三桂功最高。云贵初定,洪承畴疏用明黔国公沐英故事,请以三桂世镇云南。三桂复请敕云南督抚受节制。"

13. 吴三桂镇滇之权势

《清史稿》列传二百六十一《吴三桂传》:"云贵初定,洪承畴……请以三桂世镇云南,三桂复请敕云南督抚受节制。……据由榔所居五华山故宫为藩府,增华崇丽,籍沐天波庄田七百顷为藩庄。假浚渠筑城为名重榷关市;笼盐井金铜矿山之利,厚自封殖,通使达赖喇嘛互市;北胜州辽东参四川黄连、附子就其地采运,官为之鬻收其直;货财充溢贷诸富贾,谓之藩本,权子母,斥其羡以饵士大夫之无藉者。择诸将子弟四方宾客与肄武备,谓以储将帅之选;部兵多李自成、张献忠百战之余,勇健善斗,以时训练;所辖文武将吏选用自擅,各省员缺时亦承制除授,谓之西选;又屡引京朝官、各省将吏用以自佐。……(康熙)六年,三桂疏言两目昏瞀,精力日减,辞总管云贵两省事,下部议,如各省例归督抚管理,文吏由吏部题授,云贵总督卞三元、云南提督张国柱、贵州提督李本深交章陈三桂劳绩,请敕仍总管,得旨:'王以精力日减奏辞,若仍令总管恐其过劳,如边疆遇有军事,王自应经理。'……三桂益欲揽事权,构衅苗蛮,藉事用兵,私割中甸畀诸藩屯牧,通商互市。……藩属将吏士卒廪俸饷钜万,各省输税不足,征之江南,岁二千余万,绌则连章入告,赢不复清稽核。时可喜镇广东,继茂子精忠镇福建,与三桂并称三藩,而三桂骄恣尤甚。"

14. 三藩之乞老

《清史稿》列传二十一《尚可喜传》:"(康熙)十二年(1673)……三月,可喜疏乞归老海城,谕曰:'王自航海归城,效力累朝,镇守粤东,宣劳岁久,览奏年已七十,欲归老辽东,恭谨能知大体,朕深嘉悦。下议政王大臣及户兵二部集议,议尽撤所部移驻海城。于是吴三桂、耿精忠相继上章乞撤藩,上皆允其请,分遣朝臣料量藩兵移徙,具舟役刍粮,户部尚书梁清标如广东,十一月三桂反,命罢撤平南、靖南二藩,召清标还。"

《清史稿》列传二百六十一《吴三桂传》:"(康熙)十二年(1673)……可喜旋疏引疾,乞归老,下部议请并移所部。七月三桂亦疏请移藩,并言所部繁众,昔自汉中移云南阅三岁始毕,今生齿弥增,乞赐土地,视世祖时分界锦州、宁远诸区倍广,庶安辑得所。圣祖察三藩分镇擅兵为国患,得三桂疏下议政王大臣会户兵二部议奏。"

《清史稿》列传二百六十一《吴三桂传》附《耿精忠传》:"耿精忠……尚肃亲王豪格女,封和硕额附。康熙……十二年疏请撤藩,许之,遣侍郎陈一炳如福建料理。三桂反,命仍留镇,召一炳还。"

《清史稿》列传二百六十一《吴三桂传》附《尚之信传》:"尚之信……可喜老病,营别宅以居,号令自擅。十二年,可喜用其客金光策,上疏请以二佐领归老海城,而以之信袭爵,留镇。光浙江义乌人,佐可喜久,……屡以之信暴戾状告可喜,为可喜谋,冀得见上自陈。上以可喜疏下部,议令并移所部,遣尚书梁清标如广东料理。三桂反,命可喜留镇,召清标还。"

15. 撤藩之议

《清史稿》列传二百六十一《吴三桂传》:"(康熙)十二年,……可喜旋疏引疾乞归老。……七月,三桂亦疏请移藩。……圣祖察三藩分镇擅兵为国患,得三桂疏下议政王大臣^(注六)会户兵二部议奏,诸王大臣度三桂疏非由衷,遽议迁徙必致纷纭,议移藩不便;独尚书米思翰、明珠谓苗蛮既平,三桂不宜久镇,议移藩便;乃为二议以上。一议移三桂山海关外,别遣满洲兵戍云南;一议留三桂云南如故。上曰:'三桂蓄异志久,撤亦反不撤亦反,不若及今先发,犹可制也。'遂命允三桂请移藩,并谕如当用满洲兵仍俟三桂奏请遣发。即令侍郎折尔肯(刑、满、右)^(注一)、学士傅达礼赍诏谕三桂。三桂初上疏度廷议未即许,冀慰留久镇,诏使至,三桂大失望。"

《清史稿》列传五十六《明珠传》:"明珠字端范,纳喇氏,满洲正黄旗人。叶赫贝勒金台石孙。……康熙初,南疆大定,留重兵镇之,吴三桂云南,尚可喜广东,耿精忠福建。十余年渐跋扈^(注二),三桂尤骄纵,可喜亦忧之,疏请撤藩归老海城,精忠、三桂继请,上召诸大臣询方略,户部尚书米思翰、刑部尚书莫洛等主撤,明珠和之,诸大臣皆默然。上曰:'三桂等蓄谋久,不早除之将养痈成患,今日撤亦反不撤亦反,不若先发。'因下诏许之。三桂遂反,精忠及可喜子之信皆叛应之。时争咎建议者,索额图请诛之,上曰:'此自出朕意,他人何罪?'明珠由是称上旨。"

《清史稿》列传五十五《米思翰传》:"米思翰,富察氏,满洲镶黄旗人。

先世居沙济。……（康熙）十二年，尚可喜疏请撤藩，吴三桂、耿精忠疏继入，下户兵二部，米思翰与户部尚书^(注三)明珠议三藩并撤，有言吴三桂不可撤者，以两议入奏，复集诸大臣廷议，米思翰坚持宜并撤，议乃定。既而吴三桂反，上命王贝勒等率八旗兵讨之。……时三桂势方张。精忠及可喜子之信皆叛，议者追咎撤藩主议诸臣，上曰：'朕自少时^(注五)以三藩势日炽，不可不撤，岂因其叛诿过于人耶？'及事定，上追忆主议诸臣犹称米思翰^(注四)不置。"

《清史稿》纪六《圣祖本纪》："（康熙）十二年……三月……壬午，平南王尚可喜请老许之，请以其子之信嗣封镇粤，不许，令其撤藩还驻辽东。……秋七月庚午，平西王吴三桂请撤藩，许之。丙子嗣靖南王耿精忠疏请撤藩，许之。"

　　康熙十二年大学士　李霨　图海　巴泰　对喀纳　杜立德
　　　　　　　索额图　冯溥——《清史稿·大学士年表一》
　　吏部尚书　（满）对喀纳　　（汉）郝惟讷　——《清史稿·部院大臣年表一上》
　　户部尚书　（满）米思翰　　（汉）梁清标
　　礼部尚书　（满）哈尔哈齐　（汉）龚鼎孳(九月乞休)
　　兵部尚书　（满）明珠　　　（汉）王熙(五月任)
　　刑部尚书　（满）莫洛　　　（汉）艾元征
　　工部尚书　（满）吴达礼　　（汉）吴正治(五月任九月迁礼部)

注一　《部院大臣年表一上》作哲尔肯，《吴三桂传》两字互用。
注二　三藩跋扈盖由降清太宗时已然，非此时事也。见前卡片。
注三　《据部院大臣年表一上》应作兵部尚书。
注四　据《史稿》传五十五本传，米思翰世系如下：
　　　旺吉努——□□——哈什屯——米思翰——李荣保
　　　李荣保┬傅恒——福康安
　　　　　　└乾隆孝贤皇后
注五　康熙年八岁即位，及十二年年二十岁。
注六　康熙十二年议政大臣计有　康亲王杰书　安亲王岳乐

16. 吴三桂起兵

三桂之布置

《清史稿》列传二百六十一《吴三桂传》："（康熙）十二年(1673)……（至

是镇云南凡十五年矣）七月，三桂亦疏请移藩，……三桂初上疏，度廷议未即许，冀慰留久镇。九月，诏使至，三桂大失望。与所部都统吴应麒、吴国贵，副都统高大节，及其婿夏国相、胡国柱谋为乱，部置腹心，扼关隘，听入不听出，与使者期以十一月己丑发云南，先三日丙戌邀巡抚朱国治胁之叛，不从，榜杀之，遂召诸总兵（马）宝、（高）起隆（案，起隆前作启隆，必有一误）、（刘）之复、（　）足法、（王）会、（王）屏藩等举兵反，自号周王天下都招讨兵马大元帅。蓄发易衣冠，帜色白，步骑皆以白毡为帽。……三桂传檄远近并致书平南、靖南二藩及贵州、四川、湖广、陕西诸将吏与相识者要约响应。"

吴军之进展

"十二月党务礼、萨穆哈至京师，三桂反问闻。上以荆州咽喉地，即日遣前锋统领硕岱率禁旅驰赴镇守，寻命顺承郡王勒尔锦为宁南靖寇大将军，率师讨三桂，分遣将军赫业入四川，副都统马哈达、扩尔坤驻军兖州、太原备调遣，并停撤平南、靖南二藩。"

> 案，《米思翰传》："既而三桂反，上命王贝勒等率八旗兵讨之。"是当时清军征吴以八旗兵为主，《圣武记》记载不同。

"三桂兵陷清浪卫，毓荣（湖广总督蔡毓荣）遣总兵崔世禄防沅州，三桂兵至以城降，复进陷辰州。十三年正月，三桂僭称周王元年，部署诸将杨宝应陷常德，夏国相陷澧州，张国柱陷衡州，吴应麒陷岳州，偏沅总督巡抚卢震弃长沙走，副将黄正卿……以城降。襄阳总兵杨来嘉举兵叛。……是时云南、贵州、湖南地皆入三桂。……三桂传檄所至反者四起，（正月）提督郑蛟麟，总兵谭宏、吴之茂反四川，巡抚罗森降；（二月）将军孙延龄以（孔）有德旧部反广西，（三月）精忠反福建，河北总兵蔡禄反彰德，三桂势益张。……又遣兵窥江西，循江达南康，陷都昌，复自长沙入袁州，陷萍乡、安福、上高、新昌诸县。……（十二月）时王辅臣已为陕甘提督，……叛应三桂。"

> 案，《圣祖本纪》是年六月浙江温州、黄岩、太平诸营相继叛命。

17. 吴三桂叛时之军事计划

《清史稿》列传二百六十一《吴三桂传》："三桂初起兵，其下或言宜疾行渡江，全师北向；或言直下金陵，扼长江绝南北运道；或言宜出巴蜀据关中，塞殽函自固；三桂皆不能用。（三策并不从）屯松滋与勒尔锦夹江而军，相持皆不敢渡江决战，既还援长沙，晚乃欲通闽粤道，纠精忠、之信复叛，攻永兴未下而死。吴国贵复议舍湖南,北向争天下,陆军出荆襄趋河南,水军下武昌掠舟顺流撼江左;诸将俱重弃滇黔,马宝首梗议,乃罢。"(三桂死后,水陆二路北向策)

18. 吴三桂起兵后之政策

据《清史稿》列传二百六十一吴三桂本传。

"十二年(1673)……十一月,……举兵反,自号周王天下都招讨兵马大元帅,蓄发易衣冠,帜色白,步骑皆以白毡为帽。"

"十三年(1674)正月,三桂僭称周王元年,……六月,……是时云南、贵州、湖南地皆入三桂,通番市,以茶易马,结猓猡助战,伐木造巨舰治舟师,采铜铸钱文曰'利用',所至掠库金仓粟资军用。……"

"又遣使与达赖喇嘛通好。"

19. 三藩之叛大事表

康熙十二年(1673)三月壬午　尚可喜请撤藩　据《圣祖本纪》,《清史稿》六

七月庚午　吴三桂、耿精忠请撤藩

十二月丙辰(二十一)　吴三桂叛闻(《吴三桂传》叛在十一月二十四日己丑,杀巡抚在十一月二十一日),命顺承郡王勒尔锦讨吴三桂。吴三桂陷沅州、辰州。

康熙十三年(1674),周王元年

正月　吴三桂称周王元年

二月　吴三桂陷长沙

三月　耿精忠叛于福州

十四年(1675)　尚之信叛,应吴三桂于广州,尚可喜不知,次年(1676)可喜死。

十五年(1676)　耿精忠降清

十六年(1677)　尚之信降清

康熙十七年(1678)吴三桂昭武元年

三月　吴三桂称帝

八月　吴三桂死

20.吴三桂之叛

据《圣武记》:

康熙十二年(1673)三月　尚可喜请撤藩,允之。

七月　吴三桂、耿精忠亦请撤兵,允之。

十一月二十一日　吴三桂发兵反,自称兵马大元帅,蓄发易衣冠。

清以顺承郡王勒尔锦为宁南靖寇大将军统师至荆州,西安将军瓦尔喀率骑兵入蜀,大学士莫洛经略陕西军事。

吴三桂将王屏藩犯四川,马宝出贵州、湖南。除夕陷沅州。

十三年(三桂周元年,1674)正月　吴军至湖南。

二月三日　孙延龄以桂林应吴,罗森、郑蛟麟以四川应吴,耿精忠以福建叛,数月而六省皆陷。

吴军踞岳州,而澧州、石首、华容、松滋皆布重兵为犄角。

清军云集荆襄、武昌、宜昌诸郡,无敢渡江撄其锋。吴军以荆襄大军扼其前,乃使其将分道一由长沙窥江西,一由四川窥陕西。

十四(1675)、十五年(1676)　西路王屏藩、谭洪、吴之茂三路分犯秦陇,为张勇、王进宝所败,遁还汉中,清军守险要分贼势,令大军得专力湖南。

东路:清简亲王喇布移军江西,吴军以兵七万据岳州、澧州诸水口,以拒荆州江北之师。

兵七万据长沙、萍乡、醴陵以拒江西之师。

清军由袁州攻贼,由醴陵攻萍乡,进攻长沙。

三桂不得志于秦,闻长沙急乃由松滋回军,自将援长沙。

清军以三桂援长沙,湖口各路必虚,命荆襄兵渡江急进,诸军迁延不进,为吴军所败,复退荆州。

十六年(1677)　清军闽粤告捷,耿精忠、尚之信先后反正,江西略定,清军专力湖南。

十七年(1678)　昭武元年　三桂年六十七。失陕西、闽、粤三大援,至是又失江西,乃以三月朔即位,改元昭武。改衡州为定天府,徙都之。八月三桂死。十月其孙世璠自滇至衡,改元洪化即帝位。还滇,入贵州。

十八年(1679)　洪化元年　吴军还滇,清军复岳州、常德、长沙、衡州。攻辰州之辰龙关,武冈之枫木岭,相持逾年。克之。

十九年(1680)　命贝子彰泰进取云贵,绿营步兵居前,满骑继后。克贵阳,吴世璠奔云南。克遵义、安顺。

二十年(洪化三年,1681)正月　贵州平定,会师曲靖,分队前进。

二月　抵云南。吴军守昆明。数月临安、永顺、姚安、大理相继降。

十月　昆明城中食尽援绝(求救于达赖,书为清军所获)。世璠自杀。

自十二年(1673)十一月至二十年(1681)十月　凡九年

响应和攻下者九省:云南、贵州、四川、湖南、广西、福建、广东、陕西、江西。

1940.6.4

21. 达赖剌麻调停三藩之乱

《清史稿·吴三桂传》:"十三年正月三桂僭称周王元年,……三桂势益张。又遣使与达赖喇嘛通好,达赖喇嘛为上书乞罢兵,上弗许。"

魏源《圣武记》卷二《康熙戡定三藩记上》:"西藏达赖剌麻奏言,三桂若穷蹙乞降,可宥其一死。倘竟鸱张,不若裂土罢兵。上严斥不许。"

案,其时为第五世达赖剌麻拉布山嘉错(Lob-sang Gyatso)(?—1680),但西藏政务则委之第巴桑结(山节嘉错,Sang-gye Gyatso)见 C. Bell,Tibet,Past and Present. 达赖五世为西藏最有名之达赖剌麻。

22. 耿精忠之叛

魏源《圣武记》二《康熙戡定三藩记下》:"方十三年春,吴三桂踞湖南也,同时耿精忠亦变于福建,……迨十六年,福建两广先后反正,而三桂亦渐蹙。明年(十三年)三月亦反福州,(谓精忠)……称兵变服,执总督范承谟幽之,……移檄远近遂陷全闽。分三路出寇:(曾)养性出东路,寇浙之温、台、处;白显忠出西路,寇江西之广信、建昌、饶州;马九玉出仙霞岭中路,寇浙之金华、衢州,并连严州、徽州土寇,沿海震动。……上乃命康亲王杰书为奉命大将军,贝子傅喇塔为宁海将军,赴浙进讨。……(十五年)精忠既失两路兵(中路,西路;东路已先败),而台湾海寇(郑氏经与精忠交恶,原约郑氏掠潮、惠)复乘虚逼其后,闽地半入郑氏,大军至延平,望风瓦解,精忠不知所为,……先害范承谟以灭口而后出降。"

1940.6.4

23. 尚之信之叛

魏源《圣武记》二:"十五年尚之信亦变于广东。……(十三年)时叛者四起,独(尚)可喜一心王室。十四年,……会(耿)精忠复结郑经掠潮、惠,祖泽清叛高、雷,(吴)三桂使马雄逼肇庆,广东十郡失其四。可喜东西受敌力不支,……而之信从逆,受(吴)三桂招讨大将军伪号,易帜改服,杀金光,以兵守可喜府,禁出入,移檄郡县使纳款。……十五年春可喜发愤死,三桂封之信辅德王,索其助饷,又遣伪总督董重民代金光祖,……分守冲要,光祖、之信皆复悔,密通款于江西大军。十六年夏六月……率军民薙发反正……"

24. 三藩叛时清军之防守与攻战

《清史稿·圣祖本纪》:"(康熙)十三年……三月乙丑,命整饬驿站,每四里置一笔帖式接递军报,探发塘报。命左都御史多诺等军前督饷。"

《清史稿·吴三桂传》:"十三年……六月,命贝勒尚善为安远靖寇大将军,与勒尔锦分道进兵,……命安亲王岳乐为定远平寇大将军徇江西,简亲王喇布为扬威大将军镇江南。……十四年正月,上命岳乐自袁州取长沙,……命喇布移镇南昌。(夏国相坚守萍乡,清军攻之不下。)三桂遣将率兵七万猓猡三千防醴陵,筑木城以守。又于岳州城外掘濠三重,环竹木为阱,于洞庭湖峡口植丛木为桩,阻舟师;陆军筑垒皆设鹿角重叠阻骑兵,乃自常德赴松滋,驻舟师虎渡口,截勒尔锦、尚善两军使不相应,扬言将渡江攻荆州决堤以灌城。……陷谷城,攻郧阳、均州、南漳,勒尔锦……疏请益兵,上责勒尔锦逗留,不许。……十五年,三桂遣兵侵广东,……时可喜已病笃,之信遂降,三桂别遣其将……陷吉安,上令喇布固守饶州。岳乐攻萍乡,……克之,师进复醴陵、浏阳,复进攻长沙,三桂遣胡国柱益兵以守,马宝、高起隆自岳州以兵会,三桂自松滋移屯岳麓山为长沙声援。……勒尔锦以三桂去松滋率兵渡江,取石首,⋯⋯师败绩退保荆州。是岁大将军大学士图海代董额征陕西,(王)辅臣降。⋯⋯康亲王杰书自浙江下福建,精忠降;之信亦遣使诣喇布降,延龄闻亦愿降。⋯⋯十六年,⋯⋯穆占⋯⋯与岳乐夹攻长沙克之。⋯⋯吉安乃下,三桂自岳麓徙衡州,分兵犯南安、韶州,⋯⋯掠广西。十七年岳乐复平江、湘阴。⋯⋯是岁⋯⋯三月,朔称帝。⋯⋯八月⋯⋯乙酉,三桂死。"

　　　　清军徇湘,三桂之守,三桂之攻,清军之攻,陕西平,耿精忠降,尚之信降,长沙下。

25. 吴三桂称帝与死

《清史稿·吴三桂传》:"是岁(康熙十七年),三桂年六十有七,兵兴六年,地日蹙,援日寡,思窃号自娱,其下争劝进,遂以三月朔称帝,改元昭武,以衡州为定天府,置百官,大封诸将,首国公,次郡公,亚以侯伯,造新历,举云贵川乡试,⋯⋯俄病噎,八月又病下痢,嗫不能语,召其孙世璠于云南,未至,乙酉三桂死,(马)宝、(胡)国柱攻永兴方急,闻丧⋯⋯引军还衡州。世璠⋯⋯奔三桂之丧至桂阳,其下拥称帝,改号洪化,倚方光琛、郭壮图为腹心。"

26. 吴三桂死后清军之进剿

《清史稿·吴三桂传》:"上以勒尔锦顿兵荆州不进,时尚善卒,贝勒察尼代为安远靖寇大将军攻岳州,吴应麒守坚久未下,下诏将亲征,闻三桂死乃罢,趣诸军分道并进。"

水师成军

"⋯⋯察尼屯君山,不能断湖道,至是造乌船百,沙船四百余,配以兵三万,水师始成军,以贝勒鄂鼐统之。用林兴珠策,以其半泊君山,断常德道;以其半分泊扁山、香炉峡、布袋口诸地;陆军屯九贵山,断岳州、衡州道,水陆绵亘百里,岳州饷竭援穷。⋯⋯应麒收残卒,挟辎重溃围奔长沙,⋯⋯察尼率师自岳州进克华容、安乡、湘潭、衡山诸县。勒尔锦闻三桂死,率师自荆州渡江,三桂所部⋯⋯皆溃走。⋯⋯"

吴部三路分退

"进克常德。喇布率师入衡州,进取祁阳、耒阳,复进克宝庆。是时吴国贵自衡州退屯武冈,与马宝俱(一路);吴应麒自岳州退屯辰州(二路);胡国柱自长沙退屯辰龙关,相犄角力守。……是岁,将军莽依图等师循广西。……"

五路之捷

"十九年春,将军赵良栋自略阳破阳平关克成都(1),王进宝自凤县破武关取汉中(2)。……将军吴丹、提督徐治都自巫山克夔州、重庆(3),……察尼攻辰龙关,出间道袭破之,克辰州(4)。……章泰师克沅州(5),吴应麒、胡国柱走贵阳。"

三道并进

"上召勒尔锦、察尼还京师,趣彰寿^(注一)与穆占、蔡毓荣等自沅州(一,中),喇布自南宁(二,南),吴丹、赵良栋自遵义(三,北),三道并进。……十月彰泰师克镇远,……复进取平越,……薄贵阳,世璠与应麒等奔还云南,贵阳与安顺、石阡、都匀诸府并下。……二十年春,……复取平远,彰泰师进次安南卫,……普安州、黔西、大定诸府皆下。……赉塔(南路)师自田州进次西隆州,……复进破曲靖,……遂克马龙州易龙所、扬林城。彰泰师亦至,两军会于嵩明。二月,进攻云南会城,……临安、姚安、大理、鹤庆、丽江诸府悉下。……赵良栋(北路)师自夹江克雅州,复建昌,渡金沙江次武定,复进次绵竹。九月进与彰泰、赉塔诸军合,时围城已数月未下,良栋议断昆明湖水道,主速攻,督兵薄城围之数重,……世璠与壮图皆自杀。十月戊申,……以城降。……云南、贵州、四川、湖广诸省悉平。"

＊……上复趣彰泰(中路)速下贵阳,命赉塔为平南大将军尽护广西诸军(南路),吴丹坐不援永宁罢,命赵良栋尽护四川诸军(北路),仍三道入云南。(案,赉塔《圣祖本纪》作赖塔)

注一　天挺案,三桂《传》数称彰寿之名,而其人不见于《圣祖本纪》,据列传四《阿巴泰传》附《彰泰传》称"十八年……十一月,召岳乐还京师,命彰泰代为定远平寇大将军"。三桂《传》乃称"上召岳乐还京师,彰寿代为定远平寇大将军",是彰寿乃彰泰之误。

27. 吴三桂失败之原因

吴三桂失败以军略失着为最大原因,而诸将年龄太高实为造成此原因之故。

三桂死时年六十七(本传),则起兵时年六十二,生于明神宗万历四十年(1612)。"三桂诸将马宝、王屏藩最骁勇(三桂《传》),宝初为流贼,降明桂王由榔为将",假定其与孙可望同降(顺治六年请封时),降时年二十岁,则从三桂起兵时已四十五岁矣(《行在阳秋》载马宝于顺治十八年已为桂王御前总兵,则始降时或不止二十岁也)。

"诸专阃大将叛降三桂助乱者,……陕西提督王辅臣兵最强,乱尤剧。"(三桂《传》)"辅臣初为盗,号马鹞子,从姜瓖为乱(顺治五年十二月)。"假定吴时年二十岁,则起兵时亦四十六矣。

"云南提督张国柱,……明副将来降,从续顺公沈永忠下湖南(康熙五年五月),……三桂反,授以大将军,封国公,陷衡州,围长沙,战岳州皆国柱力。"假定降从征时年二十岁,亦四十六矣。

三桂起兵时,都统吴应麒、吴国贵,副都统高大节,总兵马宝、高起隆、刘之复、张足法、王会、王屏藩,吴国贵在顺治二年三桂已为之请世职(三桂《传》),起兵时当已五十余矣。

28. 三藩平定之原因

《清史稿·吴三桂传》《论》:"三桂反,精忠等响应,东南六七行省皆陷寇,(1)上先发兵守荆州阻寇毋使邃北,(2)分遣禁旅屯太原、兖州、江宁、南昌,首尾相倾,次第渐进,千里赴斗而师不劳,三桂白首举事,意上方少,诸王诸将帅佐开国者皆物故,变起且恇扰,及闻上从容指挥,军报迅速,阃外用命,始叹非所料,制胜于庙堂,岂不然欤?"

魏源《圣武记》卷二《康熙戡定三藩记上》:"臣源曰:'恭读《平定三逆方略》,而知其战胜于庙堂者数端:一则不蹈汉诛晁错之辙,归咎于首议撤藩之人。二则不从达赖剌麻裂土罢兵苟且息事之请,力伸天讨。三则不宽王贝勒老师养寇之罪,罚先行于亲贵。四则论绿旗诸将等,以从古汉人叛乱,止用汉兵剿平,岂有满兵助战? 故一时张勇、赵良栋、王进宝、孙思克奋于陕,蔡毓荣、徐治都、万正色奋于楚,杨捷、施琅、姚启圣、吴兴祚奋于闽,李之芳奋于浙,傅宏烈奋于粤,群策群力,敌忾同仇。(5)又任岳乐、傅喇塔于宗室,拔图海、穆占、硕岱于满洲。……其时乱起多方,所在鼎沸,情形日日不同,(6)故中原腹地皆屯重兵以备应援,楚急则调安庆兵赴楚,河南兵移安庆,又调兵屯河南以继之。蜀警则调西安兵援蜀,而太原兵移西安,又调兵屯太原以继之。闽警则调江宁、江西兵赴闽浙,调兖州兵赴江宁,又调兵屯兖州以继之。……使贼渠不得出湖南一步,(7)各边虽乱而江淮晏然,得以转输财赋佐军兴之急,而贼惟以一隅敌天下,饷匮财竭。……且羽书络绎,(8)命兵部于驿递之外每四百里置笔帖式、拨什库各一,以速邮传,诘奸宄,防诈伪,甘肃西边五千余里九日可至,荆州、西安五日可至,浙江四日可至。"

29. 吴三桂与清之统一

吴三桂以顺治十六年(1659)正月入云南省城,三月奉命镇云南。

镇十五年,以康熙十二年(1673)七月请移藩,十二月叛。

叛五年,以康熙十七年(1678)三月称帝。

称帝六月,以康熙十七年(1678)八月死。

死三年,以康熙二十年(1681)九月其孙世璠死,贼党以城降,十月二十八日入城,事平。

云南平二年,以康熙二十二年(1683)八月而台湾平,清始统一中原。

耿精忠以康熙十三年(1674)三月叛,十五年(1676)十月降,为乱二年八月。

尚之信以康熙十五年(1676)四月叛,同年(十五年)十二月降,为乱九月。

八、郑成功与台湾

1. 郑成功反初期殖民主义的斗争（1962.1.28—　）

一、导言

二、继承光荣传统

三、收复祖国领土台湾

四、留下优秀榜样

五、小结

我国历史上的杰出的民族英雄

尽管美帝国主义者至今还在那里耀武扬威，并且正在积极策划所谓"两个中国"的阴谋，但是，他们的遭遇决不会比荷兰侵略者和日本侵略者更好一些。中国人民一定要解放台湾，也一定能够解放台湾！美帝国主义霸占台湾和制造"两个中国"的阴谋一定要遭到可耻的失败！

郑成功收复台湾是由于他的军器吗？不是。他军器是落后于荷兰。他军器不如荷兰，据杨英《从征实录》，郑军也有红夷大炮但极少极少。是由于他的军粮充足吗？不是。他这次因为听说台湾粮多，所以没有带粮。杨英书可见。到处搜购粮食。盼粮殷切。是靠士气吗？不全是。当时有人主张收台，也有人反对。士气固然有旺盛一面，也有徘徊观望一面。荷兰城堡不坚吗？据康熙《台湾府志》，它是用桐油和石灰修的砖堡，很坚固。我说郑收复台湾，主要依靠是人民，不是郑的军事政治人才，这不是轻视郑，恰恰相反，这一点正说明郑高出于同辈之处，说明他在人民群众中有威望，他何以有威望，因为他满足了人民愿望。

评价人物要看他作了那些他的前人所没做的事。也就是说他比他的前人有那些超越地方。

郑成功，"字明俨，号大木"。郑经"字式天，号贤之"。

"先世自光州固始县入闽，⋯⋯遂世为南安人。"

郑成功生天启四年甲子（1624），七月十四日，卒于壬寅（1662）五月初八日，年三十九。郑经生于崇祯十五年（1642）十月初二日，卒于辛酉

（康熙二十年，1681）正月二十八日，年四十。以上均见改葬墓志铭，见《逸经》半月刊第二十六期，1937 出版。

郑成功墓于 1929 年五月被盗，墓志为南安伍远资所得，伍氏自言将著"延平全史"，未见。郑氏墓志有"王父（成功）生平事迹，先卜葬台湾已悉前志"，盗墓时是否发现，未详。郑成功移葬南安县康店乡的墓，于 1929 五月被盗，发现移葬墓志，为南安伍远资所得。（见 1937 三月《逸经》，引日人馆森鸿：《郑成功传》）墓志说"王父生平事迹，先卜葬台湾已悉前志"，可知他还有较详墓志，应该出于当时陈永华、唐显悦诸名流之手。这个前墓志可能没有移回大陆，如能发现，可以提供不少资料。

伍远资据说要写"延平全史"，不知完成否？

郑成功收复台湾是他早有抱负，目的在驱逐殖民主义者，不是由于进攻清军在南京败回而采取的退守苟安政策，过去一般记载是错误的。郑成功收复台湾政策是积极的不是消极的。这从下面可以看出：

①他和何廷斌联系在 1657，见杨英：87

②他第一次讨论收取台湾在 1659 十二月，杨：134，沈云：

这两次都在 1659 进兵南京以前。

③1655、1656 郑曾因殖民主义者的贪虐，下令禁止对台湾的通商，"禁绝两年，船只不通，货物涌贵，夷多病疫"。1657 年和兰屈服，遣使求纳贡通商，"年输饷五千两，箭枰十万枝，硫磺千担"。（杨：87）可见郑成功对殖民主义者一直是仇恨的。

④和郑成功一直合作攻清的张煌言，不赞成郑入台湾，认为一入台则不易再攻清（交通不便），郑毅然收复台湾（《张苍水集》、《鹿樵纪闻》可以参看），可见他早看到入台对抗清可能会有消极作用，但就全局考虑，这是有重大意义的，有长远巨大关系的。

我推想郑成功在 1651 年就有收复台湾的意图。

一、1651 年成功奉命勤王广州，清军乘虚偷袭厦门，损失很大，成功可能看到和敌人相距太近，驻守卫戍部队需要太多，所以有树立一个坚强巩固、离敌稍远、不需要过多驻防的地方，作为根据据点的意图。

二、郑成功在 1658 四月为了免除"南顾之忧"曾剪灭了当时鸥汀圹（在厦门附近）的不服从郑氏的，"时或商渔，时而洋劫，屡屡阻截粮道"的许隆（杨英《从征实录》94），他会对长期窃据台湾的和兰人放心吗？

和兰人于 1630（崇三）攻过厦门，为郑芝龙所破，郑成功是深知的，他能容他们长期窃据吗？

　　郑达《野史无文》(康熙五十一年序文)卷十二

《郑成功传》(中华铅印本 120—128 页)

　　(隆武丙戌 1646,案,同书卷五,永历皇帝本纪,"顺治二年乙酉",
"南京弘光元年"1645,顺治"三年丙戌","福建隆武二年",此丙戌为二
年,非元年)(33、34 页)"冬十二月朔,成功会文武百官于烈屿,设高皇
帝位,定盟誓,以起义兵,明年丁亥春(1647)移师南澳,夏五月,讲武于
厦门。"(121—122 页)

　　荷兰殖民者在台湾占领时期没有什么建设。

　　它的创文字是为了自己方便;

　　它的王田是为了更好掠夺;

　　它的组织是为了更好地压迫统治。

　　对杨英《从征实录》可证。

　　台湾高山族和汉族人民为什么这样积极支援郑?

　　1.经济原因　由于荷兰的残酷剥削

　　2.由于民族意识　倾向祖国反荷　这当然和郑的威望有关

　　看地图

　　鹿耳门在北,

　　北线尾在南,

　　普罗文查更在南,

　　热兰遮更在普罗文查之稍南。

　　可知郑是抄荷兰的后路,绕过荷兰有防备的赤嵌楼、赤嵌城。

　　这样躲过看荷兰炮火,究竟是:

　　何廷斌的地图的贡献? 还是郑的军事天才?

　　然而荷兰又何以这样的大意、愚蠢?

　　郑在赤嵌登陆,"几千华人来迎接他们。并助以运货车辆和其他便
于登陆的用具,在此情形下,不到两小时,极大部分的敌军便进入了我
们的海湾,而有近千兵士登了陆"。(84 页)

　　荷兰三战均败,揆一说:"还有全体中国侨民数二万五千名壮丁作
他底后援,所以不到三四小时就完成了他们的目的……台岛土人也
都……自动归附了敌人……"(92 页)

　　郑到台　土民,欢迎。

围城,土民,告诉他城内无水。

康熙时彭夏琴　台湾七律之四

"荷兰故土非瓯脱,窥伺将无隐祸胎"见《广阳杂记》一

可知当时人都对殖民主义者有很大警惕,这是郑成功传留下来的经验。

殖民主义无论在原始积累阶段,在资本主义最高阶段,它的本性是一致的,那就是掠夺。

台湾原来处于原始社会阶段。荷殖民者用。

《清圣祖实录》一三三,康熙二十七年二月丁卯,宗人府议覆吏科给事中。

杨英《实录》有关台湾生产者:

155—156 页

永历十六年

戴维森:《台湾岛之今昔》

47 页附《和兰派遣台湾工作人员表》

始自 1627 年,1627 年以前无之。

Georgius Candidius from1627 till 1631

Rebertus Junius from1629 till 1641

一共列 32 人

Coyett　范文澜译为科业特,不译揆一。

The Island of Formosa Past and Pre—sent By James W. Davidson(美国驻台湾领事)1903 年　横滨印刷　麦克米兰公司出版

台湾的新旧地名

北港或笨港,系译音。

语屿(佛郎机初来的曾到? 林道乾根据地?),今金门。

一鲲身,今安平,一鲲身之南共有七个小岛,合称七鲲身。安平今已与陆地联接。台江口南岸。

北线尾(Bakusenbay 或 Boxembay)与一鲲身相对。荷兰的"台湾",包括一鲲身和北线尾。

"台湾"城初名奥伦治(Orange),天启七年(1627)改遮兰地亚(Zeelandia),中国称为红毛城、台湾城、王城,亦有称为赤嵌城者。

遮兰地亚原本包括赤嵌街在内。

赤嵌(Sakam)1625(天启五年)成为市街,荷人称之普罗维地亚(Provintia)1653(顺治十年)改建新城,与遮兰地亚中隔台江,互为犄角,中国称之为赤嵌城、红毛楼或赤嵌楼。

鹿耳门在一鲲身之北,中隔北线尾。

郑成功改赤嵌地方为东都明京,设承平府(台南)、天兴(今嘉义,在台南之北)、万年(今凤山,即高雄市)。清改天兴为诸罗(康熙二十三年1684)。

《诸蕃志》所称毗舍耶,应为迁居台湾的菲律宾群岛中的 Bisaya 或 Visaya 人;一说台湾东部的阿眉(Ami)番自称曰 Panchia。

大崎山(元末汪大渊《岛夷志略》)约为今台南大崎越岭,一说为高雄打狗仔。

明初台湾专指"一鲲身岛",即后来的安平(今安平已与陆地联接)。

赤嵌,专指今台南。

以上均据郭廷以《台湾史事概说》,待考。

台湾的新旧地名

高华屿(隋,陈稜所到),即澎湖群岛之花屿或大屿。

龟鳖屿(仝上),即奎壁屿(仝上)。

陈稜大业六年(610)最先登陆处约为今鹿港(彰化西南)平埔番(少数族)。

低汲檀(《隋书·陈稜传》)Tomol 约今大甲溪。

澎湖始见于宋赵汝适《诸蕃志》。

郑成功的伟大的反殖民主义斗争,给了全国人民留下光荣的榜样,甚至他的敌对人物也都接受了他的启示,提高了对殖民主义者的警惕,加强了斗争。

只有对于那些对未来充满信心的人们,历史是鼓舞前进的力量。他们的行动是符合于历史发展规律的。历史之与他们,是意识现在和发展未来的钥匙。人们可能每次都有对历史的不同看法,在许多情形下,这种不同的看法意味着现实生活的新发展。

郑成功收复台湾这个事件的意义,不仅是对于积极要求从美国控制下收复台湾的中国人,而且对于继续控制台湾的美帝国主义,而且对于整个现代殖民主义,是重要的。

荷兰人他们在台湾采取了颇巧妙的方法来建立和巩固他们的统治,他们对当地人民的反抗是不客气的。用了多种多样的方法来麻痹当地老百姓。从表面看来,他们是很得手的。

郑成功部部队人数虽多,手里拿的却是原始武器,如果单从军事观点来看,未必是荷兰人的对手。但是国姓爷是个才能出众、威名赫赫的,他的部队是志气昂扬的,此来以收复国土为号召,深为台湾人所拥护。

《明史》三二五《外国》《佛郎机传》、《满剌加传》、《和兰传》:

正德(1506—1521)中"佛郎机强举兵侵夺其他(满剌加),……遣使告难。时世宗嗣位(1521 四月),敕责佛郎机(西班牙)令还其故土。时佛郎机亦遣使朝贡,请封,抵广东……"(满:9)

这是谴责初期殖民主义。

正德十三年 1518　佛郎机遣使入贡。(佛:19)

"驾大舶突入广东会城,炮声殷地。"(19,佛)

正德十五年 1520　廷臣谴责佛郎机。(20,佛)

十六年 1521　绝佛郎机朝贡。(20,佛)时世宗嗣位(四月),敕责佛郎机,令还其(满剌加)故土。

1657 六月　揆一遣何廷斌求和,许之。(杨:87)

1659　第一次何廷斌献图。(杨:148)

1659 十二月　议收台。(杨:134)

1660 六月　第一次讨论收复台湾。(《台湾外纪》十一,4 页)

1661 正月　何廷斌第二次献图。(《外》,十一,5 页)

　　　　　　第二次讨论收复台湾。(仝上;杨:148)

三月　决定出兵进攻。(杨:149)

三月二十二日出兵,二十四日到澎湖。(杨:149)阻

三月二十七日遇大风又收回,然而三十日又坚决的前进。(杨:149)。如不是为了攻红夷收复台湾,他可以回兵厦门,而毅然前进,说明他是伟大抱负的,是积极的消灭和兰。

1661 四月初六日请和不许。(杨:151)

"揆一何日出降?"郑问,可见目的是在逐和兰。和兰请年年照例贡纳,送劳师银十万,一齐拒绝,可知决不是为了钱,为了年年纳贡,而是

一定要叫殖本主义滚出台湾去。

1624 六月　颜思齐、郑芝龙至台湾。(《郑氏始末》卷一)

1626 正月　郑芝龙代领其众。(颜去年死)(仝)

天启元年(1621),广东守臣虑佛郎机终为患,毁其在濠境澳青州城,"番亦不敢拒"。(三二五,23 页,佛)

三年 1623　和兰毁澎湖城徙去。(三二五,25 页,和)

寻复筑,又寇厦门(仝)。"为今日计,非用兵不可。"(仝)

四年 1624　和兰窃据台湾。(西籍)

驱逐和兰进犯之寇,兼禽斩其渠帅高文律(三二五,26 页,和),澎湖之警以息。(仝)

崇祯三年 1630　荷兰犯厦门,郑芝龙为将,派郭任功率十余浮船尾焚之。(嘉庆县志五引旧志)不敢窥内地者数年。

崇祯八年 1635　"近红毛筑城其中"(给事中何楷《靖海疏》,引自嘉庆志五)。

崇祯中"为郑芝龙所破,不敢窥内地者数年"。(三二五,26 页,和)

崇祯十年 1637　和兰驾四船至广州求市,议驱斥。"自是奸民知事终不成,不复敢勾引。"(三二五,27 页,《和兰传》)

郑成功(1624—1662)自从 1646 年大义灭亲,只身潜往金门(据《台湾外纪》卷十二,申报馆铅印本,4 页。案《野史无文》卷十二,《郑成功传》作"十二月朔,成功会文武百官于烈屿……以起义兵",中华书局 1960 年本,121 页。《野史无文》卷十二,《王忠孝传》作"清师入仙霞岭,郑成功举义于海澄",见 132 页)。联合爱国军民,组成保卫祖国的海上武装,到 1662 年鞠躬尽瘁而死。这十六年中(1646—1662),他一面抗拒满洲贵族军队的南下,一面和殖民主义国家坚决斗争,并且收复了我国领土台湾。我现在只谈他和初期殖民主义国家的斗争。

郑成功反对殖民主义者,收复中国领土台湾,是继承了和发扬了中华民族的"反对外来民族压迫",和"用反抗的手段解除这种压迫"的光荣传统的。

他是我国历史上的最杰出的民族英雄。

二、结合郑成功研究深入钻研了中国近三百年的历史问题

这次会议虽以郑成功研究为主而涉及的问题很(多):

清初社会性质问题

资本主义萌芽问题(社会矛盾的转化问题、社会基础的作用问题)

中国商业资本发展问题(封建社会海外贸易组织的性质问题)

明清以来学术思想问题

多数民族统一国家的发展巩固问题

人物评价问题

史料批判问题

其他还有

1646 年　东印度公司自日本得到要收复台湾的情报

1650　尼德兰亦有消息

1652　耶苏会士经过巴达维亚,警告过公司。(26 页)

中华文化出版事业委员会本《现代国民基本知识丛书》

1654 三月　台湾长官曾提出备忘录(27 页)

1654—55　自中国的情报

1657　巴达维亚得情报(34 页)

1658—59　华人自国内入台(35 页)

东印公司均不相信,以为造谣(46 页)

又不拨款加强防卫工作(47 页)

揆一认为失台的原因

《郑成功复台湾外记》

原名(即揆一)"被忽视之台湾"

著者 C. E. S

李辛阳,李振华合译

台北中华文化出版事业委员会出版

《现代国民基本知识》第三辑

1955 年七月出版,定价台币 15 元(人民币 2.80)

凡正文 174 页,附录 61 页

原文作于 1675 年即退出台湾后 13 年。

原文在荷兰京城阿姆斯达丹印行。

从"被忽视(遗误)之台湾"

荷兰方面东印度公司与台湾之有矛盾?

台湾荷兰长官几次报告说郑有复台之意,而公司不注意。何以故?

看不起郑氏。

何以看不起？

因为郭怀一起义荷曾以几百人破过，使他们骄傲了。

"（1652）那时两三百名我们的兵士确曾完全消灭过七八千光景的武装华人，把他们赶跑了。"（88页）

"从那时起，在台华人都被荷兰人认为无足轻重，……他们须二十五人联在一起才恰好抵得过一个荷兰兵。"（88页）

荷兰压榨剥削异常残酷，高山族和汉族人民痛恨已极。1660年荷闻国姓爷要复台，曾将华籍长老拘禁在城堡作为人质。（38页）以防止接近来军和扰乱。

1660年三月将华民粮食集中控制起来。（45页）甚至有的粮食焚毁。（110页、123页）

其后和兰人又屡次要求与清军合攻台湾。在1669（康熙八年，年十六岁）康熙亲政以后，就时时刻刻提高警惕了。康熙十八年（1679），台湾郑经遣将攻下漳州、泉州，清军与之相持一年（1680），和兰又勾结清军的统帅赖塔，要求联军进攻。于是清军"乃议厚集舟师水陆夹攻，并檄荷兰夹板船为助"（《圣武记》八，15页）。但是这时康熙帝（已二十六岁）想到殖民主义国家的阴险，于是命姚启圣和杨捷加紧准备，"不俟荷兰船至"（仝上），先行进攻郑军，得到海澄、海坛、厦门。

1683，康熙二十二年，郑克塽归清，中国统一，和兰殖民者又勾结清朝无耻官吏，企图再进入台湾。施琅首先反对，认为"（红毛）乘隙复踞，必窃窥内地，鼓惑人心……沿海诸省断难安然无虞……岂不受制于彼，而能一朝居哉"（《清史稿》传四七《施琅传》）。"台湾虽在外岛，关四省要害"（仝），姚启圣、李霨、苏拜都同样主张，"疏入，下议政王大臣等议，仍未决"（仝），而康熙断然采纳，设三县、一府、一道、一总兵、一副将、三参将。这都是郑成功反殖民主义伟大行动的光辉榜样，给予人们的启发和鼓励，发扬祖国反侵略、反强暴光荣传统的伟大精神。

和兰殖民主义者，它们1662被驱逐滚出台湾之后，还不甘心，总想重来。但是由于郑氏把它们"人没于水而火其舟，此后不敢复至"（《广阳杂记》五，33页）。1663年阴历七月和兰就和清军的耿继茂、李率泰勾结，借兵合攻厦门，再侵台湾。这时候，康熙帝还没有亲政（年十岁），满洲贵族不懂事，同意了他们。

当时就有人和李率泰说："今引红毛克郑氏,若据台湾要互市,以间寇掠闽粤间,谁复承其咎。"(沈云:87,卷五)

揭示真相发现规律。(傅)

资料与观点统一,要反复两次。(傅)

史料与观点从来是统一。(漆侠)只有资产阶级学者才不同。(漆)提出客观主义,要展开斗争。

材料取舍反映观点。(漆)解释材料也反映观点。

考据只能见其小者。(漆)钻牛角尖。

必要的,还须考证,审查材料。(王仁忱)

查材料的三种情况,分别对待。(漆)

材料第一性,观点第二性。(漆)

《广阳杂记》四:"台湾……郑芝龙始开其地,后红毛国假于郑氏以开市,……"

陈伦炯《海国闻见录》上:"迫崇祯间,为红毛荷兰人所据。"

(?)查继佐《东山国语·东宁国》:"台湾者系和兰国入贡泊舟候命处。……已而竟使通贡,泊舟澎湖,候命下。……允之从澎湖深入(台湾),筑城,分红夷守之。"据此红毛入台不会太早,在退出澎湖以后。

嘉庆《台湾县志》五:"各志皆云郑芝龙入台在先,红毛在后。"

崇祯八年1636,给事中何楷《靖海疏》:"近红毛筑城其中。"(嘉庆志五引)

施琅于康熙二十二年八月上疏:"崇祯元年芝龙就抚,借与红毛为互市之所。"

2. 关于郑成功的报告(1963.9.22 天津市)

感谢党政领导给我这样一个好机会,能够和我们天津市这么多位历史工作者、历史爱好者同志们见见面。谈到作报告,是不敢当的。我只是提出一点一般性的历史知识、历史问题,向同志们请教,交换交换意见。

今天的题目是郑成功,我知道的更有限,学习的很不够,更要请同志们的帮助。

1. 引言 2. 郑成功的处的时代 3. 郑成功的抗清斗争 4. 郑成功收复台湾 5. 小结

郑成功是我们都很熟悉的,他是中国的民族英雄,他是世界历史上第一个从殖民主义国家手里,收复自己祖国领土的伟大历史人物。

这样说法究竟正确不正确?这就涉及到历史人物评价问题。关于历史人物评价问题,专门论文和书籍是很多的,同志们想都已接触到了。

究竟我们应该怎样评价历史人物呢?扼要的说,我们的意见是:必须用历史唯物主义的方法,按照历史的本来面目,全面地、客观地、科学地分析一个人他的功绩和错误。

现代修正主义者,他们用历史唯心主义的方法,任意歪曲和篡改历史,主观地、粗暴地全盘否定一个人或盲目颂扬一个人,这是我们坚决反对的。

关于郑成功

历史唯物主义的方法,最主要的就是阶级分析,按照历史本来面目就是历史主义。二者是统一的。

我们不能以今天的思想意识去要求古代人物,但是我们不能不以今天的思想意识去分析古代历史。

我们现在分三部分来谈郑成功:

一、郑成功所处的时代

郑成功生于明天启四年甲子(1624),死于 1662 年壬寅(郑称永历十六年,清称康熙元年),年三十九。(墓志)

这短短三十九年中,在中国历史上正是明末清初时期,当时中国是什么情况呢?

(1)这个时期是封建晚期的明朝末年,社会阶级矛盾最尖锐的时期,因而李自成、张献忠领导农民大起义时期。

(2)这个时期是明朝国势日趋衰落,新进入封建社会的祖国东北的少数民族满洲族建立独立政权日益强大时期,因而和关内地主阶级勾结,乘机而入关,促使中国社会的民族矛盾上升为主要矛盾时期。

(3)这个时期是西方殖民主义国家向东南亚疯狂侵略,掠夺殖民地的时期(早些时是葡萄牙、西班牙,这时是荷兰、英吉利)。

(4)这个时期是中国海外贸易上升而又比较放任时期。

总之,郑成功所处的时代是:国内是民族矛盾尖锐,而国外是殖民国家侵略严重的时代。

知道了当时时代背景,对郑成功的思想事业和政治意图的理解是有帮助的。

下面我们谈谈郑成功的青少年时代。

郑成功在 1624 年生在日本平户,父亲郑芝龙是福建南安县石井人,母亲是日本人田川氏,或称姓翁氏。

郑芝龙何以到日本,而又在日本生了郑成功? 这也是我们应该说明的一点,同时也是和时代背景有关的一点。

郑芝龙是福建南安县人,南安县当时属泉州府。泉州府是"地狭人稠,仰粟于外"(乾隆《福建通志》九),徭役很重。而福建省物产丰富,手工业发达,如糖、缎、布(兴化、惠安)、磁(德化)、茶、大菁(靛菁染料,泉州最多,即所谓"蓝")、杉木、漆,还有矿产等等,这就促使贫穷人们向外去谋生,于是形成了"人什五游食于外"(明谢肇淛:《五杂组》四)的情况。

福建省东面是大海,西北是山,漳泉临海,所以有"番舶之饶,行者入海,居者附赀,或将妻子弃儿养如所出,长使通夷"(何乔远:《闽书》三八)。这种海舶,南到南洋,北通日本。

明朝对于海外贸易是有限制的,对于海禁是严的,不许任意出海,同时西方殖民国家是用海盗方式,武装横行海上,恣意抢掠的。所以这种海舶之利是秘密的(对明代法令)、危险的(对殖民主义国家),而且必须拥有自己的武装以防备殖民国家的侵掠。

因此明朝统治者称他们为"流人"、"海寇"。(洪若皋:《海寇记》,《昭代丛书》戊集五)

郑芝龙就是到日本的海舶上的"流人"。

中国从 1564 年(嘉靖四十五年甲子)平定了沿海的倭寇,日本商人来华的机会就少了,到了 1598 年(万历二十六年戊戌)日本丰臣秀吉侵略朝鲜被中朝联合打败之后,商人来华更是困难了。他们就不能不更加依赖、更加拉拢、更加优待中国的海舶了。

这就是郑成功所以生在日本的原因。

1628 年郑芝龙受明朝福建巡抚的招抚,在沿海作武官,郑成功也就于 1630 年(崇祯三年)回到祖国,这时他七岁。从此一直接受中国的传统教育,中过秀才(《同安县志》、《东南纪事》、沈云《郑氏始末》),并且到过南京,在国子监学习(《东南纪事》)。

郑成功在 1645 年明隆武帝赐他姓朱,所以在旧书记载中,或称他朱成功(邵廷采:《东南纪事》)、"赐姓成功"(江日昇:《台湾外纪》)或称"赐姓"(刘献廷:《广阳杂记》)、"国姓成功"(《明末五小史》)、"国姓"(《虎口余生记》),在国外则称"国姓爷"(日本南洋,英文 Koxinga)

二、郑成功的抗清斗争(1646—1660)

1644 年满洲贵族军队入关,中国社会由阶段斗争转入民族斗争。为什么会有这样大,这样快的转变?

(1)满族和汉族,在当时,社会经济发展是有距离的,文化生活是有差异的,语言文字、风俗、习惯、宗教信仰、心理素质是不相同的,政治措施、剥削方式是不一样的,我们知道"世界上的每一差异中,就已经包含着矛盾,差异就是矛盾"(《矛盾论》773 页),矛盾是逐渐激化的,一旦遭遇突出事变,就会即刻激化。

(2)在 1644 年以前,满洲贵族曾于 1629(崇二,己巳)、1634(崇七,甲戌,在长城外)、1636(崇九,丙子)、1638(崇十一,戊寅)、1642(崇十五,壬午)五次统兵进关扰明,最后两次并渡黄河到山东,每次都进行了残暴的掠夺,给广大人民留下了残酷印象,所以清军一入关,就引起人民的沉痛回忆,人类社会是互相影响的(参《矛盾论》769 页),这就形成民族斗争高潮。

(3)在清军入关后,当时起义的农民军和封建统治阶级都起而抗清,说明阶级矛盾已降为第二位。

因此我们说 1644 清军入关民族矛盾上升为主要矛盾。

当然,民族压迫是离不开阶级压迫的,民族斗争也离不开阶级斗争的,民族矛盾就是以民族斗争方式表现出来的阶级矛盾。认为民族矛盾时期没有阶级矛盾,那是错的。

清军入北京之后,南京不久就成立了南明的福王政权,而清军也大批南下。于是全国进入抗清斗争。这时抗清武装力量有两大部分:一部分是农民起义军和广大人民群众把反封建矛头转向满洲军队的,这是抗清的真正力量;另一部分是明朝统治阶级残余势力的南明政权,这是以抗清为名而继续其封建剥削的。

1645年史可法在扬州抗清失败,清军覆灭了福王政权。

这时郑芝龙已经是福王政权下面的高级将领,他拥戴明代另一贵族在福建成立唐王政权。1646年又因清军进攻而郑芝龙等不抵抗,因之瓦解。而郑芝龙也就由泉州地主郭必昌的勾结投降清朝。郑芝龙出身于没有土地被迫流浪海外的所谓流民、海寇,而当他高据南明政权领导地位时受到腐蚀,醉心富贵,背叛了抗清的人民、国家,依附了敌人清朝统治者,这是多么痛心的事!所以在评价人物时不能只看出身成分。

郑芝龙降清,郑成功是反对的,反对无效,他就和郑芝龙决裂,自己跑到南澳招兵,1646年十二月回到鼓浪屿树立抗清中心。这时郑成功年二十三。这时福建各地农民也纷纷起而抗清。1647并有围攻福州之举。郑成功反清举兵时候,唐王政权已覆灭,郑芝龙已投清,有人认为这时抗清号召的象征已瓦解,抗清的实力已溃散,抗清因素已消灭,郑成功的抗清动机,是由于个人野心。这是不符合当时客观实际的。

这时的抗清斗争是各地人民普遍要求,而且由于清军南下的残暴更加激昂,在福建也不例外,所以抗清是正义的。郑成功在唐王政权沦亡以后,仍然高举抗清旗帜,正是服从人民意愿,而且在听说桂王政权建立之后,立即用永历年号,可见他不为了满足自己野心,扩张自己势力,而是为了人民要求,动机是纯正的。而且后来清朝屡次用高官厚爵收买他,他都不动,可见他抗清是坚定的。

我们评价一个人物,不能只凭动机,也不能只凭效果,我们是动机与效果统一论者。假使动机中没有抗清的因素,最后也不会有抗清效果的。

1653、1654年桂王抗清大将李定国进军攻清朝的广东,约郑成功会师,历史上记载说(《清史稿》郑本传)"成功……迁延不进,定国败走"。因此很多人认为明朝的不能恢复,由于李定国在广东的失败,而李定国的失败,由于郑成功的不如期会师,于是把责任都推在郑成功身上。这件事还待深入研究。

据杨英《先王实录》说,当1653年五月得信之后,郑成功曾率舟师南下到了广东揭阳(汕头西北),住了两月,八月又回厦门。后来写信给李定国说,风向不宜南征,这当然是托词。当时他所以回厦门,是由于郑鸿逵(他叔父)给他写信,告诉他清朝来议和。他回去后,立即严词拒绝了"海澄公"的封号,写信给郑芝龙说"大义灭亲"的决心,同时派人筹措军饷七十万两,米五万石,准备迎击清军。说明他回厦门,不是为议和,而是他怕郑鸿逵等乘他不在厦而私投清朝,扯他后腿。

这不是他的过虑,而是在1651年有过教训的。1650年十二月南下勤王到揭阳,而1651年三月清军袭厦门,他叔父郑芝鹏、郑鸿逵等就放任清军自由来去,财富全失,几乎退无可归,使他这次不能不有所戒备。

事实也正如此,假使厦门后方沦陷,郑军在前线亦不能作战,更不能战胜。纵然会师,也未必成功。当然我们不能预测,历史研究也容许推测。

三、郑成功的收复中国领土台湾(1661—1662)

1659年郑成功从江南退回厦门后,于1661年议进攻荷兰殖民侵略军,收复中国领土台湾。

为什么他要收复台湾?

(1)因为台湾自古就是祖国的领土。从考古发掘中证明从新石器时期以来,就和大陆文化有联系。在文字记载中证明三世纪三国时期以来经济、文化的联系就没有断过。在十四世纪元代建置了行政体制,在十五六世纪明代更有大批闽、粤农民移垦。

(2)因为1624年荷兰殖民侵略军窜入台南强占中国土地,奴役中国人民。

(3)因为反击侵略敌人是中国的传统。1603、1624荷兰两次侵略澎湖,都被中国打溃,1624并擒获侵略头子高文津。1640年荷兰侵略中国沿海,郑芝龙又打垮了他们,这是中国的传统。

(4)因为漳泉人民和郑氏对台湾情况熟悉,郑芝龙于1626和他的同辈颜思齐等进入台湾。崇祯中(1633—1638)又用海船运福建饥民数万人去垦荒,人给银三两,三人给一牛。

郑成功为什么在1661年这时候收复台湾?

(1)郑芝龙旧部何廷斌1660从台湾到厦门献了台湾防守地图,报告了台湾情况。

(2)荷兰窃据台湾已有三十八年,他们在台湾:

①把全部土地掠为己有,名曰官田。向农民征收高额地租,并劫夺

全部耕牛；

②勒令人民交纳人头税；

③实行结首(保长)制度加强统治；

④强制人民学习荷兰语言及天主教经典。

(3)郑成功知道了郭怀一1652年在台湾反荷起义斗争失败已有十年,人民反荷兰情绪更加高涨。进军必能得到台湾人民的欢迎支援。

(4)荷兰殖民者与清廷勾结,时时乘机进扰,必须断绝它的后方根据地。

收复台湾是有不同意见的。

首先,郑成功他的部下吴豪是持异议的,他认为"曾奈炮台利害,水路险恶,纵有奇谋而无所用,虽欲奋勇而不能施,是徒费其力也"(江日昇:《台湾外纪》十一)。但是这种意见是容易说服的。

最重要的是他的多年反清战友,过去友军的统帅张煌言。他认为一入台湾就不可能再抗清了,经过了往返函商,谁也没有说服谁。

郑成功收复台湾的任务是艰巨的。

首先是缺粮,但是他决定少带粮食,分两批出发。

其次是阻风,但是他决定不候风雨开驾(船)。

由于他的坚强意志和信心,他胜利了。

1661年四月初一日阳历4.29天明郑成功的船到了台湾的外沙线,由于何廷斌的地图,迂回地避开鹿耳门线外荷兰军的炮火线,又避开了浅滩沙坛,在鹿耳门登岸。包围了荷兰守军。

双方坚持了九个月,1662年2月1日,荷兰军投降,滚出台湾。

中间反击了荷兰几次突围,击败了荷兰海外增援,断然拒绝了荷兰卑鄙收买政策。由于台湾人民(包括高山族与汉族)的支援,获得了历史上第一次从殖民国家手里,收复自己领土的胜利。

在荷兰投降以前,郑成功就开始进行建设。

以赤嵌地方为承天府,设天兴、万年二县。

分地开垦,教民牛耕。

颁文武私田开垦条例十八条,严禁官夺民田。招徕沿海居民实台湾。命各镇开赴南北各地实行屯田。

在荷兰投降不久,1662年5月8日郑成功逝世,年三十九。

3. 郑成功封潮王

《越缦堂日记》三十九册光绪九年二月二十六日日记:"得何竟山正月晦日福州书,寄所刻《台湾杂咏》一册,……坿刻竟山七律二十四首,诗皆有注,足备参考,而辞皆不工,惟竟山诗注引夏琳《闽海纪录》言郑成功初封延平王,寻晋潮王,为它书所未载。使果晋潮封,何以郑氏始终皆以延平自称,且其晋爵必出自永历,不容述桂王事者于孙可望王封一字二字之分多详言之,而于延平之晋潮封概未之及。况明代一字王封皆取古名,即郡王亦不取今地,似不得有潮王之称。疑此不足据。"(84页)

4. 有关台湾的记载

《明史》三二三《外国·琉球传》:"(万历)四十四年(1616),日本有取鸡笼山之谋,其地名台湾,密迩福建。(琉球,中山王)尚宁遣使以闻。诏海上警备。"(10页)

5.《台湾纪事本末》与《台湾外纪》

清沈云《台湾郑氏始末》自叙(《国学文库》据《吴兴丛书》,1934年铅印):

"道光丙申岁(十六年,1836),余在京师,偶从藏书家假得闽人江日昇《台湾纪事本末》四十九篇,叙天启甲子岁(四年,1624)郑芝龙倡乱,至康熙癸亥(二十二年,1683)其曾孙郑克塽投诚而止。凡十数万言,颇为详尽,惜体类小说,辞不雅驯。……"(1页)

　　案朱遏先先生《延平王户官杨英从征实录序》:"其后得康熙时闽人江日昇《台湾外纪》,时地皆与郑氏相接,虽亲切而多可信,然为小说体,终不免有铺张之虑;既而得沈云《台湾郑氏始末》、汪镛钟《延平忠节王始末》,而沈书润色江氏《外纪》,汪书剿袭《小腆纪年》……"(史语所本,25页)是《台湾纪事本末》即《台湾外纪》。

1961.12.31

6.《台湾郑氏始末》

《台湾郑氏始末》六卷,沈云撰,沈垚注。《吴兴丛书》本。民国二十三年(1934)《国学文库》据《吴兴丛书》铅印。

前有沈云自叙,作于道光十六年(1836),据江日昇《台湾纪事本末》,"参考他书,删其繁芜加以润色,其事迹年月少有不合者则姑仍之"(1页)。《叙》题道光十六年丙申十一月。云字间亭,浙江德清人,时以举人入京会试。后有戊戌(道光十八年,1838)沈垚《后跋》,自称:"余以海岛洲屿名目,错杂相混,因取《方舆纪要》、《水道提纲》、《一统志》等书附注于下,以便省览,有伪误者即以己意辨之。"(1页)

沈垚,浙江乌程人。

书后又有庚申(民国九年,1920)孟秋凌福镜跋,称:"家厚堂教谕塈,于道咸间有《传经堂丛书》之刻,经子而外,旁及史类,未藏事而遭乱板毁,书目亦不及刊,故传经堂一书,外间绝少流传。同邑刘子翰怡以表扬前哲为职志,因检寄传经堂已刻本十余种,翰怡深赏是书,先行付梓。"(1—2页)是此书尚有传经堂刻本也。

最后有刘承幹(翰怡)跋,称沈云为道光甲辰(二十四年,1844)进士,官广西兴安县知县。(2页)

1961.12.28

7.《华夷变态》

《华夷变态》一册,题"日本小林叟发辑",黄帝纪元四千六百〇四年日本东京秀光社铅印本,凡七十四页。每页十一行,行三十字,四号字铅印。前有"延宝二年甲寅六月八日鸿文学士小林叟发"《序》,称:"按朱氏失鹿,当我正保年中,尔来已历三十年。福漳商船,来徂长崎,其所传说,有达江府者。其中闻于公廷之事,吾家皆得与闻。其草案今得之乱纸堆中,恐其徒饱蠹鱼,故略叙次第录为一帙,爰命名曰《华夷变态》。以作有明亡国一段实录……"

目录

《大明论》(何倩甫)　1—3页

《满清有国论》(林上珍) 5—8页

《吴三桂檄文》(三藩反清时作,天注) 9—11页

《郑经檄文》(永历二十八年四月初一日) 13—15页

《李闯覆史军门书》(书内称李贼) 17—20页

《崇祯宾天弘光嗣位》(明商人述,长崎官吏记) 21—22页

《朝鲜东莱府使谈》(在日本对马岛) 23页

《崔芝致日本乞援兵书》其一(隆武元年十二月十二日) 26—27页

其二(时间同上较短) 29—31页

《长崎王谈》(明西人称长崎长官为长崎王) 33页(应列下)

《咨长崎官吏促林高回国文》(林高为送崔芝两书之人,此日本咨长崎官吏文) 32页

《咨琉球国王文》(监国四年五月二十一日,自称建国公,应为郑) 35—37页

《建国公咨琉球文》 39—41页

《大明礼部咨琉球文》(监国鲁四年五月初七日) 43—44页

《谕琉球文》其一(丙甲五月十八日) 45页

《谕琉球文》其二(丙辰年七月初一日) 47—48页

《谕琉球文》其三(丙辰五月十六日) 49—50页

《大明兵乱传闻》其一(庆安三年二月长崎通事寄) 51—52页

仝其二(有隆武二年事) 53—56页

《鲁王谕琉球国王文》(监国鲁四年五月) 57—58页

《郑成功启日本文》 59—61页

《郑经致长崎王殿下书》 63—64页

《郑鸣骏致长崎王殿下书》(鸣骏,郑泰之弟。二书均为内讧讼于日本) 65—67页

《明清分据地域》(三藩叛乱时事) 69—72页 （"十五省合计百五十三府,其中九十八府皆复大明 72页)

《明臣答日本某执政书》(丙辰年八月) 73—74页

案,全书共二十四篇

《华夷变态》一卷,于石生有抄本,现归北京大学图书馆,十余年前曾检阅,今复见铅印本,录其目以备省览。其中所收,有出之伪造者,

《李自成致史军门书》其一也。往日辑李氏史料,石生曾主收入,余再三考虑,终疑其伪,以事多不合也。今石生死已七年。1962 年 2 月 19 日识于厦门鹭江大厦 315 号房,时开郑成功研究学术讨论会。天挺

8. 郑氏与海洋船只①

《延平王户官杨英从征实录》:

永历八年甲午(清顺治十一年,1654)二月:"顺治海澄公敕谕:'……兹封尔为海澄公,赐之敕印,镇守泉州等处地方,禄俸如例。闽境海寇,悉听便宜防剿,海洋船支,俱令管理,稽察收纳税课所部官员炤旧管辖,以俟叙录……。'"(39 页)

"另敕抚院刘清泰:……其往来洋船,俱着总理,稽察奸宄,输纳租课。"(40 页)

　　清人以管理海洋船只为言,知当时此项权力必在郑手。

又,三月:"是月,藩(郑成功)得(清刘清泰)书,亲督大师巡历民情,助饷顺逆,以定剿抚。……先是海坛、松下、大小址等(澳)逆民,每年截我商洋船只,至是发谕诚谕之。"(42 页)

十月:"藩欲提师南下(时驻思明州),议攻鸥汀埧贼寨,以屡阻我潮揭粮运故。"(93 页)

十一月:"我师攻破鸥汀埧逆寨,报闻。此寨负固已久,四畔皆深泥水田,惟一面近港通海,有数千强仆出没波涛之间,时或商渔,时或洋劫,屡屡阻截粮道,至是破之。……尚有许隆(此书龙皆讳隆)未服,须收灭之,以免南顾之虑。"(94 页)

　　据此,海上仍有拒阻郑氏者,而此辈亦以商渔洋劫为生。

永历十二年戊戌(顺治十五年,1658)四月:"初十日,藩与左武卫林胜密议,先取许隆,牵其船只,破其巢穴,免其出没海上,使我师北征有南顾之虑。……此日洪水缘何涨满,藩督顺直捣其港。……所得辎重米粟不计,船只分发各镇配兵,许隆仅只身率众而逃,焚其巢穴而回。"(97 页)

　　案,朱遏先先生序文尚引有其他记载,不具录。

　　　　　　　　　　　　　　　　　　　　　　　　1962.1.2

―――――――――――

① 编者注:此条卡片二缺。

9. 郑氏与台湾及西方诸国

《台湾郑氏始末》(《国学文库》本,文字有意模仿古文,甚无味,且有不通处):

卷一:"而台地之辟,实自郑芝龙父子。"(1页)

"天启四年(1624)夏六月……(颜)思齐等……驶台湾,……八昼夜乃至。计抚土番,立寮寨,以时出猎海上。"(2页)

"(颜)思齐以五年(1625)秋九月猎诸罗山,反,病死。……六年(1626)春正月旬有八日受终,芝龙固辞乃就。"(3页,这一段文字最坏。)

"芝龙乳字一官,至是更焉。"(4页)

　　案,日本记载称郑芝龙日本名字为"平户一官"。

"崇祯元年(1628)……方是时,杨六、杨七叛岛洋,刘香老扰惠、潮、南澳,褚彩老劫沿海,李魁奇攻掠澎湖辽罗等处最横。(李)魁奇,惠安渔人,能竟日行水中,初聚众澎湖,候劫吕宋国船。"(7页)

"陈德等回台湾,闻芝龙受抚,不决,以众来会。至澎湖,为(李)魁奇所劫。德及杨天生等皆死。免归台湾者惟李英与通事何斌。芝龙闻之大恚。"(7—8页)

　　据此,何斌为芝龙旧部。

"(崇祯)三年(1630)夏五月(芝龙)遣弟芝燕往日本,迎妇翁氏及所生子。……乃以所生子先归。年七岁。芝龙喜其貌伟,名之曰森,字曰大木。……年十五,補南安县学生。"(8页)

　　据此,成功应生于天启四年(1624),而入学则在崇祯十一年(1638)。生年与墓志合。

"(崇祯)十二年(1639)夏六月,荷兰国将郎毕吉里哥,连犯闽浙,所至莫御,号曰红夷军。夷精机巧,用火器多奇中,乘巨舰曰夹板,坚质密护,铳炮矢石无所施,故我军卬攻多败失……"(10页)

"荷兰国王之弟曰揆一王,因郎毕吉里哥败归,请再举不许,请中占一岛地以通往来,伺间隙乃许。揆一王略地至台湾,遇何斌,喜甚,命为甲螺。度形胜筑城,于七鲲身之首,曰台湾,城外列炮台,更筑小城于对岸,曰赤嵌城。"(10页)

　　据上文,甲螺又作"甲赢","盖彼夷所立以统华人者也"(2页)。颜思齐曾为之(2页)。但书中所谓"彼夷",不知何指?

"(崇祯)十七年……夏五月,福王立于南京,……芝龙遣兵卫南京,子森入太学,说钱谦益以知人善任……"(11页)

"(郑)鸿逵奉唐王入福州,改元隆武,……郑森赐姓朱名成功。"(12页)

"(顺治)三年(1646)……八月……芝龙时守泉州,与芝豹筹饷,贝勒兵卒至,众溃,翁氏妇初由日本至,死焉。……芝龙遂劫众奉表出降,……成功叩马谏……成功遁归金门,贝勒遂挟芝龙北去。……"(17—18页)

时成功年二十三。

《台湾郑氏始末》卷二:"(顺治)四年(1647)春正月成功令鸿逵镇金门,芝豹、芝鹏守安平,而自率舟师泊鼓浪屿。"(19页)

上文不言成功何以得舟师,何以能令使鸿逵、芝豹。

"(顺治)五年(1648)……三月……桂王使辅明侯林察谕成功,遂改永历纪年,还使称贺。"(21页)

成功年二十五岁。

"(顺治)六年(1649)……七月诏封成功延平王,固辞不受,乃改封广平公。"(24页)

"(顺治)八年(1651)……十二月成功遣乞饷日本,以足军实。"(30页)

卷三:"(顺治)十三年(1656)……十月……以同安死难教谕陈鼎子永华有经济才,命为参军。"(49—50页)

陈永华事始此。

"(顺治)十四年(1657)……十二月永历……封成功延平王。"(54页)

时在思明州,年三十四。

卷四:"(顺治)十七年(1660)……七月……成功使张光启如日本乞师。"(73页)

"(仝上)九月,李率泰奏迁同安之排头、海澄之方田沿海居民八十八堡入内地安插。成功因议取台湾,招沿海之不愿内徙者屯田其中,以益军储。"(73页)

"(顺治)十八年(1661)春正月,成功集诸将议曰,吾闻台湾……(中叙台湾情况,似袭《明史》而易其文字)……我太师(郑芝龙)初辟台湾,事耕殖,通商贩,密迩漳泉,地广而腴,至今为红夷所据,屹然一大部落。我将复之,以裕两岛,进可战,退可守。况兹迁民,播弃失业者多,招之以耕以战,兵食两足,计之得也。已而台湾甲螺何斌持地图来献。遂……东征。二月次彭湖,巡视三十六屿,分将守之。……抵鹿耳门,……潜军循图委折至赤嵌城登岸。(何)斌曰,速据仓廒,乃以兵进……从之。守赤嵌城酋长<u>苗难实丁</u>遣<u>何机</u>走鲲身请援。成功令诸将持神器传城。遣通事吴迈说曰,不速降皆灰烬矣。<u>苗难实丁</u>惧,以众降。成功厚赂之,令说揆一王曰,台湾吾故物,久假当归。而揆一王已遣酋长<u>英黎三</u>来御,道遇何机,机谓唐兵实由天下,非倾国以赴不可,还请济师。成功因得整军速进,径抵台湾。"(74—76页)

"(顺治十八年,1661)夏五月改赤嵌城为承天府,杨朝栋为府尹,置天兴、万年二县,……招沿海居民之不愿内徙者数十万人东渡,以实台地。"(77页)

"(仝年)秋七月,土番阿得苟攘聚众欲救红夷,杨祖与战败死。成功令黄安、陈瑞设伏诱斩之。躬巡田野,慰抚诸社寨酋长,及新迁居民,令皆安堵乐业,益缮甲兵坚城守。揆一王自是闭城坚拒,无所得食。"(78页)

"(仝年)十一月成功令陈广等焚红夷夹板,黄安率众自鲲身合攻,揆一王势蹙。遣通事李仲说曰,此去荷兰远,不可久驻,约自仓库外,金玉珠宝悉载归,迟将莫及。揆一王与诸酋长如约还荷兰。"(78页)

开发台湾

"(顺治十八年,十二月)成功杀(杨)朝栋(承天府尹)……以郑省英为府尹,……分地开垦,围生牛而教之耕,乡仍曰社,田仍二十五戈为一甲,三年然后定赋,限沟渠时畜泄,毋听民兼并买卖,察举孝弟力田及有奇才异能者,试用,诸将以时简肄武备,严守望,缉奸宄,如律。"(79页)

卷五,康熙元年(1662)二月庚辰:"啮指而卒,年三十有九。"(83页)

(康熙)二年(1663)春正月,(郑)经……还思明,即王位,称永历十有七年(时永历已死)。(85页)

又:"秋七月,和兰(上文称荷兰)揆一王遣通事李瑞乞师于(耿)继茂、(李)率泰,攻两岛,复台湾故地。乃集众议,或曰……(中间一段叙红毛侵台湾事,似改他书,中有崇祯中为郑芝龙所破,不敢窥内地者数年。十年(崇祯十年,1637)驾大舶由虎跳门薄广州,主奸李叶荣、交通总兵陈谦为居停出入,为兵科凌义渠所劾,坐逮讯,奸民知事不成,复引番入据台湾,郑氏夺复故土,而今引红毛克郑氏,若据台湾要互市,以间寇掠闽粤间,谁复承其咎也。率泰曰……)乃允揆一王为前锋,使提督马得功督降将卒数万继进。经遣(周)全斌督林维等分御诸隘。……冬十月……全斌败却……(施)琅遂乘胜夺厦门,……(施)琅、(黄)梧合兵进击,……遂取语屿金门……。(洪)旭谓(郑)经曰:势急,东渡,否则变生肘腋,奈之何?经乃遣心腹护孥属先行,

且谕众文武,其不愿东迁者听。"(86—88 页)

"(康熙)三年(1664)……夏四月,经改东都为东宁,升天兴、万年县为州,设彭湖及南北路安抚。使诸将分守土地,庶事悉委陈永华,崇尚儒雅,与民休息,而两岛远近弃兵民众凡四五十万。"(89—90 页)

其下叙吴三桂起兵,郑经至厦门复东归事。

卷六:"(康熙)二十年(1681)春正月,(郑)经卒。……克塽年十三,最幼。……遂立克塽,称永历三十有五年。"(112 页)

"(康熙)二十二年(1683)……八月庚戌(施)琅自彭湖进发,壬午入鹿耳门,抵台湾,晓谕安抚,颁赦诏。"(117 页)

下叙克塽入京,而无投降日期,文人不知史,大都如此。

1961. 12. 28—30

10. 明与亚洲各国之关系

《明史》三二二《日本传》:"永乐元年(1403)……其贡使已达宁波。礼官李至刚奏,故事番使入中国,不得私携兵器鬻民,宜敕所司核其舟,诸犯禁者悉籍送京师。帝曰,外夷修贡,履险蹈危来远,所费实多,有所赉以助资斧,亦人情,岂可概拘以禁令,至其兵器亦准时值市之,毋阻向化。"(5 页)

又:"明年(永乐九年,1411)二月复遣王进赍敕褒赉,收市物货。"(6 页)

又:"景泰四年(1543)入贡……倭人贪利,贡物外所携私物增十倍,例当给值。礼官言,宣德间……估时直,给钱钞,或折支布帛,为数无多,然已大获利。"(7 页)

又:"(成化)十三年(1477)九月来贡,求《佛祖通纪》诸书,诏以《法苑珠林》赐之。使者述其王意,请于常例外增赐,命赐钱五万贯。"(8 页)

《明史》三二三《外国·琉球传》:"(洪武)九年(1376)……(刑部侍郎李)浩言,其国不贵纨绮,惟贵磁器铁釜,自是赏赉多用诸物。"(1 页)

用中国法律制裁

又:"明年(洪武二十六年,1393)中山两入贡,又遣寨官子肄业国学。是时,国法严,中山生与山南生有非议诏书者,帝闻置之死,而待其国如故。"(2)

又:"明年(永乐二年,1404)……时山南使臣私赍白金诣处州市磁器,事发,当论罪。帝曰,远方之人知求利而已,安知禁令,悉贳之。"(3)

又:"正统元年……帝曰番人以贸易为利……"(5)

11. 西方殖民国家之东来

《明史》三二二《外国·日本传》:"平秀吉……僭称关白,尽有其众,时为万历十四年(1586)。(与日本记载不合,日本称为大政大臣,代为关白在前一年)……又以威胁琉球、吕宋、暹罗、佛郎机诸国,皆使奉贡。"(日本记载谓丰臣秀吉于1587年禁天主教)(18页下)

《明史》三二三《外国·琉球传》:"(弘治)十七年(1504)遣使补贡,谓小邦贡物常市之满剌加,因遭风致失期。"(7页)

据《明史》三二五《外国·满剌加传》,时佛郎机尚未侵入满剌加。

又《吕宋传》:"至万历四年(1576),官军追海寇林道乾至其国,国人助讨有功,复朝贡。时佛郎机强与吕宋互市,久之……"(11页)

12. 台湾与和兰

查继佐《东山国语·台湾前语·东宁国》:"台湾者系和兰国入贡,泊舟候命处。城接瓜哇、大泥,与佛郎机密迩。万历中忽请通贡,叩闽。闽人李锦劝其酋麻韦郎垒彭湖屿,逼漳,赂税监高寀可得志。于是伐木驾厂,锦导夷入,寀竟与盟,且许开市。会材官沈有客奉诏声走之。……已而竟使通贡,泊舟澎湖,候命下。许从夷几何,贡物几何,然后可。久之,从澎湖深入,筑城,分红夷守之,名为台湾,去澎湖六程耳。所云湾者,西洋货船通东夷,必湾此,为西洋扼要所。"(《四部丛刊》影印本,95页)

又:"其地(指台湾)阔二千里,袤倍之,气常春,多露,可当微雨,所植遇旱不枯,食物饶于内地。多野马差小,可乘,亦多苗峒,不化,多土目,不通语言。初郑芝龙居大海中,常于澎湖外设市,税诸洋之货。以是富甲诸国,及北款,诸洋犹奢服也。"(95页)

此条应入"郑成功入台湾"。

"芝龙款后,子国姓成功于壬寅(1622,康熙元年)以部将曹文龙、马信之谋,会海水大溢,自厦门舟师前,拂礁而进,红夷恃水槛不守,遂有其城而令其子守厦门原汛。已而红夷王子北贡,以失其故城,愿合力攻厦门。厦门不支。会延平王成功薨,长子经嗣立。"(95页)

赤嵌楼 Providentia   安平(热兰遮城 Fort Zeelandia)   荷兰总督揆

— Frederik Coyett

　　1624 总兵俞咨皋俘获荷兰主将高文律 Kobenleot 等十二人。

嘉靖三十六年　　1557　　葡萄牙人攫取中国澳门

　　四十四年　　1565　　西班牙人统治菲律宾

万历二十四年　　1596　　荷兰开始侵入印度尼西亚

　　二十八年　　1600　　英国东印度公司开始统治印度

天启二年　　1622　　荷兰人进攻澳门,葡联中国共同抵抗,荷逃入彭湖

　　四年　　1624　　荷兰窃据台南

　　六年　　1626　　西班牙殖民主义者从吕宋率兵到台北基隆

崇祯十五年　　1642　　西班牙为荷兰战败,弃台湾而逃

以上见 1961.6.25《大公报》,王芸生:《关于郑成功收复台湾》,待考。

1961.12.31

13. 台湾与和兰的侵入

　　嘉庆《续修台湾县志》卷五《遗事》注:"红毛据台在万历,未详载。《明史》第云'事耕凿,设阛阓',不言筑城者,省文耳。以形势考之,有城而后台湾,其云称台湾则筑城之证也。……窃意红毛终信李锦夺守彭湖,贿求贡市之说,觊此地未入版图,无汛守,而滨海土番惩倭之害徙居近山,遂先筑此城以为根本,然后出据彭湖,盖红毛利在互市,非贪土城,不然何不就膏壤而城之乎? 又各志皆云郑芝龙入台在先,红毛在后。考明给事中何楷《靖海疏》云'自袁进、李忠、杨禄、杨策、郑芝龙、李魁奇、钟斌、刘香相继为乱,海上岁无宁息',其下有'近红毛筑城其中'之语。此疏上于崇祯八年,诸志有谓城即筑于是年者,得毋因读此疏而误乎?"(25 页)

　　　　案,郑芝龙入台在红毛之前,盖为事实,惟红毛筑楼或在崇祯八年(1635)以前。

《续修台湾县志》卷五《外编·遗事》:"(引旧志)崇祯三年(1630)荷兰犯厦门,时豫章邹维琏抚闽,拜郑芝龙为将,芝龙募龙溪人郭任功率十余人夜浮荷兰船尾,潜入焚之,获荷兰五十余人,余船悉遁,不敢窥内地者数年。十年(1637)荷兰驾四舶抵广州求市,不可,乃遁归,仍踞台湾。国朝顺治十五年(1658)甲螺(原注"华言头目也")郭怀一谋逐荷兰,事觉被戮,汉人在台者遭屠殆尽。十八年(1661)夏五月,郑成功入台湾,逐荷兰;冬十二月荷

兰归国。"(26—27页)

1955.1.2—3

14. 台湾赤嵌楼

《续修台湾县志》(嘉庆十二年续修,道光元年再订,薛志亮修,总纂谢金銮、郑兼才)卷五《外编·遗迹》:"赤嵌楼在镇北坊,明万历末荷兰所筑,……闽人谓水涯高处为墈,讹为嵌,而台地所用砖瓦皆赤色,朝曦夕照,若虹吐,若霞蒸,故与安平城俱称赤嵌。又以筑自荷兰,亦名红毛楼。伪郑贮火药军器于此。"(2页)

又:"赤嵌城亦名台湾城,在安平镇,一鲲身沙碛,孤浮海上。……明万历末,荷兰设市于此。筑砖城,制若崇台,海滨沙环水曲曰湾,又泊舟处概谓之湾,此台湾所由名也。"(2页)

又注:"按旧志载,荷兰爱台地,借居于倭,不可,乃绐之曰,得一牛皮地足矣,多金不惜,遂许之,荷兰牛皮如缕,周围圈匝已数十丈,因筑此城。其说与《明史》所载佛郎机之绐吕宋相似。"(4页)

　　天案,一牛皮地之说始见于《大唐西域记》,又澳门亦有此传说,盖展转传移者也。

《续修台湾县志》卷五注:"又外志云:天启甲子,荷兰攻逐倭众,取之,遂筑台湾赤嵌楼城,俱传闻之误,荷兰已于万历中据台矣。"(4页)

　　天案,西籍均谓和兰以1624入台,正与天启四年甲子之说合,外志不误。逐倭之说亦不可信。

1955.1.2

15. 台湾与倭

嘉庆《续修台湾县志》卷五《外编·遗事》:"日本者倭奴国也。自明之中季,其贼民常驾舟寇闽粤,为边患。嘉靖四十二年(1563)大将戚继光败之,倭遁入海。林道乾者倭党也,剽掠近海地,都督俞大猷追之至澎湖,道乾熟港道,遂勾倭遁入台,大猷留偏师守澎湖,严哨鹿耳门外。已道乾惧为倭所并,又惧官军追击,扬帆直抵浡泥,攘其边地以居,号道乾港。而台地遭倭焚掠残破,土番多避近山,倭亦旋去。以后未尝至台。《明史》所载外国诸传

可考。旧志谓红毛借地于倭,又谓红毛攻逐倭寇,传闻之误也。"(18—22页)

1955.1.2

16. 流求与台湾①

秋山谦藏　《隋书流求国传之再吟味》　　《历史地理》五四之二
秋山谦藏　《流求即台湾说成立之过程》　　《历史地理》五八之六
秋山谦藏　《流求即台湾说再批判》　　　　《历史地理》五九之一

17. 台湾多宋钱

薛志亮修《台湾县志》卷五《外编·丛谈》:"台地多用宋钱,如太平、元祐、天禧、至道等年号,……相传初辟时,土中有掘出古钱千百甕者,或云来自东粤海舶。余往北路,家僮于笨巷口海泥中得钱数百,肉好深翠,古色奇玩。乃知从前互市未必不取道此间果竟邈与世绝哉!然迩来中土不行小钱,洋舶亦多有载至者。"(《海东札记》,64—65页)

《海东札记》二卷　乾隆中叶,朱景英撰

18. 台湾的几次反清运动

据薛修《台湾县志》卷五《外编·兵燹》(参阅卷四《军志·戎略》):
康熙三十五年(1696)丙子　七月　新港民吴球　49页
六十年(1721)辛丑　四月　南路　翁飞虎　50页—55页即朱一贵起义之役
乾隆三十五年(1770)戊子(戊子为三十三年1768)　九月　大穆降庄　黄教　55页
五十一年(1786)丙午　十一月　北路　林爽文　南路　庄大田55—61页
嘉庆十年(1805)乙丑　十一月　海上　蔡牵　61页之一至之四

---

① 编者注:此条卡片一缺。

19. 台湾与郑氏

清(康熙)陈伦炯《海国闻见录》上卷《东南洋记》:"东南诸洋,自台湾而南。台湾居辰巽方,北自鸡笼山至南沙马崎,延袤二千八百里,与福、兴、泉、漳对峙,隔澎湖水程四更,隔厦门水程十有一更。……迨崇祯间,为红毛荷兰人所据,就安平大港连建炮台城三层,以防海口。教习土番耕作,令学西洋文字,取鹿皮以通日本,役使劳瘁,番不聊生。郑芝龙昔鲸鲵海上,娶倭妇翁氏,生成功,随带数十倭奴聚泊台湾,视海外荒岛不足以有为,仍寇江浙闽粤。因嘱其子曰:倘不可为,台湾有如虬髯之安。及郑成功寇镇江败归,阻守金厦,始谋取台湾。会荷兰之通事何斌逋夷负钓鹿耳门,知港路深浅,说成功联樯并进。荷兰严守安平大港,成功从鹿耳门进,水涨三丈余,入据台湾,与荷兰相持甚久。因喻之曰台湾系我先王所有,现存倭人为你等所据,今还我地,资货无染,荷兰悉众而去。至康熙二十二年郑克塽归顺,方入版图,以承天府为台湾府,天兴州为诸罗县,万年州为台湾凤山二县。雍正二年分诸罗北之半线为彰化县。"(13—14页)

郑成功母据日本记载为田川氏,系平户士族。

安平城荷兰人称为 Zeelandia,今台南之西安平港。附近有赤嵌城荷人称为 Providetia,郑氏驻之,称承平府。

1956. 12. 14

20. 郑氏与台湾

刘献廷《广阳杂记》一:"台湾延平王郑氏,起于明天启四年甲子,至清康熙二十二年癸亥,福建提督施烺逼降之。"(7页)

又:"彭夏琴咏台湾七律四首:其一云:'台湾绝域贡降笺,举族归朝尽内迁,历授尧封千载后,地开禹贡九州前。人民半与鱼龙杂,郡县全依岛屿偏,四十年来空倔强,至今始得罢戈船。'其二云:'……(四句)帆来日本通商近,邑改天兴置吏初。'其三云:'高华遗屿自隋朝,营垒依然识旧标。淡水鸡笼虽竞渡,飓风蜃市岂全消。……'其四云:'穷岛军需飞檄催,蔗霜兼买鹿皮来。生番禳社三冬集,互市洋船六月开。浪峤山形随地尽,厦门风信逐潮回。荷兰故土非瓯脱,窥伺将毋隐祸胎。'"(26—27页)

《广阳杂记》卷三:"赐姓公未得台湾地,积蓄皆著海澄,铁甲十万副,谷可支三十年,藤牌、滚被、铳炮、火药皆数万计。公时在厦门,黄梧降本朝,海澄失,公闻之,神色不变。"(27页)

又:"涵斋又言,海澄公黄梧既据海澄以降,即条陈平海五策。一迁徙沿海居民于内地,距海三十里不令人居住。一言郑氏祖坟风水甚美,当令人发掘。一郑氏有五大商,在京师苏杭山东等处,经营财货以济其用,当察出收拿。一郑氏虽居海中,而其田产财贿皆在漳泉等处,当察出收官。一造八桨小船数十只,无风时出海以取厦门,四面环攻,令彼疲于奔命。上然其策,惟迁海一条未行。……迁海之策,施烺复言之,始行。"(27—28页)

《广阳杂记》卷四:"揭昭仪曾客趾,……又曰:台湾地向有大肚、礼嘉二种番人,郑芝龙始开其地,后红毛国假于郑氏以开市。国姓以金门、厦门逼近内地,恐不能守,遂复取台湾以建国。余今日始知台湾为芝龙所开,当更政之于杨涵斋也。"(31页)

又卷五:"台湾惟有一城,乃红毛国所筑者,临海畔,俗呼红毛城,郑氏向居之。今台湾府治不在此城内。"(10页)

又:"余问涵斋云,吾闻台湾向为红夷地,郑芝龙得而复失,赐姓复取之,有诸乎?涵斋曰:非也。台湾向为番地,嘉靖中,红毛国人取其一角,为诸国贸易之所。盖红毛国人领其主之船只,于各国占地为市,而岁输租赋,地多而大者加官焉。台湾口岸故巨,其西则淡水,山石林立,不可泊舟,惟东南有水漾折而下,可舟楫,红毛人筑城于内曰赤嵌城,有山对峙如鹿耳,曰鹿耳门,舟必从此入,红毛人于弯环处皆有炮台,设巨炮以守,不可攻也。(折)台湾之名,盖取之此。赐姓公江南之败,复回厦门,念厦门、金门不可守,海澄公黄梧又议无风时出小舟环攻,疲于奔命,遂思东取台湾,本意原欲由彭湖入,而一夜风起涛涨,诸石皆没,前此所未有也。由淡水径至赤嵌城下,鹿耳之险无所用之。使求救于本国而往返须三年,围城两月,食尽而降。赐姓纵其舟归本国。台湾遂为郑氏有。后红毛国合清兵以巨舟来攻,郑氏以小舟往,而钉小舟于巨舰之旁,人没于水而火其舟,此后不敢复至云。自厦门出洋,七更至彭湖,入师屿泊舟,必待顺风,一日而至台湾,凡八更,而更约六十里,否则为海沟急流所漂而东矣。此台湾之大略也。"(32—33页)

薛志亮修《台湾县志》卷五《外编·遗事》引府志:"(郑)成功以海外岛屿养兵十余万,甲胄戈矢,罔不坚利,战舰以数千计,又交通内地,遍买人心,而财用不匮者,以有通洋之利也。本朝严禁通洋,片板不得入海,而商贾垄断,厚赂守口官兵,潜通郑氏,以达厦门,然后通贩各国。凡中国诸货海外人皆抑资郑氏,于是通洋之利惟郑氏独操之,财用益饶。暨乎迁界之令下,江浙闽粤沿海居民悉内徙四十里,筑边墙为界,自是坚壁清野,计量彼地小隘,赋税无多,使无所掠,则坐而自困,所谓不战而屈人之兵,固非无见。不知海禁愈严,彼利益普,虽知者不及知也。即畴昔沿海所掠,不过厚兵将私橐,于郑氏储积原无损益。"(30 页)

　　薛修《台湾县志》卷五《遗事》:"(顺治)十八年议取台湾,三月成功泊澎湖,次鹿耳门。红夷大惊,成功引兵登陆,克赤嵌城。十二月围王城不下,成功乃使人告之曰,此地乃先人故物,今我所欲得者地耳,余悉以归尔,荷兰乃降。康熙元年成功卒。二年天子锐意南征,遣人约红夷合兵攻岛,大兵入,两岛之贼烂焉。"(34 页)

　　　　案,上文两岛下有注曰"厦门、金门",此云两岛当亦是。又案,此云成功以顺治十八年(1661)冬入台,康熙元年(1662)卒,则入台仅一年耳。岂台湾经营之功已就耶,抑出于其子郑经耶?

1954. 12. 16—17

1955. 1. 3

21. 郑成功入台湾

查继佐《东山国语·台湾后语·东宁国国姓成功》(此篇名不妥):

"壬寅(公元 1662 年,即康熙元年),国姓用曹文龙、马信谋,袭和兰国之台湾,水路距漳州七程(记载与他书异),彼恃水槛,守御寡,我乘潮涨,间道入取之。益垒城垦地,建宫室,号为东都。而令长子经守思明州,总统五军。"(《四部丛刊》影印铁如意馆抄本,101 页)

　　郑经生于崇祯十五年(1642),时年二十一。

　　又:"寻改东都为东宁国(他书不称国)。按台湾延袤三千余里,虽有守御,人民稀少,土尽芜。自大军(此指清军指明军?)安集闽浙,居民附舟师来归,烟火相接,开辟芜土,尽为膏腴,岛夷咸畏之。"(101 页)

《东山国语·台湾后语·东宁国国姓成功》:"甲辰(公元 1664,即康熙三年)秋七月,……己酉(1669,康熙八年)北遣正副文武二使出款东宁,……嗣藩(郑经)乃致书慕天颜,……书称永历二十三年。此稿为军师陈永华所撰。"(102 页)

"……嗣后东宁不出师,北师亦不出海,逾五年甲寅(1674)耿藩乱闽,乞师东宁,……"(103 页)

1669—1674 无战事。

又:"耿败,海舟还东宁,迄今丙辰(1676,康熙十五年)兵辑。"(103 页)

查氏记载至康熙十五年(1676)止。

参看"台湾与和兰"卡片

台湾即古琉球　唐

洪武五年封中山

天启四年　1624　芝龙入台

崇祯元年　1628　让于和兰红毛城①

顺治十八年　1661　郑成功入台

康熙二十年　1681　郑经死子克壏

二十二年　1683　平台

1961.12.30

22. 台湾历史报告(1955.1.8,南开)

本人学习不够,在座知道的比我多,听了地理的报告,知道地上资源之富,地下蕴藏之多,这说明美帝所以要强占,因此我们必须要解放台湾,拯救台湾的人民,消灭蒋介石卖国集团,反对美帝的侵略。因为台湾是我们的领土,台湾历史是中国历史一部分。

今日台湾包括澎湖,明清澎湖不包括台湾(改省以前),台湾由一地成一县,一府,一省,一区域。

台湾在中国文献中记载较晚,是由于名称不同,夷洲、亶洲、东番、北港、琉虬、赤嵌、毘舍耶国、鸡笼。

台湾历史是中国历史的一部分。

一、台湾历史是台湾土著的高山族和自大陆移殖汉族共同的历史。

高山族来自中国大陆。民间有此传说,古物发现。

(台北、圆山、新竹、台南、六甲顶出土"有肩石斧"与杭州良渚镇出土者同型。)

---

① 编者注:此处部分字迹无法辨识。

人民的历史是异常古远的。

（中国知道台湾的开始,230 年,千七百年前,政治关系开始不晚于 610 年。）

高山族与汉族共同开发了整个台湾。

（县志"初台地东倚内山多旷土,民与番并垦焉"。卷二,32 页。屯田、番民皆有。）

高山族与汉族共同抵御过外来侵略。

（1652 郭怀一领导反荷兰,1661 郑成功逐和,1895 反割让,武装起义[1895—1915],民族解放运动[1917—],反蒋 1945 二二八。）

二、台湾历史与中国历史分不开。

经济分不开　农种（1800 万公担粮食　140 万吨糖）　交易　货币（宋钱）

文化分不开　古石器陶器　生产技术　生产工具　生活资料与习惯

政治分不开　中国政治关系的开始（230、610）　成为中国行政组织一部分的开始（1661、1684）

郑成功领导地区包括了台湾和大陆的。

初入台 1661,成功在台,郑经在厦;成功 1662 年死,1664 厦门失,耿精忠、继茂事件前后（1674—1681）,郑经派攻泉州等处,1681 郑经死,1683、1684 清军攻入台湾,1684 设一府三县,1823 改四县,1887 改省。

台湾的反清运动是和大陆联在一起的（1721 朱一贵、1786 林爽文）。

天地会组织是普遍于大陆和台湾的。

和兰、西班牙（1624—1661 三十七年、1626—1640 十四年）只强占台一小小部分,不是统治了全台,时间很短,遭到人民的不断抵制。大陆的移民和高山族站在一起。1652 郭怀一领导反荷。

日本与台湾在明朝只是贸易关系,倭寇曾经作为暂避地。更谈不到统治,1895 年以后才强占了台湾。

三、中外古今文献中从来没有否认过台湾是中国的领土（台湾没有所谓地位问题）。

1842 英国为了达洪阿、姚莹杀了英国人提出交涉。

1859 美国请开台湾为商埠,公使华若翰 J. E. Ward.

《大英百科全书》　十一版十册 669 页　1947 年　十四版已删

《开罗宣言》 1943 十二月一日

《波茨坦公告》 1945 七月二十六日

杜鲁门贺中国收复台湾　1945.10.25 中国受降

四、中国人民坚决要解放台湾。

所谓美蒋条约　美国政府必须负起侵略行为的严重责任

历史的错误不允许重演　英国是个帮凶

纳丁在纽约的电话谈话　里丁的谈话 "现在并不存在一项规定台湾的地位的国际文件","我们不认为它构成中华人民共和国的一部分"。

推翻了自己签定的《开罗宣言》,否认了自己参加的国际协定所担负的义务。不但如此,而且违反 1941《大西洋宪章》第二款,1945《联合国宪章》二条四款,托管办法 77 条 1 项、78 条不符。反对所谓《美蒋条约》,解放台湾,保卫祖国主权和领土完整,在各人岗位搞好自己工作以解放台湾。

23. 清平台湾参考

《清史稿》传四十七　姚启圣　吴兴祚　施琅

《清史稿》传四十八　万正色　吴英　蓝理　穆赫林　黄梧

《清史稿》传四十九　李光地

24. 有关台湾著作

据薛志亮修《台湾县志》卷六《艺文·著述》类:

《东番记》　明莆田周婴

《台湾舆图考》一卷　明鄞县沈光文

《草木杂记》一卷　明鄞县沈光文

《靖海记》二卷　清晋江施琅(康熙)

《平南事实》一卷　清晋江施琅(康熙)

《台湾杂记》一卷　清无锡季麒光

《蓉洲文稿》一卷　清无锡季麒光

《山川考略》一卷　清无锡季麒光

《海外集》一卷　清无锡季麒光

《交行集》一卷　铁岭沈朝聘

《台湾纪略》一卷　长乐林谦光(康熙二十六年 1687 入台)

《赤嵌集》四卷　桐城孙元衡(康熙四十年 1701 入台)

《稗海纪游》一卷　仁和郁永河

《伪郑逸事》一卷　仁和郁永河

《番境补遗》一卷　仁和郁永河

《海上纪略》一卷　仁和郁永河

《东征记》二卷　漳浦蓝鼎元(与黄叔璥有赠答,入台应同时,1722)

《平台纪略》一卷　清漳浦蓝鼎元

《台海使槎录》八卷　北平黄叔璥(康熙六十年 1722 入台)

《赤嵌笔谈》四卷 ⎫
《番社六考》四卷 ⎬ 原称在《使槎录》之内,但卷数不合
《番社杂谈》一卷 ⎭

《巡台录》一卷　浮山张嗣昌(雍正十年 1732 入台)

《台湾志》三卷　济水尹士俍(雍正十一年 1733 入台)

《台湾风土记》一卷　衡阳刘良璧(乾隆二年 1737 入台)

《台海采风图考》一卷　白麓六十七(白麓为长白之麓;六十七,人名)

《番社采风图考》一卷　白麓六十七(乾隆九年 1744 入台)

《使署闲情》四卷　白麓六十七

《婆娑洋集》二卷　钱塘范咸(乾隆十年 1745 入台)

《澄台集》一卷　长洲庄年(乾隆八年 1743 入台)

《海录碎事》一卷　福清吴应造(乾隆九年 1744 入台)

《闽越纪略》附《澎湖台湾》一卷　杜臻、石柱(二人)

《海东札记》二卷　武陵朱景英(乾隆三十四年 1769 入台)

《东瀛纪典》一卷　贵阳蒋允焄(乾隆二十八年 1763 入台)

《东瀛纪事》一卷　柳州杨廷理(乾隆五十一年 1786 入台)

《平台纪略》一卷　清罗前荫(乾隆四十八年 1783 入台。候官人)

《台北纪事》一卷　胡应魁

1955.1.3

　　关于台湾史实卡片,或题"薛志亮修《台湾县志》",或题"薛修《台湾县志》",或题"《续修台湾县志》",或题"嘉庆《续修台湾县志》",实均一书,应统称"嘉庆《续修台湾县志》"。1961.12.28

25. 台湾参考

《清代官书记明台湾郑氏亡事》　　历史语言研究所
《台湾纪略》　　　　　　　　　　清乾隆敕撰
《台湾郑氏始末》　　　　　　　　沈云
《海上见闻录》　　　　　　　　　鹭岛道人
《夹击台湾疏》　　　　　　　　　姚启圣
《平台纪略》　　　　　　　　　　蓝鼎元
《东征集》　　　　　　　　　　　蓝鼎元

26. 台湾郑氏参考书

据朱遏先先生《延平王户官杨英从征实录序》：
日本　山口长孺　台湾郑氏纪事
清　　江日昇　《台湾外纪》　康熙时闽人
　　　沈云　　《台湾郑氏始末》　润色江氏《外纪》
　　　汪镛钟　《延平忠节王始末》　剿袭《小腆纪事》　忠节为光绪元
　　　　　　　年正月十日谥
　　　连衡　《台湾通史》　采辑较丰
　　　黄宗羲　《赐姓始末》　康熙　虽失之太略,时有谬误,然多异闻
　　　郑亦邹　《郑成功传》　康熙　虽失之太略,时有谬误,然多异闻
　　　郁永河　《伪郑逸事》　康熙　虽失之太略,时有谬误,然多异闻
　　　郑达　《海东纪事》　康熙　全上
　　　阮旻锡　《海上见闻录》　闽人　延平故吏　简要明确
　　　夏琳　《闽海纪要》　闽人　简要明确　《禁书总目》作《闽海纪略》
　　　花村　《谈往》　飞黄始末条
　　　温睿临　《南疆逸史》
　　　林习山　《明季纪事》或即《明末纪事》　未见　《广阳杂记》二
　　　　　　　误作林时山,云"自隆武二年起,癸亥郑氏国亡,皆台湾
　　　　　　　事也"。

1961.12.31

27. 关于郑成功的参考书①

日本：

石原道博：《国姓爷》。日本历史学会编集《人物丛书》之二十二,吉川弘文馆昭和三十四年(1959)出版,凡 120 页。

石原道博,明治四十三年生,昭和十年东京大学毕业,现任茨城大学教授,文学博士。著有《郑成功》(1942)、《东亚史杂考》(1944)、《明末清初日本乞师之研究》(1945)、《魏志·倭人传》(他三篇)、《〈旧唐书〉、〈宋史〉、〈元史〉〈日本传〉》。

《人物丛书》据其刊行辞乃"日本人之传丛书",预定三百人,已出二十三种,续刊目已公布者六十六种,其中除郑成功外无一中国人,亦无一非日本人,显然有其阴谋野心,把郑成功当作日本人。

　　1962 年 2 月 17 日在厦门鹭江大厦 315 号房读,借自朱杰勤先生。
《国姓爷》前有郑成功肖像,台湾省立博物馆所藏。
1958 年 12 月 27 日著者《绪言》。
书凡六章:一、福松诞生　　二、抗清复明　　三、日本乞师
　　　　　　　四、南京攻略　　五、台湾解放　　六、国姓爷论
书　后　附:国姓爷系图　国姓爷略年谱　主要参考文献
　　　　　　国姓爷关系地图

石原道博:《郑成功》(《东洋文化丛刊》)　三省堂　昭和 17 年 1942
　　　　以上 116 页
　　　　《东亚史杂考》　生活社　昭和 19 年 1944
　　　　《明末清初日本乞师之研究》　富山房　昭和 20 年 1945
　　　　《郑成功与朱舜水》(《台湾风物》,四卷八、九)　1954
　　　　《张煌言之江南江北经略》(《台湾风物》,五卷十一、十二期)　1955
　　　　《郑成功杂考》(《台湾风物》,五卷一、四、五、六、七、八、九

---

① 编者注:该条卡片三缺。

期,六卷一期）　1954—56

藤　冢　邻:《鄭成功母子の図る日鮮明清の文化交流》(日鮮清の文化
　　　　　交流）　昭和 22 年

浦　廉　一:《清初の台湾鄭氏に關する新研究》　昭和 26 年
　　　　　《台湾鄭氏と朝鮮との關係》(廣島大學文學部紀要三)
　　　　　昭和 27 年
　　　　　《清初遷界令之研究》(廣島大學文學部紀要五)　昭和 29
　　　　　年 3 月
　　　　　赖永祥译《清初迁界令考》(《台湾文献》六卷四期)　1955
　　　　　《台湾に于ける鄭氏研究》(《史學研究》五九)　昭和
　　　　　30 年

森　克　己:《国姓爺の台湾攻略とオランダ風説書》(《日本歷史》四
　　　　　八)　昭和 27 年
　　　　　《郑成功攻台之端绪》(《台湾风物》四卷八、九期)　1954
　　　　　　　　　　　　　　　　　　　　　以上 117 页

中 村 孝 治:I. V. K. B. 译《国姓爺台湾进攻略记について》(《神田博士
　　　　　還曆紀念書志學論集》)　昭和 32 年

中山久四郎:《国姓爺鄭成功之母》(《歷史教育》六四之十) 昭和 33 年
　　　　　10 月

中文书 14 家 15 种:

钱长龄:《郑成功》(历史故事连环画)　上海　1950

张文清:《郑成功的抗清斗争》　上海　1953

方　白:《郑成功》　北京　1955

吴紫金、胡卜仁:《郑成功收复台湾记》　福建　1955

朱　偰:《郑成功》　湖北　1956

台湾省文献委员会:《郑成功诞辰纪念专号》(《文献专刊》一卷三期)
　　　　　　　　1950
　　　　　　　　《郑成功第三百二十六周年诞辰纪念展览会图集》
　　　　　　　　1951

黄天健:《海天孤愤——郑成功复国史纪详》　台北正中书局　1950

金宇漳:《郑成功传》(民族英雄故事)二册　香港华美书局　1952

李树桐:《郑成功》(《中国伟人小传》一集七)　台北　1953

以上 118 页

颜　兴:《郑成功复明始末记》　台南　1953

赖永祥:《明郑研究丛辑》一、二、三　台湾风物杂志社　1954—55

黄典权:《郑成功史料专号》(《台南文化》五卷四期、《台湾史料专辑》乙
　　　　编)　台南　1957

杨家骆:《延平二王遗集》(《世界文库》,《民族正气丛书一》)　台北
　　　　1946

阮旻锡:《郑成功史料合刊》　海东山房　1957

西文书四家:

F. Coyett:书名略　1675　(和文)

　　　谷河梅人译本　台湾日日新报社　昭和五年 1930

　　　平山勋译本《台湾社会经济史全集》八、九卷　昭和九年 1934

　　　魏清德译本一《被闲却之台湾》(《台湾省通志馆刊》一、二、三号)
　　　　　1948 年

以上 119 页

　　　译本二《被忽视之台湾》(《文献专刊》三卷三、四期)　1952
　　　(有人译为《被遗误的台湾》)

　　　李辛阳、李振华译本《郑成功复台外纪》(《现代国民基本丛书》三
辑)　1955

L. Ricss:书名略　1897　(德文)

　　　吉国藤吉译本《台湾岛史》　明治 31 年 1898

　　　王瑞征、赖永祥译本《明郑自立时期之台湾》(《台湾风物》六卷二
期)　1956

A. Wirth:书名略　1898　Bonn.

　　　林秀榀译本《国姓爷》(《台湾风物》五卷四期)　1955

D. Keene:The Battles of Coxinga (Cambridge Oriental Sevies. No. 4) Lon-
don, 1951

以上 120 页

1962. 2. 17 厦门

28. 台湾降时之明宗室

刘献廷《广阳杂记》:“明宗室同郑克塽降者九人:鲁王第八子朱柏,舒城王孙朱慈爌,荆州府宁静王子朱俨鉁,建昌府益王孙朱镐,宗室朱熺,南昌府乐安王孙朱浚,荆州巴东王孙朱江,建昌府奉南王孙朱逵,原封建昌永历改驻广东泸溪王朱慈炉。后朱江、朱柏、朱逵、朱俨鉁安插河南垦荒,朱慈炉、朱浚、朱慈爌、朱镐安插山东垦荒。”

案,《明史》一百《诸王世表》命名拟字,鲁王“以”字下应为“弘”字,则鲁王子应名朱弘柏,不知何缘去弘字,岂以弘光之故耶?

舒城为宪宗子益王后,《世表》(一百四)列至由植,依拟字慈爌当为由植子,此云孙,误。

宁静王《世表》无(101),此云荆州府盖太祖子辽王后,其名字亦与拟字符,当为辽王八世孙。

益王为宪宗子祐槟后,《世表》一百四列至由本,依拟字“由”字下为“慈和怡伯仲”,更依下字火土金水木之序,朱镐当名朱怡镐,盖由本之曾孙也。此云孙岂由本之子已袭一代欤。

朱熺列于益王下,当为益王子孙,依拟字当名朱慈熺。

乐安王为太祖子宁王后,永乐元年移南昌府,《世表》一百二乐安王列至谋颤,依拟字朱浚当名朱议浚,谋颤之孙也。

巴东王为太祖子辽王后,《世表》一百一仅列贵煊一代,注云“景泰三年卒,子孙不准袭,除”。辽王以永乐二年移荆州府,此云荆州巴东必无误,但不知何时又袭封也。依拟名上字“贵豪恩宠致宪术俨尊儒”之序,朱江当名朱尊江,辽王植之九世孙,太祖之十世孙,巴东王贵煊之八世孙。《明史》一一七传“辽国除,诸宗隶楚藩,以广元王術堌为宗理”。奉南王《世表》无(104),此云建昌府当为宪宗子益王后,依拟字朱逵当名朱和逵,益王七世孙。《世表》益府下有奉新王列常涟一代,此奉南如系奉新之误则朱逵当为常涟之曾孙。

三十年十二月八日上午注,是晨阴雨,闻日美已冲突,日本轰炸檀香山、新加坡、马尼剌。

29. 耿尚之裔

《越缦堂日记》四十七册光绪十三年正月初七日乙未:"夜(王)苇卿消寒第五集惟花农(徐琪)不到,偕爽秋(袁昶)、筱珊(缪荃孙)、子培(沈曾植)、仲弢(黄绍箕)谈甚畅。……是日坐间谈新授吾浙运使德寿为刘良佐之裔,神机营副都统景瑞为耿精忠之裔,广州副都统昌懋为尚可喜之裔,而庚辰翰林萨廉为穆相国之子,进士溥岏为故相奕经之孙,丙戌翰林瑞洵为故相琦善之孙,天道报施不可测也。"(59 页)

30. 中国史书上的台湾

《明史》三二三《外国传四·鸡笼传》:"鸡笼山在彭湖屿东北,故名北港,又名东番。去泉州甚迩,地多深山大泽。聚落星散,无君长,有十五社。社多者千人,少或五六百人,无徭赋,以子女多者为雄,听其号令。虽居海中,酷畏海,不善操舟,老死不与邻国往来。永乐时,郑和遍历东西洋,靡不献琛恐后,独东番远避不至。和恶之,家贻一铜铃,俾挂诸项,盖拟之狗国也。其后,人反宝之,富者至掇数枚,曰此祖宗所遗。俗尚勇,暇即习走,日可数百里,不让奔马,足皮厚数分,履荆棘如平地。男女椎结裸逐无所避,女或结草裙蔽体,遇长老则背身而立,俟过乃行。男子穿耳,女子年十五断唇旁齿以为饰,手足皆刺文,众社毕贺,费不赀,贫者不任受贺,则不敢刺。……聚族而居,无历日文字。……"(16—17 页)

　　　案,《明史》所记台湾情况,最为近真,其无君长,无文字,无徭赋,分十五社,俗尚勇,穿耳文身裸体等等均与高山族相合。

《元史》二百一十《瑠求传》:"瑠求在南海之东,漳泉兴福四州界内,彭湖诸岛与瑠求相对,亦素不通。天气清明时,望之,隐约若烟若雾,不知其几千里也。……汉唐以来史所不载,近代诸蕃市舶不闻至其国。……(下叙世祖遣人招谕不成者)……"(14 页)

　　　《元史》所记瑠求似是台湾,惜不详述其人民情况。

《隋书》八十一《东夷·流求国传》:"流求国居海岛之中,当建安郡东,水行五日而至,土多山洞,其王姓欢斯氏,名渴剌兜,不知其由来有国代数也。……男女皆以白纻绳缠发,从项后盘绕至额,其男子用鸟羽为冠……妇人以罗纹白布为帽，……织'斗镂'（树名）皮并杂色纻及杂毛以为衣，……国人好相攻击，人皆骁健，善走难死而耐创，诸洞各为部队不相救助，……无赋敛，有事则均税，用刑亦无常准，皆临事科决……无文字，望月亏盈以纪时节……妇人以墨黥手为虫蛇之文，嫁娶以酒，……南境风俗少异，……风土气候与岭南相类，……王之所居，壁下多聚髑髅，以为佳(？)。人间门户上必安兽头骨角，……"(10—12页)

　　《隋书》所载流求情况，与《明史·鸡笼》所载最异者为有王，其余大致相仿。

　　《三国志·吴志·孙权传》："(黄龙)二年(230)春正日……遣将军卫温、诸葛直将甲兵万人浮海求夷洲及亶洲。亶洲在海中，长老传言秦始皇遣方士徐福将童女数千人入海求蓬莱神山及仙药，止此洲不还。世相承有数万家，其上人民时有至会稽货布，会稽东县人海行亦有遭风流移至亶洲者。所在绝远，卒不可得至，但得夷洲数千人还。"(21页)

　　或疑夷洲即台湾，白鸟库吉亦主此说。

1955.1.6

31.《台湾外记》

　　《台湾外记》三十卷，江日昇撰。光绪戊寅(四年，1878)申报馆仿聚珍板印(即铅印)。每卷题"九闽珠浦东旭氏江日昇识"。

　　前有"康熙甲申(四十三年，1704)冬岷源陈祈永"序。序称："余司驿南诏，于乙丑(康熙二十四年，1685)春获交珠浦江子东旭，盖循循然重厚博物君子也，嗣出其所辑《台湾外记》三十卷，嘱序于余……"(1页)"是书以闽人说闽事，详始末，广搜辑，迥异于裨官小说，信足备国史采择焉。"

　　珠浦不知所属，书内有"至同安，设高浦所……谚云白鹤山，珠屿案，谁人葬得着，天下管一半。……"珠浦或即同安。待查。

　　南诏应为云南，但训导例由乡人任之，陈祈永似为闽人，不应司铎南诏，且江日昇在康熙二十四年是否在滇亦不可知，南诏或指诏安，待考。

　　书前又有"郑氏世次"，凡郑芝龙、郑成功、郑经、郑克臧、郑克塽五条。(1页)

　　又"附土音字说"九条，误字二条。(1页)

全书三十卷，小说体，各卷均有标目，如"江夏侯惊梦保山　颜思齐败日本"（卷一）。

案，沈云《台湾郑氏始末》自言本之闽人江日昇《台湾纪事本末》，说者谓即《台湾外记》（朱希祖《杨英从征实录序》25页），但沈言四十九篇，而此则三十卷耳。

卷首，郑氏世次："郑成功　芝龙长子。名森，字大木，南安学生员。妻董氏，容先长女。……年三十九卒于台湾。"（1页）

又："郑经　成功长子。字元之，妻唐氏，显悦女孙，无出。……年三十九卒于台湾。"（1页）

案，郑氏改葬墓志，经卒年四十（生于崇祯十五年壬午，卒于康熙二十年辛酉，1642—1681），与此不合。

又："郑克𡒉　经长子……年一十八。妻陈氏，永华女，正白旗康熙甲戌科（三十三年，1694）进士官翰林，陈梦球之妹，怀孕尽节。"

据此，陈永华后人亦入旗。

卷首，郑氏世次："郑克塽　经次子，投诚封正黄旗汉军公。妻冯氏，正白旗汉军伯锡范之女。"

卷一，页十，案语（低一格）："余先君讳美鳌，生同时，从永胜伯郑彩翊弘光，督师江上，继而福州共事，署龙骧将军印，至丁巳（康熙十六年，1677）改职归诚，往粤东连平州，始末靡不周知，口传耳授，不敢一字影捏，故表而出之。"

此按语在天启五年颜思齐死，芝龙被推为首领一条之下。

据此，江氏所述均有根据。

卷五，隆武命黄道周出师被执条下附记曰："余戊午岁（康熙十七年，1678）会陈骏音于粤之韩江，年八十有奇也。"（8页）

案，陈骏音为黄氏弟子，当时从征。

据此，江日昇氏于康熙十七年在粤。且"问及石斋先生事"，则必已有相当年纪。

卷十九，康熙十五年（永历三十年，1676）十月吏官都事陈骏音上启条下有案语曰："按骏音隆武中书舍人，石斋先生之弟子，时年七十有四。"（8页）

案，此条与上条抵牾，康熙十七年陈骏音既在粤，年八十奇，则十五年似不可能年七十四。此时（康熙十五年）广东惠州府在郑经统治下，郑经驻福建漳、泉，不久复取耿精忠之汀州，遂与精忠携贰。陈骏音上启所言,即指此。因此失经意,经出骏音为漳浦所之铜山安抚司(8页)。后耿精忠复降清,汀、漳、泉随失,经退厦门(十六年1677二月,卷二十,2页),惠、潮仍为经将刘进忠所据。(卷二十,3页下)

卷十,顺治十六年(1659)六月,罗明昇條按曰:"按明昇山西人,丙戌岁(康熙四十五年,1706)建祠于谈家洲,今上南幸,念其忠勇,御书'奋勇致身'四字,令春秋祭祀。"(8页)

案,此称康熙为今上,可知江氏为康熙时人,康熙四十五年尚健在。与上列见陈骏音于广东相合。

卷十二:"圣祖仁皇帝康熙元年壬寅(1662)。"(1页)

此称圣祖,岂康熙死时江氏尚存耶?

又,郑成功死条下,低一格书曰:"成功于戊寅岁(崇祯十一年,1638)年十五补南安学弟子员,屡试极等,两赴乡闱,至乙酉年(清顺治二年,明弘光元年、隆武元年,1645)年二十二,芝龙引见隆武,赐姓名。丙戌(1646)年二十三,秋九月不从父投诚,潜匿金门。丁亥(1647)年二十四,以只身而奉故朔,……至壬寅岁(康熙元年,永历十六年,1662)五月初八日逝,年三十九岁。"(4页)

卷二十五,陈昂条按曰:"按昂字星华,平台功官,现任粤东碣石镇总兵。"(11页)

案,此现指何时待查,可以就之考得著书时代。

又卷二十五,页六亦有"圣祖允之"字样。卷二十八,页五有"圣祖大悦"字样。卷二十八:"余曾于甲子(康熙二十三年,1684)冬,欲观新辟之地,桴海过湾,舟次澎湖,登其地偶成一律……"(5页)

1962.1.22

32. 郑成功收复台湾

据《郑成功复台外纪》(即揆一的《被遗误的台湾》)(台北版)

卷一"国姓爷的复书"节:"多年以前,当荷人来居台湾附近某地,其时治藩该处者为余父一官,对于该地与中国间之一般商务交易,曾予开放、领导,并使继有成就……"(60页)

据此可证郑芝龙先至台,荷兰系得芝龙允许才入台。

此函写于永历十四年十月十九日。

又:"但航行商船何以如此寥落之理由,端在商人须于贵地支付进出口货物之苛重捐税,因此使彼等困累不堪,甚至丧失利益,遭蒙绝对之亏损矣。"(61)

可见荷兰剥削苛重。

卷一,台岛评议会全体一致反对节(一六六〇年十月六日评议上):"事实上,他(郑成功)之来袭现已迫近眉睫,如他之重复阻止华人商船的航驶台湾,而把船舶集中在一起,扣为自己的所有物。"(57 页)

又:"(当时巴达维欲调台湾荷军六百人攻澳门)留守本岛全部要塞与据点者最多不过九百人,而其中至少有二百五十人尚卧病医院中……"(57 页)

据此,当时荷军在台者共有一千五百人。

1962.2.22 厦门旅途

33. 清攻台湾不用荷兰兵之议

王氏《东华录·康熙二十三》,康熙十八年二月癸酉:"……上欲乘胜荡平海逆,乃厚集舟师规取厦门、金门二岛,以图澎湖、台湾。又以曩时征取厦门、金门,曾用荷兰国夹板船,特谕荷兰国王,令具夹板船二十艘,载劲兵协力攻取二岛。至是,奉命大将军康亲王杰书等议奏战舰水师未备,荷兰国舟师又不能豫定来会时日,海贼见据海澄、厦门之固,势难急图。上谕……"(4 页)

又,二月乙亥:"……得旨,……大将军康亲王等并檄荷兰国迅调舟师,务令如期而至。"(5 页)

又,三月庚戌:"奉命大将军康亲王杰书等奏:臣等已将征调舟师敕谕令荷兰国人赍往,……未达而还。上谕:顷因定海舟师少,已特增兵。今荷兰国人为寇所阻,何以不行扑灭,俾得前行? 音问既未能通,舟师必不能如期而至。如此则我兵遇有机会,可不俟荷兰舟师即进剿耶? 抑必俟彼船至日方举事耶? 兹以剿荡海寇,增调师旅,修理战舰,靡费军饷甚多,大将军王等宜规取厦门、金门,速靖海氛,不必专候荷兰舟师。"(9 页上)

王氏《东华录》二十四,十八年十月甲申:"谕奉命大将军康亲王杰书曰……王等曾言,今岁荷兰国船若到,于八月内进攻海寇,倘荷兰国船愆期,当内徙边海人民,坚壁清野,以待其困。今岁因荷兰国之船未至,故前议不

行。……"(22页)

王氏《东华录》二十五,十九年二月癸未:"先是,命福建总督、巡抚、提督,酌定进剿海寇机宜。巡抚吴兴祚奏:臣询之习知贼中情形者云,贼踪虽多,不如我新造鸟船坚固便捷。今郑锦悉调舟舰,皆在海坛齐集,宜乘风汛甚利,将士方锐,先攻取海坛,破贼藩篱,则厦门、金门俱可乘胜而下。……万正色(提督)亦奏:荷兰国船迟速莫必,转盼三四月间南风一作,我舟师即难前进,……上谕巡抚吴兴祚、提督万正色灼见贼势,乘机进剿,已经克复海坛,……"(6页)

又卷二十七,二十年二月,庚寅:"……得旨,进剿海贼一案,原系吴兴祚、万正色会同定议,不俟荷兰国船只,即奋勇前往,志靖海氛。……"(3页)

34. 李率泰论荷兰生衅

王氏康熙《东华录》六,康熙五年(1666)正月:"丁未,福建总督李率泰卒。遗奏:闽海余氛,远窜台湾,奉旨撤兵,与民休息,洵为至计。惟是将众兵繁,若撤之太骤,不无惊慌;太迟又恐贻患。目下当安反侧之心,日久务防难制之势。红毛夹板,虽已回国,然而往来频仍,异时恐生衅端。……"(2页)

案,所称红毛夹板,当指康熙三年八月派船到闽安事。又称奉旨撤兵,可知当时清廷无进兵台湾之议,而系荷兰人主动要求。撤兵及荷兰夹板回国时日待考。李氏所谈异时恐生衅端,盖已洞见荷兰阴谋。

1963.1.16

35. 荷兰人助清进攻海上郑氏

王氏《东华录》三,康熙二年(1663)癸卯三月:"壬辰,荷兰国遣出海王统领兵船至福建闽安镇,助剿海逆,又遣其户部官老磨军士丹镇总兵官巴连卫林等朝贡。上嘉之,各赐银币有差。"(京师刻本,4页)

案,其时,荷兰甫被郑成功驱出台湾(1662)。

又:"十二月甲午朔,靖南王耿继茂、福建总督李率泰等奏:十月二十一日,臣等统率大军渡海,攻克厦门,贼众惊溃登舟。水师提督施琅会荷兰国夹板船邀击之,斩首千余级,乘胜取浯屿、金门二岛。逆贼郑锦、周全斌等势

穷宵遁。……"（10 页）

康熙《东华录》四，康熙三年甲辰（1664）十月丙寅："靖南王耿继茂奏：荷兰国出海王于八月十六日带领番船十只、番兵千人抵闽安镇，约九月二十至围头取齐，于十月初旬往澎湖攻贼巢，候风便进取台湾。下部知之。"（11 页）

　　案，其时，清廷尚无进兵台湾之议，实系荷兰主动，而为之中介者乃耿继茂。时福建总督为李率泰。

　　参看"李率泰论荷兰生衅"卡片。

九、清初圈地、薙头、投充、逃人问题

1. 清初之五严政

《东华录》顺治三年（1646）十月："乙酉,谕有为薙发、衣冠、圈地、投充、逃人牵连五事具奏者,一概治罪,本不许封进。"

2. 清代圈地

《清史稿·食货志一》田制:

官庄

"田制曰官田。初设官庄,以近畿民来归者为庄头,给绳地,一绳四十二亩。……"（10 页）

拨地

"凡拨地以见在为程,嗣虽丁增不加,丁减不退。顺治元年定近京荒地及前明庄田无主者拨给东来官兵。圈地议自此始。"（10 页）

> 据《世祖本纪》事在顺治元年十二月丁丑。但同年七月癸卯有"罢内监征故涿州宝坻皇庄税粮"之语,盖太监吴添寿等请照旧例派员征收,而多尔衮拒之,令归于有司,另案起解,圈地之议实导源于七月。即以明代皇庄官地为圈地基础。

牧场

"牧马草场在畿辅者。顺治二年以近畿垦荒余地斥为牧场,于顺天、津、保各属分旗置之。自御马厂以下,各按其旗地牧养,亲王方二里,郡王一里,亦圈地也。"（12 页）

> 清初圈地以京畿八府为多。八府:顺天、永平（治今卢龙县）、保定、真定（雍正元年改正定）、顺德（治今邢台县）、广平（治今永年县）、大名、河间。

1953. 6. 8

3.顺治初之圈地

《清史稿·食货志一》:"顺治元年(1644)定近京荒地及前明庄田无主者拨给东来官兵,圈地议自此始。于是巡按御史柳寅东上满汉分居五便,部议施行。二年(1645)令民地被指圈者速筹补给美恶维均。四年(1647)圈顺直各州县地百万九千余晌(晌约六亩)给满洲为庄屯。八年(1651)帝以圈地妨民,谕令前圈占者悉数退还。十年(1653)又令停圈拨,然旗退荒地与游牧投来人丁仍复圈补,又有因圈补而并圈接壤民地者。……(康熙六年,1667)圣祖亲政谕停止圈地,本年所圈房地俱退还。……"

《清史稿》本纪四:"(顺治)元年……十二月……丁丑谕户部清查无主荒地给八旗军士。"(另见"柳寅东"卡片)王氏《东华录·顺治三》:"(顺治元年)十二月……丁丑(柳寅东奏上后十八日)谕户部,我朝建都燕京期于久远,凡近京各州县民人无主荒田,及明国皇亲驸马公侯伯太监等死于寇乱者无主田地甚多,尔部可概行清查,若本主尚存或本主已死而子弟存者量口给与,其余田地尽行分给东来诸王勋臣兵丁人等,此非利其地土,良以东来诸王勋臣兵丁人等无处安置,故不得不如区画。然此等地土若满汉错处,必争夺不止,可令各州县乡村满汉分居,各理疆界,以杜异日争端。今年从东先来诸王各官兵丁见在京各部院衙门官员俱着先拨给田园,其后到者再酌量照前与之。至各府州县无主荒田及征收缺额者,着该地方官查明造册送部,其地留给东来之兵丁,其钱粮应征与否亦着酌议……"

①拨给,②圈拨,③圈换,④圈补,⑤圈占,⑥圈取。

王氏《东华录·康熙三十五》:"(康熙二十四年,1685)四月……戊戌……户部议覆,顺天府尹张吉午奏请自康熙二十四年始,凡民间开垦田亩永免圈取;应不准行。上谕大学士等,凡民间开垦田亩,若圈于旗下恐致病民,嗣后永不许圈,如旗下有当拨给者其以户部见存旗下余田给之。"

《清史稿·世祖本纪一》:"(顺治)四年(1647)……三月……庚午罢圈拨民间田宅,已圈者补给。"

据此则圈地之举当时曾中止也。

又:"(顺治八年1651闰二月)壬申,免涿、良乡等十三州县圈地。"

4. 圈地后的拨补

清乾隆《饶阳县志》(乾隆十四年单作哲修)(五公人民公社藏本)卷上,《官田志》:"国朝定鼎燕京,以近畿五百里之地给八旗,曰旗圈;以旁州县官田给被圈之户,曰拨补。拨补之地,业田者曰佃户,受补者曰业主。粮输于官,租纳于主,各赴受补州县输纳。其后业主窭贫,而本籍有力者以价易租,名曰退卖,则征粮而不征租。又或粮地改回本州县,径解藩司,名曰改归,则移租而不移粮。"(25页)

5. 柳寅东圈换田地满汉分理奏

《东华录》(王氏)《顺治三》:"(顺治元年,1644)十二月……己未顺天巡按柳寅东奏:'清查无主之地,安置满洲庄头,诚开创宏规,第无主之地与有主之地犬牙相错,势必与汉民杂处,不惟今日履亩之难,日后争端易生。臣以为莫若先将州县大小定田地多寡,使满洲自占一方,而后以察出无主地与有主地互相兑换,务使满汉界限分明,疆理各别而后可。盖满人共聚一处,阡陌在于斯,庐舍在于斯,耕作牧放各相友助,其便一。满人汉人,我疆我理,无相侵夺,争端不生,其便二。里役田赋各自承办,满汉各官,无相干涉,亦无可委卸,其便三。处分当,经界明,汉民不致窜避惊疑,得以保业安生耕耘如故,赋役不缺,其便四。可仍者仍,可换者换,汉人乐从,其中有主者归并,自不容无主者隐匿,其便五。'下户部详议速复。"

此议后即采纳施行。圈换之议定而纷扰以起矣。

6. 康熙初的圈换土地

《清史列传》卷六《苏克萨哈传》:"苏克萨哈满洲正白旗人,姓纳喇氏,额驸苏纳长子也。……顺治……十八年(1661)正月与索尼及遏必隆、鳌拜等受顾命,为辅政大臣。……与鳌拜称姻娅,而论事多与鳌拜迕,积以成仇。索尼亦恶苏克萨哈。会鳌拜欲令镶黄旗与正白旗互易屯庄,索尼赞成之,遏必隆弗能止,遂行圈换之令,旗民均不便。康熙五年(1666)大学士兼管户部尚书苏纳海坐拨地迟误,总督朱昌祚等坐纷更阻挠罪皆论死。上览部议,召

询辅臣,咸曰宜如议,独苏克萨哈不对。上因不允所请,鳌拜卒矫诏并于弃市。"(5页)

又《苏纳海传》:"苏纳海,满洲正白旗人……圣祖仁皇帝即位,擢国史院大学士,康熙二年(1663)兼管户部尚书事。五年(1666),辅政大臣鳌拜、苏克萨哈有隙,鳌拜因已隶镶黄旗,苏克萨哈隶正白旗,欲以正白旗屯庄改拨镶黄旗,而别圈民地给正白旗,使旗人诉请,以牒户部。苏纳海持不可,谓旗人安业已久,民地曾奉谕不许再圈,宜罢议。鳌拜衔之,矫旨遣贝子温齐等履勘,旋以镶黄旗地不堪耕种疏闻。遂遣苏纳海会同直隶总督朱昌祚、巡抚王登联经理其事。昌祚、登联交章言两旗人较量肥瘠,相持不决,而旗地待换,民地待圈,所在荒废不耕,农人环诉失业,请停止圈换之令。苏纳海亦以屯地难于丈量候明诏,进止。鳌拜遂擅坐苏纳海藐视上命,迟误拨地,械付刑部议罪。部议律无正条,应鞭百,籍没家产。上览疏,知鳌拜以苏纳海始终不阿欲置之死地,召四辅臣询问。鳌拜极言情罪重大,索尼、遏必隆附和之,独苏克萨哈不对,上仍以部议不按律文弗允。鳌拜出,矫旨即予处绞。"(6—7)

《清史列传》卷六,《朱昌祚传》:"朱昌祚,汉军镶白旗人。……康熙……四年特起直隶、山东、河南三省总督,……五年抵总督任。……时辅政大臣鳌拜以镶黄旗地亩瘠薄,传旨圈换正白旗地亩及开垦成熟民地,令朱昌祚同户部尚书苏纳海、巡抚王登联经理其事。昌祚疏言:直省州县田地之瘠薄膏腴,赋税之上中下则,原自异同,岂能尽美,今令两旗更正地土,原欲其彼此均安,但臣见现在行圈地亩皆晓晓有词,大概以瘠易腴者固缄默不言,而以腴易瘠与以瘠易瘠者不免观望嗟吁,皆不乐有此举,虽勉强拨给,难必其异日不出而申诉,重烦睿虑。臣思安土重迁,人之至愿,两旗分得旧处庄地,二十年来相安已久,靡不有父母坟墓在焉,一旦更易,不能互相移徙。且值此隆冬,各旗率领所属沿村栖守,守候日久,穷苦者囊粮已尽,冻馁可悯。又附近百姓闻朝廷此举,所在惊惶。且据士民环门哀吁,有谓州县熟地皆已圈去无余,今之夹空地土皆系所遗洼中经垦辟成熟当差办税者;有谓地在关厢大路镇店,所居民皆承应运送皇陵物料,并垫道修桥及一切公差徭役者;有谓被圈地之家,即令他往无从投奔者;有谓时值冬令,扶老携幼远徙他乡,恐地方疑为逃人不容栖止者;有谓祖宗骸骨,父母丘垄,不忍抛弃者:臣职任安民,而民隐如此,何敢壅蔽不以时闻。臣又遍察蓟州及遵化等应换州县,一闻圈丈,自本年秋收之后,周遭四五百里尽抛弃不耕,今冬二麦均未播

种,明年夏尽安得有秋;且时已仲冬,计丈量竣事,难以定期,明年东作必又
失时,而秋收亦将无望;京东各州县合计旗与民失业者不下数十万人,田荒
粮竭,无以资生,岂无铤而走险者。地方滋事尤臣责任所关,不敢畏忌越分
不以实闻,伏乞断自宸衷,毅然停止。疏入,与苏纳海、王登联请停圈各疏并
忤鳌拜意,革职逮问。刑部议律无正条,拟鞭责,籍没家产。鳌拜入奏应置
重典,上未允,鳌拜出,矫旨并予立绞。"(7—8 页)

《清史列传》卷六,《王登联传》:"王登联,汉军镶红旗人。……康
熙……五年十月,辅政大臣鳌拜以镶黄旗地亩瘠薄传旨圈换正白旗地亩及
开垦成熟民地,令户部尚书苏纳海会同总督朱昌祚与登联经理其事。登联
分勘京东诸路,因疏言:圈换田地,正值大小二麦垦种之时,臣同部臣东往丰
润、滦州诸处,荒凉极目,民地之待圈者寸壤未耕,旗地之待圈者半犁未下,
恐明岁春夏青黄不接,无从得食,此旗与百姓并困之情形也。臣同各旗副都
统至玉田县相度,甫施一圈,而旗下官丁咸谓此非山冈石碛即沙淤盐卤,不
肯承受。又有旧圈内房屋多而今圈内房屋少者,有此地内房屋可居而彼地
内房屋破坏者,一经移换,则舍旧谋新,薪粮必多耗费,器具亦有损伤,此旗
下官丁相持不决之情形也。至百姓情形更有难于见闻者,自圈地之令一传,
知旧业难守,有米粮者粜卖矣,无积蓄者将转徙矣,妇子老幼环泣马前云,普
天之下莫非王土,圈丈固所宜然,但拨补不知何处,目前霜雪载途,惧填沟
壑,将往奔他境而逃人令严,谁容栖止,仍傫集本土而人稠地窄,难以赁居;
又有谓丁地相依,地去而丁不除,赋免而徭尚在,糊口无资,必亏课额者。臣
往来玉田、丰润,递呈士民不下千百,又谓自顺治三四年两次大圈,地土虽
拨,城关集镇,奉旨悉留,今若概行圈换,百姓必致散亡。若皇差陵工,运石
载料,谁为填筑搭桥修路挽拽之夫;朝贡使臣,谁任奔走供应之事,所关似亦
非小。夫循制易地,非臣所敢臆测,但目击情形,不敢壅于上闻。乞敕部臣
从长酌议,俾两旗各安旧业,畿东亿万姓俱免播迁,幸甚。疏入,与苏纳海、
朱昌祚请停圈各疏并忤鳌拜意,下部议,革职逮问,鳌拜矫旨并予立绞。八
年鳌拜获罪逮系,诏雪其诬。"(9 页)

《清史列传》卷六,《鳌拜传》:"鳌拜,满洲镶黄旗人。姓瓜尔佳氏。伟
齐第三子也。……先是,镶黄旗屯庄划给保定、河间、涿州之地已二十年。
苏克萨哈,鳌拜姻娅也,论事多龃龉,积而称仇。鳌拜因苏克萨哈籍隶正白
旗,欲以蓟州、遵化、迁安诸庄改拨镶黄旗,而别圈地给正白旗。康熙五年使
旗人诉请以牒部,大学士苏纳海管户部议阻之。贝子温齐等以履勘镶黄旗

地不堪耕种疏闻。遣苏纳海与直隶总督朱昌祚、巡抚王登联丈量酌易。时则两旗人较量肥瘠,相持久不决,而旗地待换,民地待圈,所在荒废不耕,百姓环诉失业,昌祚等交疏请停止圈换之令,鳌拜怒坐苏纳海拨地迟误,昌祚等纷更妄奏,悉逮治弃市。且以苏纳海族人已故额附英俄尔岱为睿亲王私党,令部臣尽削世职以泄其忿。"(11 页)

《清史稿》传三十六,《索尼传》:"镶黄、正白两旗互易圈地,兴大狱,四辅臣称旨亦谓太祖太宗时,八旗庄田庐舍依左右翼顺序分给,既入关,睿亲王多尔衮使镶黄旗处右翼之末,正白旗圈地本当属镶黄旗,今还与相易亦以复旧制。"(3 页)

案,左右翼之分,似不在太宗时,待考。

1955.4.14、18

7. 康熙中详察圈地

《东华录》,康熙十八年十月丁丑:"户部议覆,奉天府府尹梁拱宸奏,奉天锦州等处旗下荒地甚多,民欲耕种,旗下指为圈地,如档册未经圈给而妄称为圈地者,察出从重治罪,应如所请将被圈之地概行查明,除旗下额地之外,俱退与州县官员,劝民垦种。得旨旗下额地之外,其余未垦之地着严加详察具奏。"

8. 圈地的拨补

《光绪会典事例》一一一七《宗室庄田》:"(顺治四年)题准,去年八旗圈地,只圈一面,此内薄地甚多,……应于近京府州县内发换去年薄地,并给予今年东来满洲,其被圈之民,以未圈州县屯卫田拨补。"(2 页)

9. 薙头

明魏焕《九边考》卷二《辽东边夷》:"兀良哈三卫……其俗喜偷,常入北漠盗马匹,三人驱数百十匹,善剽掠即杀人,寇抄髡其发以自剽。性贪黠……"

女真薙发此书未见,惟兀良哈有髡发寇掠之俗,不知与之有关否?

桑原骘藏　《支那人辫发之历史》　《艺文》四之二
白鸟库吉　《亚细亚北部之辫发》　《史学杂志》三十七卷之 1，3，4。
　　据日人记载蒙古人有剃落头顶前部毛发之俗。

1949.6.22

10. 投充

《清史稿》本纪四《世祖本纪》:"(顺治)二年(1645)春正月……庚戌,禁
包衣人等私收投充汉人,冒占田宅,违者论死。"(《东华录》作禁内务府管领
等私收……见三页。)

又:"三年(1646)……五月……庚戌,申隐匿逃人律。"

又:"四年(1647)……三月……己巳,禁汉人投充满洲。"

《清史稿》本纪五《世祖本纪二》:"(顺治)八年(1651)……七月丙子朔,
谕曰:'比者投充汉人生事害民,朕甚恨之。夫供赋者,编氓也;投充者,奴隶
也。今反厚奴隶而薄编氓,如国家元气及法纪何?其自朕包衣牛录下至王
公诸臣投充人,有犯法者严治其罪,知情者连坐。前有司责治投充人,至获
罪谴,今后与齐民同罚,庶无异视。使天下咸知朕意。'"

《清史稿》本纪五《世祖本纪二》:"(顺治)十一年(1654)……九月……
壬辰,申严隐匿逃人之禁。"

又:"(顺治)十三年(1656)……六月己丑,谕曰:'满洲家人皆征战所
得,故立严法以儆逋逃,比年株连无已,朕心恻焉。念此仆隶亦皆人子,苟以
恩结宁不知感,若任情困辱,虽严何益?嗣后宜体朕意。'"

《东华录》顺治元年七月:"(壬寅)谕诸王及官民人等曰:凡我黎民,无
论新旧,同属朝廷赤子,近闻有将归顺人民给与满字背帖,径充役使,或给发
赀本令其贸易同于家人,或擅发告示占据市行与民争利,亏损国税,乱政坏
法莫此为甚。除已往姑不究外,自令传谕以后,宜亟改正。若仍怙恶不悛,
定置重典,决不轻宥。其新附军民力能自赡者,宜各安本业,不许投充势要,
甘为奴仆。如有奸棍土豪自知积恶畏惧有司,因而委曲钻营,结交权贵,希
图掩饰前非,仍欲肆志害民者,定行加等重治。如果鳏寡孤独无计自存,许
亲赴顺天府呈告,转咨户部启闻。"

《东华录》顺治二年正月:"庚戌,禁内务府私收投充汉人,冒占田宅,违
者论死。"

《东华录》顺治二年三月:"戊申,谕户部:近闻出征所获人民有祖父、父母及伯叔、兄弟、亲子、伯叔之子,并元配妻未经改适在籍者甚多,尔等如情愿入满洲家与兄弟同处,可赴部禀明。如实系同胞兄弟,即令与同处;若系远支兄弟,则勿令同处。又闻贫民无衣无食、饥寒切身者甚众,如因不能资生欲投入满洲家为奴者,本主禀明该部,果系不能资生即准投充,其各谋生理、力能自给者不准。尔小民如以远支兄弟为近支,本可自给而诈称无计资生,及既投入满洲后复称与己无预,虽告不准。至各省人民有既经犯罪,欲图幸免,白于该部情愿投充,该部不知其有罪辄令投充,嗣后得实,仍坐罪不宥。此等投充旗下人民有逃走者,逃人及窝逃之人两邻十家长、百家长俱照逃人定例治罪。"

《东华录》顺治二年四月:"癸亥,谕户部:前许人民投旗,原非逼勒为奴,念其穷苦饥寒,多致失所,致有盗窃为乱,故听其投充资生。近闻或被满洲恐吓逼投者有之,或误听屠民伪言畏惧投充者有之,今欲平定天下,何故屠民?且将及一载,虚实已见,有何惊疑?此后有实不聊生愿投者听,不愿投者毋得逼勒。"

《东华录》顺治四年三月:"己巳,谕户部:前令汉人投充满洲者,诚恐贫穷小民失其生理,困于饥寒,流为盗贼,故谕愿投充满洲以资糊口者听,近闻汉人不论贫富,相率投充,甚至投充满洲之后横行乡里,抗拒官府,大非轸恤穷民初意,自今以后投充一事着永行停止。"

又四月:"丁酉,谕户、兵二部:……复有汉人投充满洲,借势横行,害我良民者,殊干法纪,嗣后被害汉人遇彼不法之徒,须记其姓名控告,该地方官即行申部,该部究其情之轻重,严行定罪,不得私毫偏袒。……户、兵二部速书满汉谕旨,诞告天下各府、州、县、乡、村,务令满汉人等一体遵行。"

《东华录》顺治八年(1651)七月:"丙子朔,谕户部:数年以来,投充汉人生事害民,民不能堪,甚至有为盗、窝。盗者,朕闻之不胜痛恨。帝王以天下为家,岂有厚视投充,薄待编氓之理?况供我赋役者民也,国家元气赖之,投充者奴隶也,今反借主为护身之符,藐视有司,颠倒是非,弁髦国法,欺压小民,若不大加惩治,成何法纪?自今以后,上自朕之包衣牛录,下至亲王、郡王、贝勒、贝子、公、侯、伯、诸臣等,若有投充之人仍前生事害民者,本主及该管牛录果系知情,问以连坐之罪,除本犯正法外,妻孥家产尽行入官;若本主不知情,投充之人罪不至死者,本犯及妻孥不必断出。以前有司责治投充之人,曾有革职问罪者,以致投充之人益加横肆。今后该地方官如遇投充之人犯罪,与属民一体从公究治,尔部刊刻告示严加晓谕,务使天下咸知。"

1940.4.16—17

11. 逃人

郑端《政学录》卷一《兵部逃人》："督捕查得自康熙六年（1667）四月初一日起，至康熙七年（1668）三月三十日止（一年整），八旗共逃过逃人一万一千二百二十六名口（平均每日三十一人）。此内未获马兵六十七名（0.6%），步兵四十六名（0.4%），汉子四千四百九十七名（40%），妇人四百一十四口（3.5%），小子一千一百四十四名（10%），丫头一百十九口（1%），共未获逃人六千二百九十七名口（56.5%）。其获过节年逃走之逃人并一年内逃走之逃人：马兵三十六人，步兵四十四名，汉子七千二百二十五名，妇人七百九十七口，小子三百九十九名，丫头一百六十二口，共获过逃人八千六百六十三名口。……"（29页）

又："钦天监监正杨光先疏曰：'欲有益于旗下而无累于百姓，当先辨逃情之真伪。有主人无恩，令男仆趁工妇仆针线，逐日归纳例钱，稍不如数则毒打不给衣食，不能度日，不得不逃者；有思念父母乡土而逃者；此二者迫于情而逃者也。有主人贫苦串通奸仆，故作逃人骗害百姓以养家者，有不肖外官赍银央浼旗友，各令顽仆逃往，因之诈骗百姓，一二年凑足三十逃人，不论俸满即升者；此二者迫于有所为而故逃者也。有奸恶光棍本非旗人，充作逃人展转诈害、夺人妻子者；有光棍与人有仇，来京投旗，恶寻一无赖认作逃人称为报信，及审无逃档则曰逃时我小，或称我父在屯，未递逃档者；有地方光棍为非，事犯恐受官刑，则曰我是某旗逃人，官不敢问，乃解到部，寻一递档旗人认以为主，及审姓名不对，则曰原在我家是某姓名，逃去改了姓名，今某人即某人者；此三者假逃人名色诈害百姓者也。臣姑举其七项以告皇上，其余种种诈害之法，不能尽言。'"（30页）

《丛书集成》据《畿辅丛书》排印本。

案，《清史稿》列传五十九《杨光先传》："杨光先，字长公，江南歙县人。在明时为新安所千户。崇祯十年，上疏劾大学士温体仁、给事中陈启新，舁棺自随。廷杖，戍辽西。国初，命汤若望治历用新法，颁《时宪历》，书面题'依西洋新法'五字。光先上书，谓非所宜用。既又论汤若望误以顺治十八年闰十月为闰七月，上所为摘谬、辟邪诸论，攻汤若望甚力，斥所奉天主教为妄言惑众。圣祖即位，四辅臣执政，颇右光先，下礼、吏二部会鞫。康熙四年，议政王等定谳，尽用光先说，谴汤若望，其属官至坐死。遂罢新法，复用大统术。除光先右监副,疏辞,不许;即授监正,疏辞,复不许。光先编次其所为书,命曰《不得已》,待旧说绳汤若望,顾学术自审不逮远甚。……七年,……是时朝廷知光先学术不胜任,复用西洋人南怀仁治理历法。……八年,上遣大学士图海等二十人会监正马祜测验立春、雨水两节气,……议政王等疏请以康熙九年历日交南怀仁推算。……南怀仁言……请将光先夺官,交刑部议罪。上命光先但夺官,免其罪。南怀仁等复呈告光先依附鳌拜,……下议政王议,坐光先斩,上以光先老,贷其死,遣回籍,道卒。"据此光先于康熙四年至七年为监正。《东华录》七年十一月尚为光先,八年正月已改马祜,光先去职应在十二月。

又此奏《东华录》未见。

又《清史稿·圣祖本纪》六年四月:"御史田六善言,奸民告讦,于南人不曰通海则曰逆书;北人不曰于七党则曰逃人。请鞫诬反坐,从之。"《东华录·康熙七》六年四月庚午有之。(见于七卡片)

1940.3.20—21

12. 逃人法

《东华录》顺治三年五月庚戌:"谕兵部:隐匿满洲家人,向来定拟重罪,朕心不忍,减为鞭笞,岂料愚民不体轸恤之心,反多隐匿之弊,在在容留,不行举者,止此数月之间逃人已几数万,斯皆该地方官员不加严察之咎也。似此逃窜不已,玩法殊甚,其如何更定新律,严为饬行,俾愚民免罹国法,尔部详议具奏。寻议隐匿满洲逃人不行举首,或被旁人讦告,或察获,或地方官察出,即将隐匿之人及邻右九家甲长、乡约人等提送刑部,勘问的确,将逃人鞭一百归还原主,隐匿犯人从众治罪。其家赀无多者,断给事主;家赀丰厚者,或全给、半给,请旨定夺处分。首告之人,将本犯家赀三分之一给赏,不出百两之外,其邻右九家甲长、乡约各鞭一百,流徙边远,如不该地方官察首者,基本犯居住某府、某州县,即坐府、州、县官以怠忽稽察之罪,降级调用;若本犯所居州、县,其知府以上各官不将逃人察解,照逃人数多寡治罪;如隐匿之人自行出首,罪止逃人,余俱无罪;如邻右甲长、乡约举首,亦将隐匿家赀赏给三分之一,抚按及各该地方官于考察之时,以其察解多寡,分其殿最,刊示颁行天下,人人通晓,毋致犯法。从之。"

《东华录》顺治十一年(1654)八月:"甲申,诸王大臣议复隐匿逃人例,得旨：王等议，隐匿逃人之家给与逃主为奴，朕思傥有奸恶之徒图财设局，以害无辜，如从前正法之小羽子等，亦不可测，宜详审定议，其地方两邻金解流徙之例，因一罪犯牵连，众人荡家废产，远徙他方，朕心不忍，且所议大小官员等罪亦属太过，著一并另议具奏。”

又："（1654）九月己丑，上幸内院，召诸王及九卿、科道等汉官，赐茶毕，因语及巡抚宣永贵奏称满洲逃人甚多，捕获甚少，而汉官议隐匿逃人之罪必欲轻减一事，谕诸汉臣曰……尔等每与满洲抵牾，不克和衷，是何意也？……今尔等之意欲满洲家人尽皆逃亡，使满洲失其所业可乎？……"

又九月壬辰："申严隐匿逃人之禁。"

又顺治十二年（1655）三月："壬辰，谕兵部：朕承皇天眷命统一寰区，满洲人民皆朕赤子，岂忍使之偏有苦乐，近见诸臣条奏，于逃人一事各执偏见，未悉朕心，但知汉人之累，不知满洲之苦。在昔太祖太宗时，满洲将士征战勤劳，多所俘获，兼之土沃岁稔，日用充饶。兹数年来迭遭饥馑，又用武遐荒，征调四出，月饷甚薄，困苦多端，向来血战所得人口以供种地、牧马诸役，乃逃亡日众，十不获一，究厥所由奸民窝隐，是以立法不得不严，若谓法严则汉人苦，然法不严则窝者无忌，逃者愈多，驱供何人，养生何赖，满洲人独不苦乎？……满人既救汉人之难，汉人当体满人之心，乃大臣不宣上意致小臣不知，小臣不体上心致百姓不知，及奉谕条奏兵民疾苦，反借端渎陈，外博爱民之名，中无为国之实，若使法不严而人不逃岂不甚便，尔等又无此策，将任其逃而莫之禁乎？……"

又："甲午（1655），谕吏部：朕爱养诸臣，视同一体，……即如逃人一事屡经详议，立法不得不严，昨颁谕旨备极明切，若似此执迷违抗，偏护汉人，欲令满人困苦，谋国不忠莫此为甚，朕虽欲宥之弗能矣。兹再行申饬自此谕颁发之日为始，凡奏章中再有干涉逃人者定置重罪，决不轻恕。”

《东华录》顺治十三年（1656）六月："己丑，谕八旗各牛录：朕念满洲官民人等攻战勤劳，佐成大业，其家中役使之人皆获自艰辛，加之收养，谊无可去，乃十余年间或恋亲戚，或被诱引，背逃甚众，隐匿尤多，特立严法示惩，窝逃正犯照例拟绞，家产尽行籍没，邻右流徙，有司以上各官分别处分，以一人之逃匿，而株连数家，以无知之奴仆而累及职官，立法如此其严者皆念尔等数十年之劳苦，万不得已而设，非朕本怀也。尔等亦当思家人何以轻去，必非无因，果能平日周其衣食、节其劳苦，无任情困辱，无非刑拷打，彼且感恩效力，岂有思逃之理？尔能容彼之身，彼自能体尔之心，若专示严法禁止，全不体恤,逃者仍众,何益之有? 朕为万国之主,念兹犯法诸人孰非天生烝民,孰非朝廷赤子,傥刑罚日繁,户口日减,尔心亦何能自安,今后务各仰体朕意,觉悟省改,使奴仆充盈,安享富贵,岂不休哉。"

案,在此谕前日余五月丁未以逃人逃多获少,督捕侍郎吴达礼、协理督捕少卿赵开心等降调有差,见《东华录》二十六。二十九年四月十八上午录于昆明迤西会馆西南联大工学院之总务长办公室。

《东华录》顺治十五年(1658)五月:"癸卯,谕兵部:督捕衙门逃人事宜,屡有谕旨,念满汉人民皆朕赤子,故令会议,量情申法,衷诸平允,而年来逃人犯法者未止,小民因而牵连被害者多,近闻有奸徒假冒逃人诈害百姓,或借名告假还家,结连奸恶将殷实之家指为窝主,或原非逃人冒称旗下,在外吓诈群党指称转骗不已,或有告到督捕买主冒认指诡名作真者,或有声言赴告在地方官处禀拿吓骗良民者,或告假探亲肆行指诈,及领本贸易假伙攀害,种种诈伪甚多,深为可恶。今后凡有逃人,本主即报明本固山额真、梅勒章京、牛录等官,将逃人之主及逃人姓名具印结报部,如逃后日久方报,既获逃人乃称系伊家人者,此人不许给主,既着入官。直省地方有旗下告假,私出妄为,及冒称旗下群聚横行者,著该督抚严行访拿,解部查明,并本主从重治罪。八旗牛录以下及买卖人等,俱着通行严饬,并传谕内外咸使知悉。"

《东华录》康熙二年(1663)正月:"壬午,谕兵部:凡查解逃人,有主认识者,始行照例拟罪。今见灵寿县所解逃人李大增,督捕传拨什库七人到部俱不认识,即李大增本人自供,并地方十家长俱云并未投充满洲。李大增明系民人,督捕不行审明即议李大增等入官,李九山等流徙,恐属冤枉,且陈氏等七人何以尽毙于狱,尔部即将该县典史杨煦,快役高应正、温起家,并出首李大增之高万臣作速差人提取到部,请旨定夺。"

1940.4.17—18

13.逃人事例

《清世祖实录》一一七,顺治十五年五月庚戌:"九卿、詹事、科道会议,更定逃人事例。……"(12—14页)

14. 清初逃人法及其改弛

《清史稿》列传三十一《李裀传》:"李裀,字龙衮,山东高密人。顺治六年以举人考授内院中书舍人。……八旗以俘获为奴仆,主遇之虐,辄亡去。汉民有愿隶八旗为奴仆者,谓之'投充',主遇之虐,亦亡去。逃人法自此起。十一年,王大臣议,匿逃人者给其主为奴,两邻流徙;捕得在途复逃,解子亦流徙。上以其过严,命再议,仍如王大臣原议上。十二年,裀上疏极论其弊曰:'皇上为中国主,其视天下皆为一家。必别为之名曰东人,又曰旧人,已歧而二之矣。谓满洲役使军伍,犹兵与民,不得不分;州县追摄逃亡,犹清勾逃兵,不得不严核是已。然立法过重,株连太多,使海内无贫富良贱,皆惴惴莫必旦夕之命。人情汹惧,有伤元气,可为痛心者一也。法立而犯者众,当思其何利于隐匿而憨不畏死。此必有居东人为奇货,挟以为囮。殷实破家,奴婢为祸,名义荡尽,可为痛心者二也。犯法不贷,牵引不原,即大逆不道,无以加此。破一家即耗一家之贡赋,杀一人即伤一人之培养。十年生聚,十年教训,今乃用逃人法戕贼之乎?可为痛心者三也。人情不甚相远,使其居身得所,何苦相率而逃,况至三万之多?其非尽怀乡土念亲戚明矣。不思恩义维系,但欲穷其所往,法愈峻,逃愈多,可为痛心者四也。自逮捕起解,至提赴质审,道路驿骚,鸡犬不宁。无论其中冤陷实繁,而瓜蔓相寻,市鬻银铛殆尽。日复一日,生齿雕残,谁复为皇上赤子?可为痛心者五也。又不特犯者为然,饥民流离,以讥察东人故,吏闭关,民扃户,无所投止。嗟此穷黎,朝廷方蠲租煮粥,衣而食之,奈何因逃人法迫而使毙?可为痛心者六也。妇女踯躅于郊原,老稚僵仆于沟壑。强有力者,犯霜露,冒雨雪,东西迫逐,势必铤而走险。今寇孽未靖,招抚不遑,本我赤子,乃驱之作贼乎?可为痛心者七也。臣谓与其严于既逃之后,何如严于未逃之先?今逃人三次始行正法,其初犯再犯,不过鞭责。请敕今后逃人初犯即论死,皇上好生如天,不忍杀之,当仿窃盗刺字之例:初逃再逃,皆于面臂刺字。则逃人不敢逃,即逃人自不敢留矣。'疏入,留中。后十余日,下王大臣会议,佥谓所奏虽于律无罪,然'七可痛',情由可恶,当论死,上弗许,改议杖,徙宁古塔,上命免杖,安置尚阳堡。逾年,卒。上深知逃人法过苛重,绌王大臣议罪裀。十三年六月,谕曰:'朕念满洲官民人等,攻战勤劳,佐成大业。其家役使之人,皆获自艰辛,加之抚养。乃十余年间,背逃日众,隐匿尤多,特立严法。以一人之逃匿而株连数家,以无知之奴仆而累及官吏,皆念尔等数十年之劳苦,万不得已而设,非朕本怀也。尔等当思家人何以轻去,必非无因。尔能容彼身,彼自体尔心。若专恃严法,全不体恤,逃者仍众,何益之有?朕为万国主,犯法诸人,孰非天生烝民,朝廷赤子?今后宜体朕意省改,使奴仆充盈,安享富贵。'十五年五月,复谕曰:'督捕逃人事例,屡令会议,量情申法,衷诸平允。年来逃人未止,小民牵连,被害者多。闻有奸徒假冒逃人,诈害百姓,将殷实之家指为窝主,挟诈不已,告到督捕,冒主认领,指诡作真。种种诈伪,重为民害。如有旗下奸宄横行,许督抚逮捕,并本主治罪。'逃人祸自此渐熄。”

《清史稿》列传三十一《李森先传》附《卢珣传》:“(顺治)十二年,迁大理寺卿。……又言:'逃人日多,以投充者众。本主私纵成习,听其他往,日久不还,概讼为逃人。逃人至再,罪止鞭百,而窝逃犹论斩,籍人口,财产给本主,与叛逆无异,非法之平。'下九卿议,改为流,免籍没。又言窝逃瘐毙,妻子应免流徒,时遇热审,亦应一体减等。上责其市恩,下王大臣议珣巧宽逃禁,当坐绞,上宽之,降受通政司参议。……”

15. 俘获不均分之始

天聪《东华录》九,天聪八年九月:“甲戌,上遣英俄尔岱、龙什穆、成格与诸贝勒议季思哈所俘瓦尔哈人民事,谕曰:'此俘获之人,不必如前八家均分,当补壮丁不足之旗。八旗牛录一例,俱定为三十牛录,如一旗于三十牛录之外,仍有多余牛录,即行裁去,以补各旗三十牛录之不足者;如有不满三十牛录旗分,择年壮堪任牛录之人,量能补授,统领所管壮丁,别居一堡,俟后有俘获再行补足。'众称善。遂命贝勒德格类、岳托会同分拨。”(11页)

1955.4.20

16. 清督捕

《清史稿》一百十四志八十九《职官志一》:“兵部……(顺治)十一年,增置督捕。满左侍郎、汉右侍郎各一人。汉协理督捕,太仆寺少卿,二人。寻改。左右理事官,满洲、汉军各一人。后改满、汉各一人。满、汉郎中各一人。员外郎,满洲七人,汉军八人,汉一人。堂主事,满洲三人,司主事一人,十四年增一人汉主事六人,司狱二人。郎中以下亦有兼督捕衔者。分理八司掌捕政。

三营将弁隶之。十二年,增置督捕员外郎八人。旗各一人。时八旗武职选授处分,并隶铨曹,康熙二年始来属。三十八年,省督捕侍郎以次各官,并入刑部。"

《清史稿》列传三十一《李森先传》附《卢珦传》:"珦,字昭华,山东寿光人。明崇祯进士,官御史。顺治二年,以荐起原官。……十二年,迁大理寺卿。八旗逃人初属兵部督捕,部议改归大理寺,珦疏言其不便,乃设兵部督捕侍郎专董其事。"

《清史列传·吴达礼传》:"(顺治)十一年正月,上以八旗逃人日众,增设兵部督捕侍郎、郎中、员外、主事等官,另置廨署,专理缉捕事,擢吴达理为左侍郎。"

17. 清初人口买卖之价格

北京大学藏顺治十三年十一月十一日兵部督捕左侍郎吴达礼题本:"该本司审问逃人添才,你逃走在何处来? 回供:我逃走到东安县韩村各处往来,后遇着孟村民刘大牛同乞食,住过四月,刘大牛将我卖与镶蓝薄布兔牛录下庄头杨成,得钱六千文,系永清县民张怀斗、马三作保。杨成又将我卖与本固山木哈大牛录下爱兔,得银三两七钱。爱兔又卖与本固山新大塞牛录下杨二,得银二十二两。杨二又卖与正黄旗阿尔孙牛录下卜言太,得银二十四两。我于顺治十三年八月内从卜言太家逃走,被和尚拿获,……该臣等看得逃人添才应鞭一百,面上刺字,交与原主李林外,……(添才原系正蓝旗李登龙牛录下太监李林家人)……刘大牛将逃人添才卖给杨成隐匿情真,应敕下刑部正法……。"(隐匿类00121)

北大藏顺治十三年九月十七日兵部督捕左侍郎吴达礼题本:"……据杨瞎子所供,招承张氏是我卖与于甫银,受钱一千五百是实。……"

又:"逃妇张氏供称我系镶黄旗赵布特牛录下毕子家人,于顺治七年八月初七月逃出,到我姐夫杨瞎子家,杨瞎子将我卖与于甫银,得钱一千五百文是实。……"(隐匿类00111号)

1950.5.10

18. 逃人逃匿　三次

北大藏顺治十三年二月初十日兵部督捕左侍郎吴达礼题本:"镶白旗下牛录章京赵廉家张二于顺治十二年十月二十四日逃走一次,……已经鞭责一百讫,又于本年十一月初二日逃走一次,……审明脱逃是实,鞭责一百讫。今又于本年十二月十八日逃走,本月二十三日……拿获。……张二已经逃走三次情真。相应敕下刑部正法……"朱批:"三法司核拟具奏。"(隐匿类 61 号)

1950.6.16

19. 逃档逃牌

北大藏档案,顺治十三年九月十五日兵部督捕左侍郎吴达礼等题本:"据直隶河间府献县知县李廷桥申称,本年八月初一日查获逃人二名口董翰如、何氏到县,审据何氏供称系大同人,大兵抢大同之时,有满洲将我裹到京,不记得主子名字……该本司审据逃妇何氏供称,我系正红旗爱唐阿牛录下,甲蓝章京阿颜家人,于顺治七年七月二十三日同我丈夫李才……逃至文安县……乞食行走被获是实。查逃档未递逃牌等情……该臣等看得逃妇何氏应鞭一百,面上刺字,归伊主外,董翰如收何氏为妻已经二月,隐匿情真,应请敕下刑部正法,仍行文任丘县将董翰如妻子家产人口房地册速查申解,俟到部之日入官。……逃妇之主阿颜未递逃牌,相应议罪,但系赦前,应免议。……"(隐匿类 00109 号)

1950.5.15

20. 窝藏逃人罚则

北大藏顺治十三年五月十一日,兵部督捕左侍郎今戴罪照旧办事吴达礼题本:"仍行文该官,将翟忠妻子家产房地册并两邻人妻子房地册速查解部。俟到部之日,将翟忠家产分为三分,一分给于原首人蔚宪,二分并妻子入官。两邻人各责四十板,连妻子一并徙发,地册咨送户部。十家长行文该县责四十板……"(隐匿类 62 号)

翟忠之弟牙住系镶黄旗包衣飞扬舞牛录下叶镞家人,顺治六年四月二十七日逃走,匿于翟忠之家。"

1950.6.16

21. 满洲雇工

北大藏顺治十三年闰五月十七日兵部督捕左侍郎今戴罪照旧办事吴达礼题本:"据妇人李氏供称,我系正黄旗瓜拉牛录下折库纳家人,我主在屯内住,我同这进才于今年四月十三日晚上逃至定州赵租村,被解子范有库拿获。进才供称我原系保定府唐县献阳村居民,于顺治四年我雇于在献阳村居住的满洲家庄头佟大家做活,有二年,即将这妇人李氏娶与我为妻。后佟大将李氏卖与魏村满洲折库纳,佟大说我是民即逐出,……"(隐匿类 00069 号)

1950.5.18

22. 逃人窝藏连坐

北京大学藏顺治十三年九月二十四日兵部督捕左侍郎吴达礼题本:"据河间府……吴桥县申前事称:……据东氏供称原系河间府人,于崇祯十一年被正白旗马尔赛牛录下殷特掳去,从关东来京住了二年,因我得大病,主子家人将我逐出,在外乞食,……复往吴桥县乞食,又遇乞食人柳荣遂相为伴一载等语……该臣等看得逃妇东氏应鞭一百,面上刺字,交与伊主外,……柳荣寓隐情真,应请各敕下刑部正法,行文该县将窝主柳荣之妻子家产人口房地册及两邻拾家长该管地方并妻子家产人口房地册速查申解,俟到部之日将窝主柳荣之妻子家产人口房地入官,其两邻十家长地方各责四十板,同妻子家产人口徙发宁古塔,房地入官。"(隐匿类 00115)

1950.5.10

23. 逃人二次再逃

北京大学藏缺年月兵部督捕右侍郎霍达题本:"据营州申称,审得面上刺字逃人小五子供称系镶黄旗金牛录徐万金家人……"(二次逃人)(隐匿类 00142 号)

1950.5.10

24. 逃妇产后鞭责

北大藏无年月图海题本："……据本妇李氏口供,系平谷县庄头杨包子家人,逃出遇见包奇善将我为妻,带到三屯营与人佣工糊口。……该本司审得逃妇李孩子系镶黄旗太子太保黑白昂邦偏鹅家人,于顺治十一年六月十六日被包奇善□我偷拐出到平谷县富各庄屯内居住为妻……该臣等看得逃妇李孩子有孕,候产后鞭责一百,包奇善偷拐逃妇李孩子为妻,窝隐是实,相应敕下刑部正法。……包奇善依例应绞监候,秋后处决。……"(隐匿类00133 号)

1950. 5. 10

25. 逃人之妻一并归给本主

北大藏顺治十三年十二月初四日兵部督捕右侍郎霍达题本:"又据何关口供,顺治五年满兵往江南,关投镶红旗下王二,彼时随王二上江南去,于顺治六年六月内回京,……又据何时长口供,其子何关原投满人喂马使唤,……等情到部送司,该本司审据逃人何关系镶白旗噶尔布牛录下吴兰太家人,于顺治九年二月初五日逃出,在各处游荡,后往我父何时长家去居住,得病,一年后病好,在各处佣工,于去年二月内来我父家居住,用银十两娶妇人朱氏为妻,……审据妇人朱氏供称我婆婆卜氏得银九两将我卖与何关是实。……该臣等看得逃人何关应鞭一百,面上刺字,妇人朱氏系逃人所买,是实,一并归给本主外,……其何时长年已七十有余,应免死,并伊妻顾氏及房地一并入官,……仍行文地方官速将窝主何时长之家产分作三分,一分给与原首韩名嫒等收领,其二分并人口解部,俟到日入官。……"(隐匿类00123 号)(河南彰德府武安县)

1950. 5. 10

十、康熙及雍正治国

1. 顺治遗诏

《清史稿》本纪五:"(顺治)十八年春正月壬子上不豫,丙辰(?)大渐,赦死罪以下,丁巳崩于养心殿,年二十四,遗诏曰:'朕以凉德,承嗣丕基十八年于兹矣。自亲政以来纪纲法度……'"①

顺治遗诏自承十四罪:

①亲政以来,因循悠忽苟且,渐习汉俗。

②子道不终。

③永违膝下,反上厪圣母哀痛。

④于诸王贝勒晋接既疏,恩惠复鲜。

⑤委任汉官,致满臣无心任事。

⑥不能虚己延纳,每叹乏人。

⑦见贤不能举,见不肖不能退。

⑧兵饷不足,止议裁减俸禄,宫中之费未尝节省。

⑨经营殿宇,罔体民艰。

⑩端敬皇后(董鄂妃)丧祭典礼,过从优厚。

⑪设立十三衙门,委用任使与明无异。

⑫御朝绝少,与廷臣接见稀疏。

⑬不能听言纳谏。

⑭有过未能省改。

孟森《清史讲义》:"端敬皇后即董鄂妃之丧逾滥不经一款,为世祖生时所不肯言;设立十三衙门与明同弊,亦不似生时爱幸吴良辅情状。《东华录》言遗诏由王熙、麻勒吉二学士所草,世祖谕令奏知皇太后宣示,而王熙自著年谱,叙此时又深明其有秘密不敢直言,则遗诏直由太后所改定,未必世祖临崩前所见之原草也。……废止十三衙门为清一代突过往古历朝之善制,……在历史为非常之举也。"(162页)

---

① 编者注:此为原卡片"顺治遗诏一",之后便为"顺治遗诏六",中间或有遗失。

遗诏已宣布,而王熙讳莫如深,必有不尽同之点可知。韩菼、张玉书、王文清状志均有面奉凭几之言,终身不以语人,虽子弟莫得而传之语。

2. 吴良辅之诛

《东华录·顺治三十》(王氏)顺治十五年:"三月,甲辰谕吏部,内监吴良辅等交通内外官员人等作弊纳贿,罪状显著,研审情真……若俱按迹穷究,犯罪株连者甚多,姑从宽一概免究。……自今以后,务须痛改前非,各供厥职,凡交通请托行贿营求等弊,尽皆断绝,如仍蹈前辙作奸犯法者必从重治罪,决不宽贷。尔部速刊刻告示内外通行严饬。良辅寻伏法。"

《东华录·康熙一》:"顺治十八年二月……乙未谕吏部刑部等大小各衙门,……满洲佟义、内官吴良辅阴险狡诈巧售其奸,荧惑欺蒙,变易祖宗旧制,倡立十三衙门名色,广招党类,恣意妄行,……此二人者朋比作奸,挠乱法纪,……吴良辅已经处斩,佟义若存法亦难贷,已服冥诛着削其世职,十三衙尽行革去,凡事皆遵太祖太宗时定制,内官俱永不用。……"

《清史稿》本纪四:"(顺治)十五年……三月……甲辰内监吴良辅以受贿伏诛。"

《清史稿》本纪五《圣祖本纪一》:"顺治十八年……二月……乙未,诛有罪内监吴良辅,罢内官。"

孟森《清史讲义》:"废内十三衙门,处斩内监吴良辅,《清史稿》世祖圣祖两纪互相矛盾……其实两皆有误。……谕旨废十三衙门中有吴良辅已经处斩一语亦未必斩于是日,惟世祖崩前五日已书不豫,而尚亲幸法源寺为良辅祝发,知良辅决非世祖崩前之事。"

3. 圣祖幼育宫外

俞正燮《癸巳存稿》卷九"查痘章京"条:"伏读《圣祖仁皇帝御制文集》,康熙六十年谕:'今王大臣等为朕御极六十年,请庆贺行礼,钦惟世祖章皇帝,因朕幼年时未经出痘,令保母护视于紫禁城外,父母膝下未得一日承欢,此朕六十年来抱歉之处。'《孝陵告祭文》云:'伏念臣昔在冲龄,时防出痘,遂依保姆居于禁外,父母膝下未承一日之欢,此臣六十年来深疚负歉者也。故正月初七日、二月十一日因念忌辰之前,庆贺皆不敢受.'圣制如右.今西华门外福佑寺坊书'泽流九有',为雨神庙,实梵宇也.后殿供奉神牌,书'圣祖仁皇大成功德佛'九字,背书圣制五律一首.其寺本为当日保姆护御之邸,见《恩福堂笔记》,当由内府记载与圣制禁外文合.又读《钦定日下旧闻考》,'福佑寺在西华门北街东',谨案称'前殿为慧灯朗照,正殿中奉神牌,东案陈设御制文集,西设宝座,殿额为慈容俨在',而不记其所由,赖《恩复堂笔记》知之.”

王氏康熙《东华录》六十四,康熙三十八年闰七月:“壬子,谕礼部,乳母瓜尔佳氏久侍宫掖,保护朕躬,殚竭恫忱,恭勤素著,黾勉夙夜,咸合将奉之宜;阅历寒暑,克尽调育之道.每念畴昔,未尝暂忘,比来婴疾弥留,竟尔溘焉长逝,深为轸悼,宜加恩封,尔部议奏.寻礼部议封为保圣夫人,从之.”

1942.9.21

案,此当即护视于宫外之人,是年圣祖年四十六矣.1943.5.24

4. 圣祖即位

王氏《东华录·康熙一》:“顺治十八年辛丑春正月辛亥朔越七日丁巳(初七)夜子刻,世祖宾天,先五日壬子(初二)世祖不豫,丙辰(初六)遂大渐,召原任学士麻勒吉、学士王熙至养心殿,降旨一一自责,定皇上御名命立为皇太子,并谕以辅政大臣索尼、苏克萨哈、遏必隆、鳌拜姓名,令草遗诏,麻勒吉、王熙遵旨于乾清门撰拟,付侍卫贾卜嘉进奏,谕曰:'诏书着麻勒吉怀收,俟朕更衣毕,麻勒吉、贾卜嘉二人捧诏奏知皇太后,宣示王贝勒大臣.'至是世祖崩.麻勒吉、贾卜嘉捧遗诏奏知皇太后,即宣示诸王、贝勒、贝子、公、大臣、侍卫等,宣讫,诸王、贝勒、贝子、公、大臣、侍卫等皆痛哭失声.索尼等跪告诸王贝勒等曰:'今主上遗诏命我四人辅佐冲主,从来国家政务惟宗室协理,索尼等皆异姓臣子,何能综理,今宜与诸王贝勒共任之.'诸王贝勒等曰:'大行皇帝深知汝四大臣之心,故委以国家重务,诏旨甚明,谁敢干预,四大臣其勿让.'索尼等奏知皇太后乃设誓告于皇天上帝大行皇帝灵位前,然后受事,其词曰:'兹者先皇帝不以索尼、苏克萨哈、遏必隆、鳌拜等为庸劣,遗诏寄托保翊冲主,索尼等誓协忠诚,共生死,辅佐政务,①不私亲戚,②不计怨仇,③不听旁人及兄弟子侄教唆之言,④不求无义之富贵,⑤不私往来诸王贝勒等府受其馈遗,⑥不结党羽,⑦不受贿赂,惟以忠心仰报先皇帝大恩,若复各为身谋,有违斯誓,上天殛罚,夺算凶诛.'大行皇帝神位前誓词与此同。……戊午(初八),颁大行皇帝遗诏。己未(初九),上即皇帝位于太和殿(年八岁),以明年为康熙元年。……甲子(十四),王以下及大臣官员齐集大光明殿设誓,亲王岳洛、杰书率贝勒、贝子、公、内大臣、侍卫、大学士、都统、尚书及在廷文武诸臣誓告于皇天上帝曰:'冲主践阼,臣等若不竭忠效力,萌起逆心,妄作非为,互相结党,及乱政之人知而不举,私自隐匿,挟仇诬陷,徇庇亲族者,皇天明鉴夺算加诛.'大行皇帝神位前誓词与此同。"

5. 清初之辅政

世祖未壮而崩,亲政以后不过十年,既于明代病民之政痛与革除,复能以笼络士大夫洗刷关外伧荒,适成一除旧布新气象,既遭短折,圣祖以八岁嗣位,又落于辅政诸臣之手,以开创大业成于两代冲龄之主,当时柄国之亲贵,惟以定国为务,不知觊觎大位,是亦孟子所谓社稷之臣以安社稷为悦。明初两世有亲藩之祸,清初两世得亲贵之力,新开化之种族淳朴有甚于汉人,此亦不可轻量者。(《清史讲义》,161 页)

6. 圣祖初年之辅政

《清史讲义》:"圣祖初年之辅政为索尼、苏克萨哈、遏必隆、鳌拜四人,皆非宗室,受命后以非从来成例,跪请诸王贝勒共任,诸王贝勒以遗命不敢违,乃奏知太后誓告于皇天上帝及大行灵前,中有'不私往来诸王贝勒等府受其馈遗'之语,是亦以太后为中心,遗诏为根据,惩于前资摄政之太专,以异姓旧臣当大政,而亲王贝勒监之,其用意可见也。然事权所在必有积重,辅政四人中忠梗者居其二,有一专横之鳌拜即有一缄不语之遏必隆,康熙初仍有辅政跋扈之事。"(163 页)

《清史稿·圣祖本纪》康熙五年:"四大臣之辅政也,皆以勋旧,索尼年老,遏必隆暗弱,苏克萨哈望浅,心非鳌拜所为而不能争,鳌拜横暴,又宿将多战功,叙名在末,而遇事专横,屡兴大狱,虽同列亦侧目焉。"

7. 康熙时辅政之政治

康熙《东华录》一："顺治十八年……三月……辛亥,谕吏部……除授升迁宜立画一之规,……着九卿科道会同详酌妥议,以成一代典制。"

又："(十八年三月)甲寅,谕吏部凡进奏本章……须直据事理,明白敷陈,不得用浮泛文词。"

又："(十八年三月)丙寅,谕吏部等大小各衙门……今应将大小各衙门见行事务如铨法兵制……或满汉分别参差不一者,或前后更易难为定例者,着议政王贝勒大臣九卿科道会同详考太祖太宗成宪,斟酌更定,汇集成书勒为一代典章。"

又："(十八年)四月……丙午,……经略大学士洪承畴乞休,优旨允之。"

康熙《东华录》一："(顺治十八年)八月……甲寅户部遵旨议复,查明季加增练饷并无旧案,止有遗单一纸,每亩派征一分,……请敕该抚于十八年为始,限三个月征完解部,……得旨如议速行。"本年十二月己未左都御史<u>魏裔介</u>奏请停止。

> 加派

康熙《东华录》六："康熙五年丙午春正月……丙申,先是八旗地土各照左右翼次序分给,时因睿亲王<u>多尔衮</u>欲住永平府,故将镶黄旗应得之地给与正白旗,而给镶黄旗地于右翼之末,保定府、河间府、涿州等处,二十余年旗民已各安其业。至是辅臣<u>鳌拜</u>与苏克萨哈虽连姻娅,每以论事相争成隙,<u>鳌拜</u>镶黄旗人,<u>苏克萨哈</u>正白旗人,而镶黄旗地为正白旗所占,故立意更换,<u>索尼</u>亦素恶苏克萨哈,<u>遏必隆</u>不能自异,因共附和之。<u>鳌拜</u>遂使八旗以地土不堪,呈请更换,移送户部,户部尚书<u>苏纳海</u>等奏地土分拨已久,且康熙三年奉有民间地土不许再圈之旨,不便更换,请将八旗移文驳回,疏入,辅臣等欲构成其罪,称旨着议政王贝勒大臣九卿科道以闻。"其后反对圈换者户部尚书、直隶总督(<u>朱昌祚</u>)、巡抚(<u>王登联</u>)皆论死,迄八年五月<u>鳌拜</u>逮治,其事始停。

> 圈换地土

8. 清初党争诸案

议杀肃亲王豪格之子富绶:

主杀者　宗室巩阿岱　锡翰　西纳布库
反对者　巴哈(《清史稿》列传二十三)　哈什屯

9. 康熙初四辅政之关系

索尼:正黄旗　父硕色(哈达部长)　叔希福(反对多尔衮)　拥护豪格
　　　反对多尔衮　女孝诚仁皇后　四朝旧臣
苏克萨哈:正白旗　父苏纳(额驸)　母　原隶多尔衮　属下后举首其
　　　谋逆
遏必隆:镶黄旗　父额亦都　母和硕公主　反对多尔衮　女孝昭仁
　　　皇后
鳌拜:镶黄旗　父伟齐　弟巴哈(反多尔衮拥豪格)　谋立豪格(崇德
　　　八年)

10. 圣祖即位时存在之重要王公

太宗系　富绶,显亲王,豪格子。圣祖从兄弟。
　　　　猛峨,温郡王,豪格子。圣祖从兄弟。
　　　　博果铎,庄亲王,硕塞子。圣祖从兄弟。
太祖系　罗科铎,平郡王,代善曾孙。圣祖再从侄。
　　　　勒尔锦,顺承郡王,代善曾孙,圣祖再从侄。
　　　　杰书,康亲王,代善孙,祜塞子,圣祖之再从兄。
　　　　岳乐,安亲王,阿巴泰子,圣祖之从叔。

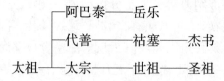

11. 康熙亲政

《清史稿》本纪六《圣祖本纪》:"(康熙)六年(1667)……七月己酉,上亲
政(年十四),御太和殿受贺。……是日始御乾清门听政。"

王氏《东华录·康熙六》康熙五年(1666):"八月己酉朔给事中张维赤奏:伏念世祖章皇帝于顺治八年亲政,年登一十四岁,今皇上即位六年齿正相符,乞择吉亲政,报闻。"

王氏康熙《东华录》七,康熙六年(1667)七月:"乙巳,先是三月内辅政公索尼等奏请皇上亲政,上留中未发,至是下旨曰:朕年尚幼冲,天下事务殷繁,未能料理,欲再俟数年。辅政臣屡行陈奏,朕再三未允,辅政臣等奏云:世祖章皇帝亦于十四岁亲政,今主上年德相符,天下事务总揽裕如,恳切奏请。朕乃率辅政臣往奏太皇太后,太皇太后谕以:帝尚幼冲,如尔等俱谢政,天下事何能独理,缓一二年更奏。辅政臣复奏:主上躬亲万几,臣等仍行佐理。太皇太后俞允,择吉亲政,其吉期礼部选择以闻。"

《清史稿》列传三十六《索尼传》:"索尼故不慊苏克萨哈,顾见鳌拜势日张,与苏克萨哈不相容,内怵,又念年已老多病,康熙六年三月遂与苏克萨哈、遏必隆、鳌拜共为奏,请上亲政,上未即允而诏褒索尼忠,加授一等公。……六月卒,……七月乃下索尼等奏。"

12. 世祖崩后不使亲王辅政之原因

一、由于世祖身受摄政王之跋扈——观于多尔衮卒后,世祖之痛恨可知。

二、由于孝庄后亲见亲王辅政之危险。

三、世祖崩殂,惟岳乐、杰书较有力量,而行辈较疏——王公无人。

四、满臣深知亲王摄政于帝位不利。

五、四辅臣当时地位甚高——多尼为四朝旧臣。苏克萨哈以额驸子,入侍禁廷,承恩眷,班行亚索尼。遏必隆,母和硕公主。鳌拜尤功多。

13. 康熙四辅政之死

康熙六年(1667)六月	索尼以疾卒
六年七月	康熙亲政
六年七月	苏克萨哈为鳌拜所陷处绞
八年(1669)五月	鳌拜以罪死
十二年(1673)	遏必隆以疾卒

14. 世祖圣祖之生平

世祖　法明　清初之惠政与莠政　董鄂妃问题　出家问题

圣祖　四臣辅政(元年 1662 至八年 1669,九岁至十六岁)　撤藩(十二年 1673 至二十年 1681,二十岁至二十八岁,十八年 1679 己未,举博学鸿词)　取台湾(二十二年 1683 五月至八月)　征准噶尔(二十七年 1688 寇边,二十九年 1690 亲征,三十五年 1696 再亲征,三十六年 1697 三次亲征)　定西藏(五十七年 1718 至五十九年 1720)　治河(十六年 1677 至十八年 1679 用靳辅,二十三年 1684、二十八年 1689 两次南巡亲阅河)　崇程朱(用熊赐履十四年至十五年、李光地)兴文教　朱三太子案(四十七年 1708)　立嗣允礽(十四年 1675 立,二十九年 1690 亲征准噶尔,上道疾召太子无忧色,上不怿。三十三年 1694 因祭奉先殿仪注,礼部获谴)

15. 博学鸿儒科

王氏《东华录·康熙二十一》:"康熙十七年(1678)戊午正月……乙未,谕吏部:'自古一代之兴,必有博学鸿儒振起文运,阐发经史,润色词章,以备顾问著作之选。朕万几余暇,游心文翰,思得博学之士用资典学。我朝定鼎以来,崇儒重道,培养人材,四海之广,岂无硕彦奇才,学问渊通,文藻瑰丽可以追踪前哲者?凡有学行兼优文词卓越之士,不论已仕未仕,令在京三品以上及科道官员,在外督抚布按,各举所知,朕将亲试录用。其余内外各官果有真知灼见,在内开送吏部,在外开报督抚代为题荐,务令虚公延访,期得真才,以副朕求贤右文之至意。尔部即通行传谕。'于是大学士李霨等荐原任副使道曹溶等七十一人,上命俟各员赴京齐集之日请旨,其在外现任者不必开缺。"

案,其时为清入关后三十五年,康熙亲政后十一年(实十年半),吴三桂起兵后五年(实四年二月),尚未平定,康熙时年二十五岁。

王氏《东华录》二十三:"康熙十八年己未……三月丙申朔,试内外诸臣荐举博学鸿儒一百四十三人于体仁阁赐宴,试题《璇玑玉衡赋》、《省耕诗》五言排律二十韵。"

"……甲子谕吏部，荐举到文学人员已经亲试，其取中一等彭孙遹、倪灿、张烈、汪彩、乔莱、王顼龄、李因笃、秦松龄、周清原、陈维崧、徐嘉炎、陆葇、冯勖、钱中谐、汪楫、袁佑、朱彝尊、汤斌、汪琬、邱象随，二等李来泰、潘耒、沈珩、施闰章、米汉雯、黄与坚、李铠、徐钪、沈筠、周庆曾、尤侗、范必英、崔如岳、张鸿烈、方象瑛、李澄中、吴元龙、庞垲、毛奇龄、钱金甫、吴任臣、陈鸿绩、曹宜溥、毛升芳、曹禾、黎骞、高咏、龙燮、邵吴远、严绳孙着纂修《明史》。其现任候补及已仕未仕各员作何分别授以职衔，其余见任者仍归原任，候补者仍令候补，未仕者俱着回籍，内有年老者作何量给职衔以示恩荣，尔部一并详议具奏。告病者不必补试。"

一等二十人，二等三十人，共五十人。与试者一百四十三人。

孟森《清史讲义》："鸿儒开科正在滇变未平之日，而其时文运大昌，得才之盛至今尚为美谈，非特当时若不知西南之未靖，即后之论世者亦若置三藩为又一时事，而以己未词科为清代一太平盛事。……己未词科纯为圣祖定天下之大计，与乾隆丙辰之词科名同而其实大异。……康熙十八年三月朔，试荐举博儒之士一百五十四人（案，《东华录》作一百四十三人）于弘（体?）仁阁。先赐宴后给卷，……读卷官派大学士李霨、杜立德、冯溥，掌院学士叶方霭凡四人，取中一等二十名，二等三十名，俱入翰林，先已有官者授侍读侍讲，曾中进士者授编修，布衣生员以上授检讨，俱令纂修《明史》。其中理学政治考据词章品行事功多有笼罩一代者，而其誓死不就试者为尤高。至更能有高名而不被荐，尤为绝特，若顾炎武是矣。是时高才博学之彦多未忘明，朝廷以大科罗致遗老，于盛名之士无不揽取，其能荐士者，虽杂流卑官亦许呈荐，……若兵马司指挥刘振基之荐张鸿烈，督捕理事张永祺之荐吴元龙，至到京而不入试者亦授职放归，若杜越、傅山诸人，入试而故不完卷亦予入等，若严绳孙之仅作一诗是也。盖皆循名求士，大半非士之有求于朝廷。后来丙辰再举大科，……是士有求朝廷矣。故康熙之制科，在销兵有望之时，正以此网罗遗贤，……消海内膜视新朝之意，取士民之秀杰者以作兴之，不敢言利禄之途足以奔走一世也。"

《清史稿》本纪六《圣祖本纪》"（康熙）十八年……三月丙申朔，御试博学鸿词（不作鸿儒）于保和殿（不作体仁阁），授彭孙遹等五十人侍读、侍讲、编修、检讨等官修《明史》，以学士徐元文、叶方蔼，庶子张玉书为总裁"云云，与《东华录》不合。

16. 清代历法之争

《清史稿》传五十八《汤若望传》："汤若望……日耳曼国人，明……崇祯初，日食失验，(徐)光启上言，台官用郭守敬法，历久必差，宜及时修正。庄烈帝用其议，设局修改历法，光启为监督，汤若望被征入局掌推算。……庄烈帝知西法果密，欲据以改大统术，未行而明亡。顺治元年(1644)睿亲王多尔衮定京师，是岁六月，……王命汤若望修正历法。七月，礼部启请颁历。……名时宪历，……自顺治二年始，即用新历，颁行天下。……康熙五年(1666)，新安卫官生杨光先叩阍进所著《摘谬论》、《选择议》，斥汤若望新法十谬。……下议政王等会同确议。议政王等议：……汤若望……皆凌迟处死。……得旨，汤若望……皆免死，并令覆议。议政王等覆议：汤若望流徙，余如前议。得旨，并免流徙。……"

　　明末改历未成　　顺治元年颁历　　康熙五年罢新法

《清史稿》传五十九《杨光先传》："国初，命汤若望治历用新法，颁时宪历，书面题'依西洋新法'五字，光先上书谓非所宜用。既又……攻汤若望甚力，……圣祖即位，四辅臣执政，颇右光先，下礼吏二部会鞫。康熙四年议政王等定谳，尽用光先说，谴汤若望，其属官至坐死，遂罢新法，复用大统术。……七年(1668)……是时朝廷知光先学术不胜任，复用西洋人南怀仁治理历法。南怀仁疏劾(吴)明烜……种种错误。下议政王等会议。……八年(1669)，上遣大学士图海等二十人会监正马祜测验，……南怀仁言悉应。(吴)明烜言悉不应。议政王等疏请以康熙九年历日交南怀仁推算。"

　　康熙八年再用新法

又《传·论》："论曰：……圣祖尝言，当历法争议未已，己所未学，不能定是非，乃发愤研讨，卒能深造密微，穷极其阃奥。为天下主，虚己励学如是。"

1947.12.11

17. 明代历法

《明史》三十一《历志》："……明之大统历实即元之授时，承用二百七十余年未尝改宪。成化以后，交食往往不验，议改历者纷纷，……崇祯中，议用西洋新法，命阁臣徐光启、光禄卿李天经先后董其事，成历书一百三十余卷，多发古人所未发。时布衣魏文魁上疏排之。诏立两局推验累年,校测新法独密,然亦未及颁行。"

又,《历志·历法沿革》:"(洪武)三年改(司天)监为钦天,设四科:曰天文,曰漏刻,曰大统历,曰回回历。……十五年,九月,诏翰林李翀、吴伯宗译回回历书。……成化十年,以监官多不职,擢云南提学童轩为太常寺少卿掌监事。……十七年,真定教谕俞正己上改历议,诏礼部及(童)轩参考。尚书周洪谟等言:'(俞)正己……轻率狂妄,宜正其罪。'遂下(俞)正己诏狱。十九年,天文生张升上言改历,钦天监谓祖制不可变,(张)升说遂寝。……(正德)十六年,以南京户科给事中乐護、工部主事华湘通历法,俱擢光禄少卿管监事。嘉靖二年,(华)湘言:'古今善治历者三家,汉太初以钟律,唐大衍以著策,元授时以晷景为近,欲正历而不登台测景,皆空言臆见也。望许臣暂罢朝参,督中官正周濂等,及冬至前,诣观象台昼夜推测,日记月书……'下礼部集议,而(乐)護谓历不可改,与(华)湘颇异,礼部言(华)湘欲自行测候,不为无识,请二臣各尽所见,穷极异同,以协天道,从之。……(万历)二十三年郑世子载堉进《圣寿万年历》、《律历融通》二书。疏略曰……(万历)三十八年监推十一月壬寅朔日食分秒及亏圆之候,职方郎范守己疏驳其误,礼官因请博求知历学者,令与监官昼夜推测庶机历法靡差。于是五官正周子愚言:'大西洋归化远臣庞迪峨、熊三拔等携有彼国历法,多中国典籍所未备者,乞视洪武中译西域历法例,取知历儒臣率同监官,将诸书尽译,以补典籍之缺。'先是大西洋人利玛窦进贡土物,而(庞)迪峨、(熊)三拔及龙华民、邓玉函、汤若望等先后至,俱精究天文历法。礼部因奏精通历法如(邢)云路、(范)守己为时所推,请改授京卿共理历事。翰林院检讨徐光启南京工部员外郎李之藻亦皆精心历理,可与(庞)迪峨、(熊)三拔等同译西洋法,俾(邢)云路等参订修改。……疏入留中。未几(邢)云路、(李)之藻皆召至京,参预历事。(邢)云路据其所学,(李)之藻则以西法为宗。……天启元年春(邢)云路复详述古今日月交食数事,以明《授时》之疏,证新法之密。章下礼部。……崇祯二年,……于是礼部奏开局修改,乃以(徐)光启督修历法。……已而(徐)光启上历法修正十事。……九月,开历局。……(崇祯)三年,……时巡按四川御史马如蛟荐资县诸生冷守中,精历学,以所呈历书送局。(徐)光启力驳其谬。(崇祯)四年,……时有满城布衣魏文魁著《历元》、《历测》二书,令其子象乾进《历元》于朝,通政司送局考验。(徐)光启摘当极论者七事,…已而(魏)文魁反覆论难,(徐)光启更申前说,著为《学历小辨》。……(六年)冬十月,(徐)光启以病辞历务,以山东参政李天经代之,逾月而光启卒。(崇祯)七年,魏文魁上言历官所推交食节气皆非是,于是命(魏)文魁入京测验,是时言历者四家:大统,回回外,别立西洋为西局,(魏)文魁为东局,言人人殊,纷若聚讼焉。……十年正月辛丑朔日食,……食时推验惟(李)天经为密。时将废大统用新法。于是管理另局历务代州知州郭正中言,中历必不可尽废,西历必不可专行,四历各有短长,当参合诸家兼收西法。(崇祯)十一年正月,乃诏仍行大统历。如……年远有差者,旁求参考新法与回回科并存。…(崇祯)十五年,……时帝已深知西法之密,迨十六年三月乙丑朔日食测又独验,八月诏西法果密,即改为大统历法,通知天下,未几国变,竟未施行,本朝用为《时宪历》。”

又:“其非历官而知历者郑世子(载堉)而外,唐顺之、周述学、陈壤、袁黄、雷宗,皆有著述,唐顺之未有成书,其议论散见周述学之《历宗通议》、《历宗中经》。袁黄著《历法新书》,其天地人三元则本之陈壤,而雷宗亦著《合璧连珠历法》,皆会通回回历以入《授时》。……邢云路《古今律历考》或言本出魏文魁手。”

《明史》三十七《历志七·回回历法一》:“《回回历法》,西域默狄纳国王马哈麻所作。……洪武初得其书于元都,(洪武)十五年秋,太祖谓西域推测天象最精,……命翰林李翀、吴伯宗同回回大师马沙亦黑等译其书。……按西域历数见于史者,在唐有《九执历》,元有扎马鲁丁之《万年历》。《九执历》最疏,《万年历》行之未久,唯《回回历》设科隶钦天监,与《大统》参用二百七十余年,……胜于《九执》、《万年》远矣。但其书多脱误,盖其人之隶籍台官者,类以土盘布算,仍用其本国之书,而明之习其术者,如唐顺之、陈壤、袁黄辈之所论著又自成一家言,以故翻译之本不行于世。”

1947.12.5

18. 清初历书

清初,叶梦珠《阅世编》卷一《历法》(原文曆均作歷):

“有明一代之《大统历》,其法本于元太史令郭守敬之《授时历》,一岁二十四气,及每月日之出入,有时刻而无分昼夜,十二时共应九十六刻,以子午二时独多二刻,故分昼夜为百刻。月之上旬计日而无初字,值日之建满平收开成除危等列于二十八宿之上,至详且悉也。迨后相沿日久,气候不无渐

差,以历官拘守成法,无变通傍救之材耳。(5页后半页)

本朝创兴,肇颁时宪历日,用西洋陪臣汤若望为钦天监正,依其国之算法,凡逐月日之出入,以及十二月之二十四气俱各就京城省城准定,即日食月食之分数亦然,似更较详。历日面叶明刊,'钦天监钦奉上传依西洋新法印造时宪历日'云云,以昭一代大典。(汤)若望锡号通微教师,官加通政司使,又加一级,仍掌钦天监印务,可谓知遇之极隆矣。(6页前)

康熙五年丙午,退汤若望而以张其淳为监正,始于历面去'钦奉上传依西洋新法'字样,仍仿《授时》、《大统》历法,然而西洋法犹用之未尽废也。(6页前)

康熙六年丁未,以进士马祜、武举杨光先为钦天监正,尽出西洋法,悉因《授时》、《大统》之制。(6页前)

八年己酉,推定是岁闰十二月,论者力辩其非,改闰来年之二月,以颁历在先,不便重颁,申饬天下,不准本年之闰,而仍俟来岁颁历之闰为准。(6页)

九年庚戌闰二月,是岁杨光先罢去,马祜超升都御史巡抚江南,而历法又变,渐复西洋之制矣。(6页后)

十年辛亥,更用西洋人南怀仁治理西历法,遂尽复西洋历法。以十二时共九十六刻定日,分直省定二十四气及日之出入,月之上旬仍加初字,改二十八宿于开成收闭之上,而以参商列觜宿之前,特历面仍如丙午所颁,止云'钦天监奏准印造时宪历颁行天下'云云,无'钦奉上传依西洋新法'等字样,至今因之。"(6页后)(《上海掌故丛书》第一集本)

《阅世编》"历法"类共七条,实均谈历书者也。往日查杨光先任监正时日未得,故备录之。

1951.7.30

19. 清圣祖诸子

清圣祖诸子　据《清史稿》本纪六、七、八《圣祖本纪》,列传七《诸王六·圣祖诸子传》,及《东华录》。

圣祖三十五子

一子允禔,母惠妃纳喇氏。康熙十一年二月庚寅生。三十七年三月封直郡王(年二十七),四十七年九月太子允礽废(年三十七),允禔用喇嘛巴汉格隆魇术厌废太子事发,夺爵幽于第。雍正十二年卒,年六十三。

二子允礽,母孝诚仁皇后。康熙十三年五月丙寅生。十四年十二月立为皇太子,年二岁。二十九年,年十七圣祖征准噶尔,道疾无忧色,上不怿。三十三年,年二十一,以祭奉先殿礼注,礼部被谴。四十七年九月废,年三十五。时皇二十子(四十五年七月庚辰)允裪已生。四十八年三月复立为皇太子。五十一年十月复废,年三十九。六十一年世宗立,雍正元年移住祁县郑家庄,二年卒,年五十一。

三子允祉,母荣妃马佳氏。康熙　年生。三十七年三月封诚郡王,年　。四十八年太子复立,进封诚亲王。五十三年纂《律历渊源》成,时年　十　。世宗即位,命守护景陵。六年索赇事发降郡王,八年夺爵,十年卒,年　十　,允祉与太子允礽素亲睦。①

四子胤禛,母孝恭仁皇后,与允祚、允禵同母。康熙十七年十月丁酉生。三十七年封贝勒,年二十一;四十八年封雍亲王,年三十二。五十一年太子允礽再废,年三十五。六十一年即位,年四十五。在位十三年,年五十八崩。康熙五十年生子弘历,是为高宗,时年三十四。胤禛以兄弟次第论,实第十一子,中多不育,故曰皇四子,见《东华录》。

八子允禩,母良妃卫氏。康熙二十年二月甲午生。三十七年封贝勒,年十八。四十七年太子允礽废,时允禩年二十八,谋代立,诸皇子允禟、允裪、允禵,诸大臣阿灵阿、鄂伦岱、揆叙、王鸿绪皆附之。六十一年世宗即位,封廉亲王,时年四十二。雍正四年革去黄带子称民王,时年四十六。寻削王爵交宗人府圈禁,改名阿其那,未几卒于幽所。

九子允禟,母宜妃郭络罗氏,与皇五子恒温亲王允祺同母。康熙二十二年八月丙寅生,四十八年封贝子,年二十七。雍正元年命出驻西宁,年四十一。四年革去黄带子削宗籍,逮还京,改名塞思黑,行至保定命总督李绂暂禁,八月死于幽所,年四十四。

十子允䄉,母温僖贵妃钮祜禄氏,康熙二十二年十月戊申生。四十八年封敦郡王,年二十七。雍正元年夺爵,逮京师拘禁,时年四十一(方送泽卜尊丹巴灵龛还喀尔喀,居张家口)。乾隆二年高宗命释之,年五十五。六年卒,年五十九。

---

① 编者注:本段关于允祉之生平多有缺失,后允礼条同。

十三子允祥,母敬敏皇贵妃章佳氏。康熙二十五年十月朔生。四十七年太子允礽废,时年二十三。五十一年再废太子,时年二十七。六十一年世宗即位,封怡亲王,年三十七。雍正元年命总理户部。八年五月疾卒,年四十五。

十四子允禵,母孝恭仁皇后,与世宗同母。康熙二十七年正月癸未生。四十八年封贝子,年二十二。五十七年命为抚远大将军,年三十一(四十七年废太子时年二十一,五十一年再废太子时年二十五)。六十一年归留景陵。雍正元年进郡王,年三十五。三年降贝子,年三十八。四年革爵,与其子白起并禁锢,高宗即位命释之。乾隆二年封辅国公,年五十岁。十三年进封恂郡王,年六十一。二十年卒,年六十八。

十七子允礼,母纯裕勤妃陈氏。康熙　年生。四十七年废太子时　　,五十一年再废太子时　。雍正元年封果郡王,年　十　。六年进亲王,年十　。十三年世宗大渐,受遗诏辅政,年　十　。乾隆三年病卒,年　十　。

20. 康熙废太子

《清史稿》列传七《诸王六·理密亲王允礽传》:"理密亲王允礽,圣祖第二子,康熙十四年十二月乙丑,圣祖以太皇太后、皇太后命,立为皇太子。太子方幼,上亲教之读书,六岁就傅,令大学士张英、李光地为之师,又命大学士熊赐履授以性理诸书。二十五年(年十三),上召江宁巡抚汤斌以礼部尚书领詹事,斌荐起原任直隶大名道耿介为少詹事,辅导太子。介旋以疾辞,逾年斌亦卒。太子通满汉文字,娴骑射,从上行幸,赓咏斐然。……三十五年(年二十三)二月,上再亲征噶尔丹,命太子代行郊祀礼,……明年(年二十四),上行兵宁夏,仍命太子居守。有为蜚语闻上者,谓太子暱比匪人,素行遂变,上还京师,录太子左右用事者置于法,自此眷爱渐替。四十七年……九月乙亥,次布尔哈苏台,召太子集诸王大臣谕曰:'允礽不法祖德,不遵朕训,肆恶虐众,暴戾淫乱,朕包容二十年矣,乃其恶愈张,僇辱廷臣,专擅威权,鸠聚党与,窥伺朕躬起居动作,……从前索额图欲谋大事,朕知而诛之,今允礽欲为复仇,朕不卜今日被鸩,明日遇害,昼夜戒慎不宁,似此不孝不仁,太祖、太宗、世祖所缔造,朕所治平之天下,断不可付此人。'上且谕且泣,至于仆地(是年康熙年五十五岁,允礽年三十五,太皇太后已崩)。即日执允礽,命直郡王允禔监之,诛索额图二子……及允礽左右……"

案,允礽母孝诚仁皇后赫舍里氏,辅政大臣索尼孙,领侍卫内大臣噶布喇女,索额图之侄女。

《清史稿》列传七《理密亲王传》:"太子既废,上谕诸皇子中如有谋为皇太子者即国之贼,法所不宥。诸王子中皇八子允禩,谋最力,上知之命执付议政大臣议罪,削贝勒。十月,皇三子允祉发喇嘛巴汉格隆为皇长子允禔魇允礽事,上令侍卫发允礽所居室,得厌胜物十余事,……廷臣希旨有请复立允礽为太子者,上不许。……既上召诸大臣命于诸皇子中举孰可继立为太子者,诸大臣举允禩,明日上召诸大臣入见,谕以太子因魇魅失本性状,……又明日,召允礽及诸大臣同入见,命释之。……四十八年……三月辛巳,复立允礽为皇太子。……五十年十月,上察诸大臣为太子结党会饮,谴责步军统领托合齐,尚书耿额、齐世武,……上谕谓诸事皆因允礽,允礽不仁不孝。徒以言语货财属此辈贪得谄媚之人,潜通消息尤无耻之甚。五十一年十月,复废太子,禁锢咸安宫。……自是上意不欲更立太子,虽谕大学士九卿等裁定太子仪仗,卒未用。终清世不复立太子。……五十六年,大学士王掞疏请建储,越数日,御史陈嘉猷等八人疏继上,上疑其结党,疏留中不下。五十七年二月,翰林院检讨朱天保请复立允礽为太子,上亲召诘责。……六十年三月,上万寿节,(王)掞复申前请建储,越数日,御史陶彝等十二人疏继上,上乃严旨斥掞为奸。……"

21. 太子允礽之立与废

允礽以康熙十三年五月初三日生,十四年十二月立为皇太子,六岁(十八年)以张英、李光地为之师,又命大学士熊赐履授以性理诸书,二十五年(年十三岁)命汤斌、耿介、达哈塔为太子讲官,耿辞,达获咎(部议革职宽免),汤逾年卒,盖以讲书失仪故,实则太子骄纵不率教也。其后遂不复有士大夫为太子师。

史馆《索额图传》(太子母为索尼孙女,索额图之侄,生允礽后即崩):"皇太子允礽以狂疾废黜,上谕廷臣曰:昔允礽立为皇太子时,索额图怀私倡仪,凡服御诸物俱用黄色,所定一切仪制几与朕相似,骄纵之渐,实由于此,索额图诚本朝第一罪人也。"

据此可知太子骄纵之由。而三十三年(年二十一)又有祭奉先殿,太子拜褥设槛内,圣祖命移槛外,礼部尚书沙穆哈请旨记档之事,盖畏太子之怒,此亦索额图导之也。

三十六年太子年二十四,圣祖命诛膳房、茶房、哈哈珠子(王子亲随)诸人,可知太子之昵近小人。

据《东华录》、《史稿·允礽传》、《国史·索额图传》,四十一年,太子养病德州(太子年二十九)之前后,索额图欲为太子谋早取大位。四十七年九月废太子时曾有"从前索额图助伊潜谋大事,朕悉知其情,将索额图处死"之谕。

或以为《圣祖实录》为世宗所改,以《朝鲜实录》证之实不然,盖世宗与太子之废实无所干预。

1940.5.20

22. 允禩党

夺嫡之狱允禩为主,诸兄弟如允禔(1)、允禟(10)、允䄉(9)、允䄍(14),老臣为佟国维(《稿·传》74)、马齐(74),勋旧如遏必隆之子阿灵阿、佟国纲之子鄂伦岱、明珠之子揆叙(74),汉文臣如王鸿绪等皆甘心推戴为之尽力,而世宗亦专以允禩为大敌,度其笼络人心之术必有大过人者。

相士张明德言允禩后必大贵,会鞫词连顺承郡王布穆巴,公赖士、普奇,顺承郡王长史阿禄。允禩又庇其乳母夫雅齐布(允礽乳母之夫名凌普,圣祖命之为内务府总管)。

《清史稿》列传七《允禩传》:"世宗即位命允禩总理事务,进封廉亲王,授理藩院尚书。雍正元年,命管理工部事务。……谕斥:允禩居母妃丧,沽孝名,百日后犹扶掖匍匐而行,……二年上谕曰:允禩素行阴狡,……自朕即位,优封亲王,任以总理事,乃不能输其诚悃以辅朕躬……。三年二月,三年服满,以允禩任总理事务……四年正月,上御西暖阁召诸王大臣暴允禩罪状,……革去允禩黄带子,……二月授允禩为民王,……寻命削王爵,交宗人府圈禁高墙,宗人府请更名编入佐领,允禩改名阿其那,……六月诸王复胪允禩罪状四十事,请与允禟、允䄍并正典刑,上暴其罪于中外,九月允禩患呕哕,命给予调养,未几卒于幽所。"

23. 允禟

《清史稿·允禟传》:"允禟,圣祖第九子,……雍正元年世宗召允䄉回京,以诸王大臣议命允禟出驻西宁,允禟屡请缓行,上遣责所属太监。允禟行至军,二年四月宗人府劾允禟……请夺爵(贝子),上命宽之,……四年正月……诸王大臣请治允禟罪,命革去黄带子,削宗籍,逮还京,……五月令允禟改名……塞思黑,六月诸王大臣复劾允禟罪状二十八事,请诛之。……八月绂(直隶总督李绂)奏允禟以腹疾卒于幽所。"

24. 允䄉

《清史稿》传七:"辅国公允䄉,圣祖第十子,康熙四十八年十月封敦郡王。……雍正元年泽卜尊丹巴胡土克图诣京师,谒圣祖梓宫,俄病卒,上遣送灵龛还喀尔喀,……旋称有旨召还,居张家口,……兵部劾奏命允䄉议其罪,四月夺爵逮京师拘禁,乾隆二年高宗命释之,封辅国公。六年,卒。

25. 康熙诸子

《清史稿》列传七《诸王六·圣祖诸子》:圣祖三十五子(×殇):

孝诚仁皇后生	承祜(×)　理密亲王允礽(2)
孝恭仁皇后生	允祚(6×)　世宗胤禛(4)　恂勒郡王允禵(14)
敬敏皇贵妃生	怡贤亲王允祥(13)
温僖贵妃生	允䄉(10)
顺懿密妃(王)生	愉恪郡王允禑(15)　庄恪亲王允禄　允祄(18×)
纯裕勤妃(陈)生	果毅亲王允礼(17)
惠妃　生	承庆(×)　允禔(1)
宜妃　生	恒温亲王允祺(5)　允禟(9)　允禌(11×)
荣妃生	承瑞(×)　赛音察浑(×)　长华(×)　长生(×)
	诚隐郡王允祉(3)
成妃	淳度亲王允祐(7)
良妃(卫)	允禩(8)

定妃	履懿亲王允祹
平妃	允禨(×)
通嫔	万黼(×)　允禶(×)
襄嫔(高)	允禝(19×)　允祎(20)
谨嫔	允祜(22)
静嫔(石)	允祁(23)
熙嫔(陈)生	允禧(21)
穆嫔(陈)	允祕(24)
贵人郭络罗氏	允禑(×)
贵人陈氏	允禐(×)

皇一子	允禔　康熙　年生　封允礽时年
二子	允礽　十三年生　十四年封皇太子年二岁　四十 七年废　四十八年复立　五十 一年复废　雍正二年卒
三子	允祉
四子	胤禛
八子	允禩
九子	允禟
十子	允䄉
十三子	允祥
十四子	允禵
十七子	允礼

与世宗接近之兄弟:怡亲王允祥(13)　庄亲王允禄(16)　果亲王允礼(17)
世宗朝获罪之兄弟:诚郡王允祉(3)　阿其那允禩(8)　塞思黑允禟(9)
　　　　　　　　辅国公允䄉(10)　恂勤郡王允禵(14)
世宗朝禄终之兄弟:恒亲王允祺(5)　淳亲王允祐(7)　愉恪郡王允
禑(15)　简靖贝勒允祎(20)　二十一子以下均幼
　　　　　　　　　　　　　　　　　　1940.5.20

26. 世宗时骨肉之祸

雍正元年四月	革允禩爵,逮京师拘禁
五月	谕允䄉无知狂悖气傲心高……特进为郡王
二年	谕责允裪
	宗人府劾允祹,二月降镇国公
四月	宗人府劾允禑
三年三月	宗人府劾允禵
四年正月	暴允禩罪,革爵圈禁
	逮允禟还京,革去黄带子
	禁锢允䄉
八月	允禟死
九月	允禩死
六年六月	降允祉郡王
八年五月	夺允祉爵,禁景山
十年闰五月	允祉死

康熙六十一年十一月十三日圣祖崩,二十日世宗登极,十二月十二日加罪于允祉宾属陈梦雷、杨文言,盖有憾于陈之为允祉纂《图书集成》而杨之为修《历律渊源》也。此加罪诸王宾友之始。

27. 世宗入统

孟森《世宗入承大统考实》:"胤礽之立为太子,从立嫡古训也,其夺嫡也,先之以大阿哥胤禔,则用魔道,是以有第一次之废储。……继之以八阿哥胤禩之阴谋,内外党与甚盛,太子卒废,诸阴谋者亦为圣祖所慁,卒亦不遂所欲。圣祖末年诸王大臣所默喻上意,知为将来神器所归者,乃十四阿哥胤禵。"

又:"矾书案在康熙五十四年十一月,……太子既废,因福金有病招医生贺孟𬱃治病,令贺医用矾水写字往来,一则属托公普奇保举为大将军,……其求保为大将军以自效,皇子之重视大将军可知,废太子求之而得罪,胤禵承圣祖之命而得之,其为将降大任固自可信。阿布兰不惮开罪于废太子,而独求媚于胤禵(立碑称赞大将军胤禵功德),宗室间固已信其将继大业矣。立碑颂大将军功德,在康熙间不惧得罪,至雍正初乃磨去其文,可知圣祖之意不以颂扬大将军为非,自有拟为储贰之意。"

又:"在园在京得传位之末命,皆出于隆科多之口,……隆科多何以能独擅圣祖凭几之末命,此当考清室尊重内亲之习惯而知之。……盖圣祖之生母孝康章皇后为佟图赖女,世宗之嫡母孝懿仁皇后为图赖子国维女(隆科多为国维子)。……隆科多之口衔天宪,处分嗣统,既在圣祖崩逝之后,诸皇子何以一无抵牾,固缘世宗得以一语即可握生杀大权,……细寻其机括所在,则隆科多方为步军统领,警跸中之武力实在掌握。……"

28. 隆科多与允禩之获谴

孟森《世宗入承大统考实》:"雍正七年十月戊申《东华录》中有一长谕,凡千余言,为曾静案而发,……而谕中曲宥曾静,独恨恨于阿其那、塞思黑。……逮证以《大义觉迷录》,乃知《东华录》所存仅其首尾,中间正是世宗私德,……世宗惟信其漏泄为相嫉之诸弟,而泄之于诸弟者即隆科多,故隆科多与诸弟皆获重谴。……"

29. 圣祖之移易风俗

摘录孟森《清史讲义》(201—　):

圣祖嗣位,正柄属在辅臣,未见起色。熊赐履以忤鳌拜意屡欲谴之,帝即从中保全,赐履虽非醇儒然知尊重儒术,为圣祖讨论宋儒经说所自始。

侍圣讲学最亲且久者,莫如李光地,御纂诸经皆光地居校理之名,当即光地主其事。故虽有伪道学之间,为圣祖所觉而恩眷仍隆。徐乾学、性德溺于词章,能刻《经解》不能充道学,光地与熊赐履则愿以纂《经解》、治道学自任。熊、李有师生之谊,李为翰林,熊为教习庶吉士,且于上前力保之。然以争宠相轧有隙。

熊、李以道学逢君,事未足训,然清世士大夫之风实自道学挽之。清初朝士若蔚州魏象枢、柏乡魏裔介亦道学中人,而以道事君,未成风气。其后以达官而从祀文庙者清世共三人,皆康熙朝名臣,则陆陇其、汤斌、张伯行也,其讲道学而未入两庑,然治有奇绩,守有异操者,亦皆在康熙朝,若于成龙、陈鹏年、赵申乔诸公皆入《清儒学案》。

道学决不负人家国，康熙时卿相儒雅谨厚布在朝列不可数计。康熙朝之达官几有北宋士大夫之风，而道学一脉历乾嘉两朝名臣迭出，以《学案小识》所载考其渊源皆自康熙朝理学诸臣所传播种子，直至道咸兵乱，平乱者根本在湘中之理学，不可谓非圣祖种其因，而历代收其果，清圣祖所作养，数世享之而不尽，盖风气不易成，既成亦不易毁灭也。

30. 党争、康熙

康熙中，四方平定，内外诸臣各树朋党，互相攻讦，如大学士明珠（满洲正黄旗人，由侍卫起家）之党（御史郭琇于二十七年二月劾之）、皇族噶礼皆其最著者。然是时非独满大臣有党也，汉大臣亦有之，如徐乾学（江南昆山）、高士奇（浙江钱塘）、王鸿绪（江南娄县）、陈元龙（浙江海宁）之徒，皆自以高文硕学通籍词馆，遂互相标榜，以猎取身誉，依附权贵，而徐乾学为之魁。乾学兄弟三人，长即乾学（康熙九年探花），次元文（顺治十六年状元），次秉义，皆以鼎甲致位通显，时号昆山三徐。鸿绪亦兄弟三人，长九龄，次顼龄，次鸿绪（十二年榜眼）。与士奇（以监生充书写起家）并称徐、王、高三家。一时学士非出三家之门者辄不为世所重。元文、顼龄皆官至大学士。……同时许三礼、郭琇（山东即墨人，康熙九年进士）、彭鹏（福建莆田人，顺治十七年举人）。案许三礼于康熙二十八年劾鹏，此待详考）辈俱居谏垣，以清流自命，亦彼此相为声援，而以许三礼为之魁，与乾学等分为两党。琇疏劾靳辅治河无功（辅汉军镶黄旗人，琇二十七年正月劾之），鹏亦奏李光地贪位夺情（事在三十三年。光地福建安溪人，康熙九年进士），二人皆名臣清望，光后被摇撼，于是朝端讦奏之风炽，而党派倾轧亦愈烈。既而士奇、元龙（康熙二十四年榜眼）、鸿绪三人为郭琇所攻，俱休致回籍（事在康熙二十八年）。斯时惟韩菼虽出乾学门下，而生平岿然自立不倚于徐许之党，亦复享盛名，跻显仕，物论多之。（《清代七百名人传·徐乾学传》，1572页。待查）

康熙二十八年副都御史许三礼列款纠参徐乾学一疏，有"一、乾学因弟（徐元文）拜相后与亲家高士奇更加招摇，以致有'去了余秦桧（指余国柱），来了徐严嵩，乾学似庞涓，是他大长兄'之谣；又有'五方宝物归东海（徐），万国金珠贡澹人（高士奇字澹人）'之对，京师三尺童子皆知。若乾学果能严绝苞苴，如此丑语，何不加之他人而独加之乾学耶"。（《清代七百名人传·徐

乾学传》,1570页)

　　康熙三十年江宁巡抚郑端劾王鸿绪,奉旨令诸臣各端心术,尽蠲私忿,共矢公忠。禁分树党援。(《清代七百名人传·王鸿绪传》,1587页。)

31. 康熙时党争

　　全祖望《姜先生宸英墓表》(录自《碑传集》四七):

　　"常熟翁尚书(叔元)者,先生之故人也,最重先生。时枋臣(指明珠)方排睢州汤文正公(斌),而尚书为祭酒,受枋臣旨,劾睢州为伪学。枋臣因擢之副詹事以逼睢州,以睢州故兼詹事也。先生以文头责之,一日而其文遍传京师,尚书恨甚。"(1页)

　　"昆山徐尚书(乾学)罢官,犹领《一统志》事,即家置局,先生从之南归。时贵之构昆山者,亦恶先生。"(2页)

　　方苞《记姜西溟遗言》(录自《碑传集》卷四七):

　　"壬戌(康熙二十一年,1682)至京师,西溟不介而过余,……其后丙子(康熙三十五年,1696),同客天津,将别之夕,抚余背而叹曰:……他日志吾墓,可录者三事耳(文多不录,一与明珠子成德事,一与徐乾学事,一与翁叔元事)。"(2—3页)

32. 康熙时的门户之争

　　沈彤《何先生焯行状》(录自《碑传集》卷四七):

　　"康熙之二十四年(1685,乙丑),先生年二十三,由崇明县学生拔贡国子监。时昆山徐学士乾学、常熟翁祭酒叔元方收召后进,其所善,科第立致,先生亦游两人门,而慎自持,见事不符义,且加讥切。其后交绝于翁,复干徐之怒,至辨讼于大府,故累踬京闱,而名益重,四方莫不闻。四十一年(1702,壬午)冬,……直隶巡抚李光地……以先生荐,遂召直南书房。明年(1703,癸未),赐举人,试礼部,下第,复赐进士,改庶吉士,仍直南书房。寻命侍读皇八子贝勒府……明年(1704,甲申),丁外艰归。……凡家居五六年,……五十二年(1713,癸巳)冬,再以文贞(李光地)荐,召赴阙,仍直武英殿。明年(1714,甲午),授编修。又明年秋,驾在热河,有构飞语以闻者。上还京,先生迎道旁,即命收系,并悉簿录其舍中书,付直南书房学士蒋廷锡等,视有无

狂诞语,检五日无有。……仅坐免官,还其书,命仍直武英殿。……六十一年六月九日卒,年六十二。"(9—10页)

33. 清代文字狱

康熙时:

庄廷鑨《明史》案　原稿出于明大学士朱国祯,初起未死,贿而免(康熙三年,1664)。庄廷鑨已死戮尸。杀其弟廷钺及四子,礼部侍郎李令哲作序,凡作序、校对、刻书、贩卖、购者以及隐庄罪者皆论罪弃市,凡七十余人,妇女给边。又归安知县吴之荣利用此案假祸于南浔富人朱佑明,诛之并及其五子,家产给吴之荣。由吴之荣讦告,初起将军松魁、巡抚朱昌祚、督学胡尚衡,后遣官至浙审理。

戴名世《南山集》案　戴名世磔死,族皆弃世。戴书多采方孝标《钝斋文集》、《滇越纪闻》,并连及牵连数百人。康熙五十年(1711)由赵申乔讦告。戴方修《明史》,谓南明应如昭烈,列入纪传。戴时官编修,集有《子遗录》)。

康熙时两案均有人讦告,内容并不太诋毁清朝,但清人怕有危及满洲人统治之处,故兴大狱,目的仍在维持满洲人政权。

朱方旦《秘书》案　朱方旦广东人,自号二眉通人,著《中说补》,托名修炼,广招党与,常至数千人。——侍讲王鸿绪疏劾其刊书流布,蛊惑庸愚,乞正典刑,以维世道。大将军勒尔锦在荆州曾额其堂曰"圣人堂",里曰"圣人里"。原任湖广巡按张朝珍亦赠其"圣教帝师"扁额。朱所著今不存。事在康熙十九年(1680),朱方旦诛死。三大罪:诬枉君上,悖逆圣道,摇惑人心。《先正事略·王鸿绪传》

雍正时:

汪景祺《西征随笔》　汪为年羹尧幕府。《随笔》(故宫印行上册)中有诗,雍正认为讥讪圣祖。斩首,妻子兄弟发遣,族内革职约束。事在雍正三年(1725)。主要原因为年羹尧之幕府诮诽年也。与"名教罪人"之钱名世同一原因。

查嗣庭试题　查为隆科多之党,雍正四年(1726)为江西正考官,出试题"维民所止",讦者谓"维止"二字乃"雍正"去其头也。查死于狱,戮尸,其子坐死,家属流放,浙江省停乡会试六年。主要原因为隆科多党也。

陆生枏《通鉴论》　陆广西人,其书已不见,凡十七篇,《东华录》微见其略,如论封建、论建储、论兵制、论隋炀帝、论人主、论相臣、论王安石、论无为之治等等,初无讥讪,而雍正认为"罪大恶极,情无可逭","其论封建尤为狂悖,显系非议朝政"。雍正七年(1729)七月杀于锡保军前。时世宗诸弟颇望封建,世宗曾作《朋党论》,驳《封建论》。

谢济世《大学注》　谢以御史参田文镜不法,发往阿尔泰军前效力。谢著有《古本大学注》,诋者遂劾其"毁谤程朱",廷议坐讽刺朝政下狱,事在雍正七年(1729)五月。乾隆即位赦还,复原官。主要原因在田文镜与李绂不和,田劾李结党,谢济世所劾田之罪与李劾同,而谢为广西人,李又广西巡抚也,因此愈疑之。陆生枏亦广西人。《先正事略》谢(15)李(14)有传。

曾静逆书案　吕留良评选时文,内有论夷夏之防及井田封建之语,为曾静(湖南靖州人)所见,喜之。更求吕书于其子,并交其弟子严鸿逵。后曾静命人投书岳锺琪劝举兵,岳发之。雍正赦曾而戮吕严之尸,事在七年(1729)。主要原因在当日外间盛传雍正强夺帝位,残害弟兄,而曾静于供词中一一述出,雍正乘机作《大义觉迷录》自为洗刷,遂赦曾(曾被赦,曾作《归仁说》以谄世宗,乾隆立复杀之),而罪吕并及吕之弟子严、严之弟子沈在宽。吕之子葆中康熙四十五年榜眼,非反清者。

雍正时文字狱,不在文字本身,而在抨击朋党以巩固自己政权,加强统治。

1951.8.1

34. 清世宗之生平

一、夺嫡与嗣统

二、并地丁,停编审——丁随地起　雍正元年

三、定火耗,加养廉　二年　提解火耗,耗羡归公

四、改八旗制

五、骨肉之祸

六、青海喀木之善后

　　七、再定西藏
　　八、雍正之死
　　九、雍正与文化　禅学，书院（十一年），尊孔

35. 雍正特定之制

　　雍正朝有两种创制，遂为一代所遵行，一曰并地丁停编审，二曰定火耗加养廉。

　　康熙五十一年（1712）上谕，海宇承平日久，户口日增，地未加广，应以现在丁册，定为常额，自后所生人丁不征收钱粮，编审时止将实数查时造报。

　　雍正元年（1723）九月直隶巡抚李维钧奏，请将丁银摊入田粮，部议应如所请。惟丁随地起以后，丁额与赋额无关，编审自可不必。后来论者多谓户口无确数，实摊丁于地之为弊，不知初虽丁摊于地，编审之法未改；停止不审始雍正四年（1726）直隶总督李绂改编审行保甲一疏。（道光二十九年，1849，全国人口 412,986,649）

　　雍正二年（1724）六月山西布政使高成龄奏，州县耗羡银两，自当提解司库，以凭大吏酌量分给，均得养廉，而免分派州县，借端科索。

36. 雍正之初政

　　世宗即位在康熙六十一年（1722）十一月二十日，十二月初七日停止直省将军督抚提镇等官贡献方物，十三日诏直省仓库亏空限三年补足，逾限治罪。圣祖在位六十一年政事务为宽大，不肖官吏恒恃包荒任意亏欠，上官亦曲相容隐，勒限追补视为故事，世宗深悉其弊，综核名实一清积弊，亦未尝立予惩治，自能洞见外省情伪，此政治一大刷新。

　　世宗雍正元年（1723）元旦颁谕旨训饬督抚提镇，文吏至守令，武将至参游，凡十一道各就其职掌而申儆之。世宗申儆各官以吏治民生为首，嗣后逐事申儆皆尽情伪。雍正一朝硃批奏折、上谕八旗、上谕内阁，皆刻成巨帙，其未刻者不知凡几，自古勤政之君未有及世宗者，谕旨批答，皆非臣下所能代。世宗初政精核如此，久而不衰，又是一种气象，虽多所责难，并不轻于戮辱，亦未视朝士皆出其下，予智自雄，较之高宗尚

为远胜。至其深刻惨毒,惟对继统一事有所讦发,或有意居功要挟之人,天资自非长厚。然极力爱名。至其英明勤奋,实为人所难及,从初政可以概见十三年全量者也。

37. 清世宗批评明太祖

《东华录》雍正五年十一月壬戌:"谕:朕览明太祖所著《洪武宝训》一书,词义周详,诰诫谆切,所以教其子孙臣庶者亦费苦心。但明太祖起自布衣,奄有天下,虽资性过人,而其识见尚局于卑隘,其规模未臻于广大。盖缘文过其实,言行多不能相符,而议论自相矛盾者有之。朕观尧舜授受心法,惟有一中,治世之道必事事合乎时中,始为至善。……"

1951.6.15

38. 雍正与阎若璩

李元度《清朝先正事略》卷三十二《阎百诗先生事略》:"世宗皇帝在潜邸闻其名,手书延至京师,……康熙四十三年(1704,甲申)六月卒,年六十有九,世宗遣官经纪其丧。亲制挽诗四章,有'三千里路为予来'之句。……"

赵执信《阎先生若璩墓志铭》(《碑传集》卷一三一):"岁在癸未(康熙四十二年,1703)……明年(康熙四十三年,1704),皇四子以书币礼致之,先生力疾赴,至都中则相待厚甚,逾于宾友。……而先生不起矣,时康熙四十三年甲申六月八日,年六十有九。"(9 页)

39. 康熙的幼年

顺治十一年(1654)。

母孝康皇后佟氏,佟图赖女。图赖原名佟盛年,为佟养真子,原隶汉军镶黄旗,实汉人,以后故抬入满洲旗。孝康后,康熙时称慈和太后。

康熙儿时育于宫外。《圣祖仁皇帝御制文集》康熙六十年谕:"钦维世祖章皇帝因朕幼年未经出痘,令保母护视于紫禁城外,父母膝下未得一日承欢。"《孝陵告祭文》:"伏念臣昔在冲龄,时防出痘,遂依保姆居于禁外,父母膝下未承一日之欢。"

康熙儿时,住居西华门福佑寺。寺在西华门北,街东(《日下旧闻考》),前有"泽流九有"牌坊,俗称雨神庙(俞正燮《癸巳存稿》九),即今北长街北头路东班禅办事处。俞氏系据《恩复堂笔记》。

康熙乳母姓瓜尔佳氏,于康熙三十八年(1699)死,封保圣夫人,见王氏康熙《东华录》六十四,闰七月壬子。其人应即保护康熙住居禁外之人。

世传曹   妻①,李煦之姊,为康熙乳母,盖非正式乳母,乃帮贴乳母,当时乳母不止一人,而一人为正。曹氏、李氏子弟即哈哈珠子(使唤小子)之流,故甚亲近。

40. 康熙的时代所处

1. 正当 1640 年英国革命后,资本主义发生,新生产工具、生产关系出现,生产发展时期。当然这一风暴没有直接达到东方。

老殖民主义的西班牙、葡萄牙(1640 年分为二国)已走下坡路,英国、荷兰日益野心勃勃,特别是本国革命以后。当然他们的重点还在东南亚。然而对中国有很大野心。帝俄已由西伯利亚向南发展,到达中国边疆。

法国在路易十四后(首相玛萨兰死后)国力渐渐恢复,鉴于葡萄牙在东方的活跃,又见罗马教皇派遣来华的传教士耶稣会士减衰,于是乘机派法国耶稣士东来活动。

2. 在中国:他亲政时(1669)

正当长期农民战争(十八九年的张李起义)结束二十多年之后,渴望生产。

正当进入封建社会不久的满洲族入关二十多年之后,渴望建设。

正当中国境内中央政权还不巩固时候,要求统一。

正当中国资本主义萌芽在国内出现。

---

① 编者注:原缺。当作"曹玺"。

41. 康熙的时代在历史上的地位

康熙帝(1654—1722)

清军入关后第二个皇帝

清朝统一中国的第一个皇帝

就中国史看是中国史上作皇帝最久的第一个人

汉武帝作了 54 年(前 140—前 87)

梁武帝作了 48 年(502—549)

唐玄宗作了 45 年(712—756)

宋仁宗作了 41 年(1023—1063)

宋理宗作了 40 年(1225—1264)

明神宗作了 48 年(1573—1620)

辽圣宗作了 49 年(983—1031)

清圣祖作了 61 年(1662—1722)

清高宗作了 60 年(1736—1795),又作太上皇 4 年(1796—1799),
共 64 年。

就世界史看,是当时国际上有名的四个统治者之一:

法国　路易十四世,1638 年生,1643 年即位(五岁,有摄政),
1715 死(年 77)。

帝俄　彼得大帝,1672 年生,1682 年即位(十岁,有摄政),1725
死(年 53)。

教皇　格勒门得十一世

这四个人都有过交涉:

康熙二十八年(1689)中俄《尼布楚条约》。

康熙二十七年(1688)法国派教士团到北京,通过教士,中法互赠
书籍,皇帝画像。

康熙四十四年、五十九年(1705、1720),教皇两次派使来华交涉
教徒礼仪问题。

以上还是一般措施和改革。

至于历年的赈贷、蠲免、免差徭、禁吏治,更是历代皇帝所常作的
(详见《圣祖圣训》《熙朝纪政》),我想就不多谈了。

只想谈谈康熙亲政五十四年中的在历史上重大业绩。其他帝王没作过的,想到了五点:

1. 完成统一
2. 保证国境的安全
3. 滋生人丁永不加赋
4. 治河通漕
5. 维护人民习俗

42. 康熙在政治上的措施

满洲入关后,对明末的秕政,有很多的改革,但也有为人民所痛心疾首的,到了康熙亲政以后,又经加以改革。如圈地,始于顺治元年,至康熙五年辅政时间又有拨换,康熙亲政后,康熙八年(1669)永停。

督捕逃人事例及督捕衙门在顺治十一年、十五年犹时见记载,康熙时已不见,知逃人已少、事例已废。

北方试种水田　康熙四十五年(1706)在直隶。

塞外开垦　康熙四十六年(1707)在热河。

主张足民、养民(《圣训》二一、二二)、便民(仝二一)、益民(仝二二),反对累民、劳民、扰民(二一)。

我们为什么都知道有个康熙?因为他不是一个普通的封建皇帝,而在历史上有他的一定的地位。

所以先谈他的历史上地位。

一、康熙在历史上的地位

二、康熙在历史上的重大业绩

康熙随时留心

康熙的好学

康熙的为人

1. 完成统一
   (1)平三藩
   (2)平郑氏

43. 康熙的完成统一　平三藩　平郑氏

康熙亲政时(八年,1669),满洲贵族入关已有 26 年,但是在中国境内政权还不统一。云南、贵州、广西、广东、福建,虽在清朝统治下,但云贵有平西王吴三桂,他自己定关税办法征收税款,把持盐井、金矿、铜矿、派官与各地贸易,或给资令商人贸易,称为"藩本",他自己任用官吏,称为"西选",专制滇中十余年。他部下侵占民田。

广东有平南王尚可喜,他儿子尚之信令部下私充盐商设立总店。

福建有靖南王耿精忠横征盐课,苛派夫役,勒索银米。

(王,康熙《东华录》27,二十年二月甲午)

康熙十二年(1673),十一月吴三桂反。云、贵、川、桂、湘、陕。

十三年(1674),三月耿精忠反。闽、浙东。

十四年(1675),二月尚之信应吴。粤。

十七年(1678),三月吴三桂,八月死。

二十年(1681),十一月吴世璠自杀。

三藩之乱 1673—1681 凡八整年的战争才平定。

初起声势甚大,许多廷臣不主征讨,康熙决定讨伐。

康熙的重大措施。

康熙的留心闻见、实践。

44. 康熙在国际间不愿战争

图理琛《异域录》:"……于康熙五十一年(1712)四月二十二日恭请圣训,奉旨:尔等到彼(土尔扈特、阿玉奇汗)……彼若言欲会同夹攻相图策旺拉布坦尔等,断不可应允。但言策旺拉布坦……虽其势力单弱穷迫已极,我主断不征伐,此事甚大,我等未便允。尔虽将此事奏请皇上,以我等思之,我皇上但愿天下生灵各享升平,断无摇撼策旺拉布坦之意,此事我等可保。……"(《丛书集成》本,1—2 页)

此事不见于王氏《东华录》。策旺拉布坦前后不同。

《早期中俄关系史》,第九章:"(伊兹玛依洛夫)他出使中国是在 1719 年3 月 30 日……(83 页),……伊兹玛依洛夫在北京逗留了三个月以上,即由

1720 年 11 月 18 日至 1721 年 3 月 2 日。在他停留的期间,中国皇帝接见过他十几次……(89 页),……在 12 月 2 日的一次个人非正式觐见中,中国皇帝表示……并且也声明俄国和中国之间决不可能发生战争(90 页)……。"注引陈复光《有清一代之中俄关系》51 页:"(康熙言)且我两国无必争之理,俄国为严寒窎远之国家,朕如派兵前往,必致全军复没,且纵有所获,于朕究有何益?俄国君主亦同。"(91 页)1720,康熙五十九年。

此事不见于《东华录》,不知陈氏所据。王氏《东华录·康熙一百七》,康熙六十年三月乙丑谕大学士等,有"今年鄂罗斯来朝"之语(3 页下),当即其事。

45. 康熙的治河

《圣祖仁皇帝圣训》卷三十三、三十四,《治河》:

"朕素知河道最难料理,从古治河之法,朕自十四岁即翻复详考。"(三十三卷,3 页上,康熙二十七年戊辰[1688]五月癸酉)

康熙六年圣祖年十四。其时初亲政,尚有辅臣。

"运道之患在黄河,御河全凭堤岸。"(三三,1 页下,二十三年,1684,10 辛亥)

当时尚只知护堤。

"康熙二十五年(1686)七月丙戌,上谕工部侍郎孙在丰曰:朕前因巡幸江南,见高邮、宝应等七州县积水汪洋,民罹昏垫,朕甚悯之。应行开浚下河,疏通海口,俾水有所归,民间始得耕种。"(三三,2 页上)

当时已知疏通海口。

康熙二十七年(1688)四月庚申,上谕张玉书等:"至靳辅言黄河沙底渐高,此断不可信。譬之盆内贮水,遇风尚且溢出,使黄河沙底果高,一有风涛,其有不漫溢横流,决堤溃岸者乎?"(三三,2 页下)

当时尚不信淤沙之说。

康熙三十三年(1694)正月己未,上谕大学士等:"……朕思海口为黄河入海之路,海口水势迅急,方能刷沙,河水乃得顺流,此为紧要所当疏浚者也。"(三三,3 页下)

当时已知水急可以刷沙,仍先浚海口。

康熙三十七年(1698)七月议开浚下河,十二月辛丑朔,上谕大学士等

曰:"总之,上流既理,则下流自治矣。"(三三,4页下)

康熙三十八年(1699)三月,上巡视高家堰等堤,谕大学士等曰:"……治水上策,惟以深浚河身为要,……不治其源,徒治下流,终无益也。"(三三,5页上)

又:"再河流不迅急,无以刷去河底之沙,朕详加咨访,河直则溜自急,溜急则沙自刷,而河自深。"(仝)"宜于清口西数湾处试浚直。"

又:"朕念河道,国计民生攸关,亲行巡幸,由运河一带以至徐州迤南,细加看阅,见黄河底高湾多,以至各处受险,……若治河仅筑堤防,不将黄河刷深,终属无益。……朕欲将黄河各险工顶溜湾处开直,使水直行刷沙;……如此刷去,则水由地中而行,各坝亦可不用……"(三三,5页上)

康熙三十七八年治河已注意深浚河身,河湾浚直。

康熙三十八年(1699)十二月壬午,上曰:"今永定河虽小,仿佛黄水,欲以水力刷浚之法试之,使河底得深。十月间往视之时,曾谕李光地等,令将河身束之使狭,坚筑两边堤岸,若永定河行之有效,即将此法用之黄河,否则另当设法,安可轻举。"(三三,6页下)

康熙四十一年(1702)九月河道总督张鹏翮请于桃源县烟墩北岸邵家庄开挑引河,建筑草坝,以分水势。上谕大学士等曰:"即照所题行。朕观永定河修筑之法甚善,河身直,河底深,所以淤沙皆冲刷,今治黄河亦用此法,方为有益。"(三四,1页上)

当时颇开挑引河,如颜家庄、陶庄等,康熙以为"所开陶庄引河甚善"。(三四,1页上)

康熙四十四年(1705)二月上巡视河工,闰四月幸高家堰,遍阅河堤,癸卯幸惠济祠阅视毕,谕大学士诸大臣及河臣等曰:"朕每至河上,必到惠济祠以观水势。康熙三十八年(1699)以前,黄水泛滥,凡尔等所立之地,皆黄水也。彼时自舟中望之,水与岸平,岸之四围,皆可遥见。其后水渐归河,岸高于水,今则岸之去水,又高丈余,清水畅流逼黄,竟抵北岸,黄流仅成一线。观此形势,朕之河工大成矣。朕心甚为快然也。"(三四,2页下)

据此,治黄在康熙四十四年(1705)为一阶段。

康熙三十七年(1698)黄淮并涨,此云三十八年以前,当指其事。(三四,1页下)

1962.9.20

46. 清代治河的特点

康熙治河的特点(待正)

明　潘季驯"束水归漕"

清　靳辅"属浚于筑"筑堤刷沙

康熙　坚筑堤防　深浚河身　河湾浚直　急流刷沙

后来总结成:"筑高培厚"、"裁湾取直"。

康熙治河成功的原因(参考《圣祖圣训》):

1. 不征调民工

2. 河工费用作正开支(卷三三,6页上)　不惜费(三四,1页下)奖励廉勤(三五,3页上)　钱粮实用于河工(三四,2页上)

3. 用人专(三四,1页下)

4. 多研究　以永定河作试验(三三,6页下)　作木模型研究(三三,6页下)　亲自视察　问群臣　问淮扬人(三三,6页下)　问土民

康熙治河是有成绩的,但他还不知防止水土流失,也不懂修建水库。

47. 康熙帝的好学

余金《熙朝新语》卷一:"康熙初,孙苣瞻在丰为侍讲学士时尝言,圣祖勤学,前古所无。坐处环列皆书籍,尤好性理五经四书。所坐室中,颜曰'敬天',左曰'以爱己之心爱人',右曰'以责人之心责己'。皆御笔自书。……"(道光刻本,1页)

48. 康熙的随时询问改正

《圣祖仁皇帝圣训》卷二十一,康熙二十三年癸亥(1683):"九月戊子,上奉太皇太后幸五台,途次遇村民负米豆等物,询之,云:备临幸之用。随传谕大学士等曰:太皇太后驾临五台,一切应用之物皆出内帑预备,原无丝毫取给小民,此所备物件何处应用,可察明具奏。随询五台知县,赵继晋及村民等皆云:五台地方偏僻,恐物用不敷,故给价小民,令预备以待用,原非出于

科派。上曰：一切物用，内廷既备，此后不必再行赍送。可传谕直隶山西沿途官民知之。"（石印小字本，3页下）

　　　　贵在沿途注意随时查询，即行宣示。

1962.9.19

49. 康熙的留心闻见

《圣祖仁皇帝圣训》卷二十一《恤民》："康熙二十八年（1689）己巳，二月乙卯，上巡幸浙江，自杭州回銮，舟泊石门镇，谕扈从部院诸大臣曰：……又夙闻东南巨商大贾，号称辐辏，今朕行历吴越州郡，察其市肆懋迁，多系晋省之人，而土著者盖寡。良由晋风多俭，积累易饶，南人习俗奢靡，家无储蓄，目前经营，仅供朝夕，一遇水旱不登，则民生将至坐困，苟不变易陋俗，何以致家计人足之风！……"（石印小字本，5页下）

　　　　理由不一定是，而留意至商人多山西人，可见其随时留心。

（康熙二十一年［1682］十二月甲申）户部会同内务府议山海关外大凌河地方展拓牧场事宜。上问曰：尔等所看牧地内有民田否？管牧御马侍卫马锡奏曰：圈内亦有民田。上曰：民居村落若何？可有坟茔否？马锡奏曰：每村或十数家或二三十家，共有六十余村，居住年久亦有坟茔。上曰：小民居住年久，邱墓已成，今若圈为牧场遽令迁移，必致失所，朕心不忍，应将民地尽行开除。（《东》，康30，18页）

1962.9.19

50. 康熙帝重实证

余金《熙朝新语》卷四："圣祖谕大学士等曰，书册所载，有不可尽信者，如……。又云：囊萤读书，朕曾取百枚盛以大囊照书，字画竟不能辨，此书之不可尽信者。"（2页连下）

《东华录·康熙一百七》作"朕曾于热河取萤数百"。（3页下）

　　　　囊萤照书见《晋书》，车胤夏月则练囊盛数十萤火以照书。

又："亦有似乎荒谬而竟实有其事者，东方朔记北方有层冰千尺，冬夏不消。今年鄂罗斯来朝，云其地去北极二十度以上，名为冰海，坚冰凝结，人不能至。始知东方朔所云不谬。"（2页）

此条无年月,不知"今年"所指。上一条为康熙三十九年(1700)事,下一条为康熙五十四年(1715)事。俄罗斯遣使始康熙十五年(1676)五月五日丙戌,见《圣祖实录》卷六一。康熙四十四年(1705)十一月鄂罗斯贸易来使。此条见康熙六十年三月《东华录》(一百七,3页下)。

《熙朝新语》卷六:"康熙甲申(四十三年,1704)四月命侍卫拉锡等探视河源。初四日南京起程,五月十三日至青海,……自星宿海于六月十一日回程。……"(19—20页)

又卷七:"康熙十六年(丁巳,1677)四月十五日内大臣觉罗武□,……奉上谕,长白山系本朝发祥之地,今乃无确知之人,尔等四人前赴镇守兀喇地方将军处,选取识路之人往看明白,以使酌量行礼,钦此。钦遵,于五月初四日起行,八月二十一日回京复命,疏称……"(10页)

《圣祖仁皇帝圣训》卷二十一《恤民》:"康熙三十二年癸酉(1693)六月庚子,上谕大学士等曰:……朕幸江南……曾见舟中满载豚毛鸡毛,问其故,曰福建稻田以山泉灌之,泉水寒凉,用此则禾苗茂盛,亦得早熟。朕记此言,将玉泉山泉水所灌稻田亦照此法,果早熟丰收。江浙稻田,俱池中蓄水灌之,池水不寒,所以不用此也。"(石印小字本,6页下)

又卷三十,康熙四十六年丁亥(1707):"上谕大学士等曰:边外地广人稀,自古以来,无从开垦。朕数年前,避暑塞外,令开垦种植,见禾苗有高七八尺,穗长一尺五寸者。今年南巡,曾以语张鹏翮,伊未敢深信。近值边外收获之时,命特取数本驿送总漕桑额,转送张鹏翮矣。"(石印小字本,4页上)

1962.9.17 北京

51. 康熙论靳辅

余金《熙朝新语》卷四:"康熙二十七年(戊辰,1688)圣祖谕大学士曰:近来议论靳辅者甚多,靳辅为总河有年,挑河筑堤,漕运并未迟误,谓之毫无效力不可;但屯田下河之事,亦难逃罪。即欲置之重典,亦须留七八年。朕曾阅《河防一览》,于治河洞悉,凡事皆虑永久等谕。于是浮议始息。"(5页)

52. 康熙不偏袒满人与权势

(康熙二十一年[1682]七月己酉)"谕吏部:……近闻直隶各省地方,多有绅衿势要土棍豪强及旗下凶恶人员并庄头等,纵暴恣行,武断乡曲,有司畏威而不敢问,大吏徇隐而不能纠,非特遣大臣巡察难以祛除积弊,直隶为畿辅重地,尤宜首先澄清。……"(《东》,康30,1页)

　　(康熙21年12月甲申)户部会同内务府议山海关外大凌河地方展招牧场事宜。上问曰:尔等所看牧地内有民田否? 管牧御马侍卫马锡奏曰:圈内亦有民田。上曰:民居村落若何? 可有坟茔否? 马锡奏曰:每村或十数家或二·三十家,共有六十余村,居住年久亦有坟茔。上曰:小民居住年久,邱墓已成,今若圈为牧场遽令迁移,必致失所,朕心不忍,应将民地尽行开除。(东,康30,18)

1961.5.8

53. 康熙时旗人与县民争煤窑

　　《清史列传》一《宗室王公传》一《礼亲王代善传》附《康良亲王杰书传》:"(康熙)二十四年(乙丑,1685)十二月,顺天府丞王维珍以旗人与房山县民争煤窑,自恃康王府差委,鼓众闹堂肆诉状,疏闻,下部逮究,旗人四舒、华善辱詈职官,俱拟枷责。上嘉(王)维珍无所瞻顾,下部议叙。谕阁臣曰:'旗下恶棍,干预词讼,久经严禁,四舒等挟制官司,横肆诟詈,情殊可恶,再加严审治罪,其主一并察议。'大学士勒德洪奏,其主即康亲王杰书。上曰:'朕止论事之是非,不论其为何人也。'于是法司覆勘,四舒论斩,华善论绞,王府护卫及管煤官降罚有差,王(杰书)坐失察,罚俸如例。"(7页)

　　杰书为代善之孙,祜塞之子,为康熙之堂兄。康熙十三年(1674)六月曾授奉命大将军讨耿精忠。十九年(1680)十月还京,康熙率王大臣至卢沟桥迎劳。十九年(1680)十一月命预议政。当时为最有权势之亲王。

　　四舒初拟枷责,科罚极轻,可见刑部之畏惧旗人。1685康熙年三十二岁。

　　此事见《圣祖仁皇帝圣训》卷二十五,"四舒"作"史书",原拟枷一月,鞭一百。

1962.9.12

54. 康熙的政治意见

《圣祖仁皇帝圣训》：

"凡事得中为善,不可太过,亦不可不及。"（卷二十三,5 页下,康熙四十年辛巳［1701］三月壬辰,上曰……）

"处世惟求得中。"（卷二十三,6 页上,四十年十月己巳）

"凡事须豫为之备。"（卷二十七,3 页下,四十八年己丑,1709,十一月丙子,上谕大学士等）

"朕意养民之道,亦在相地区处而已。"（卷二十二,6 页上,五十五年丙申,1716,三月壬午上谕）

　　　　得中,预为之备,相地区处。

"内地之田,虽在丰年,每亩只收一二石,若边外之田所获更倍之,可见地方不同,然人力亦不可不尽也。"（卷三十,4 页上,四十六年丁亥,1707,四月癸巳上谕）

　　　　人力不可不尽。

"收获多寡,虽由人力,亦赖雨泽及时耳。"（卷三十,2 页下,三十一年壬申,1692,二月丙戌上谕）

　　　　人力亦赖雨泽。

55. 康熙不迷信蝗虫

《圣祖仁皇帝圣训》卷二十一,康熙三十三年甲戌（1694）四月庚辰:"上谕大学士等曰:……朕以去岁雨水霪潦,立春稍旱,蝗种必致为灾,故谕直隶、山东、河南等处地方官,传谕民间,早耕田地,将蝗种掩埋,则后患可除。今已立夏,或有余蝗遗种,渐渐长成,致害田稼,亦未可知。村庄愚民,往往以蝗不可捕,待其自去。此等愚昧之言,尤宜禁止。捕蝗弭灾,全恃人力,今差户部司官一员宣谕直隶、山东巡抚,令各州县官员,凡有蝗出,即亲至其地,率民掩捕,无使为灾,再传谕河南、山西、陕西等处地方,咸使知悉,一体遵行。"（石印小字本,6 页下）

56. 康熙时禁工匠包揽买铜

《东华录》康熙十八年十月丙寅："户部等衙门会议钱法十二条：……五、宝泉、宝源二局炉头匠役，包揽买交者枷责，并妻子流尚阳堡，官员徇庇者革职。"

案，此指买铜而言。

57. 康熙时治河

王氏康熙《东华录》三十四，康熙二十三年："冬十月……辛亥，……上临阅黄河北岸诸险工，谕河道总督靳辅曰：'朕向来留心河务，每在宫中细览河防诸书，及尔屡年所进河图与险工决口诸地名，时加探讨，……'"

《清史稿》列传六十六《靳辅传》："（康熙）三十年，王新命坐事罢，上曰：朕听政后，以三藩及河务、漕运为三大事，书宫中柱上，河务不得其人，必误漕运。"

王氏《东华录》（《康熙四十九》），康熙三十一年："二月辛巳朔，……上谕大学士等：朕听政以来，以三藩及河务、漕运为三大事，夙夜廑念，曾书而悬之宫中柱上，至今尚存，倘河务不得其人，一时漕运有误，关系非轻。董讷为人性刻，恐其偾事。靳辅熟练河务，及其未甚老迈，用之管理，亦得舒数载之虑。"

58. 清代黄河之大改道

《清史稿·河渠志一·黄河》："自明崇祯末，李自成决河灌汴梁，其后屡塞屡决。顺治元年（1644）夏，黄河自复故道：由开封经兰仪、商虞，迄曹、单、砀山、丰、沛、萧、徐州、灵璧、睢宁、邳、宿迁、桃源，东径清河，与淮合，历云梯关入海。"

又："（乾隆）十八年（1753）……九月，决铜山。……是冬河塞。方铜山之始决也，下廷议，吏部尚书孙嘉淦独主开减河，引水入大清河。……上虑形势隔碍，不能用。"

又："（咸丰）五年（1855）六月，决兰阳铜瓦厢，夺溜由长垣、东明，至张秋，穿运注大清河入海，正河断流。"

1947. 11. 28

59. 清代以前之治河

《清史稿》六十六《杨方兴传》："（顺治）九年，……给事中许作梅，御史杨世学、陈棐交章请勘九河故道，导河北流入海。（杨）方兴言：'河古今同患，而治河古今异宜。宋以前治河，但令赴海有路，可南亦可北。元、明迄我清，东南漕运，自清口迄董家口二百余里，藉河为转输，河可南必不可北。若欲寻禹旧迹，导河北行，无论漕运不通，恐决出之水东西奔荡，不可收拾。势须别筑数千里长堤，较之增卑培薄，难易显然。且河挟沙以行，束之为一，则水急沙流；播之为九，则水缓沙壅。数年后，河仍他徙，何以济运？'"

又《传·论》："论曰：明治河诸臣，推潘季驯为最，盖借黄以济运，又借淮以刷黄，固非束水攻沙不可也。（杨）方兴、（朱）之锡皆守其成法，而辅尤以是底绩。辅八疏以浚下流为第一，节费不得已而议减水。（于）成龙主治海口，及躬其任，仍不废减水策。"

1947.11.30

60. 崔维雅治河策

《清史稿》六十六《朱之锡传》附《崔维雅传》："崔维雅，字大醇，直隶大名人。……康熙元年，……擢河南河道副使。……桃源七里沟河屡塞屡决，（河道总督王）光裕檄维雅往勘，维雅言引河浅狭，流缓沙停，激荡无力，宜令河头加宽阔，使足翕受全河，又待河水突涨，乃使开放，建瓴直下。……光裕悉用其议。……维雅治河主疏导引河，使水有所归，故屡有功而后不为患。当靳辅兴大工时，维雅奏上所著《河防刍议》、《两河治略》，并诋諆辅所行诸法，列二十四事难之。辅疏辨，谓维雅说不可行，寝其议。"

61. 靳辅治河八疏

《史稿》传六六《靳辅传》："靳辅，字紫垣，汉军镶黄旗人。……（康熙）十六年，授河道总督。时河道久不治，归仁堤、王家营、邢家口、古沟、翟家坝等处先后溃溢，高家堰决三十余处，淮水全入运河，黄水逆上至清水潭，浸淫四出。砀山以东两岸决口数十处，下河七州县淹为大泽，清口涸为陆地。辅到官，周度形势，博采舆论，为八疏同日上之：<u>首议疏下流</u>，自清江浦至云梯关，<u>于河身两旁离水三丈，各挑引河一道</u>，俟黄、淮下注，新旧河合为一，即以所挑土筑两岸大堤。……<u>次议治上流淤垫</u>。……于小河两旁离水二十丈，各挑引河一道，<u>分头冲洗</u>。<u>次议培修</u>七里墩、武家墩、高家墩、高良涧至周桥闸临湖残缺堤岸，<u>下筑坦坡，使水至平浸而上</u>，顺缩而下，不至怒激崩冲。堤一尺，坦坡五尺，夯杆坚实，种草其上。次议塞黄、淮各处决口，……求筑土御水之法，宜密下排桩，多加板缆，用蒲包裹土，麻绳缚而填之。……次议闭通济闸，浚清口至清水潭运河二百三十里，以所挑之土倾东西两堤之外，西堤筑为坦坡，东堤加培坚厚。次议规划经费。……次议裁并冗员，明定职守，并严河工处分。……次议工竣后，设河兵守堤。……疏入，下廷议，以方军兴（吴三桂）……召募扰民，应先择要修筑。上命辅熟筹。"

1947.11.28

62. 陈潢治河策

《史稿》六十六《靳辅传》："（康熙）二十七年春，给事中刘楷，御史郭琇、陆祖修交章论（靳）辅，琇辞连幕客陈潢。……辅……引咎坐罢，……陈潢亦坐谴。……三十一年，王新命坐事罢，上曰：'朕听政后，以三藩及河务、漕运为三大事，书宫中柱上。河务不得其人，必误漕运。及辅未甚老而用之，亦得纾数年之虑。'令仍为河道总督。……辅别疏请复陈潢官，并起用熊一潇、达奇纳、赵吉士。"（时潢已卒）

又附《陈潢传》："陈潢，字天一，浙江钱塘人。负才久不遇，过邯郸吕祖祠，题诗壁间，语豪迈。辅见而异焉，踪迹得之，引为幕客，甚相得。凡辅所建白，多自潢发之。康熙二十三年，上巡河，问辅：'孰为汝佐？'以潢对。……潢佐治河，主顺河性而利导之，有所患必推其致患之由；工主核实，料主豫备，而估计不当过省，省则速败，所费较所省尤大；慎固堤防，主潘季驯束水刷沙之说，尤以减水坝为要务；有溃决，先固两旁，不使日扩，乃修复故道，而疏引河以注之；河流今昔形势不同，无一劳永逸之策，在时时谨小慎微，而尤重在河员之久任。张霭生采潢所论，次为《治河述言》十二篇。高宗以霭生《河图》能得真源，命采其书入《四库》，与（靳）辅《治河奏绩》并列。"

1947.11.28

63. 康熙南巡与视河

《清史稿》传六十六《靳辅传》："（康熙）三十年……上曰：'朕听政后，以三藩及河务、漕运为三大事，书宫中柱上。'"

《清史稿》本纪七《圣祖本纪二》："（康熙）二十三年……二月……乙丑，给事中王承祖疏请东巡，命查典礼以闻。……九月……丁亥，诏南巡，所过，赐复一年。辛卯，上启銮。"

又："（康熙二十三年）冬十月壬寅，上次泰安，……辛亥，次桃源，阅河工，慰劳役夫，戒河吏勿侵渔。临时天妃闸，与河臣靳辅论治河方略。壬子，上渡淮。甲寅，次高邮湖，登岸行十余里，询耆老疾苦。……十一月壬戌朔，驻江宁。……乙丑，回銮。……丁卯，命伊桑阿、萨穆哈视察海口。谕曰：海口沙淤年久，遂至壅塞，必将水道疏通，始免昏垫，即多用经费亦所不惜。辛未，临阅高家堰。……庚寅，上还京。"

此为第一次，自康熙二十三年九月辛卯至十一月庚寅，凡六十日。最南至南京。圣祖有《南巡笔记》见《御制文二集》。

《清史稿》纪七《圣祖本纪二》："（康熙）二十八年，己巳春正月庚午，诏南巡，临阅河工。丙子，启銮。……甲申，上驻济南。乙酉望，祀泰山。庚寅，次剡城，阅中河。壬辰，次清河。……乙未，上驻扬州。……二月，上驻苏州。丁未，驻杭州。……辛亥，渡钱塘江至会稽山麓。壬子，祭禹陵。……癸丑，上还驻杭州。……癸亥上还驻驿江宁。……三月戊辰朔，发江陵。甲戌阅高家堰，指授治河方略。丙戌，上还京。"

此为第二次，自康熙二十八年正月丙子至三月丙戌，凡七十一日。最南至会稽。

《清史稿》纪七《圣祖本纪二》："（康熙）三十八年己卯春正月辛卯，诏朕将南巡，察阅河工。一切供亿由京备办。……二月……癸卯，上奉皇太后（孝惠章皇后，非圣祖生母）南巡，启銮。……三月庚午，上次清口，奉皇太后渡河。辛未，上御小舟临阅高家堰、归仁堤、烂泥浅等工。……壬申，上阅黄河堤。……丙子，车驾驻扬州。……癸未，车驾次苏州。辛卯，车驾驻杭州。……戊戌，上奉皇太后回銮。夏四月……丙寅，渡黄河，上乘小舟阅新埽。五月辛未，次仲家闸，……乙酉，上奉皇太后还宫。"

此为第三次，自康熙三十八年二月癸卯至五月乙酉，凡一百〇三日。最南至杭州。参看《燕下乡脞录》。

《清史稿》纪八《圣祖本纪三》："（康熙）四十二年癸未春正月，……壬戌，上南巡阅河。……庚午，次济南。……壬申，次泰安，登泰山。……二月丁丑，……阅宿迁堤工。己卯，自桃源登舟，遍阅河堤。甲申，渡江，登金山。丙戌，次苏州。……庚寅，上驻杭州。……辛丑，次江宁（回銮）。三月戊申，上阅高家堰、翟家坝堤工。己酉，上阅黄河南龙窝、烟墩等堤。庚申，上还京。"

此为第四次。自康熙四十二年正月壬戌至三月庚申，凡五十九日。最南至杭州。

《清史稿》纪八《圣祖本纪三》："（康熙）四十四年乙酉，……二月……癸酉，上南巡阅河。……壬午，次静海，……三月……乙巳，上驻扬州，授河臣张鹏翮方略。辛亥，上驻苏州。……夏四月丙寅，上驻杭州。……乙酉，上驻江宁。闰四月癸卯，上阅高家堰堤工。辛酉，上还京。"

此为第五次。《本纪》太略，应与《东华录》参订。此次自康熙四十四年二月至闰四月辛酉，凡　日。

《清史稿》纪八《圣祖本纪三》："（康熙）四十六年丁亥春正月丁卯，诏南巡阅河。往返舟楫，不御室庐。……戊戌，次台庄。……癸卯，上阅淄套，由清口登陆，如曹家庙，见地势毗连山岭，不可疏凿，而河道所经直民庐舍坟墓悉当毁坏，诘责张鹏翮等，遂罢其役。……命别勘视天然坝以下河道。三月己未，上驻江宁。乙巳，上驻苏州。夏四月甲申，上驻杭州。……五月壬子朔，上次山阳示河臣方略。癸酉，上还京。"

此为第六次。自康熙四十六年正月　至五月癸酉，凡一百　。

参看金兆丰《清史大纲》235—238页。

1947.11.30

64. 运河

傅泽洪《行水金鉴》卷一四三

《运河水》引《河防志》："前代海运，有风涛之险。由黄河转运，则逆流而上，经吕梁洪至镇口三百余里，不胜艰阻，而运道之兴废，聚议梦如。我皇上（指康熙）睿谟周详，区划尽善。辟清口，浚中河，以利运道。江南、浙江、江西、湖广等省之漕运，于水次受兑后，依限开帮，经长江，进瓜仪，入扬州运

河,衔尾过淮,俱出清口,进中河,由山东泇河,历济宁、东昌、临清、德州、天津,以达通州,俱从运河利涉。"(2059页)

潞河 "通州、香河、武清三州县运河,其北自白河、富河在通州城北石坝处合流,四十里许至张家湾而通惠、桑干诸河入焉。南流至天津出海。所谓潞河也,亦称白河。自通州石坝起,至天津卫交界止,计程三百四十二里。"(2059页)

卫河 "天津运河,南自山东临清州卫水与汶水合流,而北至天津会潞河入海。故亦名卫河。北自武清县交界三岔河起,南至东岸南皮县交界,两岸交河县交界白杨桥止,历天津卫、静海、霸州、青县、沧州,所辖共计程三百四十五里八分。"(2063—2064页)

"交河、南皮、东光、吴桥、景州五州县河道,北自天津卫交界白洋桥起,南至山东德州卫交界王一坟止,计程一百八十四里。"(2065页)

下河 "北自直隶河间府吴桥县交界德州卫降民口铺起,南至临清州界盐店北半壁店止,计程三百二十七里,三百零一步。"(2066页)

上河 "北自直隶广平府清河县界临清州盐店起,南至兖州府阳谷县界官窑口铺止,计程共一百七十七里,设闸九座。"(2069页)

卷一四四

张秋河 "北自阳谷县官窑口接东昌府聊城县河道南界起,南至东平州靳家口,上接汶上县河道北界止,计程一百五十五里,设石闸九座。"(2081页)

卷一四五

南旺南河 "南旺南河。北自汶上县袁家口闸迤北东平州交界起,南至鱼台县辛庄桥王家口止,计程共二百七十五里一百八十步。设闸十九座。"(2090页)

卷一百四十八

泇河 "泇河历沛、滕、峄三县,计程一百九十六里,共闸十一座。"

"泇河通判所辖河道,则北自王家口起,至黄林庄,计一百九十六里。"(2129页)

卷一百四十九

邳州运河 "上自山东峄县交界黄林庄起,下至宿迁县交界窑湾口止,计程一百二十里。"(2139页)

宿桃中河 "宿桃中河通判所辖运河,上自宿迁境内张庄运口起,下至

桃清交界三岔止,计程一百四十里零。"(2145页)

安清中河　"安清中河通判所辖清河县运河,上自桃源县交界三岔起,下至清河县西三里许黄河口门止,计程一十七里(?)。"(2148页)

卷百五十

里河　"北自清口山清外河交界甘罗城迤西起,南至杨河交界黄浦止,计水程九十六里,一百一十八步二尺。"(2157页,清河县山阳县)

段内有:清口　运口

卷百五十一

扬河　"扬河上自山阳县交界黄浦起,下至江都县三岔止,历宝应、高邮、江都三州县,计程二百六十里。"(2171页)

段内有:大王庙里口　清水潭　邵伯

卷一百五十三

下河　"下河七州县,属淮安者,山阳、盐城也,属扬州者宝应、高邮、泰州、兴化、如皋也。"(2197页)

"瓜仪运河自江都三汊河以南,经瓜州出大江,计程二十七里,又自三汊河以西,经仪真出大江,计程七十二里。"(2208页)

卷一百五十四

杭州运河　"自北新关(在仁和县境)十里至谢村,二十里抵武林港(俗名五林头),十里至塘栖(与德清接界)、海宁之粮船来会。九里至落瓜桥,九里至五黄桥,九里至双桥,九里至嘉兴府石门县界之大麻。"(2213页)

嘉兴府运河　"自大麻十里至宋老桥,十里至石门县皂林驿,……二十里至石门巡司,二十里至桐乡县皂林镇巡司,……二十里至斗门,二十里至嘉兴府西水驿(在通越门外)……。自通越门五里至杉青闸巡司,……十五里至金桥铺,十五里至苏州吴江县界之王江泾,又三十里至平望驿。自平望驿至姑苏驿,与湖州同。"(2214页)

湖州府运河　"自府城东八里至八里店,九里至昇山,十八里至旧馆,十五里至东迁,十二里至南浔镇,镇之东栅外即苏州府吴江县曹村。自曹村十里至震泽巡司,八里至双杨桥,十八里至梅堰,十二里至平望驿,二十里至八尺,二十里至吴江县松陵驿,二十里至长洲县尹山桥,二十里至苏州盘门,三里至胥门姑苏驿。"(2214—2215页)

松江府运河　"自西门四十五里至青浦县,而上海在府东北,自周泾□+□里亦至青浦县,北至大盈浦,出吴淞江,过西入娄江,经昆山县南门,又西至沙湖堤,至和塘,历永康、永庆、永宁三桥至苏州府娄门,遶城历葑门、盘门、胥门、阊门与浙江三府之粮艘会焉。"(2216页)

苏州府运河　"自府南二十里至长洲县尹山桥,二十里至盘门,三里至胥门……□里至阊门,十里至枫桥,二十里至浒墅关,二十里至常州府无锡县界望亭。"(2217页)

常州府运河　"自望亭十里至新安,三十里无锡县锡山驿,十里至黄婆墩,五里至高桥巡司,五里至潘枫铺,十里至落社,十里至五牧,十里至横林,十里至戚墅堰,十里至丁堰……至镇江府丹阳县吕城镇巡司。"(2220页)

镇江府运河　"运河自吕城十里至锡口,……至丹阳县云阳驿,……至丹徒镇巡司,……至镇江府京口驿,五里至马头,过江至扬州府瓜洲镇。"(2222页)

1956.6.5—6

65. 明清运河改道

傅泽洪《行水金鉴》一二八注引荟蕞:"明运道兴废不一,盛思征[1]既开新河,被论中辍,越四十年而朱少保[2]卒成其功。潘宫保[3]开南阳河,经夏镇,道留城,出镇口,以避黄水之冲,功亦伟矣,乃泇河议兴[4],则以三难二悔之说进,因此去官,寻泇河之役亦报罢。越三十年而李少保[5]公然奏绩。甚矣哉,天下之事,成功迟速,盖有时数存焉。迨至本朝,靳文襄公[6]与今相国遂宁公[7]凛承圣训,开成中河,遂致东南岁漕数百万贡糈,繇淮渡黄,仅一十五里,挂帆如驶,安澜无恙。三百年来,运道尽善尽美,之数公者,功不在宋尚书[8]陈平江[9]下矣。"(《国学基本丛书》本,1863页)

天挺案:

[1]盛应期,字思征,吴江人(343、1659页)。嘉靖七年为河道都御史,请疏浚昭阳湖东一带新河,工已及半,被论停。卷一一三(1655—1659页)。

[2]朱衡字士平,万安人。嘉靖四十四年为总河,与潘季驯寻盛应期所开故道,开新河自南阳达留城百四十一里(1703页)。隆庆元年叙治河工加太子少保。见本书卷一一七(1703—1711、1731页)。

[3]潘季驯,字时良,乌程人(493页)。嘉靖四十四年十一月总理河道(379页),朱衡请开新河,自南阳至留城,季驯请接浚留城旧河

（380页），四十五年十一月以忧去。隆庆四年八月再任（387页），五年十二月为雒遵所劾，罢去（391页）。万历六年二月再任（423页），十一年罢（493页），十六年四月再任（470页），二十年罢（494页）。

[4]隆庆四年九月河决邳州（387页），十月总河翁大立议开泇口河（388页）（时潘季驯未到任），五年八月下诸臣熟议（390页）。六年闰二月雒遵会勘泇口河，议，以为不便（1726页）。六月朱衡请寝泇河之议，言泇口河开凿之难有三（1732页）。

[5]万历三十二年正月总理河道李化龙疏请亟开泇河，其善有六，其不必疑有二（1854页）。自王市口抵直河凡五百余里（1860页）。

[6]靳辅，字紫垣，辽阳人。康熙十六年官总督河道，二十六年罢，三十一年再任。当年卒（730页）。康熙十九年辅议开皂河运道，将皂河通黄之口堵塞，而于皂河迤东开新河一道直达张庄，凡四十余里（1960—1961页）。

[7]张鹏翮，字运青，四川遂宁籍，湖广麻城人。康熙三十九年任河道总督（769页）。

[8]宋礼，字大本，永宁人。永乐二年为工部尚书，九年开会通河。见本书卷一百六（1558—1559页）。

[9]陈瑄，字彦纯，合肥人。封平江伯。宋礼既治会通河成，罢海运，以瑄董漕运。瑄于永乐十三年开清江浦河道（1564页），十四年浚故沙河（1565页），宣德七年又开扬州白塔河通大江。见本书卷一百六、一百七（1573页）。

1956.6.3、5

66. 运河的中河

清傅泽洪《行水金鉴》卷一四九引张鹏翮《河防志》："向者漕舻自清口出黄河，溯流而上，至支河口入运河。康熙二十六年，前河臣靳辅以黄河风涛之险，请自骆马湖凿渠，历宿（迁）桃（清）二邑至清河仲家庄出口，名曰中河，以通行运。（康熙）三十八年，前河臣于成龙因桃清中河南岸逼近黄河，地势卑下，潴水弥漫，难以筑堤，乃自桃源盛家道口至清河，弃中河下段，改凿六十里，名曰新中河。及次年（康熙三十九年）臣（张）鹏翮任事，见新中河浅狭，未是行运，且盛家道口河头湾曲，重艘辁运不顺，仰遵圣谟，于三义坝以下,用新中河之半,三义坝以上用旧中河之半,合为一河,重加挑浚,一律深通,于是运道始成。"(《国学基本丛书》本,2145页)

1956.6.10

67. 河工夫役工资

清傅泽洪《行水金鉴》卷一七二引《山东全河备考》:"东平州……泉坝夫七十八名,每名岁食银十两一钱六分三厘八毫。"(2503页)

案,月合八钱四分六厘九毫。上文三厘八毫疑二厘八毫。日合二分八厘二毫三丝。

"曹州黄河徭夫一百二十六名,每名岁食银十二两。"(2505页)

案,月合一两。此最多者。

"宁阳县……泉夫九十三名,每名岁食银九两五钱四分八厘。"(2503页)

案,月合七钱九分五厘六丝。此最少者。

又卷一七三引《会典》:"雇夫每日给工食银四分。"(见下)

《行水金鉴》卷一七三引淮扬道档案下注引荟蕞云:"……但雇夫每日给工食银四分,载在《会典》,当此农人务闲之候,获四分现给之银,以糊其八口,无不欣然子来恐后者。第恐官役扣克,有名无实,仍为穷民之苦累。"(《国学基本丛书》本,2530页)

案,所引淮扬道档案即著者官淮扬道时所存之档案,时为康熙六十一年四月。"荟蕞"云云,即著者委托撰述本书之人或审定本书之人的案语。

每日四分工食,则每月为一两二钱,转较常设工役为高。

1956.5.20

68. 戗堤

王氏《东华录·康熙二十二》,康熙十七年戊午七月乙卯:"工部议覆,河道总督靳辅奏,……再高家堰、高良涧一带,因水没堤根,堤身单簿,必须加筑戗堤一道,方为万全。从之。"(3—4页)

河工、海塘均有戗堤,初不得其解。字书只言戗古创字,又器物饰金称为戗金,读锵去声,qiàng。据此戗堤是加固堤身的护堤。

戗堤在堤内加厚也,1963.8.29《天津日报》言:"戗堤又称后戗,紧贴在大堤坡脚后面,象靠山似的支持着堤身。"今制,每低一米做坡宽四米,余63.8.27在堤上亲见。天挺。

69. 康乾南巡（实习用）

康熙南巡六次,下据《清史稿》:

一次　康熙二十三年(1684)　玄烨年三十一岁　九月"丁亥。诏南巡,车驾所过赐复一年"。经泰山、桃源(阅河工)、天妃闸(与靳辅论治河)、高邮、苏州、江宁。回程经高家堰、宿迁、曲阜。十一月庚寅还京。所列各地以住居者为限。(七,4页)

二次　康熙二十八年(1689)　年三十六　正月"庚午。诏南巡,临阅河工。丙子,启銮,诏所过勿令民治道"。经济南、剡城(阅中河)、清河、扬州("诏曰:朕观风问俗,卤薄不设,扈从仅三百人,顷驻扬州,民间结彩盈衢,虽出自爱敬之诚,不无少损物力。其前途经过郡邑,宜悉停止。")、苏州、杭州、会稽山麓。回程经杭州、苏州("江南百姓吁留停跸,献土物为御食,委积案上")、江宁、高家堰(指授治河方略),三月丙戌还京。(七,10页)

三次　康熙三十八年(1699)　玄烨年四十六　"正月辛卯,诏朕将南巡,察阅河工,一切供亿由京备办,预饬官吏勿累闾阎。"二月癸卯,奉皇太后南巡。经清口、高家堰(阅河工)、扬州("谕随从兵士勿践麦禾")、苏州、杭州。回程经苏州、江宁、扬州,渡黄河(阅新埽)。五月乙酉还京。(七,22—23页)

四次　康熙四十二年(1703)　玄烨年五十岁　正月"壬戌。南巡阅河"。经济南、泰安("诏免跸路所经及歉收各属去年逋赋")、宿迁(阅堤工)、桃源(遍阅河堤)、金山、苏州、杭州。回程经江宁、高家堰(阅堤工)、黄河南龙窝(阅堤)。三月庚申还京。(八,2页)

五次　康熙四十四年(1705)　年五十二　二月"癸酉。上南巡阅河。诏曰朕留意河防,屡行阅视。获告成功。兹黄水畅流,尚须察验形势,即循南下。所至勿缮行宫,其有科敛累民者以军法治罪"。经静海、山东(谕山东抚臣曰:"百姓欢迎道左者日数十万人,计回銮正当麦秀,其各务稼穑,毋致妨农。")、扬州(授河臣张鹏翮方略)、苏州、松江、杭州。回程经江宁、高家堰(阅堤工)。闰四月辛酉还京。(八,4—5页)

六次　康熙四十六年(1707)　玄烨年五十四　"正月丁卯,诏南巡阅河,往返舟楫,不御室庐,所过勿得供亿。"经台庄("百姓来献食物")、淄淮套(阅河)、清口(登陆)、曹家庙(见地连山岭不可疏凿,而河道所经直民舍坟墓,遂罢其役。"道旁居民,欢呼万岁。"别勘天然坝以下河道)、江宁、苏州、杭州("诏曰:朕顷因视河,驻跸淮上,江浙二省官民吁请临幸,朕勉徇群情,涉江而南。今二麦垂熟,百姓沿河拥观,不无践踏,其令停迎送。示朕重农爱民至意。")。回程经山阳(示河臣方略)。五月癸酉还京。(八,6—7页)

乾隆南巡六次:

一次　乾隆十六年(1751)　弘历年四十一岁　正月"辛亥上奉皇太后南巡"。"癸丑。免经过直隶山东地方本年额赋十分之三(前此已免逋赋),自是南巡皆如之。"经天妃闸、高家堰、焦山、苏州、杭州、禹陵。回程经杭州、苏州、江宁、蒋家坝、泰安(时在四月底五月初)。

二次　乾隆二十二年(1757)　年四十七岁　正月以南巡免江苏、安徽、浙江累年逋赋。正月癸卯"上奉皇太后南巡"。经天妃闸(阅木龙)、苏州(临视织造机房)、嘉兴、杭州。回程经苏州、江宁、孙家集(阅堤工)、荆山桥(阅河工)、曲阜。四月丁亥,还京。(十二,4—5页)

三次　乾隆二十七年(1762)　弘历年五十二　正月"丙午,上奉皇太后南巡,发京师"。经清口(阅闸)、京口、焦山、苏州、杭州、海宁(阅海塘)。回程经杭州(阅织造机房)、高家堰(谕"建砖工")、徐州(阅河)、曲阜、德州、涿州(时在五月乙末)。

四次　乾隆三十年(1765)　弘历年五十五　"正月戊申,以皇太后四巡江浙,免江苏、安徽、浙江历年因灾未完丁漕。"经清口、苏州、杭州。回程经江宁、高家堰、德州。四月丙寅,还京。(十二,21—22页)

五次　乾隆四十五年(1780)　年七十　正月辛卯南巡。经清口、焦山、苏州、海宁。回程经杭州、江宁、高家堰(阅堤工)。五月甲申,还京。(十四,7—8页)

六次　乾隆四十九年(1784)　弘历年七十四　正月丁未南巡,经泰安、曲阜、金山、焦山、苏州、海宁、杭州。回程(三月庚戌)经苏州、江宁。四月丁未还京(本年闰三月)。(十四,13—14页)

《清史稿·食货志四·盐法》:"(乾隆)乘舆屡次游巡,天津为首驻跸地,芦商供亿浩繁,两淮地论矣。"(6页)

又："凡商有二：曰场商，主收盐；曰运商，主行盐；其总揽之者曰总商，主散商纳课。后多剥削侵蚀之弊，康熙乾隆间革之而未能去。"（1 页）

清代盐法有六，而以"官督商销"为广且久。

《清史稿》传九十九《鄂容安传》："（乾隆）十五年上巡幸河南，鄂容安（时为河南巡抚）疏言，河南士民乐输银五十八万七千有奇。上曰：'朕巡幸方岳，从不以丝毫累民，曾何藉于输将，且省方问俗，勤恤民隐，尚虑助之弗周，岂容供用转资于下。鄂容安此奏失政体，其以输银还之士民。'鄂容安疏请罪，又言士民输银出本愿，还之恐不免胥吏中饱，仍请允其奏。上意终不怿。还幸保定，鄂容安入见，不引谢，上诘责，令痛自改悔，不得有丝毫糜费粉饰，为补过之地。"（5—6 页）

据此可知康乾南巡供亿浩繁，而讳言取之于民，次年将第一次南巡，故责鄂容安更甚。

1955.4.21—22

70. 南巡的剪彩为花

《清先正事略》卷二十一《吴槐江宫保（熊光）事略》："仁宗返自关东，驻跸夷齐庙，公与戴文端（衢亨）、董文恭（诰）同召见，……上目公曰：卿苏州人，朕少扈跸苏州，风景诚无匹矣。公（吴熊光）曰：皇上前所见剪彩为花，一望之顷耳。……上曰：如若言，皇考何为六度至彼耶？公叩头曰：臣从前侍皇上谒太上皇帝，蒙谕曰，朕临天下六十年并无失德，唯六次南巡，劳民伤财，实为作无益害有益。……"

1955.5.28

十一、康雍乾西北西南用兵

1. 清代国土之拓展①

康熙二十年(1681)十月初八日,清军薄云南省城,二十八日吴世璠自刭,明日城降。

康熙二十二年(1683)六月二十二日,清施琅破澎湖,七月郑克塽(成功孙)降。破台湾为施琅之功,而策划则出总督姚启圣;台湾之设官不弃于外不弃于红毛荷兰亦施琅请而姚启圣、李霨(大学士)、苏拜(侍郎)赞之。凡设三县一府一巡道;总兵一,水师副将一,陆营参将二,兵八千;澎湖水师副将一,兵二千。

康熙二十七年(1688)七月泽卜尊丹巴胡土克图以去岁噶尔丹来攻,遣使告急。八月喀尔喀洪俄尔戴青台吉等率其属来朝。九月受喀尔喀土谢图汗、泽卜尊丹巴胡土克图降。命尚书阿喇尼前往汛界面见之。

42.6.9

2. 清代开辟疆土之原因

《清史稿·食货志一》:"高宗谕内阁曰:朕查上年各省奏报民数,较之康熙年间,计增十余倍。承平日久,生齿日繁,盖藏自不能如前充裕。且庐舍所占田土,亦不啻倍蓰。生之者寡,食之者众,朕甚忧之。犹幸朕临御以来,辟土开疆,幅员日廓,小民皆得开垦边外地土,藉以暂谋衣食。然为之计及久远,非野无旷土,家有赢粮,未易享升平之福。各省督抚及有牧民之责者,务当随时劝谕,俾皆俭朴成风,惜物力而尽地利,慎勿以奢靡相竞,习于怠惰也。"(4—5页)

1952.7.15

---

① 编者注:此为该条卡片之一,余缺。

3. 满洲进关后向外拓展的原因

一、满洲民族在明代是少数民族,文化、经济、农业、工业全落后于明朝,而它们敢于向明朝发动"掠夺性"的"非正义的"战争,其目的在掠夺中国人民的财产,奴役中国的人民(参看《联共(布)党史简明教程》第六章,1948 年莫斯科本 208—209 页),以满足其社会急遽发展的要求。

二、它们侵略的(非正义的战争)逐渐加强,完全由于明朝国家的落后,吏治腐败,人民痛苦,军队脆弱,"既可获利,又不致受到报应"(参看《列宁主义问题》444 页,《论经济工作人员底任务》)。所以最初并没有全部并吞的企图(例如函李自成部下想平分天下),是一步步看机会进行的。

三、满清入关,因为自己是少数民族,所以采取了"法明"政策,以缓和民族矛盾,但是如果有人触犯它,它就用最严酷的手段对付他们。所以造成清初的民族压迫,也就加强了当时民族斗争。

四、满清为了巩固它的统治,采取种种的政策,用了蠲免明末加派,"永不加赋"等等政令缓和阶级矛盾;用了提倡汉族文化,表扬汉族学者等等办法缓和民族矛盾;同时也用武力压迫(八旗驻防制度)来威胁镇吓汉民族。

五、多铎的统兵南下,南明诸王和台湾郑氏的扑灭,三藩运动的平定,各地起义的破坏,全是它的武力威胁政策。

六、在三藩之役结束后,满清武力转向国内少数民族,其目的在拓展领土,扩大统治面、掠夺面,缓和内部的矛盾(民族的、阶级的),转移为向外发展,同时对内对外宣耀一下军威。

七、频年向外发展的结果,增加了人民负担,助长了贪污剥削,加深了阶级矛盾,各地的农民起义遂纷纷而起。

1953.6.15

4. 绥服蒙古——康熙亲征准噶尔(Dzungar or Zungar)

魏源《圣武记》卷三《康熙亲征准噶尔记》:"元之亡,蒙古分为三大部:

漠南蒙古、漠北喀尔喀蒙古,皆成吉斯汗之裔。惟居西域者非元太祖后,出脱欢太师及也先瓦剌(Essen Wala)可汗之裔,是为厄鲁特(Eluth)四卫拉蒙古。国初,惟漠南蒙古早结和亲,而喀尔喀(Khalkha)、厄鲁特两大部皆雄长西北,间通使,间为寇。……初,厄鲁特四卫拉部,曰绰罗斯(Choros),牧伊犁;曰都尔伯特(Derbets),牧额尔斯齐(今入苏联);曰土尔扈特(Turgut),牧雅尔(即塔尔巴哈台 Tarbagatai 塔城);曰和硕特(Koshoit),牧乌鲁木齐(U-rumchi 迪化)。……康熙中,绰罗斯浑台吉死,子僧格(Senga)立。僧格死,子索诺木阿拉布坦立,僧格弟噶尔丹(Galdan)杀之,自立为准噶尔汗。……兼有四卫拉特,复南摧回部城郭诸国,尽下之,威令至卫藏。则又思北并喀尔喀。……二十七年夏,(康熙,西1688)噶尔丹领劲骑三万逾杭爱山突袭其部,……喀尔喀遣使乞援,……二十九年(1690)……六月集大臣于朝,下诏亲征。命抚远大将军裕亲王福全为左翼,皇子允禔副之,出古北口;安北大将军恭亲王常宁为右翼,出喜峰口。……八月班师回銮,……三十四年(1695),噶尔丹果率骑三万入寇……明年(三十五年)春,帝复祃牙亲征,命将军萨布素率东三省兵出东路,遏其冲;大将军费扬古、振武将军孙思克率陕甘兵出宁夏西路,邀其归;上亲统禁旅由独石口出中路,皆赴瀚海而北,约期夹攻。……噶尔丹以数十骑遁。……班师……六月驾至京师。……三十六年(1697)春二月,驾复渡黄河,幸宁夏,命马斯哈、费扬古两路进兵……噶尔丹进退无地,……仰药死。"

1690 一次　1696 二次　1697 三次

孟森《清史讲义》:"太宗崇德初,以察哈尔平,漠南悉定,遣使宣捷于喀尔喀,喀尔喀来聘,厚赍之。旋贡裘、马等物来谢,诏定制岁献白驼一、白马八,曰九白之贡。……喀尔喀西邻厄鲁特蒙古,乃明之所谓瓦剌。瓦剌时称卫拉(Uriad),分四部:曰准噶尔(Zungar),曰杜尔伯特(Derbets),曰土尔扈特(Turgut),曰和硕特(Koshoit)。准噶尔踞伊犁,势张甚,康熙中,其酋长噶尔丹自立为准噶尔汗,……思并喀尔喀……喀尔喀乞援,……噶尔丹知中朝无干涉意也,进兵益急,……诸部皆奔溃,谋所向,请决于所奉大喇嘛(哲布尊丹巴呼图克图 Dschi btsun dampa)。……诸部意将近投俄罗斯,呼图克图(Khatuktu,Hutuktu 蒙古语圣者。大喇嘛)言:'俄不奉佛,俗尚言语服色皆相距远,莫若全部内徙,可邀万年之福。'众从之,于是举族款塞内附。"(若折入俄国则北徼全局皆变)(费扬古为世祖董鄂妃之弟)

魏源《圣武记》卷三《国朝绥服蒙古记》一、二、三。

《康熙亲征准噶尔记》

王氏《东华录》康熙二十九年至三十六年。

《清史稿》列传六《裕宪亲王福全传》

　　　　　列传四十二《张勇》、《孙思克传》

　　　　　列传六十八《费扬古传》、《马斯哈传》

　　　　　列传六十七《萨布素传》

　　　　　列传三百八至三百十《藩部传五·青海额鲁特》、《藩部
　　　　　传六·杜尔伯特　土尔扈特　和硕特》

《亲征平定朔漠方略》四十八卷　康熙四十七年温达等奉敕撰

何秋涛《朔方备乘》

H. H. Howorth，History of the Mongols.

Müller，Russische Geschichte. Fischer，Sibirische Geschichte.

5. 清初征噶尔丹之当时记载

清·昆山·柴桑《京师偶记》（民国十四年北京广业书社石印本《北京历史风土丛书》上卷，瞿宣颖辑）："厄鲁特噶尔丹违背誓约，与喀尔喀构怨，数为边患。闻部下有南人教之侵扰。乌澜布通之役，诱之深入，距京师七百里，已成擒矣，卒使之得志而去。乙亥（康熙三十四年1695）秋复大出师讨之，以塞外早寒，不战而归。后探知窜伏巴彦地方，命抚远大将军费扬古，甘肃将军孙思克，从西路进讨。征天下甲仗，出太仓储粟，发秦晋燕齐之卒，与八旗之众，三路分兵，中权自将，内外臣僚助供战马，满汉子弟押运从征。上于丙子（康熙三十五年，1696）二月，亲率六军出居庸关。军行日止一餐，又步行三十里以休战马，于是士卒颇饥疲。幸天心助顺，枯草先青；地脉效灵，甘泉随涌。大军得直抵沙漠。五月朔，军次拖陵，闻寇据克鲁伦河，追至其地，卒然而遁。复由克勒河朔抵拖诺山，寇已越土喇河西去矣。适运粮不至，遽尔班师，留平北大将军马思哈屯塞外。西路大兵遇其游骑于昭木多，力战走之。至九月，上复校猎口外，实防秋也。丁丑（三十六年，1697）春，复议出师，百官富民捕路驼数千头以助输辇。不以车运，而以驼运，盖有鉴于前车也。远人不靖，频劳圣躬，盈廷竟无卫霍其人乎！可叹也。丁丑之后，悉出锐师，军容之盛，千古无比，谓厄鲁特噶尔丹竟胆落而死，其子亦就擒，献阙下。果尔，则西郵（陲？）大定，庙堂自此高枕矣。"（4—5页）

案,记中多甲戌(1694)、乙亥(1695)、丙子(1696)诸年事,又有"康熙三十五年"一条,三十五年为丙子,则《偶记》当成于康熙中。又"章皇帝万几之暇"一条,中有"皇上南巡"之语,不曰"仁皇帝"或"纯皇帝",必其时皇帝尚在,清帝南巡仅康熙乾隆两代,此必指康熙也。又记中有王阮亭、于成龙事,均康熙时人,亦一证。又记中有"于公罢相,仓皇出都,以节中所收蜡烛赠一亲故,鬻之得八百金"一条,不知何人。案,清代大学士惟乾隆时于敏中以贪婪著,但敏中死于位,未尝罢。此或指余国柱,国柱好货,以康熙二十七年正月革职。然则"于"乃"余"之讹。

　　　　　　　　一九四九年十月二十七日下午五时,及时学人。

又案,此条所记战事固未大胜,与官书大异。

　　　　　　　　　　　　　　　　　　　　　　1949.10.27

6.札萨克

制度

《清史稿·藩部传一·科尔沁传》:"凡蒙旗,札萨克为一旗之长,制如一品,与都统等。其辅曰协理台吉(原文作吉吉,臆改台吉)。属曰管旗章京,副章京,参领,佐领。蒙语管旗章京曰梅楞,参领曰札兰,佐领曰苏木。苏木实分治土地人民。其佐领之额,右翼中旗二十二,左翼中旗四十六,右翼前旗、后旗均十六,左翼前旗、后旗均三。"

　　札萨克　　协理台吉　　管旗章京　　副章京　　参领　　佐领

《清史稿·职官志四·藩属各官》:"外藩蒙古札萨克,旗各一人(原注:大漠内科尔沁等二十四部,旗四十有九。大漠外喀尔喀四部,旗八十有六。青海五部,旗二十有九。西套额鲁特、额济讷土尔扈特、杜尔伯特、土尔扈特、和硕特凡十部,旗三十有四。以王、贝勒、贝子、公、台吉、塔布囊为之。不置札萨克者,隶将军、都统及大臣),掌一旗政令,协理台吉二人或四人(原注:唯土默特左翼旗、喀喇沁三旗称塔布囊,与台吉同),赞襄旗务。管旗章京各一人,副章京各二人(原注:十佐领以下置一人),参领(原注:六佐领置一人)、佐领(原注:百五十丁一人,或二百丁、二百五十丁置一人)、骁骑校(原注:如佐领数),并佐札萨克董理民事。"

性质

《清史稿·藩部世表序》:"有清蒙部实多勋戚,天、崇开国,康、雍御准,咸、同之间荡平粤捻,均收其助。内盟诸爵,始皆世封;乾隆之末,外札萨克以逮回部,皆予罔替。……凡札萨克皆有分土,三代诸侯殆无以异,故虽台吉亦所备列。闲散王公以有世爵亦不略焉。"

《清史稿·藩部传六·杜尔伯特传》附《额鲁特明阿特传》:"两旗(额鲁特、明阿特)皆无札萨克,论者谓此蒙部之同于郡县者也。"

据此,札萨克盖同(?)于分封,故无札萨克之处视作郡县。台吉爵虽小,但若授为札萨克则仍尊于闲散王公也。

"札"字《史稿》均作"扎",从手不从木。他处两字互用。

1949.6.23

编授

《清史稿·藩部传四·喀尔喀土谢图汗部传》:"康熙……三十年春,上以察珲多尔济来归后,……喀尔喀全部内附,封爵官制宜更,且降众数十万错处,应示法制俾遵守,将幸多伦诺尔行会阅礼,……夏四月,驾至喀尔喀,……寻命改所部济农、诺颜旧号,封王、贝勒、台吉有差,各授札萨克,编佐领,仍留察珲多尔济汗号统其众,自是始称土谢图汗部。"

又《喀尔喀车臣汗部传》:"(乾隆二十一年)先是,车臣汗部编佐领,置十一旗,后增十二旗。札萨克二十有三。……"(另见)

据此,先编佐领,后授札萨克。(每一旗一札萨克。)

札萨克与旗

《清史稿·藩部传四·喀尔喀土谢图汗部传》:"先是,土谢图汗部编佐领,积三十七旗。以分置赛因诺颜部,析二十一旗,留十六旗,仍隶土谢图汗部。寻增四旗。札萨克凡二十。……"(4页)

又《喀尔喀车臣汗部传》:"先是,车臣汗部编佐领,置十一旗,后增十二旗。札萨克二十有三。"(16页)

《清史稿·职官志四·藩属各官》:"外藩蒙古札萨克,旗各一人。"(24页)

天聪八年后规定蒙旗不得越旗界游牧出猎。

盟与部

盟(Chugulgan)为各部之联合体[①]。

部(Aimak)为各旗之联合体。

如车臣汗部(Setgen Khan Aimak),土尔扈特部(Torgot Aimak 或

[①] 编者注:"Chugulan"原卡片第一个"u"字母上另有一"i"。

Turgut Aimak）之类。

札萨克（Dgassack，或译 Jasak）

旗（Hoshun）　每旗置札萨克一人。旗为部构成之单位。

《清史稿·藩部传一·科尔沁传》：“科尔沁……所部六旗，分左右翼。土谢图亲王掌右翼，……达尔汉亲王掌左翼，……统盟于哲里木。”

《清史稿·藩部传二·喀尔喀左翼部传》：“是部（喀尔喀左翼）与敖汉、奈曼、……七部十一旗，统盟于卓索图。”

《清史稿·藩部传三·四子部落传》：“是部与茂明安、喀尔喀右翼、乌拉特同盟于乌兰察布。绥远将军节制乌兰察布、伊克昭二盟，故重大事件皆由将军专奏焉。”

又《鄂尔多斯部传》：“所部七旗，自为一盟，曰伊克昭。”

据上列诸条，凡部旗均统于盟，盟有盟长（见下），而盟又受将军之节制，此清代政治之运用也。（诸盟见九，十页）

又《藩部传一·科尔沁传》：“所部六旗，分左右翼。……统盟于哲里木。”（3页）

盟与将军

“凡哲里木盟重大事件，科尔沁六旗以近奉天，故由盛京将军专奏。郭尔罗斯前旗一旗以近吉林，郭尔罗斯后旗、札赉特、杜尔伯特三旗以近黑龙江，各由其省将军专奏。”（5页）

《清史稿·藩部传四·喀尔喀土谢图汗部传》：“（嘉庆七年八月）自是，土（土谢图汗）、车（车臣汗）二部重大事件，皆由库伦办事大臣专奏。”（5页）

盟长　诸盟

《清史稿·藩部传四·喀尔喀土谢图汗部传》：“……札萨克凡二十，盟于汗阿林，设正副盟长。”（4页）

又《喀尔喀车臣汗部传》：“车臣汗部……札萨克二十有三，盟于克鲁伦巴尔河屯，设正副盟长各一。”（16页）

《清史稿·职官志二·理藩院》，旗籍清吏司“会盟”注：“盟地六：曰哲里木，曰卓索图，曰昭乌达，曰锡林郭勒，曰乌尔察布，曰伊克昭。置盟长、副盟长各一人，由札萨克请简。”（1页）

案，此谓内札萨克诸盟。

又《理藩院》，典属清吏司，“盟会”注：“喀尔喀四盟：曰汗阿林，曰齐齐尔里克，曰克鲁伦巴尔和屯，曰扎克毕拉色钦毕都尔诺尔。杜尔伯特二盟：

曰赛因济雅哈图左翼,曰赛因济雅哈图右翼。土尔扈特五盟:曰南乌讷恩素珠克图,曰北乌讷恩素珠克图,曰东乌讷恩素珠克图,曰西乌讷恩素珠克图,曰青赛特奇勒图。和硕特一盟:曰巴图塞特奇勒图。置盟长、副盟长各一人(原注:原文无'一'字,臆加),于同盟札萨克内简用。惟青海之盟无长。"

案,此谓外札萨克及青海诸盟。杜尔伯特以下为青海诸盟。

内外札萨克

《清史稿·藩部传一·科尔沁传》:"科尔沁部,在喜峰口外,至京师千二百八十里。东西距八百七十里,南北距二千有百里。东扎赉特,西扎噜特,南盛京边墙,北黑龙江。元太祖削平西北诸国,建王、驸马等世守之,为今内外札萨克蒙古所自出。"

又:"科尔沁以列朝外戚,荷国恩独厚,列内札萨克(原文作"札")二十四部首。"

《清史稿·藩部传一·杜尔伯特部传》:"藩部蒙古称杜尔伯特部者二,同名异族。一姓鲜啰斯,……称外札萨克,别有传;一姓博尔济吉特……即今驻牧喜峰口外之内札萨克也。"

《清史稿·藩部传二·克什克腾(喀尔喀左翼)传》:"盖自国初以来,喀尔喀相继归诚,名凡三:曰旧喀尔喀,归诚最早,后编入蒙古八旗;曰内喀尔喀,即今隶内札萨克之喀尔喀左右翼二部;曰外喀尔喀,其归诚较后,即今隶外札萨克之喀尔喀土谢图汗、车臣汗、札萨克图汗、赛因诺颜四部。"(9页后)

《清史稿·藩部传三·鄂尔多斯部(今绥远省境)传》:"所部七旗,自为一盟,曰伊克昭(在今绥远省境内),与哲哩木、卓索图(今热河)、昭乌达(热)、锡林郭勒(今察哈尔)、乌兰察布(绥)五盟同列内札萨克。"

《清史稿·职官志二·理藩院》,旗籍清吏司,"内札萨克疆里"注:"大漠以南曰内蒙古,部二十有四:曰科尔沁,曰扎赉特,曰杜尔伯特,曰郭尔罗斯,曰敖汉,曰奈曼,曰巴林,曰扎鲁特,曰阿鲁科尔沁,曰翁牛特,曰克什克腾,曰喀尔喀左翼,曰喀喇沁,曰土默特,曰乌珠穆沁,曰浩齐特,曰苏尼特,曰阿巴噶,曰阿巴哈纳尔,曰四子部落,曰茂明安,曰乌喇特,曰喀尔喀右翼,曰鄂尔多斯,为旗四十有九。"(1页)

《清史稿·职官志二·理藩院》,典属清吏司,"外札萨克部旗封爵"注:"大漠以北曰外蒙古,部四:曰土谢图汗,曰赛音诺颜,曰车臣汗,曰札萨克图汗,为旗八十有六。又有杜尔伯特部,土尔扈特部,和硕特部,辉特部,绰罗斯部,额鲁特部。别于蒙古者,曰和托辉特,曰哈柳沁,曰托斯,曰奢集努特,

曰古罗格沁,并属以(以字疑衍)外札萨克。封爵有汗,以列王、贝勒、贝子、公之右。无塔布囊,有台吉。"(2页)

喀尔喀蒙古四部,每部一盟,共四盟。《职官志二》所列是也。

蒙古之旗(Hoshun)与满清之八旗不同。蒙旗为最小之社会单位,近似氏族集团(氏族蒙古称为鄂多克 Otoek,又称 Omuk)或血族集团,而包有土地观念,王公与其部下之人更有从属支配之不同。旗内之最高支配者称旗长,即所谓札萨克(Dgassack 管旗王公)。札萨克在旗内可以专断一切;一旗之兵力由札萨克统率;旗内之土地旗民,旗长可以自由使用;财政方面,更有王公私产。札萨克必内外蒙古之元朝嗣胤,始能膺之,而其任免权则操之清廷。清廷予以相当之爵位(凡六等:一亲王,二郡王,三贝勒,四贝子,五镇国公,六辅国公;不入六等者曰台吉、塔布囊,亦分四等。见《清史稿·职官志二》)及俸禄赐品,诸旗则进贡朝贺于清廷。在蒙旗内封建的构造充分发达。摘《东洋史大辞典》八·二三〇;八·四〇。

《皇朝藩部要略》

《蒙古惯习法之研究》　东亚经济调查局

《近代蒙古游牧民族之土地所有关系》　柴三九男《史观》八

康济鼐——前藏

颇罗鼐——后藏

前藏设四噶卜伦——四管事

雍元达赖兼司噶卜伦(事)务①

年(羹尧)有唐古特善后事宜策

达赖六世之父与康济鼐不和

派驻藏大臣——五年

康济鼐被戕　　派兵

颇罗鼐主前后藏

留正、副大臣(领)川陕兵二千

乾隆十五年(1750)颇罗鼐子叛

增兵一千五百

自是不封台吉贝子当王

---

① 编者注:此处及后文括号内文字为编者据句意补。

四噶卜伦分掌而统于达赖

驻藏大臣不与藏事

乾隆五十六年(1791)

廓尔喀入藏

福康安派兵入藏

驻藏大臣与达赖、班禅平等

四噶卜伦由大臣与达赖共任

重要事及政务皆请中国决定

1949.6.23—26

藏——藏巴汗

卫——达赖

青——固始汗——拉藏汗——第巴(康熙四十四年)欲毒之不果,以兵逐之,留蒙古兵二千,以拉藏旧臣康济鼐——前藏

颇罗鼐——后藏

7. 内六盟蒙古的贡道

魏源《圣武记》卷三《国朝绥服蒙古记一》:"内札萨克蒙古六盟:东四盟,当盛京、黑龙江及直隶边外;西二盟,当山西、陕西、甘肃边外。………我朝龙兴,首臣科尔沁,继平插汉(原注"即察哈尔"),于是诸部先后来庭。有大征伐,率师以从,世其封爵,时其朝贡。凡二十五部,五十有一旗,其制略与在京内八旗蒙古等。其朝觐分为三班。其会盟:则若科尔沁,若郭尔罗斯,若杜尔伯特,若札赉特,四部为一盟。其盟所曰哲里穆,其贡道由山海关。

若扎鲁特,若喀尔喀左翼,若奈曼,若敖罕,若翁牛特,若阿鲁科尔沁,若巴林,若克什克腾,八部为一盟,其盟所曰召乌达,其贡道由喜峰口。若土默特,若喀喇沁,二部为一盟,其盟所曰卓索图,其贡道亦由喜峰口。若乌珠穆沁,若浩齐特,若阿尔巴哈纳尔,若阿巴噶,若苏尼特,五部为一盟,其盟所曰锡林郭尔,其贡道由独石口。

以上为东四盟内蒙古。

若四子部落,若喀尔喀右翼,若茂明安,若乌喇特,四部为一盟,其盟所曰乌兰察布,其贡道由张家口。

又鄂尔多斯一部七旗,牧河套内,自为一盟,其盟所曰伊克台,其贡道由

杀虎口。以上为西二盟内蒙古。

每三载盟会之期,命大臣赍敕以往,设正副盟长各一,以简军实,阅边防,理讼狱,审丁册。惟归化城土默特向隶将军都统及各厅同知,不设札萨克,故会盟集于本城,不设盟长,听简命大臣莅视。其各部每旗事权,皆掌于札萨克一人,此外皆散秩。"(2—3页)

1954.5.26

8. 外四盟蒙古及其贡道

魏源《圣武记》卷三《国朝绥服蒙古记二》:

"其会盟分四路:

土谢图汗部二十旗为中路,居土腊河左右境,其盟所曰罕阿林;车臣汗部二十三旗为东路,居克鲁伦河左右境,其盟所曰巴尔和屯;札萨克图汗部十七旗为西路,居杭爱山以西境,其盟所曰毕都里雅;赛因诺颜汗部二十旗兼辖厄鲁特二旗为北路,居翁金河北境,其盟所曰齐尔里克。

每会设盟长一人,副盟长一人。

其贡道均由张家口。"(12页)

1954.5.26

9. 喀尔喀四部三汗

《清史稿·藩部传四》:

"土谢图汗部称喀尔喀后路。"(1页)"札萨克凡二十。"(4页)

"车臣汗部称喀尔喀东路。"(14页)"二十三札萨克。"(14页)

"赛因诺颜部称喀尔喀中路。"(17页后)"二十四札萨克。"(18页)

"札萨克图汗部称喀尔喀西路。"(24页后)"十九札萨克。"(24页)

　　自东至西:1.车臣汗部　2.土谢图汗部　3.赛因诺颜部(非汗。今地图作三音诺颜部。)　4.札萨克图汗部

1951.7.24

10. 库伦办事大臣

《清史稿·藩部传四·喀尔喀土谢图汗部传》:"乾隆二十七年,于是部(土谢图汗部)中旗汗山北之库伦置办事大臣,以满洲大员任之;别选蒙古汗、王、公、札萨克一人为办事大臣,同厘其务。……四十二年,定库伦办事大臣兼辖办事章京,民、蒙交涉事件,均具报办理例。"(3页)

11. 喇嘛教入蒙古

《清史稿·藩部传四》:"元太祖十一世孙达延车臣汗,……子十一,格呼森扎扎赉尔珲台吉其季也。……独所部号喀尔喀,留故土,……子七人,……第三子诺诺和……子五:长阿巴岱,……初喀尔喀无汗号,自阿巴岱赴唐古特谒达赖喇嘛迎经典归,为众所服,以汗称。子额列(1页)克继之,……额列克子三:长衮布,始号土谢图汗,……崇德二年,衮布偕(其族)硕壘上书通好。"(1页)

据此喇嘛教入蒙古应在弩尔哈齐称汗以前。

诺诺和—阿巴岱—额列克—衮布

崇德

1951.7.24

12. 乾隆时对准噶尔部之统治

魏源《圣武记》卷四《乾隆荡平准部记》:"……(乾隆二十年,1755)……(准噶尔汗)达瓦齐以二千余人宵遁,余皆不战降。……达瓦齐逾冰岭,南走回疆,……乌什城阿奇伯木克霍吉斯……执之以献。……其后达瓦齐、霍吉斯亦皆赐封亲王、郡王,入旗籍。又释故回酋大、小和卓兄弟在伊犁者,使归旧部。于是天山南北二路皆不血刃而定。……于绰罗斯部旧地设总统伊犁等处将军,节制南北路,同参赞大臣驻惠远城。领队大臣五,其一驻惠宁城;又于都尔伯特部旧地设乌鲁木齐都统一,领队副都统一,迪化城绿营提督一,巴里坤领队副都统一,古城领队副都统一,库尔喀拉河领队大臣一;又于土尔扈特及辉特旧游牧地设塔尔巴哈台参赞大臣一,领队大臣二;又置迪化州于乌鲁木齐,设镇西府于巴里坤,改安西府为安西州,裁安西道。……"

"南北两路养兵万有九千余名,设官千有四百余员。有驻防,有换防。驻防携眷之满洲、索伦、蒙古、厄鲁特(?)兵,则移自盛京、黑龙江,移自张家口,移自热河。其换防番戍之绿营兵,则调自陕、甘。岁支俸饷银六十有七万八千九百余两,……北路屯田二十三万八千六百余亩,南路四万九千四百余亩,岁交粮米共十四万三千余石,……计兵屯、回屯、民屯、旗屯共十余万丁,统于乌鲁木齐提督。自官田外,余地听民自占,农桑阡陌徭赋如内地。……中国土满人满。今西域南北二路地大物齑,牛羊、麦面、蔬蓏之贱,浇植、贸易之利,金矿、铜矿之旺,徭役、赋税之简,外番茶马、布缎互市之利,又皆什伯内地。……"

又各城屯驻兵数见于本卷附录,另抄。

魏源《圣武记》三《国朝绥服蒙古记二》:"其附庸于喀尔喀者,又有北属国二,……一曰乌梁海,即兀良哈,……旧役于厄鲁特,乾隆荡平,始归王化。……一曰科布多,……其地则扩于康熙,其人则安插于乾隆。有新土尔扈特,有新和硕特,有杜尔伯特,有辉特,有札哈沁,有明阿特,有阿尔泰乌梁海,皆准夷旧部所徙,故一地而隶之者七种。"

据以上所述,准噶尔平后,清廷政策有三:

一、设州县   如迪化
二、割其土地并入喀尔喀   如乌梁海
三、迁移其民   如科布多

1954.5.27

13. 河套与盐

魏源《圣武记》三《国朝绥服蒙古记三》:"初,河套有花马盐池,鄂尔多斯部据之;套西有吉兰盐池,阿拉山王据之。其法皆于两地置官收税,听蒙古、汉人转运,不问所之,暗符刘晏之法。而套内之盐不如套西盐洁,故甘肃民食花马小池盐者十之三,食阿拉善池盐者十之六,陕西民食亦居其三,骆驼牛骡,运负绎络。吏恐侵潞盐引地,止许运至皇甫川云。"

案,花马池在今宁夏省盐池县。

吉兰盐池今称吉兰泰盐池,在宁夏省,原属阿拉善霍硕特旗。

阿拉山王，据《圣武记》卷三《雍正两征厄鲁特记》，盖和硕特部固始汗之裔。

潞盐应指山西，但山西之盐在解州盐池，不在潞安。

1954.5.26

14. 抚绥西藏

魏源《圣武记》卷五《国朝抚绥西藏记上》："吴三桂王云南，岁遣人至藏煎茶。康熙十三年三桂反，诏青海蒙古兵由松潘入川，第巴（Dhe-ba）使达赖（达赖五世名阿旺罗卜藏嘉木错 Ngag-Vang lobyang-gyamtso［1616—1680］）（Dalai）上书尼之，且代三桂之降。及大兵围吴世璠于云南，世璠通书西藏，割中甸、维西二地，求援于青海，其书亦为我军所获，朝廷不之问也。二十一年（1682），第五世达赖卒，第巴欲专国事，秘不发丧……既祖准噶尔以残喀尔喀蒙古，后唆准噶尔以斗中国，又外构策妄，内阅拉藏汗，遂召准兵寇藏之祸。凡西北扰攘数十年，皆第巴一人所致。……三十五年（1696），圣祖亲征噶尔丹（Galdan），……乃遣使赐第巴桑结书曰：'朕询之降番，皆言达赖刺麻脱缁久矣，尔至今匿不奏闻。……今为殄灭准夷告捷礼，……遣使赍往，可令与达赖相见，令班禅来京，执济隆以畀我。如其不然，朕且檄云南、四川、陕西之师见汝城下。……'第巴桑结皇恐，明年（1697）密奏，……五世达赖刺麻于壬戌（二十一年，1682）年示寂，转生静体，今十五岁矣。前恐唐古特民人生变，故未发丧。今当以丑年（三十六年丁丑，1697）十月二十五日出定坐床。求大皇帝勿宣泄。……第巴忌策妄，尽收准部故地，致噶尔丹无所归，奏防其狷獗。而策妄（Tse Wang Araptan）亦奏第巴奸谲，及所立新达赖之伪，欲藉词侵藏，上以二人皆叵测，不之许也。四十四年（1705），第巴谋毒拉藏汗不遂，欲以兵逐之，拉藏汗集众讨诛第巴。……拉藏汗者，青海固始汗之孙也。……拉藏汗嗣爵后，以议立新达赖刺麻，故与第巴交恶，至是奏废第巴所立假达赖。诏执献京师，行至青海（Koko Nor），病死。而藏中所立博克达山之伊西嘉穆错为第六世达赖刺麻者，青海诸蒙古复不信之，而别奉里塘之噶尔藏嘉错为真达赖，以康熙二十二年（1683）转生，二岁著灵异，至是廿岁矣，诸蒙古迎至青海坐床，请赐册印，与藏中所奏互相是非。……两部争议未决，而策妄扰藏之事起。……五十五年（1716）十月，策妄果遣台吉大策零敦多布领精兵六千徒步绕戈壁，……次年（1717）七月始达藏界。……遂围攻布达拉，……杀拉藏汗，……禁新达赖剌麻于札克布里庙。诏西安将军<u>额伦特</u>以军数千赴援，……七月，师逾木鲁河，色棱军拜都岭，<u>额伦特</u>军出库赛岭，贼佯败屡却，……相持月余……九月，我师覆焉。……王大臣惩前败，亦皆言藏地险远，不决进兵议。上以西藏屏蔽青海、滇、蜀，苟准夷盗据，将边无宁日；……五十七年（1718），命皇十四子（<u>允禵</u>）为征远大将军，屯青海之木鲁河治兵饷，将军<u>傅尔丹</u>、富临安分出巴里坤、阿尔台以猎其北，而将军<u>噶尔弼</u>出四川，将军<u>延信</u>出青海，两路捣藏。至是西藏诸土伯特亦知青海呼毕勒罕之真，藏中所旧立之赝，……于是蒙古汗、王、贝勒、台吉各自率所部兵，或数千，或数百，于五十九年（1720）春随大兵扈送达赖剌麻入藏，……<u>噶尔弼</u>……用<u>岳钟琪</u>'以番攻番'之计，招土司为前驱，集皮船渡河，直趋西藏……厄鲁特进退受敌，遂大溃，……第六世达赖剌麻于九月登座，取拉藏所立博克达赖剌麻归京师，……盖自第五世达赖卒后，三十余年两立假剌麻，西藏偻扰，至是始定焉。"

魏源《圣武记》卷五《国朝抚绥西藏记》上、下

王氏《东华录》康熙三十五年至五十九年

《清史稿》列传七《恂勤郡王允禵传》

列传六十八《额伦特传》

列传八十三《岳钟琪传》

列传八十四《傅尔丹传》

列传八十五《噶尔弼传》

列传六《肃武亲王传附延信传》

列传三十七《阿兰泰传附富宁安传》

列传三百十二《藩部八·西藏传》

矢野仁一《近代西藏史研究》

《康熙御制平定西藏碑文》

W. W. Rockhill, Dalai Lama of Lhasa(《通报》Vol. xi, 1910)

F. Grenard, Tibet and Tibetian.

15. 第巴

第巴(Dhe-ba)藏语酋长之意，为西藏职官名，始于达赖二世之时，代管兵、刑、税诸政。自第巴桑结之后，改置"噶布伦"（藏语大臣），掌杂

务之处理,而"第巴"成其下级文官之名,如司门第巴、司糌粑第巴、司军第巴、司帐第巴、司薪第巴、司牛羊第巴,又有"硕第巴"与警察相类。(《东洋史辞典》)

桑结本名桑结嘉木错,见《康熙平定西藏碑文》。嘉木错(Gyamtso)藏语"大海"之意,与蒙古语"达赖"之意相近。又案,第巴又有"执权职"之意,此解较"酋长"说为胜。

1949. 6. 22

16. 康熙擒假达赖之故

蒋氏《东华录》二十,康熙四十五年(1706)十月:"谕大学士等:前遣护军统领席住等擒假达赖喇嘛及第巴妻子时,诸皇子及诸大臣俱言一假达赖喇嘛擒之何为? 朕意以众蒙古俱倾心归向达赖喇嘛,此虽系假达赖喇嘛,而有达赖喇嘛之名,众蒙古皆服之,倘不以朝命前往擒之,若为策妄阿拉布坦迎去,则西域蒙古皆向策妄阿拉布坦矣。故特遣席住前去。席住方到其地,果有策妄阿拉布坦令人来迎。以此观之,若非遣人前往,则假达赖喇嘛必已归策妄阿拉布坦矣。至西域回子及蒙古,今衰弱已极,欲取之亦甚易,但并其地不足以耕种,得其人不足以驱使,且现今伊等已俱恪守法度,是以不取。此等情事,汉大学士及九卿等俱未深悉,可将朕谕示之。"(11 页)

派席住年月待查。

《史稿·圣祖纪》四十五年(1706)十一月:"甲申,上巡幸塞外。西藏达赖喇嘛卒,其下第巴匿之,又立伪达赖喇嘛,拉藏汗杀第巴而献其伪喇嘛。西宁喇嘛商南多尔济以闻。"

未及迎擒事。

《史稿·藩部传八·西藏传》:"(康熙)四十四年(1705)桑结以拉藏汗终为己害,谋毒之,未遂,欲以兵逐之。拉藏汗集众讨诛桑结,诏封翊法恭顺拉藏汗,因奏废桑结所立达赖,诏送京师。行至青海,道死。依其俗,行事悖乱者抛弃尸骸。卒年二十五,时康熙四十六年(1707)也。"(5 页)

蒋氏《东华录》所述,康熙当时实与策妄争蒙古、西域、西藏之领导权,诸地皆奉喇嘛教,能得达赖者即能得各地之领导权,故不惜以全力争之。

1951. 7. 23

17. 清与西藏

《清史稿·藩部传八·西藏》：

明　乌斯藏行都指挥司　世袭

永乐时　增二卫　复封番僧大宝法王、大乘法王等八王。

第一辈达赖　罗伦嘉穆错,吐蕃赞普之裔,世为番王,年二十至前藏为宗喀巴大弟子。

藏巴汗　居后藏——藏

顾实汗即固始汗　系出额鲁特,和硕特部,并唐古特部,居青海。

达赖　居前藏——卫

顾实汗之子孙　居喀木——康　顾实汗之孙拉藏汗

藏巴汗与达赖五世之第巴桑结不相能,第巴借顾实汗兵灭之。顾实汗使班禅居后藏,而以长子鄂齐尔汗辖其众。时在崇祯、崇德时。

1639　崇祯十二年崇德四年,达赖通使于满洲,顾实汗为之中介(主之)。

1652　顺治九年达赖至北京。次年归。

1705　康熙四十四年第巴桑结与顾实之孙拉藏汗为立达赖事不谐,第巴欲毒之未成,反为所诛。

1720　康熙五十九年　清兵送达赖六世入藏　留蒙古兵二千

以拉藏旧臣康济鼐主前藏,颇罗鼐主后藏

1724　雍正二年　西藏噶卜伦(达赖所属)与康济鼐争权害之,清军进讨,未至而颇罗鼐已自后藏平之。遂以颇罗鼐总藏事。留大臣二,领川陕兵二千驻前后藏。大臣三年一任。

1750　乾隆十五年　颇罗鼐之子朱尔墨特与驻藏大臣不协,欲变投准噶尔,清派兵入藏。遂不再封汗、王、贝子等爵,而以四噶卜伦主政事,由达赖领之。驻藏兵增加千五百人。当时尚不尽预闻其政事。

1791　乾隆五十六年　廓尔喀兵入藏,清兵入藏平之。遂留土番兵三千,汉蒙古兵千驻藏。自是驻藏二大臣(正副)行事仪注与达赖平行。噶卜伦及番目官缺由大臣与达赖共同选授。

1953.6.16

18. 再定西藏

《圣武记》卷五《国朝抚绥西藏记上》:"……第六世达赖剌麻于(康熙五十九年,1720)九月登座,取拉藏所立博克达剌麻归京师,尽诛厄鲁特剌麻之助逆者。留蒙古兵二千,以拉藏旧臣贝子康济鼐掌前藏,台吉颇罗鼐掌后藏。……"

《圣武记》卷五《国朝抚绥西藏记下》:"驻藏大臣何昉乎? 昉于雍正之初而定于乾隆之中叶。……(雍正)二年(五年七月?)①……冬,藏中噶布伦等三人忌贝子康济鼐之权,聚兵害之,欲投准噶尔。诏将军查郎阿率川、陕、滇兵万有五千进讨。未至,而台吉颇罗鼐率后藏及阿里兵九千,截贼去路,擒首逆。诏以颇罗鼐为贝子总藏事,赐犒兵银三万两,留大臣正副二人,领川、陕兵二千分驻前后藏,镇抚之,是为大臣驻藏之始。"

《清史稿·藩部列传八·西藏传》:"(康熙)五十九年(1720)九月十五日达赖(新六世)至布达拉坐床,……留蒙古、川、滇兵四千,……以藏遗臣空布之第巴阿尔布巴首向效顺,同大臣取藏;阿里之第巴康济鼐截击准噶尔回路;俱封贝子。隆布奈归附,授辅国公,理前藏务;颇罗鼐授札萨克一等台吉,理后藏务;各授噶卜伦。……五年(1727)七月阿尔布巴、隆布奈、扎尔鼐恃与达赖姻,争贝子康济鼐之权,聚兵害之,欲投准噶尔,诏史部尚书查朗阿(《史稿》传八四)率川、陕、滇兵万有五千进讨,未至,而台吉颇罗鼐率后藏及阿里兵九千,自潘玉口至喀巴,先遣兵千余破喀木卡伦,与隆布奈兵交绥,夜,西藏斥堠俱归顺,颇罗鼐即率兵直抵拉萨。驻藏大臣马喇、僧格往布达拉护达赖,各寺喇嘛将阿布巴等擒献送马喇所。查朗阿至,诛首逆及其孥,诏以颇罗鼐为贝子,总藏事。赐犒兵银三万两,留大臣正副二人,领川、陕兵二千,分驻前后藏镇抚,是为大臣驻藏三年一代之始。"(查朗阿,本传作'查郎阿'。)

呼毕尔罕(Khubilhan)转生之意。

19. 乾隆平定西藏

《圣武记》卷五《国朝抚绥西藏记下》:"……至乾隆十五年(1750),而有

朱尔墨特之变（朱尔墨特,《清史稿·西藏传》作'珠尔默特'）。朱尔墨特者,颇罗鼐之子也,于十二年袭封郡王,以驻藏大臣不便于己,先奏罢驻防之兵,阴通书准噶尔,请兵为外应,旋袭杀其兄,扬言准部兵至,聚党二千谋变。驻藏都统傅清（《史稿》传九九）、左都御史拉布敦（传九九）觉其逆芽,欲先发,而左右无一兵,乃以计诱至寺中,登楼手刃之,旋害于贼党。时第五世班禅已卒（乾隆四年1739卒）,达赖剌麻使番部公爵班替达摄藏事,擒逆党以闻。我将军策楞（传一〇一）、班弟（传九九）至藏。诏以二臣先事靖变,赠一等伯,即以其地立双忠之祠,永禁唐古特及准夷往来之使,至是西藏始不封汗王贝子,以四噶卜伦分其权,而总于达赖剌麻。我驻藏大臣增兵千有五百戍藏,其国事犹不尽预闻也。二十二年,荡平伊犁,藏地始永无准夷患。……"

朱尔墨特之变与其影响

"（乾隆）五十六年（1791）（廓尔喀 Gurkha）复深入,福康安、海兰察大举讨平之,语具别记（卷五《乾隆征廓尔喀记》）。留土番兵三千,汉、蒙古兵千戍藏。自是驻藏二大臣行事仪注始与达赖、班禅平等,其四噶布伦及番目缺,均大臣与达赖会同选授,定商上剌麻银钱出入之额,与春秋巡查鄂博之制,于是事权始归一。自唐以来,未有以郡县治卫藏如今日者。"

参考:

王氏《东华录》

《圣武记》卷五《国朝抚绥西藏记下》、《西藏后记》、《乾隆征廓尔喀记》

《清史稿》列传九九《傅青、拉布敦、班第传》

《清史稿》列传一〇一《策楞传》

《清史稿》列传一一七《福康安传》

《清史稿》列传一一八《海兰察传》

《清史稿》藩部八《西藏传》

20. 平定青海喀木

《圣武记》卷三《康熙亲征准噶尔记》:"厄鲁特四卫拉部曰绰罗斯……曰都尔伯特……曰土尔扈特……曰和硕特,牧乌鲁木齐,和硕特固始汗于明末袭据青海,又以兵入藏,灭藏巴汗而有喀木之地。"

《圣武记》卷三《雍正两征厄鲁特记》:"西域四厄鲁特中,准噶尔部最习战斗。青海和硕特部次之;世姻,亦世仇也。……"

"(康熙)五十八年(1719)……由四川、青海两路入藏,拥立达赖,尽破厄鲁之众,绝其南牧。六十一年(1722),进军乌鲁木齐,以伊犁隔三岭之险,未犁其庭,而哲卜尊丹巴(Dschi→btsun dampa)呼图克图复代为请罪,上因使宣谕之,令自戢,渐撤西师。是时,惟准噶尔(Zungar)桀横,而和硕特(Koshoit)驯扰,故朝廷惟捍准夷,以扶植和硕特。及雍正元年(1723),青海复有罗卜藏丹津之叛。"

"罗卜藏丹津者,和硕特固始汗之孙也。初,青海喀木藏(后藏)卫(前藏)旧称唐古特四大部,固始汗明末自甘、凉塞外横侵据之,以喀木粮富而青海广漠,故令子孙游牧青海,而喀木纳其赋。……顺治十三年(1656),固始汗卒,其裔分二支,在藏者曰拉藏汗,在青海及河套者为鄂齐图汗。寻鄂齐图汗为噶尔丹所破……来投,圣祖赐以贺兰山牧地……虽藏中和硕特末年为策妄所覆,而青海之和硕特部族如故也。至是,达什巴图之子罗卜藏丹津袭亲王爵,从大军入藏,归……阴图复先人霸业。"

"雍正元年(1723)夏,诱诸部盟于察汗托罗海,令各仍故号,不得复称王、贝勒、公等爵,而自号达赖浑台吉以统之。……"

"冬十月,命川陕总督年羹尧为抚远大将军,驻西宁,以四川提督岳钟琪为奋威将军,参赞军务。年羹尧先分兵永昌布隆吉河,防其内犯,南守巴塘、里塘、黄胜关,扼贼入藏之路;又请敕富宁安等屯吐鲁番及噶斯泊,截其通夷之路;复遣诸将分攻镇南、申中、南川、西川、北川、归德等堡,溃其党羽,……罗卜藏丹津始惧,归常寿请罪。不许。……"

"二年(1724)正月,岳钟琪攻贼……于西宁东北之郭隆寺,夺其三岭,沿途焚其十七塞……其石门、奇嘉、郭莽等寺皆破。惟罗卜藏丹津尚负嵎于乌兰呼尔之柴达木,去西宁卫千余里,年羹尧奏调兵二万余,由西宁、松潘、甘州、布隆基河四路进攻。岳钟琪以青海寥阔,……不如乘春草未生,以精兵五千,马倍之,兼程捣其不备,世宗壮之,诏专任钟琪。二月出师,……蓐食衔枚,宵进百有六十里,黎明抵其帐,贼尚未起……仓皇大溃。罗卜藏丹津衣番妇衣,骑白驼遁,……北投准噶尔……俘其母、弟、妹暨逆党头目……自出师至贼巢,凡十五日,往返两月,献俘京师,……班师。先后辟青海(KoKo Nor)域千余里,分其地赐各蒙古。分二十九旗,其喀尔喀(Khalkha)、土尔扈特(Turgut)、辉特(Khoit)等各自为部,不得属青海。"

"罗卜藏丹津(Lobdgan Dandgin)之投准噶尔也,策妄拉布坦(Tse Wang Araptan)纳之,朝廷遣使索献,不奉诏,亦不敢犯边,我朝亦罢西师,……惟于哈密、巴里坤、吐鲁番及布隆吉河各留戍兵防秋。"

21. 清与青海

《清史稿·藩部传五·青海额鲁特传》:

和硕特,设札萨克二十一。

土尔扈特,设札萨克四。

准噶尔,设札萨克二。

辉特,设札萨克一。

和硕特顾实汗名图鲁拜琥,分青海部众为二翼,子十人领之。(1页)

1637　崇祯十年　清崇德二年　顾实汗遣使与清通好,通贡。

1642　崇祯十五年　清崇德七年　顾实汗偕达赖奉表贡。

1643　明崇祯十六年　清崇德八年　清以顾实汗击败藏巴汗谕劳之。

1645　清顺治二年　顾实汗贡马于清。

1652　清顺治九年　顾实汗导达赖入觐于清。并贡驼马方物。

1656　清顺治十三年　顾实汗卒。青海属复为边患。(3页)屡谕诚顾实汗之子车臣岱青。

1665　康熙四年　蒙古屡迁徙于庄浪诸境,张勇往责之。(4页)

1675　康熙十六年　准噶尔台吉噶尔丹侵扰青海。(4页)清张勇备之。

1693　康熙三十二年　郎坦(清将军)奏青海诸台吉私与噶尔丹通。(5页)

1696　康熙三十五年　清征噶尔丹,获青海通噶尔丹之使。(5页)

1697　康熙三十六年　青海台吉等入觐于清。(6页)

1698　康熙三十七年　西藏第巴离间准噶尔,噶尔丹与其侄策妄阿喇布坦上书于清,谓策旺将攻青海。(6—7页)

1700　康熙三九年　策旺声言击第巴,遣使至青海觇强弱。(7页)

1715　康熙五十四年　策旺掠哈密,清令青海备之。(7页)

1718　康熙五十七年　策旺阿喇布坦侵西藏拉藏汗,拉藏汗来请援。(8页)

1719　康熙五十八年　命允禵为大将军驻西宁。(8页)

1720　康熙五十九年　　清军败准噶尔,送达赖入藏,留兵二千屯青海。
(8 页)

1723　雍正元年　　　罗卜藏丹津(顾实汗之孙)以从清军入藏,觊为唐古特长,不得,阴与策旺约,叛清。清军往讨。岳钟琪讨平之。(9 页)

　　　　在此以前,清与青海保持朝贡关系,对其政权未加干涉。青海亦对清甚恭顺。

1762　乾隆二十七年　　设西宁办事大臣,辖蒙古番子事务。所部札萨克自察罕诺们汗外,旗二十有九,爵三十,……(14 页)

1786　乾隆五十一年　　禁青海喇嘛不领路引私自赴藏。(14 页)

　　　　　　　　　　　　　　　　　　　　　　　　1953.6.16

22. 青海之善后

王氏雍正《东华录》四:"(雍正二年 1724 五月癸卯朔)戊辰(二十六日)……总理王大臣遵旨议奏年羹尧奏青海善后事宜十三条。(1)一奏称青海各部落人等宜分别功罪以加赏罚也。……(2)一奏青海部落宜分别游牧居住也。请照依内札萨克编为佐领以申约束,每百户编一佐领,其不满百户者为半佐领,将该管台吉俱授为札萨克,于伊等弟兄内拣选授为协理台吉。每札萨克俱设协领、副协领、参领各一员,＊每佐领各俱设佐领、骁骑校各一员,领催四名。其一旗有十佐领以上者,添设副协领一员,佐领两员,酌添参领一员。……(3)一奏称朝贡交易宜按期定地也。……青海诸王贝勒应分作三班,三年一次,九年一周。其余内地之人,互相交易之处,则定以每年二月、八月二次交易,俱以边外为集;臣选得西宁西川边外有那拉萨拉地方,请指定为集,不准擅移。……(4)一奏称喀尔喀厄鲁特之四部落宜不属青海也。……将不愿为青海属人之喀尔喀等照青海例编旗,分为佐领,添设札萨克等分驻剿灭逆贼之旧地。其情愿归本处者听其自便。……(5)一奏称西番人等宜属内地管辖也。查陕西之甘州、凉州、庄浪,西宁河州,四川之松潘、打箭炉、里塘、巴塘,云南之中甸等处皆系西番人等居住牧养之地……应相度地方添设卫所,以便抚治。将番人心服之头目给与土司千百户,土司巡检等职衔分管,仍令附近道厅及添设卫所官员管辖其应纳粮草。……仍准伊等照旧游牧。……(6)一奏称青海等处宜加约束也。……请饬达赖喇嘛等不准收受鞍租,并饬打箭炉收租官员亦免其纳税,再每年请赏给达赖喇嘛茶叶五千斤,班禅喇嘛减半。……(7)一奏称喇嘛庙宇宜定例稽察也。……
嗣后定例寺庙之房不得二百间,喇嘛多者三百人,少者十数人,仍每年稽察
二次。……(8)一奏称边防宜严界限也。……请于西宁之北川边外上下白
塔之处,自巴尔托海至扁都都口一带地方创修边墙,筑建城堡,……(9)一奏
称甘州等处宜添设官弁也。……(10)一奏称打箭炉等处亦宜添设官弁
也。……(11)一奏称边地弁兵宜归并裁汰也。……(12)一奏称边内地方宜
开垦屯种也。……请将直隶、山西、河南、山东、陕西五省军罪人犯尽行发往
大通布隆吉尔等处,令其开垦,……令地方官动支正项钱粮,买给牛具籽种,
三年后照例起科。(13)一奏称番人部落宜加抚绥也。……至年羹尧奏请禁
约青海十二事:1.一朝见进贡定有期限;2.一不准自称盟长;3.一番子唐古
特人等不许扰累;4.一喀尔喀、辉特、图尔古特部落不许青海占为属下;5.一
编设佐领不可抗违;6.一内外贸易定地限时;……7.一背恩负泽必行剿灭;
8.一内地差遣官员不论品级大小,若捧谕旨,王公等俱行跪接,其余相见俱
行宾主礼;9.一恪守分地不许强占;10.一差员商贾往过不许抢掠;11.一父没
不许娶继母,及强娶兄弟之妇;12.一察罕诺门汗喇嘛庙内不得妄聚议事。
均应如所请,得旨,所议甚属周详,依议。"

　　案,*"每佐领",《清史稿·藩部传五·青海额鲁特传》作"每参
　领",应照改。

　　又案,札萨克蒙古语管理之义,凡各旗台吉加札萨克之名者均为一
　旗之长。

　　又案,青海札萨克组织如下:

　　旗（札萨克）┬── 协领 ── 参领 ── 佐领 ── 骁骑校 ── 领催
　　　　　　　　└── 副协领

23. 平定青海参考

　　平定青海参考书:

　　王氏《东华录》康熙五十七年至雍正二年

　　魏氏《圣武记》卷三《雍正两征厄鲁特记》

　　《清史稿》列传八十二《年羹尧传》

　　《清史稿》列传八十三《岳钟琪传》

《清史稿》列传三百《土司二·四川》
《清史稿》列传三百一《土司三·云南》
《清史稿》列传三百四《土司六·甘肃》
《清史稿》列传三百九《藩部五·青海额鲁特传》

24.青海改旗与土司

魏源《圣武记》三《雍正两征厄鲁特记》："（雍正）二年（1724）……四月……班师。先后辟青海城千余里,分其地,赐各蒙古,分二十九旗。其喀尔喀、土尔扈特、辉特等各自为部,不得属青海。又西宁番者……二三百部皆吐番种,不相统属。明季厄鲁特自北边横越侵之,遂役于厄鲁特,纳租错牧,但知有蒙古,不知有中国。奏仿土司,设番目,改隶道、厅、卫、所,以分厄鲁特之势。定其贡市之期与地（三年一贡,分三班,九年一周。置互市于西宁日月山）,岁会盟,奏选盟长。遇事遣赉敕往,不谕崇卑,王公以下跪迎。置大通、安西、沙州、柳沟各卫,增西宁西北两路防兵,马步五千,设总兵于大通、安西,而改西宁卫为府,青海办事大臣于此建牙焉。移阿拉山王游牧于山后,而牧（？）[①]山前为内地,以重宁夏之险。"

阿拉山在甘州东北,即龙头山,古贺兰山也。或讹阿拉善,有盐池。富强甲西陲。

1954.5.28

25.乾隆回部用兵

魏源《圣武记》卷四《乾隆戡定回疆记》："乾隆二十有二年（1757）,伊犁甫定未大定,同时复有回部之变。回部者天山南路也。……回部即《汉书》城郭三十六国,非北路诸行国比。南北分路于哈密。……回部旧汗,本元太祖次子哈萨岱之裔（此不可信）,世封回部……旋值厄鲁特强盛,尽执元裔诸汗迁居天山以北。回部及哈萨克皆为其属,哈萨克行国仅纳马,而回部各城则分隶诸昂吉,征租税,应徭役,并质回教酋于伊犁。康熙三十五年（1696）噶尔丹败后,其质伊犁之回酋,……遣人护至哈密,归诸叶尔羌。……

---

①　编者注:中华书局1984年版《圣武记》作"收"。

至……玛罕木特欲自为一部不外属，噶尔丹策零复袭执而幽之，并羁其二子，使率回民数千垦地输赋，(二子)长曰布那敦(原注"亦曰博罗尼都")，次曰霍集占，即所谓大小和卓木者也。

案，大和卓木 big Hodja 名布罗尼都 Burhan—al—Din

小和卓木 little Hodja 名霍集占 Khozi Khan

乾隆二十年(1755)夏，王师定伊犁释大和卓木，以兵送归叶尔羌，使统其旧部；而留小和卓木礼之，使居伊犁掌回务(此实以之作质)。及阿逆之变，伊犁俶扰，小和卓木率众助逆，……逾年(1757)王师再定伊犁，小和卓木遁归，始自疑贰。……小和卓木之归也，兄弟共议所向，大和卓木欲集所部听天朝指挥受约束，小和卓木以前此助逆自疑阻，若听朝廷处分，必召兄弟一人留质京师如准噶尔之例，我祖宗世以此受制于人，……不以此时自立国乃长为人奴仆非计，中国新得准部，反侧未定，兵不能来，即来我守险拒之，馈饷不继，可不战挫也。计既决，集其伯克阿浑等自立为巴图尔汗，传檄各城……回户数十万皆靡，……二十三年(1758)五月(命雅尔哈善为靖逆将军)将满汉兵万余……由吐鲁番进攻库车，(不胜)……八月……上震怒，诛雅尔哈善……，乃命(兆惠)移师而南，……于是小和卓木奔叶尔羌，大和卓木奔喀什噶尔，……(二十四年 1759 六月)遂弃城，驱人畜逾葱岭西遁。……(七月七日)我军四千余骑追及阿尔楚山，……两和卓木挈其妻孥旧仆三四百人走巴达克山，……巴达克山酋兴兵拒战，……禽其兄弟……函首军门，回部平。……明年(1760)二月，王师凯旋。"

　　案，阿逆指阿睦尔撒纳，为拉藏汗之孙，策旺阿拉布坦之外孙，为辉特之台吉，居雅尔(即塔尔巴哈台)与准噶尔部不协而又有野心，遂于乾隆十九年(1754)降于清朝，助清攻准噶尔平之，欲作厄鲁特四部总台吉，不果，仅封双亲王，遂叛，时乾隆二十年八月。至二十二年(1757)六月事平。

1954.5.28、29、31

26. 回疆十一城

魏源《圣武记》卷四，《乾隆戡定回疆记》："乾隆二十有二年(1757)伊犁甫定未大定，同时复有回部之变，回部者天山南路也。……二十四年(1759)……七月……回部平。……明年(1760)(此明年二字误，回部之平在二十四年 1795）……以喀什噶尔为参赞大臣建牙之所,节制南路各城。各城大者设办事大臣,小者领队大臣。西四城曰喀什噶尔,曰叶尔羌,曰英吉沙,曰和阗;东四城曰乌什,曰阿克苏,曰库车,曰辟展;并东路哈密、土鲁番、哈喇沙拉三城,共十有一城。各设阿奇伯木克理回务,自三品至六品,各随年班入觐,不得专生杀。"

1954.5.26

27.乾隆新疆驻兵

魏源《圣武记》四,附录:"新疆南北路之荡平也,以伊犁为总汇重地,而乌鲁木齐中外冲要,塔尔巴哈台边接外藩,分设满洲驻防,汉兵屯种,皆携眷移戍;惟南路回疆则更番轮戍。其兵制可考者……满洲兵……绿营携眷兵……共兵万有五千三百三十,兼岁派换防于回疆者八百,换防于塔尔巴哈台者千有五百,此北路驻防兵制也。其回疆南路则皆换防之兵,共五千七百有六十,……皆绿旗兵。由内地陕甘及乌鲁木齐分年派往。

哈密	七百	哈拉沙	七百	叶尔羌	九百	喀什噶尔	九百
阿克哈	八百	英吉尔沙	四百	库车	二百余	和阗	二百余
乌什	一百五十	赛里木	一百五十				

惟喀叶二城骑兵各三百,英吉沙骑兵二百,由伊犁派往。初议三年一班,后改五年一班。各设办事领队大臣。此南路番戍之兵制也。东则乌鲁木齐扼南北两路之冲,设驻防满洲兵三千四百六十,以都统辖之;兼辖巴里坤副都统驻防兵千,古城副都统驻防兵千,及乌鲁木齐总理屯田副都统二员,屯田绿骑四千,又乌什屯田绿骑兵一千并属伊犁将军节制调遣。此东路之兵制也。"

	旗	汉		汉		旗	汉
北路	15330	3000;	南路	5760;	东路	5460	5000
	2300						

1954.5.31

28.清初回城之管辖

《清史稿·地理志二十三·新疆》

阿克苏分巡道　温宿府(阿克苏)

29. 新疆南八城

《清史稿·职官志四》:"喀什噶尔参赞。大臣综理八城事务。"

又:喀什噶尔参赞大臣 Kâshgar 古疏勒回汉   英吉沙尔领队大臣古依耐回城

叶尔羌办事大臣 Yarkand 古莎车回   和阗办事大臣 Khotan 古于阗回城

阿克苏办事大臣 Aksu 古姑墨回汉城   乌什办事大臣古尉头

库车办事大臣 Kucha 古龟兹回   喀喇沙尔办事大臣 Karashahr 古焉耆回城

又:"高宗底定回疆,分建八城,置办事领队各大臣,……光绪十年新疆建行省,俱改直隶厅州。"

光绪《东华续录》卷三十四,光绪六年四月:"丙寅。左宗棠奏:……按新疆形势所在,北路则乌鲁木齐,南路则阿克苏,以其能控制全疆,……谨拟乌鲁木齐为新疆总督治所,阿克苏为新疆巡抚治所。……南路拟设阿克苏巡道一员,喀什噶尔兵备道一员。拟设知府四员,一治阿克苏,一治库车,并隶阿克苏巡道。按阿克苏即古温宿国,拟设温宿府知府一员;……库车即古龟兹国,拟设鸠兹府知府一员;……喀什噶尔即古疏勒国,拟设疏勒府知府一员;……叶尔羌即古莎车国,拟设莎车府知府一员;……喀喇沙尔即古焉耆国,拟设焉耆直隶州知州一员,治喀喇沙尔;……和阗即古于阗国,拟设于阗直隶州知州一员,治和阗;……乌什即古尉头国,拟设尉头直隶同知一员治乌什;英吉沙尔即古依耐国,拟设依耐直隶同知一员,治英吉沙尔。"

《清史稿》卷二十三《地理志·新疆》:"顺治四年哈密内属,吐鲁番亦入贡,惟四卫拉特仍据其地。准噶尔数侵喀尔喀,圣祖三临朔漠征之,噶尔丹走死。其兄子策妄阿拉布坦遁伊犁,传子及孙,从孙达瓦齐夺其位。乾隆十九年杜尔伯特、和硕特、辉特先后来归。二十年,执达瓦齐,准噶尔平。二十二年,以阿睦尔撒纳叛,霍集占附之,再出师。二十三年,克库车、沙雅尔、阿克苏、乌什诸城;明年,收和阗、喀什噶尔、叶尔羌诸城,二酋走死,回部亦平。"(1 页)

1950.12.18

30. 伊犁新疆河北九城

《清史稿》卷二十三《地理志·新疆·伊犁府》:"乾隆时,准部平,改乌

哈尔里克为伊犁。……三十四年,设惠宁城领队大臣,筑河北九城。"(5 页)
原注:

- 惠远

　惠宁　原名巴颜岱

- 绥定　原名乌哈尔里克
- 广仁　原名乌克尔博罗素克
- 瞻德　原名察罕乌苏
- 拱宸　原名霍尔果斯
- 熙春　原名哈拉布拉克
- 宁远　原名固勒扎(今称伊宁)

　塔勒奇

　　伊犁又有七城之说,即上列名称之前有·号者也。

1951. 7. 25

31. 乾嘉征苗

乾嘉湖贵征苗

乾隆五十六年　石满宜之乱。虽旋扑灭而苗祸已胚。

乾隆六十年　　贵州铜仁府苗石柳邓妖煽其党,官捕之,遂叛。

乾隆六十年二月　命福康安、和琳合兵剿之,额勒登保、德楞泰赞军务。凡调两湖、两广、滇、黔、川七省兵。福康安卒于军,和琳继,和琳卒于军,额勒登保继。

嘉庆二年三月　班师。

善后之策　出之傅鼐。傅鼐浙江人。

嘉庆六年　贵州变起,傅鼐驱策良苗深入,平之。

傅鼐苗疆善后　设碉堡,屯田。"防边之道兵民相辅,兵卫民,民实屯,有村堡以资生聚,必有碉卡以固防维。""均田屯丁,自养自卫。""通力合作,且耕且战。""相其距苗远近,碉堡疏密,为田亩多少。"同学校,同考试。

32. 缅甸

《清史稿·属国传三·缅甸》:"……顺治十八年(1661)李定国挟明桂王朱由榔入缅,诏公爱星阿偕吴三桂以兵万八千人临之,李定国走孟艮,不食死,缅酋莽应时缚由榔以献,遂班师。缅自是不通中国者六七十年。"(1 页)

《明史·外国传》无缅甸。

又:"雍正九年(1731),缅……扬言缅来岁亦入贡,……而贡竟不至。"

形势

又:"缅地亘数千里,其酋居阿瓦城,城西濒大金沙江,江发源野人番地,纵贯其国中,南注于海。"

华商华工

"沿海富鱼盐,缅人载之溯江上行十余日抵老官屯、新街、蛮暮粥市,边内外诸夷人皆赖之,而江以东为孟密,有宝井,产宝石,又有波龙者产银,江西、湖广及云南大理永昌人出边商贩者甚众,且屯聚波龙以开银矿为生,常不下数万人。自波龙迤东有茂隆厂,亦产银,乾隆十年(1745)葫芦酋长以厂献,遂为内地属,然其地与缅犬牙相错,十八年(1753)厂长吴尚贤思挟缅自重,说缅入贡,……礼部议,如他属国入贡例。其冬缅使还。(案,实未来贡)……(乾隆)二十八年(1763)刘藻为云南巡抚,额尔格图为提督。是年冬,缅人……分侵九龙江橄榄坝,车里土司遁去,贼入据其城。总督刘藻檄大理顺宁营兵七千往剿,……兵败皆论斩,时乾隆三十年(1765)也。三十一年(1766)正月诏大学士杨应琚自陕甘移督云南,降刘藻湖北巡抚,藻自刎死。是月己亥(杨)应琚至云南,……普洱边外悉平。"

用兵原因在侵略

"……四月……(杨)应琚见夷人之易于摧殄也,遂上奏云臣两月以来访问(肇事土司)召散踪迹,逃往阿瓦,已饬土司缮写缅文索取,不献当即兴师问罪。臣查缅甸连年内乱,篡夺相寻,实有乘之会。臣谨选人潜往阿瓦,将地方之广狭,道路之险夷,详细绘图探明奏报,现已备可调之兵布置练习,密修戎器,以待进行。疏入,帝谕曰:(杨)应琚久任边疆,必不至轻率喜事,如确有把握,自可乘时集事,克日奏功。倘劳师耗饷,稍致张皇,转非慎重筹边之道,务须熟计兼权,期于安善,以定行止。是时诸将希(杨)应琚意,争言内附,……应琚一一奏闻(言缅人内附),以其头目为千总守备,……应琚乃往驻永昌。……应琚又为文檄缅,佹言天朝有陆路兵三十万,水路兵二十万陈于境,以待速降,不然则进讨。缅闻乃大出兵。……九月贼先以兵出落卓,……又以兵溯(恩梅开)江而上抵新街(即八莫),(副将赵)宏榜相持两日势不支,烧其器械辎重及伤病之兵退回铁壁关驻守。……(杨)应琚忧甚,痰疾遽作,诏两广总督杨廷璋赴滇代治应琚军。"(3 页)

　　明万历时,巡抚陈用宾在永昌府近缅设八关,所谓万仞、巨石、神护、铜壁、铁壁、虎踞、天马、汉龙是也,其实八关皆无险厄可守,山箐间小径往往通行人。见本传。

《清史稿·属国传三·缅甸传》

稻叶《清朝全史》四十五章

范文澜《中国通史简编》三编八章四节(庚)

《清史稿》列传 114《刘藻、杨应琚、明瑞》　88《傅恒》

　　后汉西南夷掸国,唐骠国,宋以后缅,洪武二十七年立缅甸军民宣慰司。

　　据各书:

　　征缅前役

　　杨廷璋至军,见贼未易平,请还粤,言杨应琚病已痊。三十二年(1767)正月。杨应琚无计退敌,讳败为胜,事觉,召明瑞于伊犁,以将军督云南军,以额尔景额为参赞大臣。杨应琚逮京赐死。明瑞先胜,后深入敌境,粮尽援绝,力战而死。三十三年(1768)二月。

　　缅人惧,请和不许。三十三年(1768)五月。

　　征缅后役

　　三十三年(1768)二月命傅恒为经略,阿桂、阿里衮为副将军,明德为总督,哈国兴为提督。十一月阿桂至永昌,三十四年(1769)四月傅恒至永昌。进军,大战,十一月缅遣使议罢兵。约三事,入贡,还所拘官兵,永不犯边。遂班师。然贡使终不至。

　　乾隆三十五年(1770)二月断其贸易。

　　乾隆四十一年(1776)金川平,令阿桂以大学士赴永昌备边,缅人请贡,仍不至。

　　乾隆五十一年(1786),封郑华为暹罗王,缅暹世仇,益惧。五十二年(1787)入贡。五十四年(1789)封缅甸国王。

　　光绪十一年(1885)灭于英国。道光二十三年(1843)入贡,光绪元年(1875)入贡,其后十年一贡之例在中英订约中订明仍照行,而实不至。

兵数

明瑞征缅,八旗兵二千,四川兵八千,贵州兵一万,云南兵四千。24000。

马

广西马一千,广东马八百,四川马五千八百,贵州马六千,湖南马二千。15600。

粮

大理、鹤庆、蒙化三府拨六万石,永昌、顺宁买三万石,备二月粮。90000。

傅恒、阿桂征缅　旗兵五千(明瑞所带召回北京),荆州、贵州、四川兵一万三千人,续遣旗兵万余人。(《史稿·属国传》,9页)

福建、贵州、云南昭通兵五万余人。78000。

河南、陕西、湖广、曲靖马六万余匹。

1951.8.2

33.明中叶后之安南

《明史》三百二十一《外国·安南传》:

"(正德)四年(1509)……立……(黎)晭,……七年(1512)受封,多行不义,十一年(1516)社堂烧香官陈暠……作乱,杀(黎)晭而自立,诡言前王陈氏后,仍称大虞皇帝。……(黎)晭臣都力士莫登庸初附暠,后与黎氏大臣阮弘裕等起兵讨之,(陈)暠败走。……嘉靖元年(1522)(莫)登庸自称安兴王,……九年(1530)(莫)登庸禅位于(其子)方瀛,……其年(1530)九月,黎谭卒……(黎氏)国亡。……(明命将讨莫氏)……十九年(1540)……(莫)登庸即遣使请降,……帝大喜,命削安南国为安南都统使司,授(莫)登庸都统使,秩从二品,……(莫)登庸悚惕受命。……万历……三年(1575)……时莫氏渐衰,黎氏复兴,互相构兵,其国益多故。……迄明之世,二姓分据,终不能归一云。"

1954.6.11

34. 安南

《清史稿·属国传二·越南传》：

明嘉靖中黎维潭复国，实其臣郑氏、阮氏之力，自是世为左右辅政。两家世不睦。(5页)

始贡清 1660　顺治十七年(1660)安南国王黎维祺入贡。

封王 1666　康熙五年(1666)五月安南国王黎维禧(维祺之孙?)缴送明永历敕印。清封黎维禧为安南国王，赐镀金驼钮银印。

内乱 1786　乾隆五十一年(1786)安南阮氏变作。(五页)时郑栋专国死，阮惠攻灭其子郑宗而代之，专国政。

乾隆五十二年(1787)黎维祁立，郑氏之臣贡整思扶黎抗阮，为阮氏所败，战死，黎维祁出亡。

清出援兵 1788　乾隆五十三年(1788)阮惠请黎维祁复位，黎不敢出。黎维祁母妻逃至中国龙州边界，总督孙士毅、巡抚孙永清以闻。乾隆命孙士毅援之。

胜利　时阮惠亦叩关请贡，并言黎维祁不知存亡，请立故王之子黎维堇。不许，命孙士毅三路进军。乘思黎旧民与各厂义勇先驱向导，又许世享、张朝龙等皆台湾立功善战之将，故得以兵万余长驱深入，不匝月入其都，黎维祁匿民间，出见，十一月二十二日孙士毅宣诏立其为安南国王。孙贪俘阮惠功，不班师亦不设备。

失败 1789　五十四年(1789)正月朔，清军中置酒，阮兵大至，黎维祁先遁，孙士毅回镇南关，尽焚关外粮械数十万，士马还者不及半。

和议 1789、1790　褫孙职，以福康安代之。会安南方与暹罗构兵，阮惠谢罪，乞降，改名阮光平，遣其兄子阮光显入贡。清封阮光平为安南国王。五十五年(1790)阮光平使其弟冒名来中国受封，而中国不知其伪也。

黎氏入中国 1790—1804　黎维祁及其属内渡中国，编入旗。(汉军旗，以维祁为佐领。嘉庆九年(1809)遣安南人回国，原分住江宁、热河、张家口、奉天、黑龙江、伊犁。)

与法结　阮氏有新阮旧阮之分，阮光平为新阮又称西阮。嘉庆四年(1799)旧阮有子曰阮福映，与法人相结，攻新阮。嘉庆七年(1802)新阮之阮光缵(国王)败走，被擒。十二月阮福映灭新阮之安南国，入贡，请改国名为南越,不许。

改越南 1803　八年(1803)改安南为越南国,封阮福映为越南国王。

法国教士始入安南在乾隆三十年(1765)。

1951.8.2

35. 乾隆平定廓尔喀

《圣武记》五《乾隆征廓尔喀记》:"四川、云南之西为乌斯藏,乌斯藏之西南为廓尔喀(Gurkha),廓尔喀之西南为五印度,……自四川打箭炉西行二十余驿至前藏,十二驿至中藏,又十二驿至后藏,又二十驿至济咙之铁索桥,为后藏极边地,逾桥而西(今尼泊尔境)则廓尔喀矣。……于雍正九年(1731)各奏金叶表文贡方物,自古不通中国,其与中国构兵则自乾隆五十五年(1790)内犯西藏始。……

　　　　1768 以后渐强

初后藏班禅喇嘛以四十六年(1781)来朝……卒于京师,资送归藏,其财皆为其兄仲巴呼图克图所有,……(其弟)舍玛尔巴愤,愬廓尔喀……煽其入寇,五十五年(1790)三月,廓尔喀藉商税增额、食盐揉土为词,兴兵闯边。唐古特兵不能阂,而朝廷所遣援剿之侍卫巴忠,将军鄂辉、成德等复调停赂和,阴令西藏堪布等私许岁币万五千金,按兵不战,……是役未交一兵,而糜饷百万,……次年(1791)藏中岁币复爽约,于是廓尔喀以责负为名再举深入。……驻藏大臣保泰一闻贼至则移班禅于前藏,并张皇贼势,……上知二人(鄂辉:四川总督,成德:四川将军)不足恃,乃命嘉勇公福康安为将军,超勇公海兰察参赞,调索伦满兵,及屯练土兵进讨;其军饷则藏以东川督孙士毅主之,藏以西驻藏大臣和琳主之,济咙边外则前川督惠龄主之。……明年(1792)二月将军参赞由青海至后藏,……"

　　西藏聂拉木为今通廓尔喀孔道,即世界第一高峰(挨佛勒斯——珠穆朗玛峰)所在。

36. 廓尔喀善后

《清史稿》本纪十五,乾隆五十七年(1792)八月戊子"福康安奏廓尔喀……乞降……许之,命班师"。

九月己亥，"论征廓尔喀功"（福康安，海兰察，孙士毅）。

丙午，"命福康安、孙士毅会商西藏善后事宜"。

"命御前侍卫惠伦等赍金奔巴瓶往藏，贮呼毕勒罕名姓，由达赖喇嘛等对众拈定。"

壬子，"复廓尔喀王公封爵"，"定五年一贡"。

十二月庚午，"定唐古忒番兵训练事宜，铸银为钱，文曰乾隆宝藏"。

乾隆五十八年（1793）四月庚寅，"廓尔喀归西藏底玛尔宗地方，以西藏卡外之拉结、撒党两处归廓尔喀"。

五十九年（1794）六月庚午，"设唐古忒西南外番布鲁克巴、哲孟雄、……廓尔喀各交界鄂博"。

《清史稿·属国传四·廓尔喀传》："帝允受降，谕福康安筹善后撤兵，仍以所获热索桥以西协布鲁、雍鸦、东觉、堆补木、帕朗古各地还廓尔喀，热索桥以内济咙、聂拉木、宗喀前属藏地为廓尔喀所据者仍归后藏。沿边设立鄂博，如有偷越即行正法。遇有遣使表贡，先行禀明边吏允许，始准进口。"

当战争时廓尔喀曾求援于印度加尔格达之英国官厅（总督 Cornwallis），英人欲侵其地，佯应之，廓恐两面受敌乃降。否则廓早入英手，藏久危矣。

尼泊尔 Nepal，住居民大部分为蒙古系之西藏种。过去之支配阶级为 Navar 族，现在之征服者为廓尔喀族。

廓尔喀族于 1769 征服尼泊尔。

1951.8.4—5

37. 乾隆十全武功

乾隆十全武功：准噶尔两役，回部一役，金川两役，台湾一役，缅甸一役，安南一役，廓尔喀两役。

准噶尔之役　乾隆二十年（1755）二月至

　　立功诸臣　傅恒，班第，阿睦尔撒纳，永常，萨赖尔

准噶尔第二役　乾隆二十一年（1756）

　　立功诸臣　傅恒，策楞，兆惠，成衮札布，富德

回疆之役　乾隆二十二年（1757）至二十四年（1759）八月

　　立功诸臣　雅尔哈善，兆惠，富德

喀尔喀蒙古(Khalkha)

廓尔喀(Gurkha)之役

　　一、乾隆五十五年(1790)

　　二、乾隆五十六年(1791)至五十七年(1792)

　　廓尔喀今并入尼泊尔。

　　立功诸臣　福康安,海兰察,孙士毅

缅甸之役　乾隆三十二年(1767)　缅匪侵扰土司

　　立功诸臣　明瑞,额尔登额

安南之役　乾隆五十三年(1788)　阮惠叛逐其王黎维祁,黎求援

　　立功诸臣　孙士毅,许世亨,福康安

大金川之役　乾隆十二年(1747)至十四年(1749)　莎罗奔降

　　立功诸臣　傅恒,张广泗(获罪),纳亲(获罪),岳钟琪

小金川之役　乾隆三十六年(1771)至四十一年(1776)　在成都西北懋
　　　　　　功县　僧格桑为索诺木所杀,大金川索诺木降

　　立功诸臣　温福(战死),桂林,阿桂,明亮,海兰察

台湾之役　乾隆五十一年至五十三年(1786—1788)　平林爽文

　　立功诸臣　常青,蓝元枚(早卒),恒瑞,柴大纪(事平获罪),福康安
(代常青),海兰察(代恒瑞)

38. 满清统治少数民族的政策

　　满清统治新参加的少数民族的政策(待澄待正):

　　一、满清境内少数民族发展是不平衡的,有的氏族制,有的奴隶制,有
的统治别族,有的被别族统治,这样对全国总统治者是不利的,所以要求
清朝境内的各族平等地统属于清廷,不允许某一民族被统属于另一民族。
就是说在中国境内各民族全要由满清直接统治。因此有野心统治别民族
或征服别民族者,满清一定要打倒它,不恤用兵。——如打准噶尔。

　　二、同样理由,也不允许在满清统治下的民族再去统属别的民族,
这样还是有的民族不能直接由满清统治,而有"二统治者"掺在中
间。——如青海改旗时喀尔喀部另编,不编在内。

　　三、所有民族全分别制定办法,组织起来,统属起来,而由满清直接
管理他们的最高首长,但是同时各阶层的贵族或首长满清也同他们有

联系。就是说在统制时或公事时由最高首长传达,在分布恩惠时或私事时由满清直接与各阶层贵族交往。因此好事全是满清直接,坏事可以推在各民族的最高首长与满清官吏身上。——如喀尔喀部王公联姻赏赐不经过库伦办事大臣与盟长,而一切统治制度要经过等等。

四、少数民族贵族的名义与地位仍予维持,权力加以限制。

五、满清对少数民族统治政策是发展的,是结合实际而变化的。——如驻藏办事大臣之权力。

1951.8.1

39. 乾隆朝治理西部边疆地区三事

西藏 1750 年	(乾隆十五年)后不再封藏族贵族
准噶尔 1758	(乾隆二十三年)军事结束
天山南路 1759	(乾隆二十四年)后清驻满汉兵,设回汉城

40. 改土归流前之训诫土司

《清史稿》本纪九《世宗本纪》雍正二年五月癸卯朔:"辛酉,诏川陕湖广云贵督抚提镇:'朕闻各处土司鲜知法纪,苛待属人,生杀任性。方今海宇乐利,而土民独切向隅。朕心不忍。宜严饬土司,勿得肆为残暴,以副朕子惠元元至意。'"(4 页)

41. 改土归流

《清史稿·土司传一序》:"……至雍正初,而有改土归流之议。四年(1726)春,以鄂尔泰巡抚云南兼总督事,奏言:云贵大患,无如苗蛮。<u>欲安民必先制夷,欲制夷必改土归流</u>。(原因)而苗疆多与邻省犬牙相错,又必归并事权,始可一劳永逸。……(中述云南土司与各省土司相连情况)……臣思前明流土之分,原因烟瘴新疆,未习风土,故因地制宜,使之向导弹压。<u>今历数百载,相沿以夷治夷,遂至以盗治盗,苗、倮无追赃抵命之忧</u>,土司无革职削地之罚,(办法)直至事大上闻,行贿详结,上司亦不深求,以为镇静,边民无所控诉;若不铲蔓塞源,纵兵刑财赋事事整饬,皆治标而非治本。其改流之法,计擒为上,兵剿次之;令其自首为上,勒献次之。惟制夷必先练兵,练兵必先选将,诚能赏罚严明,将士用命,先治内后攘外,必能所向奏效,实云贵边防百世之利。……于是自(雍正)四年至九年(1726—1731),蛮悉改流,苗亦归化。(按上文言"无君长不相统属之谓苗,各长其部割据一方之谓蛮",而以土司属之蛮。亦强为之说耳。)间有叛逆,旋即平定。其间如雍正朝古州苗疆之荡平,乾隆朝四川大小金川之诛锄,光绪朝西藏瞻对之征伐,皆事之钜者,分见于篇。"(1—2页)

《清朝先正事略》十三,《鄂文端公事略》:"公讳鄂尔泰,字毅庵,姓西林觉罗氏,满洲镶蓝旗人。……(雍正)三年(1725)署云贵总督。四年(1726)夏,贵州仲苗负险肆逆,议抚久无成,公奏:'欲百年无事,非改土归流不可,欲改土归流非大用兵不可,宜悉令献土纳贡,违者剿。'疏上,盈廷失色。世宗大悦,……遂实授总督,公分三路进剿,一由谷隆,一由焦山,一由马落孔,焚其寨七,进克长寨羊成堡,……条上经理仲苗事宜十一则皆报可。……(中叙改流诸土司)……然土官自汉唐世袭二千余年雄富敌国,一旦入版图受官吏约束,心终不甘,诸汉奸又阴嗾之,改流后反者岁数起,蜀之乌蒙、窝泥,滇黔之泗城、长寨、车摆夷,粤之西隆州相继驿骚,公惭怒次骨,奏请褫职讨贼赎罪,世宗以为多一次变动加一次平定,优诏不许。公感上恩益奋,亲督军鏖战,所获苗皆刳肠截胆,分挂崖树几满,见者股栗。缴上苗寨枪炮军械无万数。自丙午(雍正四年,1726)用兵,至庚戌(雍正八年,1730)功成。……杨公名时……内召,(事在1736)及抵京,奏公(鄂尔泰)处置苗疆非善后策,公初不以为忤。……"(1—2页)

"……御之,去则舍之,再悬赏以示有能擒首恶及率众归顺者给予土官世袭,分主其地,更加意抚绥熟苗,勿使为生苗所劫掠,为官兵所欺陵,如此则苗人自当向化,若因循粉饰,恐兵端不能息也。时鄂文端(鄂尔泰)为首辅,公(杨名时)谓之曰自公(鄂)用师于苗,吾数言其不可,天道甚神,人不可多杀,惟君子为能改过,公(鄂尔泰)其图之。上卒从公(杨名时)言,撤兵,除新疆之赋,黔人乃安。"(3—5页)

1951.7.25

42. 改土归流前之土司

魏源《圣武记》七《雍正西南夷改流记上》:"《汉书》:'南夷君长以十数,夜郎最大;其西靡莫之属以十数,滇最大;自滇以北君长以十数,邛都最大。'在宋为羁縻州,在元为宣慰、宣抚、招讨、安抚、长官等土司。其受地远自周汉、近自唐宋,而元明赏功授地之土府土州县亦错出其间。……明代……云贵川广恒视土司为治乱。国平因明制,属平西(吴三桂)、定南(孔有德)诸藩镇之。……至雍正初而有改土归流之议。初明洪武中未下滇先平蜀,招服诸蛮,故乌蒙、乌撒、东川、芒部四军民府,旧属云南者皆改隶四川,然诸土司皆去川远,去滇黔近。……嘉靖中虽改芒部为镇雄府,旋因陇氏之乱,仍革流归土。(革流归土)……万历中改播州为遵义、平越二府,分隶黔蜀。其余各土司则皆去成都二千余里,去滇黔省会仅数百里,滇黔有可制之势而无其权,四川有可制之权而无其势。土蛮不耕作,专劫杀为生,边民世其荼毒,疆吏屡请改隶,而枢臣动诿诸勘报,弥年无成画。雍正……四年春,以鄂尔泰巡抚云南兼总督事,奏言……自康熙五十三年(1714)土官禄鼎乾(案,指乌蒙)不法,钦差督抚会审毕节,以流官交质始出,盖无忌惮。其钱粮不过三百余两,而取余下者百倍,一年四小派,三年一大派,小派计钱,大派计两,土司一娶子妇,则土民三载不敢昏;土民有罪被杀,其亲族尚出垫刀数十金。终身无见天日之期。东川虽已改流三十载,仍为土目盘踞,文武长寓省城,膏腴四百里无人敢垦。……"

　　　　　土司
　　　　　土官
　　　　　土目

　　　　　　　　　　　　　　　　　　1954.6.1

43. 清代改土归流之先后

《清史稿·土司传一》(摘录数例):

湖广:

施南　雍正十二年忠孝安抚司田璋纳土,其地入于恩施县。(4页)

　　　　十三年施南宣抚司覃禹鼎以罪改流。(4页)覃禹鼎以"淫

恶抗提"擬罪改流,以其地置利川县。(4页后)

雍正十一年忠建宣抚司田兴爵以"横暴不法"拟流,以其地为恩施县。(4页后)

雍正十二年忠峒安抚司田光祖纠十五土司呈请纳土归流,以其地入宣恩县。(5页前)

永顺　"上溪州土知州属永顺司,明洪武二年以张义保为土知州,传至张汉卿清顺治四年归附,雍正五年张汉儒纳土。"(6页后)

《土司传三》:

云南:

临安府　"教化三部长官司副长官,清顺治十六年副长官龙昇归附,……康熙四年附王、禄叛,诛之,以其地为开化府,设流官。"(4页B)王耀祖、禄昌贤

　　　　"阿迷州土知州……雍正四年籍其产,安置江西,改流。"(4页B)

楚雄府　"姚安府土同知……雍正三年以不法革职,安置江南。"(5页B)

《土司传四》:

贵州:

石阡府　"苗民长官司在府城西北,明洪武十年立,清康熙四十三年改土归流。"(10页A)

黎平府　"分管三郎司在府南三十里,……清康熙二十三年改土归流。"(11页A)

　　　　"赤溪湳洞司在府东北二百六十里,……"(11页A)

　　　　"水西宣慰问……(康熙)四十年总督王继文以土司安世宗为吏民之害,仍请停袭,地方归流官管辖。"　(11页B)

《清史稿·土司传五》:

广西:

思恩府　"元置田州路军民总管府,明正统五年升为思恩府,弘治末改流官,清因之。"(2页A)

　　　　"上林土县在府西南二百七里,……明洪武二年(?)以黄嵩为土知县,仍属田州,嘉靖初改隶思恩军民府,佐以流官典史。……"(2页A)

泗城府　"顺治十五年归附,……雍正五年(岑)映宸以罪参军,改设流

官。"(2页B)

天挺案,据上列诸事,知:

一、改土归流在明代弘治、嘉靖已行之,康熙时亦曾实行,但看条件成熟与否。条件尚未完全成熟者或在土官之下加设流官佐之。或流官下以土官佐之。

二、雍正时之改土归流,是条件未成熟而以武力强制改流的。

三、改土归流不但夺土官之统治权、土地权,而且侵蚀其财产甚至没收其财产,所以满清官吏借口种种原因压迫土官改流。目的在侵吞财产。

四、改流之土官有的还要强迫使他迁往他省居住。

五、我们研究改土归流更重要的是在归流后对这个少数族的经济文化生活是不是提高了、发展了来看,要注意整个的问题,而不应只强调军事一面。

1951.7.25、26

44.改土归流后土司之待遇

《清史稿》列传八十九《徐本传》:"徐本字立人,浙江钱塘人。……(雍正)十年擢安徽巡抚,……十一年疏言,云贵广西改流土司安置内地,例十人给官房五楹,地五十亩。安庆置二十一人,地远在来安,请变价别购,俾耕以食,……下部议行。"

1953.6.22

45.改土归流的军事

《圣武记》七《雍正西南夷改流记上》:"……于是自(雍正)四年(1726)至九年(1731)诸不法土司悉改流,而群苗亦先后归顺。(川边)其治川边诸土司也,初以乌蒙、镇雄两土府相狼狈而东川六营土目附和之,四年(1726)……鄂尔泰令总兵刘起元屯东川,……鄂尔泰遣游击哈元生败之……两酋皆遁四川,于是两土府旬日平。以乌蒙设府,镇雄设州,又设镇于乌蒙,控制三属。时四年十二月也。……六年(1728)……于是自小金沙江外,沙马、雷波、吞都、黄郎诸土司地,直抵建昌,袤千余里,皆置营汛,形联势控，……哈元生回军……屯田东川，岁收二万余石，税以课矿，岁万金，资兵饷。而八年（1730）秋，复有乌、雄镇之变。……（哈元生平之）……其（滇边）治滇边诸夷也，先劾霑益土州安于蕃、镇沅土府刁瀚及赭乐长官土司威远州、广南府各土目改流，……而刁氏之族舍土目不肯献所占民田，煽纠威远黑保于（雍正）五年（1727）正月夜围府署，缚（权镇元府知府）刘洪度于柱而戕之，旋为官兵所殄，……于是尽徙已革土司土目他省安置并搜剿党逆之威远新平诸保，……又进剿澜沧江……鄂尔泰于六年（1728）五月……用降夷乡导以贼攻贼，于是深入数千里，……惟江外归车里土司，江内民夷数万改流，设汛银厂盐场以充俸饷，升普洱为府居中控制，移元江协副将驻之，……于是广南府土同知、富州土知州，各愿增岁粮二三千石并捐建府州城垣，永昌边外之孟连土司献银场，（驻兵、增粮、筑城、献场）……（案，据此少数族时已自行开矿）……（黔边）其治黔边诸夷也，终于古州，而始于广顺州之长寨。（长寨）寨据各苗之腹，……前总督高其倬……议设营汛以控前后左右各寨，苗力扰抗，四年（1726）夏，官兵焚其七寨，……鄂尔泰……令总兵石礼哈搜讨，尽歼首从，（勒缴兵器）勒缴弓弩四千三百余，毒矢三万余，皮盔皮甲刀标各数百，建参将营，分扼险要，（易服薙发）易服薙发，立保甲，稽田户，于是乘威招服东西南三面，广顺、定番、镇宁诸边生苗六百八十余寨，地方九百余里，镇宁、永宁、安顺诸生苗倮仲千三百九十八寨，五千九百户，直抵粤界。……（粤边）其治粤夷也，先改土司，次治土目。初泗城土府岑映宸，富强不法，当会勘时，聚兵四千分营江北，以震民夷，及闻乌镇改流之信，始星夜撤兵。五年（1727）夏鄂尔泰按部安笼镇收其敕印，……六年（1728）八月首讨思陵州之八达寨，……八年（1730）复檄讨思明土府所属之邓横寨，三路进攻，一鼓而克，……于是远近土目争缴军器二万余，巡边所至，迎扈千里，三省边防皆定。……（湖广）其湖广苗接黔者，……有谬冲花苗之剿（事在五年，1727），……有遍招楚界诸苗之役（事在七年，1729），……永顺、保靖、桑植、容美四大土司亦先后服，奏改郡县，惟容美稍用兵，而永顺彭氏则自请献土，优奖回籍，……又于云贵交界之平越及安顺，别开二路，凡十六驿，省旧驿者五。浚柳州至桂林之河，一水直达，垦辟污莱，焚烈山林，久荒之土，亩收数倍。……"（4—12页）

1956.12.27、30

46. 清代对待少数民族之残酷

《清史稿·本纪十二》,乾隆二十二年(1757)三月庚戌:"辉特台吉车布登多尔济叛,哈达哈讨获之。命尽诛丁壮,以女口赏喀尔喀。"(4 页)

又,乾隆三十年(1765)闰二月乙卯:"乌什回人作乱,戕办事大臣素诚。""(六月己巳)谕明瑞勿受乌什逆回降。""(九月戊寅)乌什叛回以城降。""(九月辛卯)以明瑞等未将乌什叛人殄诛,送往伊犁,下部严议。""(十一月庚寅)明瑞等以尽诛乌什附逆回众奏闻。"(21—23 页)

1953.6.29

47. 大小金川

《清史稿·土司传二》,四川:"川之南,有金川者,本明金川寺演化禅师哈伊拉木之后,分为大小金川。顺治七年(1650)小金川卜儿吉细归诚,授原职。吴三桂乱后,康熙五年(1666)年其酋嘉纳巴复来归,给演化禅师印,其庶孙莎罗奔以土舍将兵从将军岳钟琪征西藏羊峒番,雍正元年(1723)奏授安抚司,居大金川,而旧土司泽旺居小金川。"(1 页)

又:"(乾隆四十年 1775),金川平,四十一年(1776)……旋于大金川设阿尔古厅,小金川设美诺厅。四十四年(1779)并阿尔古入美诺,改为懋功厅。"(4 页)

> 懋功厅今为懋功县,在成都之西偏北,上文言"川之南"误。《圣武记》七,"金川者小金沙江之上游也",误。小金沙江为雅砻江,即打冲河之上游。金川实大渡河之上游也。

48. 古州

《清史稿·土司传四》,贵州:"清水江者,沅水上游也,下通湖广,上达黔粤,而生苗据其上游,曰九股河,曰大小丹江,沿岸数百里,皆其巢窟。古州者,有里有外。里古州距黎平府百八十里,即元置古州八万洞军民长官司也。地周八十余里,户四五千,口二万余。都江、溶江界其左右,合为古州江。由此东西南北各二三百里为外古州,约周千二三百里,户数千,口十余万,可敌两三州县。环黔粤万山间,而诸葛营踞其中,倚山面川,尤据形势。张广泗守黎平,轻骑深入周勘,倡议置镇诸葛营,扼吭控制,而其外户为都匀、八寨,内户为丹江、清江。"(2 页)

古州今名榕江县,在贵州东南境。

1953.6.22

49. 黔东少数民族起义

×台拱　　×剑河（清江）

×贵阳

都匀×　×丹江　　

×八寨　○牛皮菁

×独山　　×榕江（古州）

50. 黔东少数民族起义

《清史稿·土司传四》,贵州:"(雍正)十二年(1734),哈元生进新辟苗疆图志,以尹继善督云贵,而复有黔苗之变。初苗疆辟地二三千里,几当贵州全省之半,增营设汛,凡腹内郡县防兵大半移戍新疆(新辟苗疆);又鄂尔泰用兵招抚止及古州清江,未及台拱之九股苗。有司辄称台拱愿内属。(案,古州今名榕江,清江今名剑河,台拱今县名,均在贵州东郡部之南。)巡抚元展成易视苗疆,遽于十年(1732)设营驻兵。……上下九股数百寨,叛围大营,……死守弥月,援至始解。……(起因1735)十三年(1735)春,苗疆吏以征粮不善,远近各寨蜂起,遍传木刻。总兵韩勋破贼古州之王家岭,贼复聚集清江台拱间,番招屯复围于贼。巡抚元展成与(提督)哈元生不合,仓卒调兵五千尽付副将宋朝相领之赴援,半途亦困于贼。贼探知内地防兵半戍苗疆,各城守备空虚,于是乘间大入,陷凯里,陷重安江驿,陷黄平州,陷岩门司,陷清平县、余庆县,焚掠及镇远思州。(诸地均在台拱之西之北)而镇远府治无城,人心洶惧。台拱、清江各营汛亦多为贼诱陷,逆氛四起,省城戒严。……六月,诏发滇、蜀、楚、粤六省兵会剿,特授哈元生扬威将军,湖广提督董芳副之。七月又命刑部尚书张照为抚定苗疆大臣,副都御史德希寿副之。时尹继善已遣云南兵二千星夜赴援,湖、粤兵亦继至。生苗见各路援兵渐集,各掳掠回巢,弃城弗守。……生苗既回巢穴,则纠众攻围新疆各营汛,于是台拱、清江、丹江、八寨诸营复同时告急。……而八寨(八寨在都匀东南)协副将冯茂复诱杀降苗六百余及头目三十余冒功,于是苗逃归者,播告徒党,诅盟益坚,……陷青溪县城(在台拱之东北,玉屏之西,岑巩即思州之南),而清江之柳罗、都匀之丹江,自春夏被围半载,粮尽援绝,九阅月围始解。张照奉命赴苗疆,且令察其利害。照至沅州、镇远,则密奏改流非策,致书诸将,首倡弃地之议,且袒董芳,专主招抚,与哈元生龃龉。(反对改流与弃地之议)……旋议……"

1951. 7. 25

国家出版基金项目

郑天挺 著

常建华等 整理

郑天挺

清史讲义

中册

中华书局

十二、乾嘉道农民起义

1. 台湾

《清史稿·地理志十八·台湾》:"康熙二十二年(1683)讨平之,改置台湾府,属福建省,领县三。雍正元年增置彰化县,领县四。"

注引光绪十三年(1887)九月杨昌浚、刘铭传奏:"将原有之台湾府、县改为台南府、安平县。"

> 台湾初入中国,置台湾府,设诸罗、凤山、台湾三县,即今嘉义、凤山、安平三县,其所重在台南也。其后始向北发展,雍正元年(1723)分诸罗地设彰化县。或谓分诸罗为彰化及淡水在乾隆中,待查。

1953.6.29

2. 朱一贵

康熙六十年(1721),朱一贵为凤山县民黄殿所拥,起义于台湾,即今之台南。朱自中国入台湾以放鸭为业,以其朱氏,遂托为明裔,称中兴王,年号永和,七日而全台响应。清施世骠与蓝廷珍先后渡海攻之。朱走湾里溪,为村民所获,送北京。余部至雍正元年始结束。

《先正事略》十一《施琅事略》附子《世骠事略》,称:"六十年四月奸民朱一贵自称明裔,伪号中兴天下大元帅,倡乱于凤山县之姜园,戕总兵欧阳凯、副将许云等,遂陷台湾。……闰六月诸罗县民杨旭等诱擒一贵及其党翁飞虎等十二人,缚献大营,一贵槛送京师,磔于市,逆党俘斩殆尽。"

《先正事略》十二《蓝廷珍事略》:"(康熙)六十年朱一贵作乱,陷台湾。……台湾平。……秋七月,南路阿侯林余孽复起。讨平之,招降陈福寿等十余人,皆渠魁也,……九月施公(世骠)卒,公(蓝廷珍)权提督事,余贼以次擒灭。雍正元年(1723)逸盗杨令复谋作乱,遣弁捕灭之。台匪根株尽绝。"

1953.6.29

3. 林爽文起义

《清史稿》本纪十五《高宗本纪六》："（乾隆五十一年［1786］十二月）丙寅。福建彰化县贼匪林爽文作乱,陷县城,知县俞峻死之。命常青、徐嗣曾等剿办。"（2页）

"（乾隆五十二年［1787］正月）辛未。林爽文陷诸罗、竹堑。"（2页）（二月丙辰复诸罗）

"（正月）癸未。林爽文陷凤山,知县汤大全死之。"

"（仝）甲申。常青以守备陈邦光督义民守鹿仔港,收复彰化,奏闻。"

"（二月）壬寅。林爽文复陷凤山,犯台湾府,柴大纪督兵民御之。"

"（七月）壬辰。以海兰察为参赞大臣,舒亮、普尔普为领队大臣,率侍卫章京等赴台湾剿贼。"（3页）

"（八月）常青免,命福康安为将军,赴台湾督办军务。"

"（乾隆五十二年［1787］九月）辛卯。以诸罗仍未解围,催福康安径剿大里杙贼,并分兵进大甲溪。"（3页）

"（十月）壬戌。命江苏、浙江拨济福建军需钱各五万贯。"

"（十一月）甲子朔……赐台湾广东庄、泉州庄义民御书匾额。"

"（十一月）壬申。以柴大纪固守嘉义,封一等义勇伯。"

"（十二月）丁未。福康安等败贼于仑仔、顶庄等处,解嘉义围。"嘉义即诸罗,新改。

"（乾隆五十三年［1788］二月）甲午朔。获林爽文。"

"（二月）庚申。获台湾贼首庄大田。"

1953.6.29

4. 林爽文之役

《先正事略》二十二《福文襄事略》："公讳福康安,字瑶林,姓富察氏,满洲镶黄旗人,大学士一等忠勇公傅恒子也。（乾隆）五十一年（1786）转吏部尚书,协办大学士。……五十二年（1787）台湾逆贼林爽文围嘉义县,诏以公为将军,偕参赞大臣海兰察往剿,进兵援嘉义,贼于竹围中突出抵御,公令屹立勿动,亲率巴图鲁侍卫冲入贼中,败之,连克十余庄。会日暮,雨大至,战益厉,立解县围,追贼至大牌竹,决溪水渡兵,悉焚贼寮,余匪歼焉。……十二月督兵剿北路,进攻大理杙贼巢,歼贼目数十,首逆逃入番社,未获,擒其孥。五十三年(1788)正月令巴图鲁侍卫十数人屯练兵数百,易装入缉,生擒爽文,槛送京师。二月追执凶渠<u>庄大田</u>以献。余党悉定。台湾平。……公条上善后十六事,其要在习戎事,除奸民,清吏治,肃邮政,俞旨允行。调闽浙总督。五十四年(1789)调两广。"

1953.6.12

5. 林爽文

稻叶君山《清朝全史》五十一章:"中国移住之民多由福建泉州、漳州及广东而来,……互相争斗,因而成风,一姓俨如一国。……台湾之械斗比内地尤多。乾隆四十七年彰化附近之泉州人与漳州人因博奕相争,官吏干涉其间,偏袒一方。漳州人檄其同族同姓以攻政府,时林爽文、庄大田等凶悍好乱之徒入之,遂南自台南,北及新竹淡水,起一大乱。"

或谓林为彰化巨族以豪富雄一方,聚众结社号"天地会",亦曰"三合会",横行乡里数十年,官吏莫之敢向。见《清史要略》。

1953.6.29

6. 海上的蔡牵

《清朝先正事略》卷二十二《李忠毅公长庚事略》:"嘉庆十有二年(1807)十二月壬辰,浙江提督李公剿海盗蔡牵,中炮薨于广东潮州之黑水洋。……十四年(1809)八月浙江提督王得禄、福建提督邱良功歼蔡牵于温州之黑水洋,……于是闽浙洋匪悉平。"

"(乾隆)五十九年(1794)补海坛游击。时闽浙洋匪,北接山东,西通两粤,三面数千里皆盗出没。其内地曰洋匪,蔡牵最大,朱濆次之;外地曰夷匪,多中国奸民挟安南人为之,凤尾最大,水澳次之。一艇载数百人,洋匪曰匪艇,夷匪曰夷艇,夷匪至辄数十艇,蔡牵百数十艇,朱濆亦数十艇,其大较也。"

始见蔡牵

"(乾隆)六十年(1795)夷艇入福建之三澎。"

"会故安南王已为阮福映所灭,新受封,守朝廷约束尽逐奸匪,自是夷艇不复至。其在闽者皆为蔡牵所并。(蔡)牵同安人,奸猾能用其众,既得夷艇夷炮,凡水澳、凤尾余党皆附之,势张甚。"

战船

"先是,匪艇皆高大,我军仰攻,殊失势。公(李长庚)与阮公(元)议造大艇,凌匪艇上。阮公筹银十余万交公,遣官赴闽造三十艘,至是(嘉庆五年,1800)成,名曰霆船,遂连败蔡牵于岐头霍头等洋。……八年(1803)(蔡)牵畏霆船甚,厚赂民商造巨艇,高于霆船,先后载货出洋。以被劫归报,牵得之大喜。渡横洋,劫台湾米数千石,分饷朱渍,遂与(朱)渍合。(九年[1804]八月后复分。)"

"海艘越两三旬即须燂洗,否则苔黏螽结,驾驶不灵。"

海战术

"(浙抚清安泰奏言)海战全凭风力,风势不顺,虽隔数十里,旬日不能到也。是故海上之兵,无风不战,大风雨不战,逆风逆潮不战,阴云蒙雾不战,日晚夜黑不战,飓期将至、沙路不熟、前无泊地皆不战。及其战也,勇力无所施,全恃巨炮轰击,船身簸荡,中者几何?我顺风而逐,贼亦顺风而逃,无伏可设,无险可扼,必以钩镰去其皮网,以大炮坏其柁牙篷胎,船伤行迟,我师环而攻之,然后可获其一二船,而余船已飘然远矣。贼往来三省(闽、粤、浙)皆沿海内洋,外洋则无船可掠,无吞可依,往不敢往,惟剿急时始逃入焉。……"

李长庚战术

"近日(李)长庚剿贼,专令诸将士隔断贼船,不以擒获为功,而自率精锐专注蔡逆坐船围攻,贼行与行,贼止与止,……"(案,即阮元所称"专注蔡牵,分船隔攻"之法。)

罗士林《雷塘庵主弟子记》——《阮元年谱》

李长庚《水战纪略》(在前)

1951.9.3—4

7. 清代白莲教的初起

《清史稿》本纪十三,乾隆三十九年(1774):"九月乙卯(初五日),山东寿张县奸民王伦等谋逆,命山东巡抚徐绩剿捕之。丁巳(初七日),命大学士舒赫德……先赴山东剿捕王伦。庚申(初十日),命额附拉旺多尔济、左都御史阿思哈带侍卫及健锐、火器二营兵往山东会剿王伦。辛酉(十一日),王伦围临清,屯闸口。……丙子(二十六日),山东临清贼平,王伦自焚死。"(15 页)

《清朝先正事略》十七《舒赫德事略》:"……会山东寿张贼王伦以邪教倡乱,诏公(舒赫德)出视师,至则破临清,尽歼逆党,(王)伦自燔死,凡六日贼平。"

孟森《清史讲义》:"乾隆三十九年(1774),山东寿张清水教民王伦以治病练拳号召徒党,于八月间起事,袭城戕吏,连陷旁邑,方据临清旧城夺新城,援军大集,擒(王)伦于城中,凡一月而平。明年(1775)而白莲教事发河南鹿邑,遂为川楚巨匪之嚆矢。"

魏源《圣武记》九《嘉庆川湖陕靖寇记一》:"白莲教者,奸民假治病持斋为名,伪造经咒,惑众敛财,而安徽刘松为之首。乾隆四十年(1775),刘松以河南鹿邑邪教事发被捕,遣戍甘肃。复分遣其党刘之协、宋之清授徒传教遍川陕湖北,日久党益众,遂谋不靖。倡言劫运将至,以同教鹿邑王氏子曰发生者诡明裔朱姓,以煽动流俗。乾隆五十八年(1793)事觉复捕获,……惟刘之协远飏。是年复迹于河南之扶沟,不获。于是有旨大索,州县吏奉行不善,逐户搜缉,胥役乘虐。而武昌府同知常丹葵奉檄荆州宜昌,株连罗织数千人,富破家,贫陷死无算。时川湖粤贵民方以苗事困军兴,而无赖之徒亦以严禁私盐私铸失业,至是益仇官思乱,奸民乘机煽惑,于是发难于荆、襄、达州,骎淫于陕西而乱作。"

　　刘松,刘之协,宋之清

　　　　　　　　　　　　　　　　　　　　　　　　　1951.8.4

8. 三省教军

起义先后

乾隆三十九年(1774)　　山东寿张、临清　王伦　一月
四十年(1775)　　河南鹿邑(邻安徽亳州)　刘松　事先发,未起义
五十八年(1793)　　河南鹿邑　刘之协、宋之清　事先发,未起义
五十九年(1794)　　四川大宁,蔓延陕、鄂、豫　谢添秀　事先发,未起义
嘉庆元年(1796)正月　　湖北枝江、宜都　聂杰人、刘鸣盛
二月　　湖北当阳　林之华

三月　湖北襄阳、竹山　姚之富、齐王氏(教首齐林之妻)(后入豫)

十月　四川达州(今达县)　徐天德

十月　王三槐、冷天禄

嘉庆二年(1797)　河南西部　王廷诏、李全(后入陕)

兵起原因

内乱之原,无不出于吏虐。

乾隆时总督多用旗人,风气大坏,时方自谓极盛,乱机已遍伏。

王三槐被勒保绐(约降而俘之),俘至京,廷讯时供"官逼民反"。(三年,1798)人民皆颂刘清为刘青天,信之不疑,且爱戴之,以如此信任官府之人民而起兵,可知官逼民反之非藉口。

苗事方亟,民不堪命。

教军情况

"不整队,不迎战,不走平原,惟数百为群,忽分忽合,忽南忽北。"(姚之富自鄂入豫)"步贼前,骑贼后。"(《圣武记》)

"众股迭发,不相统属,残破各处,不据城地。"

"不坚留一地。"

"贼匪皆不攻城。"(明亮奏)

"贼匪随处焚掠,即随处勾胁,是以日久愈多。川楚陕三省犬牙相错,数千里崇山峻岭,处处有险可恃,有路可逃。及官兵择隘堵御,贼又向无兵处滋扰。"(嘉庆二年[1797]十二月勒保奏)

游击战术

"时贼皆百战之余,猱腾隼鸷,具悉官军号令,及老林径路,忽陕忽川,忽聚忽散,屡被围复乘雾溜崖突窜,有中数矢尤力战者。分军遇之则不利,大队趋之则兔脱,仅余二三百贼而三省不得解严。"——《先正事略·德楞泰事略》

地理熟　勇敢能战　不肯投降

"上又以教匪强半胁从,何以终不就抚?"(事在嘉庆四年八月,见《圣武记》九,《记》四)

清军情况

"勒保奏健锐、火器两营京兵,不习劳苦,不受约束,征剿多不得力,距达州七十里之地,行二日方至。"(《圣武记》九,嘉庆四年)

"大帅麕集,各顿兵避贼。"

"诱坑降众,而以阵斩邀赏,益坚胁徒者之心。"(湖广总督福宁,荆州将

军观成）

"官兵杀掠报功，……皆逼胁平民，……而新起入伙之贼未必不由官兵驱逼所致。"（二年九月癸巳谕）（待校，各条皆同）

"官兵以备多而见少，匪以所向随意见多。"（《圣武记》）

"军饷前费八千余万两，有司图肥己，将弁亦希分润，致贼越四年未殄灭。"（嘉庆四年［1799］十一月那彦成疏，见《先正事略》二十三《那彦成事略》）

民间情况

嘉庆二年（1797）九月，明亮、德楞泰奏："臣等自楚入陕，所经村庄皆已焚烬，盖藏皆已搜劫，男妇皆已虏掠，目不忍见。"（《圣武记》）

案，此所述不能专指教军也。

《清朝先正事略·额勒登保事略》："或疑公忠勇果毅已贯天人，而诛戮不无太过云。"

可见当时之滥杀。

嘉庆四年（1799）二月辛卯谕："自教匪滋事以来，迫胁良民，焚毁田舍，民非甘心从贼，欲逃无归，归亦无食，亟宜招抚解散，而非空言所能收效。"（《史稿·本纪十六》，4页）

嘉庆四年谕："……百姓安土乐业，焉肯铤而走险？缘亲民之吏，不能奉宣朝廷德意，激变至此。然州县剥削小民不尽自肥己橐，半奉上司，而督抚勒索属员不尽安心贪黩，无非交结和珅。是层层朘削皆为和珅一人，而无穷之苦累百姓当之。"

此委过和珅不必尽然，而朘削是实。

清军政策

罢苗疆兵移剿——毕沅　初起时

"守堡御贼"——嘉庆二年（1797）九月，明亮、德楞泰奏请，严斥不许。以为"筑堡烦民，不如专擒首逆"，令诸将力战，见《圣武记》。但此为坚壁清野之议所自始。

"剿抚兼施"——嘉庆三年（1798）二月辛卯上谕自承。　无功

"坚壁清野"——嘉庆四年（1799）龚景瀚上议，备陈调兵、增兵、募勇三害，剿贼四难，行坚壁清野有十利。详见《史稿·循吏》龚景灏本传。四年（1799）六月遂通令施行。"嗣是被兵各省举仿其法，民获自保，贼无所逞，成效大著，论者谓三省教匪之平以此为要领。"（《史稿·循史传》）

军事结束

四川白号王三槐,嘉庆三年(1798)被给送北京(刘清选入王营宣谕,王至军营被擒)。自四年(1799)至七年(1802),对教军领袖迭有斩获。

嘉庆六年(1801)八月以三省大功将蒇,撤盛京兵归伍。

准备结束:六年(1801)八月

嘉庆七年十二月额勒登保、德楞泰、勒保、惠龄、吴熊光等,奏报川陕楚剿捕余匪,一律肃清。其实不过著名领袖络续伤亡,大队教军无复横行而已,山薮未清也。

一次结束:七年(1802)十二月

清朝令诸帅分扼三省要冲,穷搜遁伏之匪。清军死亡复不少。

嘉庆八年(1803)七月再报三省肃清。官兵凯旋,乡勇遣撤,每人以银五钱缴刀矛,二两资回籍。各勇无家可归,复入山泽,与匿藏之教众合。由苟文润统之,复振。

二次结束:八年(1803)七月

嘉庆九年(1804)八月教军赵洪、周乃应杀苟文润出降,众散,于是重报肃清。以九年九月班师。

三次结束:九年(1804)八月

清军胜利原因

"……其不为明季流寇之续者,以全盛博一隅,势不同耳。"(孟森)

用坚壁清野之法。

用乡勇 乡勇始自刘清,一县令无领兵之分而有需兵之急,以德惠相感,团民御"匪"。(孟森)

教军无组织、无计划、无领导、无后援。

"……湖北、四川教匪旋起,蔓延河南、陕西、甘肃……五省环攻之兵力,且抚且剿,尤七载而后定,靖余孽者又二载,先后糜饷逾万万金,视伊犁回部大小金川,几再倍过之。"(《圣武记》九《嘉庆川湖陕靖寇记一》)

1951.8.4

9. 三省教军之进军

《圣武记》卷九《嘉庆川湖陕靖寇记二》:"(嘉庆)二年…贼窥北面可乘,遂三路分犯河南,其北路则王廷诏,焚叶县之保安驿,围官兵于裕州(河

南)……西路则李全,由信阳转应山、随州向确山,趋淅川,奔卢氏……,中路
则姚之富、齐王氏,出南阳,掠嵩县、山阳,……将由陕入川……"(5页)

又:"(嘉庆二年)四月诏责诸将曰,去岁邪教起长阳(湖北西部,长江之
南,宜都之西),未几及襄、郧(汉水流域,襄阳在汉水南,樊城、郧阳均在汉水
之北),未几及巴东(湖北,长江南岸)、归州(今秭归,湖北西部,长江北岸),
未几四川达州(渠江上游)继起,至襄阳一贼始则由湖北扰河南,继且由河南
入陕西,……"(6页)

《圣武记》九《川湖陕靖寇记二》:"(嘉庆二年)六月襄贼既渡汉,复分三
路入川。其两路由通江入巴州,欲合方家坪罗冉等贼,其一入太平城口,欲
合达州大宁二贼。"(7页)

　　　通江,川北渠江上游。巴州,今巴中,在通江之西。大宁,今巫溪,
　　在奉节(夔州)之北,邻近湖北、陕西,大巴山脉。

又:"七月……时襄贼自入川,与达贼会后,复有新贼响应,众顿数万,分
两路还楚。首队齐王氏约二万余,由兴山、保康趋南漳以向襄阳。后队王廷
诏趋当阳、远安向荆州。"(7页)

1954.6.7

10. 秘密结社

陶成章《教会源流考》(北平研究院出版《近代秘密社会史料》附录):

"中国有反对政府之二大秘密团体,……一曰白莲教,即红巾也。一曰
天地会,即洪门也。所谓闻香教、八卦教(一名天理教)、神拳教、在礼教等,
以及种种之诸教,要皆为白莲之分系。凡所谓三合会、三点会、哥老会等,以
及种种之诸会,亦无一非天地之支派。"(1页)

"夫以数千年文明之种族,忽然受制于犬羊,其反抗不服之心要必在在
皆是。虽然,欲行反抗,必非一手一足之所能为,而于是秘密团体之组织于
以兴也。在宋之亡,而白莲之教起(原注"汉末有张角即黄巾,张鲁即白米党
等,借宗教以聚众,反抗政府,其手段与白莲教同,然白莲教之与黄巾白米,
其源流全然不同,无关系也")。白莲教假借释氏,实因蒙古君臣深信佛教,
凡佛教之徒无论有何奸犯之事均不之深究,故志士乃借以组织团体,而蒙古
君臣不之觉也。不及数十年,教势大盛。……凡红巾军皆白莲教之教徒,其
后卒由朱元璋之手,奏恢复之功。"(2页)

"若论现今白莲教蔓延之区域……河南、皖北、湖北、山东诸地,本白莲教原始之发动地;山东、陕西、四川,则肇自刘之协之徒;浙江亦有白莲教之教徒,其主教姓徐,乃(明末)徐鸿儒之后,由鸿儒失败之后而迁入。"(3页)

1951.8.3

11. 明末白莲教

《明史》二十二《熹宗本纪》:"(天启二年[1622]五月丙午)山东白莲贼徐鸿儒反,陷郓城。""六月戊辰,徐鸿儒陷邹县、滕县,滕县知县姬文允死之。""(六月)己巳,前总兵官杨肇基、游击陈九德帅兵讨山东贼。""(十月)辛巳,官军复邹县,擒徐鸿儒等,山东贼平。"

《明史》二五七《赵彦传》:"赵彦,肤施人。万历十一年进士。……光宗嗣位,以右佥都御史巡抚山东。……天启二年(1622)……先是蓟州人王森得妖狐异香,倡白莲教,自称闻香教主。其徒有大小传头,及会主诸号,蔓延畿辅、山东、山西、河南、陕西、四川。(王)森居滦州石佛庄,徒党输金钱称朝贡,飞竹筹报机事,一旦数百里。万历二十三年(1595),有司捕系,(王)森论死,用贿得释,乃入京师,结外戚、中官,行教自如。后(王)森徒李国用别立教,用符咒召鬼,两教相仇,事尽露。(万历)四十二年(1614)(王)森复为有司所摄,越五岁,毙于狱。其子(王)好贤及巨野徐鸿儒、武邑于弘志辈踵其教,徒党益众。至是(天启二年,1622)(王)好贤见辽东尽失,四方奸民思逞,与(徐)鸿儒等约,是年中秋并起兵。会谋泄,鸿儒遂先期反,自号中兴福烈帝,称大成兴胜元年,用红巾为识。五月戊申,陷郓城,俄陷邹、滕、峄,众至数万。时承平久,郡县无守备,山东故不置重兵,(赵)彦……檄所部练民兵,增诸要地守卒,……时贼精锐聚邹、滕中道,(赵)彦欲攻邹、滕,副使徐从治曰:攻邹、滕难下,不如捣其中坚,两城可图也。(赵)彦乃与(杨)肇基令游兵缀贼邹城,而以大军击贼精锐于黄阴纪王城……遂围邹,……(徐)鸿儒抗守三月,食尽,贼党尽出降,(徐)鸿儒单骑走,被擒,抚其众四万七千余人。……磔(徐)鸿儒于市。(徐)鸿儒蹒山东二十年(?),徒党不下二百万,至是始伏诛。于弘志亦于是年六月据武邑白家屯,……凡举事七月而灭。(王)好贤亦捕得伏诛。"

王森,组织,李国用,王好贤,徐鸿儒,于弘志,徐称号

1951.8.3

12. 清初禁秘密教

《清史稿·本纪四·世祖纪》，顺治三年（1646）六月："丙戌。禁白莲，大成（乘？）、混元、无为等教。"（12页）

13. 三省教军起义时的白莲教领袖

湖北　"襄阳贼姚之富与教首齐林之妻王氏陷竹山、保康。"（《圣武记》卷九，《记》一，页二）姚与齐王氏死于嘉庆三年三月甘沟之役。

四川　"孙士凤者，四川教首，王三槐等皆其徒也。"（《圣武记》九，《记》二，页十四）嘉庆二年六月死于麋子坝。

安徽　"（嘉庆五年）冬安徽民张全习邪教，令其子张效元与同教三人潜出嘉峪关，赴喀什噶尔戍所访其教首王发生，（张）效元回至四川贼营，畏罪出首，诏递回原籍，父子免死。"（《圣武记》十，《记》五，页一）

河南　刘之协"（嘉庆）五年六月教首刘之协被擒于河南"。（仝上）

14. 川陕楚教军

《国朝先正事略》卷二十二，额勒登保、德楞泰、长龄诸人事略：

白号：高均德（额）（下同）　罗其清（巴州）　冷天禄（合州）
　　　张子聪（云阳）　杨开甲（由甘入陕）　张天伦　王三槐（德）（川）
　　　张金魁　雷世旺　苟文明　张长青
黄号：姚之富（额）　齐王氏（自楚入川）（襄阳）　樊人杰　龚健
　　　伍金柱（汉阴）　王廷诏　辛聪　龙绍周（德）　徐万富
　　　张万林（陕东）　曾秀芝
蓝号：张汉潮（由川入楚）（额）　萧占国　张长更（营山）　冉天元
　　　刘允恭　刘开玉　陈杰　冉文俦（德）　陈朝观
　　　崔宗和（楚）　胡明远（楚）　蒲天宝（楚）　李彬（长）
青号：徐天德（额）（合州）　王登廷　熊方清　汪瀛（德）
　　　赵麻花
绿号：卜三聘（额）　陈得俸（德）

1953.6.12

15. 三省教军起义

朝鲜柳得恭《滦阳录》，又《燕台再游录》，均见《辽海丛书》，间记教军事。

教军建国号"代汉"，见《燕台再游录》二页。

16. 嘉庆教匪

嘉庆元年(1796)湖北、四川教匪旋起，蔓延河南、陕西、甘肃。以五省环攻之兵力，且抚且剿七载而后定，靖余孽者又二载，先后糜饷逾万万金，视伊犁回部大小金川几再倍过之。

白莲教之始：乾隆时安徽刘松为之首。四十年(1775)刘松以河南鹿邑邪教事发被捕，五十八年(1793)诡明裔朱姓以煽动流俗。

近因：一、有旨大索白莲教余党，县吏奉行不善，株连罗织教千人；二、时川湖粤贵方以苗事困；三、无赖之徒亦以严禁私盐私铸失业，仇官思乱。

事起：发难于荆襄，寖淫于陕西而乱作。

立功汉将：杨遇春(传134)　杨芳(传155)　罗思举(传134)　桂涵(传134附罗传)　吴熊光(湖督)(传144)

得力兵勇：乡勇　乡勇创于刘清(传148)

立功满将帅：勒保(传131)　额勒登保(传131)　德楞泰(传131)明亮(传117)　赛仲阿(传135)

三省教匪：川、湖、陕

蔓延五省：川、湖、陕、豫、甘

《圣武记》九、十　《嘉庆川湖陕靖寇记》一至八。

17. 畿辅教案

嘉庆十八年(1813)九月—十九年(1814)正月　前尾五阅月

匪首：林清(大兴)、李文成(河南滑县)

教：天里教亦作天理教，一名八卦教

首功：滑县知县强克捷

立功诸臣：那彦成、杨遇春、杨芳、刘清

骚动四省：直、豫、鲁、陕（？）

太监：刘进亨（本纪）、刘金、刘得才、王福禄、阎进喜、高广福

河南：滑（破）

山东：曹县（破）、金乡（围）、定陶（破）

直隶：长垣、史明

"杀官围城"以"道口"为据点，"道口"在滑县东（？）十八里，临运河，有积粮。

嘉庆八年（1803）："二月己未，上谒东陵。闰二月戊寅，上还驻圆明园。乙酉还宫，入顺贞门，奸人陈德突出犯驾。"（《史稿·本纪十六》）此与后之林清案或相连。

18. 义和团与八卦教

林清、李文成教匪扰乱各县时，惟金乡知县吴堦守御有法，得不破，事平升曹州知府。沈宝麟撰堦传，详其城守功，乃得义和团之力，此知义和团由来已久，与天理会向仇敌，故官军收其助。宝麟嘉庆三年举人，官汤溪教谕，所记系当时事。然则义和团乃不以反政府为职志，光绪间仇洋扶清，犹初志也。近言秘密会党者，谓白莲教在北变义和团，又言诸教会皆明遗忠，世持种族见，皆迎合潮流语，今满族去矣，各省红枪黑枪大刀小刀之会如故，此又何说？在理会弥漫全国，亦不闻有他变。说者又附会吕留良之孙女吕四娘曾刺雍正帝至死。吕四娘之说，余亲见吾乡许国豪①伪造，当时责其紊乱史实，为失记载之道德，许唯唯，今许君殁矣，而其说为浅薄好事者所乐述，又以《聊斋·侠女篇》为证。夫《聊斋》多脱胎《广记》，以笔墨自娱，原不负纪事之责，且蒲松龄卒于康熙五十四年，何以能知雍正十三年以后事，以好奇之故不顾常识……。（孟森《清史讲义》，397 页）

---

① 编者注：孟森《清史讲义》作"许国英"。

19. 乾嘉之际西南少数民族起义

起义先后

乾隆五十六年(1791)　石满宜

乾隆五十七年八月戊子"福康安奏廓尔喀……乞降，……许之"。(《史稿》纪十五)

乾隆五十八年六月乙酉"英吉利贡船至天津"。(同上)

乾隆五十九年十月癸亥"荷兰入贡"。(同上)

六十年二月丙辰"贵州松桃厅苗匪石柳邓等，湖南永绥苗匪石三保等作乱"。(同)"戊午，命福康安往剿，毕沅驻常德筹办粮饷。"(同)"丙寅命……和琳赴酉阳州备苗。"(同)

　　屡封赏

嘉庆元年(1796)五月壬申"大学士贝子福康安卒于军"。(《史稿》纪十六)

八月壬寅"和琳卒于军，命明亮、鄂辉接统军务"。(同)

嘉庆元年十二月戊子"湖南苗匪平"。

　　封功臣

二年正月丁卯，"贵州南笼(在西南，邻广西，今名安龙)仲苗夷妇王囊仙作乱，命总督勒保剿之"。

三月，撤移征苗之师以应湖北教匪之急。

九月戊辰"勒保奏攻克仲苗贼巢，获贼首王囊仙等，解京诛之"。

　　元年之荡平封拜，二年之奏凯移兵，皆粉饰之词，其实军事未定也。其后又经营十年，至嘉庆十一年始"化酋为民，易兵为屯"，纯出傅鼐之功。

起兵原因

乾隆末年，以十全武功自夸大，吏治不饬，滋生变端。

乾隆间国威远震，视边裔之民较腹地编氓尤为鱼肉。

其驭苗也，隶尊如官，官尊如神，民与苗相接亦存陵侮之意，官弁军民各肆其虐，苗无所控，铤而走险。

乾隆六十年二月初四日谕："贵州、湖南等处苗民，数十年来甚为安静守法，与民人分别居住，向来原有民人不准擅入苗寨之例，今日久懈弛，往来无禁。地方官吏暨该处土著及客民等，见其柔弱易欺，恣行鱼肉，以致苗民不堪其虐，劫杀滋事。迨至酿成事端，又复张皇禀报。看来石柳邓、石三保等不过纠众仇杀,止当讯明起衅缘由,将为首之犯拿获严办,安抚余众,苗民自然帖服。何必带领多兵前往,转致启其疑惧,甚或激成事端,是因一二不法苗民累及苗众,成何事体?"

官吏贪虐。

此谕似乎深知事变原因,而不从政治解决,徒恃兵力。统治者大都如此。

福宁奏起衅根由:"苗人生计本薄,客民等交易不公,与苗人争执,以至变生等语。"

交易欺陵。

《圣武记》卷七《乾隆湖贵征苗记》:"乾隆五十六年永绥厅(湖南)勾补寨苗讼窃牛于官,而病及阖寨,遂激石满宜之乱。虽旋扑灭而苗祸已胚。初永绥厅悬苗巢中,环城外寸地皆苗,不数十年尽占为民地,兽穷则啮,于是奸苗倡言逐客民,复故地,而群寨争杀,百户响应矣。乙卯(乾隆六十年)正月贵州铜仁府苗石柳邓妖煽其党,官捕之,遂叛。焚掠松桃厅(贵州)正大营。湖南永绥黄瓜寨石三保应之。"

訴訟株连　侵地　苗民口号

起于贵州延及湖南。

"分地分兵,施秉以上(施秉县在自湘入黔大道,处镇远、黄平两城之间)用滇黔兵,隶(哈)元生;施秉以下用楚粤兵,隶董芳。于是已进之兵,纷纭改调互换,……文移辨论,致大兵云集数月,旷久无功,贼乘间复出焚掠,清平、黄平、施秉间纷纷告警。当是时,中外畏事者争咎前此苗疆之不当辟,目前苗疆之不可守,全局几大变。八月,召张照、德希寿还。十月,授张广泗七省经略,哈元生以下咸受节制。旋逮张照、董芳、哈元生及元展成治罪。(张)广泗奏言:张照等所以无功者,由分战兵、守兵为二,而合生苗、熟苗为一也。……为今日计,若不直捣巢穴,歼渠魁,溃心腹,……"

苗军情况

据辰州府禀报,乾州城已被围,仓库被劫,并闻署乾州同知宋如椿……俱已殉难。(乾隆六十年正月二十九日)

"苗兵有三长:奥壑重巘,足仄目悸,兽蹯猱腾,如骛平地,此一长也。地不可容大众,其进无部伍行列,退则鸟兽窜,冈迥箐邃,贼忽中发,内暗外明,猝不及防,此二长也。铳锐以长,随山起伏,命中莫失,惟腰绳药,无重衣装,耐饥渴,耐署寒,此三长也。"(《圣武记》)

《圣武记》卷十附严如煜后乡兵行:"……忆昔苗疆岁乙卯(乾隆六十年

1795),乌巢河畔随征讨。蛮枪乱射百无虚,火伴都死一身保。……"

清军情况

"帝室私亲,旗下侈介,借以侈其专征之绩。轻调重兵,但张声势,不求其肯綮所在。费繁役困,迭殒重臣,草草告藏事,而患且百出。"(孟森)

军事初起,命勋贵"相机剿捕",实为轻视苗族力量而为封拜起见。(主要出之和珅)

福康安督七省官兵(两湖、两广、云、贵、川)与苗相持一年余,频以暴雨山潦阻涨为词,而饷道崎岖先后益兵数万。降苗受官弁百余人,月给盐银者数万人(三万七千人)。旋抚旋叛。军士中暑死者甚众。数省转输,费巨万计。

抚事由毕沅、姜晟(巡抚)主之。

嘉庆四年以后,始由傅鼐总理边务,募勇,修碉,兴屯充饷,苗疆乃安。

傅鼐《上百龄书》论福康安、和琳曰:"始则恃搏象之力搏兔,以为功成指顾,而无暇总全局以商定算;继则孤军深入,苗巢前坚后险,实有羝羊触藩之势。兵顿乌草河……者俱累月,不得已广行招纳,归咎于客民争占之滋衅,尽撤苗巢营汛四十八处,以期苗释怨罢兵,……大功未就,相继赍志而殁。踵其后者,承士卒之疲劳、国帑之糜费,又值川楚事急,仓皇移师北去……"

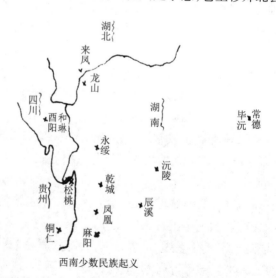

西南少数民族起义

傅鼐日招流亡,附郭栖之,团其丁壮,而碉其要害,十余碉则堡之。傅鼐申戒其民碉卡有三利:矢不入,火不焚,盗不逾。有三便:族聚故心固,扼要故数敷,犄角故势强。

"从来备西北边莫善于李牧'一大创之'之法,御流寇莫如坚壁清野法,而惩苗则莫如沈希仪雕剿法,(傅)鼐专用之。"(《圣武记》)

清军乾隆初攻苗,曾用"排剿"法,见《清史稿·土司·贵州传》。

所谓雕剿,谓悬军深入,饥因敌粮,夜宿敌垒,军不时出,出不时反。岳钟琪、张广泗皆尝行之。

和琳善后议

《圣武记》:"(嘉庆元年)六月,和琳复乾州,使额勒登保等进攻平陇,而自与毕沅、福宁(新旧总督)及巡抚姜晟等遂奏善后章程六事,大抵民地归民,苗地归苗,尽罢旧设营汛,分授降苗弁羁縻之。惟购收枪械一事颇关系,而议旋寝。"

国史《和琳传》:"七月疏陈苗疆善后六事:清厘田亩,归并营汛,酌改土弁,修复城垣,收缴鸟枪,安插被难民人。上以收缴鸟枪一条尚须斟酌,仍饬和琳筹办妥善。"

和琳善后六策,《东华录》未见。

傅鼐善后

嘉庆五年(1800)陈屯政三十四事,十年(1805)陈经久八事,十二年(1807)陈未尽七事。

嘉庆元年,所谓苗疆荡平案本属粉饰,而案不撤销,诸臣之封拜不追夺,则只好将错就错,于是变成军事继续进行,而公文上、史书上讳而不谈之滑稽情况。

自元年(1796)至十一年(1806)苗疆事宜全由傅鼐一人主持,或抚或战,或筑城或建堡,其设施如下(据国史本传):

七年　建城、筑堡、设卡、均田　"使兵农为一以相卫,使民苗为二以相安。""同学校,同考试。"

八年　永绥苗纠众滋衅,设法擒捕

十年　永绥苗攻扰边汛,分调兵勇驰击。奋勇围剿。

收永绥苗人侵占田地(苗占田)三万五千余亩,归公,另佃良苗耕种。垦沿边隙地二万亩,曰官垦田。赎苗民质田万余亩,曰官赎田。

挑苗兵分任边防,支给官粮。

十三年谕曰:傅鼐十余年来,前后修建碉卡哨台一千余座,均屯田土十二万余亩,收恤难民十余万户,挑留屯练八千名,收缴苗寨器械四万余件,设立书院六处,义学一百处,多方化导将苗民妄信巫师、椎牛聚众恶习革除。

　　魏源《圣武记》卷七《乾隆湖贵征苗记》："以臣所闻,乾隆六十年湖苗之役,盖与当时奏牍颇殊云。"

　　严如熤《苗防备览》

　　严如熤《三省边防备览》

　　魏源《屯防志》

　　魏源《凤凰厅志》

　　魏源《古微堂集·傅鼐传》

　　　　以上所记较正史为核实。

1951.8.4

20. 乾隆甘肃回民起义

　　《圣武记》卷七《乾隆甘肃再征叛回记》："初甘肃撒拉尔番回者号黑帽回,与白帽回异种,居西宁番地。俗介番回之间,鸷悍好刚,皆奉墨克为教祖。其经旧默诵。有循化厅(今青海循化县,在西宁东南与甘肃接)回马明心者,归自关外(此谓嘉峪关)见西域回经皆朗诵,自谓得真传,遂授徒号新教,与老教互非议。乾隆四十六年三月,其徒苏四十三聚党仇杀老教百余,兰州知府杨士玑、河州协副将新柱以兵往捕,遇害。……贼二千余陷河州(今甘肃临夏,在兰州西南)城,宵济洮河,由间道犯兰州。……诏发京师健锐、火器营兵二千,命……阿桂……赴剿。……六月……无一降者。先后三阅月,贼平。

　　……逾二年(乾隆四十八年,1783)而又有石峰堡之变。初兰州贼灭后,李侍尧查治新教余党,吏胥肆骚,于是伏羌县阿浑、田五等藉词为马明心报复,仍兴新教,于四十六年冬葺通渭县之石峰堡为巢穴,次年聚谋礼拜寺,造旗帜兵械,而吏不知也。四十八年四月复杀掠起,……五月甘肃提督刚塔等剿之,击贼伏羌城外,略有斩获,首逆田五受创死。李侍尧诛妇孺千余,贼党马四圭、张文庆等流言官兵欲剿绝回众,煽党肆掠,气益炽。……命福康安及海兰察聚会讨,又命大学士阿桂领健锐、火器营二千以往,……议先剿隆德靖宁之贼,而后进捣石峰堡,……七月初……贼平。……自是永禁回民不得立新教。……"(37—41页)

1956.12.24

21. 张格尔起义参考书

《平定回疆战图》

《剿擒逆裔方略》八十六卷

《长文襄公(长龄字修圃,号懋亭)年谱》

《新疆图志》

《先正事略》卷二十二　长龄;卷二十三　杨遇春　那彦成　杨芳

22. 张格尔起义

原因:满清政府回疆之贪暴荒淫

参赞大臣三年一任以为利薮,专工搜括。(见"回疆积弊"卡片)

各城官吏养廉不敷办公,陋规甚多,公开的贪污。(同上)

回官大小伯克之任命,全由贿赂而成,因之对回民谋求无厌,以取偿。(同上)如1765年,乾隆三十年,乌什之阿奇伯克(地方官名小伯克)阿甫托拉之勒索。

满官狂纵激变,如1765年副都统索诚荒于酒色,常留各伯克之妻于官署。(《清朝全史》下一,48页)

满官凌辱回众,如乾隆三十年(1765)乌什起义时之满洲参赞纳世通。(见《清朝先正事略》十九《明瑞事略》)

满清施行分化政策,回官多用东部之人。此土人所最不满。(见《清朝全史》下一,49页)

"尼都(Burhan—al—Din)次子萨木萨克(Sarim Sak)逃入浩罕,浩罕藉其'和卓木'之名居为奇货。和卓木译言圣裔也,回教徒尊之,所至景从。嘉庆二十五年(1820)萨木萨克次子张格尔(Jahangir)由浩罕纠布鲁特寇边。道光六年(1826)张格尔复求助浩罕入寇,约破西四城,子女玉帛共之,且割喀什噶尔酬其劳。浩罕酋自将万人至,则张格尔已探喀城无援,背前约。浩酋怒,自督所部攻喀城不下,率兵宵遁,张格尔使人追诱其众,归投者二三千人,张格尔置为亲兵。及西四城破,浩罕兵尽得府库官私之财,并搜括回户殆遍。……(道光)八年(1828),张格尔既伏诛,其妻子留浩罕,钦差那彦成檄令缚献,不从,诏命绝其互市,困之。那彦成并奏驱留商内地之夷,且没入其赀产。诸夷商愤怒,乃奉张格尔之兄玉素普为和卓木,纠结布鲁特、安集延数千入寇,围喀什噶尔、英吉沙尔,犯叶尔羌。璧昌、哈丰阿等拒而破之,贼悉掠喀、英二城,遁出边。(事在道光十年八月,十二月平,见本纪十七。)十一年浩罕……遣头目至喀城,谒钦差长龄呈诉并请通商。……长龄疏言……奏入,诏一切皆如所请。……光绪二十九年俄人灭其国,置费尔干省。"(5—8 页)

西四城据《清朝先正事略》二十二《长龄事略》作喀什噶尔、英吉沙尔、叶尔羌、和阗。

《清朝先正事略》卷二十二《长龄事略》:"(道光)五年调陕甘总督(由大学士兼),未几授伊犁将军。六年六月逆回张格尔入卡(卡伦,蒙古语交界要隘瞭望之处)滋扰。陷喀什噶尔、英吉沙尔、叶尔羌、和阗四城,诏以公(长龄)为扬威将军,陕甘总督杨遇春、山东巡抚武隆阿为参赞,率诸军讨之。"

又卷二十三《杨遇春事略》:"(道光十年)三月朔遂复喀什噶尔,五日复英吉沙尔,十六日复叶尔羌,又复和阗。……八年正月杨公芳擒张逆于铁盖山。"(据同卷《杨芳事略》,复和阗亦在十六日,杨芳之兵所攻也,英吉沙尔、叶尔羌为杨遇春兵所攻。)

用兵权　　《清朝先正事略·杨芳事略》:

回	横冈	回军二万
	沙布都尔回城	数万
	阿瓦巴特回城	数万
	浑河北岸	十余万
	喀城	数万
	凡记回军	辄称数万,甚至谓"斩馘数万"。
清	"吉林劲骑千""遣死士数百夜扰其营""索伦千骑"	
	"公以兵六千往剿和阗贼,破之""严兵六千以待"	
	"帅师八千出塞掩捕"	
	凡记清军从不及万。此虚饰也。	

《清朝先正事略》卷二十四《卢敏肃(坤)事略》:"在陕(为巡抚)丁大母忧,小祥后,会回疆有军务,特旨以行衣陛见,驰驿往甘肃。会总督,办理转饷事宜。时逆回张格尔据四城,精锐屯喀什噶尔,满汉官兵三万七千有奇,会于阿克苏,转乌鲁木齐粮济之。公上议曰:乌鲁木齐距阿克苏三十二站,

官兵以五万余人计,日需粮五百石(按每人每日一升计)有奇,每站须置驼五百有奇,共需驼万有六千(三十二站),关内外台站又需驼一万有奇(约以二十站计),乌鲁木齐雇驼七千,尚缺二万余。请刻期购拨出关,其内地之银饷、军火、器械即以此驼运。又请以伊犁粮由冰岭运阿克苏。又议兵马过沙漠加给草豆,添设民夫,酌给羊茶诸事,凡十一条。皆报可。大兵自进剿至凯旋共用帑银千一百余万,转输不竭,无虚糜,公之功也。"

　　大和卓木 Big Hodja　指　布拉尼敦 Burhan-al-Din(兄)　喀什噶尔

　　小和卓木 Little Hodja　指　霍集占 Khozi Khan(弟)　叶尔羌

　　《清朝先正事略》二十三《那彦成事略》:"会逆回张格尔入卡,犯喀什噶尔诸城,檄东三省官兵剿之。公以过境兵丁口粮按例日给银五分,不足饮食,请加五分。又药铅火绳由京运解,供应既难,且恐雨湿,请以甘肃筹备者充用。并筹议兵行支应。……皆允之。"

　　兵丁口粮日一钱

1951.9.2

23. 回疆积弊

　　《清朝先正事略》卷二十三《那彦成事略》:"(道光七年)十一月回疆四城克复,命以钦差大臣往筹善后事宜,未几张逆就擒,仍命往治其事。疏陈回疆积弊,略言:'回人素恭顺,此次变乱半由平日抚驭失宜。参赞大臣等三年换班,其才干有为者三年中办理未必遽善;次者只存五日京兆之见,不肯认真;下此竟有视为利薮,专工搜括者。且各长其疆,无维制考核之分,不相顾忌。应请分隶考核,俾有所纠察。至各官原设养廉不敷办公,恳稍为议增。并准各大臣一律携眷,俾得久任其事,得壹意办公。'上韪其言,如所请。……又奏:'各城相沿陋规,贪黩求取,苦累回民,今悉裁革,勒石永禁。'手谕曰:'行同饕餮,殊出情理之外,非公忠体国之大臣孰肯和盘托出,可嘉之至。'……又疏言:'曩者伯克阙每以贿得补,而大小伯克遂诛求小回子以取偿。嗣后请由本城大臣先尽有功及家口被害之人,次死事人子孙,次出力出家,视其人才保送参赞大臣验看奏补。'又酌定回夷难荫章程,皆如所请行。"

1951.9.2

十三、土地、赋役与国家收支

1. 明代土地制度

清代土地实在没有变化，《阅世编》所载，是民田地主的更换。

民田由农民耕种，多数是租佃。无疑问？官田呢？也多数是租佃。还官田、没官田、断入官田、学田仍由原佃。

庄田也是租佃，见《太祖实录》68，四年十月，卷70，四年十二月。

屯田也是租佃，69，四年十一月。

皇庄、职田、养廉田、坟地。

只有军屯，仿佛不是，按人给地屯种，实质亦同。

我们党早就提土地改革问题，全国解放后全国各地经过土改，我们先从土改时的土地制度来看看。

从上面情况看来，明清以来，直到解放前，土地的分配情况变化很少很少，那些地主的家庭的兴落，是不相干的。土地有时是集中的。

而对土地的耕种仍是租佃制，也是没变。

那么这一时期的土地所有制，究竟是什么制度起主导作用？什么所有制占上风？

可见明代土地，依然是沿袭宋元以来大多数的租佃办法来使用它。

2. 清代官田名称

乾隆《临榆县志》四，引康熙《山海志》："国朝本卫原额屯地上中下共千六百七十顷六十九亩，于顺治四年尽数拨补滦州，续有投充退出地亩，见在照例征粮。上地……中地……下地……又实在退出并清丈荒地起科屯地上中下不等，共折下地二百五十顷七十七亩二分六厘五毫，每亩征米豆各一升二合，草一分三厘九毫，征银一厘九毫七丝、二忽九微二纤，共征银四十九两四钱七分六厘六毫八丝七忽五微八纤九沙八尘，……（以两为单位，单位后十位）"（5页）

"原额屯地"以下是县志所载，非《山海志》。

牧马草场地(6页)   备荒地(6页)   太仓荒地(7页)   永镇荒田地
新垦荒田地   新垦并八年起科荒田地   边储地(8页)   原额屯地   香火下
地(9页)   (滦州)拨补公富庄上地(11页)   拨补民壮地(12页)   拨补荒
田地(12页)   拨补牧马草场   (滦州)拨补永平、卢龙、山海、抚宁四卫改归
地(13页)   开垦限满起科荒田地   旗退官租地(14页)   学田(16页)   边
储地(14页)

3. 法令中所见清代官地名称

《总管内务府现行则例》(咸丰二年修,故宫博物院铅印本)《会计司》:

原圈地亩   自盛京随从来京时所圈。(2页下)

庄头地亩   安放庄头,设立粮庄,有一定地亩数额(每庄头十八顷)。(2页下)

原额地亩   各庄头额定的地亩,实即庄头地亩。(3页下)

自主开垦地亩   庄头于原额地亩外开垦的地亩。(3页下)

酌留公用地亩(3页下)

官圈地亩(3页下)   见后

无租荒地(3页下)

水冲荒地(4页上)

拨用地亩(3页下)

拨补地亩(4页上)

官卖地亩(4页上)

退出官圈地亩   庄头退出(乾隆十三年曾重新编圈地亩,安放庄头,旧
庄头退出溢额之地,并非又行圈地)。(3页下)

荒芜地亩   荒芜无租,交与直督招佃认垦,成熟升科。(4—5页)

旱地   畦地   均菜库所属园头地亩。(4页下)

存、退、余、绝、公产、抄地(5页上)   绝嗣地亩(61页上下)

稻地(17页下)

入官地亩(28页上   58页上下)

开垦余地   口外庄头私自开垦之地(31页上),不在原拨额地之内(36
页下)。

4. 晌

《柳边纪略》："宁古塔地,不计亩而计晌(音赏),晌者尽一日所种之谓也。"

《辞海》："故晌亦作天或日。按今各地计算方法互异,辽宁南部通以六亩为一晌,北部十亩,吉黑则为十二亩。"(1948 年版,641 页)

《总管内务府现行则例·会计司》卷二《粮庄地亩定额》："雍正三年三月,奏准将山海关外地亩,每六亩编作一晌。"(36 页)

"晌"早见于康熙二十四年,不始于雍正三年。(同上,2 页)

5. 庄田

官庄、粮庄

《清史稿·食货志一·田制》："田制曰官田。初设官庄,以近畿民来归者为庄头。给绳地,一绳四十二亩。其后编第各庄头田土,分四等,十年一编。定设粮庄,庄给地三百晌,晌约地六亩。庄地坐落顺(天)、保(定)、永(平)、宣(化)各属,奉天、山海关、古北口、喜峰口亦立之,皆领于内务府。此外有部寺官庄,分隶礼部光禄寺。又设园地,植瓜果蔬菜,选壮丁为园头。"(10 页)

王庄、旗庄

又："考各旗王公宗室庄田,都万三千三百余顷;分拨各旗官兵都十四万九百余顷。凡属王公近属,分别畀地。大庄给地亩四百二十至七百二十,半庄二百四十至三百六十,园给地亩六十至百二十或百八十,王府管领及官属庄丁人三十六亩,不支粮。凡拨地以见在为程,嗣虽丁增不加,丁减不退。"(10 页)

《清史稿·食货志一·田制》："八旗地主久禁夺佃增租,自和珅筦大农奏改前章,于是旗人及府庄头率多撤地别佃,贫民始多失业。嘉庆五年部臣请复申前禁,诏纂入定例通行。咸丰初元,又申令如额征租,主佃皆不得以意赢缩。"(10—11 页)

内监庄田

又："故明内监庄田,总领于户部。其宗室禄田散在各省者胥视民田起科。"(11 页)

1951.7.17

6. 庄田来源与分配

《光绪会典事例》一五九："顺治元年(1644)谕：……凡近京各州县无主荒田,及前明皇清(?)驸马公侯伯内监没于寇乱者无主庄田甚多,尔部清厘,如本主尚存及有子弟存者,量口给予,其余尽分给东来诸王勋臣兵丁人等,盖非利其土地,良以东来诸王勋臣兵丁人等无处安置,故不得已而取之。可令各府州县村满汉分居,各理疆界,以杜异日争端。今年从东先来诸王各官兵丁及现在来京各部院官,着先拨给田园,其后至者再酌量拨给。"(1页)

来源　近京州县无主荒田,无主庄田。有主者亦分,但量口给还一部。

分配之人　东来诸臣勋臣兵丁

办法　满汉分居,各理疆界。(所以必须圈换)

先入关者先拨。(鼓励关外王公迅速入关)

"(顺治)二年(1645)题准,给诸王,贝勒贝子公等

大庄　每所地四百二十亩至七百二十亩不等,

半庄　每所地二百四十亩至三百六十亩不等,

园　每所地六十亩至百二十亩不等。"(1页)

"又题准,王以下各官所属

庄丁　计口给地三十六亩,停支口粮。"(1页)

1955.4.24

7. 庄头

《光绪会典事例》一一一八《八旗·田宅》；一一九六《内务府·屯庄》；一五九《户部田赋》。

"顺治初年(1644—　)定,各庄头缺均于其子弟内选充,如无子弟及欠粮革退者于各壮丁内选充。"(1196卷,1页)

"(康熙)九年(1670)奏准,于附近庄头内选四人,于南苑安设四庄,每庄给地十八顷,有缺令其子孙承充。"(1196卷,1页)

"(九年,1670)又议准,庄头领地不准缴回,令其永远耕种。"(1196卷,1页)

"(康熙十二年,1673)奏准,房山县设稻田庄,……每亩岁征稻米三斗六

升,玉田县设稻田庄……每亩征收稻米二斗四升,旱地……每亩征粮四斗六升二合。"(1196卷,1页)

其后别处征输均按玉田例。

"(1673)又奏准,关内一二等庄岁输大猪二,或常用猪四,三四等庄输常用猪三。"(1196卷,1页)

"(雍正)二年(1724)题准,口外庄头,……每粗粮二石折米一石……"(1196卷,2页)

"(雍正三年,1725)奏准,盛京及关外各庄,不论等次岁输鹅一。"(1196卷,2页)

"(雍正七年,1729)议准,丈量口外庄头等原额地亩并自垦地亩,甚属过多,且不划一,将现在庄头各给地三十九顷,所余之地……按每庄三十九顷之数,于庄头子弟及诚实庄丁内选五十三人,增设庄五十三所。"(1196卷,2—3页)

《事例》一一九六《内务府·屯庄》:三旗银两庄头。

"顺治初年(1644—　),近京百姓带地来投,愿充纳银庄头者,各按其地亩设庄,为纳银庄头;后有愿领入官地亩设庄纳银者亦为纳银庄头。带地来充者为投充人,单身投充愿领地纳银者,每给一绳地("四十二亩为一绳")为绳地人,纳蜜、纳苇、纳棉、纳靛者为蜜户、苇户、棉靛户。"(1页)

"(乾隆四年,1739)又奏准,革退庄头以别姓顶补者不代完旧欠,答其子弟顶补,须代完旧欠方准顶补。"(1页)

"(乾隆五十六年,1791)题准,凡投充人丁地亩,应照八旗圈地例,典卖悉由本主,家奴不得藉称投充,捎地不交。"(1118卷,4页)

1955.4.24

8. 清代粮庄

《总管内务府现行则例·会计司》卷一,"安设粮庄":"初设立粮庄,于壮丁内拣选补放庄头,给地一百三十晌,场院马厩地四晌,庄头并壮丁共定为十名,给牛八只,如有倒毙,报明补给,量给房屋、籽种、口粮、农器,免纳粮石一年。"(2页下)

据此,粮庄初期与屯田相近,每庄十人,每人给地七十八亩(以六亩一晌计)。130×6=780亩

"（康熙）二十四年（1685）三月奏准，每粮庄本身庄头并壮丁共定为十五名。是年四月奏准，设立粮庄，每庄给地三百晌。"（2页下）

据此，康熙时改为每庄十五人，给地十八顷，每人一百二十亩。超过耕作能力。此项额给地亩三百晌称为"差地"，见同书卷三，62页。庄头及壮丁在庄俱称为"当差"，见卷一，2页。按年纳粮，称为"差银"，见卷三。

卷一，"粮庄纳粮定额"："山海关内粮庄，每年每庄原纳粮一百斤石（原注"每斤石合仓石三石六斗"）。"（3页上）

每庄每年360仓石，共18顷，每顷20石。亩2斗。

"康熙五十年（1711）二月奏准，按庄头等第纳粮：

每年头等庄每名额纳粮二百五十仓石（合每亩一斗三升九合）；

二等庄每名额纳粮二百二十仓石（合每亩一斗二升二合）；

三等庄每名额纳粮一百九十仓石（合每亩一斗〇六合）；

四等庄每名额纳粮一百二十仓石（合每亩六升六合）。"

（原注）"所纳俱粗谷，每石折来五斗。"（2—3页）

案，此所谓"每名"据下文雍正七年十月例"原有庄头均定为每庄每年纳粮二百五十仓石"证之，实指每庄头一名，即每一庄（包括庄头共十五人）也。以十五人耕作而只收二百五十石粗谷，则庄头之收益未免太大。（至少每庄年获一千八百石，以一亩一石计。）

卷一，"粮庄纳粮定额"："（乾隆十三年，1748）其余零星片段不敷编圈地六十七顷十六亩交与地方官招种，照增定租数催征解部。"（4页上）

卷一，仝："（乾隆二十五年，1760）户部奏准，于直属各州县卫二十一年分奏销存退余绝地三千二十八顷，内除酌留地一千顷拨补应用外，其余地亩编圈安放庄头，……革退庄头遗缺，如有情愿代完欠项顶替者，仍准其代完顶补，如无情愿顶替者，即将地亩交与地方官招种，照增定租数催征解部。……其现有荒芜租地七十五顷零，原有招佃认垦升科之例，将此项荒芜地亩交与直督派员查明照例招佃认垦成熟升科……"

据此粮庄余地及无庄头之粮庄地亩均可地方官招种征租。

卷一，"粮庄纳粮定额"："（乾隆）五十三年（1788）正月步军统领衙门奏准，户部去岁秋间派委司员将直隶各州县荒地查出可垦者共八百余顷，未便任其荒芜，请将前项地亩即交该庄头等分圈佃种，照例升科交租。"（5页）

据此可以推知粮庄地亩亦系分别佃种。

每庄额定十五人,除庄头外只十四人,而垦地十八顷,事实作不到,其结果必致于由庄头再找佃户分种。

卷二,"补放庄头":"凡口内口外庄头缺出,放该庄头子弟内拣选,呈明承替。如该庄头子弟无可承替者,准于殷实壮丁内拣先,呈明补放。"(25页下)

据此,庄头为世袭的,其地位远在壮丁之上。

卷三,"入官人口":"凡入官奴仆由会计司查收,俱拨给各庄园充当壮丁。"(57页下)

卷四,"资送庄头子弟考试":"康熙五十五年闰三月奉旨,庄头俱系旧人,伊等子弟亦着考试,钦此。"(72页下)

又:"雍正十二年(1734)九月呈准,凡壮丁内挑选安设之庄头、钞入庄头、投充庄头、入官家人安设庄头等人子弟,不准考试外,其旧庄头子弟内如有情愿考试者,由会计司对明丁档移付掌关防内管领处转咨该处考试。"(72—73页)

卷二,"壮丁为民":"乾隆四十四年(1779)二月奏请准户部转咨绥远城将军咨称,助马口外革退庄头等四名家属一百四十余口,交与该处庄头等名下充当壮丁,现生齿日繁,无力养赡,照例恳请放出为民等因;奉旨:此等庄头既因拖欠钱粮革退,本系获罪之人,转因接办之庄头以人多不能养赡,请将伊等之兄弟子孙放出为民,令其自谋生计,内务府大臣虽系照例议准,日久不能保无流弊。庄头等欲图出旗自便,故意拖欠钱粮,罪止革退,而其子孙转得为民,仍可倚以自赡,日后并可考试,幸登任籍,皆情理所必有,不可不防其渐。……"(29页上)

以上可知,壮丁地位低于人民,与奴仆无异,不准考试,不准仕进。庄头地位稍高于壮丁,但除旧庄头外亦不能考试仕进,仍低于人民。

1961.11.24

9. 旗地不准增租夺佃

《光绪会典事例》——一八《八旗·田宅》:"(乾隆)五十六年(1791)题准,……所有从前不许增租夺佃之例,即行停止,……"(4页)

又:"(嘉庆)五年(1800)春奏准,民人佃种旗地,仍照旧例,不许地主夺佃增租。"(4页)

中间停止实行者十年(1791—1800),《清史稿》以为由于和珅之意。

10. 内务府庄田

《总理内务府现行则例·会计司》卷一:

"(康熙二十四年,1685)四月奏准设立粮庄,每庄给地三百晌。"(2页下)

每晌六亩,合一千八百亩,十八顷。

"(康熙)二十四年三月奏准,每粮庄本身庄头并丁壮共定为十五名。"(2页下)

"山海关内粮庄,每年每庄原纳粮一百斤石(原注"每斤石合仓石三石六斗")。"(3页上)

每庄共合三百六十石,平均每亩二斗。每顷20石。

康熙五十年以后分四等:一等250石,二等220石,三等190石,四等120石。所纳俱粗谷,每石折米五斗。减少很多。

11. 畿辅官兵庄田

《光绪会典事例》一五九:

旗别		初次给地	二次给地	三次给地
镶黄旗:	满洲	11631(顷).60(亩)	2538.90	1313.10
	蒙古	1794.30	1700.10	413.70
	汉军	2000.40	1188.30	
	共壮丁地			23633.40
正黄旗	共壮丁地			23543.85
正白旗	共壮丁地			20796.48
正红旗	共壮丁地			12407.10
镶白旗	共壮丁地			15444.30
镶红旗	共壮丁地			13055.70
正蓝旗	共壮丁地			17136.60
镶蓝旗	共壮丁地			14111.28
共计				140128.71

坐落所在不具录。(1—3页)

"(顺治)四年题准,参领以下官各给二名壮丁地,每壮丁三十亩。"(二年定三十六亩)(3页)副都统以上官各给园地一百八十亩,地六十亩。

"又定,拨给地亩,以现在为准,嗣后虽增丁不加,减丁不退;各官虽升迁不加,已故降革不退。"(3页)

墓坟不迁

"民间坟墓有在旗人地内者,许其子孙随时祭扫。"(3页)

　　据此知已葬之坟不迁。

不准典卖于民

"八旗地亩,原系旗人产业,不准典卖与民,向有定例。"(4页)

概免田赋

"(乾隆三年[1738]谕)此等地亩内,有定鼎之初圈给八旗官兵,将田赋悉开除者……"(5页)

乾隆四年(1739)户部会同八旗及直隶总督议定赎回民典旗地办法,又明确了:(1)不准夺田别佃,"无论何人承买,仍令原佃承种"。(2)不准增租夺种,"庄头土豪无故增租夺种者,审实治罪"。(6页)

1955.4.24

12. 清代宗室庄田

旗别	整庄	半庄	庄	整园	半园	园	共地(顷.亩)	坐落
镶黄	4所	1				1	36.60	通州、大兴、武清等五州县
正黄	5	12	4			8	106.56	涿、易、三河等十一州县
正白	4	1				2	36.00	通州、香河、房山等六州县
正红	145	3		50	10	4	1244.16	昌平、涿、辽阳等十州县
镶白	176	5	8	8		20	1717.14	遵化、沧、铁岭等三十五州县
镶红	298	23	5	111	2		2630.01	永清、宝坻、河间等十六州县
正蓝	544	151	22	103	19	73	5313.24	通、涿、昌黎、乐亭等三十六州县
镶蓝	231	63	9	102	2	3	2254.74	昌平、海城、盖平等十六州县
							13338.45	

《光绪会典事例》卷一五九。

13. 八旗典卖地亩

《总管内务府现行则例·会计司》卷四,"旗人典买地亩":"乾隆二十一年(1756)十一月户部奏准,除将八旗地亩凡典卖于民者,仍照例汇入民典旗地案内办理外,其在康熙年间将房地典卖于旗人者不准控赎。"(80页上)

　　不许典卖于民

又:"(乾隆)三十三年(1768)二月,军机大臣会同八旗都统等奏准,嗣后旗人地亩,如遇事情愿典当者令其报明该佐领登记档案,以备日后回赎之时考查。设有得价丰饶,情愿卖出者,不拘旗分,准其买卖。在左右两翼税务衙门纳税,不许私立文约。"(80页下)

又:"(乾隆)三十五年(1770)七月户部奏准,……凡从前典契载有二三十年至四五十年以上者统限于三年内,令各现在典主,在旗则首报佐领,在民则首报地方官,即令改典为卖,一体上税,免其治罪,……"(80页下)

　　此"在民则首报地方官",是否即能"改典为卖",尚属问题。因"旗地旗房不准民人典买"早有定例。另见。

1961.11.24

14. 旗地旗房不准民人典买

《总管内务府现行则例·会计司》卷四,"回赎民典旗地":"乾隆二十二年七月户部咨准,旗人原典买旗人地亩转典给民人者,嗣后止尽尾后典给民人之业主回赎,如不愿赎,即照例官赎作为公产。"(81页下)

　　民典旗地官为回赎。

又:"嘉庆十一年十一月户部奏准……再旗地旗房不准民人典买,仍照定例办理。至本系民地民房,曾经旗人置买,或又辗转卖与民人,例无禁止,应请嗣后旗人典买有州县印契跟随之民地民房或辗转典卖与人,仍从其便。"(81—82页)

　　旗买民地可卖于民。

又卷四,"旗人典买地亩":"(乾隆)五十年十二月户部咨准,奏定则例自乾隆十八年起,凡有旗下家奴典买旗地,以及民人典买旗地,概行查撤入官。……"(81页上)

民买旗地查撤入官。

《内务府现行则例·会计司》卷四,"回赎归旗地亩":"嘉庆十七年八月户部奏准,民人典买旗地,例应撤地追价入官,旗民人均按例治罪。至旗地典卖于民人后,民人复典卖与旗人,则旗产既已归旗,应免其撤地入官……"(82—83页)"……至民人典买旗地撤地入官后,查明内有民人建立坟茔者,免其迁移,四至不得过五亩,着照上等租则纳租。"

旗地归旗免其撤地。不迁坟茔。

15. 清查旗民地亩,多余撤出入官

《总管内务府现行则例·会计司》卷三:"旗人圈地及契置地亩,界址不清,争控到官,地方官眼同地邻勘丈明晰,有多余地亩在四至以内与原地毗连者,准其管业,其隔断另块不与原地相连者仍撤出入官。再内务府庄头、王公府庄头所领差地,四至以内丈有多余即令该庄头加交差银,如在四至以外有多余者,仍照例撤出入官。"(62页)

16. 乾隆论官吏中饱入官田亩租额

《总管内务府现行则例·会计司》卷三,"入官地亩":"(乾隆)二十二年十二月户部具奏,现今存退余绝地有三千二十八顷零,应酌留地一千顷,存为拨补官用,其余地亩仍照从前安放庄头之例……安放庄头。再嗣后凡有入官地亩,交与该旗查明原业原收租数,行令地方官照数征收,按年解交户部等因;奉旨依议。其入官地亩交该旗查明原业原收租数,行令地方官照数征收之处,此等地亩以加惠小民而论,即租额再为减轻亦无不可。但向来官地租额虽轻,而民佃多不沾实惠。盖地租一项,既不在官(公家),又不在民,则不肖官吏转得视为利薮。该部请照原纳租数征收,自为杜绝弊端,所议是。但旗人原收租数或系市平市斛,而官为纳收势必用库平官斛,则租数虽属相符,而贫民所加已属不少。嗣后入官地亩,地方官照原数征收,著即照原收平斛(原市平市斛者仍照市平市斛),令其输纳,庶俾承佃各户交租,不致畸重,而官吏不致中饱矣。钦此。"(58页)

17. 绝嗣产业

《总管内务府现行则例·会计司》卷三，"绝嗣产业"："康熙九年十月奏准，各佐领管领下绝嗣产业，除无奴仆者不议外，凡有奴仆田地者俱派人二口，给田五晌，仍归并本佐领管领下，令其看守伊主坟墓，其有奴仆无田地者只派奴仆看守，余者该部收管。"（61页下）

"其有亲女者亦派守墓人二名，给田五晌。"（仝）

18. 业主改变，原佃不变

《总管内务府现行则例·会计司》卷三，"清查旗民地亩"："旗人现买地亩，实系新立坟茔，占用地亩若干，准其向佃户撤地外，其余地亩仍租给原佃承种。倘撤地后并不立坟，另行招佃者，仍照夺佃例办理。"（62页）

19. 内务府

　　包衣与内务府　　性质　　产生来源组织　　王公府属　　内务府属
　　内务府与太监　　入关后的太监　　十三衙门　　包衣制复兴
　　内务府与庄田　　粮庄　　庄头　　纳银庄头　　额粮　　庄头与王公
　　内务府与税差　　织造　　盐政　　钞关

20. 乾隆初的各旗公产收租

《光绪会典事例》一五七《户部》："乾隆二年（1737）奏准，……今入官地亩，已经分给各旗作为公产。……"（5页）

又："三年（1738）谕，朕前以旗人生计贫乏者多，令王大臣议将八旗入官地亩立为公产，收租解部，按旗分给，以资养赡。"

21. 斤石与仓石

《总管内务府现行则例·会计司》卷一：

"山海关内粮庄,每年每庄原纳粮一百斤石(原注"每斤石合仓石三石六斗")。"(3 页)

"又仓石注:'所纳俱粗谷,每石折米五斗。'"

据此每斤石实折纳米一石八斗。

22. 官给银两滋息取利

《总管内务府现行则例》堂上卷四"滋生银两":"雍正七年(1729)二月奉旨,看得大臣侍卫等,俱不能生理,俸饷以外别无进益,且出入无节,时至窘迫。着将内库银两给与……令伊等或置房招租,或贸易取利,任其滋息分用,亦得优裕钦此(原注"其派员生息之处,详见都虞司")。"(134 页下)

其后遂有官营典当:万成当铺(乾隆五年)、丰和当铺、吉庆当(乾隆十九年)等十个当铺。

23. 垦种沙洲酿成水患治罪

《清续文献通考》一《田赋考》:"(乾隆)五十三年。谕:荆州郡城屡被水患,因郡治下游江内有窖金洲一道,侵占江面,涨沙逼溜,而本地萧姓民人于雍正年间至乾隆二十七年陆续契买洲地,种植芦苇,每年纳课。萧姓贪得利息,逐渐培植,每遇洲沙涨出,芦苇即环沙而生,阻遏江流,此致上游壅高,所在溃决(溃决)。已令将萧姓家产查抄,交刑部按律治罪。……"(十通本,《考》,7499 页)

24. 农民垦种封禁地方田亩(南田)

《清续文献通考》二,道光二年:"谕:帅承瀛奏,委员覆查南田封禁地方一折,浙江宁波、台州二府联界之南田地方,自前明封禁,至今四百余年,无业游民藉采捕为名,潜往私垦,见在十有八屿,计垦户二千四百有零,已垦田一万六千七百余亩。其始由豪强占踞,招人垦种,计亩收租,名曰老本,以致愈垦愈多。此等垦户若概行驱逐,则实在无籍可归之贫民,必虞失所,恐滋事端;若任其占踞潜匿,或更从而影射招摇,则纷至沓来,匪徒溷迹其中,无从辨别,人数愈众,措置愈难。该抚现饬拿著名老本赖一富等二十名,

严行实办,益出示剀切晓谕,……逐嶼查勘……相机筹办……"(十通本,《考》,7509页)

25. 清代征钱的田赋

乾隆《临榆县志》卷四《赋役》:"旗退官租地六十顷三十二亩一分七厘二丝,共征小数租钱千二百八十千四百四十八文九毫二丝,解司库。"(14页)

　　　案,六十顷三十二亩只征千二百八十千四百四十八文,每亩平均约二百一十二文余。

26. 公共田产的消失

乾隆《玉田县志》卷二《学校》"学田"原注:"万历四十二年海丰徐允荐创置三顷,坐落城东学田庄,今无。康熙十九年三韩王光谟捐俸置田一顷一十亩,今无。"(6页)

　　　案,谢客于乾隆十九年(1754)任玉田知县,修志当在二十年(1755)左右,去王光谟捐田(1680)仅七十五年,而学田已不知所在且不知其如何丧失,可见当时绅衿势力之大与掠夺公产之速,老百姓不能占用之也。

27. 临榆(山海关)学田、廪田

乾隆《临榆县志》三《学校》:"学田岁征米七百五石九斗有奇。"(14页)

又注引:"《(山海)卫志》载学田为明主事葛守礼……置。廪田为明初关东瞭望地,居民私垦,无赋。后中官守关,括入私囊。主事黄景夔稽地归官,为廪饩。时廪生十二人,每人月给米五斗。后主事马敫续垦,廪饩增至八斗。嘉靖十三年主事葛守礼复籍垦近郭闲田,增饩至一石。万历三年主事裴赐悉加丈量,共征米二百十一石九斗六升五合有奇,以后增减互异。……"(14页)

1960. 11. 12

28. 广东雷州洋田

清初屈大均《广东新语》卷二《地语》"雷州海岸"条："雷郭外洋田万顷，是曰'万顷洋'。其土深而润，用力少而所入多，岁登则粒米狼戾，公私充足，否则一郡告饥。然洋田中洼而海势高，其丰歉每视海岸之修否。岁飓风作，涛激岸崩，咸潮泛滥无际，咸潮既消，则卤气复发，往往田苗伤败，至于三四年然后可耕。以故洋田价贱，田井者稀少。……"（22 页）

一遇咸潮三四年才可耕。

1960.11.13

29. 广州沙田

清初屈大均《广东新语》卷二《地语》"沙田"条：

"广州边海诸县皆有沙田，顺德、新会、香山尤多。农以二月下旬偕出沙田上结墩，墩各有墙栅二重以为固。其田高者牛犁，低者以人秧莳。至五月而毕，名曰田了，始相率还家。其佣自二月至五月谓之一春，每一人一春，主者以谷偿其值。七八月时，耕者复往沙田塞水，或塞篊箔，……其田皆一熟，或种秋分，或白露，或霜降，必兼种之，使自八月至十月月月有收。……禾既获，或贮墩中，或即载舟以返。盛平时，海无寇患，耕者不须结墩，皆以大船载人牛，合数家居之。丧乱后，大船为官府所夺，乃始结墩以居。自癸巳（顺治十年，1653）迁海以来，沙田半荒。主者贱其值以与佃人，佃人耕至三年，田熟矣又复荒之而别佃他田以耕。……田荒之至三年又复肥沃，故佃人每耕之三年必荒之三年，不肯为田主长耕，如数纳谷。此有沙田者之苦也。沙田既多荒弃，于是赔贩虚粮为累未已，而阴以其田贱赁于沙头，有司捕问则以沙头告，沙头乃上限状于有司，请先输粮而后获。沙头者何？总佃也。盖从地主揽出沙田而分赁与诸佃者也。其以沙田为奇货，五分揽出，则取十分于诸佃，不俟力耕而已收其利数倍矣。此非海滨巨猾不能胜任。当盛平时，边海人以沙田而富，故买沙田者争取沙裙，以沙裙易生浮沙，有以百亩而生至数百亩者。今则以沙田为累，半委之于莫可如何者矣。"

"粤之田，其濒海者，或数年或数十年辄有浮生，势豪家名为承饷，而影占他人已熟之田为己物者往往而有，是谓占沙。秋稼将登，则统率打手驾大船,列刀张旗以往,多所杀伤,是谓抢割。二者大为民害,顺德、香山为甚。"
(23—25页)

　　结墩　一春　一年一熟　迁海　耕三年荒三年　沙头　沙裙　承饷
占沙　抢割

1960. 11. 13

30. 广州香山土田

　　清初屈大均《广东新语》卷二《地语》"沙田"条:"香山土田凡五等:一曰
坑田。山谷间稍低润者垦而种之,遇涝水流沙冲压则岁用荒歉。二曰旱田。
高硬之区,潮水不及,雨则耕,旱干则弃,谓之望天田。三曰洋田。沃野平
原,以得水源之先者为上。四曰咸田。西南薄海之所,咸潮伤稼则筑堤障
之,俟山溪水至而耕。然堤圮,苗则稿矣。五曰潮田。潮漫汐干,汐干而禾
苗乃见。每西潦东注,流块下积,则沙坦渐高,以薆草植其上,三年即成子
田。子田成,然后报税,其利颇多。然豪右寄庄者巧立名色,指东谓西,母子
相连,则横截而夺之,往往构讼,至于杀人。其或子田新生者,田主不知多
寡,则佃人私以为己有,有田而无税,利之幸而得者也。故凡买潮田者,视其
不至崩陷,而大势又可浮生,虽重价亦所不辞矣。香山人但以田之纳谷多少
为度,不以亩为度,问其田若干,则曰纳谷若干,不曰亩若干也。以故田主寄
命于田客,田主不知其田之所在,惟田客是问,礼貌稍疏,其患有不可言者。
田客者何?佃人也。"

　　坑田　旱田　洋田　咸田　潮田　豪右横截　子田　浮生　田主不知
田所在　诬蔑佃农

31. 乾隆《玉田县志》

　　乾隆《玉田县志》十卷,谢客修。谢客字寄亭,云南昆明人(见卷首修
志姓氏),拔贡,乾隆十九年任玉田知县(卷六,7页)。卷首有万历辛亥
(三十九年,1611)缪思启旧志序,康熙甲寅(十三年,1674)王时泰旧志序,
康熙辛酉(二十年,1681)王光谟旧志序,而独无新志序。旧序之后为修志
姓氏,更后为凡例。例称:"邑乘创自明万历三十九年,订于本朝康熙二十
年。"(1页)则王时泰所修或未刊行也。凡例最后有"京江焦作新劲莽氏

识"一行,其人不见于修志姓氏,而识语内又有"因并申之"之言,则实际纂修之人也。凡例之次为目录,再次为全图十二图。

32.乾隆《临榆县志》

乾隆《临榆县志》十四卷,乾隆二十一年钟和梅修。临榆于乾隆二年置县。

前有乾隆二十一年常亮序,七十一(人名)序,及钟和梅自序。

附载康熙八年钱世清《山海关志》原序,陈天植原序,陈名远原序,及康熙九年佘一元原序,一元即修《关志》者。佘序曰:"山海旧无志,有之自德平葛公始,盖明嘉靖乙未岁也。葛公属笔于乡先达詹角山先生,公雅重先生,不复更订,随付剞劂。越六十三年,万历丁酉,南城张公述旧编而增定之,一一出自手裁,视昔加详矣。又历十三年,商州邵公从而续之,不过补其所未及,匪云修也。至崇祯辛巳,虞城范公任关道,合所属而重加编纂辑,命曰《山石志》,其距邵公志又三十年矣。"

1960.11.12

33.更名地

清《圣祖仁皇帝圣训》卷二一《恤民一》:

"康熙八年己酉(1669)三月辛丑,上谕户部:前以尔部题请,直隶等省废藩田产,差部员会同各该督抚将荒熟田地酌量变价,今思既以地易价,复征额赋,重为民累,着免其变价,撤回所差部员,将现在未变价田地交与该督抚给与原种之人令其耕种,照常征粮,以副朕爱养民生之意。"(石印《十朝圣训》本,1页)

"康熙九年庚戌(1670)正月己酉。初直隶各省废藩田产,奉旨免其易价,改入民户,名为更名地,内有废藩自置之地给民佃种者,输粮之外又纳租银,重征为累,而户部议以久载《(赋役)全书》,不当蠲免。上曰:'更名地内自置田土,百姓既纳正赋,又征租银,实为重累,着与民田一例输粮,免其纳租。至易价银两,有征收在库者,许抵次年正赋。'"(1页)

1961.11.21

34. 更名田

王氏康熙《东华录》八,康熙七年(1668)十月:"丁卯。命查故明废藩田房,悉行变价,照民地征粮。其废藩名色,永行除革。"(12 页)

又卷十,康熙九年(1670)正月己酉:"初直隶各省废藩田产,奉旨免其易价,改入民户,名为更名地。内有废藩自置之地给民佃种者,输粮之外,又纳租银,重征为累。户部议以久载《全书》,不当蠲免。得旨:更名地内,自置田土,百姓既纳正赋,又征租银,实为重累,着与民田一例输粮,免其纳租。至易价银两,有征收在库者,许抵次年正赋。"(1 页)

又卷九,八年三月辛丑谕户部。(批准招民开垦见 3 页下)

35. 清初田地赋额

临榆

乾隆《临榆县志》卷四《赋役·田赋》:

下地　"每亩征米豆各一升二合,草一分三厘九毫,征银一厘九毫七丝二忽九微二纤。"(5 页)

屯地下地　"每亩征米豆各一升二合,草一分一厘六毫,征银一厘一毫五丝。"(6 页)

牧马草场地　"每亩征银一分六厘七毫五纤八沙七尘八埃五渺。"(6 页)

备荒地　"每亩征银二分四厘。"(6 页)

太仓荒地　"每亩征银一分。"(7 页)

新垦荒田地　"每亩征银一分。"(7—8 页)　11 页一条亦同

新垦荒田地　"每亩征银二分。"(8 页)　与上不同

加耗　"正米一石率加耗米三升,豆如之。"(9 页注)　3%

滦州上地　"每亩征银四分五厘二毫八丝九忽。""每亩征夏秋米一升一合四勺四抄。""每亩征折草米四合五勺七抄。""每亩征草七厘一毫三丝五微。"

抚宁上地　"每亩征银四分一厘三毫五丝二忽。""每亩征米六合九勺。""每亩征折草米二合九抄。""每亩征马草六厘五毫。"(12 页)　以上均 11 页。

两地赋额不同。

昌黎上地　"每亩征银三分五厘九丝一微六纤。"（12 页）"每亩征夏秋
　　　　　　米九合二勺四抄。""每亩征折草米二合四勺六抄。""每亩征
　　　　　　豆三合六勺六抄。""每亩征马草七厘八毫六丝六忽五微。"
　　　　　　（12 页）

赋额亦不同，且多征豆一项。

滦州下地　"每亩征银一分。"（11 页）

抚宁荒田地　"每亩征银一分。"（12 页）

开垦限满起科荒田　"每亩征银一分。"（13 页）

旗退官租地　"征小数租钱……千……文。"（14 页）　此征铜钱

征收季节　"银于春秋二季征收，米豆草于秋季征收。"（14 页注）

玉田

乾隆《玉田县志》卷三，田赋：

原额民地　"每亩征银一分。"（3 页上）

原额草场熟地　"每亩征银一分八厘五毫。"（3 页上）

原额草场荒地　"每亩征银一分。"（3 页上）

原额乾清、慈宁二宫地　"每亩征银三分。"（3 页下）

原额寿宁公主地　"每亩征银三分。"

寿宁公主为明神宗女，嫁冉兴让，兴让当崇祯时（十四年）曾往洛阳
慰福世子，《明史》121《公主传》不言公主死年，或明亡仍在。

原额景府地　"每亩征银二分九厘四丝二忽零。"

此景府当指明景王朱载圳，世宗之子，封于湖北德安，之藩多请庄
田，嘉靖四十四年死，无子，归葬京师，妃妾皆还居邸，见《明史》120 本
传。此在玉田之田，当为其妃妾回京后所指定，否则即之藩前所给。嘉
靖十八年封，四十年始之藩，赐田在京畿甚有可能。

原额备荒熟地　"每亩征银一分八厘。"

原额备荒地　"每亩征银一分。"

原额续荒地　"每亩征银一分八厘五毫。"（3—4 页）

原额熟地　"每亩征银一分三厘四丝。"（4 页上）

原额柴荒地　"每亩征银一分二厘。"（4 页上）

原额老荒地　"每亩征银一分五厘。"（4 页上）

原额屯地　"每亩征粮二升五合，粟米黑豆各半。"（4 页上）

"玉田属畿辅内地,顺治二年以后,圈拨旗下屯田,投充勋戚食采,止剩民地六百一十七顷五十一亩三分九厘,历年受补本县屯草各荒地以及开垦夹空告断退还香火等项。"(4页)

实剩民地　"每亩科银一分六丝一忽。"(4页)

实剩受补本县草场熟地　"每亩科银一分八厘五毫六丝一忽。"(4页下)

实剩宫地　"每亩科银三分六丝一忽。"(4页下)

实剩景府地　"每亩科银二分九厘一毫。"(5页上)

实剩老荒地　"每亩科银一分五厘六丝。"(5页上)

实剩备荒熟地　"每亩科银一分八厘六丝。"(5页上)

实剩柴荒地　"每亩科银一分二厘六丝。"(5页上)

实剩熟地　"每亩科银一分三厘一毫。"(5页下)

"又孙兰认垦迁安县地亩,乾隆三年改归迁安县征粮,无存。"

　　　此条可注意认垦二字,孙兰无土地所有权而有永佃权也。

"康熙十六、十七、十九年分奉旨清查,续查出本境民草宫景等地,除圈拨外,共实剩地……"(5页下—6页上)

"共实在地四千四百二十五顷四亩一分一厘四毫七丝,各征银不等,共应征正加银五千七百五十五两二分八毫零(平均0[两].0[钱]1[分]3[厘]0[毫]5[丝]);共实在人丁三千八百七十一丁,各则征银不等,共征银一千六百六十二两六钱三分七厘四毫,于雍正元年奉旨,以雍正二年为始,摊入地粮银内征收,按额摊定每两均摊丁匠银二钱七厘二丝六忽八微零,共实在摊征银一千一百九十一两四钱四分三厘六毫零。以上地丁二项共征正加并均摊丁匠银六千九百四十六两四钱六分四厘零。"(6页上—7页上)

　　　每两均摊丁匠银

天津

乾隆《天津县志》卷十二《田赋志》:"邑自卫改州,自州改县,田赋凡三易向后正,非复旧志所载矣。而民、屯、庄、灶之名无改于初,……"(1页)

雍正八年新收沧州并入地,内:

优免地　"每亩征银五分零。"(2页)

行差地　"每亩征银五分零。"(2页)

寄庄民地　"每亩征银五分六厘四毫零。"(2页)

行差灶地　"每亩征银二分三厘零。"(2页)

寄庄灶地　"每亩征银二分八厘六毫零。"(2页)

静海并入地,内:

差地　"每亩征银二分八厘九毫零。"(2页)

庄地　"每亩征银三分一厘八毫零。"(2页)

灶地　"每亩征银二分九毫零。"(2页)

余地　"每亩征银二分九毫零。"(2页)

屯田上地　"每亩征银三分一厘八毫零。"(2页)

屯田中地　"每亩征银二分八厘九毫零。"(2页)

屯田下地　"每亩征银二分九厘零,例不加闰。"(2页)

　　较中地多?

畸零小地　"每亩征银一分,不加闰。"(2页)

后府苇地　"每亩征银一分,不加闰。"(2页)

白地　"每亩征银一分,不加闰。"(2页)

苇地内泥沟　"每道征银三钱,不加闰。"(2页)

牧地小地　"每亩征银一分,不加闰。"(2页)

水泊小地　"每亩征银七厘四丝二忽,不加闰。"(2页)

苇课地　"每亩征银一分一厘二毫零。"

河三道　"每道征银三钱,不加闰。"

河淤地　"每亩征银四分,不加闰。"

学田中地　"每亩征银二分八厘七毫零,不加闰。"

学田下地　"每亩征银二分九毫零,不加闰。"(2页)

苇地　"额征焚帛芦苇一万斤包裹银二十两。"(2页)

武清并入地,内:

民大地　"每亩征银八分,芝棉银二毫六丝一微四纤零。"(3页)

灶地　每亩征银四分。"

"会昌侯地二顷八十三亩九分三厘二毫,每亩征银四分二厘,裁去民运剥船,归入地粮。"(3页)

小地　"每小地三亩合大地一亩。""每(大地)亩征银八分,芝棉银二毫六丝二忽零,闰银二厘八毫零。"(3页上)

宫勋备荒地　"每亩征银一分。"(3页上)

备边地　"每亩征银二分。"(3页上)

慈宁宫地　"每亩征银三分。"(3页上)

未央宫地　"每亩征银三分。"(3页上)

神木厂地　"每亩征银二分。"(3页上)

新庆备边河淀地　"每亩征银三分。"

正黄镶黄口马厂地　"每亩征银八厘。"

裁汰宫勋剥船归入地粮未央宫慈宁宫河淀边地　"每亩征银三分。"

备荒地　"每亩征银一分。"

备边地　"每亩征银二分二厘五毫。"

金盏北弦地　"每亩征银一分一厘。"(3页下)

北草地　"每亩征银一分五厘。"(3页下)

义河地　"每亩征银一分三厘九毫二丝。"(3页下)

黄土坡地　"每亩征银八厘。"

裁去马房剥船归入金盏北弦地　"每亩征银一分一厘。"

"雍正九年民人曹陈忠等认种庄头屈可钦等退出地四十三顷二十六亩,每亩一分六厘起租,例不摊丁匠。"(3页下)

雍正十年报垦起课地　"每亩征银九厘四毫零。"

雍正十三年并入民人孙茂才等认网户李化退出地　"每亩征正项银三分。"(4页下)

雍正九年圈去李毓正改作教场箭亭地一顷九十八亩。(4页下)

雍正十年艾淳名下抄没入官地二顷

"每两均摊丁匠银二钱七厘零。"(5页下)

　　此摊丁入亩后均摊丁匠银额。

1960. 11. 12、13、15

36. 清初徭里银

《清史稿·食货志二》:"都直省徭里银三百余万两,间征米豆。其科则最轻者每丁科一分五厘,重至一两有余,山西有至四两余,巩昌有至八九两者,因地制宜,不必尽同也。"(11页)

　　案,此清初顺治康熙制也。

　　明清东南赋重役轻,西北役重赋轻。

1952. 7. 16

37. 旗租

《清史稿·食货志一·田制》："凡赎入官地并抵帑籍没等田皆征租曰旗租。"（10页）

38. 屯垦　屯田　垦荒

《清史稿·食货志一》：

屯垦

"康熙中招垦天津两翼牧地。计亩二万一千五百余。"

"在盛京者……八旗分作牧厂，……本禁民垦，……乾嘉中，陆续放垦，……悉归城旗承种。"（12页）

"口外牧场……其后密云热河同时放荒（招商领耕）……"（13页）

屯田

"清因明旧，卫屯给军分佃，罢杂徭。顺治……三年定屯田官制，……改卫军为屯丁。六年定直隶屯地输租例，……由巡抚主之。光绪二十四年太常卿袁昶奏理屯田，因有改卫为屯之谕。"（13—14页）

"（乾隆末）百余年来，屯田利病与漕运终始，及南漕改海运（事在道光），屯卫隐蔽难稽，至是而一大变。"（14页）

"（光绪）二十七年刘坤一、张之洞条议屯卫宜裁，略称运军久虚，卫官复无事，一卫所属屯田，或隔府，或跨省，一切操诸胥吏之手，田饷弊窦，不可胜穷。明年谕各省勘实屯地，檄屯户税契执业，改屯饷为丁粮，归州县征解，除屯丁运军名目，裁卫官。是时综计各省屯田约二十五万余顷，顾多与民田殽杂。又各丁私相质售，久失其旧，重以兵后册籍荡然，粮产无从钩鈲（？）。"（14页）

垦荒

"世祖始入关，定垦荒兴屯之令。凡州县卫无主荒地分给流民及官兵屯种。如力不能垦，官给牛具籽种，或量假屯资，次年纳半，三年全纳。"（14页）

"（世祖）令凡自首投诚者，授荒田为永业。魏裔介亦请饥民转徙得入籍占田，罪徒当遣者限年屯垦，已事释还，其原留占业者听。定直省屯田官助牛种者所收籽粒三分取一，民自备者当年十分取一，二年三年三分取一。"（14页）

"凡新垦地,初定三年起科,嗣又宽至六年,后寻令通计十年,既仍用六例,亦有循三年旧制者。雍正初元,谕升科之限,水田六年,旱田十年,着为例。"(15 页)

"顺康间,直省大吏以开拓为功,其报垦田总额……数多不实。……(世宗末年严诫审核)"

其后直省、新疆、东三省、蒙古、青海、热河均有垦荒,而清末尤甚。

1953.6.8

39. 湖团

《清史稿·食货志一》:"(同治初元)山东遭教匪之乱,邹、滕诸县田里为墟。(同治)三年决用移民策,而东昌、临清、兖、曹各属逆产,及绝户地尽没入官。五年乃有办理湖团之谕。湖团者,曹、济客民种苏、齐界铜、沛湖地,聚族立团。既而土著归乡,控阅无已。然客垦由官招集,不乏官荒,所占土田不甚广,且讼者非实田户也。于是曾国藩研烛其情,为之驱逐莠户,留其良团,各安所业。"(16 页)

1952.7.15

40. 咸丰中的抗粮抗官

《清史稿》本纪二十《文宗本纪》咸丰五年五月:"壬申诏曰:'兴办团练原以保卫乡闾,而河南迭有抗粮抗官之事,似此相率效尤,流弊甚大。各督抚其尚加意整顿,勿令日久酿患。'是时山东已有黑团之害,尚未上闻,其后卒以兵力平之。"

1952.7.14

41. 井田

《光绪会典事例》一一一九《八旗·田宅》井田改屯地:"雍正二年(1724)覆准,内务府余地,……以二百余顷作为井田,将无产业之满洲蒙古汉军共选一百户前往耕种。每户授田百亩,凡八百亩为私田,百亩为公田,共力同养公田,委户部司官勘丈,设立村庄,盖土房四百间,给予种地人口

粮、耕牛、仔种、农具,以便耕种。"(4页)

又:"五年奉旨,旗人犯枷责治罪,革退官兵,并无恒产,令于京城附近直隶地方耕种井田。"(4页)

又:"乾隆元年(1736)奏准,设立井田以来,所有承种之一百八十户,缘事咨回者已有九十余户,循环顶补,大都皆不能服力穑之人,行之未见成效,行令确查实力耕种安抚得所者,改为屯户,按亩纳粮,……原设领催改为屯长,约束屯户,……不能力穑之户,咨回本旗……"(4页)

"(乾隆)二十二年(1757)议准,出旗汉军各户领种井田者,应将此项地亩另立名目,称为赏种官地,……其应纳之粮,仍照定额每亩征谷一斗。"(4页)

井田的试行	雍正二年至乾隆元年(1724—1736)。
试行区域	京城附近直隶地方:霸州、固安、永清、新城四州县。
参加人户	一百八十户中途咨回者九十余户。
办法	每户百亩,八户同养公田百亩,官给牛具、仔种、房屋。

《光绪会典事例》卷一六二《户部·田赋》:"(乾隆)三年题准,直隶霸州、固安、永清、新城等四州县井田改为屯庄地亩,每亩征屯粮一斗。"(3页)

1955.4.24

42. 古代水田

清柴潮生《水利救荒疏》:"汉张堪开狐奴稻田,民有麦穗之歌;狐奴今之昌平也。北齐裴延俊修督亢陂,为利十倍;督亢今之涿州也。东西二淀,为宋何承矩塘泺之遗;天津十字围乃明汪应蛟屯田之旧。"(引自抄本《林文忠公畿辅水利议》)

43. 水田在北方不能畅行之故

清林则徐《畿辅水利议》八《破浮议惩阻挠》:"臣则徐谨案:天下事当积重难返之后,万不得已而思变通,幸而就理,万世之利也。然北米充仓,南漕改折,国家岁省经费万万,民间岁省浮费万万。此皆自蠹穴中剔出,陋规中芟除者,则举行之日,浮议阻挠,必且百出。如前明宏治间浚大通河,漕船已达大通桥,节省金钱无算,而张鹤龄等因失车利,造黑眚之说以阻坏之。夫

成功尚可坏,况未成乎? 徐贞明初上《水利议》,格不行。迟之十年,重以苏
瓒、徐待、王敬民、申时行诸人之力,仅得一试,无何蜚语潜入,王之栋一疏败
之而有余。举事者何其难,挠事者又何其易也。"(抄本,无页数)

1958.3.4

44. 徐贞明水田失败之故

林则徐《畿辅水利议》:"观徐贞明滹沱之役,以偿价不敷,致滋忌者口
实,功败垂成,知给价之正多格碍也。"(此指沟洫占用田地给价)"至于前人
之屡行屡罢,此亦有由。徐贞明有干济之才,所言亦百世之利。其时王之栋
参劾,出于奄人勋戚之意。其疏亦第言滹沱不可开耳,未尝言水田不可行
也。但募南人开垦,即以地予之,又许占籍;左光斗之'屯学'亦然。是夺北
人之田而又塞其功之路,其致人言也宜矣。"(引柴潮生《水利救荒疏》)

45. 顺治时的山东荒田

《清史稿》传三十七《孙廷铨传》:"孙廷铨……山东益都人。……(顺
治)十四年疏言,山东河南荒田请招民垦辟。其已熟者清厘赋额,无使隐漏。
上从之。"(2页)

46. 清代北方田地无经界

陈之兰《授田论》(见《香国集》,引自《切问斋文钞》卷十五),原注:"今
直隶、山东、山西、河南、陕西田无经界,民各自守其业。并无兼并之患。"

47. 清代经济大事　赋役

据《清史稿·本纪》:
顺治元年五月己丑,多尔衮至北京。七月壬寅,除明季加派。
三年四月辛丑,定《赋役全书》。
十年四月壬子,行一条鞭法。
十一年十一月,编造各省丁地册。(查)

48. 钱粮册

钱粮册一

"浙江等处承宣布政使司布政使加二级臣李士桢等谨造完。"（右）

"奏销康熙十四年分地丁起存等项钱粮完解支销文册。"（左）

　　天案,以上黄册封面题签,两行。

"浙江等处承宣布政使司布政使加二级臣李士桢等谨奏,为奏销康熙十四年钱粮,查参未完各官事,令将浙江省杭处等十一府属见征康熙十四年分地丁本折等项钱粮开造完欠支销数目,除造青册呈送部科查核外,理合造册奏缴。谨具奏闻。今开:浙江省:原额田:二十七万九千五百六十一顷一十一亩四分八厘七毫八丝七忽一微七尘。"

27956111（亩）.4878717

钱粮册二

"康熙六年为清各省之地等事丈出抵补丈缺外,实丈缺田一千四百三十一顷七十九亩一厘三丝七忽一微一尘九渺,实征田二十七万八千一百二十九顷三十二亩四分七厘七毫五丝五尘一渺。各征不等。"

27956111.48787170-143179.01037119 = 27812932.47750051（亩. 分厘毫丝忽微尘渺漠）

"原征银　2426489.246807276479（两. 钱分厘毫丝忽微尘渺漠埃纤沙）

原征米　1193071.823632319524（石. 斗升合勺抄撮圭粟粒黍稊糠粃）"

钱粮册三

康熙二年酌议改征等事题准:

军储　银　42137（两）.274996654814

改征　米　42137（石）.274996654814

　　天案,此以银一两改征米一石。

康熙四年加白粮经费:

丁字沽银 16693（两）.80106210392

加白粮食米 7763（石）.14776707979

钱粮册四

"额征银 2401045（两）.7728727299176

额征米 1242972（石）.2463960497954"

"除舟山无征田 72716（亩）.89"

"除银 3414（两）.4489141

除米674（石）.9646356"

$$72716.89$$
$$1614165.67785（5 页）$$
$$+19917.87147（5 页）$$
———————————
$$1706800（亩）.43932$$

$$3414.4489141（本页）$$
$$96073.00693318584（5 页）$$
$$+1312.612272875（5 页）$$
———————————
$$100800（两）.06812016084$$

钱粮册五

宁、台、温三府弃置田 164165（亩）.67785（顺治十八年）

除银　　　96073（两）.00693318584

除米　　　12983（石）.9221809032"

温州续迁田　19917（亩）.87147（康熙六年）

除银　　　　1312（两）.612272875

除米　　　　189（石）.590527126"

钱粮册六

　　（卡片二页）　　　　（卡片四页）

$$27812932.47750051-1706800.43932=26106132（亩）.03818051$$

实存田　　26106132（亩）.03818051

　　天案，与上列所算完全相合。

实征银　　2300245（两）.7047525690776

　　天案，与下页所算完全相合。

实征米　　1229123（石）.7690524205954

钱粮册七

额征银 2401045.7728727299176 卡片四—除银 100800.0681201608400

卡片四算单＝2300245（两）.7047525690776 与卡片六全合

据申报：

"康熙九年展界开垦田（鄞、奉、定、象四县）　　33742.47238"

"康熙九年展界开垦田（临、黄、临三县）　　27806.10827"

"康熙九年展界开垦田地园（永、乐、瑞、平四县）+52922.18555

　　　　　　　　　　　　　　　114470（亩）.76620

钱粮册八

"开化县康熙四年新垦田"　　　　　　　　　7417.00

"西、龙、江、常四县康熙六年新垦田"　　　6317.01291

"西、龙、江、常、开五县康熙八年新垦田"　4509.56670

"龙游县康熙八年新垦田"　　　　　　　　　279.25

"西、龙、江、常、开五县康熙九年新垦田"　7539.32626

"青田县康熙六年新垦田"　　　　　　　　　1228.54997

"缙云县康熙八年新垦田"　　　　　　　　　188.5478

"遂昌县康熙九年新垦田"　　　　　　　　　725.00

"龙游、江山、开化康熙七年新垦田"　　　　+2901.606

　　　　　　　　　　　　　　　31105（亩）.85964

钱粮册九

"康熙四年迁民开垦乐清县开垦田"1020（亩）.8346

"康熙五年迁民开垦乐清县开田"　　　+1121.1208

　　　　　　　　　　　2141.9554　　33247.81504

　　　　　　　　　　　　　　　　147718.58124

"康熙三年衢属积荒案内荒田"　　　　163787.1589028

"康熙六年处属积荒案内蠲荒田"　　　395389.5905368

"康熙六年台、温二府积荒案内蠲荒田"　184025.01739

"康熙九年嘉、衢、温、庆四府荒弃田"　246632.55066258

"康熙十一年台属积荒案内蠲荒田"　　165957.619705

　　　　　　　　　　　　　　　1155791.93719718

钱粮册十

"康熙十二年奉化县积荒田"　　4267（亩）.06234

"康熙十四年归安县坍缺田"　　　498.497

　　　　　　　　　4765.55934　　1160557.49653718

实存田　26106132.03818051

新垦田　　+147718.58124000（九页）

　　　　　26253850.61942051

荒田　　−1160557.49653718（上列）

　　　　　25093293.12288333

钱粮册十一

原额地　　　　　　　　6107424（亩）.45697325

（加）杭州满营墙基地　　　　　883.58139

　　案，据实征地数则此项墙基地未加入计算。

（加）康熙六年丈出地　+282281.88793295

　　　　　　　　　　6390589.92629620

实征地　　　　　　6389706.34490620

6389706.34490620−6107424.45697325＝282281.88793295

实征地　6389706.34490620

除　　　−415051.7964

　　　　5974654.54850620　实存地，与 12 页合

钱粮册十二

除舟山无征地　　　　　　　15117（亩）.199

顺治十八年宁、台、温三府弃置地　　+399934.5974

　　　　　　　　　　　　　415051.7964

实存地　　5974654.5485062

据申报：

鄞、奉、定、象四县康熙九年展界新垦地　　10205.83398（应征）

临、黄、宁三县康熙九年展界新垦地　　3067.57510

永、乐二县康熙九年展界新垦地　　+796.180

　　　　　　　　　　　　　14069.58908

钱粮册十三

开化县康熙四年新垦地　　　　741（亩）.20

西、龙、江、常四县康熙六年新垦地　　1784.41651

龙、江、开三县康熙七年新垦地　　1450.1290

西、龙、江、常、开五县康熙八年新垦地　　1417.49320

龙游投诚垦荒康熙八年新垦地   20.750

西、龙、江、常、开五县康熙九年新垦地   1167.26905

乐清迁民开垦地（康熙四年）   397.8310

乐清迁民开垦地（康熙五年）   +292.1650

                       7271.25376

钱粮册十四

康熙六年处属积荒案内蠲荒地   5837.5152365（应蠲）

康熙六年台温二府属案内蠲荒地   36516.4970

康熙九年无征荒逋案内荒弃地   33873.709965174

康熙十一年台属积荒案内蠲荒地   33908.63940

康熙十二年奉化积荒案内积荒地   +9217.9953830

                   119354.356984674

钱粮册十五

原额山   12746943（亩）.54207

康熙六年实丈缺山   −38642.382015

实征山   12708301.160055   合

除：

舟山无征山   14612.125

顺治十八年宁、台、温三府弃置山   529321.6423

太平县例不起科山   +3191.6987

                547125.4660

实存山   12161175.694055   合

钱粮册十七

康熙六年温州积荒案内蠲免荒山   3852（亩）.288

康熙九年嘉、衢、温、处四府荒弃山   609.25654

钱粮册十九

鄞县康熙九年展界新垦荡   10（亩）.0   （应征）

黄岩县康熙九年展界新垦塘   11.073

康熙九年嘉、衢、温、处四府荒弃荡   47.701（应蠲）

康熙十一年台属积荒案蠲荒塘   2.438

钱粮册二十一至三十

原额金华府官房	385(间).5(分)
	株
原额宁、衢、严三府桑柘茶树	84976(株).5(分)4(厘)
原额杭州府钱、富二县新涨沙地	3151(亩).20211
康熙六年富阳县丈缺沙地	3.91811
实该沙地	3147.28400
原额永嘉县荡坦塯演浃等项	2266(亩).35357
(原额)仁、钱、富三县兵饷沙地	6956.22733
康熙六年丈缺沙地	58.04347
实该沙地	6898.18386
此项兵饷沙地顺治十四年《全书》原来刊列田亩止载银两。	
原额嘉兴府石门县告升地	14.61
归安县于编审事案内续报升科田	37(亩).415
归安县于编审事案内续报升科地	1004.197
归安县于编审事案内续报升科山	289.207
原额民人代种各卫所屯田地园	26586.07459
康熙六年丈出田地	19.50425
仁和民佃屯田	+4.556
实征田地园	26610.13484　合
除：	
顺治十八年台州府弃置田	240(亩).0
康熙六年温州府续迁田	797.02
实存田地园	25573.11484
康熙六年宁、台、温三府蠲荒田	2006.29642523
康熙十一年台属积荒案蠲荒田	222.39
杭州府前右二卫在城屯地今归仁、钱二县带征	
	2774(亩).90
康熙六年丈出屯地	71.992944943
实征地	2846.892944943
除满营界墙地	144.3208

奉裁昌国……四卫归并象山……七县征收屯田地

　　　　　　　　　　　　　　　　　　25075.49066

顺治十八年宁、台、温三府弃置田地　　　11801.057

康熙六年温州府续迁田　　　　　　　　　1330.00636

实存田地　　　　　　　　　　　　　　　11944.4273

康熙六年平、泰二县积荒案内蠲荒田地　　3278(亩).49988

康熙十一年台属积荒案内蠲荒田地　　　　297.960

嘉兴府督征嘉兴所屯田　　　　　　　　　11006.0

原额人丁　　　　　　　　　　　　　　　2928224.426

　　　　　　　　　　　　　　　　　　丁口.分厘毫丝

康熙三年仁和县报增人丁　　　　　　　　3716.0

康熙三年山阴县报增人丁　　　　　　　　20.0

康熙六年清出人丁　　　　　　　　　　　19933.9786

实征人丁　　　　　　　　　　　　　　　2951894.4046

除：

舟山无征人丁　　　　　　　　　　　　　5220.3

顺治十八年宁、台、温三府迁弃人丁　　　206648.53259

康熙六年温州府续迁人丁　　　　　　　　2462.0

实在人丁　　　　　　　　2737563(人).57201(丁)

据申报：

鄞、奉、定、象四县康熙九年展界招回人丁　3512.05

临、黄、宁三县康熙九年展界招回人丁　　7664.0

永、乐、瑞、平四县康熙九年展界招回人丁　2741.5

康熙六年台、温二府逃亡人丁案内蠲免人丁　20468.5

"以上田地山荡塘河房屋桑柘茶树人丁等项额征银三百四万七千五百七十六两八钱九厘四毫二丝九忽五微八尘八渺六漠八埃七纤六沙。除绅衿优免本身一丁银五千一百一十二两八钱一厘伍毫七丝八微五尘八渺五漠八埃，额征银……(3042464[两].0078587301076)"(数目碎细不复录,举其目于后：

孤贫口粮米	吹鼓手米	收零积余米
蜡茶新加银	颜料新加银	绵折新加银

渔课折色新加银）

"共征银三百五万九千二百六十六两一钱四分七厘四毫(69419799)六沙。"

除：　　　杭州府界墙屯地减征银　　舟山无征银

宁、台、温三府顺治十八年弃置减征银　　瑞、平二县康熙六年续迁弃置银

宁、台、温三府弃置于康熙十二年起科银　展界升科余米

宁、台、温三府边卫瘠苦等事屯粮减额银　颜料蜡茶舟山无征银

弃置减征银

加：台、温二府盐课弃置奉文于地亩摊派补征银

"实征银二百九十三万四千二百六十二两一钱三分(61305958)四埃。"

（未完）

1950.12.5—7

49. 清初官田加赋与民田相同

叶梦珠《阅世编》卷六："（康熙）十五年丙辰,御史张维赤……请案天下地丁钱粮除生员田亩及民田照常征课外,凡缙绅本户钱粮原额之外加征十分之三,以助军需。……吴下粮重,约计每亩增粮六七分,增米五六升。往往有民田收入官户者,亦在加征之例,致有官不如民之叹,……"（《上海掌故丛书》第一集本,10 页）

案,叶氏生于崇祯时,此书记载至康熙三十四年为止。此所谓官户即明代官田所谓没入官田之类。当时以官田加征为异,必明代官田不加征也。然则明末加派不及官田乎？待查。

1950.10.20

50. 清代的编审

据咸丰丁巳台隆阿修《岫岩志略》卷五《食货志》："顺治四年题准三年一次编审,责成州县官造册。年六十以上开除,十六以上添注。（顺治）十三年覆准,五年编审一次。（顺治）十七年覆准每岁底各将丁徭赋籍汇报总数,观户口消长以定州县考成。康熙三十一年题准直省编审人丁,俱造花名征银科则送部。（康熙）五十二年钦奉恩诏,内开：……嗣后直隶各省地方遇编审之期,察出增益人丁,止将实数另造清册奏闻。其征收钱粮但据康熙五十

年丁册定为常额,续生人丁永不加赋,……(康熙)五十五年覆准,编审新增人丁,……如一户之内,开除一丁,新增一丁,即以新增抵补;倘开除二丁三丁,本户抵补不足,即以亲族之丁多者抵补;又不足即以同甲同图之粮多者顶补。如有多余之丁,归入滋生册内造报。雍正七年,覆准各省丁银均摊入地粮内征收,乾隆三十七年七月奉上谕,五年编审不过沿袭虚文,无裨实政,嗣后编审之例永行停止等因钦此。"(1页)

　　"照地派丁"　康熙五十五年文内
　　"按人派丁"

1956.6.9

51. 锦州府的田赋

　　清康熙二十一年刘源溥、孙成修《锦州府志》十卷(《辽海丛书》三集据钞本印)卷五《田赋志》:

地亩

明:广宁中屯卫　额田二千一百九十顷四十亩

　　广宁左屯卫　额田九百五十一顷九十二亩

　　广宁右屯卫　额田八百二十一顷七十九亩　以上今隶锦县

清:锦县　行粮地共六万零六百十九亩一分

户口

明:广宁中屯卫　户口一万四千六百零二丁

　　广宁左屯卫　户口七千四百四十二丁

　　广宁右屯卫　户口三千二百九十七丁

清:锦县　户康等三十三社　行差人丁共六千八百零一丁　不行差食盐男妇共四千一百五十名口(2—3页)

粮税

明:广宁中屯卫　额粮　17306 石 1 斗 3 升

　　　　　　　　额草　87960 束

　　　　　　　　额盐　66764 斤

　　　　　　　　额铁　14005 斤

　　广宁左屯卫　额粮　13971.3

　　　　　　　　额草　74160 束

	额盐	120811 斤
	额铁	10202 斤
广宁右屯卫	额粮	10557 石 75
	额草	133180 束
	额盐	89019 斤
	额铁	9547 斤 (3—4 页)

清:锦县　"行粮地共六万零六百一十九亩一分,每亩岁额征条边银三分,共该征银一千八百一十八两五钱七分三厘,解奉天府。"(5 页)"四季杂税共该银一百五十一两零三分二厘,解奉天府,康熙二十年奉文归驻防征收。"(6 页)

徭役

明:

	广宁中屯卫	广宁左屯卫	广宁右屯卫
均徭银	735 两	699.5	220
修边夫	250 名	250	297
修仓夫	30 名	30	30
局造	89 名	120	80
窑造	71 名	38	67
纳粮	200 名	220	53
跟官	78 名	102	172
斗级	15 名	16	15
狱卒	10 名	12	18
寄籍均徭银	80 两	70	4.7　(6—7 页)

清:锦县　"行差人丁六千八百零一丁,每丁岁额征均徭银二银,共该征银一千三百六十两二钱,解奉天府。

　　大凌河水手　五十名　水手头一名
　　小凌河水手　二十名　水手头一名　俱免杂差,不食官饩。"

1956.6.6、9

52.康熙时均田实即均役

《均田均役征粮截票永遵碑记》(碑原在江苏常熟县城内道前,今待查。常熟图书馆藏拓片。收入《江苏省明清以来碑刻资料选集》,页 600—602):

"康熙十三年三月十三日,奉江宁抚院马宪牌行前事内开,三月初一日准户部咨开,江南清吏司案呈奉御送户科抄出该本部复江苏布政使慕奏前事内称,……夫均田均役,□□□□该州县田地总额与里甲之数,田地均分,每图若干顷亩,编为定制,部(?办)粮当差,田地既均,则赋役自平。[耶](即)有科则轻重之别,而按亩编甲,其输粮之数,不甚相远耳。……臣请敕行嗣后推收编审,悉照均田均役,听民自相□(品)搭,充里甲之数,不许多田少役,则隐苦、诡寄、田(包?)□(揽)诸弊,可以永清,□( )有益于民人矣。……康熙十三年正月十五日,又本月二十二日奉旨,该部确议具奏,钦此。钦遵。……均田均役之法,通该州县田亩总额与里甲之数,将田地均分办粮当差,不许豪户多田隐役,苦累小民,(此[钦遵下]数语为户部核议具奏语)……到司(江苏布政司)……嗣后推收编审,悉照均田均役之法,通计该县田地总额与里甲之数,将田地均分,编定办粮,管(当?)产(差?)恤(听?)民,自相品搭,充足里甲之数,不许豪户多田隐役。(嗣后以下数语,为布政司饬府之语)……为此仰府属各州县官吏□□□□□等知悉,……嗣后推收编审,悉照均田均役之法,通计该邑田地总额与里甲之数,将田地均派,细(?)实办粮当差,听民自相品搭,充足里甲之数,毋许豪户多田隐役……"

此实摊丁入亩之先声,所谓均田即均役。

《切问斋文钞》卷十五,有盛枫《江北均丁说》,其意亦相同。均丁即均役。盛枫为康熙二十年举人,其均丁说,当在中举之后,可觇当时人均偏向于摊丁入亩,而四十年后始成定制,则赋役改革之难可见。

53. 康熙十三年均田法

道光《苏州府志》卷十《田赋三》引赵锡孝《徭役议》:"长老传言,康熙十三年(甲寅,1674)以前,均田之法未奉旨通行,差徭偏重,乡民以役破家者接踵。小户附于大户,求为代役,大户役使如奴隶,……其小户田中所收,半馈大户,于是弃产逃亡,钱粮逋欠,所在多有。"

康熙十三年均田之法即《均田均役征粮截票永遵碑记》所载慕天颜所请之事。

54. 康熙时已有丁从地起

王氏康熙《东华录》九十七,康熙五十五年丙申(1716)二月:"庚寅户部议准御史董之燧奏,直隶各省内有丁从地起者,其法最善。但愚民每急欲售地,地去而丁存,贻累无穷。嗣后请民间买卖地亩,其丁随地输课,从之。"(2页下)

55. 清代常熟田赋①

"……代称为皇粮,标准也是照田亩科则的规定。例如三斗二升粮田,每年实收糙米一斗〇一合,……这里提到的田亩科则共有三十六条,原是明初规定的标准,就是每亩田,要征粮三斗二升,征银三钱多。这样高的标准,除了苏松太以外,其他地方绝对没有的。……后来(案,指康熙后)这科则,仅是表示田亩肥瘠的差异,而并不以作实收的标准了。"(136页)

……

"上面所说的三十六种科则,实则就是把所有田地、河荡分成三十六等,按等规定征粮额数,大致水田称田,棉地及蔬菜地称地,最下等的船坊等河荡称荡;科则一斗九升以上的都是田,以下的是地,河面船坊等每亩三升。"(137页)

"另有两种等则以外的特别现象,即"军田"和"芦课"。军田……又有粮帮的名称(天案,由于担任运粮工作),……又名"屯田"或"卫田"。……"芦课"是沙田田赋的名称。……"(137—138页)

"县丞(俗名粮厅)""典史(俗名捕厅)"(134页)

天案,此三十六种科则与三等九则不合;上上田三斗二升,下下田三升,其中间相距三斗,如何分三十六等? 试揣待问。

升	升	升	升	升	升
3	6	9	15	21	27
3.5	6.5	10	16	22	28

① 编者注:此为该题目卡片之二、三,缺一。其所摘文字来自戴良耕述,归梦熊录《常熟田赋变革概况》,常熟政协文史资料研究委员会《文史资料辑存》第2辑,内部发行,1962年。

4	7	11	17	23	29
4.5	7.5	12	18	24	30
5	8	13	19	25	31
5.5	8.5	14	20	26	32

56. 清初松江均田均役

　　清曹家驹,字千里,号茧庵,江苏松江人,《说梦》书中有乙酉(顺治二年)、丁亥(四年)、康熙癸丑(十二年,1673)事,又有"三十年一梦"一条,记万历壬子(四十年,1612)受业胡云莘事,"考童惨祸"一条记天启甲子(四年,1624)参加科考事,则是明末清初人,自序自言"余行年八十",为以十二岁受业胡云莘计,则当生于1600年,卒于康熙十九年(1680)。
《说梦》卷一"林巡抚均粮"条,记万历初年巡抚林润均粮事。
《说梦》卷一"三大事原委":"余性好多言,自知憎我者众,间有一二嗜痂者,又未免过情,谓余作三大事,有造于桑梓。一曰白粮之官收官解,一曰漕米之官收官兑,一曰里甲之均田均役。……若均田均役,娄邑已有成规,华亭仿而行之,余处强弩之末,……何敢居以为功。……"(《说库》本,2页)
　　又"杂差"条:"当均田均役初行,议杂差一事,余曰……"(4页)
　　又卷二"华亭县均田均役碑"条:"云间幅员狭而赋额广,民困于赋久矣。有赋则有役,赋之不均也此积重难返之势也,役之不均也尤官民交困之道也。然言均实难,图田之多寡不齐,小民之贫富不一,加以绅衿之优免,黠猾之规避,如理乱丝。十年践更,每遇金富,沿习'照田编役'四字,下既以此欺官,官亦以此自欺。遂使田连阡陌,坐享豪华,而寡妇之子,伊吾之士,与夫不辨菽麦之夫,苟有数亩鲜不竭泽而渔矣。及在承役,号曰年首,举一里之田赋,唯斯人是问。……中人之产立消,……娄邑李侯(名复兴,山东人)力行均田均役之法,其区图里甲,仍仿旧制,惟甲田限以定数,毋盈毋啬,汇甲成图,汇图成区,汇区成保,纲举目张,较若画一,而田无不均矣。田均则役自均……。娄事告成,吾华且是则是效。……会藩台慕公(名天颜,字鹤鸣,陕西人,顺治乙未进士,官至总漕)入觐,……于均田均役敷陈未尽,退而补牍……"(19—20页)
　　又"募建均田均役碑亭小引"条:"均田均役之法,华邑行之已七载于兹矣。……"(20页)

此均田应非平分田地,均田均役实是按田摊役。

57. 顺康之际人口不实

王氏康熙《东华录》一,顺治十八年十一月戊戌:"御史胡秉忠奏,直隶各省州县卫所编审花户人丁,俱沿袭旧数,壮不加丁,老不除籍,差役偏枯不均,或流入邪教,或逃窜盗薮,或投遁他乡,漏户通粮,为弊匪细。请敕有司核实,年十六以上成丁,六十、七十准予豁免。其有充僧道无度牒者,悉令为农安插,附入丁册当差。从之。"(京师刻本,19 页)

58. 地丁原始

俞正燮《癸巳类稿》卷十二"地丁原始"条:

　　《大清会典》　雍正年本

　　《大清会典则例》　乾隆年本

　　《大清会典事例》　嘉庆年本

　　《钦定授时通考》

"《万寿盛典初集》安徽抚属旧管、新增、开除、抵补外,实在人丁……"

"康熙五十一年二月壬午(二十九日)……"(以上道光刻本 20 页)

"康熙五十二年三月十八日万寿恩诏……"

"雍正四年谕丁粮派于各地粮内,以雍正五年为始。"(以上 22 页)

"谨案……滋生丁永不加赋,额丁子孙,多寡不同,或数十百丁承纳一丁,其故绝者;或一丁承一二十丁;或无其户,势难完纳。康熙五十三年,御史董之燧请统计丁粮,按亩均派,部议不便更张而止。然舍此更无长策,故广东、四川两省先行之。雍正元年直隶抚臣请行之,二年山西抚臣请行之,三年山东抚臣请行之,五年竟通行之。……丁银多少不同者,各以州县额丁及地亩数均摊之也。后山西以富人田少(?),贫民种地,代纳丁银,不服。至乾隆十年,行者八十一州县,其盂县等二十州县丁徭地粮,分额征收。道光元年,盂县改丁归地,其兴县等十九州县如故。贵州亦多分征,奉天、台湾及广西之融县,亦丁地分征也。"(22—23 页)

59. 清代田赋

《光绪会典事例》卷一六二《户部·田赋·田赋科则》：

省别	民赋田每亩科银（两.钱.分.厘.毫）
直隶	0.0081—0.13
盛京	0.010—0.03
吉林	0.010—0.03
山东	0.0032—0.191
山西	0.00107—0.100
河南	0.0014—0.227
江南江苏	0.009—0.1411
安徽	0.015—0.106
江西	0.00133—0.11713
福建	0.0169—0.1625
浙江	0.0153—0.255
湖广湖北	仅有科粮数，不录
湖南	仅有科粮数，不录
陕西西安	2.3817（？）
甘肃	0.0002—0.154
四川	0.00159—0.08491
广东	0.0081—0.2232
广西	0.0204—0.2122
云南	0.0055—0.0465
贵州（苗田）	0.0100—0.65

1955.5.9

60. 清代口赋

《光绪会典事例》卷一百五十七《户部·户口·口赋》（3—4 页）：

所属	每口	丁税共计 （民丁、屯丁）	遇闰加征	别有

	（两.钱.分）	（两）	（两）
直隶布政使司所属人丁	0.03—2.60	424,444.198	16,280.9425
奉天府尹所属人丁	0.15—0.20		不加
山东布政使司所属人丁	0.20—0.35	347,449.88	灶丁税 6,603.633
山西布政使司所属人丁	0.10—4.053	563,713.99	不加　地差银 78,293.20
河南布政使司所属人丁	0.20—2.00	113,160.576	不加
河南布政使司收并卫所	0.02—1.50	6,948.76	不加
河南布政使司更名寄庄寄粮		154.448	不加
江南江苏布政使司所属人丁	0.014—0.10	239,546.963	1827.261　别有科钱五文者
江南江苏布政使司所属军丁		11,224.597	不加
安徽布政使司所属人丁	0.05—0.519	207,876.87	不加
安徽布政使司所属卫所丁		12,572.03	不加
安徽布政使司所属屯丁		26.6922	0.226
安徽布政使司所属寄庄丁		8.961	不加
安徽布政使司所属匠班丁		3,870.30	0.3375
盐钞每口　0.0074			
江西布政使司所属人丁	0.032—1.346	183,675.00	1855.00
江西布政使司所属屯丁		1,326.00	23.00
盐钞每小口　0.0026—0.0095			
福建布政使司所属人丁	0.0839—0.291	175,075.447	不加
福建布政使司所属屯丁		5,424.7655	不加
盐钞小口　0.0147—0.0181			
浙江布政使司所属人丁	0.001—0.572	236,991.07	不加　别科米二合二勺至三升三合
浙江布政使司所属屯丁		527.623	不加
湖广湖北布政使司所属人丁	0.154—0.6438	109,999.54	不加　民屯丁
湖广湖南布政使司所属	0.03—0.835	7,736.04	不加　民屯丁

人丁

陕西布政使司所属人丁	0.20	240,313.15	8727.83	民屯丁
甘肃布政使司所属人丁	0.20	61,904.33	河东加 2433.74	河西遇闰不加征民屯丁
四川布政使司所属人丁	0.12—0.510	56,991.8214		
广东布政使司所属人丁	0.0019—1.326	120,003.79	5,518.479	包括民丁、屯丁、黎丁
广西布政使司所属人丁	0.15—0.452	46,303.10	324.20	民屯丁
云南布政使司所属人丁	0.03—0.55	29,339.126	不加	民站丁、土步军丁、鱼户丁
威远村丁	32.00		不加	
贵州威宁拨来人丁	34.80		不加	
贵州布政使司所属人丁	0.15—4.00	13,781.12	663.43	民丁、夷丁

1955.5.9

61. 起运钱粮（存留钱粮附）

《光绪会典事例》卷一六九《户部·田赋·起运钱粮》："凡州县经征钱粮,运解布政使司候部拨用,曰起运。"（1页）

省别	起运正银（两）	起运耗银（两）	存留正银（两）	存留耗银
直隶	1,708,521.486	211,856.256	672,622.111	
盛京	20,318.646		9,148.082	
吉林	31,956.78	3,298.195	144.136	
山东	2,772,630.023	228,638.666	328,171.084	45,941.962

山西	2,645,503.655	272,846.752	325,074.219	86,201.692	有闰年
			312,540.853	86,200.748	无闰年
河南	2,747,240.229	244,109.554	248,773.375	36,272.367
			232,944.854	36,272.329
江苏江宁	875,559	65,200.80	166,263.862	16,617.706
江苏苏州	1,355,705	48,030.20	124,761.616	7,497.146
安徽	1,220,310	113,998.20	250,419	55,370
江西	1,781,607.77	86,651.97	215,993.480	
			208,547.445	
福建	1,037,992.952	130,379.77	198,762.640	4,864.483
浙江	2,121,750.774	83,584.128	239,796.926	10,731.109
湖北	961,768.653	71,262.86	98,403.313	10,922.769
湖南	936,647.98	74,935.74	94,975.866	9,497.586
陕西	1,341,361.752	66,451.728	278,122.939	170,760
甘肃	214,494.58	10,535.94	71,441.899	29,902.163
四川	541,501.823	44,696.557	100,106.861	54,900
广东	864,211.117	126,259.512	171,568.548	
			161,075.170	
广西	330,845.518	12,153.63	97,166.064	
			91,207.457	
云南	147,000.033	47,641.914	46,771.297	32,684.796
贵州	65,864.80	5,044.10	28,930.200	14,440.751

又卷一百七十《户部·田赋·存留钱粮》:"凡州县经征钱粮,扣留本地支给经费,曰存留。"(1页)

又卷一百七十:"康熙元年题准:州县钱粮,先尽起运之数全完,方准存留。"(1页)

又:"雍正三年奏准,……除仅敷本省需用之福建、广东、广西等省,及不敷本省需用之陕西、甘肃、四川、云南、贵州等省,存留本省,不解至京,余省春秋二季册报实存银数,酌量存留本省,以备协济邻省兵饷,……"(1—2页)

仅敷本省需用三省:福建　广东　广西

不敷本省需用五省:陕西　甘肃　四川　云南　贵州

有余

1955.5.9

62. 更名田　更名屯丁

《会典事例》卷一五七《户部·户口》注:"国初,以明代各藩所占田归民垦种,曰更名田;因有更名丁。"(3页)

又山西布政使司所属"更名屯丁,每口一钱至三钱零有差"。(3页)

案,山西人丁每口一钱至四两五分三厘零有差,较更名屯丁为高。

1955.5.9

63. 雍正乾隆免地丁

《清史稿·文苑传三·冯桂芬传》:"(桂芬)尝从容为(李)鸿章言吴人粮重之苦,往往因催科破家。会松江知府方传书亦上书,谓:'……雍正、乾隆间,尝再议减,然但及地丁,今倘乘民乱后核减浮粮,疲民大悦,贼势且益衰。'鸿章以闻,有诏减苏、松、太米赋三之一,常、镇十一,着为令。"

64. 清代人口数

清代人口数

顺治十八年 1661	19,203,233 口	(仅四万万之 1/20)	
康熙五十年 1711	24,621,324 口	(仅四万万之 1/17)	
		五十年加 60%	
乾隆十四年 1749	177,490,000 口		
乾隆四十八年 1783	284,030,000 口		
乾隆五十七年 1792	307,460,000 口		
道光二十九年 1849	412,986,649 口	(四万万说之所由来)	
光绪元年 1875	322,655,781 口		

65. 清末差徭仍重

《清史稿》传二三六《杨士骧传》："(光绪)三十三年,代袁世凯为直隶总督。……宣统元年,德宗梓宫奉移西陵,诏所需不得摊派民间。士骧慨然思革百年之弊,疏曰:'国初因明季加派纷繁,民生凋敝,屡降旨申禁科累。近畿繁剧,供亿多,不能尽革,故田赋较各省轻,而岁出差徭逾于粮银之数。新政迭兴,学堂、巡警诸费无不取给于民。输纳之艰,日以加甚。拟官绅合查常年应官差徭,实系公用者,酌定数目,折交州县自办,不得滥派折钱;胥役书差,官给津贴,庶积弊一清,上下交益。'疏入,优诏答之。"(6页)

　　据此:

1. 摊丁入亩之后,差徭之目仍存。

2. 差徭仍视供亿所需,随时征取,随时增加。

3. 清末新政诸费全由各县以差徭(即丁赋)名义,随时派征。

4. "官绅合查"办法出现,是地方人士权重之反映,看出资本主义因素之增长。

1955.5.14

66. 耗羡归公

《经世文编》卷二十七《户政·理财下》,彭端淑《耗羡私议》:"夫耗羡之名,不知起于何时,我朝定鼎,归于官,而民不胜其弊。世宗以来,始归于公,而加养廉,此万世不易法也,今或议曰仍归于官,臣以为大不可。"(1页)

　　此所谓归于官,归于官吏本人也。

又孙嘉淦《办理耗羡疏》(乾隆七年):"天下无不弊之法,当即其弊之未成而救之。昔世宗宪皇帝立法之始,廷臣沈近思等以为耗羡归公,必成正项,势将耗羡之外又增耗羡。世宗宪皇帝面谕,以此项银两止令督抚将收支之数年终奏明,不必报部查核,自不致成正项,群臣翕然从之,其议遂定。"(7—8页)

1955.5.9

67. 乾隆时议火耗（史料实习用）

《清史稿·食货志二》:"自山西提解火耗后(事在雍正二年),各直省次第举行。其后又酌定分数,各省文职养廉二百八十余万两,及各项公费,悉取诸此。及帝(高宗)即位,廷臣多言其不便。帝(高宗)亦虑多取累民,临轩试士,即以此发问,复令廷臣及督抚各抒所见。大学士鄂尔泰、刑部侍郎钱陈群、湖广总督孙家淦(应作孙嘉淦)皆言:'耗羡之制,行之已久,征收有定,官吏不敢多取,计已定之数,与未定以前相较,尚不逮其半,是迹近加赋而实减征也。且火耗归公,一切陋习悉皆革除,上官无勒索之弊,州县无科派之端,小民无重耗之累,法良意美,可以垂诸久远。'御史赵青藜亦言:'耗羡归公,哀多益寡,宽一分则受一分之赐。且存耗羡之名,自不得求多于正额之外,请无庸轻易变更。'惟御史柴潮生以为耗羡乃今日大弊。诏从鄂尔泰诸臣议。"(5 页)

耗羡　凡征收钱米,于正额外多收若干为手续费,统称耗羡。

重耗

哀多益寡,见《易经》,"哀",减也。

此记载未标年月,(1)如何能知其事发生的年月? (2)如何能知其记载是否正确?

乾隆初殿试贡士的年月(乡试:子、卯、午、酉;会试:丑、辰、未、戌):

乾隆元年丙辰 1736,金德瑛榜。

乾隆二年丁巳 1737,于敏中榜。

乾隆四年己未 1739,庄有恭榜。

乾隆七年壬戌 1742,金甡榜。

乾隆十年乙丑 1745,钱维城榜。

鄂尔泰作大学士在雍正十年正月,至乾隆十年四月死。

孙嘉淦作湖广总督在乾隆六年八月,至乾隆八年正月。

钱陈群作刑部左侍郎在乾隆七年五月,至乾隆十七年六月。

高宗即位在雍正十三年八月。

《清史稿》列传九十二《钱陈群传》:"乾隆元年……三迁内阁学士,陈群屡有建白……及敕询州县耗羡,疏言:'康熙间,州县官额征钱粮,收耗羡一二钱不等。陆陇其知嘉定县止收四分,清如陇其,亦未闻全去耗羡也。议者以康熙间无耗羡,非无耗羡也,特无耗羡之名耳。世宗出自独断,通计外吏大小员数,酌定养廉,而以所入耗羡按季支领。吏治肃清,民亦安业,特以有征报支收之令,不知者或以为加赋。皇上询及盈廷,臣请稍为变通,凡耗羡所入,仍归藩库,各官养廉及各州县公项,如旧支给。其续增公用,名色不能画一,多寡亦有不同,应令直省督抚明察,某件应动正项,某件应入公用,分别报销。……仍饬勿得耗外加耗,以致累民。则既无加赋之名,并无全用耗羡办公之事,……'七年,擢刑部侍郎。……"(1—2页)

《清史稿》传九十三《柴潮生传》:"(乾隆)十年,疏陈理财三策,言:'……顷见台臣请定会计疏,……以臣之计,一曰开边外之屯田以养闲散,一曰给数年之俸饷散遣汉军,一曰改捐监之款项以充公费,三者行而后良法美意可得而举也。……(在论改捐监一事时)康熙间,法制宽略,州县于地丁外私征火耗,其陋规匿税亦未尽厘剔,自耗羡归公,一切弊窦悉涤而清之,是为大利。然向者本出私征,非同经费,其端介有司,不肯妄取,上司亦不敢强,贤且能者则以地方之财治地方之事,故康熙间循吏多实绩可纪,而财用亦得流通。自耗羡归公,输纳比于正供,出入操于内部,地丁公费,除官吏养廉无余剩;官吏养廉,除分给幕客、家丁修脯工资,及事上接下之应酬,舆马蔬薪之繁费,亦无余剩。地方有应行之事、应兴之役,一丝一忽悉取公帑,有司上畏户、工二部之驳诘,下畏身家之赔累,但取其事之美观而无实济者,日奔走之以为勤。故曰天下之大弊也。……今耗羡归公之法势无可改,惟有地方别立一公项,俾任事者无财用窘乏之患,而后可课以治效之成。臣请将常平仓储仍照旧例办理,捐监一项留充各省公用,除官俸兵饷动用正项,余若灾伤当拯恤,孤贫当养赡,河渠水利当兴修,贫民开垦当借给工本,坛庙、祠宇、桥梁、公廨当修治,采买仓谷价值不敷,皆于此动给,以地方之财治地方之事。……此捐监之宜充公费也。'……"(9—10页)

案,柴潮生本传所载奏疏,与《食货志》不同之点有二:

1. 奏疏在乾隆十年,为定会计之疏而发,非为七年议火耗也。

2. 潮生之意在移捐监之款作地方公项,并非改变耗羡归公办法。

王氏《东华录》乾隆七年四月乙未下,注云:"是月庚寅朔,策试天下贡士金甡等。制曰……务民之本,莫要于轻徭薄赋,重农积谷,我国家从无力役之征,斯固无徭之可轻矣。而赋犹有未尽合于古者乎? 赋之外有耗羡,此固古之所无也。抑亦古尝有之,不董之于官,则虽有若无,而今不可考耶? 且康熙年间无耗羡,雍正年间有耗羡。无耗羡之时,……一遇公事,或强民以乐输,或按亩而派捐,业田之民受其累矣。雍正年间耗羡归公,所有诸弊一切扫除,而游民之借官吏以谋生者,反无以糊其口。……人之言曰:康熙年间有清官,雍正年间无清官,……而议者犹比言征耗羡为加赋,……抑为是言者率出于官吏欲复公款者之口乎？多士起自田间……毋有所讳。”

《东华录》乾隆七年四月乙未谕:“办理耗羡一事,乃当今之切务,朕夙夜思维,总无善策。是以昨日临轩试士,以此发问。……今将此条策问,发与九卿翰林科道阅看,伊等服官有年,非来自田间者可比,可悉心筹画,各抒所见,具折陈奏,候朕裁度。……至外省督抚……并着各据所见,具折奏闻。”

1955.4.22

68. 清代丁粮合一

《清史稿·食货志二》:“(顺治)十一年(1651)命(户部)右侍郎王宏祚订正《赋役全书》。……复采用明万历一条鞭法。一条鞭者,以府州县一岁中夏税秋粮存留起运之额,均徭里甲土贡雇募加银之额,通为一条,总征而均支之,至运输给募,皆官为支拨,而民不与焉。”(1页)

　　据此则清初不应有地丁钱粮之分,但下文又称:

“颁易知由单于各花户。由单之式,每州县开列上中下则,正杂本折钱粮,末缀总数,于开征一月前颁之。又佐以截票……截票者列地丁钱粮实数,分为十限,月完一分,完则截之,钤印于票面,而就印字中分,官民各执其半,即所谓串票也。”

　　由单　串票

　　据此顺治时已地丁钱粮分征。

《清史稿·食货志二·役法》:“初沿明旧制,计丁授役,三年一编审,嗣改为五年。……编审之法,核实天下丁口,具载版籍,年六十以上开除,十六以上添注,丁增而赋随之,有市民、乡民、富民、佃民、客民之分。民丁外复有军、匠、灶、屯、站、土丁名。直省丁徭有分三等九则者,有一条鞭征者,有丁随地派者,有丁随丁派者。其后改随地派,十居其七。”

　　编审　民丁　丁徭

　　又:“其府州县……诸役皆按额召募,额外滥充者谓之白役,白役有禁,然州县事剧役繁,必藉其力,不能尽革也。”(11页)

　　白役

又："(顺治)十二年(1655)增给河夫工食,河工用民之例有二:曰金派,曰召募。金派皆按田起夫,召募则量给雇值,其后额设之夫悉给工食。"(11 页)

　　河工

《食货志二》："康熙元年(1662)令江南苏松两府行均田均役法。"(11 页)

　　均田均役

又："雍正初,令各省将丁口之赋摊入地亩输纳征解,统谓之地丁。先是康熙季年,四川、广东诸省已有行之者,至是准直隶巡抚李维钧请,将丁银随地起征。每地赋一两摊入丁银二钱二厘,嗣后直省一体仿行。于是地赋一两:

　　丁随地起

福建摊丁银五分二厘七毫至三钱一分二厘不等,

山东摊一钱一分五厘,

河南摊一分一厘七毫至二钱七厘不等,

甘肃河东摊一钱五分九厘三毫,

　　河西摊一分六毫,

江西摊一钱五厘六毫,

广西摊一钱三分六厘,

湖北摊一钱二分九厘六毫,

江苏安徽亩摊一厘一毫至二分二厘九毫不等,

　　亩摊

湖南地粮一石征一毫至八钱六分一厘不等。

　　石征

自后,丁徭与地赋合而为一,民纳地丁之外,别无徭役矣。惟奉天、贵州以户籍未定,仍丁地分征,又山西阳曲等四十二州县亦另编丁银。"(12—13 页)

　　　　　　　　　　　　　　　　　　　1953.6.8

69. 王宏祚与《赋役全书》

《清史列传》卷七十八《贰臣甲·王宏祚传》："王宏祚,云南永昌人,明举人,官户部郎中,督饷大同。本朝顺治元年投诚,……二年……改授户部郎中,时中原甫定,图籍散佚,部臣以宏祚谙习掌故,奏令编订《赋役全书》。……十年,擢户部右侍郎,……十一年,给事中郭一鹗劾宏祚修《赋役全书》逾久未成。……寻转宏祚左侍郎，……十五年，《赋役全书》成。……"
（48—49 页）

　　修《赋役全书》在顺治三年四月，见顺治《东华录》六，此云二年误。

70. 顺治时再议一条鞭

《清史稿》纪五《世祖纪》，顺治十年四月甲寅："改折民间充解物料，行一条鞭法。"（8 页）

《东华录·顺治二十》，顺治十年四月甲寅："谕户部：朕维比年以来，军兴未息，催征烦急，兼以水旱频仍，深虑小民失所。即如民间充解物料，款项繁多，以致佥点解户赔累难堪，向曾量折几项，但折少解多，民不霑惠。户部等衙门作速查明，有应解本色易于买办者，永远折解。前代一条鞭法总收分解，责成有司，小民便于输纳，不受扰害，国家亦收实课，不致缺用，立法良善。现行条鞭地方着官收官解，不得仍派小民，其点解地方，尔户部等衙门着即详议具奏，以便永远通行，称朕休养斯民之意。"（13 页）

　　案，此言明代一条鞭法总收分解，据顺治元年七月甲寅柳寅东启言"解京钱粮，头绪纷杂，扰累滋多，有一县正额三千余两而起解分四十余项者，有一项钱粮止一两六七钱而解费至二三十两者，请总计各款分四季解府，汇解户部，俾免赔累"云云，则分解之弊甚大，而条鞭行后民困益增，亦此类事促成之也。（《东华录·顺治三》）

1955.5.9

71. 明代地丁

贺长龄《经世文编》三十一《户政·赋役三》，刘淇《堂邑赋役论》："明万历三十五年以前，赋役之科凡四，曰夏税，曰秋粮，曰马草，曰徭役。徭役者，丁也。夏税、秋粮者，杨炎之两税也。马草又其额外改折者也。唐租庸调，即古者粟米、力役、布缕三征。以明赋考之，足知两税但兼租调而已，力役犹自为一科也。至万历中始行条鞭法，三征遂并为一。但额外诸立名色，尽编正赋，一时便之，沿之至今。然条鞭既属正供，一遇度外事，不得不额外羡取。条鞭未行，不过取之额外而已。至是则额外之中又额外焉，此明季以来已著之弊也。自条鞭行，而催科分数之法立，麦出地未二寸，而民已受笞于

庭,桁杨相望矣。……"(1页)

又:"又旧志有代编各州县驿站银一千六百四十两五钱,康熙七年,拨回本县,改为地丁起解。考代编起于嘉靖末年,因各州县驿递烦扰,纷纷告病,当事者遂通融损补,设有代编之法。代编者,代别州县而加编,明其非正额也,此不过一时权宜计耳。其后遂为一定不易之规,渐增渐烦,遂至一千六百余两。且从来协济他县,止有拨补之例。拨补者,因他县钱粮不足支用,将此县之有余,那移他县以补其缺,是仍在正额之中也。代编则除本县起解存留旧数之外,而代为他县加派矣。"(27—28页)

又:"又旧志载,万历三十六年初行条鞭时,每亩犹用二分一厘有零起科,此与他县无异,后增加之故莫详其始讫,当是天崇以后百费俱兴,故日倍一日。"(28页)

1955.5.9

72. 从清初大赦诏看明末剥削

《清史稿》本纪四,顺治元年十月:"甲子,上御皇极门,颁诏天下,大赦①。诏曰:'……顷缘贼氛涨炽,极祸中原,是用倚任亲贤,救民涂炭。方驰金鼓②,旋奏澄③清。用④解倒悬,非富天下。而王公列辟,文武群臣暨军民耆老合词劝进,恳请⑤再三,乃以今十月乙卯朔⑥,祇告天地宗庙社稷,定鼎燕京⑦,仍建有天下之号曰大清,纪元顺治⑧。……地亩钱粮⑨,悉照前明《会计录》⑩,自

----

① 编者注:对于大赦诏,作者旁注"用《东华录》校",并在卡片的相应位置上标出不同之处。这里用页下注的方式说明。
② 《东华录》在"方驰金鼓"前有"乃"字。
③ "澄",《东华录》作"澂"。
④ "用",《东华录》作"既"。
⑤ "请",《东华录》作"切"。
⑥ "以",《东华录》作"于"。"今十月乙卯朔",《东华录》作"今年十月初一日"。此后文中出现的"朔",《东华录》均作"初一日"。
⑦ "定鼎燕京",《东华录》作"即皇帝位"。
⑧ "纪元顺治"前,《东华录》有"定鼎燕京"四字。
⑨ "地亩钱粮"前,《东华录》有"一、"。
⑩ "悉照前明《会计录》",《东华录》作"俱照前朝《会计录》原额"。

顺治元年五月朔起,如额征解①。凡加派辽饷、新饷、练饷、召买等项,俱②行蠲免。……③直省起存拖欠本折钱粮,如:金花、夏税、秋粮、马草、人丁、盐钞、民屯、牧地、灶课、富户、门摊、商税、鱼课、马价、柴直、枣株、钞贯、果品及内供颜料、蜡、茶、芝麻、棉花、绢、布、丝绵等项,念小民困苦已极,自顺治元年五月朔以前,凡属逋征,概予豁除。兵民散居京城,实不获已,其东中西三城已迁徙者,准免租赋三年,南北二城虽未迁徙,亦免一年丁银④。……北直、河南、山东节裁银⑤,山西太原、平阳二府新裁银⑥,前明已经免解⑦,其二府旧裁银与各府新旧节裁银两⑧,又会同馆马站、赢站馆夫及递运所车站夫价等银,又⑨直省额解工部四司料银、匠价银、砖料银、糁麻银、车价银、苇夫银、苇课银、渔课银、野味银、翎毛银、活鹿银、大鹿银、小鹿银、羊皮银、弓箭银、撒袋折银⑩、扣剩水脚银、牛角牛筋银、鹅翎银、天鹅银、民夫银、⑪桩草子粒银、状元袍服银、衣粮银、砍柴夫银、搬运木柴银、抬柴夫银、芦课等折色银,盔甲、腰刀、弓箭,弦条、胖袄、裤、鞋、狐麂兔狸皮、山羊毛课、铁、黄栌、

---

① 《东华录》作“按亩征解”。
② “俱”,《东华录》作“悉”。
③ 《东华录》此处有“一、各”。
④ 《东华录》此句作:“自顺治元年五月初一日以前,凡未经征收者,尽行蠲免。一、京都兵民分城居住,原取两便,实不得已,其东中西三城官民已经迁徙者,所有田地、应纳租赋不拘坐落何处,概准蠲免三年,以顺治三年十二月终为止。其南北二城虽未迁徙而房屋被人分居者,所有田地、应纳租赋不拘坐落何处,准免一年,以顺治元年十二月终为止。”
⑤ “北直”前,《东华录》有“一、”。
⑥ “山西”前,《东华录》有“及”字。
⑦ “前明已经免解”,《东华录》作“应解兵部者,前朝已经免解”。
⑧ “其”字后,《东华录》有“太原、平阳”。“银两”后,《东华录》有“在本年五月初一日以前者俱免解,以后仍照现行事例分别蠲免”。
⑨ “又”,《东华录》作“一、”,下文同。“等银”后,《东华录》有“除本年五月初一日以前免解外,以后仍照例分别蠲免。一、有司征收钱粮止取正数,凡分外侵渔,秤头、火耗、重课、加罚巧取民财者,严加禁约,违者从重参处”。编者注:“参处”后“一、直省”前《东华录》还有五条关于“京师行商车户等役”、“各运司盐法”、“关津抽税”、户部查明汇奏应纳钱粮全免地方、“柴炭钱粮”的内容。
⑩ “弓箭银、撒袋折银”,《东华录》作“弓箭撒袋折银”。
⑪ 《东华录》“民夫银”与“桩草子粒银”之间还有“地租银、匠班银、缸坛银、樵炭银、麻铁银、斑竹银、白猪鬃银、闸夫银、栀子银、蓝靛银、河夫银”。

榔、桑、胭脂、花梨、南枣、榆、杉条等木、椴木、桐木、板枋、冰窖物料、芦席、蒲草、榜纸、瓷坛、槐花、乌梅、栀子、笔管、芒苗笴帚、竹帚、席草、粗细铜丝、铁线、镀白铜丝、铁条、碌子、青花棉、松香、光叶书籍纸、严漆、罩漆、桐油、毛、笙、柴、水斑等竹、实心竹、枞毛、白圆藤、翠毛、石磨、川二珠、生漆、荷叶、广胶、焰硝、螺壳等本色钱粮，自顺治元年五月朔以前逋欠在民，尽予蠲免，以苏民困。后照现行事例①，分别蠲除②。"

"一、向来势家土豪重利放债，折准房地，以致小民倾家荡产，深可痛恨，今后有司不许听受贿属，代为追比，犯者以违制论。"③

1954. 12. 13、1955. 5. 10

73. 清初的包丁与荒粮

《清史列传》卷七十九《贰臣传乙·柳寅东传》："柳寅东，四川梓潼人。明崇祯四年进士，官御史，巡按顺天。流贼李自成陷京师，寅东从贼，授伪直指使。本朝顺治元年，投诚，授原官。……时畿辅初定，赋役尚沿明制，州县额丁遭乱逃亡，有司虚立丁口，以符原额；里甲私编余丁，责银包纳，谓之包丁；其逃亡荒废之地，里甲加派土著，业户代输地粮，及屯田已报升科而实未垦者，坐令营路纳粮，谓之荒粮，并为民累。寅东奏请豁免，寻复疏请裁冗员，并得旨允行。二年，擢太仆寺少卿。三年，奉命巡抚顺天……"（55 页）

1955. 4. 18

74. 清入关时势要之扰民

《清史列传》卷六《索尼传》："（顺治）十七年，应诏上言十一事：'……六曰近闻大臣势豪，夺据行市；奸宄之徒，投托指引，以攘财货。请旨严禁；七曰今四方商贾，担负捆载来京者，多为旗下大臣家人短价强买，人将畏而不前，请察禁；八曰诸王贝勒以及各官私引玉泉山之水为灌溉致竭泉流，当禁；

---

①　"后照现行事例"，《东华录》作"自五月初一日以后，仍照现行事例"。

②　"蠲除"，《东华录》作"蠲免"。《东华录》后文另有"一、直省解屯田司助工银一项，原系加派钱粮，准予豁免"。

③　编者注：此为《东华录》上段文字后内容，《清史稿》记载亦与此不同。

九曰边外木植,皆商人雇民采伐,水运解部,故额税之外,令自售卖,使利及商人,今闻大臣于采木之地,私行强占,以致商不聊生,请禁止;……'疏入,上以所奏皆实事,宜申禁,饬部议行。"(16页)

75. 清代丁徭

乾隆《临榆县志》卷四(二十一年钟和梅修)《赋役·徭役》:"临榆县见额出差人丁,上中下则不等,通折下下则万一千八百二十九丁,内除优免绅衿人丁八十一丁,又除盛世滋生补剩余丁四百十有四丁永不加赋外,实行差万一千三百三十四丁(11829-81-414＝11334)。内中中则一丁,征银一两;下上则十二丁,征银五两八钱五分一厘二毫五丝(案,以 12 人计,则每丁征0.4876 两,但征额不应有零数,或为每丁五钱);下中则六百九十三丁,征银二百二十五两三钱五分一厘七毫(平均每丁 0.3252,或为每丁三钱五分);下下则九千九百七丁,征银千七百八十九两二分六毫(平均每丁 0.1843,或为每丁二钱)。遇闰加征银百二十五两一分七毫五忽一微九纤八沙九尘六埃。顺治四年奉文优免抽出供丁下下则一百八十四丁,每丁征银不等,共征银四十一两六钱六分五丝。实在征银人丁共万一千五百十八丁,除闰共征银二千六十二两八钱八分三厘六毫。"(原注:总督李维钧题请照浙江等省之例,以雍正二年[1724]为始,将丁银均入地粮银内征收,穷黎称便。)(17页)

中中——一两　中下　下上　下中　下下

案,上文,山海下下则每丁征银二钱(16页),抚宁下下则每丁征银二钱九分七厘三毫,又门银一丁征银三钱(16页)。

76. 清初丁役

贺长龄《经世文编》卷二十八《户政》,陆陇其《论直隶兴除事宜书》:"直隶旧例,人丁五年一审,分为九则:上上则增银九钱,递减至下下则征银一钱。……且编审既定,五年之内,即有逃亡死绝,不得开除。"

77. 丁役费用增加之故

《经世文编》(贺长龄)卷二十八《户政·养民》,陆陇其《论直隶兴除事宜书》:"查《赋役全书》旧额,有一项人役则有一项工食,有一项公务则有一项钱粮,盖未有用其人而不予之以食,办其事而可不费一钱者也。用人而不予以食,则必至于卖法;办事而求不费钱,则必至于派民。"(9 页)

78. 丁银摊征

《光绪会典事例》一五十七《户部·户口·丁银摊征》:

康熙十一年(1672)覆准,浙江所属食盐钞银均摊入地丁内征收。(4 页)

三十六年(1697)覆准,浙江班匠银七千四百九十两有奇,均摊于通省地丁下带办。(4 页)

三十九年(1700)覆准,湖北班匠银照浙江之例并入地丁征收。(4 页)

雍正元年(1723)覆准,直隶所属丁银均摊地粮之内征收,每地赋银一两合摊丁银二钱七厘有奇。(各省表列于下)(4 页)

省别	覆准年代	地赋一两合摊丁银
直隶	雍正元年 1723	0.27
福建	雍正二年 1724	0.0527—0.312
屯地		0.0083—0.1448
山东	雍正三年 1725	0.115
河南	雍正四年 1726	0.01176—0.2072
浙江	雍正四年 1726	0.245
陕西西安	雍正四年 1726	0.153　遇闰 0.157
甘肃河西	雍正四年 1726	0.016
甘肃河东	雍正四年 1726	0.1593　遇闰加 0.1748
四川	雍正四年 1726	向系以粮载丁征收,仍旧。
云南	雍正四年 1726	
江南江苏	雍正五年 1727	
江西	雍正五年 1727	0.156
奉天	雍正六年 1728	题准"以入籍民人增除不定,仍照旧例丁地分征,不摊入地亩"。
湖北	雍正七年 1729	0.1296(此系通案,另有多县别行规定。)
山西	乾隆十年 1745	各县不等。在此以前"丁粮分办"。此次亦未全改。

直至道光元年1821尚有二十州县分征。

1955.5.9

79. 条鞭以见丁制役

明于慎行《谷山笔麈》十二《赋币》："蒙古、西域皆以丁为户,元人欲以是施之中国,耶律楚材以为不可,曰:'自古有中原者,未尝以丁为户,若果行之,可输十年之赋,随即逃散矣。'盖有户有口,三代以来至于今日,未有之改也。以丁为户,惟蒙古、西域之俗为然,而近日条鞭之法,不分户,则止以见丁制役,是亦以丁为户之法矣。然行之甚便,而上下相安,何也? 古今之宜亦有不同,而时变所趣,岂可以旧识胶固耶?"(15页)

80. 并丁于粮明已有之

邱嘉穗(字秀瑞,上杭人,康熙庚午举人,有《东山草堂集》)《丁役议》:"余顷游秦中鄠县,士大夫每言其邑并丁于粮之弊,起自明季某令,至今卒不可变。遂使富户坐困于输丁,而一切游手未作者皆相率而为化外之民,虽或逃丁以鬻贩邀厚利,而官曾莫得敛而役焉。彼并丁于粮之患犹如此,则以粮配丁者又可知也。"(《切问斋文钞》卷十五,24页)

庚午为康熙二十九年(1690),此文作于"滋生人丁永不加赋"之前。

反对并丁于粮者　邱嘉穗

反对就米均丁者　李光坡　在康熙五十年后

赞成江北均丁者　盛枫

81. 清代的经济

范文澜《中国通史简编》(民国三十六年新知书店本,即未改订本)第三编第八章第八节:

田价

"江南田价,顺治初年良田每亩不过银二三两,康熙年间涨至四五两。雍正年间回跌至顺治初年旧价。乾隆初期田价渐涨,每亩七八两至十余两、二十余两,嘉庆时代涨至五十余两。……人口增殖是田价、米价上升的重要原因。别一原因是顺治、雍正两朝追粮极严,秦松龄(顺治时翰林)欠田赋银三分,叶方蔼(探花)欠田赋银丝毫,都被革官。顺治十八年,江南大小绅士因欠粮革退一万四千余人,地主失去非法利益,田价跌落。乾嘉时代,江南绅士侵占田赋几达赋额的半数,利益既大,田价上升,土地兼并也随着剧烈起来(乾隆时,江南进士郑燮说,希望得田一百亩,又说,世上大富人有田数百亩,足见江南大地主占田比元、明两朝要小些)。"(693—694 页)

垦田

"依据这些数字,推想田地增减一般的情况,可以说明清朝最重要的农业生产,并没有超过明朝(崇祯时代有田 7837524 顷,比嘉庆止少七八万顷,疆域却远比清朝狭小),封建经济在停滞状态中,显然可见了。"(695 页)

案,原列嘉庆十七年(1812)田数为 7915251 顷,道光十三年(1833)7375129 顷。

农民生活

"由于清朝采用'丁随地派'制度,地主的利益不像明以前那样优厚,因之土地兼并也不像明以前那样剧烈,大地主减少(皇帝及贵族庄田比明朝小得多,可以例推其余),中小地主以及小土地所有者极大的增加(子孙分产,也是一个原因)了。清朝赋税比较轻微,人民又免差徭的烦扰,这使占人口最大部分的小农民,得保守一小块耕地,安心过着自给自足的生活。"(696)

工业

"与小农业结合的家族手工业,以及乡村中单独经营的手工业者,在全国范围内是普遍地存在着。他们不需要较大的市场,也就不可能达到手工工场的分工。他们生产结构的简单,使中国社会长期保持旧面貌,不发生变化。"(703 页)

1950.9.22

82. 清代收入

《清史稿·食货志六·会计》:

	地丁(两)	盐课(两)	关税(两)
顺治九年 1652	21,260,000 有奇	2,120,000 有奇	1,000,000 有奇
康熙二十一年 1682	26,340,000 有奇	2,760,000 有奇	2,000,000
乾隆三十一年 1766	29,910,000 有奇	5,740,000 有奇	5,400,000(共

			4854万)
光绪十七年 1891	23,666,911	7,427,605	2,558,410(常税)
			16,316,821(厘金)
			18,206,777(洋税)
宣统三年 1911 预算	46,164,709	46,312,355(盐茶)	35,139,917(洋)
			43,187,907(厘金)
			6,991,145(常)

83. 清代之国用

清朝岁入约分四项:田赋、盐课、杂税、关税。咸丰以后乃有厘金。田赋又分地丁与漕粮。

清代库存银数

康熙四十八年(1709)　五千万两

康熙六十一年(1722)　八百余万两

雍正六年(1728)　六千万两

乾隆初(七年,1736)　二千四百万两

乾隆二十二年(1757)　七千万两

乾隆四十一年(1776)　六千余万两

乾隆四十八年(1781)　七千八百万两(《圣武记》)

清代收支

乾隆五十七年(1792)　收入:四千三百五十九万

支出:三千一百七十七万

余存:一千一百八十二万

一般情况,每年约余五百万两,乾隆末增加兵饷等,尚余二百万两。

军费支出

乾隆十四年(1749)　金川兵费七百七十五万两

乾隆二十二年(1757)　新疆用兵费达二千三百十一万两　凡五年

《圣武记》作准回两部三千三百余万。

乾隆三十四年(1769)　缅甸军费九百十一万两

乾隆四十一年(1776)　大小金川之役军费约六千三百七十万两　凡五年

《圣武记》十一作七千万

乾隆五十三年(1788)　台湾军费八百余万两

乾隆五十三年(1788)　安南军费一百余万两

嘉庆四年(1799)　　　三省教军军费八千余万两

　　尚未结束,此指1799年所计,1804年乃结束。《圣武记》十一,作万万。

道光八年(1828)　　　张格尔军费一千一百余万两

　　参考《清朝全史》四十五、四十六章。

1951.9.2

84. 乾隆时人口与存米

乾隆五年 1740

十年 1745

十五年 1750　大小男妇 179,538,540 名口　各省存仓米谷 33,190,900 (石).6(斗)4(升)8(合)6(勺)

二十年 1755	185,612,881	32,966,301.1296
二十五年 1760	196,837,977	31,979,841.7479
三十年 1765		
三十一年 1766	208,095,796	36,962,436.6902
三十五年 1770	213,613,163	35,793,437.8194
四十年 1775	264,561,355	30,958,090.4570
四十五年 1780		
四十六年 1781	279,816,070	40,219,849.2828
五十年 1785	288,863,974	39,175,630.5709
五十五年 1790	301,487,115	45,486,610.2834
六十年 1795	296,968,968	39,753,175.3330

1959.5.24

85. 清初征银数

	征银	征课银	铸钱
康熙三十年 1691	27,375,164 两	2,697,751 两	289,921,050 文
四十年 1701	27,390,665 两	2,690,698 两	238,065,800 文
五十年 1711	29,904,652 两	3,729,228 两	374,933,400 文
六十一年 1722	29,476,628 两	4,044,111 两	461,700 文
雍正十二年 1734	29,901,631 两	3,992,557 两	685,390,000 文

　　据《东华录》。

86. 清代全国赋额

《清史稿·食货志二·赋役》："总计全国赋额,其可稽者:

顺治季年	岁征银二千一百五十余万(21500000)两,粮六百四十余万石
康熙中岁	岁征银二千四百四十余万两,粮四百三十余万石
雍正初岁	岁征银二千六百三十余万两,粮四百七十余万石
高宗末年	岁征银二千九百九十余万两,粮八百三十八万石

为极盛云。"(10—11 页)

1951.7.19

87. 清初收支

《圣武记》卷十一《武事余记·兵制兵饷》:"顺治八、九年(1651、1652)间,岁入额赋仅千四百八十五万,而诸路兵饷岁需千三百余万,加以官俸各费二百余万,计岁出千五百七十三万四千,出浮于入者八十七万五千有奇。至十三年(1656)以后,增饷至二千万,嗣又增至二千四百万,除存留款项外,仅入额赋千九百六十万,缺饷额至四百万,而各项经费犹不入焉。而世祖终不稍加一赋,……此见张玉书所述者如此。"(8—9 页)

88. 清代之岁出岁入

《清史稿》第三十六册《食货志六·会计》：

顺治九年 1652	岁入	地丁等款	21,260,000①
		关税等银	1,000,000
		盐课	2,120,000
		米麦本色	5,620,000
	岁出	诸路兵饷	13,000,000 余
		王公官俸	2,000,000 余
		各省留支驿站等款	3,000,000
乾隆三十一年 1766	岁入	地丁	29,910,000
		耗羡	3,000,000
		盐课	5,740,000
		关税	5,400,000
		苇课鱼课	140,000
		茶课	70,000
		落地杂税	850,000
		契税	190,000
		平当税	160,000
		矿税	80,000
		常例捐输	3,000,000
		共计	48,540,000
	岁出	满汉兵饷	17,000,000 两（占入35%,占岁出49.2%）
		王公百官俸	900,000
		外藩王公俸	120,000
		文职养廉	3,470,000
		武职养廉	800,000
		京官公费饭食	140,000

① 编者注：除"米麦本色"单位为"石"外，其余诸项单位均为"两"。

		内务府等备用	560,000
		采办颜料木铜布	120,000
		织造	140,000
		宝泉、宝源局工料	100,000
		京师各衙门工食	80,000
		京师刍秣	80,000
		东河南河岁修	3,800,000
		各省留支	6,000,000
		漕船	1,200,000
	岁出	共计	34,510,000
乾隆五十六年 1791	岁入	共计	43,590,000
	岁出	共计	31,770,000
嘉庆十七年 1812	岁入	共计	40,130,000
	岁出	共计	35,100,000
道光二十二年 1842	岁入	共计	37,140,000
	岁出	共计	31,500,000
光绪十年 1884	岁入	共计	82,349,198
	岁出	共计	78,171,451

宗室年俸、津贴、漕运、旗丁诸费之无定额者，各省之外销者，不与焉。

"至道光之季，军需、河工、赈务、赔款之用，及历次事例之开，盐商等报效修河工料之摊征，凡为不时之入与供不时之出者为数均巨，然例定之岁入、岁出仍守乾隆之旧。"

"咸丰初年，粤匪骤起，捻回继之，国用大绌。迄于同治，岁入之项转以厘金洋税为大宗，岁出之项又以善后筹防为巨款。"

1950.9.21

89. 清代诸将之贪婪

《国朝先正事略》二十二《额勒登保事略》："大兵岁久，诸将多蓄货财，凯旋日，过芦沟桥，虽德侯（德楞泰）亦辎重累累，公（额勒登保）独行李萧然，数骑而已。"

又《福康安事略》："公（福康安）生而盛贵，在军，犒赏动盈十万，皆取诸公帑。身后,屡诏斥其浮滥,命严禁。(其子)德麟扶榇归,地方吏(福康安死于贵州)致赙金四万余两,诏罚令倍缴,以示惩。"

又卷二十三《那彦成事略》:"(嘉庆四年三省教军久未靖)十一月……疏言,军饷前费八千余万两,有司图肥己,将弁亦希分润,致贼阅四年未殄灭,……"

1953.6.11

90. 清康乾库存

《圣武记》十一《武事余记》:"康熙六十一年(1722),户部库存八百余万,雍正间(1723—1735)渐积至六千余万,自西北两路用兵,动支大半。乾隆初(元年,1736),部库不过二千四百余万(原注"以上据阿桂疏")。及新疆开辟(乾隆二十年,1655)之后,动帑三千余万,而户库反积存七千余万。及四十一年(1776)两金川用兵,费帑七千余万(原注"发帑六千余万,尚有一千余万,经部核议,部准开销,令各省摊补。奉旨斥驳")。然是年诏称,库帑仍存六千余万,及四十六年(1781)之诏,又增至七千八百万。且普免天下钱粮四次,普免七省漕粮三次,巡幸江南六次,共计又不下二万万两。而五十一年(1786)之诏,仍存七千余万,又逾九年而归政,其数如前,是为国朝府藏之极盛。"(9—10页)

1956.12.24

91. 乾隆时的商捐

王先谦《乾隆东华录》二十八,乾隆十三年戊辰(1748)十二月乙未(时傅恒以大学士经略大金川,"请将户部收捐停止,俱令于川省报捐,本折兼收"):"谕军机大臣等……本年十月以后所拨部饷及各省帑银共三百万,俱可陆续于二月以前解到,此外又有山西公捐百万,长芦商捐三十万,湖广商捐二十万,浙江商捐十万,两淮虽未奏到,亦当不下百万,前项各捐银两,经略大学士想未悉知,故有此奏。朕思此时行之,缓不及事,……"(铅印本,52页)

92. 乾嘉时的收支

《清史稿·食货志六·会计》：

乾隆三十一年（1766）岁入：　地丁　　　　　　29,910,000 两有奇

（康熙五十年［1711］已有 29,904,652.8 两）

	耗羡	3,000,000 两有奇
	盐课	5,740,000 两有奇
	关税	5,400,000 两有奇
	芦课鱼课	140,000 两有奇
	茶课	70,000 两有奇
	落地杂税	850,000 两有奇
	契税	190,000 两有奇
	牙当等税	160,000 两有奇
	矿税	80,000 两有奇
	常例捐输	3,000,000 两有奇

"是为岁入四千数百余万之大数，而外销之生息、摊捐诸款不与焉。"

岁出：	满汉兵饷	17,000,000 两
	王公百官俸	900,000 两
	外藩王公俸	120,000 两
	文职养廉	3,470,000 两
	武职养廉	800,000 两
	京官各衙门公费饭食	140,000 两
	内务府工部等备用银	560,000 两
	采办颜料木铜布银	120,000 两
	织造银	140,000 两
	宝泉、宝源局工料	100,000 两
	京师各衙门胥役工食	80,000 两
	京师官牧马牛羊象秣	80,000 两
	东河、南河岁修银	3,800,000 两

| 各省留支驿站、祭祀、科场、廪膳等银 | 6,000,000 两(不全支) |
| 更走漕船 | 1,200,000 |

"是为岁出三千数百余万之大数,而宗室年俸、津贴、漕运、旗丁诸费之无定额者,各省之外销者不与焉。"

乾隆五十六年(1791)　岁入　43,590,000 两

　　　　　　　　　　岁出　31,770,000 两　余 1182 万两

嘉庆十七年(1812)　岁入　41,300,000 两

　　　　　　　　　　岁出　35,100,000 两　余 620 万两

道光二十二年(1842)　岁入　37,140,000 两

　　　　　　　　　　岁出　31,500,000 两　余 564 万两

此经常之数也,用兵、专款、大工不在内。

　　　　　　　　　　　　　　　　　　　　　　　　1956. 12. 24

93.《红楼梦》的社会背景

曹雪芹　死于乾隆二十八年癸未除夕,即公历一七六四年二月一日(见周汝昌:《曹雪芹生卒之新推定》,1947《天津民国日报·图书》71期。胡适认为乾隆十七八年[1752—1753]《红楼梦》已有一部分写成)

今以 1764 为标。

这时是满清入关(1644)后 120 年。

鸦片战争(1840)前 77 年,辛亥革命(1911)前 147 年。

满清统治中国二百六十八年(1644—1911),这时正是满清中叶。

乾隆一共六十年(1736—1795),这时正是乾隆中叶。

大家习知的乾嘉时代(1736—1820,八十五年),这时是它的初期。

过去封建史家所称颂的康乾盛世(1662—1795,一百三十四年),这时是它的末期。

乾隆皇帝自己宣传的十全武功,也就是对外侵略,对国内少数民族压迫的十次战争,有四次在此以前(准噶尔两次 1755、1756,回疆一次 1757,大金川一次 1747),有六次在此以后(廓尔喀两次 1790、1791,缅甸 1767、安南 1788、小金川 1771、台湾 1786 各一次)。

大家时常提到的白莲教(1796—1804)、天理教(1813—1814)、张格

尔(1826—1828)几次起义全在其后,也就是说《红楼梦》著作以后:

三十二年以后,发生了前后九年,蔓延五省的白莲教领导的农民大起义。

五十年以后,发生了在当时首都暴动并攻进皇城的天理教领导的农民起义。

这全是阶级矛盾的激化。那末,我们说《红楼梦》的时代是在农民大革命的前夕,是在阶级矛盾尖锐的时期,应该是没有什么问题的。

其次《红楼梦》的时代,是在康熙为了缓和阶级矛盾,宣布孳生人丁永不加赋(1712)以后的五十二年;也是在雍正为了缓和阶级矛盾,宣布丁粮合一(1723)以后的四十一年。统治者这种企图反映出矛盾的尖锐,不能不设法缓和,而其后(《红楼梦》之后)又发生农民起义,因此我们说《红楼梦》的写出,是反映阶级矛盾尖锐化。

康熙帝于康熙二十三年(1684),二十八年(1689),三十八年(1699),四十二年(1703),四十四年(1705),四十六年(1707)六次南巡;乾隆帝于乾隆十六年(1751),二十二年(1757),二十七年(1762),三十年(1765),四十五年(1780),四十九年(1784)六次南巡江浙,此外东巡者七(至山东),西巡者五(大同),而东北、热河更不胜纪。供亿之盛,骚扰之繁,自然更增矛盾之尖锐。加之兵费之重,天灾之重,民益不堪。因此,我们说《红楼梦》的时代是社会矛盾极尖锐的时期。四巡江浙以后之事,曹雪芹不知道。

那末当时商业是否发达? 只谈商业不谈商业资本,因为不懂。

从国家岁入看,关税增加(落地杂税不在内)

年	地丁 (万两)	盐课 (万两)	关税 (万两)	其他 (仝)	共 (仝)
顺治九年 1652	2126	212	100(4.1%)		2438
康熙二十一年 1682	2634	276	200(6.1%)		3110
乾隆三十一年 1766	3291	574	540(11.1%)	449	4854

从个人财产来看,经营商店的比例大,而土地则较小。

和珅籍没清单中,有:

洋钱五万八千元

当铺七十五座(本银三千万两)

银号四十二座(本银四千万两)

古玩铺十三座(本银二十万两)

共 7020 万两

地亩八千余顷(估银八百万两),每亩估银十两(较明末为高)

现金、银、钱、洋钱(估值 4600 万两)

和珅全部财产约估 40000 万两(或估 80000 万,似高,减半计)

则:现金占 11.5%,土地 2%,商店 17.5%,物品房屋 69%。

和有洋货库,藏呢绒吡叽。

和珅之商店只三类,可知其主要目的还在高利贷,而不是资本大规模的经营。没有和工业相结合。列宁说:"商业资本与高利贷资本发展得愈强烈,工业资本(即资本主义生产)就发展得愈微弱。"(《俄国资本主义的发展》,157 页)

从西洋各国的关系上看,也比过去交往频繁了。对外知识增多。《大清会典事例》卷五百三:"(乾隆)十七年(1752)西洋博尔都噶尔国王若瑟遣使进贡方物:自来火鸟枪、自来火手枪、珐琅洋刀、银装蜡台、赤金文具、咖什伦文具、……(中叙文具、鼻烟盒)……银装春夏秋冬四季花、金丝花缎、银丝花缎、金丝表缎、银丝表缎、各色哆啰呢、织人物花毡、露酒、白葡萄酒、红葡萄酒、巴尔撒木油、鼻烟、洋糖、果香饼,凡二十八种。"(商务石印本,5 页。《礼部·朝贡》)

又:"(乾隆)五十八年(1793),英吉利国王遣使臣马戛尔尼等进贡方物:天文地理音乐大表、地理运转全架、天球、地球、指引月光盈亏、测看天气晴阴、探气架子、运动气法西瓜炮、铜炮、椅子、火镜、玻璃灯、印图、丝毛金线毯、大毡毯、马鞍、凉暖车、成对相连枪、自来火金镶枪、自来火银镶枪、自来火小枪、小火枪、大火枪、钢刀、巧益架子、早晚运动能长人精神、西洋船样、千里眼、各色哆啰呢、羽纱,凡二十九种。"(9 页。赏赐贡供使物品见卷五百七,7 页)

《清会典事例》卷五百三,乾隆五十九年(1794):"是年荷兰国王遣使入贡,恭进万年如意、八音乐钟、时刻报喜各式金表、镶嵌金盒、镶嵌带版、珊瑚珠、琥珀珠、千里镜、风枪、金银线、琥珀、各色花毡、各色羽缎、各色大呢、西洋布、地毯、大玻璃镜、花玻璃壁镜、玻璃挂灯、燕窝、檀香、荳蔻、丁香、檀香油、丁香油,凡二十六种。"(9 页)

洋钱已在沿海行使

　　和珅家有洋货库贮呢绒

　　望远镜　　到中国

　　康熙戴眼镜

　　《红楼梦》书中，有许多反映当时社会情况的记载，因为没有翻原书，先将我所记得的说几件：

　　一、宝玉和秦钟在乡间农民家中看见了纺车，这说明当时的个体农业与家庭手工业结合的封建社会经济还存在着，没有破坏。

　　二、年节贾家的庄头乌进孝之送年贡，是那么多，我们知道当时所谓庄头是代表地主的，不是代表农民的，年节的进贡是在租谷以外的勒索，所谓冬牲，冬牲如此之多，而且许多不是田内所出，可以看出农民要费多少血汗，而浪费多少时间，庄头送来已如此之多，农民所出的更可知(庄头向来要中饱)；冬牲如此，租谷可知。贾家管事之人一定也有分润。

　　三、贾家是没落的小贵族，北静王等人就比他爵位高，贾琏曾要借贾母的金器当当，贾琏曾向凤姐说在什么地方弄几千银子才好，全说明贾家已不富裕，但他们家还是那么奢淫，揭露了封建社会贵族生活是那么无耻。

　　四、晴雯家之穷与贾家之富，是一个无情对比。

　　五、贾政既不研究学问，又不研究政治，只是在混资格，资格混够了，就升官，而贾雨村及赖大的儿子诸人之作官又只是在贪赃枉法，太监的常来借钱，揭露封建社会官僚的无能和黑暗。

　　六、贾家的家庭是共同生活的，有各人的分例，可是各人还有各人的私房、梯己，既然各人有各人小灶，而还要维持着一个五世同堂的假招牌，书中明显地揭露出封建家庭的丑恶。

　　七、宝玉与黛玉婚姻问题，社会根源之一是当时的"骨肉还家"的封建迷信，原来满清是不准表姊姐结婚的，雍正才解除。贾家有势，薛家有钱，两家勾结而结婚，在当时是习见。父权母权消长的说法也不一定，要看两家的具体情况。(吴大任不赞成此说。)

　　八、宝玉房中有钟，坏了，晴雯说又该修理了，这说明当时贵族人家已有钟表，更重要的是当时市面上已有修理钟表的人。说明关于洋货之类有一定的认识。知其用，知其坏了能修。(李何林云书中抄家单中有许多钟表。王守义云扬州在乾隆时已会修表作表。)

1954.11.30、12.1—2、4、6

94. 晋豫入京道路①

自山西太原入京

太原—平定州（凡 240 里）—固关（130 里）—井陉（50）—咸州（90 里）—正定（50 里）—保定（285）—定兴（120）—涿州（95）—良乡（40）—长新店（15）—彰义门

自河南卫辉入京

卫辉—淇县—汤阴—彰德—丰乐镇—磁州—邯郸—顺德府—柏乡—赵州—栾城—正定

（以下同上）

---

① 编者注：此卡片原无标题，题目为整理者所拟。

十四、漕运与经济

1. 清代漕运

漕:《史记·平准书》:"漕转山东粟以给中都官,岁不过数十万石。"《索隐》:"《说文》云:'漕,水转谷也。'一云:'车运曰转,水运曰漕。'"萧何转漕关中。

漕运:河道转米。唐宋纲运　元兼行海运　明用河运

清袭明制,稍加改革。

漕运反映两方面:

　　征收:农民剥削之重　农民与官吏的斗争

　　拨运:运丁剥削之重　运丁与官吏的斗争

一、漕运:制度

二、漕粮:1.正兑　改兑　2.供漕省分　3.白粮　4.加征——耗米　　①正耗②漕耗③仓耗　5.改征　6.折征　7.漕米

三、拨运:1.限期　2.漕费　3.督运　4.仓庾

四、运丁:1.运丁　2.运军之苦

五、漕船:1.额船　2.贴造　3.运额　4.回空　5.客货　6.禁例

六、海运

2. 漕运演变　清初用明制

《清史稿·食货志三·漕运》:"清初漕政仍明制,用屯丁长运。长运者,令瓜(洲)淮(安)兑运军船,往各州县水次领兑,民加过江脚耗,视远近为差。而淮(安)徐(州)临(清)德(州)四仓仍系民运交仓者,并兑运军船,所谓改兑者也。"(1页)

王庆云《熙朝纪政》三《纪漕运官司期限》:"国初定漕运官司,参酌明制。若輓运则设旗甲,统领则设运总,督押则设漕道,持衡巡察则设巡漕、总漕,皆明制也。"(5页上)

3. 漕粮官收官兑

《清文献通考》四十三《漕运》:"顺治九年(1652)定漕粮官收官兑,征赠贴银米给运军。漕粮向系军民交兑,军强民弱,每多勒索。至是,定为官收官兑,酌定赠贴银米,民输官给,浮费悉除。"(《考》,5251页)

　　　　1652前　军民交兑
　　　　1652后　官收官兑

4. 漕粮总纲

《熙朝纪政》三《纪漕粮》:"各省漕粮,有正兑,有改兑,有白粮,有改征,有折征,五者漕粮本折之纳也。"(四卷本,1页上)

《清史稿·食货志三·漕运》,省去白粮,作"有正兑、改兑、改征、折征,此四者漕运本折之大纲也"。(1页下)

5. 漕粮　正兑　改兑

《清朝文献通考》四十三《国用考五·漕运·漕运规例》:

"漕粮各省原额正兑米三百三十万石,改兑米七十万石。"(《考》,5251页)

　　　　共四百万石。原注"每年历有蠲缓,有定额而无定数"。

乾隆十八年(1753)"实征正兑米二百七十五万一千二百八十三石,改兑米五十万一千四百九十石,各有奇"(仝上页,原据《会典则例》)。

　　　　正兑米约83%,改兑米约17%。

"凡粮运京仓者为正兑,各省原额米三百三十万。"(《熙朝纪政》三《纪漕粮》,1页上)

"凡粮……运通(州)仓者为改兑,各省原额米七十万。"(仝上)

《熙朝纪政》三《纪漕粮》:"正耗米一百六十斤为一石,米色不净,加重十斤。"(2页上)

6. 各省漕粮

《清文献通考》四《田赋考四·田赋之制》："(乾隆三十一年,1766)是年总计天下土田……江南江苏民田六十五万九千八百一十七顷二十亩有奇,赋银三百二十五万五千二百三十六两,粮二百八万五千四百五十一石各有奇。岁漕京师百七十六万二千六百一石,留充本省经费三十二万二千八百五十石各有奇。

安徽民田……赋……粮……岁漕京师五十二万五千九百三十六石……

山东……岁漕京师三十四万七午九百七石……

河南……岁漕京师十有七万三千一百七十七石……

浙江……岁漕京师九十四万一千六百八十三石……

江西……岁漕京师七十七万三百十石……

湖北……岁漕京师十有三万二千三百九十六石……

湖南……岁漕京师十有三万三千七百五十三石……"(《十通》本,《考》,4891 页)

此在摊丁入亩之后,各省仍银粮兼征,粮充本省经费,八省漕运京师外,仍留本省。

1962.9.26

7. 白粮

《清通考》四十三:"白粮,江苏苏州、松江、常州三府、太仓州,原额十五万四百三十八石四斗七升……浙江嘉兴、湖州二府,原额六万六千二百石。"(《考》,5251 页)

《熙朝纪政》三:"白粮出于苏、松、常、太、嘉、湖六府,原额糯米二十一万余石。"(1 页上)

《清通考》四三,乾隆二年(1737):"谕户部曰:闻得江浙两省,民间输纳白粮,较漕粮费用繁重,甚属艰难,朕心深为轸念。令该部详考,据奏,两省岁运白粮二十二万余石,……朕思……如此则每年所需白粮不过十万石,仍照常征收起运,其余十二万石……酌量改征漕粮,其经费银米均照漕例征收,以纾民力。"(《考》,5252 页)

《清史稿·食货志三》:"漕粮之外,江苏苏、松、常三府,太仓一州,浙江嘉、湖两府,岁输糯米于内务府,以供上用,及百官廪禄之需,谓之白粮。"(6页上)

又:"江浙之运白粮也,初沿明代民运之制。嗣以临期雇募民船,时日稽迟,改行官运仍不便民,乃令漕船分带,以省官民之累,……每船装运五百石(原误名),择军船殷实坚固者装运,五年一易。……(康熙)十六年……定运白三年即行另选(依漕船三年抽调例)。"(7页)

1962.9.26

8.漕粮例不改折

《熙朝纪政》三《纪罢折漕》:"国朝功令,漕粮例不改折。间有被灾地方,准暂时折解。其行、月(运军行粮、月粮)、耗、赠(赠贴银米),一例折征。"(8页上)

《清史稿·食货志三》引乾隆二十一年(1756)谕曰:"漕粮岁输天庾,例征本色,勒收折色,向干严禁。"(3页上)

9.漕粮改征

《熙朝纪政》三:"改征出于特旨,无常例。"(四卷本,1页下)

"如雍正十一年(1733)改征山东、河南黑豆十二万石,乾隆亦屡有改征以抵额漕之米。"(仝上)

10.漕粮折征

《清通考》四十三《国用五·漕运》:"有额征之漕粮而折征者,曰永折米。江苏、安徽、山东、河南、湖北、湖南共征米三十六万一百八十六石六斗六升有奇,每石折征银八钱至五钱五分有差。

有改征漕粮而折征者,曰灰石折米。江苏、浙江应征米共三万四千四百四十石,遇闰加征二千八百七十石,每石连耗折征银一两六钱。"(《十通》本,《考》,5251页)

《熙朝纪政》三:"(漕粮)折征之目有四:一曰永折米……一曰灰石米

折……二者本额粮而征折色;一曰减征,河南州县有折征于此,而酌拨代征本色于彼者,以水次远近别之;一曰民折官办,其制不同……"(1页下)

11. 灰石米折

《清文献通考》四十二《漕运》:"(顺治)十七年(1660)令折征灰石米解部拨支。旧例漕粮内有给军办运灰石之米,旋停办,灰石米仍运通(州)。至是,始令折银解户部,听工部按年支取备用。"(《十通》本,《考》,5251页)

12. 漕粮正耗

《清通考》四十三:"漕粮……正兑改兑外有加征以待耗阙者曰正耗米数,以省之远近为多寡。正兑每石正耗四斗至三斗五升,改兑四斗至一斗七升,各有差。"(《考》,5251页)

《熙朝纪政》三《纪漕粮》:"凡漕粮皆随以耗费,耗皆以米,正兑一石耗二斗五升,改兑一石耗一斗七升,皆随正入仓。"(2页上)"以供京通各仓并漕运折耗之用。"

《纪政》所载耗费,较《通考》为低。

《清史稿·食货志三》:"漕务改章,凡改征折色各省耗米亦折价,与正米并征。自是漕耗之名遂废。"(4页下)

13. 漕耗

《清史稿·食货志三》:"乾隆七年(1742)定江南漕米赠耗永免停支例,各省收漕州县,除随正耗米及运军行月粮,本折漕赠外,别收漕耗银米,其数亦多寡不一。此项耗外之米,皆供官军兑漕杂费,及州县办公之用者也。"(5页上)

14. 漕粮仓耗

《熙朝纪政》三《漕粮仓耗》:"正兑米一石,收耗米一斗二合九勺四抄(注:有仓耗、尖米等名目),改兑一石收耗米四升一合六勺八抄,外尖米皆四

升二合,以备三年递减(注:凡仓粮递减,以三十六月为止,每月石递减折耗一合一勺六抄)。"(四卷本,3 页上)

15. 漕米

《清文献通考》四三《漕运》:"(雍正)六年(1728)谕江浙征收漕米,但干圆洁净,不必较论米色,准令红白兼收,籼粳并纳,著为令。"(《考》,5252 页)

又乾隆二十九年(1764):"谕司漕各员不得滥收潮润米色。"(5253 页)

16. 漕运限期

《清朝文献通考》四三《国用考五·漕运·漕运限期》:"兑运,各省限十一月。过淮,……(中叙各府不同,最迟限三月初十日内);其不过淮者,……到通程限,山东、河南限三月朔日,江北限四月朔日,江南限五月朔日,浙江、江西、湖广限六月朔日。通州回空限十日。……"(《十通》本,《考》,5253 页下、5254 页上)

又:"顺治十二年(1655)……议定,各省漕粮征收,限十月内;兑运,限十一月内;过淮江北各府州县限十二月内,江南江宁、苏、松等处限正月内,江西、浙江限二月内,……违限一月至三月以上者,各降罚有差;……沿途违误者,计违限十日至一月,责革有差。……"(5254 页上、中)

又:"重运(载米)顺流四十里,逆流二十里;回空(空船)顺流五十里,逆流三十里;均限一日。"(《考》,5254 页上)

17. 随漕款目　漕费

《清朝文献通考》四十三《漕运》:"随漕款目:曰轻赍,曰易米折银,曰官军行、月,曰赠贴,曰红驳,曰席木板竹。"(《十通》本,《考》,5251 页)

赠贴

"顺治九年(1655)定漕粮官收官兑,征'赠贴银米'给运军。漕粮向系军民交兑,军强民弱,每多勒索,至是定为官收官兑,酌定赠贴银米,民输官给,浮费悉除。"(仝上页)

赠贴又称润耗、漕贴、漕截、贴运,见《史稿·食货志三》,页五上。

红驳

"国初以漕船至天津起拨分运至通(州),设红拨船六百只,每船给田十顷养瞻,免其征科。至康熙三十九年(1700)裁革红拨船,按原给田所收租额,分派各省,于漕粮项内征给运军雇船拨浅。乾隆二年(1737)定每船给红拨银二两,至是(乾隆十一年,1746)北河增设垡船六十号,……其制造垡船器具夫工等费,于红拨银内动支,余银仍照数分给运军,以备拨浅之用。"(《十通》本,《考》,5257页上注)

红驳又作红拨,见《熙朝纪政》。

红驳又称红拨、红剥。

轻赍　易米折银

耗米之外,又征余耗。米折银两,正兑谓之轻赍,改兑谓之易米折银,先期征解仓场,为转运脚价之费。(《熙朝纪政》三,2页下)

席木板竹

席片、楞木、松板、毛竹,亦随漕附带。(《纪政》三,2页下)

《史稿·食货志》:"其尺寸长短广庋,均有定制。"(5页)

官军行月

行粮(出差津贴)月粮(月饷)详见《史稿·食货志三》,15页。

《熙朝纪政》三《纪漕粮》:"凡费(指上列六者)官定其额,取之民以饷军,而蠹胥猾吏因得料军之所入而取之,不盈不流,不竭不止,此漕费之大略也。"(四卷本,2页下)

另有漕费茶果银,见《纪政》二,3页上。

茶果银即官员津贴,如坐粮厅每人每年二千二百两。(仝上)

"漕白每船纳坐粮厅茶果银十两,全漕约六万余两,雍正初,拨充各官公费、吏役饭食。内仓收白粮茶果银一千六百余两,为官役饭食杂费。"(《纪政》三《漕粮仓耗·漕费茶果银》,3页下)

漕费,《清史稿·食货志三》较详,可参看。(5页)

1962.9.26

18. 漕运总督

《清朝文献通考》卷八十五《职官考九·直省官员》:"漕运总督一人,掌运漕之政。"(《十通》本,《考》,5617页)

又卷一百八十五《兵考七·直省兵·江南》:"漕运总督一人(原注"驻扎淮安府")统辖本标官兵及分防各营。"(6466页)

"漕标中营中军副将一人……"(6466页)

淮安府治在今江苏淮安县,漕运总督与河道总督实驻清江浦,今称淮阴市。

又卷四十三《国用考五·漕运·漕运官司》:"漕运总督一人总理直省粮储转漕,以输京师。"(5255页中)

19. 施世纶为总漕

王氏康熙《东华录》九五,康熙五十四年(1715)二月总漕郎廷极死,"可着云南巡抚施世纶升补,但其气性有偏僻处,朕前已诫谕之"。(2页下)

20. 督粮道

《清通考》八十五《职官考九·直省官员·各道》:

督粮道:山东、河南、江西、浙江、湖北

粮储道:江南苏松、湖南、陕西、云南

粮驿道:福建、广东、贵州

粮道:江南江、安

无粮道省分:直隶、山西、甘肃、四川、广西(《考》,5618页)　共十七省

又四十三《漕运·漕运官司》:"粮道,山东、河南、安徽、江苏、浙江、江西、湖北、湖南各一人,分掌漕务,督运过淮。"(《十通》本,《考》,5255页中)　凡八省

21. 水次六仓

《清朝文献通考》四十三《漕运》:"水次六仓,(1)江南江宁仓征米,(2)淮安、(3)凤阳二仓征银、米、麦,(4)徐州仓征银、麦、豆,山东(5)德州、(6)临清二仓征银、米。"(《考》,5251页)

《清史稿·食货志二·仓库》:"直省则有水次仓七:曰德州,曰临清,曰

淮安,曰徐州,曰江宁,各一;惟凤阳设二。为给发运军月粮,并驻防过往官兵粮饷之需。"(17页上)

二者不同,《志》载凤阳二仓,《通考》仅一。

22. 京师十三仓 通州三仓

《清朝文献通考》四三《国用五·漕运·仓庾》:"在京师者十有三仓:

禄米、南新、旧太、富新、兴平、太平、万安七仓在朝阳门外;

海运、北新、二仓在东直门外;

本裕仓在德胜门外;

清河、储济、裕丰三仓在东便门外;

丰益仓在德胜门外安河桥。

……其在通州者三仓:

西仓在新城内;中仓在旧城内;南仓(原注"乾隆十八年裁")。"(《十通》本,《考》,5257页中)

京师十三仓,实有十四,待查。

《熙朝纪政》三《纪漕粮》:"乾隆三年(1738)定每廒贮米万石,毋许盈缩。"(1页上)京师十三仓凡九百五十六廒。

《熙朝纪政》三:"(京师之仓十有三)外有恩丰仓,属内务府。"(1页上)

恩丰仓只见于《内务府现行则例·都虞司》卷三,他卷未见,待查。

《清史稿·食货志二·仓库》:"仓,京师十有五:在户部及内务府者曰内仓,曰恩丰,此外曰禄米,曰南新,曰旧太,曰富新,曰兴平,曰海运,曰北新,曰太平,曰本裕,曰万安,曰储济,曰裕丰,曰益丰。在通州者曰西仓,曰中仓。各有漕运分贮于此。"(17页上)

此十五仓较《通考》多内仓、恩丰二仓,而少清河一仓,或中叶以后制度。

23. 坐粮厅

《清朝文献通考》四三《国用考五·漕运·仓庾》:"总督仓场侍郎一人,总理北河河道,乃漕船仓庾之事。钦简大臣莅其事,坐粮厅,各仓监督咸隶焉。坐粮厅满汉各一人,掌北河疏筑,督催漕船,收运仓米,出纳库银,及通

州税课之事。"(《十通》本,《考》,5257 页中)

又卷七九《职官考三·官数·户部》:"坐粮厅满洲汉人各一人。由各部司官内奏委。"(《考》,5585 页中)

24. 运丁穷苦

王氏《东华录·康熙九十五》,康熙五十四年乙未(1715)二月己巳:"谕大学士等:总漕所管皆穷苦运丁,事最冗杂。……(下述郎廷极之称职)。"(2 页上)

25. 运丁　运军

《清史稿·食货志一·田制》:"明之设卫也,以屯养军,以军隶卫。洎军政废而募民兵,屯军始专职漕运,无漕者受役不息,屯户大困。清因明之旧,卫屯给军分佃,罢其杂徭。……百余年来,屯田利病与漕运终始,及南漕改海运,屯卫隐蔽难稽,至是而一大变。"(14 页)

　　此用《清通考·田赋考》,而概括未尽。

《清通考》十《田赋考十·屯田》:"臣等谨按:卫所之制,创自前明。其始也,以军隶卫,以屯养军,……未几卫所之制日弛,别募民以镇守,于是营军与屯军分而为二,屯军惟有漕运之职……国初仍明之旧,……后因直省各设经制之兵,而屯卫之军次第裁汰,至是(雍正二年,1723)定制,惟有漕运之地仍隶卫所,其余多归并于州县。"(《十通》本,《考》,4942 页)

《清通考》十《田赋考·屯田》:"(顺治)七年(1650)令卫所屯田分有无运粮科征。先是卫所屯田,分给军丁承种,……科征较民地稍轻,至是裁汰卫军,凡有运粮卫所,屯粮仍旧派征,其无运粮卫所,屯田俱照州县民田例,一体起科。"(4941 页)

又卷四三《国用考五·漕运官司》:"运军,每船一人,佥军籍人充役。"(5255 页下)

又:"(顺治)十二年(1655)定五年一编审军丁,毋令窜入民籍。"(5255 页下)

又:"(康熙)二十六年(1678)申严运军代运之令。定例,运军不亲押运,以子弟代行者,运军及代运人均发边卫充军,至是并严该管官处分。"(《考》,

5255 页下)

《清朝文献通考》四三《国用考五·漕运官司》:"(康熙)三十五年
(1696)定出运每船金军一名。定例每船运军十名至十一二名不等,康熙二
十五年(1686)改定额设十名,至是每船金军一名,其余水手九名,择其身家
并谙习撑驾者雇充。"(5255 页下)

又:"雍正元年(1723)谕漕船务于本军内择其能撑驾者充当水手,不得
雇募无籍之人。"(5256 页上)

1962.9.26　北京

26. 尖丁

《清史稿·食货志三》:"尖丁者,积年办事运丁也。他运丁及运弁皆听
其指挥。尖丁索费州县不遂其欲,则靳通关不与,使州县枉罹迟延处分。"
(10 页下)

"漕米兑竣,运弁应给通关。通关出自尖丁。"(仝)

27. **漕运纤夫听军弁自办**

《清朝文献通考》四三《漕运》:"(乾隆)二十四年(1759)令雇募纤夫,听
军弁自行酌办。时以各省粮艘北上,每遇过闸,过坝及急溜浅阻,必需人力
挽拽者,沿河兵丁颇有把持包雇之弊,至是严行查禁。嗣后如藉端抑勒,以
老弱充数而横索雇值者罪之。"(《考》,5253 页中)

又乾隆四十一年(1776)谕曰:"沿河短纤,多系无业穷民,群聚觅食,昼
则随帮受雇,夜则乘机为匪,其中最易藏奸……"(仝上、下)

28. **漕粮之弊　运军之苦**

《熙朝纪政》三《纪漕粮》:"大抵漕粮之弊,在于收之无艺,故用之无节,
而其端则自州县浮收始。"(四卷本,2 页下)

漕粮之弊。

《清史稿·食货志三》:"承平日久,漕弊日滋。东南办漕之民,苦于运弁
旗丁,肌髓已尽,控告无门。而运弁旗丁亦有所迫而然。如漕船到通(州),

仓院、粮厅、户部云南司等处投文,每船需费十金,由保家包送,保家另索三金。又有走部代之聚敛。至于过坝,则有委员旧规、伍长常例、上斛下荡等费,每船又须十余金。交仓则有仓官常例,并收粮衙署、官办书吏种种需索,又费数十金。此抵通之苦也。(运丁抵通之苦)逮漕船过淮,又有积歇摊派、吏书陋规、投文过堂种种费用,总计每帮漕须费五六百金,或千金不等。此过淮之苦也。(过淮之苦)从前运道深通,督漕诸臣只求重运如期抵通,一切不加苛察。各丁于开运时,多带南物至通售买,藉博微利。乾隆五十年(1785)后,黄河屡经开灌,运道日淤,漕臣虑船重难行,严禁运丁多带货物,于是各丁谋生之计绌矣。(运丁谋生日绌)运道既浅,反增添夫拨浅之费,每过紧要闸坝,牵挽动须数百人,道路既长,限期复迫,丁力之敝,实由于此。虽经督抚大吏悉心调剂,无如积弊已深,迄未能收实效也。"(丁力之费益增)(11 页)

1962.9.27

29. 丁漕五弊

《清史稿·食货志三》:"光绪十年,翰林院侍读王邦玺疏陈丁漕有五弊,三难,五宜,三不可。是时直省丁漕积欠频仍,故邦玺以为言。"(6 页)

30. 漕船

《清通考》四三《国用五·漕运·漕船》:"各省原额万四千五百五号……实运船数:直隶三十七号,山东九百七十五号,江南江安粮道所属二千八百八十六号,苏松粮道所属四百三十九号,浙江五百六十九号,江西三百四十八号,湖北一百二十号,湖南百十有四号(共 5488 号),河南无漕船。……白粮船,江南一百三十六号,浙江六十三号(共 189 号,由漕船内拨)。自备船无定额。催漕船,沿河每汛一号,堡船六十号。"(《考》,5256 页中)

　　额船

又:"顺治十三年(1656)定贴造漕船之例。凡成造漕船例于州县民地征十分之七,卫所军地征十分之三,给备料价,其有不敷,于江宁各卫屯米每石协济银一钱。黄快船每丁协济银五分。官舍余丁,编为三则,上则纳银五钱,中则三钱,下则二钱,审定造册,征收解厂。……以供贴造。……至康熙十九年(1680)始定漕船额支官银成造……"(《考》,5256页下)

贴造

又自造船:"各省漕船缺额,运军雇募民船装运,官给其值。"(5256页中注)

又康熙二十六年(1687):"定各卫所漕船,照每年现运之数,成造十分之一。"(5257页上)

成造

又(1687):"又定各省岁修漕船,每出运一船,给修费银七两五钱。"(5257页上)

岁修

1962.9.26

31. 漕船载运额数

《清通考》四三《漕运》:"(康熙)二十二年(1683)定漕船载运额数,每船正耗米五百石,土宜六十石。至雍正七年(1729)谕增土宜四十石,著为令(共计土宜一百石,米五百石,合六百石)。八年又准头工、舵工各带土宜三石,水手共二十名,每船额带土宜百二十石。"(《考》,5251页)

32. 漕船回空

《清朝文献通考》四三《漕运》:"乾隆元年(1736)定回空漕船所带食米烧煤……(各省额不同)……各关验放除其税。三年(1738)定回空船舵水人等,准带梨枣六十石。十年(1745)又定首进漕船回空时未及梨枣,准带核桃、柿饼,抵梨枣之数。"(《考》,5251页)

33. 漕船揽载私货

《清史稿·食货志三·漕运》:"嘉庆十五年(1810),复酌减江广两省漕船尺寸。运丁利于揽载客货,船身务为广大。……"(12页下)

又:"嘉庆四年(1799)定每船多带土宜二十四石。屯军领运漕粮,冬出冬归,备极劳苦,日用亦倍蓰家居,于是有夹带私货之弊。漕船到水次,即有牙侩关说,引载客货,又于城市货物辐辏之处,逗留迟延,冀多揽载,以博微利。运官利其馈献,奸商窜入粮船,藉免国课。其始运道通顺,督漕诸臣不事苛察,逮黄屡倒灌,运道淤浅,漕臣严申夹带之禁,丁力益困。当商力充裕时,军船回空过淮,往往私带盐斤,……"(13 页上)

揽载客货,私带盐斤。

34. 漕船禁例

《清文献通考》四三《漕运》:"康熙元年(1662)谕:漕船经由漕河,领运官军依限抵通回空,方为尽职无罪。乃有奸顽官役,不守成法,多有夹带私贩货物,隐藏犯法人口,倚势恃力,行凶害人,借名阻碍河道,殴打平人,托言搜寻失物,抢劫民船,且有盗卖漕粮,中途故致船坏,以图贻害地方。种种奸恶,督漕各官并该地方官一有见闻,即行参奏。"(5251 页)

又:"(雍正)二年(1724)以漕运驳浅,扰害商船,谕地方大吏示禁……又谕禁漕船包揽货物,夹带私盐,私藏军火……"(5252 页)

35. 清改海运

《熙朝纪政》三《纪罢折漕》:"道光四年(1824)冬,淮水决高堰,五年(1825)新漕半渡而阻。有诏筹明年(1826)海运。时河务亦急,于是协办大学士英和倡仪,暂雇海船以分滞运,并酌折额漕以资治河。六年(1826)兼行海运。纂有《海运成案》一书。以折漕之议不果行,故疆臣之奏疏未经悉载。……(下录英和、琦善、陶澍诸人奏疏)……"(5 页下—7 页下)

《清史稿·食货志三》:"自咸丰三年(1853)河运停歇,船只无存。"(10 页上)

又:"嘉庆中,洪泽湖泄水过多,运河浅涸,令江浙大吏兼筹海运。两江总督勒保等会奏不可行者十二事,……道光四年(1824)南河黄水骤涨,高堰漫口,……于是海运之议复兴,……魏元煜、颜检……诸臣惮于更张,以窒碍难行入奏。会……协办大学士户部尚书英和建言……河漕不能兼顾,惟有停河运以治河,雇募海船以利运。……臣以为无如海运便。诏仍下有漕各省大吏议。时琦善督两江,陶澍抚安徽,咸请以苏、松、常、镇、太仓四府一州之粟,全由海运。……其安徽、江西、湖广……浙江……仍由河运。上乃命设海运总局于上海,并设局天津……(道光)六年(1826)正月,各州县剥运之米,以次抵上海受兑,分批开行,计海运水程四千余里,逾旬而米石抵通后转运京仓(均雇沙船)……(道光)七年(1827)蒋攸铦请新漕仍行海运,上以近年河湖渐臻轨,军船可以畅行,不许。……(道光)二十六年(1846)诏复行海运。(道光)二十七年(1847)议准苏、松、太二府一州漕白粮米自明岁(1848)始改由海运。……咸丰元年(1851)户部尚书孙瑞珍请河海并运。……(咸丰)三年(1852)(江督陆)建瀛上筹办海运十事,下部议行。是年(1852)以浙江漕船……不能依期……诏来岁(1853)新漕改为海运。……(咸丰)五年(1855)河决铜瓦厢,由张秋入大清河,挟汶东趋,运道益梗。……同治……十一年(1872)(浙江巡抚杨)昌浚请以轮船运漕,从之。轮船招商由商人借领二十万串为设局资本,盈亏悉由商任之。……(李)鸿章奏请……停止河运,采买粮食,推广海运,仍下部议。先是,江北漕粮,由河运通,至是(1872)亦试办海运。(同治)十三年(1874)奏准江西在沪采买漕粮八万石,交招商局由海运津。……光绪元年(1875)湖南漕粮采办正耗米二万三百四十五石,湖北采办三万石,均交招商局由海运津,江西、湖南寻停。……(光绪)十年(1884)法人构衅,海运梗阻,太常卿徐树铭言,漕粮宜全归河运。……(光绪)十五年(1889)从山东巡抚张曜请,改拨海运漕米二十万石仍归河运。……(光绪)二十六年(1900)……是年南漕改用火车由津运京。(光绪)二十七年(1901),以财用匮乏,自本年始直省河运海运,一律改征折色。……奕劻请于应办白粮外,每年采办百万石,纯用粳米,并不得率请截留,从之。"(18—24 页)

光绪二十八年(1902)怡和、太古两洋行请承运,户部拒之。(24 页上)

第一次海运 1826,停海运 1827。再行海运 1848,轮船运漕 1872,江北漕粮海运 1872。在沪采买运津,再兼河运,火车运,改征折色 1901,拒外商承运。

1962.9.27

36. 江南漕粮实征情况

《清史稿·食货志二·赋役》:"同治元年(1862)清查直省钱粮。二年(1863)两江总督曾国藩、江苏巡抚李鸿章疏言:苏松太浮赋,上溯之,则比元多三倍,比宋多七倍,旁证之,则比毗连之常州多三倍,比同省之镇江等府多四五倍,比他省多一二十倍不等。其弊由于沿袭前代官田租额,而赋额遂不平也。国初以来,承平日久,海内殷富,为旷古所罕有,故乾隆以后办全漕(不欠)者数十年。无他,民富故也。至道光癸未(三年,1823)大水,元气顿耗,然犹勉强枝梧者十年。逮癸巳(十三年,1833)大水而后,无岁不荒,无县不缓,以国家蠲减旷典,遂为年例。部臣职在守法,自宜坚持不减之名;疆臣职在安民,不得不为暗减之术。始行之者,前督臣陶澍,前抚臣林则徐也。又官垫民欠一款,不过移杂垫正,移缓垫急,移新垫旧,移银垫米,以官中之钱,完官中之粮。将来或豁免,或摊赔,同归无着。故历年粮册必除去垫欠虚数,方得征收实数。<u>苏属全漕百六十万</u>,厥后渐积渐减损。道光辛卯(十一年,1831)以后十年,运除官垫民欠,得正额之七八,辛丑以后十年(辛丑,道光二十一年,1841),除垫欠得正额之五六,咸丰辛亥(元年,1851)十年,除垫欠仅得正额之四成而已。……细核历年粮数,咸丰十年(1851—1860)中,百万以上者仅一年,八十万以上者六年,皆以官垫民欠十余万在其中。<u>是最多之年,民完实数不过九十万也</u>。"(9 页上)

1962.9.29

37. 清代漕运参考

《漕运全书》,《清史稿·艺文志》未著录,见《熙朝纪政》卷三《纪罢折漕》。

英和奏疏,(四卷本,6 页上),《稿·志》有《户部漕运全书》九十六卷,光绪二年撰。在后。

《大清会典事例》(嘉庆)卷。

《清朝文献通考》卷四十三《国用考五·漕运门》(《十通》本,《考》,5251 页以下)。

又《清朝文献通考》卷二十四《职役考四》卷末(《十通》本,《考》,5069 页)。

《清史稿·食货志三·漕运》。

王庆云《熙朝纪政》卷三《纪漕粮》、《漕粮仓耗》、《纪漕船运军》、《纪罢折漕》。

附:《明漕运志》一卷,曹溶撰。

38. 清代之河道总督

《清史稿·河渠志一·黄河》:"顺治元年(1644)……命内秘书院学士杨方兴总督河道,驻济宁。"

又:"(雍正)二年(1724),以嵇曾筠为副总河,驻武陟,辖河南河务,东河分治自此始。"

又:"(雍正)七年(1729),改河道总督为江南河道总督,驻清江。……山东河道总督,驻济宁。"

又:"(咸丰)五年(1855)六月……注大清河入海,正河断流,……(咸丰)十一年(1861)……六月省南河总督。"

1947.11.28

39. 清咸丰时禁将面粉涂布

咸丰八年(1858)七月立"上海县禁止各乡贩布人将面粉涂布并布行号收买粉布碑":"松郡为产布之区,上海县各乡镇人家,织成布匹,销售谋生,乃访知近有射利之徒,竟用粉面,逐布涂抹,希图以丑饰美,蔽惑号庄之目,往往堕其术中……本县念切民生,心伤恶习,为此示谕各乡布庄贩卖人等,嗣后毋许将面粉涂饰布上,其布行布号,毋许收买粉饰之布,限半月以后,一律禁止。"(《江苏省明清以来碑刻资料选集》,486 页)

盛泽亦有永禁浆粉绸碑,无年月,见同书 446 页。

绸布用面粉是新技术,当时受到排斥,可见保守势力之强。

1963.1.29

40. 康熙时布价

《苏州织造李煦奏折》一《请预为采办青蓝布匹折》(康熙三十四年九月):"今年四月内,奉户部行文,着令织造衙门采办青蓝布三十万匹,遵照定价已经如数办足……"(3 页上)

又,《奏请采办青蓝布匹藉补历年亏欠折》(康熙五十四年六月十五日):"奴才从前每年领布政司钱粮十六万两有零,办解青蓝布匹,……及至康熙

四十四年因内库布多,户部题请停办,……已经十载……"(64 页上)

案,布匹三十万匹给价十六万两有零,是每匹约银五钱三分三厘上下。而康熙三十四年至四十四年十年不变。

《清续通考》三八五卷,光绪之季,出口布约 146,171 匹(各种土粗布),价值海关银二百五十七万七千余两,则每匹(幅长不一)平均合银十七两六钱上下。较清初高多矣。

41. 清代江苏踹匠工资

康熙九年(1670)苏州立"奉督抚各大宪核定踹匠工价给银永遵碑记":

"(缺十二字)所用踹布之人,俱从江宁属县远来□工甚多,……(缺十二字)一分一厘,今岁六月间,□有窦桂甫倡言年荒米贵,传单约会众匠停踹,索添工银,…乘机恣肆,断不可长。窦桂甫(缺八字)棍,从宽决杖,驱逐出境。……惟是踹布工匠,(缺九字)工人应听作头稽查,作头应听商家约束,倘有来历不明,及恃强生事者,即严行摈斥。其踹布工价,照旧例每匹纹银壹分壹厘,(缺十四字)勒石遵守,……"(《江苏省明清以来碑刻资料选集》,33—34 页)

碑文下复将上文重复一遍,并加"至于踹布工价,照旧例每匹一分一厘,两不相亏,店家无容短少,工匠不许多撒"之语。

据此:

苏州踹布业早有计件工资。在 1670 以前。

踹匠的经济斗争已久。

苏州踹布工价在 1670 年以前已早系每匹一分一厘,1670 年因年荒米贵,要求增加,遭到失败。

银一分一厘,如以米一石价银一两计,则仅得米一升一合(以 140 斤一石计,约一斤半),不是一人一日之食(旧时一人须七合一天,强劳动须加倍,现在一般一人一天一斤,强劳动一天二斤三斤)。每匹布约价五钱银上下,踹价占 2.2%。

两	钱	分	厘
石	斗	升	合

140	14	1斤	2两
斤	斤	7两	3钱

计件工资这一现象,如不打破当时的生产关系,对工人并无大利(无固定工资[计时],只有计件,则在生意萧条则工资少)。

康熙三十二年(1693)立"苏州府规定以后踹布工价数目碑":"苏郡布商收买布匹染踹,其踹布工价,奉前抚宪马断定每匹纹银一分一厘,刊石皇华亭,毋庸增减,相安已久。有罗贵、张尔惠等冒名踹匠,聚众齐行威胁罢市,科敛炙诈,……倡议加价……仰将为首之罗贵、张尔惠……俱枷示一个月,满日各重责三十板,余犯照拟折责,押解回籍,……为此示仰商民坊户踹匠人等知悉,嗣后踹布工价,务遵宪□(谕)每匹一分一厘,踹石坊户,每月得赁石租银三钱六分,永遵成例,毋容增减。"(35—36页)

据此在1693经过斗争工价仍未增,距前碑已有二十年。

据其后康熙四十年立碑,在三十九年(1700)四月又经停踹斗争,亦失败。

康熙五十四年(1715)十二月立"奉钦差部堂督抚各宪驱逐踹染流棍禁碑":"前议工价,每匹一分一厘三毫,案经确定,无可生发,复要各商增价,以助普济院、育婴堂之用,……今欲倡踹匠会馆……倘会馆一成,则无籍之徒,结党众来,害将叵测……"(41页)

据此1715时踹布工价已改一分一厘三毫,不知起于何时,应在前碑1700年以后。累经斗争,经过四五十年(1670—1715),工价只加2.8%,可见当时斗争之艰难。

又踹行会馆原创议于踹匠,而未成功,其后成立会馆(类似的)乃竟成为踹商的机构。

1963.1.25 癸卯元旦

康熙五十九年(1720)七月立"长吴二县踹匠条约碑":"苏城内外踹匠,不下万余,均非土著,悉系外来。……兼有一班流棍,寄迹寺院,隐现踹坊,或称同乡,或认亲戚,煽惑众匠,齐行增价,代告扣克,科敛讼费,再索酬金,流棍贪婪,作俑倡乱不绝。荷蒙前府陈议定工价每匹一分一厘三毫,银色九七,颁给法马三百枚,其米价贵至一两五钱,每踹布千匹,加银二钱四分,米价一两二钱则止,商店给发工价,每两外加五厘,名曰捐助。委□典史把总稽察,详奉各宪批允,未经勒石,日久法弛,……"(43—44页)

案,(1)每匹工价一分一厘三毫,系早经议妥者,并未加增;

（2）此次斗争,只有两条新胜利:①米价高过一两五钱（一石）时,每踹千匹加银二钱四分,②商店每两捐助五厘;

（3）米价高过一两五钱,每千匹加银二钱四分,等于每匹加银二毫四丝,即每匹一分一厘五毫四丝,米价低于一两二钱时停;

（4）商店捐助每两加五厘,等于每匹加五丝六忽五,三项合计（工价、米加、捐助）为每匹一分一厘五毫九丝六忽五;

（5）实计较一分一厘三毫只加2.7%弱,2.6%强;

（6）此项米加据其后乾隆四年七月刻碑,已不问米价均照加。碑文有"既符向例,又于众匠中暗属加增,使沾实惠"之语（48页）。

千匹　二钱四分　两　加五厘

百匹　二分四厘　钱　五毫

十匹　二厘四毫　分　五丝

一匹　二毫四丝　厘　五忽

1963.1.26

乾隆四十四年（1779）立"苏州府规定踹匠每布一匹工价连薪菜米加等计银一分三厘,该商等给发坊主伙食银一两给钱八百二十文,以后不许增加碑记":"酌定每布一匹,给发工价,连薪菜米加等,总计银一分三厘（缺五字）将从前所议米价（缺四字）加名色,概行永远删除。……该商等给发坊主伙食银两,应照陈平九（缺十八字）银一两,给钱八百二十文,无论钱价长落,概不许再（缺十六字）……"（49—50页）

案,碑文剥泐过多,不易辨悉,据碑额及可识文句,知:

（1）每匹一分三厘工价始于乾隆三十七年（1772）。经过五十年（1720—1772）只加一厘四毫一丝。12%。（50页）

（2）踹匠在踹坊,由坊主备伙食,其费用如何向踹匠征收,及数目,均不详。

（3）布商给发伙食银,每两只发八百二十文。此时当正在钱贵银贱之时,不然不能如此之低（至少应为一两一千文）。

1963.1.27

乾隆六十年（1795）立"长元吴三县规定各布号给发踹布工价碑":"嗣后各布号概以陈平九八兑九六银交坊,坊户每两给九钱五分,余银五分留为添备家伙之用,各商不得轻平短色,踹匠亦不得再有停工观望,倡众滋讼之事。"（51—52页）

(1)案,所谓“兑”是秤平折扣,即以九钱八分作为一两,故称九八兑;

(2)所谓“银”是银两成色,“九六银”即以百分之九六成色的银当作百分之百的纯银;

(3)坊户实发九钱五分,即在商号交来之银中,扣除百分之五作为坊户的设备费。以百分九五发踹匠。

同治十一年(1872)立“苏州府规定踹价每匹银一分四厘,九八兑九六色,大小加头在外,立折登记,统归三节结算碑”:“……邀集公议:凡各布号已经坊户立折,仍照常领踹,设有坊户短交布匹及踹踏未能光明情事,听号另择发踹。至新开布号,亦由号择坊发踹,坊户不得挜折把持。所有踹价,从前宪案勒碑,定章每匹元银一分四厘,九八兑九六色,大小加头在外,不折不扣,立折登记,统归三节结算。并查旧章,十分之二给发现钱,每匹钱十九文,坊户丝毫不沾,今议暂照旧章现钱之例,外加每匹三文五毫,以作坊户坊金石租各项开销之用。两造允洽,各无异言。”(57页)

据此,(1)1872年时已加至每匹一分四厘,较1772年增加一厘(一百年间),加7.7%。

(2)经此斗争,坊户设备费不在工价内扣,而由布号另发。

(3)工价,20%发现金,80%记帐。

(4)一分四厘合钱十九文,是每银两合钱1357文,每银一钱合135.7文,每银一分合钱13.57文。每钱一文合银七毫四丝0.074分,每银一厘合钱1.36文。

综合上录各碑,知:

(1)苏州踹匠不下万余人(康熙五十九年,1720,43页)均非苏州土著(有丹阳人)。

(2)苏州踹坊包头约三百余户(仝上,44页),或有两作,或有三坊。

(3)每一踹坊“用管帐一人,专责稽查,名曰坊长,凡有踹匠投坊佣趁,必须坊长识认来历,方许容留”(44页)。有封建关系。

(4)踹布工价,每匹:

1670(以前)	银一分一厘	
1715	一分一厘三毫	较前加2.8%
1720(加、米加、捐助)	一分一厘五毫九丝	较前加2.7%

1772	一分三厘	较前加 12%
1872	一分四厘	较前加 7.7%
二百年间,经过多次斗争,仅增加		28%

（5）从上表可以看出当时的斗争是艰巨的,但是发展是快的,越来越快（1772 年以后,虽然一百年间只加 7.7%,但其间有鸦片战争和太平天国起义,有停歇）。

（6）踹坊备伙食、布石等,其具体办法待考。

（7）踹匠斗争主要对布商（1670 年,32 页）,有时亦与坊主有矛盾（1795 年,51 页）;布商有时挑拨踹户（坊主）共对付踹匠,有时兼对踹户踹匠。

（8）踹行在嘉庆二十五年（1820）前均系"布号自行择坊发踹",此是自由竞争之萌芽,但踹坊即加抵制,于 1820 年订立"随牌"名目,垄断把持,后经禁止（53 页）,至道光十二年（1832）又起争议,调停后 1834 立碑:"（听号择坊发踹）择其踹踏光明,又无勒借情弊,即行照旧交踹,不得无端另换,致力作贫民失其生计;设有领布积压,不能克期交号,及灰黯不能行销,准号另择发踹,不准借折把持。"（54 页）

1963.1.28

42. 清代丝织业机匠前后之不同

乾隆六年立"苏州织造府严禁织造局管事向年老告退及病故机匠子侄堪行顶补者需索陋规并隐瞒不报碑记":"（缺七字）匠内有年老告退,或系病故,其子侄有能谙练织造堪以充补者,该所管即应据实查（缺五字）候本部堂看验,准其承充,此一定之情理也。讵闻该所管等,竟有遇机匠年老身故,其子侄□□顶补之时,恣意需索陋规,得满所欲,方肯代为禀报……"（《江苏省明清以来碑刻资料选集》,三联书店本,7 页）

　　据此乾隆六年（1741）时机匠尚非自由应雇,而须由织造看验按缺顶补。

1963.1.24 旧除夕

雍正十二年立"奉各宪永禁机匠叫歇碑记":"今据该府县议详内称,苏城机户,类多雇人工织,机户出（资）经营,机匠计工受值,原属相需,各无异议。惟有不法之徒,不谙工作,为主家所弃,遂怀妒忌之心,倡为帮行名色,

挟众叫歇,勒加银□,使机户停织,机匠废业,致……"(仝上书,6页)

据此雍正十二年(1734)时,机户可以自由遣散机匠,而机匠应工则不同(见上条)。

道光二年元和县"为晓谕机匠揽织概向机房殿书立承揽交户收执……碑记":"查民间各机户,将经丝交给机匠工织,行本其巨,获利甚微。每有匪匠勒加工价,稍不遂欲,即以停工为挟制,以侵蚀为利薮,甚将付织经纬,私行当押,织下纱匹,卖钱侵用。稍向理论,即倡众歇作,另投别户。此种恶习甚为可恶。……"(仝上,13页)

据此,到道光二年(1822),机匠已可自由应雇。此是一大进步。但机户随即与官厅勾结有下列之禁:

又:"为此示仰机户机匠人等及地保知悉,自示之后,各乡匠揽织机只,概向机房殿书立承揽,交户收执,揽机之后,务宜安分工作,……"(仝,13—14页)

此外:

道光二年碑有"至应给工价,如各户用洋,悉照每日钱铺兑价作算"之规定,是一进步。

1963.1.24 壬寅除夕

43. 明末清初上海物价

明末清初上海物价(据叶梦珠《阅世编》卷七《食货》所述表列。见《上海掌故丛书》本,1—12页):

品名	年代	量别	价银	折钱
白米	崇祯五年 (1632)夏	每斗	一钱	一百二十文　民苦其贵
	崇祯五 年秋	石		六百五 六十文
	崇祯十五年 (1642)春	石	五两	十二千　银贵钱贱
	顺治三年 (1646)	斗		千文

	时间	单位	价格	文	备注
	十四年(1657)十一月	石	八钱		
	康熙元年(1662)正月	石	二两一钱		
	康熙八年(1669)新米	石	五钱		最贱
	康熙十年(1671)	石	一两一钱	一千三百文	
	唐熙二十一年(1682)五月	石	八钱五分		
黄豆	崇祯十四年				米一石,豆二石较往年加甚
	顺治六年冬	石	一两八钱		米一石一两。
	顺治七年九月	石	一两五钱		米一石二两
	顺治八年六月	石	一两六钱		米一石将及五两
	顺治十四年十一月	石	八钱		与米等
	康熙二年十月	石	五钱		米一石九钱
	二十一年五月	石	六钱		
小麦	崇祯十五年	石	二两五六钱六千		
	顺治五年二月	石	二两一钱		
	顺治十八年	石	一两三钱		
	康熙初	石	三四钱高则五钱		麦价始贱,数年未动。
	康熙九年	石	七钱		较米高
	康熙十七年	石	一两二三钱		
	康熙二十一年(1682)	石	四钱八	五百三十文	钱百文合银九分
棉花	崇祯(1628)以前	一担百斤	一两六七钱		
	崇祯初	一担百斤	四五两		

	崇祯十七年 （1644）	一担 百斤	五六钱	二千文	
	顺治六年 （1649）	一担 百斤	三两四五钱		
	顺治十四年 （1657）	一担 百斤	二两五钱		
	顺治十六年 （1659）	一担 百斤	二两		此价较欠
	康熙十年 （1671）	一担 百斤	三两	三千三百	
	康熙二十一年 （1682） 五月	一担 百斤	四两一钱		
标布 （本地 自造）	崇祯间	匹（尺数 不详）	一钱五六至二钱		
	崇祯十七年 （1644）	匹（尺数 不详）	不及一钱	二三百文	
	顺治八年 （1651）	匹（尺数 不详）	三钱三分		
	顺治十一年 （1654）	匹（尺数 不详）	四五钱		
	顺治康熙间	匹（尺数 不详）	二钱		
苇草(燃料)		一担百斤 值新米一斗	一钱内外		
	顺治三年	一担百斤	五六钱	一千文	米一斗
	康熙十九年	米价长而柴如旧，数斤之柴仅可准米半升。			
	二十二年	积雨三月，米价贱而柴价长，十三四斤之柴准米 二升。			
	二十七年	十四五斤	六七厘		甚贱
盐	崇祯十六年	斤	五分		

	顺治八年春	斤	一钱	
	顺治八年以后	斤	一分	
	康熙二十二年	斤	三分二厘	私盐绝响
	康熙二十七年	斤	六七厘	
豕肉	崇祯初	斤	二分上下	
	顺治二年冬	斤	一钱二分 一千文	
	康熙十二年	斤	二分五厘	
	康熙十九年夏	斤	五分	
白糖	顺治初	斤	四钱	
	康熙中	斤	三四分至五六分	

1951.7.29—30

44. 户关工关

《清史稿·职官志一·户部》："初制,榷百货者曰户关,榷竹木船钞者曰工关,为户工二部分司。"(8 页)

又："宣统三年工关多改称常关(原注"唯直隶等省名称如故"),并隶度支部。"

1953.6.11

45. 康熙时的采办青蓝布

《苏州织造李煦奏折》(故宫博物院一九三七年出版,先在《文献丛编》陆续发表):

《请预为采办青蓝布匹折》(康熙三十四年九月):

"查今年四月内,奉户部行文,着令织造衙门采办青蓝布三十万匹,遵照定价已经如数办足,解交户部外;但此项布匹出在上海一县,民间于秋成之后,家家纺织,赖此营生,上完国课,下养老幼。若于岁内预将价银发给,则百姓乐有资本,比临时采买可贱数分。今必俟春间采办,正值农忙,则价又高腾。且从前有司采办,三月方奉部文发买,临期急迫,必需牙行经纪四散收买,所以价贵。……臣细加体访,再四思维,来年应办之布,先于今年十月后农务空闲,不用牙行经纪,预将价银给与织布之家,从容办料,乘暇纺织,

待至春间陆续收染,则民力余裕,遍沐皇恩。于部定价值每匹可省六分有余,合三十万计之,可省二万有奇。……"(3 页)

《奏请采办青蓝布匹藉补历年亏欠折》(康熙五十四年六月十五日):

"奴才再将青蓝布所以亏欠根由,敬为我万岁陈之:奴才从前每年领布政司钱粮十六万两有零,办解青蓝布匹,其历年原有因公那用,万岁圣明,奴才不敢欺天,但内中机户亦实有拖欠,何也,盖奴才办布,先将钱粮给散机户,或遇年岁荒歉,棉花失收,则花价腾贵,机户不能赔垫,每每借次年之钱粮,办本年之布匹,所以历岁起解无误。及至康熙四十四年,因内库布多,户部提请停办,于是次年钱粮不复再发,而各机户不得那新掩旧,遂至手足无措,且逃亡事故相继而起,此亏欠之由来也。"(64 页)

依然是家庭手工业,资本主义方式,织布之家,部定价值,机户钱粮即今日所称之"经费"。

三十万匹支领十六万余两,则一匹布价只五钱四分左右,除去中饱,织家所得更少矣。李煦欲再为采办以补亏空,则中饱之数必可观。

据两折所述,可知清代官物采办均由官厅预定统一价格,并非按市价高低付值。

1956.8.2

46. 清代康熙丝价

《(李煦)奏万寿恩科士子欢悦并四省漕船过扬折》(康熙五十一年五月十六日):

"……至于新丝价钱,目今纬丝(银)七分五厘一两,线经丝(银)八分四厘一两……"(29 页)

新丝价钱

据同年八月初八日《奏报米价折》,当时"上号(米)不出(银)八钱,次号不出(银)七钱"。是一石米可换丝十两。一两丝与一斗米价相等。

《(李煦)奏报督催各灶户赶紧煎盐以供捆运并报米丝价目折》(康熙五十二年闰五月廿三日):

"扬州、苏州……各路米价,上号大约(银)一两之内,次号大约(银)九钱之内。今年新丝价钱:线经丝每两(银)八分九厘,单经丝每两(银)八分二厘,纬丝每两(银)七分八厘。"(44 页)

据此一两丝较一斗米稍低。

《(李煦)奏雨泽缺少并报米丝价目折》(康熙五十三年六月初九日):

"近日(苏、扬)各路米价,上号在一两一钱之内,次号在(银)一两之内。至于新丝之价,线经丝每两(银)八分五厘,单经丝每两(银)八分一厘,纬丝每两(值银)七分七厘。"(54页)

据此,丝价较过去为低,米价较过去为高,米一斗可换丝一两三钱。

《(李煦)奏插秧分数并报米丝价目折》(康熙五十四年六月初六日):

"苏州米价,上号约(银)一两一钱五六七分,次号约(银)一两六七八分。至于新丝时价,线经丝每两(值银)八分,单经丝每两七分,纬丝每两六分六厘。"(63页)

据此丝价愈低而米价愈高,米一斗可换线经丝一两四钱四分。

《(李煦)奏报米价丝价并进晴雨折》(康熙五十五年五月十二日):

"苏州……米价如常,上号的(银)一两一钱光景,次号的一两光景,至于新丝价值,线经丝每两八分三厘,单经丝每两七分二厘,纬丝每两六分九厘。"(71页)

据此丝价略升,米价略降,每斗米可换丝一两三钱余。

1956.8.27

47. 清代织造

《苏州织造李煦奏折》一,故宫出版。

派织

《与曹寅会陈织造事宜折》(康熙四十七年六月):

"今准工部咨称,查明库存大红线罗二百六十二匹半,尚足十余年之用(案,系作诰命之用),明黄线罗十匹,尚足二年之用(案,亦系作诰命之用),二项暂且停织,库内用完之日另行派织。制帛虽尚存库五百八十二段,止敷一岁之用(案,系作坛庙郊告之用),难以停织等语。"(23页)

据此,织造衙门的生产是根据需要而"派织"的。

"……设制帛线罗机三十三张,约计应用料工每岁需银三千两,加以年例制帛即可供一年织造。……设诰命机三十五张,约计应用料工每岁需银五千两,即可供一年织造。此制帛线罗诰命岁需钱粮系照机张人匠筹计,将来行派则照部文织解,无派则存贮银两以俟行派之用。"(23—24页)

据此制帛机与诰命机所需料工均有不同,制帛机一张岁需料工银九十两,诰命机一张岁需料工银一百四十二两。

织匠工资按工作发给,停工则不发。

匠作工价

"更有请者:神帛、官诰两机房,自顺治二年间经内院臣洪承畴经(?)定,除丝颜等料照时采买外,其一应匠作工价比因开织之初惟期撙节,所定工价甚寡,较之段匹,倭段仅十之二三。此各匠虽有工价名目,实皆民间各户雇觅应工,迄今六十余年,历任织臣无可动钱粮,惟一循旧例。若竟行革除,则穷匠星散谋食,不能束腹以待钦工;若听其贴养,则穷檐蔀屋虽升斗分文尚属艰难,而责之帮工,曷能免胥吏诛求之累。"(24 页)

据此,匠作工价原定已低,又六十多年未改,有名无实,以致民间各户雇觅应工,仍是封建剥削。

"……但诰帛工价,岁有成案,臣督织以来,即昼夜图维,未有善全之策。今幸值江苏两局织造钱粮既岁于巡盐多得银内动支,此不足工价亦请于余银支给。臣等原议,诰帛二项人匠约计三百七十名,岁需银二千七百两即可赡活群工,将来有无派织皆需此养匠,其民间帮贴概可革除。如此,则穷匠小民咸沾圣泽,而钦工大典亦无旷误。"(24 页)

据此工匠工资每人每年平均不过七两三钱(银),每月仅六钱(银)而已。

折内又有"伏思自四十四年停办,已经十载"之语。

匠粮

李煦《奏织造衙门乌林达等呈请赏那尔泰等五人轮流兼管浒关笔帖式折》(康熙五十五年闰三月十二日):

"查织造衙门机匠岁食粮米九千余石,皆从州县解来散给。如那尔泰等蒙主子恩赏兼管浒关笔帖式,则匠粮一项请以分内余银,每米一石照时价折给银一两。在机匠按月给领甚属妥便,而每一年又可为朝廷节米九千余石。……"(70 页)

机匠按月有规定的匠粮,与一般雇佣关系似不相同,待考。

1956. 8. 26—27

48. 清入关初的织造

明末叶绍袁《启祯记闻录》卷十《芸窗杂录》，戊子(1648)六月："清朝织造一事，为吾苏富家之害甚大。我明虽有织造，然上供无几，机户皆隶籍于局者，未尝概及平民。近设南北二局，北局以满洲大人主之，南局以工部侍郎督之，恣拿乡绅及富室充当机户，上户派机八只，以次而降，下下派一只。大抵给发官价，仅及其半，机户赔补其半。刻期定限，雇机匠织成异品金彩龙凤蟒段，解往燕京，以供宫中诸族属服用。凡任机一只，每年约价百二十金，而进局诸费及节序供馈在外，真无穷之壑也。"(《痛史》本，11 页)

顺治五年。

49. 明末清初机户

明末叶绍袁《启祯记闻录》卷一："崇祯元年(1628)……五月十五日三学诸友，复连(名)具呈抚院……谈及机户陆元科建祠冒破，狐假横行诸罪，今虽在狱，尚未受刑责，何以惩恶？抚公然之。不一二日，提陆元科责六十板。"(《痛史》本，8 页)

又卷五，乙酉(1645)闰六月二十九日："顾市巷彭毓泉世织彭段，家本温裕，子亦在庠……"(9 页)

此世织彭段之家，或非机户，然亦必为承包织段之家，非织工也。

又卷八，己丑(1649)四月初十日："娄东王氏与松陵吴氏皆宦裔大族也。吴女才貌妖艳，而王氏子以机户寓郡中，两相慕悦。"(3 页)

顺治六年。

1957.5.16

50. 康熙时江苏产米情况

清张伯行《正谊堂文集》卷一《请酌拨库银买米平粜疏》(康熙四十九年，1710)："江省为东南重地，生齿繁衍，民鲜盖藏。苏松各府上年虽稍获有秋，而完办漕粮之外，所存食米无几；淮扬徐三属，灾民困苦尤甚，所领赈银止供旧冬归岁。入春以来，米价日贵，小民糊口殊艰。……臣查外省各商贩到米石，因灾区既多，籴者亦倍，凡巨艘所载，朝发粜而夕已完，粮食渐少，价值渐增，……目前接济之策，惟有酌拨银两，于邻属产米地方并本省价贱之处，采买运归，减价平粜，务使米日多而价自平，则灾黎可以度日。……"（《国学基本丛书》三册）时张伯行为江宁巡抚。

据此，则江苏产米情况在苏松两府漕粮外仅足食用，而淮扬徐三府本已不足，一遇灾害，困苦尤甚。

清苏州织造李煦《奏报督催煎盐并报米价折》（康熙五十二年，1713，六月）："至于苏、扬米价近日因湖广、江西客米来少，所以价值稍增，上号大约一两一钱（每石）之内，次号大约一两之内。"（故宫博物院印《李煦奏折》，45页）

据此，苏、扬食米常靠两湖、江西客米接济。

又《奏报苏州米价腾贵折》（康熙四十五年，1706）："切照苏州地方去年收成甚好，今岁菜麦亦俱茂盛，而米价忽然腾贵，卖至每石一两三钱五分，一两四钱三分不等，臣煦留心打听，盖因各行家有揽福建人买米，每石价银一两八分，包送至乍浦出海，以致本地米价顿贵。"（故宫本，12页）

据此，一遇米粮外贩则米价顿贵，说明产米在全国看是不够的，此地米缺价高则从米贱之处运来，旁地米一外运则米价又高，再从他地米贱之处运去，彼此贩运，彼此调剂，总之还是米不够吃，此所以洋米入口可以免税减税，以召来。又案，李煦奏折无康熙四十九年与五十年两年者，不能与张伯行折对照一下。

1959.3.24

51. 织户凭机　棉纺

《清史列传》十八《大臣画一传档正编十五·尹会一传》："尹会一，直隶博野人。雍正二年进士。……（乾隆）三年……三月……调署河南巡抚，……十月条奏农务：……一、女工宜勤也。查江南苏、松繁庶，而贫民俯仰有资者，女子七八岁以上即能纺絮，十二三岁即能织布，一日经营供一人之用度有余。今棉花产自豫省，而商贩于江南，豫省民家有机杼者百不得一，拟有力之家多造机杼，贷于织户，量取赁值，或动支无碍公项制造给领，俟一年后缴还原项。并广劝妇女互相仿效。得旨，酌量行之，不可存欲速之心，不可有终怠之念，若民不乐从，不可徒绳以法也。"（1—2页）

尹会一曾为扬州知府、两淮盐政。

1956.4.26

52. 四聚

《广阳杂记》卷四:"汉口不特为楚省咽喉,而云贵、四川、湖南、广西、陕西、河南、江西之货,皆于此焉转输。虽欲不雄天下,不可得也。天下有四聚:北则京师,南则佛山,东则苏州,西则汉口。然东海之滨,苏州而外更有芜湖、扬州、江宁、杭州以分其势,西则惟汉口耳。"(15 页)

1954.12.16

53. 清初四海关

《清史稿·食货志六》:"(康熙二十三年)是时始开江、浙、闽、广海禁,于云山、宁波、漳州、澳门设四海关。关设监督,满汉各一笔帖式(?),期年而代。定海税则例。"(2 页)

> 弛海禁,《史稿·圣祖纪二》系于康熙二十三年十月丁巳,与《实录》不合。《实录》在二十三年六月己亥九卿已议覆设海关收税事。

《图书集成·经济汇编·食货典》二二六卷《杂税部》:"康熙二十四年覆准,江南、浙江二省设满汉海税监督各一员,笔帖式各一员。"(《汇考》十之四)

又:"康熙二十四年议准,江浙二省亦许出海贸易,其禁例与福建广东同。"(仝上)

又《大清会典·户部·课程关税岁额》:"康熙二十五年各关税银共一百二十一万九千七百八十二两零。……江南海关、浙江海关、福建海关、广东海关,以上四处税银因新设未有定额。"(《汇考》十之十)

1956.4.10

54. 清初海关

《清圣祖实录》一一五,康熙二十三年六月:"己亥。九卿等议覆,户科给事中孙蕙疏言,海洋贸易,宜设立专官收税,应如所请。得旨:海洋贸易实有

益于生民,但创收税课若不定例,恐为商贾累。当照关差例,差都院贤能司官前往,酌定则例。"(22页)

又一一六,同年九月甲子朔:"谕大学士等,向令开海贸易,谓于闽粤边海民生有益,若此二省民用充阜,财货流通,各省俱有裨益,且出海贸易,非贫民所能,富商大贾,懋迁有无,薄征其税不致累民,可充闽粤兵饷,以免腹里省分转输协济之劳,腹里省分钱量有余,小民又获安养,故令开海贸易。今若照奉差郎中伊尔格图所奏,给与各关定例款项,于桥渡口等处概行征税,何以异于原无税课之地反增设一关科敛乎?此事恐扰民生。尔等传谕九卿詹事科道会议具奏。"(18页)

　　　　海关收税与兵饷

《清圣祖实录》一一六,康熙二十三年九月丁丑:"户部等衙门遵谕议覆,福建、广东新设关差,止将海上出入船载贸易货物征税,其海口内桥津地方贸易船车等物,停其抽分,并将各关征税则例,给发监督,酌量增减定例。从之。"(24—25页)

又一一七,仝年十月丁巳:"九卿詹事科道遵旨会议,今海外平定,台湾、澎湖设立官兵驻扎,直隶、山东、江南、浙江、福建、广东各省先定海禁处分之例,应尽行停止,若有违禁将硝黄军器等物私载在船,出洋贸易者,仍照律处分。从之。"(10页)

1956.4.9

55. 江海关所在

《清史稿·食货志六》:"(康熙二十三年)是时始开江、浙、闽、广海禁,于云山、宁波、漳州、澳门设四海关。"(2页)

《嘉庆一统志》卷七十二《江苏统部·文职官》:"分巡松太兵备道(注"驻上海县,兼管水利,监收海关税务")。"(6页)

又卷八十三《松江府二·古迹》:"上海镇(注……旧志,本华亭县地,旧曰华亭海,后以人烟浩穰,海舶辐凑,遂成大市。宋绍兴中,于其地置市舶提举司及榷货场,曰上海镇,以地居海之上洋,故名。……)。"(2页)

又《关隘》:"海关(注"在上海县东北黄浦江南,海商帆樯所集之地")。"(5页)

　　以上各条检《图书集成》均未见。

瞿宣颖《方志考稿》甲集第六编《江苏》,乾隆《上海县志》十二卷:"县自宋已来已为通商要地。自海关设立(康熙二十四年),凡远物贸迁皆由吴淞口进舶黄浦城东门外。舳舻相衔,帆樯栉比,不减仪征、汉口。雍正三年苏松太道监收海关,且移驻于此。"(卷一,29页)

1956.4.12

56. 明清关税比较

《明史》八十一《食货志五》:"(万历)户部尚书赵世卿……又言,崇文门、河西务、临清、九江、浒墅、扬州、北新、淮安各钞关岁征本折约三十二万五千余两,万历二十五年增八万二千两,此定额也,乃二十七年以后,历岁减缩,……"(20页)

　　凡商税三十而取一。

又:"崇祯初,关税每两增一钱,通八关增五万两。"(21页)

　　是则关税已为五十万两矣,不知何时所增。

又:"(崇祯)十三年增关税二十万两,而商民益困矣。"(21页)

　　不知原征已达若干,粗计之或已达六十余万两。

1955.5.16

57. 关税额税

《会典事例》(光绪)二三四、二三五《户部·关税》:

	额税银(两)	赢余(两)
崇文门①	102175 有奇	无定数
左翼	10000	
右翼	10000	
天津关(移河西务设)	48156	20000
津海关咸丰十一年设		
奉锦山海关	61642	
临清关	37376	11000

---

① 编者注:关名加粗者为明八关。

浒墅关	191151	250000
扬州关	92791	81000
西清关	41376	33000
凤阳关	90159	17000
芜湖关	156910	73000
此下卷二三五		
九江关	172281	367000
赣　关	46471	38000
闽海关	73549	113000
浙海关	35908	44000
北新关	123053	65000

安肃、镇江、上海无额税,尽收尽解。

武昌关	33000	12000
夔　关	73740	110000
粤海关	43564	850000
太平关	52675	75500

江汉关,重庆关,镇南关,蒙自关,尽收尽解。

关税赢余额"例与上属相比较,……通计三年即可得其大概,……若比上三年均有短少,再责令管关之员赔补"。(乾隆四十二年谕,卷二三七,6页)

1955.5.15

58. 内务府六库

《清史稿·职官志五·内务府》:
广储司六库:银、皮、磁、缎、衣、茶。
营造司六库:木、铁、房、器、薪、炭。
营造司三作:铁作、漆作、爆作。
养心殿造办处:掌制造器用。
武英殿修书处:掌监刊书籍。
总理工程处:掌行营工作。

1953.6.11

59. 清代工业

工程之大者:治河、营建(大工)、铸钱。

技艺之精者:织造(苏州、江宁、杭州)由内务府司员内奏简,隶内务府广储司。

织染局,隶广储司。

官窑,景德镇,隶养心殿造办处。

《工程做法》七十四卷,雍正二十年允礼撰。

《河工器具图式》四卷,麟庆撰。

《浮梁陶政志》一卷,吴允嘉撰。

60. 康熙时之蒙养斋与如意馆

《清史稿·艺术传序》:"圣祖天纵神明,多能艺事,贯通中西历算之学,一时鸿硕,蔚成专家,国史跻之儒林之例。测绘地图,铸造枪炮,始仿西法,凡有一技之能者往往召直蒙养斋。其文学侍从之臣,每以书画供奉内廷,又设如意馆,制仿前代画院,兼及百工之事。故其时供御器物,雕组陶埴,靡不精美,传播寰瀛,称为极盛。沿及高宗之世,风不替焉。"(1页)

1953.6.11

61. 戴梓

《清史稿·艺术传四·戴梓传》:"戴梓,字文开,浙江钱塘人。少有机悟,自制火器能击百步外。康熙初,耿精忠叛,犯浙江,康亲王杰书南征,梓以布衣从军,献连珠火铳法。下江山有功,授道员札付。……所造连珠铳,形如琵琶,火药铅丸皆贮于铳脊,以机轮开闭,…… 凡二十八发,乃重贮。……又奉命造子母炮,…… 锡名威远将军,…… 后亲征噶尔丹用以破敌。"

1953.6.11

62. 刘源

《清史稿·艺术传四·刘源传》:"刘源,字伴阮,河南祥符人,隶汉军籍。康熙中官刑部主事,供奉内廷,监督芜湖、九江两关,技巧绝伦。……手制清烟墨,在寥天一、青麟髓之上,于一笏上刻《滕王阁序》、《心经》,字画崭然。……时江西景德镇开御窑,源呈瓷样数百种,参古今之式,运以新意,备诸巧妙,于彩绘人物山水花鸟尤各极其胜。及成,其精美过于明代诸窑。其他御用木漆器物,亦多出监作。"(5页)

1953. 6. 11

63. 清瓷

《清史稿·艺术传四·唐英传》:"唐英,字俊公,汉军旗人,官内务府员外郎,直养心殿。雍正六年命监江西景德镇窑务,历监粤海关、淮安关,乾隆初调九江关,复监督窑务。先后在事十余年。明以中官督造,后改巡道,督府佐司其事,清初因之。顺治中巡抚郎廷佐所督造,精美有名,世称郎窑。其后御窑兴工,每命工部或内务府司官往,专任其事。年希尧曾奉使造器,甚夥,世称年窑。(唐)英继其后,任事最久,讲求陶法,于泥土、釉料、坯胎、火候具有心得,躬自指挥,又能恤工慎帑,撰《陶成纪事碑》,备载(原作裁)经费、工匠解额,胪列诸色瓷釉,仿古采今,凡五十七种。自宋大观,明永乐、宣德、成化、嘉靖、万历诸官窑,及哥窑、定窑、均窑、龙泉窑、宜兴窑、西洋东洋诸器,皆有仿制。其釉色有……诸种,又有……诸名。奉敕编《陶冶图》,为图二十:……各附详说,备著工作次第,后之治陶政者取法焉。(唐)英所造者,世称唐窑。"(5页)

1951. 7. 25

64. 明清织造之比较

《明史》八二《食货志六》:"世宗……即位未几即令中官监织于南京、苏杭、陕西。"(10页)

"陕西织造驼褐。"(9页)

又：“自万历中频数派造，岁至十五万匹。相沿日久，遂以为常。”（10页）

《清会典事例》一一九〇《内务府·库藏·织造》：“乾隆十年奏准，江宁现设机六百张，机匠一千七百八十名。苏州现设机六百六十三张，机匠一千九百三十二名。杭州现设机六百张，机匠一千八百名。”

1863张机，5512名匠。

这些全是内务府指定的为皇室消费而生产的。

《同治上江两县志》（上元、江宁）七《食货》：“乾嘉间机以三万余计，其后稍稍零落。然犹万七八千。”

此均民机也。专为销售，其所达遍及全国及朝鲜。但他们还不是集中在一个工场之内，而是一家或一人一张机单独在承做商品。

据《白下琐言》，许多小机户散在“军师巷”、“骁骑营”、“聚宝门”小巷之内。

又据《图书集成》他们已有详密分工，并在“花桥”（缎工）、“广化寺桥”（纱工）待雇。又见乾隆《元和县志》。

1955.5.16

65. 明清冶铁比较

明太祖洪武七年命置铁冶凡一十三所，岁课铁共九百五万二千斤有奇。《图书集成·食货典》三四三，下引《春明梦余录》。

案，《明史》八十一《食货志》作洪武六年，岁输铁七百四十六万余斤。

《新纂云南通志》一百五十四《矿业考·铁矿》：“在清代见于旧志，号称有额课之铁厂有十四厂。”

《皇朝名臣奏议》卷三十二，雍正十二年鄂弥达《请粤东开铸疏》说到粤省铁炉不下五六十座。据李调元《南越笔记》每炉一天可出铁三百六十斤至七百二十斤，则广东一省所出之铁已逾越明代全国矣。

此必商品生产。

1955.5.16

66. 明清烧造之比较

《明史》八十二《食货志六》："隆庆时,诏江西烧造瓷器十余万,万历十九年命造十五万九千,既而复增八万,至三十八年未毕工。"(11页)

　　万历十九年至三十八年(1591—1610),二十年间烧造二十四万件而未成,则每年不过一万二千件耳,此数抑何小也。

《浮梁县志》引沈嘉征旧序"事陶之人,动以万计"。

　　一人一年以两件计,已逾越明代矣。

　　景德镇瓷器仍以供皇室及贵族消费者为多,私家制作以小规模者为多。

67. 清初钱价

《会典事例》二二○《户部·钱法·钱价》:

"顺治二年题准,改铸新钱,每七钱准银一分。旧铸钱每十四钱准银一分。官以此征收,民以此输纳,听便行使。"(3页)

"(顺治)四年定,每十钱准银一分。"(3页)

顺治十四年题准"征收钱粮银七钱三"。后成通制。

"(康熙)四十一年议准,改铸新制钱,每千作银一两,旧制钱每千作银七钱,俟三年满日,将旧钱停其使用。"(3页)

"(康熙)六十年议准,京城制钱,向来市价,每银一两易钱八百八十文。今每银一两,易钱七百八十文,钱价日贵,民用甚艰……"(3页)

"(雍正十一年)又议准,云南昭通一镇……每年搭放饷钱,每钱千二百文作银一两。"(1页)

"(乾隆)三十六年谕,钱法贵于流通,近日钱价顿平,自由铸钱日多之故。"(3页)

"(乾隆)五十九年奏准,四川钱价过贱,每银一两易钱至一千五六百文……"(2页)

又:"又议准,各直省钱贱银贵,兵饷均停止搭钱。"(2页)

"嘉庆九年谕,户部等衙门议覆朱桓条奏,京城钱价过昂,请严察积弊,禁止居奇,以便民生等因一折,国家设局铸钱,原以利用便民,而钱价之昂

贵,总不外局中短铸,及奸商私毁二端。……"(3 页)

　　道光四年"福建钱价日贱"。(219 卷,6 页)

　　"道光八年谕,陶澍奏,苏州银价昂贵,……"(4 页)

　　"(道光)十年,京城钱价每银一两合制钱一千一百文。"(4 页)

　　"道光十三年谕,前因给事中孙兰枝奏江浙两省钱贱银昂……"(10 页)

　　"(道光)二十一年京城钱价每银一两合制钱一千三百文。"(4 页)

　　"咸丰三年京城钱价每银一两换制钱二串。"(4 页)

　　"(咸丰四年)又奏准,河南钱价,制钱一千六百文作银一两。"(4 页)

　　咸丰三年铸当十、当二十、当五十、当百大钱(219 卷,6 页)。四年推行官票。

　　"(咸丰)十一年奏准京钱二十千折给实银一两。"(4 页)

　　"同治七年京城钱价,每银一两,合制钱一千二百文。"(4 页)

　　"光绪七年京城钱价,每库平银一两,合制钱一千七百文。"(4 页)

1955.5.16

68. 明清皮革生产量比较

　　《明会典》弘治间各处岁办杂皮共三十四万一千七百六十一张。(《图书集成·食货典》三一九卷)

　　《清会典·工部·虞衡司·采捕》顺治十年议准每壮丁岁征貂皮二十张。

69. 明清钱法比较

　　《明史》八十一《食货志五·钱钞》:"嘉靖四年……是时钞久不行,钱亦大壅,益专用银矣。"(5 页)

　　又:"钞法自弘(治)(1488—1505)、正(德)(1506—1521)间废,天启时给事中惠世扬复请造行,崇祯末有蒋臣者申其说,……然终不可行而止。"(10 页)

　　又:"(崇祯三年)……定钱式每文重一钱,每千值银一两,南都钱……每文重八分。"

　　《清史稿·食货志五·钱法》:"钞尝行于顺治八年(1651),岁造十二万八千有奇,十年(1653)而罢。嘉庆间侍讲学士蔡之定请行钞,咸丰二年

（1852）福建巡抚王懿德亦以为请，廷议以窒碍难行，却之。"（4 页）

《清史稿·食货志五》："咸丰二年（1852）……是时银亏钱匮，……筹国计者率以行官票请，次年（1853）命户部集议，惠亲王等请饬部制造钱钞与银票相辅并行，……户部官票……中标……足色银若干两；……大清宝钞……中标准足制钱若干文，……。钞行而中外兵民病之。其后京师以官号七折钱发钞，直益低落，至减发亦穷应付，钞遂不能行矣。"（4—5 页）

1955.5.16

70. 盐法

《清史稿·食货志四·盐法》：

内地产盐十一区（行销有界称为岸）：

长芦　行销直隶、河南两省。

奉天　行销奉天、吉林、黑龙江三省。

山东　行销山东、河南、江苏、安徽四省。

两淮　行销江苏、安徽、江西、湖北、湖南、河南六省。

浙江　行销浙江、江苏、安徽、江西四省。

福建　行销福建、浙江两省（台湾行销本府盐）。

广东　行销广东、广西、福建、江西、湖南、云南、贵州七省。

四川盐井　行销西藏、四川、湖南、湖北、贵州、云南、甘肃六省。

云南盐井　行销本省。

河东盐池　行销山西、河南、陕西三省。

陕甘盐池　行销陕西、甘肃两省。

行盐法有六：

官督商销、官运商销、商运商销、商运民销、民运民销、官督民销。以官督商销行之最广。

盐商有二：

场商，主收盐；运商，主行盐。

其总揽之者曰总商，主散商纳课。后多剥削侵蚀之弊。

引与票

引由部发,票由盐运司发。

引商有专卖域,谓之引地,始认时费不赀,故承为世业,谓之引窝。

票无定域而亦有价。有时引票并行。

嘉庆以前,引多票少。嘉庆以后,引少票多。

盐税

道光前惟有盐课,分二类:场课,引课。咸丰后加盐厘。

场课:滩课,灶课,锅课,井课。

引课:正课,包课,杂课。

盐厘:出境税,入境税,落地税。

纲与轮

积引太多,新旧相杂,不易销,则分纲(批)。谓之纲引。如"乙巳纲"、"己未新纲"皆以年分。

到岸行销有先后称为"轮",有"整轮"、"散轮",即整卖、散卖。停卖则"封轮"。

道光十年(1830)　盐法大坏,亏课甚巨,命户部尚书王鼎、侍郎宝兴与陶澍议盐法。十一年(1831)陶澍在淮北试行"票盐法","停引改票"、"停纲改票",各省继之。

光绪五年(1879)　因票价日昂,盐商觊觎增引,"增引"之说起。沈葆桢驳之。光绪八年(1882)左宗棠督两江乃请增引,部议淮北照行。曾国荃督两江(1884)复奏免。

盐课:顺治初(五年)1648　征银五十六万有奇

乾隆十八年1753　七百一万四千九百四十一两有奇

嘉庆五年1800　六百八万一千五百一十七两有奇

道光二十七年1847　七百五十万二千五百七十九两有奇

光绪末(三十一年)1905　二千四百万有奇(课、厘合计)

宣统三年预算1911　四千五百万有奇

71. 漕粮海运

《清史稿·食货志三·海运》：

嘉庆中以洪泽湖泄水过多，运河浅涸，江浙大吏兼筹海运，两江总督勒保会奏不可行者十二事，遂止。

道光四年（1824）南河黄水骤涨，自高邮、宝应至清江浦河道浅阻，海运之议复起，大学士英和主之。贺昌龄（布政使）、陶澍（安徽巡抚）赞之。六年（1826）粮运至通州。七年（1827）停。二十六年（1846）复行海运。

咸丰元年（1851）户部尚书孙瑞珍请河海并运。未成。五年（1855）黄河决口铜瓦厢，运道益梗。

光绪元年（1875）桂清、毕道远、贺寿慈请复运河，沈葆桢疏驳。

光绪二十六年（1900）南漕改用火车由津运京。

二十七年（1901）本年始河运海运一律改征折色。

1953.6.8

72. 上海种烟叶之始

叶梦珠（明末清初人）《阅世编》七《种植》："烟叶其初亦出闽中（上条言青靛出闽中），予幼闻诸先大父云福建有烟，吸之可以醉人，号曰干酒，然而此地绝无也。崇祯之季，邑城（上海）有彭姓者不知其从何所得种，种之于本地，采其叶阴干之，遂有工其事者细切为丝，为远客贩去，土人犹未敢尝也。后奉上台颁示严禁，谓流寇食之用辟寒湿，民间不许种植，商贾不得贩卖，违者与通番等罪。彭遂为首告，几致不测，种烟遂绝。顺治初军中莫不用烟，一时贩者辐辏，种者复广，获利亦倍。初价每斤一两二三钱，其后已渐减，今价每斤不过一钱二三分，或仅钱许。此地种者鲜矣。"（13页）

1951.7.29

73. 上海种蔗之始

叶梦珠《阅世编》卷七《种植》："糖蔗取其浆为糖，产于江右、岭南诸郡，此地从未有也。康熙十五年丙辰春二月，广东兵叛，江西吉安道梗，糖价骤贵。吾邑（上海）滨浦有人携得蔗种归成林，依法轧浆，煎成白糖，甚获其利，但糖色不能上白，想亦地气使然。其后平藩归正，广糖大至，然种蔗煎于此地，价犹贱于贩卖，故至今种者不辍。浦东六里桥、周渡一方最盛。"（《上海掌故丛书》本，13 页后）

1951.7.29

74. 花生到上海

叶梦珠《阅世编》卷七《种植》："万寿果一名长生果，向出徽州，近来移种于本地（叶梦珠，上海人，著籍娄县），草本蔓生，而果结如豆，每夹数颗，成实之后采夹去壳，用沙微炒，以色淡黄为度，则味松而香，可充筵实。且其名甚美，故宾筵往往用之。亦此地果中昔无而今有者。"（13—14 页）

据此，花生种植在明代徽州已有之。其入上海当在清初。

1951.7.29

75. 翦伯赞《论十八世纪上半期中国社会经济的性质 ——兼论〈红楼梦〉中所反映的社会经济情况》等文摘录①

（1）清初的"农民外出"

"今巡行边外，见各处皆有山东人，或行商或力田，至数十万人之多。"（同前卷八十《康熙四六年七月戊寅谕》。翦，第 4 页注 18）

"今河南、山东、直隶之民，往外边开垦者多。"（同前卷八四《康熙四八年十一月庚寅谕》。翦，第 4 页注 19）

"山东民人往来口外垦地者多至十余万。"（同前卷八九《康熙五一年五月壬寅谕》。翦，第 4 页注 20）

"湖广、陕西人多地少，故百姓皆往四川开垦。"（同前卷九二《康熙五二年十月丙子谕》。翦，第 4 页注 21）

"湖广、广东、江西等省之民……迁移四川者，不下数万人。"（《东华录》雍正朝卷十二《雍正六年二月甲辰谕》。翦，第 4 页注 22）

区方百里以为县，户不下万余，丁不下三万，其间农夫十之五，庶人在官

---

① 编者注：原卡片无题目，此为编者所拟。

与士夫之无田及逐末者十之四，其十之一，则坐拥一县之田，役农夫、尽地利而安然食税衣租者也。（《皇朝经世文编》卷三十《户政》盛枫《江北均丁说》上海广百宋斋本。翦伯赞《十八世纪上半期中国的社会性质》，第3页注5）

"陕西省之榆林、延安二府各属近边无业贫民，均赖出口种地，以资生计。"（同上卷卅四《户政》胡蛟龄《推广辟荒疏》。翦，第4页注23）

乾隆二十三年"岢岚州逃亡六百余丁，五寨县逃亡二百余丁"。（王庆云《熙朝纪政》卷三《纪丁随地起》。翦，注24）

（2）清代农业人口向工业区域的转移

"川中盐厂，匠作转运各色之人，至不可纪计也。……业盐之人愈繁，川中沃饶，为各省流徙之所聚，其他陆路来者无论已。即大江拉把手，每岁逗留川中者，不下十余万人，岁增一岁，人众不可纪计。岂山中垦荒，平畴佣工，所能存活？幸井灶亦岁盛一岁，所用匠作转运人夫，实繁有徒，转徙逗留之众，得食其力，不至流而为匪。（同上严如煜《论川盐》。翦，第20页注174）

（3）清代的佃农情况

"招民承种，照安西哈密佃种官田、官四民六之例，变通酌筹。"（同上卷卅四《户政》胡蛟龄《推广辟荒疏》。翦，第9页注74）

"一亩之田，耒耜有费，籽种有费，罱斛有费，雇募有费，祈赛有费，牛力有费。约而计之，率需钱千。一亩而需千钱，上农耕田二十亩，则口食之外，耗于田者二十千。以中年约之，一亩得米二石，还田主租息一石，是所存者仅二十石。当其春耕急需之时，米价必贵，势不得不贷之于有力之家。而富人好利，挟其至急之情，以邀其加四加五之息，以八阅月计之，率以二石偿一石。所存之二十石，在秋时必贱卖，富人乘贱而索之，其得以暖不号寒，丰不啼饥，而可以卒岁者，十室之中，无二三焉。"（同上卷卅九《户政》章谦《备荒通论上》。翦，第9页注75）

（4）清初的租佃

"山东、江南田亩，多令佃户耕种，牛种皆出自业主。"（同前卷八十六《康熙四十九年十一月辛卯谕》。翦，第8页注71）

"小民有田者少，佃户居多，丰年则纳粮之外，与佃户量其所入分之。一遇岁歉，则佃户竟无策可施矣。"（同前卷八十《康熙四六年七月戊寅谕》。翦，第8页注73）

"至于沉豆、麦，尤以早为贵。春三月内多唤短工，预唤剪桑工、种田工、

忙月工。(《杨园先全集·补农书》卷上,14页)

（5）苏州一带农业中的雇佣劳动

"吴农治田力穑,夫耕妇馌,犹不暇给,雇倩单丁,以襄其事,以岁计曰长工,以月计曰忙工。"(《古今图书集成·方舆汇编·职方典》卷六七六《苏州府部》。尚,第100页;傅筑夫,第47页)

（6）清初的工商业中心城市

"天下有四聚,北则京师,南则佛山,东则苏州,西则汉口。然东海之滨,苏州而外,更有芜湖、扬州、江宁、杭州以分其势,西则惟汉口耳。"(刘继庄《广阳杂记》卷四,见载《畿辅从书》。翦,第19页注161)

（7）清初的杭州丝织局

"织内造者食粮官机三百张,民机一百六十余张,挑花匠一十四名。……旧例杭、嘉、湖、金、衢、严、温、台、宁、绍十府,俱在省城会织,各住私家织染,并无一局,俱系民户。"(《明清史料》丙编第三本　第286页　《工部左侍郎佟国胤等揭帖》。翦,第12页注89)

（8）清初的苏州丝织局

"吴丝衣天下,聚于双林(吴兴附近),吴、越、闽、番至于海岛,皆来市焉。五月载银而至,委积如瓦砾。吴南诸乡,岁有百十万之益,是以虽赋重困穷,民未至于空虚。"(同上卷卅七《户政》唐甄《教蚕》。尚,第40页)

"至于苏州总织局……造完总织局、机房局、神庙、染作、绣匠、厨灶等房一百二十一间。"(同前第295页,《苏杭织造督理陈有明揭贴》。翦,第12页注90)

（9）清初芝麻棉花已普遍种植

"今岁不特田禾大收,即芝麻棉花皆得收获。"(《东华录》康熙朝卷九二《康熙五二年十月丙子谕》。翦,第7页注60)

（10）清初上海的纺织业

"吾邑地产木棉,行于浙西诸郡,纺绩成布,衣被天下,而民间赋税、公私之费亦赖以济,故种植之广,与粳稻等。"(叶梦珠《阅世编》卷七《食货四》,见《上海掌故丛书》。尚,《历史研究》五五年三期第92页)

"棉花布,吾邑所产已有三等,而松城之飞花、尤墩、眉织不与焉。上阔尖细者曰标布,出于三林塘者为最精,周浦次之,邑城为下,俱走秦、晋、京边诸路。每匹约值银一钱五六分,最精不过一钱七八分至二钱而止。……其较标布稍狭而长者曰中机,走湖广、江西、两广诸路,价与标布等。前朝标布盛行,富商巨贾操重赀而来市者,白银动以数万计,多或数十万两,少亦以万计。以故牙行奉布商如王侯,而争布商如对垒,牙行非藉势要之家不能立也……更有最狭短者曰小布……单行于江西之饶州等处。"(同上卷七《食货五》。黎,《历史研究》五六年四期第 15 页;尚,《历史研究》五五年三期第 92 页;张,《历史研究》五五年四期第 105 页;陈,《历史研究》五五年六期之第 83 页;钱,《三所集刊》第二集第 81 页)

"沪渎梭布,衣被天下,良贾赖以此起家。张少司马未贵前,太翁已致富,累钜万,五更篝灯,收布千匹,运售阊门,每匹可赢五十文,计一晨得五十金,所谓鸡鸣布也。曼园既贵……临终嘱二子收业,尽以置产,产亦万亩。"(许仲元《三异笔谈》卷三,第 16 页,见《笔记小说大观》第一辑第二函)

(11)清初的矿厂

"蜀省一碗水地方,聚众万余人开矿,随逐随聚……偷开矿厂之徒,皆系无室可居,无田可耕,乏产贫民。"(同前卷九一《康熙五二年五月庚辰谕》。蓊,第 14 页注 115)

"开矿一事,除云南督抚雇本地人开矿及商人王纲明等于湖广、山西地方各雇本地人开矿外,他者所有之矿向未经开采者,仍严行禁止。"(同前卷九一《康熙五二年五月庚辰谕》。蓊,第 14 页注 113)

(12)清初的酿酒业

"宣属十一州县,现在额设缸户共五百二十一座。……延庆、蔚州、保安、宣化、怀安、赤城、怀来七州县内尚有无帖烧缸五百六十一座。……大率一岁中二、三、八、九、十月蒸烧为多,其缸房一座中少者数缸,多者至三五十缸,每日尽烧,自一二缸至五六缸不等,需七八日轮转一次,……每缸所烧粮石自六斗至一石二半不等。……西北五省烧酒之坊,本大者分锅叠烧,每岁耗谷二三千石,本小者亦二三百石。烧坊多者每县至百余,其余三斗五斗之谷,则比户能烧。即专计城镇之坊,大小相折,以县四十为率,每岁耗谷已千数百万石。"(同前卷一百七《榷税》,总督方承观疏略。蓊,注 6315)

(13)清初北方的纺织

"耕种之区,(妇女)……迄更勤于纺织,司中馈毕,聚家之老幼,姑率其妇,母督其女,篝灯相对,星月横斜,犹轧轧纺车声达户外也。"(同前卷七一《舆地》二十六《风俗》。蓊,注 83)

(14)清初的商业资本

"士奇之亲家陈元师伙计陈季芳开张缎号,寄顿各处赇银资本约至四十余万。……苏、松、淮、扬王鸿绪等与之合伙生理,又不下百余万。"(同前卷四四《康熙廿八年九月左部御史郭琇劾杨士奇疏》。翦,第 18 页注 156)

"乾学发本银十万两交盐商项景元于扬州贸易,每月三分起利。……又布商陈天石,新领乾学银十万两,见在大蒋家胡同开张当铺,其余银号钱桌发本放债违禁取利,怨声满道。"(同前,康熙廿八年十月《副都御使许三礼奏劾徐乾学疏》。翦,第 18 页注 157)

(15)清初山西的陶瓷业

"山西平定州等处……小民向赖陶冶器具,输运直省易米,以供朝夕。"(《东华录》,《雍正元年五月戊戌谕》。翦,第 16 页注 147)

(16)清初的烟草种植

"闽地二千余里……今则烟草之植,耗地十之六七……闽田既去七八,所种秔稻菽麦亦寥寥耳。"(同前卷三十六《户政》,郭启元《论闽省务本节用书》。翦,第 6 页注 45;郭毅生《太平天国前夕商品货币经济的发展》,《历史教学》五五年七期第 48 页)

"今汉中郡城,商贾所集,烟铺十居其三四。城固湑水以北,沃土腴田,尽植烟苗,盛夏晴霁,弥望野绿,皆此物也。当其收时,连云充栋。大商贾一年之计,夏丝秋烟……南郑城固大商,重载此物,历金州以抵襄樊、鄂渚者,舳舻相接,岁縻数千万金……又闻紫阳务滋烟苗,较汉中尤精,尤易售。"(同上岳震川《府志食货论》。翦,第 6 页注 47;郭,第 48 页)

(17)清代的制盐业

"(四川)州县著名产盐者二十余处……大盐厂如犍、富等县,灶户佣作商贩各项,每厂之人以数十万计,即沿边之大宁、开县等厂,众亦以万计。灶户煮盐,煤户柴行供井用,商行引张,小行贩肩挑贸易,或出资本取利,或自食其力,各营生计,无所谓事端也。"(同上卷五十《户政》严如煜《论川盐》。翦,第 15 页注 134)

"(四川盐井)其人有司井、司牛、司车、司篾、司梆、司漕、司涧、司火、司饭、司草,又有医工、井工、铁匠、木匠。(同上温瑞柏《盐井记》。翦,第 16 页注 135)

"凡灶户资本,多称贷于商人,至买盐给价,则权衡子母,加倍扣除。又勒令短价,灶户获利无多。"(同上朱轼《请定盐法疏》。翦,第 16 页注 139)

(18)清代商品经济的发展

"查江南苏、松两郡,最为繁庶,而贫乏之民,得以俯仰有资者,不在丝而在布。……今棉花产自豫省，而商贾贩于江南，则以豫省之民旷费女工故也。"（同上卷卅六《户政》尹会一《敬陈农桑四务疏》。尚钺《清代前期中国社会之停滞、变化和发展》，《教学与研究》五五年六期第36页；郭，第48页）

"凡直隶、山、陕等省，需用酒曲，类皆取资于豫。故每年二麦登场后，富商巨贾，在于水陆马头、有名镇集，广收麦石，开坊踩曲，耗麦奚啻数千万石。"（同上卷五十一《户政》尹会一《禁止踩曲疏》。钱宏《鸦片战争以前中国若干手工业部门中的资本主义萌芽》，《三所集刊》第94页）

（19）清初之禁开矿

"旧时滇铜听人取携，自康熙四十四年，始请官为经理，岁有常课。既而官给工本，逋欠稍多，则又收铜归本官自售。"（同上卷五二《户政》王太岳《铜政议上》。董一清《从清初至鸦片战争中国资本主义因素的萎缩和成长》，《历史教学》五五年三期第29页）

"……入山佣工者，即系无赖之穷民。今矿山一开，则无赖奸徒，号召云集，诚恐将来滋事。"（同上鄂弥达《停止开矿事宜疏》。董，第29页）

"……至于踹获大厂，非常人之所能开者，则院司道提镇衙门，差委亲信人拥赀前去。招集峒丁，屏辞米分，独建其功，并不旁贷，虽获万两，亦与商民无与。"（同上倪蜕《复当事论厂务疏》。董，第29页）

（20）清初的"盗采"矿场

"……查南丹土州地方，旧有锡矿，间出银砂。自明时开采以至于今，系湖广、江西及本地人偷挖。近又于附近各山开有新山、水龙、北乡等厂，经前督抚提臣令广西近厂地方官，严禁油米铁器，不许入厂。……日用终未缺乏，矿徒仍未驱尽。臣细访矿厂情形，富者出资本以图利，贫者赖佣工以度日；惟利是图，不敢扰民滋事。是以旋驱旋聚，无所底止。"（同上田畯《陈粤西矿厂疏》。董，第30页）

"自铜矿奉禁以来，附近居民仍复群聚偷挖。在地方文武各官视铜矿为小民衣食之地，明知偷挖，不行拦阻，督抚提镇知有矿徒聚集，虽檄饬官弁驱逐，无如伊等声息甚通，官弁未到之先，则已另往他处，官弁既去之后旋回垲口挖砂。其实矿徒究未尝一日逃散也。（同上王士俊《请开矿铸钱疏》。董，第30页）

"……如大屯、白凹、人老、箭竹、金沙、小岩，又皆界连黔、蜀，径路杂出，奸顽无藉，贪利细民往往潜伏其间，盗采盗铸，选踞高冈深林，预为走路，一遇地方兵役纵迹勾捕，则纷然骇散，莫可追寻。"（同上王太岳《铜政议上》。董，第30页）

（21）清初的茶税

"雍正八年定川茶征税,初论园、论树,至是乃计斤。"（王庆云《熙朝纪政》卷五《纪茶引》。翦,注55）

（22）满清初期屠杀政策的后果

"官虽设而无民可治,地已荒而无力可耕。夫赋从民出,无民而尚何催科之可施乎？"（同前第七本,652页,户部题本。尚钺《清代前期中国社会之停滞、变化和发展》,《教学与研究》五五年六期第30页）

"……民无遗类,地尽抛荒。……臣蒙简命,任此荒土;增赋无策,局蹐不安;夙夜图维,舍招集流移之外,别无可为裕国之方。"（同前第1000页,户部题本。同前）

（23）清初土地的集中

"崇祯中……缙绅富室,最多不过数千亩。无贱价之田,亦无盈万之产也。……自均田、均赋之法行……于是有心计之家,乘机广收,遂有一户而田连数万亩,次则三、四、五万至一、二万者。"（同前卷一《田产一》。尚《教学与研究》五五年第六期第35页）

"田亩多归缙绅豪富之家,小民所有几何？从前屡颁蠲诏,无田穷民,未必均沾惠泽,约计小民有恒业者十之三四耳,余皆凭地出租,所余之粮仅能度日。"（《东华录》康熙朝卷七十三。翦,第3页注4）

"少詹事高士奇……于本乡平湖县置田产千顷。"（同上卷四四《康熙廿八年九月左都御史郭琇奏劾高士奇疏》。翦,第3页注9）

"山东……富豪之家,田连阡陌。"（同上卷四五《康熙廿九年六月山东巡抚佛伦奏疏》。翦,第3页注10）

"国初地余于人,则地价贱;承平以后,地足养人,则地价平,承平既久,人余于地,则地价贵。向日每亩一二两者,今至七八两,向日七八两者,今至二十余两,贫而后卖,既卖无力复买;富而后买,已买可不复卖。近日田之归于富户者,大约十之五六。旧时有田之人,今俱为佃耕之户,每岁所入,难敷一年口食,必须买米接济。而富户登场之后,非得善价不肯轻售,实操粮价低昂之权。"（同上卷卅九《户政》杨锡绂《陈明米贵之由疏》。吴大琨《略论"红楼梦"的时代背景》,《文史哲》五五年一期第13页）

76. 无锡的棉布生产

《锡金识小录》(无锡、金匮两县)一:"常郡五邑惟吾邑不种草棉,而棉布之利独盛于吾邑,为他邑所莫及。乡民食于田者惟冬三月,及还租已毕,则以所余米舂白而置于囷归典库,以易质衣。春月则阖户纺织,以布易米而食,家无余粒也。及五月田事迫,则又取冬衣易质衣归,俗谓种田饭米。及秋稍有雨泽,则机杼声又遍村落,抱布易米以食矣。故吾邑虽遇凶年,苟他处棉花成熟,则乡不致大困。"(此乾隆时书)

据此,棉布出产地不一定是棉花出产地;棉布劳动者同时也是农业劳动者。

77. 乾隆时银价棉价米价

汪辉祖《病榻梦痕录》(自订年谱)卷下(乾隆五十七年[1792]壬子,六十三岁。闰四月初八日归萧山,汪为萧山人):

"是年食米一斗,制钱二百八十九至三百十余文不等。忆十余岁时(据录,乾隆五年[1740]庚申,汪年十一岁,十年[1745],汪年十六岁),米价斗九十或一百文,间至一百二十文即共讶其贵。乾隆十三年(1748)价至一百六十文,草根树皮俱尽。地中产土如粉,人掘以资生,名曰观音粉,有食之至死者。十余年来,此为常价,或斗二百钱,则以为贱矣。(49页)木棉花一斤制钱八十余文,向不过三四十文一斤,自五十六年(1791)歉收,价至百文,时已少杀,不知何日得复旧也。辛巳(乾隆二十六年,1761)以前,库平纹银一两易钱不过七百八九十文,至丙午(乾隆五十一年,1786)犹不及一千,至是(指乾隆五十七年)可得一千三百文。番银一圆,旧易钱六百三四十文,此时亦几及一千矣(以上49页)。私钱充斥,法禁不能止。民间田产交易,开除过户,例每亩制钱十文。吾邑(萧山)旧规,亩一百文,除七收三,勒有碑记。三十年前(约为乾隆二十七年,1762)萧公超群来署县事,加至三百文一亩,后至谈公官诰任内日渐递增,甲辰(四十九年,1784)乙巳(五十年,1785)间亩至五六百文,数年来(指五十七年前数年)乡民愿而暗者须千文以外,即绅士亦非五六百文不可。向例条银输柜,粮米上仓。近年花户不堪吏之刁措。银必须银匠代折,凡银一钱折制钱一百八九十文至二百余文;米亦不能不向仓房折色,升四十余文或至五六十文。民未尝不控诉,而于事无济,弊其胡底耶?"(49—50页,山东书局刻《汪龙庄先生遗书》本)

又乾隆五十九年(1794)甲寅,六十五岁:

"是年库平纹银一两易制钱一千四百四五十文,番银亦增价。夏间米一斗钱三百三四十文,往时米价至一百五六十文即有饿殍,今米常贵而人尚乐生,盖往年专贵在米,今则鱼虾蔬果无一不贵,故小贩村农俱可糊口。"(57页)

又嘉庆元年丙辰(1796),六十七岁:

"每番银一圆,直制钱一千七八九十文,市肆交易竟有作钱一千一百三四十至七八十者,杭州尤甚,银价因之日减。(65页)……余年四十岁以前(乾隆三十四年己丑[1769],汪年四十)尚无番银之名,有商人自闽粤携回者号称洋钱,市中不甚行也。"(69页)

其中又言当时市间杂用私钱小钱,故钱价不一,"钱既参错,用者不便,乃计所易之钱折受番银,故番银之价昂于库银"。(69页)

1962.8.20

78. 嘉庆时上海工商业①

(原注)"暹罗藤烟管,黄质黑章,燌斒纤细,难至而易售,价值大昂。"(10页)

"淞南好,海舶塞江皋,罗袖争春登白肚,琉瓶卜夜醉红毛,身世总酕醄。"

(原注)"海船全身白垩,俗呼白肚皮船,俱泊浦心,日将暮,小船载土妓分宿各帮。"

"红毛酒味如丁香,贮以玻璃瓶。"(11页)

"淞南好,江景画船收,截浦盐拖金络臂,冲波网快玉搔头,真个赛苏州。"

(原注)"船之运盐者曰盐拖,又名湖船,今则惯载洋货赴苏,……"(11—12页)

"淞南好,妇苦最农家,午汗花由锄蔓草,宵饥蚊窟纺绵纱,商女弄琵琶。"

---

① 编者注:该题目下卡片四张,缺一,所录为清杨光辅著《淞南乐府》。

（原注）"木棉须芟草六七次而后开花,若梅雨连绵,草苏棉困,工必倍之。……故农妇于盛夏必曝赤日中,无歇午者;夜归又纺纱以换米。"（12页）

"淞南好,市价日高低,海舶贩来红木段,洋行收去白花衣,民瘦客商肥。"

（原注）"红木可充花梨紫檀,土人市诸广船,制为器用。"

"棉花之上白者,碾去核,曰花衣;洋行街铺户代闽粤诸商贱价收之。"

"淞南好,耕织不辞劳,刷布经车沿架走,收花灯竹插檐高,辛苦利如毛。"

（原注）"以木绵纱上经车,于官道理其绪,曰经布;浸以面浆置竹架上匀刷使干曰刷布,然后上机。"

"淞南好,乐岂与民同,盐贩荷枷凭役卖,桃傭抱瓮听官封,物产为谁丰。"

（原注）"盐快夺民盐,以十之一二入官,余仍私售。"

"灶盐斤不满十文,肆盐价至二十六文,故贩私者甘犯禁以趋利。雍正四年南（汇）令钦公琏请将上（海）、南（汇）盐课均摊两邑地漕项下,每亩征三厘九丝二忽六纤强,俾民食灶盐而不罹于法,仁人之言,其利溥哉!惜松（江府）民例食浙盐,两江一省难以上请。……"（13页）

"淞南好,生计木棉周,凳竹悬弓弹作絮,车床加楦打成油,衣食仰田畴。"

（原注）"穴凳面,插曲竹,悬七尺弓,以弦入花衣,槌击,弦动细碎为絮。"

"棉花核榨油,用以照夜,若煮食不及菜油,故价值亦贱。"（14页）

1950.11.3

79. 有关棉花的记载

《益闻录》第二百十七号,光绪八年十一月十四日（公元1882年十二月二十三日）出版:"棉花丰收。相传棉华作布行于印度为最古,二千年前已有之;其次为埃及与亚拉伯国,始行迄今亦已千九百年;自是相继仿行者,西班牙国在西历九百余年,法英诸国在一千一百余年,中国自宋末始有棉布而不知其所自,美国则惟一千七百七十一年创行布机,迄今惟百有十年……"（四册,510页）

《益闻录》第一百七十八号,光绪八年六月二十六日（公元1882年八月九日）出版:"木棉盛产。木棉于宋末始入中国,相传为番使黄始所传,始种于粤,继植于闽,继行于江南等省,迄今随处皆有,而外国盛产之地以印度与

埃及为最。……"（四册,278 页）

《益闻录》第一百七十三号,光绪八年六月初八日(公元 1882 年七月二十二日)出版:"《木棉谣》:他乡满目皆水田,戽水栽禾年复年。吾乡近海植木棉,播种每在立夏先。一番晴雨熟梅天,嫩叶桑枝翠色妍。男女携锄度陌阡,不辞赤日炎威煎。倾欹箬笠鬓云偏,香汗流珠娇可怜。会待凉痕一抹宣,团团晴雪枝相连。筠篮采向陇头前,两手分翻破秋烟。晚来归路荷一肩,擘絮殷勤夜迟眠。当窗紫拂丝万千,织成布匹可易钱。销售直与茧同然,万商捆载不计船。但愿年丰遍八埏,欢歌黎庶乐无边。宝山云台氏,彭汉英拜稿。"（四册,248 页）

1961.2.12

80.《种菜小史》①

杨旻　1960.8.2《人民日报》八版

蔬菜的种植具体起源于什么时候,已很难说。《庄子·知北游》篇云:仲尼曰:"豨韦氏之囿,黄帝之圃……"所谓"圃",也就是菜园。据此,则种菜的历史至少当可追溯到四五千年以上。《诗经》上提到的蔬菜,已不下二三十种;而《周礼·地官》更提到"场人"和"闾师"两种专官,前者管理公家的场圃,后者管理的是私人的园地。

《尔雅》一书说:"蔬不熟为馑。""馑"和五谷不登时所发生的"饥",常常相提并论;这就充分地说明了古代人们对种菜是非常重视的。《周礼·订义》引王昭禹的话说:"先王之时,径行必有桑,疆场必有瓜,所以尽地力而无遗利。"这里所说的"疆场",是指的没有什么用途的各种或大或小的空闲地。为了不让纳禾稼用的"场"闲着,在秋牧后人们还一定要把它耕辟为圃,到来年秋收时,再筑坚为场,所以《诗经》上说:"九月筑场圃,十月纳禾稼。"

公元前一世纪左右的《氾胜之书》曾提到在瓜区中种薤或小豆,这是世界上最早的关于"套作"的一个例子;后魏贾思勰的《齐民要术》,更详细叙述了葱地中种胡荽,麻子地里种芜菁,楮树、槐树育苗地里种麻子的方法,甚至还说到在树荫之下,可以种植蘘荷;这些都是根据蔬菜的特性,从长期的实践中得来的增加蔬菜生产面积的好经验。

---

① 编者注:原文标题作"《种菜史话》"。

古代的政府和知识分子有少数也理解蔬菜生产的重要性。汉代桓帝、和帝时候，政府也曾劝民种植蔬菜，以助五谷，更有趣的是汉朝的龚遂，据说当他作渤海太守的时候，曾具体地指示所属，平均要一口人种一树榆、百本薤、五十本葱、一畦韭。相传诸葛亮每到一处一定要命兵士随时地种植蔓菁。所以至今还有人喜欢称蔓菁为"诸葛菜"。

在种菜的技术上，值得称道的更多。举凡选种、藏种、催芽、育秧、移栽、间拔、嫁接、施肥……，早在贾思勰的《齐民要术》上，就已有非常出色的记载。其中有不少甚至今天仍然值得参考和研究。

利用温室载培蔬菜的历史，在我国至迟也可以追溯到汉代。《汉书·召信臣传》说："信臣征为少府……太官园种冬生葱、韭、菜茹，复以屋庑，昼夜燃蕴火，待温气乃生。"可见，到了唐宋时代，温室栽培蔬菜已经是不足为奇了。

据估计，远在公元以前，我国农民栽培的蔬菜，就已达到五十来种。其中大多数都一直保留、发展到了现在；少数已变成了其他的品种；更有一些，其名称至今尚未弄清，但又非常耐人寻味。例如《齐民要术》特别推重的"葵"，据说一年可以种三期，其叶随剪随生，以一亩葵计，收获三年，胜作"十顷"谷田。有人认为：这种葵就是广东一带所称的"冬寒菜"，南北许多地方都有生长。

古代人们在种菜业上是作了巨大的努力的，但由于社会制度的限制，数千年来，也总是墨守成规，没有得到应有的发展。解放以后，情况就大大的改变，据1959年参加第二次副食品生产会议的三十九个大中城市的统计，蔬菜栽培面积就已达一千一百多万亩，产量达四百七十多亿斤。此外，贵阳市曾创造了在一年中套作、间作九次蔬菜的先进经验；寒冷的东北在一年四季也早已能吃到新鲜蔬菜，近几年来，辽宁省由于推行利用工业废热加热温室和不加温的温室，还使温室生产蔬菜的成本降低不少。

据最近报载：苏联利用电灯光和营养质快速培植蔬菜已得到成功。苏联农业物理学家约费院士介绍试验的情况时说："在实验室里成长起来的西红柿根本没有见过太阳光，但是它们的味道、成熟期限和收获量却都超过了普通种植的西红柿。"又指出用这种方法培育蔬菜的成本，将随着电力工业的发展，而变得和普通暖房的一样。

81. 楷树子作油

《广阳杂记》卷一:"楷树子如蔓荆实,有红黑二色,黑子打油,可以点灯,红色者中空,无用也。"(4页)

82. 番薯

刘献廷《广阳杂记》卷五:"百谷之外,有可以当谷者,芋也,薯蓣也。闽中有番薯,似山药而肥白过之,种沙地中,易生而极蕃衍。饥馑之岁,民多赖以全活。此物北方亦可种也。"(16页)

据此,清初北方尚无白薯。

1954. 12. 17

83. 康熙选植稻种

吴振棫《养吉斋丛录》卷二十六:"康熙二十年前,圣祖于丰泽园稻田中,偶见一穗与众穗迥异。次年命择膏壤,以此布种,其米作微红色。嗣后四十余年,悉炊此米作御膳。"(11页下)

十五、社会矛盾与保甲组织

1. 参考资料　各县耕地数目

一九五六年十二月九日《人民日报》一版《广东五个县平均每亩产粮千斤以上》：“广东潮汕平原上的澄海、潮安、潮阳、揭阳和普宁五个县，今年都成了粮食千斤县。五个县共有一百八十九万亩耕地，平均每亩收获粮食一千斤以上。”

一百八十九万亩合一万八千九百顷，五县平均不过三千七百八十顷。

“揭阳县初步统计，平均每亩产水稻（双季稻）九百一十五点七斤。”

又三版《在天山南北的新地上》：“这个以产棉著名的玛纳斯河流域垦区，被开垦和种植的土地已经扩大到一百四十多万亩。”

一百四十多万亩，合一万四千多顷。玛纳斯河在新疆准噶尔盆地，系由中国人民解放军新疆军区农业生产建设部队所开垦。即旧绥来县西北。绥来今名待查。

根据上面所载，可知一县的耕地并不太多，因此过去所谓“良田万顷”等等说法，只是文学的描述，不是历史的记录。

1956.12.9

2. 地主田地的增加

乾隆《长洲县志》二三《人物三》（明）：“张敞，字文理，葑门郊外人。以田为家，昧爽率佣保趋田中力作，莳艺耘耨咸有法度，视他农率倍入，初田数十亩，后乃什倍，家用是大昌。”

此一生加至十倍，由数十亩增至数顷。

3. 明末清初的大地主

《松郡娄县均编要略》忠集“府详坐图不便”条：“伏查上邑（上海县）为

地六百余里,……其中绅衿大户或几千亩几百亩,至中户小户或几十亩几亩不等,岂能尽系方幅,皆成片段。"(康熙十四年事)

明张居正《张太岳集》二六《答应天巡抚宋阳山论均粮足民》:"豪家田至七万顷,粮至二万。"

《皇朝经世文编》三四《户政·屯垦》储方度《荒田议》:"明季兼并之势极矣,贫民不得有寸土,缙绅之家连田以数万计。"

4. 绅衿差徭

《清史稿·食货志二·赋役》:"(康熙)二十九年(1690),以山东巡抚佛伦言,令直省绅衿田地与人民一律差徭。"(12页)

又:"顺治二年(1645)……定绅衿优免例:内官一品免粮三十石,丁三十;二品免粮二十四石,丁二十四;其下以次递减。外任官减其半。十四年(1660),部议优免丁徭以本身为止。雍正四年(1726),四川巡抚罗殿泰言,川省各属,以粮载丁,请将绅衿贡监优免之例禁革,部议驳之。复下九卿议,定绅衿止免本身,其子孙族户冒滥及私立儒户、官户者罪之。乾隆元年(1736),申举贡生监免派杂差之令。"(14页)

止免本身。

1951.7.19

5. 清初绅衿免徭役

清叶梦珠《阅世编》六(叶梦珠,清初上海人。《阅世编》纪事至康熙二十八年。《上海掌故丛书》本):"……其小役则为十年一编审之'排年分催',皆以有土之民充之,而缙绅例有优免,不与焉。贡监生员优免不过百余亩,自优免而外,田多家富者亦并承充。大约两榜乡绅,无论官阶及田之多寡,决无签役之事。乙榜则视其官崇卑,多者可免二三千亩,少者亦千亩。贡生出仕者亦视其官,多者可免千亩,少不过三五百亩。监生未仕者与生员等,即就选所赢亦无几也。"(12页)

1951.7.19

6. 清初的官僚地主

顺治《东华录》二十六,顺治十三年丙申二月:"丙子,上在南苑。……御行殿,……引诸臣入,序坐。……复谕诸臣曰:'……朕观尔等膺受国恩,皆有数顷之田,数椽之屋,衣食亦足自瞻。夫人有衣食以资生,是亦可矣,乃犹不足,更欲何为?'"(石印本,13 页)

　　案,是日召者有内院汉大学士、翰林及部院尚书以下四品以上各官,知名者王永吉、戴明说、陈之遴、魏裔介、金之俊。

1951.7.19

7. 清初江南奏销案

清叶梦珠《阅世编》六《赋税》:"……江南之赋税莫重于苏松,而松为尤甚矣。予尝与故老谈隆(庆)万(历)间事,皆云物阜民熙,居官无逋赋之罚,百姓无催科之扰。……故终明之世,官以八分为考成,民间完至八分者便称良户,完六七分者亦为不甚顽梗也。……本朝于顺治二年(1645)五月下江南,……额编之赋,往往拨充军饷,军饷不可分厘少,则征粮不可丝毫缺矣。自是而后,经征之官皆以十分为考成,稍不如额……不免参罚。……交盘之际,新旧官互相推卸,一县之中前后数令赁屋而居,不能归里。至顺治之季,江宁抚臣朱国治无以支吾,遂归过于绅衿衙役。题参议处之令,先行常之无锡、苏之嘉定,至十八年(1661)五月通行于苏、松、常、镇四府及溧阳一县,所题陈明钱粮拖欠之由,补入年终奏销之例一疏是也。当是时,绅衿衙役欠者固有,要不及民欠十分之一。况法令之初,官役造册者俱未知儆,只照当日尾欠草草申报,或完而误作欠,或欠少而误作多,或完在前而册上一例填名,或完在后而册一例挂欠。章下所司,部议不问大僚,不分多寡,在籍绅衿按名黜革,现在缙绅概行降调。于是乡绅张玉治等二千一百七十一名,生员史顺哲等一万一千三百四十六名,俱在降革之列。初议提解到京严加议处,人心惴惴,既而限旨到之日全完者免其提解,舆情少安。然仍有旨到未完,至解京之日完而释放者数百人,则必非无故甘为累臣矣。……自是而后,官乘大创之后,十年并征;人当风鹤之余,输将恐后。变产莫售,黠术□□,或一日而应数限,或一人而对数官。应在此,失在彼,押吏势同虎狼,士子不异浮囚。时惟有营债一途,每月利息加二加三,稍迟一日则利上又复起利,有雷钱月钱诸名。大都借银十两,加除折利到手实止九两,估足纹银不过八两几钱,完串七两有零,而一时不能应限则衙门使用费已去过半,即其所存,完串无几,而一月之后,营兵追索,引类呼群,百亩之产,举家中日用器皿房屋人口而籍没之尚不足以清理,鞭笞絷缚,窘急万状,明知其害,急不择焉。……奏销一案,据参四府一县,共欠条银五万余两,黜革绅衿一万三千余人,造册之后乡绅一千九百二十四名,生员一万五千四十八名,即以完过银四万九千一百五两九钱题报在案,续完冀有回天之意,其如皇上冲龄,政由四辅,但期治之必行,不原情之委曲。一挂弹章,便即降革。惟大学士金公之俊以自陈复职,其他如张太常讱庵、叶编修芳蔼止欠一厘而降调,郡庠程兆璧玠册上开欠七丝而黜革。功令之严,可概知矣。至康熙六年(1667)五月初六日上始亲政,下诏求言,大司马芝麓龚公上疏特请宽宥,及苏松常道安公世鼎详请抚院韩公题复,俱不允。康熙八年(1669)己酉总督麻公勒吉奉旨巡历沿海,苏松绅衿具呈公恳,麻公恻然有怜才之意,批候详抚会题,郡守张公升衢备文详请,疏上反致部驳,自是不敢复诉。”(《上海掌故丛书》本,1—4页)下附龚、安、张及绅衿公文。

　　天挺案,江南奏销一案,盖满清统治者对官僚地主阶级一种打击,一个尖锐的斗争,非如此不得打倒绅衿们在城乡间之把持、包庇、统治,不能推翻这一阶级也。此事应与取消绅衿家人之优免结合来看。又作者叶氏亦奏销案中人。(5页)

　　又案,朱国治于顺治十七年(1660)正月丙寅为江宁巡抚。十八年(1661)六月己卯疏言苏省逋赋,绅衿一万三千五百十七人下部斥黜有差,均见《史稿·本纪》。

营债

《阅世编》六:“(康熙)十五年丙辰,御史张维赤建言,军兴饷缺,人臣分谊尤当急公,请案天下地丁钱粮,除生员田亩及民田常征课外,凡缙绅本户钱粮原额之外加征十分之三,以助军需,俟事平之日停止如旧。于是在任在籍乡绅及贡监诸生,不论已未出仕者,无不遍及。……致有官不如民之叹。”(10页)

“康熙二十年十二月,朝廷以滇南荡平,四海底定,大赦天下,凡绅户田亩加征钱粮,二十一年即行停止。”(11页)

　　此两事,《史稿》似未见。附之于此,待查。

1951.7.19

8. 清初苏松人家

清叶梦珠《阅世编》五《门祚》："吾郡张氏，支派甚多。以予所闻，学士里友鸿、一鸿，其尊人醉石，故孝廉也，家颇殷厚，由邑庠入太学，易代后往往为乡党所侮，年逾五十奋志北上，中顺治丁酉顺天乡榜，成戊戌进士，除授云南府司理，年将六旬矣，以奏销议降，归。"（2页）

"顾氏……至顺治中，子孙以逋赋累万，驯至毁家，康熙初遗业荡然无存矣。"（3页前）

"林氏……仁甫以任子官郡守，家赀钜万，……鼎革后，仁甫卒，而家亦废。"（3页）

"钱相国机山先生讳龙锡……鼎革之际，相国先卒，其后子孙以逋赋毁家，闻之流离实甚，……"（3页后）

"董……阆石含……其弟苍水俞……俱以十七年奏销罣误，家居不仕。"（4页前）

1951.7.23

9. 派修城工

《清史稿·儒林传》二《万斯大传》附子《经传》："经，字授一，……康熙四十二年成进士，……五十三年（1714）提督贵州学政，及还，以派修通州城工，罄其家。"（4页）

《清先正事略》三十二《万充宗先生事略》附子《经事略》："视学黔中还朝，为忌者所中，有通州修城之役，家既罄，萧然如布衣时……"（3页）

《清先正事略》三十三《惠天牧先生事略》："惠先生士奇，字天牧，一字仲孺，江苏吴县人。……康熙戊子（四十七年）举乡试第一，明年（四十八年己丑，1709）成进士……庚子（五十九年，1720）主湖广乡试，冬奉督学广东之命，……世宗御极，复命留任三年。……丙午（雍正四年，1726）还朝，丁未五月，奉旨修理镇江城，以产尽停工罢官，高宗即位（雍正十三年，1735）有旨调取来京，引见，以讲读用，所欠修城银得宽免。"（6页）

1956.1.15

10. 亩产量与工作量

明何良俊（正嘉时）《四有斋丛说》：一亩收获量

松江西乡：最高三石　普通二石五斗

松江东乡：最高一石五斗

嘉靖《常熟县志》：上农二石　中农一石余　下农一石

天启《海盐县图经》：上农二石五斗　平均二石

清张履祥《补农书》下《总论·佃户》："吾乡地田，上农夫一人止能治十亩。"田＝水田　地＝旱地　吾乡＝浙江桐乡

11. 明清地主的在乡与在城

顾炎武《日知录》十，苏松二府田赋之重："吴中之民，有田者什一，为人佃作者什九。"

乾隆《吴郡甫里志》五《风俗》："国朝百有余年，太平翔洽，生齿日繁，土著安业者田不满百亩，余皆佃农也。上田半归于郡城之富户，里中间有二三饶余之家皆自为樽节勤俭而成。民贫俗朴，不似郡城之奢华。"

民国《吴县志》四九《田赋六》，赵锡孝《徭役议》："江南烟户业田多，而聚居城郭者什之四五，聚居市镇者什之三四，散居乡村者什之一二。"赵，嘉道时人。

12. 吴桥人口土田问题

1959.5.26《天津日报》二版

天津市"郊区最南边的一个县分，南部和山东德州紧紧接连。全县共有十七个'人民'公社，人口七十九万多，耕地二百〇二万余亩"。

"吴桥县今年一共种植棉花五十三万亩。"

"去年，农场棉花每亩收四百五十斤（籽棉），比附近公社大队的棉田产量高出一半以上。"

今吴桥县是过去的吴桥、景县、固城三县的合并。

今天全县只有七十九万多人，耕地二万〇二百顷，平均每人二亩五分五厘地，过去历史上太夸大。

13. 农民过去耕种数量

东北土地肥沃,省工力,每人可耕三十亩。河北省水浇地,各人只能耕种五亩。

1959.1.30. 刘泽华(河北)、李长久(东北)谈

14. 明末清初的抗租

崇祯四年(1631)七月,镇洋。风灾,匿租,烧田主房庐。(见乾隆《镇洋县志》十四)

十二年十月,吴县。蝗灾,唐在耕等团结三十余村誓神不交租。(崇祯《吴县志》十一)

十三年六月,无锡。乡民无食,结队抢富家米麦。(乾隆《锡金识小录》二)

十三年(1640),吴江。旱蝗,米贵,朱和尚等率饥民百余人强巨室出粜,不应则碎其家,名曰打米。(康熙《吴江县志》四三)

康熙二十八年(1689)至三十二年(1693),松江。大荒,佃户结盟抗租,官府不禁。(董含《三冈识略》十)

雍正,崇明。业主催租,佃户喧哗,闭市。(《雍正硃批谕旨》六十册,尹继善)

乾隆六年(1741)九月,靖江(江苏县名,属常州府)。农民赴县请减租。(《高宗实录》)

乾隆六年(1741)九月,崇明。结盟不许还租。(《高宗实录》)

乾隆十一年(1746)十二月丙辰,浙江永嘉。佃民胡廷三结众抗租,殴典史。(《高宗实录》)

乾隆二十三年(1758)十一月庚子,崇明。佃民姚八抗租烧房,拒伤兵役。(《高宗实录》)

15. 地主与佃户之矛盾　欠租

清(乾隆)秦蕙田(江苏金匮人)《经筵讲议》:"至于务本之民,不外业

户、佃户二种,业户输赋,佃户交租,分虽殊而情则一。乃始也患业户之侵凌,今则忧佃户之抗欠。"(《皇朝经世文编》十《治体·政体下》)

　　据此,欠租是很晚才出现的,早期没有。说明农民欠租是由于灾害歉收之故,并非有意拖欠。

康熙《乌程县志》(浙江)五《风土志》:"今则贫士多奔走衣食,有恒产者复受制佃户,日苦税粮,饘粥不给。"

康熙《嘉定县志》(江苏)四《风俗》:"若召佃之家,佃户顽梗不应,无论荒熟,总归拖欠,另欲更佃,仍由故辙。"

　　据此,康熙时已多欠租。

清初,黄中坚(吴县人)《蓄斋集》四《恤农策》:"若遇大歉,则相率欺隐,无限量,虽丰年亦逋欠自若也。迩者吴中水旱频仍,租户歃结以抗田主。"

又《征租议》:"今乡曲细民无不醵金演戏,诅盟歃结,以抗田主者,虽屡蒙各宪晓谕而略不知惧。间有一二良佃愿输租者,则众且群起而攻之,甚至沉其舟,散其米,毁其屋,盖比比然。"

　　据此,农民必团结起来,集体欠租才能成,否则会遭到地主压迫。

光绪《石门县志》(浙江,后改崇德)十一《杂类》:"农民田亩大半佃耕,视米为宝,恒多欠租,即有还者,总无嘉谷。"

　　据此,欠租仍然还。

《清实录》,乾隆十年七月己亥:"江苏巡抚陈大受奏,……一、吴中佃户抗租,久成锢习。"

清(乾隆中江苏巡抚)陈宏谋《培远堂偶存稿》四五《业佃公平收租示》:"各图里内如有无赖之徒,自称呈头催甲,倡为不还租之说,纠约刁佃,不必还租,把持良佃,不许还租者,地方官立即拿究。"

　　据此,乾隆时地主阶级勾结一起,诬农民为"刁佃",施加压力。据小山正明文所引资料重新分析。

1959.4.25

16. 清代奴仆的地位

　　清董含《三冈识略》卷二《江左风俗》:"江左风俗,凡奴婢子孙采芹者,皆从主姓,无少长悉以叔祖称之。"(清初)

　　采芹谓入学,即入泮。

清卢崇兴《守禾日纪》六《谳言类》："龚明旸……价买曹文贵及其妻胡氏以为义男，原以供服役代耕作耳。"

卢于康熙十四年（1675）任浙江嘉兴知府。

清张履祥《杨园先生集》九："然予所见，主人之于仆隶，盖非以人道处之矣。饥寒劳苦不之恤无论已，甚者父母死不听其缞麻哭泣矣，甚者淫其妇女若宜然矣，甚者夺其资业莫之问矣，又甚者私杀之而私焚之莫敢讼矣。"

杨园生万历三十九年（1611），卒康熙十三年（1674）。

清石天基《传家宝》二集，《遗言》："家人奴仆只宜论年雇用，言定每年工银若干，按季支付，好则多用几年，坏则令其别雇。彼此俱便。"

石，清初扬州人。

1959.4.24

17. 清代佃户之地位

清李渔《资治新书》七《议民风》，引金长真《清严主仆》："其一为佃田之仆。夫佃户领田输租，又与雇工不同，乃汝（指河南汝宁府）俗多称为佃仆。肆行役使，过索租课，甚有呼其妇女至家服役，佃户不敢不从者。且有佃户死亡，欺其本宗无人，遂价买其妻若子，并收其家资，占以为利者。"

又："查诸律例云，佃户见田主并行以少事长之礼。"

顺治十五年（1658）河南之光山、商城、固始各县奴仆有解放之要求，与江南同，当时所谓"奴变"也，故金论之。

顺治十四年（1657）顾炎武之世仆陆恩叛投里豪。

康熙壬寅（元年，1662）金坛"奴变"，见顾公燮《消夏闲记摘抄》，《涵芬楼秘笈》本。

清顺治十七年（1660）禁将佃户为奴，康熙二十年（1681）再申前禁。另见。

康熙《崇明县志》四《赋役·田制》："内地佃户，与仆无异。"此内地指江以南地。

又卷六《习俗》："佃户例称佃仆，江南各属皆然。"

嘉庆《太平县志》（安徽）十八《杂志·风俗》："佃田一季收或两季收，乡例不等，北方佃种人田有主仆名分，南方则否，呼田主曰田私头。"

1959.4.24

18. 清代人口中之良贱

《清史稿·食货志一·户口》："……且必区其良贱：如四民为良，奴仆及倡优为贱，凡衙署应役之皂隶、马快、步快、小马、禁卒、门子、弓兵、仵作、粮差及巡捕营番役皆为贱役，长随与奴仆等，其有冒籍、跨籍、跨边侨籍，皆禁之。"（2页）

又："此外，改籍为良亦有清善政。山西等省有乐户，先世因明建文末不附燕兵，编为乐籍。雍正元年令各属禁革，改业为良。并谕浙江之惰民，苏州之丐户，操业与乐籍无异，亦削除其籍。（雍正）五年（1727）以江南徽州有伴儅，宁国有世仆，本地呼为细民，甚有两姓丁口村庄相等，而此姓为彼姓执役，有如奴隶，亦谕开除。

（雍正）七年（1729）以广东蜑户以船捕鱼，粤民不容登岸，特谕禁止，准于近水村庄居住，与齐民一体编入保甲。乾隆三十六年（1771）陕西学政刘嶟奏请山陕乐户、丐民，应定禁例，部议凡报官改业后必及四世，本族亲支皆清白自守，方准报捐应试。广东之蜑户，浙江之九姓渔船，诸似此者，均照此办理。嘉庆十四年（1809）又以徽州、宁国、池州三府世仆捐监考常为地方所讦控，上谕此等名分总以见在是否服役为断，如年远文契无考者，着即开豁。"（8页）

1951.7.17

19. 清初禁买佃作仆

清张光月《例案全集》六《户役·禁佃为奴》："户部为特参势豪勒诈，并陈婺邑恶俗等事，覆安（庆巡）抚徐国相题前事，查顺治十七年据江宁巡按卫贞元条奏，将佃户为奴请行禁止，臣部请敕行各巡抚巡按严行禁革在案。今绅衿大户，如有将佃户穷民欺压为奴等情，各该省督抚即行参劾。康熙二十年七月奉旨依议。"

顺治十七年（1660）已禁，而康熙二十年（1681）仍有此类事，说明禁止不严。

康熙《江南通志》六五《艺文·徐国相特参势豪勒诈疏》："据安徽按察使王国泰详称，婺邑贡生余纕买佃作仆缘由到臣，据此，该臣看得，婺源县候选训导余爌叨列明经,不自爱囗,有僧人余三女与爌同族,将如意寺香火地三厘并种地之俞佃等一同立契投献与爌,而爌遂勒俞佃等为仆,强令服役。因佃不从,辄行毒打,逼其重价赎身。先写缺约二十五两,尚未餍足,复索见银一两五钱,耕牛一条作银四两,以致俞佃情急控府。臣据府详,随批司道研审实情去后,兹据详称,余爌等假契勒赎,索取银牛情事凿凿,且有屡次托胡尚宾笔札可据。似此豪强肆横,勒诈小民,法难宽贷。……至臣更有请者,佃户原系穷民,种田供租,与投身服役不同,如有余力,自应听其开垦,以裕国课。若以承种之佃户,尽为宦门之奴仆,无论小民脂膏尽归富室,即现在输赋之地土必致抛荒。案查顺治十七年正月间,部覆江宁巡按卫贞元条议疏称,凤颍大家将佃户称庄奴,不容他适,请行严禁等语,查佃户不过穷民,与奴仆不同,岂可欺压不容他适。恐不独凤颍为然,似应如议,仍请敕各巡按严行禁革,如有绅衿大户,欺压佃户霸其妻子者,即行指名参处等因,题奉俞旨钦遵在案。今法久废弛,人心易玩,窃恐勒佃户为奴者不止徽属婺源一邑,相应仰请天语通饬,嗣后业主买卖田地,应听佃户自便,不许随田转买,勒令服役。庶穷民得以安生,而国赋不致亏绌矣。"

1959.4.24

20. 清初江苏奴仆求解放

叶梦珠《阅世编》卷一《灾祥》:"(崇祯)十七年甲申六月,邑城有物如猴辄向人家窃食,逐之即不见,……未几,嘉定县有黠奴聚党向家长索还身契,稍迟则抢掠焚劫,逼辱随至,延及海上,凡被猴之家往往受奴仆之祸。时弘光称帝于南京。"(11页后)

21. 顾亭林家世仆

《清先正事略》二十七《顾亭林先生事略》:"顾氏有三世仆曰陆恩,叛投里豪。丁酉(顺治十四年,1657,年四十五),先生(顾亭林)四谒孝陵归,持之急,乃欲告先生通海。先生急往擒之,数其罪,湛之水。仆婿复投里豪,以千金贿太守欲杀先生,事危甚,……会故相路文贞振飞之子泽溥为白其事,于是先生浩然有去志。"(此后顾氏迄未返里。)

1951.7.19

22. 废除世仆伴儅

《清实录》雍正五年(1727)四月癸丑:"近闻江南徽州府则有伴儅,宁国府则有世仆,本地呼为细民,几与乐户、惰民相同。又其甚者,如二姓丁户村庄相等,而此姓乃系(彼)姓伴儅世仆,凡彼姓有婚丧之事,此姓即往服役,稍有不合,加以箠楚。及讯其仆役起自何时,则皆茫然无考,非实有上下之分,不过相沿恶习耳。此朕得诸传闻者,若果有之,应予开豁为良。"

《雍正硃批谕旨》十八册,刘桮部分:"臣查告争世仆之案,多有自故明以来,历一二百载,历一二十世……"则明中叶已有之。

《清实录》嘉庆十四年(1809)十二月庚戌:"又谕:礼部议覆董教增奏,远年世仆请分别开豁一折,所议尚未允协。安徽省徽州、宁国、池州三府向有世仆名目,查其典身卖身文契,率称遗失无存。……前据董教增奏,世仆惟以现在是否服役为断,现在服役者如主家放出,三代后所生子孙方准捐考,若事在前代,即曾经葬田主之山,佃田主之田,而出户已百余年及数百年者,一体开豁为良。立论甚为允当。……着仍照董教增所奏,该处世仆名分,统以现在是否服役为断,以示限制。若年远文契无可考据,并非现在服役豢养者,虽曾葬田主之山,佃田主之田,着一体开豁为良,以清流品。"

世仆开豁为良在雍正五年(1727)已有明令,而在83年后(嘉庆十四年,1809)仍有此请,则当日之行不通于此可见。

1959.4.24

康熙《麻城县志》(湖北省)二《民物志·风俗》:"耕种鲜佃民,大户多用价买仆以事耕种,长子孙则曰世仆。"

《人民日报》(1963或1962)记江西(或安徽)事,有雍正间上谕"某姓永远为某姓之奴"云云,待查出补录。

1963.12.3

23. 明清之际农民苦况

施闰章《临江悯旱》诗:"瘠土嗟薄获,岁丰长忿饥。戎马况叠迹,田园成路蹊。荷锄代牛力,播种良苦疲。朱火肆燎原,禾稗同一萎。民乱如恐后,况乃驱策为。……明日急刍饷,吞声重涕洟。"(沈德潜《清诗别裁集》卷二)

施闰章,字尚白,江南宣城人。顺治己丑进士,官江西参议,康熙己未召试博学宏辞,官翰林院侍讲。著有《愚山诗集》。

又《祀蚕娘》诗:"华灯白粥陈椒浆,田家儿女祀蚕娘。愿刺(刺)绣裙与娘着,使我红蚕堆满箔。他家织缣裁罗襦,妾家卖丝充官租。余作郎衣及儿袄,家贫租重还有无(欠债)。蚕时桑远行多露,好傍门前种桑树。"(同上)

赵俞《踏车曲》:"杉楛作筒檀作轴,乌鸦衔尾声历鹿。赤露两肘腹无粥,踏车辛苦歌如哭。……无奈今年又苦旱,塘水小于衣上汗。往年车完(完好)人尽力,今年车破人无食。人无食,不足恤,努力踏车身太息。伍伯催租秋赋迫,连年未报灾伤册。"(《清诗别裁集》卷十七,12 页)

赵俞,字文饶,江南嘉定人,康熙戊辰进士,官定陶知县。

缪沅《王孝子诗》:"丁徭日繁重,闾户多逃亡。文安王氏子,飘泊辞故乡。弃我旧井灶,舍我旧耕桑。甘心离匹耦,各自东西翔。……"(《清诗别裁》二十二,12 页)

缪沅,字湘芷,江南泰州人,康熙己丑进士,著有《余园诗钞》。

沈睃《九日》诗:"有酒赏重阳,无烦白衣至。恐惊邻舍翁,谓是催租吏。"(《清诗别裁集》二十一,7 页)

沈睃,字田子,江南吴县人,廪生。当在康熙四十年前。

1950.8.22、24

24. 清初之苛役——捉船

郑世元《捉船行》:"客行在西吴,喧呼闻捉船。云奉宪司票,取数须一千。乌程县堂晓传鼓,县官排衙点船户。东船西舫寂不行,里正如狼吏如虎。行人坐守居人困,百里官塘断商贾。罟师渔父都含愁,城南城北水断流。千艘万橹城中集,苇岸芦港风悠悠。大船竟输钱,差役幸暂免。小船无钱只一身,捉住支吾应供遣。自从名隶公家籍,日日河头坐白日。太仓合米聊入腹,谁为饔餐顾家室。可怜有船何处撑,江干万众俱吞声。"(《清诗别裁集》卷二十四,24 页)

郑世元,字黛参,浙江余姚人,康熙庚子举人,著有《耕余集》。沈德潜有《民船运》一篇。

1950.8.25

25. 雨中贫富之对比

吴嘉纪《朝雨下》诗:"朝雨下,田中水深没禾稼,饥禽聒聒啼桑柘。暮下雨,富儿漉酒聚俦侣,酒厚只愁身醉死。雨不休,暑天天与富家秋,檐溜淙淙凉四座,座中轻薄已披裘。雨益大,贫家未夕关门卧,前日昨日三日饿,至今门外无人过。"(《清诗别裁集》卷六,24 页)

吴嘉纪,字宾贤,更字野人,江南泰州人。著有《陋轩诗》。

1950.8.25

26. 清代赈灾与官吏

清郑世元《官赈谣》:"黄须大吏骏马肥,朱旗前导来赈饥。饥民腹未饱,城中一月扰,饥民一箪粥,吏胥两石谷。我皇圣德仁苍生,官吏甚勿张虚声。"(《清诗别裁集》二十四,25 页)

郑世元,字黛参,浙江余姚人,康熙庚子举人,著有《耕余集》。

1950.8.25

27. 清初之兵扰

清吴嘉纪《我昔三首效袁景文》诗:"我昔客途逢败兵,弦声旆影魂俱惊。残骑如狼散草莽,居人杂兔奔纵横。……"(其一)

"我昔携家亟逃难,海云漫漫昼昏晏。野空蹄响贼马近,我船欲速行转慢。须臾燔烧闾里红,风漂船入芦港中。芦叶菰叶蔽男妇,引衣掩塞啼儿口。"(其二)

"我昔兵过独还家,畦上髑髅多似瓜。空村无声鸡犬尽,篱菊自放霜中花。……"(其三)(《清诗别裁集》卷六,24 页)

吴嘉纪,字野人,江南泰州人,著有《陋轩诗》。

1950.8.25

28. 清初田租的一个例

康熙嘉兴知府卢崇兴《守禾日记》四《谳语类·一件假宦虐民事》:"审

得吴鸣羽身充脚头,而倚富横行者也。有卜忠乡民向冯祠生袁有三租种
(吴)鸣羽田三亩三分,每年议租四石九斗五升。(康熙)十四年十月十三日
已完四石六斗,所缺者三斗五升耳,(吴鸣)羽乃具呈该县,批送粮衙,挟以田
主之势,恣行吓骗之谋。"

　　种田三亩三分,议租四石九斗五升,是每亩租一石五斗也。

29. 康熙时福建粮食不足

　　清张伯行《正谊堂文集》卷一《请借库银粮买谷疏》:"切见闽省地方,人众
田少,数十年来,我皇上覆育休养,生齿益繁,而额田未尽垦复,虽当丰年,所入
不足供一岁之用,专赖各处商船带米接济,故米价易贵,民食维艰。"(《国学基
本丛书》本,1 页)

　　此疏原注"康熙四十六年(1707)"。其时伯行为福建巡抚。此疏下文
有"许臣于藩库动存贮备赈监谷银三五万两,委官往湖广、江苏、江西、广东
地方买米平粜,秋收照数还库"之语,他省又岂有余粮? 卖后又必致缺粮也。

1959.3.23

30. 康熙时贵州米价

　　清田雯《黔书》卷二《积谷》条:"余于戊辰(康熙二十七年,1688)之八月
入黔视事,值岁丰谷贱,凡一金可籴六斛。"(《丛书集成》本,27 页)

　　案,《黔书》前有康熙庚午(二十九年,1690)徐嘉炎序,《清史稿·疆
臣年表》田雯于康熙二十七年至三十年为贵州巡抚,则此戊辰为康熙二
十七年也。

　　此所谓一金,谓银一两也。此所斛谓米一石也。古人以十斗为斛,
后人以五斗为斛,但习惯上文人仍以一斛为一石。此言银一两籴米六
石,约合每石一钱六上下,与当时米价(各地记载)相当,如以斛为五斗
则六斛只三石,未免太贵(三钱三上下)。斛字在清代早不通用,此亦文
人好古之过。

31. 雍正时米价

《清史列传》十七《大臣画一传档正编》十四《杭奕禄传》:"杭奕禄,满洲镶红旗人。……(雍正)三年正月迁光禄寺卿。时奉旨苏州、松江长蠲正额钱粮四十五万。杭奕禄疏言,……有田纳赋既邀蠲免定额,佃人纳租业主亦宜酌减常式,俾贫富均沾实惠。得旨,此奏甚公。下九卿詹事科道议。寻议减十分之二三。如业户免额一钱,则佃户免粗米三升。诏如议速行。"(1页)

全,《杨超曾传》:"(乾隆)五年五月署两江总督,……九年……十二月疏言,今秋徐海二属偏灾,应纳粟米奉旨改征折色,照部定价每石七钱五分。内赣榆一县,向系民折官办,本年折征已议定每石折银一两,陆续完纳……"(33页)

1956.4.26

32. 各地粮价高下不一

《清史列传》卷十五《史贻直传》:"……署湖广总督。乾隆元年五月疏言:旧例州县亏空仓谷,革职留任,勒追,嗣九卿议,每谷一石作银一两,……臣思各省谷价,平时不过三四钱,贵亦不过五六钱,若以银一两计,是该犯实止亏空银数钱,而罪以入于一两之律。……请于各项食粮内酌中定价,通行各省,……部议侵挪米一石者作银一两,谷及杂粮一石者作价五钱治罪,永为例。"(41页)

又卷十六《迈柱传》:"(雍正)五年二月,授湖广总督,命料理江西钱粮事务完毕赴任。三月,奏江西仓谷亏缺,其弊有三,……又现在被灾州县设厂煮赈米价每石已至一两三四钱……。"(14页)

《清史列传》卷十六《张允随传》:"(雍正)八年……八月授云南巡抚。十年十月疏言,……十二月疏言……阿迷、宁州、云龙、云州、镇南、通海、蒙自、姚州、元谋等处额征秋米,每石折银一两,其普洱、攸乐、威县、镇沅等处以一两折给兵丁,不敷买食,请酌增。"(24页)

1956.5.5

33. 据《清实录》抄顺康人口田地数字①

顺治八年	人丁户口	10633326
	田地山荡	2908584 顷 61 亩
	畦地	22980 个
九年	人丁户口	14483858
	田地山荡	4033925 顷 4 亩有奇
	畦地	22980 个
十二年	人丁户口	14033900 有奇
	田地山荡	3877719 顷 91 亩有奇
	畦地	22980 个
十五年	人丁户口	18632881
	田地山荡	4988640 顷 74 亩
	畦地	22643 个
十七年	人丁户口	19087572
	田地山荡	5194038 顷 30 亩
	畦地	22642 个
康熙元年	人丁户口	19203233
	田地山荡、畦地	5311358 顷 14 亩
十一年	人丁户口	19431567
	田山、畦	5491356 顷 38 亩
十八年	人丁户口	16914256
	田山、畦	5136353 顷
五十六年	人丁户口	24722424，又"永不加赋滋生人丁"210025
	田山、畦	7250754 顷 90 亩有奇

34. 清初人口田地

　　据《东华录》(《东华录》记录人丁田地于每年之末,始自顺治八年

---

①　编者注:原卡片无题目,旁注"据《清实录》抄",据内容拟题。

［卷十七］，其前只登"行盐"、"征课"、"铸钱"而已）：

朝年（编者拟）	人丁户口	田地（顷）	平均每人（亩）
顺治八年 1651	10,633,326	2,908,584.61	27.3
九年 1652	14,483,858	4,033,925.04	
十年 1653	13,916,598	38,887,926.36 似为 3,887,926.36	
十一年 1654	14,057,205	3,896,935	
十二年 1655	14,033,900	3,877,719.91	
十三年 1656	15,412,776	4,781,860	31
十四年 1657	18,611,996	4,960,398.30	
十五年 1658	18,632,881	4,988,640.74	
十六年 1659	19,008,913	5,142,022.34	
十七年 1660	19,087,572	5,194,038.30	27.2
十八年 1661	19,137,652	5,265,028.29	
康熙元年 1662	19,203,233	5,311,358.14	27.6
二年 1663	19,284,378	5,349,675.10	
三年 1664	19,301,624	5,358,593.35	
四年 1665	19,312,118	5,381,437.54	
五年 1666	19,353,134	5,395,262.36	
六年 1667	19,364,481	5,411,473.54	
十年 1671	19,407,587	5,459,170.18	
十一年 1672	19,431,567	5,491,356.38	
十二年 1673	19,393,587	5,415,627.83	
十三年 1674	17,246,472	5,308,756.62	
十四年 1675	16,075,552	5,073,458.63	
十五年 1676	16,307,268	4,864,233.92	
十六年 1677	16,216,357	4,983,462.53	
十七年 1678	16,845,735	5,064,792.87	
十八年 1679	16,914,256	5,136,353.41	30.4

续表

朝年(编者拟)	人丁户口	田地(顷)	平均每人(亩)
十九年 1680	17,094,637	5,227,666.87	
二十年 1681	17,235,368	5,315,372.60	
二十一年 1682	19,432,753	5,523,568.84	
二十六年 1687	20,349,341	5,904,184.84	
三十一年 1692	20,365,783	5,973,456.34	
三十五年 1696	20,410,382	5,986,454.67	
三十六年 1697	22,410,682 三十六年人口数疑有误,应为二千〇四十一万。	5,986,068.34	
三十七年 1698	20,410,693	5,986,775.34	
四十一年 1702	20,411,380	5,986,993.63	
四十六年 1707	20,412,560	5,989,203.62	
五十年 1711	24,621,324	6,930,344.34	28.1

滋生人丁		人丁户口	田地(顷)	平均每人(亩)
	康熙五十一年 1712	24,623,524	6,930,444 顷.55	
210,025	五十六年 1717	24,722,424	7,250,754.90	
467,850	六十年 1721	29,148,359	7,356,450.59	25.4

尚钺《中国历史纲要》380 页:"明天启三年(1623)据《实录》所载,全国人口有五千一百六十五万零四百五十九人,到顺治十七年(1660),据《东华录》所载,仅余一千九百零八万七千五百七十二人。三十七年中,全国人口竟减少了三千二百余万。这两种记载都不完全,都不尽确实(注:天启年间,由于逃避烦苛的赋役,户口隐漏很多;顺治末年,战争尚未完全结束,人民为反抗满清的残酷屠杀和压迫,四处流亡,不入户籍的也不少);但经过满清统治者的大屠杀之后,人口大量减少,则毫无疑问。综上所述,被屠杀的至少在千万人以上。而仅存的又大批地被奴役或强迫征调。这样,就在生产力中丧失了大量的劳动力,严重地摧残了中国社会生产发展的主要因素。"

　　这个分析和结论是不正确的。(1)顺治八年始有人口数字,其时仅一千余万,如尚氏所云均清人屠杀,则是八年之间屠杀三四千万,未免不合理;(2)如顺治八年之一千多万是屠戮后仅存者,则十六年后应该人丁更少(壮丁死无新生小孩,则十六年后无成丁者),但康熙六年(1667)反增到一千九百多万;(3)从顺治八年起,人口年年增加,不像大杀戮的情况,只是康熙十三、十四年忽然减少(十三年比十二年减二百万,十四年比十三年减一百万),以后逐年增加,增加率每年十万多人,到二三十万人,约1%—10%,比较合乎情理;(4)据《明史·食货志》万历六年(1578)凡 10,621,436 户,60,692,856 口,《续文献通考》天启元年(1621)凡 9,825,426 户,51,655,459 口(与尚氏所说天启三年数同),则可能顺治康熙间之"人丁户口"数是"户"数,不是"口"数。

35.康熙时官僚置田产

　　《清史列传》十《徐乾学传》:"徐乾学,江南昆山人。……(康熙)二十八年……副都御史许三礼疏劾乾学,……三礼复疏劾乾学曰……一、乾学发本银十万两交盐商项景元于扬州贸易,每月三分起利。……一、乾学买宪臣傅感丁在京房产一所,价银六千余两,买学士孙在丰京房屋一所,价银一千五百两,买慕天颜无锡县田一万顷,京城绳匠胡同与横街新造房屋甚多,不能枚举,苏州太仓、昆山、吴县、长洲、常熟、吴江等州县俱系徐府房屋田地。……"(9页)

　　又《高士奇传》:"高士奇,浙江钱塘人。……(康熙)二十八年……九月左都御史郭琇疏劾之曰:……光棍俞子易在京肆横有年,惟恐事发潜通直隶天津、山东洛口地方,有虎坊桥瓦房六十余间,价值八千金,馈送士奇求托照拂。此外顺城门外斜街,并各处房屋,总令心腹出名置买,何楷代为收租。打磨场士奇之亲家陈元师伙计陈季芳开张缎号,寄顿各处贿银资本约至四十余万。又于本乡平湖县置田产千顷,大兴土木,修整花园;杭州西溪广置田宅。苏松淮扬王鸿绪等与之合伙生理又不下百余万。……"(12页)

　　《清史列传》十《王鸿绪传》:"王鸿绪,江南娄县人。……(康熙)二十八年九月,鸿绪将服满尚未赴补,左都御史郭琇劾之曰……乃有植党营私招摇撞骗如原任少詹事高士奇、左都御史王鸿绪等表里为奸,……光棍俞子易……(文同上条)……不下百余万,……其罪之可诛者三也。……"(15页)

《清史列传》十二《慕天颜传》:"慕天颜,甘肃静宁人。顺治十二年进士,……康熙……九年……寻擢江苏布政使,十二年丁继母忧,……在任守制,……十五年擢南宁巡抚,……二十年……天颜将去任,……上曰慕天颜自任巡抚以来,未闻有清廉之名,……二十三年二月起为湖北巡抚,……九月调贵州巡抚,二十六年三月擢漕运总督,……二十七年……革职……三十五年卒,年七十三。"(21—24 页)

慕天颜是贪吏,但为甘肃人,在无锡有产万顷,事颇可疑。

36. 清代的人口论

康熙四十九年十月初一日上谕:"……比来省方时迈,已历七省,南北人民风俗及日用生计,靡不周知,而民生所以未尽殷阜者,良由承平既久,户口日蕃,地不加增,产不加益,食用不给,理有必然。朕洞瞩此隐,时深轸念,爰不靳敷仁,用苏民力。明年为康熙五十年思再沛大恩,以及吾民,原欲将钱粮一概蠲免,……"(引自《天津县志》)

不认识自己的剥削。

37. 乾嘉时商人的投机

清王棨华《消闲戏墨》卷下:

王棨华,字达亭,直隶定州人。著有《退室诗稿》一卷,《妄谈录》一卷,《消闲戏墨》二卷,同治十三年(甲戌)合刻为《达亭老人遗稿》。诗稿前有同治三年(甲子)陈鹤年序,同治十年(辛未)刘秉琳序、刘赓年序,嘉庆二十五年(庚辰)王氏自序。陈序称王氏为"中山巨族,家称素封,孙曾繁衍",刘秉琳序称其"家世素封,颐养林泉",自序称其家"亲丁五十余口,仆役四五十口",是定州之大地主也。《妄谈录》前有咸丰九年己未张朴序,称其"迩来岁登大耋,而心益孜孜",则咸丰九年(1859)尚生存,陈氏诗稿序称其"寿九十而终",则生于乾隆三四十年(1766—1775)之间。遗稿为其孙"槐龄"所刻。

刘秉琳序称"同治庚午(九年,1870)余守正定,比邻定州,先生久归道山,已不及见矣",则死在同治九年以前甚久。

"乾隆末年(六十年,1795),白金价高,腾踊日甚。郡城内(据下文指定州)天宝钱铺郭某、兴隆钱铺李某,各赍千金赴白沟河(在保定东北)买粮。

到彼投某粮店解装,尚未议及粮价若何,郭见窗间置邸报,取来翻阅,有某御史一折言银钱通壅,轩轾不行,请发帑银以平时价云云。郭心动,私语李曰,买粮胜负尚未可知,若帑银一出,银价必致暴缩,何不乘人未觉,将此买粮之银暂且易钱,十天半月可获倍息,再来买粮未迟。李亦然之。乃问粮店某粮某价,聊议低昂,即云不合式,束装急奔省垣(保定)。定更时仅能进城,投金泰钱铺,将二千金随行合钱,批帖过账。酒饭毕,请客安寝。盖钱行生意人最机警,金泰号疑此二人来之有因,命将客房加锁,客间客若呼唤,切莫应声。即着人载四千银星夜出城赴定州,探听行情。二人睡至半夜,李唤郭曰,郭五哥你我作此生意,铺中不知,邸报之来先省后郡(保定在定州之北),倘有与我同心者亦到定州如此办法,铺中被诳,我等此宗生意岂不枉作。郭曰,是也,必须连夜回铺,以防此虞。即披衣拔关启门,而门外倒锁,乃大呼开门,呼叫多时,如在无人之境,毫无声息。及天明日出,始有人来开锁,放二人出。问何故加锁?答云铺中犬恶,客如夜出被噬奈何?二人不疑。惟急命驾,金泰号再三款留。皇遽辞出脱,驰而回。到铺,金泰号之人尚未行,两家各买二千金对月钱多加二数,业已成交,无可挽回。此风一播,银价骤减,一二月内两家赔钱四五百缗。帑银未出,钱价已平。后亦卒未闻发帑之事。二人弄巧成拙,愧叹而已。"(同治刻本,27—29 页)

据此可知乾隆末商人已运用资本作投机倒把生意,与其前已不相同。此资本主义萌芽进一步发展也。

当时术语有与今尚同者,如"行情"、"成交"之类。

对月钱加二数,未详。

1959.11.14

38.乾隆时的土地集中

吴英《策书》:"……今有一善术焉。圣上尊太后之遗命,免各省税粮,其德非不弘也,但其恩未远,其泽未长……且阡陌开而田大半归富户,而民大半皆耕丁,今而免粮,只见其继富耳。诗云'哿以富人,哀此茕独',虽曰租亦免,然田主征足,佃户其敢抗而鸣于官否乎?是圣上有万斛之弘恩而贫民不能尽沾其升斗,甚可惜也。……"(《清代文字狱档》第五辑《吴英拦舆献策案》,3 页)

吴英,广西浔州府平南县人,县学给顶生员。于乾隆四十七年七月初五日拦藩司朱椿舆,投递《策书》一本,请蠲免钱粮,添设社义仓及革除盐商、盗案连坐,禁止种烟,裁减寺僧五条,求为代奏。时年已六十岁。朱椿以其"第一条内,语多狂悖,且叠犯皇上御名(弘字),拟比照大逆例凌迟处死,该犯之子……照缘坐律拟斩立决,……至该犯继妻……妾……媳……并幼子……幼孙……幼侄……俱仍请照律发功臣之家为奴……奉硃批大学士九卿核拟速奏……"(仝上,2页),结果仍查。

1962.12.22

39. 清代高利贷

小说《济公传》约为清代人所作(详待考),其中有高利贷记载两条,可作清代的典型例子,《济公传》为最通俗的小说,其所反映的社会情况,与余所知者相较均不虚,则所述高利贷亦当系实际情况,非虚构者也。一九五〇年七月十八日,天挺　北京

第二十七回述济公与凤鸣居酒馆店伙王禄谈话,王禄好赌,负债累累,"和尚说:你有钱么? 王禄说:有。我告诉你说罢,我刚借了二十吊印子钱,坐地八扣,给九六钱。十吊给八吊,二十吊实给十六吊。一天打二吊四满钱,打一百天,合满钱二十四吊。连底子我得出十吊钱利钱。没法子,不能不借"。

案,此中所述均为清代中叶后之北京情况,"印子钱"为北京高利贷之一,总借而分期还,由贷主用小折注明,期数钱数,每还一次盖一印,还清而印满,故曰"印子钱"。"满钱"为北京通用制钱时一种钱法,凡十足付给者曰"满钱"(每百实付百文,每千实付千文),照百分之九十八付给者曰"九八钱"(每百实付九十八文,每千实付九百八十文),照百分之九十六付给者曰"九六钱"(每百实付九十六文,每千实付九百六十文),最低有至"九二钱"者。"坐地八扣"谓有回扣二成,实交八成。此云"坐地八扣,给九六钱",则名义上曰二十吊,实得仅十五吊三百六十文(10×80×96%)。实借十五吊三百六十文,一百天还二十四吊清结,利息之高可惊。

北京谓钱一千曰一吊。"底子"谓中间人之佣费。

《济公传》第四十二回述恶霸廖廷贵借给豆腐店周茂作生意本钱事,"廖廷贵说:你要借二十吊可不行,我给你借了十吊,一个月一吊钱利钱。周茂

一听一皱眉,说利钱太大点。廖廷贵说利钱大还没处借去呢,你嫌大你就别借。周茂一想无法,说就是罢。廖廷贵说可是十吊给九吊。周茂也答应了。接过来一瞧,不是现钱帖,是日子条,到下月取九吊钱。……周茂说我们……是用现钱买豆子好做买卖呀。廖廷贵说,你要换钱,我换给你现钱,一吊换八百。周茂是等钱使用,无法,换罢。九八换七吊二百钱($10×90×80\%$)。周茂拿到家一数,每吊短二百,只剩五吊八百实钱,还有小钱。周得山(周茂的父亲)瞧着钱叹了一口气,无法,穷吃亏。只可买了几斗豆子做买卖罢。一天磨二斗豆子,刨去度日,只剩一百多钱,一个月拿出一吊钱利钱。那个月利钱,到日子就来取,迟一天都不等,再不然就叫归本钱。小本经营,拉这十吊钱亏空,何时能补得上!"

40. 顺康间八旗已有贫民

《清朝文献通考》四十六《国用考八》,顺治十年:"赈八旗贫人,满洲、蒙古每佐领下给布六十匹,棉六百斤,米百石,汉军每佐领下给布三十匹,棉三百斤,米五十石。"(《十通》,《考》,5289 页)

时入关仅十年。

王氏《东华录·康熙四十五》,康熙二十九年二月己巳:"户部遵旨议奏,八旗不能赡养之庄屯人口及穷官护军拨什库兵等之庄屯人口,共二万二千四百二十八人,每人给米一石。至于孑身、寡妇、退甲护军、拨什库及无马甲止给一两钱粮者,其家口庄屯人口共六万三千七百一十九人,每人亦给米一石。得旨:此等人口俱应给米粮,可令速给之。"(5 页下)

王氏康熙《东华录》十三,十二年十二月辛丑:"召八旗都统及六部满尚书等谕曰:满洲乃国家根本,宜加轸恤。近见满洲贫而负债者甚多,赌博虽禁,犹然未止。皆由都统、副都统、佐领等不勤加教谕之所致也。且满洲习于嬉戏,凡嫁娶丧祭过于糜费,不可胜言……我太祖太宗时,亦此满洲也,……彼时行兵出猎诸役,亦未尝少于今时也,然而不至负债食用饶裕者,人能节俭故也。……"(14—15 页)

41. 汉人称满人为达子

乾隆二十年三月丙戌上谕:"……满洲俗称汉人曰蛮子,汉人亦俗称满洲曰达子,此不过如乡籍而言,即孟子所谓东夷西夷是也。"(《军机处档》,《高宗圣训·严法纪门》卷一九八,《高宗实录》,《东华录》,《清代文字狱档·胡中藻〈坚磨生诗钞〉案》2 页)

42. 清戒旗人妄为诗歌

乾隆二十年三月庚子上谕:"满洲风俗素以尊君亲上、朴诚忠敬为根本,自骑射之外,一切玩物丧志之事,皆无所渐染,乃近来多效汉人习气,往往稍解章句,即妄为诗歌,动以浮夸相尚,遂致古风日远,语言诞漫,渐成恶习。即如鄂昌……塞尔赫……此等敝俗,断不可长。着将此通行传谕八旗,令其务崇敦朴旧规,毋失先民矩矱,倘有托名读书,无知妄作,哆口吟咏,自蹈嚣凌恶习者,朕必重治其罪。"(《清代文字狱档》第一辑《胡中藻〈坚磨生诗钞〉案》7 页引《军机处档》,又见《圣训》二六三《厚风俗门》及《东华录》)

43. 满官应称臣不称奴才

乾隆三十三年三月十六日,浙江巡抚觉罗永德查办齐召南资产奏折,自称奴才(10 页),四月初二日奉上谕:"再该抚嗣后除请安、谢恩各折外,其办理地方公务奏折,俱应书写'臣'字,以符体制。"(13 页)其后四月十九日永德奏严讯齐召南寄银生息折(14 页)、五月二十日永德奏委员研讯齐召南折(16 页)、六月初八日永德奏齐召南病故折(16 页),均自称臣不用奴才字样。可见满官自称奴才,并非清代体制,但出于臣僚献谀而已。至清末汉人武官亦自称奴才,尤缪。以上均见《清代文字狱档》第二辑《齐召南跋齐周华〈天台山游记〉案》,故宫博物馆出版。

乾隆初,两官称臣与称奴才者均有。乾隆二十年九月程鳌《秋水诗钞》案:江南河道总督富勒赫奏折自称臣(1 页),漕运总督瑚宝奏折自称奴才(2 页)。见《清代文字狱档》第二辑。

乾隆十六年八月王肇基献诗案:山西巡抚阿思哈奏折自称臣,不称奴才。

乾隆十八年六月丁文彬逆词案:浙江巡抚觉罗雅尔哈善奏折、江西巡抚鄂容安奏折均称臣,不称奴才。以上均见《清代文字狱档》第一辑。

乾隆二十年胡中藻《坚磨生诗钞》案:浙江按察使富勒浑奏折自称

奴才。亦见《文字狱档》第一辑。

1962.2.24

44. 湖北之转庄

《益闻录》(上海徐家汇天主堂出版,一种铅印新闻周刊)第七十二号(清光绪六年九月二十日即一八八〇年十月二十三日出版)贫富互仇条:

"鄂之黄州府所属八州县,惟圻州(原文如此,按应作蕲州)所辖之崇居、大同、清山、永福、安平五乡地方最称瘠苦,贫民极多。五邑(原文如此,按应作乡)旧俗,贫民承种富人之田,除佃种初日所上庄礼外(按,庄礼已属额外剥削),五年再行转庄(此更是额外剥削),仍如承种时礼仪。自咸丰间粤匪驿骚,五邑(原文如此,应作乡)乡民练勇防御,贫民出力,富人出资,是以崇、大二邑(应作乡)业户(地主)愿将转庄豁免,以示体恤(按,此是农民起义,地主被迫让步)。至同治八年,贫民以承平日久,恐富人故智复萌,二乡百姓禀请州刺史黄公出示勒碑,永免转庄。而三邑(应作乡)业户仍置若罔闻,农民嗛之久而未发也。去年(按,为光绪五年,公元1879)十二月间,富户催庄甚急,有一舌耕(教师)清山乡间之梅升秀者,崇居人也,创议怂恿三乡农佃,置酒十二席,宴请业户,缕告以情,力请豁免。届期将碑文呈阅,婉曲陈词。群富见此情形,俱有意而无言,以俟首富陈仕武发声。武云:'居贫难,居富亦不易,且从缓商可也。'席毕各散。久之仍未能邀免。于是乡庄里堡,怨望纷腾,商定一律不准转庄。陈姓各大户于今正开印后,往州具控,至三月下旬梅升秀等亦往州具诉,州牧宗刺史当将梅升秀等数人责惩管押,乡民大哄,谓梅先生系崇邑人,为吾乡而遭窘难,吾侪敢坐视乎?延至七月中,收割将临,纳租期近,贫民呼哨而来者数百人,将三乡富户抄毁一空(农民起来斗争),并将陈仕武次子捉去,谓之曰:'汝急写信今(令)汝父将梅先生保出,始放汝还家。'州官闻变,急嘱本州局绅往该境排解。绅等先至乡民处,劝将其子放归,我等担承概免转庄,并将梅升秀保出。众遂将其子交众绅带去。讵武见子归,愈仇视乡民,势不两立,广招勇士,以备抵敌,并崇、大二乡富户亦募勇夫在家,以资守御。事闻上宪,拨营兵二百名来该地弹压。兵甫临州之朱留河,一兵偶用枪打民家鸡一只,适遇猎户亦发鸟枪打伤营兵左腿,猎户越山遁,众兵大怒,竟遍入乡村打鸡。百姓大哗,揭竿而起,约数千人(起义)。有张姓绰号铁牛者,颇精拳棒,与其徒数十人冲锋厮杀。官兵齐放洋枪,百姓俱惊窜,独此数十人死斗不少怯。刻下兵营河沿,民逃山寨,各不相下。八月初旬,宗刺史已撤任回省,新任宋公接篆后,即将梅升秀释放乡。尚未知作何办理也。容俟探明再报。"(第二册,252页)(不斗争不能胜利)

1961.2.5

45. 苏州地主收租办法及其内部矛盾

《益闻录》(一种星期新闻小报,上海徐家汇天主堂出版)第一百号(光绪七年辛巳四月十七日,公元1881年五月十四日)"苏绅公呈":

"苏省田业收租,向由各业主设柜收取折价,限满后,用帐船遣司事协同催甲经造下乡勒追(天案,"司事"为地主之帐房,"催甲"为地方上催租之衙役,"经造"为乡村中专管田务之公差),其有顽抗不交者,由业户禀送比追,历经照办无异。(地主一贯的收租办法)去冬(光绪六年,1880年)三首邑(天案,苏州府附郭有三县:长洲、吴县、元和,故曰"三首邑")会禀各宪,以业户(地主)收租,城户(城居地主)较乡户(乡居地主)为厉,拟自下届收租,概归经造,责成经理,以免案牍酷比之烦。(城乡地主不同)兹苏绅以权将旁落,恐业户将听经造作主,以后租事愈不可问,即由苏垣众绅公禀藩署。其稿系汪安斋太史大笔,⋯⋯复经顾子山观察酌易,⋯⋯刻已奉司中批准,仍照向章办理矣。今将苏绅公呈原稿附刊于后:

为剖陈绅业收租情形环求俯鉴事:窃绅等义祭膳田,远者买自前朝,余亦百余年、数十年者居多,收租完粮,历年已久。兹闻长、元、吴三县会详,创立新章,呈请出示晓谕,绅等细绎原详,有不解者四,有窒碍难行者六,果如其议必至业主颗粒无收,义田阻其善举,祭田绝其禋祀,膳田夺其养育,更有卫田、学田、义仓、义租均备地方公用,亦必尽饱奸佃之橐,不得不将苏地租务实情确指缕陈。(官绅矛盾)

伏查康熙四十八年,给事中高遐昌奏,遇蠲免钱粮将佃户田租亦酌捐免;奉旨必得平均,方为有益。寻户部议,业主蠲免十分之七,佃户十分之三,永远为例。(蠲免钱粮定例)同治三年恩减漕粮,城中绅业格外体恤,将业主应免十分之七尽数蠲入佃户,而乡业(乡居地主)将佃户应免十分之三概行吞没入己,联禀有案;上年虫灾,绅业呈明减租,重灾一斗,轻灾五升,乡业概不议减。是城中绅业体恤佃户远胜乡业,历有明证。(城乡地主矛盾)县详于城中绅业则指为仗势抑勒,佃户欠租出于不得已,乡业则反称为仁厚,与佃户交相好而无

相尤,此绅等不解者一也。(绅士地主仗势抑勒)

绅等田产,业佃相依为命,无不迁就通融,如果业佃成仇,岂得相安百余年数十年之久?县详毫无指实,捏称业佃成仇,此绅等不解者二也。(业佃成仇)

雍正五年河督田文镜奏,绅衿责打佃户,奉旨倘有顽佃抗欠租米,欺慢田主,何以并不议及?寻部议顽佃抗租,照不应重律论杖,仍追租给主,奉旨允行,直省一体遵行在案。是顽佃抗租,例应追比,乃县详忽称概不得滥行敲扑,此绅等不解者三也。(地主敲扑佃户)

县详又称,不得狃于积习,不问荒熟,笼统请追。(不问荒年熟年一律追比)荒田久无佃户,何从请追;熟田如已还租,何须请追;惟熟田内之抗佃方始请追。(有意解为荒田熟田)绅等有连年不追一佃者,有千百佃内偶追一二佃者,均有案牍可查,自来从无笼统请追之事,何所见而云然?此绅等不解者四也。

县详又称如有贫病孤寡水火盗贼不测之事,尤当于常例中格外减免:佃户无有不贫者,倘有前项情事业主自当优恤,若概行出示,一家有一孤寡,即可抗免一家之租,一图有一孤寡,彼此指射,即可抗免一图之租……其窒碍难行者一也。

县详又称,不得将佃户愿退之田强之使种。近年田多农少:有刁狡业主勾引别家良佃,唆令退田,诱其承种已田者;有顽疲佃户积年借贷工本。一经退田,不但租米全赖,并将所借工本一并赖去者;有闻别邑招佃垦荒即作自产,结党退田别往垦荒者;有以退田为名,逼胁业主于常例租额内逐年递减者;更有奸黠佃户借贷工本,承揽垦荒,言明三年内不交租米,至第四年交租,迨届三年即行退田,互退互揽,彼此辗转调换,业主守候多年,不但租米全无,反致枉费工本者。因此,群议须将所欠租米,所借工本,全行还清,方许退田。今欲惟佃户之命是从,其窒碍难行者二也。(田多农少。地主害怕退田。佃户用退田作斗争。)

县详又称,有责令佃户之亲戚子侄强之还租者。佃户承种之时,往往将其家长出名书揽,实则年轻子侄或其亲戚分领耕种。业主查明确是某人现耕,即向的户追租,此亦偶有之事,亦不得不然之事。今欲不准追及现佃,其窒碍难得者三也。(以上第三册111页后及112页前半页)(以下见第一百一号,光绪七年四月二十四日,公元1881年五月二十一日出版,"续录苏绅公呈")(地主强迫佃户子侄还租)

催甲虽司催租,佃户赴业亲交,催甲岂乱阻梗?至其承催各佃,多则数百户,少亦数十户,催追不力,无以对业主;催追出力,取怨于佃农。且一经佃控,即行尽法严惩,竟有有告即坐之势。必得全行告退,无人愿当此役。此催甲受制于佃户,其窒碍难行者四也。(催甲隶属官衙,此官业矛盾)

各图地总改称经造,专司田务,私向佃户按亩科敛,每亩收麦三升,收米三升,亦有收至四五升者,名为"小租"亦名"出乡"。(经造额外勒索小租)

又索取役费,每亩多至百数十文,擅作威福,乡间侧目。业户控佃,虽奉县牌,必得经造印条方能交案,业户因其庇佃不交,方请提究经造,倘肯依奉牌限,本与经造无涉。……业主非有怨于经造,不过为庇佃起见,经造非有德于佃户,不过为索贿起见。况经造多系无业贫民,安得许多赀产代佃赔租耶?更可骇者,县详谓倘有实在疲欠之佃,抛荒之田,仍许禀官,先饬经造查明因何欠租,因何抛荒,覆县核办。是租欠之应追不应追,业主不能自主其权,反全操诸经造之手。业主贿之,即称应追;佃户贿之,即称不应追。从此经造之权日益加重,其窒碍难行者五也。(地主与经造之矛盾。地主与县官之矛盾)

县详又称,业主追租辄以漕翩攸关,藉词挟制。不追则无以充裕国课,追则无以矜恤民生。伏查宪皇帝深仁厚泽,睿照如神,岂有不恤民生之处,而于顽佃抗租一事,始则明降谕旨,虑及顽佃欺主,后又仰蒙允准部臣之议,明定抗租罪名。林文忠公为一代名臣,苏省群沾德惠,乡氓尤深感激,而于经造催租一事饬司批府,现提比究。圣主贤臣,法良意美,县详忽欲更张成宪,改易旧章,其窒碍难行者六也。(本处上文林事在道光十一年)

总而言之,绅等仰体皇仁,永减租额。计每亩约以一石为率,佃户依限交租者十有四五,于统行永减外再行按限减让,并优给酒钱,以示奖劝。三限不交,始由帐船催收,佃户赴船交租者十又二三,交不足额亦或情让了结。(地主限期交租)除抛荒无着,以及顽佃锢抗,统扯上腴,仅及七成。中下之产,不过四五成,二三成而已。上年米价每石一千七八百文,以七成计算,每亩仅得一千二百余文,约除漕银六百数十文,栈费二百余文外,上产每亩仅赢三四百文,中下各产,有仅够完粮者,有不敷完粮者。若从县议,是开佃户抗欠之风,一二年后,颗粒无收矣。设遇寒儒,仅饱饘粥,田本无多,租更有限,仰事俯育,全在乎此,一旦扼吭夺食,其情何堪设想。绅等决不肯苛虐佃户,酿子孙后日之殃;亦不能赔垫漕粮。贻子孙异日之累。县详赞扬乡业,予以仁厚美名。现查永仓徐姓私增租额,早经各绅公禀于前;私造斗斛,现被各佃环诉于后;甚将佃户私设刑具,自行吊锁,世济其恶,余威震俗,以致二百余人赴官控告,此即县详所谓与佃户相好无尤之乡户也,仁厚乎,抑勒乎,不辨可知矣。(城乡地主同样苛虐)至县详所称开诚布公,尽心劝谕,化顽为善,格惰为勤,洵为探本穷源之论,惟各县追比钱粮,严刑敲扑,动以千计,缧绁盈廷,桁阳载道,既有开诚劝谕之良法,亦不见之施行。(各县严刑追比钱粮)顽不能化,惰不能格,是何故欤?县详又称欲清其流,必澄其源,更为千古不易之论。征漕其源也,收租其流也,欲清收租之流,必澄征漕之源。绅等反覆推求,见闻较确,除续具条陈外,为此沥忱环叩,伏乞……力排异议。……"(第三册,118 页前半至后半页)

"列衔诸绅:潘遵祁　顾文彬　潘曾玮　吴毓滋　汪堃　汪廷枬　彭慰高　程肇清　陆乃普　吴嘉椿　潘祖同　吴大根　王颂蔚　沈宝恒　陶福禄　范学炳。"

"光绪七年二月初五日投抚、藩、臬、府。"(第三册,118 页后)

1961.2.5

46. 清保甲之累

彭鹏《保甲示》:"(保甲)行之不善,则民累滋甚矣。如旧例朔望乡保赴县点卯守候,一累也。刑房按月两次取结索钱,二累也。四季委员下乡查点,供应胥役,三累也。领牌给牌纸张悉取诸民,四累也。遣役夜巡,遇柝锣不响,即以误更恐吓,馈钱乃免,五累也。又保甲长托情更换,倏张倏李,六累也。甚而无名杂派,差役问诸庄长,庄长问诸甲长,甲长问诸人户,籍为收头,七累也。"(5—6 页)

于成龙《慎选乡约谕》(见《切问斋文钞》卷二十一,10—12 页):"无如黄属风俗浇漓,教化陵夷。凡有司勾摄人犯,差役不问原被告居址,辄至乡约之家,管待酒饭,稍不如意诟詈立至,且于朔望点卯之日肆行凌虐。倘人犯未获,即带乡约回话,是差役之吓诈乡约,倍甚于原被二犯。更有苦者,人命盗贼,不离乡约,牵连拖累,夹责受害。甚之词讼小事,必指乡约为佐证,投到听审,与犯人何异?且一事未结,复兴一事,终朝候讯,迁延时日,无归家之期。离县近者,犹可早来暮去,三家店等处远在县治百里之外,即以点卯论,两日到县,一日点卯,再两日归家,是半月内在家不过十日。加以协拿人犯,清理区保,手忙足乱,无一宁晷。养三家店邱乡约,卖一婢女止应得乡约一年,民间那有许多婢女以供因公赔累乎?凡为乡约者所宜痛哭流涕也。"(11 页)

1960.11.22

47. 清代保甲任务

黄六鸿《保甲论》："今保甲之法,设为保长壮丁,分布城乡,联络村舍,平时修防讲备,临时协力救御。"(4 页)

彭鹏《保甲示》："保甲行,而弭盗贼,缉逃人,查赌博,诘奸宄,均力役,息武断,睦乡里,课农桑,寓旌别,无一善不备焉。"(5 页)

张伯行《通饬清厘保甲檄》："除查获逃盗,该保甲即时拘报外……"(7 页)

又："每户照颁式各给牌一面悬于门首……如有外出者于牌内填明,因何事故前往某处字样,回日注明于某日回家。倘敢抗玩容隐,不据实填注门牌内,立将该铺保甲一体治罪。"(7 页)

48. 保甲的沿革

宋王安石。

明王守仁。

清沈彤《保甲论》："比阅邸报,见内外大臣议保甲者多。"(3 页)

49. 清代保甲组织

沈彤《保甲论》："保长长十甲,甲长长百户,分百户而十人长之谓之牌头。牌头则庶民之朴直者为之,保长、甲长则必择士之贤者能者而为之。"(《切问斋文钞》卷二十二,2 页)

黄六鸿《保甲论》："今保甲之法,十家有长曰甲长,百家有长曰保正,一乡有长曰保长,以次相统属而行稽察之政焉。"(3 页)

又："即其近家之人而为之甲长,即其近村之人而为之保正,即其本里之人而为之保长,是甲长、保正诸人皆所熟识也。其甲保长等又必选择而任之……"(4 页)

张伯行《通饬清厘保甲檄》："于每铺之中,计户分为几甲,公举诚悫一人以为保长,于每甲十户之中,又公举诚悫一人以为甲长。"(6—7 页)

又："于门牌户名之下,俱详明衣食丰歉之数,以凭查夺。"(7 页)

于成龙《申明保甲谕》："委用堡长、垣主,分派户首、烟甲,……尔堡长、

垣长、户首、乡保、烟甲人等……"（10 页）

　　其组织又有不同,此湖北办法。

于成龙《弭盗条约》:"十家立为一甲,旁选殷实老成端正勤慎者公举为甲长,报官……"（14 页）

　　殷实人家必是地主。

又:"九家民人,互相保结。……九家合具互结一张,交付甲长,以便编入甲内。"（15 页）

又:"村庄居民一甲以至数十甲,若无统属则呼应不灵,应设一保长以统属各甲;或村庄只有一甲,将附近村庄甲长联成一处,公举一贤能保长,料理地方。"（16—17 页）

1960.12.22

50. 清代保甲的目的

目的（据清陆燿《切问斋文钞》卷二十二《保甲》）:

沈彤《保甲论》:"保甲之设,所以使天下之州县复分其治也。"（1 页）

黄六鸿《保甲论》:"夫保甲之设所以弭盗逃,而严奸宄,法至善也。"（3 页）

又:"所谓保甲者,有古寓兵于农之意焉。"（3 页）

又:"是一家一村一里之民各自为卫也。"（4 页）

张伯行《通饬清厘保甲檄》:"保甲之设,固以稽查奸宄,实以劝勉良善,诚久安长治之道也。"（6 页）

于成龙《申明保甲谕》:"照得编查保甲,团练乡勇之法,无事则稽察盗贼,以遏乱萌,有事则相机救援,防御堵剿,不动支粮饷而兵足,不调发官兵而贼除。兵农合为一家,战守不分两局。自古及今,消弭奸逆,安靖封疆,未有善于此者也。"（9 页）

于成龙《弭盗条约》:"今欲为尔等谋保安全之计,莫如力行保甲,古人守望相助,出入相扶,良法美意可则可效。"（14 页）

51. 明清乡社组织　　土著曰社

乾隆《临榆县志》（乾隆二十一年钟和梅修）卷二《里市》:"京东州县,民之土著曰社,迁发为屯。临榆军卫地,率多屯营。自国朝休养生息,百余年来无征发戍役之事,爰改为县,编社废屯,而比户联甲遂与他邑等。"(12页)

据本书卷一《沿革》"乾隆二年(1737)置临榆县"(4页)。原为山海卫。明同。

乾隆《玉田县志》(乾隆时谢客修。谢客于乾隆十九年[1754]任玉田县知县。书中记事至乾隆二十年[卷二,11页])卷一《乡社》:"按县旧编户一十八里,成化十八年(1482)并为十一里,正德七年(1512)又并为五社二屯,治仅七里,后添兴屯卫,共八里云。"(8页)

据此改里为社在正德七年。

1962.8.11

52. 清初的里社

清康熙贾弘文修《铁岭县志》卷下《户口志·里社》:"居民皆有版籍,南方以都以图,北以里社,皆乡贯也。然先王立法,则有深意。古者有国社,有乡社,亶父冢土亦其一矣。哀公问社于宰我,宰我对曰夏后氏以松,殷人以柏,周人以栗,……今之里社图籍焉耳,不复知其义矣。"(2页)

十六、政治制度

1.清代的政治制度

清代已入封建社会晚期,吸收了三千年的封建统治经验,在封建统治暴力机关的组成上,可以说集封建统治的大成。加之满洲是少数民族统治多数民族的汉族,它不能不更加对臣民的防制。

清代雍正、乾隆、嘉庆、道光、咸丰五个皇帝,相连约 140 年(1723—1861),都是年长以后即位,有极丰富的训练、经验。

因此,他们在政治上始终坚持了三点:

1. 皇帝至高无上

2. 绝对中央集权

3. 保证满族的优越地位

所以他们在入关以后,在宣布效法明朝以后,历代对官制、仕进、考试都有不少改变,主要是为了维持三个原则。

他们在策略上有意识地玩弄"恩威莫测"。雍正之与年羹尧、隆科多,乾隆之与张廷玉,嘉庆之与和珅,道光之与林则徐,咸丰之与曾国藩。甚至孝钦也学了几手,如其对杨士骧,对恭王,对立山。

他们在用人上主张人才,反对庸才,害怕霸才,提倡中才。

他们在施政上主张作事,反对误事,害怕多事,提倡无事。

他们在考试文字上主张淹洽,反对批缪,害怕恢奇、雄伟奇异,提倡平正。

关于清代政治制度和明代不同的,我们已谈。今天只从四方面谈:

一、学校

1. 国学——国子监

2. 地方学——府州县学　宗学　官学

3. 书院　读书　课文　听讲　讲论　膏火

二、考试

1. 乡试

2. 会试

3. 殿试

4. 特科

5. 八股文

三、官制

1. 京官 六部 九卿 翰詹 科道

2. 外官 封疆大吏 监司 道员 亲民官

3. 通例 京贵于外 文重于武 满易于汉

四、进士

1. 正途与异途

2. 内外官互用

3. 文武通用

4. 捐纳

5. 京察、大计

2. 清代封爵之特点

一、清代皇帝之子,不一定封王。

二、封王不一定世袭罔替。

三、世袭不一定选嫡长,且不一定由始封人之子孙承袭(如庄王)。

四、封爵无采邑,世居京师。

五、世爵统军、执政,无限制,但须帝命。

六、民爵袭次有定制,计算极易(晋爵改封最易计算)。

1947. 11. 18

3. 清初封爵

爵等

《清史稿·皇子世表序》:"清初封爵之制,未尝厘定,(1)武功、慧哲、宣献诸王,皆以功绩而获崇封。(2)崇德元年定九等爵。(3)顺治六年,复定为亲郡王至奉恩将军凡十二等,(4)<u>有功封,有恩封,有考封</u>。……原夫锡爵之本意,<u>酬庸为上,展亲次之</u>,故有皇子而仅封贝勒、贝子、公者,揆诸前祀,至谨极严。……自余宗潢繁衍,非国有大庆不得恩封;非娴习骑射,不得考封……"

（1）武功郡王，礼敦巴图鲁，景祖子，崇德元年追封。

慧哲郡王，额尔衮，景祖第二子，顺治十年追封。

宣献郡王，斋堪，景祖第三子，顺治十年追封。

（2）《东华录》、《清史稿》均失载，据诸书所见则有一和硕亲王，二多罗郡王，三多罗贝勒（以上见《东华录》崇德元年），贝子……

（3）据《大清会典》一：一和硕（hošo，汉语角也。角隅之角，谓国之一角，1/4也）亲王，二世子，三多罗郡王，四长子，五多罗（doro，汉语嗣统之统。又译汉语执政之政，见《实录》译本234页。满文 dolo 译汉语为心，与 doro 不同）贝勒（beile），六固山（gūsa，汉语八旗之旗）贝子（beise，汉语贝勒等，即清初所谓众贝勒），七镇国公，八辅国公，九不入八分镇国公，十不入八分辅国公，十一镇国将军（又有三等），十二辅国将军（又有三等），十三奉国将军（又有三等），十四奉恩将军：凡十四等。此云十二等盖未计世子、长子二阶，亲王嫡子曰世子，仍袭亲王；郡王嫡子曰长子，仍封郡王。实亦阶等也。又镇国等将军各有一、二、三三等，通计之当为二十等也。

（4）据《大清会典》一："亲王以下至将军之子，除父故袭封外，其余应授封者（皆据《钦定封爵表》所规定而封，同见《会典》一）俟年及二十由府（宗人府）汇题试以翻译、马步射。皆优者授应封之爵（有优，有平，有劣，各降等有差，详见《会典》一）。"

1943.2.24

封年

《会典》一："皇子生十五岁由（宗人）府奏请封爵，如奏旨暂停，每至五年再奏请。"

又："凡袭封（谓父死子袭）之子弟均不限年。"

又："适子年及二十未袭封者（谓父未死）先与余子同授封爵。"

又："亲王以下至将军之子……应授封者竢年及二十由（宗人）府汇题试以翻译、马步射。"

皇女

又："皇女由中宫出者封固伦（gurun，国也）公主，由妃嫔出者封和硕公主。"

袭次

《清通志》七十一《职官略八·勋官》："国初定世爵，自公至拖沙喇哈番共八等,凡授爵自拖沙喇哈番始,如拖沙喇哈番加一拖沙喇哈番则合为一拜他喇布勒哈番,再加则为拜他喇布勒哈番兼一拖沙喇哈番,再加为三等阿达哈哈番,递加至一等阿达哈哈番,如再加一拖沙喇哈则为一等阿达哈哈番兼一拖沙喇哈番,再加则为三等阿思哈尼哈番,积拖沙喇哈番二十有六则为一等公。"(7169 页)

又:"乾隆元年,总理王大臣奏定精奇尼哈番以下世爵,清文并改用汉文;精奇尼哈番为一二三等子,阿思哈尼哈番为一二三等男,阿达哈哈番为一二三等轻车都尉,拜他喇布勒哈番为骑都尉,拖沙喇哈番为云骑尉,其清文从旧。"(7170 页)

乾隆《东华录》四,乾隆元年七月:"戊申,定五等世职汉文,以精奇尼哈番为子,阿思哈尼哈番为男,阿达哈哈番为轻车都尉,仍各分等。拜他喇布勒哈番为骑都尉,拖沙喇哈番为云骑尉。"

《大清会典》七《吏部·世爵》:"凡世爵之等有九,曰公,曰侯,曰伯,曰子,曰男,曰轻车都尉,曰骑都尉,曰云骑尉,曰恩骑尉,自公至轻车都尉又各有三等。"

又:"凡授爵自云骑尉始……。"

又功臣封爵表凡二十六级。

兹参订各书列表于下:

云骑尉　拖沙喇哈番　得袭一次

骑都尉　拜他喇布勒哈番　等于二拖沙喇哈番　得袭二次

骑都尉兼一云骑尉　拜他喇布勒哈番兼一拖沙喇哈番　等于三拖沙喇哈番　得袭三次

三等轻车都尉　三等阿达哈哈番　等于四拖沙喇哈番　得袭四次

二等轻车都尉　二等阿达哈哈番　等于五拖沙喇哈番　得袭五次

一等轻车都尉　一等阿达哈哈番　等于六拖沙喇哈番　得袭六次

一等轻车都尉兼一云骑尉　一等阿达哈哈番兼一拖沙喇哈番　等于七拖沙喇哈番　得袭七次

三等男　三等阿思哈尼哈番　等于八拖沙喇哈番　得袭八次

二等男　二等阿思哈尼哈番　等于九拖沙喇哈番　得袭九次

一等男　一等阿思哈尼哈番　等于十拖沙喇哈番　得袭十次

一等男兼一云骑尉　一等阿思哈尼哈番兼一拖沙喇哈番　等于十一拖沙喇哈番　得袭十一次

　　三等子　三等精奇尼哈番　等于十二拖沙喇哈番　得袭十二次

　　二等子　二等精奇尼哈番　等于十三拖沙喇哈番　得袭十三次

　　一等子　一等精奇尼哈番　等于十四拖沙喇哈番　得袭十四次

　　一等子兼一云骑尉　一等精奇尼哈番兼一拖沙喇哈番　等于十五拖沙喇哈番　得袭十五次

　　三等伯　等于十六拖沙喇哈番　得袭十六次

　　二等伯　等于十七拖沙喇哈番　得袭十七次

　　一等伯　等于十八拖沙喇哈番　得袭十八次

　　一等伯兼一云骑尉　等于十九拖沙喇哈番　得袭十九次

　　三等侯　等于二十拖沙喇哈番　得袭二十次

　　二等侯　等于二十一拖沙喇哈番　得袭二十一次

　　一等侯　等于二十二拖沙喇哈番　得袭二十二次

　　一等侯兼一云骑尉　等于二十三拖沙喇哈番　得袭二十三次

　　三等公　等于二十四拖沙喇哈番　得袭二十四次

　　二等公　等于二十五拖沙喇哈番　得袭二十五次

　　一等公　等于二十六拖沙喇哈番　得袭二十六次

　　《清通志》七十一:"封爵在顺治七年、九年恩诏以前者,世袭罔替。或论功在诏后,立功在诏前者,亦世袭罔替。其给予敕书注明世次者仍按次承袭,自后凡有……膺授功爵者除奉特旨世袭罔替外,其余自拖沙喇哈番袭一次,递加至一等公袭二十六次。"(《会典》文字略有不同。袭次如上表。)

1943.8.7

　　赵新月　王宗哲　刘中丽　雷罗青　陆超祺　李毅　宋挺生　高辑　施德真　谢蕴慧　毛紫菱　张克俭　张汉清　董丽华　深来福　汤继述　陈瑞麟　许世华　郭贤溥　莆松　贺光楚　李珩　王肖瑄　张竞敏　万瑞兰　张丕安　李观珍　宋志波　耿仁詹　邓致达　谢承仁　王永瑞　岳麟章　刘华麒①

---

① 编者注:此单34人,似系登记签名单,放置于清初封爵卡片之后,检北京大学史学系毕业生名单,知单中人名如许世华、汤继述、李珩为1945年入学学生,谢承仁、刘华麒、陆超祺、岳麟章、李毅、王永瑞、高辑、邓致达、宋挺生为1946年入学学生,推测名单可能是选课单,时在1947年前后,名中其他人,可能是北大史学系之外的选课学生。

4. 清初统兵王公之世系

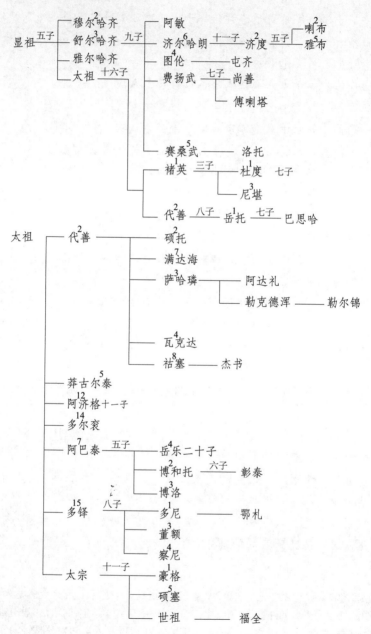

1943.2.24

5.清代世袭罔替之王爵

《清史稿·皇子世表序》:"顺治六年复定为亲王、郡王至奉恩将军凡十二等。……惟睿、礼、郑、豫、肃、庄、克勤、顺承八王,以佐命殊勋,世袭罔替。其他亲、郡王,则世降一等,……雍正后,惟怡贤亲王以公忠体国,恭忠亲王以赞襄大政,醇贤亲王以德宗本生考,皆世袭罔替。至末年,而庆亲王奕劻乃亦膺兹懋赏矣。"

正白	睿亲王,多尔衮始封,无嗣,由多铎子多尔博之子孙承袭至国亡。
正红	礼亲王,代善始封,世袭至国亡。
镶蓝	郑亲王,济尔哈朗始封,世袭至国亡。
镶白	豫亲王,多铎始封,世袭至国亡。
正黄(?)	肃亲王,豪格始封,世袭至国亡。
镶黄(?)	庄亲王,硕塞始封,太宗第五子,初封承泽亲王,至其子始改号庄,雍正时以圣祖十六子胤禄为后,世袭至国亡。
镶红	克勤郡王,岳托始封,代善第一子,世袭至国亡。
正蓝(?)	顺承郡王,勒克德浑始封,萨哈璘第二子,代善孙,世袭至国亡。

以上八人俗所谓铁帽子王也。

怡亲王	胤祥始封,圣祖第十三子,世袭至国亡。
恭亲王	奕䜣始封,宣宗第六子,世袭至国亡。
醇亲王	奕譞始封,宣宗第七子,世袭至国亡。
庆亲王	永璘始封,高宗第十七子,其孙奕劻以光绪十年晋郡王,二十年晋亲王,后给世袭罔替,未袭而国亡。

1943.2.24

6.宗室王公章京世袭爵秩册①

……(多尔衮子孙);第十五房正蓝旗(多铎子孙)。太宗第一房镶白旗(豪格子孙);太宗第四房正黄旗(叶布舒子孙);太宗第五房镶红旗(硕塞子

---

① 编者注:此为该题目卡片之三,缺一、二。

孙);第六房正黄旗(高塞子孙);第七房镶黄旗(常舒子孙);第十房正白入镶黄旗(韬塞子孙)。此所谓某某旗,或为入关后所分,非天命时情形也。又卷一阿敏名下注曰"天命元年正月以功封和硕贝勒",卷二于代善名下注曰"天命元年封和硕贝勒";岂天命元年时已有四大贝勒乎?余尝疑太祖初仅四旗,由四大贝勒主之,其后始扩而为八。岂亦始于其时乎?待考。三十八年四月三日晚九时。及时学人。

7. 军机处

军机处为清代与明代不同的政治制度之一。为雍正重大改革之一。

军机大臣虽参预机要,大学士兼军机大臣虽有真宰相之称,领班军机大臣(首席、第一军机大臣)虽有首枢、首揆(宰相揆度百事)之称,但还是皇帝的辅佐(幕僚长、秘书长)不是执政。与清初的辅政大臣(如鳌拜),古代的宰相、丞相(如曹操、王安石),资本主义国家的政府首相(如英国)不同。他们不能任用或罢免自己所好恶的人员,不能自己发号施令,不能有自己的政治主张,必须皇帝允许,由皇帝宣布。

这是由清初制度参酌明代设置大学士精神,发展而来的。

分部分说明:

一、清军机处设立前的中央政治中心

1. 清初的诸王贝勒预政管部

2. 顺治初的摄政王　多尔衮(元年至七年,1644—1650)、济尔哈朗

3. 康熙初的辅政大臣　鳌拜(顺治十八年至康熙八年,1661—1669)

4. 议政王大臣　顺治—雍正

5. 撰拟的侍从——南书房　康熙—雍正

二、军机处的设置

1. 设立原因

2. 设立年代　雍正七年(1729)　八年(1730)　十年(1732)

3. 名称

4. 规划　银印　廷寄

三、军机大臣

1. 员额　兼用满汉,无定额。　军机大臣上行走　军机大臣上学习行走(官小或初任)

2. 选用　一般选用　嘉庆四年(1799)用成亲王,随出　咸丰三年(1853)用恭亲王　嘉庆四年吴熊光以三品衔入　嘉庆十六年(1811)以四品衔入卢荫溥　咸丰元年穆荫由内阁侍读改五品京堂候补在军机大臣上学习行走

3. 次第　领班　凡学习在班末　行走次序俟受时请旨

4. 满汉的限制　清文由满员看　满员看汉折须请旨(道光以后一体阅看)

5. 军机大臣领班　统计

6. 军机大臣制度的变革　亲王领班自咸丰四年(实自咸丰三年十月起)至宣统三年(1854—1911,凡五十八年中,八年由文庆、彭蕴章、荣禄领班)

道咸以后督抚权重不愿入军机　清末军机处的因循暮气,要求改革。

左宗棠两次入军机,光绪七年(1881)正月至八月;十年(1884)五月至七月　阎敬铭,光绪十年至十二年(1884—1886)　岑春煊调京未入直光绪三十三年(1907)

7. 咸丰末的赞襄政务大臣　1861七月怡亲王载垣、端华、景寿、肃顺、穆荫、匡源、杜翰、焦佑瀛八人

8. 派别的斗争　鄂尔泰与张廷玉——满汉　翁同龢与孙毓汶——南北

四、军机章京

8. 清初的亲贵政治

天命时四大贝勒:代善　阿敏　莽古尔泰　皇太极

天聪时四大贝勒:

十贝勒(十王):代善　阿敏　莽古尔泰　皇太极　阿巴泰　德格类　济尔哈朗　阿济格　多尔衮　多铎

天命末(十一年,1626)誓告天地十四贝勒:代善　阿敏　莽古尔泰　阿巴泰　德格类　济尔哈朗　阿济格　多尔衮　多铎　杜度　岳托　硕托　萨哈廉　豪格

崇德时(元年,1636)封亲王六:代善　济尔哈朗　多尔衮　多铎　豪格
岳托

郡王一:阿济格

多罗贝勒二:杜度　阿巴泰

追亲王一:萨哈廉

天聪十年(1636)八和硕贝勒:济尔哈朗　多尔衮　多铎　岳托　豪格
阿巴泰　阿济格　杜度

案,其时阿敏废,莽古尔泰、德格类死。惟硕托未封。

入关世袭罔替八王:礼　睿　豫　郑　肃　庄(硕塞,太宗子)　克勤郡
王(岳托)　顺永郡王(萨哈廉子)

天聪五年(1631)七月初设六部,以贝勒管部事:

吏　多尔衮;户　德格类;

礼　萨哈廉;兵　岳托;

刑　济尔哈朗;工　阿巴泰。

崇德八年(1643)太宗死后,多尔衮罢诸王贝勒管部事。(本纪二)

天命末(1626)从五大臣议政:德格类　济尔哈朗　杜度　岳托　硕托
(五人。见《阿巴泰传》)

天命元年(1616)五大臣:

额亦都(天命六年[1621]死)

费英东(天命五年[1620]死)

何和里(天命九年[1624]死)

扈尔汉(天命八年[1623]死)

安费扬古(天命七年[1622]死)

五人死后,不见更命,是五大臣仅此五人。德格类于天命六年已从征
伐,岳托于八年,济尔哈朗、杜度、硕托于天聪元年(1627)从征战,则年龄亦
足以从大臣议政矣。

1955.5.20

9. 顺治时议政大臣

《清史稿·世祖本纪二》

顺治八年(1651):伊图　巩阿岱　鳌拜　詹杜尔玛

　　九年(1652):遏必隆　额尔克戴青　赵布泰　赖塔　库索洪

　　　　　　朱孔格　阿济赖　伊拜　希福　范文程　额色

　　　　　　黑　车克　郎球　明安达礼　济席　哈星讷

　　十年(1653):费扬古　博博尔代　罗毕

　　十一年(1654):胡图

此后不见。

1955.5.21

10. 康熙八年之议政大臣

《熙朝定案》有和硕康亲王杰淑等题本一件:"为历法必欲合天,成宪无庸更变,谨遵旨题明,以定一代历典事……康熙八年八月十九日题,本月二十三日奉旨:这紫气应否仍造入历内,着议政王贝勒大臣会同确议具奏……于八月二十四日到部,该臣等会议得……则紫气不必造写七政历内可也。臣等未取擅便,谨题请旨。康熙八年八月二十七日。"其下列衔二十六人,如下:

和硕康亲王臣杰淑

多罗惠郡王臣波利那

多罗平郡王臣罗阔多

多罗顺承郡王臣勒尔谨

多罗贝勒臣察尼

多罗贝勒臣董额

固山贝子臣尚书

议政大臣内大臣辅国公臣常书

议政大臣内大臣臣觉罗他达

议政大臣都统臣觉罗朱满

议政大臣内大臣加一级臣噶布喇

议政大臣太子少保内大臣臣公颇尔彭

议政大臣都统加一级臣遏那

议政大臣都统臣赖塔

议政大臣都统加一级臣觉罗巴尔布

议政大臣都统臣喝尔哈

议政大臣都统加一级臣戈尔亲

议政大臣都统臣科岳尔免

议政大臣都统伯加一级臣舜保

议政大臣都统加一级臣夸代

议政大臣都统鳌忒浑

议政大臣吏部尚书加一级臣马希纳

议政大臣户部尚书臣米斯翰

议政大臣礼部尚书臣布颜

议政大臣兵部尚书臣科尔可大

议政大臣太子太保内国史院大学士管刑部尚书事加一级臣对哈纳(抄本,44—46页)

据此议政皆满人,内有都统十,六部不全,大学士仅一人。似与清初八旗贝勒主政之制近。

1940.9.5

11. 康熙时辅政大臣

顺治十八年(1661)正月丁巳世祖死,遗诏以索尼、苏克萨哈、遏必隆、鳌拜四大臣辅政。

康熙六年(1667)七月己酉,圣祖亲政。辅臣鳌拜杀苏克萨哈。

八年(1669)五月戊申,逮鳌拜。

12. 顺治时之议政王

顺治七年(1650)十二月戊子多尔衮(皇父摄政王)死。

八年(1651)三月癸未命诸王贝勒贝子分管六部理藩院都察院事。

十月己酉以和硕承泽亲王硕塞、多罗谦郡王瓦克达为议政王。(4页)

九年(1652)二月庚申加封郑亲王济尔哈朗为叔和硕郑亲王。(5页)

十月戊午命(和硕郑亲王世子)济度……多尼……岳乐……勒都……尚善、杜尔祜、杜兰议政。(均郡王贝勒)

此后不再见。

1955.5.21

13. 议政大臣

《皇朝文献通考》七十七《职官考一》:"(崇德)二年(1637)命固山贝子尼堪等与议政事,每旗设三员,以巩阿岱等为议政大臣。复集和硕亲王、多罗郡王、多罗贝勒、固山贝子、固山额真、都察院承政及新设议政大臣谕之,曰:议政大臣或出兵,或在家,向时甚少,若遇各处差遣则朕左右及王贝勒之前竟无议事之人矣。议政虽乏人,然不令妄与会议者以卑微之人参议国家大事,彼必逢迎其主,且以贤能自居,谄谀之词,既误其主,复误国政,今特选择以尔等为贤置于议事之列,正欲令各念其主为国效力耳。"

崇德《东华录》(王氏)二,崇德二年(1637,崇祯十年)四月:"丁酉。命贝子尼堪、罗托、博洛等与议国政。每旗复设议政大臣三员,以巩阿岱、图赖(22)、锡翰(原注"巩阿岱之弟")、谭布(14)、巴哈(23)、阿喇善阿尔海达哈塔、劳萨(13)、布赛谆退巴布赖韩岱阿尔津拜、吴拜(17)、雅赖(14)、扬善(14)、俄罗塞臣(14)、哈宁噶、英俄尔岱(15)、郎球、额驸多尔济(16)、萨木什喀(14)、超哈尔(20)、席翰(原注"牛录章京巴希之子")、沙尔虎达(30)(以上数字为《清史稿》列传卷数)、德尔德黑等充之。上集王贝勒大臣及新设议政大臣谕曰:'向来议政大臣或出征或在家,有事,咨商人甚少,若遇各处差遣,则朕之左右及王贝勒之前竟无议事之人矣。虽云乏人,然朕不欲轻令干预者,以卑微之人参议国家大事,彼必随事唯诺,取悦其主,贻误非小。今特加选。以尔等为贤,置于议事之列,尔等殚心为国,匡辅其主,当以民生休戚为念,务使困穷之人有怀得以上达,新附之人抚养毋致失所,朕时切轸念者惟有此耳。尔等凡有欲言,不可越职遽奏,如某事应施行,某事应入告,当先与管旗大臣公议然后奏闻。彼无知之辈,往往以进言者谓之谗人,不知善则曰善,恶则曰恶,何所忌讳而不言?若植党营私,倾害善人指以为恶乃所谓谗,否则明知其人之恶而不以告,是欺其主也。圣经曰欲齐其家,先修其身,身修家齐而后国治。尔等若谨好恶之施,审接物之道,御下以义,交友以信,如此则身修矣。孝其亲,敬其长,恩惠及其子孙亲戚,如此则家齐矣。身修家齐,而国有不治者乎?太公曰,闲居静处而诽时俗非吾民也。朕观蒙古察哈尔林丹汗不道,至于亡国,未闻其臣有直言其主所行不道者,嗣后朕或有失德,尔等即当面诤,试思以谏诤之故而斥责者为谁?降革者为谁?亦何惮而不为?倘谏而不听则非尔等之咎也。若既不能谏,而徒追咎其主上之失,议其国事之非,岂人臣靖共之谊乎？或更有将各旗妄分彼此,知本旗有悖乱之人隐匿不言,及他人言之反加庇护,若此者尤朕心所深恶也。八旗皆朝廷之人,但慑服奸宄,抚恤困穷,使各安统辖,又何彼此之可分耶？嗣后有将新分给之虎尔哈瓦尔喀人,使之逃亡冻饿,致牛录缺额者即将不能养育之王贝勒下食口粮人户补足其数,王贝勒等聚财积谷,牧养牲畜,岂止为一身图富足,皆为子孙计耳。不知子孙果贤,纵无所遗彼宁不能自立？子孙若不肖,虽有所遗岂能常守？徒长骄矜,且为他人积聚耳。夫积谷所以备荒,而养穷民也,财帛牲畜所以为国而赏有功之人也,不可太奢亦不可太吝。朕所以令尔等抚养穷民及新附之人者,盖古人所云赏一人则劝者众,罚一人则惧者众。国家蒙天眷佑,诸国俱已削平,独明国尚在,赏罚顾可不明乎？'"

1949.5.19、21、22

14.议政大臣的设立与废止

昭梿《啸亭杂录》(宣统元年中国图书公司铅印本)卷四"议政大臣"条:"国初定制,设议政王大臣数员,皆以满臣充之,凡军国重务,不由阁臣票发者,皆交议政大臣会议。每朝期,坐中左门外会议,如坐朝仪。雍正设立军机处,议政之权遂微,然犹存其名,以为满大臣兼衔。乾隆壬子(五十七年,1792),纯皇帝特旨裁之。"(9页)

天挺案,《枢垣记略》卷一,裁议政王大臣在乾隆五十六年(1791,辛亥)十月二十四日。此言在壬子,误。别录于后。

《枢垣记略》卷三,咸丰十一年十月初一日复以奕䜣为议政王,在军机处行走(7页)。时在祺祥政变之后,慈安、慈禧已决定听政,此议政王并与军机大臣无异。同治四年(1865)三月"两太后谕责王,信任亲戚,内廷召对,时有不检,罢议政王及一切职任,寻……入谢,痛哭引疚,两太后复谕王……仍在军机大臣上行走"(《史稿》列传八《恭亲王奕䜣传》),则并议政王之名亦裁,仅余亲王领军机大臣。光绪三十四年(1908)宣统立,以载沣为监国摄政王,其权位在议政王上。

《枢垣记略》增补本卷一《训谕》:"(乾隆)五十六年十月二十四日谕:国初以来,设立议政王大臣,彼时因有议政处,是以特派王大臣承充办理。自雍正年间设立军机处之后,皆系军机大臣每日召对承旨遵办。而满洲大学士、尚书向例俱兼虚衔,并无应办之事,殊属有名无实。朕向来办事,只崇实

政,所有议政空衔,着不必兼充,嗣后该部亦毋庸奏请。"(8 页下)

15. 南书房

昭梿《啸亭续录》卷一"南书房"条:"本朝自仁庙建立南书房于乾清门右阶下,拣择词臣才品兼优者充之。康熙中谕旨皆其拟进,故高江村之权势,赫奕一时。……"(宣统铅印本,24 页)

16. 雍正之政

满清入关八十年,世宗即位,政治上有些改动。他认识到(1)要巩固自己的政权和国祚,必须加强对人民的统治,人民要求并不高,极易满足。(2)要加强对人民的统治,必须打倒和消灭中间渔利寄生的贵族、官僚、士绅等中间阶层。(3)要消灭中间寄生渔利阶层,必须加强自己的也就是皇帝的直接统治权。(4)要强化自己的直接统治,必须加强自己的耳目。(5)要加强自己的耳目,必须加强自己直接领导的特务。雍正时的特务和明末又不同,明末还有公开的机构,雍正时则直接个人了——单线的领导。

这个道理是封建帝王时代极平常的、极简单的,为什么在这时候才加强的去作?(1)因为世宗本人得到皇位就是靠自己的特别组织——隆科多、年羹尧等人力量得到的,并非依照法令。(2)世宗在即位前一切活动是依靠中间寄生阶层——自己门下成一个党,分派到各地方作官,弄钱,结纳豪杰,打听消息,破坏敌党,全不是法令所许的。(3)其他王子活动也是如此。雍正知道中间寄生阶层势力之大,影响之深,与人民关系之密,所以要消灭他而一切由皇帝直接领导。于是他的对象集中在:有统属八旗势力的旗主,在政治上形成党派的封建官僚集团,在地方上把持封建势力的统治绅士。

1951. 8. 3

17. 军机处设立原因

昭梿《啸亭杂录》卷七"军机大臣"条:"国初设内三院外,其军国政事皆付议政诸王大臣,然半皆贵胄世爵,不谙世务。宪皇习知其弊,故设立军机大臣,择阁臣及六部卿贰熟谙政体者兼摄其事。并拣部曹内阁侍读中书舍人等为僚属,名曰军机章京,其升擢仍视本秩。然后机务慎密,议政之弊始革。其行走班次,皆视其班秩,故张文和在内廷居傅文忠公上,近日董太傅诰亦居托相国津上,无论满汉也。……其下役皆选内府之童子,惟司洒扫。……呼为小么儿……"(宣统中国图书公司铅印本,27 页下)

18. 嘉庆时不改军机处名称

增补《枢垣记略》卷一《训谕》:"(嘉庆)十五年①五月十九日谕,御史何元烺奏请酌改军机处名目一折,据称军机处承办一切事务,与兵部之专司戎政者不同,现在军务久经告藏,似应更改名目,以纪偃武之隆等语。军机处名目,自雍正年间创设以来,沿用已久,一切承旨书谕,及办理各件,皆关系机要,此与前代所称平章军国重事相仿,并非专指运筹决胜而言。目今三省邪匪久已肃清,大功告藏,薄海内外,共庆昇平。又何必改易军机二字,始为偃武?……何元烺率请改易旧章,而不顾其言之纰缪,所奏断不可行。原折着掷还。"(14 页)

19. 军机大臣

《清史稿·职官志一》:"军机处　军机大臣(无定员,由大学士尚书侍郎内特旨召入,区其名曰大臣,曰大臣上行走,其初入者加学习二字)掌军国大政,以赞机务,常日侍直,应对献替,巡幸亦如之。(明降谕旨述交内阁,谕本处行者封寄所司,并册藏存记人员随时题奏。)其属曰章京,满洲十有六人,汉二十人。分掌清文汉字。初设议政处,令巩阿岱等议政大臣,参画军要。雍正十年(1732)用兵西北,虑僝直者泄机密,始设军机房,后改军机处,而满洲大学士尚有兼议政衔者。(乾隆五十六年[1791]停。)高宗莅政,更名总理处,寻复如初。时入直者皆重臣,故事亲王不假事权,至嘉庆四年始命成亲王入直,旋出之。"

《清史稿·职官志一》:"内阁　……先是世祖亲政,日至票本房,大学士

---

① 编者注:"十五年",中华书局标点本增补《枢垣记略》作"十年"。

司票拟,意任隆密。康熙时,改内阁,分其职,设翰林院。雍正时,青海告警,复分其职设军机处,议者谓内三院无异。顾南书房翰林,虽典内廷书诏,而军国机要综归内阁犹为重寄。至本章归内阁,大政由枢臣承旨,权任渐轻矣。"

《清史稿·军机大臣年表序》:"军机处名不师古,而丝纶出纳,职居密勿,初只秉庙谟商戎略而已,厥后军国大计罔不总揽,自雍乾后百八十年,威命所寄,不于内阁而于军机处,盖隐然执政之府矣。"

又《表》注:"雍正七年(1729)己酉,六月始设军机房。"(《本纪》失载)

《清史稿·军机大臣年表上》注:"(雍正)十年(1732)壬子三月改军机房称办理军机处。"(《本纪》失载)

又:"(雍正)十三年(1735)乙卯十月(甲午)罢办理军机处,由总理事务处兼理。"

又:"(乾隆)二年(1737)丁巳十一月(辛巳)复办理军机处。"(《本纪》在庚辰)

又《大学士年表序》:"清大学士沿明旧名,例称政府,实则国初有议政处以掣其柄,雍正以后承旨寄信有军机处,内阁宰辅名存而已。"

《清史稿》传七十八《海望传》:"(雍正)十三年(1735)……寻命办理军机事务。世宗疾大渐,召同受顾命。是时办理军机事务,鄂尔泰、张廷玉、讷亲、班第、索柱、丰盛额、莽鹄立、纳延泰及海望凡九人。高宗即位命尚书徐本入直,旋设总理事务处,……乾隆二年(1737)……寻罢总理事务处,复设办理军机处。"

《清史稿》传八十九,徐本、汪由敦等传《论》:"明内阁主旨拟,承旨撰敕,其在唐宋,特知制诰之职,以王命所出入,密勿献替,遂号为宰相。军机处制与相类,世谓大学士非兼军机处不得为真宰相。胜此任者,非以其慎密则以其通敏,慎密则不泄,通敏则不滞,不滞不泄,枢机之责尽矣。"

　　真宰相之说,忆见于某墓志。清代中叶后若曾国藩、李鸿章均未尝入军机,以疆吏权重也。

《史稿》传七十五《张廷玉传》:"(雍正)八年(1730),上以西北用兵,命设军机房隆宗门内,以怡亲王允祥、廷玉及大学士蒋廷锡领其事,嗣改称办理军机处。(张)廷玉定规制:诸臣陈奏常事用疏,自通政司上,下内阁拟旨;要事用折,自奏事处上,下军机处拟旨,亲御朱笔批发。自是内阁权移于军机处,大学士必充军机大臣始得预政事,日必召入对,承旨平章政事,参与机密。"

　　天挺案，军机房之设，《年表》谓始于雍正七年，《张廷玉传》谓始于八年，《职官志》谓始于十年。考怡亲王逝世在雍正八年五月，又《本纪》八年十月甲寅有"以马尔赛、张廷玉、蒋廷锡久参机务，各予伯爵世袭"之语，则军机房之设不应在八年以后。又命将讨准噶尔噶尔丹策零在雍正七年三月。

　　《清史稿》列传八十四《马尔赛传》："（雍正）八年命与大学士张廷玉、蒋廷锡详议军行事宜，寻以翊赞机务加一等阿达哈哈番。"

　　《清史稿》列传七十七《杨名时传》："（雍正）三年擢兵部尚书，改授云贵总督，仍管巡抚事。时上令诸督抚常事疏题，要事折奏，……四年……名时具题本，误将密谕载入，上严责，命解任。"

　　据此是折本亦为机密文件，题本为普通文件，军机司要件及密件。

1947. 12. 25

　　三十六年十二月录此，竟忘之，近日复捡《史稿》又重录一过，前后意相若而详略不同，宜参看。

1949. 5. 25

20. 军机处与奏折廷寄

　　《清先正事略》二十一《吴槐江宫保（熊光）事略》："国初沿故明制，票拟承宣皆由内阁，至宪庙许内外职掌官具折奏事，凡事有出入者皆奏定，然后循例具题。设军机处于门下，选三品以上鸿达亲信者为军机大臣，小四品京堂以下至阁部属之能者为章京。每日寅刻奏事处纳折匣，上炳烛批览毕，即发军机处录入档，乃面谕大臣寄信各原奏官可否之，名曰廷寄。班次非朝贺皆绝席，会议大政皆主议，实当古录尚书事同平章事之职。其大学士在内阁者，则承明发票题本受成事而已。"

1955. 5. 28

21. 廷寄

　　昭梿《啸亭续录》卷一"廷寄"条："列圣天纵聪明，凡诏谕外吏，剀切机宜，辄中窾要。恐传钞后有所泄漏，反使干臣难以施为，故一时机密事件皆命军机大臣封缄严密,由驿传递,名曰廷寄。向例(原印作列)封面标军机首揆名姓,自阿文成公没后,纯皇帝嫌涉专擅,命改为军机大臣等寄云。每月兵部将所寄封数,及寄外任何人名目,汇奏一次,盖亦杜大臣有所私请托,……"(宣统铅印本,25页)

22. 军机处文件日行三百里　紧急公文日行六百里

《枢垣记略》(增补本)卷一:"(乾隆)十五年五月十四日谕:向来军机处交出公文,签发马上飞递者,定限日行三百里。遇有最紧要事件,始以日行六百里字样加签。……嗣后,非遇紧急最要事件,亦不得以日行六百里签发。"(4页)

23. 军机处职制皆张廷玉所定

《清史稿》列传七十五,鄂尔泰、张廷玉传《论》:"军机处初设,职皆廷玉所定,鄂尔泰稍后,委寄与相埒,……"(8页)

又《张廷玉传》:"雍正元年(1723)复命直南书房。……署大学士,四年授文渊阁大学士,……八年(1730)上以西北用兵,命设军机房隆宗门内,以怡亲王允祥、廷玉及大学士蒋廷锡领其事,嗣改称办理军机处。廷玉定规制:诸臣陈奏常事用疏,自通政司上,下内阁拟旨;要事用折,自奏事处上,下军机处拟旨,亲御朱笔批发。自是内阁权移于军机处,大学士必充军机大臣,始得预政事,日必召入对,承旨平章政事,参与机密。"(6页下)

24. 军机处要求慎密

增补本《枢垣记略》卷一"训谕":"乾隆十一年(1746)四月十二日谕,军机处系机要重地,凡事俱应慎密,不容宣泄。今乃有在京、直隶、江南、浙江等处提塘串通军机处写字之人,将不发抄之事件抄寄该省督抚者,……"(1页)

　　　　此事密谕申饬那苏图、尹继善、陈大受、魏定国、常安等。

乾隆十四年(1749)十一月十三日为张廷玉致仕谢恩事,谕责汪由敦泄漏:"军机重地,顾师生而不顾公义,身为大臣,岂应有此。"(3—4页)

乾隆二十三年(1758)十二月谕责裴曰修与盐商牛兆泰系属姻亲,使盐道之婿持书寄盐商:"军机行走之人,尤当以慎密防闲为要……裴曰修不必在军机处行走。"(4—5页)

25. 大学士必兼军机大臣始为真宰相

《清史稿》列传七十五《张廷玉传》:"(雍正)八年,上以西北用兵,命设军机房,……嗣改称办理军机处。……自是内阁权移于军机处,大学士必充军机大臣,始得预政事。……"(6页上)

又列传八十九,徐本、汪由敦、来保、刘纶、刘统勋传《论》:"明内阁主旨拟,承旨撰敕,其在唐宋,特知制诰之职,以王命所出入,密勿献替,遂号为宰相。军机处制与相类。世谓大学士非兼军机处不得为真宰相。胜此任者,非以其慎密,则以其通敏。慎密则不泄,通敏则不滞,不滞不泄,枢机之责尽矣。"(9页上)

　　军机的要求。真宰相之说,往见之于某墓志,待查。天。

26. 军机处

《清史稿·职官志一》:"军机处　军机大臣(原注"无定员。由大学士、尚书、侍郎内特旨召入,区其名曰大臣,曰大臣上行走,其初入者加学习二字")掌军国大政,以赞机务,常日侍直,应对献替,巡幸亦如之。(原注"明降谕旨,述交内阁;谕本处行者,封寄所司;并册藏存记人员,届时题奏")其属曰章京,满洲十有六人,汉二十人。(原注"名曰行走。分头班二班,初无定额。嘉庆四年定每班八人,后增减无恒。光绪三十二年,定三十有六人。复定领班秩视三品,帮领班秩视四品,余并以原官充补。三十四年改领班为从三品,帮领班为从四品")分掌清文汉字。初设议政处,令巩阿岱等为议政大臣,参画军要。(天挺案,此句太突然,所谓初者据其下巩阿岱之名,当为崇德初。)雍正十年用兵西北,虑僎直者泄机密,始设军机房,后改军机处,而满洲大学士尚有兼议政衔者。(原注"乾隆五十六年停")高宗莅政更名总理处,寻复如初。时入直者皆重臣,故事亲王不假事权,至嘉庆四年始命成亲王入直,旋出之。咸丰间,复命恭亲王入直,历三朝领班如故,嗣是醇贤亲王、礼亲王、庆亲王等踵相蹑。"

《清史稿·职官志一·内阁》:"先是,世祖亲政,日至票本房,大学士司票拟,意任隆密。康熙时改内阁分其职设翰林院,雍正时青海告警,复分其职设军机处,议者谓与内三院无异,顾南书房翰林虽典内廷书诏,而军国机要综归内阁,犹为重寄。至本章归内阁,大政由枢臣承旨,权任渐轻矣。"

《清史稿·职官志序》:"迨军机设,题本废,内阁益类闲曹。……时军机之权独峙于上……"

《清史稿》列传八十九,徐本、汪由敦、来保、刘纶、刘统勋传《论》:"论曰:明内阁主旨拟,承旨撰敕,其在唐宋特知制诰之职,以王命所出入,密勿献替,遂号为宰相。军机处制与相类,世谓大学士非兼军机处不得为真宰相。胜此任者,非以其慎密,则以其通敏,慎密则不泄,通敏则不滞,不泄不滞,枢机之责尽矣。"

《清史稿》列传一百五十二,宝兴、敬征、禧恩、陈官俊、卓秉恬传《论》:"论曰:自设军机处,阁臣不预枢务,始犹取名德较著者表望中朝,继则旅进旅退之流以且以年资眷睐,驯跻鼎铉矣。"

《清史稿》列传二百二十五,阎敬铭、张之万、鹿传霖、林绍年传《论》:"论曰:同光以后,世称军机权重,然特领班王大臣主其事耳,次者仅乃得参机务。光宣之际,政既失驭,权乃益纷,虽当国无以为治焉!"

《清史稿》列传二百二十六,景廉、额勒和布、许庚身、钱应溥、廖寿恒、荣庆、那桐、戴鸿慈传《论》:"论曰:枢臣入对,次序有定,后列者非特询不得越言。晚近领以尊亲,势尤禁隔,旅进旅退而已。"

《清史稿》列传二百二十七,英桂、载龄、恩承、福锟、崇礼、裕德传《论》:"论曰:大学士满汉并重,非有资望不轻予大拜,内阁不兼军机者,不参机务,相业无闻焉。"

吴振棫《养吉斋丛录》:"内阁大学士沿明制主票拟,然一一皆禀上裁,大学士无权也。雍正四年设侍读二员助勘票签,后大学士多入军机者,其事遂专付侍读,有疑难事则奉以请命,否则大学士署押而已。厥后四方奏章多以折代本,直达军机处,不复由阁。"

昭梿《啸亭续录》:"国初设内三院外,其军国政事皆交议政诸王大臣,半皆贵胄世爵,不谙事务。宪朝设立军机大臣,择阁臣及六部卿贰熟谙政体者兼摄其事,并拣部曹、内阁侍读、中书舍人等为僚属,名曰军机章京。"

王昶《军机处题名记》:"军机处盖古者知制诰之职,其制无公署大小,无专官。直庐始设于乾清门外西偏,继迁于门内与南书房邻,复于隆宗门西供夜直者食宿。其大臣,惟尚书侍郎被宠眷尤异者始得入,然必重以宰辅。……先是,雍正七年青海军事兴,始设军机房,领以亲王大臣,予银印,印藏内奏事太监处,有事请而用之。后六年,上即位(高宗),改名总理处,乾隆三年王大臣请罢之,诏复名军机处。"

赵翼《檐曝杂记》:"军机处本内阁之分局,国初承前明旧制,机务出纳悉关内阁,其军事付议政王大臣议奏。康熙中,谕旨或命南书房翰林撰拟,是时南书房最为亲切地,如唐翰林学士掌内制。雍正年间,用兵西北,以内阁在太和门外,僚直者多,虑漏泄事机,始设军需房于隆宗门内,迁内阁中书之谨密者入直缮写,后名军机处。地近宫廷,便于宣召,为军机大臣者皆亲臣重臣,于是承旨出政皆在于此矣。"

昭梿《啸亭续录》:"机密事件皆命军机大臣封缄最密,由驿传递,名曰廷寄。"

《清史稿·军机大臣年表序》:"军机处名不师古,而丝纶出纳,职居密勿。初只秉庙谟商戎略而已,厥后军国大计罔不总揽。自雍乾后百八十年,威命所寄不于内阁而于军机处,盖隐然执政之府矣。"

名称之变更

又《年表上》:

"雍正七年(1729)己酉　六月始设军机房。(《本纪》失载)

怡亲王允祥　六月癸未命密办军需一应事宜。(《本纪》失载)

张廷玉　六月癸未以太子太保保和殿大学士命密办军需一应事宜。

蒋廷锡　六月癸未命以文华殿大学士命密办军需一应事宜。"

"(雍正)十年(1732)壬子　三月改军机房称办理军机处。"(《本纪》失载)

"(雍正)十三年(1735)乙卯　十月(甲午)罢办理军机处,由总理事务处兼理。"

"乾隆二年(1737)丁巳　十一月(辛巳)复办理军机处。"(《本纪》在庚辰)

案,雍正七年三月丙申(乙巳朔不应有丙申,待考。此据《史稿·本纪九》)命傅尔丹为靖边大将军,岳钟琪为宁远大将军,讨准噶尔丹策零。

雍正十三年八月己丑高宗即位。

案,军机大臣制度之成立,一由于清初本有议政王大臣制度,一由于可以不从资格中求人才,此即明初大学士不必高官之精神。

《清史稿》列传七十五《张廷玉传》："张廷玉字衡臣,安徽桐城人。大学士英次子。康熙三十九年进士,改庶吉士,散馆授检讨,直南书房。……（雍正）五年进文华殿大学士,六年进保和殿大学士兼吏部尚书,七年加少保。八年,上以西北用兵,命设军机房隆宗门内,以怡亲王允祥、廷玉及大学士蒋廷锡领其事,嗣改称办理军机处。廷玉定规制:诸臣陈奏常事,用疏,自通政司上,下内阁拟旨;要事用折,自奏事处上,下军机处拟旨,亲御硃笔批发。自是内阁权移军机处,大学士必充军机大臣始得预政事,日必召入对,承旨,平章政事,参与机密。"

又《传·论》:"军机处初设,职制皆廷玉所定。"

1949. 5. 16、19、20、22、23

案,军机房之立,《大臣年表》系于雍正七年,张廷玉本传系于雍正八年,《职官志》系于雍正十年。

连日检此事录之,似曾相识,而忘三十六年十二月二十五日早经手录一次,见"军机大臣"卡片一至六页,甚矣吾之荒唐也。前后意见相若而所录微有详略,可参看。九页"《本纪》失载"之注即转录前录也。天挺 **1949. 5. 25**

27. 清代军机大臣

据《清史稿·军机大臣年表上》:

雍正七年"六月始设军机房" 怡亲王允祥 张廷玉（大学士） 蒋廷锡（大学士）

　　　　一亲王　二汉大臣

乾隆二年"十一月复办理军机处" 鄂尔泰（大学士） 张廷玉（大学士） 讷亲（尚书） 海望（尚书） 纳延泰（侍郎） 班第（侍郎）

　　　　共六人　一汉人,五满人。　二大学士,二尚书,二侍郎。

乾隆四十一年 于敏中（大学士） 舒赫德（大学士） 福隆安（尚书） 阿思哈（左都御史,正月出） 袁守侗（尚书） 梁国治（侍郎） 和珅（侍郎） 阿桂（大学士） 丰昇额（尚书） 福康安（侍郎） 明亮（总督入觐）

　　　　本年军机大臣凡十一人,四月时同时凡九人。三大学士,三尚书,三侍郎。

嘉庆四年（正月丁卯和珅、福长安逮狱,沈初罢职后） 戴衢亨（侍郎）

那彦成（侍郎）　成亲王永瑆　董诰（大学士）　庆桂（尚书）　傅森（尚书）
　　共六人。一亲王，一大学士，二尚书，二侍郎。

28. 清代首席军机大臣

《清史稿·军机大臣年表》：

怡亲王允祥　雍正七年八年（1729—1730）　二年

马尔赛　雍正九年（1731）　一年

张廷玉（汉）　雍正十年（1732）　一年

鄂尔泰　雍正十一年至乾隆十年（1733—1745）　张廷玉次之　十三年

讷亲　乾隆十一年至十三年（1746—1748）　张廷玉次之　三年

傅恒　乾隆十四年至三十五年（1749—1770）　二十二年

尹继善　乾隆三十六年（1771）　一年

刘统勋（汉）　三十七年至三十八年（1772—1773）　二年

于敏中（汉）　乾隆三十九年至四十四年（1774—1779）　六年

阿桂　乾隆四十五年至嘉庆二年（1780—1797）　和珅副之　十八年
　　其间出差九年

和珅　嘉庆三年四年（1798—1799）　任军机自四十一年（1776）始
二年

庆桂　嘉庆五年至十七年（1800—1812）　董诰副之　十三年

董诰（汉）　嘉庆十八年至二十三年（1813—1818）　六年

托津　嘉庆二十四年至二十五年（1819—1820）　二年

曹振镛（汉）　道光元年至十五年（1821—1835）　中间有一年为长龄
　　十四年

长龄　道光四年（1824）　一年

潘世恩（汉）　道光十六年（1636）　一年

穆彰阿　道光十七年至三十年（1837—1850）　十四年

祁寯藻（汉）　咸丰元年至三年（1851—1853）　咸丰二年以赛尚阿为首
　　枢但未在京　三年

恭亲王奕䜣　四年五年（1854—1855）　二年

文庆　六年（1856）　一年

彭蕴章（汉）　七年至十年（1857—1860）　四年

穆荫　十一年(1861)　一年

恭王奕䜣　同治元年至光绪十年(1862—1884)　二十三年

礼亲王世铎　光绪十一年至二十年(1885—1894)　十年

恭王奕䜣　光绪二十一年至二十四年(1895—1898)　四年

礼亲王世铎　光绪二十五年二十七年(1899—1901)　三年

荣禄　光绪二十八年二十九年(1902—1903)　二年

庆亲王奕劻　光绪三十年至宣统三年(1903—1911)　八年

自雍正七年至宣统三年(1729—1911)　共一百八十三年,首枢凡二十七人。

其中亲王四人　五十二年　人15%　年29%

汉人八人　三十七年　人30%　年20%

旗人十五人　九十四年　人55%　年51%

1955.5.20

29. 军机章京

《枢垣纪略》(增补本)卷十三《规制一》:"满汉军机章京,各分为两班,每班各八人。其八人内,各以一人领班,国语谓之达拉密,由军机大臣拣派资深望重者为之。凡挑补满汉章京,本处预期行片各衙门,令出具考语保送数员,至多不得过八员,由军机大臣亲加考校,入选者带领引见,记名者遇缺以次奏署奏补。"(3页下)

又:"谨案嘉庆四年正月十六日谕,军机处为机密要地,向来行走章京,未定额数,俱由军机大臣挑补,并不带领引见,因思……军机章京职事较重,……嗣后满汉章京各定为十六员,由内阁、六部、理藩院堂官,于司员中书、笔帖式等官,择其人品端方,年力富强,字画端楷者,交军机大臣带领引见,候朕简用,其记名人员,遇有缺出,按次陆续充补。"(4页上)

又:"满洲章京以内阁中书,六部、理藩院郎中、员外郎、主事、笔帖式兼充。汉章京以内阁中书、六部郎中、员外郎、主事、七品小京官由进士举人出身者兼充。"(5页下)

又:"嘉庆十年十月二十四日,本处议奏御史吴邦庆折内所称汉章京应分别出身一节,……应请嗣后满汉现任京官文职三品以上,武职二品以上,及外官文职督抚、司道、盐政、关差,武职提镇以上,各大员子弟均不得保送

挑补军机章京,其大员之亲侄、从弟及外姻亲戚等,不在此例。……奉旨:依议。"(6—9页)

《枢垣纪略》卷十三《规制一》:"(嘉庆)十六年二月初七日谕,……嗣后文职京官三品以上,外任臬司以上,武职京官副都统以上,外官总兵以上,其亲子弟均不准在军机章京上行走。其行走在先者……即照例回本衙门当差。"(9页下)

又:"(嘉庆)二十五年十月二十七日谕……惟大员子弟设有回避之例,殊可不必。防弊之道,初不在此。如大臣子弟有挑入军机处者,藉以学习政事,未尝不可造就人材。嗣后保送军机章京,着无庸回避大员子弟。其军机章京有升至通政司副使、大理寺少卿,及补授科道者,即回本衙门行走,仍照旧例行。"(10页上)

案,咸丰八年后仍行回避,见后(十页)。

1962.10.26

30. 清代大学士

据《清史稿·大学士年表一》:

顺治十五年"九月辛丑,内三院改中和、保和、文华、武英、东阁、文渊大学士"。

宁完我(致仕)　洪承畴　额色黑　图海　成克巩　刘正宗　金之俊　蒋赫德　傅以渐　车克　王永吉(四月免)　巴哈纳　胡世安　卫周祚　李霨

同时十三人。三人同时为武英殿大学士,两人同时为保和殿、文华殿大学士。汉人八,满人五人。

康熙元年(自上年仍复内三院)辅政大臣之外仍有大学士九人,汉四旗五。

康熙九年"八月乙未,内三院改为内阁",十月时大学士六人,汉二满四,同时三人为保和殿大学士。

康熙四十八年正月大学士凡五人,三汉人:张玉书、陈廷敬、李光地;二旗人:马齐、温达。马齐革职后未补充,仅四人,三汉一旗。

雍正元年始有署大学士(五月徐元梦)

雍正二年始有协理大学士(六月田从典)

雍正六年始有额外大学士(正月尹泰、陈元龙)

乾隆四年始有协办大学士(三月讷亲)

乾隆十三年"定内阁大学士满汉各二人","裁中和殿名,增体仁阁"。

31. 清代设官之弊

《清史稿·职官志序》:"夫一国事权,操自枢垣,汇于六曹,分寄于疆吏。自改内三院为内阁,台辅拱袖;迨军机设,题本废,内阁益类闲曹。六部长官数四,各无专事,甚或朝握铨衡,夕兼支计,甫主戎政,复领容台。一职数官,一官数职,曲存禀仰,建树宁论? 时军机之权独峙于其上,国家兴大兵役,特简经略大臣、参赞大臣,亲寄军要,吏部助之用人,户部协以巨饷,藉此雄职,奏厥肤功。自是权复移于经略,督抚仪品虽与相埒,然不过承号令、备策应而已。厥后海疆衅起,经略才望稍爽,权力渐微。粤难纠纷,首相督师屡偾厥事,朝廷间用督抚董戎,多不辱命,犹复不制以文法,故能需施魄力,自是权又移于督抚。同治中兴,光绪还都,皆其力也。洎乎末造,亲贵用事,权削四旁,厚集中央,疆事遂致不支焉。"(1 页)

1955. 5. 22

32. 清代重臣统兵

《清史稿》列传一百七十九,赛尚阿、讷尔经额传《论》:"清沿故事,有大军事辄以满洲重臣督师。乾嘉时,如阿桂、福康安、勒保、额勒登保等,皆胸有韬略,功在旗常。道光以来,惟长龄平定回疆,差堪继武。其后禧恩之征猺,奕山、奕经之防海,或以骄侈召谤,或以轻率偾事。至粤匪初起,李星沅不胜任易以赛尚阿,驭将无方,遂致寇不可制。讷尔经额庸懦同之,畿甸震惊。自是朝廷始知其弊,惟僧格林沁犹以勋望膺其任(天案,此十二字似与下文不相属,疑后来改稿者之所加),不复轻以中枢阁部出任师干,即有时亲藩遥领,亦居其名不行其实(前十二字或应缀于此)。盖人材时会使然,固不可与国初入关时并论也。"

1949. 5. 21

33. 雍正时之文武通用

《清史稿》传八十六:"论曰:雍正间,文武多通用,高其位以提督径授大学士为最著。"(事在雍正三年七月,次年十一月罢。高其位字宜之,汉军镶黄旗人。父天爵,见《忠义传》。其位事附《史稿》传七十六《田从典传》。高其位与高其倬为从兄弟,其倬父名嗣爵。其倬事见传七十九。)

《清史稿》传八十六《马会伯传》:"马会伯陕西宁夏人。康熙三十九年一甲一名。武进士,授头等侍卫。四十五年授直隶昌平参将,累迁云南永北镇总兵。……(雍正)三年擢贵州提督,……四年调甘肃,未至,又调署四川,旋授四川巡抚。……调湖北(巡抚)……七年命往肃州督西路军需,并权肃州总兵。……寻擢兵部尚书,仍督兵需并领肃州总兵如故……。(未上尚书任,后卒。)

又《路振扬传》:"路振扬陕西长安人。初入伍,拔补拔总。累迁汉中副将。……雍正元年调重庆总兵,四年迁陕西固原提督。……六年上念振扬老,召诣京师,授兵部尚书,振扬以病固辞。上疑其恋外任,怀怨望,命停俸。(未上官)旋改銮仪使。……"

《清史稿》传八十六《韩良辅传》:"韩良辅字翼公,陕西甘州人。……入籍重庆。良辅多力有胆气,年十五即随父(成)杀贼,补县学生员,弃去肄武,康熙二十九年中式武举第一,三十年成一甲三名进士,选二等侍卫,出为陕西延绥游击。……雍正元年迁天津总兵,赐孔雀翎。授广西提督。……二年署广西巡抚。……四年复署巡抚,……五年实授巡抚。"

《清史稿》传八十三《岳钟琪传》:"岳钟琪字东美,四川成都人,父昇龙。(本贯甘肃临洮,以母年逾九十乞入四川籍,官至提督。)……钟琪初入赀为同知,从军请改武职。上(康熙)命以游击发四川……(康熙)六十年……擢四川提督。……雍正元年,师讨青海,抚远大将军年羹尧请以钟琪参赞军事。……二年授奋威将军,……兼甘肃提督,三年复命兼甘肃巡抚。……署川陕总督,……寻真除川陕总督。"

《清史稿》传七十九《杨宗仁传》:"(康熙)六十一年世宗即位,授湖广总督。……寻荐广东南海县知县宋玮,擢湖南宝庆知府。广州左卫守备范宗尧,改湖北汉阳知县,上允之,命后踵行。"

1947.12.25

34. 清代军机

闵尔昌《碑传集补》卷一,张亨嘉《张文达公神道碑铭》,附《碑文例言》:"朝廷以督抚寄军令,督抚即将帅;宰相称军机大臣,天下兵事之得失,即宰相之功罪。发纵指示,功人为上。"(5页)

1954.11.11

35. 内阁职掌

嘉庆《大清会典》二:"内阁……掌议天下之政,宣布丝纶,釐治宪典,总钧衡之任,以赞上理庶务,凡大典礼则率百僚以将事。"(1页)

又:"纶音之下达者,曰制,曰诏,曰诰,曰敕,皆拟其式而进焉。凡承宣谕旨,若章奏之批答者,既下,乃布于百司而抄焉。"(4—5页)

又:"定进本之式。凡本,有通本(原注"各省将军、督抚、提镇、学政、盐政、顺天奉天府尹、盛京五部本章,俱赍至通政司,由通政司送阁为通本"),有部本(原注"六部本章及各院府寺监衙门本章,附于六部之后,统为部本)。先朝以达于阁,皆备其副(原注"通本、部本,正本外另缮副本一分,正本于得旨后发科,副本存贮以备查"),若图,若册,若单,皆附焉。"(5—6页)

又:"得旨,则批本,乃发于六科(原注"清汉字批写后为红本,六科给事中赴阁恭领,随传抄于各衙门")。"(8页)

又:"凡进本逾二日乃下焉。其即下者不越日。"(8页)

又:"典籍厅典籍……掌章奏文移,治其吏役,收图籍之藏。"(17页)

又:"收发红本处(原注"由大学士于满汉中书内派委,无定员"),掌收红本以发于科,岁终则汇收焉(原注"通本部批写清汉文后,即交红本处,每日六科给事中赴阁领出,岁终仍由六科交回红本处收贮")。"(21页)

嘉庆《大清会典》卷三:"办理军机处,军机大臣(原注"于满汉大学士、尚书、侍郎、宗室内特简,无定员")掌书谕旨,综军国之要,以赞上治机务。"(1页)

又:"凡谕旨明降者,既述,则下于内阁(原注"特降者为谕,因所奏请而降者为旨,其或因所奏请而即以宣示中外者亦为谕。……特降者即发抄,因奏请而降者即同折发抄,其余奏折如奉硃批该部议奏、该部知道者亦即发抄;其硃批览,或硃批知道了,或硃批准驳其事,或硃批训饬嘉勉之词,皆视其事系部院应办者即发抄,不涉部院者不发抄。其发抄者皆交内阁中书领出传抄。凡未奉硃批之折即以原折发抄,奉有硃批之折发抄不发抄皆另录一分,其硃批原折,如在京衙门之折,即存军机处汇缴,如各省各城之折,俱即发还,系专差赍奏者交内奏事封发,由驿驰奏者即由军机封交兵部捷报处递往,如本由驿奏而发还不须亟亟者,封存遇便发往,其内阁传抄毕,即将所领之折交回,同不发抄之折,一并备案")。谕军机大臣行者,既述则封寄焉(原注"或速谕,或密谕,不由内阁明降者为廷寄,径由军机处封交兵部捷报处递往。……其式:行经略大将军、钦差大臣、将军、参赞大臣、都统、副都统、办事领队大臣、总督、巡抚、学政,曰军机大臣字寄。行盐政、关差、藩臬,曰军机大臣传谕。皆载奉旨之年月日")。"(2 页)

又:"凡清字汉字之档,岁久则缮(原注"清字汉档,每届五年或十年,由军机大臣奏明另缮一分,并原档点一同存贮,以备阙失。清字档令方略馆译汉官缮写,汉中档传内阁中书缮写")。"(11 页)

　　嘉庆壬寅御制序

嘉庆《会典事例》卷十一注:"谨案通本、部本皆有副本,红本既下,管副本中书于副本加签,恭录谕旨,送皇史宬收贮。"(19 页)

1951.1.22

36. 内阁中书

《内阁汉票签中书舍人题名》(咸丰辛酉刊,同治续补):

张祥河《序》:"内阁为丝纶重地,举凡诏旨政令悉于是乎宣布,掌制之职,舍人任焉。"(1 页)

彭蕴章《序》:"今之内阁为古中书省,以大学士领之,而侍读中书则司票本,撰文,并按日缮发谕旨奏折等事,最为繁重;至学士专司批本,侍读学士稽核本章,其事较简矣。"(1 页)

"夫内阁文章之大,以诏诰为先,他如大员敕书,外国谕祭文,以至事关典礼由大学士会各部院具奏者,皆归中书承撰。"(2 页)

孔宪彝《序》:"内阁之设,首冠六卿,国家中外诸大政胥归职掌。其后虽有军机处之设,职守稍分,然内阁专司票本暨撰拟诏诰,钞发谕旨,中书分任之,而侍读总其成,以达于大学士,上之于朝,任綦重也。国初中书有办事撰

文之分,职兼殿阁院馆房局诸务,后虽不无少异,而其异制尚多存者。"(1页)

鲍康《序》:"国初中书舍人多由生员、监生授职。康熙六年御史李棠上疏,密勿禁地必进士出身堪膺是选,俞旨允行。乾隆三十三年御史蒋曰纶复请于新进士引见时,添用中书一项。外此有中正榜,有特考,有召试,有庶吉士散馆,编修检讨大考改授者,人才辈出,通儒硕辅遂指不胜屈。顾其始尚有文华殿、武英殿、内宏文院、秘书院、国史院之分,办事中书、撰文中书之别,今则只曰汉票签矣。初犹有皇史宬行走、武英殿纂修、司经局正字诸职,今则只存文渊检阅及各馆校对矣。雍正朝中书率直军机房,今则六部司员补军机章京者日以多,中书之兼军机处行走者仅十之二三矣。其制虽迭更,其职掌纶言,谨司票拟,后先固无异揆也。"(1页)

1951.1.21

37. 贴黄

《明清史料》甲编第六本,顺治八年十一月十八日广东巡抚李栖凤题本。(527—528页)

附有"贴黄",即此题本之提要,其职衔案由均与题本一样,只内容概括极简,不叙经过,只留要点。

又同册顺治十三年正月二十一日浙江巡按叶舟题本亦同。(566页)

38. 揭帖格式

顺治十五年洪承畴揭帖:"……(衔)……洪承畴谨揭(名上不称臣),为微臣军前(此处又称微臣)先蒙皇恩给发操练招抚银两,节年支用已完,谨造册奏销(此处又称奏),仰祈敕部(又称敕)查核事:职于顺治十年内奉命经略(此处称职不称臣),出都之时,具有请乞皇恩给发军前需用银两事一疏,随蒙皇上给发操练招抚银八万两,以资应用。……不敢稍有浮冒,即一一分晰开造操练及招抚二项清册,咨送户、兵二部查核(另有咨文)。其透用银两,原系借动兵饷,容职(称职)另议查项开销,职谨具题,伏乞皇上敕下该部覆核销算,请旨裁定,行职钦遵奉行(称职而用具题)。为此,除具题外,理合其揭。须至揭帖者。顺治十五年十二月二十六日。"(《明清史料》甲编,593—594页)

明末清初公文中,揭帖甚多。大都于题本外另加首尾以通知相应机关,故用字多不相衬,上例称职称臣并列,可见一斑。

1962.12.22

39. 题本格式

顺治八年广东巡抚李栖凤题本:"(上残)……为此具本,专差官萧泰赍捧,谨题请旨。顺治八年十一月十八日……(衔名)……"(《明清史料》第六本,527页)

顺治十一年经略洪承畴题本:"……(衔)……臣洪承畴谨题,为恭报北旋大兵经由长沙起行日期,仰祈圣鉴事:臣于……业已全过长沙北上讫。臣谨具疏报闻,伏乞圣鉴施行。缘系恭报北旋大兵经由长沙起行日期,仰祈圣鉴事理,臣未敢擅便,为此具本,专差舍人金凤云赍捧,谨具题知。顺治十一年五月十一日……(衔名)……"(仝上,542页)

"谨具题知"明末已有,见甲编812页。

顺治五年礼部尚书郎丘等题本:"礼部尚书臣郎丘等谨题,为属国使臣病故事:……臣等未敢擅便,为此具本。谨题请旨。顺治五年正月初五日……"(《明清史料》甲编,第七本,671页)

以上三例均有"为此具本"字样,下为"谨题请旨",此题本定制。

康熙二十四年礼部题本:"礼部尚书臣哈占等谨题,为恭进谢恩礼物事:照得……等因到部,该臣等议得……臣等未敢擅便,谨题请旨。康熙二十四年六月初六日。"(仝上,676页)

上例及仝卷乾隆礼部题本(679页、680页二件),均无"为此具本"字样,只称"谨题请旨"。

明代题本多用"缘系云云,谨题请旨"。(720页、721页)

1962.12.22

40. 题本与奏本

"顺治九年七月十四日上传:内外题本、奏本各有格式,先已敕礼部发式通示,近见内外本章尚有长短宽窄违式参差者,着内院传谕礼部,严加申饬,务使在京满汉大小各官,在外督抚按下至府、州、县、卫所等衙门,俱画一遵行。钦此。……"(《明清史料》甲编,第六本,532 页下,列款上闻残本。)

乾隆四十四年三月杨景素奏将已刊之伊曾祖杨捷《平闽记》呈览折(军机处档):"闽浙总督臣杨景素跪奏,为奏闻请旨事,……再臣曾祖原少保昭武将军臣捷遗有《平闽记》一部,系臣祖懋昭等镌刻,所载奏疏内恭载有圣祖仁皇帝(康熙十七年)谕旨,……且其时,题本、奏本俱系本章,凡题奏奉有谕旨,自必发抄行知,非折奏所奉硃批不应概行宣示者可比。今钦奉圣谕,不敢隐匿,……"(《清代文字狱档》第四辑,8—9 页,《黄检私刻其祖父黄廷桂奏疏案》)

据此,题本、奏本均须发抄行知,而奏折不同。

《明清史料》甲编第七本有乾隆五十六年十一月(其下残缺,或系五十七年春)盛京副都统灵泰等为朝鲜遭风渔船事题本(683 页),又有嘉庆二年(本尾残,此据本内叙述)礼部尚书德明等为朝鲜遭风小船题本(680 页)。

据此,乾嘉之际尚有题本。

1962.12.22

41. 奏本格式

"……(职衔)……臣……(名)……谨奏,为谨竭愚悃仰祈圣裁独断事,……谨候圣裁决断施行,臣无任惶悚待命之至。为此具本,谨具奏闻,伏候敕旨。顺治八年四月　日"(《明清史料》甲编,第六本,524 页,内院大学士洪承畴奏本)

"……(职衔)……臣佟国器谨奏,为封疆万分紧急,仰祈睿鉴立赐援剿事……(下残)"(《明清史料》甲编,第六本,545 页,福建巡抚佟国器密奏本)

"……(职衔)……臣孙元化谨奏,为格卑才拙,地重任难,谨略剖生平志行,以祈圣鉴事,臣……臣不胜激切待命之至。为此具本,谨具奏闻。崇祯二年闰四月初一日奉圣旨……"(《明清史料》甲编,第八本,712 页,宁前道孙元化奏本)

42. 奏折格式

"奴才明训跪奏,为循例据咨恭折具奏,仰祈圣鉴事:据……。所有奴才循例据咨办理缘由,理合恭折具奏,伏祈皇上圣鉴。谨奏。道光二十年八月二十四日。"(《明清史料》甲编,第七本,684页,明训奏本)

孙嘉淦奏遵旨查取谢济世所著书籍板片并销毁折:"(衔、名)谨奏,为钦奉上谕事:……谨奏。乾隆七年正月初八日。"(《清代文字狱档》第一辑《谢济世著书案》,1—2页,军机处档)

阿思哈奏据禀王肇基献诗缘由折:"(衔、名)……跪奏,为奏闻事:窃照……所有接奉上谕及汾州府禀获匪徒缘由,理合恭折先行奏闻,伏乞皇上圣鉴,臣谨奏。乾隆十六年八月十一日。"(仝上,《王肇基献诗案》1页)

李湖奏改委再向刘翱家中搜查折(军机处档,缴回硃批档):"湖南巡抚臣李湖跪奏,为钦奉谕旨查办复奏事:……所有现在奉到谕旨查办缘由,理合恭折先行覆奏,伏乞圣主睿鉴。再事关四百里传谕之件,是以由驿驰送,合并陈明。谨奏。乾隆四十三年六月初十日。"(《清代文字狱档》第四辑《刘翱〈供状〉案》,2—3页)

1962.12.22

43. 议政王会议的议事

王氏康熙《东华录》九,康熙八年八月壬戌:"谕宗人府、吏部兵部:凡令议政王贝勒大臣会议之事,俱系国家重大机密事务,会议之时,理应极其慎密。今闻会议之事尚未具题,在外之人即得闻知,此皆会议处不加慎密,不严行约束间杂随从之人,以致听闻传说,将国家大事豫先泄露,殊为不合。……"(16页下)

44. 章京不专指武官

王氏康熙《东华录》一百七,康熙六十年三月丙戌定王掞罪:"丙戌。上将诸王大臣等参劾王掞等奏章发出,谕大学士等曰:'王掞及御史陶彝等妄行陈奏,俱云为国为君,现今西陲用兵之时,为人臣者正宜灭此朝食。此系目前显然效力之处,满洲八旗文官俱以章京派往,惟在京汉官不与其内,向年总督姚启圣、李之芳,巡抚赵申乔等俱曾于军前披坚立功,伊等俱系汉官,有何不可。将伊等暂停议罪,著于此番军前照满洲文官例,委署额外章京遣往。王掞年老,着伊子王奕清代去,俟立功回日再奏。'"(京刻本,6页)

案,《辞海》谓"章京,满洲官名,带兵官多称之"(1004 页),于是遂有以为章京为武官官名者,非也。《辞海》所载亦非无根据,因《清文鉴》中"章京"一词入武官类也。《辞源》所载与《辞海》不同,较善。

45. 章京汉语为属吏

吕式斌(字允甫,山东文登人,宣统元年十一月由法部七品小京官充补军机章京)《枢曹追忆》(民国二十九年,《中和月刊》第一卷第十期):"章京者,清语属吏也。雍乾间亦称军机司员。大臣(除阁臣外)上亲王之信函亦自称章京。"(38 页)

此段前半,为属吏之说,向所未知;后半对亲王自称章京,与闻之溥雪斋者相同。

吕氏文在《中和月刊》署吕允甫。

《中和月刊》第八期有《南屋述闻》卷一,第九期有卷二,亦记军机处掌故,署"水东花稳"辑,余考其人为郭则沄,亦有"章京为国语"一语,而无解释。但其下文有"西北各城之办事参赞大臣,其属亦置章京,初不限于枢僚也",似亦以为属吏解释。又云:"其于枢堂(军机大臣)亦自称章京,每投帖用红单片,侧书章京某,虽擢至九大卿,或权侍郎不改也。"(107 页,八期)

清叶凤毛(乾隆初)《内阁小志》(《玉简斋丛书》),"满汉称谓"条注:"(夸兰大)汉文曰长官,满文曰章京。章京犹云官儿们,不可以称人,故尊之曰夸兰大。"(9 页上)

案,叶氏此文颇可疑,《清文献通考》三三,引康熙二十五年征噶尔丹军营贸易谕旨,有"即令某营之夸兰大派出章京,于一里外驻札"(《十通》5156 页),则夸兰大与章京显属两种职名,章京隶属夸兰大。

王氏康熙《东华录》九六,康熙五十四年十一月:"己酉谕大学士九卿等……旧例满洲不分文武两途,出征时则令夸兰大章京等处行走,……"(7 页下)

据此夸兰大与章京系两种职名。

《清史列传》二六《王昶传》:"(乾隆二十四年)十一月在军机司员上行走。"(49 页上)

案,《枢垣纪略》(增补本)卷十八《题名四·汉军机章京》题名有王昶,"(乾隆)二十四年十一月由内阁中书入直"(5 页下),是军机司员即军机章京。

又案,《枢垣纪略》卷六《恩叙一》乾隆十三年十二月初十日"本处奉旨,军机处行走官员颇为黾勉……"(2 页下)云云,是军机章京即行走官员也。其称章京见之文告者为乾隆三十五年三月十二日谕旨。见同书卷六,八页下。

《枢垣纪略》六,乾隆三十九年五月初二日本处奏,查军机处行走之候补员外郎"冯应榴……上年三月奉旨,着仍在军机司员上行走,以工部员外郎补用……"(9 页下)

46. 安塘笔帖式

王氏康熙《东华录》二一,十七年四月庚午朔:"漳州安塘笔帖式报,……平和失陷,贼逼潮州立营……"(18 页下)

又卷二二,十七年七月己亥朔:"安塘笔帖式报,海贼攻陷海澄、长泰二县……"(1 页上)

又卷二四,十八年九月甲午:"安塘笔帖式报,大将军贝勒察尼遣署前锋统领苏虎济侦视辰龙关,……上谕……武冈州枫木岭系辰龙关后路,……"(13 页下)

以上三条,一、二条为福建事,三条为湖北事,是各省均有安塘,而安塘非地名也。《靳文襄公奏议》卷八有《减差节省驿站钱粮疏》,谈及"安塘员役之飞驰",及"至于安塘一项,见设笔帖式一员,拨什库二名,并督抚差承二名,轮递军机,捷如飞电,此从古未有之良法,允称尽善"。案,《平定三逆方略》卷四,康熙十三年三月乙丑条所谈及同日《实录》所谈之诸路设笔帖式驰递军情,当即此,其所以称安塘,当即提塘、塘报之塘,则安塘又称坐塘。坐塘易解,安塘之安则费解矣。

又卷二十,十六年十一月己卯,"坐塘笔帖式以闻"(14 页下),亦称坐塘。

又卷二一,十七年闰三月癸丑,广东肇庆安塘司库报。

又卷二八,二十年七月戊辰报云南事。

又卷二六,十九年九月戊辰"览安塘笔帖式苏摆报,……往守彝陵……"(8 页上)

王氏康熙《东华录》十四,康熙十三年三月乙丑朔:"命诸路设笔帖式,驰递军情。"(8 页)

时吴三桂于上年十一月二十一日叛。

又,康熙十三年四月戊戌:"谕议政王大臣等:顷安塘笔帖式向侍卫观宝言……"(10页)

此为安塘笔帖式最早记载。

王氏康熙《东华录》二十九,康熙二十一年壬戌(1682)五月:"乙亥。安塘笔帖式报称,大兵进取台湾,以风大不得前……"(京师刻本,11页)

案,其时三藩已平定,而安塘笔帖式仍未废。

又,五月丙寅:"谕宁古塔将军巴海……朕轸念满洲人民生理,欲遣人专往,以驿递疲弊,故因笔帖式来奏,特谕。"(11页)

据此,在吉林亦有安塘笔帖式(待证),不仅军前为然。

47.安塘制度

钱仪吉《碑传集》卷二十,《康熙朝部院大臣下之中》劳之辨《自序》:"(康熙十九年庚申[1860]为贵州粮驿道)余于十月中……见飞报,大兵已开镇远,将抵贵阳,余亦前赴镇远设驿站。计黔省二十六驿,每驿额设马五十匹,共该一千三百四。……彼时军机紧急,笔帖式赍本进京,逐塘更换,往返不过二十日,其神速如此。……大军粮运……奉有俞旨,自镇远至贵阳、湖南安塘十四处,每处设夫五百名,每夫挑米五斗,每日定数运米二百五十石到贵阳,每一塘以知府、同知等员任其事……"(8—9页)

劳之辨(1639—1714)字书升,浙江石门人,康熙三年甲辰进士,官至左副都御史,1708以上书请皇太子复位布告中外罢官。

安塘原为驰递文件,据上文后亦兼主粮运。

48.康熙初辅臣辅政仍有议政王

王氏《东华录·康熙五》,康熙四年五月丁未:"议政王贝勒大臣、九卿、科道会议,吏部奏请裁并督抚一疏……"(7页上)

同卷,康熙四年三月壬寅:"先是……杨光先叩阍进所著《摘谬论》一篇,摘汤若望新法十谬……下议政王等会同确议……得旨……汤若望等并其干连人等,应得何罪,仍着议政王贝勒大臣、九卿、科道再加详核,分别确议,具奏。"(5—6页)

据此，辅臣时仍有议政王，但其议政系与九卿科道会同，即将议政王大臣会议与九卿科道会议联合举行。

又卷六，康熙五年正月丙申："……户部尚书苏纳海等奏，土地分拨已久，且康熙三年奉有民间土地不许再圈之旨，不便更换，请将八旗移文驳回。疏入，辅臣等欲构成其罪，称旨着议政王贝勒大臣、九卿、科道会议以闻。"（1页）

据此可知，辅臣不待议政王会议而有决定之权，只在辅臣欲利用议政王会议时，乃交之会议。

王《录·康熙九》，康熙八年五月戊申："命议政王等拿问辅臣公鳌拜等……（4页下）……庚申，康亲王杰书等，遵旨勘问鳌拜罪款，……"（5页下）

此交议政王拿问，故由杰书覆奏，无与九卿。

又，八年六月戊寅："谕户部，……旗人无地……应否以古北等口边外空地拨给耕种，其令议政王贝勒大臣确议以闻。"（13页上）

此专令议政王贝勒大臣会议，无九卿。

王《录·康熙十二》，康熙十一年闰七月壬午："吏部尚书对喀纳等奏，九卿会议凡书办犯赃，……"（6页上）

此专由九卿会议，无议政王大臣。

全书九，康熙八年八月壬戌："谕宗人府、吏部、兵部，凡令议政王贝勒大臣会议之事俱系国家重大机密事务，会议之时，理应极其慎密，今闻会议之事尚未具奏，在外之人即得闻知，此皆会议处不加慎密，不严行约束散杂随从之人，以致听闻传说，将国家大事豫先泄漏，殊为不合。其诸王贝勒之长史，闲散议政大臣俱着停其议政，……"（16页下）

据此诸王长史原亦参加会议。

王氏康熙《东华录》四十一，康熙二十七年二月丁卯："宗人府议覆，给事中高层云奏参大学士王熙等以议持服事向康亲王杰书跪语，王等坐受，俱属不合，请下部议。上曰：'朕召大臣议事，如时久，每赐垫坐语，大臣与诸王会议，即行跪语不合。嗣后，凡会议公事，不必向诸王行跪。杰书、王熙等从宽免议。'"（10页下）

此事见《圣祖实录》卷一三三（28页上），文字相同，惟给事中上有吏科二字，语意不甚详细。《清史列传》八《王熙传》较详。

《清史列传》八《王熙传》："（康熙）二十七年二月，给事中高层云疏言：'顷见王大臣会议典礼于永康左门，大学士王熙、余国柱、李之芳向康亲王杰书等跪语移时。伏思天潢贵裔，王大臣礼宜致敬，独公同议事，天威式临，非大臣跪诸王之地,亦非诸王受跪之时。请敕部申饬。'谕曰:'朕召大臣议事,如时久,每赐垫坐语。大臣与诸王会议公事,不必向诸王行跪。杰书、王熙等俱从宽免议。'……"(3页上)

　　议政王大臣会议,大臣跪语,即昭梿《啸亭杂录》四所谓"每朝期,坐中左门外会议,如坐朝仪"(宣统元年中国图书公司铅印本,8—9页)者也。"如坐朝仪",即跪语之谓,可能当时满洲贵族之权势赫奕。顺治二年五月多尔衮入朝,"满洲诸臣皆跪,王见遂回舆,因谓大学士刚林、祁充格曰:'予未有言,诸臣何故皆跪,今予乃入君之朝也,汝等即欲行礼,当于他处行之,乃行之朝门,予岂有径受之礼。'……"(21页)其封建意识何相差之远。

1962.11.30

49. 清代九卿

　　王氏康熙《东华录》四十五,二十九年二月乙丑:"谕内阁、九卿、詹事、科道等……"(4页下)

　　《清代文字狱档》第三辑《贺世盛〈笃国策〉案》,大学士九卿遵旨核拟折附列九卿衔名,为:六部尚书左右侍郎,都察院左都御史、左副都御史,通政司通政使、副使、参议,大理寺卿及少卿。时在乾隆五十三年七月二十四日。(4—6页)

　　又第六辑《尹嘉铨为父请谥并从祀文庙案》,大学士九卿等奏会审尹嘉铨口供折,九卿列衔相同。事在乾隆四十六年四月十七日。(17—19页)

50. 粘竿处

　　吴振棫《养吉斋丛录》卷三:"粘竿处,即上虞备用处,侍卫四十员,凡驾出入,司扶舆、执灯之事。又司库一员(原注:内务府派),掌黏竿、钓竿及一切戏具。鹰狗处,调犬以八旗人为之,调鹰及雕之属,以西八城回子为之。道光间裁。"(光绪刻本,1页)

　　《清史列传》三十五《和珅传》:"(乾隆)三十七年,授三等侍卫,旋挑补黏杆处侍卫。"(1页)即此。

　　粘竿或黏杆,或上虞备用处,《清朝文献通考·职官考·兵部》、《工部》、《内务府》、《武备院》、《上驷院》、《銮仪卫》、《太常寺》均未见。

51. 哈哈珠子

吴振棫《养吉斋丛录》卷四:"又皇子各有哈哈珠塞八人(原注:亦称哈哈珠子),由八旗年幼闲散人内挑派,每日二人入直,司奉茶进食之事。""按清语:哈哈,男也;珠塞,小孩也。"(11 页上)

尝闻溥雪斋言,哈哈珠子即使唤小子。

52. 科目

清承明制	用八股文(《史稿·选举志三》,1 页)
命题	取四子书及《易》、《书》、《诗》、《春秋》、《礼记》五经命题 《春秋》用《左传》本事
乡试	子、午、卯、酉年八月试诸生于各省 中式为举人 每科全国共一千二百人
会试	辰、戌、丑、未年三月试举人于北京 中式为进士 无定额 雍正八年 406,乾隆五十四年 96,一般三百左右
殿试	会试后,四月举行 分甲赐出身
三场	首场:初九日 时文七篇;《四书》三题,《五经》各四题,士子各占一经。
	七艺 后移经文于二场,增五言八韵诗于首场。
	二场:十二日 论、表各一,判五条。后改移经文于二场,罢论、表、判。
	三场:十五日 策五道
	三场以首场为重,首场又以《四书》艺为重。(2 页)
墨卷	士子用墨,曰墨卷;誊录用硃,曰硃卷;主考墨笔,同考蓝笔。
三场文	先用经书,使阐发圣贤之微旨,以观其心术;次用策论,使通达古今之事变,以察其才猷。康熙四年礼部侍郎黄机言。
字数	原定每篇限五百五十字,后改七百字。策题每篇限三百字。

制义体裁	以词达理醇为尚。不违经旨　代圣人立言
八股	股者对偶名。……成化二十三年会试,乃以反正、虚实、浅深扇扇立格,八股之制,实始于此。——《日知录》
八股	破承开讲
破题	八股文之首二句曰破题　剖析题义也。
积弊	空言不适于用。墨卷房行,辗转抄袭,肤词诡说,蔓衍支离。(舒赫德,乾隆三年)
程式	乾隆元年,命方苞选录明清诸大家时文四十一卷,曰《钦定四书文》,颁为程式。(4 页)
文风	"开国之初,若熊伯龙、刘子壮、张玉书为文,雄浑博大,起衰式靡。康熙后益轨于正,李光地、韩菼为之宗。桐城方苞以古文为时文,允称极则。雍乾间,作者辈出,律日精而法益备。至嘉道而后,国运渐替,士习漓,而文体亦益衰薄。至末世而剿袭庸滥,制义遂为人诟病矣。"(4 页下)
博学鸿词	康熙十八年(1679)己未　取五十人(修《明史》)　与试 143 人
	乾隆元年(1736)丙辰　取十九人　与试 176 人
经济特科	光绪二十九年(1903)癸卯　取二十七人

制科=词科、大科

53. 府州县学

各省　提督学政以进士出身者充之(《史稿·选举志一》)

各学教官　府,教授　州,学正　县,教谕　各一人　各有训导佐之

员额　大学 40 名　中学 30 名　小学 20 名　屡有增广

生员色目　廪膳生　增广生　附生　初入学曰附学生员　廪、增有定额,以岁、科两试第高者补充。

学政三年任满,岁、科两试。

　　儒童入学考试　　正试:《四书》文二　　覆试:《四书》文一①

　　科试　岁一试　《四书》文二　　经文一

54. 国子监

　　六堂　　　　率性　修道　诚心　正义　崇志　广业　一仍明制

　　肄业生徒　有贡　有监

　　贡生凡六

　　监生凡四　恩监　荫监　优监　例监

　　内外班　　不住舍,不能竟月在学,愿依亲处馆者为外班

　　坐监期　　雍正五年定　连闰扣满三年为期

　　历满　　　贡生考试　上上通判　上卷知县

　　　　　　　监生考试　每百名取正印八名,余用州县佐杂。

　　　　　　　顺治十七年停。

　　清代国子监只乾隆二年孙嘉淦管监时(管理国子监事大臣)"严立课程,奖掖备至,六堂讲师,极一时之选"(3页)。

　　乞给监南官房,令助教等官及肄业生居住,岁给银六千两为讲课、桌饭、衣服、赈助之费,允之。是为南学。

55. 京官

　　宗人府

　　内阁

　　六部

　　理藩院

　　都察院

　　六科

　　通政司　大理寺　内务府　翰林院　詹事府　太常寺(祭礼 礼乐)

　　光禄寺(祭飨 宴劳)　太仆寺(马政)　顺天府　鸿胪寺(朝会 宾客)　国子监　钦天监　太医院

---

①　编者注:中华书局点校本《清史稿》作"《四书》文、《小学》论各一"。

以上次序据《清文献通考》七十九。

56. 考绩　京察

《清史稿·选举志六》:"三载考绩之法,……京官曰京察,外官曰大计。"(1页)吏部考功司掌之。

京察　子、卯、午、酉年举行。(1页)

四格　才、守、政、年。由长官校以四格。

三等　称职、勤职、供职。一等者加级记名,引见备外用。

六法　纠以六法:不谨、罢软——革职;浮躁、才力不给——降调;年老、有疾——休致。

定额　京官七人中一人列一等;笔帖式八人中一人列一等

大计　寅、巳、申、亥年举行。由藩、臬、道、府递察,申督抚核,部覆核。

卓异　才、守俱优者举以卓异。

六法　劣者劾以六法,与京察同。贪酷者特参。

平等　不入举劾

名额　大计卓异:道、府、厅、州、县,十五人中有一人;佐杂百人中一人;教官三十人中一人①。

限制　非历俸满者不得上考。

纪录　与京察、大计无关,凡三年考满,列一等称职者纪录。又有加级、议叙。(2页)

57. 任官之法

《清史稿·选举志五》:满汉入仕

正途　科甲、贡生(恩、拔、副、岁、优)、荫生,出身者为正途

异途　监生、议叙、杂流、捐纳、官学生、俊秀,同正途　异途经保举亦同正途,但不得考选科道。

翰詹　非科甲正途,不为翰、詹及吏、礼二部官,惟旗员不拘此例。

---

① 编者注:中华书局点校本《清史稿》作"佐杂、教官百三十而一"。

不得滥入仕籍　八旗户下人、汉人家奴、长随

京官正印官　由异途出身者，汉人非经保举，汉军非经考试，不授京官及正印官，所以别流品、严登进也。

分缺　满洲缺、蒙古缺、汉军缺、汉缺、宗室缺(宗人府官)、内务府包衣缺(内务府官)各有专属，亦得互补，均有规定。(8页)

推升　官吏论俸序迁曰推升 (8页)

即升　不俟俸满迁秩(8页)

拣授　引见授官(9页)　京堂督抚

推授　论俸推取，引见授官(9页)　仝上

留授、调授、拣授、考授　京司官、小京官、笔帖式(9页)

州县　以冲、繁、疲、难四者定员缺。四者兼为最要缺，三项次之，二项、一项又次之。

内外官互用

编检　内升坊缺，用科、道；外授道、府(10页)

六部司官　较俸(10页)

科道　给事中升转一年一次，御史一年二次，外简道府，内擢京堂。

内官外用　京察、截取、保送，皆俟俸满

外官内升　知县行取，三年一次，以主事补用。

保举连坐

资格　户部尚书史贻直言，迁擢宜循资格。资格虽不足以致奇士，而可以造中材。捐弃阶资，幸进者不以为奖励之公，而阴喜进取之独巧；沈滞者不自咎才智之拙，而徒怒进身之无阶。请照旧例，循阶按级，以次铨除。果才猷出众，治行卓越，仍许破格荐擢。从之。(《稿·志五》,11页)

58. 清代教习庶吉士制度

《越缦堂日记》四十册光绪九年五月二十三日壬寅："敦夫派分教庶吉士，得十人。故事掌院二人，大教习二人，每人各派翰林官分教习二人，共八员，谓之小教习，按殿试名次轮派之。然所派往往不得人，庶常有不愿者听其自择，自丁丑分教有某某者无人肯伈，由是不听自择。今科所派无开坊者。敦夫，瑞尚书所派也。"(49页)

59. 贡生

《清史稿·选举志一》

岁贡　府、州、县学食廪年深者,挨次升贡。府学岁一人,州学三岁二人,县学二岁一人。由学政挨序考准,咨部选授本省训导。(4页)

恩贡　国家庆典

拔贡　府学二人,州县学一人。于考取一二等生员内遴选文行兼优者贡太学。原来六年一次,乾隆改十二年。朝考拣选充教官,兼用七品小京官。

优贡　大省五六名、中省三四名、小省一二名。三年一次,由学政会同督抚保题,分试,经朝考准作贡生。但无录用之条,多不赴京报考。同治二年从廷试法,一二等用知县、教职,三等训导。

副贡

恩、拔、副、岁、优,时称五贡,科目外,由此者谓之正途。所以别于杂流也。

例贡　由廪、增、附生或俊秀监生援例报捐贡生者,曰例贡。

60. 大挑

《清史稿·选举志五》:"举贡与进士虽并称正途,而轩轾殊甚。顺治间,贡生考取通判,终身无望得官。乾隆间,举人知县铨补有迟至三十年者。廷臣屡言举班壅滞。然每科中额千二百余人,综十年计之(十年四科),且五千余人,铨官不过十之一,谋疏通之法始定大挑制。大挑六年一举行,三科以上举人与焉。钦派王大臣司其事。十取其五。一等二人,用知县;二等三人,用学正、教谕。用知县者,得借补府经历、直隶州州同、州判、县丞、盐库大使;用学正、教谕者得借补训导。视前为疏通矣。"(12页)

61. 保举

《清史稿·选举志五》:"(光绪)三十二年御史刘汝骥复言:'吏治之蠹,莫如保举一途。其罔上营私者,一曰河工,……一曰军功,……一曰劝捐,顺

天赈捐一案,保至千三百余人……'"(14 页)

62. 捐纳

《清史稿·选举志七》:"清制,入官重正途,自捐例开,官吏乃以资进。其始固以搜罗异途人才,补科目所不及;中叶而后,名器不尊,登进乃滥,仕途因之殽杂矣。捐例不外拯荒、河工、军需三者。……"(1 页)

　　捐例　暂行事例,期满或事竣停。各种捐纳都有。豫工例、川楚善后事例。

　　　　现行事例,永远有效。只捐贡监衔封、加级、纪录。

　　捐途　文职京官:小京官至郎中。

　　　　文职外官:未入流至道员。

　　　　武职:千把总至参将。

　　通例:

　　历代捐例时有变更,惟:捐纳官不得分吏部礼部;道府非由曾任实缺正印官捐纳,只授简缺。铨补则新捐班次视旧班为优。

　　捐务　由户部捐纳房主之。

　　执照　凡报捐均给以执照为凭。

　　文官捐　始于康熙十三年三藩之役。

63. 清代总督

康熙十年凡七个总督:两江麻勒吉　山陕罗多　福建刘斗

　　　　　　　　　　浙江刘兆麟　川湖蔡毓荣　两广金光祖

　　　　　　　　　　云贵甘文焜

　　汉五满二

康熙二十二年凡七个总督:两江于成龙　川陕哈占　　福建姚启圣

　　　　　　　　　　　　浙江施维翰　湖广董卫国　两广吴兴荣

　　　　　　　　　　　　云贵蔡毓荣

　　汉六满一

康熙五十三年凡六个总督:两江赫寿　川陕鄂海　闽浙范时崇

　　　　　　　　　　　　湖广鄂伦特　两广赵宏灿　云贵郭瑮

汉三满三

雍正四年凡八个总督:直隶宜兆熊　两江范时绎 川陕岳钟琪

　　　　　　　　　　　闽浙高其倬　浙江李卫(十一月)

　　　　　　　　　　　湖广福敏　两广孔毓珣　云贵鄂尔泰

乾隆三十年凡七个总督:直隶方观承　两江尹继善　陕甘杨应琚

　　　　　　　　　　　闽浙苏昌　湖广吴达善　两广李侍尧

　　　　　　　　　　　云贵刘藻

乾隆六十年凡八个总督:直隶梁肯堂　两江福宁　陕甘宜绵(五月)

　　　　　　　　　　　四川和琳　闽浙福康安　湖广毕沅

　　　　　　　　　　　湖广长麟　云贵勒保(五月)

64. 督抚同城

刘锦藻《皇朝续文献通考》卷一三二《职官考十八·总督巡抚》:

"(同治)五年,广东巡抚郭嵩焘奏,为国家设官督抚同城,急宜酌量变通事:……国朝以来……其督抚同驻会城者三:曰福建,曰湖广,曰云南;本不同城而后移驻会城遂成定例者一,曰两广。推原立法之始,地方吏治归各省巡抚经理,听节制于总督,而总督专主兵。是以河南、山东、山西专设巡抚,即不复设提督,……大致以兵事归总督,以民事归巡抚,此国家定制也。而巡抚例归总督节制,督抚同城,巡抚无敢自专者,于是一切大政悉听总督主持,又各开幕府行文书,不能如六部尚书侍郎同治一事也,而参差机阻之意常多。……"(8915页)

《清续文献通考》一三二,引薛福成叙督抚同城之损:

督抚均不肖,"则互相容隐,以便私图","如乾隆间伍拉纳、浦霖"。

"一贤一不肖,则以小人掎君子,力常有余;以君子抗小人,势常不足","如康熙间噶礼、张伯行"。(五十年顷,两江)

"又有君子与小人共事,不免稍事瞻徇者,如乾隆间孙嘉淦、许容之事。"(以上《考》,8916页)(六、七、八年,湖广,许容时为湖南巡抚,不同城)

湖广总督吴文镕为巡抚崇纶掣肘致死。(咸丰四年)

湖广总督官文劾罢巡抚严树森。(同治三年)

湖北巡抚曾国荃劾罢湖广总督官文。(同治五年)

广东巡抚郭嵩焘不满两广总督瑞霖,以无粤援去。(同治五年)

广东巡抚蒋益澧亦为两广总督瑞霖劾罢。（同治六年）

广东巡抚张兆栋劾罢两广总督英翰。（光绪元年）

两广总督张之洞与历任巡抚皆不相能。（以上《考》，8916 页）

云南巡抚徐之铭与云贵总督张亮基不合。

云南巡抚徐之铭与云贵总督潘铎亦不合。

云南巡抚岑毓英与云贵总督刘岳昭不合。（同治七年至十二年）

云南巡抚潘鼎新与云贵总督刘长佑不合。（光二）（以上《考》，8917 页）

光绪末始废同城巡抚。

65. 督抚职掌

《清史稿·职官志三》："总督（从一品）。掌厘治军民，综制文武，察举官吏，修饬封疆。"（2 页下）

乾隆《清会典》卷四《吏部·官制四·外官》："直省设总督，统辖文武，诘治军民。"（光绪石印本，14 页）

《清史稿·职官志三》："巡抚（从二品）。掌宣布德意，抚安齐民，修明政刑，兴革利弊，考核群吏，会总督以诏废置。"（2 页下）

乾隆《清会典》卷四："巡抚综理教养刑政。"（14 页上）

加衔

《清史稿·职官志三》："初沿明制，督抚系右都御史、右副都御史、右佥都御史衔。……（康熙）三十一年，定总督加衔制（右副都御史、兵部左右侍郎衔）……雍正元年，定巡抚加衔制（兵部右侍郎兼右副都御史衔等等）。"（3 页上）

加兵部衔，所以统辖军伍；加副都御史衔，所以监察考核。因任职前级别定兼衔高下。

兼提督　兼巡抚

又："初河南、山东、山西等省专置巡抚，无统辖营伍权，以提督为兼衔。直隶、四川、甘肃等省专置总督，吏治归其考核，以巡抚为兼衔。"

督抚专任其成，难有作为。

《清续文献通考·职官考十八》，同治五年（1866）广东巡抚郭嵩焘奏："国家定制，钱粮及升调缺员，总之藩司，刑案总之臬司，督抚专任其成，本不易有所设施……"（《考》，8916 页）

《清史稿·职官志三》，直隶总督的全衔为：总督直隶等处地方（民、吏）提督军务、粮饷（军）、管理河道（乾隆十四年加）兼巡抚事（乾隆二十八年加），兼管长芦监政（咸丰三年加），管理三口通商事务（同治九年加），北洋通商大臣。

两江总督的全衔为：总督两江（江南、江西）等处地方提督军务、粮饷、操江（康熙元年加），统辖南河事务，兼两淮盐政（道光十一年加）管理五口通商事务（同治五年加），南洋通商大臣。

66. 咸丰时督抚权势渐高

《清续文献通考》一三二，引郭嵩焘奏："自军兴以来（指太平天国起义），江忠源、胡林翼、罗泽南、李续宾，及今刘长佑、曾国荃、刘坤一、刘岳昭等，皆以司道主兵，或积功至督抚，兵权日分，总督仅守虚名；而例定分年查阅营伍，考核将弁，均系总督专政，出巡之日为多，两省情形，亦资周览，军兴数年，此典竟废。"（《考》，8915 页）

据此可知，咸丰元年（1851）后，总督兵权日分，统兵将帅，不听统辖。因此不能不用统兵将帅为督抚。此是一大转变。督抚于绿营外尚有直接指挥之步队。

《清史稿·职官志三》："文宗莅政，命浙江、安徽、江西、陕西、湖南、广西、贵州各巡抚（均总督兼辖省分）节制镇、协武职；总督兼辖省分，由巡抚署考会题，校阅防剿，定为专责，职权渐崇（此谓巡抚职权）。光绪季年，裁同城巡抚，其分省者，权几与总督埒，所谓兼辖，奉行文书已耳。宣统间，军政、盐政，厚集中央，督抚权削矣。"（3 页下）

《志》文叙述未详。咸丰后由统兵将帅任督抚（握军权），又创厘金（握财权），又兼盐政（财权，道咸加）、外交（与外国资本主义国家联系，道咸以后），而地方督抚职权渐重，演成曾、胡、左、李、张、刘、袁、岑的局面，宣统初感到督抚权重，始收回军、盐诸政以削其势。

67. 雍正前满族督抚

清福格《听雨丛谈》卷三《八旗直省督抚大臣考》："外省官员不分满汉，惟择贤而任。计自顺治四年至雍正十三年止，共九十二年，八旗人员之任督

抚者,汉军则十居其七,满洲十居其三,蒙古仅二人(原注"乾隆以后始用蒙古外任大员")。"(47页)

68.总督久任

两广总督	石琳	康熙二十八年七月至四十一年十月	十三年
直隶	方观承	乾隆十四年七月至三十三年八月	十九年
两江	陶澍	道光十年至十九年	
湖广	阮元	嘉庆二十一年十一月	
两广	阮元	嘉庆二十二年九月至道光六年五月	九年
云贵	阮元	道光六年至十五年	九年
直隶	李鸿章	同治九年八月至光绪二十一年正月,中间丁忧一年三月	二十四年
两广	张之洞	光绪十年四月至十五年七月	五年
湖广	张之洞	光绪十五年七月至三十三年七月,中间至两江二年	十八年

十七、八旗与内务府(辛者库附)

1. 游牧封建社会

《游牧的封建社会》,张之毅,《科学通报》一卷八期532—534页,主要介绍苏联伯恩斯坦(А. Бернщтам)一九四六年所著之《六至八世纪鄂尔浑、叶尼塞流域突厥人的社会经济结构》一书,突厥人指由突厥阿尔(al)统治下的许多部落。

"这书分前后两部。前部叙述:一、各地突厥人石刻发现的经过,和各国学者对于这些石刻文字的研究;二、突厥文的各种材料,比如蒙古和林故城等地发现汉文、突厥文两体的阙特勤碑、苾伽可汗碑、突厥文暾欲谷碑、毗伽可汗碑等。此外作者并引证中国、阿拉伯、波斯古代史籍中有关突厥的记载,和蒙古、西伯利亚考古发掘所得的器物。这书后半部论述东突厥的起源、领土、部落以及他们的家族制度和阶级构成。嗣后论及突厥一组成部落柯尔吉孜(黠戛斯)族的社会结构。"(532页)

"狭义的(突厥人)说法则把突厥人当作这国家的统治阶级,突厥语称叫'阿尔',有时叫'蓝突厥'的。(阿尔一词,突厥语中也有帝国、国家、朝代、人民的意思,托姆生在蒙古突厥碑文序中译阿尔为帝国。伯氏分析多种碑文阿尔一词用法的结果,认为阿尔最正确的意思还是指部落联合的统治阶级而言。)"(532页)

"突厥人的主要生产活动是畜牧,但也有少许农业和手工业。柯尔吉孜人在农耕技术上比较进步。……伯恩斯坦认为柯尔吉孜的半定居生活促进了政权的分化。也就是说,相对地削弱了可汗治权而提高了地方贵族'伯克'的政治地位。(伯克在隋唐时代称匐)。"(532—533页)

"(伯氏)指出历史上根本找不到纯粹游牧经济的存在;相反的,任何游牧者都多多少少与定居生活发生着联系。甚至全力从事游牧的部落也往往采行土地私有制度,特别是冬季牧所(冬窝)的私有制度。另一方面,由于游牧社会中阶级的形成和发展,一部分牧民贫困化,被迫放弃牧群,从而开始出现一群依附于富豪牧主(baj)的定居或半定居的人们。"(533页前)

"六世纪以前鄂尔浑突厥人过着氏族公社的生活,到了六—八世纪才逐

渐进化为一种初期封建社会。这社会还包含着少许畜牧的成分。"(533 页)

"突厥社会盛行荫客制度(clientele),地方贵族——伯克可以庇荫女婿和同氏族的贫苦人民。荫客这一封建制度的形成是根源于财富的不平等。伯克庇荫佃客是有利可图的,因为他可以从这里获致大量低廉劳动力的来源。自然,佃客和奴隶还不可混作一谈。……绝大部分的佃客来自'黑民'(kara-budun)。这说明伯克和黑民间的阶级冲突。"(533 页前)

"黑民还须自备兵器马匹,服务战役,而大部分战争掳掠品都须呈献伯克。掳掠战争在游牧经济中占有重要的地位。……这加在黑民身上的兵役便是一种封建义务。"(533 页前)

"典型的封建制度一直等到十二—十四世纪蒙古统治时期才完全发展起来。"(533 页前)

"在默啜可汗统治的二十余年(693—716)中突厥汗国加速地封建主义化。那时候从中国运去一批农具,伯克对于农具的占有加强了他们的封建统治,对于部分从事农耕牧民的剥削愈趋严重。"(533 页前)

库尔——奴隶

"突厥社会里最初也有叫做库尔(qul)的奴隶,他们包括:一、伯克的妾;二、(伯克)妾生的子女;三、战争中虏获由伯克扶养的儿童。此等奴隶与伯克同住一处,从事一般突厥人所不屑为的农耕和手工业。"(533 页前)

"到了八世纪,蓄奴在突厥汗国才制度化。奴隶的来源大多是战争中俘虏的汉人、波斯人等。……奴隶并不是主要阶级,阶级斗争主要的是在伯克和黑民间进行着的,而不是在伯克与奴隶间进行着的。因此,尽管突厥社会有奴隶存在,但是我们还不能得到结论说突厥社会发展史上曾经有过蓄奴阶段。"(533 页后)

由氏族跃入封建的原因

"突厥社会为什么从氏族社会未经蓄奴阶级,一跃而进入封建社会？伯氏归因于邻近国家社会结构的影响。首先,突厥人是深受中国帝国的封建影响的。……另一方面,许多加入突厥汗国的游牧人民犹如柔然早已脱离蓄奴阶段,……严密的监督是有利地剥削奴隶劳动的必要条件,但对逐水草放牧牛羊的牧民是较难施行监督的……"(533 页后)

国家形成仍保存氏族组织

"突厥国家形成了。但氏族组织仍保存下来。'阶级的分化是在氏族制度下发展起来的,富有的牧户并无破坏氏族组织的意图;相反的,他们还用

各种方法来保护它、发展它.'(伯氏原书页三二)"(533页后)

家族的特征

"突厥社会中基本经济单位是家长制的家族(inijugün)。它的主要特征是:一、幼子优先继承制;二、嫂弟婚;三、多妻制。"(533页后)

"做为群婚制残余的嫂弟婚……这制度的经济动机是企图保护家产以免落入外人之手。"(534页前)

"一个流行嫂弟婚和幼子优先制的社会里必然地会存在着多妻制。诸妻是分居的……"(534页前)

"氏族公有财产为抢掠战争所破坏,荫客制度加上家奴制,多妻制更便利了少数人财富的积累。基于财富的不平等,突厥社会出现了两大对立的阶级,即黑民和伯克或'霸伊'(baj)。在伯克之上有以可汗为首的氏族贵族。另外还有少数奴隶。"(534页前)

"突厥社会阶级的划分形成于六世纪,由于阶级的分化,由于伯克和黑民的斗争,七世纪末时更促成突厥国家的成立(682年)。"(534页前)

"抢掠战争的扩大和阶级的分化促成可汗世袭的统治。"(534页前)

"伯氏所创获的理论可以总结为下列几点:

一、社会发展并不一定循着一定不移的路线,按部就班的前进,有时它会迂回过某一发展阶段。突厥社会从原始公社一跃而进入封建社会,便是例证。它之所以能够如此,主要的是由于受中国帝国的封建影响。

二、阶级出现因而国家产生之后,氏族组织在形式上仍可延续存在,只是这由血缘关系连系着的人群,虽然依旧聚族而居,但其成员已经私有生产资料了。

三、历史上找不到纯粹的游牧经济,牧民多多少少要和定居生活发生连系;其次,在游牧社会中,妇女的社会地位由于她们经济的半独立性比较同一社会发展阶段定居阶段的妇女要来得高些。"(534页后)

1954.10.16—17

2. 猛安谋克

猛安＝明安＝千夫长　谋克＝穆昆＝百夫长　女真语　《金史》作猛安谋克。

《金史》四十四《兵志一·兵制》:"金之初年,诸部之民无它徭役,壮者皆兵,平居则听以佃渔射猎习为劳事。有警则下令部令及遣使诣诸孛堇征兵,凡步骑之仗糗皆取备焉。其部长曰孛堇,行兵则称猛安谋克,从其多寡以为号。猛安者千夫长也,谋克者百夫长也。……始命以三百户为谋克,谋克十为猛安。”(2页)

“……至大定……十五年……再定猛安谋克户,每谋克户不过三百,七谋克至十谋克置一猛安。……”(4页)

《金史》四十六《食货志一·户口》:“猛安谋克部村寨五十户以上设寨使一人,掌同主首(主首为一般户口之管事人)。”(5页)

《金史》四十六《食货志·户口》:“凡汉人、渤海人不得充猛安谋克户。猛安谋克之奴婢免为良者止隶本部为正户;凡没入官良人隶宫籍监为监户;没入官奴婢隶太府监为官户。”(5—6页)

金代户籍“正口”与“奴婢口”分列。(卷四十六,8页)

金代不准以奴代服兵役。(卷四十四《兵志》,5页)

金称奴婢为“二税户”。(卷四十六,8、9页)

金称女直户为“本户”,汉人及契丹人为“杂户”。(四十六,9页)

猛安谋克可以全部移徙。目的在生产,由于有奴隶。

　　　是奴隶制。与清代八旗不同。

《金史》一百九《陈规传》:“今之军法,每二十五人为一谋克,四谋克为一千户。”(12页)

　　　此贞祐四年(1216)上书中所言。

1959.7.6

3. 额亦都、费英东、何和礼所属旗分

《清史稿》列传十二《额亦都传》:“岁乙卯(1615),定旗制,额亦都隶满洲镶黄旗。”(2页上)

　　《清史列传》四《额亦都传》失载。

又《费英东传》:“岁乙卯(1615),太祖将建号,设八旗,命费英东隶镶黄旗,为左翼固山额真。”(3页下)

　　《清史列传》四《费英东传》失载。

又《何和礼传》:“岁戊子(万历十六年,1588年)……旗制初定,何和礼所部隶红旗,为本旗总管。岁戊申(万历三十六年,1608年)……天命建元,

旗制更定,何和礼所部隶正红旗……"(5页下)

（未完）

62.10.6

4.八旗创立之始

《太祖武皇帝实录》卷二,辛丑年(万历二十九年,1601年):"是年,太祖将所聚之众,每三百人立一牛禄厄真管属。……"(2页)

又乙卯年(万历四十三年,1615年):"太祖削平各处,于是每三百人立一牛禄厄真,五牛禄立一扎拦厄真,五扎拦立一固山厄真。……原旗有黄白蓝红,将此四色镶之为八色,成八固山。……"(9页)

又卷三,己未天命四年(万历四十七年,1619年):"三月……右二白旗固山……"(2页,十三行)

始见旗名。

以上三条,《满洲实录》时间相同。

《史稿》惟《何和礼传》有"旗制初定"与"旗制更定"之文,与《武录》相合。

《传》系旗制初定于戊子(1588)、戊申(1608)之间,相距二十年,不必为戊子年或其后二三年(1588、1589、1590),亦不必为戊申年或其前二三年(1608、1607、1606)。

《清史列传》无何和礼传,他传书作何和哩。

《清史稿》传十二《安费扬古传》:"安费扬古少事太祖,旗制定,隶满洲镶蓝旗。岁癸未,太祖兵初起……(癸未,万历十一年,1583)。"(7页上)

此系于癸未1583前,非定制时也。

《清史稿》传十二《扈尔汉传》:"……是岁戊子(万历十六年,1588),太祖起兵之六年也,扈尔汉年十三,太祖养以为子。稍长使为侍卫。旗制定,隶满洲正白旗。……丁未(万历三十五年,1607)正月……"(8页下)

戊子(1588)、丁未(1607)相距亦二十年。

《清史稿》传十三《扬古利传》:"……年甫十四……旗制定,隶满洲正黄旗。……癸巳(万历二十一年,1593)……"(1页)

扬古利于崇德二年(1637)死,年六十六,应生于1572,年十四为1585,距癸巳(1593)凡八年。旗制定在其间。

又,《西喇布传》(未完)

5. 八旗人民之义务

《东华录》天聪八年正月癸卯,崇祯七年(1634):

　　三丁抽一为兵,

　　出征行猎一切差徭分任

　　每年牛录出守台人八名

　　　　　　淘铁人三名

　　　　　　铁匠六名

　　　　　　银匠五名

　　　　　　牧马人四名

　　　　　　固山下听事役二名

　　每牛录下当差者十四家

　　　　　　妇人三口

　　　　　　防守句骊河一名

　　　　　　哨马二匹

　耀州烧盐

　畋猎取肉

　供应朝鲜使臣驿马

　修筑边境四城

　巡视边墙

　守贝勒门

　出征时(瓦尔哈)喂马二三匹从征

　出征时派摆牙喇兵十名兵丁二三名往来驰送差使

　舂米

　纳酒

　贸易布匹负载运送

　窖冰

　看守兽皮

　运送薪米

　采参负往朝鲜货卖

　　　　每固山以一户驻英格地方巡缉盗踪,

　　　　　　以一户驻沈阳渡口看守船只。

　　(1)凡赏赉新附之人皆八家(旗)均出,八家每家出羊若干,貂裘野兽酒米筵宴若干;

　　(2)年岁荒歉八家均出米粟赈济贫民。

1939.11.23

6.八旗

　　(1)《清史稿》以八旗入《兵志》,盖以其为兵制,实则"八旗与兵事之相关,乃满洲之有军国民制度,不得舍其国而独认其为军也"(孟森《清史讲义》25页)。

　　八旗　jakūn gūsa

　　(2)《清史稿·食货志》亦有八旗丁口附户口内,稍知八旗与户籍相关矣,然言之不详。(同上)

　　(3)孟森曰:"八旗者,太祖所定之国体也,一国尽隶于八旗,以八和硕贝勒为旗主。旗下人谓之属人,属人对旗主有君臣之分,八贝勒分治其国,无一定君主,由八家公推一人为首长,如八家意有不合,即可易之。此太祖之口定宪法,可曰联邦制,实则联旗制耳。太宗以来苦心变革,渐抑制旗主之权,且逐次变革各旗之主,使不能据一旗以有主之名,使各旗属人,不能于皇帝之外复认本人之有主。盖至世宗朝而法禁大备。纯以汉族传统之治体为治体,而尤以儒家五伦之说压倒祖训,非戴孔孟以为道有常尊,不能折服各族主之禀承于太祖也。"(25页)

　　《太祖武皇帝实录》:"辛丑年(万历二十九年,1601),是年太祖将所聚之众每三百人立一牛禄厄真管属,前此凡遇行师出猎不论之多寡,照依族寨而行。满洲人出猎开围之际,各出箭一枝,十人中立一总领,属九人而行,各照方向不许错乱。此总领时呼为牛禄(华言大箭)厄真(华言主也),于是以牛禄厄真为官名。"

　　又,乙卯年(万历四十三年,1615):"太祖削平各处,于是每三百人立一牛禄(niru)厄真,五牛禄立一扎拦厄真(1500人,jalan),五扎拦厄真立一固山厄真(7500人,gūsa),固山厄真左右立美凌厄真(meiren)。原旗有黄白蓝红四色,将此四色镶之为八色,成八固山。"

《八旗通志》:"太祖高皇帝初设四旗。先是癸未年(1583)以显祖宣皇帝遗甲十三副征尼堪外兰败之,又得兵百人,甲三十副,后以次削平诸部,归附日众。初出兵校猎不论人数多寡,各随族长屯寨行。每人取矢一,每十人设一牛录额真领之。至辛丑年(1601)设黄白红蓝四旗,旗皆纯色,每旗三百人为一牛录,以牛录额真领之。(原案云……雍正二年[1724]以八旗都统信额真二字作主字解,非臣下所得用,改为固山谙班。)

甲寅年(甲寅为万历四十二年,1614,《实录》作乙卯,1615)始定八旗之制,以初设四旗为正黄、正白、正红、正蓝,增设镶黄、镶白、镶红、镶蓝四种为八旗。(原注黄、白、蓝均镶以红,红镶以白。)每三百人设牛录额真一,五牛录(1500人)设甲喇额真一,五甲喇(7500人)设固山额真一,每固山设左右梅勒额真各一,以辖满洲、蒙古、汉军之众。时满洲、蒙古牛录三百有八(92400人),蒙古牛录七十六(22800人),汉军牛录十六(4800人)。"

　　共120000人,400牛录。

清太祖时八旗固山贝勒:正黄、镶黄,太宗(据《东华录》崇德四年);镶蓝,阿敏(据《东华录》崇德四年);正红,代善(据《东华录》天聪九年);正蓝,莽古尔泰(《东华录》天聪九年);镶红,阿济格(或为克勤王?)(据《东华录》);正白旗,多尔衮(《东华录》顺治八年);镶白,多铎。(太宗以后)阿敏死,镶蓝入济尔哈朗,莽古尔泰死,正蓝入太宗(德格类亦在正蓝旗为贝勒);多铎死,镶白入多尔衮。(48—72页)

顺治时,上三旗天子自将,下五旗为诸王贝勒贝子公分封之地。上三旗正黄(2)、镶黄(1)、正白(3);下五旗镶白(2)、正红(1)、镶红(3)、正蓝(4)、镶蓝(5)是也。(70—72页)

雍正四年六月二十三日上谕:"嗣后贝勒贝子公等,如遇家有丧事,将该属之文武大臣着吏兵二部开列具奏,再令成服。……有在紧要处行走者……令其照常办事。"自是而旗主之制全废。(94页)

太祖天命七年三月初三日明示八固山王共治国政之国体,有"尔八人可为八固山之王,如是同心干国,可无失矣。八固山王尔等中有才德能受谏者可继我之位,若不纳谏不遵道可更择有德者立之"之语。(《武皇帝实录》)又有"若面君时,当聚众共议国政,商国事,举贤良,退奸佞,不可一二人至君前"之语。

又《东华录》太宗录有"太祖初未尝有必成帝业之心,亦未尝定建储继立之议"之语,可证太祖确系"八固山王共治国政"之意。

八旗之制,在康熙时,旗务掌于都统,而王贝勒不之问,其间上三旗由天子自将,即派皇子办旗务,亦无权限之分别。下五旗旗务废弛者不令该旗王贝勒整顿,乃另派皇子,固已视本旗王贝勒无过问之权矣。至雍正间则直以亲王为都统,自后更为常制。(孟森《清史讲义》,109 页)

　　参考:《八旗通志》,嘉庆时修,述至乾隆末为止。

　　《八旗制度考实》,孟森,《史语所集刊》六本三分

八旗为太祖所定之国体,一国尽隶八旗,以八和硕贝勒领之为旗主,八旗各有土田,各有人口,各有武力,各置官属,各任工役,旗下之人谓之属人,属人旗主有君臣之分。八和硕贝勒共议国政、商国事,无一定之君主,八家公推一人为首长,如八家议有不合或其人不纳谏不遵道则更择有德者立之。凡战争有所获八家均分之。八固山贝勒如己无能又不能赞他人之能,当选子弟中贤者易之。

八固山贝勒犹之契丹八部大人,金初之议政大臣。意谓方面之贝勒也。

《大清会典》卷一《宗人府》"不入八分公"原注"天命间立八和硕贝勒共议国政,各置官属,凡朝会燕飨皆异其礼,锡赉必均及,是为八分。天聪以后宗室内有特恩封公,及亲王余子授封公者皆不入八分,其有功加至贝子准入八分,如有过降至公仍不入八分。"

　　案,此条为旧史料未湮之仅存者,甚可宝。心史先生之文与此同见。1943.3.3

《大清会典》卷九十五《八旗都统》:"凡八旗序次:曰镶黄(1),曰正黄(2),曰正白(3),为上三旗;曰正红(4),曰镶白(5),曰镶红(6),曰正蓝(7),曰镶蓝(8),为下五旗。行军蒐狩以镶黄(1)、正白(3)、镶白(5)、正蓝(7)四旗居左为左翼;正黄(2)、正红(4)、镶红(6)、镶蓝(8)四旗居右为右翼。官职除授公差践更以上下旗为辨;朝祭班列旗籍界止(址?)以左右翼为辨。"

　　上下旗,左右翼。

又:"凡八旗方位:左翼自北而东,自东而南;镶黄旗在安定门内,正白旗在东直门内,镶白旗在朝阳门内,正蓝旗在崇文门内。右翼自北而西,自西而南,正黄旗在德胜门内,正红旗在西直门,镶红旗在阜成门内,镶蓝旗在宣武门内。"

　　左翼 hashū ergi　　　右翼 ici ergi

1939.11.27—1943.3.3

7. 八旗的旗色

正黄旗,原作整黄旗,意谓整幅黄旗也。

镶黄旗,原作镶边黄旗,意谓黄旗外缘镶以红色边也。

英文译正黄旗为 Plain yellow,镶黄旗为 Bordered yellow。

参看《朝鲜李朝实录·光海君日记》十三年(天命六年)九月戊申条。

据《朝鲜李朝实录·光海君日记》十三年(天命六年)九月戊申条,其时尚无镶边四旗,只以有画龙、无画龙以别之。

正,满语为 gulu;正白旗为 gulu šanggiyan tu。

镶,满语为 kubuhe;镶红旗为 Kubuhe fulgiyan tu。(见今西译《满洲实录》,316 页)

8. 八旗的次第

八旗 jakūn(八) gūsa(固山),固山是对音,改汉字则称旗。

旗帜的旗,满文称为 tu(今西春秋译《满洲实录》页 150,四行),乃汉字"纛"字的译音。

《满洲实录》四,"太祖建元即帝位"节:"原旗有黄、白、蓝、红四色,将此四色镶之为八色,成八固山。"

此汉文次第也,但满文次第则为黄、红、蓝、白。(今西译本 138 页)

《清太祖武皇帝实录》二:"原旗有黄、白、蓝、红四色,将此四色镶之为八色,成八固山。"(9 页)

与《满洲实录》汉文同。

王先谦天命《东华录》一:"初设有四旗(原注"创制年月无考"),旗以纯色为别,曰黄、曰红、曰蓝、曰白,至是添设四旗,参用其色镶之(原注"幅之黄、白、蓝者红缘,幅之红者白缘"),共为八旗。"(34 页)

与《满洲实录》满文次第相同。

黄白蓝红　为早期次序

黄红蓝白　为改定次序(当在太宗初年,代善强大后)

1962.9.6

9. 八家与八旗

《东华录》崇德三年(1638)七月:"庚午降将沈志祥率属来朝。""戊寅召总兵官沈志祥等于宫中赐宴,仍命七家如例各宴一次。"

此七家岂除太宗之一旗乎?

《东华录》天聪八年(1634)三月:"乙丑降将尚可喜来朝,……设大宴毕,……仍命八家各以次宴之。"

此八家当即八旗。

《东华录》崇德三年(1638)八月:"乙未命……八家各出妇女十口,牛二百头,……赏总兵官沈志祥下官兵。"

1947. 10. 13

10. 佐领可以定属下人罪

《清史列传》四《阿山传》:"(顺治)三年正月,巫者萨海以阿山佐领下雅巴海之妻与人私通事告阿山,阿山信之,徒雅巴海而幽其妻,雅巴海妻奔逸诉于刑部,部鞫讯得萨海诬告状,阿山坐妄听巫言削爵,罢都统任。"(21页)

11. 本旗,本王

《东华录》崇德三年七月丁丑:"谕新旧满洲蒙古汉人曰:尔等有家贫不能娶妻,及披甲不能买马者,许陈诉于本牛录章京,牛录章京诉于固山额真,固山额真启知本王贝勒贝子,本王贝勒贝子即宜将无妻者配妻,无马者给马。如力不能,许本王贝勒贝子以不能之故奏明,朕自给与。……"

此可知旗主与旗之关系,本王即旗主。

《东华录》崇德四年五月辛巳:"命多铎跪受戒谕,上谕曰……昔巴都礼存日,曾奏言,臣自幼历侍诸贝勒,今见我本贝勒(指多铎)所行,悖谬……"

又八月:"辛亥……岳托不待奏闻而私易本旗参政,且私授本旗闲散以官……"

1947. 10. 13

12. 朝鲜李民寏《紫岩集》卷六《建州闻见录》　清太祖卒时诸子之年龄及主持之旗

天命四年(1619年)：

太祖	自领二固山(原作奴酋)
代善	领二固山(原作贵盈哥)
皇太极	一固山(原作红歹是)
莽古尔泰	一固山(原作亡古歹)
杜度(褚英子)	一固山(原作㖯斗罗古)
阿敏	一固山(原作阿末罗古)

《光海君日记》天命六年(1621)八月郑忠信所述与此同。

清太祖卒时诸子之年龄及主持之旗(天命十一年,明天启六年[1626]八月庚戌[十一日]未刻太祖崩,九月庚午[初一日]太宗即位)：

二子	代善	44	正红旗	
五子	莽古尔泰	40	正蓝旗	
八子	皇太极	35	正黄旗	
十二子	阿济格	22	镶红旗	
十四子	多尔衮 同母	15	正白旗	
十五子	多铎	13	镶白旗	
侄	阿敏	42	镶蓝旗	舒尔哈齐子
侄	济尔哈朗	31		舒尔哈齐子
	?		镶黄旗	

13. 世管佐领与公中佐领

《清会典》(光绪)八十五《八旗都统》："凡佐领之别有二：曰世管佐领(注"凡因祖父宣力所得佐领,及伊祖父带来之人编为佐领,或初编佐领即令承管积有数辈者,皆为世管佐领");曰公中佐领(注"凡无根由佐领,初编时即非一姓承管者为公中佐领")。世管则有勋旧(注"国初功臣带来之人编为佐领,或因功得赐户口,皆为勋旧佐领"),有优异(注"立佐领之人着有劳绩,或承管之人着有劳绩,作为优异世管佐领"),若兄弟若族人之合管者(注"兄弟同带来之人编为佐领,及族人合编之佐领皆令其世管"),互管者(注"原立佐领之人有亲子孙而让与亲兄弟子孙、亲伯叔子孙、亲伯叔祖子孙、曾伯叔祖子孙,及远族人均有分者,谓之互管"),滋生者(注"因丁多分编者为滋生佐领,又有将半分佐领二合为整佐领一,现滋生为二者亦如之")皆覈其次数与其房族之亲疏而延以世。原管者选其才,无族谱者准以世,不及五世者为公中,数姓之互管者亦如之。世管不得人则代管,出京则署焉。凡公中佐领,本旗之大臣官员皆与选。"(4—5页)

1955.3.7

14. 世管佐领

《清史稿》传十二《额亦都传》:"累官至左翼总兵官、一等大臣,给以百人廪食,食三世。分所部为世管牛录三,分隶镶黄、正白二旗。"(2页)

　　案,额亦都独身从太祖,此三牛录似非其族人。

又传十三《巴笃理传》:"巴笃理世居佟住,以地为氏。天命初与其弟蒙阿图来归,太祖命编所属为二牛录,使兄弟分领其众,隶满洲正白旗。……蒙阿图自牛录额真累擢梅勒额真,坐私立屯庄罢。天聪三年从伐明,……"(14页)

又传十四《常书传》:"常书,郭络罗氏,与其弟扬书同为苏克苏浒河部沾河寨长。……遂相率归太祖,太祖椎牛祭天将与盟,常书等言于太祖曰:我等率先来归,幸爱如手足,毋以编氓遇我,乃盟。……常书兄弟事太祖,分领其故部为牛录额真,……"(1页)

《清史稿》传十四《康果礼传》:"岁庚戌(1610),太祖命额亦都将千人,徇东海渥集部,降那木多鲁、绥芬、宁古塔、尼马察四路。康果礼时为绥芬路屯长,与其弟喀克都里及他屯长明安图巴颜、泰松阿、伊勒占、苏尔休、明安图巴颜子哈哈纳、绰和诺、泰松阿子叶克书等凡十九辈率丁壮千余来归,太祖为设宴,赉以金币,分其众为六牛录,以康果礼、喀克都里、伊勒占、苏尔休、哈哈纳、绰和诺世领牛录额真。"(4—5页)

又《博尔晋传》:"博尔晋世居完颜,以地为氏。太祖初起兵,有挟丁口来归者籍牛录,即使为牛录额真,领其众。顺治间定官名皆汉语,谓之世管佐领。"(8页)

《清史列传》四《哈宁阿传》:"哈宁阿姓富察氏,世居额宜湖。父阿尔图山率其族攻萨齐库城,杀部长喀穆苏尼堪,招抚三百余人来归,太祖高皇帝

命隶满洲镶白旗,任佐领;复分编人户,俾哈宁阿亦任佐领。"(23 页)

又《和托传》:"和托……父郎格,太祖高皇帝时随栋鄂部之屯长对齐巴颜、阿格巴颜等来归,任佐领。"(25 页)

又《何洛会传》:"父阿吉赖从太祖高皇帝征战有功,官佐领,既卒,何洛会仍其任。"(32 页)

《清史列传》四《敦拜传》:"父木科理当太祖高皇帝时来归,……官佐领事(?),旋卒,子三人,敦拜其长也,初任佐领……"

又卷五《伊拜传》:"伊拜姓赫舍里氏,世居斋谷,父拜思哈当太祖高皇帝时来归,授佐领,隶满洲正蓝旗,既卒,伊拜与其兄宜巴里、弟库尔阐分辖人户,任佐领。"

《清史稿》列传十七《武理堪传》:"旗制定,武理堪隶满洲正白旗,分辖丁户为牛录额真。……武理堪寻卒,太祖……乃录其二子吴拜、苏拜,……天命四年,从伐叶赫,……明总兵毛文龙诱我新附之众实皮岛,吴拜循徼三日,获逋八十余,……时吴拜已代父为牛录额真,上命以所获隶所辖牛录。"(1 页)

1955.3.4、7

15. 入关前祭仪各族不同

乾隆十二年七月丁酉上谕(见《高宗圣训》卷二百十五及《满洲祭神祭天典礼》卷一):"我满洲,禀性笃敬,立念腔诚,恭祀天佛与神,厥礼均重。惟姓氏各殊,礼皆随俗。凡祭神、祭天、背镫诸祭,虽微有不同,而大端不甚相远。若我爱新觉罗姓之祭神,则自大内以至王公之家,皆以祝辞为重。"

16. 清开国以前之人口数

《明元清系通纪》正编卷四:

正统元年(1436),朝鲜世宗十八年,十一月:"丁巳《朝鲜实录》书,咸吉道都节制使金宗瑞上书曰:……斡朵里八百,兀良哈数千之数可一一尽诛之乎?"(16 页)

正统五年(1440),朝鲜世宗二十二年,六月:"丙申。咸吉道都节制使驰报,童仓凡察等与管下三百余户逃往婆猪江。"(87 页)引《李朝实录》。

17. 清太祖起兵人少兵少

王氏《东华录·天命一》：

癸未(明神宗万历十一年,1583)："上日夜思复祖父仇,以显祖遗甲十三副谋伐尼堪外兰。"(广百宋本,3页)

又："夏五月。上起兵征尼堪外兰,……上攻图伦城,尼堪外兰豫知之,弃军民携妻子遁于甲版。上克图伦城而归。当是时兵百人,甲三十副而已。"(仝)

又八月："康嘉……纠合哈达国万汗兵……劫上所属瑚济寨而去。……上部将……安费扬古及巴逊率十二人追及之,奋勇突入。"(4页)

甲申(万历十二年)六月："上率兵四百征纳木占。"(5页)

又七月："上率兵五百征董鄂部。"(5页)

乙酉(万历十三年,1585)二月："上率披甲之士二十五,卒五十略界凡寨。"(6页)

又四月："上率步骑五百人征哲陈部,值大水,遣众还,留八十人,被棉甲者五十,铁甲者三十,略地而前。"(6页)

癸巳(万历二十一年,1593)九月："九姓之国合兵分三路来侵,……郎塔里……告上曰:若以敌兵为多,我兵亦岂少耶,昔征明时,彼兵漫山野,我仅二三百人,尚败其众,我国之人骁勇善战,必败敌兵。……上使人往侦……,是夕叶赫营有一人来降者,言……凡三万人,……是役也,斩级四千,获马三千匹,铠甲千副,以整以暇而破九部三万之众。……"(8—10页)

此未言太祖兵究有若干。郎塔里所言与明兵战,不知所指,上文言丙戌(1586)七月后与明通好,戊子(1588)以后与明在抚顺、清河、宽甸、瑷阳四关口互市,则必无战事;而丙戌以前太祖势尚弱且亦无战事,待考。

1955.3.27

18. 和硕与多罗

孟森《八旗制度考实》："所谓贝勒,乃沿女真旧有尊称;所谓和硕,据满语译汉为方正之方字,初以此为美名而取之,……后来之贝勒止冠多罗,与郡王同号,多罗在满语译汉乃理字,以此冠贝勒上,明乎后来之贝勒非以前

之贝勒也。"(《史语所集刊》六本三分,349页)

天挺闻之溥雪斋,和硕满语为"方面",多罗为"隅"为"角"。

19. 天命时的贝勒

《国史·宗室王公传》:

褚英长子杜度　　　　天命九年(1624)封贝勒

代善长子岳托　　　　天命十一年(1626)封贝勒

　　二子硕托　　　　天命十一年封贝勒

　　三子萨哈廉　　　天命十一年封贝勒

太祖七子阿巴泰　　　天命十一年封贝勒

　　十子德格类　　　天命十一年封贝勒

　十二子阿济格　　　天命十一年封贝勒

　十四子多尔衮　　　未明言封贝勒时日

20. 弩尔哈齐与族人

《清史稿》列传十二《额亦都传》:"是岁(万历八年庚辰,1580)太祖年二十二,额亦都年十九。太祖为族人所綦,数见侵侮,矢及于户,额亦都护左右,卒弭其难。居三年,岁癸未(1583),太祖起兵。"(1页)

据此太祖少不为族人所尊,知其非家长族长。

又《安费扬古传》:"……康嘉者太祖再从兄弟也。綦太祖英武,与群从谋以哈达兵至,……"(7页)

《清史稿》列传十三《拜山传》:"觉罗拜山,景祖弟包朗阿曾孙也。景祖兄弟凡六,分城而居,……太祖既起兵,族人綦太祖英武,谋欲害太祖,包朗阿子孙独不与,率先事太祖。"(6页)

21. 清开国前降附之人

一、自发

二、招致

三、避仇

《清史稿》传十二《费英东传》:"费英东,瓜尔佳氏,苏完部人。父索尔果为部长,太祖起兵之六年,岁戊子(1588),索尔果以所部五百户来归。"(3页)

又《何和礼传》:"何和礼,栋鄂氏,……祖曰克彻巴颜,父曰额勒吉,兄曰屯珠鲁巴颜,世为其部长。何和礼年二十六,代兄长其部。栋鄂部素强,……太祖初起兵闻何和礼所部兵马精壮,乃加礼招致之。岁戊子(1588)……何和礼……遂以所部来附。"(5页)

又《扈尔汉传》:"扈尔汉,佟佳氏,世居雅尔古寨,父扈喇虎与族人相仇,率所部来归,是岁戊子,太祖起兵之六年也。"(8页)

《清史稿》传十三《扬古利传》:"扬古利,舒穆禄氏,世居浑春。父郎柱为库尔喀部长,率先附太祖,时通往来。太祖遇之厚,命扬古利入侍。郎柱为部人所戕,其妻……以其族来归,部人寻亦附太祖。"(1页)

《清史列传》四《阿山传》:"阿山,姓伊尔根觉罗氏,世居穆溪。太祖高皇帝时,阿山与其弟阿达海、济尔垓、噶顿从父阿尔塔什率七村户口来归。隶满洲正蓝旗,太祖以宗室女妻阿尔塔什,为额驸。"(19页)

又卷五《明安达礼传》:"明安达礼,蒙古正白旗人。姓西鲁特,世居科尔沁。父博博图,太祖高皇帝时率七十余户来归,即授为佐领,俾辖所属。……天聪元年随征明锦州,殁于阵,予三等轻车都尉世职,明安达礼袭,兼管佐领。"(7页)

1955. 3. 4

22. 清建国前征服他族的编户

《清史列传》一《代善传》:"癸丑,正月,太祖亲征乌拉……遂克其城……布占泰窜叶赫,所属城邑皆降,编户万家。"(1页)

23. 清开国初徙新附人户

《清史列传》一《代善传》:"岁丁未正月与兄褚英随太祖弟贝勒舒尔哈齐往徙东海瓦尔喀部斐悠城新附人户,……"(1页)

又:"(天命六年)七月镇江城降将陈良策叛投明总兵毛文龙,上命同莽古尔泰迁金州民于复州。"

《清史稿》传十二《扈尔汉传》："瓦尔喀部蜚悠城初属乌喇，……丁未（1607）正月城长策穆特黑请徙附太祖，太祖命贝勒舒尔哈齐等将三千人迎之，扈尔汉从。"（8页）

《清史稿》传十八《李永芳传》："（抚顺既降）是日上驻抚顺，明日命隳其城，乃还，编降民千户，迁之赫图阿喇。"

24. 满清初期的八旗旗主

旗	天命六年（1621）《光海君日记》	天命十一年（1626）孟森《考》	天命四年（1619）《春坡堂日月录》
镶黄	弩尔哈赤	皇太极（时年35）	
正黄	弩尔哈赤	皇太极（时年35）	
正白	皇太极	多尔衮（15）	
镶白	杜度（褚英子）	多铎（13）	
正红	代善	代善（44）	
镶红	代善	岳托（代善长子）	
正蓝	莽古尔泰	莽古尔泰（40）	
镶蓝	阿敏	阿敏（后归济尔哈朗）（42）	

朝鲜李民寏《紫岩集》卷六《建州闻见录》所述天命四年事与《光海君日记》同。

天命十一年阿济格年22，济尔哈朗年31。

25. 入关前之八旗主

朝鲜李星龄《春坡堂日月录》卷二十七（李朝光海君实录）："八将：一、老酋，本姓雀哥，癸丑生。二、贵永介，奴长子。三、多乙含所吐里，奴弟小乙可赤长子，或名阿未罗古。四、亡哥土，奴次子。五、弘太市，奴弟四子。六、豆斗奴长孙。七、所道里，奴侄子。八、阿斗，奴从弟云。"

此天命四年（1619）七月十四日所记。

朝鲜李民寏《建州闻见录》："胡语呼八将为八高沙（gusa）。奴酋领二高沙，阿斗、于斗总其兵，如中军之制。贵盈哥亦领二高沙，奢夫羊古总其兵。余四高沙，曰红歹是，曰亡古歹，曰豆斗罗古（原注"红破都里之子也"），曰阿未罗古(原注"奴酉之弟小乙可赤之子也。小乙可赤有战功,得众心,五六年前为奴酉所杀")。"

此天命四年(1619)三月至五年七月所记。即《栅中日录》。文中"豆斗罗古"又作"乬斗罗古"。

朝鲜《光海君日记》,十三年(天命六年,1621)九月戊申:"其兵有八部:……老酉自领二部,一部阿斗尝将之,黄旗无画;一部大舍将之,黄旗画黄龙。贵盈哥领二部,一部甫乙之舍将之,赤旗无画;一部汤古台将之,赤旗画青龙。洪太主领一部,洞古鱼夫将之,白旗无画。亡可退领一部,毛汉那里将之,青旗无画。酉偅阿民太主领一部,其弟者送哈将之,青旗画黑龙。酉孙斗斗阿古领一部,羊古有将之,白旗画黄龙。"

此天命六年(1621)八九月顷,郑忠信之报告。据此天命六年时八旗尚无镶边而是画龙以别之。

贵盈哥　　代善　　　　　　红歹是　　黄太极
亡古歹　　莽古尔泰　　　　乬斗罗古　杜度
红破都里　洪巴图鲁褚英　　阿未罗古　阿敏
小乙可赤　舒尔哈齐　　　　阿斗　　　阿敦 Adun Age
于斗　　　额亦都
多乙舍所吐里=阿未<u>罗古</u>(阿哥)　阿敏
亡哥土=亡古歹=亡可退　莽古尔泰
弘太市=红歹是
所道里
斗斗阿古=豆斗罗古

1950. 5. 22

26. 天命六年之八贝勒

孟森《八旗制度考实》:

天命六年(1621)之八贝勒:代善　阿敏　莽古尔泰　皇太极　德格类　济尔哈朗　阿济格　岳托　(354页)

太祖所云之四小王:济尔哈朗　多尔衮　多铎　岳托　(389页)

27. 天聪初八旗负责人

《东华录》天命十一年九月（太宗即位后）：

	总管大臣一	佐管大臣二
正黄	纳穆泰（扬古利之弟）	拜音图　楞额哩（扬古利之弟）
镶黄	达尔汉	伊逊（费英东之弟）　达珠瑚
正红	和硕图（何和里之名，正红）	布尔吉　叶克舒
镶红	博尔晋	武善　绰和诺
镶蓝	固三泰（镶蓝）	舒赛　康喀赉
正蓝	托博辉	屯布噜　萨璧翰
镶白	彻尔格（额亦都之子，镶黄）	武拜（正白）　萨木什喀（扈尔汉之弟）
正白	喀克笃里	孟阿图　阿山
调遣大臣二（天命十一年九月）	天聪五年八月，大凌河之役时的固山额真（东华录）	在后策应（同上）
正黄旗	巴布泰（太祖子）	霸奇兰（镶红）　冷格里
镶黄	多诺依	扬善（费英东之侄）　达尔翰　阿巴泰
正红	汤古岱（太祖子）	察哈喇（常书之子）　和硕图　代善
镶红	哈哈纳	叶臣（镶红）　叶臣　岳托
镶蓝	穆克坦	额孟格　宗室篇古　济尔哈朗
正蓝	昂阿喇	色勒（觉罗）　觉罗塞勒　莽古尔泰、德格类
镶白	图尔格（额亦都之子，镶白）	伊尔登（额亦都子，镶白）　多尔衮
正白	康古哩	阿达海（阿山之弟）　喀克笃礼　多铎

1947.10.7

28. 清初的分俘

《清史列传》二《阿巴泰传》:"岁辛亥(1611),七月,同费英东、安费扬古率兵千征东海窝集部之乌尔固、辰穆棱二路,俘千余人还。天命八年(1623)四月……征扎噜特部,……俘其众以还,上行郊劳礼,随征将士分赐所俘。"(41页)

《清史稿》传十二《额亦都传》:"岁丁亥(1587)八月令(额亦都)将兵取巴尔达城,……拔其城,师还,太祖迎于郊,燕郊,其所俘获,悉畀之。"(1页)

《清史列传》五《巴哈纳传》:"(崇德)八年七月论登州略地诸将罪,巴哈纳以倡议令军士皆归,坐夺所俘获,论罚如律。"(5页)

29. 牛录下厮养卒

《清史列传》三《岳托传》:"(天聪五年)七月初设六部,命掌兵部事,……八年二月,……又奏减牛录下厮养卒,得旨惟哨长许留,余悉罢。"(2页后)

30. 包衣

"包衣"者,汉语"家的"也。包,满语"家";衣,虚字,犹"之"、"的"。八旗每旗有牛录、甲喇之职以司征战,此皆以固山之臣应效国家之用,别设包衣牛录额真,译言家之佐领,则专为家之舆台奴仆,即有时亦随主驰驱,乃家丁分作之奋勇,家主例外之报效,立功后或由家主之赏拔,可以抬入本旗,此下五旗包衣之制也。(孟森《清史》,72页)

上三旗天子自将,其家事则谓之内廷差使,是为内务府衙门。内务府大臣原名"包衣昂邦",昂邦者,总管也。(72页)

31. 清开国初的婚媾关系

《清史列传》四《费英东传》:"(费英东)初随其父苏完部长索尔果首率所部军民五百户来归,太祖嘉之,授一等大臣,尚主。"(1页)

又《额亦都传》："初妻(额亦都)以宗女,后尚和硕公主。"(3页)

又《佟养性传》："来归,赐尚宗室女,号曰西屋里额驸。"(12页)

又《达尔汉传》："父扬舒为沾河寨长,太祖高皇帝时率所部来归,尚长公主,为额驸,……达尔汉为长公主所出,初任佐领,尚和硕公主,为额驸。"(15页)

又《阿山传》："……父阿尔塔什……太祖以宗室女妻阿尔塔什,为额驸。"(19页)

又《冷僧机传》："天聪元年敖汉部长索诺木率众内附,尚公主,为额驸。"(33页)

《清史稿》列传十七,附《苏纳传》："苏纳当叶赫未亡弃兄弟归太祖,太祖妻以女为额驸,编所属人户为牛录,使领牛录额真,隶正白旗。天命四年太祖灭叶赫,命苏纳收其戚属隶所领牛录。"(7页)

恩格斯《家庭、私有制和国家的起源》："对于武士或男爵,像对最有权势的王公一样,娶妻乃是一种政治的行为,乃是藉新的联姻以增进自己势力底机会。"(张译本,74页)

　　案,这指中世纪封建社会而言。

　　　　　　　　　　　　　　　　　　　　　　　　　　　1955.3.7

32. 清开国初的养子问题

《清史列传》四《扈尔汉传》："戊子年从其父扈喇虎率所属来归,恩遇之,赐姓觉罗,……扈尔汉感上抚育恩,誓以戎行效死。"(3页)

《清史稿》传十二《扈尔汉传》："扈尔汉年十二,太祖养以为子。"(8页)

《清史稿》传二《济尔哈朗传》："济尔哈朗,舒尔哈齐第二子,幼育于太祖,封和硕贝勒。"(7页)

恩格斯《家庭、私有制和国家的起源》："氏族得收养异族人,并用这个办法收容他们为整个部落底成员。……常常有个别的因特殊情形而人丁不旺的氏族,由于从别一氏(获得它的同意)大量收容养子而重新强盛起来。"(张译本,83页)

33. 清初免功臣徭役

《清史列传》四《何洛会传》："天聪……九年命免功臣徭役,何洛会与

焉。"(32页)

又卷五《觉罗巴哈纳传》:"天聪……九年命免功臣徭役,并分设佐领,巴哈纳与焉。"(5页)

《清史稿》传十四《常书附达尔汉传》:"(天聪八年)是岁命免功臣徭役,达尔汉与焉,并增牛录人户。"(3页)

34. 满洲入关前之奴隶

明程开祜(仲秩)《筹辽硕画》(凡四十六卷)卷首(万历四十八年七月)引程令名《东夷奴儿哈赤考》:"奴儿哈赤,王杲之奴,叫场之孙,他失之子也。塞在宁宫塔内,城高七尺,杂筑木石,或用木植横筑之。城上环置射箭穴窦,状若女墙,门皆用木板。内城居其亲戚,外城居其精悍部卒。内外见居人家,约二万余户。北门外则铁匠居之,专治铠甲;南门外则弓人箭人居之,专造弧矢;东门外则有仓厫一区,共计一十八照,每照各七八间,乃是贮谷之所。"

朝鲜李民寏《栅中日录·建州闻见录》条:"奴城有内外筑,内城则以木石杂筑,高可数丈,阔可容数三万众,有七门,外城颓圮几尽,外城内居人尽移之者片(界藩)云。"(此记当在天命四年二月深河之役后约一年。)

朝鲜李星龄《春坡堂日月录》卷二十七(李朝光海君实录内):"奴城设于高陵上,筑石城不方不圆,石城三尺,排隔长木一件,如是累次高六丈,作门八处,城内有井泉。奴与子孙咸居其中,皆作瓦家,所谓子孙八将之类也。奴隶杂居城中,城阔昌州一般,子城外四面胡家,……当初带甲六万,步兵二万,东西战后余存仅五六万。"(此记当在天命四年[1619]七月)

以上所述均指赫图阿拉城。

朝鲜李星龄《春坡堂日月录》卷二十七:"(奴)酋以下八将日日供办,各有农所奴婢自备度日差官一行八将收合而供之,以此各处所抢之物分入于八将。"

朝鲜李民寏《建州闻见录》:"有功则赏之以军兵或奴婢、牛马、财物,有罪则杀或囚,或夺其军兵,或夺其妻妾、奴婢、家财,或贯耳,或射其胁下。"

又:"自奴酋及诸子,下至卒胡皆有奴婢(原注"互相买卖")、农庄(原注"将胡则多至五十余所"),奴婢耕作,以输其主。"(案,文中所谓"卒胡"、"将胡",指胡人中之卒与将也。)

据户田茂喜《赫图阿拉城构成之素描》所引。(《山下先生还历纪念东洋

史论文集》）

《建州闻见录》："无结卜之役，租税之收。"

1950.5.22

35. 改族赐姓

《清史列传》四《额尔德尼传》："额尔德尼，世居都英额，姓纳喇氏，太祖高皇帝时来归，隶满洲正黄旗。……天聪七年谕文馆诸臣曰：额尔德尼遵太祖指授，创造国书，乃一代杰出之人，今也则亡。……子萨哈连官至銮仪卫冠军使，改入大学士希福族中，赐姓赫舍里。"（9—10 页）

又《希福传》："希福，姓赫舍里氏……世居都英额，再迁哈达……后隶满洲正黄旗。"（11 页）

36. 入关前八旗与氏族

正红旗

何和礼与正红旗

《清史稿》传十二《何和礼传》：

"何和礼，栋鄂氏。其先自瓦尔喀迁于栋鄂，别为一部。因以地为姓。"（5 页）

"何和礼年二十六代兄长其部。栋鄂部素强，……太祖初起兵，闻何和礼所部兵马精壮，乃加礼招致之。岁戊子（1588）……以所部来附。太祖以长女妻焉。何和礼故有妻，挟所部留故地者求与何和礼战，太祖面谕之，乃罢兵降。旗制初定，何和礼所部隶红旗，为本旗总管。……天命建元（1616），旗制更定，何和礼所部隶正红旗。"（5 页）

"和硕图，何和礼四子，初袭三等总兵官，太祖以大贝勒代善（正红旗）女妻焉。号和硕额驸。太宗即位授正红旗图山额真。"（6 页）

和硕图非公主之子。

《清史稿》传十二《何和礼传》："都类，何和礼第五子，公主出也。初为牛录额真，洊擢本旗固山额真，以公主子增领两牛录。"

正黄旗

扬古利与正黄旗

《清史稿》传十三《扬古利传》:

"扬古利,舒穆禄氏,世居浑春,父郎柱为库尔喀部长,……郎柱为部人所戕,其妻…以其族来归……扬古利手刃杀父者,……年甫十四,太祖深异焉,日见信任,妻以女,号为额驸。旗制定,隶满洲正黄旗。"(1页)

"(天命)六年三月从太祖攻沈阳,……扬古利拔刀挥本旗兵先登。……天聪三年……十月从伐明,…扬古利率正黄旗兵直前突阵……"(2页)

天命十一年九月太宗即位后,每旗设总管大臣一,佐管大臣二。正黄旗总管大臣为纳穆泰,扬古利之弟;佐管大臣为拜音图、楞额哩,楞额哩亦扬古利之弟。但亦非通以本旗人主本旗事。(《东华录》)

《清史稿》传二十三《爱星阿传》:"爱星阿,满洲正黄旗人,扬古利孙也。……(康熙)三年二月卒,谥敬康。子富善袭……圣祖亲征噶尔丹,富善将镶红旗兵扈上出中路……"

康熙时已不以本旗人将本旗兵。

镶黄旗

《清史稿》传十二《额亦都传》:

"额亦都,钮祜禄氏,世居长白山。……额亦都与太祖语,心知非常人,遂请从。……乙卯(1615)定旗制,额亦都隶满洲镶黄旗。……太祖厚遇之,始妻以族妹,后以和硕公主降焉。……分所部为世管牛录三,分隶镶黄、正白二旗。"

"额亦都次子达启,少材武,太祖育于宫中,长使尚皇女……"

额亦都既娶太祖妹,又娶太祖女。

额亦都既娶太祖女,而其子达启又娶太祖女。

镶白旗

《清史稿》传二十《图尔格传》:"图尔格,满洲镶白旗人,额亦都第八子也。少从太祖征伐,……尚和硕公主。太宗即位,八旗各设大臣二,备调遣,亦号十六大臣,以图尔格佐镶白旗,寻迁本旗固山额真,列八大臣。"(1页)

又附《彻尔格传》:"兄彻尔格隶满洲镶黄旗,……太宗即位,设八大臣,彻尔格领镶白旗。"(3页)

又《伊尔登传》:"伊尔登,额亦都第十子,与图尔格同旗。幼太祖育之宫中。……太宗即位,各旗置大臣二,备调遣,伊尔登与其兄图尔格同佐镶白旗。"

1955.3.14

37. 清初诸人之背景

人名	关系	出身所在	所隶旗	所从之人	《史稿》传 12
额亦都	长白山,住嘉木瑚(属苏克苏浒部)		镶黄	从太祖起兵	
费英东	索尔果之子褚英之婿	苏完部	镶黄	从太祖	
何和礼	妻太祖长女	自瓦尔喀迁栋鄂	正红	从太祖	栋鄂与哈达时攻掠
安费扬古	瑚济寨		镶蓝	从太祖	
扈尔汉	雅尔古寨		正白	从太祖	
扬古利	郎柱子	浑春,库尔喀部长	正黄	从太祖	13
劳萨	安褚拉库		镶红	从太祖	
图鲁什	叶赫		镶黄	从太祖	
觉罗拜山	景祖兄弟之曾孙		镶黄	从太祖	
西喇布	完颜		镶红	从太祖	
阿格巴颜	阿兰珠之父瓦尔喀什		镶红	从太祖	
达音布	札库木		正白	从太祖	
巴笃理	佟佳		正白	从太祖	
穆克谭	杭涧,隶哈达		镶蓝	从太祖	
达珠瑚	讷殷		正蓝	从太祖	后佐镶黄旗
常书	苏克苏浒部沾河寨		镶黄,改正白	从太祖	14
扬书	常书之弟				
察哈喇	常书之子		改镶白,佐正红	从太宗	
达尔汉	扬书之子	太祖之甥	改镶蓝,领镶黄大臣		
康果礼	那木都鲁(绥芬)		正白旗	从太祖	
喀克都里	康果礼之弟		正白		

哈哈纳	明安图巴颜之子	那木都鲁	正红,佐镶红		
绰和诺	镶红				
叶克书	泰松阿之子	尼玛察部	正红		
博尔晋	完颜		镶红	从太祖	
雅希缠	尼玛禅之子,马佳赫东额之弟				
舒赛	萨克达		镶蓝	从太祖	
扬善	费英东之弟之子		改镶白	从太祖、太宗,后从豪格	
冷格里	扬古利之弟		正黄	从太祖、太宗	
洪尼雅喀	噶哈里		镶红	从太祖	反对乌拉之人
阿山	穆溪		正蓝	本属代善,后从太祖	
额尔德尼	都英额		正黄	太祖	15
噶盖	呼纳赫		镶黄	太祖	
达海	博格之孙,艾密禅之子	觉尔察	正蓝	太祖	
尼堪	松阿里(乌喇)		镶白	太祖	
库尔缠	赖卢浑之孙(哈达都督),索塔兰之子	长白山	镶红	太祖	
英俄尔岱	岱图库哈里之孙	扎库木	正白	太祖,多尔衮	
满达尔汉	雅虎之子	哈达	正黄	太宗	
武理堪	伊兰柱之子	义屯徙哈达费德里	正白	太祖	17(16蒙古)
吴拜	武理堪之子		正白,佐镶白	太祖、太宗	
苏拜	武理堪之子			太祖、太宗,党多尔衮	
阿什达尔汉	金台石同族	叶赫(灭后来归)	正白	太祖	
苏纳	金台石同族	叶赫(未亡来归)	正白	太祖	

固三泰	金台石同族	叶赫（未亡来归）	镶蓝	太祖	
瑚什布	金台石同族	叶赫	镶蓝	太祖	
鄂莫克图		叶赫	正蓝	太祖、太宗	
喀山		苏完（叶赫）	镶蓝	太祖	
安达立		叶赫	正红	太祖	
绰拜		叶赫	镶白	太祖	
布丹		叶赫	正红	太祖	
孙达哩		叶赫	正黄	太祖	"太祖取叶赫，以其民分属八旗。"
吉思哈		瓦尔喀,冯佳屯（初属乌喇）	正白改镶白	太祖	
吴巴海		乌喇	镶蓝	太祖	
康喀勒	王机砮之孙	辉发	镶红	太祖	
萨璧翰	三檀之子	辉发	正蓝	太祖。初隶硕托，以发硕托罪，改隶阿巴泰。	
萨珠瑚	萨璧翰之兄	辉发	正蓝	太祖。初隶硕托，以发硕托罪，改隶阿巴泰。	
希福		都英额迁哈达（哈达灭后来归）	正黄	太祖，与谭泰有隙	19(18汉人)
图尔格	额亦都之子		镶白	父子不同旗。党豪格，与白旗诸王有隙	20
彻尔格	额亦都之子		镶黄		
伊尔登	额亦都之子		镶白		
齐尔格申	纳林之弟	宁古塔	镶白	太祖、太宗	

托克雅		瑚尔哈	正红	太祖、太宗	
叶臣		兆佳	镶红	太祖	
苏鲁迈		栋鄂	正蓝	太祖	
珠玛喇		叶赫	镶白	太祖	
图赖	费英东之子		镶黄,改正黄	太宗、世祖。谋立肃亲王,又附郑亲王	22
伊尔德	扬古利族侄		正黄	太宗、世祖。与鳌拜不和	
努山	塔克都之子	鄂里	正黄	太宗	
索尼	硕色之子,希福之侄	哈达(亡后来归)	正黄	太祖、太宗、世祖。谋立豪格,不附多尔衮	36
苏克萨哈	苏纳之子	叶赫(未亡已来归)正白		初附多尔衮,后发其阴谋。与索尼、鳌拜均不和	
遏必隆	额亦都子	苏克苏浒部	镶黄		
鳌拜	卫齐之子,费英东之侄	苏完部	镶黄	太宗。谋立豪格,与费扬古不和	
卓布泰	卫齐之子,费英东之侄		镶黄	太宗,不附多尔衮	23
巴哈	卫齐之子,费英东之侄		镶黄	太宗,不附多尔衮	
额色赫	纳殷		镶白	太宗	25
车克	克尔素之孙	苏完	镶白	太宗	
觉罗巴哈纳			镶白	太宗、世祖。附多尔衮,与鳌拜不和	
科尔昆	硕色之子	瓦瑚木	正蓝	太祖、太宗,阿巴泰之护卫,不附鳌拜	28

觉善	通果之子	萨尔浒	正红		
谭拜	阿敦之子		正白	太宗	
玛尔赛	谭拜之子		正白	附鳌拜	28
席特库	努颜之子		镶蓝	太宗	
蓝拜	噶哈之子		镶蓝	太宗	
鄂硕	锡翰之子		正白	太宗	
费扬古	鄂硕之子				
伊拜	拜思哈之子	斋谷	正蓝	太宗	
阿哈尼堪		叶赫	镶黄	太宗	
星讷			正白	太宗,属阿济格	
敦拜	本科里之子	沙济	正黄	太宗	29
哈宁阿	阿尔图山之子	额宜湖	镶白	太宗	
硕詹	舒穆禄之子	纳殷	正红	太宗	
济席哈	本科里之子		正黄	太宗	
噶达浑		哈达	正红	太宗	

1947. 11. 11—14

38. 旗人生计

典卖旗地

王庆云《熙朝纪政》三《纪圈地》："(康熙)八年(1669)谕,比年以来复将民间房地圈给旗下,以致民生失业,流离困苦,以后着停。今年所圈房地俱着退还。……旗人不习耕作,又以生齿日繁,始稍稍典卖矣。"(四卷本,26页)

又:"嘉庆十七年(1812),额征入官旗地三万七千三百余顷。"(26页下)

又注:"嘉庆十一年(1806)征收旗租银四十万三千余两。"(26页下)

又:"自旗人生计日以不足,旗租岁充饫赐。"(26页下)

　　旗租充赐

雍正七年(1729)、乾隆四年(1739)、乾隆十四年(1749),三次动支内库银两,照原价赎回典卖与民地亩(官赎八旗地亩)。

　　官赎地亩

禁例

《熙朝纪政》三《纪旗人生计》："今之扼腕八旗生计者,辄曰:'国有四民,功令独旗人不得经商逐利,故贫困至此。'是亦未闻故事耳。方世祖入关,市肆壶浆以俟(天案,原文作俟,应作徯,待也),凡前朝召买粮料诸弊尽除之,以安商旅,而各处庄头入市强买,恃强鞭挞,诏所在捕送京师。(顺治)五年(1648)禁王府商人及旗员家人外省贸易。初禁东来之人藉卖参为名,扰害地方,犹许于南京、济宁、临清贸易,至是并禁之。止令在京市易,违者重罪。"(光绪壬寅北京刻四卷本,27页)

禁经商逐利、禁入市强买、禁外省贸易。

优待事项

"(顺治)十年(1653)赈八旗贫人,每佐领下布六十匹,棉六百斤,米百石,汉军半之。旋每赈增米至三百石。"(27页)

1653 赈旗人。此时入关才十年。汉军与满旗不同,当以汉军骤增之故。

"(顺治)十二年(1655)发内帑赈八旗穷兵。(原注"十四年同")"(27页)

1655 始赈旗兵。

"康熙三年(1664)八旗田灾,赈米粟二百余万斛。"(27页)

1664 赈旗田。

"(康熙)三十年(1691)偿还八旗兵丁债负,以后许官银借贷,派大臣管理。"(27页)

1691 始偿旗欠。

"(康熙)四十二年(1703)贷给帑金六百五十五万余两。"(28页上)

官库贷借。

"(康熙)四十五年(1706)冬计未完者(指未偿清贷借各旗官库银两)尚三百九十余万,诏豁除之。"(28页下)

"(康熙)五十六年(1717)又豁除官库未经扣完银一百九十万。"(28页下)

豁除库欠。

"嘉庆十七年(1812)年征旗租解部,冬至后,敕赏八旗兵丁一月钱粮,久以为例。"(28页)

年终加饷。1812年起年终加粮饷一月,说明清朝财政已近匮乏,不能多给赏赉矣。

1962.9.13 中秋

39. 旗人的穷困原因

王庆云《熙朝纪政》三《纪旗人生计》:

不善谋生

"盖旗人不善谋生,又悍仆豪奴、奸民驵侩导之纵暴,以为利,故屡烦朝廷之禁约。"（27—28 页）

不置产业　入手妄用

"雍正五年（1727）谕管理旗务五大臣曰:从前皇考轸念兵丁效力行间,致有债负,曾发帑金五百四十万两,<u>一家赏至数百</u>,<u>未闻置有产业</u>,一二年间荡然无余。其后又赐帑金六百五十余万,亦如前<u>立时费尽</u>。朕即位以来,赏给八旗兵丁一月钱粮者数次,每次三十五六万,<u>入手妄用</u>,不十日即为乌有。库帑为国家正项,百姓膏脂,岂可无故滥行赏赉,若不将恶习□（涤?）除,朕即有加恩之意,亦不可行也。"（28 页）

不善经运,不知爱惜财物　狃于挥霍,炫于鲜衣美食

"乾隆元年（1736）谕曰:朕因旗兵寒苦者多,<u>借给库银营运</u>,自应仰体朕心,撙节以为久远之计。乃闻领银到手,<u>不知爱惜</u>,而市肆将绸缎衣物增长价值,以巧取之……案是年借给官兵俸一年,至次年又借给兵饷半年,而帑银未领,钱物之价已腾,以御史明德奏,复严行晓谕。大抵旗人<u>狃于挥霍,炫于鲜衣美食</u>,<u>经商逐利</u>,<u>不待禁而不能</u>。夫借之帑金曰俾资营运,尤谓终禁其经商逐利也,亦徒资惰窳之口实而已。"（28 页）

亏帑犯法

"乾隆元年谕曰:八旗从前风俗,最为近古。逮承平日久,生齿日繁,渐即侈靡,如服官外省,奉差收税,即恣意花消,亏帑犯法,亲戚朋侪,牵连困顿。而兵丁闲散,惟知鲜衣美食,荡费成风。旗人贫乏,率由于此。……"（28 页下）

40. 旗人的权利义务①

也就出现了清初的政治上几种不同情况:
因此发生一系列的内部斗争。

41. 努尔哈赤时的人数

《八旗通志》:"……甲寅年始定八旗之制,……时满洲蒙古牛录三百有

---

① 编者注:本卡片文题不符,且仅有此二行,不知何故,姑录于此。

八，蒙古牛录七十六，汉军牛录十六。"

甲寅（1614），《太祖武皇帝实录》作乙卯（1615）。

凡四百牛录十二万人，数太整齐，似是有意造成。

此事《武皇帝实录》与《满洲实录》均不载，不可信一也。天命四年（万历四十七年，1619）八月，察哈尔林丹汗与努尔哈赤书，有"统四十万众蒙古国主、巴图鲁成吉思汗问水滨三万人满洲国主英明皇帝安宁无恙耶"之语（王氏《东华录·天命三》，13页），努复书只驳蒙古四十万之妄以为不足三万人（仝上，15页），而不敢辩满洲三万人之非，且曰"吾国即不若尔之众，吾力即不若尔之强"（仝上，16页），则满洲实不逾三万人也。不可信二也。天命三年（万历四十六年，1618）努尔哈赤以七大恨告天伐明，只"率贝勒大臣统步骑二万"（仝，《天命二》，5页），则其部众不能达十二万人。不可信三也。汉军立旗始于天聪七年（1633）七月（王《录·天聪八》，9页，及《清史列传》七九《贰臣传乙·马光远传》），崇德二年（1637）七月乙未分汉军一旗为二旗，在天命时尚无汉军之称。不可信四也。（王《录·崇德二》，15页）

42. 乾隆时八旗人数

据《大清会典》卷五十五，乾隆时八旗所属佐领数如下：

	满洲	蒙古	汉军	共计
镶黄旗	85	28	40	
正黄旗	93	24	40	
正白旗	86	29	40	
正红旗	74	22	28	
镶白旗	84	31	30	
镶红旗	86	32	29	
正蓝旗	84	30	30	
镶蓝旗	87	25	29	
	679×300＝	221×300＝	266×300＝	1166×300＝
	203,700	66,300	79,800	349,800

分佐领　案原注"（佐领）所治以三百人为率，人户滋生则增设佐领"。

调查时　又原注"今以见数计之"，案《会典》成于乾隆二十三年戊寅

(见凡例),刻于三十九年甲午(有甲午题聚珍板诗),序于二十九年甲申(乾隆御制序)。

佐领职　又:"佐领……掌稽所治人户田宅兵籍,以时颁其职掌。"(《会典》正文非注)

1943.3.9

43. 乾隆时八旗人口

　　乾隆二十三年(1758),满洲八旗共六百七十九牛录,约二十万三千七百人。

　　见另卡。

44. 嘉庆时八旗人口

王庆云《熙朝纪政》卷三《纪旗人生计》类附引嘉庆《会典》卷十二:

"户部南档房,每三岁稽八旗之丁数以闻。嘉庆十七年(1812)在京并各省驻防满洲二十二万二千九百六十八,蒙古五万五千六百三十九,汉军并内务府及五旗包衣十四万三千五百五十四,满洲蒙古家人五万一百六十三,内务(府)并下五旗包衣、内监、尼堪二万九千八百九十三。"(光绪壬寅北京刻四卷本,29页)

　　计共五十万二千二百十七人。

45. 满洲考试科举　八旗科举

王庆云《熙朝纪政》卷一《纪满洲科举》:

"始顺治八年(1651)……取入顺天府学,合满洲、蒙古、汉军以三百人为额。乡试取中百二十名,清汉文随其所习。惟汉军从汉人例……壬辰(顺治九年,1652)、乙未(顺治十二年,1655)廷试满洲进士各五十人,别为一榜。"(光绪四卷本,21页)

"(顺治)十四年停八旗考试……"(仝上)

"(康熙)六年复考试,与汉科举始同场同榜。"(仝上)

"乾隆九年定乡试举人四十一名为定额。进士本无定额,康熙间取六名,雍正间渐增至二十余名,乾隆间递减至四名,嘉庆间约以十人为率。"
(22页)

康熙后八旗考试与汉人同场同榜,并无优待,惟名额较宽。

满洲考试必先骑射,康熙二十八年给事中能泰奏定。(22页)

1962.9.13中秋

46.宗室考试

王庆云《熙朝纪政》一《纪满洲科举》:

"宗室应试始康熙三十六年(1679)。时以属籍繁衍,特辟进取之途,而一行旋罢。乾隆惟乙丑(十年,1745)、戊辰(十三年,1748)再举是科。嘉庆辛酉(六年,1801)以后乃与乡会并行为常例(原注"初合为一闱,后改闱后")。"(22页)

47.翻译考试

王庆云《熙朝纪政》一《纪满洲科举》:

"翻译考试始康熙十年(1671)。令八旗监生考试授官。雍正二年(1724)开满洲翻译科。九年(1731)开蒙古翻译科,以理藩院官补用。至乾隆四年(1739)始行翻译会试,以主事等官用。"(22页)

48.旗人口粮

《内务府则例·会计司》卷三:"初各管领下无田地人,年十几岁以上为一口,五岁以上为半口。每月每口给粮一斛斗,每半口给粮半斛斗。于庄头等所报粮内派给。"(60页上)

"(康熙)二十三年二月奏准……每粮一斗折米五升,向户部支领。"(60页下)

又卷二:"盛京三旗各管领下人丁……每口每月给粮一斤斗,每半口每月给粮半斤斗(原注"每斤斗合仓斗三斗六升")。"(33页下)

嘉庆元年奏准每粗粮一石折银三钱。(33页下)

49. 清开国八王

　　俗称铁帽子王,世袭罔替之亲王郡王:

太祖子三人　礼亲王代善　顺治六年初次袭直至清亡

　　　　　　　睿亲王多尔衮　乾隆三十六年初袭

　　　　　　　豫亲王多铎　顺治六年初次袭

太宗子二人　肃亲王豪格

　　　　　　　庄亲王硕色　原封承泽亲王,顺治中改号庄

舒尔哈齐子一人　郑亲王济尔哈朗

代善子一人　克勤郡王岳托

代善孙一人　顺承郡王勒克德浑　萨哈璘之子

50. 公主下嫁赏赐

《总理内务府则例·会计司》卷二《公主下嫁拨给庄头租银》:

　　"道光二十一年本府遵旨具奏……查固伦公主下嫁外藩,在京居住,应给当铺一座,由会计司按给三等庄头二名、半分庄头一名,由官房租库分拨取租官房数处。……拟请稍为变通……每年……赏银……一千二百两……将拨给庄头之处拟请停止……奉旨依议。"(19页下)

　　　　道光二十一年只将拨给庄头一项折给一千二百两,其余当铺、租房,仍照旧。

51. 内务府

明(内监)宦官二十四衙门:十二监、四司、八局。

清顺治时宦官十三衙门:八监、三司、二局。

王庆云《熙朝纪政》二《纪裁十三衙门》:

　　"顺治十八年(1661)圣祖仁皇帝即位,罢十三衙门,仍以其事隶内务府。"(四卷本,14页)

又《纪立内务府》:

　　"……至十三衙门尽革,以三旗包衣仍立内务府,置总管大臣,兼以公卿而无专员。……<u>收奄宦之权,归之旗下</u>,且待以士大夫之礼,课最者得跻卿贰,外典封疆,使人人乐于自效,而不鄙薄于其职。……"(16 页上)

"顾其官不属兵吏二部。"(16 页下)

七司:广储、都虞、掌仪、会计、营造、庆丰、慎刑。

三院:上驷院、武备院、奉宸苑(原作院,据《则例》改)。

二十七衙门:故宫博物院铅印《总管内务府现行则例》叙有二十七衙门之称,不知所据,案《则·总目》除堂上、七司、三院外,尚有十九处。

六库:银库、皮库、磁库、缎库、衣库、茶库。

内务府七司职掌:

广储司:"分掌库藏、储蓄、经费出纳题奏等事。"

会计司:"分掌庄园地亩、户口徭役等事。"

掌仪司:"分掌祭祀筵宴、礼仪乐舞等事。"

都虞司:"分掌三旗禁旅、训练调遣及渔猎等事。"

慎刑司:"分掌审谳刑狱等事。"

营造司:"分掌缮修工作,及薪炭陶治等事。"

庆丰司:"分掌牛羊群牧、孳生蕃息等事。"

上见《总管内务府现行则例·堂上》卷一,2 页

内务府六库职掌:

银库:"专司收存金银制钱、珠宝玉器、珊瑚松石、玛瑙琥珀、金银器皿等项。"

皮库:"专司收存狐皮貂皮、猞猁狲、海龙、银鼠等皮,哆啰呢、哔叽缎、氆氇绒、褐羽缎、羽纱、象牙、犀角、凉席等项。"

磁库:"专司收存金银器皿、并古铜珐琅镀金、新旧磁铜锡器等物。"

缎库:"专司收存龙蟒缎匹、妆闪片金、倭缎宁绸、宫绸缎纱、绫罗绸绢、布匹棉花等项。"

衣库:"专司收存侍卫处领用青狐红豹、貂皮、黄狐皮端罩、皮袷朝服蟒袍,女官领用蟒袍褂裙、萨满衣,祭祀领用貂褂等项。"

茶库:"专司收存人蓡、茶叶、香纸、绒绵、纴缨颜料等项。"

上见《总管内务府现行则例·广储司》卷一,3 页。

银库、磁库均收存金银器皿,待考。

1962. 9. 13 中秋

52. 内务府与税差织造

《总管内务府现行则例·堂上》卷二《选补官员》:"道光二十年(1840)八月本府奏准,三院司员由盐政、织造、钞关差满回京以原官补用者,若系员外郎,即令候各该院之缺补用;其由郎中差满回京者,若遇有本院缺出仍以本院郎中补用……"(故宫本,54页)

据此内务府职是本缺,监政、织造、钞关等均属内务府员司的出差。

又:"道光二十三年(1843)四月本府奏准,本府及三院等处郎中、员外郎奉旨简放热河正副总管、户部三库库差、九江关盐督系兼道员者,照例开缺。其有补放江南、苏州、杭州三处织造,粤海关、淮安关监督者,仍留底缺,委员署理。……至长芦盐政一缺,如由三院卿员简放者请旨派员署理,如由郎中及别项人员简放调放者均开底缺。"(54页)

据此,上列各官大都由内务府员司兼任,或全系内务府员司兼任。

又《堂上》卷三《议奏事宜》:"道光十一年(1831)八月奉上谕……惟浒墅、淮安、龙江西新、九江、南新北新等五处(关监督)向由内务府司员简放……"(93页)

据此,上列五处明定除内务府外不得简放。

又:"道光十一年十月户部内务府会议奏准,嗣后左右两翼、山海关、张家口、杀虎口五关监督,差满奏交内务府盈余银两,自奉旨之日起,予限一月,全数交清。……"(95页)

据此,五处盈余直交内务府,不缴户部。左右翼当为崇文门左右翼。

内务府官员,祖孙父子兄弟均"不必回避",见乾隆三十八年十一月上谕。(《堂上》,79页)

1962.9.13 中秋夜

53. 外国贡品交内务府接收

《总管内务府现行则例·堂上》卷四《接收各国贡物章程》:"道光十八年(1838)二月本府奏准,嗣后琉球、暹罗、越南、缅甸、南掌、廓尔喀等国进到贡物,俟该部院具奏后,定期交本府在堂上眼同接收……至所进贡物内如有火药等项,即先交武备院在外库接收,以昭慎重。"(故宫本,134页)

54. 内管领

王庆云《熙朝纪政》二《纪立内务府》：

"乃设内管领、副内管领各三十人，以承应中宫差务。（原注"所属苏拉四千九百余名"）统以掌关防处郎中，以时葺治宫室。"（17 页）

案，下五旗亦有"管领"，《八旗通志》镶红旗包衣"第一参领第一佐领，系国初编立"。"第一佐领下第一管领系雍正七年增立"。下五旗管领位在佐领下，职掌未详。

《总管内务府现行则例·堂上》卷二《选补官员》："内管领缺出，除副管领与旧内管领子嗣有品级者升用外，其余概不准升用。"（48 页）

55. 辛者库与包衣

王氏顺治《东华录》三十七，顺治十七年三月辛未："兵部以海寇攻陷镇江，巡抚蒋国柱、提督管效忠等败绩，遁走，分别定议。奏上，得旨：蒋国柱免死，革职，与本王下为奴；管效忠免死，革提督并世职，鞭一百，发包衣下辛者库为奴；俱籍没家产。"（5 页）

1955.4.15

56. 身者库

刘继庄《广阳杂记》卷四："姜瓖降，八王子以（王）辅臣为虾，随入都。……八王得罪死，辅臣没入身者库。"

身者库后译辛者库。据此顺治初已有之。

1954.12.5

57. 辛者库

《清史稿》传七十六《徐元梦传》
《先正事略》九《徐元梦事略》
披甲人为奴之类。

58. 辛者库人

《光绪会典事例》一一九六《内务府·屯庄》：“每年将交到辛者库人（原注“即内管领下食月米人”）等新粮易陈粮支给。”（3 页）

59. 入辛者库即籍入内务府

王氏康熙《东华录》四一，康熙二十七年二月己未：“刑部议覆，翰林院奏参侍读学士德格勒私抹记注，大干法纪，侍讲徐元梦与德格勒互相标榜，情罪可恶，应将德格勒拟斩立决，徐元梦拟绞监候。得旨，德格勒暂监候，秋后处决；徐元梦免死，枷号三月，鞭一百，入辛者库。”（9 页下）

《清史列传》十四《徐元梦传》：“徐元梦，满洲正白旗人，姓舒穆禄氏。康熙十二年进士。……二十六年……十二月，翰林院掌院学士库呼纳奏劾德格勒私抹记注事，并言徐元梦与德格勒互相标榜，因革职逮讯。得旨宽释，籍入内务府。”（10 页）

是入辛者库即籍入内务府。

王氏顺治《东华录》三四，顺治十七年三月庚午：“……蒋国柱免死革职，与本王下为奴；管效忠免死，革提督并世职，鞭一百，发包衣下辛者库为奴，俱籍没家产。”（石印，38 页；刻本，8 页）

据此，可知辛者库又下于包衣。

改发辛者库为奴，又籍家产，可知尚有不籍家产者，奴有财产此满洲特俗。

60. 辛者库

王氏康熙《东华录》九十四，康熙五十三年十一月甲子：“上驻跸东庄，谕诸皇子……允䄾系辛者库贱妇所生，自幼阴险……”（5 页上）

又卷八十九，康熙五十一年四月：“乙丑，宗人府等衙门遵旨将托和齐等结党会饮一案审讯各供具奏，得旨……迓图系高丽之贱俘，为安亲王属下辛者库，因王厚待之，朕不次擢用，授为都统……都图、皂保、武拜、张伯良俱系辛者库，贫穷下贱，并非守分安静之人……迓图仍入安亲王属下辛者库，着

看守王墓,都图等系辛者库人,着交与内务府总管请旨,……"(8 页上)

　　据卷八十八,7 页上,张伯良为包衣达(包衣长)。

61. 辛者库的解释

　　吴振棫《养吉斋丛录》卷一:"又辛者库即内管领下食月米之人。八旗汉军官员获咎,发入辛者库,则改隶内务府汉军,其子孙官至三品以上,许奏请施恩,仍归原旗。然亦有终隶内务府不复陈请者,如百相国龄是也。相国姓张氏。"(光绪刻本,2 页下)

　　《清史列传》卷三十二《百龄传》:"百龄,张氏,汉军正黄旗人。乾隆三十七年进士,改庶吉士……授编修……。(嘉庆)二十年……卒。……予谥文敏。"

　　曾彝进《清语略解》五(北京大学藏残稿本):

　　"辛者库 ᠰᡳᠨ ᠵᡝᡴᡠ ᠵᡝᡨᡝᡵᡝ ᠠᡥᠠ sin jeku jetere aha(原字作辛·者库·遮特呼·阿哈)

　　辛,金斗,即量米之小斗也。者库,米谷也,粮食也。遮特呼,吃得少也。(天挺案,书上贴有签条文曰:"按遮特呼,'吃的'之意,无'少'字之义,请酌。"不知出谁氏手,必精满文者也。)阿哈,奴才也。此字官书及上谕用时,均省作辛者库。《清文鉴》译作管领下食口粮人,其实应译作内务府吃小口粮之男女奴才,或省称小粮奴才,始与清语原名相协。……(中引《东华录》所载康熙四十八年正月、五十一年四月、五十三年十一月,雍正五年九月、十月上谕)……其实辛者库乃隶属于内务府珲托和(ᡥᠣᠨᡨᠣᡥᠣ Hontoho 汉语定名管领)下之食小口粮男女奴才。大约即系拨内务府为奴为婢,食仅少之口粮,服劳苦之工作。但其所谓食小口粮者,非不使之饱食使饿死也,乃不使其于食粮外尚有富余,以充零用,只使其有口粮度命而已。……"(原 5.18 条。5 为第五类,18 为第十八条,全书共有若干条不详,第四类、第五类各 80 条)

1963.1.18

62. 各亲王下辛者库

　　王氏康熙《东华录》八十九,康熙五十一年四月乙丑:"宗人府等衙门遵旨将托合齐等结党会饮一案审讯各供具奏,得旨:……迓图系高丽之贱俘,为安亲王属下辛者库,因王厚待之,朕不次擢用,授为都统,……都图、皂保、武拜、张伯良俱系辛者库,贫穷下贱,并非守分安静之人……迓图仍入安亲

王属下辛者库,着看守王墓。都图等系辛者库人,着交于内务府总管请旨……"(京师刻本,8页)

又卷八十三,康熙四十八年正月甲午:"护军统领赵赖以保皇太子时推病不到,上命将赵赖革职,交该管王令入辛者库当下贱差事。"(4页下)

63. 编入包衣即为奴

王氏康熙《东华录》三十一,康熙二十二年三月庚戌:"议政王大臣会议……又议原任都统觉罗画特在石匣地方交战,不曾收取官兵骸骨,并失炮位,拟革职籍没家产,编入包衣佐领。……上曰,觉罗画特失误军机甚多,无甚效力之处,理应依议,但系觉罗,编入包衣佐领为奴,似属不便。着免其编入包衣佐领。……"(5页)

可知:编入包衣佐领即为奴。

满洲人同样可以作包衣。

皇族不便编入包衣。

64. 给功臣家为奴

《清代文字狱档》第一辑《丁文彬逆词案》,杨应琚奏审拟丁文耀等折:"……查律载凡谋大逆,正犯之兄弟及兄弟之子,……其男十五以下给付功臣之家为奴,……此案丁文彬已照大逆律定拟正法,……其丁文耀尚有年十五以下之子丁士良、丁士信,应咨江省解部,入官为奴……"

乾隆十八年八月二十六日:"奉旨:丁文耀、丁士贤、丁士麟俱改为应斩,着监候秋后处决,余依议。钦此。乾隆十八年九月二十日。"(15页)

又第三辑《贺世盛〈笃国策〉案》,嵇璜等奏遵旨核拟折:"……贺世盛之孙贺麒麟、贺又麟……俱年在十五以下,应与贺世盛妻谷氏,子媳刘氏、李氏,俱给付功臣之家为奴……""乾隆五十三年七月二十四日"(4页)

奉旨:"……所有贺世盛名下应行缘坐之犯,俱着加恩,竟免其缘坐,概予省释……"(7页)

1962. 12. 22

十八、军事制度

1. 军队的本质

恩格斯《家庭、私有制和国家的起源》:"有一种制度促进了国王的权力,即侍卫兵(retinue)的产生。……集合了一队贪图掠夺品的青年人在自身的周围,他们对他个人必须效忠,而他对他们亦然。首领养活他们,酬赏他们……第一,他们促进了君王权力底出现;第二,……只有用经常战争及掠夺性袭击的方法才能保持他们的组织,劫掠成了主要目的。……"(1954本,140页)

又:"国家和旧的氏族组织不同的地方,第一是按地区来划分国家管治下的人民。……第二个显著的特征是公共权力底创设,……雅典民主国底人民军队,是一种贵族的公共权力,用以反对奴隶,使之服从;……为了维持这种公共权力,就需要公民缴纳捐税了。……"(163—164页)

恩格斯《家庭、私有制及国家的起源》:"罗马国家变成了一架庞大的复杂机器,专用以榨取臣民的膏血了。税捐、国家的义务及各种代役租使大批居民陷于穷困底深渊;总督、收税吏及兵士底勒索威逼,更加强了这种压迫,而不能忍受了。这就是罗马国家及其世界霸权所引起的结果:它的生存权是建筑在对内维持秩序对外防御野蛮人的基础之上,然而它的秩序,却比最坏的无秩序还更坏,……"(143页)

列宁《论国家》:"……在现今时代,这样的暴力机关就是武装部队、监狱及其它种种强迫他人服从暴力的工具,即构成国家实质的东西。"(《论马恩及马克思主义》,409页)

又:"当有专门从事管理,并为实行管理而需一个迫使他人服从暴力的特殊强制机关,即需要监狱、特殊队伍及军队等等的特殊集团出现时,也就有国家出现了。"(409页)

1954.11.28

2. 八旗军队

阿礼哈超哈　　骁骑营,马兵,每佐领下抽骁骑二十,弓匠一,鞍匠或铁匠一。

噶布什贤超哈　前锋营(有鸟枪),每佐领下抽二人。

巴牙喇　护军营,每佐领下抽十七人。

前锋　坚甲,长矛、大刀,前哨。

骁骑　短甲,用弓射,马兵,追剿,冲击。

护军　马,接应。

3. 清代军制

一、军制的演变

兵　满语"超哈",Cooha

主要在攻战,其次为防守。其制度组织是逐渐发展的。

自 1583 努尔哈赤起兵至 1911 清亡,前后三百二十八年间,可以分五个不同阶段:

1. 关外的满洲兵与汉兵(1583—1644)

2. 入关后的八旗兵与绿营(1644—1796)

3. 嘉庆后的乡兵与团练(1796[嘉元]白莲教起义—1852)

4. 咸丰后的湘淮军与防练军(1852—1894)

5. 光绪后的新军、陆军(1894[中日]—1911)

这五个阶段,不是说这些兵只在这一阶段有,而是说在这一阶段这些兵起了主要作用。例如八旗兵、绿营兵直到辛亥 1911 还存在。

在有清一代中,在关外时的战争主要依靠满洲兵,汉兵成立较晚。入关战争、江南战争、北方战争,八旗军队之功多,而投降的汉人军队亦居一半。(统兵是满洲人,大部是绿旗兵。)清军入广东、广西及云贵则以投降汉人之力为多,而八旗军队之力殊少。康熙征三藩(1673—1681),雍正用兵青海(1723)及乾隆用兵准部(1755—1758)、回部(1757—1759)及两金川(大 1747—1749、小 1771—1776),则以绿营兵为主,八旗兵为辅。看出八旗兵力已衰。八旗兵与绿营兵都是国家额设的常备军。所以称为"制兵"(《志》三),又称"额兵"(《志》四)。至乾嘉间(1795—1806)黔楚苗民起,嘉庆川陕白莲教起义(1794—1804),清代绿营暮气已深,不能不借助于地方招募的(临时招募的)乡兵(桂涵、罗思举),后来成为常设的,有团练、民壮等名。而太平天国起义

(1851—1864),清军的地方的乡兵亦窳败,曾国藩遂改练官勇(练勇,非地方绅衿所练之军队,故称"官勇"),而乡团变成勇营(事在咸丰二年,1852,见《史稿·兵志四》),有湘军、淮军,就是所谓练军(《兵志三》)。战阵由勇营向前,地方由绿营防守。

由于战事的发展,各省险要全用练军(勇营)留防,旧日绿营成为虚设,绿营饷低于练勇,于是咸辞兵就勇,于是练军又成为防军。防军之名是早有的,练军是后起的(始自咸丰),都是暂时召募,事平旋撤的临时部队。同治元年(1862)令各疆吏汇报练勇的人数及口粮数,由部稽核;同治二年(1863),命直隶额兵酌改练军(《志三》)。军事告终,遂以屯守为主。后同光间各省新军或称练军(山西、贵州、湖南),或称防军(河南、福建、云南),或称防练军(陕西、安徽),而练军和防军(统称为防练军)都成了常设军队。"其后绿营兵屡加裁汰,各省卫戍之责,遂专属于防练军。"(《志三》)光绪中叶后,防练军改为巡防队,光宣之间又改为陆军,至宣统三年(1911),各省巡防队犹未裁尽。(《志三》)

八旗　整幅黄白红蓝四旗;镶边四旗,黄白蓝镶红边,红旗镶白边。

关外汉人军队,汉军:皂旗。崇德二年(1637)分汉军为四旗,一以皂镶黄,一以皂镶白,一以皂镶红,一纯用皂色。七年(1642),改汉军为八旗,定旗色与满洲八旗同,皂旗遂废。(《通考》179,《十通》,6392页)入关后直省汉兵(直是直隶,省是各省),俱以绿旗为辨,称"绿旗兵",又称绿营。(《考》,6393页)

清,道光时,《闲处光阴》(题拸沙拙老撰)下:"各直省军府例称绿营,缘其纛通用绿,惟于边际以红缯饰之。"(《说库》15页下)即镶红边。

二、兵额与兵饷

1.兵额

关外时:

(1)人人皆兵,成丁人人皆有当兵的义务,不是所有壮丁都去当兵,要看需要,随时抽调。

(2)三丁抽一,不是一家有三丁只抽一个,而是以牛录为单位,按丁数抽三分之一(三丁抽一)。如一牛录有三百壮丁,第一次需要时抽一百个(尚余二百丁),前丁未回,第二次再需要时,再抽六十六个(尚余一百三十四丁),再有第三次需要而前丁未回时,再抽四十四个(尚余九十丁),再需要再抽,直至抽完,所以说人人皆兵。

当时的具体数字不知。随时增加。

入关后：

八旗兵额无记载。

王庆云《熙朝纪政》二"京营"序："康熙《会典》凡例曰，八旗士马云屯，难以数计，……考是书，八旗都统载每佐领下设某军几名，于……兵额之多寡则从阙如。自后修《会典》者沿以为例，……良以京师为四方根本，……不当轻以示人，非真京旗之兵难以数计也。至《皇朝通考》于京营沿革甚详，而兵额尚略。《中枢政考》有散数无整数……。谨案我朝京旗各营，皆从佐领起数，与前代立营定额，募兵实伍者不同，不得佐领之数，则历朝兵数不可得而稽也。……"（1 页）

王氏曾据嘉庆《会典》八百三十七所载佐领数计算列表，但今缺。据光绪《会典》86，八旗兵凡 225429 人。当是清末之数，在前必多。

各省绿营兵数（据王庆云《熙朝纪政》二）

康熙二十八年 1689	各省经制马步兵	594414 名	《会典》	驻防在内
乾隆二十九年 1764	直省绿营兵	637323	《会典》	
乾隆五十年 1785		599814	《通考》	
嘉庆十七年 1812	各省绿营兵额	661671	《会典》	京营在内
道光元年 1821		623489	《中枢政考》	
道光二十九年 1849	各省绿营兵	585412	兵部档册，驻防在内，京营万名在外

㊎ 同光裁汰后清末尚余绿营兵数 462382 《清史稿·兵志二》

一般说：

（曾国藩说）八旗兵额数常不过三十五万人。

绿旗兵六十六万人。

两共不到一百万人，通常总计一百万人，举成数。

2. 粮饷

八旗兵	有饷银，有岁米，多寡不等	
亲军、前锋、护军	每人月给饷银四两	年支米四十八斛
步军	每人月给饷银一两五钱	年支米二十四斛
养育兵	每人月给饷银三两	不给米，后有部分给

米,见《圣武记》

绿营兵　　　　　　每人月给饷钱一两五钱　月支米三斗

各省绿旗兵及驻防饷银

康熙初兵饷　　　　13492755 两　占全国支出 2738 万两的 49.2%
　　　　　　　　　　　　　　　　（《广阳杂记》二）
康熙二十八年　　　13632900 两　《熙朝纪政》引《会典》
道光二十九年　　　16821061 两　占全国支出 3644 万两的 46.4%
　　　　　　　　　　　　　　　　《熙朝纪政》引户部档

3. 几次大战役的军费

乾隆间新疆之役　五年用帑仅三千万两　由黄廷桂主之（《圣武
　　　　　　　　　　　　　　　　　　　记》十一《兵饷》）
金川之役　　　　　七千万两
教军之役　　　　　　万万两以外　理饷之员皆干没巨万,如石
　　　　　　　　　　　　　　　　作瑞、刘嘉琦

　　正常收入（乾隆五十六年岁入 4359 万余两）不足则开捐,川楚善后例收银三千余万两。

　　豫东例收七百五十余万两。

　　或则私派,乾隆缅甸之役,镇安府私派每粮银一两,科至六两余,见赵翼《檐曝杂记》。

　　将士的奢靡:

　　川楚教军之役"将帅会饮,……其蟹鱼珍羞之属,每品皆用五六两（银）,一席多至三四十品,而赏赐优伶、犒赉仆从之费不与焉"（《啸亭杂录》八,32 页）。此是建昌道石作瑞延请诸将帅会饮所用。石侵蚀帑银至五十余万。

　　三、兵源

　　八旗兵　"八旗子弟,人尽为兵。"（《史稿》）"八旗驻防兵由于世籍。"（《通考》182）

　　男丁（八旗牛录下［佐领下］旗人）年十六岁以上就可以"披甲当差"。称为额兵。定出名额,在各佐领下"挑补"。

　　额兵外有"随甲",是武官的随从。

　　此外称为余丁。不满十六岁为幼丁。

余丁、幼丁可以挑补"养育兵"。预备兵。

养育兵始自雍正二年(1724),"承平既久,满洲户口滋盛,余丁繁多,或有丁多之佐领,因护军、骁骑,皆有定额,其有不得充伍之闲散满洲,至有窘迫不能养其妻子者,每思及此,恻然动念。……今将旗下满洲、蒙古、汉军共选四千八百名为教养兵,训练艺业……"(雍正谕)(《考》,6394页,兵)。

绿营　自由应募,召募。

乡兵　地方召募,游民居多。镇压教军起义的乡勇,如罗思举部下实均无赖。参考《罗壮勇公年谱》。

湘军　召募乡间农民。用封建伦理加以鼓惑。

四、训练与军器

1. 训练

八旗兵　每月习骑射二次、步射四次。(《史稿·兵志十》)
　　　　春秋二季,擐甲习步射及骑射一次。

八旗汉军　春秋月试炮于卢沟桥。

绿旗兵　每岁霜降赴教场合操,列队行阵,火枪、长矛、藤牌、扁刀、短刀之属各因其地之宜。

2. 军械

顺治五年　奏准马兵每名给甲一、胄一、櫜鞬一、弓一、箭四十、腰刀一。
步兵每名给甲一、胄一、腰刀一、弓一、箭三十。
长枪兵每名给长枪一。
鸟枪兵每名给鸟枪一。
直省均照此给发。(《通考》194,《考》,6577页)

八旗兵需用甲胄军器移交工部制给,或给银令其自制。直省兵丁铠仗动支本地钱粮造给。

3. 军装

盔　上尖下平,高五尺。有护额(前面),护顶(后面),护颈(下面),护耳(左右)。　外面:官用锦缎,兵用布,加铁叶。　盔,上插雕翎,下垂貂尾。各有等差。(《通考》194)

甲　上衣下裳,有左右护肩,左右袖,左右护腋。下有遮裆。　官用锦缎,兵用布。无定式。加铁叶。

实际(操练)战争中用不着,用不上,事实上成了虚文。

一般只用"号褂"或"号坎"。号是加铃记编号,褂是马褂,坎是坎肩(半臂,无袖的背心)。清末尚见蓝布坎肩,胸背加白圆标记,称为圆光,上书大书一勇字,左右小字编号及所隶营。

小军官则加一马褂。

清焦东周生《扬州梦》卷一"明珠"条,"见一少年军官,戴砗磲顶,拖老鹳翎(所谓蓝翎),短襟皮靴,外罩福色(即绛紫色,福康安喜绛色,故时称福色)得胜褂(即马褂),站领三寸,倭缎辣边加如意头,约宽一掌"云云。此书叙扬州烟花事,必其未衰之时,又叙及洋烟,必其未禁之时,又有戊午、辛亥诸纪年,非1791之辛亥即1851之辛亥也。后细检其书有"盐务改票"及"林文忠"之语,则此辛亥必1851也,又书中自言辛亥年二十九,则其人必道咸同间之人也。

1962.11.1

4. 八旗兵制

《大清会典》九十六《八旗都统·兵制》:"凡八旗设兵之制:满洲蒙古旗每佐领下亲军二人,上三旗隶领侍卫内大臣,下五旗隶宗室王公;前锋二人隶前锋统领;护军十有七人,隶护军统领;鸟枪护军三人,鸟枪骁骑四人,炮骁骑一人,隶火器营(以上隶旗外者二十七)。领催五人,骁骑二十人,弓匠一人,铁匠或鞍匠一人,各隶本旗都统。"(以上隶本旗二十七人,两共五十四人。每佐领三百人,适当五分之一弱。)

又:"凡畿辅驻防:郑家庄城守尉所属八旗满洲蒙古两旗各设一佐领,每佐领下领催四人,骁骑九十六人(每领催领二十四人)。弓匠一人,铁匠一人;汉军左右翼各立一佐领,每佐领下鸟枪领催四人,鸟枪骁校九十六人(每领催二十四人),弓匠一人,铁匠一人;共领催十有六人,鸟枪领催八人,骁骑三百八十四人,鸟枪骁骑百九十二人,匠役十有二人。"

案,八旗军队编制,《会典》、《清史稿·兵志》均无详细记录,姑举此以见例,然非通制也。详查诸书记载每"领催"下最多不过二十四人,少者八九人不等,或当时无明白规定也。

又八旗抽丁分隶之法甚善,盖统率者非一人,且不全属本旗,无挟兵自重者矣。(亲军,护军,步军,前锋,火器,本旗。凡六隶。)

1943.3.10

5. 清代驻防

《清史稿·兵志一》："八旗驻防之兵，大类有四：曰畿辅驻防兵，其藩部内附之众，及在京内务府理藩院所辖，悉附焉。曰东三省驻防兵。曰各直省驻防兵，新疆驻防兵附焉。曰藩部兵。"（3页）

又："各直省驻防制：顺治二年（1645）始设江南江宁左翼四旗（《地理志五》；光绪二年拨荆州驻防改驻江宁，《会典》545），陕西西安右翼四旗（《地理志十》），皆置满蒙兵二千，弓匠二十八，铁匠五十六。……（历年增设）：

顺治六年（1649）　山西太原　正蓝镶蓝满蒙暨察哈尔游牧兵
《地理志七》失载

十一年（1654）　山东德州　镶黄正黄满蒙　《地理志八》失载

十五年（1658）　西安　增汉军　《地理志十》，1

浙江杭州　八旗满蒙、汉军　自保定德州拨来（光绪二年拨荆州驻防改驻杭州）　《地理志十二》，1

顺治十六年（1659）　京口（镇江）　《地理志五》，8

康熙十五年（1676）　陕西宁夏　满蒙八旗　《地理志十一》，4

十九年（1680）　福建福州　左翼四旗汉军（自杭州拨来）（乾隆十九年改驻满洲）　《地理志十七》，1

二十年（1681）　广东广州　上三旗汉军（乾隆二十一年兼驻八旗满洲）　《地理志十九》，1

二十二年（1683）　湖广荆州　八旗满蒙　《地理志十四》，4

广州　增下五旗汉军　《地理志十九》，1

三十二年（1693）　山西右卫　满蒙汉　《地理志七》，8，失载
（右玉卫雍正三年改朔平）

五十九年（1720）　河南开封　满蒙领催　《地理志九》失载，恐人数太少

六十年（1721）　四川成都　满蒙　《地理志十六》，1

雍正六年（1728）　福建福州　水师

七年（1729）　　浙江乍浦　水师

山东青州　八旗满蒙　《地理志八》

广东广州　水师八旗汉军

八年(1730)　山东青州　八旗满洲　《地理志八》

雍正十三年　甘肃凉州　八旗满蒙汉　《地理志十一》,5

（乾隆三十二年由天津移驻凉州满蒙）

乾隆二年　绥远　满蒙汉　《地理志七》,10

庄浪　满蒙汉　（庄浪属凉州府）

(6—8页)

《清史稿·食货志一》:"八旗人丁定例三年编审一次,令各佐领稽查已成丁者增入丁册。……其各省驻防旗员兵丁及外任文武各官子弟家属,令各将军督抚造册,咨送该旗。"(8—9页)

1947.10.22

6.八旗驻防的发展

<u>八旗驻防之始</u>　《清史稿·本纪二》,太宗天聪四年(1630)正月辛巳朔:"壬午至永平。……癸丑……攻城,……黎明克之。……三月壬午,上还沈阳。庚寅,遣二贝勒(原作三贝勒,误)阿敏、贝勒硕托率兵五千往守永平四城,贝勒阿巴泰等还。"(8页)

五月阿敏弃城归

《清会典事例》卷五四五:"天聪八年亲征察哈尔,驻跸归化城,其部众悉降。九年以贝勒驻守归化城。"(2页)案《清史稿·本纪二》,太宗天聪八年五月丙戌朔:"丙申议征明。……直趋宣大,……七月……驻朔州(今山西北部,长城外,大同之西南),丙午,上围应州(今山西北部,长城外,浑源之西,大同之南),令代善等趣马邑(朔州之东)。土鲁什至归化城。……九月……壬申,上还盛京。"(17页)不言太宗曾至归化。又《太宗纪》天聪九年八月有"时岳托以疾留归化城,多尔衮等率兵略明山西"。是驻归化者为多尔衮、岳托、萨哈廉、豪格诸人。

《清史稿》本纪四《世祖纪》,顺治元年八月丙辰朔:"丁巳以何洛会为盛京总管,尼堪、硕参统左右翼镇守盛京。"(3页)案《会典事例》卷五四四:"顺治元年以内大臣一人,梅勒章京二人留守盛京。"又:"(顺治)三年改盛京驻防内大臣为昂邦章京。"又:"康熙元年改盛京昂邦章京为镇守辽东等处将军。"又:"(康熙)四年改'镇守辽东等处将军'为'镇守奉天等处将军'。"(以上俱见2页)

八旗驻防先设防守卫、城守尉及防御、骁骑校。

顺治二年昌平州、固安县、采育里设防守卫各一人。(《会典事例》544卷)

张家口、古北口、独石口设防御各二人。(仝)

五年沧州设城守尉一人,大名府设城守尉一人。(仝)

六年移大名府驻防官兵改驻保定府。(仝)

太原府设城守卫一人。(545卷)

二年三月乙巳"遣八旗官军番戍济宁"。(《史稿·本纪四》,7页)

二年六月辛未"何洛会率师驻防西安"。(仝,9页)

驻防设将军(据《会典事例》545卷):

江南江宁　　　顺治二年

　　　　　　　顺治九年五月壬午以喀喀木为昂邦章京镇守江宁。

　　　　　　　十四年十月癸酉令固山额真赵布泰驻防江宁。

福建福州　　　康熙十九年

浙江杭州　　　顺治十五年称总管,康熙十三年改将军。

　　　　　　　顺治十一年五月"丙辰以杨麒祥为平南将军,驻防杭州"。
　　　　　　　见《史稿》五。

湖北荆州　　　康熙二十二年

　　　　　　　顺治十二年八月癸亥以阿尔津为宁南靖寇大将军,同卓
　　　　　　　罗驻防荆州。见《史稿》五。

陕西西安　　　顺治二年称昂邦章京,康熙元年改称将军。

四川成都　　　康熙四十一年。

广东广州　　　康熙二十一年。

顺治十年七月辛酉以安郡王岳乐为宣威大将军率师驻防归化城。

顺治十七年三月甲戌定汉字官名"昂邦章京曰总管"。见《史稿》五。

1954.12.3

7.八旗驻防的管理

驻防军队设官各省亦不同,或设将军,或仅设副都统,城守卫。

山西　城守卫二(《会典事例》545卷)　　太原右卫(绥远)

　　　山西原设右卫将军,乾隆二年裁

河南　城守卫一(545卷)　　　　开封

绥远	绥远将军(545 卷)
四川	成都将军(545 卷)
江南	江宁将军(545 卷)
福建	福州将军(545 卷)
山东	副都统一(545 卷)　青州

原设青州将军,乾隆二十六年裁。

直隶	副都统二(544 卷)　热河、密云
广东	广州将军(545 卷)
陕西	西安将军"镇守西安等处地方将军"(545 卷)
湖北	荆州将军(545 卷)
浙江	杭州将军(545 卷)
甘肃	宁夏将军(545 卷)

原设凉州将军,乾隆三十八年裁。

8. 清初八旗军已腐败

《清史稿·本纪五》:"(顺治十四年正月)甲子谕曰:我国家之兴,治兵有法。今八旗人民怠于武事,遂至军旅隳敝,不及曩时。……(下分析其原因为考取生童乡会试)"(16 页)

9. 清初驻防之累民

《清史稿》传五十八《王鸿绪传》:"(康熙)二十六年(1687)擢左都御史,……鸿绪论各省驻防官兵累民,略言,驻防将领恃威放肆,或占夺民业,或重息放债,或强娶民妇,或谎诈逃人,株连良善。或收罗奸棍,巧生扎诈,种种为害,所在时有。如西安、荆州驻防官兵,纪律太宽,牧放马匹,驱赴村庄,累民刍秣,百十成群,践食田禾,所至驿骚。其它苦累,又可类推。请严饬将军、副都统等力行约束。绿旗提镇,纵兵害民,以及虚冒兵粮者不一而足,请饬督抚立行指参。上命议行。未几,以父忧归。二十八年服阕……"

此康熙二十六年之情形。

1947.11.28

10. 驻防军之管理

《清会典事例》卷五四四《兵部·官制》:"(雍正)十年谕,附近京畿之小城驻防兵丁,俱系协领官等管辖,因无总管之大臣,故教训兵丁、稽察官员之事,殊为疏忽,虽在地方妄行生事,亦无约束之人。应交相近居住之大臣令其兼管。"(1页)

又五四六:"乾隆四十六年谕:京师辇毂重地,……西北昆明湖一带,离城较远,稽查巡缉,更觉耳目难周。……"(1页)

又:"嘉庆四年谕:步军统领为九门管钥,统辖京营,总司缉捕。……八旗设立都统,驻防设立将军,俱有副都统。绿营设立提督,即有总兵,今步军统领衙门亦当照此添设左右翼总兵各一员。"(1页)

1954.12.2

11. 绿旗营用旗员

《清会典事例》五六五:"(乾隆)元年议准……沿边关隘要地,副、参、游、都、守等官以三分留与绿旗补用,以七分给予旗员对品补用。"(1页)

又:"(乾隆)八年议定,从前所定旗员分用绿旗员缺之例,原系将满汉升途通行筹酌。……"(2页)

又:"(乾隆)十五年……奉旨直隶、山西沿边地方,都司以上员缺,着以五分补用旗员,五分补用绿营官员。"(3页)

又:"又谕(十五年)朕前因绿旗营伍废弛,兵力较软弱,皆由将弁不能约束训练所致,是以分用旗员,以资钤辖。……"(3页)

1954.12.2

12. 乾隆论明末重文轻武

《清会典事例》卷五四二《兵部·官制》:"(乾隆)五十一年谕……国家设立武职,原欲其折冲捍御,其责不轻于文臣。有明之季,文臣用事于中,武臣宣力于外,一二台阁本兵科道书生构谋倡议,俱足以掣武臣之肘,卒致武备废弛,疆圉孔棘,国事遂不可为,此皆重文轻武之流弊,不可不引

为殷鉴。"(4 页)

13.清代的驻防与绿营之别

《清朝文献通考》一八二《兵考》:"国朝……定鼎以来,备立营制。兼用八旗及绿旗兵。<u>八旗驻防兵由于世籍;绿旗各营兵,由于召募</u>。"(木刻,1 页)

又:"溯自世祖章皇帝车驾入关之初,以盛京为发祥重地,在直省之上,即以内大臣为总管,统辖两翼官兵,为驻防所自始。嗣是凡直省<u>形胜要地</u>,以次分遣八旗兵驻守。其绿旗官兵<u>复随都邑之大小</u>、远近,列汛分营,立之将帅,授以节制。于濒海濒江又各设水师营以守之。凡弹压控制之道,益详且密。至于内地各卫所,递加裁减,所存者俱专司漕运,不寄以防守之责。"(2 页)

1954.11.27

14.汉军之始

《清朝文献通考》一七九:"崇德二年(1637)分汉军为二旗。先是天聪七年(1633)令满洲各户有汉人十丁者授绵甲一副,共一千五百八十户,令旧汉兵之将领官统之,以补各旗之缺额者。至是(1637)始分为左右翼二旗。其旗皆用皂色。……"(7 页)

又:"(崇德)四年(1639)分汉军为四旗。时定旗色:一以皂镶黄,一以皂镶白,一以皂镶红,一纯用皂色。……"(7 页)

又:"(崇德)七年(1642)设汉军八旗。旗色与满洲八旗同。"(8 页)

1954.11.27

15.清代八旗兵额

《清通考》一七九:"兵额:

八旗满洲兵　五万九千五百三十名;

八旗蒙古兵　一万六千八百四十三名;

八旗汉军兵　二万四千五十二名;

京城巡捕营兵一万名。"（木刻本,21 页）

以上共十一万〇四百二十五名,除巡捕营一万名外,凡十万〇四百二十五名。

1954.11.27

16. 各省驻防军

清光绪《会典》卷八六《八旗都统》(2 页)：

驻防处所		前锋	领催马甲	步甲	匠役	养育兵	鸟枪马甲	炮甲	水手	副甲兵
青州副都统所属	青州	200 人	1263 人	208 人	16 人	100 人				
	德州		12	500		4	40			
绥远城将军所属	绥远城	200	1800	700	40	300				
	右卫		300			80				
太原城守尉所属		560	40	4	40					
开封城守尉所属		468	100	20	60	293	39			
江宁将军所属	江宁	144	1959	572	120	1050	760	61		
	京口	56	481	228	48	250	600	29		
福州将军所属		200	1360	320	120	120				
	水师营		568		8				24	
杭州将军所属	杭州	200	480	322	96	128	800	190		
	乍浦水师营	200	1228		48	100		72	50	
荆州将军所属		200*	1900	700	168	720	1900	80		
*鸟枪、弓箭各半										
西安将军所属		400	4600	500	120	868		100		
宁夏将军所属		200	1900	584	72	600		16		

驻防处所		前锋	领催马甲	步甲	匠役	养育兵	鸟枪马甲	炮甲	水手	副甲兵
凉州副都统所属	凉州	60	478	70	15	75	732	10		
凉州副都统所属	庄浪	30	257	70	15	75	393	10		
伊犁将军所属	惠远城	320	2960	600	80	240	400*	40		
	惠宁城	160	1536	220	48	64		16		
	锡伯部落		1006							
	索伦部落	40	1010			200				
	古城	40	808	144	16			16		
*鸟枪步甲										
成都将军所属		60	1440	250	96	144				
广州将军所属		150	2150	400	26	1500		24	400	
	水师营		500			4				100*
*副工兵										
总计		2872	31512	6028	1184	6754	5878	703	74	400	100

共 55505 人

1954. 12. 12、15

17. 清军入关后之武功

入　关　　顺治元年 1644 年　　多尔衮（摄政王）

定山西　　顺治元年 1644 年　　巴哈纳、石廷柱、叶臣

定直隶　　顺治元年 1644 年　　叶臣等

定河南　　顺治元年 1644 年　　叶臣等（河以北）、豫亲王多铎（二年，河以南）

平李自成定陕西　　顺治二年　　英亲王河济格、敬谨庄亲王尼堪、吴三桂

定山东	顺治二年	饶余郡王阿巴泰
定江北	顺治二年	饶余郡王阿巴泰(徐州)、多铎(扬州)
定江南	顺治二年	多铎
定皖北	顺治二年	多铎
平福王	顺治二年	多铎
定浙江	二年、三年	贝勒博洛
定湖广		贝勒勒克德浑、济尔哈朗
平张献忠		何洛会、李国翰、豪格、鳌拜
平鲁王		博洛、图赖
定江西	三年	金声桓
定四川	三年、四年	豪格(靖远大将军)、尼堪、吴三桂(八年)、李国翰
定福建	三年	博洛、图赖、阿济格、尼堪
平唐王	三年	阿济格、尼堪
定贵州		吴三桂、卓布泰、罗托
定云南		吴三桂、多尼
定广东		佟养甲、李成栋、尚可喜、耿继茂
定广西		卓布泰　孔有德
平桂王		吴三桂
平郑成功		济度、施琅

详见"平定州县日表"卡片,以上据《世祖本纪》。

18. 清军入关后平定州县日表

据《清史稿》四—五《世祖本纪》。

顺治元年(1644)四月(戊午朔)己卯(二十二日)清军入关。

　　　　　　　五月(戊子朔)己丑(初二日)清军入燕京,所过州县及沿边均降。

　　　　　　　乙未(初八日)燕京迤北及天津、真定诸郡县均降。

　　　　　　六月(丁巳朔)壬戌(初六日)大同总兵姜瓖以大同降。

　　　　　　　丙寅(初十日)遣巴哈纳、石廷柱率师定

山东。

庚午(十四日)遣叶臣率师定山西。

七月(丙戌朔)戊子(初三日)巴哈纳、石廷柱会叶臣定
山西。

八月(丙辰朔)

十月(乙卯朔)丁卯(十三日)叶臣等克太原。

己卯(二十五日)以多铎为定国大将军,
率师征江南。

十一月(乙酉朔)壬辰(初八日)山西悉平。

十二月(乙卯朔)丁巳(初三日)叶臣等平直隶、河南、
山西府九,州二十七,县一百四十一。

戊辰(十四日)多铎军至孟津,贼将
遁走。

己巳(十五日)多铎军至陕州,破贼将
于灵宝。

顺治二年(1645)　正月(乙酉朔)丁酉(十三日)命阿巴泰、
(福王弘光元年)　　　准塔、谭泰代豪格征山东。

辛酉?(　　)命多铎移师定江南。阿济
格讨流寇余党。

三月(甲申朔)庚寅(初七日)多铎师出虎牢关,分遣拜
伊图等出龙门,韩岱等由南阳合军归德,
所过迎降,河南悉平。

四月(癸丑朔)己丑?(乙丑)(十三日)多铎师次泗州。
阿山等取泗北淮河桥,夜渡淮。

庚午(十八日)多铎师次扬州。

丁丑(二十五日)拜尹图、图赖、阿山等
克扬州,明督师史可法死之。

五月(壬午朔)丙戌(初五日)多铎师至扬子江,乘夜自
运河潜济。

丙申(十五日)多铎师至南京,福王朱由
崧退走太平。大学士王铎等以城降。

六月(壬子朔)辛酉(初十日)多铎遣军追福王于芜湖。

　　　　　　　　　总兵官田雄、马得功执福王来献。

闰六月(辛巳朔)癸卯(二十三日)多铎遣博洛、拜尹图、阿山率师趣杭州,明潞王降,淮王自绍兴降,嘉兴、湖州、严州、宁波诸郡悉平。克庐州、和州。

七月(庚戌朔)壬子(初三日)命勒克德浑为平南大将军同叶臣等往江南代多铎。

九月(己酉朔)丁丑(二十九日)江西南昌十一府平。

十月(己卯朔)癸巳(十五日)多铎师还。

顺治三年(1646)正月(乙[? 己]酉朔)辛酉(十三日)金声桓获明永宁王于抚州,遂平建昌。

　　　　　　　　己巳(二十一日)豪格为靖远大将军征四川。

二月(戊寅朔)丙午(二十九日)命博洛为征南大将军同图赖征福建、浙江。

三月(戊申朔)癸酉(二十六日)豪格师抵西安。

四月(丁丑朔)己卯(初三日)诏勒克德浑班师。

八月(甲戌朔)丁亥(十四月)博洛克金华、衢州,浙江平。

　　　　　　　　戊子(十五日)以孔有德为平南大将军征湖广、广东、广西。

　　　　　　　　癸巳(二十日)命尚可喜率师从孔有德南讨。

十月(癸酉朔)丙子(初四日)郑四维克彝陵、枝江、宜都。

　　　　　　　　甲申(十二日)金声桓克赣州。

十一月(癸卯朔)癸卯(初一日)图赖克浦城、建宁、延平,定汀州、漳州、泉州、兴化,进克福州,福建平。

　　　　　　　　己巳(二十七日)鳌拜等杀张献忠,四川平。

顺治四年　待续

19. 清代武功与绿营

《清史稿》列传四十三《蔡毓荣传》:"蔡毓荣字仁庵,汉军正白旗人。父士英初籍锦州,从祖大寿来降。……(康熙)十二年吴三桂反,……寻授顺承郡王勒尔锦为大将军,率八旗兵讨三桂,驻荆州。……十四年勒尔锦请增绿旗兵……命毓荣统辖。……十八年……传谕曰:'贼败遁负险,宜用绿旗步兵,毓荣所属官兵强壮,不难攻取险隘,剿除余寇。……,毓荣疏请专责一人,总统诸路绿旗兵水陆并进。上即授毓荣绥远将军,赐敕总统绿旗兵,总督董卫国、周有德,提督赵赖等并受节制。十九年……克辰州,再进克沅州,并复泸溪、溆浦、麻阳诸县。……自沅州入贵州,……遂克贵阳。二十年从彰泰下云南,……"

《清史稿》列传四十四,赵国祚等传《论》:"论曰:'顺治初,汉兵降,犹分隶汉军。其后抚定诸行省,设提镇,置营汛,于是有绿营。以绿营当大敌,建戡定之绩,自三藩之役始。蔡毓荣、赵良栋将绿营直下云南诸行省,以战伐显者,如(赵)国祚辈皆彰彰有名氏;而(徐)治都、(李)芳述功尤著,(许)贞治屯垦,奋起效绩,不烦饷馈,盖更有难能者,腹心爪牙由此其选矣。"

《清史稿》列传四十二《孙思克传》:"孙思克字荩臣,汉军正白旗人。父得功,以明游击降太祖,……(康熙)三十二年噶尔丹为乱,……三十五年上亲征,……噶尔丹遁去,费扬古督兵邀击,战于昭莫多,(孙)思克将绿旗兵居中,与诸军并力奋战大破之。"

《清史稿·兵志二·绿营》:"清顺治初,天下已定,始建各省营制。绿营之制有马兵、守兵、战兵,战、守皆步兵,额外外委皆马兵。综天下制兵都六十六万人。安徽最少,闽、广以有水师故最多,甘肃次之。……绿营战功自康熙征三藩时用绿旗兵至四十万,云贵多山地,绿营步兵居前,旗兵继之,所向辄捷。其后平定准部、回疆、金川咸有勋绩。乾隆四十六年增兵而川楚教匪之役,英法通商之役,兵力反逊于前。迨粤寇起,广西绿营额二万三千,土兵一万四千,遇敌辄靡。承平日久,暮气乘之。自同治迄光绪叠经裁汰,绿营之制仅存而已。"

1949.6.7

20. 清代绿营兵

光绪《会典》卷五二《兵部·武库清吏司》（1—2 页）：

	额外外委	兵	练勇	屯军	共	总
京城绿营巡捕中营	15 人	3000 人				
南营	18 人	2500 人				
左营	12 人	1600 人				
北营	12 人	1500 人				
右营	12 人	1400 人			10000 人	10000 人
直隶总督本标各营	66 人	3681 人				
北河河营	22 人	3117 人				
提督本标各营	82 人	5677 人				
热河、吉林、奉天等处及五路捕盗营	—	2133 人				
马兰镇本标各营	93 人	2451 人				
泰宁镇本标各营	76 人	3142 人				
宣化镇本标各营	36 人	4587 人				
天津镇本标各营	64 人	7425 人				
正定镇本标各营	20 人	2953 人				
大名镇本标各营	24 人	3955 人				
通永镇本标各营	37 人	5362 人			44483 人	54483 人
山东巡抚本标各营	13 人	820 人				
兖州镇本标各营	70 人	4570 人				
登州镇本标各营	16 人	3113 人				
曹州镇本标各营	102 人	5178 人			13681 人	68164 人
河督本标及运河各营	43 人	3162 人			3162 人	71326 人
山西巡抚本标各营	27 人	2114 人				
太原镇各营	93 人	9902 人				
大同镇各营	88 人	9028 人			21044 人	92370 人
河南巡抚本标各营	15 人	2374 人				
河北镇各营	24 人	4282 人				
南阳镇各营	45 人	5004 人				
归德镇各营	25 人	3088 人			14748 人	107118 人

两江总督本标各营	66 人	4124 人	4124 人	111242 人
漕运总督本标各营	39 人	2416 人	2416 人	113658 人
江苏巡抚本标各营	11 人	2038 人		
提督本标各营	91 人	5553 人		
苏松镇各营		1245 人		
狼山镇各营	18 人	1792 人		
徐州镇各营	30 人	2971 人		
淮阳镇各营·	84 人	4782 人		
福山镇各营	22 人	899 人	19280 人	132938 人
安徽巡抚本标各营	16 人	2399 人		
寿春镇各营	71 人	4681 人		
皖南镇各营	24 人	2284 人	9364 人	142302 人
江西巡抚本标各营	10 人	1945 人		
九江镇各营	25 人	4575 人		
南赣镇各营	22 人	5424 人	11944 人	154246 人
闽浙总督本标各营	31 人	2581 人	2581 人	156827 人
福建陆路提督本标各营	46 人	4979 人		
福宁镇各营	20 人	4427 人		
汀州镇各营	14 人	1728 人		
建宁镇各营	19 人	1883 人		
漳州镇各营	38 人	4029 人		
水师提督本标各营	24 人	3498 人		
南澳镇水师营		473 人	21017 人	177844 人
浙江巡抚本标各营	15 人	1345 人		
水陆提督本标营营	50 人	6858 人		
定海镇各营	16 人	3720 人		
温州镇各营	30 人	4224 人		
处州镇各营	14 人	1716 人		
衢州镇各营	15 人	2209 人		
海门镇各营	22 人	3242 人	23314 人	201158 人
湖广总督本标各营	10 人	1043 人	1043 人	202201 人
湖北巡抚本标各营	8 人	682 人		
提督本标各营	48 人	6493 人		
郧阳镇各营	29 人	3480 人		
宜昌镇各营	11 人	3724 人	14379 人	216580 人

湖南巡抚本标各营	20人	747人	500人	7000人	
提督本标各营	36人	7793人			
镇箄镇各营	25人	6371人			
永州镇各营	18人	4224人			
绥靖镇各营	23人	3682人		30317人	246897人
陕甘总督本标各营	24人	1111人		1111人	248008人
陕西巡抚本标各营	16人	1500人			
固原提督本标各营	103人	7028人			
延绥镇各营	45人	3366人			
陕安镇各营	25人	1407人			
河州镇各营	36人	2595人			
汉中镇各营	36人	1678人		17574人	265582人
甘肃提督本标各营	47人	3167人			
西宁镇各营	45人	2516人			
宁夏镇各营	47人	1571人			
凉州镇各营	41人	2712人			
肃州镇各营	61人	2458人		12424人	278006人
新疆巡抚本标各营旗		6487人			
喀什噶尔提标各营旗		6397人			
阿克苏镇标各营旗		4533人			
巴里坤镇标各营旗		3517人			
伊犁军标各营旗		1069人			
伊犁镇标各营旗		4517人		26520人	304526人
四川总督本标各营	24人	1887人			
成都将军本标各营	6人	844人			
四川提督本标各营	84人	12095人			
建昌镇各营	27人	1135人			
川北镇各营	22人	3951人			
重庆镇各营	21人	4464人			
松潘镇各营	17人	3837人		28213人	332739人
两广总督本标各营	21人	3188人		3188人	335927人
广东巡抚本标	8人	1179人			
陆路提督各营	72人	7663人			
南韶连镇各营	37人	4736人			
潮州镇各营	33人	4322人			

高州镇各营	19 人	3620 人			
水师提督各营	65 人	9959 人			
北海镇各营	23 人	3668 人			
碣石镇各营	1 人	2219 人			
琼州镇各营	36 人	4096 人			
南澳镇各营	6 人	2511 人		43973 人	379900 人
广西巡抚本标各营	5 人	1220 人			
提督本标各营	12 人	4720 人			
左江镇各营	13 人	3134 人			
右江镇各营	17 人	3464 人			
柳庆镇各营	10 人	2986 人		15524 人	395424 人
云贵总督本标各营	32 人	1527 人		1527 人	396951 人
云南巡抚本标各营	6 人	250 人			
提督本标各营	26 人	1287 人			
临元镇各营	26 人	1097 人			
开化镇各营	24 人	1468 人			
腾越镇各营	42 人	1707 人			
鹤丽镇各营	21 人	1391 人			
昭通镇各营	29 人	3264 人			
普洱镇各营	28 人	2151 人		12615 人	409566 人
贵州巡抚本标各营	11 人	1397 人	8300 人		
提督本标各营	48 人	8541 人			
安义镇各营	22 人	4488 人			
古州镇各营	40 人	6539 人			
镇远镇各营	61 人	9895 人			
威宁镇各营	14 人	2235 人		41395 人	450961 人
长江水师提督各营		2574 人			
瓜州镇各营		1864 人			
湖口镇各营		2506 人			
汉阳镇各营		2060 人			
岳州镇各营		2060 人		11064 人	462025 人

案，光绪《会典》截止于光绪二十二年，此二十二年以前军兵额数。

本标各营、各营，均"本标及所辖各协营"之省。

1954. 12. 12、15

21. 蒙古旗之始

《清朝文献通考》一七九:"(天聪)九年(1635)设蒙古八旗。……其旗色与满洲八旗同。"(木刻本,7页)

22. 绿旗兵

《清史列传·宗室王公传二·郑亲王济尔哈朗传》附《喇布传》:"……先是(吴)三桂贼将高大杰、韩大任等陷吉安,王奏调绿旗兵会剿……"(30页)

《清通考》一七九《兵考》:"洎乎宝篆攸归,中外一统,复设绿旗营,以统汉兵。"(木刻本,4页)

23. 明清军费之比较

刘继庄《广阳杂记》二:"案天下之饷,合满汉之兵岁需者不过一千三百五十万而止耳。明天启郑宗周疏云嘉靖十年兵饷共六百八十万,至万历四十年后顿增至四千余万。则今之兵饷尚不及万历年间三分之一耳。"

嘉靖十年(1531)	6800000 两
万历四十年后(四十四年,1616)	40000000 两
康熙二十二年(1683)?	13500000 两

1954.12.5

24. 绿旗兵之统辖与训练

光绪《大清会典》卷四十三《兵部》:"凡绿旗兵,在京则统于巡捕营(京城四关厢及圆明园设绿旗汛地,为巡捕五营),十有九省则统于督标(各省总督所属为督标)、抚标(各省巡抚所属为抚标)、提标(各省提督所属为提标)、镇标(各省总兵所属为镇标)、军标(四川成都、新疆伊犁将军所属绿营为军标。其福州、广州将军,热河都统、西宁办事大臣皆兼节制绿营,不专设标)、河标(河东河道总督所属绿营为河标)、漕标(漕运总督所属绿营为漕标),而以达于部。标分其治于协(副将所属为协)、于营(参将、游击、都司、

守备所属为营)、于汛(千总、把总、外委所属为汛),以慎巡守,备征调。"(2 页)

又卷四五:"驻防则受治于将军、都统、副都统、城守尉、防守尉,而以达于部,皆专城,各统其同城驻防官以饬旗务。"(3 页)

又卷四七:"凡营制,各审其地之险要与其人民之聚而建置焉。凡统兵之法曰管辖,曰节制。若河营,若卫所,统率亦如之。"(4—6 页)

又卷四九:"凡八旗官兵皆训以骑射,火器、云梯、水战,别为专营而习焉,皆以时检阅,驻防亦如之,绿营亦如之(绿营训习弓箭、鸟枪、藤牌、长矛、云梯等技,其水师则习水战)。"(1 页)八旗内火器营习放子母炮,汉军骁骑营别有炮营。

光绪《会典》卷四十九《兵部》:"设营汛墩堡以控制险要,令各分兵而守之。"(3 页)

1954.12.4

25. 八旗二十四旗与绿旗

《清朝文献通考》卷一七九:"国初先编立四旗,以统人众。寻以归服益广,乃增为八旗,然犹统满洲、蒙古、汉军之众而合于一也。迨其后户口日繁,又编蒙古八旗,设官与满洲等。继编汉军八旗,设官与满洲、蒙古等,合为二十四旗。其制,以旗统人,即以旗统兵。盖凡隶于旗者皆可以为兵,非如前代有佥派、召募、充补之烦,而后收兵之用也。泊乎宝箓攸归,中外一统,复设绿旗营以统汉兵。……内而京营,则有亲军、前锋、护军、骁骑、步兵之分,或用上三旗,或兼用八旗;外而直隶各省,凡驻防兵用八旗,各标各营汛兵用绿旗。百余年来,增损随时,悉臻尽善。"(木刻,4 页)

1954.11.27

26. 军士饷米

光绪《会典事例》卷二百五十四《户部·俸饷·京城兵饷》:"凡八旗前锋、亲军、护军、领催……月给饷银四两,骁骑……月给饷银三两,皆岁支米四十八斛。步军(月给饷银)一两五钱……皆岁支米二十四斛;炮手月给饷银二两,岁支米三十六斛。由觉罗补前锋、亲军、护军者月加饷银一两,养育兵月给银一两五钱,不给米。官畜马驼,每马驼月给豆草折价银三两。"(1 页)

以各例证之,此斛实即斗。

又:"八旗官……亲随兵,每名月给饷银一两,米二斛,……"(1页)

又:"巡捕营马兵月给银二两,步兵一两,皆月给米三斗;每马一匹月给豆草银二两五钱。"(1页)

又卷二百五十五《户部·俸饷·各省兵饷》:"马兵月给银二两,步兵一两五钱,守兵一两,皆月支米三斗。马兵给马一匹,春冬月支豆九斗,夏秋六斗,草均三十束。""八旗驻防武职丁粮马干,将军家口四十名,马五十匹;……领催、骁骑,家口七名,马六匹。……"(1页)

1954.12.4

27. 清初取消匠籍

《清史稿·本纪四》,顺治二年五月庚子:"令直省除匠籍为民。"(8页)

28. 乡兵

《清史稿·兵志四·乡兵》:"乡兵始自雍乾,旋募旋散,初非经制之师。嘉庆间,平川楚教匪,乡兵之功始著。"

始于1730　"雍正八年(1730)鄂尔泰平西南夷乌蒙之乱,调官兵万余人,乡兵半之,遂定东川,是为乡民之始。"(1页)

阿桂1773　"乾隆三十八年(1773)用兵小金川,定边将军温福、定西将军阿桂疏言,调满洲兵道远费重,不如多用乡兵,人地相宜。四川乡兵,以金川屯练为强。自平金川以后,设屯练乡兵,其粮饷倍于额兵……"(1页)

傅鼐　"嘉庆初,苗疆事起,傅鼐以乡兵平苗,功冠诸将……"(1页)

刘清　"川楚教匪之役,官兵征讨,而乡兵之功为多,其勋绩最著者文臣则四川按察使刘清,武臣则四川提督桂涵、湖北提督罗思举,各统乡兵,分路剿寇,大小数百战,遂奏肤功。"(1页)

"道光二年(1822)令直隶疆臣招集团练,修筑土堡,互为策应。……二十三年(1843)令广东省以团练助防海口……"(2页)

乡团改勇营——曾国藩　"道光季年(1850),张国梁募广东潮州乡兵,追逐粤寇,转战东下,卒以犷悍不驯,遂至溃散。咸丰二年(1852)令在籍侍郎曾国藩办理湖南乡团。旋国藩疏言,先行练勇一千人,所办者乃官勇非团

丁,是为乡团改勇营之始。”(2页)

“(咸丰)十年(1860)谕胜保等督办乡团……又谕江苏等省在籍绅士,除已经办理团练外,……所有在京籍隶江苏、安徽、浙江、河南等省之大小官员将如何举办乡团随同官兵剿贼及防守等一切事宜各陈所见,各举所知。……旋命……毛昶熙(绅)为督办河南团练大臣,南汝光道郑元善(官)帮办团练事宜……”(3页)

	督办	帮办		
河南	毛昶熙	郑元善		
山东	杜䎗	贡璜		
江西	刘绎	沈葆桢	下文又称督办庞锺璐	
皖南	宋梦兰			
直隶	桑春荣			
江南	庞锺璐			
江北	晏端书			
浙江		王履谦		
甘肃	乐斌(陕甘总督)	萧浚兰(官)	吴可读(绅)	杨昇(绅)

咸丰十一年停止办团练。(6页)

乡兵即团练,用地方之款募地方之人。

初期(阿桂、傅鼐、刘清)　由官吏统率。

后期(张国梁、毛昶熙)　由地方人士统率。

由于官绅之矛盾,咸丰十一年(1861)停止。

1955.5.23—24大流鼻血后

29. 防军

《清史稿·兵志三·防军》:“防军初皆召募于八旗绿营以外,别自成营,兵数多寡不定,分布郡县,遇寇警则隶于专征将帅。……若乾隆年台湾之役、乾嘉间黔楚征苗之役、嘉庆间川陕教匪之役、道光年洋艘征抚之役,皆暂募勇营,事平旋撤。故嘉庆七年(1802)楚北初设提督,即以勇丁充补标兵。道光十七年(1837)以练勇隶于镇筸镇标。二十三年(1843)以防守海疆之水陆义勇三万六千人仍遣回本籍。无防练军之名也。道咸间,粤匪事起,各省多募勇自卫,张国梁募潮州勇丁最多(案,《兵志四》以张所募潮勇列入乡

兵)。咸丰二年(1852)命曾国藩练勇,定湘军营哨之制,为防军营制所昉。"(1页)

"(曾)国藩奉命东征,湘勇外益以淮勇,多至二百营。左宗棠平西陲,所部楚军亦百数十营。军事甫定,各省险要悉以勇营留防,旧日绿营遂同虚设。绿营兵月饷不及防勇四分之一,升擢拥滞,咸辞兵就勇。"

"左宗棠诸臣建议防营诚为劲旅,有事则兵不如勇,无事则分汛巡守宜以制兵为练兵,而于直隶、江淮南北扼要之处留勇营屯驻,遂有防军之称。"(1页)

练军

"练军始自咸丰间,以勇营日多,屡令统兵大臣以勇补兵额,而以余勇备缓急,尚无别练之师。至同治元年(1862)始令各疆吏以练勇人数口粮悉数报部稽核。是年(1862)于天津创练洋枪队,二年(1863)以直隶额兵酌改练军。四年(1865)兵部、户部诸臣会议选练直隶六军,始定练军之名。各省练军仍踵行之。"(1页)

"练军虽在额设制兵内选择,而营哨饷章悉准湘淮军制,与防军同。其绿营制兵分布列郡汛地,练军则屯聚于通都重镇,简器械,勤训练,以散为整,重在屯防要地,其用亦与防军同。故练军亦防军也。"(1页)

1955.5.24

30. 领催

《清史稿·兵志一》:"曰领催:供会计书写,马甲之长也。"(6页)

领催,据溥雪斋云满文曰"拨什库"。

拜唐阿,汉语执事人也。"拜唐",事也,"阿",人也。亦溥雪斋云。

31. 八旗设置之始

八旗创自(万历四十三年)乙卯年(1615)说(未言四旗所始):

《太祖武皇帝实录》:"(乙卯年末)太祖削平各处,于是每三百人立一牛禄厄真,五牛禄立一扎拦厄真,五扎拦立一固山厄真。固山厄真左右立美凌厄真。原旗有黄、白、蓝、红四色,将此四色镶之为八色,成八固山。"

《太祖高皇帝实录》

王先谦《东华录》

《开国方略》

《八旗通志·旗分志·满洲佐领缘起》

《皇朝通典》卷三十一《职官九·八旗都统》

《大清会典事例》卷五四三《兵部》

　　以上文字大抵相同。

　　《满洲实录》乙卯年尾　满文所列次序为黄、红、蓝、白四色,与上列各书之以黄、白、红、蓝为序者不同。

　　《清史稿·太祖本纪》乙卯年:"是岁厘定兵制,初以黄、红、白、黑四旗统兵,至是增四镶旗,易黑为蓝。"

　　以蓝代黑之说待考。

　　以上旗色次第微有不同。

八旗创自甲寅年(万历四十二年,1614)说:

　　《皇朝文献通考》卷七十七《职官考一·官制》:"甲寅年……初设有四旗,旗以纯色为别……至是增设四旗,参用其色镶之,共为八旗。"

　　《皇朝文献通考》卷一七九《兵考一·兵制》:"太祖高皇帝辛丑年初设四旗……甲寅年定八旗之制……"

　　《皇朝通典》卷六六《兵·八旗兵制上》(仝上条)

　　此三条均谓最初四旗始于万历二十九年辛丑(1601)。

　　《大清会典事例》一一一一卷《八旗都统》:"太祖高皇帝辛丑年,满洲生齿日繁,诸国归服人众,设四旗以统之。……至甲寅年……增设四旗……"

四旗创制无考说:

　　《开国方略》:"初只有四旗。创制年月无考。"

　　《东华录》(王氏):"初设有四旗。创制年月无考。"

牛录之称始见:

　　《太祖实录》甲申万历十二年(1584年)征东果"赐以牛禄之爵,厚养之"。

1950.5.25

32. 汉军设四旗

《清史列传》七十八《贰臣传甲》:

《孟乔芳传》："崇德……四年兼正红镶红两旗副都统。"(11页)

《张存仁传》："崇德……四年分汉军四旗,存仁隶汉军镶蓝旗。"(13页)

《鲍承先传》："(崇德四年)是年,定汉军旗制,承先隶正红旗。"(36页)

《王世选传》："崇德……四年……汉军初分两旗,至是分四旗,每旗设都统一,副都统二,参领四,佐领十人,以世选为正红镶红两旗都统。"(37页)

33. 汉军由四旗改八旗

《清史列传》七十八《贰臣传甲》:

《孔有德传》："(崇德)七年,……时汉军始分八旗,有德请以众部隶汉军,于是隶正红旗。"(3页)

《孟乔芳传》："崇德……四年兼正红镶红两旗副都统。七年……是年分汉军八旗,乔芳改隶镶红旗副都统,后遂为镶红旗人。"(11—12页)

《张存仁传》："(崇德七年)是年,编汉军四旗为八旗。"(14页)

《刘武元传》："(崇德)七年分汉军八旗。"(14页)

《祖可法传》："(崇德七年)六月分设汉军八旗,授可法正黄旗副都统,后遂为正黄旗人。"

十九、中外关系

1.清代海禁

光绪《会典事例》：

卷六二九《兵部·绿营处分例·海禁一》

六三〇《兵部·绿营处分例·海禁二》

七七五《刑部·兵律关津·私出外禁及违禁下海一》

七七六《刑部·兵律关津·私出外禁及违禁下海二》

"顺治十二年(1655)题准,海船除给有执照许令出洋外,若官民人等擅造两桅以上大船,将违禁货物出洋贩往番国,并潜通海贼,同谋结聚,及为向导劫掠良民;或造成大船,图利卖于番国;或将大船赁于出洋之人,分取番人货物者;皆交刑部,分别治罪。至单桅小船,准民人领给执照于沿海近处捕鱼取薪,营汛官兵不许扰累。"(629卷1页)

1655 给照出洋,防止通番,小船无禁。

"顺治十三年(1656)谕:海氛未靖,必有奸民暗通线索,资以粮物,若不立法严禁,何由廓清?今后凡有商民船支私自下海,将粮食货物等项与逆贼贸易者,不论官兵俱奏闻处斩,货物入官,本犯家产尽给告发之人,其该管地方文武各官不行盘缉,皆革职从重治罪,地方保甲不行举首皆处死。凡沿海地方口子,处处严防,不许片帆入口,一贼登岸;如有疏虞,专汛各官即以军法从事,督抚提镇并议罪。"(776卷3页)

1656 严禁下海贸易。

此为郑成功、张煌言也。

顺治十七年(1660)九月癸亥户部议覆福建总督李率泰请迁沿海居民。(《东华录》35)

"(顺治)十八年(1661)题准福建、浙江、江南三省所禁沿海境界,凡有官员兵民违禁出界贸易,及盖屋居住,耕种田地者,不论官民俱以通贼论处斩……"(776卷3页)

1660 边界;1661 严禁出界,贸易耕种。

此较前论范围扩至出界,不仅下海;兼及耕种,不仅贸易。

"康熙四年(1665)题准,青、登、莱沿海等处居民,准令捕鱼外,若有藉捕鱼,在沿海贸易通贼来往者,照先定例处分。"(776卷3页)

此将山东放宽,以距郑氏较远也。郑于1661入台湾。

"康熙十一年(1672)题准,居海岛民人概令迁移内地,以防藏聚接济奸匪之弊。"(629卷1页)

1672迁海岛居民。

"(康熙)二十三年(1684)议准,出海贸易之禁已开,其先定处分之例,拿获奸民议叙之条,俱行停止。"(776卷4页)

1684开禁。

案,《清史稿》纪七,康熙二十三年十月丁巳"弛海禁",当即此。

"(康熙)二十三年(1684)题准,山东、江南、浙江、广东各海口,除夹带违禁货物照例治罪外,商民人等有欲出洋贸易者呈明地方官,登记姓名,取具保结,给发执照,将船身烙号刊名,令守口官弁查验,准其出入贸易。"(629卷1页)

案,所列各省并无福建。下一条同。

"(康熙)二十三年(1684)议准,出海贸易之禁已开,……凡直隶、山东、江南、浙江等省民人情愿在海上贸易捕鱼者,许令乘载五百石以下船支,往来行走,……如有打造双桅五百石以上违式船支出海者,不论官兵民人俱发边卫充军,……"(776卷4页)

四十二年(1703)许用双桅。禁大船。

"(康熙二十三年,1684)又覆准,焰硝、硫磺、军器、樟板等物,遣禁私载出洋接济奸匪者,照例治罪。"(629卷1页)

禁私载军器。

"(康熙)四十七年(1708)覆准,出洋船所带食米,不得过五十石,如多带出洋贩卖者照例治罪,将米入官。"(629卷1页)

"(康熙五十六年,1717)覆准,出洋船按道里远近,人数多寡,停泊发货日期,每人一日准带食米一升,并带余米一升,以防风信阻滞……"(629卷1页)

"(康熙五十六年,1717)又议覆,台湾产米,不许私运出洋贩卖。"(629卷1页)

限带食米。

可运至漳、泉、厦门。

"(雍正)九年(1731)议准,……向例铁货不许私出外境,而废铁不在禁例,近闻涉利之徒专收废铁镕化,运至近边近海地方货卖,此风渐不可长,请嗣后……照越贩硝磺之例科断,……"(776 卷 4 页)

"(雍正)九年(1731)奉旨,……夷船出口,每船所买铁锅,少者百连,至二三百连不等,多者买至五百连,并有至千连者,每连约重二十斤不等,……千连约重二万斤,……嗣后铁锅应照废铁之例,一概严禁。"(629 卷 3 页)

禁铁出口。

"(乾隆)十四年(1749)议准,红黄铜器及铜,私贩出洋货卖者,分别首从治罪。"(630 卷 2 页)

禁铜出口。

"(乾隆十三年,1748)又覆准,杂粮麦豆偷出洋,除接济奸匪者与米一例科断外,若止系图利,计所运数目照二谷一米之例减等问拟。"(630 卷 2 页)

禁杂粮。

"凡将马、牛、军需、铁货(未成军器)、铜钱、缎匹、绸绢、丝、绵私出外境货卖及下海者杖一百……"(775 卷 1 页)

1955.5.2

2. 洋船禁令

《会典事例》五百十一《礼部·朝贡》:"(乾隆)二十四年(1759)覆准:嗣后粤东贸易夷船,应令于销货归本后依期回国;若行货未清,愿暂留澳门居住者听;夷商到粤歇寓,责成官充行商送寓居住,毋许出入汉奸,地方官留心查禁;夷商贸易,凡应禁出洋之货,不得私行贩运,内地行店民人有违禁借贷勾结者,照交结外国借贷诓骗财物例问拟,所借银入官;夷商不得雇内地民人役使,有贪财受雇者地方官实力严禁;夷商不得藉词雇脚,致内地奸商往来交结,令呈明地方官酌量查办;西洋人寄住澳门,遇有公务转达钦天监,令夷目呈明海防同知,转详督臣,分别咨奏。夷船收泊,夷梢众多,向派外委一员不足以资弹压,应拣派候补守备一员专驻该处,督同稽查并酌拨桨船巡逻弹压,于夷船进口派往,出口撤回。"(4 页)

1955.5.2

3. 清开海禁之始

清夏燮(江上蹇叟)《中西纪事》卷三《互市档案》："国朝康熙二十二年
(1683)灭郑氏,台湾平。越二年,疆臣请开海禁,报可。于是设榷关四,在
于:粤东之澳门,福建之漳州府,浙江之宁波府,江南之云台山。"(1页)

定海城外道头街之西红毛馆(2页)

又:"国初海禁既开,设关有四,江浙闽粤无不可通,乃未几而粤东海关
专其利数,未几而十三洋行操其利权。税有定则,未几而益以规费支销名
目,未几而益以归公充饷名目。始则取之在吏,继则取之在官。"(20页)

1950.8.7、8

4. 清初银两与外舶

《经世文编》卷二十六《户政·理财上·慕天颜请开海禁书》(39—　):
"银两之所由生,其途二焉:一则矿砾之银也,一则番舶之银也。自开采
既停,而坑冶不当复问矣。自迁海既严,而片帆不准出洋矣。生银之两途并
绝,则今直省所流转者只有现在之银两。……"(39页)

"故明海岛诸国并许朝贡,惟以倭彝犷悍。绝不使通,然而市舶之往来
于彼不废,故有舶商匿货之禁,原以专计泛海之船,行之累朝,深得其利,其
后虽有倭患,原非兆于商舶也。"(40页)

"犹记顺治六七年间,彼时禁令未设,见市井贸易,咸有外国货物,民间
行使多以外国银钱,因而各省流行,所在皆有。自一禁海之后,而此等银钱
绝迹不见一文,即此而言,是塞财源之明验也。"(40页)

据此清初(1649)民间已多行使洋钱,则明末或已如此。

1955.5.9

5. 清代对外贸易之三变

夏燮(江上蹇叟)《中西纪事》卷四《漏卮本末》:"旧例,洋商以货易货,
不准交易纹银。自茶丝弛禁通行,乃有番洋入中国者。又自五口通商,外洋
独专鸦片之利,乃有易货不敷,补给外洋纹银者。近则洋商定议专收元宝,

带回本国,更易番银洋,漏卮之弊,莫此为甚。"(10 页)

以货易货,番洋买丝茶,补给纹银。

1950. 8. 7

6. 清初外商税额旧例

《清史稿·邦交志七·和兰志》:"乾隆元年(1736)冬十月裁减和兰税额。初和兰商通商粤省,纳税甚轻,后另抽加一税。至是谕曰:'朕闻外洋红毛夹板到广,泊于黄埔,起所带炮位,然后交易,俟交易事竣,再行给还。至输税之法,每船按梁头征银二千两左右,再照则抽货物之税。此向例也。近来炮位听其安置船中,而于额税之外将伊所带置货见银另抽加一之税,名曰缴送,殊与旧例不符。朕思从前洋船到广,既有起炮之例,仍当遵守,至加添缴送银两,尤非嘉惠远人之意。'命照旧例裁减,并谕各洋人知之。"

1951. 9. 3

7. 各国对华贸易之始

《清史稿·邦交志》:

葡萄牙……明正德(1506—1521)初至中国舟山、宁波、泉州,隆庆(1567—1572)初至广东香山县濠镜,请隙地建屋,岁纳租银五百两,实为欧罗巴通市粤东之始。(卷八,8 页)

和兰……清顺治十年(1653)因广东巡抚请于朝,愿备外藩修职贡。十三年(1656)赍表请朝贡,部议五年一贡,诏改八年一贡,……康熙……二十二年(1683)和兰以助剿郑氏功,首请开海禁通市,许之。(卷七,4 页)

法兰西……清顺治四年(1647)来广东互市。广东总督佟养甲疏言,佛郎机国人广居濠境澳门与粤商互市,仍禁深入省会。(卷三,1 页)

瑞典……雍正十年(1732)始来华互市。(卷七,1 页)(本纪是年有巴布尔入贡,是否一国?)

丹墨……其来市粤东也,以雍正时,粤人称为黄旗国。(卷七,2 页)

日斯巴尼亚一名西班牙,即大吕宋也。明嘉靖初据南洋之蛮里喇,是为小吕宋,樯帆遂达粤东。(卷七,8 页)

比利时旧名弥尔尼壬,清初其国商船曾来粤东。(卷七,10 页)

1951. 9. 3

8. 英国商馆

《清史稿·邦交志二·英吉利》:"康熙三十七年(1698)置定海关,英人始来互市,然不能每岁至。"

稻叶君山《清朝全史》五十三章:"至康熙二十四年(1685)撤去海禁,……英人由东印度商会之力,获得在广东设一商馆之权利。康熙二十八年(1689)始得正式派商船。"(下一,63页)

两说不同。

又五十五章:"康熙五十四年(1715)英国东印度会社决与中国整顿通商事件……因设定粤海关一种条约……"(下一,88—89页)

9. 商馆

外国商人至中国,均应住于商馆。商馆为公行所有,分租于外人。住商馆之外国商人,其雇用之司帐、验货、仆妇、船夫等,均由公行介绍之,而外国商人亦由公行保护之。

外国船抵黄埔,由广东之运货人取商品目录及说明交公行(护商人),一切报关、纳税、仓库、售卖诸事,均不必自行过问,购买货品亦由公行经管,价格亦操之公行,多以货易货,用币者少,仅清算找价时用之。惟茶叶货价外国商人可以自定,即预购次年某价茶若干斤是也。

以故,此种贸易之法,外国商人甚不便之。

中国防闲商馆之法甚密,且时有增加,每次商人到馆,必由译员高声诵之,以示必行。其要如下:

一、船只不准得入虎门,应泊江外。

二、妇人不得来商馆,枪弹武器不准置商馆。

三、公行不许负外人之债。

四、外国商人不准中国仆妇。

五、外国商人不准乘轿。

六、外国商人不准乘舟至江上游玩,惟每月初八、十八、二十八得至花园。不准不带译员。译员负雇主行为之责任。

七、外国商人不准自行呈递文书,凡有请求须经过公行。

八、外国商人不准不听公行行员之指挥,购买货物须经其手。

九、通商期过,外国商人禁止住居广州,只许住澳门。

(《清朝全史》五十五章)

1953.7.2

10. 商馆防闲五策

嘉庆十九年(1814)粤督蒋攸铦奏定防闲五策:一、严禁民人私为夷人服役;一、洋行不得用欧式建筑;一、店号不得用夷字;一、清查商欠;一、内地民人不得私住夷馆。并得旨允行。(《清史要略》三编,5页)

《史稿·列传一五三·蒋攸铦传》:"蒋攸铦字砺堂,汉军镶红旗人。先世由浙江迁辽东,从入关,居宝坻。乾隆四十九年成进士,……嘉庆……十六年擢两广总督,……十八年……英吉利兵船入内洋,攸铦饬停贸易,乃听命引去。请禁民为洋人服役,洋行不许建洋式房屋,铺商不得用洋字店号,清查商欠,不准无身家者滥充洋商,及内地人私往(住?)洋馆。并如议行。"(3页)

11. 通商与洋行及吏胥

道光朝《筹办夷务始末》卷六十四,道光二十二年十二月癸巳,耆英奏:"惟该(英)夷从前在粤贸易,该省官商胥吏无不视为利薮,历年科敛,费用日增,因之漏税走私,无弊不作,为所藐视。遇有华夷交涉事件,又复不能抚驭得宜,该夷每以朦蔽圣聪为词,希图一逞。迨积忿既久,激而生变,然其意不过仍欲另立马头,以祛积弊。今既准其在闽浙江苏通商,不涉洋行之手,在该夷业已遂其所欲,而在粤中官商书吏顿失利源,难免觖望。……"(41页)

　　　怡和行洋商　伍敦元　子伍崇曜　(57卷,20页)

　　　各行　潘绍光　卢继充　吴天垣　同顺行

1953.11.19

12. 十三行

道光时称中国人经营国外商务者曰洋商,乃"外洋行商"之简称。外国商人则曰夷贩、夷商。洋行主事者曰"行首"。

"公行"制度,创自康熙五十九年(1720),初不限额。乾隆二十五年(1760)时广州有公行十九家:计"外洋行"九家,"本港行"三家,福潮行七家。乾隆三十六年(1771),因公行负债山积,政府赔累,饬令废止。乾隆四十七年(1782)复应行商潘振成等之请,恢复公行。初准十二家,继增一家,合十三家。遂成定制。"洋行"者,"外洋行"之简称也。"外洋行"之业务,初为"专办外洋各国夷人载货来粤发卖输课诸务"。自乾隆六十年(1795),本港行三家(刘如新之如顺行,辛时瑞之怡顺行,邓彰杰之万裘行)因负债倒闭,"外洋行"遂兼理"本港行"之业务:"管暹罗贡使及夷客贸易纳饷之事。"商业盛衰不一,洋行亦起仆靡定。嘉庆五年(1800),减至八行;十八年(1813),十行;道光九年(1829)又减至七行。至道光十七年(1837)始回复十三行。

始 1720,十九家 1760,中停 1771,复立 1782,十三行 1782,外洋行,本港行。

行名	姓名	商名	别名
怡和	伍绍荣	伍浩官 Hwoqua	伍敦元
广利	卢继光	卢茂官 Mowqua	卢文蔚 (广东新会人)
同孚	潘绍光	潘启官 Ponkhequa	潘正炜
东兴	谢有仁	谢鳌官 Goqua	
天宝	梁承禧	梁经官 Kingqua(广东番禺人)	
中和	潘文涛	潘明官 Mingqua	潘国荣
顺泰	马佐良	马秀官 Saoqua	马展谋
仁和	潘文海	潘海官 Ponhoyqua	
同顺	吴天恒	吴三官 Samqua	吴健彰
孚泰	易元昌	易康官 Kwanqua	易绍康(广东鹤山人)
东昌	罗福泰	罗隆官 Lamqua	
安昌	容有光	容达官 Takqua	
兴泰	严启祥	Sunshing	

上表东昌、兴泰二行均系试办,道光十七年八月,因滥保夷船,拖欠饷项,经总督邓廷桢勒令停闭。故(道光十九年[1839]正月)林文忠来粤查办鸦片时,广州十三洋行,仅存十一家。十九年五月,安昌行因庇藏领事罗老本搭附营业,勒令停办。洋行只余十家。迨鸦片战后,废止公行制度,各行复渐次停闭。(姚薇元《鸦片战争史事考》,31—33 页)

总商　十三行商之领袖曰"总商",嘉庆十一年(1806)谕任伍绍荣、卢继光为之。

1953.7.2

13. 清与海外各国关系

光绪《会典事例》(商务印书馆缩印小字本):

封贡先后(卷五百二《礼部》):

国别	始见	始封	印敕	贡期	贡道
朝鲜		崇德二年 1637	龟钮金印	每年一次	凤凰城
琉球	顺治八年 1651	顺治十一年 1654	镀金驼钮银印	二年一次	福建
安南	顺治十八年 1661	康熙五年 1666	镀金驼钮银印	三年一次 六年二次 二年一次	广西太平府

嘉庆七年1802,改封越南国王。

荷兰	顺治十三年 1656			八年一次 五年一次	广东,改福建
西洋教化王	雍正三年 1725				广东
西洋博尔都噶尔国	雍正五年 1727				广东
暹罗	雍正七年 1729	乾隆五十一年 1786	驼钮镀金银印	三年	广东,前已见其国名,至此始书入贡
苏禄	雍正五年 1727			五年	福建
南掌(老挝)	雍正八年 1730	乾隆六十年 1795	驼钮镀金银印	五年,十年	云南

| 缅甸 | 康熙元年 1662 | 乾隆五十 五年 1790 | 驼纽镀金 银印 | 十年 | 云南 |

贡期

"(顺治)十三年(1656)谕：荷兰国慕义输诚，航海修贡，念其道路险远，着八年一次来朝。"(502卷4页)

外国志在贸易，必企常来，而清代认为朝贡，宽其贡期，以示体恤。

"(康熙)二十五年(1686)覆准，荷兰国入贡，原定贡期八年一次，今该国王感被皇仁，更请定期，改为五年一次。"(502卷4页)

"乾隆八年(1743)苏禄国王赍表进贡，奉旨，览王奏具见悃忱，尔国远隔重洋，再修职贡，良可嘉尚，至所请三年复贡之处，恐该国道远，风信难期，着仍遵雍正五年所颁敕谕。酌俟五年之外一修岁献之旨行。"(502卷5页)

"(乾隆八年，1743)又谕：南掌国贡象，旧例以五年为期。朕思该国僻处天末，远道致贡，未免烦劳，着改为十年一贡。"(502卷5页)

道光十九年改越南、琉球、暹罗均四年朝贡一次，理由亦在体恤，次年琉球即请复原照旧间年一贡，从之。

贡物

"顺治元年(1644)议准：外国朝贡，以表及方物为凭，该督抚查验的实，方准具题入贡。"(503卷1页)

"又定：贡使到京，所贡方物会同馆报部，提督该管司官赴馆查验，拨役管领，由部奏闻。贡物交内务府，象交銮仪卫，马交上驷院，刀、鹿皮、青黍皮等交武备院，硫磺于未到京时先交督抚收存。"(503卷1页)

案，此条原列上条之后，文内有内务府、武备院诸署名称，岂顺治元年已设立耶？待考。

"(康熙)三年(1664)定：外国慕化，来贡方物，照其所进收受，不拘旧例。"(503卷1页)

贡道

"雍正二年(1724)议准，安南国贡使进京，广西巡抚给予勘合，由广西、湖南、湖北、江西、江南、山东、直隶水路行，回日由部照原勘合换给，仍由水路归国。"(502卷5页)

据此知外国入贡，有一定贡道，并给以勘合。

"又谕，向来驿递供给差遣，多有骚扰，曾降谕旨，定例外不许溢额。今

安南国王庆贺登极大礼,遣使远来,应加恩恤,其经过地方,供给日用酌量加增。"(502卷5—6页)

据此使节来华均由驿站供给日用,并有一定办法,不许溢额。

"道光九年(1829)谕:外夷各国贡道,或由水路,或由陆路,定例遵行,未可轻言改易。越南国遣使来京进贡,自康熙年间议定由陆路行走,今该国陪臣于进表后在礼部呈递禀启,欲改由广东水路,该部以事涉更张,实不可行,议驳,甚是,所有该陪臣禀请改由水路以省劳费之处,着毋庸议。"(原注"谨案安南贡道,康熙四年原定由广西太平府,雍正二年议准由广西水路,均由镇南关入。此次该国使臣因国都迁富春城,视旧都昇龙进关程途较远,欲改由国城越海抵广东,沿水路行,不由镇关入,是以议驳"。)

据此,贡道不能随意改变,必经礼部议准。

1955.5.2

14. 朝鲜贡物

光绪《会典事例》五百三《礼部·朝贡·贡物》:

"崇德二年(1637)定朝鲜贡物:

年贡:黄金100两、白银1000两、苧布200匹、各色绵绸400匹、各色木棉布4400匹、龙纹席2、花席20、鹿皮100、水獭皮400、豹皮142、青黍皮300、佩刀10、大小纸5000卷、米100石。

万寿圣节礼物(略。无金、银、米),

元旦冬至二节(略),

皇后千秋(略)。"

案,年贡有金、银、米,盖在关外时所定,以其需要也。

"雍正元年(1723)谕:……朝鲜贡物,明时有金银器皿、人参、马匹、苧布、绵绸等数十种,我太宗文皇帝崇德二年免本年常贡之半,五年免贡米九千包;世祖章皇帝时,凡金银器皿、人参、马匹概予停免;圣祖仁皇帝康熙三十二年免黄金百两,青红蓝木棉布六百匹,五十一年免白金千两,红豹皮百四十二张,视明时贡物已免过半。今惟年贡内可减去青黍皮三百,水獭皮百,木棉布八百匹,白棉纸二千卷,余贡如常。"(3页)

"(雍正五年,1727)奉旨朝鲜年贡之例每年贡米百石,朕念该国路途遥远,运送非易,着减去稻米三十石,糯米三十石,每年进贡糯米四十石,足供

祭祀之用。永着为例。"（3 页）

1955.5.2

15. 荷兰贡物

《会典事例》五百三《礼部·朝贡》：

顺治十三年（1656）　镶金铁甲　镀金马鞍　镶银剑　鸟铳　铳药袋　镶银千里镜　玻璃镜　八角大镜　珊瑚　珊瑚珠　琥珀　琥珀珠　哆啰绒　哔叽缎　西洋布　花被面　大毡　毛缨　丁香　番木蔻　五色番花　桂皮　檀香（以上荷兰国王进皇帝）

玻璃镜　玳瑁匣　玻璃匣　乌木饰人物匣　珊瑚珠　琥珀珠　琥珀　哆啰绒　哔叽缎　西洋布　白倭缎　花毡　花被面　玻璃杯　花石盒　白石画　蔷薇露（以上进皇后）

哆啰绒二匹　倭缎二匹　哔叽缎六匹　西洋布二十四匹　琥珀十块　琥珀珠二串　珊瑚珠二串　镜一面　人物镜四面　白石画二面　镶金刀一把　镶银刀一把　鸟枪二杆　长枪二杆　玻璃杯二个　雕花木盒二个　石山匣二个　缨帽一顶　皮小狗二个　花鹦哥一个　四样酒十二瓶　蔷薇露二十壶（以上使臣进贡方物）（1 页）

康熙六年（1667）（略。其中有荷兰地图、胡椒等）（1 页）

康熙二十五年（1686）（略。其中有钟）（2 页）

乾隆五十九年（1794）（略）（9 页）

据卷五百六、五百七《礼部·朝贡·赐予》所载，荷兰入贡使臣尚有赐银两之举。国王三百两，折玉器二件，贡使银百两，加五十两，大班一名银八十两。（507 卷 8 页）（乾隆五十九年）

1955.5.2

16. 朝贡交易及禁令　贸易禁令

禁往南洋

"（康熙）五十六年（1717）谕：海中东洋可往贸易，若南洋不可令往，红毛等国船听其自来，钦此。遵旨议定：南洋、吕宋、噶喇吧等处，内地商船概不许前去；其外国夹板船听其前来贸易。"（510 卷，5 页）

据此只禁华船之往,不禁外船之来。

"(雍正)五年(1727)覆准,南洋诸国准令福建商船前往贸易。"(629 卷,2 页)

"又覆准,广东省地狭民稠,照福建例,准往南洋贸易。"(629 卷,2 页)

"(雍正七年,1729)又覆准江南、浙江两省商民,准照福建商民往南洋贸易。"(629 卷,3 页)

禁偷渡

"(康熙五十六年,1717)又覆准,渡海人民必由地方官给照,……若无照偷渡者,严行禁止。"(629 卷,1 页)

1955.5.2

17. 朝贡市易及禁令　市易

会同馆开市

"顺治初年定,凡外国贡使来京,颁赏后,在会同馆开市,或三日,或五日。惟朝鲜琉球不拘期限,由(礼)部移文户部,先拨库使收买,咨覆到部(礼部)方出示差官监视,令公平交易。"(510 卷,4 页)

京城贸易

"(顺治)九年(1652)定,朝鲜国人来京贸易者,奏闻方准贸易。"(510 卷,4—5 页)

"(康熙)三年(1664)定,凡外国进贡,顺带货物,贡使愿自出夫力带来京师贸易者听,如欲在彼处贸易,该督抚委官监视,毋致滋扰。"(510 卷,5 页)

就地交易

"(顺治)十六年(1659)题准,暹罗国再来探贡,所带压船货物,就地方交易,其抽丈船货税银清册移送户部察核。"(510 卷,5 页)

"(康熙)三年(1664)定,凡外国进贡顺带货物,……如欲在彼处贸易,该督抚委官监视。"(510 卷,5 页)

"(康熙)二十五年(1686)定,荷兰国止许在福建广东两省贸易,完日即令回国。"(510 卷,5 页)

"(顺治初)又定,外国船非正贡时无故私来贸易者,该督抚即行阻逐。"(510 卷,4 页)

此例后于康熙二十四年取消。

"又定,正贡船未到,护贡、探贡等船不许交易。"(510 卷,4 页)

18. 朝贡市易及禁令　免税

免税　不免税

"(康熙)二十四年(1685)定,外国贡船所带货物,停其收税。其余私来贸易者,准其贸易,听所差部员,照例收税。"(510 卷,5 页)

"又定,贡船回国,带去货物,免其收税。"(510 卷,5 页)

"(康熙)四十七年(1708)覆准,暹罗国进贡驯象船,其压船货物,……照例停其征税。"(510 卷,5 页)

"(康熙六十一年,1722)又奉旨,朕闻暹罗国米甚丰足,价亦甚贱,若于福建、广东、宁波三处各运米十万石,来此贸易,于地方有益,……于地方有益,……不必收税,……今议定载米到时,每石给价五钱(案在其本国价值二三钱),不收税外,其带来米粮货物,任从贸易,照例收税。"(510 卷,5 页)

"(雍正)五年(1727)暹罗国商民运米至闽,奉旨所运之米,不必上税,永着为例。"(510 卷,5 页)

"(雍正)六年(1728)暹罗商民运米至福建、浙江,奉旨不必上税,永着为例。"(510 卷,5 页)

19. 朝贡市易及禁令

《会典事例·礼部·朝贡》:

禁私买禁物

"(乾隆)十四年(1749)覆准,朝鲜贡使入边……毋许沿途私买禁物。"(510 卷,1 页)

禁久留内地

"(康熙二十四年,1685)又定,番船贸易完日,外国夷人一并遣还,不得久留内地。"(510 卷,5 页)

"(顺治元年,1644)又议准,凡外国贸易,不许收买史书,黑黄紫皂大花西番莲缎,并一应违禁兵器、焰硝、牛角等物,……有代外国人收买违禁货

物,及将一应兵器铜铁违禁等物卖与外国人图利者,各问罪。"(511 卷,1 页)

"(康熙)二十四年(1685)覆准,贸易番船回国,除禁物外,不许附载内地人口,及潜运造船大木、铁钉、油麻等物,粮米止准酌带口粮,不许多贩。"(511 卷,1 页)

"又覆准,内地贸易商人来往大洋,所带防身军器火炮等项,照船之大小,人之多寡,该督抚酌量定数,起程时给予照票,……准其带往,回时仍照原数验入。"(511 卷,1 页)

"(康熙)三十年(1691),议奏,朝鲜国进贡正使及通官私买《一统志》等书,……奉旨,从宽免议,书贮库。"(511 卷,1 页)

"(康熙)四十年(1701)覆准……有以海上贸易渔采为名,往来外国贩卖违禁货物肆行侵扰者,严行禁止。"(511 卷,1 页)

"(康熙)五十年(1711)覆准,……严饬沿海居民不许往朝鲜近洋渔采,……"(511 卷,1 页)

"(雍正七年,1729)又福建抚臣奏称,暹罗国王令贡使采买东京弓二十张,红铜线十担,应否准其采买,部议以违禁不准具奏,奉旨:暹罗远隔重洋,恭顺修职,历有年所,其请采买物件,该抚采买赏给。"(511 卷,2 页)

"(乾隆二十四年,1759)又覆准,丝绵私出外境贩卖,律有明禁。迩年浙江等省丝价日昂,……商民希图重利,私贩出洋货卖,以致丝价日昂,嗣后严行禁止,……"(511 卷,4 页)

"又议准,嗣后绸缎绵绢私贩出洋者,亦照丝斤例按律治罪。"(511 卷,4 页)

"(乾隆二十七年,1762)又谕,据奏英吉利夷商伯兰等,以丝斤禁止出洋,夷货难于成造,吁恳代奏,酌量准其配买,情词迫切一折,……着照该督等所请,循照东洋办铜商船配搭绸缎之例,每船准配买土丝五千斤,二蚕湖丝三千斤,以示加惠外洋至意。其头蚕湖丝及绸绫缎匹,仍禁止如旧。"(511 卷,4 页)

"(嘉庆)二十年(1815)奏准,暹罗国王请用内地商民代驾贡船,易滋流弊,未便允行。"(512 卷,2 页)

1955.5.2

20. 朝贡市易及禁令　从人限制

"顺治九年(1652)议准,各国由陆路进贡,每次不得过百人,入京只许二十人,余皆留边听赏。由海道进贡,不得过三船,每船不得过百人;一应接贡、探贡等船,不许放入。"(514卷,1页)

"(顺治)十三年(1656)议准,荷兰入贡,贡役不得过百人,入京员役只二十名,余留住广东。该地方文武官严加防卫,俟进京人回一同遣还,不得久住海滨。"(514卷,1页)

21. 朝贡市易及禁令　文书规律

"康熙五年(1666)定,凡外国奏疏,不得交遣往使臣带来。令专差官交该督抚转奏。"(511卷,1页)

"(康熙)六年(1667)议准,外国投文各省,该督抚即开阅原文议题。"(511卷,1页)

"又覆准,督抚、提镇等官,不准擅自移文外国。"(511卷,1页)

1955.5.2

22. 西洋入贡

《清史稿·本纪》:

顺治十三年(1656)	荷兰(五,16页)
康熙六年(1667)	荷兰(本纪六,5页)
二十五年(1686)	荷兰(七,7页)
雍正三年(1725)	西洋国(九,5页)
十年(1732)	巴布国(九,15页)
十三年(1735)	六月辛卯"吕宋国饥,请籴,许之"(九,18页)。

《高宗本纪》以后散入各月。

23. 英使臣来华

《清史稿·邦交志二·英吉利》:"(乾隆)五十八年(1793),英国王雅治遣使臣马戛尔尼等来朝贡,表请派人驻京及通市浙江宁波、珠山、天津、广东等地,并求减关税,不许。"

《马戛尔尼(Macartney)来华日记》见《清朝全史》五十四章。

又按,西籍马加特尼于热河见乾隆仅行跪一足礼,日记亦自言之,但中国记载则谓其"及至殿上,不觉双跪俯伏"。管世铭《韫山堂诗》有"一到殿廷齐膝地,天威能使万心降"之句。

1950.9.22

24. 英国派使

《清史稿·邦交志二·英吉利》:"(乾隆)五十八年(1793)英国王雅治遣使臣马戛尔尼等来朝贡,表请派人驻京,及通市浙江宁波、珠(舟?)山、天津、广东等地,并求减关税。不许。"

案,此英王为乔治三世,马戛尔尼(Macartney)有日记见《清朝全史》五十四章。

又:"(嘉庆)十年(1805)春三月英王雅治复遣其臣多林文附商船来粤献方物。……二十一年(1816)夏六月英国遣其臣加拉威礼来粤东投书,……贡使罗尔美都副贡使马礼逊乘贡舟五,已达天津……"

案,英国二次使节为 William Ditt, Earl Amherst 或译阿美士德(1773—1857)。又此所谓副使马礼逊当即 Robert Morrison,通译非副使也。其时英王为乔治四世(尚未即位)。

光绪《会典事例》五百十:"(乾隆)五十八年谕,现在英吉利国贡使(案,指马戛尔尼)瞻觐事竣,即令起程,由内河水路前赴广东澳门,附该国贸易船支放洋回国,已派侍郎松筠沿途照料……"(2 页)

又:"(嘉庆)二十一年谕,此次英吉利国遣使入贡,其使臣(案,指罗耳阿美士德)瞻觐宴赉事竣,遣令回国,着于通州乘船,由运河行走,经过山东、江苏、浙江而上,由安徽、江西过大庾岭,至广东虎门放洋,已派苏楞额、广惠沿途照料……"(3 页)

1951.9.3

25. 英使马戛尔尼带来的方物

光绪《会典事例》五百三《礼部·朝贡》:"(乾隆)五十八年英吉利国王遣使臣马戛尔尼等进贡方物:天文地理音乐大表,地理运转全架,天球,地球,指引月光盈亏,测看天气阴晴,探气架子,运动气法,西瓜炮,铜炮,椅子火镜,玻璃镫,印图,丝毛金线毯,大毡毯,马鞍,凉暖车,成对相连枪,自来火金镶枪,自来火银镶枪,自来火小枪,小火枪,大火枪,钢刀,巧益架子,早晚运动能长人精神,西洋船样,千里眼,各色哆啰呢、羽纱,凡二十九种。"(9页)

又卷五百四,嘉庆元年又有英吉利国贡物。(1页)

中国给马戛尔尼的礼物见卷五百七,页七。并有地点:含青斋、清音阁、太和门。

1955.5.2

26. 各国派使来华之始

"清雍正五年(1727)夏四月,葡(萄牙)国遣使臣麦德乐表贡方物,抵粤,巡抚杨文乾遣员伴送至京,召见赐宴,于赏赉外特赐人参、缎匹、瓷漆器、纸墨、字画、绢灯、扇、香囊诸珍,加赏使臣,命御使常保住伴送至澳,遣归国。麦德乐在澳天主堂率洋商诵经行礼,恭祝圣寿。乾隆十八年(1753)夏四月葡国遣使巴哲格、伯里多玛诺入贡,奉表言:……"(《邦交志八》,8页)

"康熙二年(1663)夏六月,和(兰)人始由广东入贡刀剑八,皆可屈伸;马四,凤鹰鹤能迅走。"(《邦交志七》,4页)

"康熙九年(1670)夏六月,义国王(义大利)遣使奉表,贡金刚石饰金剑、金珀书箱、珊瑚树、琥珀珠、伽南香、哆啰绒、象牙、犀角、乳香、苏合香、丁香、金银花露、花幔、花毡、大玻璃镜等物,使臣留京九年始遣归国,召见于太和殿,赐宴。圣祖以其远泛重洋,倾诚慕义,锡赉之典礼视他国有加。"(《邦交志七》,14页)

1953.7.2

27. 西洋使节晋见

光绪《会典事例》五百五《礼部·朝贡·朝仪》:

"康熙五十九年(1720)西洋国遣使臣斐拉理奉表来朝。是日设表案于畅春园九经三事殿阶下正中,圣祖仁皇帝御殿升座,礼部鸿胪寺官引贡使奉表陈案上,退,行三跪九叩礼,仍诣案前奉表,进殿左门,升左陛,膝行至宝座旁恭进,圣祖仁皇帝受表,转受接表大臣。贡使兴,仍由左陛降,出左门,于阶下复行三跪九叩礼,入殿赐座,赐茶毕,谢恩,退。"(1—2页)

"(雍正)五年(1727)西洋国遣使臣麦德乐等进表庆贺,仪与康熙五十九年同。"(2页)

"(乾隆)五十八年(1793),英吉利国遣使臣马戛尔尼等入贡,高宗纯皇帝御澹泊敬诚殿,军机大臣同礼部堂官带领贡使恭奉表文跪递,命御前大臣恭接,转呈御鉴。"(3页)

"(嘉庆)二十一年(1816),英吉利国正贡使罗耳阿美士德等来京,称病不能瞻觐,谕令即日遣回,该国王表文亦不必呈览。"(3页)

1955.5.2

28. 葡萄牙强占澳门

清《赋役全书》:"明嘉靖十四年(1535)都指挥黄庆请于上官,准洋舶停泊于濠镜,名为泊口,岁输课二万金。"

此葡国船支到澳之始。

葡人名澳门为马高(Macao),粤音"泊"如"马",今称"马高",即"泊口"二字之转音。可见当日葡人岁输二万金,所租者不过停泊洋舶之一海口耳。(民国三年[1914]外交部《澳门界务说帖》。见《梁燕孙先生年谱》上,民国四年,230页)

又:"明嘉靖三十二年(1553),洋舶托言舟触风涛,愿借濠镜地曝水渍贡物。"

此为葡萄牙推广租地之始。(230页)

清《赋役全书》:"万历九年(1581)葡人改纳岁租为五百金,至道光二十九年(1849)不纳。"

此为葡萄牙改租地为占地之始。（230页）

《澳门历史》载："一五五七年（嘉靖三十六年）中政府方准葡人建设工厂于该岛之东，即今之南环。"

此为葡萄牙在澳兴建之始。（231页）

"嘉靖年间葡人闯入莲花茎关闸，将汛墙拆毁，由三巴门以北至旧关闸，均认为葡界。"

此为葡萄牙强占澳地之始。（231页）

"澳门……向为香山（今称中山县）辖境，自前明嘉靖时，葡人至澳蹜居，岁纳租课，清朝因之。时以围墙为界，其原立之三巴门、水坑门、新关门，旧址俱在，志书可考。"（清末勘界维持会《勘界事略》。见《梁燕孙先生年谱》，227页）

"道光二十九年（1849）葡萄牙侵占拉塔石炮台，并将原设驻扎望厦村外委驱往白石村之三山宫。"

此为葡萄牙侵占砲台驱逐官吏之始。（231页）

"咸丰年间，葡人在西沙岛之沙嘴占筑炮台，并在潭仔建设兵房。"（231页）

《勘界事略》列于道光季年。（227页）

"同治二年（1863），葡人占塔石、新桥、沙岗、沙梨头，建筑马路。"（231页）

《勘界事略》尚有"石墙街"。是为旧占之界。（227页）

"同治十三年（1874）葡因占界龃龉，乘间闯入，拆毁关闸汛墙。"（227页）

"光绪五年（1879），占龙田村，开马路，设门牌。"（227页）

"光绪九年（1883），占旺厦村，建捕房，亦开马路，设门牌。"（227页）

《澳门界务说帖》作望厦村。（231页）

以上为新占已得之界。（227页）

"光绪十三年（1887）因洋药税厘并征，新章香港与澳门会办，相助缉私，遂将澳门改归葡国永远居驻，时赫德（Robert Hart）申请草约四条，内有'准葡驻澳，惟不得转让其地于他国'一语，可见澳门系中国让与葡国居驻，仍系中国疆土。名为让地，实不损权。惟所订草约四条，与《澳门新报》所载，文义互异。草约有'永驻澳门，管理一切'之语，其澳门二字凡三见，洋文均作澳门及澳门附地二字，意极含糊。迹其有意蒙混，窥占属地，于此可见。经张相国（指张之洞）督粤时奏案一一指驳，已甚显豁。"（《勘界事略》，227页）

案，民国三年外交部《澳门界务说帖》："澳门界务，一误于赫德办理药税，遣金登干赴澳议订草约，遂有《丁亥节略》（丁亥为光绪十三年，

1887），承认葡国永驻，并管理澳门以及澳属之地；再误于总理衙门于光绪十三年十月十七日约内仅声明现时情形，不得有增减改变之事，而不于属地二字上严定范围，致贻今日有新占、旧占地界之争，反陷政府对于旧占地界，立于无辩论之余地。金登干在葡京寄交总理衙门节略底稿，其第二条仅云'葡国永驻澳门，管理一切'。嗣由粤督张折内：'见港报载第二条内有属地字样。'迨六月二十七日赫德面递节略内称'画押之日，即丁亥三月初二日，是时所有葡国已经居守管辖之各处，即为澳门之属地'云云。该节略系补金登干原寄约稿漏略之处，其意存尝试，得步进步。乃总理衙门竟不急起直追，而任其朦混，奏请批准，殊不可解。此即一误再误之理由也。"（229—230 页）

又案，光绪十五年（1889），二十八年（1902），三十三年（1907），宣统元年（1909）葡国均又有侵占，详见《梁燕孙先生年谱》，不具录。

1958.12.22

29. 海上走私

《殖民地·保护国新历史》第一篇，第一章，"海盗行为与走私偷运"节："与至印度及中国的新路径之探寻并行的（案，指十六世纪时，为反对葡萄牙和西班牙的海上霸权而探寻通印度、中国新航线的运动，1538 年土耳其人到红海，夺亚丁，英法荷从北方侵入印度洋，发现加拿大），是对西班牙和葡萄牙殖民地之走私贸易广泛的开展。走私是破坏西—葡垄断的有力工具。这对商人——非垄断者是获得较幸运的竞争者所夺取的一部分赃物之唯一方法。走私偷运常常转化为海盗行为。受土耳其各主君支持的柏柏尔（Berbers）的海盗，在地中海及北非洲的大西洋沿岸附近横行无忌。他们甚至达到美洲的海岸。英国人、荷兰人和法国人与美洲的西—葡殖民地进行经常的走私贸易。……他们航行于已被宣布为是属于西班牙的整个海面。进攻西班牙本国的海岸并焚毁它的船只。英国的历史家从他们中间制造出民族英雄。这群海盗最著名的代表是瓦尔特·黎利（英国人，1588 年毁西班牙无畏舰队）及特里克（1577—1580 完成了第二次世界周游）。（A17 页）

1538 嘉靖十七年　1577 万历五年

1588 万历十六年

1951.8.28

30. 番薯明万历时入福建

清施鸿保(咸同时人)《闽杂记》卷十"甘薯"条:"……东坡《和陶酬刘紫桑诗》'红藷与紫芋,远插墙四周……',……盖自来南土有之,《连江县志》谓本出吕宋,明金学曾抚闽,丐种归,陈经纶传其种法,故名,恐未足据。按甘藷之即番薯,非山药,固已,然自来惟岭南有之。若闽之番薯,李元仲《宁化县志》、周栎园《闽小记》皆言万历间闽人得之南洋吕宋,而不著其人之姓名。《长乐县志》则称,邑人陈振龙贾吕宋,丐其种归,其子经纶陈六益八利及种法,献之巡抚金学曾,檄所属如法栽植,岁大获,民赖之,名曰金薯。(陈)经纶三世孙世元,元子长云,次燮复传其种于浙江、河南、山东、顺天等处,咸食其利。(陈)士元刊有《金薯传习录》。是闽中番薯始自陈振龙父子,确有明证,不得谓《连江县志》之无据。惟其以丐归者为金学曾,传种者为陈经纶,颠倒其事,不无小误耳。"(14—15页)

　　申报馆铅印本,自案字以下另起一行低一格,不知案字以下为施氏之说否,待考。

1953.7.20 挥汗

31. 荷兰豆来中国

清刘世馨(芴谷)《粤屑》(申报馆铅印本)卷一"嗬嘣豆"条:"嗬嘣豆本外洋种,粤中向无有也。乾隆五十年间,番船携其豆仁至十三行,分与土人种之,九月重阳前后播种,苗高二三尺许,叶翠花白,正月时结豆,甘脆异常。……今则遍岭海皆有之。余……作诗云'新种嗬嘣豆,传来自外洋。莳当重九节,买自十三行。采杂中原菽,燃添异国香。晨葩鲜莫匹,馨膳此初尝'。豆种自嗬嘣国来,故因以为名云。"(11页)

32. 鸦片烟在内地种植

张培仁(张培仁字少伯,广西贺县人,同光间文士,进士,福建知县)《妙香室丛话》(申报馆铅印本)卷十"鸦片之害":"梁绍壬:'鸦片产于西番,彼处名为合甫融,向止行于闽广,今则各省并皆渐染。……嘉应州吴石华学博

（兰修）弭害之文,辨之甚详。且近时内地俱有能种者,在浙曰台浆,在闽曰
建浆,在蜀曰葵浆,耗精伤财,废时失业,莫此为甚.'愚案:洋人以鸦片迷中
国,……从前黄树齐少司寇请禁之而卒不能禁,许青士廉访请开禁而收税,
究未行禁,又有请开内地烟禁准民间栽种售卖,以杜洋人牟利之计,卒亦未
见明文.……"

清施鸿保（施鸿保字可斋,浙江钱塘人。咸丰中游幕福建）《闽杂记》卷
十"福膏福浆"条:"内地所产鸦片,皆只莺粟花汁熬成膏耳。向惟广东有之。
嘉庆末年,浙江温台等处亦有之,所谓温浆台浆也。近来福宁府属亦有之,
其成膏者谓之福膏,其未成膏谓之福浆。其浆以罐盛埋土中,久则味胜夷
产,若未久埋则暴燥不堪吸食。"(7 页)

1953.7.18 天津挥汗

33. 产业革命

《近代欧洲政治社会史》,Cartton J. H. Hayes 原著,曹绍濂译,一九二四
新版。

第四篇,第十八章"产业革命":

法国大革命对于日常生活,少直接之变更。大变在产业革命。

产业革命（Industrial Revolution）基本要素有二:一为机器之发明与应用,
二为工厂之设立。此革命约当 1770 与 1825 年之间发生于英国,1815 以后
广布于全欧及全世界。

机器之发明:

1738 年 John Kay（约翰开）发明飞梭 Fly-Shuttle。

1770 年 Hargreaves（哈格里佛士）发明纺织机。

1769 年 Arkwright（阿克来）发明水力机供纺纱之用。阿克来并创始
工厂。

1779 年克纶普登（Crompton）发明纺棉机。参合纺纱机与水力机之
方法。

1785 年卡特赖特（Cartwright）发明自动织布机。借用水力。

1792 年美国人辉特尼（Whitney）发明弹棉机。并发明漂布。

以上六人皆对棉织业有所改良。

1769 年瓦特（Watt）发明蒸汽机,用之于卡特赖特之织布机及阿克来之

纺纱机。瓦特之事业即在：一、增加蒸汽机之效率，二、且使其直接应用于各种机器。

按，据苏联叶菲莫夫编《近代世界史》（王易今译，开明书局出版），在瓦特以前几年俄国乌拉尔人鲍苏罗夫（Polzunov）已独立发明并制造了改良蒸汽机，当时俄国劳动力低廉，没有获得广泛的应用。（8 页）

蒸汽机应用到采矿，"钢铁时代"于此开始。蒸汽机更应用于汽船（1807）、车头（1808）、印刷（1814），继续不已。

机器发明之直接结果，实表现于工商业之发展，人口之突增，城市之发达，及财富之增加。

动力机器被采用以后，工厂纷纷成立，加深加强了劳力与资本的分离，工人与佣主的界限（机器发明前已有些了）。因之有工厂处，皆有两种新社会阶级随之而生，即资本家与工资劳动者。

产业革命后发生的新问题：失业，农民之消减，工人阶级在资本制度下渐趋衰弱颓废。

1950.9.22

34. 产业革命后的英国

叶菲莫夫《近代世界史》（王易今译）：

十八世纪末叶机器和工厂出现于英国，是因为英国比其他国家更早的扫除了那些阻挠资本主义发展的障碍，特别是十七世纪的资产阶级革命在这方面起着巨大的作用。英国与欧洲其他国家比较起来，拥有大量资本、劳动力和发达的工场工业。（8 页）（英国资本的蓄积：1. 十七世纪施行航海法促进英国商业繁荣，2. 奴隶贸易产生巨额利润，3. 土地被掠夺于地主们手里，4. 殖民地移民迅速增加，5. 英国人在殖民地推销工业成品，6. 从殖民地掠夺上创造了庞大的资本。3 页）

十八世纪末叶英国有了最初的机器和工厂，到了十九世纪中叶，英大规模的机器生产便取得决定性的胜利。从一八二〇至一八四四年手工纺织工人数目由二十四万降到六万（至一八六〇年只剩八千人），而机器纺织工人由一万增至十五万。（159 页）

由于机械生产，工业生产品剧烈增长。供应全世界。（159 页）

从十九世纪三十年代起，英国铁路开始迅速建筑起来，成百的英国汽轮

开始在全世界航行。（159页）

由于工业发达,英国人口分布也改变了。（159页）

由于工业的发荣滋长,提高了英国商品对殖民地和其他国家的输出。（160页）

*一八三二年,英国国会在工人压力之下实行改革,资产阶级从这一改革中得到胜利,可是工人却不曾获选举权。（162页）

资产阶级满意于一八三二的改革,但工人则继续斗争。（162页）自一八三五起选举改革口号下再度发生工人运动,所谓宪章运动。（162页）

*由于工业的发荣滋长,提高了英国商品对殖民地和其他国家的输出。（160页）

1950.9.22

35. 洋行陋规

《清史稿》传一百《舒赫德传》:"（乾隆）二十九年,命（舒赫德）如福建按提督黄仕简劾厦门洋行陋规,总督杨廷璋以下皆得罪。语详《廷璋传》。"（11页）

36.《大越史记全书》

《大越史记全书》二十四卷,十册,日本明治十七年（1884,甲申）埴山堂铅印。日本引田利章校订句读。

前有日本明治十七年川田刚序,称引田利章为陆军大学助教。又有引田利章序明治十七年（1884,甲申,光绪十年）。

《翻刻大越史记全书凡例》称:"客岁（1883）七月,我参谋本部将校奉命赴其国,知河南府事阮有度赠以此书。"《凡例》题明治十七年十月引田利章识。

越南正和十八年丁丑仲冬《大越史记续编追加序》:"我越历代史记,先正黎文休、潘孚先作之于前,吴士连、武琼述之于后……但未行锓梓……迨至我朝玄宗穆皇帝……命宰臣范公著等参考旧史,有如《史记外记》、《本纪全书》、《本纪实录》,并依前史名例,又参究编述,自国朝庄宗裕皇帝至神宗渊皇帝增入国史,命曰《本纪续编》,付诸刊刻,十才五六,第事未告竣,犹藏秘阁，……惟皇帝陛下……特命臣等订考旧史，……自玄宗穆皇帝景治之初年(1663)，至嘉宗美皇帝德元之二年(1675)，凡十三载事实，亦命曰《本纪续编》，书成……遂命工刊刻……"据下衔名《本纪续编》出于黎僖等。

《大越史记续编序》，景治三年岁在乙巳，范公著编(康熙四年，1665)。

《大越史记外纪全书序》，洪德十年岁在乙亥，吴士连序(成化十五年，1479)。

《进大越史记全书表》，洪德十年，吴士连。

《外纪全书》五卷，《本纪全书》九卷，《黎太祖纪》一卷，共十五卷。

《大越史记全书纪年目录》

《外纪全书》(卷一 1511 年武琼修，卷二至卷五 1479 年吴士连修、武琼补)

卷之一(1511 年武琼修)

《鸿厖纪》　起壬戌至癸卯凡二千六百二十三年……

《蜀纪》　起甲辰至癸巳凡五十年……

卷之二

《赵纪》　起甲午至庚午凡九十七年(纪赵佗及其后事，前207—前111年)……

卷之三

《属西汉纪》　起辛未至己亥凡一百四十九年(纪西汉事，前110—39年)

《征纪》　起庚子至壬寅凡三年(纪征侧女王事，40—42年)……

《属东汉纪》　起癸卯至丙寅凡一百四十四年(纪东汉事，43—186年)

《士纪》　起丁卯至丙午凡四十年 (纪士燮事，187—226年)士王

卷之四

《属吴晋宋齐梁纪》　起丁未至庚申凡三百十四年(附赵妪，227—540年)

《前李纪》　起辛酉立丁卯凡七年(李贲，541—547年)……

《赵越纪》　起戊辰至庚寅凡二十三年(赵光复，野史，548—570年)……

《后李纪》　起辛卯至壬戌凡三十二年(李佛子，571—602年)……

卷之五

《属隋唐纪》　起癸亥至丙寅凡三百四年(603—906 年)附黑帝都君

《南北分争纪》　起丁卯至戊戌凡三十二年(纪五代时事,907—938年)……

《吴纪》　起己亥至丁卯凡二十九年(五代、宋初,939—967 年)

《前吴王》　在位六年,附杨三哥篡位六年(吴权)

《后吴王》　在位十五年,附天策王(吴昌文)

《吴使君》　凡二年,附各使君(吴昌炽)

《本纪全书》(吴士连修,武琼补)

卷之一

《丁纪》　起戊辰至庚辰凡十三年(968—980)(丁部领)……(宋)太平凡十年

《黎纪》　起辛巳至己酉凡二十九年(981—1009 年)(黎桓)(宋)……

纪元:天福 8　兴统 5　应天 11　景瑞 4

卷之二

《李纪》之一　起庚戌至甲午凡四十五年(1010—1054)(李公蕴)(宋)

太祖李公蕴　顺天 18　太宗李德政二十七年　天成 6　通瑞 5　乾符有道 3　明道 2　天感圣武 5　崇兴大宝 6

卷之三

《李纪》之二　起乙未至戊午凡八十四年(1055—1138)(宋,南宋)

龙瑞太平元年(1054)建国号曰大越。

圣宗(李日尊)十七年　龙瑞太平 5　彰圣嘉庆 6　龙章天嗣 2　天贶宝象 1　神武 3

仁宗(李乾德)五十六年　太宁 4　英武昭胜 9　广祐 7　会丰 9　龙符 9　会祥大庆 10　天符睿武 7　天符庆寿 1

神宗(李阳焕)十一年　天顺 5　天彰宝嗣 6

卷之四

《李纪》之三　起己未至乙酉凡八十七年(1139—1225)(南宋)

英宗(李天祚)三十七年　绍明 2　大定 22　政龙宝应 12　感天至应 1

高宗(李龙翰)三十五年　贞符 11　天资嘉瑞 16　天嘉宝祐 3　治平龙应 5

惠宗(李昆)十四年　建嘉 13　天章有道 1

昭皇(李天馨)一年　天章有道

《李纪》四卷起庚戌至乙酉,凡二百十六年。

卷之五

《陈纪》之一　起丙戌至癸巳凡六十八年(1226—1293)(陈㬂)(南宋,元)

太宗(陈㬂)三十二年　建中 6　天应政治 19　元丰 7

圣宗(陈晃)二十一年　绍隆 15　宝符 6

仁宗(陈昑)十四年　绍宝 6　重兴 8

卷之六

《陈纪》之二　起甲午至己巳凡三十六年(1294—1329)(元)

英宗(陈烇)二十一年　兴隆 21

明宗(陈奣)十五年　太庆 9　开泰 6

卷之七

《陈纪》之三　起庚午至丁巳凡四十八年(1330—1377)(元,明初)

宪宗(陈旺)十三年　开祐 13

裕宗(陈皞)二十八年　绍兴 16　大治 12

附昏德公杨日礼一年　起大治十二年六月至绍庆元年十月(1369—1340)

艺宗(陈暊)三年　绍庆 3

睿宗(陈曔)四年　隆庆 4

卷八

《陈纪》之四　起戊午至己卯凡二十二年(1378—1399)(明太祖)

废帝(陈晛)十一年　昌符 11

顺宗(陈颙)九年　光泰　9

少帝(陈爱)二年　建新 2

附胡季犛　圣元一年(1400)(改国号大虞,阵亡)(明建文)

胡汉苍　绍成二年(1401—1402)　开大五年(1403—1407)(明永乐)

　《陈纪》四卷　并胡纂起丙戌至丙戌凡一百八十一年(1226—1406)

卷九

《后陈纪》　起丁亥至癸巳凡七年(1407—1413)(明永乐)

简定帝(陈頠)二年　兴庆 2

重光帝(陈季扩)五年　重光 5

《属明纪》　起甲午至丁酉凡四年(1414—1417)(明成祖)

《本纪实录》(纂修失名,范公著补)
卷之一
《黎纪》之一　起戊戌至癸丑凡十六年(1418—1432)(明成、仁、宣)
太祖(黎利)起义十年,在位六年　顺天 6　(起义十年仍属明)　大越
卷之二
《黎纪》之二　起甲寅至己卯凡二十六年(1434—1459)(明宣、英、景)
太宗(黎元龙)九年　绍平 7　大宝 2
仁宗(黎邦基)十七年　大和 11　延宁 6
卷之三
《黎纪》之三　起庚辰至壬辰凡十三年(1460—1472)(明英、宪)
圣宗(黎思诚)上　在位三十八年　光顺 10　洪德 3
卷之四
《黎纪》之四　起癸巳至丁巳凡二十五年(1473—1497)(明宪、孝)
圣宗(黎思诚)下　洪德 25
卷之五
《黎纪》之五　起戊午至己巳凡十三年(1498—1509)(明孝、武)
宪宗(黎鏳,又名黎晖)七年　景统 7
肃宗(黎㵮,又名黎濬)一年　泰贞 1
威穆帝(黎浚,又名黎谊)五年　端庆 5
卷之六
《黎纪》之六　起庚午至壬辰凡二十三年(1510—1532)(明武、世)
襄翼帝(黎潆,又名黎晭)七年　洪顺 7
昭宗(黎椅,又名黎譓)六年　光绍 6
恭皇帝(黎椿,又名黎庆)五年　统元 5
附莫僭纪:
莫登庸　太祖,三年,明德 3(1527—1529)
莫登瀛　太宗,三年,大正 3(1530—1532)
　　《黎纪》始太祖戊戌历恭皇丁亥(1418—1527),凡一百十年,并莫僭自戊子(1528)至壬辰(1532)凡五年,通计一百十五年(《黎纪》六,页43)。

《本纪续编》（1665 范公著修）

卷之一

《黎纪》之七　起癸巳至壬申，凡四十年（1533—1572）（明世、穆）

庄宗（黎宁，又名黎晌）十六年　元和 16（元和元年为莫大正四年，明嘉靖十二年，1533）

附莫纪：

莫登瀛　太宗　八年　大正四年至十一年（即庄宗元和元年至八年，1533—1540）

莫福海　六年　广和元年至六年（即庄宗元和九年十四年，1541—1546）（明世）

莫福源　二年　永定元年一年（即庄宗元和十五年，1547）　景历元年一年（1548）

中宗（黎暄）　八年　顺平 8（明嘉靖二十八年至三十五年，1549—1556）

附莫福源　八年　景历二年至六年（1549—1553）光宝元至三年（1554—1556）

英宗（黎维邦）十六年　天祐 1　正治 14　洪福 1

附莫福源　五年　光宝四至八年（即天祐元年正治元至四年，1557—1561）（明世）

莫茂洽　十一年　淳福元至四年（至治五至八年，1562—1565）（明世）

　　　　　　　　　　崇康元至六年（至治九至十四年，1566—1571）（明穆）

　　　　　　　　　　崇康七年（洪福元年，明隆庆六年，1572）

卷之二

《黎纪》之八　起癸酉至乙亥凡二十七年（1573—1599）（明神）

世宗（黎维潭）二十七年　嘉泰 5　光兴 22

附莫茂洽二十年　崇德八至十二年（嘉泰元年至五年，1573—1577）

　　　　　　　　　　延成元至八年（光兴元至八年，1578—1585）

　　　　　　　　　　端泰元至二年（光兴九至十年，1586—1587）

　　　　　　　　　　兴治元至三年（光兴十一至十三年，1588—1590）

　　　　　　　　　　洪宁元至二年（光兴十四至十五年，1591—1592）

　　　　莫僭起自丁亥莫登庸僭位，纪元明德元年（1527）至壬辰洪宁二年

（1592）（原作二年，查俘于壬辰二年，据改），莫茂洽被俘，又继以癸巳（1593）雄礼公自称康佑初年迄于其亡（1593），前后共六十七年（1527—1593）。（《黎纪》八，页20）

卷之三

《黎纪》之九　起庚子至丁未（壬寅？）凡六十八（三？）年　（1600—1667[1662？]）（明神、光、熹、思，清世、圣）

敬宗（黎维新）十九年　慎德1　弘定18

神宗（黎维祺）上　二十三年　永祚10　德隆6　阳和7

真宗（黎维祐）七年　福泰7　（崇祯十六年至清顺治六年，1643—1649）

神宗（黎维祺）下　复位十四年　庆德4　盛德5　永寿4　万庆1（1649—1662）

《续编追加》（黎僖修）

《黎纪》之十　起戊申（癸卯？）至庚申（乙卯？）凡十三年（1668—1680[1663—1675？]）（清康熙）（与分目不合，见下）

玄宗（黎维禑）九年　景治9（1663—1671）

嘉宗（黎维禬）四年　阳德3（1672—1674）　德元2（1674—1675）

　　《黎纪》九总目六十八年与分目不合，多五年；《黎纪》十总目起戊申，分目起癸卯，总目迟五年。疑纪九应作"至壬寅"（1642），纪十应作"起癸卯至乙卯"（1663—1675），则合矣。核对内容亦符。

　　　　　　　　　　　　　　　　　　　　　　1965.7.23、8.30

37. 越南古史

　　《大越史记续编序》："尝试考之，昔翰林院学士兼国史院监修黎文休承陈太宗之命编《大越史记》，自赵武帝至李昭皇；及修史官潘孚先奉皇朝仁宗命续编《大越史记》，自陈太宗至明人还国。……迨圣宗淳皇帝……乃于洪德十年（1479）间命礼部左侍郎兼国子监司业吴士连纂修《大越史记全书》。继以襄翼帝于洪顺三年（1511）命兵部尚书兼国子监司业史官都总裁武琼撰《大越通鉴》，述自鸿厖氏至十二使君，别为外纪。自丁先皇至国朝太祖高皇帝大定天下初年为本纪。……至于洪顺六年（1514）又命少保礼部尚书东阁大学士兼国子监祭酒知经筵事敕书伯黎嵩撰《大越通鉴总论》……暨光绍五年(1520)又命礼部尚书史官副都总裁知昭文馆秀林局邓鸣谦作《咏史诗集》……编集国史者屡,至再四,但未刊板颁布,致传录错谬……钦惟皇上陛下……特命臣与左侍郎臣杨澔……等订考国史,自鸿厖氏至恭皇纪,又命续编自庄宗裕皇帝至神宗渊皇帝万庆年间,述为成书,镂梓颁行。臣等……因共加蒐猎……补辑一二……又撮取自鸿厖氏至吴使君,题曰《大越史记外纪全书》,自丁先皇至我国朝太祖高皇帝为本纪全书,并依如前史臣吴士连、武琼等之所著述也。其自国朝太宗至恭皇,则因前书所载题曰《本纪实录》。又参究登柄野史及略取当时所献各遗编,述自国朝庄宗裕皇帝至神宗渊皇帝,增入国史,命曰《大越史记本纪续编》,总分为二十三卷……景治三年岁在乙巳(1665,康熙四年)仲秋节谷日,赐戊辰科同进士出身参从吏部尚书兼东阁大学士少保燕郡公臣范公著奉编。"(《大越史记全书》第一册)

　　《大越史记外纪全书》卷一　武琼修(1511)

　　《大越史记外纪全书》卷二至卷五　吴士连修(1479),武琼补(1511)

　　《大越史记本纪全书》　吴士连修　武琼补

　　《大越史记本纪实录》　纂修失名　范公著补

　　《大越史记本纪续编》　范公著修(1665)

　　《大越史记续编追加》　黎僖修(正和十八年丁丑,1697?)

1969.8.31

38.明初与越南

　　1359 己亥　元至正十九年　越南陈氏裕宗大治二年　"春正月,明遣使来通好。时明主与陈友谅相持,未决胜负。帝(越帝裕宗)遣黎敬夫使北,觇虚实。"(《大越史记本纪全书》七《陈纪》三,13 页下)

　　1368 戊申　明洪武元年　越南大治十一年　"明太祖即位于金陵,建元洪武,遣易济民来聘。""秋八月,遣礼部侍郎陶文的如明报聘。"(仝上,17 页)

　　1369 己酉　明洪武二年　越南陈氏裕宗大治十二年,五月卒,六月杨日礼立,改称大定元年。　"(十一月)明遣牛谅、张以宁赍金印龙章来,适裕宗晏驾,……既而以宁疾死,惟谅回国。"(仝上,17 页下)(日礼为杨氏子,裕宗无子,以之为子。)

　　1870 庚戌　明洪武三年　越南杨日礼大定二年,十月陈暊立,号艺宗,改绍庆元年。　"春正月,明帝亲制祝文,命朝天宫,道士阎原复赍牲币来,致祭于伞图山及泸江诸水神。夏四月阎原复入国都,敬行祀事毕,刻文于石,纪其事,然复辞归。"(仝上,18 页下)

　　洪武五年(1372)十一月陈暊自称太上皇,让位于其弟陈暵,号睿宗,改明年(1373)为隆庆元年,冬与占城有战争,四年(1376)复与占城战,五年陈暵死于军,其子晛立,改元昌符(1377),后被废。故明初正越南国内外多事之时。

1965.7.23

39. 越南古史对中国书法

　　《大越史记全书·外纪全书三·士纪》(汉中平四年):"史臣吴士连曰……我越英特之才,北人安得而知之哉。"(6 页)

　　此北人指汉朝。

　　又《外纪全书四·后李纪》(南朝陈大建三年):"史臣吴士连曰……当(陈)霸先一世之雄,竟获其将杨屧(杨屧,陈霸先之裨将,攻越南战死),北人为之退师。"(13 页)

　　此北人指南北朝之梁朝。可证越称中国为北人。

　　又《本纪全书》一有"宋帝"、"宋客"。

　　又《本纪实录》一:"遂率豪杰,建义旗,期灭明贼。"(2 页)

　　明贼指明朝。

　　又仝上《论》曰:"北寇凶残,南民困屈。"(30 页)

　　北寇指明朝。

　　《大越史记本纪实录》卷一:"吴士连曰:'……贼从而分州设县……胥为北人矣。'"(29 页)

　　"贼"、"北人"均指明朝。

40. 清初时帝俄情况①

　　一六七二年五月十三日彼得大帝生于莫斯科。(42 页)

---

① 编者注:此为该题卡片之三,一、二缺。

一六八二年彼得大帝立,由公主苏菲亚执政。(42 页)

一六八九年(五月)彼得以武力废苏菲亚。(43 页)

(九月)《尼布楚条约》缔结。

一七〇〇年九月开始了延续二十一年绵长的与瑞典战争。(44、48 页)

战后彼得大帝进行革新,俄罗斯帝国形成。

一七二五年彼得第一死。(52 页)后二年 1727 年订《恰克图条约》。

"彼得第一是一位伟大人物,因为他正确地了解在俄国面前由历史所提出的任务,并奋勇地为这些任务的解决而斗争。"(51 页)

41.《早期中俄关系史》

《早期中俄关系史》(1689—1730),原名《彼得大帝时代俄中关系史:1869—1730 年》(Histoire des Relations de la Russie avec la Chine sous Pierre le Grand:1869—1730),著者法人葛斯顿·加恩(Gaston Cahen),1912 年出版。

1913 年英人(?)李治(W. Sheldon Ridge)译为英文,改今名(Some Early Russo—Chinese Relations),1914 年出版,先登载于《国民评论》杂志。

1961 年江载华译为中文。商务印书馆出版。

42. 满清与帝俄①

据何汉文《中俄外交史》:

帝俄进入西伯利亚可分三期:

第一期　自 1578 耶尔麻(Yermak)东征,至 1584 耶尔麻之死。

1581(万历九年)十一月七日耶尔麻入西伯利亚城。

第二期　在十六世纪的末叶几年。

1590(万历十八年)开始移民三千户至西伯利亚。

---

① 这是该标题卡片之一、六、七,其二至五缺。

第三期　自 1630 年至 1650 年。

1636 到北冰洋。1639(崇祯十二年)到鄂霍斯克海(Okhotsk),自此且进而觊觎东三省和蒙古。

(中缺)

琛与之议约于布拉河,订《恰克图条约》,凡十一款。

三款　划界

四款　通商除原定进京三年一次(二百人)外,并定在恰克图、尼布楚零星贸易,并准建屋,仍不收税。

五款　在北京立俄国庙宇。

八款　两国头人倘有怀私透卸贪婪者,各按国法治罪。

定约通商以后,北京贸易衰落,乾隆二年(1737)监督俄馆御史赫庆乃奏请停止北京贸易,令统归恰克图一处。

　　北京商馆停 1737

恰克图订约后贸易发达,但当时只准以货易货,禁止金银贸易。俄货以羽纱、兽皮、牛羊皮为大宗,我国以茶、大黄、绢、绸缎、棉布为大宗。

　　贸易特点

1727 复定来京学习之喇嘛额六人,入国子监者额四人;十年更代。学生来者住会同馆。(《史稿·邦交志》)

　　留华学者 1727

康熙三十三年,1694,俄遣使来,贡,送回逃犯,理藩院行文奖之。(《史稿·邦交志》)后以理藩院掌理为定制,在蒙古则以库伦办事大臣管理。理藩院徕远司"并典外裔职贡"。(《职官志二》)

　　管理机构

　　　　　　　　　　　　　　　　　　　　　1953.6.29

43.《尼布楚条约》

《尼布楚订约研究提要》Der Vertrag　von　Nertchinsk

福克司(Walter Fuchs)著(未发表)　张星烺(据稿本)译

《中德学志》二卷一期(1940 年四月出版)一二四至二二五页

1689《尼布楚条约》详细情形,杜哈尔代(Du Hald)《中华帝国全志》

（第四册，201—202页）已据张诚（Gerbillon）日记录入。

　　欧洲通用之《尼布楚条约》原文多据杜哈尔代之书。

《华裔学志》第四卷第二期研究此约缔订时之文字结果如下（《华裔学志》何处出版，何人研究均未注明，待考）：

　　"一、一六八九年九月七日（康熙二十八年七月二十四日）之条约原文最初草案为满洲文。以后条约则用满洲、腊丁、俄国三种文字写成，而官府盖印之约文则为腊丁文。

　　二、在中国人方面仅承认汉文、满文、蒙文之①《康熙实录》卷一百四十三中之约文为最初源料；其次为②《东华录》康熙二十八年所载者；③《平定罗刹方略》卷四，乾隆四十三年刊印；④《盛京通志》卷三十三；乾隆五十四年刊印之⑤《大清一统志》卷四十八。⑥《皇朝经世文编》卷八十一，徐元文之论文亦有之，唯乃久经引用，无最初源料之价值。

　　上方六种复本以外，在十九世纪及二十世纪初期间，尚有二十余种他本，探本穷源，皆间接回溯至《康熙实录》中文字。仅⑦《黑龙江外纪》中之译则不在其例中。

　　三、一六八九年九月七日（康熙二十八年七月二十四日）两国外交通函之三种文字本条约与一六九〇年正月之汉文、满文、蒙文、腊丁文及俄文五种文字刻石本条约，须审其差异。

　　中国源料亦有刻石本条约。欧洲源料如杜哈尔代书中之腊丁法文本及一八八九年俄国人刊布之俄文满文本，皆代表外交通函本也。《黑龙江外纪》以及由《外纪》转录之各种中国复本，亦皆代表外交通函本者。

　　四、今代遗传之腊丁文及俄文本条约不能争有无问题之价值。因将张诚同时之自腊丁文译出之法文本条约，与麦楼（Müller）之一七五八年（乾隆二十三年）俄文本条约，详细比较，使吾人知悉有甚多大小差异之点，证明张诚及麦楼二人所有之早期腊丁文本已有差异矣。

　　五、在中国方面至今无一关于《尼布楚条约》档案材料自北京发现，尤为研究此问题不便利也。

　　最后吾人考定此条约原文之见于两国外交通函者与见于石刻者，在第一款末尾，有严峻不同之点。再则今代所知之腊丁文及俄文译本皆已有多少修改之处。"

　　天挺案，刘选民先生曾用俄文本拉丁文和满文本条约对照，写成《截至〈尼布楚条约〉签订为止之中俄关系》一文见1940年《中国社会政治学报》第一季刊。

1956.1.6

44. 测绘皇舆全览图

据徐宗泽《明清间耶稣会士译著提要》(中华书局1949年上海版)卷九,《译著者传略》:

白晋　P. Joach Bouvet　来华1687　卒1730　法人

康熙三十二年(1693)　"因于一六九三年离华返欧,越四年,率同巴多明等十人回华。法王鲁易十四世亦筹备珍物答赠康熙。康熙四十七年(1708),帝以我国幅员辽阔,而欠详细舆图,因命公测绘,公奉命与费公隐、雷公孝思、杜公德美开始制测,历九年而告成,名曰皇舆全览图,进呈御览。帝大加褒奖。"(398页)

巴多明　P. Dominicus Parrenin　来华1698　卒1741　法人

雍正七年(1729)　"西士中测量制成中国皇舆全(览)图,亦公提出之计划也。……一七二九年,雍正以接见外国使臣必用西士传译为憾,因在京创设译学馆(?),选满汉聪颖子弟入馆习辣丁文,命公主其事。"(403页)

雷孝思　P. Joan-Bapt Régis　来华1698　卒1738　法人

康熙四十七年(1708)　康熙五十五年(1716)　雍正三年(1725)　"一七〇八年,康熙派公暨白晋、费隐、杜德美诸公先往蒙古开始测量中国舆图,至一七一六年年终,各省舆图次第测绘完毕。……一七一七年一月汇集诸图合成为一,历时凡九载。从事测制之西士九人……一七二五年,公复奉命与费公合绘青海舆图,历一年告成。"(405页)

杜德美　P. Petrus Jartoux

康熙四十七年(1708)　"一七〇八年,清帝命白晋、雷孝思诸公,测绘全国舆图,公分任冀北辽东,暨满洲沿长城一带之测量。"(407页)

冯秉正　P. Jos-Fr. Moyriac de Mailla　来华1703　卒1748　法人

"康熙四十七年(1708),上谕传教士测绘全国舆图,公于康熙五十一年(1712)被派往河南、江南、浙江、福建绘图。五十六年(1717),各省地图绘毕,公亦奉召还京,供职内廷。一六九二年公开始以法文迻译《通鉴纲目》,六年始脱稿。"(1777—1783巴黎印行。详于明清事,据1692年康熙命译满文之《纲目》)(408页)

德玛诺　P. Romanus Hinderer　来华 1707　卒 1744　法人

"康熙五十一年(1712),公与冯公秉正、雷公孝思,奉派往豫、赣、苏、皖、闽、粤六省测绘地图……"(410 页)

蒋友仁　P. Michael Benoist　来华 1744　卒 1774　法人

"(乾隆)欲公更绘中国全国舆图,且制成铜版,计一百〇四幅,占一百〇四页,广二尺三寸,宽一尺二寸,帝命印一百册,以赐群臣。"(414 页)

1961. 11. 15

45. 杨光先反耶稣会的时日①

冯承钧译《入华耶稣会士列传》稿本第一〇二《刘迪我传》:"一六六五年九月六日四辅政大臣降旨,除留京四神甫外,余具解往广东看管,并谓天主教为邪教,不许奉行。诸神甫同具公呈,辩其教乃正教非邪教,……法官受杨光先贿(原注"光先曾纳贿七万两"),不受理,是月十三日解诸神甫出京。"(第四册)

　　案,一六六五年九月六日为康熙四年七月二十七日,九月十三日为八月初五日。

又第一二四《南怀仁(Ferdinanol Verbiest)传》:"一六五九年(顺治十六年)怀仁初至中国,……一六六〇年(顺治十七年)五月九日奉诏入京,纂修历法,时汤若望(第四……

(未完)
1959. 9. 13

---

① 编者注:此为该条目卡片一。

二十、《明史》纂修

1. 陈之遴修史诗

明末清初徐树丕(？—1683)《识小录》(《涵芬楼秘笈》一集)卷四"陈之遴修史诗"条:"之遴率先投顺,尽变本来面目。丙戌(顺治三年,1646)夏秋间北上,……之遴入京,即入翰林,其玉芝宫修史诗,扬扬新朝显秩,竟无一字黍离之感,而抹摋神宗,至比周之烈显、汉之成哀,何无礼也。丙申(顺治十三年,1656)四月有沈阳之窜,营谋召还为旗下人。……诗题曰:"初入国史院修史,院故玉芝官也,所编皆万历事。""桂殿诸儒集,芝房故册开。……纪年规古典,体要自宸裁。中叶神宗后,枯毫史席陪。东周当烈显,西汉自成哀。……旧录伤金匮,新书愧玉杯。校仍吹火照,入每戴星催。迩事闻多异,徽文义或该。……慎旃狐史笔,上帝日昭回。"(90—91页)

《清史列传》卷七九《贰臣传》乙《陈之遴传》

明崇祯十年 1637　进士。

清顺治二年 1645　降清。

　　　九年 1652　弘文院大学士。

　　　十年 1653　免大学士。

　　　十二年 1655　再任大学士。

　　　十三年 1656　以罪发辽阳居住,随令回京入旗。

　　　十五年 1658　复以贿结内监革职流徙。后死徙所。

1965.1.31

2. 修史与实录不同

赵翼《廿二史札记》十六"《旧唐书》前半(案,指代宗以前)全用实录、国史旧本"条:"凡史修于易代之后,考核既确,未有不据事直书。若实录、国史修于本朝,必多回护。观《旧书》回护之多,可能其全用实录、国史而不暇订正也。……(以下举例)……"(312页)

又十七"《新书》增《旧书》"条:"五代纷乱之时,唐之遗文往事既无人记述,残编故籍亦无人收藏,……故《旧唐书》援据较少。至宋仁宗时,则太平已久,文事正兴,人间旧时记载多出于世,故《新唐书》采取转多。……(中举例)……知《新书》之文省于前,而事增于旧,有由然也。(以下更出多条)"

3.明末邸报

顾亭林《与公肃甥书》:"窃意此番纂述(指《明史》),止可以邸报为本,粗具草稿,以待后人,如刘昫之《旧唐书》可也。忆昔时邸报至崇祯十一年方有活板,自此以前,并是写本。而中秘所收,乃出涿州之献,岂无意为增损者乎?"(1959年中华本《顾亭林诗文集》,58页)

《书》中谈及谷林苍误以张延登、张华东为两人,待查。

4.朱氏三代家信手卷

唐长孺藏,凡朱彝尊十札,昆田六札,桂孙一札。

第一札　题"二十五日字",无年月,下花押,上款"奶奶览",凡十一行。

札中谈及四叔,及大官、小大官。

"我在苏州寓中,人又渐多,动用甚费。"

"而京中又连寄信催我进去,拟初四五日便行。大官因乏物,不能归料理,兼之我下处太孤寂,留他过了年打发回。"

大官疑即昆田。

押作㻋

第二札　题"十一月十四日信付大儿",凡二十八行。

札中谈及"叔祖",当为竹垞之叔。

"叔祖清正,……近闻摄督篆,剔弊爱民,洋溢百粤。……"

又谈及"莱叔"、"蓉叔"、"文来"。

"浙中荒歉,抚军又不恤民,好预文事,儒童府试仅许上三倍,恐桐孙不得上进。顷又俾公凯致札阁公祖,而我亦作札致年兄……"

年兄不知何人。

"外《日下旧闻》只寄一部……闻明年监生皆欲亲试,方送入场,……则汝辈欲入浙场,竟有关在场外之事,不若竟仍到都为是。若一归家,诸事缠住,断未能即北行矣。我之行止,看汝作动定。若汝于二月起程,则四月可到,我便在京等汝来方归。……据我意见,莫若同子静、子常两弟联辔北来为上策也。"

第三札　题"三月卅日",上款"奶奶览",凡十九行。

"四房二侄及顾昌翁婿于三月廿六日到京,与钱道占均在寓。"

"我五年病时(?),仅存一息,满目孤恓,非不欲力图接汝北来,但此间又甚苦,且看夏秋或得一差,可以从长算计,若差不成,今冬明春决意来接汝矣。"

"大官今日有信来,身子安好,甚以汝为念也。前信有书目一纸,钱亲家来可带至京。……"

第四札　题"正月初三日又字",上款"大儿览",凡五十行。

"我因抱病五月,动用不给,凡钱铺米铺之属,藉王二支那,不至乏绝,其如岁底百费促迫,苦不能应。赖龚丁各有四十韵,慕廿四韵,又借苏友五言绝一首,始得应酬。"

"方山邮至十二月初六日信,知汝必归,正月且在家极是。刘试越时,大可竟邀一芹,则我亦可援例托之陇西,最是上策……"

札中谈及"融谷"、"申叔"、"还梅"、"健老"。

"健老既荐汝入田幕。"

此健老或为徐乾学。

"我精神尚未复故,元旦朝正俱废,拟于十三日开印上衙门。"

"大约寓中自己家人四个不可少也"。

"刘宣老"、"周姑夫"、"凝远"、"东冯"、"刘锡阳(都阃)"、"燠若"。

"近来政府虽专(专?),反不若前时,其气未免活脱,总宪司成均出乾断,冰山在前,亦不在曲附,不即不离可也。"

"岁　分嘉靖诸臣传,我得郑端简公及王廷相、顾璘、璘弟瑮、王韦、陈沂、顾应祥、雷礼、黄光昇、朱希周、尹台、孙承恩、……(缺三字)……弘,陆树声、弟树德、子彦章、陶承学、子奭龄、望龄诸公,汝可问南门伯祖,若有数人文集须借寄,倘坊间有鬻者,千万买来寄我。又分得三百年文苑诸臣传,我乡若姚绶、戚元佐、项笃寿诸先辈集及所著书并三洲五老诗,千乞寄来。"

第五札　函稿十二行。

"僻卧深村,邮云来自日下。"

"筼廊二笔向承委作序,枯肠瑟缩,因循至今。"

"闻陛支兄仍下榻,而侠君、日容俱时会晤,无异小沧浪时,独侍龙钟,徒有形诸梦寐而已。"

第六札　函稿十一行。

第七札　题"四月初九日",下署花押,无上款。凡三十四行。

"我于三月初一日在太和殿前试,是日赐宴体仁阁下。上遣侍卫苏大取我草稿进看,看讫发出。上次郯州,束卷亲阅,将我卷及汪苕文卷折角记认,注意甚专。不期汉中堂怪我不往认门生,杜中堂极贬我诗,李中堂因而置我及汪于一等末。又对上言说我卷不好。上谓一日短长,亦不足定人生平。三中堂及掌院所取,皆意中私人,文有极不堪者,诗有出韵重韵者,皆在我前。上心不甚悦,遂有一等二等皆修明史之局。吏部极其可恨,循资限格,仅拟授我等布衣为孔目。明中堂不平,乃改议授待诏,把局面顿改,真出意外。我草一呈辞,吏部不允,李天生上疏又不允。大约再辞不脱,只得在此受苦。须得二年工夫,史乃可完。在京百无一有,力难支吾,已不必说,家中十余口如何是好?冀或者天无绝人之路,别有机会,也忧不得许多。大官若无馆,思遣之先归。惟原洁再无安顿处,奈何奈何?受职之后,自家田虽绝少,应认加征,坟粮尤不可讨小便宜。彦深不归,当与燠若、寒若、有舟谋之。江南主人见我官冷落,此后未必照管,我虽勤勤托之,家中切不可时遣周二往取厌。……"

"陈凝远"

"倘有的当便人从水路进京,家中凡书内有关明史者得寄数种来,多多益善也。"

"舟石守登州,乃属善地,是以我极力荐青士,闻青士意兴不甚鼓舞。此机会不可失,宜令又持劝之就登州为是。"

"行维亦无力邀之矣。"

"汝勿过忧,忧正无益。善视两孙,苦苦度去。"

"上意尚眷我与严苏友两人,或有恩遇未可定也。"

"融谷"

第八札　题五月十八日,下款"侄彝尊百拜",上款"伯父"。十七行。

"侄自正月二十日入内廷,二月十五日移居赐宅,每日寅入戌出,无片刻之暇。"

"彦深病剧,仓猝送归。"

"申弟"、"辰侄"、"孚侄"、"人侄"

第九札　题"十四日祖字,大孙三孙共览"。三十行。

"久不到吴门，……直待诘朝始放棹抵昆山，大约十七日回吴江，作二三日留，归矣。"

"昨览选单，高轶群得山阴，亦小可喜事也。"

"吴中纸仍腾贵，黄儿口次等每篓一两六钱有余。吁三议印《诗综》百三十部，以三十部归我银二十四两。附之妨……（缺三字）十部此协君西亭武曹发印旧例皆同。我思用千金刊成此书，待价不发，留饱蠹鱼可惜，因而允之。"

"又《诗综》后半不知第几卷有嘉善李炜赤茂诗，此君顺治中曾赴试，宜删去。意欲以吴青坛嗣父子虎年伯（名尔箎）诗补之。可先将目录易李为吴，其诗俟我归寻出选定，托敏求平湖写样刻成补印，计有旬日可无误耳。"

"偶购得运司旧志，甚快，有粉本在，无忧矣。寄回银三两，为日用之需，二十前必归，不多及。"

"虎文"

第十札　题"七月八日祖字"，凡二十三行。

"汝师徒行后半月，家信杳然，不审孙姐患痢已除未，甚不放心，所稍慰者有丈人诊视不比他医也。我寺居未免烦懑，于前月二十四日入上沙山，留住十日，至本月初六日仍还寺中。"

"汝娘子病稍愈，仍望速来商量往维扬之策。合肥昨特遣人来促矣。"

"子元"、"魏二哥"、"宣迁"

"西　舫有《宜斋野乘》仅半册，可嘱西亚兄为我录出。《书苑菁华》度已抄完，并促之。"

"闻十月后，车驾有入楚之信，到吴度岁，则此事亦不可缓也（指刻《诗综》事）。《至喜亭记》草成，仍寄我一看。"

"张书瞻"（匠书人？）"袭子亶"

朱昆田六札

第一札　题"期男昆田百拜上 母亲大人膝下"、"正月初十日"。

末有"竹垞平安"篆书四字。凡三十行。

"十二月初一日王相同吴岷培姑丈南归。"

"昨徐子大到，接十二月初一、初七两信，知家中俱平安甚慰。岁底，江宁有信到京，主人于十二月初一打发表侄汪质先回杭，以五十金令其送至我家……"

"我父子在京，毫无所得。然自到都之后，已用过百余金，龚三先生相待极厚,始终无二。因亲及亲,近日连母舅亦留在家。"

"博学宏词考期未定,日内闻有启奏之说,然陛见大约在会场后。父亲此番,人人谓为必得,但遇合有数正未可必耳。"

"各省宗师,月尽俱出京,有一二处可图,当择其稍美者就之,亦可稍稍救贫。若父亲考期已近,傥蒙特用,则男竟不赴宗师之席矣。"

"以绍"、"又持"、"大姐"、"三妹"

昆田第二札　题"二月二十三日期男昆田百拜上母亲大人膝下"。凡二十三行。

"正月初旬有一信寄曹二社家人带回。"

"日内有上谕,命吏部议定考博学宏词之法,大约月初必考,如月初不考,则朝廷又驾幸郯州,须迟至四月初矣。父亲在此,忌者甚众,有力者极其排挤,虽受知君相,而人言可畏,将来必无得理。与其在京作穷官,仍不入处馆之可以救穷也。俟父亲考过,男之行止便定,或寻馆或归家,四月中即定局矣。"

昆田第三札　题"三月初七日字"、"大娘览"。凡十三行。

"京师邸报已来,部议降二级调用,上止从宽降一级,想父亲必不敢出都,将来补官亦是京职,或于补官之日仍留词林,亦未可知也。"

"二叔"

"南门诸弟兄"

昆田第四札　题"五月廿四潜采堂平安家信"。凡四十一行。

"既不归家,又不北上,在苏州闷坐百日,心绪之恶,难以名言。"

"与陆邃升世兄借得廿四两寄回,自五月起每月六两可到八月。"

"我在家时,尚有进益,从此之后,我一到京,去留一听父母之命,岂能如两年来局面,汝只得为我暂时熬苦受淡……"

"大郎读书,不可听其悠悠忽忽……年十三矣,尚不识一丁字……"

"申叔"、"大伯父"、"二叔"、"谭四叔"、"沈山子"

昆田第五札　题"八月廿四男昆田百拜上母亲大人膝下"。凡二十七行。

"五月中寄有一信,此后又无便人矣。男在此度日如年,北顾则思父,南顾则思母,一日之内愁肠九回。父亲既不补官,又不出游,在京开饭铺,真属无谓。数次作信苦劝南还,终不决计也。旧年承太老师之赠,《毛诗》之外,前前后后又有百金……"

"辰始大哥"、"桐孙"、"四叔"、"商严"

昆田第六札　题"八月廿四日父字付桐孙"。凡四十七行。

"今汝竟不一至书房,任意荒废,年已十五,毫无长进,子弟不肯念书,是天下第一件可忧之事,叫祖父母、父母如何喜欢汝。"

"况祖父罢官,我又不遇。"

桂孙一札　题"男桂孙百拜上父亲大人膝下"、"三月初七日"。凡三十二行。

"接父亲信,知于十二月十一日起行入闽。"

"祖父身体亦甚健旺,前有出游之意,因制军忽奉严旨,历年承其照拂,难以恝然远去。"

"岳父……于是月初三同戴穗园、屠景山往济宁矣。"

桂孙即桐孙。

1964.5.2—4、8—9

5.《明史提纲》

朱彝尊《曝书亭集》卷四十五《明史提纲跋》:"归田后,得洧川范氏《明史提纲》四十三卷。书成于万历戊申(三十六年,1608)夏,自洪武迄隆庆。其书惠宗削逊国二字之非,可谓具良史之识者。守己(应为范氏之名)中万历甲戌进士,仕至陕西布政司参议。……"(9页)

1964.4.4

6. 朱彝尊

陈廷敬《竹垞朱公墓志铭》(《曝书亭集》末附):"后举博学鸿词,授官翰林,已而长值内廷,予朝夕与君相聚甚欢也。甫及一年,以谪去。予亦以他事引嫌求罢,仍留书局。两人者复得以闲居相过从,为文字之娱,游观之乐数年。"(1页)

又:"君讳彝尊,锡鬯其字,号竹垞,先世居吴中,自吴江迁秀水。"(1页)

又:"君虽以被劾镌一级罢,寻复原官归里。"(3页)

又:"家居十有九年,康熙四十八年(1709)十月卒,年八十一。"(3页)

应生于崇祯二年(1629),举鸿博授翰林时(康熙十八年,1679)年五十一。

《清史列传》七十一《文苑传·朱彝尊传》："康熙十八年诏举博学鸿儒科,以布衣入选,……二十年(1681)充日讲起居注官,……二十二年(1693)入直南书房,……二十三年(1684)……是时彝尊方辑《瀛洲道古录》,私以小胥录四方经进书,为学士牛钮所劾,降一级。二十九年补原官,寻乞假归。"(中华本,2页)

李光地《榕树语录续集》卷十五:"朱锡鬯忽点讲官,东海(徐乾学)恐其至南书房踞其上,遂嗾人为上言其毫无所知,动不得笔,而人又轻躁,遂乃斥去。"(石印本,16页)

据此,朱似未入南书房,与本传异。《曝书亭集》十二有《元日南书房宴归,上复以肴果二席赐及家人恭纪》一首,卷十一有《二十日召入南书房供奉》一首,则本传为确。李光地敌视徐乾学,以恶归之,似非是。

《曝书亭集》三十七《钱学士诗序》:"钱君金甫字越江,与余同被荐,同官翰林。予以入直内廷获谴,君由编修累迁至侍讲学士……"(8页)

又《丛碧山房诗序》:"翰林院检讨任丘庞君善古今诗,岁在戊午(1678)……次年(1679)春试诗赋于体仁阁下,君用是得受官。又六年复试诗赋于保和殿,君所作不合意当改调……"(9页)

据此,当时党争殊烈,而竹垞深有所不满。

又《严中允瀛台侍直诗序》:"诗作于康熙二十一年(1682)六月,时彝尊忝为同官,越二年被劾,序诗之岁月则彝尊谪官之后,是年十二月也。"(10页)

又卷三十九《腾笑集序》:"竹垞主人少无宦情……明年正月天子召入南书房,赐宅景山之北黄瓦门东南,居一年,名挂弹事,吏议当落职,天子宥之,左谪其官,复僦宅宣武门外,遣其妻归……"(13页)"……卒龃龉于时……康熙二十五年……竹垞主人朱彝尊自序。"(13页)

据《曝书亭诗》,召入南书房在昭阳大渊献(癸亥,康熙二十二年,1683)正月二十日,赐居禁垣在二月初二日,自禁垣徙居宣武门外在二十三年(阏逢困敦,甲子,1684),均有诗。见卷十一、十二。

又卷十四有《徐尚书载酒虎坊南园联句》,与宴者姜宸英、陈廷敬、徐乾学、朱彝尊,时在己巳即康熙二十八年(1689)。又有《社日黑窑厂联句》,四人外加以王士禛。可知朱与徐过从颇密,李光地所言未必确。又有《苦热联句》,与者有万斯同,则其时万亦在京。

《曝书亭集》十六有《出都王山人翚画山水送别》一首,在壬申年即康熙三十一年(1692)。

赵执信丁丑(1697,三十六年)寄朱竹垞诗"各有弹文留日下,他时谁作旧闻传"。朱答诗"储端锁院各收身,同是承明放逐臣"。均见《曝书亭集》十七。可以反映当时士夫之不安情况,亦可证党争之存在。

《曝书亭集》七十六《严君(绳孙)墓志铭》:"(康熙)二十二年春,予(朱彝尊)又入直南书房,赐居黄瓦门左。用是,以资格自高者合内外交构,逾年予遂挂名学士牛钮弹事,而潘君(耒)旋坐浮躁降调矣。君遇人乐易,好和不争,以是忌者差少。"(《丛刊》本18册,11页)

朱彝尊《曝书亭集》卷八十《亡妻冯孺人行述》:"壬戌(康熙二十一年,1682)孺人入都,癸亥(1683)予入直南书房,赐居黄瓦门之东。甲子(1684)元旦……是月予被劾谪官。三月移寓宣武门外,孺人寻病,病愈以秋八月浮舟潞河还。语予曰:'君恩重,夫子且留,毋悻悻去。'自是予留京师,既补官(未明年月),孺人闻之,乃复由江淮北上。……壬申(三十一年,1692)正月,予复罢官,三月解维张湾……"(18册,7页)

竹垞再补官再罢官,墓志均不载。《清史》本传称"二十九年补原官寻乞假归",亦不详。当时均称朱为检讨,"补原官"似不误,但与上文"降一级"不合。待考。

1964.4.3

7. 朱彝尊冯福贞夫妇

朱彝尊《曝书亭集》八十《亡妻冯孺人行述》:"孺人姓冯氏,讳福贞,字海媛,世居嘉兴练浦之阳……"(5页)

崇祯二年 1629 己巳　朱生。

崇祯四年 1631 辛未　冯生。

顺治元年 1645 乙酉　朱彝尊年十七结婚,冯年十五。

康熙八年 1669 己酉　朱在济南,年四十一。朱子昆田同行。

康熙十八年 1679 己未　朱以博学鸿儒授检讨,年五十一。

二十年 1681 辛酉　朱为日讲官,主江南乡试,年五十三。

二十一年 1682 壬戌　冯入都。

二十二年 1683 癸亥　朱入直南书房,年五十五。

二十三年 1684 甲子　朱被劾谪官,八月冯南归,朱年五十六,冯年五十四。

　　二十九年 1690 庚午　　朱复补官,冯复入都,朱年六十二,冯年
　　　　　　　　　　　　　　六十。

　　三十一年 1692 壬申　　朱复罢官,夫妇南下,朱往广东,朱年六
　　　　　　　　　　　　　　十四,冯年六十二,长孙定婚。

　　三十二年 1693 癸酉　　朱离粤。

　　三十三年 1694 甲戌　　冯死,年六十四,朱年六十六。

　　三十四年 1695 乙亥

　　三十五年 1696 丙子

　　三十六年 1697 丁丑

　　三十七年 1698 戊寅　　朱入闽。

　　三十八年 1699 己卯　　朱子昆田死,朱彝尊年七十一,朱家居。

　　四十八年 1709 己丑　　朱死,年八十一。本传言家居十九年,指
　　　　　　　　　　　　　　贬官后十九年,非乡居十九年。

1964.4.24

8. 明国史《孝宗大纪》与《河渠志》　本朝国史

　　朱彝尊《曝书亭集》四十五《孝宗大纪书后》:"万历二十二年(1594)三月,允礼部尚书南充陈公于陛之请,修国史。阁臣议开局聚书分纂。于是崇仁吴公道南立'正史议',志之类二十有二,传之类二十有六。吴公领修《河渠志》,而先太傅文恪公分撰《孝宗大纪》,皆附之家集中。缘陈公逝,其书未果成也。古之国史,恒以本朝之人述当代之事,故文献足征。《光武帝纪》定于永平(明帝),武德(唐高祖)、贞观(唐太宗)国史成于显庆(高宗)。宋于两朝、三朝、五朝、七朝、四朝先后撰述。榻前论议,斯时政有纪;柱下见闻,斯起居有注。类而次之谓之日历,修而成之谓之实录。然后一代之典则备焉。明则第有《实录》、《宝训》而已。"(9页)

9. 康熙时的起居注

　　朱彝尊《曝书亭集》三十七《严中允瀛台侍直诗序》:"今天子复立起居注兼充日讲官,凡视朝听政,郊祀燕饮,靡弗趋侍。至瀛台避暑,则侍立双金螭畔,去黼座尤近。士之预是选亦荣矣。"(《四部丛刊》本,9页)

上文有"迄于元明或存或废,仅存虚而已"一句。

严名,字藕渔,无锡人。诗作于康熙二十一年六月。序作于二十三年十二月。

10. 潘耒

陈廷敬《次耕潘君墓志铭》　见《遂初堂文集》卷末

潘其炳《稼堂府君行述》　仝上

"府君讳耒,字次耕,号稼堂,晚自号止止居士。"(1页)

"岁戊子(康熙十七年,1678)……诏举博学鸿儒……易置二等第二,议官翰林,修《明史》。"(3页)(年三十三)

"专任府君以《食货志》,其他纪传多从质正。府君虚心裁酌,夙夜较勘,自洪武及宣德五朝,手自削稿,已有定本,而同列多忌之者。"(3页)

"壬戌(二十一年,1682)分校礼闱,……声望日起,……甲子(二十三年,1684)春甄别议起,遂为所中。……翼日镌级章上……"(3—4页)(甲子,年三十九)

"府君生于丙戌年(顺治三年,1646)三月初八日申时,卒于戊子年(康熙四十七年,1708)九月二十九日未时,享年六十有三。"(8页)

李光地《榕村语录续集》卷十五:"……潘次耕……三徐皆轻之。潘在徐立斋家饮宴,行酒时艺初(徐　之子)执其耳而灌之,潘大不平,出恶言。……潘次耕遂辞去。未三日而东海(徐乾学)令院长孙屺瞻参其浮躁轻薄而去。"(石印本,16页)

11. 康熙时党争

海口浚河之议:靳辅　于成龙

河工捐纳事例之议:于成龙　李光地

明珠之劾:明珠　佛伦　郭琇

李光地之劾:李光地　彭鹏

索额图之劾:索额图

高徐之劾:高士奇　徐乾学　李光地　许三礼

改写草签之劾:熊赐履　索额图

　　废立太子之案:索额图　王掞　佟国维
　　德格勒之狱:德格勒　徐元梦
　　张汧之狱:张汧　于成龙　徐乾学

12. 清康熙时党争　海口浚河之议

　　潘耒《遂初堂文集》卷十二《纵棹园记》:"侍读乔君石林归白田,得隙地于城之东北隅,治以为园。……今乔君为天子侍从臣参预密勿,徒以正直挺劲,不容于朝,乃得从容休暇以偃仰于此。……"(26—27页)

　　又卷十九《翰林侍读乔君墓志铭》:"君讳莱,字子静,号石林,宝应人。……癸卯(康熙二年,1663)举于乡,丁未(六年,1667)成进士,除内阁中书,……戊午(十七年,1678)诏举博学鸿儒,君被荐,试列高等,授翰林编修,纂修《明史》。……乙丑(二十四年,1685)春,上御试词臣,君名在第四,(5页)……駸駸向用矣,而海口浚河之议起。……(中略,引用时另抄)……上以役大费多,召河臣(文未著明,案指靳辅)与皋臣(于成龙)廷论之,皋臣痛排前议。廷臣多右河臣者。上意不决,命讯淮扬人官京师者。河臣使其客以厚利啗君,君笑不应。(7页)……明日君入直起居注,(8页)是日秋决,故事赐阁臣及讲官饭,君与某学士(未著姓名,疑或系李光地,再考)并席坐,某学士亦言河臣议非是。既而上御南煖阁,阁臣奏事毕,上顾某学士海口一事何如?某学士复右河臣。上顾问君,君敷奏百余言,剀切详明。上大悦……于是河臣议遂寝。上知君鲠直,益重君。而忌君者滋众,比而构,君遂中蜚语罢归。……家居七载,无片札入长安。衔君者犹螫之不已。甲戌(康熙三十三年,1694)春奉旨来京居住。人以上意不测为君惧。既至而上初无意督过君。(9页)……不半岁而病作遂卒。朝野莫不悲之。……自昔词林号清班,不涉吏事,居职者养望待迁而已。君业以文学见知于上,擢用方新,岂不知力大授多者,忤之足以掇祸;缄默不言谁得而责之。惟其忠义根心,不忍负主恩,不忍视民瘝,故树大敌而不畏,犯众难而不辞。推君之心,苟利于国,奇祸是甘,一官岂所惜哉!……君生崇祯壬午(1642)二月四日,卒康熙甲戌(1694)七月二十一日,得年五十有三。(10页)……"(5—11页)

　　海口浚河之议据《清史列传》八《靳辅传》在康熙二十四年(1685)。

　　于成龙(汉军于成龙)主张开浚海口故道(至1694于自认妄言减水

坝宜塞）。

靳辅主张筑长堤束水注海。

同意靳议：大学士、九卿、佛伦。

同意于议：成其范、王又旦、钱钰、乔莱、萨穆哈、慕天颜、孙在丰、郭琇。

1964.3.31

13. 博学鸿儒授官经过

朱彝尊《曝书亭集》七十六《严君（绳孙）墓志铭》：

"康熙十有七年春……诏在廷诸臣暨外督抚大吏各举博学之彦，毋论已仕未仕征诣阙，月给太仓禄米。明年三月朔，召试太和殿廷，……赐宴体仁阁下，……天子擢五十人纂修《明史》。部议分资格，进士出身者以馆职用，余给待诏衔，俟史成日授官。诏下，五十人齐入翰苑。布衣与选者四人，除检讨，富平李君因笃、吴江潘君耒，其二，予及君也。"（《丛刊》本 18 册，10 页）

14. 四布衣的去官

朱彝尊《曝书亭集》七十六《严君（绳孙）墓志铭》：

"未几（1679），李君（因笃）疏请归田养母，得旨去。三布衣（朱、严及潘耒）者骑驴入史局，卯入申出，监修总裁交引相助。越二年（二十年辛酉，1681）上命添设日讲官知起居注八员，则三布衣悉与焉。是秋，予奉命典江南乡试，君（严绳孙）亦主考山西。比还，岁更始，……二月潘君分校礼闱卷。三布衣先后均有得士之目。而馆阁应奉文字，院长不轻假人，恒属三布衣起草。二十二年（1683）予又入直南书房，赐居黄瓦门左。用是，以资格自高者合外内交构。逾年（1684）予遂挂名学士牛钮弹事，而潘君旋坐浮躁降调矣。君遇人乐易，好和不争，以是忌者差少。寻迁右春坊右中允兼翰林院编修，……时二十三年（1684）秋七月也。冬典顺天武闱乡试，事竣，君乃请假，天子许焉。"（10—11 页）

1964.4.25

15. 康熙博学鸿儒科亦称博学鸿词

清安致远(字静子,山东寿光人。生崇祯元年,卒康熙四十年)《玉砚集》(同治补印本,其中胤字丘字不讳,仍康熙原板)卷四《翰林院侍读李公(澄中)墓志铭》:"及戊午,天子思得博学宏词之儒,以备顾问,以应荐奏赋称上旨,特授翰林院检讨纂修《明史》。"(15—16页)

写本朱昆田家书:"日内有上谕,命吏部议定考博学宏词之法,大约月初必考。"(唐长孺藏手卷)

　　据此可知康熙时通称亦曰"博学宏词"。宏字亦非避讳。

16. 天启再请修国史

《熹宗实录》卷三十八,天启四年正月戊寅:"刑科给事中解学龙请修正史,言……我朝列圣《实录》祗昉编年,而事之首尾不相贯,人之本末不可知,况乎革除、土木至今公案未定,……至家乘野书皆得以肆其私笔,宁非圣朝一大阙事哉。今宜开局纂修正史,刻期告成。顾所以成之者有三:曰蒐其人,曰萃其书,曰督其程。上命《实录》成议之。"(480/38/9)

　　此万历后又一次请修国史,事虽不行,然而三朝要典之作,未尝不导因于此。

17. 清修明史

王先谦《东华录》:

顺治二年五月壬午朔,癸未:"命内三院大学士冯铨、洪承畴、李建泰、范文程、刚林、祁充格等纂修《明史》。"

顺治五年九月壬戌朔,庚午:"谕内三院,今纂修《明史》,阙天启四年、七年《实录》,及崇祯元年以后事迹。着在内六部督察院衙门,在外督抚镇按及都布按三司等衙门,将所阙年分内一应上下文移有关政事者,作速开送礼部,汇送内院以备纂修。"

顺治八年闰二月戊申朔,癸丑:"大学士刚林等奏,臣等纂修《明史》,查天启四年及七年六月《实录》并崇祯一朝事迹俱缺。(今四年不缺,七年六月仍缺)宜敕内外各官广示晓谕,重悬赏格,凡钞有天启、崇祯《实录》或有汇集邸报者,多方购求,期于必得。或有野史、外传、集记等书,皆可备资纂辑,务须广询博访,汇送礼部。庶事实有据,信史可成。下所司知之。"(卷十六,12页)

此时,多尔衮已死(七年十二月戊子)。不久,冯铨以多尔衮党勒令致仕(八年闰二月乙丑十八日),祁充格、刚林以多尔衮党论斩,范文程以多尔衮党革职留任(八年闰二月乙亥二十八日)。《明史》纂修中断即在此时。

八年正月庚申十二日顺治帝亲政。

此时洪承畴在京。承畴以顺治二年闰六月癸巳(　　日)往江南,五年四月回京(国史《贰臣传》),十年五月庚寅(　　)复往南方。

冯铨于顺治十年四月戊午(　　日)复入内院。

顺治十年以后,顺治帝曾纂辑《资政要览》、《范行恒言》、《劝善要言》、《儆心录》(并见十二年九月丙午颁给文官谕),十三年正月复命修《通鉴全书》(癸未)。《内则衍义》于十三年八月壬寅修成。

顺治帝推崇朱洪武(　　　　　　),悲念明崇祯(顺治十六年十一月甲申),修葺明诸陵(十六年十一月甲戌),其于王承恩碑有"朕自践阼以来,斟酌前代之典章,每于有明用深嘉叹",则绝非不关心于明代史乘者。孟心史尝谈谷应泰《明史纪事本末》获谴事,亦一证。

李建泰于二年十二月丙午革职。

《清史列传》:

胡世安　顺治二年充修《明史》副总裁。(卷七九,6页上)

王铎　顺治三年正月充修《明史》副总裁。(卷七九,13页下)

李若琳　顺治二年五月充修《明史》副总裁官。(卷七九,24页上)

钱谦益　顺治三年正月充修《明史》副总裁。(卷七九,34页下)

宁完我　顺治二年五月充修《明史》总裁官。(卷五,5页上)

蒋赫德　顺治二年五月充修《明史》副总裁。(卷五,38页上)

傅以渐　顺治五年充修《明史》纂修官。(卷五,39页上)

汤斌　"十二年二月应诏陈言,请广搜野乘遗书,以修《明史》。"(卷八,页5上)

朱之锡　"十二年二月疏言,自国家定鼎以来,开馆纂修《明史》,因天启、崇祯年间事实散佚,参考无凭,遂致停搁。恐岁月渐深,传闻愈舛。夫《实录》不存，则可据者惟当时邸报及野乘遗书，宜敕部宣示中外，有以明末邸报来上者量加旌赉。至求书久奉明旨，而各省奉行怠忽，请责成学臣购进，及任满时课其多寡而殿最之，则事有专司，史料易备矣。疏入，下所司议行。"（《清史列传》八，27 页下）

汤斌《汤子遗书》二《敬陈史法书》（1—3 页）："但当时（指顺治初年命史臣纂修《明史》时）纂修止据《实录》未暇广采。臣愚窃以为立法宜严，取材贵备，《实录》所记，恐有不详。……臣谓今日时代不远，故老犹存，遗书未烬，当及此时开献书之赏，下购求之令……臣伏读顺治九年十一月十七日（此事《东华录》有之，见乙酉条）上谕云……伏乞敕下各地方督抚确访奏闻……"

此疏据汤斌《先考府君行实》（《汤子遗书》卷六），此疏上于顺治乙未（十二年，1655，年二十九岁），《年谱》同。《年谱》谓"疏上，政府不悦，几得罪"，据国史本传，不悦者乃冯铨。

王氏顺治《东华录》十九，顺治九年十一月乙酉："谕礼部，明末寇陷都城，君死社稷，当时文武诸臣中，岂无一二殉君死难者，幽忠难泯，大节可风。尔部会同各部院堂官详访确察死节职名并实迹具奏，勿遗勿滥。"（11 页下）

王氏康熙《东华录》二十三，康熙十八年（1679）"三月丙申朔试内外诸臣荐举博学鸿儒一百四十三人于体仁阁"（7 页下），"甲子（二十九日）谕吏部，荐举到文学人员已经亲试，其取中……（人名略）……着纂修《明史》……"（10 页下）。五月"庚戌授荐举博学宏词……（职名略）……"（15 页下），"己未命内阁学士徐元文为《明史》监修总裁官，掌院学士叶方蔼，右庶子张玉书为总裁官"（16 页下）。

举荐博学鸿儒见康熙十七年正月乙未："谕吏部自古一代之兴，必有博学鸿儒，振起文运，阐发经史，润色词章以备顾问著作之选，……"（《东华（王）录·康熙二一》，4 页下）

"康熙十五年十一月己卯朔，礼部衙门议复，朝鲜国王李焞奏……今闻新命纂修《明史》，特遣陪臣……等陈奏始末，伏乞删改，以昭信史。查本朝纂修《明史》，是非本乎至公，该国……实迹，自有定论，并无旁采野史诸书，以入正史，应无庸议……"（王《录》十八，11 页）

可证《明史》仍在续修中。

顾炎武《亭林文集》卷四《答潘次耕书》："辛亥之夏，孝感特柬相招，欲吾佐之修史。"

辛亥为康熙十年,孝感为熊赐履,修史修《明史》。亭林先生尚有文记其事。此在博学鸿儒前(1671)。

1964.12.6

18.熊赐履召顾亭林修史

顾炎武《答潘次耕书》(《文集》卷四,书作于康熙十七年戊午):"辛亥之夏(康熙十年)孝感(熊赐履)特柬相招,欲吾佐之修史,吾答以果有此命,非死则逃。原一(徐乾学)在坐与闻,都人士亦颇有传之者,耿耿此心,终始不变。"

据此,熊在康熙十年已总《明史》事,《明史》之修不始于康熙十八年,此其一证。

集中尚有《记与孝感语》一篇。

19.熊赐履修《明史》

康熙五十三年(1714)三月十一日王鸿绪《进呈明史列传全稿疏》:"……而大学士臣熊赐履续奉监修之命,征臣《列传》诸稿,即备录以往……后臣赐履具折进呈,臣玉书、臣廷敬及臣皆未参阅……"(《明史稿》卷首)

雍正元年六月十七日王鸿绪《进呈明史疏》:"……自康熙十七年先帝召试天下宏博之士,选授翰林,分纂《明史》,数载未成。蒙先帝特命臣汤斌、臣徐乾学、臣鸿绪同充总裁官……臣(张)玉书以先为总裁任修志书,臣(陈)廷敬任修本纪,臣任修列传。既大学士臣熊赐履续为监修,赐履随独进史本,于明事缺而不全,未奉先帝裁定。"(仝上)

试鸿博在康熙十八年(1679),不在十七年,此误。

王鸿绪、汤斌、徐乾学为《明史》总裁在康熙二十一年(1682)。(《汤斌年谱》,《清史列传》八汤《传》,卷十徐《传》、王《传》)熊为监修,传未言年月,应在二十七年(1688)以后。

王士禛《分甘余话》:"康熙己未开明史馆,其后总裁及纂修官迁转病假不一,屡易其人,最后乃增孝感相国熊公青岳赐履。未几,熊以老病乞归,允解阁务,令居京师,以备顾问。久之,复求归田,允之,遂自进《明史》若干卷,命付内阁参详。其书熊自撰进,即同为总裁数公亦不得而见也。内阁参详覆旨云何？余甲申归田，无从而知矣。"

己未为康熙十八年(1679)，甲申为康熙四十三年(1704)。

熊赐履，顺治十五年(1658)进士，康熙十四年(1675)为武英殿大学士，十五年(1676)革职。康熙二十七年(1688)复授礼部尚书，三十八年(1699)授东阁大学士。四十二年(1703)解阁务留住京师，四十五年(1706)乞归。

1964.12.18

20. 万斯同《明史稿》

《清史列传》六十八《万斯同传》："康熙十七年荐博学鸿儒科，辞不就。会诏修《明史》，大学士徐元文为总裁，欲荐斯同入馆局，复辞。乃延主其家，以刊修委之。元文罢，继之者大学士张玉书、陈廷敬、尚书王鸿绪皆延之。乾隆初，大学士张廷玉等奉诏刊定《明史》。依据鸿绪稿本而增损之，鸿绪稿实出斯同手。"(20页)

徐元文为监修总裁在康熙十八年(1679)，二十二年降调，二十六年复原官，二十八年为文华殿大学士，二十九年(1690)休致回籍。

又"康熙四十一年卒，年六十"(20页)，应生于崇祯十六年癸未(1643—1702)。

二十一、考据学

1. 明末清初诸儒

据《清朝先正事略》卷二十七、二十八

姓名	号	籍贯	卒年/寿	出仕等情况	著作
孙奇逢	夏峰先生	直隶容城	康熙十四年卒,年92。	崇祯九年曾守容城御清兵;未仕清,子未仕,孙仕清。	《理学宗传》、《圣学录》。
黄宗羲	梨洲先生	浙江余姚	康熙三十四年卒,年86。	仕鲁王,曾使日本;未仕清。	《明儒学案》、《明夷待访录》。
李颙	二曲先生	陕西盩厔	康熙四十四年卒,年76。	未仕清,子补诸生,未仕。	《四书反身录》、《廿一史纠缪》。
顾炎武	亭林先生	江南昆山	康熙二十年,年70。	鲁王、唐王均授官,未赴,无子;未仕清。	《天下郡国利病书》、《日知录》。
王夫之	船山先生	湖南衡阳	康熙三十一年卒,年74。	未仕清;仕桂王,子敬。	《周易内传》、《读通鉴论》、《宋论》。
陆世仪	桴亭先生	江苏太仓		曾上书福王;未仕清。	《思辨录》、《城守要略》。
张履祥	杨园先生	浙江桐乡	康熙十三年卒。	未仕清。	《经正录》、《愿学记》、《农书》。
张尔岐	蒿庵先生	山东济阳	康熙十六年卒。	明诸生;未仕清。	《仪礼郑注句读》。
陈瑚	确庵先生	江苏太仓	康熙十四年卒。	未仕清。	《圣学入门》、《备荒全书》。

2. 清代著名技艺家

算学：

王锡阐，调和中西派。

《数理精蕴》五十三卷（康熙）。

梅文鼎，《方程论》六卷、《勾股举隅》一卷、《勾股阐微》四卷、《方田通法》一卷。

医：

徐大椿，《伤寒类方》一卷、《兰台轨范》八卷、《医学源流论》二卷。

魏之琇，《续名医类案》六十卷。

画：

恽格，建筑，圆明园，西式。

音乐：

《律吕正义》（康熙）；又《后篇》（乾隆），加四夷乐。

3. 清代思想家

清初卓越的思想家（范文澜《通史》）：

黄宗羲，透彻地发挥了民主主义，反对专制独裁。属阳明学派。

唐甄，著《潜书》四卷，主张君臣、君民、夫妇、男女，一切平等。属阳明学派。

王夫之，主张土地公有。《噩梦》一卷专论民生经济问题。学宗张载（关学）。

乾嘉：

戴震，"主旨在说明理就是条理，条理据人情作标准，不合人情的理，止是些个人意见，不是公理"。唯物的。

4. 清代学问家

清代学问家（范文澜《通史》）：

顾炎武，"博学于文"，"行己有耻"。"读经自考文始，考文自知音始。"

黄宗羲,学者必先穷经,但拘执经术,不切实用;想免做迂儒,必兼读史。

5. 清代的所谓朴学和它们的方法

问题的提出:明末由于国内的腐败和国外的压迫,出现之明末清初的"经世致用"的以黄梨洲、顾亭林为首的学术思想;为什么到了清中叶反而脱离了政治?

朴学来源:清代朴学来源于说经,关注历代汉学。

一、唐代经学

二、明代考据

三、清初理学

朴学名称:乾隆以前沿用。有称考据学派、乾嘉学派。赞同汉学,反对宋学。乾隆初,墨守许、郑。

龚自珍反对汉学之名,龚以为清人自有学,不应称汉学,且有汉人所未开之门径。方东树反对汉学作《汉学商兑》,谓其"弃本贵末","名为治经,实足乱经",其后遂避汉学不用而称朴学。朴学所以对空谈性命,自谓朴实之学也。嘉道时习用。

朴学内容:穷经证史,训诂名物,考证辨疑,典章制度,氏族年齿,地理金石,天文历法。

朴学方法:无具体总结,但可归结为:反复穷究,必得其解(阎若璩);有异必勘(顾),有疑必辨;疏通辨证,词必有征(马骕);校勘本文,补正伪脱(王鸣盛);多闻阙疑,一事不知,儒者之耻;洞晰是非疑似(钱大昕);推极本原,实事求是(邵晋涵);为学必先识字(朱筠);发作者之覆(焦循);墨守许郑(王鸣盛);证误(王鸣盛)、考异(钱大昕),每字必求其义(戴东原);参互考之(戴东原);多闻多见(崔述);一字之证,博及万卷(王念孙)。

6. 清代汉学宗派参考书

《四库全书总目提要》卷一《经部叙录》。

阮元《揅经室一集》卷二《拟国史儒林传序》。

江藩《国朝汉学师承记》八卷,嘉庆二十三年刻,凡列四十人,附十七人,黄、顾列卷八。

　　方东树《汉学商兑》三卷,咸丰元年卒,年八十。

　　焦循《雕菰楼集》十二《国史儒林文苑传议》。

　　张之洞《书目答问》附《国朝著述诸家姓名略》,凡列汉学专门经学家151人,汉宋兼采经学家50人。前者以顾炎武为首,后者以黄宗羲为首。

　　李元度《国朝先正事略》六十卷,同治五年(1866)成书,卷二十七《名儒》列黄、顾,卷二十二至三十六《经学》列44人,附75人。

　　《清史列传》卷六十六《儒林传上》一、卷六十七《儒林传上》二,均理学家;卷六十八《儒林传下》一,凡列顾炎武、黄宗羲以下61人,附92人。卷六十九《儒林传下》二,凡列孙星衍以下57人,附73人。王引之、阮元等均入《大臣传》。

　　《清代朴学大师列传》。

1959.6.5

7. 清代汉学①

　　读李元度《清朝先正事略》卷二十七至三十六,参看“明清学术思想”卡片。

　　黄宗羲:梨洲,浙江余姚人。生于明,仕鲁王朝,1610—1695,年八十六。“学者必先穷经而求事实于诸史。”“读书不多无以证斯理之变化,多而不求诸心则为俗学。”精历算、水利。

　　顾炎武:亭林,江南昆山人。生于明,仕唐王朝,1613—1680,年六十九。“万物皆备于我矣,反身而诚。”“先生出游以马二、骡二载书,……或与平日所闻不合,则即旅舍中发书勘之,……马上默诵诸经注疏,偶有遗忘,即又发书熟复之。”《日知录》三十卷、《天下郡国利病书》。

　　阎若璩:百诗,山西太原人。1636—1704,年六十九。召试鸿博不第,在世宗潜邸。《古文尚书疏证》,从篇数,篇名,郑注名目,郑注文字(真古文),石经文字(今文),《史记》、《说文》引文及魏晋文证明为魏晋人伪造。“生平长于考证,遇有疑义,反复穷究,必得其解乃已。”康熙问徐乾学“使功不如使过”出于何书,徐不能答,以问阎,阎举宋陈良时《使功不为使过论》中秦伯用孟明事,而不知此语出何书,越十五年读《唐书·李靖传》,有“高祖谓左右曰

----

① 编者注:为便于编排,本条史料根据每条内容的不同,次序有所调整。

使功不如使过,果然矣",以为即出于此。又越五年读《后汉书·独行传》有"使功不为使过"语,章怀太子注若秦穆公赦孟明而用之,乃知全出于此。"甚矣,学问之无穷,而人尤不可以无年也。"

万斯同:季野,浙江鄞县人,梨洲弟子,顺康时人。1743—1762,年六十。"读史不读表非深于史者也。""史之有表所以通纪传之穷。"

马骕(音肃):宛斯,山东邹平人,顺康时人。1620—1673,年五十四。《绎史》百六十卷。博引古籍,疏通辨证,虽牴牾间亦不免,<u>而词必有征</u>。且史例六家,古无此式,与袁枢《纪事本末》均卓然特创自为一家之体。

焦循:里堂,江苏甘泉人,1703—1760。易学,于《左传》,谓杜预为司马懿女婿,目见成济(刺高贵乡公)之事,将有以为司马昭饰,且有以为司马懿、司马师饰,即用以为己饰,此《左氏春秋集解》所以作也。万氏充宗(斯大)斥左氏之颇,惠氏半农(士奇)、顾氏栋高纠杜氏之失,然未有摘其奸而发其覆者,撰《春秋左传杜氏集解补疏》五卷。此清代学者分析作者意图的首创。

王鸣盛:西庄,江苏嘉定人,乾嘉时人,1720—1797,年七十八。"早岁与元和惠定宇(栋)、吴江沈冠云(彤)精研经学,<u>一以汉人为师,许、郑尤所墨守</u>。所著《尚书后案》三十卷,专宗郑康成注,郑注亡逸者,采马融、王肃注补之。""又著《十七史商榷》一百卷,<u>校勘本文,补正伪脱</u>,最详于舆地、职官、典章、制度,能剖其异同,证其舛误。""晚作《蛾术编》一百卷,其目有十:说录、说字、说地、说制、说人、说物、说集、说刻、说通、说系。"

> 天案:蛾同蚁,不读俄。"蛾术"出《礼》"蛾子时术之",言蚁小虫,时时习学衔土之事而成大垤,喻学之积小成大,由渐而成也。"术之"之"术"同"述"解。

钱大昕:竹汀,江苏嘉定人,乾嘉时人,1728—1804,年七十七。"博极群书,不专治一经,而无经不通;不专攻一艺,而无艺不精,凡经史文义、音韵、训诂、历代典章制度、官制、氏族、年齿、古今地理沿革、金石、画象、篆隶以及古九章算术,迄今中西历法,无不洞悉其是非疑似。"《廿二史考异》一百卷、《十驾斋养新录》二十卷、《养新余录》三卷。

戴震:东原,安徽休宁人,乾隆。1723—1777。"读书每字必求其义。"尝谓"学者当由字以通其辞,由辞以通其道。"长于算学、经学、地理、哲学。"其学长于考辨,每得一义,初若创获,及参互考之,确不可易。"

崔述:东壁,直隶大名人,乾嘉。1738—1816,年七十七。《考信录》:《上古考信录》二卷、《唐虞考信录》四卷、《夏商考信录》四卷、《丰镐考信录》八卷、《洙泗考信录》四卷、《余录》三卷、《论语余说》一卷、《孟子事实录》二卷、《三代正朔考》一卷、《三代经界考》一卷、《禘祀通考》一卷、《读风偶识》四卷、《古文尚书辨伪》二卷。

"其《论语余说》一卷,谓天下之理皆寓于事,非闻见阅历不能知,故圣人教人'多闻择善而从之,多见而识之',曰'我非生而知之者,好古敏以求之者也'。又曰'以思无益,不如学也'。至宋儒始好以穷理为说,以静坐为功,以明心见性为道,然则圣人何为教人多闻多见乎?"

"先生之学,考据详明如汉儒,而未尝墨守旧说,而不求其心之安;辨析精微如宋儒,而未尝空谈虚理,而不核乎事之实。"

《清史列传》:"然述学主见闻,勇于自信。虽有考证而纵横轩轾,任意而为者亦多有之。"(58 页)

段玉裁:懋堂,江苏金坛人,乾嘉。1735—1815,年八十一。《说文解字注》三十卷。

王念孙:怀祖,江苏高邮人,乾嘉道。1744—1832,年八十九。《读书杂志》八十二卷,凡十种。"于古义之晦误,写校之妄改,皆一一正之。一字之证,博及万卷,其精于校雠如此。"

毛奇龄　西河　浙江萧山人　乐律　顺康　年八十五

胡　渭　东樵　浙江德清人　地理　《禹贡》　1714　年八十二

刘献廷　继庄　顺天大兴人　音韵　顺康

梅文鼎　定九　安徽宣城人　算法　顺康　1633—1721　年八十九

陈厚耀　泗源　江苏泰州人　历法　顺康

王锡阐　寅旭　江苏吴江人　天算　生于明季　顺康

江　永　慎修　安徽婺源人　三礼　音韵　西法算学　1681—1762

全祖望　谢山　浙江鄞县人　乾隆　史学　地理　《经史问答》1705—1755　年五十一

卢文弨　抱经　浙江杭州人　雍乾　1717—1796　校雠、版本

邵晋涵　二云　浙江余姚人　乾嘉　1743—1796　史学　"推极本原,实事求是。"

朱　筠　竹君　顺天大兴人　乾隆　"谓为学必先识字。"

惠周惕(父)　元龙　江苏吴县人　康熙

惠士奇(子)　天牧　江苏吴县人　康雍　1671—1741

惠　栋(孙)　松崖　　　　雍乾　1697—1758

"三世以经学著称,元龙其创始者也。""论者谓:宋元以来说经之书充栋,高者蔑弃古训,自夸心得,下者剿袭人言,以为己有。儒林之名,徒为空疏藏拙之地。独惠氏世守古学,而(松崖)先生所得尤深。"惠松崖尤邃于《易》,谓"自王弼兴而汉学亡",故于《易》专宗虞翻而参以荀、郑诸家之义。

《邵晋涵事略》:"盖自元明以来,儒者务为空疏无益之学,六书训故,屏斥不谈,于是儒术日晦,虽间有能读书如杨慎、朱谋㙔者,非果于自用,即安于作伪,立论往往不足依据。迨本朝兴而朴学始辈出,顾处士炎武、阎征君若璩首为之创,然奥窔未尽辟也。乾隆之初,海宇乂平已百余年,魁儒钜公接踵,惠征君栋、戴庶常震,其学识始足方驾古人。及四库馆开,先生与戴君首膺其选,由徒步入翰林。于是士大夫始重经史之学,言经学推戴君,言史学推先生,海内骎骎然趋实学矣。"(见《先正事略》三十五,2—3页)

李元度《清朝先正事略·凡例》:"一、本朝经学亦分二派:其专宗汉学以抵程朱之隙者,毛西河(奇龄)、惠定宇(栋)、戴东原(震)诸先生也;其义理宗程朱,仍博稽汉唐注疏者李安溪(光地)、方望溪(苞)、姚姬传(鼐)也。自前明中叶,士皆敝精力于帖括,而根抵之学阙焉。本朝兴,朴学始辈出,顾亭林(炎武)、阎百诗(若璩)开风气之先,自后钜儒接踵,长洲惠氏(惠周惕、惠士奇、惠栋)、高邮王氏(王安国、王念孙、王引之)、嘉定钱氏(钱大昕、钱大昭兄弟,及大昭子东垣、绎、侗及大昕族子坫、塘,只二世)三世皆以经术鸣,汉学于是极盛。然江子屏(藩)作《汉学师承记》,凡稍近宋学者皆摈之,阮文达(元)刻《皇清经解》千四百余卷,而安溪(李光地)、望溪(方苞)之著述一字不收,盖几于分茅设蕝。一时风气所趋,遂专以搜残举碎为功,诋宋儒之空疏,掊击不遗余力,抑又过矣。夫汉儒之训诂,宋儒之义理,相须而行,阙一不可。其激而互相胜负者,皆末流之失也。"

"蕝"音"撮",束茅而立之以表位次也。《国语》:"昔成王盟诸侯于岐阳,楚为荆蛮,置茅蕝。"

1959.5.2

8. 颜李学派

徐世昌《颜李师承记》卷一,页二十三至二十七,至《程廷祚传》。书凡九卷,共列 669 人。又卷二,页二十九至三十二,《毛奇龄传》述李塨与毛论乐事。又卷三,页一至三,《万斯同传》述李塨与季野相晤京师事。《阎百诗传》，见卷三一，页十五。方苞，见卷三一，页二十九。梁盼（质人），卷四，页二。李颙（二曲），卷四，页十六。

"恕谷三十八至京师，计以馆至者十，以试至者八，其余二十往返……大抵皆为明行圣道计耳。"卷六，页十。

"（恕谷）南北东西"，页二十六。

博文约礼（实践）　据冯友兰《中国哲学史》："颜习斋自述其为学宗旨云：'……某为此惧，著《存学》一篇，申明尧、舜、周、孔三事、六府、六德、六行、六艺之道，大旨明道不在《诗》、《书》章句，学不在颖悟诵读，而期如孔门博文、约礼，身实学之，身实习之，终身不懈者。……'（《上太仓陆桴亭先生书》，《存学编》卷一）"

"《书·大禹谟》：'水、火、金、木、土、谷，谓之六府；正德、利用、厚生，谓之三事。'《周礼·大司徒》：'以乡三物教万民而宾兴之。一曰六德：知、仁、圣、义、忠、和。二曰六行：孝、友、睦、姻、任、恤。三曰六艺：礼、乐、射、御、书、数。'颜、李谓古圣贤教人，只教人实有此六德，实行此六行，实习此六艺，实研习兵农等六府之事，以利用厚民之生而已。《大学》所谓格物，即谓此也。格如手格猛兽之格，谓'亲手习其事'。物即'物有本末之物也，即明德亲民也，即意心身家国天下也。然而谓之物者，则以诚正修齐治平皆有其事，而学其事皆有其物。《周礼》礼乐等皆谓之物是也。'（李塨《大学辨业》卷二）"（975—977页）

"习斋之主要意思，在于以气为宇宙之根本。虽亦言理，而以理气为'融为一片'。以此别于理学家。……然此以理气融为一片之说，一部分道学家亦已言之。如刘蕺山（宗周）云……其弟子黄梨洲对于理气之见解，亦与此同。梨洲云：'夫大化之流行，只有一气，充周无间……'（《与友人论学书》，《南雷文案》卷三）此以气为较根本者，亦与蕺山同。盖理学与心学之差别之一，即理学需要二世界，心学只需要一世界。或可谓理学为二元论的，心学为一元论的……与梨洲同时，有王船山。船山学无师承，而对于理气之见解，亦与蕺山有相同处。船山云：'天地间只理与气，气载理而以秩序乎气。'（《读四书大全》卷三）"（981—983页）

1956.1.24

9. 戴震思想

《清先正事略》卷三十五《经学·戴东原先生事略》:"尝言:朱子注《大学》,开卷言'虚灵不昧',便涉异学,其言'以具众理应万事',尤非理学之旨。古人曰:'理解者,寻其腠理而析之也。'曰天理者,如庄周言'依夫天理',即所谓'彼节者有间也'。<u>古圣贤以体民之情,遂民之欲为得理</u>;今人以己之意见不出于私为理。是以意见杀人,咸自信为理矣。"

唯物　据冯友兰《中国哲学史》:"颜李以为理学家以为'理在事上',东原亦以为如此。并以为此乃杂袭老庄释氏之言。东原云……(引《孟子字义疏证》卷中,991—992 页)……此理学家所谓气上有理之说也。为驳此说,东原以为<u>阴阳五行即是道</u>。东原云:'道犹行也,<u>气化流行,生生不息</u>,是故谓之道……'(《孟子字义疏证》卷中)下文续云:'<u>阴阳五行,道之实体也。</u>'以阴阳五行之实体为道之实体;道即是气而非超时空之抽象的理也。此与习斋以二气四德为天道之意正同。"(992 页)

承认客观规律　"东原以为阴阳五行之流行,乃是有条理的。东原云:'天地之化不已者,道也。一阴一阳,其生生乎? 其生生而条理乎?……'(《读易系辞论性》,集八)"

必然性　"又曰:'天地、人物、事为,不闻无可言之理者也。《诗》曰"有物有则"是也。物者,指其实体实事之名;则者,称其纯粹中正之名。实体实事,罔非自然,而归于必然,天地、人物、事为之理得矣……'(《孟子字义疏证》卷上)天地、人物、事为,皆有其理。天地、人物、事为,乃实体实事,是自然。其理乃其所应该,是必然。必然是'必然不可易','可推诸天下万世而准'。天及鬼神,皆不能违者。东原云:'惟条理是以生生,条理苟失,则生生之道绝。'(《孟子字义疏证》卷下,994 页)……用西洋哲学中之术语言之,则东原以为理学家以为理乃超世界之上(Transcendent),而其自己则以为理在世界之中(Immanent)。此蕺山、梨洲、船山、颜、李、东原,一致的见解也。(995)……至于别方面事物之理,则'必就事物剖析至微,而后理得'(《孟子字义疏证》卷下)。……东原云:'心之所同然,始谓之理,谓之义。则未至于同然,存乎其人之意见,非理也,非义也。凡一人以为然,天下万世,皆曰是不可易也,此之谓同然……'(《孟子字义疏证》卷上)"

"理是客观的、不变的。吾人剖析事物,而求其理,求得之后,则观其是否只吾一人以为然,或只少数人以为然。……东原立理与意见之分。理是客观的,公的;意见是主观的,私的。东原以为宋儒以为理具于心,故往往以意见为理。"(1002—1003 页)

1956.1.13、14

10. 清代亲王与文人

李元度《清朝先正事略》卷三十三《何义门先生事略》:"(康熙五十四年)时诸王皆右文,朱邸所治册府,多资其(指何义门)校勘。世宗皇帝在潜邸亦以《困学纪闻》属先生笺疏。"(5 页)

> 案,何焯,江苏长洲人。何焯于康熙四十二年"侍读皇八子允禩贝勒府",见同篇。

又附《陈景云事略》:"康熙中应顺天试不遇,馆于藩邸,三年辞归。时年四十,以母老绝意宦游,后藩邸再遣使敦促,……皆坚谢不赴。"(6 页)

> 陈景云,江苏吴江人。

又卷三十二《阎百诗先生事略》:"世宗皇帝在潜邸,闻其名,手书延至京师,握手赐坐,呼先生。日索观所著书,每进一篇,未尝不称善。疾革,请移就外,留之,不可……。"(2 页)

> 阎若璩,山西太原人。

1954.12.22

11. 清初徐乾学等在学术上的党派

李元度《国朝先正事略》卷四十《文苑·汪武曹先生事略》:"汪先生份字武曹,江苏长洲人。……康熙四十二年癸未成进士,……当丁卯、戊辰间,吴中以文学知名者,先生与常熟陶子师、同邑何屺瞻称最,皆与桐城方望溪游。时昆山徐司寇、常熟翁司成方收召后进,其所善,名称立起,举甲乙科若操券然。三君皆吴人,素游其门,而自矜重,不求亲昵。子师成进士,名冠其曹,不与馆选。先生及屺瞻屡蹶于举场,天下士益以此重之。其后屺瞻交绝于两家,子师与翁亦忤,惟先生无违言。"(石印,4 页)

又卷三十三《经学·何义门先生事略》:"康熙二十四年充拔贡生,时徐尚书乾学、翁祭酒叔元方收召后进,其所善通显立致。先生亦及其门,而慎自持,遇不韪且相诤执。尚书待之甚厚,而为忌者所构,失欢,至辨讼于大府。祭酒之子妄人也,先生积忤之,为所窘。及祭酒受要人指劾睢州汤文正公,举朝愤之,莫敢讼言其非,独慈溪姜西溟移文讥之,先生亦上书请削门生籍,天下快焉。然先生卒以是潦倒,场屋不得志。”(5页)

1959.12.20

12. 世宗高宗之文教提倡

世宗选《历代禅师语录》,分前后集,后集又分上下。首为姚秦之肇法师,在达摩未到禅未成宗之日,其下共选十余家。又杂出一佛门以外之紫阳真人,禅门以外之净土宗莲池大师,己则以居士厕禅宗诸师之后。又认章嘉呼图克图为恩师,则又错入西藏喇嘛教。

世宗又开堂授徒,命曰《当今法会》。其中王大臣八人,沙门羽士六人。以天子为一山之祖。

清代尊孔之事莫虔于雍正。元年诏封孔子五代王爵,二年文庙复祀者六人,增祀者二十人。

雍乾间天子不自讲学,惟以从祀示好尚,于学术亦有影响。

雍乾间儒学无争辨,而余事则昌明文学。

雍正十一年谕各省建立书院,各赐帑银一千两,余令督抚豫筹膏火,以垂永久。有清一代学人之成就,多在书院中得之。其制是以救学校之不足。

乾隆丙辰词科远不如康熙己未得才之盛。

清代有功文化无过于收辑《四库全书》,四库之起源由于朱筠之请,乾隆三十七年奉购遗书之诏,奏陈四事:一、旧本抄本尤当急搜;二、中秘书籍当标举现有者以补其余;三著录校雠当并重;四金石之刻,图谱之学,在所必录。其第二款中述及《永乐大典》二万二千九百余卷,一万一千九十五册。《四库全书》初意在校辑《大典》中佚书,事在三十八年,其后乃增入内府所储、外省所采诸书。

清代武英殿刻版书目见《宫史》。清代文字狱见故宫《文字狱档》。

13. 道光时士夫风气之改变

“嘉庆朝承雍、乾压制,思想言论俱不自由之后,士大夫已自屏于政治之外,著书立说多不涉当世之务。达官自刻奏议者往往得罪,纪清代名臣言行者亦犯大不韪。士气消沉已极。仁宗天资长厚,尽失两朝钳制之意,历二十余年之久,后生新进,顾忌渐忘,稍稍有所撰述。虽未必即时刊行,然能动撰述之兴,即其生机已露也。若赵翼之《皇朝武功纪盛》,严如熤之《苗防备览》、《三省边防备览》,皆有涉世务之作,但在嘉庆朝为极少数。至道光时则时事之接触,切身之患,不得不言者有三端:曰盐、曰河、曰漕。"①(孟森《清史讲义》)

14. 清代纂辑之大书

据《清史稿·艺文志》:

农:《授时通考》七十八卷　乾隆二年　鄂尔泰奉敕撰

医:《医宗金鉴》九十卷　乾隆十四年

历:《历象考成》四十二卷　康熙五十二年

　　《历象考成后编》十卷　乾隆二年

　　《仪象考成》三十二卷　乾隆九年　戴进贤奉敕撰

　　《仪象考成续编》三十二卷　道光二十四年　敬征奉敕撰

　　《律历渊源》一百卷　雍正元年

算:《数理精蕴》五十三卷　康熙十三年

　　阴阳五行:《星历考原》六卷　康熙五十二年　李光地奉敕撰

　　《协纪辨方书》三十六卷　乾隆四年　允禄奉敕撰

书画:《佩文斋书画谱》一百卷　康熙四十七年　孙岳颁奉敕撰

铜器:《西清古鉴》四十卷　乾隆十四年　梁诗正奉敕撰

　　《西清续鉴》二十卷《附录》一卷　乾隆五十八年　王杰奉敕撰

砚:《西清砚谱》二十四卷　乾隆四十三年　于敏中奉敕撰

植物:《广群芳谱》一百卷　康熙四十七年　汪灏奉敕撰

类书:《渊鉴类函》四百五十卷　康熙四十九年　张英奉敕撰

　　《骈字类编》二百四十卷　康熙五十八年　吴士玉奉敕撰

　　《分类字锦》六十四卷　康熙六十年　何焯奉敕撰

　　《子史精华》一百六卷　康熙六十年　吴士玉奉敕撰

　　《古今图书集成》一万卷　雍正三年　蒋廷锡奉敕撰

---

① 编者注:此条文字原有删略,据孟森《明清史讲义》(商务印书馆,2011年)补全。

《佩文韵府》四百四十三卷　康熙四十三年　张玉书奉敕撰

《佩文拾遗》一百十二卷　康熙五十六年　张廷玉奉敕撰

文集:《全唐文》一千卷　嘉庆十九年

诗集:《全唐诗》九百卷　康熙四十六年　彭定求奉敕撰

1950.2.27—1950.6.23

清敕撰诸书　《易经通注》九卷　顺治十三年傅以渐等奉敕撰

15. 清代的考据学

发生发展、态度方法、成就批判

考据学是清代学术研究中最发达的一个部门,也是中国文化史上、学术史上最突出的一种学问。现在简单的加以一般介绍,作为本专题课的一部分。同时顺便谈谈清代学术的发展情况。

目前学术界正在讨论这个问题(像《学术月刊》,1964年,第五期),可以参考。既然是简单的就不敢说能够概括的全,既然是一般介绍就不敢说能够专精深入。只是大概提个线索,供大家作深入研究的入门,不是专门研究的人,也可以得到一点常识、一点印象,不致遇到时发生谬评。我个人体会,我们这个文化史专题课设置的目的,也就在此。若系统的介绍,每个专题开一个学期课,可能还不够。

一、清代考据学派的形成和发展

(一)概念

1.考据学是什么? 什么是考据?

所谓考据学,目前还没有一个概括的科学定义。

一般地说,我个人的意见,考据学是从辨明文字语言和事物的名称性能入手,用比较核对的办法来研究中国古代书籍的一种方法。凡是利用这种方法的学者,统称为考据学派,从而把这种方法称为考据学。严格的说,到目前为止,还没有把它系统地综合分析,概括成为科学的考据学。我现在也只有沿用这个名词。

2.考据学的异名

为什么叫考据,就是要有根据,有考订。已有根据,何以还要考订? 就是还要比较。

考据学又称考证。为什么叫考证,就是要有比较,有证明。考核比证。

当然这只是他们愿望,而不是他们的实践。

考据学又称汉学。为什么?因它反宋学。

考据学又称朴学。为什么?因它是朴质无华的。

当然这些名称也都有其客观原因。

(二)来源

任何社会事物都是一定历史条件的产物,都是有其发展的轨迹,而不是一下子突然出现的。

考据学这一套,是不是从清朝开始的?以前有没有?有的。那就是南宋王应麟的《困学纪闻》20卷以及洪迈的《容斋随笔》、陆游的《老学庵笔记》、沈括的《梦溪笔谈》26卷等书的个别部分。而北宋司马光《通鉴考异》的考订史实更在其前。明代杨慎的《丹铅录》、胡应麟的《少室山房笔丛》(正集32卷,续集16卷),也是类似这类的著作。

《容斋随笔》16卷,《续笔》、《三笔》、《四笔》各16,《五笔》10。

《丹铅余录》17,《续录》12,《摘录》13,《总录》27。

考据学在宋元既然已经逐渐出现,为什么在宋明没有得到发展,引起学者们的注意,而反倒在清代成了风靡一时的庞大学派?这要从明代末叶社会谈起。

明初在生产恢复,社会暂时出现稳定局面之后,于是在哲学思想方面,客观唯心主义猖獗一时。但当土地占有形态和生产关系发生变化,阶级分化加速(快),阶级矛盾加剧(深),社会动荡不安,于是到中叶以后封建统治阶级的思想也发生了变化。过去虚构的封建道德标准破坏了,谁有力量谁就能兼并,谁能兼并谁就能剥削,谁能剥削谁就有力量。

因此,反映在:

政治上,是腐化贪污,是朋党门户,是残酷压榨;

哲学思想上,是主观唯心主义抬头,是玄虚,是空想;

学术研究上,是空疏,是臆断;

出版事业上,是剽窃,是妄改,是伪造。

加以阶级矛盾的激化,农民大起义,于是在意识形态上发生大变化。出现了初步的、微弱的民主思想,唯物思想,实践思想等等。清代的考据学,也是在这种大变化中逐渐出现的。

(三)清代考据学发展的三个阶段

清代考据学的发展可以分为三个阶段：

第一阶段　创始　顺、康、雍　1644—1736　乾元　94 年

第二阶段　全盛　乾、嘉　1736—1821　道元　85 年

第三阶段　衰落　道光以后　1821—1911　90 年

大体划分　相对的　有条件的(便于记忆)　假定的

三个阶段的表现如何？从什么看？它的检阅评比在什么上？

第一阶段　1679(康十八)博学鸿儒科　1736(乾元)博学鸿词科

第二阶段　1751(乾十六)经明行修科(保四十余人,选四:陈祖范、
吴鼎、梁锡玙、顾栋高)

1773(乾三八)修《四库》开馆

1819(道二四)纂辑《皇清经解》

第三阶段　纂辑《续经解》(南菁书院王先谦)　《广雅堂丛书》(张之洞)

1. 清代考据学创始时期

(1)奠基的几个人

有几个问题先谈

甲、不是一个人创始的

过去说法：

主张顾炎武(1613—1682)者:钱大昕、汪中、阮元。《清国史列传·儒林传下》、《清史稿·儒林传二》。

主张黄宗羲(1616—1686)者:江藩《汉学师承记》、阮元(另一次主张)。《清史稿》把黄放在《儒林传一》,是调停。

主张惠士奇者:方东树《汉学商兑》。

乙、没有一个集大成者

过去说法：

主戴震集大成者:汪中。

主王国维集大成者:范文澜(《胡适思想批判论文集》)。

丙、几个奠基人

顾炎武　反理学,反对心性,提出宗汉。

黄宗羲　主实际,精天文、地理。

阎若璩　攻《古文尚书》。

梅文鼎　精天算历法。

胡渭　　攻《河图》、《洛书》。

（2）创始时期一些问题

甲、最初的对立面

顾炎武提出"经学即理学"，认为舍经学而谈理学，则成禅学。

毛奇龄提出"道学本道家学"，是道士的学问，不是孔子的学说。

于是矛头指向当时统治者提倡的朱学。

阎若璩《古文尚书疏证》，认为《今文尚书》二十九篇是真的，晚出的《古文尚书》增加的二十五篇是伪的。

姚际恒与阎同时同样主张。

反对《古文尚书》间接反朱，因朱熹对这个问题主张并不鲜明，但还在初期，阎不敢正面攻朱，而认为朱亦怀疑古文经，于是作《朱子尚书古文疑》，以申朱子与之相同之意。这种情形，中期没有了。

乙、《明史》立《道学传》问题

丙、《尚书》古今文之争

毛奇龄：《古文尚书冤词》八卷　《尚书广听录》五卷

丁、古学与杂学

初期考据学以"事必求其根柢，言必求其依据，旁参互证，多所贯通"（《清史列传》68《阎若璩传》），而体系尚未建立，号称"实学"，又称"古学"，但亦遭"杂学"之谤。

最突出的，是对宋明理学一次革命，是对宋明特别明末学术的一次彻底改革，不是改良。

但在初期宗汉之界画不严，许多人斟酌于二者之间。

研究范围以经为主，于经又以《诗》、《书》、《易》、《左传》为主。于文字注意声读音韵。各人于经以外都有专门实际学问，但当时风气，学问以经占首位。

与明末大大不同。反虚诞言性、命，反空疏的作学问，辨别古书的真伪以去取，但有时过分，如《古今伪书考》。不凭主观改古书字句，反对、怀疑宋明人著作。要求恢复古人学问，厚古薄今。对古的范围较宽，唐宋以前都是古，所以有古学之称。

2.清代考据学的全盛时期

（1）全盛时期的中坚

江永

戴震　"厉禁言理则自戴氏始"（方）　戴氏思想有唯物主义成份，而影响不太大。

惠士奇　惠栋　"专标汉帜则自惠氏始"（方东树）

钱大昕

段玉裁　王念孙

崔述　章学诚

阮元

(2)考据学的发展

与初期不同　惠首标汉　戴首反理　另①②(《论语》"君子疾没世而名不称焉"。称,相符? 称道?)　另③

甲、方法的确立　从文字名物入手　用考证方法　以汉人许、郑为基础　另④

乙、研究对象的扩大

经学

文字学　由音韵到《说文》《尔雅》《广雅》

史学

考古

丙、发展中的问题

支离破碎的问题　乾隆四十至四十二年之间(1775—1777)，但钱载于四十一年出京,则以在四十年(1775)的机会较多。钱载,字箨石,著名诗人,书画家。《复初斋集》。

义理与考证问题　另③　《惜抱文集》　义理、至理、精义(哲学思想)　义,善,宜。裁制异说,归于宜时善论。

学派内部争论问题　戴东原与章实斋修志　章实斋与洪北江论地理　洪北江与江子屏(藩)论今文搞不稿　江藩不谈公羊　龚自珍与江藩论汉学　学派的分立 ⑦

学派与外部争论

钱大昕与姚鼐论三十六郡　骈文与古文(汪中、张惠言、孙星衍、洪亮吉)　汉学与宋学　另⑤⑧

3.清代考据学的衰落

(1)道光以后的考据学者

龚自珍　魏源

俞樾 1821—1906

孙诒让 1848—1908

黄以周 1828—1899

陈澧 1810—1882

陈奂 1786—1863

刘文淇 1789—1854

皮锡瑞 1850—1908

(2)今文学派的兴起 ⑥

(3)汉学的突破 ⑥

(4)郑学的没落 今文家之攻郑——康有为《新学伪经考》 金文、甲骨之出现 ⑩ "始作伪,乱圣制者,自刘歆;布行伪经,篡孔统者,成于郑玄。"(《新学伪经考序》)

(5)西学的输入

二、清代考据学派的治学态度和方法,有几点是不是可以注意一下:

(一)有许多对他们的方法、态度的概括,是后人所加,他们并不懂,如"客观态度"、"科学态度"、"合乎形式逻辑的三段论法"等等。这些名词、招牌应由评价者负责。我们还是就它本身批判。

(二)他们自己提出了许多口号,和今天有些相合,但内容、要求绝不相同,如"实事求是"和今天更有本质的差别(今天的"实事"是根据客观存在的事物,而"是"是指客观事物的规律性)。不要并为一谈。

(三)清代考据学的历史前后将近三百年(包括民国),历史时代是先后不同的,他们研究的对象是先后不同的,他们的方法也是先后不同有发展的,是不是还是分别开来批判的好。

(四)清代考据学家,他们的某些治学态度,某些治学方法,在当时是有所为而发的,是有所针对的,在今天看来是落后的、不科学的(马列主义科学),而在当时可能起了某些作用(有好有坏)。我们是不是可以全面的评价它。

几种治学态度

(1)还归本原 以宋人之说还之宋人,以汉人之说还之汉人。

在反对宋学方面有一定作用。但没从发展上看,没有找发展规律,也不能看出学术本身的内在联系。

(2)抱残守阙 不求进步

（3）拘执汉人　食古不化

（4）勤奋谨慎　始终不懈

（5）坚苦力学　独为其难

三、清代考据学的成就和批判

1. 中国传统的经书，清代考据家都有重新整理的注解本子。给后来研究铺平了道路。

2. 中国固有的文字书，都有新整理的注解。

《说文》《尔雅》《广雅》《方言》《释名》

3. 关于语言文字的研究是系统的、发展的，一步一步奠定了后来的研究基础。古韵分部。由《说文》到金文、甲、鼓。

4. 考据学派有寻求发展规律的模糊意识，而没得到科学方法。

5. 扩大了学术研究范围，提高经学以外的学科地位。

6. 考据学派有对立面，也作了某些反驳争论，但也有它软弱和规避的一面，回避现实。

对于考据学派是由文字狱威胁下养成的看法，不完全正确，不够全面。

杭世骏、洪亮吉对乾隆、嘉庆时代政治作过斗争。

姚莹、魏源对道光时的外国入侵作过斗争。

毕沅、王昶、赵翼参加过反动政权的镇压起义。

顾、黄在清初不与满洲政权合作。

包慎言留心生产

章太炎、刘光汉参加革命。

总之，我个人的意见：清考据学派是封建社会的历史产物，它本身是发展的，是为封建统治服务的。

今天还以考据学派研究方向为方向，是错误的。

今天还以考据学派研究方法为方法，是落后的。

但是乾嘉学派的勤奋谨严（慎）、始终不懈的学习和工作态度还是值得鼓励的。

乾嘉学派的某些可以作为继续前进阶石的成果，还是不容忽视的。

参考：

章炳麟《清儒》，见《章氏丛书·检论》

刘师培《清儒得失论》，《左盦丛书》

梁启超《清代学术概论》,《合集》本

《清史稿·儒林传二》

《清史列传·儒林传下》

江藩《汉学师承记》

方东树《汉学商兑》

侯外庐《中国思想通史》

《学术月刊》

1964.6.13

16. 清代考据学派的方法

据《清史列传》(括号内为卷数、页数、人):

"穷原究委、考正得失"(68.2 上　顾炎武)

"遇边塞亭障,呼老兵卒询曲折,有与平日所闻不合,即发书对勘。"(68. 1 上　顾)

"叙述诸儒流派分合得失"(68.4 上　黄宗羲)

"(治诗)考之三礼,以详其制作;征诸三传,以审其本末;稽之五雅,以核其名物;即今舆地以考古之图经;而参以平生所亲历。"(68.5 下　钱澄之)

"读书好深思,长于比勘。"(68.36 下　江永)

"贯串前人之异同,折衷至当。"(68.34 下　沈彤)

"提要钩元"(68.32 下　余廷灿)

"以经补经"、"以经诂经"(68.29 下　诸锦)

"以经释经"(68.19 下　万斯大)

"《周易传义疑参》十二卷,析程朱之异同,补程朱之罅漏,大抵多采宋元各家羽翼程朱之说以相订正,而亦时出己见。"(68.38 上　胡匡衷)

"《十七史商榷》一百卷,于一史中纪志传表互相稽考,因而得其异同;又取稗史丛说以证其舛误;于舆地、职官、典章名物每致详焉。"(68.41 下　王鸣盛)

"又著《说文统释》六十卷,其例有十:……"(68.44 下　钱大昭)

17. 清代考据学派的态度

据《清史列传》（卷、页、人）：

"虚怀商榷,不自满假"（68.2 下　顾炎武）

"坚苦力学"（68.2 下　顾谈李颙）

"持论皆有依据"（68.3 下　黄宗羲）

"详尽核实"（68.34 下　全祖望）

"独为其难"（68.24 上　陈厚耀）

"其言并有依据"（68.21 下　惠周惕）

"有据之言先立于不败"（68.17 上　阎若璩）

"非通诸经不能通一经,非悟传注之失则不能通经,非以经释经则亦无由悟传注之失。"（68.19 下　万斯大）

"立义正大,持论简明"（68.9 上　俞汝言。汝言著《春秋四传纠正》,摘四传之失："一曰尊圣而忘其僭,二曰执礼而近于迂,三曰尚异而近于凿,四曰臆测而近于诬,五曰称美而失实情,六曰摘瑕而伤锲刻。"）

"无不探赜索隐"（68.36 下　江永）

无遗　"剖析无遗"、"抉择无遗"（68.42 下　钱大昕）

经史不同　"尝谓注史与注经不同。注经以理为宗,理寓于训诂,训诂明而理自见。注史以达事为主,事不明,训诂虽精无益也。"（68.45 上　钱大昭）

用原始资料　"方舆一途,不博考于古则无本,不切证于今则无用,不洞悉郡县沿革名同而实殊,则不免南北移向,山川易位。向欲用顾氏《方舆纪要》作底本,然细阅之,其援引历代之事悉据通鉴而不据正史……"（72.40 下　许鸿磬《方舆考证》　乾隆四十六年进士）

18. 清代考据家重《说文》

钱大昕："读书以通经为本,通经以识字为先。经学必资于小学,故郑司农深通六经,而先明训诂;小学必资于经学,故许祭酒专精六书,而并研经义。"（《商兑》引,中之下,23 页）

宋鉴《说文解字疏序》："经学不明,小学不讲也。小学不讲,则形声莫辨,训诂无据。《说文》者,小学之祖也。"（全上,24 页）

方东树《汉学商兑》驳之,以为有十五谬。虽强为立异,亦间有可存。如第十。

方东树《汉学商兑》卷中之下:"今以小学说经者,既多执一训以通之,又假借转注以通之,又以偏旁从某得声通之,又以古今音缓音急之异通之,又推广郑氏三例通之(自注:读如,读为,当为,文多不录),又以古音同部通之,又以隶变通之,又以师师相承旧解通之(自注:如戴氏王氏说光被四表),又以后人妄增删改致误通之。颠倒减省,离析合并,展转百变,任意穿凿,支离缪辀,不顾义理之安。于是举凡古今滞难不可通之义,而无不可通之。就其合处,所得诚亦有功。但求之太凿,其傅会僻违,歧惑学者,失亦不少。"

凡有客观根据者,有统一规律者,自属唯物的,可信。若但凭主观臆断,别无规律可寻,则是主观唯心主义矣。

19. 考据家与训诂名物

戴震:"吾自十七岁时有志闻道,谓非求之六经孔孟不得,非从事字义名物制度,无由通其语言文字。"(《商兑》,中之上,15 页)

钱大昕:"研精汉儒传注及《说文》诸书,由声音文字以求训诂,由训诂以求义理,实事求是,不主一家。"(仝,中之下,1 页)

20. 汉学家的考证

段玉裁:"义理文章未有不由考核而得者,……圣人心通义理,而必劳劳如是者,不如是不足以尽天地名物之理也。后之儒者,画分义理、考证、文章为三,区别不相通,其所为细已甚焉。"(《兑》引,中之下,48 页)

21. 考据家尊东汉

方东树《汉学商兑》:"甄综古今学问,壹归于东汉郑、许二君,此汉学赤帜也。"(上,22 页)

孙星衍:"许叔重《说文》未作,西汉诸儒得古文不能读。"(《兑》上,22 页)

22. 清代宋学家论汉学家

方东树《汉学商兑·序例》:"近世为汉学考证者,著书以辟宋儒攻朱子为本,首以言心、言性、言理为历禁。……究其所以为之罪者,不过三端:一则以其讲学标榜门户分争,为害于国;一则以其言心、言性、言理,堕于空虚心学禅宗,为歧于圣道;一则以其高谈性命,束书不观,空疏不学,而荒于经术。而其人所以为言之旨,亦有数等:若黄震、万斯同、顾亭林辈,自是目击时敝,意有所激,创为救病之论,而析义未精,言之失当。杨慎、焦竑、毛奇龄辈,则出于浅肆矜名,深妒《宋史》创立《道学传》,若加乎《儒林》之上,缘隙奋笔,忿设诐辞。若夫好学而愚,智不足以识真,如东吴惠氏、武进臧氏,则为暗于是非。自是以来,汉学大盛,新编林立,声气扇和,专与宋儒为水火。……"(1 页)

"历观诸家之书,所以标宗旨、峻门户,上援通贤,下瞀流俗,众口一舌,不出于训诂小学、名物、制度,弃本贵末,……名为治经,实足乱经;名为卫道,实则畔道。"(1 页下)

1964.5.12

23. 清代的汉学

《清史列传》68《王鸣盛传》:"尝言汉人说经必守家法,自唐贞观撰诸经义疏而家法亡,宋元丰以新经学取士而汉学殆绝。今好古之儒皆知崇注疏矣,然注疏惟《诗》、三礼及《公羊传》犹是汉人家法,他经注则出魏晋人,未为醇备。"(41 页)

24. 考据家驳杂不切实际

方东树《汉学商兑》卷中之上:"汉学家……争为实事求是之学……。以愚论之,……汉学诸人,言言有据,字字有考,只向纸上与古人争,训诂形声,传注驳杂,援据群籍,证佐数千百条,反之身己心行,推之民人家国,了无益处。徒使人狂惑失守,不得所用。然则虽实事求是,而乃虚之至也。"(16 页下)

25.《说文》有脱漏

《说文》无"劉"字,而劉为国姓。或以为即"鉚"字。《汉书·王莽传》,"劉之为字,卯金刀也",则绝非"鉚"字也。《说文·水部》有"瀏"字,《竹部》有"籀"字,字既从劉,何得反无劉字,其有脱漏可知。笃信《说文》,以为完整无缺,非是。

26. 汉学　宋学　今文　古文

汉学　今文学派以孔子为政治思想家　五经为孔子的"政治之术",所以偏重于"微言大义"　其特色为"功利"　其流弊为"狂妄"

古文学派　以孔子为史学家　六经为孔子整理古史的书籍　偏重于名物训诂　特色为考证　流弊为烦琐

宋学　以孔子为哲学家　以《四书》为儒家载道之书　偏重于理气心性　特色为"玄想"　流弊为空疏

（周予同《中国历史文选》下卷,367 页）

27. 清代汉学家论宋学

毛奇龄《西河集·辨道学》:"是道学本道家学,两汉始之,历代因之,至华山而张大之,而宋人则又死心塌地以依归之,其非圣学,断断如也。"(引自《汉学商兑》,再取原书校,下同)

华山,指陈抟(北宋华山道士)

万斯同《儒林宗派》:"自《伊雒渊源录》(朱熹著)出,《宋史》遂分《道学》、《儒林》为二传……明以来,谈道统者扬己凌人,互相排轧,卒酿门户之祸。"

朱彝尊《道传录序》:"科举行之久矣,言不合朱子,率鸣鼓百面攻之。"

顾炎武《论明嘉靖之议诸儒从祀》:"弃汉儒保残守缺之功,而奖末流论性谈天之学,语录之书,日增月益,五经之义,委之榛芜,自明人之议从祀始也。"

茅星来《近思录后序》:"自《宋史》《道学》、《儒林》分传,而言程朱之学者但求之身心性命之间,不复以通今学古为事。"

戴震:"以理为学,以道为统,以心为宗,探之茫茫,索之冥冥,不如反而求之于六经。"(《商兑》中之上,14页)

1964.5.19

28. 清代调停朱陆的学者

宗稷辰,字涤甫,浙江会稽人。以和同朱陆为宗,尝著《朱王致知本同考》。道光元年举人。(《清史列传》67卷)

顾栋高,字复初,江苏无锡人。其论学则合宋元明门径而一之,援新安以合金溪,为调停之说。著有《大儒粹语》二十八卷。(仝68,本传)

29. 汉学家从文字入手

钱大昕《廿二史考异》七《汉书·郊祀志》"冬塞祷祠"条:"塞,古赛字,《史记》作赛,《说文》无赛字,当依班《志》,下并同。"(139页)

又《地理志》"子之营兮"条:"古书营与环通。《说文》营市居也,读阛阓之阛。"(155页)

30. 治学从句读始   文字

顾炎武《仪礼郑注句读序》:"后之君子,因句读以辨其文,因文以识其义,因其义以通制作之原,……"(中华,《诗文集》,55页)

又《与人书四》:"如论字者必本于《说文》,未有据隶楷而论古文者也。"(《顾亭林诗文集》,96页)

顾炎武《日知录》三"夸毗"条,引"《释训》曰夸毗体柔也",而未引《说文》。

又卷"昌歜"条:"僖公三十年,王使周公阅来聘,飨有昌歜,白黑形盐。注曰昌歜昌蒲菹。而《释文》,歜音在感反。《正义》曰齐有邴歜,鲁有公父歜,其音为触。《说文》歜盛气怒也。从欠蜀声。此昌歜之音,相传为在感反,不知与彼为同为异。今考顾氏《玉篇》有歓字,徂敢切,昌蒲菹也。然则

《传》之昌歜正合此字,而唐人已误作歌。是知南北之学,陆孔诸儒犹有不能遍通。……"(43 页)

又同条:"古之教人,必先小学。小学之书,声音文字是也。"(43 页)

31. 汉学家要证据

钱大昕《廿二史考异》七《汉书·食货志》"其诗曰有渰凄凄,兴云祁祁"条:"颜之推仕南北朝,虽疑云为误字(应作雨),不闻据他本以正之,则六朝本亦作兴云矣。"(138 页)

可证汉学家重证据,否则则为臆断。

32. 清汉学家治学之弊

繁琐　钱大昕《廿二史考异》卷十二《史弼传》考六朝人好用"友于"二字以代兄弟而滥觞于后汉,凡举二十五例。(256 页)

武断　钱大昕《廿二史考异》十二《后汉书·谢弼传》"时青蛇见前殿"条:"《五行志》熹平元年四月甲午青蛇见御座上,《杨赐传》亦作熹平,以弼封事证之,当是建宁元年非熹平也。"(商务印,251 页)

案,建宁元年(168)与熹平元年(171)相去四年,误记自属可能,但"前殿"与"御座上"自有不同,熹平事两见未必尽误,此条仍以存疑为宜,径谓"非熹平"似嫌武断。

烦琐　《廿二史考异》十《后汉光武纪》"西州大将军"条,考西州指凉州,举二十九例;考西州指益州,举四例。考北州指幽州,举十二例;考北州指冀州,举二例;考北州指并州,举三例。均太繁。

33. 江藩论清经学吴皖两派

江藩《汉学师承记》卷一:"藩绾发读书,……乃知经学一坏于东西晋之清谈,再坏于南北宋之道学。元明以来,此道益晦。至本朝三惠(惠周惕、惠士奇、惠栋)之学盛于吴中,江永、戴震诸君继起于歙,从此汉学昌明,千载沉霾,一朝复旦……"

江氏始为此说,而未明言两派,后人虽力辨吴皖为两派,其实不然。

两派著书立说,教益后进,无显著差异,一也。两派弟子相互学习,无入主出奴之病,二也。

惠栋与钱大昕是朋友,钱之弟子孙星衍驳惠之弟子江声。(《传》69.1)

34. 汉学家方法

潘未《日知录序》:"一一疏通其源流,考正其谬误。"

《四库提要·日知录》:"炎武学有本原,博赡而能通贯,每一事必详其始末,参以证佐,而后笔之于书,故引据浩繁而牴牾者少,非如杨慎、焦竑诸人,偶然涉猎,得一义之异同,知其一而不知其二者。"

阎咏(若璩之子)《困学纪闻序》引若璩言:"要事求有据,不敢凭臆以决。亦可矣。"

翁元圻(道光五年,年七十五)《困学纪闻序》:"元圻幼嗜此书,……尝质疑于中表邵二云先生,先生教之曰……子盍详注之,……子姑详其所可详,其未详者,安知不有好学者更详之乎? 余诺之。"

此阙疑之法也。

《日知录》卷四"昌歜"条:"自古文(《尚书》)以至于今,其传写不知几千百矣,安得无误? 后之学者于其所不能通,必穿凿而曲为之说,其为经典之害也甚矣。"(43 页)

此存疑思误之法也。切不可穿凿。

《日知录》卷二十"述古"条:"凡述古人之言,必当引其立言之人,古人又述古人之言则两引之,不可袭以为己说也。"(30 页)

又"引古必用原文"条:"凡引前人之言,必用原文。"(30 页)

此均汉学家法。

35. 论证

黄宗羲《陈同亮刻胡传序》,《黄梨洲文集》中华本,312 页。

又《答范国雯问喻春山律历》,仝,419 页。

王应麟《困学纪闻》一"郑康成诗笺多改字其注易亦然"条,下列"当作"二例,"读为"四例,"读如"一例,"当为"三例,"音某"一例,总之曰"其说多凿"。

南宋尚不全尊郑。

顾炎武《日知录》三"大原"条。（《集释》,15页）

36. 清学人的体例

宋王应麟《困学纪闻》二："《说文》：'猓,嫚也。'引《虞书》'若丹朱猓'。《论语》：'猓荡舟。'按《书》有'罔水行舟'之语,则猓荡舟者,恐即丹朱。"（商务版,120页）

37. 博而不矜

顾炎武《初刻日知录自序》："历今六七年,老而益进,始悔向日学之不博,见之不卓,其中疏漏往往而有,……盖天下之理无穷,而君子之志于道也,不成章不达,故昔日之得不足以为矜,后日之成,不容以自限。……"（《诗文集》,29页,中华1959）

又《与友人论学书》："呜呼,士不先言耻（不耻恶衣恶食,而耻匹夫匹妇不被其泽。以今语释之则耻对社会无贡献）,则为无本之人；非好古而多闻,则为空虚之学。"（44页）

又《与友人论易书》："愚尝劝人以学《易》之方,必先之以《诗》、《书》、执《礼》,而《易》之为用存乎其中,然后观其《象》而玩其《辞》,则道不虚行,而圣人之意可识矣。"（46页）

黄宗羲《万充宗墓志铭》："学不患不博,患不能精。充宗之经学,由博以致精,信矣其可传也。"（《黄梨洲文集》,199页）

又："充宗……以为非通诸经不能通一经,非悟传注之失则不能通经,非以经释经则亦无由悟传注之失。"（199页）

38. 触类而通

顾炎武《与友人论易书》："是故尽天下之书皆可以注《易》,而尽天下注《易》之书,不能以尽《易》,此圣人所以立《象》以尽意,……使之触类而通,此即举隅之说也。天下之变无穷,举而措之天下之民亦无穷,若但解其文义

而已,韦编何待于三绝哉。"(46页)

39. 亭林论博学

顾炎武《与人书一》:"人之为学,不日进则日退。<u>独学无友,则孤陋而难成,久处一方,则习染而不自觉。</u>不幸而在穷僻之域,无车马之资(指不能远出),犹当<u>博学审问,古人与稽</u>,以求是非之所在,<u>庶几可得十之五六</u>。若既<u>不出户,又不读书</u>,则是面墙之士,虽子羔、原宪之贤,终无济于天下。"(《顾亭林诗文集》,94页)

　　　不专读古籍,而要多出游多交友。
　　　读书只能得十之五六。

40. 亭林论经世

顾炎武《与人书八》:"引古筹今,亦吾儒经世之用,然此等故事,不欲令在经之人知之。今日之事,兴一利便是添一害。……"(《顾亭林诗文集》,97页)

又《与人书三》:"故凡文之不关六经之指,当世之务者,一切不为。"(仝,95)

又《与人书十八》:"止为一人一家之事,而无关于经术政理之大,则不作也。"(仝,100页)

　　　参见"实学"卡片

41. 穷经

黄宗羲《尚书古文疏证序》:"中间辨析三代以上之时日、礼仪、地理、刑法、官制、名讳、祀事、句读、字义,因《尚书》以证他经史者,皆是以祛后儒之蔽,如此方可谓之穷经。"(阎百诗撰。《黄梨洲文集》,中华本,311页)

又《万充宗墓志铭》:"士生千载之下,不能会众以合一,由谷而之川,川以达于海,犹可谓之穷经乎?"(199页)

42. 顾亭林论时学

顾炎武《与潘次耕札》:"凡今之所以为学者,为利而已,科举是也。其进于此,而为文辞著书一切可传之事者,为名而已。有明三百年之文化是也。"(《顾亭林诗文集》,中华本,173 页)

顾炎武《钞书自序》:"凡作书者,莫病乎其以前人之书改窜而为自作也。……至于今代,而著书之人几满天下,则有盗前人之书而为自作者矣,故得明人书百卷,不若得宋人书一卷也。"(仝,32—33 页)

顾炎武《仪礼郑注句读序》:"沿至于今,有坐皋比,称讲师、门徒数百,自拟濂洛,而终身未读此经一遍也。"(仝,35 页)

顾炎武《与友人论学书》:"窃叹夫百余年来之为学者,往往言心言性,而茫乎不得其解也。……今之君子则不然,聚宾客门人之学者,数十百人…而一皆与之言心言性,舍多学而识以求一贯之方,置四海之困穷不言,而终日讲危微精一之说……"(43 页)

1964.7.10

43. 改经之病

顾氏《亭林文集》卷四《答李子德书》:"三代六经之音,失其传也久矣,其文之存于世者,多后人所不能通,以其不能通,而辄以今世之音改之,于是乎有改经之病。……(中举例颇繁)……嗟夫!学者读圣人之经与古人之作,而不能通其音,不知今人之音不同乎古也,而改古人之文以就之,可不谓之大惑乎?……汉人之于经,如先后郑之释三礼,或改其音而未尝变其字。《子贡问乐》一章,错简明白,而仍其本文不敢移也,注之于下而已。所以然者,述古而不自专,古人之师传,固若是也。及朱子之正《大学》、《系辞》,径以其所自定者为本文,而以错简之说注于其下,已大破拘挛之习。……闻之先人,自嘉靖以前,书之锓本虽不精工,而其所不通之处,注之曰疑;今之锓本加精,而疑者不复注,且径改之矣。以甚精之刻,而行其径改之文,无怪乎旧本之日微,而新说之愈凿也。故愚以为读九经自考文始,考文自知音始。以至诸子百家之书,亦莫不然。"(1959 年中华版《顾亭林诗文集》,72—76 页)

44. 实学

顾炎武《三朝纪事阙文序》："臣（顾炎武自称）祖年益老，更日以科名望臣。又当先帝（指崇祯帝）颁《孝经》、《小学》厘正文字之日，臣乃独好五经及宋人性理书，而臣祖乃更诲之，以为士当求实学，见天文、地理、兵农、水土，及一代典章之故，不可不熟究。"（《顾亭林诗文集》，1959 年中华版，162 页）

黄宗羲《今水经序》："古者儒墨诸家，其所著书，大者以治天下，小者以为民用，盖未有空言无事实者。"（中华 1959 年本《黄梨洲文集》，381 页）

潘耒《日知录序》："自宋迄元，人尚实学，若郑渔仲、王伯厚、魏鹤山、马贵与之流，著述具在，皆博极古今，通达治体，曷尝有空疏无本之学哉。"

45. 清代的古学

好古敏求　（顾炎武）"与友人论学云……（引孔子语）其为学则曰好古敏求……"（《清史列传》68《顾炎武传》）

引经据古　阎若璩作《古文尚书疏证》八卷，引经据古，一一陈其矛盾之故，古文之伪大明。（仝 68 阎《传》）

古学　"（惠士奇）撰《易说》六卷，杂释卦爻，专宗汉学。……尝谓……今所传之《易》出，……而古学亡矣。"（仝 68 惠《传》）

古音古字　"（惠士奇）《礼记说》十四卷，《大学说》一卷，于古音、古字皆为分别疏通……"（仝）

古义　惠栋撰《九经古义》二十二卷。（仝）

古学　"钱大昕尝论……独惠氏世守古学……"（《清史列传》68 惠《传》）

"大昕幼慧善读书。时元和惠栋、吴江沈彤，以经术称，其学求之《十三经注疏》及唐以前子、史、小学诸书，大昕推而广之，错综贯串，发古人所未发。"（仝钱《传》）

潘耒《日知录序》："昆山顾宁人先生生长世族，少负绝异之资，潜心古学，九经诸史略能背诵，尤留心当世之故。"

46. 清人所称古学

赵翼《瓯北诗钞·五言律一》:"有汪文端师殁已数月……以诗哭之一首,袁枚评曰'君(赵翼)古学多得力于文端,感恩知己,故不觉真切详瞻'。"(5页)

汪由敦,浙江钱塘人。谥文端。

《清史列传》十九《汪由敦传》:"(乾隆)四十四年,御制《怀旧诗》,及五词臣,由敦列刑部尚书张照之次,诗曰……古学实胜之,雅正弗轻掉……"(40下)

胜之,胜于张照。

赵翼《瓯北诗钞·五言古二·后园居诗之五》:"文章千古事,讵可以势争,何哉诸巨公,好以古学鸣,……古来著述事,岂尽归公卿。"(8页)

乾隆时所谓古学,应指经史百家训诂名物天文地理。

钱大昕称惠氏世守古学。

潘耒序《日知录》谓顾氏潜心古学。

汪中谓国朝古学之兴,顾炎武开其端。(《清史列传》68、66)

47. 八股与古学

黄宗羲《马虞卿制艺序》:"念束发出游,遍交海内,时文之坛坫,可得而言。甲子、乙丑(天启四、五年,1624、1625)间,周介生创为古学,因尚子书,《繁露》《法言》,家传户诵。又数年戊辰(崇祯元年,1628),张天如易之以注疏,名为表经。未几,吴次尾以八家风动江上,陈卧子以时务崛起云间,而艾子千以先民矩矱短长当世。要皆各有长处。"(《黄梨洲文集》中华版,357页)

据此明末八股亦尝以古学、注疏相法尚,则清代治汉学者亦非与功名无涉者也。

48. 文字要有来历

顾亭林《与彦和甥书》:"万历以前,八股之文可传于世者,不过二三百篇耳。其间却无一字无来处。……今欲吾甥……将先正文字注解一二十篇来，以示北方学者。……此可以救近科杜撰不根之弊也。"（中华本《诗文集》，61页）

八股尚如此，他文可知。

49. 清代的实学

"顾炎武之学，大抵主于敛华就实。"（《清史列传》68，本传）

50. 清代学者的行辈

以康熙十八年（1679）博学鸿儒试，乾隆元年（1736）博学鸿词试，乾隆三十八年（1773）四库开馆，嘉庆二十四年（1819）纂《皇清经解》为四个假定年代，分叙诸家年岁。（嘉庆二十三年除夕阮元序《汉学师承记》谈及编《清经解》，故列次年。）

康熙十八年（1679）

顾炎武，年六十七岁	陈厚耀，三十二岁
黄宗羲，年	惠周惕
阎若璩	惠士奇，九岁
朱彝尊	毛奇龄
潘耒	万斯同
胡渭，年	江永，未生（1680）
顾祖禹，年	王锡阐，五十二
梅文鼎，年四十七	毛奇龄
李颙	
王夫之	
吴任臣	
已死：马骕（1673）	张尔岐（1677）

乾隆元年 1736

顾栋高，年	全祖望，三十二

惠士奇,年六十六	沈彤
惠栋	江永,五十六
余萧客,年四岁	卢文弨
陈祖范	翁方纲,四岁
沈纳震,年	朱筠,八岁
徐文靖,年	朱珪
任启运	王鸣盛
钱大昕	厉鹗
钱塘	齐召南
褚寅亮	杭世骏
任大椿	惠栋
戴震,十四岁	

乾隆三十八年(1773)

纪昀	金榜
朱筠	王念孙
戴震	汪中,三十岁
邵晋涵	梁玉绳
程瑶田	武亿,二十九岁
孔广森	王引之
刘台拱	段玉裁
臧庸	桂馥,三十八岁
孙星衍	焦循
洪亮吉	李锐
江声	
张惠言	
毕沅	
郝懿行	
陈寿祺	
严可均	

嘉庆二十四年(1819)

阮元	沈钦韩
江藩	刘逢禄
顾广圻	雷学淇
段玉裁	何秋涛
王引之	龚自珍
李富孙	朱骏声
洪颐煊	刘文淇
胡培翚	王筠
迮鹤寿	刘宝楠
俞正燮	郑珍
丁晏	吴友芝
魏源	
陈澧	
朱右曾	

已死:钱大昕(1804)　纪昀(1805)　孙星衍(1818)　洪亮吉(1809)

51. 黄文旸《通史发凡》

朱雅《汉学商兑题辞》(《汉学商兑》卷首):

"后见黄文旸所著《通史发凡》,以汉及曹魏、西晋、后魏、北周、隋、唐、辽、金、元十代,系以正统。于北宋书汴州盗赵匡允,与汴州盗朱温、广州盗刘隐,并附于《辽纪》之后。于南宋书降将赵构,与降将刘豫、张邦昌并附之《金纪》之后。……"(1页)

此书未见,此论尤怪,朱氏以汉学目之,大谬。

黄文旸字时若,江苏甘泉人。贡生。尝入阮元及曾燠之幕。《通史发凡》三十卷,别著有《古泉考》六卷,《隐怪丛书》十二卷,《曲海》,《扫垢山房诗钞》十二卷。(《清史列传》七十二《文苑传》)

52. 清初学历诸人

潘耒《遂初堂文集》卷五《与梅定九书》:

"某(潘耒)少承(王)寅旭先生屡相劝诱,惰不肯学,近颇愿学,而僻陋

无师。家有不全历书数种,时一搜寻,稍能领会。曾习西算,亦知运筹,但……"(35页,木刻本)

"(王)寅旭……殊多心得,理深词简,知之者希。……"(35页)

"先兄(潘柽章,字力田)有《历书》一本,拟置史书中者,叙一代历法始末颇详,续当奉寄。"(35页)

"当今通晓历学者,自杨子宣而外尚有几人,乞明示之。吴门有黄士修能通西历,兼多巧思。……(张)简庵邃于历学而力排西法,……"(36页)

《遂初堂文集》卷六《晓庵遗书序》:"吾邑有耿介特立之士曰王寅旭,……尤邃于历学,兼通中西之术,非徒习其法,而心知其意;非徒知其长而能摘其短。自立新法,用以测日月食不爽钞忽。"(13页)

"而《历法》六卷最为完书。会通中西,定着一法,法数备具,可用造历。《序》中言,西历之于中历有不知法意者五事,当辨者十事,非甚深于历,莫能晓也。"(14页)

"答万充宗、徐圃臣诸书,言历事者尤精核可传。"(14页)

又卷七《方程论序》(梅定九原著)(25—26页)

又卷七《宣城游学记序》(秀水张简庵原著)(反对地圆说)(27—28页)

53. 汉学商兑

《汉学商兑》四卷,清方东树撰,光绪二十六年庚子浙江书局校刊。

自《重序》题辞:姚莹、朱雅、陆继辂、沈钦韩、李兆洛、毛岳生、陶澍。

《序例》道光丙戌(六年,1826)四月桐城方东树。

《凡例》十则。

《重序》:"逮于近世为汉学者,其蔽益甚,其识益陋,其所挟惟取汉儒破碎穿凿谬说,扬其波而汩其流,抵掌攘袂,明目张胆,惟以诋宋儒攻朱子为急务。要之,不知学之有统,道之有归,聊相与逞志快意以骛名而已。"(2页)

54. 理学书籍,引自《汉学商兑》

周汝登《圣学宗传》

沈佳《明儒言行录》

黄宗羲《明儒学案》

朱轼《史传三编》

张恒(字北山,华亭人)《道传录》

张烈《读史质疑》

阮元《拟儒林传序》

朱彝尊《道传录序》

55. 汪中论清代汉学家　六儒

江藩《汉学师承记》七《汪中》:"君治经宗汉学,谓国朝诸儒崛起,接二千余年沉沦之绪,通儒如顾宁人、阎百诗、梅定九、胡朏明、惠定宇、戴东原皆继往开来者。亭林始闿其端,《河图》、《洛书》至胡氏而绌,中西推步至梅氏而精,力攻古文者阎氏也,专治汉《易》者惠氏也,及东原出而集大成焉。拟作《六儒颂》未成。"

56. 阮元论尊汉学

阮元《汉学师承记序》:"两汉经学所以当尊行者,为其去圣贤最近,而二氏之说尚未起也。"

此谓汉学未经道家释子所傅会,盖清代后期之论,序作于嘉庆二十三年(1818),其初则在摒击宋学。

汉学与当时帝王所提倡者不同,康雍乾三朝御纂之书皆朱学也。

57. 清代考据之始

江藩《汉学师承记》:"自黄梨洲起而振其颓波,顾亭林继之,于是承学之士,知习古经义矣。"

方东树《汉学商兑》上:"但顾黄诸君虽崇尚实学,尚未专标汉帜,专标汉帜则自惠氏始。惠氏(惠士奇)虽标汉帜,尚未历禁言理,历禁言理则自戴氏(戴震)始。"(上,21页)

钱大昕:"通儒顾亭林、阎百诗、陈见桃、惠天牧诸先生出,始笃志古学,

研覃经训,由文字声音训诂而得义理之真,臧氏(琳)亦其一也。"(《兑》中之下,62 页)

汪中:"诸儒崛起,接二千余年沈沦之绪,通儒如顾、阎、梅、胡、惠、戴皆继往开来,至戴氏集其大成。"(《兑》中之下,62 页)

58. 佳山堂六子

朱彝尊《曝书亭集》七十六《征士徐君(林鸿)墓志铭》:"君(徐林鸿)时名藉甚,又与同里(海宁)吴君农祥、王君嗣槐、吴君任臣、萧山毛君奇龄、宜兴陈君维崧咸为大学士冯公(溥)延致邸第,都人所称佳山堂六子也。"(7 页,18 册)

59. 姚鼐的《惜抱轩笔记》

姚鼐《惜抱轩笔记》八卷,凡《经部》三卷,《史部》三卷,《子部》、《集部》各一卷。扉页题"嘉庆庚辰年(二十五年,1820)镌","版存金陵同善堂"。卷末有梅曾亮《刊姬传先生遗书跋》,题道光元年(1821)二月,文称:"姬传先生所著《后集》十一卷,《笔记》八卷,未及刊而卒,华亭姚椿春木以刻资寄曾亮,嘱为刊刻,……越数载而后成,去先生捐馆时已六年矣,可慨也夫。"

案,《清史列传》七十二姚鼐本传:"乾隆二十八年(1763)进士,……嘉庆二十年(1815)卒,年八十五。"应生于雍正九年(1731)。

卷一《书》"怙终贼刑"条:"郑注谓……伪孔:贼,杀也。言刑杀怙终之人。此解胜郑矣,而义未尽。"(2 页)

此姚不专尊郑之一例。

又"今予其敷忧贤扬历告尔于朕志"条:"案此是《古文尚书》,其作心腹肾肠者乃欧阳、夏侯等之《今文尚书》也。《正义》郑注《尚书》,篇与夏侯等同而经字多异。……弥知郑本作忧之非误矣。"(5 页)

此姚是郑之一例。

又"率循大卞"条:"卞字必有误……窃疑本是辨字。……或假借弁字,遂转为卞。抑或本是异字,其文似卞而致误。异亦治也。此皆臆说无征,始存以俟好学深思者。"(14 页)

姚氏《笔记》多此类臆说无征之说,此汉学家所不许。

卷二《诗》"君子至止，靺韐有奭"条："郑笺……其解支甚，朱子以君子即指王而靺韐为军服，其解明当不可易矣。"（2 页下）

此郑、朱比较而尊朱之例。

《笔记》二《礼记》有与方密之讨论者（9 页）；卷三《尔雅》有与邵二云讨论者（14 页）；卷三《小学》，有与戴东原讨论者（21 页）；卷五《后汉书》有与惠定宇讨论者（2 页）。

卷三《小学》："凡一家之学，数十年或百年相承，前必有所受，后必有所增，其增而得者虽多，而固不能无失。吾谓许氏《说文》，诚为字学之精，然谓其无失，则固不然也。"（14 页）

此论许氏之例，下例更多。

又："君子于学，无所不收，苟有善焉吾则取之，不没其所自得，曷尝掩人善以为己有哉。夫音韵之学，中国古固有之，然由西域传字母之法而启中国学者之解悟，则其实不可诬，……字母非始守温，三十六之字母始于守温耳，戴东原乃谓字母始于唐季，且谓儒者但当言切音本于孙炎，不当言字母。吾谓孙炎所以悟切音之法，正原本婆罗门之字母，孙炎固可贵，而字母之法不可忘，守温之功不可没。必欲掩彼所长，意尊儒而其于儒之量小矣。"（21 页）

案，姚鼐为桐城派古文家，上承方、刘，不排宋儒。然亦作考证，与翁方纲为近，其文集有考证秦郡长文，与钱大昕相辩难，是考证学之别派。集中《送钱坫序》可见。此派不能不称之为考证学派。其主张考证、义理、文章并重，正说明其亦考据学派也。曾国藩尊之列入圣哲画象中，世遂以宋学目之，未尽然。姚氏之考证有特点：一、尊汉学而不专崇许郑；二、不抨击朱熹；三、有创见而不全依汉学家之要求，往往无所征信。

1964.8.13 天津挥汗

60. 考证之学

翁方纲《考订论》（凡八篇，上之一、二、三，中之一、二，下之一、二、三，见《复初斋文集》卷七，光绪重校本，6—18 页）

又，《与程鱼门（程晋芳，江苏江都人，乾隆十七年进士）平钱（钱载，字箨石，浙江秀水人，乾隆十七年进士）、戴（东原）二君议论旧草》（《复初斋文

集》卷七《附录》,20—22 页)

姚鼐《述庵文钞序》(述庵为王昶,今王氏集称《春融堂集》)(姚文见《惜抱轩文集》卷四,《四部丛刊》本,20—22 页)

翁方纲《与陈石士论考订书》(《复初斋文集》卷十一,14 页)

国家出版基金项目
NATIONAL PUBLICATION FOUNDATION

郑天挺 著

常建华等 整理

郑天挺

清史讲义

下 册

中华书局

二十二、近代史

1. 近代史

注意近代史者：

李剑农、陈恭禄、蒋廷黻

注意太平天国史者：

萧一山、谢兴尧、罗尔纲

2. 近代史之分期

斯大林、基洛夫、日丹诺夫《对于近代史教科书纲要的意见》(《马恩列斯思想方法论》解放社第三版附录《论写历史》,343 页)

"……所以我们认为,如果近代史教科书从法国革命那章开始,是比较的好。"

"我们认为把近代史分成三部分,是适当的:

第一部分,自法国资产阶级革命(1789—1794)到普法之战(1870—1871)和巴黎公社(不包括在内),这是资本主义在先进国度里之权利和确立之时期。

第二部分,自普法战争和巴黎公社到俄国十月革命之胜利和帝国主义战争之结束(包括在内)。这是资本主义开始没落的时期,是从巴黎公社方面给资本主义以第一个打击,旧的'自由的'资本主义转变到帝国主义以及十月革命的力量在苏联推翻了资本主义的时期,而十月革命则在人类史开辟了新纪元。

第三部分,自一九一八年末(战争结束的年份)至一九三四年末。这是各资本主义国度之战后帝国主义的时期,是这些国度的经济和政治危机的时期,一方面是法西主义以及为殖民地和势力范围而加剧斗争的时期;另一方面是苏联国内战争和外国干涉的时期,是苏联第一个五年计划时期和第二个五年计划的开始,是苏联社会主义胜利建设的时期,是根绝资本主义最后残余的时期,是苏联社会主义工业之胜利和高涨,社会主义在农村中之胜利,集体农场和苏维埃农场之胜利的时期。……"(一九三四年八月九日)

第一部分,一七八九——一八七一,约八十年(乾隆54——同治10)

第二部分,一八七〇——一九一八,约五十年(同治9——民国7)

第三部分,一九一八——一九三四,约十六年(民国7——民国23)

苏联历史科学院编《近代新历史》第一分册(杜克展译新中国书店一九四九年四月长春再版)《引言》:

"近代史底第一时期是开端于一七八九——一七九四法国资产阶级革命,直至一八七〇——一八七一年普法战争和巴黎公社前为止。这是'在各先进国家内资本主义胜利和奠基的时期'*,资产阶级革命和资产阶级民主革命以及民族解放运动的时期。"(1页)

　　　　*天挺案,此语乃引斯大林、基洛夫、日丹诺夫原文,但此处所译之"胜利",在解放社译文作"权利",应请精俄文者一校原文。又案,苏联《世界通史研究提纲》亦作"胜利",则"权利"必误也。

苏联科学院历史院编《近代史教程》第二分册(华北新华书店一九四七年十一月出版。天挺案:此书即上列一种之别译本,译者未具姓名)《引言》:

"自普法战争和巴黎公社到俄国伟大的社会主义十月革命底胜利和第一次帝国主义世界大战底结束,即自一八七〇年到一九一八年,为近代史底第二时期。"

1950.9.17

3. 中国近代史提纲

中国近代史(一九五〇年度文法学院一年级必修,全年课程,每周三小时。第一学期鸦片战争至五四。第二学期五四至解放战争。)

一、(绪论)引言

1. 人类社会的历史是什么?(吴玉章《中国历史教程绪论》卡片二)

2. 人类社会的历史研究些什么?(仝二、三)①社会发展规律②阶级斗争

3. 为什么必须研究本民族自己的历史?(仝三、七)

4. 文法学院为什么必修中国近代史?①不是由于年代短,史料单纯,容易学。②而是由于我们现在的社会形态是从最近过去的近一百一十年历史

发展变化而成,③同我们的关系更密,④同我们这时代的社会生活息息相关。⑤范文澜讲演笔记1。

5. 怎样研究历史和中国近代史?

①要认清方法 这个方法就是辩证唯物论与历史唯物论,而不是从前的、非科学的唯心论。在辩证唯物论与历史唯物论里面,我们知道了:a. 社会中诸现象是有机地互相联系的,互相依存的,互相制约的;而不是彼此隔离的,彼此孤立的,彼此不相依赖的。(斯大林《列宁主义问题》;米丁《辩证唯物论与历史唯物论研究提纲》)因此,中国历史不与整个亚洲历史相分离,并且不与世界历史相分离。(参看论写历史三)b. 整个宇宙都是有规律的发展过程,这个过程应当看做是不断的运动、变化、改革和发展,换句话说,应当看做是历史的进程。(伏尔金《辩证唯物论和历史科学》)无论何时总有某种东西在产生着和发展着,总有某种东西在败坏着和衰颓着。(斯大林《列宁主义问题》)因此,历史中的任何一段,必与他的前一段后一段不可分离。这就是说,任何历史在纵的方面、横的方面,全有其关连性。(列宁《国家论》)

②要认清主人 范文澜《谁是历史的主人》卡片2、3、4、7、8、9

③要认清道路——特别是中国近代史 范文澜讲演笔记3、4

6. 怎样划分阶段? 历史是一条线,必须找出断落,分段也依立场而不同。

①斯大林、基洛夫、日丹诺夫 《对于近代史(世界的)分期的意见》 近代史分期卡片1、2、3

②中国近代史分段 用世界近代史分段法来划分中国近代史是否可以? 可以的。是不是完全适当而没有更好的划分? 不是的。因为中国近代史有他自己的具体事件,特殊环境,按照这种具体材料、情况以及他的历史条件,从新划分,是更适当的。因此,中国近代史的划分阶段,大体如下:范笔记5—12;范氏《近代史》目录;胡氏《革命史》目录。

1950.9.18—19

4. 中国近代史的分段

范文澜的《中国近代史》划分阶段 一九五〇年三月九日在北大讲,与所著《中国近代史》不尽相同。(此指原版,改正版尚未对过。)

一、鸦片战争至五四　1840—1919　旧民主主义革命阶段　79年

1. 鸦片战争至甲午战争　1840—1894　54年

2. 甲午战争至日俄战争　1894—1905　11年

3. 日俄战争至五四运动　1905—1919　14年

二、五四运动至中华人民共和国成立　1919—1949　新民主主义革命阶段　30年

1. 第一次国内革命战争时期　1921—1927　旧称大革命时期

2. 第二次国内革命战争时期　1927—1937　旧称土地革命时期、苏维埃运动时期、十年革命时期

3. 抗日民族解放战争时期　1937—1945

4. 第三次国内革命战争时期　1945—1949　旧称解放战争、自卫战争时期

1950.9.20

5. 道光以后的首席军机大臣

据《清史稿·军机大臣年表》

此表再校与首枢另表或有不同。

曹振镛　道光元年、二年,五年至十四年　共十二年

长龄　道光三年、四年①

文孚　道光十五年

潘世恩　道光十六年

穆彰阿　道光十七年至三十年　共十四年

祁寯藻　咸丰元年至三年

奕䜣(恭亲王)　咸丰四年、五年,咸丰十一年六月至光绪十年三月,光绪二十一年至二十四年四月　共二十九年

文庆　咸丰六年

彭蕴章　咸丰七年至十年　共四年

(怡亲王载垣咸丰十一年七月至九月赞襄政务大臣)

穆荫　咸丰十一年

---

① 编者注:据中华书局1977年点校本《清史稿》,道光三年首席军机大臣为曹振镛。

礼亲王世铎　光绪十年三月至二十年　期间十年至十六年命"军机处紧要事件会同醇亲王商办",光绪二十四年四月至二十六年七月　共十三年

（醇亲王奕譞　无军机大臣之名,而光绪十年至十六年商办军机处紧要事件。）

荣禄　光绪二十六年闰八月（西安）至二十九年三月　三年

庆亲王奕劻　光绪二十九年三月至宣统三年四月　共八年

道、咸、同、光、宣九十一年中,亲王主政者五十年（恭29,礼13,庆8）、旗人二十一年（长2,文1,穆14,文1,穆1,荣2）、汉人二十年（曹12,潘1,祁5,彭4）。

6. 清代皇帝即位的年龄

世祖	顺治	六岁即位	二十四岁卒
圣祖	康熙	八岁即位	六十九岁卒
世宗	雍正	四十五岁即位	五十八岁卒
高宗	乾隆	二十五岁即位	八十五岁禅位,八十九年卒
仁宗	嘉庆	三十六岁即位	六十一岁卒
宣宗	道光	三十九岁即位	六十九岁卒
文宗	咸丰	二十岁即位	三十一岁卒
穆宗	同治	六岁即位	十九岁卒
穆宗	光绪	四岁即位	三十八岁卒
	宣统	三岁即位	

7. 外官

四级制　省、道、府（州）、县（州）

总督（制台）　"厘治军民,综制文武,察举官吏,修饬封疆。"（《史稿·职官志三》,2页）

从一品　兼右都御史衔

全国共总督七,直隶、两江、川陕（后改陕甘）、闽浙、湖广、两广、云贵（乾隆元年）。光绪三十三年加东三省总督,共八总督。

巡抚（抚台）　从二品

"宣布德意,抚安齐民,修明政刑,兴革利弊,考核群吏,会总督……"

兼右副都御史衔

全国共十七个巡抚　十八省除了直隶外全有(乾隆元年),雍正二年改直隶巡抚为总督。光绪二十四年裁湖北、广东、云南三巡抚,后复。光绪中添台湾、新疆、奉天、吉林,黑龙江、江淮六巡抚,共二十一。乾隆时裁甘肃、四川巡抚。

　　布政使(藩台)　从二品　省各一人

"宣化承流,帅府州县官。……"

民政、财政

　　按察使(臬台)　正三品　省各一人

刑狱　兼领阖省驿传

　　盐运使　从三品

奉天、直隶、山东、两淮、两浙、广东、四川各一人。共七个。

　　道员　道台　正四品(《清史稿·职官志三》)

　　粮道(粮储道)　十三人(《清通考》79)

　　河道　十(直隶四、山东一、江苏三、河南二)

　　海关道　一(兼领者不计)

　　盐驿道　九(兼驿传者八)

　　兵备道　八

　　分守道　五

　　分巡道　八十一　以上共 121 个道名(约)。《清通考》七九,分巡道凡 63 人。

　　府、州、县

　　知府　从四品　民、刑、财

"全国府二百十有五。"(14 页)

　　直隶州知州　正五品　"掌一州治理。"(14 页)

"直隶州视府"。与府同,但无附郭县。

"全国直隶州七十有六。"(14 页)

　　知州　从五品

"属州视县"

全国属州四十有八。

知县　正七品　"掌一县治理""靡所不综"

"全国县凡千三百五十有八。"(15 页)　1358 县

州县共 1482 缺,府州县共 1697 缺。

8.《海国图志》①

《海国图志》六十卷　魏源撰　道光己酉(二十九年,1849)古微堂重订本,扬州原刻本

叙　道光二十二年(1842)"内阁中书邵阳魏源叙于扬州"。"原刻仅五十卷,今增补为六十卷,道光二十七载刻于扬州。"(低两格)

"《海国图志》六十卷,何所据?一据前两广总督林尚书所译西夷之《四洲志》,再据历代史志,及明以来岛志,及近日夷图夷语,钩稽贯串,创榛辟莽,前驱先路。……何以异于昔人海图之书?曰:'彼皆以中土人谭西洋,此则以西洋人谭西洋也。'是书何以作?曰:'为以夷攻夷而作,为以夷款夷而作,为师夷长技以制夷而作。'"

……

卷四十九　筹海总论中　萧令裕《粤东市舶五论》　粤东章奏:林则徐　杨芳　奕山　祁𡒍

卷五十　筹海总论下　《浙粤章奏条约》

卷五十一　夷情备采上　《澳门月报》一　论中国,道光十九年至二十年新闻纸,两广总督林则徐译出　《澳门月报》二　论茶叶　《月报》三　论禁烟　《月报》四　论用兵　《月报》五　论各国夷情

卷五十二　夷情备采下　《华事夷言录要》　《贸易通志》　译出各国律例

卷五十三至六十　仿造轮船火器　诸议图说

1950.9.28

9. 福建竹崎江事件

《中西纪事》卷九《白门原约》注:"后见梁中丞(梁章钜)《归田琐记》有

---

① 编者注:该条卡片二未见。

致刘中丞鸿翱一书,中云:'……某记得道光乙末年(十五年,1835)春夏之交,该夷某国曾有两大船停泊台江,别驾一小船由洪山桥直上水口。时郑梦白方伯以乞假回籍,在竹崎江中与之相遇,令所过塘汛各兵开炮击回。则彼时已有到崇安相度茶之意,其垂涎武夷可知。'……"(2页)

1950.10.6

10. 鸦片事略

《鸦片事略》二卷　江宁李圭小池撰,光绪二十一年己未五月海宁州署刊本。

卷上,记印度所在,鸦片产生及入中国之始,中国禁烟及与英构衅,纪事至道光二十二年。首称"鸦片为中国漏卮,为百姓鸩毒,固尽人知之;而其于郡县流行之本末,禁令张弛之互用,与夫英人以售鸦片而兴戎,乞抚,又以恶鸦片而设会劝禁,三百年来之事则未必尽人知之。用就闻见所及,或采自他书,或录诸邮报,荟萃成此,附以外国往来文牍,曰《鸦片事宜》"。凡五十四页

卷下,记道光二十三年迄光绪十七年间事。凡四十八页。

1950.9.23

11. 鸦片入华之始

李圭《鸦片事略》卷上:"波毕即罂粟花也,取其浆抟为块曰鸦片,今所谓洋药也。……明人《医学入门》云'鸦片一名阿芙蓉',始见鸦片二字。……成化时,中国得其取汁之法。嘉靖初,其法益精。"(光绪刻本,3页)

范文澜《中国通史简编》第三编第七章第四节(二)《对外贸易》:"唐人译《毗耶那杂事律》内载释迦佛教病人吸鸦片法(药烟)。……中国人用鸦片作药物,从明朝开始,明四夷馆同文堂外国来文八册,有译出暹罗国进贡方物单,内称进皇帝苏木二千斤,树香二千斤,马前二百斤,鸦片二百斤;进皇后苏木一千斤,树香一千斤,马前一百斤,鸦片一百斤。进贡单不记年月,不知何年进贡。《大明会典》载各国贡物,暹罗、爪哇、榜葛剌三国都有'乌香',乌香就是鸦片的别名。明人称鸦片有乌香、乌烟、亚荣、阿芙蓉、合浦融等名目。徐伯龄《蟫精隽》载:'成化癸卯年(十九年,1483)令中贵收买鸦片,价与

黄金相等。外国名合浦融。看这个记载,似乎北京市上已有鸦片商人。……照李时珍《本草纲目·谷部》"阿芙蓉"条所说,鸦片在嘉靖万历时代,不仅已被医方普遍使用,而且南方某些地区(大概是厦门一带)已自行种植。李时珍说,'俗人房中用此药'。"(三十六年新知书店本,553页)

孟森《清史讲义》:"明万历间(1573—1620)李时珍作《本草纲目》,始有阿芙蓉一品,时珍解云'阿芙蓉前代罕闻,近方有用者。云是罂粟花之精液也'。又引王氏《医林集要》,言'是天方国种红罂粟花,不令水淹头,七八月花谢后,刺青皮取之者'。作《医林集要》者为王玺,当与李时珍时代尚近。"(北大本,420页)

李圭《鸦片事略》上:"印人则取干块为饼,嚼食款客,南洋诸岛有生食者,……明末苏门答腊人变生食为吸食,其法先取浆蒸熟,滤去渣滓复煮,和烟草叶为丸,置竹管,就火吸食。……康熙二十三年,海禁弛,……其时沿海居民得南洋吸食法而益精思之,煮土成膏,镶竹为管,就灯吸食其烟。不数年流行各省,甚至开馆卖烟。"(5页)

吸食法。

1950.9.23

12. 禁鸦片烟①

……乖谬,应照故入人罪例,具本题参。"(《考》,8077页上)

据此可知雍正时鸦片烟流行尚不甚广,否则,以世宗之英明必不致受其欺。

"嘉庆元年(1796),两广总督蒋攸铦等奏查禁鸦片章程,奉上谕:鸦片烟一项流毒甚炽,多由夷船夹带而来,……至粤省行销鸦片烟,积弊已久……。"(《考》,8077页)

据此清朝于乾隆末吸鸦片烟者已多,并全由夷船带来。

道光十年(1830):"谕:前据御史邵正笏奏,近年内地奸民有种卖鸦片烟之事,……嗣后内地奸民人等有种卖煎熬鸦片烟者即照兴贩鸦片……

(未完)1950.9.27

---

① 编者注:此为该题目卡片之二,余缺。

13. 鸦片烟税①

《清续文献通考》五十一《征榷考》二十三《洋药土药附》：

"雍正七年曾布禁令，而乾隆中《海关则例》仍附药材入口，每担税银三两，又每包加税二两四分五厘。"（《考》，8057 页上）

"咸丰七年。闽浙总督王懿德奏，军需紧要，请暂时从权将进口洋药量予抽捐，以济眉急。

九年。议准洋药进口销售，收纳税课。"（《考》，8057 页上）

据此，七年奏请，九年始准。鸦片于是弛禁矣。（参看卡片五页）

"又，……查洋药一项，前奏推行各关照上海税则，每百斤收银三十两，各省均已遵照办理。……"（《考》，8058 页上）

"光绪七年。谕：左宗棠奏，禁食鸦片，请先增洋药土烟税一折，……此事务在必行……"（《考》，8058 页）

据此寓禁于征之议发于左宗棠。

"（光绪九年）出使大臣曾纪泽奏，接准总理衙门函称，洋药加税一事，屡与威使商酌，迄未就绪。……臣思大学士左宗棠奏请洋药税厘并征一百五十两之议，原非专为税厘起见，实欲藉抬洋药价值，使民间吸食渐少，其后数次商议，……最后争得一百一十两之数……"（8060 页下）

据《鸦片事略》此议并未实行。

李圭《鸦片事略》下："（光绪）九年正月总理衙门仍持七年左相（宗棠）之……"

（未完）1950.9.27

14. 洋钱②

金元宝　金　每两合银十五两
赤金　每两　合银三两弱
生沙金　每两　合银九两

---

① 编者注：此为该题目卡片之二、三，一缺。
② 编者注：此为该题目卡片之三、四，一、二缺。

银一两　合制钱一串四百二十文

当铺每座　平均本银四十万两

银号每座　平均本银九十五万两（约）

古玩铺每座　平均本银十五万两（约）

田地每亩　平均银十两

　　又案，清单称查抄和珅家产共一百零九号，内有八十三号尚未估价，已估者二十六号，合算共计二万二千三百八十九万五千一百六十两。未估者姑亦照已估之数计，则共约四万五千万两，而其地亩仅值八百万两，约当其全部财产百分之一点八，此可证当事人之不喜置田，故土地不集中。

　　清曹晟《夷患备尝记·事略附记》："洋钱自嘉庆间仅行闽广，苏松则以贸易故洋船来不得不用，他处均无，且无识低昂者。犹忆道光乙酉（五年，1825）科，余带数枚至金陵，尚短价售。近日几无地不行，至钱铺牙侩并有不识圆丝银者。"（《上海掌故丛书》本，21 页）（此书记道光二十二年英人犯上海事）

1950.10.15、19

15. 纹银外流

　　刘锦藻《皇朝续文献通考》卷十九《钱币考》一：

　　乾隆五十五年（1790）　"又谕：御史富稼奏，请饬严禁钱市卖空买空一折，据称……故银价日昂，百物因之腾贵，小民生计愈艰，大为闾阎之乱……"（《十通》本，《考》，7683 页下）

　　乾隆五十六年（1791）　"谕：长麟奏，调剂市集钱价一折，朕初阅时……推原其故，自因银少钱多，以致钱价日贱，物价愈昂，……"（《考》，7684页下）

　　据此银贵钱贱在乾隆末已有此现象。

　　乾隆六十年（1795）　"谕：前因京师及各省钱价日贱，由于小钱充斥，节经降旨饬禁，并立限收缴，乃自查禁以来，已逾年余，而京城钱价近又减落，……是钱价之贱，总由于私钱未能净尽。……各省见俱停铸，京城户工二局亦各减卯（天案，原额四十卯），并将应发兵饷，实支银两；又赏借王公及文武各官俸银，银多钱少，钱价自当增长，何以转日就减落？其为小钱未净，情弊显然。……"（《考》，7686 页下）

案,此盖疑钱价之贱乃私铸充斥所致,故停止鼓铸,以期提高。其后嘉庆元年(1796)复开各省鼓铸,并非因钱价渐高,而系照顾匠役生活。见 7687 页。

嘉庆四年(1799)钱价始稍昂。(7688 页上)

嘉庆九年(1804)、十年钱价胜贵。(7689 页下)

嘉庆十九年(1814) "谕:苏楞额奏,严禁海洋私运一折,据称今年以来,夷商贿通洋行商人,藉护回夷兵盘费为名,每名将内地银两偷运出洋,复将低潮洋钱运进,任意欺朦商贾,以致内地银两渐形短绌。请旨饬禁等语。……着蒋攸铦、祥绍查明每岁夷商等偷运足色银两出洋实有若干,应如何酌定章程严密禁止,会同妥议具奏。"(7691 页上)

案,此为藉口盘费私运银两出洋。

道光二年(1822) "谕:御史黄中模奏,请严禁海洋偷漏银两一折,所奏是。定例广东洋商与夷人交易,止用货物收买转贸,不准用银,立法甚为周备。近因民间喜用洋钱,洋商用银向其收买,致与江浙等省茶客交易作价甚高,并或用银收买洋货,实属违例病民,不可不严行查禁。……"(《考》,7692页上)

道光五年(1825) "刑部覆奏,两江总督陶澍等议覆给事中孙兰枝奏纹银出洋请明定例案一条,……嗣后纹银出洋一百两以上……发近边充军……"(《考》,7692 页上)

"又申禁粤洋民人以纹银易货,洋人以洋银易货。"(7692 页上)

道光九年(1829) "谕:御史章沅奏,粤洋通市,不得违例私易银钱;请旨饬议章程一折,……据该御史奏,该洋人……卖物则必索官银制钱,买物则概用番银夷钱,银低钱薄,仅当内地银钱之什七,或仍以番银给还则断不收纳。是以番银之行日广,官银之耗日多。……其番银之在内地者行用已久,自难骤加遏绝,至内地官银则分毫不准私出。……"(《考》,7692 页下)

案,此为夷商用番银易货,中国以银两易货,而番银与银两价值相同。一块作一两。

"又谕(1829):朕闻外夷洋钱……在内地行使不以买货,专以买银,暗中消耗,每一元抵换内地纹银计折耗二三分,自闽、广、江西、浙江、江苏,渐至黄河以南各省,洋钱盛行,凡完纳钱粮及商贸交易,无一不用洋钱。番舶以贩货为名,专带洋钱至各省海口收买纹银,致内地银两日少,洋钱日多,近年

银价日昂,未必不由于此。……"(《考》,7692 页下）

　　此以番银收买纹银。

　　道光十三年(1833)　"谕:给事中孙兰枝奏,江浙两省钱贱银昂,商民交困,并胪陈受弊除弊各款一折,著陶澍等悉心筹议……"(《考》,7692 页下）

　　《清朝续文献通考》二十九《征榷考一·征商》:

　　道光九年(1829)　"又议准夷商与内地行商交易,除以货抵货外,价银不敷,彼此均以番银找给。嗣后行商或与夷人货价有换用官银者,除充公外,仍照私运例治罪"。(《考》,7812 页上）

　　道光十七年(1837)　"谕:御史朱成烈奏,银价昂贵,流弊日深,请饬查办一折,所奏甚是。……近来钱价日贱,自系纹银不足所致。推原其故,固由于风俗奢侈,耗于内地,而洋烟一物贻害尤甚,耗银尤多。若如所奏,广东海口每岁出银至三千余万,福建、浙江、江苏各海口出银不下千万,天津海口出银亦二千余万,一入外夷不与中国流通,又何怪银之日短、钱之日贱也。"(《考》,7815 页上）

　　《清朝续文献通考》五十三《征榷考二十五·洋药》:

　　道光十八年(1838)　"鸿胪寺卿黄爵滋奏,请严塞漏厄,以培国本。近年银价递增,每银一两易制钱一千六百有奇,非耗银于内地,实漏银于……"

（未完）1950.9.26

16. 鸦片入口数

　　李圭《鸦片事略》上:"初鸦片以药材入中国,康熙十年以前不过数十箱,乾隆三十年前每年尚仅二三百箱。乾嘉之际,吸食渐多,则不过千箱。道光初年已逾四千箱,十二年多至二万三千六百余箱。西人记载嘉道间印度入中国大小鸦片箱数价值,译附:

年	大鸦片箱数	小鸦片箱数	共计箱数	价值洋圆	每人以九斤计(约计吸食人数)[①]
嘉庆二十二年 1817	2610	600	3210	3657000	(35666)
道光二年 1822	2910	1718	4628	8314600	(51422)

---

①　编者注:此表前四项为原文内容,第五项为郑天挺先生计算所得。

道光六年 1826	3661	6308	9969	9610085	(110766)
道光七年 1827	5134	4401	9535	10425075	
道光八年 1828	5965	7771	13736	12533115	(152622)
道光九年 1829	7143	6851	13994	12057157	
道光十年 1830	6660	12100	18760	12904263	
道光十一年 1831	5960	8265	14225	11504263	(158044)
道光十二年 1832	8267	15403	23670	15332759	(263000)

自嘉庆二十二年至道光四年(1817—1824)每年入中国大小鸦片,牵计四千四百五十五箱,大箱牵值洋一千四百四十六圆,小箱牵值一千七十三圆。道光五年至十一年(1825—1831)每年入中国大小鸦片牵计一万一千九百五十三箱,大箱牵值九百六十五圆,小箱牵值八百六十二圆。前后十五年中,大箱价值,最贵在道光二三年间,每箱值二千五百五十圆;最贱在道光十、十一年间,每箱值七百九十圆。小箱价值,最贵在嘉庆二十五年、道光元年间,每箱值一千八百圆;最贱在道光十、十一年间,每箱值五百二十圆。"(49—51 页)

牵值即今所谓约值,牵计即今所谓约计,言牵合大数小数平均计之也。

《鸦片事略》上:"(道光十九年,1839)义律至是始谋于各商,查明洋面趸船所存之鸦片,据实禀缴,计二万二百八十三箱,值英金三百万磅,核银约八百万两。"(34 页)

案,林则徐原奏云:"据呈明共有二万二百八十三箱,查向来拿获鸦片,如系外洋原来之箱,每一箱计装整土四十包,每包约重三斤,每箱应重一百二十斤,即至日久收干,每箱亦约在百斤以外,以现在报缴箱数覆之,总不下二百数十万斤。各经奸贩转售,则流毒何所不至!"(38 页)

李圭《鸦片事略》下:"按鸦片来自印度诸处,必先至香港转运通商各口,核每年至香港之数,转运各口外必余一万数千石(原注"百斤为石"),至三万数千石不等。夫此余者即谓香港及上海洋商船栈年终余

(中缺)①

---

① 编者注:此部分为所缺之卡片五。据江宁李圭著《鸦片事略》卷上,第十三至第十五页,民国二十年一月,北平图书馆印行,原文中的一些数据在此表所列时均取整数,如同治十年 59670 石在原文中为"59670 余石";此表的数据项从左至右依次应为"至香港者"、"自香港运至各口者"、"余者"。

同治九年 1870	95045 石	58817 石	36228 石(1056055)
十年 1871	89744	59670	30074
十一年 1872	86385	61193	25192
十二年 1873	88382	65797	22585
十三年 1874	91082	67468	23614
光绪元年 1875	84619	66461	18158(940211)
二年 1876	96985	68042	28943
三年 1877	94200	69297	24903
四年 1878	94899	71492	23407

（未完）1950.9.25

17. 邓廷桢与烟

宣统《续修南海县志》二十六《杂录》："……后卢敏肃公(坤)虽除去抽分令(李鸿宾为总督时所定,洋商抽分以弥补亏空),而继任总督邓廷桢又纵容副将韩肇庆在趸船销贩洋烟,于是夷人益知中国官吏贪婪,无足畏,而边患始亟。"(原注"据《希古堂集》")(24 页)

案,《县志》卷十一《艺文略》:《希古堂文甲集》二卷,《乙集》六卷,谭宗浚撰。

1950.10.14

18. 林则徐销毁鸦片

李圭《鸦片事略》上:"(道光十九年)义律至是……据实禀缴,计二万二百八十三箱,……林大臣(则徐)得禀饬令各船驶赴虎门,听候收缴。二月二十五日派员收起,……于是趸船二十二艘先后驶抵虎门,详细验收。每艘大者千箱,次者数百箱,至四月初六日收毕,核数得实,每箱酌赏茶叶五斤。集外洋各商出具'永不售卖烟土,在事后犯者人即正法,货船入官'切结。……(以上 34—35 页)于是林大臣会同督抚于虎门监视销毁。就海滩高处周围树栅,开池二,纵横各十五丈有余,灌以海水,投以石灰,顷刻汤沸,不爨自然,潮退启涵洞,随潮出海,每日尽三四百箱至千箱不等。自四月二十二日化起,五月十五日毕事。除去箱只实共烧毁烟土二百三十七万六千二百五十四斤。先

期出示,令外洋人来虎门集视,其时观者如堵,悉慴伏无异词。"(40页)

据此林氏并非用火烧烟,因李氏记载有烧毁字样,后人遂用火焚烧,致成弊薮。

1950.9.25

19. 鸦片战时汉满斗争之加甚

《鸦片战争新史料》五十四《镇江陷落》(《国闻周报》十一卷十一期):"探得夷船于六月八日进团山关,因常镇道避走之故,该道连家人不知下落。京口都统紧避镇江城六日,城内断粮,大乱,旗兵抢夺百姓。至十四日,城内百姓登城,反喊夷人救命。"

又五十六(同上)《闻警纪实七绝十四首》之九:"火炮连轰铁瓮城,云梯直上杀旗营。军民内变由都统,鬼子焚枭抱不平。(原注:"京江都统纵旗兵抢劫民财,污淫民间妇女,百姓诉冤皆不问,乡勇亦误良民为汉奸,藉端需索,百姓惊慌,男女饿死、投井、坠楼、吊死不计其数。……")"

1950.10.11

20. 三元里之愤

夏燮《中西纪事》卷六《粤东要抚》:"(道光二十一年四月,英船入广东省河,登岸攻四方炮台,许以烟价六百万始退出)方抚事之定也,粤东士民以大府(琦善)无谋,官兵示怯,一时谤议沸腾。适英人以赂故,撤去四方炮台之兵,肆掠于城外。初十日将入佛山镇,取路泥城,过萧关三元里(泥城在省城西,为佛山镇之要路,北门之管寄也)。里人因其淫掠起愤,哗然争逐之。于是一时鸣金,揭竿而起者联络一百有三乡,不戒而集,顷刻男妇数千人,围之数重,义律预焉。时夷众不过千余,冒死抵拒,被村众击毙兵目二人,夷党二百余人。义律遣人突围而出,走告太守(余葆纯)。太守虑败抚议,亟出城排解之,乡民渐渐解散,义律乃得遁回舟中。是时将军(奕山)、参赞(隆文、杨芳)尚在省城,兵勇未撤,烟价未交,有以为事机之可乘者,而余葆纯乘夜径出,大府相率为掩耳盗铃之计(原注"传闻当日余守出城弹压,实奉大府[总督祁墫]密谕,并有文札可凭,后因粤民交诉,欲自行呈揭,大府止之。迨该守告病归,仍加道衔,盖大府以此慰藉之也。王廉访[王廷兰]信中[致曾望颜信]谓其私自出城,或讳言之,抑其时廉访实不知耳。岂有城外人声鼎沸而大府如木偶者? 今以为掩耳盗铃差得其实"),于是粤中清议尤集矢于太守,遂纠集一百三乡之绅士耆老喋血誓师,语侵当事,并以余葆纯私放义律为通敌卖国之尤,而太守自是不容于粤矣。"(11—12 页)

《中西纪事》卷六附录《王廷兰致曾望颜书》:"……(道光二十一年四月)初十日,贼退出四方炮台,将取路泥城三元里,村众因其淫掠,愤极鸣锣,一时揭竿而起,联络百零三乡男妇数千人围之数重,夷众仅千余,冒死突围而出,共毙百余人,又斩兵目二人,其余受伤无数。百姓虽有伤亡,然人众可恃,愈击愈多。斯时我兵在城者万余,齐参赞(齐慎)新到,有生力军五百名近在金山,如其有令,两路齐出,接应乡民,使其腹背受敌,纵不克聚而歼旃,当亦剿杀过半矣。乃计不出此,不知义律何时将余守(余葆纯)请出,属其弹压,又不知何时余守私出城外,为夷人解和。彼百姓安知大义,不过因其轮奸一老妇人起衅,虽人众直乌合耳,见官如此,遂渐渐解散,而夷众乃得遁回舟中。盖逆夷自破虎门以来,未有如此之受创者也,事机之失,至今扼腕!"(17—18 页)(小金山离城六十里,见 20 页)

又:"按廉访(王廷兰)是书,闽督颜伯焘得而上之,又照抄粤东民人誓词二纸(原注"即三元里事"),逆夷伪文五件,一并呈奏。"(20 页)

天挺案,《国闻周报》十一卷一期,载《鸦片战争新史料》三十二《诛敌咨》称:"五月十八日接准广州将军来咨,经该处乡绅带领乡勇,将夷目伯麦,逆夷二百余名全行斩首,已将夷匪退出,让还炮台等情。"即指三元里一役,据此可知当日重视此事。

《清史稿》列传一五八《祁埙传》:"……其兵目伯麦闯入三元里,民愤磔之,……于是乡团日盛,绅士黄培芳余廷槐等合南海、番禺诸乡立七社,万人一呼而集,储谷十余万石,不动官帑。"(3—4 页)

1950.10.4、5、12

21. 昇平社学的兴建

道光朝《筹办夷务始末》卷五十七,道光二十二年六月乙巳,奕山、祁埙、梁宝常奏:"今春将筑台(炮台)、填河等工次第办竣,是以三月内将各路壮勇(上年新招乡勇)裁去一万余名,四月中又裁去五千有余,仅留二万一千余名。旋因附省西北乡绅士联名呈请,于适中石井社地方建立昇平社学,纠合数十村落居民，捐措银一万余两，雇觅本地丁壮团练自卫，一遇有警即听候调遣，可以朝发夕至，捍卫城垣，察看乡村民情十分固结，奴才等随又将次要隘口原设壮勇分别抽撤四千余名……"（18 页）"谕军机大臣等：奕山等奏，……该省西北乡绅士联名呈请于石井社地方建立昇平社学，纠合数十村庄居民捐措银一万余两，雇觅丁壮，团练自卫，遇警并听调遣，敌忾同仇，深知大义。着查明首倡义举之人，如有才具堪胜文武之任者即具实保奏，候朕施恩。并剀切晓喻该省各府州县，均宜照此团练自卫，并备调遣，将来如果得力，自当从优奖赏。即军务告竣，未经调拨应用者，亦必概加赏赉。务期材勇倍出，御侮有资，于海疆武备大有裨益。……"（21 页）

道光朝《筹办夷务始末》卷六十四，二十二年十二月丙戌，祁埙、梁宝常奏："窃照附省西北乡石井绅士于本年夏间连名呈请建立昇平社学，约合（上页作纠合）各乡居民捐银团练自卫，一遇有警即听候调遣等因；前经靖逆将军会同臣等具奏，七月十三日奉到谕旨……钦此；查本案先据举人李芳等连名呈请于石井地方捐建昇平社学，连约各乡认真团练。随又据在籍内阁中书何有书等，因既有昇平总社，复请于江村地方设立昇平公所，以为丁壮聚集之处。所有昇平社学事宜总归李芳等承办，其昇平公所应办之事即由何有书等董理，两处仍连为一气，声气相通。现据团练局镇道各员查据该绅士等具报，昇平社学各乡签捐银约二万余两，已收缴银八千余两；昇平公所各乡签捐银约计七千余两，已收缴银三千余两，而壮勇人等则均投至公所报名者居多，缘石井地方殷富，而户口较少，江村地方贫瘠而界连花县一带，户口较多，故其情形如此。各绅民现仍陆续捐资。统计连约各乡团练共有数万人，就中勇健可以调用者不下万人，经臣等先后饬委总兵马殿甲，现署督粮道西拉本及副将余万清等往查属实。即如初六日夷楼被火，初七日臣等谕调该乡壮勇二千人来省，以备不虞，该二处丁壮于初八日即踊跃齐集（此均十一月事）。且自该二处团练以来，西北一带抢劫之案较少，是已着有成效。……至该二处所捐银数系属各社学公捐，若按人分计，则每人名下最多不过二百两，捐数虽多，而人数甚众。……"（22—24 页）

1953. 11. 19

22.《江宁条约》善后事宜

孟森《清史讲义》："《条约》十三条与《善后事宜》八款，原非同时所定。

自定约奏闻,奉旨指出顾虑各节,着耆英等向该夷反覆开导,不厌详细,应添注约内者,必须明白简当,力杜后患,万不可将就目前,草率了事。于是耆英等与朴鼎查再定《善后事宜》八条,乃中朝求商于英而加订,名为章程,尚非条约。至咸丰八年,《中英续约》第一款,乃言壬寅年七月二十四日,江宁所订和约仍留照行。广州所定《善后旧约》并《通商章程》,现在更章,既经并入新约,所有旧约作为废纸。则英人所可执为侵占之根据者,并入约中,并废前日之补充非正式之文字矣。因既作废……"

(未完)1950.10.3

23. 各国要求改约

一八四四《望厦条约》及《黄浦条约》缔约之始有十二年(1856)后修改之规定,英国遂援最惠国条款同样办理,并以《南京条约》(1842)后十二年(1854)计算。英美法乃于一八五四年共同提出改正条约要求于北京政府,其内容大体如下:(一)内地自由旅行权,长江自由航行权,南京、镇江及浙江一港(杭州或温州)开放;(二)鸦片贸易合法化;(三)撤销内地课税;(四)海盗镇压;(五)派遣公使驻北京。

24. 广州入城问题

《中西纪事》卷三《互市档案》:"方英人之要抚于粤也,粤之绅民独甚之。适赂款事定,英兵登岸,出北门,过萧关三元里,乡民聚众创之,义律几不免。逾年(二十二年,1842),白门议款,时粤民方兴团练之局,与英人为不共之仇,闻其条约内有领事官相商事件得于地方衙署相见,以为将破昔年入城之禁,益汹汹不可止。逾年(二十三年,1843)夏,濮鼎查至粤,先期通刺制府(祁贡),期以入城相见,粤人联名阻之,濮遂去。其后屡请入城,不许。(道光)二十九年(1849)己酉,英舟闯入省河,挟兵请入城,粤人集团练为制府(徐广缙)声援。英之公使文翰知众怒不可犯,乃请罢入城之约,复开舱通市如初。咸丰六年(1856)英国人以白门前约所定税则一款,原议百中取五,近年货值渐减,税额不符,拟请重定,并欲援白门前约得与制府相商署中。时叶相国名琛任两广总督,旋奉旨授为钦差大臣,粤人乃持其二十九年(1849)之约而争之。维时英人在粤,方以中国执其舟子起衅,于是公使水师提督及领事巴夏礼等挟兵以要我。是年(1856)九月英师攻城不克,遂袭沿河炮台,粤民愤甚,乃悉毁城外十三洋行。英人不胜,乃归告国主,请调派兵船,别遣重使至粤,并约法兰西为助。……"(15—16 页)

1950. 10. 9

25. 徐广缙与洋人入城

扪虱谈虎客《近世中国秘史》第二编(清宣统广智书局出版)《满清纪事》(原注"采日本帝国图书馆手抄本"):"徐广缙为总督,经年不出一示,不办一事。夷人因前耆英立约,准三年后入城游玩,至时(道光二十九年,1849)以文书来问徐,徐不敢允,亲诣虎门与夷人会议,请延时日。夷人曰此细事耳,迟早亦无碍也。徐回省,张大其事,连夜换城门,又命城厢内外铺户皆出壮丁,持戈巡游以壮其势,数日乃已,犒赏无算。申奏朝廷,自诩督率各处乡民团练,使夷人畏惮不敢进城云云。上谕谓不发一卒,不费一矢,功胜十万师,赐以世袭子爵。徐广缙意得甚,日事淫侈,不理政治,纵容属吏,以朘消民之脂膏以致贼盗四起,掳人勒赎之事,纷纷然并作,并掳及知县史朴,此道光三十年之事也。……"(126—127 页)

1950. 10. 16

26. 阻英人入城之地方人士

《番禺县续志》(宣统三年)卷二十《人物志三》:"许应镂,字昌言,号星台,……道光二十三年中举人,以阻英夷入城互市,奉旨特赏主事,咸丰三年成进士。"(2 页)

又卷十九《人物二》:"潘正炜,字季彤,……以附贡生捐资为分部郎中。道光二十九年英夷衅起,要请入城,正炜偕同邑许祥光、南海伍崇曜等联集居民广张声势,以拒之,遂罢议。大吏具奏,奉旨嘉奖通省士民,并荷匾额之赏,正炜恩赐花翎道衔。"(30 页)

又卷十九《人物二》:"潘亮功,字绩熙,号尧臣,……中道光十九年举人。二十一年(1841),英夷启衅,总督琦善为取石塞海计,奸徒籍以凿石砺山……亮功率众具呈上官痛陈利弊得以保全(保全砺山)。"(31 页)

宣统庚戌《续修南海县志》二十《善行传》:"梁应琨字春圃,佛山

人。……道光二十一年英夷寇粤,总督林公则徐檄应琨招匠铸炮,提督马有章拟援案核奖,应琨以夷务未平,辞不受。"(18页)

又:"黄昭融,字理堂,小唐乡人。县学生。道光间,尝与曾学博钊同办全省团防,有功,大府奖叙六品顶戴,……咸丰七年,嘆夷攻省垣急,总督叶名琛日事神仙,无意防守,昭融预决城破必在十一月,已而果然。"(18—19页)

《英吉利广东入城始末》:"(道光)二十九年,英吉利以照会来责两年后入城之约,……粤民已忿,激发大众,绅士许祥光等约城内外居民家出一丁或二三丁,附城村防同之,号召不下十余万人,……"(《清季野史》三编,2页)

又《附记》:"时居民气沮,率隐忍自安,独石井团练未散,百数十乡声势联络,既不能攻夷,亦不容夷入境。在籍侍郎罗惇衍,太常卿龙元僖,给事中苏廷魁,方奉旨团练,设局花县,恃为保障。(咸丰)八年五月二十五日东莞勇忽投书挑战,巴亚里大怒,急率兵出,团勇设伏以待,夷兵既深入,骤起截杀,毙数百人。……"(同上,14—15页)

《清史稿》列传一五八卷《祁埙传》:"(三元里事件)于是乡团日盛,绅士黄培芳、余廷槐等合南海、番禺诸乡立七社。"(3—4页)

《清史稿》传一五八《祁埙传》附《黄恩彤传》:"(道光)二十五年就擢(广东)巡抚,恩彤疏谏洋务略曰'欲靖外侮,先防内变,粤民性情剽悍,难与争锋,亦难与持久,未可因三元里一战遽信为民足御侮也,……'二十六年英人争入城,议久不决,粤民愤不可谕,恩彤前疏不为时论所与,被劾。"(4页)

《清史稿》传二〇八《罗惇衍传》:"罗惇衍,字椒生,广东顺德人。……(咸丰)三年擢刑部侍郎……调户部。五年以父忧归。七年英吉利攻陷广州,八年正月命惇衍及在籍太常寺卿龙元僖,给事中苏廷魁为团练大臣,十年款议定。十一年召来京,擢左部御史。"(9—10页)

1950. 10. 13、16

27. 咸丰八年英法入广州情形

民国十三年《重修花县志》卷十三《前事志·兵事》:"(咸丰)八年(1858)正月诏侍郎罗惇衍、太常寺卿龙元僖、给事中苏廷魁,在县设局,督办夷务。"(5页)

又：“是年（咸丰七年）十一月十四日英吉利、法兰西陷省城。……翌日洋人从东北隅攀援入城……省城既陷，衙署公廨为夷兵所分据，英吉利领事巴下礼居将军署，兵目柯路辉及法兰西领事马殿邦居巡抚署。居民避难外徙，城市一空。二十一日洋人挟总督叶名琛上观音山，遂俱出城，登夷船去，巡捕官蓝斌随行。（《广府志》）”（4 页）

1950.10.19

28.英法联军时期之美国

《清史稿·邦交志四·美利坚》：“（咸丰）八年（1858）二月美随英法调兵船来津，命直隶总督谭廷襄等接晤。……五月命大学士桂良、吏部尚书花沙纳为钦差大臣与美使列卫廉定约。……冬十月定《通商税则》。桂良致书美与英法使臣，议通商善后事，极陈领事之弊。美列卫廉覆书，略谓美国商民进内地，按《天津条约》利益均沾，是则美进内地所有请执照等情应同英法一例，俟国主及国会议允批准和约后，必明立律例，交领事禁止不请执照或强请执照等事，致免国民违犯中国宪典。又整理有约无约各国之法，本大臣向知此事应变通，令请将中国所能行者略为陈列。按泰西各国公使，凡此国领事奉遣至别国者，若不得所往之国准信延接，即不得赴任。今凡有称领事，而中华国家或省宪地方官不肯明作准信延接者，彼即无权办事。是则中国于此等兼摄领事即不可推辞不接，已延接者亦可声明不与交往。设有美国人兼摄无约领事，藉作护身符以图己益者，地方官可却不与延款，遇有事故令彼投明美国领事，自应随时办理。间或美国人兼摄领事而代无约商民讨求地方官协助申理，地方官碍情代为办理者亦可对彼说明并非职守当然，只由于情面而已。又若此等自称领事有与海关办理船只饷项事宜者，地方官可却以必须按照条约遵行，倘彼固执己见，干犯则例者，中国地方官应用强禁阻。前在天津时，本大臣照会桂中堂、花冢宰，以中国必须购造外国战船火轮船者特为此故，足征所言非谬也。又领事不得干预贸易，现美国定制，凡干涉买卖者不得派作领事官。又领事与地方官争论，前此动多抵牾，本大臣深为恨愤，业经设法将一切事宜妥为辨正，嗣后果有仍前事款，请照知本大臣，定当修正。若领事官不合之处，地方官按理据实直斥其非，不与共事，此最善之法也。总领事之设，美国奉使驻扎中华者，从无此制，领事官亦无发给旗号之事，本大臣复严谕领事，嗣后不得有此。以上据问直达。犹有管见须照知者,中国宜立国家旗号,俾中国公私船尽行升用。盖美国制度,凡本国人必用本国旗号,泰西各国莫不皆然,今中华贸易之盛而无旗号以保护,何不亦仿他国之法,使商船与盗贼有所区别而免商民之借用与假冒外国旗号哉? 桂良据奏,厥后中国造轮船,购战舰,用龙旗,多采其议。九年夏五月,美使华若翰(John E. Wand)遵沪约改道北塘呈递国书,谕旨嘉奖。七月换约,还所掳前附和英人之蒋什坡。美使回沪,请照新章完纳船钞及在潮州、台湾先行开市,钦差大臣两江总督何桂清以前大学士桂良等给与照会言明各口通商俟英法条约议定再照新章办理,不服,乃允先开潮州、台湾两口市及照新章纳船钞,余仍从缓。十年,美船随英法联军北驶。……"(2—3页)

1950. 11. 25—26

29. 粤组团练阻英人入城①

《近世中国秘史》第一编《书汉阳叶相广州之变》(采薛福成《庸庵文集》):"……使相耆英卒与英吉利订江宁之约,……宁波、上海、厦门领事馆虽不在城中,常得与道府以下官相见。福州城中乌石山顶建洋楼,大府弗能禁,且与行相见礼。粤人闻而诟病之,合辞诉大府,请毋许洋人入城。不省。乃大起团练,传檄远近,不支官饷,亦不受官约束,骎骎与官为仇矣。"(105页)

　　　　此道光二十六七年事。

　　又:"(咸丰八年)英法两国兵久踞粤城不去,而北门外九十六乡之义起,设团练局于佛山镇,扬言戒期攻城(反攻广州)然心志不齐,号令不壹,讫于无成。英人初志在得入城见大吏,藉以通隔……"

(未完)1950. 10. 16

30. 中英鸦片战争事记②

　　八月甲子　　以邵甲名署浙江巡抚。

---

① 编者注:此为该题卡片一,余缺。
② 编者注:此为该题卡片五,余缺。

丙子　　英人复侵福建厦门,提督陈阶平等击走之。

己卯　　命琦善为钦差大臣,赴广东查办。并谕伊里布及沿海督
　　　　抚防守要隘,洋船停泊外洋勿问。

辛巳　　(兼署两江总督)裕谦奏英人呈递原书不敢上闻。谕切
　　　　责之。

九月庚寅　林则徐、邓廷桢,命交部严加议处。
　　　　　以琦善署两广总督。

辛卯　　以托浑布奏英船南去,命耆英、托浑布(耆……

(未完)1950.9.28

31. 鸦片战后中国社会情况①

一八四三　西班牙麻尼剌改善华商待遇,以往限制甚严。此时菲利宾人必需品皆仰赖于华商,故决定华商与其他外国商人同等待遇。

一八四四　英领几内亚及波罗州招募中国劳动者。

一八四五　法国船一只开至厦门,招募中国劳动者(契约劳动)至非洲レユニォン岛。

一八四七　中国穷苦劳动者大规模输往南洋及非洲小岛。

一八五四　英国为体面,禁香港英船输送中国劳动者至南美、西印度各小岛,并禁买卖苦力。

(未完)1950.11.30

32. 鸦片战后中国财经情况②

货币用银减少,银价逐低。

一八八三年　旧历十二月,上海金嘉记源号生丝商亏累五十六万两,突然倒闭,银钱被累者四十余家,连累倒闭之商店凡二十余家,金额一百五六十万两。经济发生大恐慌。

一八八四年　吉林将军希元奏请铸造货币(因制钱缺乏),分重一钱、三

---

① 编者注:此为该题目卡片一,余缺。
② 编者注:此为该题目卡片六至八,前缺。

钱、半两、七钱、一两,五种。后以成色不佳,流通甚少,遂绝。

一八八七年　三月两广总督张之洞在广东设立机铸制钱局及银元局,自铸银元,以确立币制驱逐外国银元。一八八九铸制钱,一八九〇年铸银元。

一八八九年　德国十三家银行及商会联合组织德华银行 Deutsch-Asiatische Bank,总店在柏林,资本初为五百万上海元,一九〇四年加至七百五十万上海元。

一八九〇年　广州铸"光绪元宝"银元成,是为中国自铸近代的银元之始。库平七钱二分。一八九六年湖北造,一八九七年江南造,一八九八年以后,直隶、浙江、安徽、奉天、吉林各省继造。

一八九〇年　广州铸造银角。

一八九〇年　上海同业间汇划总局附设成立。

一八九三年　五月日本横滨正金银行在上海设分行(一八八〇年创立)。

一八九三年　怡和洋行代理印度商业银行 Mercantile Bank of India Lta. (有利银行)办理业务。

一八九四年　八月中日战起,募集商款 Merchants loan 充军费,是为内国公债之始,又称"甲午商款",定额一千二百万两,二年半偿还,年息七分,一八九五停募。

1950.12.1

33.第四章　第二次鸦片战争和太平天国革命的失败 1856—1864

第一节　第二次鸦片战争

一、战前的国内外情况　(一)满清政府的对外态度　(二)英法的情况 (三)叶名琛在广州的屠杀

二、英法的进侵　(一)亚罗号事件　(二)马克思论亚罗号事件　(三)英法的联合进军　(四)广州之役　(五)英法侵略军在广州的军事统治 (六)四国要求改约　(七)天津条约的签订

三、英法的武装换约

四、英法联军再度侵入

五、帝俄的趁机侵入

六、中国人民的反侵略斗争

七、马克思恩格斯论中国人民的反抗

34. 第二次鸦片战争时的世界①

尼古拉一世于 1855 死。

美国：⑤1857—1861 的经济危机,经济萧条。1860 林肯当选总统。

南北战争 1861—1865。——①由于北部资产阶级农场经营与南部奴隶制之矛盾。②移民增多,北部发展,南部落后。③1850 年美国资产阶级与奴隶主妥协。④对外侵略政策及永远保存奴隶制度的纲领。

国际关系：1849 年英俄关系尖锐,英国挑拨发动 1853—1856 俄土战争、1854—1856 克里米亚战争,英法同盟,巴麦尊有瓜分俄国之计划,奥普敌俄,战后法俄和好,英法关系恶化,1859 法意与奥地利战争,1862 拿破仑第三的墨西哥冒险(宣战),1866 普奥之战,1870 普法之战。

35. 咸丰初即位英船私入中国海

咸丰《东华录》三,道光三十年五月庚子："山海关副都统富勒敦泰奏报嘆夷船只驶至老龙头,即日南旋等语,……"(2 页)

　　此事清朝未向英人质问。此盖到天津之船,折回沪粤时故意往山海关窥伺也。

《清史稿》本纪二十,咸丰四年六月庚辰："诏曰:中国海口,除通商五口外,夷船向不驶入,近日乃有阑入金陵、镇江之事,意欲何为? 叶名琛即向各国夷酋正言阻止。"(12 页)

　　咸丰《东华录》卷二十七无此条,应再查,此盖以西人与太平通治故。

1953.11.10

36. 亚罗号划艇事件②

1856 年十月八日(咸丰六年九月初十日)广东水师在亚罗号 Arrow 船上

逮捕违禁水手十二人,英驻广州领事巴夏礼(Harry S. Parkes)无理地提出抗议,认为水师违法在英国船上逮捕水手,侮辱英国国旗。

亚罗号是一种划艇(Lorcha,有人译音作绿壳船,实在不是绿油漆的船),划艇是中国沿海的一种小型船,在 1540 年西班牙的旅行家 Pinto 在他的游记中已经记载有中国沿海的一种 Lorch 船,Lorch 即 Lorcha。划艇航行于澳门一带,专作外国人生意,有时尚有外国船主,因之又称之为鬼划艇。

当时有一位华廷杰用琴阁主人笔名,写了一部《触藩始末》,一八八

1954.11.1(未完)

37. 亚罗号事件叶名琛的照会①

华廷杰《触藩始末》叶名琛十月初三日(1956)致英酋照会(华氏刊本 14—16 页,此据向达引录):

"本日接据贵提督初二日所发来文,阅悉。查贵国向在中华通商,无不以礼相待。即如九月初十日(阳历十月八日)在划艇所拿人犯十二名,当饬委员审讯,内有九名并未犯案,已于十二日饬委员解还原艇(天案,只羁两天),巴领事官不肯收领。二十四日卯刻,发去巴领事官札文,并审明犯案之梁明太、梁建富并见证之吴亚认共三名,连前九名,共计十二名,一并交还。(既与英国无关,何必又送人犯)而巴领事官将解还之人犯十二名并札文不收。查此划艇本系中国人苏亚成所造,并非外国船只;贵国旗号系属向波碌……

(未完)1954.11.4

38. 庚申北狩与甲午逃避之议

黄浚《撷忆》:"文芸阁《闻尘偶记》云:'文宗之幸热河,首倡此议者僧格林沁也,其奏疏余于张编修鼎华处曾见抄本,言战既不胜,惟有早避,词甚质直。……至甲午之役,倭人由辽渐迫,太后恒令顺天府备车二千辆、骡八百头,然始终不行。张孝达制军,李苟农侍郎,皆主西狩之议,余亦以为不顾京师,则倭人无所挟持,……沈子培员外、蒯礼卿检讨,则主暂避襄阳,而内城

---

① 编者注:此为该题目卡片一,余缺。

旗人汹惧,尚书孙燮臣师致书李苟农云勿奏请迁都,若倡迁议,必有奇祸。……既而寇愈迫,翁尚书亦主迁,孙尚书毓汶则主乞和,两人争于传心殿……而是时所传上谕,慈圣暂避,朕当亲征云云,则实无其事。(原注"近时《中东战纪》所载多属讹传,故附订之")……同时黄仲弢、沈子封数前辈联衔所奏四条,亦兼及迁都之计。'"(498页)

文廷式	芸阁	张之洞	孝达	李文田	苟农
沈曾植	子培	蒯光典	礼卿	孙家鼐	燮臣
翁同龢	叔平	孙毓汶		黄绍箕	仲弢
沈曾桐	子封				

1950.5.1

39. 咸丰不回京之原因

孟森《清咸丰十年清兵入京之日记一篇》(《史学集刊》第二期,1936)引周毓楠日记:

"(咸丰十年九月二十七日)军机大臣秘寄留京办事守城王大臣豫亲王义道等。咸丰十年八月十七日,奉上谕:'本日据义道等联衔具奏,权济艰危以维大局一折,据称"恭亲王奕䜣办理抚局,渐有端绪。惟恐心不坚定,或有迁避之意,则抚局又裂。诸夷势必带兵直趋木兰。请饬奕䜣仍驻城外,妥办抚局"等语。恭亲王奕䜣经朕特派办理抚局,责无旁贷。前有硃谕令其专心妥办,如或不成,即督兵剿击,昨复谕令相机办理,朕亦不为遥制。总期抚局速成,朕即可及早回銮,镇定人心,并保全亿兆生灵之命。谅恭亲王必能领会朕意,竭力图维,不致轻为迁避。至该王大臣等办事守城是其专责。现在京师夷氛逼近,总须严密布置,同心协力,保守城池;不得观望抚局,致生疏懈。再热河随扈兵丁口分不给,所有外省解京饷银,着留京王大臣等传知户部,饬令该委员暂行解赴行在,以济要需。将此由六百里密谕知之。钦此。'遵旨寄信前来。"(188页)

"(孟森)案英兵俟廷寄到后再撤,想即此廷寄。当日无全权证书,盖以此代之,使恭王等有奉旨之凭据,非彼等所自出己意也。又按此谕《东华录》无之,当已为《实录》所不载。"(188页)

"十月初一日,奉上谕:'本日据恭亲王奕䜣等吁请回銮一折,(览奏具见诚恳,业经明降谕旨宣示矣。惟)此次(夷人称兵犯顺),恭亲王(奕䜣等与之)议抚,(均已万不得已允其所请。然退兵后而各国尚有夷酋驻京者。且亲递国书一节,即未与该夷言明,难保不因朕回銮再来饶舌。诸事即未妥协,设朕率尔回銮,夷人又来挟制,必将去而复返,频数往来,于事体殊多不协。且恐京师人心震动,更有甚于八月初八日之举。该王大臣等)奏请回銮,系为镇定人心起见,然反覆筹思,(只顾目前之虚名,而贻无穷之后患。且)木兰巡幸,系循祖宗旧典,其地距京师尚不甚远,与在京无异,足资控制。朕意本年暂缓回銮,俟夷务大定后,将回銮一切事宜办理。所有各衙门引见人员及一切应办事件,均查照木兰旧例遵行办理。至前派应行前赴行在者,即饬前来;其各衙门办事之堂司各官,均着赶紧清理积压诸事,勿稍稽迟。(再本年回銮之举,不准再行续请。)将此由六百里谕令知之。钦此。'"

"(孟森)按此谕极难堪,后《实录》已删改,今据《东华录》勾出为识。'议抚'下多'换约'二字。当时所以决裂之故,以亲递国书为一大障碍,不跪即失去国威也。'系为'上多'固'字。'将'上多'再'字。'迟'作'延'。"(188—199页)

"(孟森)又按十月初一日之谕,《东华录》既有改窜,然考旧国史馆《沈兆霖传》云:'九月,补兵部尚书。时抚议成,上犹驻跸木兰,兆霖偕同官奏请回銮。得旨俟明年再降谕旨。十一月复奏云:"窃本年八月因洋务未定,皇上暂幸热河,以为集兵控制之计,在廷诸臣皆知当时情势不得不然。九月中,英法两国均已换约,二十七日联军退尽,廷臣合词奏请回銮,奉上谕'本年天气渐届严寒,朕拟暂缓回銮,俟明岁再降谕旨。钦此'。又准军机大臣字寄,十一月初一日奉上谕:'此次外人称兵犯顺,恭亲王奕䜣等与之议抚,虽已换约,然退兵后各国尚有首领驻京者,且亲递国书一节,既未与彼等言明,难保不因朕回銮再来饶舌。该王大臣奏请回銮,系为镇定人心起见,然反覆筹思,只顾目前之虚名,而贻无穷之后患。朕拟本年暂缓回銮,俟洋务大定,再将回銮一切事宜办理。本年回銮之举,该王大臣等不准再行续请等因。钦此。'"兆霖所述之旨,即十月初一日廷寄。其云十一月初一者,国史馆作《传》之误。其文正与《日记》所记相合,与《东华录》不同。盖当时尚不觉此谕之不堪,至修《实录》时始知其难以示人,尽删其语。是以《东华录》无此数行也。夫文宗之不愿回銮,以不愿与外使同居一城,此即广东人宁失省城,不许于未失之先,洋人得足践城门之内,同一见解。肃顺惟体此意,故穆宗即位后仍不主回銮。两后得与恭邸密谋,别定政策,遂置肃顺于死地,而垂帘之局成,乱顺康两朝之家法,开孝钦三度干政,卒倾清室之祸。事缘文宗之闭塞而肃顺与为一德,有以致之。肃顺之抗拒垂帘,正也。其与洋人交涉,为战为和,则皆闭塞为罪也。恭王惟敢于接见洋人,故抚局成与其手,谓之为"抚",正是闭塞之态,而恭王之所以独肯轻身晤敌,不疑氏王头上有角,见面必被吞噬者,正以其福晋即桂良女。桂良与英法议和已两年有余,八年约定,而以驻使一节文宗必定欲翻异,乃成十年京城失陷之事,京城既陷,而后惟命是从,恭王适乘其会。各国本不欲于定约之外,别有要求,恭亲王则习知洋人之并非魔怪,不惮接对,遂擅社稷之功,声望压端华、肃顺之上,两后得之为助,遂反文宗委任辅政,禁遏牝朝之旨。恭王之果于触犯家法,甘为牝朝所用,又以肃顺摈不与同入辅政之列;肃顺之所以摈恭,又缘文宗私忌恭邸之母有所溺爱于恭,虽欲引恭而文宗亦必不愿。证以王闿运之《祺祥记事》,可以明其委曲。余拟别撰同治初垂帘事本末,此《日记》亦重要之史料也。……"(190—192 页)

1950. 12. 1

40. 清文宗之死

薄雪斋忻今日语余,清文宗之死盖出于自裁,文宗在热河尝召五爷、六爷,顾穆宗而言曰"我无面目回京师,尔等其挈吾子还"。六爷者,恭王奕䜣,五爷者,惇王奕誴即雪斋之祖也。文宗之走热河,惇王力谏,文宗谓之曰吾非畏死,恐受辱耳。惇王言去易而还难,异日将何以为辞? 故文宗终不还。孝钦以此深恨奕誴,每称文宗之死由于五爷所逼,其后奕誴之不得意亦由于此。雪斋言及此事不只一次,今日复谓其祖在日屡告之,必不误。余检《史稿·文宗纪》,文宗走热河,恭王实未从,所谓召五爷、六爷者,或仅五爷耳。雪斋又言其祖不主太后临朝,盖与端华、肃顺意最投,苟非文宗亲弟必无幸。

1949. 8. 5

文宗患吐血亦见《本纪》。

41. 李蓴客所记道咸民变①

《越缦堂日记补》第一册,咸丰四年追记:

---

① 编者注:此条目仅存卡片一、二。

"道光二十五年……奉化民变,宁郡太守李汝霖落职逮问。"(3 页)

"咸丰二年壬子……夏四月宁波鄞县东乡民变。署藩使孙毓溎、署臬使庆霖率军讨之。湖州副将张蕙殁于阵,钱塘知县孙德诚随来营中,亦被杀。藩臬二司遁回绍兴。鄞人罢兵,献其首事者二人,诛之。"(4—5 页)

"咸丰四年……徽州民变,衢州、严州大震,绍郡戒严。"(7 页)

"(咸丰四年五月十五日)是日族叔柏塍自台州回,为余言三月间临海杜渎场民变事。杜渎地滨海多盗,向设监课大使一兼理民事。署之前后皆盗巢,盗分八旗,每旗之渠领数百人。大使傅垣,广东人,已以杭城防御功保举知县,去年十二月抵任,年少喜立功,每军身往捕贼,屡有所获。后侦得白旗贼首在村寺饮博,夜擒之,次日选土兵健役百余人亲押解至郡。路逢贼党数十人,持长枪争戳垣,时防护兵已押盗先行矣。(傅)垣自恃勇力,即持刀与斗,贼以火枪攻之,中弹丸即死。役人皆环立视,不救。贼即乘夜至镇,焚署,搜杀(傅)垣眷属。族叔(李柏塍)佐其幕,星夜跳而免。次日,贼竖五色大旗一,上书'玄天上帝敕封扫北大将军',聚众至数千。台州郡守副将急发兵至,相距数十里不敢进,并请抚军益兵。迨抚军调拨军饷甫定,郡守已报……"

(未完)1950.11.1—2

42. 宋景诗投降

《宋景诗投降问题商榷》(史学 125 号,1958.1.20《光明日报》)

文章主要说明三点:1. 宋降胜保时兵力尚非穷途末路;2. 宋降胜保在咸丰十一年六月十五日,而不在十一月(陈白尘《调查记》说);3. 宋降胜保是真降不是假降。

文章中的问题:

1. 史料阶级性注意不够。也就是史料来源问题。主要根据胜保奏折及《山东军兴纪略》,不加分析而笃信之。

2. 对历史事件的完整性注意不够。宋果真降,则同治元年以后的活动作何解释? 岂不是一个反复小人。

3. 对史料中存在的问题注意不够,分析不够。宋部未降者二三千人"阳与景诗为难",诸旗人"均张黑旗留边月自别","未交锋而匪退"(《史料》26)[1],宋

---

[1] 　编者注:此"《史料》"即郑天挺等编辑《宋景诗起义史料》,中华书局,1954 年。

降时提有不改编不出境的条约(档案馆)等等,应有解释,不应避而不录。

4. 所下结论,论证注意不够。如"……才敢于叫他随队往攻朝城,而宋景诗担任的是响导,是打前锋的任务。这种方法是清军一贯处理投降者的手段",所谓一贯并未加以证明。与上年"投降"无干。此次如果算"投降",已是第二次"投降"。同治元年二月宋自动引兵欲回山东,清军认为他是"复叛",所以革了宋的职,应派兵追击(《史料》35 页)。郑元善派人提船禁渡,宋无办法只得复与郑言和。此两则史料引的都不妥当。

5. 对问题的中心似乎注意不够。宋与胜保妥协不成问题,问题是真降还是假降,文章中史料只能说明"降",而不能说明"真降","降"不是问题的中心。

6. 不同说法应有交代。宋之拾"降"日期有数说,六月初九日(《实录》)、六月十三日(《军兴纪略》)、十一月(《临清县志》)均与奏折不同,不能不有交代。

即以所引宋之史料而言,明言"成禄、得魁步骑分路进,景诗降众为继","西安营总伊克精阿骑兵先张两翼,令景诗步队迎击";亦非全打前锋也,与结论亦不合。又如(二行五段)"清军……采取'剿抚兼施'的政策,投降后并不一定就要全部缴械,也并不完全马上改编",亦应加以证明。又如(三行一段)"由此看来,黑旗军……仍然继续活动,完全可信,由此看来,宋景诗确已投降,也完全可信",逻辑上有问题。又如(五行三段)所引卞宝第奏折,明言宋系无功受奖,正好推翻了胜保的说他立功之说;郑元善奏折是同治元年二月宋自动由安徽到河南后,欲回山东渡河未成时事。

43. 咸同间山东人民负担①

《清文宗实录》一七四,咸丰五年八月辛卯朔,壬辰(初二日):"又谕(军机大臣等),崇恩奏,山东各州县被水情形等语,……至东省前拨甘、黔、庐、扬各处兵饷,均系刻不容缓。现在被灾处所虽有十余州县,其完善之区尚可催征钱粮以资支应,何得一筹莫展,概置饷项与不问! 该抚岂不知部库支绌,各部待饷孔殷? 苟有天良,应如何竭力筹画共济时艰耶? 所有欠解军饷仍着设法拨解,毋误要需。"(9—10 页)

---

① 编者注:此条存卡片一、二、三、四、六、七、十一、十二。

《清文宗实录》三三○，咸丰十年九月甲辰："谕军机大臣等：据官文、胡林翼奏征皖各军饷需支绌，请饬各省筹济一折。据称湖北军务孔亟，……其山东、广东二省请每月协解鄂饷各三万两等语，……该督抚等务须不分畛域，如期筹拨，毋得藉口耽延。……"（35—36页）

又三三一，十年九月己酉："又谕（军机大臣）等：户部奏，库款支绌，请饬催各省应解京饷迅速起解一折。据称本年部拨京饷五百万两，除已解到银一百一万余两外，尚有……山东地丁银五十万两，盐课银二十一万两，……着……赶紧筹解，……"（11页）

又三三一，十年九月戊申："又谕（军机大臣等）：昨因用项浩繁，部款未裕，业经谕令户部将各省应解京饷迅行咨催，现在和局定义，暎、嘛两使业已互换和约，惟尚有偿给兵费，部库无款可筹，自应由各省迅速筹解，以济要需。着直隶、山东、河南各解银二十万两……无论何款，赶紧着拨，委员星速兼程解京，赴库交纳。……"（6页）

《文宗实录》三三二，咸丰十年十月辛酉朔："又谕（军机大臣等）：傅振邦（督办徐宿剿匪事宜，提督）奏军饷竭蹶，请饬催协济等语。徐宿军营，素无专饷，向恃山东、山西、陕西、河南四省协济，……现在兵勇饥寒交迫，屡致哗噪，饥溃堪虞。着……仍遵前次谕旨，按月起解，毋稍迟误。"（4—5页）

《文宗实录》三三二，咸丰十年十月乙丑（初五）："以江苏镇江需饷，命河南、山东、山西各巡抚将部拨协饷埽数解往。"（23页）

同，丙寅（初六）："以安徽军营需饷，命山东、河南、江西各巡抚将部议拨款迅速解往。"（26页）

又三三二，十年十月乙亥（十五日）："谕军机大臣等：……捻逆围攻重丰民圩……着文煜即饬各路官军自滕县迎击……会同郝上庠督带民团合力兜击，……并饬沿途州县统带民团并力抄截，毋令北窜。"（10页）（此条移另页）
　　　　　　　　　　　　　　　　　　　　　　　1952.8.18

《文宗实录》三三三，十年十月乙亥（十五）："又谕（军机大臣等）：……且（河南）毛昶熙所办团练，均系民捐民办，无须另募勇丁，致多糜费……"（11页）

又十月丁丑（十七）："又谕（军机大臣等）：僧格林沁等奏，请饬豫东办理粮台等语。……现在河间土匪业已解散，不日由直启程前往山东，如该省地方肃清，即赴河南剿办捻匪，所带兵勇万余名亟应宽为筹备饷糈，以资支应。"（18—19页）

又十月丁丑(十七)再催欠解京饷山东地丁五十万两,积欠陈饷十二万余两,赔偿兵费十五万两。(文长不录,下同,不加引号者是)(19—20) 之五

（未完)1952.8.19

《文宗实录》三三四咸丰十年十月壬午:"以援皖楚军需饷,命山西、陕西、四川、山东、广东各督抚将月济饷银迅速筹拨。"(4页)

咸丰十年十月僧格林沁军饷每月六万两,添兵二万名之后月需十万两,见卷三三四,页三。胜保军饷每月三万六七千两,见卷三三四,页八。不具录。"设或筹措不及,势必哗溃堪虞。"(胜保奏语见八页)

《文宗实录》三三四,十年十月戊子:"谕军机大臣等:薛焕奏军营饷需支绌,请饬催各省赶紧筹解等语。据称镇江军饷……均未报解。大江水军饷……山东、河南各协济银五万两……均无起解日期。"(16—17页)

《文宗实录》三三五,咸丰十年十一月庚寅朔,乙未(初六日):"命山东巡抚文煜、山西巡抚英桂于山东运库、山西河东道库酌拨清淮军饷。"(12页)

又壬寅(十三日):"命山东巡抚文煜迅解银十万两……赴钦差大臣僧格林沁军营。"(27页)

又:"蠲缓山东济宁……堂邑……七十三州县,被水被扰庄屯暨永利场灶地,新旧额赋有差。"(27页)

又三三六,十年十一月辛亥:"以山东筹解军饷延宕,巡抚文煜、布政使清盛下部议处。"(11页)"命山东巡抚文煜、署河南巡抚黄赞汤、江西巡抚毓科,速解钦差大臣袁甲三军营饷需。"(12页)

（未完)1952.8.29、31

……两,并节省等款亦将届限满,均未据报起解,亦未将折解银米各数及随漕各项分晰报部,实属任意迟延,……如再延误,即着该部严行参处。"(2—3页)

《穆宗实录》四,咸丰十一年九月丙戌朔,戊戌(十三日):"谕军机大臣等:谭廷襄奏,……所称峄县之韩庄、郯城之红花埠、单县之马良集以及沂州东平州地方,均拟安设团营之处,即着该抚派委,公正官绅委为劝办,应如何劝捐抽厘以资接济,并着妥议章程迅速办理,……"(19—20页)

44.咸同间团练之抗粮

《清文宗实录》一六七,咸丰五年五月壬戌朔壬申(十一日):"谕军机大

臣等:王履谦奏,稽查上游河口并地方情形一折。……至近来地方团练原以保卫乡间,乃河南彰、卫、怀及开封等属,抗粮滋事之案层见叠出,皆因联庄会借团练为名,纠众抗官,该府县平日既办理不善,临时又补救无方,以致相率效尤,后患何堪涉想?着英桂督饬该地方官剀切晓谕,不遵者严行惩办,庶几地方日就安静,而征收钱漕亦渐有起色。现在北路军务已平,所办联庄是否可以裁撤?并着该抚酌量办理。……"(25—26页)

　　案,王履谦时以副都御史稽查黄河上游河口,英桂为河南巡抚。此诏亦见《清史稿·文宗本纪》,惟有"各督抚其尚加意整顿,勿令日久酿患"之语,与此专饬英桂者不合。又其后有"是时山东已有黑团之害,尚未上闻,其后卒以兵力平之"一段,盖纂史者所加。《文宗本纪》原稿出吴廷燮手,爽良复辑,或即二人所加。八·一三·夜

《清文宗实录》一六八,咸丰五年五月癸未(二十二日):"谕军机大臣:英桂奏探报楚北贼情并收复光山县城一折。……济源县抗粮之案,是否业已解散?如须威以兵力,亦即饬令崇安妥速办理。联庄会原以保卫乡间,今乃纠众抗官转贻地方之害。此时河北肃清,是否可以裁撤?着英桂妥筹办理。……"(14页)

《文宗实录》一七〇,咸丰五年六月壬辰朔庚戌(十九日):"又谕(内阁):前因粤匪滋事,叠次谕令各直省督抚大吏督饬地方官会同绅士举行团练,比年以来,……着有成效,……现在北路肃清,……自应量予裁撤,以息民力。河南省除与皖楚毗连之州县仍宜举行团练,藉资捍卫,其余各州县所办联庄团练,着该抚出示晓谕,酌量裁撤,俾小民各安农业,无妨生计。……"(5—6页)

《文宗实录》一七三,咸丰五年七月己丑:"谕军机大臣等:英桂奏京饷甘饷骤难报解一折,……河南钱粮甲于各省,即有偏灾蠲缓而应完之数尚多,总由该抚藩平日废弛,以致河北三府屡有联庄抗粮之案,征收日少,用项不敷,一经部拨便已束手无策。"(24—25页)

《文宗实录》一七四,咸丰五年八月甲午:"谕军机大臣等:英桂奏,新乡解围,余匪未散,拟亲往督办一折,……总宜恩威并用,戢暴安良,庶各属征收钱粮,不致效尤贻误,谅该抚必能体察机宜,消除内患也。"(16页)

又一七五,咸丰五年八月丁巳:"谕军机大臣等:英桂奏拿获辉县首犯并河北三府情形一折,……该匪徒等联庄抗粮,情同叛逆,除未获首犯严拿惩办外,其余胁从之众如果悔罪投诚,概予免罪,以省株连。其林县、安阳等处联庄现未解散,亦当一面慑以兵威,一面剀切晓谕,宽其既往,予以自新。"(23页)

《文宗实录》三三六,咸丰十年十一月乙卯(二十六日):"谕军机大臣等:文煜奏,东省现办钱漕情形一折。据称平原东乡刁民集众携械,逼城放枪,以筹团费为名,抗纳漕米;莘县各里庄民传单纠结盐枭,携带枪炮来城,该县带役出城晓谕,竟敢放枪抗拒,以致互有杀伤;馆陶、冠县、堂邑等县,亦分送传单聚众抗欠钱漕;博兴、淄川、平度等处,俱有抗粮之案;现在东省只登州未据报有抗粮情弊,其余九府二直隶州钱漕多半延抗等语。各州县中充当大小团长、团总者,人数既多,贤愚不一,难保无藉团生事抗拒钱粮之人,若不及早办理,深恐酿成巨患,着杜翮剀切晓谕各该处团长等,毋得抗欠国课,自干罪戾。倘有刁民以筹团费为名,抗纳钱漕,甚至拥众围城,恃强滋事者,即着该大臣督率练勇,会同地方官将为首各犯速行捕拿,即行正法,不准稍有姑息,以儆梗顽而戒效尤。"(20—21页)

又:"又谕:文煜……另折奏,平原、莘县等州县藉团抗粮,业经谕令杜翮晓谕各属团总、团长人等弹压解散,如有实在抗拒不遵者即将首犯严拿惩办,乡民藉团抗粮固属事所必有,地方官浮收勒折因而激成事端亦不能保其必无,该抚身任封疆,征收漕粮系属地方应办事件,亦岂能尽诿之督办团练大臣?仍着文煜严饬各该州县妥为办理。倘有不肖之员任意加耗,以致人心不服,即着查明严参。文煜自请议处,并请将藩司议处;文煜、清盛于各饷不能如期应付,着交部分别议处。"(22页)

《文宗实录》三三九,咸丰十年十二月庚辰(二十一日):"谕内阁:僧格林沁奏,东省倚恃乡团,聚众抗粮,请交地方官督办团练等语。前任户部侍郎杜翮督办山东团练,既据该大臣奏称,该侍郎查阅各处供应未免浩繁况未著成效,着即撤去督办山东团练大臣。……所有山东省团练事即着文煜督办,……严饬各处团总等同心守御,不得藉端勒索,惑众抗粮,……"(1—2页)

又三四二,十一年二月己未朔,甲子:"又谕(军机大臣等):本日据翁同书奏,……苗练(沛霖)……又在固始东北一带邀集练总阳林川等十三围寨悉令归从……不完粮赋……着毛昶熙、严树森,即晓谕各处绅团各安本业,照旧完粮,毋得为其诱协……"(14—15页)

又卷三四六,十一年三月己亥:"又谕(军机大臣等):清盛奏带兵回省安抚居民并历陈东省团练情形一折。……若如清盛所奏,山东章邱县之水寨街,新城之南娄里等庄,以及博山、莱芜等县团勇,遇有经过客商,往来差役,辄敢擅行杀戮,害及无辜,甚至该署抚差弁亦被团丁绑缚,夺去马匹。现在捻匪窜入东境,……是团练御贼尚无成效,而抗官滋事竟有尾大不掉之势。

谭廷襄(新任巡抚)谅已驰赴新任,着将清盛所奏各情严密访查,如有藉团为名,肆行不法,私立黑团聚众抗官者,立即严拿究办,毋稍宽容。"(2—3页)

据此黑团为人民自建之武装,未经官厅承认,不受团练大臣管理者,故曰"私立"。当时俗语称非正式者为黑。黑团亦有称为伪团者。此时胜保尚未往山东,三月辛丑(十三日)始命胜保驰赴直隶、山东督办防剿事宜。(346卷,8页)四月壬戌(初四日)尚有"胜保于何日由京启程"之谕。(348卷,9页)

又三四九,十一年四月癸酉:"又谕(军机大臣等)……前据贾臻奏称,到颍州后,传见阜阳、太和一带绅士告以官督民团之法,无不欢欣鼓舞,何以阜阳等处民团又为苗练协从?"(14页)

贾臻时以布政使署安徽巡抚,办理招抚团练事宜。

《穆宗实录》九,咸丰十一年十一月乙酉朔辛卯(初七日):"又谕(议政王军机大臣等):严树森奏……请将彰、卫、怀三府团练暂缓办理……各一折。……至河北人心浮动,往往有不逞之徒藉团练而纠众抗粮,易滋流弊。所有河北三府团练着即照该抚所议暂缓办理。……"(31页)

又十二,咸丰十一年十二月甲寅朔己未(初六日):"谕内阁:……兹据周祖培奏,北省近畿各处,渐多藐视官长,倚恃团众抗粮拒捕之事,其故由于州县不得其人,平日临财贪墨,办事武健,为民深仇疾视,……"(29页)

1952. 8. 13、18、31,9. 1

45. 咸丰间北方农民起义

《清文宗实录》三三〇,咸丰十年九月辛卯朔,癸巳(初三日):"谕军机大臣等:庆廉奏,访闻豫直东交界地方土匪滋事,现筹剿办一折。据称八月初间,风闻河南滑县地方并直隶之东明、开州、长垣等处有土匪传帖惑众等事。……"(8—9页)

又三三二,十年十月辛酉朔:"又谕(军机大臣等):……本日据杜翮奏,曹州、兖州、沂州、泰安、济宁等属二十六州县,均有匪踪出没,济宁、兖州、泗水均各被围,……"(5页)

又三四五,十一年三月戊戌:"又谕(内阁):联捷奏,特参防河不力贻误大局之邻省州县一折。……至邱县、冠县、莘县先后有匪徒入城焚劫,据联捷奏系由求援漕粮,该地方官抚驭无方,以致激生事端。着清盛确切查明,

据实参奏。"（24页）

联捷时以四品经堂候补督办直隶、河南、山西防河事务。

清盛时为山东布政使署山东巡抚。

又三四九，十一年四月庚午："又谕（军机大臣等）：……本日据联捷奏……惟探闻山东范县贼匪复有渡河之信，并在各村插旗裹人，声言欲接南捻过河，濮州、观城、四乡被胁，亦皆插旗，莘、邱、冠各县情形如出一辙，并菏泽县土匪蜂起，人数不下数万。"（5页）

又三五二，十一年五月："丁未（二十日）谕军机大臣等：……山东地方官，贼至辄逃。克复后又以赴任为畏途，此等巧猾积习，殊堪痛恨。"（28页）

不敢赴任可知人民之痛恨官吏。官吏必欲随军队前往。

1952.8.18，9.1

46. 咸同间官吏之侵蚀

《清文宗实录》三三五，咸丰十年十一月丙申（初七日）："又谕（军机大臣等）：关保奏，该营每月需银二万五千两，自到防之日起新旧积欠至十余万两之多，……至积欠饷银曾经咨询藩司贾臻，据称额解月饷不惟数月绝无短绌，且时日亦未稍迟，不知粮台委员何以分解无多等语。"（14页）

此河南事。

又辛丑（十二日）："谕军机大臣等：……本日据庆廉（免职之河南巡抚）奏贾臻（前河南布政使）刚愎性成，遇事擅改旧章。以致上忙钱粮征解吃紧之际，群相裹足，于应解京饷、协饷及本省兵饷均不能酌度缓急。……其由归德折回兵勇应领口粮，捱延不发，裁撤各勇口粮亦应找发，该员意存膜视。"（21页）

1952.8.10

47. 咸丰五年黄河改道[①]

《清文宗实录》一七〇，咸丰五年六月壬辰朔丙辰（二十五日）："又谕（内阁）：蒋启敭奏，……本年黄河水势异涨，下北厅、兰阳汛、铜瓦厢三堡，堤工危险，六月十八日以后水势复长，南风暴发，巨浪掀腾，以致十九日漫溢过水，二

---

① 编者注：此条仅存卡片一，余缺。

十日全行夺溜,刷宽口门至七八十丈,地下正河业已断流。……"(19页)

又:"谕军机大臣等:蒋启敔奏,下北厅属兰阳三堡河工漫溢一折,览奏实堪痛恨。……朕意须赶于年内合龙,俾被灾小民得早复业。至工程需用浩繁,当此经费支绌之时,岂能任贻误各员殃民糜帑。应如何分别罚赔及设法劝捐协济……

(未完)1952.8.13

48. 咸丰时之捐税

咸丰《东华续录》六十八,咸丰十一年四月己未朔:"甲戌。谕军机大臣等:有人奏捐务亟宜核实,请严定章程一折:据称江北粮台即有指捐、借捐、炮船捐、亩捐,而江南粮台又有朱捐、饷捐、亩捐,漕河有炮船捐、堤工捐、饷捐,袁甲三营有米捐。此外有船捐、房捐、盐捐、卡捐、板厘捐、活厘捐。所征甚钜,报解寥寥。候补投效以及职员生监,营谋札委,目为美差,四出骚扰,指借则任意讹索,卡厘则以多报少。粮台漕河大员多由请托,知而不问,并有擅自立卡,抽收商船捐银,目为榔头捐各名目。请饬督办大员严定章程各等语,……"(6—7页)

1954. 1. 5

49. 太平天国不算资产阶级革命①

"资产阶级是资本主义社会的统治阶级,是主要生产工具与生产资料的所有者阶级,是依靠剥削那些被剥夺了生产资料而不得不向资本家出卖劳动力的工人之雇佣劳动而生活的阶级。"(《苏联百科全书》选译《资产阶级》,1页)

"作为阶级来说,资产阶级与资本主义生产的发展同时形成的。"(全上,2页)

"大批雇佣工人的存在和巨额货币资本向资产阶级手中的集中,是资本主义生产方式发生与发展的条件,从而也是资产阶级发生与发展的条件。"(全上,3页)

---

① 编者注:此条仅存卡片一,余缺。

"资产者如果在他的<u>支配</u>下没有被雇佣的<u>工人</u>,便不能生活和发……"

(未完)1953.10.23

50. 太平起义前之广西巡抚

龙启瑞《经德堂文集》内集补卷四《致梅伯言书》:"金田会匪芽蘖于道光十四年,某作秀才时已微知之。彼时巡抚某公方日以游山赋诗饮酒为乐(据其行事当为梁章钜,而梁任桂抚始十六年),继之者独不肯办盗(指周之琦),又继之者(指郑祖琛)则所谓窥时相意旨者是也。当其时,冯云山、韦振、胡以洸等盖无不为本地绅民指控……"(13页)

此应解释为:吏治腐败,上级不问,人民日在水深火热中。不应视为不办盗,纵办又何能为?

广西巡抚　惠吉 1833—1836　　梁章钜 1836—1841

周之琦 1841—1846　　郑祖琛 1846—1850

51. 捻在太平天国之前

《清史稿》二十《文宗本纪》:"(道光)三十年正月……己未,上即位。……六月……是月广东花县人洪秀全在广西桂平县金田起事。……八月……甲申诏曰:'各省纠众滋事重案,层见叠出,该地方官所司何事! 即如河南捻匪结党成群,甚至扰及邻省横行劫掠,自应合力捕治,净绝根株。若封疆大吏玩纵于前,复讳饰于后,以致酿成巨患,朕必将该督抚从重治罪。凛之!'"

"咸丰元年……三月……己酉,河南巡抚潘铎奏,拿获捻匪姚经年二百余名。……六月……丁丑,河南南阳捻匪四出滋扰,诏所司捕之。……闰八月,甲申朔,新墟众首洪秀全陷永安州,距之,僭号太平天国。……"

1950.3.31

52. 鸦片战后太平起义前之社会①

集佃力几何,人地生疏,羽翼又少,设遇年荒物贵,即一二村愚,索殄强

---

① 　编者注:此为该题卡片之三至五,余缺。

耀,独足以困之,遑论其他乎?"(45页)

郭嵩焘《督抚同城急宜变通疏》:"自道光二十七年通籍假归,过武昌,目悉吏治之媮,气习之深,心忧其将乱。其后五年而乱作。"(《经世文编续集》十八卷,8页)

严正基《论粤西贼情兵事始末》:"自海邦滋事以来,粤东水陆撤勇逸盗,或潜入梧浔江面而行劫,或迭出南(宁)、太(平)边境掳掠,勾结本省土匪及各省(案,指湖南、广东、福建,详上文)游匪,水陆横行,势渐鸱张。至道光二十七八年间,楚匪之雷再浩、李沅发两次阑入粤境,土匪陈亚溃等相继滋事,小之开角打单,大之攻城劫狱,寖成燎原之势。"(《经世文编续集》九十四卷,76页)

胡林翼《胡文忠公全集》五十二《论会匪启黔抚乔(用迁)》:"愚以为有会匪而不为盗者,无大盗而不拜把者。刻下湖南、四川之会匪,确有所据,然而不可轻动者,何也? 武备之弛,兵气之弱,国帑之虚,人心之虚伪怯弱,实非旦夕所能挽回。设使办理不善,祸机一发,不可收拾,转不如暗为转移之为得计也。暗为转移之法,莫先于除盗,莫切于惩贪。国家之败,由官邪也。自来西域、台湾、通州①、新宁、桂平等处起事,均因官吏贪鄙,会匪得以藉口鼓动,煽惑愚民。如四川匪之恶戴如煌,而爱刘青天,其往事之明证也。即如近年新宁之事,因李博勒平粜勒价二千一石,而市价仅止一千六百,又因差役讹诈,凌辱雷再浩之妻室,以致民心不服,遂至李沅发倡乱桂平,韦俊因捐监谬挂登仕郎扁额,差役迭次诈赃,因而倡乱伪称太平王。前此慕仕郎而不得,而后乃猖獗至此,铤而走险,谁为厉阶? 有会匪之地,如得廉吏主持,必不致酿成事端;无会匪之地,而以贪吏混迹,则平民亦可酿乱,亦一定之理也。"(13页)

(未完)1953.11.8

53. 太平起义前清朝吏治之腐败

潘颐福(咸丰)《东华录》一,道光三十年正月癸亥:"谕内阁:王大臣会同户部遵议清查各省仓库章程,着照所拟办理。……各直省州县,经此次清查以后,自应痛除积习,力杜新亏,……各督抚大吏督率藩臬道府正己率属,

---

① 　编者注:岳麓书社2008年点校本《胡林翼集》作"连州"。

各励廉隅,则属吏自知儆畏,……"(4页)

　　　　于此知当时官吏之贪污,上下皆然。

又二月丁丑:"谕内阁……其有贪婪不法,以刻为明,……者,亦着据实参奏。"(6页)

又二月癸未:"谕内阁,周祖培陈奏一折……近日外任上司多为瞻徇,同官互相营私,仓库河漕,在在皆有虚饰,……"(7页)

又卷二,三月丁酉:"谕内阁:御史陈枚奏称病民积弊一折,……州县不恤民困,多有借催科为朘削者,……"(1页)

咸丰《东华录》二,道光三十年四月丁卯:"谕内阁,御史李维翰奏剔弊须责实效一折,海防、河工、漕务三大端,民生国计攸关,……如所奏山东征纳银粮增加日多,海防透露日甚,河工劣员借报险为开销,以冒支恣浮靡;漕粮则官吏浮收,帮丁需索,东南之民竟为办漕所困。"(5页)

又卷三,五月甲午:"又谕(内阁)户部议覆给事中王东槐奏停止捐输,筹画仓储应枚举耗材四害一折,……州县为亲民之官,若不崇廉惩贪,属吏何从激劝,陋规不裁则挟持之风不绝,派摊不禁则亏那之弊不除。"(1页)

咸丰《东华录》卷四,道光三十年八月戊寅:"谕军机大臣等,有人奏藩司办公颟顸,……一折,据称湖南省前因弥补苗疆军需案内,长沙府属各县加征,湘潭县正银项下每两额外加征四钱有零,迄今已弥补完讫,浮收如故,时历三十年之久,银逾五十万两之多,……该藩司万贡珍含混批示,仍置浮收积弊于不问等语……"(4页)

1953. 11. 8

54. 太平起义前清朝军队之腐败①

潘颐福(咸丰)《东华录》一,道光三十年二月庚辰:"谕内阁:……现据御史王本梧奏,浙省水师废弛已极,兵则殆惰偷安,官则因循推诿,且有吸食鸦片者。"(6页)

又卷二,道光三十年三月乙未:"谕内阁:御史黄兆麟奏,……各省营务……操防训练视为具文,提镇参游役使兵丁,发饷克扣,种种弊端,废弛已极。"(1页)

――――――――――――

① 编者注:此为该题卡片一,余缺。

又三月己未:"谕内阁:赵光奏,……将帅惟耽安逸,养尊处优,以营卒为厮役,不事操防,以空名冒钱粮,专事肥己,沿海水师,率皆畏葸无能,……"(4页)

又卷三,六月庚午:"谕内阁:安徽按察使李本仁奏,……各省兵饷不无扣克……"

(未完)1953.11.8

55. 太平天国之赋税①

"……后无须拨解,而稍提其税入公,大半皆入私囊,商贩非执有帖者粒米不得入城,犯者以私贩论罪,如是则法可行而利可获矣。洪氏诸伪王乃分售帖利,上帖售价有贵至数千金者。及商贩至下关验帖,官皆(洪)仁发辈鹰犬,百端挑剔,任意勒索,商贩呼吁无门,渐皆裹足,而诸伪王侯又因其成本加重,售价过昂,不愿多出资金,米粮反绝。(李)秀成言之(洪)秀全,请发洪氏帖,(洪)秀全以诘(洪)仁发,仁发以奸商每借贩米为名,私代清营传递消息,设非洪氏谁能别其真伪,此实我兄弟辈之苦心,所以防奸非以罔利也。(洪)秀全信其言置不问,(李)秀成愤然而去。"(32页)

1950.4.5

56. 太平初起的训诫

"《天命诏旨书》:辛开(1851,太平元年)三月十八日,时在东乡。辛开天兄救世主耶稣谕众小曰:'众小弟要守天条,要遵命令,要和傩兄弟。大有不着,小做着些;小有不着,大做着些,切不可因一句话就记上书,执仇为恨也。要修好练正,不得入村搜人家物,打仗不得临阵退缩,有银钱须要认得破,不可分尔我,更要同心同力,同打江山,认实天堂路来跑。目下苦楚些,后来自有高封也。'"(《近代史丛刊》十八《太平天国》,60页)

此完全是乡间父老告诫子弟语气,于此知太平之为农民革命也。

1953.10.22

---

① 编者注:此为该题卡片二,余缺。

57. 洪仁玕入天京①

辅王为杨辅清,秀清之从弟。辅清 1858 年(太平八年)十月再入江西克景德镇,1839 年(太平九年)六月弃景德镇走皖南祁门。见《太平天国史稿》243 页本传。

洪仁玕《资政新篇》(己未九年刻):"倘民有美举如医院、礼拜堂、学馆、四民院、四疾院等,上则亲临以隆其事,以奖其成,若无此举,则诏谕宣行。"(525 页)

又:"中宝者以有用之物为宝,如火船、火车、钟镖、电火表、寒暑表、风雨表、日晷表、千里镜、量天尺、连环枪、天球、地球等物,皆有夺造化之巧,足以广闻见之精,此……永古可行者也。"(526 页)

又:"如设书信馆以通各省郡县市镇公文;设新闻馆以收民心公议……"

(未完)1953.10.25

58. 太平起义前清朝之国用②

咸丰《东华录》(潘颐福)一,道光三十年正月戊申:"又谕,(内阁)据郑祖琛奏剿楚匪,叠获胜仗,现仍严密防捕一折,……着郑祖琛仍严饬文武员弁会同楚兵分路兜剿,……所需经费,着准其借用濠租、监银两项,事竣分别筹补。"(2 页)

濠租、监银

所谓濠租(水利用款)、监银(国子监捐纳)皆"不时之入与供不时之出"者也,皆"外销"者也,而人民之额外负担也。

又庚戌:"又谕(内阁),各省督、抚、盐、关向有进呈方物,朕现在谅阴之中,食处皆所不安,着通谕各省督抚、盐政、织造、关差等,一应贡献,概行停止。即食品亦不准呈,俟三年之后再候谕旨。"(2 页)

贡献

咸丰《东华录》二,道光三十年四月壬申:"谕内阁:据户部核覆大学士耆

---

① 编者注:此为该题卡片二,余缺。

② 编者注:此为该题卡片三、四,缺一、二。

英条奏,理财之要,以地丁、盐课、关税为岁入之大端,以兵饷、河工为岁出之大端,……"(6页)

又卷六,十一月戊戌:"山东巡抚陈庆偕奏陈剥运南粮办理棘手,请明定章程,下部议。寻议:剥运章程如在白露以前一切费用统归东省筹办,如已逾白露,所需剥费照临清例雇剥船报销之案,由帮丁自行按日给发。从之。"

自行给发

1953.11.7

59. 太平战时之官军

倪在田《扬州御寇录》上:"(江北大营)皆文吏,无将策,日夕招募,厚食以致之(原注"勇一人月食逾五金有奇"),乃皆枭、教、痞、丐、盗、贼、无赖不足用(原注"彼且曰:吾月饷几六金,层递剥吸,日得才二百余钱,乌能死战乎? 然视标兵蒙古满洲之卒,优且几倍,而不衔感")。……官军衄后,惟轰大炮,按操期,捕间谍,应故事。"(6页)

时银价一两换二十千左右,五金则达一百千,日合三千,而实用于军仅二百余钱,侵蚀在十倍以上矣(此按京钱计算)。容再考。

山东钱较京钱折半,亦日达五十千。

1953.10.28

60. 洪秀全与耶稣教①

(洪仁玕手录)《洪秀全来历》:"丙申年在广府考试,逢一异人,着大袖衣,梳髻,传书一部,名曰《劝世良言》,书中所言教人信实上帝耶稣,遵守十诫,不可拜魔鬼。"(《史料丛刊》,689页)

丙申为1836年,时洪秀全年二十四岁。或谓此事在1834甲午。彭泽益考证在1833。简又文《太平军广西首义记》:"考此中国宣教士为粤东高明县梁发(俗称阿发)。先是,英教士马礼逊博士 Dr. Robert Morrison 早已传基督教之改正宗于广州,其所代表之团体为'伦敦宣教会'The London Missionary Society,故其在粤所创立之教会名'伦敦会'。"

---

① 编者注:此为该题卡片一、二、三,余缺。

（68页）

又：“考是日秀全由发所得之小丛书，全部总名为《劝世良言》，一八三二年出版。内容分九篇，各为一卷，共九卷，篇题如下：（一）真诠救世文；（二）崇真辟邪论；（三）真经圣理；（四）圣经集解；（五）圣经集论；（六）熟学真理论；（七）安危获福论；（八）真经格言；（九）古经执要。”

“梁发自出身手民，最先入马礼逊博士在马来半岛马六甲所设之印书馆助其印刷工作。后与马博士同在粤宣教。此九卷小书皆其自编或自著，复自行刊印者。”（69页）

《劝世良言》

彭泽益《太平天国革命思潮》：“其实这时的教义非常浅薄，不外拜上帝一神，不拜祖先和偶像；信奉耶稣，祈望死后登天堂而享永生等等，只是《旧约》中的教义而已。直到一八四七年洪秀全在广州美国浸礼会罗孝先牧师处读了新旧约《圣经》全文，对基督教的知识，稍有明白的认识，但是他始终不曾受到基督教的洗礼而加入教会成为一个正式的基督教。”（67页）

浅薄的教义

彭泽益《太平天国革命思潮》：“美国浸礼会罗孝全牧师（Rev. Issacher J. Roberts）……一八六〇年底……始至苏州，旋入天京。……当他离天京（案，在1862年二月）之前，曾写了一封信，……他写道：……天王所热心宣传的宗教意旨，我相信在上帝的眼中，是可憎恶的。实在我想他（指洪秀全）是一个精神错乱者，尤其在宗教的事情上……”（77页转引）

美国浸礼会 The American Baptist Foreign Mission Society　牧师的批评。

三位一体——天父、天兄、天王　上帝下凡

（未完）1953.10.23

61. 太平天国与孔子

《太平诏书》：“试辟人间子事父，贤否俱循《内则》篇。”（《近代史资料丛刊》《太平天国》一册，87页）

又：“颜回好学不贰过，非礼四勿励精神。”（88页）

又：“孔颜疏水箪瓢乐。”（89页）

又：“周文孔丘身能正，陟降灵魂在帝旁。”（90页）

《百正歌》:"周文归心八百,乃以正事不正;孔丘服教三千,乃以正化不正。"(90 页)

《原道醒世训》:"孔孟殆车烦马,何分此邦彼邦? ……是故孔丘曰:'大道之行也。天下为公……是谓大同。'"(92 页)

（未完) 1953. 10. 21

62. 太平战役中俄法欲助清①

" '……是否可行,应如何妥议章程办理之处,并着曾国藩、薛焕、王有龄酌量情形,迅速具奏。钦此。' 嗣经各督抚奏覆,有以为借助夷兵事属可行者,两江督臣曾国藩也;以为有害无利,必不可行者,漕运总督袁甲三也。江浙抚臣亦各有意见。奉旨将各折片发交总理衙门妥议具奏。旋于十二月准军机密寄:'奉上谕:"恭亲王奕䜣等议曾国藩、袁甲三、薛焕、瑞昌、王有龄等各折片称'江南官军尚未能进剿金陵,即令夷船驶往,非但不能收夹击之效,并恐与贼相持。如薛焕所虑勾结生变,尤宜预防。该抚所拟令夷兵由陆路进剿,非独经过地方惊扰,即支应一节诸多窒碍;夷性贪婪,一经允许,必至索请多端,经费任其开销,地方被其蹂躏' 等语。并于英酋威妥玛来见,与之谈论终日,该酋已吐实语,谓'剿贼本中国应办之事,若借助他人,不占地方于彼何益,非但俄法克复城地不肯让出,即英国得之亦不敢谓必不据为己有'。因举该夷攻夺印度之事为证。借夷剿贼,流弊滋多,不可因目前之利而贻无穷之患。惟此时初与换约,拒绝过甚,又恐夷性猜疑,转生叵测,惟告以中国兵力足敷剿办,将来如有相资之日,再当借助,以示羁縻,并设法牢笼,诱以小利。法夷贪利最甚,或筹款销其枪炮船只,使必有利可图,即可冀其暄就,以为我用。倘上海夷人谆请助兵剿贼,着曾国藩、薛焕量为奖勉。续有兵船驶入内地,按照条例拦阻。并着该大臣等就见在兵力,设法攻剿逆贼,毋再观望。至法夷枪炮,既肯售卖,并肯派匠役教习演造,亦令曾国藩等酌量办理。即外洋师船,现虽不暇添制,或仿夷船制造,或将彼船拨用,诱之以利,以结其心,而我得收实济。其受雇助剿,只可令华夷两商自行办理(原注"二语系硃笔点改"),于大局或有裨益,仍即在于通商税内筹办。至代运一节,由薛焕招商运津,无论华夷,一体贩运,无须与该夷预行会商。咪性较

---

① 编者注:此为该题卡片三至六,缺一、二。

醇,与英法不同,其应如何驾驭,俾其感顺,以杜俄夷市德于彼之心,亦着曾国藩等妥为办理。将此由六百里各谕令知之。'钦此。'于是借剿代运之议遂寝。"(1—3页)

　　按,其下述白齐文、华尔、戈登之洋枪队常胜军,即由"受雇助剿只可令华夷两商自行办理"之谕而成。

　　又:"庚申(咸丰十年,1860)之冬,予在督师今曾侯祁门幕府,见江浙抚臣及漕臣先后咨到奏稿,各有意见,督师命汇入夷务档案中。时予极以袁漕帅所论洞悉夷情。嗣于次年(1861)正月奉到廷寄,则圣明远虑,固已洞烛无遗。"(9—10页)

　　又:"方奉旨之初,予在幕府先见之,窃以此事必不可行,而出自俄人所请尤不可信,然督师则已胸有成竹矣。"(13页)

1950.8.8

63. 天理要论

　　《天理要论》,太平天国四年刻,《旨准颁行诏书》二十一种中有之。见《史料》一册三二九至三五二页。编者注曰:"据王(重民)辑(影印《太平天国官书十种》)影印本排印。原书正文共八章二十五页,系据麦都思(W. H. Medhurst)所作《天理要论》二十四章删节修改而成者。"(352页)

　　八章:有上帝第一章(凡十三节)　独有一上帝第二章(九节)
　　论上帝名第三章(八节)　上帝乃灵第四章(十三节)
　　论上帝永在第五章(十六节)　上帝无变第六章(十节)
　　上帝无不在第七章(五节)　上帝无所不能第八章(二十五节)
共九十九节

1953.12.5

64. 上海租界

　　道光十二年(1832),英国 Lindsay 与 Gutzlaff 诸人来华,始要求以上海为通商口岸。以前亦有外国商船来港贸易。

　　鸦片战争(1840)起,道光二十二年(1842)遂为英兵所陷(阴历八月十一日入城,见曹晟《夷患备尝记》),凡五日乃去(八月十五日出城)。

《南京条约》成,定上海为通商五口之一,当时上海亦发生入城问题(道光二十三年,1843),县人反对外国领事及商民住居城内,遂议迁居城外。

道光二十五年(1845),定土地章程(Land Regulation),北至李家场(今北京路),南至洋泾滨(今爱多亚路),东至黄浦江,在此区域内准许英人自由与中国地主订约居住;次年(1846)又定西以今河南路为界。是为英租界(English Settlement)。一八四八年西面北面又向外扩展。

美租界　道光二十八年(1848),美国在黄浦江以北洼地中树挂美国旗,强立为居住地带,俗遂呼其地为美租界。

法租界　道光二十九年(1849),法人请在县城之西立法租界(Concession Française),中国允之。

当时人口极少,租界在城外,均不以为意。

咸丰三年(1853),太平军入南京,上海租界中之洋人建议英国领事 Alcock 组织建义勇队,并在今"西藏路"掘"新开河",以为防护。同年上海小刀会据县城,西人卖军火于双方,而宣称"中立自卫",不准军队通过其界。一八五五年法人助清军攻下上海城,遂许法人扩展租界以为酬。

工部局　一八五四年英美法三租界,成立统一行政机构,名曰工部局(Municipal Council)。至一八六二年,法租界退出,自行组织法租界工部局。

道路栈桥委员　先是一八四五定土地章程,一八四八年英租界设道路栈桥委员会(Committee of Roads and Jetties),由领事提名管理界内一切事务,已侵夺中国行政权,而中国不问。

华人纳税　上海小刀会之乱,中国人避乱于租界者日多,租界遂亦繁荣,而租界向中国人课税,亦自是开始。

公共租界　一八六二年美国决定将美租界与英租界合并,一八六三年实行,改成公共租界。后经一八六九年、一八九八年租界章程之改订,及一八九九年(公共)、一九〇〇年(法)、一九一四年(法)租界之向西面扩展,加以越界筑路,遂造成后来之局面。

小竹文夫　《上海の沿革》《支那研究》十八

Montalto de Jesus, Historic Shanghai

Morse, H. B, International Relations of the Chinese Empire

Kotenev, A. M, Shanghai:Its Mixed Court and Council(会审公廨)

植田捷雄　《支那における租界之研究》　1941

植田捷雄 《在支列國權益概説》 1939

上原 蓄 《上海共同租界志》 1942

申报馆 《最近五十年》

野口谨次郎、渡边义雄 《上海共同租界と工部局》 1939

Pott，F. L. H. A Short History of Shanghai，Shanghai 1928

Sargent，A. J，Angto-Chinese Commerce and Diplomacy，Oxford 1907

Jones，F. C，Shanghai and Tientsin London 1940

外山軍治 《太平天国与上海》 日本京都高桐书院 1947

《上海研究资料》 上海通社编 中华书局出版 1936

1950. 10. 25

65. 外人在上海侵略中国主权的发展

在《南京条约》缔结后，英国于道光二十三年（1843）派印度驻屯军队长
George Balfour 来华任上海领事，根据《南京条约》第二条之规定开始贸易，彼
于十一月八日（阳历）抵上海，十一月十四日宣布上海开港。

当 Balfour 到任后即与上海道台宫慕久商洽居住地与贸易地。时中国人
民反对西洋人住居城内亦反对西洋人之购买土地。于是在城外北郊划定区
域，许西人租借土地，每年付给租价，而西人有永借权。当时英人要求交涉
根据一八四二年《南京条约》第二条、第五条，一八四三（七月廿二日）《五口
通商章程》第四条，特别是一八四三（十月八日）《虎门追加条约》第七条。

一八四五年十一月二十九日（阳历） 上海道宫慕久与英领事 Balfour
协定公布《英租界土地章程》（British Land Regulations）。这是后来租界地的
法律基础。章程规定（要点）：①得中国官宪之同意，英国得雇用警备员；②
任何国人在租界内居住必须经英领事之许可；③租界内必要岁入由居住之人
分担，在租界内设道路栈桥委员会（Committee on Road and Getties［码头］），管
理赋课，委员由领事提名。此《章程》如得英国当局与中国官宪同意，可以
修改。

　　道路栈桥委员会或谓成立于 1848，待考。东至黄浦江，南至今爱多
亚路，北至今北京路。

一八四五 英人在上海设立普通仁济馆，是为医院之始，初称 Shantung
Road Hospital，后改 British Chinese Hospital，又因 H. Lester 氏捐助二百万两，

改称 Lester Chinese Hospital,以为纪念。即今仁济医院。

一八四六　美利坚之圣公会在上海设立小学,为外人设学校之始,其地即今之圣约翰大学。

一八四六　英吉利人在上海设永福人寿保险公司(Standard Life Assurance)为保险事业之始。最初专为英人保险。

一八四六年九月二十六　英国领事与上海道协定,将上海英租界西面界址定在河南路。合之上年所定东、北、南界,面积共占 830 亩。

一八四八年十二月二十七日　英领又与上海道协定,英租界北面扩展至苏州河,西面展至西藏路,于是全面积凡占 2820 亩。

一八四八年　英国 Oriental Banking Corporation 东方银公司在上海设分行(在此以前 1845 已在香港设分行),为外人在中国设银行之始。

一八四九　法国因英人在上海立租界之刺戟,乃由其领事 M. de Montigny 与上海道台麟桂交涉,要求设立法租界,遂于四月六日缔结协定,在上海县城之西立法租界,占地 986 亩,一切办法略同英租界。其后在 1861、1900、1914 几次扩展面积,竟达 15150 亩。

一八五〇　《字林西报》(North China Daily News)之 North China Herald 在上海创刊,是为外人宣传工作之始。其后于 1880 发刊汉字《沪报》。

一八五一　上海成立土山湾育婴院、孤儿院、圣母院(包括女学、女子工艺、寡妇赡养),均为天主教所经营。

一八五三年　太平军占南京,上海震动,四月十二日上海英美法三国领事与外国人团体会议,决议组织义勇团队(Volunteer Corps)防护租界。一八五五小刀会失败,租界危险解除,宣布解散。其后,一八六〇年太平军占苏州,复又组织,一八六三解散。

　　义勇队

一八五三年　小刀会据上海城,征税机关停顿,九月中国与英美法领事商定请由领事代征关税,但三国以外之商人无人代征,反成免税状态,极不公允。美国首先退出,英法继之,于是代征办法中止,上海遂成不征关税情况。

　　代征关税失败

一八五四年七月十一日　上海外国人借地人大会开会,议决新土地章程。英美法三国领事署名,上海道台承认,设立……

(未完)1950.10.25、26、27

66. 小刀会刘丽川

扪虱谈虎客《近世中国秘史》第二编《满清纪事》："(咸丰三年,1853)七月中旬,上海道吴爽行文两广总督劳崇光,更调发出洋大拖船数十号,壮勇数千人,由外洋开赴上海,欲以助向荣攻取金陵。不意八月初旬,小刀会党首刘丽川预伏党羽数十人于道署,夜登瓦面,抛掷火球,诱吴爽出署,遂擒之。监禁吴于广州会馆,会党与之歃血而盟,要其拖船数十号写明相送,吴不得已而从之。然刘丽川挟索不已,复夺其上海道印信,后赖美领事援出之。"(142—143页)

《清史稿》传一五八《怡良传》："上海逆匪刘丽川据城,连陷川沙、青浦、南汇、嘉定、宝山。丽川粤人,商于沪,初起,冒用洋行公司钤记出示,众论汹汹,疑有通洋情事。怡良疏请闽、浙、江西丝茶暂行停运,使洋商失自然之利,急望克复,自能严断济贼。"(3页)

1950.10.16

67. 刘丽川与西人

夏燮《中西纪事》卷十一《五口衅端》："咸丰三年春,粤逆洪秀泉、杨秀清等陷江宁,三月有上海夷人乘火轮船泊下关,久之乃起椗去。越五月而上海刘丽川之难作。先是,粤匪以上年八月攻楚南,时两江督臣陆建瀛奏请阅兵九江,察看沿江要隘。其时有倡守江之议者,谓夷人自就抚通商以来,宁波、上海等处均有舟师停泊,以防海盗,若遣员赴彼,与该国领事人等商派火轮船入江助剿,啗以重略,足备不虞。值制使(案,指陆建瀛)以阅兵中止,遂寝其事。是年,贼破江宁,湖南提督向荣奉命为钦差大臣,以长江水师不备,爰檄苏松太道吴健彰续议商行,而上海之领事水师人等答以不助官亦不助贼。吴(健彰)知其不可,另幕红单甲板船以应。维时突传闻有夷船抵下关,洪、杨两逆意其为大兵之借助也,挟腐鼠而吓之。其人曰:'尔无我虞,今日之来以求通市耳。'乃徐出其所带洋枪火药以示贼军,两逆则又大喜,遂鼓吹迎夷酋入城,联教通款,而领事颇以此收渔人田父之获。一时白下人心皇惑,见洋艘猝至,助官助逆,传闻异词,而该夷来往贼营,踪迹诡秘,其有无受贿勾结情事,莫能得其详也。

是年秋八月,贼陷江苏之上海。其首刘丽川者,粤东寄居在沪之客民也。其起事也,与金陵之粤逆不相闻,而欲自东路句之入寇以窥苏杭。时有上海之领事曰温那治者(原注"原文三字皆加口旁"),刘逆(丽川)闻其曾通款于金陵,求寄书为之先容。领事许之,乃托贸易为名,遣火轮船二,携带洋枪火药驶赴江宁。行至镇江而事败。时大营有巡船在镇江江面,见有外洋火轮船二只,游弈江上,行迹可疑,乃率水勇径造其舟,拿获洋鬼二名,并洋枪火药等件,诘之,称系上海领事所遣。旋又于舱内搜获伪信一函,伪折一件。函即上海领事温那治寄与贼目,内称'三月间在南京蒙相待优厚,并为照顾贸易之事,我兄弟同在教中,决不帮助官兵与众兄弟为仇,今寄来火器若干件,火药若干斤,即祈早为脱售'等语。又称带有刘丽川奏折一通。伪折内称'臣刘丽川广东香山县人,向因贸易寄居上海,见官激民变,首先率领众兄弟起义,数日之间,克复三城,封储仓库,以待大兵之至,并献宝刀一枋,以表忠忱'等语。时两江总督怡良驻节毗陵,讯供不讳,当咨会两广督臣请穷治其狱。而该国远在数万里外,领事之通贼非其国主所得知,两制使恐误抚局,又以内患方殷,不遑究诘,遂寝其事。

　　时吴健彰方在苏松太道任内,昔年与刘逆同在洋行有旧识,刘逆至沪,欲藉此出入道署为招权纳贿地,吴闻其在沪所为多不法,又以身居监司引嫌避之,刘逆不无觖望。适闻道库所收关饷甚饶,起意窥伺,乃纠集沪中寄居之粤民及福建之青巾会,江右南赣一带之编钱会,数日间得党羽不满二千人,闯入县城,戕上海知县袁祖惪(原误"惠"),遂拥入道署,正以兵刃胁吴道(健彰),突有洋馆头目格叱之,遂挈吴道去。逆党乃劫库中关饷,遍张伪示,寻踞其城。其伪示则盖用洋行公司钤记,一似有夷人主之者。

　　续有同乡茶商(此著者夏燮之同乡)归自上海,予询其本末,则言:'城陷之日,河下商贩凡与外洋贸易者,率有公司通事主持其间,送往迎来,略无阻滞遗失。其后官兵与贼在城外交仗皆不越洋馆一步,所劫关饷银两不数日间悉镕化为番蚨,不可识别。'此皆目击之语。

　　然则,是役也,温那治之预逆谋虽无确据,而能救关道于呼吸之间,玩凶徒于股掌之上,洋行公司之钤记何以得之逆手,关税银炉之火烙何以悉化番蚨?种种疑窦,其为该领事暗递消息不问可知。迨寄书败露,则真赃铁证虽百喙不能辩也。又闻刘逆踞城年余,商贾迁徙,而夷人以此获垄断之利,是其借为奇货之居,欲收渔人之得,实狡诈之尤者也。"(5—7页)

　　又:"上海之陷也,大令(袁祖惪)死焉,而吴道(健彰)以避入洋馆捏禀公出规脱处分。查该道出身之由,系粤东人,向在洋行充当公司帮办,与夷人往来颇密,后积赀援例得候补道,分发浙江,旋改调江苏,补上海道。上海自奏准通商以来,夷人寄居日众,其势日横。(道光)二十七年青浦之役,大府恐误抚局,咎该道不善办理,自此前后莅事者率以和番称胜任,吴道向年在粤熟识公司领事人等,益以此有水乳之合。……"(7—8页)

　　　　吴健彰。

《中西纪事》卷十一附记《借助夷兵克服上海档案》:"刘逆(丽川)以三年八月(原误作三月八日)陷上海……官兵叠次围攻不能得手。时吉尔杭阿任江苏巡抚,督办军务,谋设长围断其饷路,而北门之洋泾滨为洋行出入之路,周围十里筑墙树栅,官兵不得立营垒,而贼得于北门外洋行之南首据陈家木桥坚壁以通火药粮饷之接济,官军束手。中丞(吉尔杭阿)伐交之计定,乃谋于各夷领事。是时贼势日炽,虽素畏夷人不敢撄其锋,迨实逼处此,于贸易殊多不便。于是佛郎西提督辣呃尔首请助顺,复与英吉利领事阿利国商,暂让南首马路地方听凭官兵筑墙扎营,而弥利坚有房屋七处坐落墙外,一经对仗必被贼毁,弥人有难色,中丞乃许估价买回,遂行定议。官兵移营扼陈家木桥口。四年冬,官兵先击退陈家木桥之贼,步步为营,距埋而攻之。

十二月二十日,官兵水陆并进,佛郎西亦起兵发大炮相助,六门约期并发。……二十七日,贼冲扑陈家木桥官营,声言抢夺洋泾滨洋行。各夷人督兵防备,俟其扑近新筑墙垣与官兵并力击之。……(咸丰)五年正月朔,……有南城百姓……为官兵向导,由东南二门梯而入,贼众溃乱,……时官兵攻其东南,佛兵御其北,又分派弁将统带拖罾船截其由江入海之路,遂操全时之算。以上皆据苏抚原奏。"(10—12页)

　　　　　　　　　　　　　　　　　　　　1950.10.23、24

68. 刘丽川

《清史稿》本纪二十《文宗本纪》:"(咸丰三年)八月……"(9页)

又:"(咸丰)五年乙卯春正月……戊寅,吉尔杭阿奏,克复上海县城,诏嘉奖之。"(13页)

　　　　官书。

　　　刘丽川入上海在咸丰三年八月,《本纪》未著一字,忽于五年书"克复上海县城",修史者之疏也。

《清史稿》列传二六二《洪秀全传》:"(咸丰三年)八月……五年正月江苏巡抚吉尔杭阿克上海县,县自三年秋陷于贼,至是始复。"(10页)

洪《传》之失与《本纪》等,可见不重视其事。

《清史稿》列传一八二《吉尔杭阿传》:"吉尔杭阿,字雨山,奇特拉氏,满洲镶黄旗人。……咸丰三年……晋秩道员,拣发江苏,补常镇道,署按察使。粤匪已踞江宁,镇江会匪刘丽川陷上海,巡抚许乃钊檄吉尔杭阿偕总兵虎嵩林、参将秦如虎合师进剿。刘丽川者,广东香山人,贸易上海,习于洋商,与苏松太道吴健彰有旧,素行不法,见粤匪势盛遂倡乱,纠客藉粤、闽、江右会党二千人,于三年秋袭上海城,戕知县袁祖惪,劫道库,吴健彰遁入领事署。邻境乱民纷起应之,宝山、嘉定、青浦、南汇、川沙五城连陷。苏绅捐募川勇千人,刑部主事刘存厚领之,隶于吉尔杭阿为军锋,连克青浦、嘉定,诸军至,五城以次复合围,上海分南北两营。四年春,(刘)存厚穴地轰城,以援兵不继,退。贼由北门出犯,吉尔杭阿亲燃炮击却之,贼又劫北营,虎嵩林兵挫,吉尔杭阿固守,得不溃。复击退西门扑营之贼。超擢布政使,赐花翎。寻擢巡抚。复于南门掘地道,火发,副将清长先登,没于阵,兵又退。地邻租界,匪人暗济饷械,久不下,乃于洋泾浜筑墙塞濠,断其粮道,贼始困。负隅已经年,洋商贸易不便,吉尔杭阿开诚晓以利害,于是法国兵官请助剿,英美领事允让地设防。筑土墙于陈家木桥,移营进逼,下令投诚免死,缒城出者日以千计。贼袭陈家木桥,击败之,禽斩悍党伪将军林阿朋。除夕,乘贼不备,地雷发,督兵跃城入,丽川纵火逸,追禽伏诛。余贼尽歼。捷闻,文宗嘉其功,加头品顶戴,赐号法施善巴图鲁。五年,命率得胜之兵驰往向荣大营帮办军务,专任镇江一路。"(4 页)

《清史稿》忠义传五《袁祖惪传》:"袁祖惪,字又村,浙江钱塘人,祖枚,以诗文名,官江宁,因家焉。祖惪早慧,入赀为江苏宝(?)山县丞,兵备道某稔其才,以上海县令姚某漕事迕误去,檄祖惪擢县事,且代姚办漕。未五月难作。先是县中团练多闽广无赖,本地游民和之,漫无纪律,粤匪据江宁为伪都,人心益摇,于是小刀会起事。小刀会者,即无赖游民所结合,党羽散布,官役皆为耳目。道固粤产(谓苏松太道吴健彰),谓中多粤人,置不为备。先发难嘉定,戕县官,道仍不为备。咸丰三年八月初五日为上丁祀事日,黎明,祖惪肃衣冠出,贼蚁拥入署。一贼号小禁子者,祖惪尝因案惩之,首犯祖惪,刀交于胸,被十余创,骂不绝口死。守备李大均得讯,跃马呼杀贼,手无械不能战,自经死。"(8 页)

王萃元《星周纪事》卷上(《上海掌故丛书》第一集):

　　当时人记载

"咸丰三年癸丑春二月十二日南京失陷。……"(1 页)

"先是有青浦县境向充地保之莠民周立春霸粮滋事,乡愚被其胁从,于黄渡旧青浦地方聚众拒捕,官不能制,潜与杂居上海之闽广匪徒勾结联络,约日举事。"(1 页)

　　此所谓"先是"指刘丽川起事之先,原书系于三月记事之下。

"秋八月初五日,闽广匪伙潘可祥,混名小景子,率匪众闯入县署,县尊(讳祖惠)骂贼遇害。贼首刘丽川等劫狱据城。初七日,予因探视亲串到城,见匪类以红布裹头为号。四城门遍贴伪示,如醉如狂,夜郎自大,为之愤甚。乡间讹言四起,朝不保暮。旋闻南汇、川沙、嘉定亦相继失守。……十五日,周立春破青浦城,据之。十六日,上海踞匪猝至法华镇,被该处乡民格杀不少。十八日,又至,被格杀三四十人。二十日,臬宪吉公(讳尔杭阿)统兵攻克青浦城,南汇、川沙、嘉定亦相继克复,逆首周立春就擒,送省垣正法。"(1—2 页)

"五年乙卯,春王正月初一日。清晨,东北隅烟焰直透霄汉,旋得确信,知已于是时克复矣。未几有执旗贼二十余名被官兵追至程家桥地方,乡民阻截,相与斩杀净尽,据云贼首刘丽川即在其中也。"(5 页)"初八日。与子铣进城一览,满城焦土,触目可怜。晤亲友之被陷城中者告予曰若再缓二三日破城,则吾辈皆登鬼箓矣。盖以并无牛皮作食也。"(5 页)"(咸丰四年)是年秋冬之交,臬宪汤公(讳云松)建议于东门起,直至北门,筑围墙数百丈,由是接济之路遂绝。十二月下旬,有人自城内逃出者,述贼匪业已绝粮,百姓更苦不可言,树皮草根搜掘殆尽,有以鞋底牛皮烫烊作食者。除夕闻炮声震地,较平时尤甚。"(5 页)(此条应在上条之前)

黄本铨《枭林小史》(《上海掌故丛书》第一集铅印本):

小刀会与天地会

"咸丰三年,秋八月,粤匪刘丽川据城邑叛,邑令袁遇害。先是二月初江宁失守,邑人讹言四起。小刀会多广东潮嘉人,广中向有斯会,而流寓吾邑者多无赖,因袭其号以聚众。既乃尤而效之,纷纷继出,或名天地,或名上帝,每有细故,一呼百应,而建之泉漳人为尤横,浙东台宁次之。我邑(指上海)本五方杂处,市中棍类亦聚众相竞。当是时,各党未合,犹未悉贼首为刘丽川也。"

刘为人推重

"丽川广潮州人,在邑(上海)无室家,轻施与,以故同乡人咸悦服推重之。"

夷商通事

"尝为夷商通事,后落魄无生计,抄袭方书为人治疡颇验,遇贫苦不受馈,由此名藉甚,小刀会起,推以为首。……金陵之失,……我邑独安堵,有识者窃忧之,谓夫道库贮百万,所辖皆广勇,昔年广艇局之捕盗也因而为盗,一旦有变恐内应。……贼即于初五日夜半率众数千人呼啸入道署,(道台)吴(健彰)急升堂谕祸福,而所集义勇亦倒戈叛,金曰'大人请起',一呼而阖署皆裹红巾焉。吴(健彰)知事不可为,退欲觅死,不得,为夷商拥去。而副贼潘金珠即于是日杀袁令(祖惠)。金珠江宁人,其父以罪戍我邑,为禁子,娶妻生金珠,故又号小禁子,年十八,短小剽悍,为棍徒首。"(1—2页)

国名、印文

"贼贴伪示。贼伪示称'大明太平天国',印曰'顺天洪英义兴公司',不知何义。刘(丽川)为首,陈、林以下十九人俱有元帅将军之号,冠服取给神庙及优部,余裹红巾。"(2页)

陈阿灵、林阿福

"(咸丰四年四月)城中行蓄发令。初民为贼无别,往往逃出,至是听徐某谓仁计,行蓄发令,示以出则必死。"(5页)

美商

"花旗商焚大营。初花旗夷商与贼通贸易,佛兰西商常劝止之,不听。会运米为贵州兵所乘,夷商伤足,因衔恨乘间袭焚大营,毁器械无算。贼出城冲击,军士力战得遏。中丞吉(尔杭阿)拟先击鬼子,檄佛商乘其后。花旗惧,以十万金赔偿焉。并约嗣后无与贼通交易。"(5页)

"六月贼铸钱。……至是收废铜悉铸之,文曰'太平通宝',背作日月二形。……"(6页)

内部分化与省籍

"(九月)李少卿投大营降。李,福州人,为海商,饶有财,……"(7页)

"……谢应龙投大营降。谢,宁波人,为贼胁用,因李少卿愿归顺。……"(7页)

"(咸丰四年)十一月佛兰西商导官军入城不克。佛(兰西)商输诚效力,侦知贼势日蹙,乃导官军攻陷北门之振武台,城中空若无人,遂入抵北香花桥,军士分道登城,拔贼帜,炮发伏起,夷商急退,贼免之,军士多陷城内……无一得脱者。"(8页)

"佛兰西征兵至,官军进逼,始筑长围。佛商誓灭贼,征兵于国,发千余人,驾火轮船入吴淞口,炮声震天,我军进逼城下,于是六门皆以兵扼,筑长围以困之。"(8—9页)

"城中人相食。"(9页)"贼纵居民出城。"(9页)

"十二月官军斩贼谍于陆家趾。初,城中食物仰给夷商及奸民贸易者,至是不能运,而金亦垂尽,无所为计,乃悉索贿奸弁为外应……约于元旦倒戈叛应,先劫佛兰西商,直扑苏郡,会夷场铺中红布骤销,咸为兵勇所售,知有变,……遂袭执之。……"(9页)

"刘丽川弃城走。"(9页)

"官军追斩刘丽川于虹桥镇。"(9页)

"(咸丰)五年春正月元旦大军入城。"(10页)

"中丞吉(尔杭阿)檄佛兰西商追获贼艘,吴淞口、松太悉平。"(10页)

曹晟《觉梦录》:"……初,广西之绎骚也,……江南远隔重省,……已而渐至江西,江南不过戒严边界,聊作声援而已。无如承平日久,人悉忘兵,……当道捧檄张皇,尽人问策,挨户偷丁,……始焉保甲,继焉义勇,再焉壮丁,遂使宿匪积棍均厕戎行,滑贼奸徒共襄城守,……"

帮会之始

"标门榜户,设长分行,由是而宁波帮、福建帮、南京帮、江北帮、塘桥帮、庙帮、青手帮、底作帮、百龙党、蓝线党、小刀会、双刀会,狐群狗党,各立渠长,互竞雌雄,……盈千累万,歃血拜盟,各立门户,时竞强弱,俨如仇敌,彼司其职者如聋如瞀,……如是凡二年。"

上海据城之由

"已而江宁陷,制军死。我松四处闹荒。(咸丰)三年……六七月间,上游招勇闽广,无赖之挑剩遣回者,来而失所,作队游魂,依城凭社,愈积愈多,既无口食,又不押回,终日抢诈,不计巨细而养痈之势已成。法敝计穷,莫能制止,不得不贿以多金,嘱其易地,谁知狼子野心,……忽焉蠢动,加以时事久非,奸民思逞,袒臂一呼,全城无守。晷刻之间,二万外壮丁义勇红巾裹额矣。(2—4页)

……自八月至四年冬,其间冻饿以死者不知凡几,无辜之遇害者又凡几,……言乎家计,高堂广厦,据为巢穴,一切资用,贼有之矣。中下之家,劈门毁屋,倒箧倾箱,随所欲而取之。……以后渐渐锁围,粮绝于外,心离于内,始得逆匪授首,余党剪除,自始迄终盖一十八月矣。究其所以,一由于当局之偏听偏任。二由于襄事之卤莽营私,三由于通奸贼徒周旋调济,益之以贪狼(狠?)夷房,狡诈中间;不逞凶徒,聚集一地,天实为之,谓之何哉!"(4—5页)

徐蔚南《上海小刀会乱事的始末》(《逸经》半月刊二十六期):"一八五三年九月(咸丰三年八月)上海小刀会的起事,在全部轰轰烈烈的太平天国史里,不过是一段插话。但是因为地方是上海,时间是经过十有七月,并且清兵借用洋兵攻打太平军是以小刀会之役为开始;上海租界的变质,中国海关实权的丧失也都是从小刀会战争时开始的,所以小刀会一段史实,在太平天国史里虽则像煞无足重轻,而在中国近百年史里,却占着极重要的一页。"(28页)

后人记载。

"太平天国兴起,党会盛行,上海……据共有七党之多,闽广分为五党,宁波上海各为一党,七党的联合便成为小刀会。……"(28页)

据《遐迩贯珍》:七党为建,兴化;广,潮,嘉应;宁波;上海。

"九月七日(八月初五日丁丑)黎明时,小刀会终于起事,……同日晌午,闽广十余人持利刃,分守各城门,凡有出入,必加盘诘。……会党皆以红布裹首,否则襟上系红结为号。城上立绿旗,上书'顺天行道'四字。……"(29页)

"北城为小刀会首领广党刘丽川所踞,小东门为闽党李咸池所踞。……刘李当日各出安民告示。刘丽川告示是这样:'大明国统理政教天下招讨大元帅刘,为出示安民以靖地方事。……方今童君昏瞆,贪官污吏,布满市朝。鞑夷当灭,明复当兴,故此本帅兴仁义之师,为汝驱除。……'李咸池的告示独用黄纸,字用端楷:'奉天承运开国元勋平胡大都督李,为晓谕诰诫事,……慨自满贼篡位以来,礼义不存,廉耻尽丧。暴敛横征,野皆狼心狗行之吏;卖官鬻爵,朝尽兔头獐脑之人。有钱生,无钱死,衙门竟同市肆;胶民膏,剥民脂,官府直如盗贼。而且选举不公,登庸尽弃。八旗之族满朝廷,六合之英伏草莽。登第发甲,皆出田舍之翁;纳赂捐资,旋登天府之籍。所以正教日衰,风俗颓败,人心离而国势难支矣。某等因天下之失望,顺宇内之归心。歃血同盟,誓清妖孽。厉兵秣马,力扫腥膻。……'"(29—30页)

"小刀会起事后,当面的大问题便是食粮问题。……"(30页)

"但是粮食问题,小刀会始终不能解决。终于为小刀会致命之一。……"(31页)

因缺粮而失败。

"当小刀会初起时,也很想以上海为中心而进取四周各县,可惜力有所不逮。为小刀会所占有的青浦、宝山、南汇、川沙、嘉定等地,……相继为清军所夺,……不得不困守上海一孤城。……可是清军却借用法兵了,第一,是在法国水兵保护之下,清军在洋泾浜南建筑一大围城,以切断小刀会与租界的交通;第二是法领照会小刀会,迫令退城。小刀会不从,法兵便在一八八五年一月六日(清咸丰四年十一月十八日)大举进攻。小刀会因此不久就崩溃了。"(31页)

清借法兵。

晏玛太《小刀会占据上海目击记》(简又文译,见《逸经》二十六期):

"……他们(小刀会)并无滋扰人民之表示,……店铺俱不开门,但是有许多人站在路旁及由窗门外望,各皆现诧异之色。"(32页)

"此乱事消息一传至外间,外国人纷纷进城看个究竟,可以随意游行并无阻挠。"(32页)

"至一点钟时,人民纷纷挈眷逃出城门,直至守城者得令不再许人出城。……既知党人宗旨在维持秩序,城内之传教士乃决定留在城内原有房舍。"(33页)

"昨日我在城内行走,适遇党人首领乘轿走过街上,护卫甚严。他是广东人,姓刘。彼状貌如常人,而面色甚黑。我见其手中持一刀——此与清吏服装不同。彼云彼是隶属于太平王而受其指挥,且已与通款者(原注:彼之第一张告示并未言及此点,但曾面对数外人言及)。刘氏与大多数部下人,原籍虽为闽粤及他省而皆上海居民也。"(33页)

"昨日下午,彼表示对城内外国居民之和平宗旨最为有力,并于今日允许分派卫兵往各教堂及教士住宅保护一切。"(33页)

"党人已采用红色徽志,吾闻此与太平军相同。有些用红布包头,有些用红布束腰,而其他则用红布的什么东西插在襟上或肩上。"(33页)

"A. B. C. 一八五三,九,八,上海。"(案此其署名)(33页)

西人记载。

《小刀会首领刘丽川访问记》,罗孝全牧师作(简又文译,《逸经》二十六期):"我于今日往访刘丽川氏于文庙,此处即其大本营也。我见彼之时,彼正在吸鸦片烟如常。我入室后,彼放下烟枪而坐起来。……讵料在我眼前之身体瘦弱,容貌苍白的吸烟者就是其人,不胜诧异。彼身材矮小,容貌则除烟油遮盖之外,状如童子,而全无战士之威严勇猛的仪容。……我又觉其气态和蔼可钦,言语则娴雅悦耳,殊足以补充其容貌身裁之缺乏。……我问其年龄籍贯(原注:此为中国规矩所者),则答三十四岁,生于广东香山县,从一八四九始到上海居住。"(34 页)

  刘吸鸦片

"刘氏云,已送两封公文往南京与太平王通款曲,其一由陆路,其一由水路递送。彼正等候复音,并盼望南京派大员前来与其布置上海各事。如其希望成功,彼将能令城中中西居民人人欢喜。……"(简又文案:此公文似皆未能达到南京,中途为清军截获)(34 页)

"我复问他外国人在城内安全否,盖外人颇怀惧心也。彼则答云,他们不用畏惧……"(34 页)

"I. J. R. 一八五三,九,二十五,上海。"(署名)

1950. 10. 20—23

69.《太平军在上海专辑》

《逸经》,文史半月刊,第二十六期　民国二十六年三月二十日上海出版《太平军在上海专辑》:

一、《上海小刀会乱事的始末》　徐蔚南著　凡五段

二、《小刀会占据上海目击记》　晏玛太(Rev. M. T. Yates)著　简又文译　原作载 North China Herald, Sept. 10, 1853,署名 A. B. C.　原函作于一八五三年九月八日上海。

三、《小刀会首领刘丽川访问记》　罗孝全牧师著　简又文译　原作载 North China Herald, Oct. 1, 1853,署名 I. J. R.　原函作于一八五三年九月二十五日上海。

1950. 10. 22

70.《觉梦录》

《觉梦录》一卷,清曹晟撰。晟字寰照,又字静山,道咸间人。咸丰三年小刀会据上海,晟留城中,就其亲所闻见著之于篇。民国二十四年上海通社《上海掌故丛书》第一集铅印本。

71.《红乱纪事草》

《红乱纪事草》一卷,清曹晟撰,晟字静山,又字寰照,道咸间人。咸丰三年小刀会据上海城,晟留城内,因就所见一一著之歌咏。民国二十四年上海通社《上海掌故丛书》本。

72.《星周纪事》

《星周纪事》,上下二卷。清王萃元撰。萃元字子俨,上海新桥人。同治辛未岁贡。官训导。书记咸丰三年迄同治三年上海兵乱事,皆目所亲见,身所亲历者。前后凡十二年,故曰星周。咸丰十年上海创办团练,萃元父鼎琳主虹桥局,萃元兄弟襄其事,故所记较详。又载官吏需索(上卷二至三页),商民观望规避情况,亦他书所不及。书成于同治七年,有萃元同治七年跋。上海通社《上海掌故丛书》第一集本。

1950.10.20

73.《枭林小史》

《枭林小史》一卷,清黄本铨撰。本铨字沐三,别号海上漠鸿氏,川沙人。咸丰三年刘丽川占据上海,清军围攻十七月,杀人众多,城社焦土。本铨时隐迹海滨,目击心伤,因据见闻所及,仿纲目体记为此书。前有弁言,后有短跋,自谦为稗野非志乘,谓"就耳目所及,不事粉饰,聊记颠末,幸无以正史绳之"。光绪初,上海申报馆曾排印行世。民国二十四年《上海掌故丛书》第一集收。

1950.10.22

74. 咸丰九年之上海

李慈铭《越缦堂日记补》第六册,咸丰九年(1859)三月初七日:"晨抵上海,泊小东门外。偕啸篁登岸,游洋泾浜,夷房方圆几至十里,无复中华风景

矣。至天后宫看戏,逾顷即返。"(22页)

其下述入城挟邪事。又屡见粤客豪奢强扰之句,当时粤客之多可见。

75. 李莼客记刘丽川

李慈铭《越缦堂日记补》第一册,咸丰四年追记三年秋九月事:"是时江苏上海民刘丽川勾连海盗据城反,戕知县袁祖得,即随园孙也。苏松泰道吴健彰,粤人,为花旗夷婿,逃入夷舶,未几赴大军,逮问。适青浦民变,陷嘉定,进逼松江,杭绍人大震。江苏巡抚许乃钊调诸路兵进讨,收复嘉定,平青浦贼,围上海不克。"

又第二册,咸丰五年正月初七日:"闻官军元旦克复上海,刘贼平。是役也,嘆吉(原文如此)、佛郎机、花旗三夷全效顺云。"(1页)

又栏上眉批曰:"大事曰平者,刘逆终不获也,或云遁入海矣。星诚。"(1页)

1950.10.28

76. 云南回族起义

岑修《云南通志》卷一百六《武备志·戎事六》:"道光元年辛巳夏四月云龙州所属白羊厂汉回斗杀,回民先后京控,有司捕治之。初白羊厂产银铜二矿,采矿砂丁多楚人,与滇之临安汉人,迤西回人皆强悍。道光元年夏四月乙未望日,临安砂丁徐士雄少溲于回人马良才礁门,(马)良才殴(徐)士雄伤,(徐)士雄纠众坏其门。明日(马)良才亦纠众毁临安会馆,杀守馆人胡芳……临安客长秦贤中结党报复,……飏言谓回人先杀临安人,后杀楚人,……楚人信之。(秦)贤中因嗾楚客长向中心(原注"一作向中")转纠二百余人,合(秦)贤中党聚集楚人寿佛寺。是夜……各率众互斗,达旦始罢,死伤百余人。……回民马行云、马幅材先后赴京呈控。有司捕获秦贤中等依律问拟……滇省汉回之乱垂五十年,以修怨复仇为名,皆肇衅于此。"(案册新增,1—2页)

"道光十三年癸巳,保山县属七哨汉民设'牛丛会',擅杀人民,官不能制。……自是哨民藐法玩官,至乙巳、丁未二年,有搜杀城回,打夺人犯之

事。"(《林则徐疏稿》参采访,87册3页)

"道光二十五年乙巳夏,永昌府汉回互斗,总督贺长龄捕斩哨匪万林桂等,具奏结案。……九月……(署永昌府知府)恒文家丁黄溃与城回有隙,是夜(初二日庚申)挟刀至回人杜汶秀未婚妻马小有姑之家,杀其父而虏马小有姑,又与汉人王均等分带练丁抢杀,恒文未能禁止。回人旋赴省城呈控,恒文饬将马小有姑交保山县发官媒看养,……(贺)长龄捕斩哨匪,意在调停汉回,而回匪凶焰愈炽,辗转报复,善良蒙害,推原至祸之由,汉回人民无不交口怨官者。"(《林则徐疏稿》采访,87册6页)

"道光二十六年丙午,迤西回匪复纠众作乱,总督李星沅调兵剿之,回渠张富等伏诛。……综计年内回匪残害永顺云缅汉人,较上年汉匪残害保山城回,实加数倍。……迤西郡县半已糜烂矣。"(《林则徐疏稿》采访,87册6—8页)

"道光二十七年丁未春正月,东川巧家厅属汤丹厂汉回斗杀,有司捕治之。……是时回民逃犯中有马二花,至咸丰三年借名报仇,纠众焚杀,其害尤烈。"(《林则徐疏稿》参案册,87册8—9页)

"(道光二十七年)夏四月总督李星沅解任,上命林则徐代之。……夏六月则徐抵任,疏言,汉回虽气类各分,而皆朝廷赤子,但当别其良莠。不必歧以汉回。……"(《林则徐疏稿》参案册,9—10页)

"(道光二十七年)十二月总督林则徐奏剿保山县七哨汉匪。本年秋七月,保山县难回丁灿庭、杜汶秀等,疾汉袂周曰庠、刘书倡结香火灶,聚七哨乡练,遂以香匪挟嫌串谋杀害为词,先后赴京呈控。……"(《林则徐疏稿》,87册12页)

"(道光二十八年)五月林则徐等会审丁灿庭、木文科、杜汶秀、刘义四人京控两案人犯二百余名……绞决周曰庠、刘书,斩枭恒文家丁黄溃,……追究恒文昏聩不职,革职永不叙用。黄溃所虏马小有姑、杜汶秀具结愿领完娶……(林)则徐等悯其家属蒙害,诬控诸罪悉予赦宥开释,而狼子野心靡感靡畏,至咸丰六年遂窃据大理蓄发称乱。"(《林则徐疏稿》参采访,87册22页)

"咸丰二年(1852)壬子春正月太和县回匪马阿略等左道谋逆,杀都司和鉴,官军捕治之。"(案册参采访,30页)

"咸丰三年(1853)癸丑东川府汤丹厂回匪马二花反,总督吴文镕、罗绕典先后平之。……"(案册兼采访,33页)

"马二花之乱,东川府城回响应。三月壬申焚城西汉民庐舍两千八百余间,……"(采访,87 册 35 页)

"咸丰四年(1854)甲寅,楚雄南安州汉回争厂互斗,官不能制。道光以来,云南金银诸厂采矿砂丁号厂客者类皆汉家无赖子,青布缠头,被甲持械,扬旌击鼓,千百为群,目无法纪,官司斥为厂匪,其人多临安府籍,亦称临匪。……本年春夏间,楚雄南安州准招临安砂丁往石羊银矿采办,于是厂匪垒集,人数既多,又招往马龙铜厂分办。司厂各贷工本,厂匪四散滋扰。在石羊诸厂者与汉回争矿,分党互斗,官不能治,而回人屡挫其锋,衔恨次骨,常思报复。至丙辰岁(1856),汉回相杀,全滇蠢动,十余年兵连祸结,实由矿场酿成之。"(案册参采访,36 页)

　　以上第八十七册页数

"(咸丰四年)冬十一月临安厂匪从武定州人围攻回民西村,破之。"(采访,87 册 36 页)

"咸丰五年乙卯春,临安厂匪滋扰楚雄,总督吴振棫调兵剿之。"(案册,87 册 37 页)

马凌汉—新兴

岑修《云南通志》一百七《武备志·戎事七》:"(咸丰六年丙辰,1856)夏四月新兴回首马凌汉窜扰省城,回弁妥福、妥寿,谋叛应之,事觉伏诛。临匪遂屠省城回民。……"(案册,88 册 2 页)

　　此即所谓省城"戊戌之变"。

"(咸丰六年五月)曲靖、临安、广西、开化、东川等府匪回作乱。……"(《舒兴阿疏》参案册,88 册 4 页)

徐元吉—澂江

"澂江回首徐元吉反,踞西山,攻府城。……马凌汉之扰省城也,同时回首徐元吉亦纠楚雄、镇南、姚州、呈贡、晋宁、宜良悍回集澂江,踞西山倡乱。……"(采访,88 册 6 页)

马如龙—曲江

"……迨闻省城四月戊戌之变,回陇、曲江之回推悍目马如龙为首,踞巢以叛,四出焚杀。……全郡大乱。……(回陇、曲江皆建水县所属大回寨)……马如龙者,建水武生,回中世族,素以勇闻,至是遂长其群,自立为伪帅。……"(采访,88 册 8 页)

"(咸丰六年八月)大理逆回杜万荣、蓝金喜等踞城反(杜万荣为城内回,

蓝金喜为陕回）……"（案册参采访,88 册 10—11 页）

杜汶秀—大理

"（咸丰六年）冬十月……众贼窃踞大理,议推一人为帅。时陕回蓝金喜、太和回杜万荣、蒙化回马金保、云州回蔡发春各欲自立,回众未之服也;旋以杜汶秀有识量,且前京控有功,因推立之。十月朔,杜汶秀僭称总统兵马大元帅,据提督府为帅府,禁薙发,易衣冠,所有伪制多逆党张子经所定。其伪官亦分文武品级:文有大冢宰、大司马、大参军及奉政、参谋诸名,武有大将军、大都督及统制、先锋、指挥诸名;伪印或用银,或用银包铜、用铜、用木不等,多至千余。其衣冠皆优人服饰也。以沙谦为伪护国军师,谦本姓吕,贼起事谋主也。以张子经、马国忠为伪军机参军,以马仲山为伪大冢宰,以马金保为伪大将军,以蔡发春、蔡得春为伪大都督,以杨德明、蓝金喜、保文明、马驷良、马国玺、陈义、朱开元等为伪将军,以马名魁、马为龙、马汶炳等为伪都督,以沙昆山、马潮珍为伪掌教,以李捷魁为伪承审司,以杜万荣为伪参赞,以吴嘉臣为伪招纳司,以康兆纶为伪通政使,以从逆举人李伟、陈征用、尹建中、杨炽、赵锡昌、杨懋,副榜王恩锡、朱凤翔,贡生马印阁、刘凌云等为伪参事。（杜）汶秀本永昌回互斗案内京控回民四人之一,其后定案四人皆免诬告罪,汶秀流寓赵州,至是遂为逆回渠帅矣。"（采访,88 册 13—14 页）

"（咸丰七年丁巳正月）太和县武弁李根香,宾川州诸生董家兰等起义勇讨杜汶秀。"（采访,88 册 17 页）

"（仝上）时回匪猖獗日甚,屡奉严旨谕令先剿后抚,以期一劳永逸,而督（恒春）、抚（舒兴阿）以饷缺兵单,一意主抚。……嗣后各府州县吏顺承意旨争言抚贼邀功,养成贼势,卒酿围城之变,皆为抚议所误也。"（采访,88 册 18 页）

"（咸丰七年四月）路南州夷匪叛附逆回马正宗,窜陷州城,……"（案册参采访,88 册 20 页）

"闰五月曲江逆首马如龙犯省城,焚南关。……如龙侦知省城兵力单弱,乃纠澂江贼首徐元占、新兴贼首马复初等率回夷悍匪数万,突入呈贡县,迤东迤南诸贼以次大至,直犯省城。……壬寅贼至省城东南门外,纵焚街道如入无人之境。……贼踞江右馆为老巢……"（案册参采访,88 册 21—22 页）

总督恒春自杀,巡抚舒兴阿引疾乞假,布政使桑春荣护抚篆兼护督篆,城外均回军。

"（咸丰七年八月）以四川总督吴振棫总督云贵，……张亮基以五品京堂帮办军务。"（案册，88/25）

"（十二月）总督吴振棫、帮办军务张亮基先后由四川率师入滇。振棫驻曲靖府，亮基……驻宣威州。……（吴）振棫见回匪势焰日张，急欲以抚结局，专主抚议。……"（案册，88/29）

"（咸丰八年戊午正月）总督吴振棫委迤东道汪之旭至省城招抚围城回匪。……回酋马复初、马如龙、徐元吉等定议就抚。惟马凌汉不从。……然回匪盘踞江右馆等处如故也。"（案册参吴振棫奏疏，88/31）

"（咸丰八年六月）授张亮基为云南巡抚，适亮基亦患目疾，请假两月，命按察使徐之明暂护抚篆，仍驻宣威以通后路。……"（案册，88/38）

"（七月）赏就抚掌教回目马德新（原注"即马复初"）四品顶戴。……其余回目马敏、马春龄、马匡才、马如龙、徐元吉、马添喜等收标差遣，以千把总拔捕。"（吴振棫疏，88/39）

　　　　马如龙等实未受抚。

"（八月）总督吴振棫、巡抚张亮基先后至城省。"（采访，88/41）

"十二月，总督吴振棫引疾罢，以张亮基代为云贵总督，以徐之铭为云南巡抚。"（案册，88/43）

岑修《云南通志》卷一百八：

"（咸丰九年正月）训导董家兰败杜汶秀于海东，……（董）家兰营于海东之新溪，……（董）家兰勇而能谋，善抚士卒，倡义以来，大小百余战未尝败北，与张正泰互为声援，所用粮饷、子药、器械皆仰给于（张）正泰，故以孤军勉力支二三年之久，虽未能复大理，而牵制杜逆使不敢倾巢东犯，颇有力焉。"（采访参案册，89/1—2）

"（咸丰九年三月）丽江、鹤庆练勇内讧，杀署游击张正泰。……"（案册参采访，89/6）

"大理回酋陈义、刘刚犯邓州，……董家兰率勇往援，力战死之。……杜逆所畏惟（张）正泰及（董）家兰，（张）正泰既死，（董）家兰又阵亡，……迤西军务遂不支矣。"（采访，89/9）

"八月武定州夷酋毕顾保作乱，陷州城。……富民、武定红夷，习俗强悍，以猎为生，善用镖弩，又能于七步中连放三枪，历年充练，往往有功，渐骄横有异志。时游练所至滋扰，而近省城各属及孔道州县受害尤剧。戊戌，武定汤郎勒品乡等处红夷以防外练为名，聚众倡乱。……"（案册参《州志》，

89/18)

夷民充练。

"(咸丰十年[1860]四月)逆酋马如龙、李芳园陷楚雄府。……楚郡为西路门户,屏障省城,既失守,阖境皆震,褚(克昌)军四面受敌,遂不能支,大局始坏矣。"(案册参采访、张亮基疏,89/41—42)

"马如龙之陷楚雄也,自谓有功杜逆,遣人至大理与杜逆通,杜逆欲授马如龙伪职,如龙不受,始与有隙。(马)如龙旋委楚雄窜入澂江,逆酋李芳园踞城降杜逆。……楚雄遂为西逆所有。……"(徐之铭疏、参案册采访,89/55)

楚雄为杜所有。

"(咸丰十年[1860]九月)总督张亮基遣回绅马椿龄往抚新兴、澂江之贼。(张)亮基之始入滇也,署东道贾洪诏陈滇中办理失策,……(张)亮基然之。嗣代吴振棫督滇,鉴(原作监)恒春、(吴)振棫招抚之误,锐意主剿。遣将进兵,意回匪不难就殄。迨楚雄失守,西师相继告溃,(张)亮基气沮,复持抚议,布政使邓尔恒等劝成其事。会所奏调浙江知府回绅马椿龄到省城,亮基遂札委(马)椿龄往抚新兴、澂江之贼。(马)椿龄至新兴,贼首田庆余抗不受命,而澂江贼首马复初、徐元吉,昆阳贼酋杨振鹏,曲江贼首马如龙等则呈请就抚。……"(案册参采访,89/56)

新兴—田庆余

"(咸丰十年[1860]十月)澂江逆酋徐元吉等袭省城,参将何自清大破之,斩(徐)元吉。(十一月)"(徐之铭疏、参采访,89/58)

"(仝上)总督张亮基引疾,巡抚徐之铭兼署督篆 。"(案册,89/59)

"(仝上)时地西各郡沦陷,惟永昌独存,杜逆以全力图之,……志在必克,不料反败于永昌,丧精锐万余,深以为恨。"(采访,89/62—63)

"(十二月)总兵何自清等大破西逆于安宁州,围其城。西遂自踞安宁州,即联络海口、昆阳、澂江之贼,东西通为一气。……(何)自清奉(徐)之铭檄,由省城驰至,……追至城下,遂四面移营围之。"(徐之铭疏、参采访,89/64)

岑修《云南通志》卷一百九《武备志·戎事九》,咸丰十一年(1861)正月:"(总兵林)自清解省城围以来(十年十月),声威骤著,遂骄暴擅权,拥兵挟寇以自重,署总督徐之铭曲意结之,竟无可如何也。……省城事无钜细,悉决于(林)自清,各郡相率效尤,武弁专肆,文吏仰成,纪纲荡尽,大局益不可挽矣。……"（原注："按自清本何有保养子,幼从何姓,既官总兵始请归宗,故复姓林,实一人也。"）（案册参采访,90/3）

　　时林自清杀呈贡知县许正裕等。

"诏授贵州巡抚刘源灏为云贵总督。"（案册,90/4）

"（咸丰十一年）五月知府岑毓英、总兵林自清会克海口。……海口自六年后屡剿无功,旋抚旋叛,恃险负隅,大为省城肘腋患,至是……卒夷老巢,一方称快。……"（徐之铭疏,90/11）

"（咸丰十一年[1861]十一月）逆酋马如龙等犯省城,军官败绩于小板桥。……"（采访,90/20）

"（马）如龙率南路回夷数万,复谋犯省城,……"（案册,90/19）

"（十二月）西逆复陷禄丰县及黑琅、元永各盐井,……并设伪职率匪踞之,胁降灶户,广招客商,煎盐抽课,为足用计。"（采访,90/22）

"（同治元年壬戌,1862）二月署总督徐之铭抚回酋马如龙、杨振鹏等降之。……于是抚局遂定,行省大局一变,而事权悉归（马）如龙矣。"（徐之铭疏,90/25—27）

"以前河南巡抚潘铎署云贵总督。"（案册,90/27）

"署总督徐之铭招澂江回酋马德新（即马复初）降之。"（徐之铭疏,90/28）

"（闰八月）省城自抚局定后,迤东迤南郡县各营员悉委回目署篆,官绅受其挟制,惟临安坚持初议,请俟数年再听回众入城。马如龙大怒,仇视临安,谋以兵力胁和矣。……"（案册参采访,90/38）

　　其后马如龙与临安梁士美屡战。

"（同治元年[1862]闰八月）发逆伪翼王石达开窜踞贵州黄草坝,滇边戒严。"（案册参采访,90/40）

"九月,署总督潘铎至省城。省城自抚局定,即派回目田庆余、刘天元等会同司道管理军需局务,通省财赋政事悉归局中收发裁决,大吏皆曲意俯从,惟恐碍抚局也。"（案册,90/40）

"（十月）石逆（达开）蓄意由滇取蜀,是月分道入滇,一由普安出平彝,一由威宁出宣威,一由毕节出镇雄,约至东川取齐,渡金沙江以犯四川。……幸贼志在入川,沿途不暇攻城,曲、寻、东、昭文武官得以闭门自保,俟贼出境,则以捷闻。"（案册参采访,90/44）

　　石达开由滇入川。

"（同治元年十一月）署总督潘铎……自莅滇督任，见省城营员局员皆委回目，督抚无兵可用，欲渐复旧制以收旁落之权，于是札饬营员预备冬操，并饬厘金、军需各局大小文移需遵旧制会商司道联衔详请批示。各回目疑总督欲夺其权，心弗善也。……"（案册参采访，90/46—47）

潘铎收回目权。

"（十二月）自春初抚局定后，回弁司六门启闭，纵回汉游练出入无忌，吏不能禁。省城内外，明火执仗，强劫巨案叠出。前督标中协副将博昌偶夜过五华山后，遇练匪数人，劫其华服自服，而脱练衣衣之，谓之过龙。（潘）铎莅任，严饬营员分道巡缉，……盗风稍戢。"（采访，90/48—49）

省城情形。

"（同治元年十二月）西逆围（普洱府）城日久，城中粮尽，……（迤南道吴）德清……集文武官绅会议，（守备）王起力言彼众我寡，今援绝粮尽非议和不可。且省城尚与彼教讲和，况外郡乎？官绅相顾莫敢直斥其非。（署盐大使陈）先瑾独曰不然，迤东南之回未尝蓄发易衣冠也，未尝称号设伪职也，一经解和，转为我用，故省城可办抚局，西逆则不惟僭称帅，且僭制度矣，若与之和是即降之别名也。……议不能决而罢。……"（案册参采访，90/51）

迤东迤南回未蓄发。

岑修《云南通志》卷一百十《武备志·戎事十》，同治二年（1863）正月："叛将马荣率伪都督李俊、马士淋袭踞省城，署云贵总督潘铎……等死之。……署武定营参将马荣，寻甸州最悍回目也，潜通杜逆受伪职平东大将军，久怀异志，……"（徐之铭疏、参案册采访，91/1—4）

马荣欲立马德新为平南王。

"二月署云南布政使岑毓英、署鹤丽总兵马如龙会师讨贼，大破之。诛逆酋李俊，马荣宵遁，遂复省城。……"（徐之铭疏、参案册采访，91/7）

"调劳崇光总督云贵，以贾洪诏巡抚云南。"（案册，91/8）

"（六月）署布政使岑毓英督师西讨杜逆。"（徐之铭疏，91/15）

马如龙留守省城。（91/8）

"（十二月）岑毓英遣兵叠复邓川、宾川、云南、浪穹、鹤庆各州县。……至是楚雄大姚、宾、邓相继收复，军威大振。……"（劳崇光疏，91/23）

"同治三年（1864）春，正月署布政使岑毓英大破西逆于镇南，围其城，分兵复定远县，并攻姚州。……大理之贼惧覆巢穴，杜逆使嗾曲寻逆酋马联升、马荣等蠢动，分犯迤东州县，以扰我军后路而救迤西。"（案册参采访，91/

24—25)

"(二月)云南县赵州弥渡各处降目闻军官退,皆易白旗踞城叛从贼,贼势复振。"(案册参采访,91/28)

> 杜用白旗。

"(三月)时旧抚徐之铭落职年余,代者未至,犹握省篆居节署,……迤南梁士美,迤东杨盛宗拥兵擅权(二人均非回)……会(徐)之铭卧病,不能视事,东路马联升等蠢动,人心惶惶,绅士虑生内变,呈请(岑)毓英回镇省城,……(岑毓英)自率亲兵回省城。"(案册,91/30)

> 马联升。

"(同治三年[1864]三月)马得新赴大理招抚杜逆。"(采访,91/30)

"开、广二郡各夷,自从回匪作乱后,与汉民鏖战频年,积仇日深,(署广南参将黄)文学不敢轻骑赴任,以夷练二千自卫。广南闻(黄)文学率夷兵至,人心大恐,……闭城拒而不纳……。"(采访,91/31)

"马德新自大理传檄议和,不许。(马)德新至大理见杜汶秀已逾月矣,至是由大理传檄至省城,并出示各府州县云,已与(杜)汶秀当面议定,自楚雄、镇南以上属省城,以下属杜汶秀,各守本境,不相侵犯,仍通互市,嗣后倘有蓄发迤西回教至各属买卖货物,不得禁阻。马如龙请官绅公议。署布政使岑毓英见檄,勃然曰……不可许也。(马)如龙默然,议亦遂止。……"(采访,91/37)

> 议和。

"(同治三年[1864]六月)总督劳崇光奏委署布政使岑毓英剿曲靖、寻甸之贼。"(案册,91/37)

"(八月)以林鸿年巡抚云南(贾洪诏引疾不至)。"(案册,91/40)

"(十月)岑毓英复曲靖府,擒首逆马联升,诛之。"(劳崇光疏、参案册采访,91/43)

"(十二月)时滇省久无督抚坐镇,三迤分裂,不惟汉回势不两立,而各属民与民仇,官与官仇,动皆治兵相攻,变乱极矣。"(采访,91/46)

"(同治四年[1865]十二月)总督劳崇光自黔,巡抚林鸿年自川,先后带兵入滇。"(案册,92/15)

"(同治五年[1866]二月)巡抚林鸿年罢,诏授刘岳昭为云南巡抚。"(案册,92/18)

"(三月)永善县红镫教匪喻洸明等作乱。……"(案册,92/21)

红灯教。

"（同治六年［1867］二月）总督劳崇光卒于任。"（案册，92/34）

"诏以张凯嵩总督云贵。"（案册，92/35）

"（四月）是月也，西北诸路兵勇以次告溃，省城人心惶惶，贼遂谋大举入寇矣。"（案册参采访，92/39）

"（五月）东西路官军既溃，南路攻蒙化、威远两军……一时并撤。……西逆遂以大股……入犯。"（案册参采访，92/40—41）

"（六月）岑毓英攻克猪拱箐老巢……苗匪平。……"（刘岳昭疏参采访，92/41）

"（同治六年［1867］七月）西逆大举围楚雄府，……"（案册参采访，92/44）（二十余万分道东下，省城戒严）

岑修《云南通志》卷一百十二《武备志·戎事十二》：

"（同治七年［1868］正月）西逆分道犯省城，署提督马如龙悉力御之。富民、安宁既陷，贼遂分路大举：一由富民窜踞城西北团山大小堡基、梨烟村、夏家窑一带；一由安宁窜踞城西南碧鸡关、王家桥、高峣、马街、梁家河、普平村及沿海一带；深沟高垒为持久计，四出焚杀。（马）如龙部署诸将防剿：遣护总兵合国安……等，军洪家营、土堆，捍西面；副将杨先芝……等，军虹山，捍北面；知县岑毓宝军龙王庙冈头村，捍东北面；署副将夏毓秀……等，军近华浦白马庙，副将曹星柏……等，军商山寺、莲花池、明家地，分扼水陆，扼西北面。……"（宗延春疏参采访，93/1—2）

"（同治七年二月）布政使岑毓英……闻西逆犯省城，即自曲靖统军入援，扬言师出陆凉，而取道由马龙潜往……省城人心稍定。"（案册参采访，93/3）

"（同上）西逆围省城，署提督马如龙悉遣各标将弁分路御之。时回弁回兵相继从逆，诸将之兵俱退入城，外围日逼，人心大震。（马）如龙见彼教将士屡叛，知回练心变，乃悉用汉练为亲军……以自卫。……岑毓英闻省城围急，遂亲临前军督师力战入援。"（案册，93/5—6）

"（三月）诏授刘岳昭云贵总督，授岑毓英云南巡抚。"（案册，93/8）

"（三月）巡抚岑毓英大破西逆于小板桥。……自上年西逆犯顺以来，各路或溃或败，从未一创，是役……大挫凶锋，……东道粮路亦畅通矣。"（案册，93/10）

"（同治七年三月）（马）如龙之就抚也，回目中欲归顺者不过数人，余则负嵎日久,乐于梗化,多怀异志,故蛊惑(马)如龙攻临安,复阴嗾马荣倡乱,卒酿省城二年镫宵之变。事定后,署藩司岑毓英东征,诛马联升、马荣等,回目心弗善也,乃散布流言,百计离间,几成大隙。嗣(马)如龙进剿迤西,群目或拥兵观望,或临阵先奔,且有泄漏虚实导贼内犯者。迨西逆寇省城,掌教马德新复倡和议,群目交煽,(马)如龙屹弗为动。群目乃谋害(马)如龙应贼,幸事觉计不得逞,遂相率叛归西逆。(马)如龙始悔为其下所误。……至是……同见(岑)毓英,……皆乐为(岑)毓英用,大局渐有转机矣。"(案册参采访,93/10—11)

"(同治七年六月)(岑)毓英连获大捷,西逆闭垒旬日,不敢复出,省城军情稍定。"(案册,93/19)

"(同治八年八月)逆酋段成功率其下献营降。巡抚岑毓英、提督马如龙会攻江右馆克之,尽平城外贼垒,行省围解。……是役也,杜逆乘(马)如龙兵败,倾巢内犯,贼众号数十万,连陷郡邑二十,围攻行省,有席卷全滇之势。(岑)毓英……誓师入援,相持几及二年,历数百战,至是行省外始一律肃清,城中解严。"(岑毓英疏,参案册采访,93/52—54)

　　　　文内有"计降贼营数十,悉拔白帜易赤帜"之语,知杜军用白旗。

"(同治八年十一月)巡抚岑毓英攻克土堆,省城肃清。自省城围解后,仅余土堆一垒,……"(案册,93/63)

《云南通志》卷一百十三:

"(同治九年)夏四月朔,署鹤丽镇总兵杨玉科攻克姚州。……计发逆窃踞姚州已十余载,官军屡攻不拔,玉科血战累月,卒克坚城,……杜逆之势始渐衰。"(案册参采访,94/9)

"(同治十年[1871]正月)协从夷目陆廷梁助逆澂江,见贼屡败,密谒行营投诚,请归招抚夷众以孤逆党,(岑)毓英察实许之。"(案册,94/29)

"(三月)顺云叛酋蔡廷栋、段成功方纠众相攻,杜逆遣使解和,令各率其下驰援永昌。……"(案册参采访,94/33)

　　　　内讧。

"(同治十年四月)(蔡)廷栋与段成功复拥众相攻,(蔡)廷栋贿逆党刺杀(段)成功,尽籍其家,并其众,乃……窜扰永平。"(案册,94/37)

"(五月)下关官军失利,退保宾川州。时总兵杨玉科一军分攻上下两关。迤西用兵连年,田废不耕,民多乏食,各军缺粮,措办无所,……"(案册参采访,94/38)

"（七月）署副将李凤祥等克永昌府。……计永郡用兵，与贼相拒四年余矣，先后围城六次皆不能克。至是，城虽收复，而民半死于贼，半死于饥，存者十之一二，野菜田螺，搜食一空。"（案册参采访及《府志》，94/41）

"（七月）巡抚岑毓英……通筹全局谓滇南前事之误在于舍近而图远，东南两迤未平，即深入迤西，致为贼所乘，丧师失地，贻患至今，惟有先削平迤东迤南而后全军萃于迤西，则我无后顾忧，得以一意讨贼。于是发兵攻剿曲江（曲江属建水）。"（案册，94/41）

"（同治十年九月）大关喗匪陈发才等倡乱……讨平之。"（案册，94/45）喗。

岑修《云南通志》卷一百十四《武备志·戎事十四》：

"（同治十一年正月）总兵张保合军攻克田心逆巢，广西、阿迷悉平。西逆之围省城也，田心逆首马世德、马位，曲江逆首马敏功、纳善、张万等纠迤东、迤南回夷同叛助逆，惟广西州之桃园、巨木块者黑，蒙自之沙甸，阿迷州之大庄，赖回员马和、赛春、马维骐等以大义开导回民，约束部下，始终得以不陷。……（至是）广西州属及阿迷州境内回夷悉平。"（案册参采访，95/1—2）

"（同治十一年［1872］五月）总兵杨玉科攻克大理上、下两关。……大理恃两关为门户，杜逆增建石城，外筑长垣数重，内设谯楼多所，坚不可拔。（杨）玉科督军日夜猛攻下关，……蒋宗汉……从山脊而下，进薄关后，守关贼众……出降，开内城门纳师，立将下关收复。而段瑞梅、张润力攻上关……关内汉民复树红旗以应我师，贼众大乱，同日克复上关。乘胜连拔木马邑、喜州、上下阳溪、金圭寺一带堡寨。……时五日庚寅也。"（案册参采访，95/11—12）

"（九月）巡抚岑毓英攻克曲江老巢，……迤东迤西悉平。……曲江一名管驿，逆回自丙辰首先倡乱，踞为老巢，叠犯省城，数陷郡邑，……迨各路贼巢皆拔，犹死抗官军一岁有奇。经（岑）毓英百战平之，迤东迤南始一律肃清，于是以全力西征矣。"（案册参采访，95/16—17）

"（同治十一年十一月）巡抚岑毓英督总兵杨玉科等攻克大理府，首逆杜汶秀，逆目杨荣、蔡廷栋等伏诛，全郡肃清。（杨）玉科围攻大理，连治地道，实以火药，壬辰轰破东南城垣数十丈，躬率将弁直从缺口而入。贼于城内豫筑土城，环设碉楼，排列枪炮。……（杨）玉科督军挤扎城上，力攻内城，连夜潜开地道以达城内。乙未，地雷复发，轰破土城百余丈，……血战三昼夜，贼始大败。……惟西北半城尚为贼踞，中有伪禁城一道即杜逆所造伪宫，僭称帅府者也,坚厚异常,凡凶酋悍党杜逆亲军皆聚于此,官军猝不能近。……辛丑分路大举,……结成圆阵,互相策应。又遣雷应山等以开花洋炮从城上更番轰击,贼中碉栅倾毁殆尽。杜逆见势危迫,丙午亲率死党万余从伪禁城冲出,骤扑我军,……(诸将)力战一日夜大破之,……杜逆败窜入城,无可为计,服毒寻死。逆酋杨荣、蔡廷栋等乘毒尚未发,使其下献杜逆于军前,哀求就抚。比至营,已呕血不知人事。(杨)玉科恐稍延则幸逃显戮,立时极刑处死,枭首解省城。……(岑)毓英……环城巡视,见西北城垣坚厚,贼众且悍,虽薙发求降,而不肯缴械献城,阴谋叵测,乃召(杨)玉科及诸将密授机宜,姑允其请。旋遣(杨)玉科偕署太和县事谭席珍选死士二百入城镇抚。……十二月丁巳(杨)玉科晨至伪宫,佯为游历,出贼不意,挥兵歼其守卒,夺其炮台碉楼,立据宫城,群贼大惊,悉众围扑。诸将闻号炮声各率所部伏兵,分道齐起,鏖战竟日。是夜(岑)毓英亲赴前敌督师,(杨)玉科亦勒兵出击,内外夹攻,不复收队。战至庚申黎明,杀贼不下二万。贼势不支,群酋各逼其家妇女自尽,举火焚之。由东、南、北三门分股夺路狂奔。……全股悍贼,尽数歼灭,救息内城之火。……所擒大小贼目马仲山、杨荣、蔡廷栋等三百余名,一一讯明伏诛。出示招汉民复业,分别赈恤,筹办善后事宜。大理府属一律肃清。大理为滇西要害重地,……丙辰(1856)之变,杜逆踞为巢穴,僭称元帅,蓄发铸印,改易衣冠,攻陷五十三城,横行一十八载。官军四度进讨,皆无成效。提督文祥(后改名文　)败绩于云南,提督褚克昌覆师于宾川,(岑)毓英前任藩司,带兵攻克楚雄、景东,进围姚州、镇南,又以曲、寻逆酋马联升等蠢动,旋军东征,大功未竟,最后马如龙军至定远溃归,致西逆连陷郡邑,长趋围省城,杨振鹏、田庆余等一时并叛,外侮既逼,内变复兴,滇事几不可问。赖(岑)毓英通筹全局,力挽危机,克曲靖以清藩篱,解省城围以固根本,拔楚雄以扼咽喉,使西逆不得逞志于我;及澂江平而肘腋患消,曲江破而东南烽靖,然后全军西上,遂复大理。……”(岑毓英疏参案册采访,95/18—22)

“(同治十二年五月)永昌府属底定,云南一律肃清。”(案册,95/27)

“(同治十三年五月)首逆马德新等伏诛。(马)德新原名复初,为回中掌教,滇回屡降屡叛,皆其主谋,迨受抚后,经总督吴振棫奏给四品顶戴,巡抚徐之铭奏赏二品伯克,犹包藏祸心,阴图不轨。马荣之戕总督潘铎也,(马)德新实使之,竟欲窃踞省城,僭称王号,赖马如龙不从而止。迨军务肃清,自知稔恶,窜匿新兴北城,巡抚岑毓英饬总兵马忠设计缉获,讯明伏诛,时(马)德新年已七十矣。”(案册,95/29)

今日摘录毕,适见本日《人民日报》第三版有白寿彝《全国回回同胞必须坚决打击敌人》一文,其第三节文曰:

"云南本是回民曾经大力开发的地方。云南底水利事业,稻麦底耕作,都是经由回民底建设而打下了基础的。一百年前,回民在云南有庞大的人口,有相当过得去的生活。一八五六年,因受不了地方政府底迫害,以回民杜文秀为首的回汉夷联合战线向清政府进行武装斗争。差不多整个的云南,都入了人民联军底掌握。十八年以后,杜文秀领导的部队失败了,回民遭到更残酷的命运。据估计,回汉夷死亡的总数,要在五百万人以上。一直到现在,回民底元气还不能恢复。人民联军底失败,也是有许多原因的,而法国商人运输大量的新式武器去援助满清的地方政权,也是其中原因之一。"

特录之。一九五〇年十一月二十一日

"(咸丰六年四月壬寅云南按察使)清盛通行出示,遍谕绅民,团练防御,倘奸回逆迹昭著,敢于拒捕,准其格杀勿论。汉民喜乱者不解上下文义,执格杀一语为口实,纷纷挑衅,而汉民之乱成矣。"(案册,88/3)

　　补七页末

"(咸丰六年八月)大理背山面海,以上、下两关为咽喉,形势险要,故逆回合谋陷之(此谓城内城外及蒙化各地合谋共起也)。既踞大理巢穴已成,各郡县叛回争先响应,西路军务始棘矣。"(案册参采访,88/10)

　　补八页中

"(咸丰六年四月)上月戊戌之变,全省皆震,迤东则曲靖之寻甸、马龙、霑益、罗平、平彝、南宁,东川之会泽,开化之文山、安平,广西之邱北、弥勒;迤南则临安之阿迷、宁州、建水、蒙自、河西各属回匪同时蠢动。"(舒兴阿疏参案册,88/4)

　　补八页首

1950.11.7、8、9、20、21

77. 云南起义军官名

岑修《云南通志》所见杜文秀官属称:

大司卫	姚得胜 110 卷 91 册 18 页又 109 卷 21 页
大都督	李　俊 110/91/1　马得功 110/91/9

大都督	马士林 110/91/1	丁明太 110/91/16	
大将军	马友才 110/91/1	马　顺 110/91/9	
	马洪才 110/91/9	朱辉山 110/91/17	
大参军	马和丕 110/91/16	刘子嘉 110/91/45	
大将军	刘　寅 110/91/17	马发荣 112/93/2	
内阁参军	孙育荪 110/91/17		
雄威将军	马开良 110/91/17		
大将军	陈　义 110/19	宋时盛 110/22	马金保 108/52
	张遇泰 108/52	李祖裕(以印召之)111/9	马长华 111/12
	刘　纲 111/14	朱　元 111/14	丁崇德 111/44
	何名杨 112/2	李洪勋 112/17	马　平 112/23
大都督	马朝珍 110/19	马春林 110/19	蔡发春 107/14
	蔡得春 107/14	马帼春 111/12	马帼玺 111/14
	米静山 112/2	杨懋昭 112/27	
统　制	杨为翰 107/36		
右卫将军	木文科 110/20		
将　军	陈庚瀛 110/24	刘应贵(仝)　文　萃(仝)	
	李德功 108/12	马　回 108/43	
参　谋	段名馥 110/24		
都　督	蔡发春 109/3	马名魁 107/14	马为龙 107/14
	马汶炳 107/14	苏万科 111/12	吴沨淋 112/51
	马添潮 112/58	马继图 113/49	张体宽 113/49
	普春元 113/49		
将　军	杨　荣 109/13	张遇泰 109/13	保汶明 109/14
	虎应泰 109/14	马金保 109/21	杨德明 107/14
	蓝金喜 107/14	马驲良 107/14	马国玺 107/14
	陈　义 107/14	朱开元 107/14	马德怀 111/6
大司隶	马帼玺 109/16		
军　师	尹建中 109/51	张学海 107/29	
护国军师	沙　谦 107/14		
军机参军	张子经 107/14	马国忠 107/14	
大冢宰	马仲山 107/14		

掌　教	沙昆山 107/14　马潮珍 107/14
承审司	李捷魁 107/14　赵帼全 107/36
参　赞	杜万荣 107/14
招纳司	吴嘉臣 107/14
通政司	康兆纶 107/14
参　军	李　伟 107/14　陈征用　尹建中　杨　炽　赵锡昌
	杨　懋　王恩锡　朱凤翔　马印图　刘凌云 107/14
	马昆山 114/21
将　军	李添禄 111/6　高辉照 111/6　高　增 112/51
	马荣科 112/58
大司阍	宋时盛 111/6
大司成	刘子嘉 111/14
大司寇	李芳园 111/12
大参军	陈征用 111/14
大司马	杨德明 111/14
大司衡	杨　荣 111/41
大司勋	米映山 111/14
大司正	马　贞 111/41
大司政	刘　成 111/14
大司戎	马帼春 111/43　张应禄 113/14
大司农	刘应贵 111/14
大司法	马帼玺 111/43　马良玉 112/63
大司卫	姚得胜（即姚树勋）111/14
大司令	马　清 111/43
大司空	李帼伦 111/14
大司藩	安长兴 111/43　安文义 112/53
骠骑大将军兼大司衡	杨　荣 111/44
大司治	张遇泰 111/44
扬威大都督	蔡廷栋 111/44
大司定	马德喜 111/44
大司徒	安汶义 111/44

大司农　　刘　宝 111/44
大司疆　　段成功 111/44
军师中郎将　尹建中 111/44
大司阃　　马　旭 111/44
内阁大参军　刘子嘉 111/44
大司隶　　刘　纲(“纲即犯省城伪大司十八之一。”112/49)111/44
内阁大参军　杨锦樇 111/44
大司平　　马兴堂 111/44
大司城　　何万荣 112/2　丁在星 112/60
中郎将　　马连芸 112/2
征东大将军　丁崇德 112/9
将　军　　安汶运 112/24　管汶阴 112/24　沙有金 112/58
大将军　　马添潮 112/24　杨占鳌 112/41　文正伍　陈　玉
　　　　　李恒芳　李发园 112/41　布维兴 112/51
　　　　　洪致书 112/60　马良勋 112/60　龙其瑞 112/62
　　　　　速沨章 112/63
大参军　　马化麟 112/41　饶建魁 112/41
大都督　　晏　洪 112/41　黄占雄 112/41　杨天佑 112/49
　　　　　偰有名 113/9
中郎将　　刘映山 112/49　尹建中 112/55
镇西大将军　龚绍成 112/51
总理内阁大监军　杨崇章 112/53
将　军　　王永兴 112/58　段发彩　董赛春 112/58
大将军　　马得良 112/63　马高恩 113/14　李品金　麻　五
　　　　　马小七 113/14　马真林 113/21　马长生 113/21
　　　　　马进保　蔡万举 113/21
参　军　　王允中 112/58　李国珍 112/58
总　统　　合幗治 113/36　纳　佩 113/49
镇东大将军　蓝平贵 113/9
龙韬大都督　杨占鹏 112/62(即杜文秀胞兄,文秀本杨氏子,出嗣杜氏)
大司直　　马复受 112/62

	杨武 114/27		
大将军	马锡龄 114/27	沙显扬 114/27	马帼升 114/27
	马维凉 114/23	马映洪 114/27	
大都督	杨双喜 114/27		
大司制	马安邦 114/26		

1950.11.9、12、20、21

78. 同治初法国教士在西南之不安分

《清史稿》列传二百七《田兴恕传》："同治元年罢钦差大臣。会法国教士文乃尔传教入黔,因事龃龉,兴恕怒其倔强,杀之,坐褫职,赴四川听候查办。"（104册,3页）

林绍年《张制军(亮基)年谱》卷下："(同治二年癸亥五十七岁)田兴恕之不容于天主教也,以武夫径直多陵折人,故教士仇之。会开州夹沙龙地方逼胁天主教人共祭龙镫,教士不从,土人聚众数千拥教士文乃耳至州署,知州戴鹿芝惧激变,急请于兴恕,兴恕以众怒难犯,遂实文乃耳于法。教士赴愬总理各国事务衙门,必欲杀兴恕而后已。……公(张亮基)以兴恕虽不学,实无他志,且以提镇大员生杀操之外人,亦非国体所宜有,故拟力解救之。……是时奉命治田狱者为公(张亮基)与劳公崇光,……劳公曰兴恕万不可活,若拂夷情祸且不测。……兴恕虽得不死,而自劳公至黔后,地方文武官吏教士所喜者用之,所怒者去之,刑赏大权悉从其指,其幕友黄景轼又身入教中者也,虎傅之翼,威福益作。公谓劳公,和约所载但准教士传教,不准干预公事,地方官升迁降调我之黜陟所系也,岂宜使彼预之,后复有请,当勿复听。于是教士又切齿于公矣。"（下册,19—20页）

案,其后,又有法国教士胡缚理强劳重光主抚事,见同书39—41页。

1950.11.7

79. 咸同贵州起义军

《清史稿》列传二百七韩超、田兴恕、曾璧光、席宝田传《论》："论曰:贵州之匪,总名有六:曰苗匪,教匪;曰黄号,白号;其小者曰楂匪,狆匪;其他滥练游勇,逆回悍夷,揭竿踵起,不可悉数,始于咸丰四年,无兵无饷,不能制

也。”(6页)

《清史稿》列传二百十一《张亮基传》:“(同治)二年亮基至贵州,黄号、白号、苗教诸匪并炽,上下游遍地皆贼……”(3—4页)

林绍年《张制军年谱》卷下,同治二年癸亥五十七岁:“公(张亮基)既抵省,即具疏,谓臣由川省督师赴黔,击散遵义、桐梓等贼,于三月初六日至省(贵阳),接受抚篆。黔省贼蜎毛起,黄白号匪、苗匪、教匪、回匪、槓匪、斋匪,所在肆扰。……”(家刻本下册,17页)

案,此较《史稿》多“回”、“斋”两称,而无“仲”军。

曾国荃《张志军行状》:“时黔中贼蜎毛起,曰号匪,曰教匪,曰斋匪,曰槓杠匪,曰回匪,所在肆扰,几无完土,而省中库储如洗。”(同上刻本,12页)

又:“……大定、黔西又失陷下游之都匀、镇远、思南等处,苗教号匪复纷扰于铜仁、石阡、思州等府,蔓延勾结,出没靡常,而粤逆股匪李幅猷等又自湖南靖州窜入黎平,奉旨楚粤黔三省会剿。”(14页)

林绍年《张制军年谱》,同治四年乙丑:“十二月承准军机大臣寄云胡缚理(法国天主教在黔主教)诉词谓公(张亮基)挠败抚局,并揑控多款,公上疏声辨。盖自回据兴义后,公遣知府孙清彦攻拔府县两城,新城贼巢旦晚可下,胡缚理受回愚,径请劳公(崇光)檄孙清彦停兵,遣其司铎任国柱往议抚。回阳受抚,而阴遣其党四出窜扰,仍蓄发不肯薙,汉民怒之深,劳公坚信不疑……”(家刻本下册,40页)

此云“蓄发不肯薙”,知当日起义诸军必皆以此为反清标帜。

1950.11.7

80. 咸同间贵州平坝军事

民国修贵州《平坝县志·事变志》:

咸丰时杨隆喜之役(5页)　咸丰四年二月 杨隆喜号小霸王

曾三浪周老杜之役(6页)　咸丰四年十月至五年七月仲族

孝军闭城索饷之役(7页)　咸丰五年十二月

太平军之役(7页)　咸丰十年四月

同治时何得胜之役(8页)　何二强盗　同治三年六月　何党　黑苗

九劳之役(12页)　同治四年三月　劳党　黑苗

1950.11.7

81. 福建小刀会

清施鸿保《闽杂记》(施鸿保,字可斋,浙江钱塘人。咸丰中游幕于闽。申报馆铅印本)

卷三"泉州郡署忌"条:"咸丰辛亥(元,1851),……小刀会匪滋事。"(3页)

又"飞来梁"条:"漳州府署大堂,近檐一梁,长倍中梁,……近署为小刀会匪所毁,此梁亦与俱烬矣。"(4页)

又卷七"会匪"条:"前明闽中匪徒多纠集为教,如密密、闻香、七七之类,盖皆白莲、无为所延蔓者。虽经严禁,终未尽绝。至国朝康熙而后,民间始无传授。然嘉庆时,八卦教之乱其首林清,犹是闽人,惟不在闽省耳。近来闽中匪徒勾结,不曰教而曰会。汀邵等处则有红头会,汀州又别有千刀会,延津等处则有三点会,漳泉等处则有小刀会。咸丰癸丑(三,1853)、甲寅(四,1854)间,小刀会煽乱,初以同安人黄德美为首,后以德化人林俊为首。龙岩人黄有使又别为一股。剿办年余,方皆荡平。小刀会现虽解散,而千刀、红头、三点等,则犹私相勾煽,涓涓不塞,流为江河,有抚绥之责者,何不思患而豫弥之哉。"(3—4页)

又卷七"乌白旗"条:"兴化乌白旗之始,起于仙游洋寨村与溪里村械斗。洋寨村有张大帝庙,村人执庙中黑旗领斗,获胜。溪里村有天后庙,村人遂执庙中白旗领斗,亦胜。由是二村械斗,常分执黑白旗,各近小村附之,渐及德化、大田、莆田、南安等处,一旗皆万余人。乌旗尤强。其俗呼黑为乌,故曰乌旗。抢劫掳掠,为患行旅,不但时相斗杀而已。癸丑甲寅间,永春小刀会匪首林俊滋事,诱致两旗人,破仙游,围兴化,势甚猖獗。前臬宪保慎斋泰剿办年余,(林)俊死,白旗先自投诚,乌旗犹恃众反覆,及陈颂南侍御奉旨归办会匪,始亦就抚,然抢掠之习,犹未尽除也。"(5—6页)

1953.7.19 天津挥汗

82. 福建的小刀会

吴锡璜修《同安县志》卷三《大事记》:"邑之有小刀会匪,由锦宅人黄得美始也。初海澄县民江源与其弟(江)发,以无赖武断乡曲,(江)源自外洋购小刀数柄,遍赠同类,结为小刀会,其膂力绝人者倍其刀,故又名双刀会。黄得美有田在龙溪浒茂洲,为佃户抗租,越境控追,官不为直,乃约族叔黄位入会以凌佃,由是江(源)党渐盛。事闻于海澄令汪世清,捕江源、江发置诸法。(黄)得美誓为复仇。乘(汪)世清赴邻封,遂谋作乱。咸丰三年四月初六夜,率党破海澄。初十日破漳州,兵备道兼摄知府文秀、总兵曾三祝均死。附近奸民闻风蜂起,自七月至十月,长泰、同安、安溪、漳浦、平和之琯溪,诏安之铜山及石码、厦门、云霄皆相继失守;独南靖以知县逢皋力守得全。贼之据漳州也,肆意杀戮,几于屠城。"(待校)

1950.12.9

83. 教案及抗外运动

1860《北京条约》以后的教案与抗外运动:

1864 同治三年　　福州发生两宣教师财产侵害事件。

1868 同治七年　　四川酉阳州发生杀害法国教士事件,贵州遵义民(天主)教仇杀。

1869 同治八年　　四川发生杀害法国教士事件。

1870 同治九年　　六月二十一日天津发生袭击法国领事馆及法国教会所管孤儿院事,法领馆书记及法人十余人被杀。值普法战争法国败北,十月案结。

1874 同治十三年　　上海法租界工部局越界筑路,强穿宁波会馆墓地,市民愤怒,于五月三日举行示威,法国炮船出动,死伤多人。是为上海群众示威之始。

1875 光绪元年　　英国探险队由 H. Browne 率领,自缅甸经云南至长江上游调查贸易路线。其书记 A. R. Margary 自陆路往迎,在云南蛮允土司被杀。1876 光绪二年《芝罘条约》案结。

1877 光绪三年　　上海吴淞铁路于 1876 八月三日轧死中国人,群情激愤,对铁路反对已久,遂于 1877 十月二十日缴价款二十八万五千两,收买拆毁,据云车头投入长江,铁轨运台湾。

1869 同治七年十二月　　英领事吉必勋在台湾运樟脑肇事,杀伤兵勇,焚烧火药局库,久之始将吉必勋撤任。(《稿·邦交志二》)

1869 同治七八年之交?　　英国兵船在潮州烧毁民房,杀死民人。(《志

二》）

1878 光绪四年　福州人民毁乌石山教堂,赔款始了。(《志二》)

1888 光绪十四年　在此以前,西藏人民僧众在三大寺共立誓词"藏地男女不愿与洋人共生于天地,此后藏中男女老弱有违此誓即有背黄教,人人得而诛之"。(《志二》)

1862 同治元年　贵州提督田兴恕杀法国教士,毁天主堂。(《稿·邦志三》)

1898 光绪二十四年　广东雷州人民杀法国士人二名,法兵船据广州湾。(《志三》)

1898 光绪二十四年　上海法国兵强占宁波四明公所墓地,宁波人大愤罢市。(《志三》)

1898 光绪二十四年　广西永安杀毙法教民。又施南、宜昌、长沙均因法国教堂教民启衅,未结。(《志三》)

1886 光绪十二年　美旧金山华人被美人虐害,不任赔偿,粤人大愤。张之洞劝止之。(《史稿·邦交志四》)

1888 光绪十四年　四月广西桂平县美教士富利淳医馆被毁,领事索赔五千余元,拒之。(《志四》)

时粤民愤华工见拒,群起抵制,且归咎张荫桓。会命翰林院侍讲崔国因代为美日秘国出使大臣。(《志四》)

1895 光绪二十一年　四川福建教案相继而起,而古田案尤剧。(《志四》)

1897 光绪二十三年　十月山东曹州府巨野县有暴徒杀德教士二人,德以兵舰入胶州湾。(《清史稿·邦交志五》)

1900 光绪二十六年　五月德国公使克林德被杀。(《志五》)

1950. 12. 8

84. 日本

Chitoshi Yanga（Yale 副教授）,Japan Since Perry,1949,New York

85. 新式学校

京师同文馆　同治元年(1862)成立。由总理衙门领导,总税务司英人赫德(Robert Hart)间接协助,教员多数为洋人。先设英文馆,1863 添设俄法二馆。选正途人员与八旗子弟。

上海广方言馆　同治二年(1863)成立。李鸿章奏请,附设于上海制造局。选十四岁以下优秀儿童。

广州同文馆　同治三年(1864)成立。瑞麟奏请,专收八旗子弟,初设英文,后添俄法日文。1905 后改译学馆。

天算馆　同治五年(1866)成立。附设于京师同文馆。习数学、博物、机器等。

福建船政学堂　同治六年(1867)成立。左宗棠奏请,附设于福建船政局。分前堂、后堂。前堂习造船技术,用法语;后堂习航船,用英语。

第一次留美学生出国　同治十一年(1872)曾国藩、李鸿章采容闳建议派幼童三十人留美。

第一次留欧学生出国　光绪二年(1876)派船政学堂学生魏瀚、萨镇冰等三十人,至英法学习航海造船,又派军官卞长胜等七人至德,习制造。前年沈葆桢提议也。

广东水师学堂　光绪十三年(1887)张之洞设立。

1950.12.8

86. 华侨参考书

福田省三《华侨经济论》　昭和十五年

成田节男《华侨史》　昭和十六年

井出季和太《南洋上华侨》　昭和十六年

小林新作《支那民族の海外发展・华侨の研究》　昭和六年

东亚经济调查局《华侨》(《经济资料》十三卷十二号)　昭和二年

丘汉平《现代华侨问题》

李长傅《中国殖民史》

87. 清末外国借款

一八六五年　为伊犁回变军费向英国借款一百四十三万余磅,定期二年,分六次清偿。是为借外款之始。

一八六七年　为伊犁军事用海关担保向上海外商借款一百二十万两,此以关税担保之始。

一八七四年　为抵抗日本出兵台湾,向汇丰借款二百万两(或云一百七十二万两),年息八厘,十年为期,以关税担保。

一八七五年　为伊犁军费向怡和洋行借款六二七六一五磅,以关税担保,年息八厘。

1950. 12. 1

88. 清末新企业

一八六二　李鸿章在上海及苏州设置制炮局,为近代工业、军械制造之起始,其后渐次扩大,改称江南制造局。

同上　曾国藩在安庆设立军械所(原作军机所疑误)制造汽船。

一八六三　曾国藩派容闳至美国,购买机械及洋铁。

一八六三　上海英美商人建议修筑上海至苏州铁路,上书李鸿章。

一八六五　江南制造局成立,一八六七迁工厂自虹口至高昌庙,一八六七年起经费由海关拨,制造战舰、汽船、铁炮、火药、子弹等业务,至一八七六年其所造汽船已达三千吨。

一八六五年　英商议筑吴淞上海间铁路,工程师为 Henry Robinson,中国反对之。

一八六五年　英人设省(广州)港澳(门)轮船公司,是为海运公司之始。

一八六五年　英人 Reynold 架设上海至黄浦江口电线,因国人不知其利,拆去电竿电线,遂归失败。

一八六六年　福州船政局成立。用法国技师,购外国机械,传授造船,并请英国技师传授航海法。一八六九年造成“万年青”商船一只,一三七〇吨。中法战后(1884)财政困难,内部紊乱,日陷不振。

一八六七年　李鸿章在南京设立金陵机器局。

一八六七年　总理衙门于一八六六年命崇厚筹设天津机器局,本年四月竣工。经费由天津海关拨给。一八六九年扩充兼制火器弹药,一八八七年制造洋钱。

一八六七年　英国系之中国航业公司成立。China Navigation Co. 以太古洋行(Butterfield and Swire)为基础,长江船约二万吨,近海船约八万吨。

一八六七年　美国系之上海轮船公司成立,Shanghai Steam Navigation Co.(即旗昌洋行)。以 Russel and Co. 为基础,航行长江,资本五百万元,一八七七年为招商局收买。

一八六九年　福建机器局设立。

一八七一年　大北电信公司(The Great Northern Telegraph Co.)敷设香港、上海间海底电线。

一八七二年　怡和买办唐景星、开平买办朱云甫集资购美船 Aden 号营业,是悬挂中国旗商船之始。1855 已有,另见。

一八七四年　招商局成立。购旗昌洋行船十七只。

一八七五年　购英国钢铁、机械。

一八七五年　日本三菱商会购美国太平洋汽船会社之航路,航行上海横滨间,是为日本船航行中国之始。

一八七五年　海关附设邮政。为后来外人管理邮政之开端。

1950.12.1

89. 左宗棠举外债

左宗棠西陲用兵,光绪初凡举债三次,共九百七十五万两。光绪二年借五百万两,光绪四年借一百七十五万两,光绪七年借四百万两,皆向汇丰银行息借。在此三次前尚有两次,均在同治六年,一次一百二十万两,一次二百万两,由胡光墉在上海经借,谓之洋商借款,由关税担保。光绪七年之四百万两一款,亦系胡光墉经手,其始英与德竞争,后卒归汇丰承借。见黄浚《摭忆》367—369 页。

1950.5.1

90. 清末瓜分之说与列国忠告

文廷式《闻尘偶记》有记载英国公使欧格讷、德国公使巴德兰建议中国自强行新政一条,黄浚《摭忆》95 页引之。

1950.4.30

张荫桓欲荐伊藤博文为客卿,见《摭忆》□页。又伊藤为中国画策四事,一、设立银行,二、设立士官学堂,三、改招募为征兵,四、铁路。见《摭忆》486

页引《吴挚甫日记》。

1950.5.1

91. 清代购用轮船之始

　　咸丰《东华录》三十五,五年(1855)九月甲申:"又谕(军机大臣):本日据何桂清奏:江浙海运船商禀陈来年护漕事宜一折……兹据何桂清奏称浙省宁商购买火轮船,节次在洋捕盗,实为得力,现在上海商人亦买火轮船一只,请与宁商火轮船来年在东南洋面巡缉,一以截南来盗艇,一以护北运漕艘,此项火轮船只与夷船相似,是以不令驶至北洋。既据林买自粤东,并非买自西洋,又系商捐商办,与夷人毫无牵涉,且在东南洋面缉护,并不向北洋开驶,即照所议办理。"(5—6页)

　　此所谓"宁商"应指宁波商人。清政府在鸦片战后已有议轮船。

1953.11.13

92. 清末新式陆军

　　据《清史稿》本纪二十四《德宗纪二》:

　　光绪二十一年三月壬申朔:"己亥李鸿章与日本全权伊藤博文、陆奥宗光马关会议和约成。"(1页)

　　闰五月辛丑朔:"乙巳命直隶提督聂士成总统淮军,驻津沽;江西布政使魏光焘总统浙军,驻山海关;四川提督宋庆总统毅军,驻锦州。俱听北洋大臣调度。"(2页)

　　　　时北洋大臣为李鸿章,至七月改王文韶为北洋大臣直隶总督。

　　十月:"己丑,初设新建陆军,命温处道袁世凯督练。"(3页,另见)

　　光绪二十二年四月:"辛巳,命荣禄往天津阅新建陆军。"(4页)

　　　　时荣禄为兵部尚书,未数日协办大学士。

　　光绪二十四年八月乙未:"命荣禄管兵部事,兼节制北洋诸军及宋庆军。"(9页)

　　　　时荣禄由直隶总督北洋大臣入京为军机大臣,以裕禄代之。

　　十月:"甲辰允荣禄请,以宋庆、聂士成、袁世凯、董福祥所部分立四军,别募万人为中军。"(10页)

时宋统毅军,聂统淮军,袁统新建军,董统甘军。此即武卫军也。
(8 页)

十一月戊寅:"罢直隶练军。"(11 页)

据此是以练军推归之中央也。

光绪二十五年七月:"庚午命苏元春赴淮徐练兵,听荣禄节制。"(11 页)

时苏为广西提督,十二月罢苏元春练兵,回提督本任。

十一月袁世凯署山东巡抚:"携带所练军队同行。"(据《容庵弟子记》卷
二,12 页。补。)

1951. 4. 5

93. 清之海军

清末建立海军　黄浚《撼忆》167—168 页,169 页

海军军费　《撼忆》169 页

94. 清代海军军费①

"……撙节国用,以备不虞,亦须负责任。……王伯恭《蜷庐随笔》载:
'光绪中,合肥(李鸿章)建议创办海军,因筹海军经费无虑数千百万,乃朝廷
悉以之兴修三海工程,其拨归海军者仅百分之一耳。翁大司农复奏定十五
年之内不得添置一枪一炮,于是中国之武备可知矣。'若据此言,文恭之责任
尤重。唯所谓数千万一语似嫌笼统,颐和园工程前后二千余万,同时修葺
三海赏五六百万,户部储款不足,尚大开捐班报效以足之。李文忠对于海军
筹款,亦不过令各省协款之类,其厘税所入固统归户部也。十五年不添购枪
炮之奏,则是翁所以窘李者,朝旨似亦未照准,事实则早依翁言停购。予以
为中日甲午一战原因甚多,……唯就甲午年各方情势论之,我国政局中朋党
相角龁,首促成之者自为翁、李之隙。微文恭(翁同龢)之极力窘文忠(李鸿
章)以快意,则那拉后亦不得逞其灭洋之志也。……前述之王伯恭,为翁之
门生,又曾在朝鲜,与合肥、项城(袁世凯)皆雅故。……"(441—442 页)

《花随人圣庵撼忆》:"翁文恭(同龢)奏,十五年之内不许海军添置一枪

---

① 编者注:此为该题目卡片二至五,缺一。

一炮,除《蜷庐笔记》所纪外,其他尚无所考。必欲征之,非向前清军机处检查档案不可,然亦恐无从觅得。盖此等事或面奏,或附片,不必露章拜疏,更不肯存奏稿也。……最初请停止制船者为同治十一年内阁学士宋晋,……次则光绪四年沈葆桢奏定各省协款,每年解南北洋各二百万两,专储为储办海军之用,期以十年成南洋、北洋、粤洋海军三大队。嗣恐才力分给,均感不敷,请以四百万两尽解北洋,俟北洋成军后再解南洋。适值晋省告饥,朝议提海军款以济之,沈葆桢以为大戚,……遂奏将前项协款,仍分解南北洋,各治一军(原注:案不久户部已议挪海军款一百万充颐和园建筑费,意谓暂挪,而自是园工无已时,海军款二千余万,尽成虚耗,南洋调集之款数百万,亦提办朱家山河工)。光绪五年冬,沈葆桢卒于两江总督任所,……复次则光绪十七年四月,户部奏酌拟筹饷办法,议以南北洋购买外洋枪炮、船只、机器暂停两年,即将所省价银解部充饷。……最后二十年二月,李鸿章奏称……拟先换镇、定两船快炮十二尊,然亦未果行。……光绪十四年以后海军未增一械,先时不许增购船炮之议,即预为移款修园张本。予颇疑此非翁文恭本意……吴挚甫……又有与陈静潭书云'……李相(鸿章)制购船炮访求新式枪弹,而中朝士大夫交口讥弹,连章参奏,朝廷深入其说,近数年来,未尝添置一船一炮,以此海军遂无精进之观……'……甲午战争在八月,李文忠于七月间覆奏折中,有云'……近年部议停购船械,自光绪十四年后,我军未增一船,……'等语。……"(443—446 页。括弧内或注明或不注明,均非原注。)

1950.4.16

95. 中俄伊犁交涉始末

　　王绳祖《中俄伊犁交涉始末》(1871—1881),1941 年一月在成都写,见《史学论丛》,13—56 页。

96. 中俄伊犁条约①

"崇厚电报,内称'约章皆定议画押,并将现议条约十八款摘要知照';偿费一节尚不过多,通商则事多缪辏,分界则弊难枚举;亟宜筹画布置,迅图补救各等语人;崇厚出使俄国,固以索还伊犁为重,而界务、商务关系国家大局者,自应熟思审处,计出万全。……乃竟任其要求,轻率定议,殊不可解。现在俄约既经议定,其第七款中国接收伊犁后,陬尔果斯河西及伊犁南之帖克斯河归俄属;第八款塔城界址拟稍改,是照同治三年议定之界又于西境南境划去地段不少,从此事成孤立,控守弥难,况山南划去之地,内有通南八城要路两条,关系回疆全局;至第十款于旧约喀什噶尔、库伦设领事官外,增出嘉峪关、乌里雅苏台、科布多、哈密、吐鲁番、乌鲁木齐、古城七处,亦酌设领事;第十四款俄商运俄货走张家口、嘉峪关,赴天津、汉口,过通州、西安、汉中,运土货回国,此路不特口岸过多,并与华商生计亦有妨碍。允行则实受其害,先允后翻则曲仍在我,自应设法挽回,以维全局。着左宗棠、金顺、锡伦将界务、商务各款悉心酌覆,李鸿章、沈葆桢素顾大局,除商务各条详加筹画外,其界务如何办理始臻周妥,分别详细密陈。"(4—5页)

光绪《东华续录》卷三十二,光绪五年(1879,己卯)十二月初五日甲辰:"先是,崇厚奉命使俄,不审朝旨订立新约十八条:一、俄愿将伊犁交还中国;二、中国收还伊犁后,愿明降谕旨赦宥伊犁民人前罪;三、凡伊犁民人迁入俄界者,俄国待之如己民;四、俄国民人旧日在伊犁所得之家产,仍归其有;五、伊犁作何归还,应由中朝谕左宗棠等,俄国谕考甫曼等互商;六、俄既还伊犁,中国愿给俄国银五百万罗布,从立约后一年内陆续付清;七、伊犁既还中国,当以可西河之西及丽山之南之地以至于底克斯河,尽让与俄;八、相议将大城交界稍为更改;九、交界既由二国官员勘定后,应立界竿以昭信守;十、除喀什噶尔及库伦两地已照先立和约俄国立有领事外,今议定在嘉峪关、科布多、哈密、吐鲁番、乌鲁木齐、库车各地,各再设立领事;十一、领事与地方官有互商事件,其文移悉用平行,华官待领事以客礼;十二、凡蒙古、天山南路、天山北路等俄商货物往来,俱不必付税;十三、凡所议设有领事官之地方,并立一通商局,并在张家口一律设立;十四、凡俄商贩运货物至张家口、

---

① 编者注:此为该题目卡片之七至十九,余缺。

嘉峪关、天津、汉口等处者,可过同州府、西安府、汉中府各路,其将中国货物运入俄国,亦由此路行走;十五、此约自从两国御允后,五年内不必更改;十六、俄商已愿另立低茶之税,此事当由中国总理衙门核定;十七、按照先立之约,凡有民人牛只,奔逸过界,总由地方官出力寻还,若实在无踪,亦不必由地方官赔偿;十八、此约既立,经俄皇签名后,一年内由中国皇上盖用御宝送至俄京。至是咨送回国,朝野骇然。修撰王仁堪、庶吉士盛昱交章奏参,洗马张之洞同时奏称:'……(中述不可许者十)……俄人索之,可谓至贪至横;崇厚许之,可谓至谬至愚;皇太后、皇上赫然震怒,遣使臣,下廷议,可谓至明至断。上自枢臣总署王大臣以至百司庶官,人人皆知其不可,所以不敢公言改议者,诚惧一经变约或召衅端。然臣以为不足惧也。必改此议,不能无事;不改此议,不可为国。请言改议之道,其要有四:一曰计决,二曰气盛,三曰理长,四曰谋定。……(中分述四者)……要之,武备者改议宜备,不改议亦宜备;伊犁者改议宜缓,不改议亦宜缓;崇厚者改议宜诛,不改议亦宜诛。此中外群臣之公议,非臣一人之私见,独谋在疆臣,作气在百僚,据理力辩在总理衙门,而决计独断始终坚持则在我皇太后、皇上。'上谕:'翰林院代奏修撰王仁堪等及庶吉士盛昱所奏各一折,并詹事府代奏洗马张之洞所奏一折,均着交此次会议事件之大学士等一并妥议具奏。'(1—4页)

　　案,前于十一月二十四日癸巳以崇厚不候谕旨擅自起程回京,开缺听候部议,所议条约及历次折件着大学士六部九卿翰詹科道妥议,见《东华续录》。

　　光绪《东华续录》卷三十二:"(光绪五年[1879]十二月己酉初十日)谕:……兹据大学士等遵议覆奏(关于崇厚所议条约)并侍郎长叙等说帖三件,又尚书万青藜、侍郎钱宝廉、司业周德润等、少詹事宝廷、中允张楷、给事中郭从矩等、余上华、吴镇、胡聘之等、御史孔宪毂、黄元善、田翰墀等、邓承修、都察院代递员外郎张华奎等所奏各折片,又前据赞善高万鹏、御史邓庆麟、侍读乌拉布、王先谦、编修于荫霖、御史叶荫昉先后陈奏各折,着一并交亲郡王御前大臣军机大臣总理各国事务衙门王大臣大学士六部都察院堂官,再行详细妥议具奏。醇亲王亦着一并会议具奏。"(5页)

　　案,其后十二月十三日又有肃亲王隆懃、检讨周冠等、员外郎陈福绥等折片一并议奏。

　　光绪《东华续录》三十二:"(五年十二月)乙卯(十六日)谕:……崇厚……仅予革职不足以蔽辜,着先行革职拿问,交刑部治罪。"(6页)

案，其后于光绪六年正月初七日命会议定拟，二十三日"定拟斩监候"，见《东华续录》三十二卷

光绪《东华续录》三十二，光绪六年正月初三日辛未："命一等毅勇侯大理寺少卿曾纪泽充出使俄国钦差大臣。"（8页）

案，前于崇厚订约失败后，已在光绪五年九月"命邵友濂署理出使俄国钦差大臣"。见《东华续录》三十，第二十四页。

又正月初七日乙亥："谕：……此次崇厚奉命出使，所议条约章程等件有违训越权之处，并据京外大小臣工陈奏，事多窒碍，着派一等毅勇侯大理寺少卿曾纪泽前往，将应办事件再行商办，以期妥协，而重邦交。"（8页）

案，此为命曾纪泽重办交涉之谕，同时于正月二十一日己丑命李鸿章于烟台、大连布置海防，彭玉麟、李成谋整顿江防，二十二日命刘锦棠帮办新疆军务，做战事准备，虽未明言，盖意在备俄之出兵也。见《东华续录》三十二，十一页。正月二十二日庚寅命吴大澂赴吉林，命鲍超来京，传谕各省保荐人才，整顿营务。

光绪《东华续录》三十三："（光绪六年）二月己亥朔。谕军机大臣等：……俄人占我伊犁，其理甚曲。崇厚奉命出使，议收伊犁，竟不熟权利害，任其要求，遽与定约，殊出意料之外。曾纪泽到俄国后，察看如何情形，先行具奏。此次前往另议，必须力持定见，慎重办理。现已颁发国书，由总理各国事务衙门递寄，并令该衙门将条约章程等件详细酌核，分别可行不可行之款，奏准后知照该少卿，以便与俄人另行商办。纵或一时未能就绪，不妨从容时日，妥慎筹商，总期不激不随，以全大局，将此谕令知之。"（1页）

光绪《东华续录》三十四，光绪六年四月："壬寅。郭嵩焘奏：'查左都御史崇厚在俄立定条约十八款，不察山川扼要之形胜，不明中外交接之事宜，种种贻误，无可追悔。……总理衙门可但谕饬驻俄公使转达俄国外部，《伊犁条约》暂缓核准，权听俄兵驻扎伊犁，以俟续议。……臣请统前后事情为我皇上分别陈之。一曰收还伊犁应由甘督（左宗棠）核议。……二曰遣使议还伊犁，当径赴伊犁会办。……左宗棠以战功平定西域，不肯居赎回伊犁之名，拣派大员会议着紧亦专在此，无舍伊犁而径赴俄会议之理。……三曰直接议驳《伊犁条约》，当暂听从驻扎，其势万不能急速收还。……四曰驻扎英法两国公使不宜遣使俄国。……目前大势，则英法两国为私交，俄德两国为私交，德与法仇恨方深，英与俄尤为累世积怨，……五曰定议崇厚罪名于例本无专条，亦当稍准《万国公法》行之。臣查崇厚……致误之由，一在不明地势之险恶，……平时略

无考览，……一在不辨事理之轻重，其心意所注专在伊犁一城，则视其种种要求皆若无甚关系，而惟惧缴还伊犁之稍有变更。一在心慑俄人之强，而丧其所守。……崇厚名知洋务，徒知可畏而已。……一在力持敷衍之计，而忘其贻害。……置身数万里之遥，一切情势略无知晓，有听俄人之恫喝欺诬，拱手承诺而已。……加罪使臣，是于定约之国明示决绝而益资俄人口实，……崇厚殷实有余，宜责令报捐充饷赎罪，而无急加刑，……六曰廷臣主战，只是一隅之见，亟宜斟酌理势之平，求所以自处，而无急言用兵，……窃以为国家办理洋务，当以了事为义，不当以生衅构兵为名，……应恳天恩，饬令驻俄臣转达俄国外部，以伊犁一城为天山南北两路关键，中国必待收回，而此次崇厚所定条约万难核准，所有俄兵驻扎伊犁，应暂无庸撤退，从前喀什噶尔曾经与俄通商，应否照旧举行之处，由陕甘督臣左宗棠与俄国督兵大臣会商核办，以期妥善，毋得轻易率请用兵，致失两国交谊。'……上谕军机大臣等，本日据郭嵩焘奏俄人构患当筹补救之方一折，不为无见。……曾纪泽前往俄国，当先将原议……碍难核准之故，据理告知，看其如何答覆，如彼以条约不允不能交还伊犁，亦只可暂时缓议，两作罢论。但须相机引导归宿到此，即可暂作了局，惟不可先露此意，转致得步进步，别有要求。至旧约分界通商事宜及应修约章，本与交收伊犁之事不相干涉，俟事定之后当再令左宗棠及总理各国事务衙门分别办理，此意亦可向俄人告知也。……"(1—4页)

光绪《东华录》三十五，光绪六年五月丙戌："……兹特法外施恩，将崇厚暂免斩监候罪名，仍行监禁，……曾纪泽接到此旨，着即将崇厚暂免斩罪知照俄国，并告以中国与俄国和好之据，即此可见。……"（4页）

又六年六月辛亥："曾纪泽奏，伊犁一案大端有三，曰分界，曰通商，曰偿"

（未完）1950.12.19

97. 新疆

《西域图志》五十二卷　乾隆二十一年　刘统勋
《藩部要略》十八卷　祁韵士
《西陲要略》四卷　祁韵士
《西域释地》一卷　祁韵士
《西域行程记》一卷　祁韵士
《万里行程记》四卷　祁韵士

《西陲总统事略》十二卷　松筠

《西域闻见录》八卷　乾隆四十一年　七十一

　　《新疆纪略》二卷

　　《外藩列传》二卷

　　《西陲纪事本末》二卷

　　《回疆风土记》一卷

　　《军台道里表》一卷

《西域水道记》五卷　道光元年　徐松

《西域同文志》　乾隆二十八年　傅恒

《平回志》八卷　杨毓秀

《剿定新疆记》八卷　魏光焘

《平定回疆剿擒逆酋方略》八十卷　道光九年　曹振镛

《平定陕甘新疆回匪方略》三百二十卷　光绪二十二年

《新疆识略》十二卷　道光元年　汪廷珍

1950. 12. 18

98. 新疆建省

《清史稿·地理志二十三·新疆志》：

"顺治四年(1647)哈密内属,吐鲁番亦入贡。惟四卫拉特仍据其地。"

"(乾隆)十九年(1754)杜尔伯特、和硕特、辉特先后来归。"

"(乾隆)二十年(1755)……准噶尔平。"

　　《本纪十一》系于六月戊辰。

"(乾隆)二十二年(1757)出师讨霍集占。"

"(乾隆)二十三年(1758)……明年(1759)……回部亦平。"

　　《本纪十二》系于二十四年(1759)十月庚子。

"(乾隆)二十七年(1762)设伊犁总统、将军及都统……诸大臣。分驻各城。并设阿奇木伯克,理回务。"

　　《本纪十二》系于十一月庚申。

"同治三年(1864)安集延酋阿古柏(Yakoob Beg, 1820—1877)作乱,陕回白彦虎应之。光绪八年(1882)全部荡平。(光绪)九年(1883)建行省,置巡抚及布政使司。"

《本纪十二》新疆改建行省在十年(1884)九月辛未,此误。

1951.8.31

99. 清末党争①

"……义之袁、许,戊戌政变之六君子,以暨于号召革命之张季直、汤蛰仙,其中主张有绝相背驰者,殊途同归,皆为西后所切齿,终身不复尚用有气节、有智识之士人,卒以断送满清三百年之天下。……当时清流虽推重高阳,而殊无党魁之崇戴,绳庵《涧于集》中,《伯潜舟中同宿诗》'神仙李郭原无党',即言清流非有党援,此说自可信。……"(63—64页)

盛昱(伯熙)　文廷式(芸阁)　丁□□(叔衡)　张謇(季直)
袁世凯(项城)　汤寿潜(蛰仙)　王仁堪(可庄)　黄体芳(漱兰)
黄绍箕(仲弢)　沈曾植(子培)

又:"常熟与南皮之隙,南皮至于终身憾之。然常熟之扼合肥,其时南皮亦未尝援李以抑翁。"(173页)

翁张

又:"前记清流尽于甲申,又详南皮《怀盛伯熙》诗'遗稿曾无奏一篇'句,为讽伯熙伯攻高阳,既而悔之,自删其奏疏。……此为同光清流于朝局盛衰之关键,清流亦自此结局。迨醇邸当国,援引孙毓汶入值,从此贿赂公行,风气日坏,朝政益不堪,旋有甲午之役。……"(231页)

又引祁静怡笔记:"同光时,李文正公鸿藻、文文忠公祥,久居枢府,……文正以帝师兼值军机,吴江沈文定桂芬先数年入枢,当时已分南北派。荣文忠禄,时方随文文忠左右,与文正定交即在文忠所。光绪初,常熟又为帝师,时二张(南皮、丰润)奔走于高阳,颇攻击吴江②……"

南北

文正素持南北之见,其甚不得已用南人当择较善者,荣狃于文正,亦牢不可破,所引之人皆文正之戚友门生,其源流派别相信甚深……"(331—333页)

又:"载沣兄弟与隆裕谋,欲夺项城军权财权以自肥,……隆裕与载沣言,载沣谋于南皮,则皆以世凯有罪于先帝为词。……金言不可有刑辟,但

---

① 编者注:此为该题目卡片之四、五、七、八,余缺。
② 编者注:此处缺卡片六。

当放归田里,商之累日,隆裕终韪之。……隆裕心欲追踵西后,而无才无胆,其去袁藉口为德宗复仇,事实上绝无重翻戊戌一案之意。……至南皮一派与项城一派,久相水火,源流至长。大抵光绪初年以来,国人所谓读书人最嫉言洋务者,既登科第,或为谏官,其所掊击者首李合肥,稍后袁项城继之。李尚优容,袁则亦甚薄视书猷,读书人既不为袁所用,则其势必折而为使贪使诈。迄宣统元年,八旗浪子与依附南皮之不更事书痴合力去袁,怡然自得。在南皮,其始未必不以为袁去则清流进用,将大申其志! 一转烛间,亲贵弄权,朝局大坏。……清亡,袁再兴,卒以使贪使诈,骄盈致败,亦悉如书猷所料。……”(346—348 页)

(未完)1950. 4. 30—5. 1

100. 义和拳

郭则沄(龙顾山人)《庚子诗鉴》自注:“邪教之源远矣。当康雍盛时,白莲教已潜滋萌蘖,其支流别衍为青莲教,起自川南,而蔓延及于湖广,杜筱舫词所谓神迷白梃,口诵青莲者,即义和拳之类。伏读嘉庆十三年七月间谕旨,给事中周廷森奏称,江南之徐州府、颍州、亳州,河南之归德府,山东之曹州府、兖州府,多有无赖棍徒,拽刀聚众设立顺刀会、虎尾鞭、义和拳、八卦教名目,横行乡曲,欺压良善等语,因敕禁严惩,盖其时邪教已盛。……”

又:“嘉庆时严缉教匪,诏下迭经获多起,如滦州人王秉衡……”
　　此注全抄劳乃煊所辑,昨日未查误抄。

101. 初起之义和拳

沈祖宪、吴闿生《容庵弟子记》卷二:“(光绪二十六年)时京师纷扰情形,业已显著。附和拳匪者虑李相鸿章在京梗议,遂令督粤,李相奉诏即行(案《清史稿》在四月丁酉)。未几拳匪毁保定铁路,裕禄命杨嗣同(《清史稿·德宗纪》作杨福同)前往解散,及易州被戕死(《史稿》作涞水),聂士成奉相机剿抚之谕,军至落垡,匪三千人扑之,聂军回击,匪多死伤,奉旨切责,于是京津保三处匪势燎原,与董福祥在京之兵连合一气,遂议围攻使馆。”(15 页)

1951. 3. 27

102. **庚子拳盛时杀白莲教**

抄本《每日记》，王大点记。大点不知何许人，似北京某部之书史（或长班），庚子之乱以抢劫起家，狎邪豪赌，日事闲游，此其日记也，文词鄙俗，且多隐语。其一册，上半起光绪二十六年五月二十五日，至七月二十二日；下半起同年九月初四日至光绪二十七年三月二十九日。商鸿逵藏。

"六月十四日……出门听见说，今午自永定门外侯庄团民拿办白莲教匪六七十余名口，又花市头条亦获着二十余名口，应有纸人纸马箱具。又诸人均往五圣庵后王八盖地方睄看，疑有杀砍白莲教的，至其睄望看热闹之人不少，……至落日时，并无砍诛杀匪情事。"

"六月十九日……早上西市上睄热闹，具搭芦棚，斩白莲教匪出差诸义和团获决。代（待）多时无信。……四点多钟，由刑部绑出男子二十九名，太监九名，女子二十口，共计教匪五十八名口。有真正义和团保送获（护）决，轿车场（敞）车均有，睄看过去那边，……落日后……至市口，又睄男女尸身，男尸均赤身侧躺，女尸留一中衣。为首凌迟处死，大卸在筐内盛放。此犯先年在裕兴炉房伙计。共男女尸身五十八名口：有锯碗刘之二女，有外坊官人，有门内摆杂面滩（摊）的。睄看半天，掌灯回家。"

"六月二十四日……闻……今云阳出差，枭戮教匪，彼时还未出来，我赶紧同绍庭前往睄看。……候落日后，由顺（治门）出差，男二十一名，女十一口，均系教匪，……遂……跟同车辆，站在囚棚，睄看搀扶差事，惟今出差无多团勇，自（只）刑部注（驻）扎白家窑之义和团护决，别无他团。不大时，均着斩枭，尸衣不剥，尸身立刻抬走。……"

"七月初八日……落日回家，今闻云阳赴市，白莲教匪又斩男二十六名，女二口，共计二十八名口，均着杀戮。"

1951.4.26

103. **庚子东南互保与赵凤昌**

庚子东南互保创议于赵凤昌（字竹君）、何嗣焜（字梅生），任枢纽者盛宣怀，向张之洞游说者为张謇、沈□□（子培）；向刘坤一游说者为沈瑜庆。见赵凤昌《庚子拳祸东南互保之纪实》，原载《人文月刊》，黄浚《花随人圣庵引摭忆》引其全文并加诠释(汇印本,289—294 页)。

郑文焯《樵风乐府》《秋恨·贺新凉》:"休洒西风新亭泪,障狂潮,犹有东南壁。"即指庚子东南互保事。

1950. 4. 28

104. 清代银库

何刚德《春明梦录》:"京师有十库,而银库居其三。一系紫禁城内库,存款百二十万,备闭城日用,永远不动也。一系内务府银库,专储金玉珠宝,不藏银也。惟户部之银库则专藏银。余在京十九年,奉派随同查库四次,每次藏最多不过一千一百万,少至九百万以上,当时全国之精华其现银不过此数。余守苏州六年,省有藩司、粮道两库,每年首府均奉派查过一次,且有前后任交代一年不止查一次者,然两库所藏不过百万,苏州为财赋之区,而所藏不过如此,甚矣中国之不富也。"(黄氏《摭忆》页 311 引)

何氏福建人,民国二十年左右尚存。

1950. 5. 1

105. 张之洞在中日战后之主张①

黄浚《摭忆》:"中日战后立于翁李之外,别立一帜之张文襄,尔时究何所主张?(李)拔可尊人次玉先生,甲午之役适在南皮两江幕府任文案,涛园先生则总文案也。拔可家藏其先人手录,尔时南皮与各方面往来密电一帙,……五电为南皮致巴黎王钦差,(乙未四月)初八丑发。电云:接总署初七来电,奉旨,张之洞电奏等因,请即遵旨速赴外部,切恳力阻倭占台湾,相机筹商。昨接阁下冬江两电,均照录电奏,并请旨即派阁下切托外部,力阻倭占台辽,并探其所欲,许以厚谢,一面暂宕,力托各国展限换约等语,并将抚台电称台民将变,现已聚众哄抚署、戕中军,欲劫留唐抚及军械割地各……"

(未完)1950. 4. 30

---

① 编者注:此为该题卡片一,余缺。

106. 庚子入陕自鹿传霖意

罗惇曧《跋抱冰堂弟子记》："按两宫在太原时，江苏巡抚鹿传霖以勤王师至，力请幸西安，遂降入陕之旨。江督刘坤一联合督抚电奏，言陕西古称天府，今非雄都，又与新疆甘肃为邻，新疆近逼强俄，甘肃尤为回薮，内讧外患，在在可虞。……当时若仍驻太原，联军亦断无逼驾之事，回銮较速，和约亦较易成。乃入陕经年，靡费数千万，至臣工屏次吁请，乃议回銮，虽由孝钦之惧逼，亦传霖启之也。"（《花随人圣庵摭忆》，294 页）

107. 庚子义和团四团总

唐瀛（字景川）《随笔备考》卷一《庚子匪乱采论》条：

"……涞水县戕官一案……该县主抑民祖教，故此生隙，其中有人到山东迎请义和拳老者二人教练拳棒，不畏枪刀，习练半载有余，欲图报复，将奉教者全家杀害廿余口，焚教堂，杀教士，该县系祝大令，据情禀请裕制军，派杨福同副将带领马队前往弹压。该'匪'得信，以为大队将临，遂愤激揭竿而起，先戕县官，随后杨副戎一到，被刺阵亡。由此势张，自涞水蔓延至涿州，由涿而良（乡），由良至都，焚教堂，戮教民，临阵奋勇，多有验证。嗣后来京者皆到庄王府挂号。……其实所来者无一头目，皆因义愤所结，误信神授，能避枪炮，何知邪术谋为不轨耶？……直隶裕制军收留张德成、曹福田、韩以礼、王德成四团总。

"裕制军讳禄，由皖抚升任直督，与尚书裕德、巡抚裕宽、裕长皆系昆仲。"

"奉谕旨派庄亲王载勋、协办大学士刚毅，统率义和团民，并派左翼总兵英年、右翼总兵载澜会同办理，印务参领文瑞为翼长。"

108. 同光时之四谏

黄浚《花随人圣庵摭忆》："四谏即清流党，以光绪初年始盛。案四谏究为何人，其说不一。昔闻张篑斋、宝竹坡、陈弢庵、邓铁香为四谏，而近人《红柳庵诗话》则云'同治中（张）文襄与竹坡侍郎，张幼樵副宪，黄漱兰通政同官禁苑,以敢谏称,时谓四谏';似此则南皮在内。但考南皮《寿黄漱兰》诗'四谏荣名冠翰林',《拜竹坡墓》诗'翰苑犹传四谏风',若己身在四谏之列,似不便以此标榜。准之羢老诗'同时四谏接踵起',揆其意亦必谦言不在此内。大抵四谏之名,原比拟宋之欧、余、王、蔡,说本不一,亦不必定指何人也。"（129页）

　　天挺案,黄氏所谓"羢老诗同时四谏接踵起",盖指陈宝琛题张佩纶藏吴可读谪归时之《围炉话别图诗》也。

　　天挺又案,《清史稿》列传二三一,黄体芳、宝廷、盛昱、张佩纶、邓承修、徐致祥传《论》曰"体芳、宝廷、佩纶与张之洞,时称翰林四谏",说与《红柳庵诗话》同。

　　一说　张佩纶　　宝廷　　　陈宝琛　　邓承修
　　一说　张佩纶　　宝廷　　　黄体芳　　张之洞
　　一说　　　　　　　　　　　　　　　　无张之洞　　陈宝琛
　　合三说观之,岂张佩纶　宝廷　黄体芳　邓承修乎？

1950.4.30

109. 同光间的门户

满汉之争　荣禄与沈桂芬　光绪六年以荣禄降调,沈桂芬未几死而结束。沈入军机为文祥所荐。荣为侍郎亦文祥力。

党于荣禄与沈桂芬不相能者李鸿藻。

与沈桂芬交最契者满人有宝鋆。

周旋于荣沈之间而阴厚于沈者翁同龢。

支持荣禄之亲王有醇亲王奕𫍯,后以淮军驻京事与荣禄交谊几至不终。荣禄复起赖恭王奕䜣力。

南北之争　沈桂芬与李鸿藻

沈之下有翁同龢。背后有恭王。

李之下有孙毓汶。背后有醇王。

110.《戊戌政变记》两本同异

　　甲本　清末日本印四号铅字,线装本,分九卷,订三本。卷首有梁

启超署书签,未具名。南开大学藏 627.87 732 29904

乙本　《饮冰室合集》本

两本最不同者有下列数者:

甲本遇"皇上"、"圣主"字,均空一格。乙本不然。

甲本喜称"支那"(卷一,廿九卷,30 页),乙本均改"中国"(28 页,30 页)。

甲本卷一第一篇第二章《新政诏书恭跋》,"四月二十七日国是之诏甫下"一条,条末有小注"密谋事详下篇"六字(24 页);乙本无之(24 页)。①

甲本:"于是康有为草疏请仿日本例,立参谋本部,请皇上亲御戎衣,自统之。选天下熊罴之士,不二心之臣,皆拔置亲卫本部中。皇上亲习戎事,与之相狎,可以得人才而后派以分练天下之民兵焉。"

乙本:"于是康有为草疏,请皇上亲御戎衣,自统六军,仿日本例置参谋本部。选天下熊罴之士,不二心之臣,皆拔置本部中。"

甲本:"谭嗣同又荐袁世凯之将才。上于是召袁世凯询问兵事,欲以备参谋部之任,特加其官,令其将应办事宜专折具奏,俾其独将,无为荣禄所制。"

乙本:"谭嗣同荐袁世凯之将才。上乃召袁世凯询问兵事,欲以备参谋部之任,特别其官,令其将应办事宜专折具奏,俾其独将。"

甲本:"又于时宫廷已有废立之意,虽事秘难知,而先一日密诏已下,言位几不保。上抚慰将才,欲待天津阅兵时资其保护也。"

乙本:"又于时宫廷已有废立之意,虽事秘难知,而先一日密诏已下,言位几不保。上抚慰将才,欲待天津阅兵时资其保护也。"

甲本:"荣禄素怀不轨,闻袁世凯加官专任,即日造谣,三电总署云英俄开仗于珲春,英舰七艘泊于大沽,立调袁世凯出津防御。"

乙本:"荣禄素怀不轨知事已急,即日造谣,三电总署云英俄开仗于珲春,英舰七艘泊于大沽,立调袁世凯出津防御。"

甲本:"时袁未谢恩,须待初五日。然是日杨崇伊自天津还,持荣禄书见庆亲王,请训政,初二日杨崇伊即自到颐和园递请训政之折。"

乙本:"时袁未谢恩,须待初五日。然是杨荣伊自天津还,持荣禄书见庆亲王请训政,初二日杨崇伊即自到颐和园递请训政之折。"

---

① 编者注:此处缺卡片二。

甲本："京师士大夫闻天津十日间使人相望络绎,多有知其密谋将兴晋阳之甲者,及闻外患,反以为可少纾内忧,不知皆荣禄之诡谋诈言也。"

乙本："当时士大夫见京津间荣禄私人往来络绎,多有知其密谋将兴晋阳之甲者,及闻外患,反以为可少纾内忧,不知皆荣禄之诡谋诈言也。"

甲本："荣禄既防袁世凯,先调聂士成军于天津,袁世凯军驻小站,去天津七十里,及袁世凯五日夕至天津,荣禄即留之于天津,令护理直隶总督,不令回小站。盖夺其兵权,而使聂士成以兵监之。"

乙本："荣禄先调聂士成军于天津,袁世凯五日夕至津,荣禄复留之于天津,令护直隶总督。"

甲本："荣禄即自带总督及北洋印,于六日入京废立,实以总督署圈禁袁世凯也。"(57页)

乙本："盖袁之为人机诈反覆,深知皇上之无权,且大变将兴,皇上将不能自保,故虽受皇上不次拔擢之大恩,终不肯为皇上之用,且与贼臣之逆谋,卖主以自保,而大变遂成于其手矣。"(56页)

甲本卷二第二篇第四章,论此次乃废立而非训政(11—13页),乙本有删节(67—68页),不具录。

甲本卷三第三节第二章,《政变之分原因》:"十四、袁世凯之为人,能为大言,勇敢任气,且深知西后之残横,颇以忠于皇上自命。虽为荣禄所拔用,然亦常不满志于荣禄。且曾游外国,知变法之不可已。故皇上召见之,欲加以恩遇,令其感激图报。闻八月初五日尚有密诏赐之云。诏中何语,则非外人所能知也。然自是越一日而垂帘之伪诏已下矣。"(5—6页)。乙本此条全删,只十三条而已。

甲本卷四四篇二章,《穷捕士》凡列:"被拿办、下狱、革职、圈禁、停差、逮捕家属者二十七人(3—6页)①,乙本只列二十二人(89—92页),删去"诸汝冲"(原在张元济之后)、"志锜"、"冯汝骙"、"容闳"(原在熊希龄之后),飞鹰舰长□□□(原在最末)五人。甲本在被戮六人之后,尚列有"其罪名非加于②本人之身者"五人(6—7),谭继洵、王燮、王焯、

---

① 编者注:原卡片此处号内页码不可辨,疑作"3—6页"。
② 编者注:原卡片此处不可辨,疑作"非加于"。汤志钧、汤仁泽编《梁启超全集》(中国人民大学出版社,2018年)本作"皆加于"。

程式谷、钱维骥,乙本删。(92 页)

甲本同上篇二章后,尚有第三章"论西后及今政府将来之政策如何"一章。(　—19 页)乙本删。

甲本同上篇第二章章末尚有"附记南海先生出险事"一段(9—11 页),乙本删。

甲本卷五有第五篇《政变后之关系》,分　章,第一章论中国之将来(1—3 页),第二章支那与各国之关系(3—5 页),第三章日英政策旁观论(5—7 页),乙本全删。

甲本卷七,附录一,《改革起原》:"……乃设强学会于北京,京朝士大夫集者数十人,袁世凯、文廷式与焉,英米人士亦有列名会员者,每十日一集,集则有所演说。……"(19 页)乙本删"袁世凯、文廷式与焉,英米人士亦有列名会员者"十九字。

又甲本在"计北京强学会仅开四月,上海强学会仅开月余,至乙未十一月遂被禁止"下,有"张之洞恐忤廷旨,首请除名会籍"十三字(17 页),乙本无之。

又甲本在上面一段之后,尚有"强学会虽封禁"一长段,凡三页(17—19 页),乙本全删。其中有丙申二月强学会解禁改为官书局及各省私立之学会、学堂、报馆四十四处之名称所在。

甲本卷五五篇三章有"今年旅顺大连湾之役是也,当时中国之志士咸抗疏力争,谓英日必不许俄人之占领此地"之语,此今年盖指光绪二十五年(1899)帝俄租借旅大事,则甲本之著作年代在戊戌政变之第二年也。(6 页)

1956. 5. 12、13

111. 荣禄与慈禧

《碑传集补》卷一孙葆田作《荣禄神道碑》:"女子二:一适礼亲王世子,一为今醇亲王福晋。"(21 页)

又:"继娶宗室故大学士灵文恭公女。"(21 页)

案,此醇亲王即载沣,为慈禧之姨甥,荣禄之重用尚有戚属关系也。

1954. 11. 11

112. 清代种族之偏见

《中秘日录》不著撰人，记鸦片之役前后奏疏及硃批。见阿英编《近代外祸史》，民国三十六年上海潮锋社出版。

"（道光二十一年三月庚子）裕谦（钦差大臣）奏……。又奏：'查获逆夷（英人）存留定海木板箱六只。内五只面写"烦寄与北京盛京八旗官兵"，查阅内有刻本清字书千五百十四本，每八本为一部，共百八十六部，又二十六本系天主教邪说。又一只面写"烦寄与日本国地方"，开看内有刻本夷字书八百九十四本，卷首有汉字序文、目录各一页，亦天主教邪说。查清文非旗人不谙，是否该夷暗嘱汉奸哄诱代缮，亦或广东驻防中竟有习教通夷之人？恳系存记，俟夷务平复，严密查办。'硃批：所见固是。然二百余年以来，内地汉人能习清文者自必有之，即如在京各部书吏必有粗通清文摹仿清字者，何足怪哉！理藩院书吏颇有通蒙古文字者，亦类此也。决非我八旗之所为，信而有征。'廷寄……又另折奏不经夷书，即对众销毁，以免传播。"（44页）

　　天挺案，此所谓清字书当即满洲文所译新旧约。当日娴习满洲文者诚属满汉均有，但必谓"决非我八旗人之所为"，则太武断。盖种族之偏见，以为八旗人必忠于清室，而甘心为夷人所用者必汉人也。幸裕谦亦旗人，否则必遭斥责或兴冤狱也。

1950.3.3

113. 蒙古独立纪年

　　一九一一年十一月一日　蒙古王公宣言独立，推哲布尊丹巴呼图克图为蒙古帝国君主，年号共载。

　　一九一二年　中俄协定

　　一九一二年十一月三日　俄蒙协约（库伦）

　　一九一五年五月二十五日　中俄蒙协约——三角协定（恰克图会议结果）

　　一九一九年十一月十七日　蒙古撤销自治，封哲布尊丹巴为呼图克图汗。

　　一九二〇年　蒙古人民革命党成立

一九二一年　蒙古人民革命政府成立

一九二一年十一月　俄蒙新协定(莫斯科)

一九二四年五月　哲布尊丹巴死

一九二四年六月三日　蒙古共和政体确立

一九二四年七月八日　蒙古宣布共和,取消共载年号,成立蒙古人民共和国。

一九二四年十一月　召集议会,制定宪法。

一九二四年十二月　根据宪法成立政府

114. 外蒙古问题

光绪三十四年(1908)四月　车臣汗盟胡匪陶什托琥抢掠,满清驻库大臣延祉向哲布尊丹巴强行借枪。

宣统二年(1910)二月库伦大臣三多就职,压迫蒙族,为喇嘛抢德义涌木厂事(一千一百六十余元,七百八十余两),革蒙官,勒赔偿,为蒙族所痛恨。

宣统二年(1910)三月胡匪陶什托琥抢汉商庆昌玉等六家,逃入俄境,三多令蒙族赔三万两(原要十万两)并惩蒙旗官。其后赔款取消,改为罚款五千两充公,商民亦无所得。

宣统二年(1910)满清创办新政,在库伦设兵备处等新机关二十余处,一切开办费用及经常费用全由蒙族供给。十二月军咨府派员唐在礼至库伦练兵,接充兵备处总办,随带人员家丁六七十人,卫兵二十余人,大兴土木,又要求将台站卡伦划归兵备处管辖。蒙情恟恟。于是发生驻北京俄使要求裁撤兵备处,调回练兵人员,直接干涉中国蒙事之举。

宣统三年六月十五日蒙古各盟王公密议独立,派亲王杭达多尔济等赴俄求援。

1951.5.10

二十三、其它

1. 清初命旗丁修路

清（康熙）高士奇《扈从东巡日录》卷上："（康熙二十一年 [1682] 三月己酉朔）辛亥驻跸永安桥。先是从沈阳至辽河百余里间，地皆葶泥洼下，不受车马，故自广宁至沈阳向以辽阳为孔道。太祖高皇帝初定沈阳，命旗丁修除叠道，广可三丈，由辽河一百二十里直达沈阳，平坦如砥，师旅出入便之。叠道外仍多葶泥。永安桥去今奉天府三十余里，侧有新碑，纪修除叠道之工，屹然在望。土人名为大石桥者是也。"（11 页）

2. 康熙初的辽阳

清（康熙二十年修）杨镳、施鸿《辽阳州志》（《辽海丛书》三集，钞本）：

卷十五《户口》："州属户口俱系招徕，三年起科，其从前徙民，于康熙七年归并承德、开原、铁岭，而所存招民人丁编审数目及丁银开列于后：

原额人丁三千三百三十五丁。

新增人丁五十八丁。

实在人丁三千三百九十三丁。每丁征银一钱五分。

共征银五百零八两九钱五分。"（1 页）

卷十六《田赋》："州属向无地亩原额，俱系新垦荒地。康熙十年以前，系三年后起科；十一年以来，十年起科；十五年以后，仍旧三年起科；十八年以后，定为六年起科。不分等则，每亩征银三分，不加闰。今将地亩征银数目，开列于后：

原额地二万八千八百二十八亩九分八厘八毫三丝三忽。

新增地一千一百零七亩。"（1 页）

前云无地亩原额，后云原额地，盖后所原额乃州官接任前之原额也。

1956.6.5

3. 康熙初之铁岭

清康熙十六年贾弘文修《铁岭县志》二卷,《辽海丛书》第三集(刊本)。

卷上《建置志》:

"按辽东旧志,古铁岭城在今治东南五百里,地接高丽界。明洪武二十一年即彼地为卫,二十六年移卫于此,即古银州地也。在辽河东,挹娄北(原注"即今懿路,古挹娄国也")。太祖龙兴之初,兵入残毁,抵今六十年所矣。世祖诞膺大命,混一区宇,从龙甲士,率入京师,其留业于此者,各旗菓户外千百余家耳。今上三年,改铁岭县,固未有一民也,升任胡令至,始渐招徕。"(1页)

胡药婴

又《疆域志·村落》:"居民鲜少,城内外及附近数处,约略可尽。惟南赴奉天府沿途仍有三四处,其余则皆旗下旧人居之。然在邦域之中,不容不并志也。"(15页)

案,其后详列城外屯堡名,其下均注明"旗下"或"民人"。

卷下《田赋志》:"本朝兵皆八旗,于百姓无涉,要计亩输租,以供军需,古今一也。铁岭立县未久,垦田固自无多,然国课所关,以田以赋,毫厘皆有所归,虽渐垦渐增,见在则眉列版章也。"(1页)

又《丁粮》:"计丁二千一百零六名,每丁征银一钱五分,每年征银三百十五两九钱。"

"计地三百七十九顷三十八亩一分,每亩征银三分,每年征银一千一百三十八两一钱四分三厘。"(1页)

清康熙二十二年李廷荣补辑《铁岭县志》(《辽海丛书》三集,钞本)卷下《户口志》:"新设县分,原额无,俱系招民徙民,起科人丁,不分等则每丁征银一钱五分。"(1页)

"康熙三年、四年、五年、六年招民,例于三年后起科,应于康熙七年、八年、九年、十年新增起科。其康熙七年奉文归并徙民,即于本年新增起科。"(2页)

康熙七年	新增人丁729丁	征银109两35分
八	111	16.65
九	208	31.2

十	894	134.1	
十一	15	2.25	
十二	108	15.3	内渡夫 6 人免征
十三	15	1.5	渡夫 5 人免征
十四	5	-3	渡夫 25 人免征
十五	39	5.85	
十六	20	3.00	
十七	2	0.30	
十	1	0.15	
十九	9	1.35	
二十	2	0.30	

"实在当差人丁二千一百二十二丁,征银三百一十八两三钱。"(2 页)

1956.6.6

4.《辽东志》《全辽志》

《辽海丛书》第二集:

| 《辽东志》九卷 | 明嘉靖十六年重修 | 传钞本 |
| 《全辽志》六卷 | 明嘉靖四十四年修 | 传钞本 |

《辽东志》 正统八年毕恭始修,有毕恭序;嘉靖十六年薛廷宠重修,每卷均有"薛子曰"云云。据金毓黻序日本前田利为尊经阁有明刊本,大正元年用铅字覆印;大连图书馆有抄本,亦从前田本出。

《全辽志》 嘉靖四十四年李辅修,有四十五年李辅后序。据金毓黻序沈阳王氏有明刊蓝印本,北京图书馆有明刊本。此据钞本付印。

1956.6.2

5. 清初宁古塔粮价地价

清(康熙)杨宾《柳边纪略》卷三:"宁古塔地不计亩,而计晌,晌者尽一日所种之谓也。约当浙江田四亩零。(注"《金·食货志》量田以营造尺五尺为步,阔一步,长二百四十步为亩")一夫种二十晌,晌收谷自一石至二石,以土之厚薄为等杀。谷凡十种:曰稗子,曰小麦,曰大麦,曰粟(注"小米也"),

曰秫(注"黏谷也,用以造酒"),曰黍(注"大黄米也,作饧,亦可为酒"),曰稷(注"糜子米也,宜酒,亦可为饭"),曰高粱(注"蜀黍也"),曰荞麦,曰穬麦(注"铃铛麦也"),而以稗子为最,非富贵家不可得。地之佳者,晌价五两。稗子、谷石五两(银),小麦石三两,大麦石二两五钱,粟、秫、黍、稷、高粱、荞麦石各二两,穬麦石一两三钱。凡一石可当通州仓二石五斗。此己巳、庚午间粮价也。"(10页)

　　案,关外地旷而沃,生产量高,当时满洲人民何以要入关?
　　此中原因当与氏族制度的残余有关。
　　己巳为康熙二十八年(1689),庚午为二十九年(1690)。

　　　　　　　　　　　　　　　　　　　　　　　1956.5.30

6.八旗王公宗室按旗采参珠

　　清杨宾《柳边纪略》卷三,注引《会典》:"国初,王以下,公以上,许遣壮丁于乌喇地方采捕东珠、貂鼠、人参等物……"(5页)

　　又:"(顺治)八年(1651)定乌喇采参人数,亲王一百四十丁,……"(5页)

　　又:"镶黄旗人参山曰黑扯木,曰马家,曰肥牛村,……"(5页)

　　又:"甲子(康熙二十三年,1684)、乙丑已后,乌喇宁古塔一带,采取已尽,八旗分地徒有空名。官私走山者非东行数千里入黑金阿机界中或乌苏江外不可得矣。"(6页)

　　又:"宗室人参过山海关皆有定额,额外人参照例每斤纳税六钱。(原注"例云:亲王人参七十斤,世子六十斤,……准免关税……其买参者准于盛京、开原等处采买,不许于打牲之处采买。")"(7页)

　　　　　　　　　　　　　　　　　　　　　　　1956.5.29

7.人参价

　　杨宾《柳边纪略》三:"己巳(1689)、庚午间,足色者,斤十五两(银);八九色者,斤十二三两;六七色者,斤九十两;对冲者,六七两;泡三两(空皮曰泡)。若一枝重两以上则价倍,一枝重斤以上价十倍,成人形则无价矣。"(7页)

　　又注:"宁古塔参以十八两为斤,奉天以十九两为斤,京师以南以二十两为斤。"(7页)

8. 清初按定旗围猎

杨宾《柳边纪略》卷四:"十月人皆臂鹰走狗,逐捕禽兽,名曰打围。按定旗分,不拘平原山谷,圈占一处名曰围场,无论人数多寡,必分两翼,由远而近,渐次相逼,名曰合围,或曰一合再合。"(2页)

又原注:"按《会典》:镶黄旗围猎山曰哈代上涧垳,曰威谆河……"(2页)

9. 满语 沙吾里

朝鲜《李朝实录》太祖卷一:"又其西百二十余里有斡东沙吾里。沙吾里,女真言站也。站在斡东管内故云然。"(2—3页)

此元宪宗五年事。

又注:"女真谓民为逸彦。"(6页)

10. 内阁大库墙倾

震钧《天咫偶闻》一:"按光绪戊戌、己亥间内阁大库因雨而墙倾。"(17页)

11. 内阁大库藏书

《刘树屏致缪小山书》(《缪小山黏存师友书札》六册,鼎古斋书贾送来,索价六十万元,不能留藏,姑抄此函。1951.1.28):

"小山前辈大人阁下:※.※.都中新政日繁,南皮且以病自晦,他无论矣。惟有一事为前辈所乐闻者,内阁向有大库,储书地也。百余年来半蚀煨烬,现拟重修为存储《实录》红本之所,南皮因命中书四人董而理之。业经检出全书五万余册,残书四万余册。全书以明代省府县志为多(原注"盖系修一统志时所进,抄本刻本各居其半"),又有写本横云《明史稿》(原注"宋字极匀,墨色如新")、三礼遗书迭次底稿①、《世宗硃批谕旨》、抄本国初人集。残

---

① 编者注:"三礼遗书"似应为"《三礼义疏》"。

书有万历十五年《会典》（原注"少一本"）、《政治典训》百本（原注"少一本"）、魏允恭批《方舆纪要》稿、明抄辽金元史、历朝《圣训》、南宋写本史诰修《宗藩庆系录》、《仙源类谱》（原注"此二种即玉牒之类"）、元公牍纸背印《新唐书》。四中书并拟于检齐后排一目录，届时觅得再寄呈也，涒阳去，而丰润来，南中必有一更动，飞鸿北来，倘赐德音。专肃敬叩著安，伏维垂鉴。年晚生刘树屏顿首。"

"春间文旆莅申，畅聆教督，并承代刊先伯兄文稿，私心感激，讵可名状。树屏旋因信成添设分行事抵都，终日孳孳与驵侩伍，益无寸善可言。遥闻老前辈怡情著述，屡谢征车，高山景行，拳拳梦寐。"

案，此书无年月，其"涒阳去，而丰润来"一语，盖指宣统元年五月端方自两江总督调直隶总督，张人骏继任两江总督，则此信必在宣统元年五月以后。信中屡及南皮，盖指张之洞，张以宣统元年八月二十一日卒，则必在其前。1951.1.28

又案，张之洞以宣统元年六月请假，函中有"南皮且以病自晦"之语，则作函之时必在六月以后。学部以七月二十五日奏请设立京师图书馆，并以缪荃孙为监督，此函尚不知其事，可证其在七月二十五日以前。

（参阅《张文襄公年谱》卷六）

1951.1.28—30

12. 清代诸陵①

	葬	昌西陵	在	易县西陵	溥雪斋云
宣宗	葬	慕陵	在	易县西陵	溥雪斋云
	葬	慕东陵	在	易县西陵	溥雪斋云
文宗	葬	定陵	在	遵化东陵	溥雪斋云
孝贞	葬	定东陵	在	遵化东陵	溥雪斋云
孝钦	葬	定东陵	在	遵化东陵	溥雪斋云
		（又一）			
穆宗	葬	惠陵	在	遵化东陵	溥雪斋云
德宗	葬	崇陵	在	易县西陵	溥雪斋云

① 编者注：此为该条目卡片二、三，一缺。

　　溥雪斋(忻)云:东陵原为马兰镇,西陵原为泰宁镇。东陵凡九陵,以圣祖景陵为最富丽,陵前碑亭外尚有圣德神功碑及蒙古王公所立之四种文字碑,俗称对儿碑,他陵所无也。孝陵、景陵、裕陵前均有石人牲,定陵以后无之,以国家穷也。东陵树木最盛,曹锟为总统时斩伐已尽。西陵凡六陵,规模气势远不及东陵。又云:有《万年统志》一书,记东陵甚详,无刊本。一九五〇年六月十二日灯下记。

1950.6.12

13. 刘献廷之生平

　　刘献廷《广阳杂记》一,记康熙二十四年(1685,乙丑)林兴珠事。(9页)

　　又记辛未春戛尔旦忽提兵至西口事。康熙三十年(1691)。(14页)

　　噶尔丹之降在康熙二十九年(1690)。

　　又卷二,记壬申春游衡山。三十一年(1692)。(25页)

　　又,记甲戌四月在郴州。三十三年(1694)。(26页)

　　又卷三,记乙亥游壑庵。三十四年(1695)。(3页)

　　又卷四,记辛未秋寓汉上。三十年(1691)。(14页)

　　又:"……中年以来,苦多忘失,庚午(1690)孟夏,始有日记,又录友谱一帙,记丁卯(1687)入都以来之新相知,大都有三百余人。而丙寅(1686)以前丙午(1666)以后所交四方之士……"

　　《广阳杂记》卷四:"追忆往昔,念四十以来,惟学问一事,冷暖自知……"(23—24页)

1954.12.16

14. 康熙中北京戏剧尚少南曲

　　孔尚任《长留集·燕台杂兴三十首》第二十首:"南部烟花劫后灰,曲终人散老相催。昆山弦索姑苏口,绝调谁传《小忽雷》?"自注云:"余《小忽雷》填词成,长安传看,欲付梨园,竟无解音。后得景云部始演之。"

　　刘辉云此诗写于1695—1696之间。孔得《小忽雷》在1691。

　　见1962.8.12《光明日报》《文学遗产》427期刘辉《灯下偶得》。

　　据孔诗,1695年(康熙三十四年)北京的戏剧界还不演南曲,或甚少演。"昆山弦索"应指昆曲,"姑苏口"则苏州白也。"长安之演《桃花扇》者,岁无虚日"(孔自言)当在"凡三易稿而书成,盖己卯(康熙三十八年,1699)之六月也"(孔尚任《〈桃花扇〉本末》)之后。

1962.8.14

15. 康熙时满汉官吏之矛盾

王氏康熙《东华录》九十,康熙五十一年十月丙辰:"九卿、詹事、科道面奏噶礼、张伯行互参一案,上曰:'……近日外官,满洲所参大抵多汉人,汉人所参大抵多汉军,皆非从公起见……'"(5页下)

16. 南怀仁为清廷造炮

王氏康熙《东华录》十六,康熙十四年乙卯(1675)十一月己亥:"定远平寇大将军安亲王岳乐奏:……广东送来红衣炮甚重,路险难致,西洋炮轻利,便于运动,乞发二十具为攻剿之用。上谕:剿灭逆贼(吴三桂),平定湖南,俱赖安亲王练习,宿将及精兵火器俱不可阙,……南怀仁所造火炮,着官兵照数送至江西,转运安亲王军前……"(京师刻本,12页)

17. 军台

林绍年撰《张制军(亮基)年谱》卷上:"(咸丰四年甲寅,四十八岁,在山东巡抚任。正月驻德州,三月至济宁,破贼于临清之黑庄,旋奉旨革职,发往军台效力赎罪。五月到台。)(三月)十五日黎明,甫出军,忽奉革职发往军台之旨。……至济南,安眷口于安邱王素园方伯处,遂挈子光宸,侄辅宸,并从役二人赴台。五月到台。台属察哈尔都统,远台台费稍轻,非贿赂不可得,遂得十台,近台也,月缴台费银四十两,然公初怡然不以为意。……著有《张家口杂咏》绝句……"(47—51页)

军台凡十,自一台至十台以远近为别,发往军台者均住于张家口,按月缴台费,不必亲往也。远台(一二台)费少,故人皆希冀之。

1950.11.12

18. 法式善

《清史列传》卷七十二《法式善传》:"法式善字开文,蒙古尔济氏,隶内务府正黄旗。"(43页)

《清史稿》文苑传二《法式善传》:"法式善字开文,蒙古乌尔济氏,隶内务府正黄旗。"(16页)

翁方纲《陶庐杂录序》:"《陶庐杂录》六卷,法式善梧门撰。梧门姓孟氏,内府包衣,蒙古世家。原名运昌,……尊人秀峰孝廉受业于予,故梧门得称门人。……梧门子桂馨,亦能文,早成进士,官中书舍人,……"(《复初斋文集》卷三,光绪刻本,16页)

19.《清穆宗本纪》

读光绪七年辛巳七月二十六日《益闻录》第一百十四号载七月十五日上谕,有"《穆宗毅皇帝本纪》告成,据景廉等将在馆离馆出力各员据实保奏,该馆提调等官尽心编辑,妥速蒇事,自应量予恩施"等语。保奏各员以国史馆提调官为首,以内阁侍读中书为多,显然与实录馆所编《穆宗实录》为两书。此书不知存在何处。其总纂官有徐致祥,纂修官有陈宝琛。

20. 满文

副 adaha 副榜(《清文鉴》四,24页)

第一 bonggo? 状元、会元、解元皆用此官。(《鉴》四,23页)

aliha 正? 府尹 fu i aliha hafan(26页)

府丞 fu i irsi hafan(26页)

知府 fu i Salachi(26页)

21. 雍正中允禵改满文

吴振棫《养吉斋丛录》卷二十一:"雍正间,庶人允禵私增七字头,为十九

字头,乱政背常,为大罪之一。"(1 页)

22. 档子

吴振棫《养吉斋丛录》卷二十三《附录》:"汪琬撰《提督李思忠墓志》注:本朝用薄板五六寸,作满字其上,以代簿籍,每数片辄用牛皮贯之,谓之档子。汪,康熙时人,当时或尚有此制。"(2 页)

23. 榜式

杨宾《柳边纪略》三,注:"榜式一作榜什,又作帮实,萧大亨云能书者之称也。有侮慢之者罚马一。本朝天聪五年七月始停止,但称笔帖式。惟大(达)海、库尔缠等仍得称榜式。《池北偶谈》云,国初内三院满洲大学士谓之榜式,乌金超哈大学士亦称榜式,如范文肃公、宁文毅公是也。" (8 页)

案,《池北偶谈》所释未尽确。

24. 额者库

崇德《东华录》三,崇德三年七月:"丙戌更定部院官制。……至是范文程、希福、刚林等奏,请每衙门止设满洲承政一员,以下酌量设左右参政理事、副理事、启心郎、额者库(原注"即今主事")各官,凡五等。"

额者库即主事。

25. 皇子抚养于官员家

王氏康熙《东华录》九十,康熙五十一年壬辰(1712)七月丁酉:"户部奏,原任西安骁骑校正蓝旗巴布叩阍言,伊兄萨尔布善曾抚养和硕安亲王之子塞冷额,田产家人等俱为塞冷额占据,入在包衣佐领下,审问皆虚,应将巴布枷责,以年老折赎。上谕大学士等:此事所议不明。世祖章皇帝时,将裕亲王、恭亲王付与殷实官员抚养,及至分封,宗人府议将抚养官员产业给于二王,朕未允行。大阿哥曾付与内务府总管噶禄,三阿哥曾付与内大臣绰尔济抚养,分封时亦议将伊等产业给与,朕俱不准行。盖凡将子孙付与属下人员抚养者,并非欲得其产业也,抚养之人能自孩提时兢兢业业侍奉抚养即其功也。及至长成又得产业,籍其人口,不但于理不合,即为所抚养之人亦于心不安。五旗多有此事,此风断不可长。凡事但以理断之,始合大体。……今萨尔布善将宗室塞冷额抚养成人,反将其产业占据,人口入在包衣佐领下为奴,可乎? 此处并未明白陈奏,原本着发还。"(1页)

安和亲王岳乐,阿巴泰第四子,圣祖从叔,顺治八年封安郡王,十四晋亲王,康熙二十八年卒。

裕宪亲王福全,世祖第二子,圣祖之兄,康熙六年封,四十二年卒。

恭亲王常宁,世祖第五子,圣祖之兄,康熙十年封,四十二年卒。

大阿哥允禔,康熙第一子,雍正十二年卒。

三阿哥允祉,圣祖第三子,雍正十年卒。

皇子及王公子抚养于属下官员之家,余曾以询溥雪斋,雪斋言不知其事,或道咸以后所无也。

1962.9.24

26. 康熙帝的采求书籍

余金《熙朝新语》卷七:"康熙二十五年(丙寅,1686)谕礼部翰林院,……朕留心艺文,晨夕披览,虽内府书籍篇目粗陈,而裒集未备,……今宜广为访辑,……闰四月,礼部等遵旨议覆,……得旨:自古经史书籍,所重发明心性,裨益政治,必精览详求,始成内圣外王之学。朕批阅载籍,研究义理,凡厥指归,务期于正。诸子百家,泛滥奇诡,有乖经术。今搜访藏书善本,惟以经学史乘,实有关系,修齐治平助成教化者方为有用,其他异端稗说,概不准收录。该部院即遵谕行。"(18页)

27.《熙朝新语》

余金(字德水,歙人)《熙朝新语》十六卷,皆记清代掌故,记事至嘉庆二十一年丙子(1816),以康熙时事为多。前有嘉庆戊寅(二十三年,1818)吴郡翁子敬履庄氏序,称:"岁乙亥(嘉庆二十年,1815),自滇南归里,道出武昌,于市肆中得歙人余得水所辑《熙朝新语》一书,……自国初至今二百年来有关于政事文章人心风俗者,靡不具载,亟令生徒抄录成帙,略加编次,厘为十六卷付诸梓,以公同好。书名撰人俱从其旧,示不敢掠美也。"其说甚可疑。如果系 1815 所得稿本,则不应有 1816 年事(卷十六,页五,嘉庆丙子十月江苏海州具报一条),一也,书中所记,卷前多据《实录》,卷末则多据闻见。

余氏既为歙人而所记多苏州事,于长洲蒋氏近事尤多(卷十六页十五有嘉庆丁巳 1797 蒋氏事;页十三有嘉庆癸酉 1813 事;页十二有戊午 1798,己巳 1809,戊辰 1808,甲戌 1814 事,此外尚有不具录),二也。疑其书即翁氏所自辑,而托名余德水(鱼得水);否则亦卷末有翁氏补辑者也。书首题"道光甲申冬镌"、"鸣盛堂藏板",甲申为道光四年(1824),则录成未久即付镌矣。书有"君山"朱文印,"考古书房珍藏"朱文印,第四册末有朱笔"明治卅(四十)三年十一月十五日夜阅了",蓝笔"大正元年九月十一日再阅",两行,明治四十三年为 1910 年,大正元年为 1912 年,则此书曾为日本人所藏。然则"君山"者岂稻叶君山乎? 余于1956 年夏得之沈阳。

此书为钱泳、余集所纂,余别有考。

1962.9.17

28.《出劫纪略》

《出劫纪略》抄本五十六页,每半页八行,行二十字。书面题《丁野鹤诗文集》、《出劫纪略》、《问天亭放言》。《问天亭放言》凡三十一页,合订一册。张维华收藏。详检页码有一一、一二、二一、二二字样,知非旧钞本,但十不作一〇,二十不作二〇,或抗战期间所录。一九六五年六月六日借观记,时暂住北京复兴门外翠微路中华书局西北楼之招待所。

《出劫纪略·序》:

"予与野鹤丁先生同里,居比邻,……丙申(顺治十三年,1656)归自容城,以《出劫纪略》命序。……壬午(明崇祯十五年,1642)乱,邑中士绅狃于处堂,先生毅然携老母孤侄由山入海,城破日以局外独全。明年三月遭鼎湖变,溯海而南,谈兵幕府,……知其将败,弃还。奉太夫人毓孤侄,收先人之业于兵火播迁之后,百不失一。……丙申(年)仲夏,同社晚学李澄中右苏氏拜题。"(1—2 页)

天案,序称"遭鼎湖变",盖指甲申(1644),但系于壬午(1642)之明年,则偶误耳。鼎湖见《史记·封禅书》,封建时期谓帝王逝世为鼎湖之变。崇祯帝死于甲申,不在癸未(1643)。

"出劫纪略·目录:

山居志

峪园纪

山鬼谈

明空和尚传

航海出劫始末

从军录事

乱后忍侮叹

避风漫游

皂帽传经笑

陆舫记

孤侄贻谷出险记

保全残业示后人存纪

述先德谱序

族谱序"

"出劫纪略

　　琅琊丁耀亢野鹤甫著

　　　　　　男　慎行颙若甫

　　　　　　男　慎思俨若甫

　　　　　　男　慎谋仲若甫

　　　　　　侄　诒谷咸若甫　仝校"

《山居志》明天启甲子至辛未(天启甲子为四年,1624,辛未则崇祯四年,1631)(抄本,4页):

"与弟耀心茕茕无依,……因得城南橡槚沟一邱,……至丁卯(天启七年,1627)秋,遂移家居之。(抄本,4页)

戊辰(崇祯元年,1628)之冬,筑舍五楹,曰煮石草堂。(5页)

庚午(崇祯三年,1630)心弟以《春秋》举于乡,予仍碌碌。(5页)

壬申至癸酉(崇祯五年至六年,1632—1633)与(长男)玉章尚攻时艺,玉章……至秋中副车。(5页)

甲戌至丙子(崇祯七年至九年,1634—1636),居山藏修者近六年。(5 页)

案,甲戌至丙子仅三年,不得言近六年,或有讹误。

是岁为崇祯十三年(庚辰,1640),大饥,有五色天花,遍生林谷间,因得饭僧及饥民百余家。己卯(崇祯十二年,1639)辽事不支,东兵破济南。知天时将变,壮心久□,将卜居金陵,以老母老重土,不能迁。至辛巳(崇祯十四年,1641)长男玉章不禄矣。(5—6 页)

案,己卯不应列庚辰后,或十三年为十一年之讹,待考。

壬午(崇祯十五年,1642)入京,游太学,移家归城。是年冬,乃有屠城之变,山林化为盗薮,……而主人为逋客矣。"(6 页)

以上均《山居志》。

《山鬼谈》:

"明崇祯壬申(五年,1632)予既山居久,……是年,登州孔兵叛,围莱不下。(9 页)

壬午(崇祯十五年,1642)大乱,……浮海全家,而弟侄俱殉难。"(17 页)

《明空上人传》(目作《明空和尚传》)19 页:

"……壬午(崇祯十五年,1642)兵乱,既浮海,托以山中之业。乃辽兵大至,士女入山避者云集,师亦入谷遁焉。寺中积粮牛畜,尽为兵劫以去。"(20 页)

《航海出劫始末》:

"明崇祯己卯(十二年,1639)东兵破济南后,欲卜居金陵,重土不能往。又三年壬午十月(十五年,1642)自京师归,对亲知言当诀计,众咸笑之。十一月橄州郡城守,始以故事登陴。诸邑(诸城)城大,而人情乖离久,知不可守。十一月廿日,予携家出城,止于南山旧庐。(22 页)

明日待城破之信,遣役往探,东兵已据城,是为十二月十八日也。(23 页)

至癸未(崇祯十六年,1643)……三月初旬,东兵去,乃出海归,计海中盖百日云。……时弟(耀心)榇浮葬郭外,庄田半为强邻恶族占去。(25 页)

甲申(崇祯十七年,1644)春,土寇复炽,再移于城。至三月闻闯信,知不可支,系舟海畔,恐蹈前辙,……三月十六日以子女登舟,载粮而南,……(26 页)

至六月,清朝定鼎,明藩改元宏光,……微行返里,经营旧业,几不免闯官口。时海上各庄已为强邻占据,不得已求售于人,护残粮也,复入海。……七月复出海视家。"(26 页)

入海指海州青风岛墟沟营。

《从军录事》：

"甲申三月再入岛，至七月出海返舍，经历旧业。……至日照，遇王将军遵坦于西岭……（29 页）

自甲申三月入海，至乙酉（顺治二年，1645）六月东归。营产作官定业为南籍，诸之族邻臧获多私所有。闻归来，惊惧咸不安。明日，集众慰劳之，焚其册券，请自今日始。"（33 页）

案，此云"作官定业"，当系当时地主或仕清或仕南明，凡仕清者为北籍，仕南明为南籍，故曰"作官定业"，其看待必有不同，待考。丁耀亢时受刘泽清札为监纪司理。

《避风漫游》：

"大清顺治乙酉（二年，1645）出海归里，八月入都，以旧廪例贡于乡。时残破之后，劫杀相习，乱民经闽官纵恶之势，藏身衙胥，以巨室寒士为奇货，草野之间，动相杀害。（36 页）

丁亥（顺治四年，1647）复游淮扬间，将卜居于淮，不能果。戊子（五年，1648）入都，由利津渡海，越天津。"（36 页）

《皂帽传经笑》（38—40 页）：

中述清初八旗官学事

"戊子（顺治五年，1648）七月由历下至利津，……至都门，……己丑（顺治六年，1649）三月始入旗下学，……庚寅（七年，1650）八月……得旋里。辛卯（八年，1651）二月复入都，……改广文，授容城谕。"（38—40 页）

《保全残业示后人存纪》（45—47 页）：

"庚午（崇祯三年，1630）弟（耀心）举于乡，治有远近庄产十余处，货今东市而居之。予居山十年，家颇裕，亦得薄产二十余顷，较之初析倍蓗矣。崇祯壬午（十五年，1642）避乱时，积谷各千余石，乱后焚毁如洗，粮犹半存。至甲申（十七年，1644）入海，而闽官莅任。则土贼豪恶投为胥役，虎借狼薋，鹰假鹯翼。以割富济贫之说，明示通衢。产不论久近，许业主认畔。故有百年之宅，千金之产，忽有一二穷棍认为祖产者，亦有强邻业主明知不能久占而掠取赀货者，有伐树抢粮得财物而去者，一邑纷如沸釜，大家茫无恒业。时亡弟在坯，予远逃海中，巨宅膏田，一无主人，任其侵占而谁何，故前此所积，不可问矣。于是有楼子庄之占，草桥庄之占，草泊庄之占，东潘旺之占，石埠庄之占，北解留之占，石桥后疃齐沟之占，其不为占据者惟有焚掠后荒田耳。

亡弟之家产既广,不能不为代理。大乱后,市无行人,二麦熟不能获,而臭烂于野。至秋葬弟于祖茔,买牛三十头分给佃户,未及安席,土寇复起矣。(此1644甲申年秋抑在之前待考)至甲申(1644)二月又如海,老母携二岁孤侄同居海中者一年有半。时方授官于南,将不复返,故产久为人据。乙酉(顺治二年,1645)六月航海归,以予久官于南,故产久据不退。不得已理之于县,不服,又理之于郡,理之于按察,以亡弟各文产契俱焚,故最易混占,奔走于青莱二府之间者将二年,而产业始明,至今仍占种也,予亦无暇问矣。(45—46页)

自戊子(顺治五年,1648)入京者六年。"(47页)

1965.6.6—7

29.《永乐大典》在庚子前已流入外国

李文田《双溪醉隐集·跋》:"近来,《大典》多为书办窃去,流出外洋,或散落民间,不可踪迹,可慨也已。"

此跋作于光绪十六年。《辽海丛书》第六集。

《宪宗实录》八四,沈瑶小传:"淮安府山阳县人。"(9页下)

30. 清人解明堂

《辞源》(辰12页)解"明堂"概括的很好,中有"阮元曰"云云,以为本之阮氏《明堂论》,今日检《揅经室一集》卷三,则全不相同,只"明堂者,古者天子宫室之初名"一句取于阮文"明堂者,天子所居之初名也"而有所改易,其他不知采自何书?最后有"汉人又以明堂之制始于黄帝之九宫经,戴九履一,左三右七,二四为肩,六八为足,于是以阴阳五行星辰卦位为明堂之室,后世术数之言九宫皆从之,则皆纬书之说也"一段,与邹伯奇说法有关系,(见《清史列传》卷六十九,57页)岂邹氏说乎?但邹氏并谈到其他方面,仍待查。或出于陈澧《东塾读书记》,惜案头无之。"戴九履一"几句话最有趣,汉人已知此算术游戏。

31. 清初以义州给察哈喇

清康熙二十一年刘源溥、孙成修《锦州府志》(《辽海丛书》三集,钞本):

"义州初赐察哈喇王,(康熙)十四年察哈喇叛,讨平之。十五年设巡检司治之,仍属广宁县。"

32. 清修三朝国史

《清史列传》七一《文苑传二·王澍传》:"王澍……康熙五十一年进士,改翰林院庶吉士,散馆授编修,充三朝国史、《治河方略》、《御纂春秋》三馆纂修官。"(34 页)

康熙时修三朝国史,应为太祖、太宗、世祖三朝。

又《蒋恭棐传》:"蒋恭棐……康熙六十年进士,改翰林院庶吉士,散馆授编修……后复充《大清会典》、五朝国史馆纂修,以休致归。乾隆十六年……"(41 页)

此在雍正时,五朝是否为三朝之误,抑指天命、天聪、崇德、顺治、康熙五朝,待考。

又《林蒲封传》:"林蒲封……雍正八年进士,改翰林院庶吉士,散馆授编修,乾隆十年充会试同考官,十二年、十五年两充顺天乡试同考官,荐升侍讲学士,寻奉命提督江西学政,未到任卒。……纂修国史,凡有舛误,侃正论……"(47 页)

此在乾隆时,《传》中不言为国史馆纂修官,此国史不知所指。

又《陈兆仑传》:"雍正八年成进士,……乾隆……二年……兼三朝实录馆校对……"

此三朝实录馆是否即三朝国史馆待考。

1963.6.30

33. 咸丰时福建军事

咸丰三年(1853)十一月	清军下厦门 《清史稿》本纪二十,10 页	
七年(1857)四月	太平军下光泽、邵武(闰五月、六月为清军所得) 19 页	
五月	太平军下汀州(闰五月复为清得) 19 页	
八年(1858)六月	太平军下建宁,清命周天受援闽 22 页	
十一月	清浙军周天培援闽 23 页	

九年(1859)四月　　清以庆端为闽浙总督,罗遵殿为福建巡
抚　25页

蒋益澧

34.同治时福建军事

同治三年(1864)二月　　清张运兰援闽　《清史稿》本纪二十一,18页
五月　　太平军攻下建宁、宁化　19页
十月　　太平军攻下漳州、龙岩,清张运兰死　21页
十二月　　清军攻漳州失败,林文察死　22页
四年(1865)正月　　清调刘铭传援闽　22页
二月　　清军攻漳州　23页
八月　　清命左宗棠驻粤,节制赣、粤、闽三省各军
25页
五年(1866)二月　　清撤援闽军北调　27页

35.福建的图冬

清初陈鸿记《清初莆变小乘》:"壬戌康熙二十一年　自明朝至今,每
十年一编审粮米,十年之中,收除不一,必须再编。厢民三十石米为一冬,
里民二十石米为一冬,差徭照冬办派。故厢民米多役少,里民米少役多。
是年编审,周知县(周鼎)要索贿赂,变乱成规。花户控府,苏太守(苏昌
臣)将米匀摊,每米二十七石零为一冬,自此赋役均平。"(此言厢里赋役相
同,非公平)

又"丙申顺治十三年……兵马往来不息,用夫甚多,府县同绅衿酌议,咸
衍派于里民,府县秉公派入图冬。每米六石,出夫一名。乡民照甲派夫,大
乡六七名,中乡四五名,小乡二三名,名曰夫马。城内只当什差,不供夫役。
时军糈马料,俱派图冬备办。大户谷多,易于答应;中户稍可支持;下户自给
不赡,弃业以供,每石租只卖银一两(此言每一石租之田只卖银两),又无售
主,惨累莫堪。"

36. 清初莆田守垛的分任办法

清·陈鸿记(字邦贤,莆田人,庠生)《清初莆变小乘》(红格纸抄本,纸有"莆阳先贤丛书稿纸"字样,卷末有"民国丁亥(三十六年1947)翁炳燊星楼钞"一行。谢国桢藏。谢闻之傅衣凌,莆田有宋庆嵩,博学多闻,《丛书》或即其所辑,尚待证实)(书按年纪录,年均三四百字,政治、经济均有,此册自顺治元年至康熙二十二年癸亥。其后另有《熙朝莆靖小纪》一书,自康熙二十三年甲子至三十六年丁丑,未抄完,下残):

"丁亥皇清一统顺治四年　夏秋之交,山中海上有义旗之举,……八月巡抚周世科(湖南人)出巡,兴化知府胡允贡贪婪,……调别府推官黎署府印。……九月,常太里乡霸潘仲瓒素包当户甲,借明起义。……从此城门紧闭,夜令百姓守垛。一垛一民,一兵监之。恐有内应。守垛民夫须日夜备酒餔与兵买好,方得无亏。此时贫者,有守至二三月饥寒死于垛边者,有苦累而死者。此时富者,因租难运入城,日夜催人守垛,又用酒餔供督垛兵,又拷纳垛饷,又取米供给兵粮,又条鞭加饷,又设立守垛器械,虽富者至此皆穷。时垛依明朝所编,为缙绅甚多不甚公匀,后隆生员陈某、后村富民林某,因守垛受亏,具状赴察院请秉公再编。周院以变乱垛规,各杖责,仍重罚……"

"戊子顺治五年……各官民见城民饿死甚多,外援不至,三月初八日五鼓,开东门引山海入城。……是日出牌安民,称明监国鲁王三年。……五月山海不相安,……从此自相吞并,互杀极惨。礼部尚书陈璟、侍郎郑佟、兵部侍郎李率泰三大人统兵马数千到福州。……七月十二早,大兵至江口,……到府城,贼已闻风逃遁,……百姓开北门,请大军入城,三大人传令……出示安民,谕百姓剃头屏发归化。……"

"己丑顺至六年……新任知府朱国藩(贡士出身)、知县郭景昌(旗下人)……分守道王依书(进士出身)……兴泉道黄澍(明朝名进士)……海上未靖,因前年守垛不均,垛户受累,逃亡死绝甚多,再议派守,纷纷不定。有人投揭,请将城中富户不论多寡,照粮米定数匀派,若干米守一垛,王道遂从此议。原三千余垛,今将二垛塞为一垛,共有一千六百余垛,派二十五石米守一垛,均匀至公,守垛从定矣。"

前年按丁均摊,今改按米(财富)均摊。

……

"丁西顺治十四年　下井生员林圣化为首,欲翻前年分守道王照米守垛,仍派城中舖民,具呈察院,朱批云分守道董查夺。有粘揭于通衢曰:'……照米守垛,乃新朝初政,……莆明季仕宦极多,巨富负势,将城垛派入舖隘(隘当指小巷),小民畏威,莫敢出头。郡县惧其显要,不敢自专。任势豪编派。编富舖垛少,穷隘垛多。……小民觅蝇头,资俯仰,恐犹不及,加以杂差,不时供给,今日应工,明日挑运,来朝割草,次夜巡更,何能枚举。尔等聚族大家,不惟此项俱无,而仆从戚族尽行荫免,小民谁敢与大姓士大夫相争论也。姑缄口忍亏,向谁诉苦。汝今敢藉省城之例,支饰瞒官。省城田少,俱食上游之米,虽万金之家,亦无甚粮米而可派也(此当系言由巨富而不买田者)。又教以照丁派丁,……岂非利己殃民之谋乎?……'董道宪依此揭文详院,仍准依旧照米派垛,不许更变。"

富豪欲恢复"照丁派丁",以代"照米派垛",是倒退。故遭到反对,此揭未必是农民所写,仍是小地主口气。

1964.6.1

37. 清初安置降军于农民家

《李朝实录·光海君日记》卷一三八,光海君十一年己未(万历四十七年1619)三月二十五日:"(萨尔浒之役败后)平安监司朴烨驰启,走回(逃回)人咸从炮手张夫己等言,以中营所属,随元帅先行,……入奴城……奴酋部立我军,择其手掌柔滑及形体壮实者别置他处,其余分属于农人,散遣各处部落……"(《明代满蒙史料·李朝实录抄》十三册437页)

又卷一四七,十一年己未十二月十八日:"平安兵使禹致绩驰启曰,本月十一日三和炮手任进称名人自庙堂[堡]渡来,问奴情,则曰[矣身亦]初以中营所属,渡辽被掳之后,分派于奴酋旧城外寨居胡家,作农为事。九月则奴酋率诸胡撤移者片城(者片地名前注有之)时,身亦随去。十二月初八日夜,独身脱逃,昼夜登山,第二十五日得达[庙堂堡渡来]。……一自者片始役之后,农胡等作农于中原地方,任意收获,而[其处]抢掠等事,别无所闻。"(同477—478)

"农人"、"作农为事"、"寨居"等等,当即屯寨,亦即农寨。

农寨即拖克索,他处或作"农幕","幕"字应为"寨"字之误。

加[　]处,系"鼎足山本"《李朝实录》,无[　]为"太白山史库本",

均日本人原校。

"矣身"、"矣等"似朝鲜人自称之词?

《李朝实录·光海君日记》一五二,光海君十二年庚申(1620)五月二十日:"备边司以走回人金应泽招辞启曰,己未(万历四十七年1619)……三月……初四日势不得已,胡地部落诸处,觅得杂谷,分给军卒,前进奴寨,猝遇奴贼大军,唐兵先败,次败我国左右营,后贼将先为送人于我阵中曰,今日决战以定胜负矣,欲战则战,不欲战则相和云[云]。从其所言,日暮时相和。决约……军兵则以农军各处分置。同年七月十九日……名胡处分置,[常常]作农,[常在城内],思恋本土,四月二十三日夜间逃来。……"(十三,490)

《光海君日记》一四二,己未(十一年,1619,万历四十七年)七月初八日:"体察副使张晚驰启,……投降之后(指萨尔浒败后朝鲜军)将士被厮杀殆尽,军卒皆部分于农民[以守之],故逃还相继。"(448页)

朝鲜军参加萨尔浒之战,朝鲜《李朝实录》称为"深河丧师"。

1964.4.7

38. 明清研究班1960年上半年活动计划

时间	内容	备注
1960.3.29 星期二 8:00	讨论	明清政治
1960.4.7 星期四 2:30	讲课	
1960.4.12 星期二 8:00	讨论	永乐—宣德
1960.4.26 星期四 2:30	讨论	正统—天顺
1960.5.12 星期四 2:30	讲课	
1960.5.17 星期二 8:00	讨论	成化—正德
1960.5.31 星期二 8:00	讨论	嘉靖—隆庆
1960.6.9 星期四 2:30	讲课	
1960.6.14 星期二 8:00	讨论	两次讨论万历—天启
1960.6.28 星期二 8:30	讨论	
1960.7.7 星期四 2:30	讲课	
1960.7.12 星期二 8:00	讨论	明末农民大起义

附录一　读史札记

1. 古人姓名

伊尹(《史记·殷本纪》)名挚,见《孙子兵书》,孔安国亦称伊挚,见《索隐》。《吕氏春秋》谓后居伊水,命曰伊尹。(《史记》卷三,2页)

《史记》二《夏本纪》:"太史公曰禹为姒姓,其后分封用国为姓,故有夏后氏,有扈氏,有男氏……(中有十氏)………"(百衲本25页,下同)

《史记》三《殷本纪》:"太史公曰……契为子姓,其后分封,以国为姓,有殷姓、来氏……(中有五氏)……"(13页)

《史记》四《周本纪》:"周后稷名弃,……舜……封弃于邰,号曰后稷,别姓姬氏。"(1页)"弃"原文作"弃",应从之。

《史记》五《秦本纪》:"太史公曰秦之先为嬴姓,其后分封,以国为姓,有徐氏、郯氏……(中有十氏)……秦氏,然秦以其先造父封赵城为赵氏。"(36页)

《史记》六《秦始皇本纪》:"秦始皇帝……以秦昭王四十八年正月生于邯郸,及生名为政,姓赵氏。""《索隐》曰:《系(世)本》作政,又生于赵,故曰赵政。"*(1页)　*"一曰,秦与赵同祖,以赵城为荣,故姓赵氏。"

《史记》一《五帝本纪》:"自黄帝至舜、禹皆同姓,而异其国号,以章明德。故黄帝为有熊,帝颛顼为高阳,帝喾为高辛,帝尧为陶唐,帝舜为有虞,帝禹为夏后而别氏姓姒氏,契为商姓子孙,弃为周姓姬氏。"此处作"弃"不作"弃"。

《史记》四《周本纪》褒姒注,《索隐》曰:"褒国名,夏同姓,姓姒氏。礼妇人称国及姓,其女是龙漦妖子,为人所收,褒人纳之于王,故曰褒姒。"(25页)

　　与下末条参看。

《史记》五《秦本纪》,"申包胥来告急",《正义》曰:"包胥姓公孙,封于申,故号申包胥,《左传》云申包胥如秦乞师……"(20页)

《史记》三十二《齐太公世家》:"太公望吕尚者,东海上人。其先祖尝为四岳,佐禹平水土,甚有功。虞夏之际封于吕,咸封于申,姓姜氏。………尚其后苗裔也,本姓姜氏,从其封姓故曰吕尚。"(1页)

《史记·齐太公世家》,"徐姬"注:"《索隐》曰:《系本》,徐,嬴姓。礼妇人称国及姓,今此言徐姬者,然姬是众妾之总称,……妇人亦总称姬,未必尽是姓也。"

与前二页末条参看。

《史记》三十五《管蔡世家》:"武王同母兄弟十人,母曰太姒,文王正妃也。其长子曰伯邑考,次曰武王发,次曰管叔鲜,次曰周公旦,次曰蔡叔度,次曰曹叔振铎,次曰成叔武,次曰霍叔处,次曰康叔封,次曰冉季载。"注:"《正义》冉作丹,……丹,(国)名也,季载,人名也。伯邑考最长,所以加伯,诸中子咸言叔,以载最少故言季载。"(1页)又2页引"《索隐》曰,冉国也,载名也,季字也"。《国语》有"冉季郑姬",《史记》同卷又称"冉季"(2页)。"冉季康叔皆有驯行。"

又:"武王既崩,……其一封康叔为卫君,是为卫康叔……。"(2页)

《史记》三十七《卫康叔世家》注引《索隐》:"宋忠曰康叔从康徙封卫,……畿内之康,不知所在也。"(1页)

与七页一条参看。

《史记》四十二《郑世家》:"是岁悼公卒,立其弟睔,是为成公。"(11页)

又:"子产者,郑成公少子也。"(15页)

郑,姬姓,子产不称姬子产。

《史记》六十三《申韩列传》:"韩非者,韩之诸公子也。"

《史记》四十五《韩世家》:"韩之先与周同姓,姓姬氏,其后苗裔事晋,得封于韩原,曰韩武子,武子后三世有韩厥,从封姓为韩氏。"(1页)

《史记》三十一《吴太伯世家》:"季札谢曰……札虽不材,愿附于子臧之义。"(4页)

《春秋》经隐公元年"郑伯克段于鄢"(1页)。

《左传》隐公元年"生庄公及共叔段"(1页)。"京叛大叔段,段入于鄢,公代诸鄢。"(2页)

据以上诸条,可证:"曹叔振铎",振铎是名,叔是字(字是称呼,与后人之字不全一样),曹是封邑。自称应称名(札虽不材),一般不客气的称呼亦称名(克段于鄢),客气一些则名字兼称(封叔振铎于曹),礼貌一些加上封号(曹叔振铎者,周武王弟也),更尊敬一些则不称名只称封邑与字(冉季、康叔皆有驯行)。从无加姓于名字之上的。

《史记》三十七《卫康叔世家》:"卫康叔名封,武王同母少弟也。"(1页)

与前参看。

1962.1.15

2.古代对少数民族的政策

《通鉴》卷三,周慎靓王:"五年(前136)。巴、蜀相攻击,俱告急于秦。秦惠王欲伐蜀,以为道险狭难至,而韩又来侵,犹豫未能决。司马错请伐蜀,……王从错计,起兵伐蜀,十月取之。贬蜀王,更号为侯,而使陈庄相蜀。"(3页)

《通鉴》十七,汉武帝建元叁年(三年,公历元前138)秋七月:"闽粤……发兵围东瓯,东瓯使人告急天子。……会稽……发兵浮海救东瓯,未至,闽越引兵罢。东瓯请举国内徙,乃悉举其众来处于江、淮之间。"(9页)

又六年(前135)八月:"闽越王郢兴兵击南越边邑,南越王守天子约,不敢擅兴兵,使人上书告天子。于是天子多南越义,大为发兵,……击闽越。淮南王安上书谏曰:'……越方外之地,剪发文身之民也,不可以冠带之国法度理也。自三代之盛,胡、越不与受正朔,非强勿能服,威弗能制也,以为不居之地,不牧之民,不足以烦中国也。自汉初定以来,七十二年,越人相攻击者不可胜数,然天子未尝举兵而入其地也。……越人名为藩臣,贡酎之奉不输大内,一卒之奉不给(供也)上事,自相攻击而陛下发兵救之,是反以中国而劳蛮夷也。……'是时,汉兵遂出。……"(13—18页)

《通鉴》十八,汉武帝元光五年:"初,王恢之讨东越也,使番阳令唐蒙风晓南越,南越食蒙以蜀枸酱,……蒙乃上书说上……通夜郎道,为置吏,……上许之。乃拜蒙为中郎将……从巴、蜀筰关入,遂见夜郎侯多同,蒙厚赐喻以威德,约为置吏,使其子为令。夜郎旁小邑皆贪汉缯帛,以为汉道险,终不能有也,乃且听蒙约。还报,上以为犍为郡。(6—7页)……是时邛筰之君长闻南夷与汉通,得赏赐多,多欲愿为内臣妾,请吏,比南夷。天子问(司马)相如,相如曰:'邛、筰、冉、駹者近蜀,道亦易通,秦时尝通为郡县,至汉兴而罢。今诚复通,为置郡县,愈于南夷。'天子以为然。……"(6—8页)

《通鉴》七十,魏文帝黄初四年(223,蜀建兴元年)六月:"初益州郡耆帅雍闿杀太守正昂,因士燮以求附于吴,……使郡人孟获诱扇诸夷,诸夷皆从之。……诸葛亮以新遭大丧,皆抚而不讨。(5页)……"(六年,225二月)

"汉诸葛亮率众讨雍闿。"(9页)"(七月)汉诸葛亮至南中,所在战捷,……亮遂至滇池。益州、永昌、牂牁、越巂四郡皆平。亮即其渠率而用之。或以谏亮。亮曰:'……(中言三不易)今吾欲使不留兵,不运粮,而纲纪粗定,夷汉粗安故耳。'亮于是悉收其俊杰孟获等以为官属,出其金、银、丹、漆、耕牛、战马以给军国之用。自是终亮之世,夷不复反。"(10—11 页)

1953.6.18

3. 分析不同于有意抑扬褒贬

《北史》卷五十六《魏收传》:"举之则使上天,按之当使入地。"《北齐书》三十七卷。

《四库全书总目提要》卷四十五,《史部总叙》:"史之为道,撰述欲其简,考证则欲其详,莫简于《春秋》,莫详于《左传》。鲁史所录,具载一事之始末,圣人观其始末,得其是非,而后能定以一字之褒贬,此作史之资考证也;丘明录以为传,后人观其始末,得其是非,而后能知一字之所以褒贬,此读史之资考证也。"

4. 地方区域分合

两级制

秦　　郡　县

隋　　州(或郡)　县

三级制

汉魏晋六朝　　州　郡　县

唐　　道　州、府(或郡)　县

宋　　路　军、府、州、监　县

四级制

元　　行省　路　府、州　县

明　　布政司　府　州　县

清　　省　道　府、州、厅　县、州、厅

柯昌泗《地方区域分合论》,《中和》一卷六期。

5. 武王伐纣的年代六说

日本天野元之助《中国古代农业之展开》,见《东方学报》第三十册(日本京都大学人文科学研究所,中国古代科学技术史之研究,昭和三十四年十二月)。

周武王伐纣年代六说:

一、西元前一一二二己卯　汉刘歆《世经》—《汉书》21《律历志》　吴其昌:《金文历朔疏证》,1934

二、西元前一一一一庚寅　唐一行《大衍历议》—唐书 21《历志》　董作宾:《殷历谱》,1945

三、西元前一〇七五　　　唐兰:《中国古代历史上的年代问题》,《新建设》,1955 年三月

四、西元前一〇六六乙亥　日本新城新藏:《周初之年代》,《支那学》四卷四号,1928

五、西元前一〇六二年春二月甲子　日本山田统:《周初之绝对年代》《中国古代史之研究》,1954

六、西元前一〇二七　雷海宗:《殷周年代考》,《武汉文哲季刊》二卷一期,1931

陈梦家:《西周年代考》,1944　高本汉

6. 战国之田

《通鉴》一,周威烈王二十三年:"(智伯约韩康子、魏桓子以攻赵襄子,赵襄子使张孟谈潜出见二子,夹击智伯,败之,杀智伯。)三家分智氏之田。"(9 页)

案,三家灭智氏,据《史记·六国年表》在周定王十六年。待校。

又周烈王六年(前 370):"齐威王召即墨大夫语之曰:'自子之居即墨也,毁言日至,然吾使人视即墨,田野辟,人民给,官无事,东方以宁。……'"(22 页)

《通鉴》七,秦始皇二十二年:"王翦将六十万人伐楚,王送至霸上,王翦请美田宅甚众……王翦曰:……王怚中而不信人(怚音粗),今空国中之甲士而专委于我,我不多请田宅为子孙业以自坚,顾令王坐而疑我矣。"(2—3 页)

《通鉴》十一,汉高帝五年五月:"诏:民前或相聚保山泽,不书名数,今天下已定,令各归其县,复(还也)故爵田宅,吏以文法教训辨告,勿笞辱。军吏卒爵及七大夫以上,皆令食邑,非七大夫已下,皆复其身及户,勿事。"(胡三

省注引"应劭曰不输户赋也。如淳曰事谓役使也。师古曰复其身及一户之内皆不徭赋也")(5页)

1953.3.1

7. 自实田

《通鉴》七,秦始皇三十一年:"使黔首自实田。"(9页)

《史记》六《秦始皇本纪》:"三十一年(原注:徐广曰:"使黔首自实田也。")。"

有注无文,此据百衲本,应用别本更校之。

8. 战国之耕赋

《通鉴》二,周显王十年(前359):"卫鞅欲变法,秦人不悦。……卒定变法之令。……大小僇力本业,耕织致粟帛多者,复其身。(胡注:"汉法除其赋税役,皆谓之复。")事末利及怠而贫者,举以为收孥。(胡注:"《索隐》曰:'末利谓工商,纠举而收录其妻子没为奴婢。秦法,一人有罪,收其室家,至汉文帝始除收孥相坐法。'")"(3—4页)

9. 战国商贾

《通鉴》五,周赧王五十八年(前257):"平原君欲封鲁连,使者三返,终不肯受。又以千金为鲁连寿,鲁连笑曰:'所贵于天下士,为人排患释难,解纷乱,而无取也;即有取,是商贾之事也。'遂辞平原君而去。终身不复见。"(19页)

据此商人以取利为事,不问其关系影响如何。

又:"秦太子之妃曰华阳夫人,无子。夏姬生子异人。异人质于赵。……阳翟大贾吕不韦适邯郸,见之曰:'此奇货可居。'……"(20页)(胡三省注:"贾人居积滞货,伺时以牟利,以异人方财货也。")

《通鉴》十二,汉高帝十年:"(陈豨反,自立为代王,高帝亲击之)又闻豨将皆故贾人,上曰:'吾知所以与之矣。'乃多以金购豨将,豨将多降。"(胡三省注:"豨将皆故贾人,贾人嗜利,乃多以金购之。")

1953.3.1

10. 战国的抽税

《通鉴》一,周威烈王二十三年(公元前403):"赵简子……使尹铎为晋阳,请曰:'以为茧丝乎,抑为保障乎?'简子曰:'保障哉。'尹铎损其户数。"胡三省注:"茧丝谓浚民之膏泽,如抽茧之绪,不尽则不止;保障谓厚民之生,如筑堡以自障,愈培则愈厚。"又注:"韦昭曰:'捐其户则民优而税少。'"(涵芬楼铅印本,5页)

又周安王十一年(前391):"是岁齐田和迁齐康公于海上,使食一城,以奉其先祀。"(15—16页)

　　此食一城之赋也。

又周安王二十五年(前377):"子思言苟变于卫侯曰:'其才可将五百乘。'公曰:'吾知其可将,然变也尝为吏,赋于民,而食人二鸡子,故弗用也。'"(19页)

　　二鸡子,据下文谓二卵,是蛋也。

《通鉴》五,周赧王四十四年(前271):"赵田部吏赵奢收租税,平原君家不肯出,赵奢以法治之。杀平原君用事者九人。……(1页)平原君以为贤,言之于王,王使治国赋,国赋大平,民富而府库实。"

《通鉴》六,秦始皇三年:"李牧者,赵之北边良将也。尝居代雁门备匈奴,以便宜置吏,市租皆输入莫府(幕府)为士卒费……"(12—13页)

《通鉴》七,秦始皇二十六年:"丞相绾(《索隐》曰姓王)言燕齐荆地远,不为置王无以镇之,请立诸子。始皇下其议,廷尉斯(李)曰:'周文武所封子弟,同姓甚众,然后属疏远,相攻击如仇雠,周天子弗能禁止。今海内赖陛下神灵,一统皆为郡县,诸子功臣,以公赋税重赏赐之,甚足易制,天下无异意,则安宁之术也。置诸侯不便。'"(6页)

1953.3.1

11. 战国佣徒

《通鉴》六,秦昭襄王五十二年:"苟卿者,赵人,名况,尝与临武君论兵于赵孝成王之前。……苟卿曰:'……兼是数国者,皆干赏蹈利之兵也,佣徒鬻卖之道也……'"(胡三省注引:"杨倞曰:'干赏蹈利之兵,与佣徒之人鬻卖

其力而作者无异……'")(4—5页)

12. 古时杀奴

《通鉴》七,秦二世元年:"周市(魏人)徇地至狄,狄城守,田儋详(佯)为缚其奴,从少年之廷(至县廷),欲谒杀奴,(原注:"应劭曰:古杀奴婢皆当告官,儋欲杀令故诈缚奴以谒也。")见狄令,因击杀令。"(铅印本,22页)

13. 人奴产子与奴产子

《史记》六《秦始皇本纪》,二世皇帝二年:"冬,陈涉所遣周章等将西至戲,兵数十万,二世大惊,与群臣谋曰奈何? 少府章邯曰:盗已至,众强,今发近县不及矣。郦山徒多,请赦之,授兵以击之。二世乃大赦天下。"(34—35页,百衲本)

《史记》四十八《陈涉世家》:"(周文)车千乘,卒数十万至戲,军焉。秦令少府章邯免郦山徒人奴产子,悉发以击楚。"(4页)

注:"服虔曰:家人之产奴也。""《索隐》曰:小颜云犹今言家产奴也。"

《汉书》三十一《陈胜项籍列传》:"周文,陈贤人也。……胜与之将军印,西击秦,行收兵至关,车千乘卒十万至戲,军焉。秦令少府章邯免骊山徒人奴产子,悉发以击楚军,大败之。"(4页)

注:"服虔曰家人之产奴也。师古曰:奴产子犹今云家生奴也。"

《通鉴》七《秦纪二·二世皇帝上》:"陈王闻周文陈之贤人也,习兵,乃与之将军印,使西击秦。……周文行收兵至关,车千乘卒数十万至戲,军焉。二世乃大惊,与群臣谋曰奈何? 少府章邯曰,盗已至,众强,今发近县不及矣。骊山徒多,请赦之,授兵以击之。二世乃大赦天下,使章邯免骊山徒人奴产子,悉发以击楚军,大败之。"(胡刻本,29页)

注:"服虔曰:人奴产子,家人之产奴。师古曰:奴产子,犹今人云家生奴。仲冯曰:人奴一物,产子又一物。臣瓒曰:人奴之产子,今田客家儿。"

案,诸家注实得两说:一以"人奴产子"为词,臣瓒、仲冯之说是也。一以"奴产子"为词,颜师古之说是也。服虔只言"家人之产奴",未明言以"人奴产子"为词,《通鉴》胡注加数字不知所据。又胡注引臣瓒注,《汉书·陈胜传》亦未见。服虔,后汉;臣瓒,西晋;师古,唐初;仲冯待考。

又案:如以奴产子为词,则"人"字应上属而成"徒人",此在《史记·秦始皇本纪》"郦山徒多"一语可证当时无"徒人"之称也。小颜"奴产子"之说不如臣瓒"人奴产子"为善。

1957.5.11

14. 古度量衡

《通鉴》二,周显王十九年胡三省注引:"沈括曰:'予受诏考钟律及铸浑仪,求秦汉以来度量斗升。计:

六斗	当今之	一斗七升九合;
三斤(?)	当今之	十三两
一斤	当今之	四两,三分两之一;
一两	当今之	六铢半;

为升,中方古尺二寸五分,十分分之三,今尺一寸八分百分分之四十五强。'"(10页)

《通鉴》六,秦始皇元年胡注引:"杜佑曰:'古者百步为亩,秦汉以降,即二百四十步为亩。'"(12页)

1953.3.1

15. 秦初农田产量

《通鉴》六,秦始皇元年:"韩欲疲秦人,使无东伐,使水工郑国为间于秦,凿泾水,自仲山为渠,中作而觉,秦人欲杀之。郑国曰臣为韩延数年之命,然渠成亦秦万世之利也。乃使卒为之。注填阏(音淤)之水,溉舄卤之地,四万余顷,收皆亩一钟(胡注引颜师古曰"一亩之收至六斛四斗"),关中由是益富饶。"(11—12页)

1953.3.1

16. 汉志之田

《汉书》三十四《食货志上》:"是时,李悝(音恢)为魏文侯作尽地力之教,以为地方百里,提封九万顷,除山泽邑居参分去一,为田六百万亩,治田

勤谨则亩益三升,不勤则损亦如之。地方百里之增减,辄为粟百八十万石矣。"(百衲本,6页)

"今一夫挟五口,治田百亩,岁收亩一石半为粟百五十石,除十一之税十五石,余百三十五石,食人月一石半,五人终岁为粟九十石,余有四十五石,石三十,为钱千三百五十,除社间尝新春秋之祠用钱三百,余千五十,衣人率用钱三百五,终岁用千五百,不足四百五十,不幸疾病死丧之费及上赋敛又未与此,此农夫所以常困有不勤耕之心……"(6页)

"晁错复说上曰……今农夫五口之家,其服役者不下二人,其能耕者不过百亩,百亩之收不过百石……"(11页)

"董仲舒说上曰……田租口赋盐铁之利二十倍于古,或耕豪民之田,见税什五。故贫民常衣牛马之衣而食犬彘之食……"(15页)

"限民名田,以澹不足。(原注"师古曰:名田占田也。各为立限,不使富者过制,则贫弱之家可足也。")"(15页)

此亦董仲舒说。

"(武帝末年)……其耕耘下种田器皆有便巧,率十二夫为田一井一屋故亩五顷(原注"邓展曰……百亩于古为十二顷,古百步为亩,汉时二百四十步为亩,古千二百亩则得今五顷"),用耦犁二牛三人一岁之收常过缦田亩一斛以上("师古曰缦田谓不为甽者也"),善者倍之。"(16页)

"哀帝即位……丞相孔光、大司空何武奏请,诸侯王列侯皆得名田,国中列侯在长安公主名田县道及关内侯、吏民名田,皆毋过三十顷。诸侯王奴婢二百人,列侯公主百人,关内侯、吏民三十人。……时田宅奴婢贾为减贱。丁、傅用事,董贤隆贵,皆不便也。"(18—19页)"诏书且颁后,遂寝不行。"

1953.3.3

17. 三国时徭役

《三国志·魏志》十二《司马芝传》:"太祖平荆州,以芝为管长。时天下草创,多不奉法。郡主薄刘节,旧族豪侠,宾客千余家,出为盗贼,入乱吏治。顷之芝差节客王同等为兵,掾史据白:节家前后未尝给繇,若至时藏匿,必为留负。芝不听。与节书曰:君为大宗加股肱郡,而宾各每不与役,既众庶怨望,或流声上闻,今条同等为兵,幸时发遣。"

1954.4.29

18. 诸葛亮的制造

《宋书》七十六《王玄谟传》:"(宋)明帝即位,礼遇甚优,时四方反叛,以玄谟为大统领水军南讨,……寻除大将军江州刺史,……赐以诸葛亮筒袖铠。"

筒袖似系用竹编成筒状,以作铠甲之袖,为便于射箭也。

19. 刘宋时的高利贷

《宋书》七十六《王玄谟传》:"王玄谟,字彦德,太原祁人也。……元嘉中……领汝阴太守,……后为……彭城太守,……及大举北征,以玄谟为宁朔将军,……又营货利,一匹布责人八百梨,以及倍失人心。"

一匹布责人八百梨,谓借给他人一匹布而取偿八百梨之利息也,亦可解为一匹布折价八百梨。

1953.5.3①

20. 唐宪宗时藩镇

夏	杨惠琳		
蜀	刘闢	西川	诛
吴	李锜	镇海节度使	腰斩
蔡	吴元济	淮西	
赵	王承宗	成德留后改节度使	
	李师道	淄青节度使	
燕	刘总	卢龙节度使	
	卢从史	昭义节度使 泽潞邢洺磁五州	贬
	程权	横海	
魏	田弘正	魏博	

---

① 编者注:该卡片日期无法辨识,疑为"1953.5.3"。

21. 唐代赋役四等

宋赵德麟（与苏东坡同时）《侯鲭录》卷六："唐制：男子始生为黄，四岁为小，十六为中，二十为丁，六十为老。赋役之制有四：一曰租，二曰税，三曰调，四曰役。"（《知不足斋丛书》本，4页）

　　月前辜燮高先生见告，曾见转引《大唐传载》，有"（唐代赋役）一曰租，二曰庸，三曰调，四曰杂徭"之语，因疑唐初徭役有别，丁有役，非丁则有杂徭。询国内载籍有同样记载否？余无以对。今读此，与辜所见又异，然此必有所本也。容更查之。一九五四年一月二十一日列宁逝世三十周年。

22. 宋代西域交通

《画墁集补遗·游公（师雄）墓志铭》："自破洮州之后，如于阗、大食、拂林、邈黎等国贡奉般次，道常不绝。朝廷惮于供赍，抑留于熙河，限二岁一进。公奏曰：夷狄慕义，万里而至，此太平之盛事，汉唐欲之而不得者。今抑之使不即朝于阙下，恐非所以来远人也。朝廷从之。于是异国之使接踵于中都焉。"（《知不足斋丛书》，本9页）

　　《画墁集》，宋张舜民撰。

　　游师雄字景叔，武功人。治平元年（1064）进士，尝参赵禼、吕大防、李察、范丞相（　　）幕府，元祐元年（1086）为宣德郎、宗正寺主簿，　年（108　）迁军器监丞，使熙州，大破西夏兵于洮州，墓志所言即此役。绍圣四年（1097）卒，年六十。

1954.1.21

23. 阿保机

辽　阿保机	唐咸通十三年，872，生。
	天复元年，901，为本部夷离堇。年三十。
	丁卯年，梁开平元年，907，称可汗（?）。年三十六。
	契丹神册元年，梁贞明二年，916，称帝。年四十五。
	天赞五年，后唐天成二年，926，卒。年五十五。

　　耶律德光　　太宗会同元年,后晋天福二年,937。

　　　　　　　　大同元年,后晋开运三年,946,入汴。改国号辽。

《辽史》九《景宗纪》赞曰:"辽兴六十余年,神册(太祖)、会同(太宗)之间,日不暇给;天禄(世宗)、应历(穆宗)之君,不令其终;保宁(景宗)而来,人人望治。"

24. 阿骨打

　　金太祖　阿骨打　辽咸雍四年,1068,生。宋熙宁元年。

　　　　　　　　　　癸巳辽天庆三年,宋政和三年,1113,称勃极烈。年四十六。

　　　　　　　　　　金收国元年,辽天庆五年,宋政和五年,1115,称帝,国号金。年四十八。

　　　　　　　　　　金天辅七年,金太宗天会元年,辽保大三年,宋宣和五年,1123,卒。年五十六。

　　太宗　吴乞买　天会三年,宋宣和七年,1125,灭辽。

25. 燕云十六州

　　汪景祺《西征随笔》:"石晋以燕云十六州赂契丹,不属中国者四百三十余年。曰幽州,今顺天府;曰蓟州,今蓟州;曰瀛州,今河间府;曰莫州,今任邱县;曰涿州,今涿州;曰檀州,今密云县;曰顺州,今顺义县;此山前之州也。

　　　山前七州

　　曰新州,今保安州;曰妫州,今延庆州;曰儒州,今永宁县;曰武州,今在翔州西境;曰云州,今大同府;曰应州,今应州;曰寰州,今马邑县;曰朔州,今朔州;曰蔚州,今蔚州;此山后之州也。"

　　　山后九州

26. 蒙元的土地政策①

　　蒙元入中国其土地政策先后三变:

————————

① 编者注:该条目仅存卡片一、二。

一、破坏旧日农田，改为牧地。农民转徙，种□仇恨强。元太祖得河北(1213)开始，其后太宗亦有破坏农田改□地意，为耶律楚材所阻。世祖屡次改牧地为农田令人耕种，意在挽救。因此河北之人民族意识强于阶级意识，刘福通、韩林儿部下在河北攻下元朝城邑甚易以此(人民恨元，不为之守)，而失之亦甚易亦以此(人民无组织，刘韩部下不能久驻，仍为元复)。

二、改金宋官田及地主之田全为官田，初给□□，可征兵征赋，其后□隶官府，加重剥削，人民既受种族压迫又受阶级压迫。元太宗得河南(1233)开始。江淮之间最甚。(有数州如徐、宿、邳、亳等，金亡宋暂有之，未几复入于元，较之江南入元仍早，故与江南不同。颍州、汝阳等金亡即入于元。)是以元末农民起义始于此。民族意识阶级意识均强。

三、因袭宋旧制，世祖下江南(1276)，洽降者多，故与地主阶级成立谅解，一仍其旧，地主阶级剥削加重，人民恨地主更甚于元朝。因此阶级意识强于民族意识。张士诚、方国珍之起兵后与元妥协以此，江北起兵后，江南许多地方仍……

(汝颖、蕲黄元均属河南江北行中书省。汝颖为宋金边境，后入元。蕲黄在至元十二年入元，亦为边境。)

顺帝时广东朱光卿起义称大金国，可知志不在种族革命。

(未完)1952.5.16

27. 元太祖死后继嗣之争

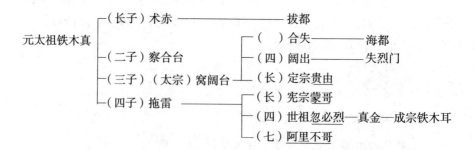

28. 朝鲜李氏世系

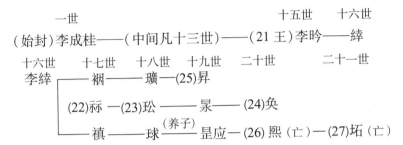

29. 如何学习①

一、培养习惯

二、积累资料

三、刻苦读书

四、选择书籍

五、必精一书

30. 西原借款

一九一七年一月至一九一八年九月,中国段祺瑞内阁经西原龟三之斡旋,向日本(寺内正毅内阁)借款七项,凡一亿四千万元。

一、交通银行借款

第一次　五百万元　年息七厘　定期三年　交通银行债券担保

一九一七年一月二十日定约　由兴业、台湾、朝鲜三银行承借。

第二次　二千万元　年息七厘五　中国政府国库券担保

一九一七年九月二十八日定约

二、有线电报借款

二千万元　年息八厘　定期五年　有线电报财产担保

---

① 编者注:此卡片原无标题,整理者代拟。

一九一八年四月三十日定约　中华汇业银行承借

三、吉会铁路借款　吉林至会宁（朝鲜）二百七十公里

一千万元　定期四十年　全线财产及其收入担保

一九一八年六月十八日定约　兴业、台湾、朝鲜银行承诺

四、吉黑两省金矿森林借款

三千万元　定期十年　年息七厘五　两省金矿及国有林担保

一九一八年八月二日定约　汇业代表兴、台、朝三行承借

五、济顺、高徐铁路借款　济南至顺德　高密至徐州

二千万元　年息八厘　定期四十年　现在及将来财产与收入（前贷金）

一九一八年九月二十八日定约　兴业、朝鲜、台湾三银行承借

六、满蒙四铁路借款

二千万元（前贷金）年息八厘　定期四十年　财产及其收入担保

一九一八年九月二十八日定约　兴、朝、台三行承借

七、参战借款

二千万元　年息七厘　定期一年

一九一八年九月二十八日定　特殊银行（兴、朝、台）承借

1951.5.9

附录二　清史专题与讲义大纲

一、清史专题(1955 年 2 月南开大学)

一、满清入关前的社会

1.建州卫人民生活　2.15(月.日)

2.八旗制度　2.22;3.1(两周)

3.世管佐领和满洲氏族　3.15(三八停课,顺移)

4.入关前的土地与生产　3.22

5.统治阶级内部斗争所反应的社会情况(迁都、居丧、继承)　3.29

二、满清入关后的政治与经济

1.逃人法　4.19(一堂)

2.圈地　3.29(二堂)

3.包衣与内务府　4.19

4.海禁问题　4.26

5.摊丁入亩　5.3

6.手工业与商业　5.10

7.军机处　5.17

8.驻防与绿营　5.31

第一次讨论　满清入关前的社会性质　4.12(第十周)

第二次讨论　鸦片战争前夕的中国社会　5.24(第十六周)

一、满清入关前的社会

1.建州卫人民生活

(1)满洲民族与建州女真

　　此"民族"字样,可以改称"族"。(1961 年注)

(2)建州女真与邻近民族的关系

(3)文献记载中的建州人民生活

(1)满洲民族与建州女真

部族的名称来源　满洲

甲、满洲族是中国东北的少数民族,我们通常总说满清,满指满洲,满洲是什么名称?

日本人以满洲为地名,指东北地区,对不对?

"满洲"二字古籍未见,有人以为伪造,有以为误改,均无关。

对满洲名义之起源有四说:①国名,②地名,③部族名,④尊称。

不必详究,以致陷于繁琐考证。

根据文献记载,清人实以"满洲"代表其部族,部族迁到哪,名称(满洲)就随到哪,既迁之后,原地不再叫满洲。所以不是地名、国名。

满洲名称之始

满洲之名在天聪九年(1635)修《太祖实录》完成之后,始盛行。在以前只在《满洲老档》中于万历四十一年(1613),改天命称汗以前三年,一见。

在《满洲老档》中对"满洲"之称有 Jušen(珠申)、Manju(满洲)、Aisin(爱新)国诸称。均见藤冈胜二译本。

清代以满洲表部族　是东北境内少数民族,不是外族,何故? 见下。

乙、明朝在辽东设建州卫

建州女真　满洲民族与女真　女真与建州

建州女真的祖居与迁徙　奴儿干都司　女真民族活动的区域

蒙古灭金后的女真部落的斡朵里万户　明太祖时的三万卫　明太祖对东北的政策　明成祖时的女真一百八十四卫　三百八十四卫之说(明初184,正统后加139,添设58,朵颜3。见《通纪》前22页)

问题:1.努尔哈赤以前如已建立国家——当然是奴隶制,何以在明不是世代的建州左卫都督,而有不同的官职? 2.兴祖时六子分居六地,而相距甚近,不像六个国而像六个家。3.太祖初起只有十三甲,不像一个国。4.当时的奴婢、部下,是否可以解释为奴隶。5.撒尔湖部诺米纳与努尔哈赤同起兵,向太祖曰"念吾等先众来归,毋视为编氓,望待之如骨肉手足"(《武录》4),此又似氏族社会之语。6.农业与手工业分工在满不显著,脑力劳动与体力劳动分开也不显著。7.抢掠有时只抢一个人,不像大规模为了奴隶。8.朝鲜人所说女真的兵是否真是兵。9.没有看见建州的法律。10.常常迁徙。

(2)建州女真与附近民族的关系

甲、明代东北各民族

民族分布　当时别分的几个部落　它们的相互关系

乙、建州女真和明朝的关系

洪武时的受封　1406 猛哥帖木儿入朝成祖,成化二年(1466)杀董山及李满住。

丙、建州女真和朝鲜的关系

1385 前已降朝鲜　1391,1395,1399,1404

丁、建州女真和蒙古的关系　2.15 讲至此

(3)文献记载中的建州人民生活

甲、《金史》记载中的女真　1.《金史·世纪》　2.满清不是金源贵族

乙、朝鲜记载中的兀良哈

第一节简单地概括一下

明朝的领土,东北方面超过了今天的国界,直到海边,包括了苏联的沿海省、阿穆尔省(清初及咸丰三、八、十年先后丧失)。

明朝在东北没有设立单独的行政区域——布政使司,在边境的少数民族,由明朝就其本族任命世官管理。与西南土司相同。

明朝辽东地区隶属山东布政使司。

明朝时东北地区由女真民族住居,不同的支派很多,大体由北向南移殖,到南部又向东移殖,到了朝鲜界。

清朝统治者这一支女真(建州左卫),不是金朝统治者的子孙。在明初他们住居斡朵里,靠近朝鲜,并曾占据朝鲜的土地,他们与汉人、朝鲜、蒙古各民族都有深远的关系,这几个民族无疑都比他进步,促进了他们的发展。

在建州左卫的统治者中有一个蒙哥帖木尔(1412,第四代),利用他的地位以及明和朝鲜的关系,提高了社会生活,巩固了自己地位,造成了向西发展的条件,他的儿子充善(第五代)和建州卫的李满柱(1438)移居灶突山。是为清朝向西发展的始基,到弩尔哈赤(1616 前,第十代)而强大。

文献中所记女真人的情况,大多是金朝建立(1115)以前的事,遗留的风俗等等也是蒙哥(1412)以前的事,与弩尔哈赤(1616)时代已不同。

明魏焕《九边考》(嘉靖?):"乐作种,善缉(绩?)纺,饮食服用皆如华人。"比较近实。

2. 八旗制度

（1）弩尔哈齐创立八旗。

甲、弩尔哈齐的兴起

①明中叶后的辽东边防　明代与蒙古的关系和东北不同：一是外族，一是国内少数民族。明代边防注意北面，嘉靖后鞑靼的南侵，使明代兼注意东北，隆庆四年（1570）派李成梁到东北（1570—1591 二十二年，1601—1608 八年，前后共三十年）。初期张居正执政，注意边防，北面由戚继光负责，东北由李成梁负责。李在东北太久，以边防无事保禄位，因此离间各民族，制造矛盾，利用各民族的矛盾，然后冒功、虚报，造成了东北的携贰，也便利了满洲弩尔哈齐的兴起。

②弩尔哈齐（1559—1626）是建州左卫的人，生在卫内统治阶级的家族。父祖为李成梁所利用，后 1583 在明与其他少数民族斗争中被误杀，遂起兵复仇（不是对明），年二十五，时只有遗甲十三副，人极少，同族人都不赞成，只好联络邻近的苏克苏浒河部内萨尔浒城、嘉木湖寨、沾河寨，一同攻击尼堪外兰。后来联盟不固，有背盟者（萨尔浒城），复自相攻战。这说明初起兵是几族的联合而不是统一的一个组织。在军事胜利之后，许多家族、部族被征服，受他统治，那末如何统治呢，于是就渐渐有了八旗制度。

乙、八旗的编制

①名称

②来源（狩猎时的联合组织）

③由一牛录变四牛录（1601，看人数增加而增加）

④由四旗改八旗（1615）

⑤编制（300 人牛录，五牛录为一甲喇，1500 人；五甲喇一固山，5×1500＝7500　一、以牛录为基层单位，以固山为最高单位。二、牛录随人口而增加；固山只八个，永久不改。）

丙、最初的人数与牛录数

1615 年满洲蒙古牛录 308 个，92400 人；蒙古牛录 76 个，22800 人；汉军牛录 16 个，4800 人。共 120000 人。此据《八旗通志》，但 1615 年有问题：

①当时初编制，共八旗，8×7500＝60000 人，不应有 12 万人，400 牛录。

②当 1615 年时汉军尚未单立牛录，而是混合，因此数应是 1615 以后的数字，或在太祖末年（1626）时。

（2）八旗的性质与作用

是户籍制？是军队制？是行政单位？是封建主义的组织还是氏族社会的组织？

甲、性质

①从发展来看，一开始就是氏族的联合组织。

②这种办法一直在继续着，后世《清史稿》把八旗人口列入《食货志》，有他的理由，但不是单纯的户口编制。

③《清史稿》又把八旗制列入《兵志》，有他的理由，但不是单纯的军队编制。

④既然八旗又管户口的一切，又管军事，是不是一个行政单位？也不是。

⑤是不是封建主义的一组织？是，而又有氏族成分在内，除了人格依附以外还有血缘的关系。

⑥是不是仍然是氏族社会的组织？不是，生产关系不同，血缘关系以外还有阶梯制的行政统治。

乙、制度的发展

它是怎样的制度？如何发展的？是逐渐发展而成的，行政权发生应最后。一是族长成首长，二是固定的人口，三是独立土地和财产，四是独立军队、官吏（行政权）。

以血缘的关系为主，联合三百家成一牛录，不得任意改动。由牛录内派一牛录额真管理之，由牛录组成固山，在弩尔哈齐子侄内派一人终身管理。分配给它们以一定土地，使他们生产，它们有公共财产，有行政管理人员，有军队。在大发展以后，得来的土地平均分配，人口平均分配，财产平均分配，而在固山内旗主的权力日大，政权与宗族权合而为一，成了八个独立的单位。

丙、分析

在初期八旗制度来看，它的性质是一种由氏族社会末期飞跃到初期封建社会的一种过渡制度，而且包含少许蓄奴成分，也就是国家形成仍保存氏族组织的形式与蓄奴成分的制度。

根据本部族的习惯，尽量保留下氏族色彩，家长族长的管理一家一族，以血缘关系为组织，像氏族社会，而家长不参加生产，又不完全像。八旗各有自己的公共财产，近似氏族制，而各人还有私人财产，又有继承，又不一样。当时有军队，有法律，有阶级，则国家已形成，不是氏族制。人民要当兵，是封建义务。

弩尔哈赤诸子待遇不平等,诸子之母亦不平等,此为特点之一,另作一文。

满洲初起,有奴隶,但与生产奴隶又不同,如又有殉葬之事,奴隶亦可挞责,而与纯粹之奴隶亦不同(当兵)。

究竟满清祖先经过奴隶社会没有,还待研究。

据苏联伯恩斯坦《六、八世纪鄂尔浑、叶尼塞流域突厥人的社会经济结构》(《科学通报》一卷八期有介绍),认为:①在周围封建社会影响下,由原始公社一跃而进入封建社会是可能的;②国家产生阶级出现之后,氏族组织在形式上延续存在是可能的,但其成员已经私有生产资料了,生产关系已不同了;③在历史上找不到纯粹的游牧经济,多多少少与定居生活发生着联系,甚至全力从事游牧的部落也往往采行土地私有制。

丁、八旗制在满洲兴起时所起的作用

促进了生产　加强了武力　加快了联合　扩大了组织集团　增加了统治者内部矛盾

(3)八旗制度下的旗主与旗人

甲、八旗中的"额真"(主)　公举　共议国政

乙、弩尔哈齐时期的旗主

丙、八旗人民的义务

丁、入关后之八旗

(拜唐阿二执事人)

第二节简单的概括一下

(1)八旗制是女真族狩猎组织的沿袭与扩大。反映着:①浓厚氏族制残余的血缘依附关系;②氏族联合的经济;③用武力争夺土地、人口、财富(最初是没有血统关系的人相互争夺,后来是没同旗同国关系的人相互争夺);④也说明了当时各家的人数全不多。

(2)八旗制里面有:①军队、法律、阶级和阶梯制的行政机构;②地租、徭役的剥削;③当兵的义务;④互助的义务;⑤有服劳役的奴仆。

(3)八旗制是逐渐发展的,不是先有这种意图定出办法照着实行的。

(4)八旗制的八家分管合作,发展的结果必致成为八个独立王国,这是与统一的、中央集权的、封建主义的王朝不相容的,所以必至于修改,这不说是破坏。

3.世管佐领与满洲氏族

(1)八旗是根据什么编的?

甲、满洲八旗是许多不同氏族的组合

明代统治挑拨满族氏族间多事(争夺多,杀戮多,并合多,离散也多)。

乾隆自己说在满洲中——如最基本的祭祀,人少而族多,参加的方式:自发、招致、避仇、降服。凡参加仍以原来氏族为单位不拆散。

乙、弩尔哈齐建立以自己为中心的集团

一弩尔哈齐与族人不和。二必须与他族联合而又怕为别族吞并。三以自己为中心的集团(1.编户,2.迁徙,3.分俘)。四巩固自己势力的办法(婚姻、养子)。

(2)世管佐领的形成

甲、佐领的"世管"和"公中"

乙、世管与氏族的关系　改族赐姓

(3)满洲入关前后氏族的势力

甲、八旗负责人

乙、清初的政事与氏族

第三节简单概括一下

(1)八旗牛录一开始就是在氏族、家族的基础上编立的,原来的组织没有打散,原来的族长部长作牛录额真,父死子继,形成了世袭局面,所以世管佐领是它原来的基本的形式,所谓公中佐领反倒是后来发展的变例。

(2)弩尔哈齐之所以要联合旁族加入自己集团,是由于自己族小人少,同族不能合作。反映出当时东北少数民族中氏族单位占主要地位,反映出当时的生产资料掌握在族长手里。

(3)旁族人所以愿意与弩尔哈齐族的联合合作,反映出当时明朝统治的挑拨分化政策使得少数民族不能安居,必须联合起来,才可以保障自己的生活安定。

(4)弩尔哈齐的能使旁族举家迁来(远的、中间隔断的才迁),可以看出这些族都不太大,而生产技术亦不高,土田亦不多。

(5)弩尔哈齐的联姻养子办法,都可以看出他的人少族小,而要用血缘关系巩固和加强自己和旁族的关系。

(6)满清开国初是以旗为主要单位,旗内以牛录为基本(主要)单位,牛录以氏族为基础,因之一个人多丁壮的家族常常专制一旗,左右当时的政争,这种情况康熙以后才逐渐革除。生产关系是旗有制,族有制(初期)。

(7)满清入关前八旗制的矛盾不在"旗主"与"属人"中的同族方面,而在异姓方面。　常书的要求(《稿》传十四)　阿山的逃走(《稿》传十四)

其矛盾在掳掠而来的他民族的俘虏方面,而不在本氏族方面。汉人之逃　天聪时汉人的要求满汉平等

其矛盾在旗与旗之间,而不在本旗内。　相互攻讦,争继统大汗。

以上全看出氏族制的浓厚残余。

4. 入关前的土地与生产

(1)明代辽东的农业生产情况

甲、明代辽东的区域

乙、明代辽东的农业生产

(2)建州女真与农业生产

甲、猛哥帖木儿居住斡朵里时期

乙、董山迁入辽东以后

丙、弩尔哈齐强大以后

第四节简单概括一下

(1)明代辽东地方,农业生产情况与其他各地是一样的,并不落后,农业品种、生产关系大都一样。但人少垦田亦较少,每人只合十一亩半弱(11.49强)(以1536年二十七万五千一百五十五人口,三万一千六百二十顷土田计算)。与全国比较如下:

洪武二十六年(1393)　人口60,545,812　田850,762,300亩　每人平均14亩强

弘治十五年(1502)　人口60,105,835　田428,805,800亩　每人平均11.67亩弱

(人口系十七年数)

万历六年(1578)　人口60,692,856　田701,397,600亩　每人平均11.55亩强

佃户缴租较低,每亩二斗四升,但亦不能单纯看做剥削轻,可能有

收获量不高(反映技术不高)情况。

(2)满清先世在猛哥帖木儿(第四代)时,1384年,已知牛耕。其后农业日益发展。但仍有向朝鲜边境抢掠,并请求米、布、盐、酱情事,可知其生产还不够,反映出人少、田少、产量少,技术不高。

(3)第五代董山与其叔凡察于1440移入赫图阿喇,更近明边。关于生产技术、品种等相应提高。仍是人少田少。

(4)第十代弩尔哈齐时代农业发展更有大进步。如"赐田宅人口"(1601、1619),集体"刘获禾黍"(1615、1618、1618四百人、1619设兵以卫农人),"吾累世田庐"(1615),七恨告天之第五恨为刘获事(1618)。

(5)天顺末年(八年,1466)董山请开抚顺关市易,与明的交往近了许多,便利许多,促进了整个生产发展。

到万历十六年(1588)弩尔哈齐更请开了"抚顺、清河、宽甸、瑷阳四关口互市,以通商贾,自此国富民殷"(王氏《东华录·天命一》,7页)交易品为东珠、人参、皮货。自明来者为粮布、器皿,包括铁器。

万历二十七年(1599)"三月始开金银矿铁冶"。(全,11页)

万历三十三年(1605)"刨采人参,……令熟而干之,可以经久,不急售,……民用益饶"。(全,13页)

由于农业发展促进了工商业,工商业发展又促进了农业。

5. 统治阶级内部斗争所反映的社会情况

(1)从丧服中看社会变化　(未标出小节题目)

(2)褚英之死

(3)阿敏之幽禁

(4)皇太极与莽古尔泰之矛盾

(5)皇太极与代善之矛盾

(6)弩尔哈齐时迁都之争

第五节简单概括一下

(1)在几次斗争中反映出当时社会的氏族色彩。

(2)满清初期的生产关系,由于生产发展促使封建主义更加深化。思想跟不上必致发生矛盾。生产资料所有制、分配、租赋剥削、阶梯统治、政权集中。

(3)满洲入关前统治阶级内部斗争的过程,就是氏族思想与封建思想斗争过程,也就是封建社会发展的过程。氏族:分散,满足于现状,保守;封建:集中,进一步发展,进取。

(4)在几次斗争中反映出所有斗争不是几个领袖人物斗争,而是旗的斗争,是旗内氏族与别旗氏族的斗争。是旗与联旗的斗争。

褚英事件是旗与联旗斗。褚英:保守——氏族色彩浓;弩:进取——封建要求高。

阿敏事件也是旗与联旗斗。阿:分散;皇:集中。

舒尔哈齐事件也是旗与联旗斗。舒:分散——氏族色彩;弩:集中——封建要求。

莽古尔泰事件是旗与旗斗争。莽古:蓝旗,从氏族角度看各旗一律平等。皇太:黄旗,从封建王朝看各旗统属于中央。代:红旗,从氏族角度看,在尊重中央的条件下,应有各旗的自由。黄旗也是一旗。皇:黄旗,从封建王朝看,一切都要尊重中央体统。与黄旗斗争,就是违反中央。

迁都事件是旗与联旗斗争。主迁:进取;反迁:保守。

(5)每经一次内部斗争,封建成分增加一次,对氏族成分削减一次,但不是一下就削除,因为它有氏族集体力量存在。

舒尔哈齐→阿敏(子)→济尔哈郎(弟,蓝旗)　阿敏子孙后甚贫困
褚英→代善(弟)
　　　→杜度(子)
莽古尔泰→全旗由皇太极领导(这也看出采用封建统治换首长)
代善　不动

二、满清入关前后的政治与经济　分八节

1.逃人法　谈一下奴隶问题　二学时

(1)满清兴起时的"降民"与"俘获"

掳掠人户在太祖前已有之。"降民"有安插,"给以田庐、牛马、衣粮、畜产、器皿"(天命《东华录》二,4页。天命二年四月下抚顺,又七月王一屏之降)。

但"俘获"无安插明文,明朝曾要求还"俘"(《天命二》,5页),弩尔哈齐不允,有"朕征战所俘者即我民也,虽一人何可还耶"之语。天聪五年七月有"俘获之人勿离散其夫妻父子,勿裸取其衣服"之禁。天聪《东华录》五,天聪

四年宣布阿敏罪状中有"奴仆"字样。

奴仆来源有一部分是汉人的妻子,天聪四年六月:"先是阿敏屠永平官民,以其妻子分给士卒,上曰:'彼已屠朕所养官民,复奴其妻子耶?'命编为民户,以房舍衣食给之。"(7页)

《清史列传》卷五《宁完我传》:"天命年间来归,事贝勒萨哈廉,……(天聪)五年十二月上疏言:'臣蒙皇上出之奴隶,登之将列,……'"

天聪《东华录》九,天聪八年正月:"上命传集众官谕曰:'……朕意尔等苦累较前亦稍休息矣。何以言之? 先是尔等俱归并满洲大臣,……凡官员病故,其妻子皆给贝勒家为奴,既为满官所属,虽有腴田不获耕种,终岁勤劬,米谷仍不足食,……(朕)将尔等拨出满洲大臣之家,另编为固山,从此尔等……妻子得免为奴,……'"(1页)

天聪《东华录》九,天聪八年五月征蒙古,科尔沁国葛尔珠、塞尔特等中途叛去,"上遣希福伊拜谕土谢图济农曰:'律法所载,叛者必诛,若获噶尔珠、塞特尔等,欲诛则诛之,不诛欲以其人民为奴者听',可知罪犯亦为奴。

崇德三年正月强夺与奸淫俘获妇女有罪,并罪其上级,可知奴仆地位与奴隶社会还有不同。

天聪三年九月各家奴仆中懂文墨参加考试及格者拨出。

奴仆可以买卖。

罪人妇女为奴。(天聪五年三月。以上均见《东华录》)

(2)入关后之投充(汉军改二旗在崇德二年)

(3)逃人与逃人法

天聪九年七月甄别管理汉人官员,以各堡户丁增减定其黜陟。甲戌,昂邦章京马光远奏:"各堡逃亡汉人有二百名者,有一百名者,有八九十名者。"可见其多。

第一节简单概括

(1)满清入关前与入关初期有蓄奴形式存在(称为"奴",其主人称"家主"),其来源由于战争"俘获"或入关后之"投充",一部分为罪犯或战俘的妻子。

(2)满清的奴仆的用途,一部分从事生产劳动,一部分从事杂事的役使。不是全部生产劳动。("供役汉人"见天聪六年二月《东华录》)

(3)满清的奴仆与奴隶制的奴隶有所不同,反映在:

①不离散其夫妻父子

②不裸取其衣服

③奸淫奴仆者有罪并罪其上级

④奴仆家仍有奴仆

⑤可以参加考试,录取拨出奴籍

是否可以任意杀戮待考

2. 圈地

(1)顺治初的圈地

(2)康熙初的圈换

一学时

(3)清代官庄——庄田

二学时

清初两次圈地,第一次时间较长,以顺治三、四年(1646、1647)为最大,第二次在康熙五年(1666),对于人民骚扰均甚烈。第一次圈地期间,顺治四年(1647)、八年(1651)两次由于人民反抗曾暂小停,但不久仍然进行。至康熙二十四年(1685)四月才完全停止,"嗣后永不许圈"。(在此以前所以还有圈地的原故,是由于有"新满洲"继续入京)

第二次圈地虽然是统治者内部矛盾,而受害的还是人民。但规模没有第一次的大,所以比较起来也不如第一次惨烈。

第一次的圈地,与逃人问题是有联系的。入关之初,东来将士是战胜者,他们那里还肯自己种田,他们只是想分得田产作私有财产,而利用俘获的投充的人替他去种(顺治十二年[1655]上谕:"向来血战所得人口以供种地、牧马诸役。")。金朝原有先例。于是对于圈地要求急,要求高(肥沃,集中,分汉人分隔),形成了庄田。现在谈谈庄田。

庄田分两种　宗室庄田　畿辅官兵庄田(另有驻防官兵庄田在各地)

庄田的数额

庄田的来源

庄田的分配　人　庄　先后

庄田的办法　以现在为准　免田赋　坟墓不迁　不准典卖于民　禁例

庄头　作恶

庄田的演变　奴仆耕作(1644,地多奴少路远)　庄头领种(1670以前,缴回退种)　庄头承佃(1673,庄佃拖欠盗卖,本主典卖)　收租解部(1738)

井田(1724—1736)

第二节的简单概括

(1)圈地问题与逃人问题是互相联系的。

(2)圈地与逃人法一样,是清初扰民的事,也是统治者失败的事,因为没有达到统治者预期的效果。(满足东来人的愿望,提高、维持、保证东来人生活,同时也增加生产。)

(3)圈地的初期愿望所以不能实现,而归于失败,是由于违反了时代,违反了社会发展规律,在高度封建主义社会里想要恢复奴隶生产是不能的,旁人生产情绪高,生产技术随时进步,生产率随时增加,而使用奴隶生产的整个相反。而且在满清入关前它们的社会情况不是所有生产都由奴隶来负担,而自由人一样的从事生产的(由于奴隶数目异常之少),并且数目非常之多,已经飞跃进入封建主义社会,所以入关后再发展奴隶生产是违反规律了,不能成功的。这也说明社会发展规律是科学的,违反社会发展客观规律是注定失败的。历史上的复古运动都是如此。

(4)清代到乾隆初年(入关后一百年左右),八旗人的生计困难已是一个严重问题,统治者公开承认而且公开使大家会议办法,说明圈地后的庄田亦未能达到维持八旗生计的最初要求,主要是八旗人不参加生产,可知剥削阶级必归淘汰。

(5)清代官庄制度的改变,圈地办法的时张时弛,全是为了巩固封建政权,是从统治阶级利益出发的,其中没有什么爱民不爱民,剥削减轻不减轻。

3. 包衣与内务府

(1)包衣的性质与产生:①名称　②产生　③来源　④性质　⑤组织

(2)包衣与内务府

(3)内务府与宦官

一学时

由于包衣是管旗主的家事,清代的皇帝是从旗里出来的,原来也有包衣,于是将皇帝的包衣组织为内务府,内务府就是上三旗包衣的联合组织,分为七司、六库、三院。

七司:广储　会计　掌仪　都虞　慎刑　营造　庆丰

六库:广储司下设大库:银　段　衣　茶　皮　瓷

内三院:武备院　　上驷院　奉宸苑(掌苑囿禁令、修葺、临幸)

还有许多附属机构。附属机构最重要的有养心殿造办处"掌制造器用";苏州、江宁、杭州织造(江宁织造光绪三十年省)。这两个机构全和手工业技术的提高有关,清代手工业的高度发展,如质量、式样等等,都不能说不是造办处刺激的。当然由于造办处的垄断货色,技术保密,使许多手工业制造品不能普遍发展,也是造办处促成的。(造办处鼓励了技术保密,使许多技术不能交换。)

织造是包衣的外地特派员,实际是特务。

(3)内务府与宦官

中国历代的宦官,是管理宫内一切事务的。清代内务府也是管理皇帝的一切杂事的,因之清代宦官有一部分职务是被内务府代管了。内务府虽然是皇帝的亲密的机构,但官员不能进宫,因之宫内还有宦官存在。

宦官与内务府的不同:宦官是少数人把持的,是终身的,是国家一般政令所不易及的;内务府人员较多,他们是流官,有升转,有外用,有京察,不能永久把持,而且在国家法令层层监督下。但这仅是人选的改变,制度的改变,而本质上没有什么不同(全是皇帝豢养的,帮同作恶的,一群寄生阶层),在政治上也不算什么大改进。

清代的太监要由内务府掌仪司、会计司管理。在宫中则统之于敬事房。在朱明的宦官跋扈乱政的经验警惕之下,清代外廷与宦官进行过多次的斗争。又加以有一个专管皇帝家事的内务府,减了宦官一部分权势,因之在清代宦官干政的事是没有的。

第三节简单概括

(1)包衣制是满洲民族的旧俗,远在八旗制度之前,旗制定后包衣才成了一个法定组织,更制度化了。

(2)包衣下的人,没有选择隶属(主人)、居住(依靠主人)、婚娶(由主人指配,自己婚娶亦不得娶自由人;女子更不能自己择嫁)、生活等自由,而且本人是主人的财产(可以买卖),子孙亦属于主人(家生),所以性质是奴隶。清代官书称之为"旗下家奴"、"家仆"。

(3)包衣下人主要的任务是在主人家给使,作一切杂事,并不管生产劳动,但我们从内务府的都虞司(兼管供应畋猎)、庆丰司(管牛羊群牧,口外牧场)的职掌来看,似乎最初包衣也管渔猎畜牧生产的。可能不管生产是后来的事。

（4）这样是不是说明这是奴隶制社会？还不能。因为，当时这样的用奴仆劳动还不是占统治地位的生产方式。就是说在使用奴仆期间，满洲的主要生产方式已经是土地上的封建的生产关系。

《资本论》："划分经济时期的事情，不是作了什么，而是怎样作，用什么劳动手段去作。劳动手段不仅是人类劳动发展程度的测量器，而且是劳动所在的社会关系的指示物。"（第一卷，中译本195页）

"某一社会中占统治地位生产方式是怎样的，社会本身及其结构就是怎样的，该社会中存在的思想、观点、制度也就是怎样的。"（康士坦丁诺夫《历史唯物论》第二章，42页。"统治地位的生产方式"的经典来源，还要再查。）

（5）满清皇帝的包衣组织成内务府，它的职务和过去的太监有些重复，实行了分工，但不是内务府代替了宦官。内务府和宦官本质上是一样的。

（6）清代宦官之祸较之明代小的多，就是说在统治阶级内部的斗争上不如明代激烈，内务府是因素之一。内务府代宦官掌握了皇帝的经济权。

4. 海禁问题
(1)清代的海禁
(2)清代海外各国的关系
(3)清代的"朝贡"与贸易

第四节简单概括

（1）海禁是明清两代的法令上惯用名词，是指出入海口的一些禁令，其范围随时而不同，不是禁止海口一切出入，是限制不得官厅允许的私人往来，不得官厅允许的货物出入。作为一个独立国家，它本来有这样权力。

（2）海禁是限制国际贸易，不是断绝国际贸易。

（3）清代政权建筑在封建土地剥削上，不重视商业，不重视关税，人民是自给自足的经济，不依赖于国外商品，因之对外国人的来贸易认为是可有可无的。是看国内需要的。如康熙时之大米，康熙初之洋钱。顺治初年"市井贸易，咸有外国货物；民间行使，多以外国银钱"。见慕天颜奏疏。

（4）清代对外国人的来华贸易认为是恭顺降附的表示，是朝贡，不是市易。屡次延长朝贡的期限，以为是体恤；贡品与商品不抽税，以为是天朝的体制；对禁运物品无偿赏给，以为你们非靠我不可，我也不在乎。

（5）这种基础所反映的各项办法与国外不同，于是引起外国商人的莫名其妙，以为中国是拒绝外国货；而国内有时激于一时义愤，有人主张对一切外国货物严厉拒绝，其实中国国内并不是没有国外贸易，也就是说国外贸易在中国有一定条件。

（6）由于中国国外贸易有一定的条件，中国商人对国外贸易自然有一定要求，当国际资本主义扩张时代，也就自然地、逐渐地——虽然缓慢一些，可以投入世界经济的洪流中，所以中国不是由大炮打开大门的。

5. 清代地丁

地赋　丁赋　地丁合一易误解

（1）从一条鞭到丁随地起

或摊丁入亩

甲、明代一条鞭

创始于嘉靖十年（1531）

试行于万历九年（1581）

完成于万历三十六年（1608）

是积累各地经验，经过几种过渡办法而成的一种简捷的赋役合征的征收方法。以县为单位，将全县的田赋、丁役应缴数额平均于地亩内征收。因此全国无一定的一致的标准，也无一定的一致的剩余或准备金，以致条鞭行后仍有丁役费用之增加。

乙、清代一条鞭

清朝入关一切沿用明代制度，而且宣布用万历朝的《会计录》征收赋税，所以暂时仍同明朝一样。

顺治二年（1645）命王宏祚等编行《赋役全书》。顺治十五年（1658）成书。

与明不同之点：

明：以州县为单位平均负担

清：以府州县为单位平均负担（《史稿·食货志》，再详考）

明:总收分解(《东华录》顺治十年四月甲寅)(总收分解之弊)

清:官收官解

丙、摊丁入亩

什么是摊丁入亩?

既然已行条鞭何以又有"丁"?

是不是明朝没有丁赋?

有。由入关大赦诏、《堂邑赋役论》、《柳寅东传》证之

从清初大赦诏看

清初的包丁荒粮

丁银增加之故

清初的丁银摊征

雍正时的摊丁入亩

清代田赋口赋

(2)雍正以后的编审与耗羡

甲、停止编审

乙、耗羡归公

第五节简单概括

(1)清代地丁与明代条鞭性质相同,是由田摊役,分项合征,是保证皇朝收入,简化征收手续的一种改革。目的为了缓和阶级矛盾。

(2)清代的地丁制与明代条鞭一样是封建剥削的更进一步,摊丁入亩,依土田课丁,使人民与土地依附关系更加密切。

(3)清代的地丁制同时反映出无田地的人民日多,说明土地的集中。

(4)清代的地丁制同时又反映出农村人口中流动分子加多,走向城市行商,或脱离农田从事手工业,说明资本主义萌芽。

(5)从上面情况可以反映出,清代农业发展的过程,正是它的土地集中的过程,土地集中的过程就是农民被迫脱离土地而出卖劳动的过程,也就是中间阶级没的过程。

(6)一条鞭和地丁都是征银,这不能看作已经进入货币地租,因老百姓缴纳给地主的还是实物,也就说明农民并没有将其劳动生产品变成金钱来运用,地主也没有如此。

(7)地丁制仍和一条鞭一样,没有一定的一致的征收标准,各省各

府县是不同的,同时也没有一定的准备金,而临时随社会情况发展的需用是很多的,因之就发生两种结果,一在地丁之外加征(公开),一勒派(暗的),人民的负担并没有减轻,仍是一天天加重。

（8）耗羡仍然是种变象加赋。

《史稿·杨士骧传》(236)

6. 清代手工业与商业

这里有两个问题,是研究清代史必须搞清楚,也是大家正在努力的问题:

（1）清代社会经济是较明代进步了还是退化了。进步,则何以没走进资本主义? 退化,则是由于什么原因? 只说满清是落后民族,能不能说明这180年的不动?

（2）中国资本主义萌芽确定在什么时候? 在清代,究竟与明代有什么不同? 在明代,究竟与宋元有什么不同? 在宋元,究竟与唐代有什么不同?

既在宋元明清已萌芽,何以经过 710 年(南宋绍兴元年 1131 起)、470 年(明太祖逐元 1368 起)、150 年(康熙统一取台湾 1683 起)没进入资本主义?

这是大家在钻研中还没有得出一致意见的。

我们今天简单谈一下清代工商业问题,而不是能解决这个问题。我们分下面五点来谈:

①手工业逐渐走向手工业工场　织造　铁　瓷　皮革

②农业经济作物的发展　棉花　烟叶　甘蔗　花生

③通货与商业　制钱　银两　炉房　票号　金店

④官僚资本之倾向　1564 严嵩与二百三十年后 1799 和珅不同

⑤商业与商业中心　从关税看商业　工商业中心依傍政治中心,政治中心亦常移就工商中心。如济宁明为兖州属州,雍正二年改直隶州,兖沂曹济道、运河道驻之。舟山,于康熙三十六年置定海县。

工商业发达促成城市人口的扩大,城市人口的扩大,又促进工商业更进一步发展。

第六节简单概括

（1）清代商业、手工业、农业以及经济作物,都较明代发达。

（2）清代部分手工业产业,已经达到工人多、工具多、分工细、工资雇用的手工业工场的生产(如织造、烧造、鼓铸)的程度,但只是为供应皇室的消费或国家的需要而生产,不是为了市场出卖而生产,还不是资本主义的商业生产。

（3）一般的手工业生产，还是分散的、个体的，或是结合家庭手工业生产的，这样就只促进□商人的活动（乾隆《湖州府志》："隆万以来，机杼之家，相沿比业，……各直省客商云集贸贩。"），而不是由手工业工场，将个体手工业、家庭手工业变成自己的附属物，如列宁在《俄国资本主义的发展》所说，以促进工业的发展，以促进资本主义的发展。

（4）清代对一般手工业工场，只有控制没有提倡，只有压榨没有协助，是国家官吏附带的剥削对象，因之手工业本身没有更急遽的发展。

（5）清代农业的经济作物较明代发达，有的为明代所无，但仍不占多数，不是为了大规模经营出售而生产，这样只是间接扩展商业的活动，而没有促进工业的发展。

（6）清代商业活动较之工业活动更为活跃的。

（7）清代金融商业有的依附于官僚机构（如商人代解库款，代缴解款，税款代熔银两等等），造成了（炉房、金店、古玩店、票号）畸形的发展，没有纳入资本主义正轨，缩小了金融资本作用，所以这些资本也随封建主义皇朝一同死亡。

（8）从清代官僚资本的倾向来看，其范围较明代渐趋广泛，但还没有离开封建经济的范围（高利贷）。

（9）由于商业与手工业工场的发展，出现了商业城市，扩大了劳动市场，引起农村人口向城市流动，给国内市场打下了基础，但为数是很少的，且城市的繁荣同时仍依靠于封建行政组织与封建经济势力。因之这类城市依然在封建统治下，还没有出现新的市民独立阶级，所以说只是有资本主义萌芽而已。

7. 内阁与军机处

（1）清代贵族政权

天命时的大贝勒与五大臣

天聪时的管部贝勒　1631—1644　1651—1652

入关后的多尔衮摄政　1644—1650

议政王

（2）内阁与六部

天聪时的书房——文馆（二年，1628）——内三院（国史、秘书、宏文，十年,1636)——内翰林(顺治二年,1645)——内阁(顺十五,1658)——内三院(十八,1661)——内阁(康九,1670)

议政处

票拟　票拟与议政　侍读　中书

六部　六部兼摄　大学士管部

题本

(3)军机处的设立

原因　名称　人选　领班　章京

军机处与六部

军机处与疆吏　疆吏权力日增之原因

折本　廷寄

(4)道咸以后的政治

地方事权的加重　地方人士抬头(不官本省[过去],干预地方公事[不许])

书吏操六部的实权　事例之繁

第七节简单概括

(1)清代初期的贵族政权是氏族势力高度发展的表现,是"很少一部分人底政权"(列宁《论国家》)。这种政体,由四大贝勒(本族)与五大臣(外族)的合议政权,到贝勒管部的共同政权,到多尔衮的独揽政权,达到最高峰。这只是政体形式的不同,阶级本质是一样的。

(2)贵族政权与封建皇朝是有矛盾的,在某些情况(如皇帝幼小,皇室与贵族利益冲突,政局不稳定)下,贵族政权对皇权更是有威胁的(如桓温拥立晋简文帝司马昱而废司马奕,宋太宗赵光义之与宋太祖),顺治之死不恢复贵族政权而改采元老政权,正说明这一点,同时说明贵族权势已逐渐衰落(旗制已变,旗主均死),也反映当时经济政治情况相当稳定(否则必致引起军事斗争)。

(3)清代的大学士,地位较明代为尊(正一品),但事权没有明代之专(雍正以前有议政处,议政王大臣豫政务,雍正以后有军机处专司枢要,更成闲曹),只是积资累俸而得,在政治上没有什么表现和作用(大学士中没有有名政治家)。

(4)军机大臣不限资历,出于选拔,可以提拔一些年富有才能的人,较大学士制度进了一步,但也只是皇帝的亲信,只发挥一些僚佐秘书作用。谈不到政策和政见。

（5）满清是代表地主阶级利益的封建国家，是以少数民族统治多数民族的国家。在政治上、法律上满汉是有差别的，官民是有差别的。官僚虽说起自民间，只是略知稼穑之艰难，生民之疾苦而已，并不代表人民利益，他们是向地主阶级追求的人。

（6）满清是中央集权的专制国家，一切政务由中央核定，但中叶以后由于地方疆吏职权繁重，部务又为书吏所把持，以致造成地方的逐渐独立发展，孕育了后来的民国军阀割据局面。

8. 驻防与绿营

（1）满清入关后的武力

顺治元年（1644）　以满洲兵为主，贵族统率。

二年（1645）　利用洪承畴收买明末军队　二年至四年（1645—1647）。

三年（1646）　利用孔有德、尚可喜等之汉军南进。满军由满人统率，贵族还。

五年（1648）　利用吴三桂军西进。

七年（1650）　以新旧汉军为主，八旗满洲蒙古兵已成次要。

十年（1653）　利用洪承畴经略西南。

十四年　顺治公开承认满洲兵已"隳敝，不及曩时"。

康熙十二年（1673）　吴三桂反清，清派贵族率八旗兵南下，十四年（1675）派绿旗兵（四十万）增援，遂奏功，自此多用绿旗兵，八旗兵已不发挥作用。

康熙三十二年（1693—1697）　与准噶尔战争，以绿旗兵孙思克居中。但已不如前。

回部金川之役用绿旗兵。

乾隆四十六年（1781）　以后绿旗兵亦腐败。

乡兵（1794—1804）之三省教军之役，始募乡兵，然犹由地方官吏统之。太平天国起义后，满清命曾国藩办团练，则以地方人士统乡兵矣。

（2）清代的经常兵制

甲、旗兵　阿礼哈超哈　噶布什贤超哈　巴牙喇　乌真超哈

乙、绿营　制兵

丙、驻防

（3）清代的临时募兵

甲、乡兵　团练　雍乾旋募旋散

乙、防军　练勇　乾隆台湾用兵　苗军起义

丙、练军

丁、清末的陆军海军

第八节简单概括

(1)清代军队,用于防范人民者多,注意边防保护国家者少,所以绿营的汛地,八旗的驻防,遍于国内城邑,而边疆不似明代九边之驻重兵。

(2)清代军队用途既不放在捍御外侮保卫人民上,训练自然成为虚文,因之兵士也就成为了不生产、不训练,迫害人民的暴力工具。

(3)满清开国初以新兴的民族向外发展,故所向无敌(其所以强大,一在巴牙喇的冲击战术,而后来有了红衣大炮),入关以后由于变成了战胜的统治民族,渐渐衰退,不能用了,于是不能不利用汉军,汉军不能用了,才又利用汉人。这个发展过程也是民族力量消长,否则汉人所受迫害更大。

(4)清代兵士给饷米,与明代的以屯养军不同,但饷银因兵种性质而不同,又不随生活改善,因之兵士时常为追逐饷米而改换部门,甚至退伍改业,倚兵害民。

(5)乡兵防军在消极意义上,起了地方人参与地方保安工作的作用,是地方人与闻地方事的开端,为后来地方自治铺平道路。

(6)清代新式陆军由防军的基础上开始设立,而不由八旗兵和绿营,说明额设制兵已完全丧失其作用,更说明曾、左、李之无民族意识。

讨论

满清入关前的社会性质

建州女真的生活

1. 由半定居转为定居,但仍轻于迁徙

2. 由游牧狩猎转入农耕,但不是专靠农耕

3. 生产和生活以氏族为中心

4. 抢掠是落后民族发展的必然阶段

入关前建州的土地与生产

1. 生产发展的三个阶段

2. 土地垦植较少

3.劳动力不多

八旗制度

1.以氏族为基础的国家组织

2.八旗制度下的生产关系

满清入关前的社会是由氏族社会末期飞跃到封建社会初期的,也就是保留氏族组织形式与蓄奴成分的封建国家。

讨论

鸦片战争前的中国社会

经济上的工商业的发达

政治上的地方势力抬头

文化上的知道了外国的情况

鸦片战争前夕中国已逐渐准备了走上资本主义道路的条件,没有外国资本主义打进来,中国也必然走入资本主义。

陈家业:

八旗最初没有政治意义

农业生产以外还有渔猎

入关前的农业生产分期

生产力入手

八旗制度逐渐发展不是定型的

奴隶与奴隶社会不同

氏族关系越来越淡

氏族联合反映氏族基础动摇

为什么不进入奴隶社会

没有独立形态的社会性质,是过渡形式

陈生玺:

奴隶制　掠夺汉人为奴

旗主矛盾是大奴隶主矛盾

张恒秀:

封建前期社会

陈子杰:

布库里至猛哥为氏族社会

自猛哥至 1615 为氏族解体期

八旗以后为封建而有浓厚氏族色彩

分工、阶级出现

1384—1615 过渡期不是萌芽，不是前期

张：

封建前期有其特点

耿：

封建前期，有汉人逃到满洲去

陈杰：

没有经过奴隶社会

掠夺人口可能发展到奴隶社会，但在明代封建大□国情形下，很快转入封建

张恒秀：

氏族解体就是氏族以后的社会

范淑华：

掠夺人口不能说是奴隶社会，看他们生活生产关系，可以说封建社会萌芽。

王文斌：

发展是长期的，不能以一点年代截然分开。不能以一点概括全面。入关前不可能常久停在氏族社会。

奴隶社会不是当然现象而是偶然现象，游牧社会不可能奴隶。

土司问题

松花江流域问题

与朝鲜关系问题

与蒙古关系问题

在围绕的几个高度封建国家影响下的问题

入关以后才成为封建社会

氏族与农业狩猎问题

由氏族飞跃入封建问题

八旗与氏族问题

王文斌：

封建关系、氏族关系、奴隶关系并存，我们应看他们中那一个占主要地位。前封建军权有限制，是前封建社会。

社会性质根据生产关系

游牧也有封建

前一社会形态解体改转入后一形态

封建前期与封建萌芽

萌芽与残余解体

二、明清史提纲(1956 南开)[①]

第九章　明代中叶后经济的发展和资本主义萌芽及其局限性

一、明代中叶后经济的发展和资本主义萌芽及其局限性

(章名与节名相同是特别重视之意)

(一)明代生产的发展

1. 生产力的提高　生产发展依靠生产力,所以先谈生产力。

没有生产力不能生产,因此生产发展过程中的决定要素是生产力。(《联共党史》,155 页)生产力是生产中最活动、最革命的要素。(仝,154 页)生产力是生产工具以及有相当生产经验、劳动技能、用工具生产的人,总和起来而构成的。(《联共党史》,152 页)

生产力在任何制度下总是走在生产关系前面。(斯大林《社会主义经济问题》,45—46 页)

人类社会的发展决定于社会物质生活条件,(149 页)而社会物质生活条件发展的主要力量是生活资料谋得方式、物质资料生产方式。(151 页)生产物质资料依靠生产力,这是一方面;另一方面,是人们在生产过程中的相互关系,就是生产生活关系。(152 页)两者互相影响互相依赖。(154 页)生产

[①] 编者注:该题目下卡片从第四十三张开始,结束于第七十六张,卡片原用蓝墨水所写,内容共计 7 章,即第 9—15 章。然而章的顺序数字用红色添注修改为第 39—45 章,当是 1956 年后授课所改章节。就大纲内容而言,添加旁注颇多,可能有些是 1956 年所加,也有些是 1956 年授课后所加,不太容易区分。因《郑天挺明史讲义》附录二"七、1956 年度南开大学'中国史明清部分'提纲"内容到"第八章　明代中后期的政治和社会矛盾(分六节)",而本提纲正好是从第九章开始,故判断原来二者本是 1956 年一个提纲的两部分。如今可为完璧,因此章名从旧,列为第九、十、十一、十二、十三、十四、十五。

关系和生产力的性质必须适合,必须适应。不适应,社会制度就要发生变更。历史上有五种基本生产方式。这是客观规律。在封建制度下,生产关系的基础是封建主占有生产资料和不完全占有生产工作者,生产状况是小规模的小生产。(157页)资本主义制度下,生产关系是生产资料的资本主义所有制;生产情况是大规模的机器化的大工厂、大农场。从封建主义生产方式过渡到资本主义生产方式。(另见)(引《联共党史》)

明代由于人民重视生产,热心生产,同时明朝统治者亦加以适当鼓励(没有人工的破坏),于是在原有基础上进一步继续发展,历史上积留下来的保存在人民智慧中的技术,继续提高,继续推广,农业、手工业的生产工具也不断改进、增加,由量变到质变,于是形成了生产发展,出现了资本主义因素的萌芽。

中国文献对于一种新工具和新技术的出现是不常记录的,偶有记录也不是有明确年代的,因此对于一种新事物的出现,我们只知道它的应用推广了,而说不出它的开始出现,在这些地方必须实事求是,否则片面、教条主义。

技术与工具分不开,如上海的所谓弄堂工厂。

生产力的提高,在明代历史中可以下面几个事实看出:

人口不断增加

洪武十四年(1381)　59,873,305 口　10,654,362 户

洪武二十六年(1393)　60,545,812 口　16(?),052,860 户

永乐元年(1403)　66,598,337 口　10,626,779 户　以上户籍法尚未大破坏

天顺元年(1457)　54,338,476 口　9,466,288 户

弘治十七年(1504)　60,105,835 口

万历六年(1578)　60,692,856 口　10,621,436 户　据《明史·食货志》,《续通考》在隆庆六年(1572)

康熙十年(1671)　19,407,587 户

垦田数

洪武二十六年(1395)　8,507,623 顷

弘治十五年(1502)　4,228,058

万历六年(1578)　7,013,976

康熙十年(1671)　5,459,170

上表,中间忽然减少,而最后还未超过洪武时,这是制度破坏了,在分段的趋势来看是上升的。

同时我们在《明实录》中看到各年的垦荒数量很多的:

洪武元年(1368)　770余顷

三年(1370)　2135,20顷

四年(1371)　106,622,42

六年(1373)　353,980

七年(1374)　921,124

八年(1375)　62,308,20(一堂)

生产工具方面,从《农政全书》、《天工开物》等书看,因袭改近者多。

元王祯:"耕种有水陆之分,而器用无古今之间,所以较彼此之殊效,参新旧以兼行。"(《农政全书》二十一引)

明代利用了器械风力、水力、火井,但不是说从明代开始的。

不应只注意有无,更应注意广泛应用。只提高而没有普遍,对生产作用不大。

水碓　晋已有之　风车、风箱

火井　宋应星说"事甚奇",但晋左思《三都赋》、北魏郦道元《水经注》皆言之。但有改进,知用齿轮、木栌,推广其用,连二连三。

又知集体设置或在市镇设肆。《农政全书》二十三《囤碓》:"今多于津要商旅辏集处所,可作连屋,置百余具者,以供往来稻船货粜粳糯。及所在上农之家用米既多,尤宜置之。"设肆供应使用,资本主义萌芽之兆。

2.农业技术的传布

到处都有。可注意的是北方水田。

元虞集首先创议在京东滨海处垦水田。

明徐贞明推广其议。

张国彦、颜养谦在苏州、永平、丰润、玉田试行有效(1575—1585)。

徐贞明在良乡、涿州、永平试行(《明史》、《农政全书》)(1585,万历十三年)。(一堂)

3.变工(换工)的推广

变工出现的确实年代待考,明代嘉靖时唐龙(见《西园闻见录》卷四十)主张借用牛耕一日,换人工两日。公开订为法则。

(二)明代中叶后工商业的发展

1. 手工业的发展

适当的初步分工

(1)官手工业的分工较早较细   私营工业比较迟

苏州丝织业"工匠各有专能"。

(2)适当的转业   由酤酒改机织——成化末(1478)张瀚的祖父。

(3)手工业趋向城市   "纺织不止乡落,虽城中亦然。"   布业

(4)雇佣劳动人数增加   万历   "机户出资,机工出力,相依为命矣。"
"(织工候雇)什伍为群,延颈而望,如流民相聚。"

2. 官工业的发展

(1)不是商品生产。

(2)有其季节(需用期),不是经常生产。

(3)只求满足不问成本,如墨用珠宝,铜器用贵金属。

(4)技艺提高到顶点而不能普及,不起作用。分工极细。

(5)生产关系是封建农奴与官吏(封建劳役制的使用劳动力)

3. 商业的发展

(1)自制品由市场供应   家庭自制品由市场供应。嘉靖严嵩籍没有各
色手巾 2240 条,手帕 8476 方,袜 1000 双,女鞋 1800 双。万历时松江用尤墩
布作袜,袜店百余家。(一堂)

(2)市场扩大   松江布号多在枫泾,而染房、踹房商贾从之。

(3)城市的发展

中世纪东方国家城市是手工业、商业、行政管理、文化的中心。有的是
要塞。供给原料,满足消费者需要,输往国外市场。手工业基本组织形式是
行会,十三—十四世纪,中国十万人口以上城市不下五十个,西欧只有威尼
斯、米兰、佛罗稜萨。其他如伦敦只有五万,和它一样的也还不多。

中国城市居民,不全是由于乡村封建压迫加剧而离乡背井逃入城市的
人——所谓自由居民,也没有城市的领主,以及与市民的矛盾。城市应该是
社会经济范畴,不是政治法律范畴。它是由于生产力普遍增长,社会劳动分
工——手工业和农业分开的基础上兴起的。

恩格斯在《德国农民战争》中说:从中世纪市民中出来三个集团:1. 名门
望族,2. 中等阶级反对派,3. 平民反对派。中国情况不完全相同,不要套。

(4)商人的财富   富室百万,中贾二三十万

二、封建主义对经济发展的束缚

有没有什么力量阻碍了经济的发展?

封建主义给了经济发展什么束缚?

尚待研究。现举几点:

(一)明中业后农田情况

1. 土地高度集中

1480 外戚王源占夺民田二千二百顷,诏禁,王亦还之民。

成化时外戚赐田数百顷,弘治时外戚周寿庄田五百顷,又欲购七百顷,举国攻之。

1613 四十一年福王之国庄田四万顷,嘉靖时亲王之田仅数千顷。(一堂)

2. 江南田赋

3. 大户逃避赋役

4. 吏胥剥削　官工业

(二)赋役改革与一条鞭

1. 赋役改革的要求(将前 33 页赋役破坏移此)

2. 赋役改革的办法(一堂)

3. 一条鞭法

始自嘉十(1531)——万九(1581)全国实行　陶谐——江西　海瑞

由征一法知道不同的税则可以平均起来订一个共同税则,由纲银法知道赋役可以由有田的人多担任一点,由十段锦法知赋役可以混合在一起,由一串铃法知道可以交给官吏统一支配。几种经验结合起来,成了后来公布的全国实行的一条鞭法。

一条鞭开始很早 1531,最初是不完备的,后来吸取各种经验,成了 1581 的一条鞭法。以一县为单位,以十年之平均数为标准,将全县人民的各种负担总合起来,由全县土田平均分担。交银。官方掌握。

一条鞭的利弊

关于一条鞭之批评:

刘仕义(嘉隆):"权豪莫肆,贫困少苏。""惜书吏为奸,奉行无状。"

张居正(万历):"此法在南颇便。"

吴登瑞(嘉靖?):"均徭可行于江南。""条鞭可行于江北。"

于慎行(万历):"士民皆称其便。""农病而逐末者(商人)利。""便于南方多,便于北方少;便于粮者多,便于差者少。"

□□□(万历):"徒便于士大夫,而害于小民。"(一堂)

（三）关于资本主义萌芽的几种看法（市民反矿、税的斗争）

1. 唐宋说（618—1279,662 年）

孔经纬："断言唐宋时期业已有了资本主义萌芽这一点是有相当根据的。"理由证据：《太平广记》中常见"雇日佣人"、"广召日佣人"。又引《酉阳杂俎》："佣力负运者力皆不足。"北宋《清异录》"花糕员外"事。此误以有雇佣及作坊即是资本主义萌芽，而不问其性质。又引宋人《东京梦华录》"工夫市"，《春渚纪闻》的制墨作坊。

束世澂：主宋代说。

2. 宋明说（南宋 1127—1644,518 年）

（1）南宋说　傅筑夫："可能在南宋年间,在商品经济比较发达地区（如苏杭）,在商品生产比较发达部门（如纺织业等）,资本主义的萌芽已经稀疏地出现。"理由证据：私营大型作坊的出现　宋代雇佣劳动已日益多　小商品生产者已开始分化　货币资本有相当积累

又说：明清之际（案他所谓"际"是作"时"字解）松江一带棉布纺织工业中已有资本主义的萌芽出现了，"明清两代……资本主义因素已经萌芽和发展"。

（2）南宋元初说　尚钺："中国资本主义因素的萌芽,早在南宋与元初就已经隐约着看到。"理由证据：生产工具出现了水转连磨（江西）、水转大纺车（北方）。又《马可孛罗游记》所述南京、镇江、杭州情况。但又说明代资本主义萌芽，"明代中叶以后在中国个别地区资本主义萌芽增长的城市手工制造业与农业上桑田经营互相配合着看,已经在萌芽着原始积累的现象"。又说："明中叶以后,资本主义萌芽渗入农业。"

（3）元末说钱宏：引徐一夔《织工对》,但又言鸦片战争前几百年资本主义萌芽有很大发展。

（4）明清说（1368—1840,472 年）

①明代正嘉说　吴晗　1506—1566　60 年

②明代嘉万说　侯外庐　1522—1620　99 年

③十六世纪十七世纪初期说　许大龄　弘治十三年（1500）—万历四十八年（1620）　120 年　许文材料以嘉万为多

④明代正统说（矿业）　白寿彝　十五世纪四十年代　正统元至十四年（1436—1449）嘉靖明显,嘉万记载多起来。　十六世纪中叶（嘉靖中）至十七世纪初（万历末）

　　⑤十八世纪上半期(清代乾隆说)　翦伯赞　1736—1755　20年
但在深度广度上都没有达到足以摇撼封建经济的程度。

　　⑥清代说　黎澍　以为"清朝社会经济的发展较明朝更显著一些。""在清朝……中国社会经济的基本结构仍旧是农业和家庭手工业的统一。"

　　⑦万历——乾隆说　邓拓　万历元(1573)—乾隆六十(1795)　123年

　　⑧乾隆以后说——(没有萌芽的说法)吴大琨(一堂)

　　这些学说都在同一思想指导下,同一理论根据下,何以有不同的分析?因为:具体资料还不够说明的,因而在很多方面用理论来加工。见解可能不同。

　　同一资料分析不同,因而结论不同。

　　同一资料根据不同(几种书全有,成书时间不同,遂误为资料时代不同,如苏州织工在桥头候雇,有说是明代的,有说是清代的),因而结论不同。

　　主要问题是:史料不够,还须搜求。科学概念不清,还待钻研。

　　例如:官工业与私工业的比重,究竟那个多? 要具体材料。

　　所谓手工工场是"使用实行①分工的②手工雇佣工人的③资本主义企业(在一个资本家命令下的同种生产)(大规模资本主义生产)叫做手工工场"(《政治经济学教科书》,55页),中国究竟什么时候有的,是不是真合上述条件,具体的举例。

　　所谓"包买主",是"商人开始①定期向小生产者收购他们②生产的商品,然后拿到③较大的市场出售。商人变成了包买主"。"包买商则以④低价预购其成品为条件,贷给他们⑤现金、⑥原料和材料","包买主不仅供给他们原料,而且供给他们⑦劳动工具"(同上,54—55页)。中国究竟有没有包买主,要从这些条件分析,要从这些条件分别举例。

　　因此我们同意邓拓、白寿彝从一个企业深入钻研的方法。逐步解决。

　　我个人的意见:

　　资本主义萌芽问题还待进一步的慢慢钻研。

　　资本主义萌芽是商品经济发展的结果。一方面分划出少数小资本家,一方面分划出大多数雇佣工人。

　　由商品经济发展成为资本主义萌芽。由资本主义萌芽发展成为资本主义生产方式。

　　资本主义萌芽是资本主义生产方式发展的起点。以商人为代表的商业资本直接控制了生产。

资本主义萌芽是整个社会发展过程中的一个阶段。与社会各方面都有关系,"决不能把商品生产看作是某种不依赖周围经济条件而独立自在的东西"(斯大林《社会主义经济问题》13 页)。

因此与整个发展阶段前后无关的一些孤立现象,不能认为是萌芽的根据。

因此中国封建社会中资本主义萌芽不会发生太早。

因此我认为在明中叶以后。而且是不平衡的,不是各处同时并起。

同时我认为这个萌芽是微弱的,成长是缓慢的,就是说直到清代乾隆时中国资本主义因素的增长还不快不大。封建色彩在各方面看起来都很浓厚。可以说商品经济还处在自然经济的附属地位,而且主要是为封建统治服务的。

所以目前我基本上同意邓拓的意见。

第十章　满洲的兴起

一、满洲的兴起

一般概念说:满洲是落后的;说:满洲是中国国土以外的民族,与中国从来没有关系;说:山海关长城以外都是满洲人;都是错误的。中国历史上唐朝有渤海国(729—925),辽以后的金朝(1115—1234),都是女真族。

1.满洲人的经济文化生活

(1)满洲名称的由来

历史上没有满洲这一名称,始见于 1613 年《满洲老档》,是努尔哈赤创的,源于族内尊称。

(2)满洲兴起前的人民生活

住居地　满文 1599　宗教　原狩猎为生　"乐作种,善缉纺,饮食服用皆如华人。"——魏焕(一堂)

洪武二十四年(1391)建沈王府于沈阳,建韩王府于开元,二十五年(1392)建辽王府于广宁。

强大原因:

组织　八旗　与猛安谋克比

统一　思想工具　满文

经济　土地旗有制

发展商业:1599 开矿,1605 熟制人参,1464 开抚顺关,1588 四关互市。见 61 页。

2. 后金建国 1616

（1）努尔哈赤统一女真诸部

1583 起兵 1583—1615 基本上统一东北 三次朝明 1590、1598、1601

（2）满洲建立国家

1616—1636 称金 1636 四月改清

1616 以后仍用兵于东北，七十余年至天聪九年（1635）完全统一，从事外面的发展。

3. 八旗制度

由贵族统率一旗为旗主 一旗之内有自己的军队，自己的土地、人民，经济是氏族的残余。 为什么分八旗，是少数族的习惯 八部大人

组织 300 人为牛录 5 牛录为甲喇 5 甲喇为固山（一堂）

二、明和满洲的关系

1. 满洲国力的强大

（1）努尔哈赤的攻明 以七大恨藉口 1681

（2）明杨镐四路攻辽的失败——萨尔浒山之役 1619、辽沈之失 1621、宁远之役、奴死 1626（一堂）

（3）满洲侵略朝鲜蒙古

两次攻朝 1627，定兄弟关系之约；1636 太宗亲征，改君臣关系，距日本攻朝 1592 凡三十五年，不能救。

两攻察哈尔 1628、1634。

2. 明清的和战

（1）皇太极的五次扰明

1629 北京 1634 大同、万全 1636 京畿 1638 京畿 1642 渡黄河至山东 目的 1636 改国号曰清

（2）松山之役 1641—1642 1642 二月洪承畴降 八大将（总兵）十三万兵

（3）明清的和议

1588 时在抚顺、清河、宽甸、瑷阳四关口互市。奴尔哈赤强大后停顿，走私存在。太祖在 1618、1619、1626 曾有和谈条件，太宗在 1627 曾有和谈条件，均未作进一步的商谈。1642 三月明派马绍愉议和，清条件：以宁远双树堡为明界，以塔山为清界，互市于连山。本章重点在第一节第二部分后金建国。（一堂）

前:1581 前对农民让步,赋役改革,生产高涨;今:土地高度集中,矛盾加深。

前:富,强;今:贫,弱。

前:政治上清明;今:腐败。

前:宣传工作好,全国思想认识一致;今:宣传不够,思想不一致。

第十一章　明末农民战争(分四节)

一、明末农民的困苦

1.明末的加派(一堂)

(1)由来　(2)三个阶段　(3)三饷

2.陕北灾荒

(1)灾荒　(2)米价 1397 以前:一斗米合银二分五;1397 后一斗合五分;1630 一斗合三分;1631 一斗合六分(晋、陕);1634 一斗合七分(陕)。

二、农民战争的爆发与发展

1.陕北农民大起义

元年(1628)四处并起:白水——王二　府谷——王嘉胤　宜川——王左挂

安塞——高迎祥、王大梁

二年(1629)山西、延绥、甘肃勤王兵哗变

三年(1630)裁驿、驿卒,饥民大起

四年(1631)由分而合

(1)各地农民斗争纷起　(2)参加的人　(3)领导的人

2.荥阳大会　八年(1635)(一堂)

南路:革里眼、左金王;西路:横天王、混十万、射塌天、改世王;北路:曹操、过天星;东路:高、张、李。接应:老回回、九条龙。

(1)农民军渡河　(2)统一的攻守策略

3.农民军的活动

游击战 1628—1630 陕北;1630—1633 山西;1632—1633 河北、顺德、真定;1633 河南、湖广、四川。　避与明军多冲突

三阶段:一、1628—1634,二、1635—1639,三、1640—1644。(55 年 52 页)

(1)明末农民军活动的三个阶段　(2)游击战术

三、李自成推翻明政权

李自成参加在 1631(崇四),自成一军在 1633(六),著名于 1634(七)破陈奇瑜,表现于 1635(八)荥阳,为起义军领袖在 1636(九)高迎祥牺牲后,1637 入川,1638(十一)低潮,伏商洛山中。1640(十三)自陕出,由湖北至河南,得李岩(1640)、牛金星(1641)。

1. 大顺政权的建立

(1)李自成

(2)李自成起义军的政治纲领("均田免粮"见《罪惟录》卷三十一,页78,《李自成传》)

(3)大顺政权 1644

2. 大顺军占领北京推翻明政权

(1)占领北京

(2)推翻明政权(一堂)

四、张献忠在四川建立政权

1. 大西政权的建立

(1)张献忠

张、李原来都是高迎祥部下,1635 荥阳大会攻下凤阳后,张、李分开,高、李回陕,张东下,后又合,后分。

(2)1635—1640 是起义军最活跃的势力

1640 入川,1641 攻鄂、汴,1642 攻皖,1643 攻鄂、湘、赣,1635 攻皖、鄂、陕,1636 攻鄂。

(3)1644 入川,冬建大西,李已出京回陕。

①张献忠　②中期农民军最活跃的力量　③入川

2. 对豪绅地主的镇压

(1)张军的纪律

(2)对豪绅地主的镇压(一堂)

注意两点:1. 明末农民起义时资本主义因素已萌芽,资本主义萌芽后的农民起义与萌芽前有无差别,其萌芽后的基本规律如何,尚无总结。十四世纪法国农民战争全国爆发,新兴的城市资产阶级起初还支持这个运动,而在决定关头却退出了这个运动(《政治经济学》二版 59 页)。这是否与明末沿海地区(资萌芽地区)的没有响应农民起义相同。尚待深入钻研。

2. 满洲入关,主要矛盾转变为民族矛盾,张、李均与满洲作斗争,张、李逝世,其部下仍与当时全国人民的抗清力量结合作坚决斗争,"联明抗清"的提法不妥当。①南明统治者并不坚决抗清,②抗清的是明朝的人民和个别官吏(史、何、瞿)。③这种提法是尊重封建统治,放在人民之上。④这种提法意味着起义军降明,似乎不降明就不会抗清,以为只有明朝才抗清。

第十二章　清军入关和关内的抗清斗争

一、清军入关

1643 皇太极死,内部矛盾加深。(参看 55 年卡片 53 页)

1. 吴三桂勾引清军入关

(1)清军入侵的企图

(2)吴三桂勾引清军缩短了入关里程

2. 清军进占北京

(1)一片石、山海关之战(一堂)

(2)大顺军西撤与清军进占北京

二、江南和西南的抗清斗争

1. 史可法守扬州与江南的抗清斗争(55 卡片 54)

(1)史可法的规恢计划　甲、南明福王政权　乙、江北四镇(一堂)　丙、清军南下　丁、扬州战役

(2)江南的抗清斗争

2. 农民军和湖广明军的抗清斗争

(1)农民军的抗清

(2)湖广、川东、鄂西明军的抗清

川东北——摇黄十三家　崇祯初已有凡十余年　巴东:刘体淳、袁宗第李来亨至巴东与刘体淳、郝摇旗合,凡十四年而失败。　鄂、湘、桂——高李十三家=忠贞营　李过、高一功(一堂)

3. 西南的抗清斗争

(1)张献忠在川北的抗清

(2)李定国在西南的抗清(一堂)

三、东南沿海的抗清斗争

郑成功、郑经在台湾的建设。荷兰在台湾三十八年(1624—1661),郑氏在台湾二十三年(1661—1683)。

1. 郑成功、张煌言联合进军长江

鲁王、唐王政权;张煌言的斗争;郑成功的斗争。

（1）张煌言与郑成功的抗清斗争

八次进兵，自海道进军，前五次与张名振俱，后三次与郑成功俱。第五次 1654 至镇江。第八次 1659 自长江西进，至芜湖。九次进兵闽粤 46—52。三次进兵浙江 55、57、58。

（2）郑张的围攻南京

1659 得四府、三州、二十四县

2.郑成功、郑经在台湾的建设

（1）郑成功进入台湾 1661

（2）郑成功、郑经的建设 1661—1683（一堂）

与台湾人民共同建设、开发，农业（中国的米仓），矿业（硫黄），交通（横贯东西），移民（漳、粤）。

1683 降清，有人主张放弃台湾。

南明　抗清转入地下　抗清失败原因

本章重点在二、三两节。

第十三章　统一的多民族的清帝国（三节）

一、清朝前期的政治

1.清代的制度和政策（一堂）

（1）法明的政策和保持满洲统治者优越地位的政治制度（55 年 56 页）

以汉制汉　设官比例，任官不限资格，不必考试，升迁快。

（2）文化政策

尊孔、崇朱　特科：己未 1679 康十八　丙辰 1736 乾元　文字狱（59）（一堂）

（3）中央和地方官制

雍正后的军机处（55 年 58 页）　总督与巡抚

（4）兵制——八旗兵与绿营兵

八旗：来源——调补　组织　待遇——给饷　驻防——携眷　兵额《通考》：八旗兵 110425　《会典》：驻防 55505

月粮一两，米二斗至二两三斗。

绿营：来源——召募　组织　待遇　兵额 462025 人（《会典》）《史稿·兵志》言 66 万人

清初满汉兵饷 13500000 两（一堂）

汛——营——协——标

2.三藩事件 1673—1681

(1)三藩的由来与三藩的权势

孔有德、耿仲明 1633 降　尚可喜 1634 降　吴三桂 1644 降,封平西王

1649 封孔定南王、耿靖南王、尚平南王

1652 顺九孔死害子　1660 耿移福建　1649 顺六耿死,子继茂嗣

(2)三藩与清廷的斗争

1673 康十二　撤藩　吴叛(一堂)

二、清朝前期的经济

1.人口和垦田的激增

(1)清初的圈地及其逐渐废止　圈地(55 年 60—61)　逃人(57)

(2)人口的增加(一堂)　滋生人丁(62)　55 年大纲 60、63

(3)耕地面积的扩大(60)

(4)摊丁入亩 55 年 62 页(一堂)

2.工商业的进一步发展

(1)手工工场数量的增加(66)

(2)人民手工技艺的精进(66)

(3)商业市场的扩大　商税(一堂)　票号　商业

清代工商业一般说来可注意者:①停滞　②个体手工业者　③手工工场与作坊并存。(1955 年卡片 66)

三、清帝国内各族联系的加强

1.清代版图的扩大(55 年 71)

(1)喀尔喀加入清帝国　天山北路的准噶尔部　准噶尔东侵喀尔喀喀尔喀统治集团降清　清与外蒙的经济联系——外馆　"札撒克"

(2)清朝统治天山北路　清朝和准噶尔的战争　天山北路归入清版图移民屯田

(3)清帝国与西藏(55 年 70 页)

和硕特蒙古南迁侵入西藏

准噶尔和清帝国对西藏的争夺

驻藏办事大臣(一堂)

(4)青海改旗(55,70)

(5)天山南路归入清版图(55 年 71 页)

和卓政权维吾尔人对清朝的斗争

天山南路的回汉城

2. 所谓"改土归流"（55 年 71 页）

（1）改土归流的本质——掠夺（一堂）

（2）改土归流的办法　1726—1730（雍四—八）武力改流

（3）少数族地区的开发（精简）

（4）大小金川事件（55 年 72 页）（移后）

本章重点在第二节。

清代前期 1644—1735　凡 92 年　包括：

世祖　顺治元年至十八年（44—61）

圣祖　康熙元年至六十一年（1662—1722）

世宗　雍正元年至十三年（1723—35）

第十四章　清中期的经济政治和清代对外关系

一、清政权的逐渐衰弱和社会矛盾的加剧

1. 清朝的由盛转衰

（1）财政

田地扩大赶不上人口增加，大半仰外国入口，康熙已如此，后更甚。二亿人口，十倍于前。田加一二成。经常收入减少，民欠每年二百万，中饱，经常以外的开支增加——用兵、大工、南巡、皇室。（一堂）

（2）武备

入关：满洲　南侵：满洲　两广、西南：汉军旗

三藩：绿营　大小金川：乡兵　苗疆：川楚教军同

2. 社会矛盾的加剧

（1）人民负担加重　盐斤加价　摊捐　官吏报效　供亿

（2）吏治的败坏　土地兼并　银两储藏　陋规　事例（"捐输助饷"，即捐官）（一堂）

二、各族人民的反清起义（55 年 70 页上）

1. 少数族的反清斗争

（1）甘肃回民的起义 1781（苏四十三），1783（田五）

（2）湘黔苗民的起义（55 年 72 页）（一堂）

（3）维吾尔族的起义（53 年 72 页）（一堂）

2. 会党的反清斗争

（1）天地会在台湾的起义（55 年 73 页）

（2）白莲教在川楚陕的起义（55 年 73 页）（一堂）

（3）天理会在京畿的起义（55 年 73 页）

三、清代的对外关系

1. 清朝与帝俄的陆路贸易（55 年 67 页）

（1）中俄的贸易（一堂）

（2）《尼布楚条约》1689 和《恰克图条约》1727

2. 各国的通使与贸易（55 年 68 页）

（1）各国的贸易　口岸　商馆　白银外流（一堂）　鸦片

（2）英国的两次通使（55 年 68 页）

3. 清和亚洲各国的关系　（精简）

（1）安南 1788

（2）缅甸 1766—1769

（3）廓尔喀 1790,1791—1792

清代中期 1736—1840　凡 105 年

高宗　乾隆元年至六十年（1776—1795）

仁宗　嘉庆元年至二十五年（1796—1820）

宣宗　道光元年至二十年（1821—1840,道光共 30 年）（一堂）

第十五章　明清的文化

一、哲学（一堂）　思想（一堂）　王守仁 1472—1528

二、文学、史学、艺术

三、科学（一堂）　1957.1.5

结束

感谢同学们、同志们对这一课程热情钻研,听讲,并提出许多宝贵意见,使教学能得到提高。

感谢王文郁、傅贵久两先生的协助,使得教学能加速进行。

三、中国史明清部分补课提纲（1958.11.7—1959）

五点要求：

1. 贯彻历史为政治服务的精神；

2. 体现厚今薄古的方针(另见卡片);

3. 克服教学改革期间大字报揭发的缺点;

4. 保证正确的观点(1958.9.19《中共中央关于教育工作的指示》中提出:阶级观点,群众观点,集体观点,劳动观点和辩证唯物主义观点)和材料与观点的统一;

> 1958.12.18 曾以此分别告知黎邦正、王玉哲、魏宏运。魏言在教学中只能体现出阶级观点与辩证唯物主义观点,其他三观点不易保证。其言有理。但余意如经过讨论,接受群众意见,亦不妨改正自己说法,则仍是群众观点也。(别有体会,见卡片七)

5. 注意历史上的全面关系(参考毛主席十大关系的指示[1956年4月。见1958党中央八届二次会工作报告——刘少奇],可分为①农业生产和手工业生产的关系;②内地和边疆的关系;③经济建设和国防建设的关系;④国家和个人的关系;⑤中央和地方的关系;⑥汉族和少数民族的关系;⑦执政与非执政的关系;⑧进步和保守的关系[革命和反革命的关系];⑨国内的是非关系;⑩国际关系。毛主席这十大关系,即十大矛盾,虽然是对当前多快好省地进行社会主义建设的指示,但是用来分析历史也一样异常有用)。

"要求全党注意正确处理:

1. 工业和农业、重工业和轻工业的关系;

2. 沿海工业和内地工业的关系;

3. 经济建设和国防建设的关系;

4. 国家、合作社和个人的关系;

5. 中央和地方的关系;

6. 汉族和少数民族的关系;

7. 党和非党的关系;

8. 革命和反革命的关系;

9. 党内党外的是非关系;

10. 国际关系。"

四个环节:

描述——系统叙述与重点分析相结合;

自学——指定必读与广泛阅读相结合;

讨论——指定提纲与自定提纲相结合;

总结——已接触的问题与未接触的问题相结合。

六项内容：

1. 讲述目的（为什么讲）

2. 内容概略（讲什么）（只讲轮廓，不讲事实经过的详情）（讲主要线索）

3. 几个重点（什么主要，什么次要）（只提问题，不谈经过）（讲主要事件、主要斗争、主要制度）

4. 有关主要问题（不同的看法、不同的资料）　主要观点　主要材料主要理论根据

5. 个人意见

6. 基本参考（今人为主，包括经典理论）

　　武汉大学中国现代史教学五个环节：

　　1. 启发报告

　　2. 自学

　　3. 小组讨论

　　4. 大组讨论

　　5. 总结

　　推行全系课程

　　北京师大中国近代史教学五个环节：

　　1. 启发报告

　　2. 自学

　　3. 重点讲授

　　4. 鸣放辩论

　　5. 总结

　　1958.12.9《光明日报》

　　推行全系课程

为了便于连接上学期未讲完部分，章节次序仍按高教部教学大纲进行，至于讲稿采用本年暑假师生编写本，两者章节基本上是一致的。

我们上学期已讲到清入关，还有三章没讲，就是清朝前期和清朝中叶的历史以及明清的文化，我们现在补讲这三章。首先谈第四十三章。（下接卡片八）

第四十三章　统一的多民族的清帝国（1644—1728）

（先谈谈我们怎样分的章，见 12—19 页卡片）

（一）讲述目的

1. 今天我们"中华人民共和国是统一的多民族的国家"(《宪法》第三条),"我国各民族已经团结成为一个自由平等的民族大家庭"(《宪法·序言》)。这个多民族国家什么时候巩固和发展[形成]的? 它的前身是什么? 就是清朝统治时期的中国。

2. 清朝统治时期的多民族国家和今天社会制度完全不一样,当然不能相比,但是我们应该知道它的经济制度、政治制度和今天所以不同之处,这样才能更深刻认识今天的优越性,才能认识今天的社会是从什么样的社会发展来的。基于这样目的,我们在这章里是这样的讲:

(以上 11.7—8)

(二)概略

这章包括三节:1. 清朝前期的政治,2. 清朝前期的经济,3. 清帝国内各族联系的加强(新提纲将经济放在前面,比较好)。所以这一章主要在阐述清初生产关系的变化,阶级矛盾的发展,(经济)和反映经济基础并积极为它服务与之相适应的上层建筑的情况(政治),以及民族矛盾的主要方面。

也就是说在这一章要注意这样几个内容:1. 清初中国社会是倒退了呢? 是停滞了呢? 还是继续向前发展了呢? 2. 清朝统治者是少数族,少数族用什么政策来统治多数族? 3. 中国多民族国家是什么时候形成的? 多民族国家形成和汉民族形成是否一回事,是否同时? (下接卡片二十)

(以上 12.18)

原定在 1958 年十二月补,后以同学至唐山调查,改在 1959 年五月补。

关于五种观点如何在教学中体现问题,我想可以按照《中共中央国务院关于教育工作的指示》中括弧的说明,即:

阶级观点——同资产阶级进行斗争(包括封建地主阶级);群众观点和集体观点——同个人主义观点进行斗争;劳动观点——同轻视体力劳动和体力劳动者、主张劳心劳力分离的观点进行斗争;辩证唯物主义观点——同唯心主义和形而上学的观点进行斗争。(要有对立面。反对绝对化,不能去年厚今,今年就废古;去年不愿劳动,今年不愿学习。——梁寒冰)1959.3.5

由于我们要继续谈清史部分,我想顺便谈一下最近讨论的中国封建社会历史内部分期问题。因为下一阶段,鸦片战争后,中国进入半封建半殖民地社会,那么,在鸦片战争前的社会性质和它在历史上的作用应该有明确的概念。最近的讨论是中国科学院历史研究所编写《中国通史》提出的。他们把中国封建社会历史分为两期:

前期　元前 457—589 年　三家分晋至隋统一

后期　589—1840 年　隋统一至鸦片战争

他们认为："在中国的封建社会里,封建制度的特征,如封建土地所有制、超经济强制以及自然经济占统治地位等,是自始至终贯串着的,没有根本变化。但由于社会生产力的逐步发展和阶级斗争的强大推动力量,这些特征在不同的历史时期中,表现出一些相对的差别。"

前后期特点的相对的差别有六方面。(另见)

他们认为："中国封建社会发展规律特点之一,是在它的整个发展过程中,许多重要方面,如地主土地所有制、自耕农民和依附农民的地位、商品经济、中央集权制度等都表现为螺旋式的前进,而在大的螺旋中还有一些小的起伏曲折……"

他们认为"总的现象表现为一个马鞍形",这个比喻不很恰当。中共中央八届二次会议工作报告中说明马鞍形是"两头高,中间低",与此不合。

　　"列宁关于社会发展是螺旋式上升的理论的最重要的内容就是社会是不断的发展,有时可以停一下,有时可以慢一些,有时可退却一些,但不管怎样,以后的阶段总是比其前阶段发展的高些。"——苏联专家廖柱、别列洛莫夫的发言。

　　梁启超在《历史研究法》中也谈螺旋前进,那是反动的循环论。

他们认为："中国封建社会后期产生的一些新的情况,在客观上有利于社会经济的发展。但也由于封建制度本身条件的限制,地主阶级的残酷剥削和压迫,在农民的个体经济中不能迅速造成能够突破旧生产关系的生产力;农业与家庭手工业牢固结合的自然经济,顽强地抵抗商品货币关系的分解作用;独立手工业和商业的发展不能完全摆脱封建的桎梏;加上强大的中央集权国家的控制力量和一些战争对社会经济的破坏,使中国社会内部资本主义萌芽的孕育较晚,成长也较缓慢。一直到鸦片战争以后,外国资本主义侵入,中国社会才发生根本的变化。对中国资本主义萌芽的意义,不应当过分贬低,也不应当夸大。"

他们认为："由于中国的资本主义萌芽,没有导致封建社会的解体,鸦片战争以前,中国没有发展到'末期封建社会',所以不另外划为一期。"

他们的意见,我大体是同意的。但是我认为中国虽然没有发展到末期封建社会,不等于说没有发展到晚期。晚期与末期是不同的。末期是指这一制度已经完全腐烂瓦解并向另一制度过渡的阶段;晚期是指这一制度开始逐步走向瓦解,而在某些方面还有一定的发展余地。中国的确没有发展到末期封建社会,但有晚期。

明清正处于中国封建社会晚期。

从封建王朝来看,满洲族于 1644 年入关,1911 年为革命推翻,共 268 年(满洲在关外还有 28 年,1616—1643,是 28 年头,不是周年。自 1616—1911,凡 296 年),我们的意见分为三期:从入关到鸦片战争共 197 年:

一、入关至摊丁入亩(雍正元年)　1644—1723　共 80 年

此为清代前期,又分两段

1. 入关至统一(康熙二十年云南平)　1644—1681　共 38 年(前:入关至南明瓦解 1661;后:南明瓦解至统一)

2. 统一至摊丁入亩　1681—1723　共 43 年(前:统一至孳生人丁不加赋 1712;后:孳生人丁不加赋至摊丁入亩)

二、摊丁入亩至鸦片战争　1723—1840　共 118 年

　　59 年原以雍正六年(1728)为界标,1962 据《史稿》本纪改。1963 再据《清通考》改雍正元年(1723)。

此为清代中期,又分两段:

1. 摊丁入亩至白莲教起义 1723—1796(嘉庆元)　共 74 年(前:摊丁入亩至疆域奠定 1760;后:1760—1796)

2. 白莲教起义至鸦片战争　1796—1840　共 45 年(前:1796—1814;后:1814—1840。1814 定洋商互市章程)

三、鸦片战争至辛亥革命　1840—1911　共 72 年

此为清代后期,入半殖民地半封建阶段。

"像一切分期一样,这样的分期也是近似的,有条件性的。"(科斯明斯基,《史学译丛》1957 年二期,22 页)所谓近似的就是不是一刀两段崭齐的,所谓有条件性的,就是不是一致的普遍的,某些部分还看不十分清楚。

我为什么这样分? 为什么在这几件事件来分? 固然是为了它们是可以作标志的有决定意义的几件事。分期理论还待深入学习。在那类阶段应该有质变化,各家还不一致。

主要的是为前期中期有显著的不同。

首先是耕地面积的不同。由顺治十八年(1661)的民田 5,492,577 顷上升到乾隆三十一年(1766)的民田屯田合计 7,807,156 顷。100 年加了 42%,达到 142%。

人口登记数的不同:从康熙五十年(1711)的 24,621,324 上升到乾隆二十九年(1764)的 205,595,017 口,54 年增加了七倍多,增加到 830%,当然这不是说出生人数突然增加,而是由于摊丁入亩,免除了传统的封建的人头税以后的登记数。"人头税"既是封建剥削又是封建依附关系的枷锁。

手工业、商业的发展也有显著的不同,以后再谈。

康熙五十一年(1712)以后的"滋生人丁永不加赋",康熙五十五年(1716)以后到雍正六年(1728)逐步出现而明文规定"摊丁入亩"的实行,反映了封建剥削和封建依附关系的削弱,对于刺激劳动情绪,促进社会生产发展是有一定好处的。这是明清之际长期的人民斗争和劳动人民对社会经济重建,使得统治集团不能不作一定让步的结果。

清代中叶的阶级分化是和社会生产的发展并行的。在乾隆十三年(1748)有人说"近日田之归于富户者,大约十之五六,旧时有田之人,今俱佃耕之户"。这可见,当乾隆时土地集中又是一个高潮(以前是万历)。社会生产力的发展,曾为土地集中提供有利条件,但土地集中的发展却要妨害社会生产力的发展,从而扩大阶级间的矛盾。

> 生产力发展,则生产量高,利润大,刺激土地集中。土地集中,生产关系改变,影响生产情绪。

社会经济发展使统治者有了提高政治威望,加强统治的基础。雍正以后的中央集权是明代所不能比的。

我们今天的统一的多民族国家的巩固[形成]("[ ]"是 59 年原稿)开始于清代,当然不是说在清朝以前中国不是"多数民族结合而成的国家",而是说我们今天中华人民共和国整个国境内形成一个统一的多民族国家是从清朝巩固[开始]的,是从康熙时期开始,乾隆时期确定[立]的。当然这不等说要把统一的多民族国家的确立[形成]归功于乾隆帝。乾隆帝不过在客观上起了促进的作用,而起决定作用的、更重要的,是各族人民在共同向前发展的过程上,需要彼此在经济上的互助,在共同反清的斗争中创造了共同的政治命运。

清各族反清斗争在中叶后期是不断发生的,和前期亦有所不同。这是由于土地集中,生产关系矛盾加深的结果。

我们对清代史的分期所以这样的划分,理由大抵如此。

最近中国科学院历史研究所编写《中国通史》的清代史分期,和我们虽然有所不同,而精神是一致的。

　　他们把明末清初八十年,从明末农民起义到滋生人丁永不加赋,崇祯元年(1628)至康熙五十一年(1712),为一期(其小标题自荥阳大会1635起)。以清中叶七十余年,自康熙五十一年(1712),至乾隆五十年(1785),为一期。以乾隆晚年以后到鸦片战争前夜,从乾隆五十一年(1786)到道光十九年(1839),五十多年为一期。

　　我们觉得鸦片战争前分三段没有必要,而且用"乾隆晚年"作为段落亦不妥当,用滋生人生永不加赋不如用摊丁入亩划限。

　　两者精神看法都是一样的,只是划限的事件有所不同。(下接卡片四)

第一节　清朝前期的经济 1644—1728

　　在这84年中:满洲政权经过短期间大规模战争,长期间小规模战争,完成了统一局面;生产逐步发展,加以水利和新品种超过前代,在高度发展后,改革了赋役制,这种改革又反转来又促进了生产;北与帝俄、南与荷兰发生了国际往还关系,促进了商品生产;国内少数族喀尔喀、西藏、准噶尔、青海的关系有所改变,奠定了多民族统一国家政型的基础。

　　1644满洲入关,中国境内社会的主要矛盾立即由阶级矛盾转化为民族矛盾。(原因:长期战争,辽东失地,有杀戮,五次扰明1629、34、36、38、42,大肆掳掠,语言、生活有不同。有直接仇恨,有间接恐惧,差异就是矛盾)全国军民一致抗清。抗清主力除了南明部分军民而外,为李张农民起义军和沿海的郑成功、张煌言。

　　康熙三年(1664)李来亨失败,李军抗清告终。康熙元年(1662)李定国失败,张军抗清告终。大陆抗清转入地下。只有海上抗清。但这时清朝的政权还没有在大陆上统一。云贵有吴三桂,广东有尚可喜,福建有耿继茂。康熙十二年(1673),吴三桂起兵反清,十七年(1678)死,二十年(1681)吴世璠失败。耿精忠(继茂子)康熙十三年(1674)起兵应吴,十五年(1676)失败。尚之信康熙十五年(1676)应吴,九个月失败。在吴三桂、吴世璠失败以后,满洲政权才算在大陆上完整。康熙二十二年(1683),台湾郑克塽投清,抗清势力才告瓦解。(满洲)清政权才算统一。但就军事来说,大规模的全国性抗清战争在顺治四年(1647)后已经停止了,剩下的只是局部性的抗清战争,而全国走上了恢复生产。这种局部性分两个阶段:从顺治五年到十一年(1654)较为激烈,十二年(1655)以后又较缓和了。

　　一、土地分配与阶级矛盾

　　满洲族入关前已进入封建社会,但有浓厚的氏族社会和奴隶社会残余。

1644 入关,为了消弭民族矛盾和阶级矛盾,宣布继承明代赋役制度和照明万历时赋额征收。因此对土地制度没有改变。各地均仍租佃制,只北京附近八府实行了圈地。

圈地(用 55 年 60—61 页)

　　　清初的圈地和十六世纪英国圈地不同。在英国圈地后走上了资本主义经营,但农民离开土地是一样的。《资本论》1 卷 907 页以后。又见"英国资产阶级革命"。

圈地而外又有各旗王公宗室庄田,各旗官兵庄田,所谓王庄、旗庄。王庄共一万三千三百余顷,旗庄共十四万九百余顷。领于内务府。其来源与圈地略同,办法亦为庄头承佃。

满洲人关为什么采用了圈地政策?因为这是它们在关外时候按八旗均分新得土地的老办法,而用掳掠来的俘虏作奴隶或农奴从事耕种,也正是新进入封建社会民族所得意的办法,但是这种生产关系早不适合关内的生产力,所以一入关就遭到反对,一方面关内相关的农民反对(虽然他们是战败的民族),一方面遭到奴隶或农奴的消极抵制——逃亡及其他,因此不能不改变。这说明社会发展有它的规律,不依人意为转移的,毛主席在《新民主主义论》中谈到中国道路时曾说,中国要走道路"决不是少数人所得而私","谁要是敢于违反这个方向,他就一定达不到这个目的,他就自己要碰破头的"(650)。

清初民田较明末集中情况较好:《日知录》所说"有田者什一"是吴中明末情况,他省不然。康熙十四年(1675)的上海"其中绅衿大户或几千亩几百亩"与张居正所说"豪民田至七万顷"(另见卡片)不同。过去所谓良田万顷是文学的夸饰,很多县(用今天的吴桥等县可以说明)不过三四千顷。说明清初没有在明末土地集中情况上再进一步发展,而是有些微的分散。

毛主席《中国革命和中国共产党》:"封建的统治阶级——地主、贵族和皇帝,拥有最大部分的土地,而农民则很少土地,或者没有土地。"

清初土地何以没有在明末基础上更进一步集中,反而分散一些?　二三十年的战事。顺治六年(1649)四月即招民劝垦荒田。　中国宗法的诸子平均继承(不是长子或一子全部继承)。　土绅优免丁粮自顺治十四年(1660)以本身为止;康熙二十九年(1690),命与人民一律差徭。　清廷的压迫(用江南奏销案说明,1661)。使土地逐渐出售。

土地没有再进一步的集中,反而少微分散,说明清初的大量的土地仍然掌握在地主阶级手里,资本主义萌芽并没能促使资本主义经济得有发展而将资本投入于占有土地(和英国十七世纪不同)。也就说明当时还没有在少数人手里积累起可以建立资本主义大企业所必需的货币财富——也就是原始积累。马克思《资本论》第一卷:"所谓原始积累,不外就是生产者与生产资料分离的历史过程。它表现为'原始的',不过因为它是资本及与其适合的生产方式的史前时期。"(903)

中国土地分配情况与西方不同之处:生产力(畜力少,人力多)。人身依附关系强(阶级分化,由自耕农变为佃户,而不是离开土地)。中国没有像英国那样出卖国家的土地或皇室土地。中国没有大量出卖土地的地主或贵族(多半是零星卖)。中国是诸子平均继承制。中国是农隙手工业生产,手工业与农业结合密。中国只有产田,没有庄园经营。(毛主席《中国革命与中国共产党》:"[中国]地主和贵族对于从农民剥削来的地租,也主要地是自己享用,而不是用以交换。"[594])(英国庄园[manors]中存在着各种各样的生产关系——从劳役制到雇佣劳动,从收入微薄的土地使用制,到为市场生产,并适应市场行情的企业。庄园制能掩饰各种租佃形式。可以用各种地租形态以雇佣劳动来取得剩余产品。庄园是一种富有弹性的经济形式。见《史学译丛》1957年二期,37页)中国未出现大规模封建经济的瓦解。中国是缺粮国,农耕利润大,故人人愿留一点田作根本。

清初的农民

1. 直接生产者

(1)僮仆:主人的财产,完全没有独立身分(奴隶);

(2)世仆:经济上半独立,主人支配力强(农奴);

(3)佃仆(庄奴):经济上独立,依附关系浓厚,人格上半自由;

(4)佃户:经济上独立,人格上自由,依附关系仍存在。

2. 工作量

3. 田租

4. 分化与高利贷

佃户与地主的斗争——(分化—城居)　欠租　抗租　禁买佃作仆(1660—1681)　禁欺压佃户

世仆的斗争(1727—1809)——奴隶解放:1644嘉定,1657昆山,1658河南光山,1662金坛。

清统治与江南地主的斗争(在阶级矛盾开始时,地主阶级下层常常是斗争对象品;在国家支出困难时候,皇帝和大地主要争夺直接控制)——奏销案 1661　派修城工　丁与田(55 年 60 页)　缺粮:苏松仰赖外地来米;康熙令免税输入洋米三十万石。"湖广熟,天下足。""江浙百姓全赖湖广米粟。"康熙语,三十八年(1699)。　孳生人丁永不加赋:每人平均每年吃 500 斤,一家五口人 2500 斤。每亩平均生产一石五至二石,合 210—289 斤,田主取 60%—80%,剩 100—60 斤(以 250 斤计)。每人平均只能种五亩地,养五口人,只算食也不够。还没有衣,疾病死亡更不用说。上面的数字还是最高的,地主剥削还不只此。农民之苦可知。　摊丁入亩:实际上是在不减少税收的原则下对丁税的免除。在清统治者方面可减少征税手续,又可以更好的保证税收的实额,在劳动人民方面是人头税的免除,是封建剥削和封建依附关系的削弱。对刺激劳动情绪,促进生产发展是有一定好处的。

二、工商业的发展与一般物价

手工工场数量的增加(用 55 年 66 页)

劳动人民手工技艺的精进

商业城市的扩大　四聚　四海关　四大镇

一般物价　平稳　没有生活指数不能知其贵贱

清代工商业的特点

第二节　清朝前期的政治

保证满洲统治者优越地位的政治制度。

满洲在关外已进入封建主义的阶梯制的统治,并已接受明朝的一套官僚机构(但不是完整的,还没有地方官吏)。但还存在着氏族制度的残余——八旗旗主是由皇帝(大汗)指派子侄担任并且可以袭位而不是任命的或推选的(努尔哈赤原来打算推选)。

入关后,贵族政治当然继续下去,事实上也不能改变——多尔衮执政。而贵族间存在着矛盾。

劝多尔衮入关,主张并吞明朝的是一些降满的汉人——范文程、洪承畴之流,一般满洲人有经济要求,没有土地野心。

满洲入关所依靠的武力是八旗和汉军——孔有德、尚可喜、耿仲明。入关之所以迅速,由于明朝军队和地主官僚的投降——如吴三桂等。入据北京之后,所面临的问题是少数满洲人(努尔哈赤时,1615,万历四十三年,满洲蒙古牛录凡 308,约 92400 人,另有蒙古汉军牛录;乾隆时约二十三年,1758,满洲人共 679 牛录,约 203700 人)统治多数汉人(最少有一千一百万)

问题,也就是十来万人如何统治一千万人的问题。满洲入关之初存在多方面的矛盾:(1)满洲贵族间的矛盾;(2)满洲各旗间军民的矛盾;(3)东来将士中满汉矛盾;(4)投降汉人中的新旧人矛盾;(5)百分之一的满洲人与百分之九十九的汉人的大矛盾。总的说当时的主要矛盾是民族矛盾。而民族矛盾总离不开阶级。满洲入关后的政权能否巩固,要看这些矛盾如何统一。

从多尔衮以来(多尔衮执政七年),一直是想以缓和阶级矛盾来掩盖民族矛盾,在民族矛盾转化为阶级矛盾之后,也就是清政权巩固之后,特别是清朝统一以后,康熙以后一直是在保证阶级利益的同时来保证民族利益。例如入关后的法明,除明末加派,改葬崇祯帝后,命在官明官与满官一体办事,都是想以缓和阶级矛盾来掩盖民族矛盾。这种政策本来是极端荒谬的。列宁在《国家与革命》中曾说过:“在马克思看来,如果阶级调和是可能的话,则国家就会既不能发生,也不能支持下去。”(《列宁文选》[两卷集]二卷,166 页,莫斯科版)因为“国家是阶级矛盾不可调和的产物和表现”(仝上,165 页),“阶级矛盾是不可调和的”(仝上,166 页),“仿佛缓和冲突乃是调和”,这是“小资产阶级政治家底意见”(仝上,166 页)。毛主席说:“在民族斗争中,阶级斗争是以民族斗争的形式出现的,这种形式,表现了两者的一致性。”(《统一战线中的独立自主问题》,《毛选》二,503 页)清初的情况不是没有阶级矛盾,而是“一切阶级斗争的要求都(应)以民族斗争的需要为出发点”(仝上),这是应该认识的,如果认为清初没有阶级矛盾,那就错了。其他民族矛盾时期也一样。

所以从整个清朝来看,它是以“保证满洲统治者优越地位的政治制度”的这样一个国家。上层建筑是“积极帮助自己基础的形成和巩固”的(《语言学问题》3 页),国家是“强制地把被剥削阶级束缚于各项生产方式所决定压迫条件之下”(《反杜林论》361 页)的,清初由于满洲已进入封建社会,所以是强制地把被剥削阶级束缚于农奴制之下。并没有倒退。

贵族政治　政治上主要是以汉人治汉人而要维持满人优越地位。

法明(56 年 67 页)　满汉定额分用而满人升迁快。

军队　本质　八旗

第三节　清帝国内各民族联合的加强

过去讲国内少数族的历史,总是从民族斗争出发,也就是少数族总是以被征服的身分出现,后来感到这样不妥,但还是从民族矛盾出发,少数族还是以战争的一方的身分出现,不谈被打了而谈被侵略了,后来站地方民族主义立场上,一样不妥当。更严重的是站在地方民族的领导人立场上。今天我们应该从各族间的文化联系、经济联系来讲。用联系不用交流,因为我们是一个国家里面不同民族,和外国的关系就用交流了。

马克思主义者从历史上证明,"民族不是向来就有的,在民族出现以前,人类在它的发展过程中,经过了一段长久而复杂的道路"(科兹洛夫《什么是资产阶级民族和社会主义民族》,人民出版社 1955 版,2 页)。在原始民族社会,"人们生活在人数较少的集体——氏族和部落中,……是由一些有血统关系的人组成的"(仝上,2 页)。"在奴隶制度下,各部落都互相合并起来。……叫做部族。部族也像氏族和部落一样,有自己的语(言),即它们的一切成员都能了解的共同语言。"(仝上,3 页)"部族在封建制度下也存在。"(仝上,4 页)"只是由于资本主义的出现和封建制度分散性的消灭,部族才发展成为民族。"(仝,4 页)

斯大林指出,民族有四个特征(共同的语言、地域、经济生活、心理素质),"缺少一个特征,它就不能称为民族"(仝,9 页),"在资本主义以前时期,民族是不会形成的,因为当时还没有民族市场,还没有经济和文化中心……"(仝上,9 页)所以斯大林对民族定义同时指出是"资本主义上升时代的历史范畴",所以我们有时对封建社会的民族只称"族",以免混淆。关于定义特征也是一样,我们也不要把现代的特征混之古代,列宁说过"资产者最共通的特色,就是把现代制度底特征当作是所有一切时代和一切民族底共同特征"(《什么是"人民之友"》,两卷集《文选》一,111 页注)。

说像汉、唐、明、清这样大的国家还是一个"部族"或"部族联盟",我们一定不会同意的,这是一个译名问题,所以我们译为"族"。Нар⁶дность 部族Нáция 民族。

　　　　此段应改,中国封建时期的族与西方资本主义的民族不同。

资产阶级民族的特征是"用掠夺其他民族领土的办法来扩张本民族的领土"(仝上,16 页)。

所以在资本主义国家和帝国主义国家内有少数民族的存在,而没有少数民族的地位和权利,是歧视的,不平等的。

只有社会主义国家,在苏联第一次形成了社会主义民族(仝上,40 页)。而中国是一个最大的统一的多民族国家。在社会主义国家里,"过去的民族孤立性已经消失,各民族彼此不信任的心理也根除了,各民族兄弟般的合作已经建立起来。生活资料公有制把各民族人民的利益和愿望结合起来,把他们团结在一个具有同一目的大家庭中"(仝上,32 页)。也就是"已经团结成为一个自由平等的民族大家庭"(中国宪法序言)。

中国是一个统一的多民族国家,和苏联的苏维埃社会主义共和国联盟不同,苏联有十五个加盟国,一共有 180 种民族。全国人口二亿〇二十万(1956),而俄罗斯共和国人包括少数族人占一亿一千三百二十万(约 65%)。它们所谓少数民族是指加盟国内主要民族(多数民族)以外的少数族。

中国现在有 50 个少数族,我们的少数民族是指汉民族以外的民族。同时我们还有一个特点,就是少数族不一定都具有不同的四个特征,如满人与汉无一点不同,回人除饮食外无一点不同,但我们仍按民族来分。1953 年人口调查,全国有六亿〇一百九十三万多人,其中汉人五亿四千七百二十多万人,占 93.94%,各少数民族共三千五百三十二万多人,占 6.06%。(十月革命前,列宁常说俄国一亿七千万居民中,大俄罗斯人仅占居民的 43%,即不到一半。见《列宁论民族问题》260 页。其百分比与中国大大不同)这些少数民族中,人口在百万以上有十个:

蒙古族 146 万　回族 355 万(宁夏、甘肃)　藏族 277 万

维吾尔族 364 万　苗族 251 万(贵州、湖南)　彝族 325 万(四川西昌)

僮族 661 万(广西)　布依族 124 万(贵州)　朝鲜族 112 万(吉林延边)

满族 241 万(东三省、河北、内蒙)　其他各族 671 万

这许多少数民族有很多是很古以前一直聚居地祖国土地上,有很多是陆续加入我们祖国的大家庭,因而扩大了祖国的领土,团结了祖国的力量,巩固了祖国的边疆。

我们现在分开来谈。

首先我们谈谈土司和改土归流,也就是很古以前聚居在祖国土地上的少数族。

住居在祖国土地上的部族是很多的,由于几千年的杂居都融和在一起,成了历史上逐步扩大的华夏族——汉族(卡片 48)。有些部族由于住居地较远较僻,较险阻,联系较少,慢慢地发展上就有了快慢先后,因而发展阶段上有了距离,各按自己条件随着历史前进,越离越远。

既然同居一国之内,就不能无接触、联系,也就不能无影响、无矛盾,也就不可能无斗争、无战争。

蜀汉建兴三年(225),诸葛亮用兵南中,定益州、永昌、牂柯、越嶲四郡,"即(就)其渠(大)率(帅)而用之"。这时还在封建社会初期,诸葛亮在武力

平乱(雍闿降吴,使孟获诱扇诸夷)之后,不用暴力屠戮俘虏,是可以肯定的。后来遂沿袭其政策,置少数族于不闻不问之地,屏之化外(所谓化外就是圣王德化之外,就是不以平等待之),所以少数族地区,在唐宋为羁縻府州(羁,马络头也;縻,牛绁[牛鼻绳]也,喻牵制也。《汉书》:"天子之于夷狄也,其义羁縻勿绝而已。")在元明则设宣慰宣抚等土司,所谓土司是以土官(土著的官)管土民,认为"不足以烦中国也"(汉淮南王刘安语)。

明朝凡土司所属和汉人融和得差不多了,就"改土归流"。(土是土官,流是流官,流官是由中央正式任命的官吏,在隋唐官制都有"流内"、"流外"之称,一品至九品的"品官"称"流内官",九品以外有九级,其官卑猥,不得预于"正流",故曰"流外"。)如改流后有不便再改回来,称为"革流归土"。

清朝完全沿袭了明代制度。

流土的差别何在?

土司制:明清准许土司维持其原来的发展阶段,原奴隶制依然是奴隶制,不改变;

明清均向土司征收赋税,征调徭役,将钱数人数告知土司,至于土司如何向所属土著征收调遣,明清不问;(另卡)

明代土民不知汉语不登户籍,清代只登户数不登丁数;

明代土民诉讼及其土司内部的一切事故、问题,均由土司用自己法律处理;

总之明清是间接的统治土民,土司是直接统治土民,直接统治土司。

流官制:明清统治者用明清的法律直接统治土民,和非土民一样。

土官改流官,必须在土民的经济文化条件发展到和汉人一样时才行。清雍正四年(1726),在条件没有成熟时候来改土归流,因之就必然的要使用强力,遭到少数族人民的反对。

鄂尔泰的改土归流(1726)　另见

清代改土归流的先后与结果　另见

大小金川之役　另见　(55年72卡)(主席肯定了这两次战役)

明清少数族制度实行很久,而少数族问题一直很多,不能解决。主要在于明清统治者认不出少数族社会发展阶段,看不见少数族的人民群众。毛主席在《论联合政府》(1945)中指出:"共产党人……必须帮助各少数民族的广大人民群众,包括一切联系群众的领袖人物在内(案,应该注意不是领袖人物,包括人民群众),争取他们在政治上、经济上、文化上的解放和发展,并成立维护群众利益的少数民族自己的军队。他们的言语、文字、风俗、习惯和宗教信仰,应被尊重(案,并没有要尊重他们压迫制度、剥削制度)。"(《毛选》三,1108 页)列宁在 1915 年写的《社会主义与战争》中,告诉我们战争有各式各样,"我们对战争所采取的态度跟资产阶级和平主义者(原注"和平的拥护者和宣传者")和无政府主义者有原则上的区别。我们……了解到若不消灭阶级和建成社会主义就不能消灭战争,以及我们完全承认国内战争即被压迫阶级反对压迫阶级,奴隶反对奴隶主、农奴反对地主、雇佣工人反对资产阶级的战争是合理的、进步的和必然的。我们马克思主义者既与和平主义者又与无政府主义者不同的地方,就是我们认为对每次战争必须从历史上(根据马克思辩证唯物主义的观点)加以研究。历史上常有过这样的战争,它们虽然带来了必然伴随一切战争而产生的种种惨祸、暴行、灾难和痛苦而终究是进步性的,即它们是有利于人类发展的,它们曾帮助破坏那特别有害和反动的制度(如像专制制度或农奴制度),曾帮助破坏那欧洲最野蛮的暴君制度(土耳其的和俄国的)"(民族学院版《列宁论民族问题》251—252 页)。就明白告诉我们民族是必须解放的,落后制度是必须铲除的,一切军事行动要从它的最后是否有利于人类发展来判断它是不是合理的。因此我们对代表农奴主或奴隶主的叛乱是必须立即削灭不容丝毫姑息的,外国干涉者说是侵略的谰言必须彻底粉碎。过去我们对少数族用兵说成是侵略或压迫也是错误的。(如对曹操攻乌桓认为是非正义的是侵略等等的意见,值得考虑。)

清代加入中国版图的各少数族　喀尔喀　天山南北路　青海　西藏

有的是自愿(喀尔喀),有的是经过战争。

清代对新加入中国版图的少数族的统治政策。(另卡)

中国少数族长期合作共同前进的结果,有许多民族已经没有区别,成为一个新民族——华族,这是合乎马列主义要求的。资本主义所谓"同化问题",除了暴力的以外,还有消除民族差别使各民族同化的趋向,这种趋向是变资本主义为社会主义的极大动力(见列宁《关于民族问题的批评意见》),我们反对资本主义民族观点、民族间的暴行歧视,而坚持民族和语言的平等,承认民族的融合是进步的。

第四十四章　清中期的经济政治和清代对外关系(1724[8]—1840)

(一)讲述目的

1、清代中期在经济发展(1724[8]—1796)之际,各地即有不断的起义,到 1796 而白莲教大起义(也可以提前到 1794)掀起全国性的反清斗争,这是清朝黑暗统治下阶级矛盾尖锐化的反映,其中也夹杂着一些民族矛盾,这是太平天国起义(1850)的先声,说明"中国人民是不能忍受黑暗势力的统治的"(《中国革命和中国共产党》),"(中华民族是)富于革命传统的民族"(仝,593 页),我们应继承和发扬这种革命传统,对帝国主义的侵略和干涉行为予以坚决无情的打击,对被压迫者予以无限的同情和支持,从而发扬无产阶级的国际主义精神。

2. 清政府的日趋腐朽,日益加重对农民的剥削与压迫,开始了外国资本主义统治危机,我们应该认识到封建政权的落后与黑暗和它与外国资本主义的矛盾,从而说明后来鸦片战争的不可避免性。斯大林说过"旧俄历史的特征之一,它因为落后而不断挨打"(《论经济工作人员底任务》,斯集十三卷,页 37)(《列宁主义问题》本,页 443,译文微有不同),中国情况也是如此。由于落后而挨了打,但是另一方面由于有"反对外来民族的压迫"的传统而没变成殖民地。

基于这样目的,我们这一章的讲法如下:

(二)概略

这章包括三节:1. 清政权的逐渐衰弱和社会矛盾的加剧;2. 各族人民的反清起义;3. 清代对外关系。

所以这一章要注意这样几个内容:

1. 在摊丁入亩以后,农民是否由于削减了封建剥削和依附关系而刺激了劳动情绪、促进了生产? 也就是说历史上所说"康乾盛世"(1662—1795,一百三十四年)有根据么,是真的么?

2. 从明中叶(十六世纪中)中国已出现了资本主义因素的萌芽,到了清中叶(十八世纪中)经过社会经济的发展,领土的扩大,对外贸易的振荡,这个因素萌芽二百年来究竟增长了多少? 有没有充分成长? 如果有,它的具体条件、具体情况是那些? 如果没有,阻碍它的又是什么力量? 也就是说在乾隆时中国封建社会仍然长期停滞原因是什么? 有的历史家说明末农民起义后中国本可以进入资本主义,由于满洲入关受到了摧残,然则在乾隆中(以三十年[1765]计)距入关(1644)已有 122 年,距统一(1681)已有 85 年,何以还是不进?

3. 明清之际(十七世纪中叶?)是西方进入资本主义逐步上升的时期,西方资产阶级以东方各国为原始积累的源泉;以促使东方各国生产力的破坏,作为自己更加发展的手段。中国在清中叶和它以前,正是中国领土巩固(扩大)时期,显然中国没有以压榨少数族为发展自己的手段,中国没进入资本主义也没有以少数族地区为原始积累的掠夺对象,这是什么原因? 反过来,中国的满洲统治者和汉族也没有帮助少数族开发,以致它还一直停留在极落后的生产制度下,又是什么原因?

4.在封建社会中,当它最富庶的时期也常常就是进入衰落的时期,像唐玄宗、宋徽宗、明神宗、清高宗,这一历史情况是不是一个规律,我们怎样认识? 怎样解释? 土地集中　高利贷剥削　农村中商业资本剥削　农民遭受人身迫害　社会矛盾的激化　贪污的盛行　河患长期不得解决　军队的腐败　财政的虚耗

简单说就是这样几个问题:1.乾隆以后社会经济是不是有发展;2.到了乾隆为什么还没进入资本主义(包括为什么没有以少数族地区作原始积累的源泉);3.清朝怎样衰落的。

下面谈谈清代中期的特点:

清代中期有116(113)年,前72(69)年是上升的,后44(45)年是下降的。在这116(113)年间:

1.经济又有进一步的发展。　清代(1)人口急剧增加(到十倍　康熙五十年[1711]　24621334　到乾隆五十年[1785]上升为288863974);(2)土田相对增加　乾隆三十一年(1766)田7807156顷,比明末多78—79万顷。(3)新品种经济作物不断增多:柞蚕(野蚕)在山东、东北、四川、贵州;甘薯从福建到各省;苎麻。(4)采矿冶金业、制盐业、纺织业、农业品加工业、陶瓷业、木材采伐业、造船业、造纸业都比以前繁荣,增了不少大作坊、大手工工场。(5)乾隆二十三年(1758)进一步废除了各地工匠班银制度,减轻了手工业工人对封建国家的人身依附。

2.领土逐步巩固(扩大),直接统治面逐步扩大。

3.对外关系加繁,华侨在南洋协助当地人民的开发加强,海上国际贸易增加,引起了西方资产阶级的窥伺。

4.国内各族各地人民不断的起义。

第一节　清政权的逐渐衰弱和社会矛盾的加剧

极盛转衰　前期中期国家收支的比较　中期的库存银　中期的存仓米谷　重大的支出

人民负担的加重　缺粮而粮价高　盐斤加价　商捐　摊捐

官吏报效出自人民　人民的供亿

官吏的贪污　陋规　事例

财富的出路　以和珅为例　土地兼并　银两储藏　享受高利贷

资本主义萌芽的不能充分成长，但是较以前还是有很大发展。

第二节　各族人民的反清起义

一、少数族的反清斗争

1. 湘黔苗民起义

(1)古州台拱苗民起义 1735—1736

(2)松桃、永绥苗民起义 1795—1806

2. 甘肃回民起义(1)苏四十三(1781)起义　(2)田五(1783)起义

3. 维吾尔族起义(1)霍吉占(1757—1759)起义

二、秘密结社(会党)的反清斗争

1. 天地会在台湾的起义(1)朱一贵起义 1721—1723　(2)林爽文起义 1787—1788

2. 白莲教在川楚陕的起义 1794—1804(55 年 73 页)

3. 天理教在京畿起义 1813—1814

马恩列斯和毛主席经典著作中，对农民起义都作了深刻的分析，给予崇高评价。

封建制度的基础是封建土地所有制(斯大林《苏联社会主义经济问题》页 37，但这并不否定"经济外的强制"的作用，因上句明明说"经济外强制在巩固农奴制地主的经济权力方面起过作用"，而且各国情况也有不同，如中国农民人身依附关系就较重)，"载着(封建)社会一切阶层的重担者是农民"(恩格斯《德国农民战争》，钱亦石译本 19 页)，因此，"封建社会的主要矛盾，是农民阶级和地主阶级的矛盾"(《中国革命和中国共产党》，《毛选》二，595 页)，"地主阶级对于农民的残酷的经济剥削和政治压迫，迫使农民多次地举行起义，以反抗地主阶级的统治"(《毛选》，595 页)。但是"农民由于分散于广大地区，极难得大多数意见的一致"(恩格斯《德国革命与反革命》，柯柏年译本 16 页)，所以"要怂恿他们暴动却不容易"(恩格斯《德国农民战争》，钱亦石译本 20 页，举了几个理由，如：散居各地，服从的习惯，缺乏武器练习，剥削程度不同等等)，因此，他们都是自发的(斯大林《和德国作家艾米尔、路德维希的谈话》，斯集十三，100 页)，一个起来之后，一个一个的再响应，"中国历史上的农民起义和农民战争的规模之大，是世界历史上所仅见的。在中国封建社会里,只有这种农民的阶级斗争、农民的起义和农民的战争,才是历史发展的真正动力"(《毛选》,595页)。"只是由于当时还没有新的生产力和新的生产关系,没有新的阶级力量,没有先进的政党,因而……就使当时的农民革命总是陷于失败,……封建的经济关系和封建的政治制度,基本上依然继续下来。"(《毛选》,595页)所以在历史上反映出来的农民起义领导者"都是皇权主义者,他们反对地主,可是拥护'好皇帝'"(斯集十三,100页)。在三省教军起义的王三槐所说"官逼民反"正是一个说明。

在清代中期不断的起义中使我们认识了下列几点:

1. 当时少数族起义的主要原因,如1735(雍十三)贵州东部古州苗民起义起于征粮,最后结束时清统治者让步,尽豁新田钱粮,永不征收;1795贵州湖南交界松桃、永绥苗民起义是由于剥削加重,官吏贪虐,而最后结束时清统治者放弃武力政策,改用屯田;1757(乾二二)维吾尔霍吉占起义是由于托伦泰去定贡赋太重;这都看出当时主要矛盾还是阶级矛盾。

2. 当时有没有民族矛盾? 有。但不是专对满洲统治者,而包括汉人和其他少数族在内,这当然是和清统治者的挑拨和汉族上层分子加入清统治集团分不开的。举例说,古州起义有苗民诉讼用苗俗处分的要求,松桃起义的时候有"逐客民,复故地"的口号,充分说明了他们所指的、所反对是汉族统治者和汉俗。

3. 每次少数族起义清统治者都作了或多或少的让步,但从来没有给他们自治。同时我们知道各少数族的发展阶段是不同的,因此,起义的要求是人民的还是酋长的,不清楚。

4. 每次少数族起义战争之后对少数族地区的交通、经济、文化都有一定的发展和提高,如松桃、永绥的文化,傅鼐"同学校,同考试"(1802),这是不容忽视的;而在联合作战的少数族也往往消弭了界线,分不出是两个族,如湘黔的苗族与土家族。

5. 秘密会党的起义,天地会明揭"反清复明"口号,白莲教1775刘松(在起义前甚久)亦以明裔朱姓为号召,但在实际起义中复明不起什么很大作用,主要还是阶级矛盾,起义领导之一王三槐说"官逼民反"就是最好说明。天地会因在台湾起义用复明号召当然有点作用。

6. 清中期的起义以湘黔松桃苗民、三省教军两次为最强最大最久(都是十二年),但他们都没有成立正式政权。说明这是一种自发的运动、战争。

第三节 清代的对外关系

欧洲人东来的本质（另卡） 传教士与侵略 10（基督教）、12、13

康雍的禁约耶苏会士（另卡）（传教三时期卡）

明清对外的限制政策（另卡） 闭关与锁国不同 明清的对外限制贸易——海禁 清初给照出洋 1655 小船不禁 防止通番 严禁下海贸易 1656 开禁 1684 只此期间 1656—84 禁阻。禁什么？大船——五百石以上（1684 起） 军器 硝磺 樟板 食米不得五十石（1708） 铁货（1731）（包括废铁） 铜及铜器（1749） 杂粮麦豆（1748） 此外私出外境亦禁。禁带内地人口 入贡办法 贡期 贡道 贡物（1644 以贡表方物为凭，1664 以后不限） 在会同馆开市三日或五日。1664 以后准在广东出售。1686 准荷兰在福建贸易。 从人 陆路限一百人，入京限二十人。海道限三船，每船限一百人，入京限二十人。 贸易货币①清初用洋钱买中国货，似在开禁以后；②以贸易货；③番银买丝、茶（乾隆中叶后，二十七年仍禁）

商馆（另卡） 洋行（另卡）

帝俄与清朝的陆路贸易（55 年 67 卡）

西方的海上贸易（55 年 65 卡）

英国的企图（55 年 68 卡）

第四十五章 明清的文化

（一）讲述目的

1. 找出特点 "人（们）底社会意识（即哲学、宗教、政治等等的各种观点与学说）也是反映着社会经济制度。"（列宁《马克思主义底三个来源与三个组成部分》，《列宁文选》[两卷集]，莫斯科版 71 页）"随着经济基础的变更，于是全部庞大的上层建筑中也就会或迟或速地发生变革。"（马克思《政治经济学批判序言》，引自《联共布党史简明教程》页 165）明清时代正是中国封建社会的晚期，这一阶段的文化思想上、文学形式上出现了一些反封建反礼教的控诉和批评，它所反映的政治上经济上的新东西、新矛盾、新思想有那些（增添的）？它随着经济基础而变革的（改变的）有那些？些快？些慢？为什么原因而出现？（斯大林《马克思主义与语言学问题》："在历史上，没有特别必要的时候，决不会作什么重大改革的。"[页 7]）我们应该有充分的认识，从而探索出中国晚期封建社会文化的特点。也就是探索出中国历史的特点。

2. 适当估价　在"中国的长期封建社会中,创造了灿烂的古代文化"(《新民主主义论》,毛二,679 页),在明清这一阶段,一方面反映了封建社会晚期的观念形态(通常也称意识形态),一方面结束了整个封建社会的文化(鸦片战争后进入半封建半殖民地社会)。它和它的前后时代的不同是比较突出的(任何时代的文化都和它前后有所不同,而这一阶段更突出)。究竟它在这个灿烂的古代文化中,占什么地位,有什么贡献,经过什么曲折、多少斗争,我们应该给以估价;从而树立"发展民族新文化,提高民族自信心"(《新民主主义论》,毛二,679 页)的决心。

3. 清理　我们对中国旧日的文化,"绝不能无批判地兼收并蓄,必须将古代封建统治阶级的一切腐朽的东西和古代优秀的人民文化,即多少带有民主性和革命性的东西区别开来"(《毛选》二,679 页)。因此要具体清理这些旧文化的精华和糟粕,从而同时批判过去封建学者的"抱残守缺"和资产阶级学者的种种歪曲和抹煞中国文化以为帝国主义服务的腐朽思想。

(二)概略

此一章包括三节:1. 哲学思想;2. 文学、史学和艺术;3. 科学。

我们想在这一章提出下面六个内容,也和前面一样,不是说解决这些问题而是启发这些问题,提请注意:

1. 朱元璋在恢复生产、社会秩序安定以后,大提倡朱熹的思想学术并以朱学为国家考试的标准答案,以图束缚人民的思想,巩固自己的统治,希望地主阶级封建政权永恒不变,但是到了中叶武宗时(140 年以后)出了和朱学不同的王守仁的主观唯心主义的思想。这是反映社会经济的变化,还是反映对朱子学说的反抗? 如果是反映社会经济何以没有走向和人们物质生活条件更直接、更密切的唯物思想? 如果是对朱学思想的反抗,又如何论证马列主义的基本原理? 因为:"思想关系只是基于不依人们意志和意识为转移而形成的那些物质关系的上层建筑物。"(列宁《什么是人民之友》页 29)

"首先是经济条件发生变化,然后是人们的意识相应地发生变化。"

(斯大林《无政府主义还是社会主义》293 页)

我的初步想法,它是因为当时生产关系已不适合生产力,阶级矛盾激烈起来,人们想突破这个生产关系,打破永恒的封建地主阶级统治,就要求打破一切束缚制度,首先要打破束缚思想,王学的出现正是解除思想束缚的第一步,所以继之而起的有反封建压迫的王艮、李贽的思想,更进一步有明末的仇视农奴制度以及初步民主思想和唯物思想的黄宗羲、王夫之、顾炎武和后来戴震诸人的思想,所以从整体看,从发展看,它依然是社会经济的反映,因为"经济在这儿并不直接从自己本身创造什么,……而这决定作用也多半是间接的……"(恩格斯《给史密特信》1890 年 10 月 27 日),所以看不出来。(从反映的思想来看,王学虽然是反朱学的第一炮,但他还属于旧思想,黄、顾、王才是新思想。)

2. 顾炎武思想以经世致用(经,治理;致用,切于实用)为主,而发展到乾嘉的考证学派反而脱离了实际政治和实际生活流入烦琐无用,这是不是由于这个流派要没落? 因为"只要上层建筑从积极保卫自己基础的立场走到对自己基础漠不关心的立场,走到对各个阶级同等看待的立场,它就丧失自己的本质,并终止其为上层建筑"(斯大林《语言学问题》页 3)。所以从这点说可以看上层建筑是反映基础并与之相适应的。

3. 明代中叶以后,资本主义萌芽,于是在文学方面出现了一些反映现实市民生活思想和社会面貌的小说,如"三言二拍"——《醒世恒言》、《警世通言》、《喻世明言》均冯梦龙(? —1646)编;《拍案惊奇》,《续拍案惊奇》——之类,但是为什么在诗文方面反映少? 我们是不是可以说,这不是资本主义萌芽的反映。"三言"中有一部分是宋元作品,虽然经过冯梦龙改了一些,而内容所反映的还是宋元人的生活思想,唐代的传奇,宋代的戏曲、浑词小说,金代的院本杂剧(见元末陶宗仪《辍耕录》),加上元代的南曲北曲(见王世贞元美《艺学卮言》),也都和它一样,都是或多或少的反映一些市民生活思想的,我们是不是也可以因此说在宋元以来已经有资本主义萌芽? 或者说这根本不是反映的社会经济的发展面貌? 我们坚决相信,"一定的文化是一定的社会政治和经济的反映"(毛《新民主主义论》,二,635 页),而文学艺术是现实在艺术形象中的反映,因为艺术是属于人民的,它必须深植在群众的感情、思想和愿望中,并与它们一同成长"(列宁语,见蔡特金《列宁印象记》,三联 1954 年版 13 页)才能存在。至于是不是可以从文艺反过来论证社会经济,还要具体分析,因为"一切都依条件、地方和时间为转移"(《联共党史》139 页),这才是真正地历史观点(仝上),不能笼统地推测。

4. 万历十一年(1583)耶稣会士罗明坚(1579 到澳门)、利玛窦(1582 到澳门)到广东肇庆府(今高要县,隋称端州,所以有的书说端州),是为入中国内地传教之始(以前只能到澳门,罗明坚曾三次到广州请求传教未成),1598(万历二十六年)利玛窦入北京,想见万历没成,1601(万历二十九年)春又入北京,献自鸣钟、铁弦琴(八音盒)、万国全图等,见了万历并且留在北京。其后续来的耶稣会士很多,带来了很多有关天文水利的仪器。1612(万历四十年),熊三拔(译名)用汉文出版了《泰西水法》,1627(天启七年)邓玉函(译名)出版了《远西奇器图说》,1605(万历三十三年)利玛窦出版了《几何原本》。继之而起的出现了一些记录中国人民劳动成果带有总结性的著作,例如中国学者徐光启在1639(崇祯十二年,由陈子龙整理,时徐已死)出版了《农政全书》,宋应星在1637(崇祯十年)出版了《天工开物》。李时珍1578(万历六年)写出了《本草纲目》,在利玛窦到中国之前。这些书的内容究竟是西方传教士传来的西学呢(所谓西学东渐的开始)?还是由于和西方文明接触之后而刺激起中国人对古代科学的发掘呢?假若是前者,难到中国古代没有科学?如若是后者,难道中国古代科学和当时科学知识仅止如此?又当时的科学知识是否已全载?现在的尖端科学,有两个世界公认是中国发明的,第一喷气式原理,源于中国的走马灯,宋范成大诗"转影骑纵横"自注云"马骑灯",则南宋孝宗时已有之(据说四川有诸葛灯高悬梁上,也是这个原理。或更早)(孝宗1163—1189,范成大高宗绍兴二十四年[1154]进士,见《宋史》386本传;孝宗乾通六年[1170]使金,是卷三十四本纪,故定为孝宗时已有),则明代应亦有之,何以不载?第二是火箭原理。又元魏人已知爆仗,但宋人仍用竹筒为之(范成大诗所谓"截筒五尺煨以薪,当阶击地雷霆吼"是也)。这是世界的创举,人类文化的伟大贡献。清顾张思《土风录》二谓纸里硫黄谓之爆仗,此清代之爆仗也,不知明代是以纸裹否?又儿时尝见所谓"旗火"(四川叫冲天炮)以爆仗射苇竿入高空,此今日之固体火箭之原理也,亦明清时所发明,书中还未见记载。类此一定还很多。我们认为科学技术的灿烂的发展是与劳动人民发明创造分不开的,而不是什么上层分子、外来分子提倡的结果。

5. 这些科学技术的发明发现,同时也就是中国劳动人民对世界文明的贡献,它的影响和发展是不容忽视的。又如永乐初(伪定五年1407)编永乐大典二万二千九百卷,这是世界上第一部大百科全书,以前《太平御览》等只是辞典。

6. 中国的劳动人民长期受着四种有系统权力——政权、族权、神权、夫权——的支配,这四种权力"代表了全部封建宗法的思想和制度,是束缚中国人民特别是农民的四条极大的绳索"。而"由阎罗天子、城隍庙王以至土地菩萨的阴间系统以及由玉皇上帝以至各种神怪的神仙系统——总称之为鬼神系统"(《湖南农民运动考察报告》,《毛选》一,页34)的神权到了明清更加丰富而变化了(包龙图、关羽、于谦作都城隍,显然都是元明以后的事),中国社会只有禁忌祈禳的迷信而没有宗教教义的信仰,"每个宗教不是别的,正是在人们日常生活中支配着人们的那种外界力量在人们头脑中之幻想的反映"(恩格斯《反杜林论》,页410),"'宗教感情'本身乃是一种社会的产物"(马克思《费尔巴哈论提纲》,见恩格斯著《费尔巴哈与德国古典哲学的终结》,页74),明清神权的发展是否正说明社会变化之剧烈(天后的崇祀说明航海贸易者之多,由"海神"永乐中封天妃,其后又封天后,可见航海人的日愈增加;财神的供奉,反映营商的普遍)?(赵公明,赵公元帅,《毛选》5,9,其人见《封神演义》。过去农村祭祀八蜡)我们怎样认识它和分析它?

这里不过举几个例子。简单的说,这一章向我们提出这样几个问题:

1.明清两代哲学思想主流是什么?(是明末清初黄宗羲的民主思想,明末和清中叶王夫之、戴震的唯物思想。)

2.封建晚期文化的特点是什么?(是民主思想,是市民文学,是神权信仰,是艺巧欣赏。)

3.耶稣会士东来对中国文化起了什么作用?(带来科学? 中国过去没有吗? 刺激了对固有科学的发掘? 使中国科学复兴? 接收了新的发扬了旧的? 新旧结合? 几方面虽然都有,而主要的是劳动人民在劳动实践中敢想敢干的果实。)

第四十五章
第一节　哲学、思想
明清思想概述
第二节　文学、史学和艺术
官修书　《永乐大典》《四库全书》
乾嘉学派
"三言"《水浒》《西游记》《红楼梦》《儒林外史》
美术
第三节　科学
《本草纲目》《天工开物》《农政全书》　历法　测绘地图

四、中国史明清部分补课提纲（1958—1959 年度）

为另一班讲第四十章"满洲的兴起"和第四十二章"清军入关和关内的抗清斗争"，补列提纲于此。一九五九年七月四日起。三日写。

第四十二章　清军入关和关内的抗清斗争

（一）讲述目的

这一章主要在讲明末 28 年（1616—1643）间到清初 40 年（1644—1683）间，前后七十年之间的满洲族与以汉族为首的其他民族的斗争历史。通过这一章的讲述，要求论证和明确下列几点：

1. 一个民族当它生产关系和生产力不相适应的时候，经济、政治一定落后，也就是说得不到跟上时代的发展，凡是落后的民族一定会成为被欺侮、被侵略的对象，不管对方是怎样小的集团。明末的明清（汉满）斗争，正说明这一点。斯大林在《旧联共党史》谈到日俄战争时说"为了沙皇俄国的落后，人民支付了重大的代价"（页 76），正和明末一样，明末为了落后不但人民支付了重大的代价，甚至亡了国。

2. 明末清初的历史告诉我们，当封建社会阶级矛盾尖锐的时候，起来和统治者作尖锐斗争的是农民，当民族矛盾尖锐的时候，起来和侵略者作坚强斗争的也是农民。当农民起义起来时，破坏起义的是地主阶级，当外族侵入的时候首先投降的也是地主阶级。说明劳动人民不但是物质资料的生产者而且是它的保护者，说明只有劳动人民才是历史的真正主人，历史必须是劳动人民的历史。

3. 人类社会的民族压迫离不开阶级压迫，而阶级压迫只有在反抗斗争下才能得到轻减，清初人民抗清斗争正说明这一点，从而证明马克思所说"迄今所有一切社会底历史（原始社会史除外——恩格斯补充说）都是阶级斗争底历史"（《共产党宣言》），列宁所说"阶级斗争是全部（历史——这两字是天挺体会加的）发展进程底基础和动力"（三个来源与三个组成部分，《论马、恩及马克思主义》页 68）是普遍真理。

（二）概略

在这一章——清军入关和关内的抗清斗争——包括四节：

1. 满洲的兴起；2. 明和满洲的关系；3. 清军入关；4. 关内的抗清斗争。

在这四节里,我们企图能够注意到下面几个问题:

1."满洲"这个民族的名称,以前历史上是没有见过的,在它入关统治全中国以前,是中国境内的一个少数族呢? 还是一个境外的民族? 如果是境内的少数族,为什么明朝始终以"外族侵略"看待它,为什么清初汉族以"外族入侵"抗拒它,为什么清末太平天国和孙中山革命均以"妖"、"鞑虏"对待它,为什么在清朝统治时期满汉始终有差别? 如果说满洲是当时国境以外的外族,究竟明朝的国境线在那里,为什么洪武时在那里有三万卫(洪武二十一年《实录》),为什么永乐时在那里有建州卫隶于奴儿干都司(奴尔干设卫,《实录》在永乐二年,设都司在七年),而为什么清太祖奴尔哈赤又以建州左卫酋长资格亲自入贡三次? 这个问题不解决,也就无从解决明清战争的性质。我们的意见它是中国东北境内一个少数族。

2.历史上凡是在高度发展民族包围下的民族,往往在生产方式的发展上是飞跃的,满洲是东北的一个民族,南面是朝鲜族,西面是中国汉族,相处的历史异常之久,文化、经济和通婚血缘的关系都异常之密,究竟满洲族在入关前三十年它的社会性质是怎样的,氏族制? 奴隶制? 还是封建制? 如果它的发展还很落后,这样我们将怎样理解它和汉族、朝鲜族的关系,我们又将如何理解它和渤海国(729—925)和金朝(1115—1234)的关系? 如果它已经发展到封建社会,那么它什么时候进入的封建社会,什么时候进入奴隶社会,有没有经过奴隶社会? 都应注意。我们的初步意见在奴儿哈赤时已进入封建社会。

3.满洲入关以后,大批军队向西向南进攻,这种进攻的性质如何? 这时和它作坚决斗争是那些人,也就是什么力量是抗清的主力。

4.我们应该怎样批判过去学者对满洲入关明朝亡国原因的荒谬解释,和他们对农民起义军的诬蔑。如历史语言研究所李光涛所说"女真流寇相因以亡明"的谬论。我们应该承认明朝是被农民起义推翻的。

第一节　满洲的兴起

谈三个问题,分三点来谈:

1.满洲的来源;2.满洲兴起前的人民生活;3.后金建国1616。

1.满洲的来源

满洲之称旧史所无　始于1613　为奴尔哈赤所创　由于族中对酋长的尊称　满洲这一支明曰"建州左卫",明初有三个建州,属女真。女真又称女直,东北族语言单数为n复数为i,不是避辽兴宗讳(宗真)。　女真在中国历史上的地位　是东北大民族　在唐朝时建立过渤海国(729—925,唐玄宗到后唐庄宗,凡179年)　辽以后的金朝1115—1234,120年,统治过中国北方。女真族是曾经发展过有高度文化和经济发展的民族。不过由于这个民族时时全族移徙,以致它的发展不巩固,有时随之移徙或因而衰退而他往,不能在一地继续发展。女真族住居东北,与朝鲜邻近,是中国国境内的悠久的民族,不是外来的。当金国入居华北,在东北留下来的是比较落后的远支,它们不是金国的近支子孙。当蒙古灭金(1234)之后,封原留在东北的女真为斡朵怜万户,住在今天朝鲜的咸镜北道会宁府镜城的斡木河,当时是中国领土,后来赐给朝鲜。到明洪武改为三万卫,永乐改为建州卫,永乐十年(1412)分设左卫。正统三年(1438)自斡木河西迁,至苏子河流域,今新宾,正统七年(1442)分设右卫,成化三年(1467)明出兵征之,杀其酋长都督后复封其子弟。

据此满洲不但是在中国国境内而且是受明朝封职的一个少数族。

2.满洲兴起前的人民生活

洪武时的东北不贫瘠,太祖因"其地早寒,土旷人稀,不愿建置劳民"(《实录》145,十五年五月)所以没设布政司,"但立卫以兵戍之"。太祖很重视。洪武二十四年(1391)建沈王府于沈阳,韩王府于开元,二十五年(1392)建辽王府于广宁。后取消。建州女真经济亦非十分落后。农业　魏焕(嘉靖)《九边考》记载

3.后金国1616(用1956年卡片60)　统一建国　八旗　强大原因

八旗与猛安谋克比较

第二节　明和满洲的关系

分四点来谈:

1.奴尔哈赤的攻明;2.明四路攻辽的失败;3.满洲侵略朝鲜蒙古;4.明清的和战(用56年卡片61)。

第三节　清军入关

分四点来谈:

1.清统治内部的矛盾;2.吴三桂请兵;3.大顺军西守关中;4.清迁都入关(用55年卡片53页)　56年64页　(一节)

第四节　关内的抗清斗争

分三点来谈:

1.清军入关后的形势和关内抗清的斗争;2.江南和西南的抗清主力;3.东南沿海的抗清主力。

1. 清军入关时的关内形势和抗清的斗争 形势 清军南下 侵略的先后 清军的抢掠 南明政权

2. 江南和西南的抗清主力 史可法有规复策划 诸将无复国决心 内部有矛盾,黄得功与左良玉哄于西,1645 正月高杰被害于归德,兵力益弱。兼以左良玉问题回兵入援,在扬州抗战死。

1644 七月李自成回西安,1645 正月清军入潼关,自成自西安走蓝田,出武胜关至襄阳,趋武昌,率众五十余万。复由武昌至九江,至通山自成死,部下刘体仁、郝摇旗加以袁宗第、蔺养成、王进才、牛有勇等约六十万,至长沙、湘阴,与何腾蛟相联系;自成兄子李锦及高一功约三十万至澧州,与堵胤锡相联系,后驻荆州。成为抗清主力,号十三镇。转战于湖南永州、衡州、宝庆、桃源、常德诸府县及广西梧州、宾州、横州,1649 年何腾蛟战死,湖南府州先后失陷,未几李赤心死,其子(或曰义子)李来亨代领其众,推高必正为主,1650 年援广州失利,西走又为孙可望所劫,转入川鄂边区(巴东之西山,李驻九莲坪)坚持抗清,往来于郧、襄、荆、夔,到 1664(康熙三年)。(参考《清鉴纲目》、王夫之《永历实录》十四《高李列传》)

李定国(温睿临《南疆逸史》九,《李定国传》)

3. 东南沿海的抗清主力(用 56 年卡片 66、67)(《清史稿》郑成功、张煌言传)

五、明清史料学(1956)①

清史的纂修与清史的史料

(前缺)备作皇帝了(1915),所以清史馆、国史馆(王闿运为馆长),只是

---

① 编者按:此标题为编者所加,这一专题的资料,基于作者的史料学讲义。首张卡片为"第一次讲稿,以明清史为中心(一九五四——一九五五年度),1—155 页,附录,南开大学历史系",这是作者在南开大学历史系首次开设"史料学"一课,以讲授明清史料为中心。该课的课堂笔记已由陈生玺先生整理出版,收入郑天挺《及时学人谈丛》(北京:中华书局 2002 年),题目为"史料学之一——从史料的角度看中国史书(1954年 9 月—1955 年 6 月授课)",两相比较,卡片实为授课大纲,内容大多一致,然而亦有不同之处,可以互相参考。以下是 5 张卡片记载一些书目。接着的卡片为"史料学一九五五至一九五六年度,1956.2.24 日开始",应当是作者在南开大学历史系第二次开设"史料学"课程。第二次开设的"史料学"课程,基于首次课程(转下页注)

袁世凯用来作点缀的,借此拉拢一批文人学士遗老,以备将来的拥戴。并不选择各人的政治立场,不考虑史书应具备的条件。

那些参加修史的遗老,他们抱着为故国修美史以报答旧君的态度来参加,想到宋濂仕元而修《元史》,没想到宋是以新朝资格参加的;想到万斯同的修《明史》,没想到万是誓不入馆的。

这一班遗老,他们认为清朝是让位于中华民国,不是亡国,根本不承认辛亥革命,所以他们主张不列宣统一代的事,因为他还生存,又打算仿《史记》称"今上本纪",因为他不但没死而帝号还存,他们大书"大变既起,遽谢政权,天下为公,永存优待,遂开千古未有之奇,虞宾在位(《书》"虞宾在位"指尧之子丹朱),文物犹新,是非论定,修史者每难之"(《宣统纪·赞》,金梁作)。显然是以满清遗老立场写清史,当然有许多不实不尽之处。

1917(丁巳)七月,张勋复辟失败后,清史馆未改组亦未改变纂修旨趣。1924甲子十一月逐溥仪出故宫,清史馆仍照旧,因为没人注意,没人重视,任凭一些遗老自搞。

1927(丁卯)夏,仓卒以"清史稿"之名付印,其原因据赵尔巽说"本应详审修正,以冀减少疵颣(音未),奈以时事之艰虞,学说之庞杂,尔巽年齿之迟暮,再多慎重,恐不及待,于是于万不获已之时,乃有发刊《清史稿》之举"(《清史稿发刊缀言》)。其实当时"稿实未齐,且待修正,只可随修随刻,不复有整理之暇矣"(金梁《清史稿校刻记》)。

这是由于大革命起来,军阀要倒,恐怕将来会全部推翻,所以匆匆付印,因此它不是完稿的成书。

3.《清史稿》之印行

甲、四印本

1927年夏在北京初次刊印《清史稿》,由袁金铠负责,金梁协助,用八开白薄棉纸折叠二号字铅印。其年末,印出一半,即分送各人。1928夏续印出

(接上页注)有所调整,计划授课十七周,讲义分为八大部分的内容。前面讲授史料学的学科基本内容,主要谈历史学的辅助学科,后面第五、六、七专题基本是明清史料学的内容。其中探讨《清史稿》的纂修问题属于第五部分,第六、七两部分是明史、清史的史料研究,均论述史料错误、史料补充、史料批判问题。作者说:"我只是摸索着用苏联史料学的纲目叙述中国关于史料和历史辅助学科的常识。"也就是说,他从史料学的角度讨论了明清史书,具有开创性。我们将作者对于明清史料的专题论述录出,供学界学习、参考。

一半,因系随改随印,前后体例间有不同。纪传卷数各自起讫,总目先印因亦不合。此本可称初印本,或馆印本。1928 年六月国民革命军入北京,由故宫博物院接收《清史稿》印本,1929 年伪行政院令将《清史稿》封存,一面请人审查,迄无结果,此书遂入于无形禁止之列。因需要者多,1932 年金梁(时往来京津)影印于北京,用有光白纸照原样大小影印。内容有所改动,是为影印本。

1937 年(日本昭和十二年)日本广岛石井制本印刷合名会社影印本,是为日本本(新京大同印书馆发兑)(用关内本,张康传五页)。

1940 年左右,京沪几家书店(有来薰阁)仿照二十五史版式将《史稿》缩印行世,托称"联合书局",内容将初印本与影印本杂揉起来。是为缩印本。

乙、所谓"关内本"与"关外本"

1928 年夏,《清史稿》初印成,金梁跑到沈阳,冬天他在奉天通志馆发表了篇《清史例案叙》(见《瓜圃丛刊叙录续编》页 25),他说:"今夏史稿刊竣,存馆待发,辄复为人抽改,如列传第二百六十卷张康合传竟删去,而以前卷割而为二,以充卷数,余亦不免窜易,不能不起而正之也。幸携奉所发者尚在其先,皆照原刻,书出仅阅月(指《清史稿》)而已有'关内本'、'关外本'之别矣,不可怪哉?"提出了"关内本"与"关外本"的名称,但是没有人知道其差别所在,而这个名词人人喜谈,于是成了谈《史稿》者必知之事。然考其实,初印本并非没有张康传,且初印之书只此一版,何能有不同之处? 由于金本人想要修改《史稿》,遂造为关内本关外本之说,先声夺人,果然他在 1932 影印了《清史稿》,号称根据"关外本",是史馆原本,一时人人争购。一九四五冬,我回北京,购到影印本的底本,真象大明,他私改之迹,一一毕在,因此我们确定《清史稿》本无关外本与关内本之分,金梁私改了几处伪托关外本以牟利,所谓关外本实是金改本。其私改之处另谈。

4.《清史稿》的体例

甲、卷数

	实有卷数	初印本目录误印	影印本私改
纪	25	25	25
志	142	141	135
表	53	53	53
列传	316	315	316
总	536	534	529

清史稿目录卷数正误:"史稿赶印,先排目录,而其后稿有增改,遂致舛误独多,不及重印。"(《史稿》一册)首页总目录已改为536,分目仍为534卷。

乙、体例

(1)以《明史》为依据

金梁《清史稿校刻记》:"开馆之初,首商义例,馆内外同人如于君式枚、梁君启超、吴君士鉴、吴君廷燮、姚君永朴、缪君荃孙、陶君葆廉、金君兆蕃、朱君希祖、袁君励准、王君桐龄等,皆多建议。参酌众见,久而后定,议用《明史》体裁,略加变通。先排史目……"(《史稿》,一册)

　　　《明史》□□□□,此独称《明史》,以其为清人所修,□□□"钦定"也,亦□□□□。

金梁《清史例案叙》(《瓜圃丛刊叙录续编》25—26页):"清史初开馆,余建言于赵馆长曰当先定大纲,以实录为本,即就国史旧纂本纪列传各志,阙者补,繁者删,讨论润色,整齐而画一之,三年可成书矣。余既度辽,闻馆议纷纭,义例未定,而已着手纂修,纪传志表各以己意为之。(案,此未确,但无一致之□□□□总其成之□刻是实)……去春(1927)袁洁珊创议刊稿待正,遂总发刊,而以梁总校阅。排日莅馆,偶检存档,得文函多件,皆关于商议义。

例者,戋然成帙,乃叹赵馆长经营擘画之勤,终不可及也。《史稿》既成,爰仿《明史例案》,复取是卷编次之,名曰《清史例案》,分三卷:上卷为史馆先后所定例目及规章;中卷为馆内外同人条列议案;下卷为各处论事往来书函,而以发刊后更正书附之。……"

(2)与《明史》之异同①

《清史稿》篇目(据《校刻记》——金梁)

本纪十二:太祖　太宗二　世祖二　圣祖三　世宗　高宗六　仁宗

---

① 编者注:此卡片页眉另有一则札记:

宗,尊也。《汉书》颜师古注:宗谓先帝有德可尊者也。

《殷本纪》:"伊尹……襃帝太甲,称太宗。"(时太甲未死)

又:"帝太戊……殷复兴,诸侯归之,故称中宗。"(未死)

《史记·汉孝文本纪》:"(丞相嘉议)世功莫大于高皇帝,德莫盛于孝文皇帝,高皇庙宜为帝者太祖之庙,孝文帝庙宜为帝者太宗之庙,天子宜世世献祖宗之庙。"

晋尚未帝帝称宗。

宣宗三　文宗　穆宗二　德宗二　宣统　共二十五卷

"《宣统纪》初拟为《今上本纪》,后改定。"

志十六:

与《明史》同者十二:天文十四　地理二八　礼十二　乐八　舆服四选举八　职官六　食货六　河渠四　兵十二　刑法三　艺文四

与《明史》名异而实同者二:灾异五(明五行)　时宪十六(明历志)(避弘历讳)

《明史》所无而增加者二:交通四　邦交八

《明史》有而删并者一:仪卫(并舆服)(避溥仪讳)

"初拟有国语、氏族、外教三志,皆删。"

表十:五十三卷

与《明史》相同者一:外戚

与《明史》名异而实同者四:皇子(明诸王)五　诸臣封爵(明功臣)六部院大臣(明七卿)十九　大学士(明宰辅)二

《明史》所无而增加者五:公主　藩部三　军机大臣二　疆臣十二　交聘二

"初以大学士与军机大臣合称军辅,后改。"

列传十五:

与《明史》相同者十:后妃　诸王七　诸臣二五四　循史四　儒林四文苑三　忠义十　孝义三　列女四　土司六

与《明史》名异而实同者二:遗逸(明隐逸)二　艺术(明方伎)四

《明史》所无而增者三:畴人二　藩部八(蒙古、西藏)①

新政列为专志,如《交通志》(电报、铁路、邮政)《邦交志》,均极重要

　　立论偏颇　由于立场　祖清　如《兵志序》称清亡于新军之变。《张勋传》

　　疏略　由于只限根据实录,史源少。

　　芜乱　无剪裁　由于无一致之意见,无统阅全稿之人才。

　　事实孤立无变革递嬗之迹　如《职官志》,于新官制单列一卷而不述其因革之由,商榷之议,看不出发展(以及当时情况)。

---

① 编者注:此部分之后卡片108无法辨识。

（二）纂修清史的主要根据

谈《清史稿》的史料来源问题

分三部

1.《清史稿》取材的原则　《校刻记》

2.清代的官书

3.修史时的馆外著述

"史料学的任务,是把史料分类,予以批判的分析,确定其来源、阶级性质和用途以及可靠程度与实际价值,最后就史料的多样性,它们的相互关系和相互依存性综合研究整个的史料。"（《苏联大百科全书·史料学》,30页）

"说明资料的来源,可以确定资料的用途（意义、主题、任务等等）。因此,重要的不仅是正确地阅读文献的原文,了解其语言和术语,而且是说明其思想意图,揭露政治倾向和实际目的。"（同上,32页）

1.《清史稿》取材的原则

金梁《清史稿校刻记》："……其取材则以实录为主,兼采国史旧志及本传,而参以各种记载,与夫征访所得,务求传信,不尚文饰焉。"

实录　官修,子为父作,臣为君作

国史　官修

记载　官书　政书、方略

征访　只以子孙送馆之记载为据,并未派人外出征访,有征无访,小征不访。如《艺文志》二《杂史类》于吴振棫、陈康祺著作之下,列《养吉斋丛录》（二十六卷）、《郎潜纪闻》（三集共四十二卷）,瞿鸿玑的《圣德纪略》、《儤直纪略》等书,吴、陈的是大部头书,是大家常见常用的书,而瞿书少（各一卷）,且不经见,况吴（嘉庆）、陈（同治）距瞿（光绪末）有相当时间,中间不是没有其他著作,而只列瞿书者,由于瞿子宣颖送馆故也。可知不是博访,亦不是广征,是谁送用谁,而在采用中又看送的人与所送的有关系人的势力地位而定。

清史稿修时以官修书为主,我们再谈一下。

2.清代的"官书"

甲、实录

清修实录的方法。

由实录馆修,翰林院官属参加。

修后焚毁原稿。

《清实录》太简略。

《清实录》最初三朝屡经改修。

乙、国史

私人不能修史传　钱仪吉《征献录》　李集、李富孙《鹤征录》　李元度只称《先正事略》

(1)清有国史馆为翰林院领导,翰林兼职

(2)国史修传法

①本家或本衙门先选节略,一条一条写不连贯,不许夸大,不许隐晦,不加批评。因此就须参用公文档案。不能用家传墓志。

②国史馆"国史立传旧例,先起草,继定稿,进呈御览,然后画一为正本"(金梁《国史馆忠义传目叙》)。

(3)国史列传屡改

"尝数十年一重修。"(仝上)

"《循吏传》已续修四次,《儒林》、《文苑》皆再修,而《忠义传》续修十余次。"(仝上,《瓜圃丛刊叙录续编》,25页)

《大臣画一传档》之称尚见今《清史列传》铅印本内。

(4)国史有"传"以外还有"表"及"纪",见《会典事例》,从未看见,不知今存何处。案《事例》所述"纪"实"实录"之缩本。

丙、政书

丁、方略

清修方略专设方略馆,由内阁后改军机处领导,由军机章京兼充,其中有一人为翰林院咨送。共六人。

全据内外奏章与上谕。

完全是公文排比。

丝毫不然代表时代、人民。

3. 修史时馆外著述

张孟敏(采田):《清史后妃传稿》

吴廷燮

(三)《清史稿》的修改

1. 通行本《清史稿》内容的异同

改了那些　为什么会改　谁改的

2.《清史稿》分印本内容的异同(光宣列传)

抽印后妃诸王　增加客卿　采影印本各传

本节目的:说明过去史籍常有私改,作伪。

　　　　史料的研究,要追究明白史料的关系。揭发其捏伪歪曲。

《明史》史料的研究

1.《明史》史料的错误问题

《明史》为官书,号称钦定,清儒称颂者多,订正者少,然绝不是无问题。

昭梿:《啸亭续录》　魏源:《书明史》(亦攻《史稿》)　李慈铭

已有所述(主要在说明《史稿》不如《明史》)。

王颂蔚:《明史考证攟逸》

将清代修改《明史》列传部分的考证抄集成书,所举更多。

吴晗:《明史小评》

列十目,各举一二例。

脱文　错误　事误　重出　矛盾　简失　互异　缺漏　偏据　字讹

甲、《明史》的文字错误

乙、《明史》的人名地名错误

丙、《明史》的年月错误

丁、《明史》的事实错误

戊、《明史》的编纂错误

甲、文字的错误

(1)形近而讹

《明史》三,《太祖纪》三:"十五年十一月戊午置殿阁大学士,以邵质、吴伯宗、宋纳、吴沈为之。"

宋纳为宋讷之误,宋讷《明史》一三七有传。(吴)

(2)音近而讹

《明史》二八三《湛若水传》:"湛氏门人最著者永丰李怀,……怀字汝德,南京太仆少卿。"

李怀在黄宗羲《明儒学案》卷三十八作吕怀。

《明史》二百八十二,《儒林·唐伯元传》:"伯元受业于永丰吕怀。"

《明史》二〇八,《洪垣传》附《吕怀传》:"吕怀广信永丰人,亦若水高弟子,……终南京太仆寺少卿。"(吴)

(3)其他近似之误(无关重轻)

《明玉珍传》 "疆埸" 埸为场之误

《张士诚传》 "樗蒲" 为摴蒱之误(出《晋书·陶侃传》)

《明史》一二四《传赞》"方谷珍死",谷应作国。避太祖国瑞之讳,此国珍生时所改,非关纂修。

乙、人名地名的错误

(1)人名

《明史》三,三:"十五年十一月戊午置殿阁大学士,以邵质……为之。"

邵质不见《明史》及其他书。

《明史稿》三作刘仲质

《明史》一一七,《七卿年表》,洪武十五年二月刘仲质为礼部尚书,十一月改大学士。

《明实录》亦作刘仲质。

《明史》一三六《崔亮传》附《刘仲质传》。(吴)

(2)官名

《明史·方国珍传》"乃遣大司农达识帖睦迩招之降",《元史》本传达什特穆尔,至正八年为大司农。九年出为湖广行省,招降方国珍在九年,不应称前官。(王、二、13)

《方国珍传》:"授广州西行省左丞。"《实录》作广西行省左丞,州字衍。(王)

(3)地名

《安然传》:"徙居颍川。"

《开国臣传》称安然徙居颍州,非颍川也。《明史稿》同。颍川即今许州,唐时已改。(王、五、4)

《暴昭传》:"潞州人。"

《明书》、《献征录》俱称"浮山人"。浮山隶平阳,不隶潞州。

又考《地理志》,潞州洪武八年升潞安府,不应仍称潞州。(王、六、10)

丙、年月的错误

《明玉珍传》:"分道攻云南。"《续通鉴》(薛应旂)、《元史·顺帝纪》均系于至正二十二年三月,其明年玉珍称帝。此记于称帝后之明年,到二十四年

矣。(王)

《于谦传》:"及是三杨已前卒。"三杨本传士奇以正统九年卒,溥以十一年卒,惟荣卒于正统五年,谦之入朝被陷在六年,不得云三杨已前卒也。(王、十一、5)

丁、事实的错误

《陶安传》(《明史》):"陈友定兵攻(饶州)城。"陈友定攻饶州,《明实录》及《本纪》皆不载。考是时友定据八闽,仅一遣兵攻明处州,为胡深所败,即闭境自守,岂能越浙攻饶。考《开国臣传》攻饶者乃信州贼萧明。(王、五、2)

《张辅传》:"安南平,得府州四十八,县一百八十。"

《明史纪事本末》云分十七府(并列府名),四十七州,一百五十七县,卫十一,所三。

《名臣志钞》《识大录》《弇州史料》与《本末》同,但不载府名。

《安南传》作十五府,分辖三十六州,一百八十一县。

《明臣实录》《今献备遗》《献征录》与《张辅传》同。

《明书》作得郡县一百三十四,尤混淆。(王、九、2)

戊、编纂的错误

(1)重出

郑定事见《明史》二百八十六卷《林鸿传》,卷一百二十四《陈友定传》附见,两传文字仅差数字。(吴)

(2)互异

关于海盗刘香的下落,《明史》二六五《施邦曜传》与二六〇《熊文灿》不同。(吴)《施传》说刘被诱擒;《熊传》说刘"自焚溺死"。

(3)省略

《桂萼传》:"安仁人。"按《地理志》安仁县有二,一饶州,一衡州;萼饶州安仁人。(王)

实习问题

一、《明史·太祖本纪》所纪太祖年龄问题。

二、《明史·庄烈本纪》所纪庄烈帝死日问题。

2.《明史》史料的补充

所谓补充就是今天我们须待研究者。

《明史》内容有待于补充者甚多,在今天我们是不是全要加以补充? 不,决不。在今天决不允许我们还像过去一样进行对社会发展、历史发展毫无作用、毫无意义的繁琐考证。

旧日历史上有所谓死问题，就是事件本身虽然是一个问题，而资料方面无法解决的问题。古人已经纠缠几十几百年弄不清楚的问题，除了我们得了新资料以外，不必再搞，再搞也只是解释不同，而得不到结论，白费时间。

如只是争辩史料的解释和看法，那是唯心的，不是唯物的。

这也不是否认历史的客观发展规律把历史问题作为不可知论，而是从史料出发，先做可以解决的，不能即刻解决的，暂时挂起来。

中世纪时数学上有著名难题，是用圆规和尺计算：三等分任一角。据说这还是希腊传留下来的难题，几千年来没人算出来。到了二百年前，解决了，就是证明了：用规尺作不出这个题目。这是科学的结论，不是不可知。实弹射击中有所谓"死角"，在这样角度中无论如何打不着。这是科学的结论。历史上的死问题也是一样。无论如何解决不了（根据现有的资料），只可悬挂起来。例如：宋太祖死时的所谓"烛影斧声"问题，认为宋太宗有害兄之嫌者为李焘《续资治通鉴长编》，其说出于吴僧文莹《湘山野录》，而徐乾学《资治通鉴后编》则力辟之，此无新史料不能解决之死问题也，不必再钻研。

又如建文帝之死或逃亦死问题也。认为僧服遁逃者，《明书》、《明史纪事本末》，而明代笔记《致身录》等其所从出也。认为死于火者《罪惟录》、《明史稿》也。两存其说者《明史》也（不知所终）。今天无新史料可以决其疑，而亦无此必要也。

明代记载关于建文出走之处有六说，出亡之路有五说，还京之由有九说，还京之年有六说，死葬之地有三说。我们今天没有可能证明那个对，或是全不对。此所谓不可能。

万季野反对出亡之说，曾说南京明故宫没有地道，于是有人想种种办法证明确有地道。但证实有地道（其实没有证明），只能驳万季野之说而不能证明建文之确由地道出走，更不能证明建文之确为出走。又有人企图说明建文与燕王之确有矛盾，于是考证出燕王与太子标不同母，又考出燕王母是外族，有说是蒙古人瓮妃，有人说是高丽人碩妃，全没必要，只是不同母不能说明靖难问题的本质。此所谓无必要。

因此，我们对于历史事件、历史问题深入钻研，首先在看它是不是死问题，看它有没有必要。（这主要在深入思考，师友帮助，有时会走弯路，不可免，弯路也会告诉我们此路不通。）

　　建文是死是逃问题不必去钻牛角尖,而建文与燕王矛盾的本质是什么,是统治阶级内部的什么矛盾(私人情感,个人利害,主张冲突,还是封建主义中央集权与地方分权的斗争,还是其他,是应该研究和补充的),又为什么在宣德元年(1426)又有汉王高煦事件的重演? 都应研究。因此我们在认清不是死问题以后,对于历史事件和历史问题还是应该深入研究,多加补充和说明的。这样就有三方面应该注意,我们还以《明史》为例。

　　(1)事实补充

　　例如建文没有实录,现在附于洪武二十二、三、四、五年(所谓革除),《明史》据之写《本纪》,很简略,我们就必须从当时人各人的文集、家传、方志中去补充资料。

　　《本纪》说"诏行宽政,赦有罪,蠲逋赋"、"均江浙田赋"是些什么?《本纪》说"天下卫所军单丁者放为民"、"卫所军户绝者勿勾"是否实行? 只有把事实更弄明白,更加多些,才能对问题更清楚。只有具体的事实,具体的资料,才能具体的分析。

　　(2)广泛联系

　　建文关于卫所的措施(如上),是什么意义? 与洪武二十四年"诏天下卫所军以十之七屯田",有何出入? 建文是从"服役"着眼,太祖是从生产着眼。

　　建文的"赦有罪"与洪武二十六年"赦胡惟庸、蓝玉余党",有何区别。

　　建文的"行宽政"、"重农桑",与洪武二十七年的"课民树桑枣木棉"的意义那个更积极些?

　　建文"行宽政,赦有罪"。何以闰五月即位,八月"周王橚有罪,废为庶人,徙云南";元年四月"湘王柏自焚死,齐王榑、代王桂有罪废为庶人",六月"岷王楩有罪,废为庶人,徙漳州"。既然"周庶人橚僭为不轨,辞连燕、齐、湘三王"(《本纪》),何以次年仍"遣燕王世子高炽及其弟高煦、高燧还北平"?

　　更重要的是这一问题在明朝发展上有无影响,有就值得,没有就不值得。同样,我们对于郑和下西洋问题,不能只研究他为什么去,而更要研究他去过之后对南洋发生了什么影响,对中国发生了什么影响。这样意义才能更大。

　　对于天主教士来华问题也如此。中国仿照西洋作枪炮是否从天主教进来之后? (不是的,根据李昭祥《龙江船厂志》,嘉靖四年[1525]已仿照西洋铸佛郎机铜铳。)

　　教士来华目的何在? (《资本论》一卷,二十四章六节,《殖民地保护国新历史》一篇一章)教士们经费从何而来? (利玛窦阔气,明代记载屡谈,并说他会黄白之术。)都应普遍联系。

列宁《统计学与社会学》一文中说:"不仅是举出个别事实,并且是举出有关被研究的事实问题的一切总和,而绝无一种例外。"(《历史·苏联大百科选译》)

(3)时代先后

历史科学与社会学不同之点,全在一个时间观念。

1934.5.16 日联共中央决议:反对"不用生动有趣方式和依年代的次序,讲述最重要的事件和事实,以及历史人物的特点等以教授本国史"。

又说"学生必须牢固地记忆着一些重要的历史现象、历史人物和年代月日等,这是学生们能够切实领悟历史课程的决定条件"。

斯大林:研究社会历史规律的关键,……是要到社会每个一定历史时期所采取的生产方式中,即要到社会底经济中去探求。(参 100—8767)

我们知道所谓辩证法中具体历史观点,就是"一切都依条件、地方和时间为转移"。不注意年代前后,就是反历史主义。历史科学有五种主要的基本的主要辅助科目,就是:史料学,古文献学,古文字学,年代学,钱币学(《历史·百科全书选译》14 页)。年代学研究纪年的方法。(31)

3.《明史》史料批判

《明史》是十八世纪三十年代、去今二百年以前(1739 刻)的官修史书。既是十八世纪三十年代的书,就不可能采取今天我们所要求的科学历史的立场、观点、方法(这样要求不合历史主义);既是十八世纪三十年代的书,是在清朝史学发达——赵、王、钱、邵之前。

赵翼 1721—1814　《二十二史札记》36 卷　《陔余丛考》43 卷

王鸣盛 1722—1798　《十七史商榷》100 卷　《蛾术编》100 卷

钱大昕 1728—1804　《二十二史考异》100 卷　《三史拾遗》5 卷　《十驾斋养新录》20　《诸史拾遗》5 卷

邵晋涵 1743—1796　《辑旧五代史》

　　原 139 页遗失,补作此页,可能与原稿不同。

因此,也不能以赵、王、钱、邵的研究成果要求《明史》。

清代史学以黄、顾、王、万为开山。

搜罗遗逸,防止湮没,立功为多。王而农兼及评述,更能得其通贯,为史学开一新途径。与四人同时则有马骕,稍后则有刘献廷。

刘(继庄)献廷 1648—1695　《广阳杂记》

马骕 1621—1673 《绎史》160

黄宗羲 1610—1695

顾(亭林)炎武 1612—1682

王夫之 1691—1692 《读通鉴论》30 《宋论》15 《永历实录》26

万斯同 1638—1702

更后则有沈、杭、全、齐,以地理辅史籍,以史事明地理;沈氏比证新旧唐书,尤精谱录;史学园地益广。

赵、王、钱、邵治史益精,所涉益广,赵氏之通贯,王氏之制度,钱氏之历算水地,邵氏之辑佚,更为史学开无穷之路。其后崔东壁之疑古考信,又转一方向。

就中钱氏之功尤大,西北史地之研究,亦时势促成之也。

崔述 1740—1816 《考信录》

沈炳震 1679—1738 《新旧唐书合钞》260 《读史四谱》

杭世骏 1696—1773

全祖望 1705—1755

齐召南 1706—1768 《水道提纲》《历代帝王年表》

张燧

《明史》中所涉及之重大问题,如

生产的发展

工商业的发展

农民起义问题

民族斗争问题

中叶以后的王学问题

西学东渐问题

靖难问题

门户问题

等等,《明史》均无一定的看法,无一定的立场,如靖难事件之书法,《恭闵纪》与《成祖纪》完全不同。可知《明史》之纂修,纯以本纪本传之主人的立场为主,传主反燕王则撰者站在反燕立场,传主反建文则撰者站在反建文立场。这种过去的所谓客观立场在《明史》尤为突出,其故由初纂之阄分,而纂者又有对传主负责(作家传、墓志)之思想,于是成了全书无一贯之主张立场。二一八卷《沈潅传》与二五一卷《徐光启传》之谈西学,二五一卷《钱龙锡传》之谈农民负担与富户负担均其例。①

我们经常能说某一人占有(或掌握)某问题的史料。请问:怎样才算占有(或掌握)史料呢? 有时,我们看了一些书,抄了一些卡片,但是总觉得所抄的都是一般常见的材料,这能算占有吗?

知道一些书名,知道某些问题,到哪里去找? 这算不算占有?

如果您愿意、有时间,请介绍一下您是如何占有史料的。

清史史料的研究

1. 清史史料的错误问题

(1)文字的错误

①《清史稿》纪一:"甲寅(1614)。夏四月。帝八子皇太极娶于蒙古科尔沁部莽古恩之女也。"

②《清史稿》传一:"太宗孝端文皇后博尔济吉特氏,科尔沁贝勒莽古思女,岁甲寅四月来归。"(4页)

③王《东华录·天命一》:"蒙古科尔沁贝勒莽古思以女归上子四贝勒。"

④《满洲实录》卷四:"蒙古科尔沁莽古思贝勒送女与太祖四子皇太极贝勒为婚。"满文作 munggūs

此例可作实习用。

(2)年月的错误

①《清史稿》本纪十六,嘉庆四年(1799):"春正月壬戌(初三),太上皇帝崩,上始亲政。"

"丁卯(初八日),大学士和珅有罪,及尚书福长安俱下狱,鞫讯。"

"丁丑(十八日),和珅赐死于狱,福长安论斩。"

②《清史稿》传一百六《和珅传》:"(嘉庆)四年正月高宗崩。给事中王念孙首劾其不法。仁宗即以宣遗诏日传旨逮治,命王大臣会鞫俱得实,诏宣布和珅罪状。"

③又《儒林传》二《王念孙传》:"嘉庆四年仁宗亲政,时川楚教匪猖獗,念孙陈剿贼六事,首劾大学士和珅,……"《清史列传》同。

④《清史列传》卷三十五《和珅传》:"(嘉庆)四年正月三日高宗纯皇帝

---

① 编者注:以下是卡片中所夹纸条,或为学生的提问。

升遐,仁宗睿皇帝令和珅总理丧仪,科道诸臣以和珅不法事列款参奏,上命王大臣公同鞫讯,俱得实。上乃谕曰……"(4页)

据①看不出和珅与仁宗的矛盾,②亦看不出,且时日为:宣遗诏日逮和珅,会鞫得实宣布罪状。与《东华录》不合。

据《东华录》:

嘉庆四年正月初三日　高宗死。

初八日　宣布遗诏。以科道纠参免和珅大学士职。

十一日　宣布罪状,下狱鞫审。王大臣鞫讯得实。

十五日　命各省督抚议罪。直隶总督胡季堂覆到,定其二十大罪。

据此,《史稿》和珅本传"命王大臣会鞫俱得实,诏宣布和珅罪状"之说应在十一日或十五日,与东华录初八日之说不合。更证以《朝鲜实录》亦应在初八日宣布罪状。和珅与仁宗之矛盾,仁宗何以迟至初八日始宣布其罪,均未说明。而《朝鲜实录》则不同。

据朝鲜《李朝实录》正宗二十三年(1799),书状官徐有闻所进闻见单:

正月初四　褫和珅军机大臣、九门提督职。命昼夜守值殡殿。不得任自出入。

正月初八日　下和珅于狱,数珅二十大罪布示中外。

正月十八日　赐帛自尽。

《清史列传·和珅传》所谓总理丧仪即指初四日事。初四日先夺军政大权,初八日始夺大学士职下狱,并数其大罪。如此则事实始合,始体现出二人之矛盾。此例是史文虽无年月,而年月有错误。

《史稿·世祖纪》顺治十八年正月:"壬子(初二日)上不豫。丙辰(初六日)大渐,赦死罪以下。丁巳崩于养心殿。年二十四。"(初七日)

《史稿·圣祖纪》顺治十八年:"正月丙辰(初六)世祖崩,帝即位,年八岁。"

以初七日丁巳为确。此例是史文有年月而年月错误。

(3)人名、地名的错误

《清史稿》本纪一,天命十一年四月丙子:"征喀尔喀五部,…进略西木轮,获其牲畜。"(9页)

天命《东华录》四:"辛巳,四贝勒、大贝勒……率兵万人往西拉木轮(原注"一作锡喇穆轮")……三贝勒乘夜行,与诸贝勒路相左,渡西拉木轮河,获畜产无算。"(8页)

《满洲实录》卷八:"三王趁夜续进,与回兵之路相左,遂渡实喇木伦河,收获牲畜无算。"(345页,今西译本)

满文作 Sira muren.

(4)事实的错误

《史稿》纪五,顺治十五年三月:"甲辰内监吴良辅以受贿伏诛。"(18页)

《史稿》纪六,顺治十八年二月:"乙未,诛有罪内监吴良辅,罢内官。"(1页)

王《东华录·顺治三十》,顺治十五年三月:"甲辰谕吏部:内监吴良辅等交通内外官员人等,作弊纳贿,罪状显著,研审情真,有王之纲、王秉乾交结通贿,请托营私,吴良辅等已经供出,即行提拿,其余……姑从宽一概免究。官员人等如此情弊朕已洞悉,……自今以后,务须痛改前非,各供厥职,凡交通请托,行贿营求等弊,尽皆断绝,如仍蹈前辙作奸犯法者,必从重治罪,决不宽贷。尔部速刊刻告示内外,通行严饬。良辅寻伏法。"(3页)

王《东华录·顺治三十》,顺治十五年四月:"壬辰,吏部等衙门会议陈之遴、陈维新、吴维华、胡名远、王回子等贿结犯监吴良辅,鞫讯得实,各拟立决。……"(5页)

《清世祖实录》卷一一五,顺治十五年三月甲辰:"谕吏部……内外通行严饬。"(14页)

文字与《东华录》同,但无"良辅寻伏法"数字。

《清圣祖实录》卷一,顺治十八年二月辛巳朔:"乙未,谕吏部、刑部大小各衙门:朕惟历代理乱不同,皆系用人之得失,大抵委任宦寺未有不召乱者,加以奸邪附和其间,则为害尤甚。我太祖太宗痛鉴往辙,不设宦官,先帝以宫闱使令之役偶用斯辈,继而深悉其奸,是以遗诏有云:祖宗创业未尝任用中官,且明朝亡国亦因委用宦寺。朕凛承先志,厘剔弊端,因而详加体察,乃知满洲佟义内官吴良辅阴险狡诈,巧售其奸,荧惑欺蒙,变易祖宗旧制,倡立十三衙门名色,广招党类,恣意妄行,……此二人者朋比作奸……通国莫不知之。虽置于法,未足蔽辜,吴良辅已经处斩,佟义若存,法亦难贷,已服冥诛,着削其世职。十三衙门,尽行革去。凡事皆遵太祖太宗时定制行。内官俱永不用。"(21—22)

(5)编纂的错误

《清史稿》原非完成之书,其中错误抵触随处可见,不能一一列举。始举一例。

孙嘉淦之名字前后互异：

《目录》、本纪十一（高宗二,页十八）、《大学士表》、《部院大臣表》、《本传（九十）、传九十二（《钱陈群传》）、传九十三（李慎修传）俱作孙嘉淦。本纪九（雍正,页十一）、本纪十（乾隆,页九）、《疆臣年表》俱作孙家淦。

以上只谈《清史稿》的错误地方,不是说《清史稿》只有缺点没有优点,它在保存史料方面贡献很多。

实习题

一、《清史稿·食货志二》所记乾隆即位后议耗羡问题。

二、《清史稿·太祖纪》所记褚英之死问题。

三、《清史稿》有关乾隆南巡事之记载问题。

2. 清史史料的补充

（1）事实补充

（2）广泛联系

（3）时代先后

所谓补充仍是须待进一步研究的问题。

我们对《清史稿》和对《明史》的要求不同：①时代更近,②一书完成于1739（刊行）,一书完成于1928。

也同《明史》一样,我们要在死问题以外,看那些须待补充,须待研究,须待明确。

清史问题中有没有死问题?

也有。例如:清初太后下嫁问题,顺治出家问题,世宗继统问题,德宗病死问题,多的很,完全不必去理它,不但史料不够,而且毫无意义。

（1）事实的补充

中国旧日史籍须待补充者,是否需要补充,我们认为还是需要的。但是我们与资产阶级唯心主义历史家的积累材料有所不同,完全不同。他们是:"在材料中寻找他所要寻求的东西,并且直接按照他们头脑中现有的计划,直接按照从社会观点看来是合乎愿望的东西来选择过去事实。"（1949 美国历史学会主席里德的演说,见《历史》20 页。这正是胡适小心求证的方法。）我们是:"根据历史材料,恢复个别历史事件和过程的代表性特征,同时指出在这些事件的过程中所有共同的主要的东西,揭露特定社会经济形态或这些形态发展中某些时期在民族或部族生活特定的具体条件下所具有的规律性。"（《历史》13 页）

在《清史稿》中事实方面须待补充和明确的问题很多。例如：

①清朝统治者以"永不加赋"自诩，而清代官吏和史家也以"勤政爱民"歌颂他们的主子；究竟清代人民生活比明朝有无不同，社会情况有无不同？封建统治依靠土地剥削，永不加赋怎样维持它的政权？

②人们说明朝末年资本主义已在中国萌芽，由于满清入关把它摧残了。究竟是怎样摧残的？清代的农业生产、农业技术、农业品种、农业生产率究竟比明朝如何？是前进了是后退了？清朝的手工业、商业究竟比明代是发达了还是萎缩了，发达表现在什么地方，萎缩表现在什么地方？技术、原料、产量、成本、交换情况、所收效果、工人人数、工场规模，究竟如何？

只有具体事实数字具体分析才能说明，否则无论是说对或不对，全是从自己的主观意识出发，全是唯心的。但这不同于胡适所提倡的赫胥黎的"拿证据来"，他们的"拿证据来"是拿合乎他们想象的一二孤证，而不是在普遍联系之下分析出的通例，下面还要谈。

③现在大家都在批判《红楼梦》评论，于是涉及到《红楼梦》的时代背景，也就是乾隆中叶中国社会是什么性质的社会，大家意见虽然逐渐集中了，但还没有一致，这也是须待研究的。

④大家谈鸦片战争的社会背景，喜欢从满清入关开始，那就是说 1644—1840 二百年间中国社会没有变化；我们谈太平天国也从满清入关开始，那就是说鸦片战争对中国没有影响，对不对？应该研究研究。

⑤万历初改了一条鞭，雍正初又改了丁粮合一（摊丁入亩），为什么原因，二者有什么不同？

⑥清代的闭关，究竟是怎样的闭法，它和日本的锁国是否一样？要弄清楚，用锁国的概念来理解闭关是否对？

诸如此类的问题太多了，全没有解决，全是研究清史的人所要努力的。所以我们说历史有广大园地待我们垦植。

有的问题我们在"清史专题"中谈，现在我们不一一举例了。

（2）广泛的联系

我们知道确定事实——具体历史现象和事件——积累实际材料，是历史家进行科学概括，确定各国人民历史上局部的和一般的规律的基础（《历史》，13 页）。但是我们也应该知道虚伪地选择事实（有意的）或不正确地选择事实（无意的）的危险。列宁认为这是资产阶级的方法，称之为"抽取个别事实"，"玩弄实例"是"玩物"，是"更坏的东西"（14 页）。避免这些错误，只有广泛的联系,列宁说的:"必须不仅是举出个别事实,并且是举出有关被研究的事实问题的一切总和,而绝无一种例外。"(《统计学与社会学》,《历史》14页引)

例如:

褚英与弩尔哈齐矛盾被杀的问题,《实录》和《东华录》不载,明朝记载:

黄道周《建夷考》:"长子(指褚英)谏酋(指弩尔哈齐)勿杀弟,且勿负中国,奴(指弩尔哈齐)亦因之。"

《清史列传》卷三《宗室王公·褚英传》:"乙卯闰八月褚英以罪伏诛,爵除。"(13页)但这一记载有问题,因褚英长子杜度很早就封"台吉",后封"贝勒",代其父领率旧部。当时尚无所谓"爵",亦无所谓"爵除"。因之其记录可疑,则"以罪伏诛"之说仍待证实。

据《东华录》,天聪六年正月初五,有太宗宴其嫂"阿尔哈图土门贝勒之妻"的记载,即褚英之妻,则爵并未除,且既宴而复厚赐之,并亲送之出宫,又不似诛死之人。

《实录》亦不言其诛死,且明书其爵。

则诛死之说是否可信?

康熙四十七年九月庚寅上谕,丙午上谕,及雍正上谕八旗雍正四年二月初五日可得旁证是诛死。在叙苏努罪时谈及其祖褚英在太祖时曾得大罪,置之于法。

3. 清史史料批判

清代历史学者考订史实者多,研求史法者少。

中间注意历史编纂者只一章学诚的《文史通义》,其后李慈铭稍补论述散见《越缦堂日记》中,最后张尔田著《史微》促进经史文艺。

张尔田　《史微》《清史后妃传稿》

沈曾植子培 1850—1922

何秋涛 1824—1862　《朔方备乘》

李文田 1834—1895　《元秘史注》(《清藩属舆地丛书》)

章学诚 1738—1801　《修志十议》

张穆 1805—1849　《蒙古游牧记》《延昌地形志》《顾亭林年谱》

魏源 1794—1857　《圣武记》14　《元史新编》

柯劭忞

李元度 1821—1887

清代学者专修一史,编纂成书者亦少,而集中于元史,如魏源《元史新编》、邵远平《元史类编》、洪钧《元史译文补正》,其按照纪传体裁完整成书者只一柯劭忞《新元史》;因之在这方面经验是不够的。

清末由于社会生活的改变,纪传体史书已不符合大家要求,也不是学者们努力的方向,而《清史稿》仍采纪传体,参加纂修诸人这方面的基础条件是不够的。只有根据《实录》、本纪删节而成。

纂修诸人大多以遗老自居,志在颂扬,立场不对,在《明史》的"传主"为主的立场以外更加以"故国遗臣"的立场。明显的见于下列诸处:时时表露其惋惜:

《清史稿》列传的排列分合有它的用意,但没明白标出。金梁抽印《光宣列传》各加以小标题,宣示它的用意所在,如:

列传二五六恩铭、端方、松寿、赵尔丰、冯汝骙、陆钟琦诸人标以"殉国诸臣",列传二五七亦然。

列传二五八,盛宣怀、瑞澂二人标以"辛亥误国二臣"。

列传二五九标以"遗臣",所列六人前三人本无事可述。

列传二六〇张勋、康有为是民国的叛逆而亦标以"遗臣"。

《明史》对朱元璋十分推崇,但没有过分语句;对朱棣也十分推崇,而有批评;对朱由检(思宗)大加赞惜,而仍指出其"举措失当,制置乖方",最后竟称颂起满清来了,这是清修官史的原故。

而《清史稿》对前弩尔哈齐,说他"天锡智勇,神武绝伦";对于皇太极,说他"用兵如神","呜呼圣矣";对于玄烨,说他"为古今所未觏","使后世想望流连至今不能已","于戏,何其盛欤!"

又于《诸王传》有"天欤人欤"的话,《后妃传》有"岂不哀哉"的话。

《史稿》传二五六《传论》:"恩铭遇刺实在辛亥之前,盖乱机已兆矣。武昌变起……或慷慨捐躯,或从容就义,示天下以大节,垂绝纲常,庶几恃以复振焉。"

《史稿》传二五七《传论》:"辛亥之变,各省新军既先发难,……志锐等……及事不可为,乃以死报,志节皎然,可敬亦可哀矣。"

二五七《良弼传》:"武昌乱起。"

六、清史讲义大纲①

第一编　绪论

　　第三章　明清史之参考书

　　第一节　史籍(清代)

　　第二节　史料

　　清史资料

第二编　清代勃兴至鸦片战争

　　第四章　清代之先世与统一中原

　　第一节　清代之先世

　　　一、满洲名义之起原

　　　二、清代之种族

　　　三、清代先世世系

　　　四、清代之祖居

　　　五、清代先世与朝鲜及明朝之关系

　　第二节　清太祖之崛起

　　　一、清太祖努尔哈赤

　　　二、后金建国

　　　三、八旗

　　　　1.八旗之分

　　　　2.八旗军队之组织

　　　　3.八旗人民之义务

　　　　4.八旗与满洲政治

　　　　5.入关后之八旗

　　第三节　明清之战事

　　　一、清太祖伐明

---

① 编者注:此大纲是郑天挺先生清史分类卡片的导引卡片,放在各类卡片之前,当是上课的大纲,分别插入相关部分。兹将其抽出合为大纲,可见郑天挺清史课程讲授的基本框架与内容。

　3. 马阮乱政

　4. 四镇之争

　5. 左良玉之叛

　6. 清军之南下

二、唐王　鲁王

　1. 唐王鲁王分立闽浙

　2. 浙闽之水火

　3. 鲁王入海与唐王之亡

　4. 张煌言郑成功之规复

　5. 日本乞师

三、桂王

　1. 桂王之播迁

　2. 桂王时之党争

　3. 何腾蛟之规复

　4. 孙可望李定国之规复

四、各地民族运动之蜂起

第七节　三藩之平定

一、清初四王之封与其威势之重

　1. 孔

　2. 耿

　3. 尚

　4. 吴

二、三藩之归与撤藩之议

　1. 尚可喜之乞老

　2. 耿、吴之请移藩

　3. 撤藩之廷议

三、吴三桂之起兵与其军事计划

　1. 起兵之布置

　2. 清军之布置

　3. 达赖之调停

　4. 两军之攻守

四、三藩之平与清之统一

一、康熙之移易风气

　　1.理学之提倡

　　2.党争

二、雍正之政

第五节　雍乾武功之继续

一、平定青海喀木

　　1.和硕特之强大

　　2.罗卜藏丹津之乱

　　3.青海善后

二、再定西藏

　　1.雍正噶布伦之变

　　2.乾隆朱尔墨特之变

　　3.西藏镇抚制度之确定

　　4.乾隆平定廓尔喀

第六节　康乾文教之振兴

七、清史研究和档案(1962)①

今天提出这个问题和同志们座谈,不是讲演,更不是报告。

关于这个问题,我不是专家,而专家正是各位同志。

我们认为专家就是在马克思列宁主义、毛泽东思想立场、观点、方法指导下,深入实践的人。不问行业,不问工作性质,不问年龄。过去我是,今天不是,正由于此。一曝十寒,三心二意,见异思迁,浅尝辄止,决成不了专家。所以专业思想要巩固。我非常羡慕各位,感谢各位,勤勤恳恳致力于档案工作,我们学清史的人,要多向各位请教,今天更希望多提意见。

今天想分三部分,谈谈这个问题:

一、清代的历史档案和它的整理

二、用整理档案带动清史研究

---

① 编者注:此为同名论文的写作提纲,论文发表于《历史档案》1981年第1期,原为1962年应邀在中央档案馆明清档案部的学术报告,是郑天挺生前定稿,比较提纲与论文,便于了解郑天挺的学术思想。

三、对档案资料的认识

一、清代的历史档案和它的整理

1. 档案在历史研究中的地位

我们常说,学习明清史比学习其他各代历史有优越条件,因为它历代的实录都保存下来了。学习清史比明史的条件更好,因为它不但保存下来它的实录,而还有更多的档案。

一般研究历史的都很重视公文档案,因为它是原始文献、原始资料。西方所谓近代史学特点之一是征信公文,但只一百多年。在中国,司马迁作《史记》就引用了很多文书,起码有二千多年了。后世修史全据实录,而实录则据当时公文,所以档案在历史资料中地位很高,不容忽视。

2. 清档整理的成果

自从内阁大库档案散出,四十多年来经过很多同志整理,出版很多资料,写了很多论文,研究成果很多,贡献很大。从出版的资料看,大抵有三种体系:

(1)择要选辑抄录全文　罗振玉　前"中央"研究院　二者又不同　罗以出版为研究,研究后(实在只是泛泛一看)认为珍异就印行出版。前"中央"研究院对重要的先写文章后发表档案,如李光涛。

(2)按年编列抄录全文　沈阳

(3)专题编辑抄录全文　故宫　北大(洪承畴　李自成)

三者共同之点是全文抄录不加删节改易;不同之点是有的分类,有的按年,有的全不分、杂揉。

3. 过去整理中遇到的困难

(1)多　文件多　越多越难　三法司核议的红本　就要求整理

(2)乱　不系统　重复多　排沙检金　就要求分类

(3)不全也不全面　有缺失　残缺　焚毁过　霉烂　就要求深入研究

过去我们犯过错误,把满文割裂了。

过去我们的分类是主观的,是就我们知道的或关心的一些历史事件来分的。

过去我们的整理和研究是从兴趣出发的。

过去我们从事整理,从文物出发的多,从历史出发的少,当然过去还是旧观点的历史。因此,对在文物上有价值的都另外装裱起来,如七大恨榜文、多尔衮皇叔父摄政王的印玺,后来都损失了。其他还多。

二、用整理档案带动清史研究

档案太多,如何整理? 用任务带动科学的提法有问题,但也有它积极的一面。

1. 配合清代历史整理档案(要研究就得先整理)(过去有经验)

(1)过去配合的是清初和一些特殊问题

(2)清史的问题

前:民族矛盾向阶级矛盾逐步转化　　中:阶级矛盾逐步尖锐

分期　特点

2. 从档案整理改造旧历史

(1)阶级矛盾逐渐激化问题　欠租问题卡片　1741、1746、1758 江浙有抗租斗争,《实录》不详。

(2)资本主义萌芽发展的阻碍问题　李煦反映买布　江苏碑刻反映的

(3)中国封建社会的四条绳索问题　族权、夫权

(4)统治阶级内部斗争问题　鄂尔泰与杨名时、张照　鄂尔泰与张廷玉

三、对档案资料的认识

1. 档案的局限性

(1)局部(不是全面)

(2)个别(不是一般)

(3)特殊(不是普遍)

认识总是由认识特殊的逐步扩大到认识一般的。

2. 档案的特殊性

(1)档案以题奏、封进者为主(顺治三年,薙发、衣冠、圈地、投充、逃人牵连五事奏题不准封进;不是当时没有矛盾,而是《实录》与档无之。康熙时关于徐乾学、王鸿绪之参劾密折均留中,《实录》不载,档案有之,不是没有其事。不能以档案有无定事实有无)。

(2)公文文书只反映当时政局与政策　顺治元年至七年为多尔衮执政期,反映多尔衮政策,1644—1650 对满洲贵族有抑制,不是清朝贵族无势力,满族当时不优越,而是由多尔衮个人对某些贵族个人不满。不能以档案特殊情况以概其余。认为是通行制度。

(3)公文文书特别诉讼文书只反映一时一地的情况　如禁佃为奴,在顺治十七年(1660)已有禁,而康熙二十年(1681)在安徽仍存在(另见卡片)。又世仆,又如物价、租佃关系等等,一时一地可能有特殊情况,不能以概其

他。但也有可能它实在是普遍的,也可能由一地的特殊情况发展成为一般的。因此档案所反映的资料应该广泛地、反复地比证。

(4)诉讼文书有不实不尽(情伪)处　诉讼不实　口供笔录不实　判断有曲枉　宋人《能改斋漫录》引欧阳修言刑案曲枉多,则必有不按或改动呈词笔录处,其来已久。尝见清代的刑案判词及口供文稿改动很多,表面似乎是划一文字用语,实则轻重悬殊。不经过联系查考,只是孤证,不能据以为事实。

(5)官厅文书,如李煦奏报粮价、丝价、布价(另见卡片)所反映的情况与社会真实可能还有距离,但与官厅利害无关的,则可能接近真实。

要分别来看。不能尽信。要分析批判。

3. 没有理论指导,档案资料不能发挥应起的作用

马克思主义、毛泽东思想的立场、观点、方法问题　教廷发表康熙档案,说杨光先处死刑。与当时情势不合,不从立场观点分析,不知其枉。

文字狱不是满人压迫汉人而是阶级压迫。处死的有满人如鄂昌(赐死)。

党争亦不限满汉分党,阿桂与和珅不和。道光五年(1825)军机处档有御史汪世绂奏折,言粮船舵手纤工帮会事,分新安、老安、潘安三会,与近代之安清帮相近,与小说《施公案》(反动的)的描述相似,可证是劳动人民的自卫组织,当然这是封建时代以宗教迷信为联系纽带,而在家长制形式下组织起来的。

所以整理档案、钻研历史,都必须认真学习、反复学习马克思列宁主义、毛泽东思想,武装自己。

附录三　重要摘录

一、理论学习

1. 注意理论的完整性

《资本论》一卷,四章:"商品流通是资本的出发点。商品生产与发展了的商品流通——商业——是资本依以成立之历史的前提。"(人民出版社中文本,149 页)

《资本论》一卷,二十二章:"资本主义的占有方式,虽好象是在打原来的商品生产法则的耳光,但它的出现,决不是由于这种法则的破坏,反之,宁说是由于这种法则的应用。"(731 页)

　　据此,在讨论资本主义萌芽时期生产关系时,不能忽略商品生产与非商品生产的区分。黎澍同志曾强调此问题,见《历史研究》1956 年 4 期。黎文未引经典,兹为补之。

《列宁全集》二卷:"在这些包买主中有很多是工厂主,他们占有许多大资本主义企业。在家里工作在这里成了工厂的附属品,它意味着生产和资本的大量集中,意味着大规模的分工,因此,它是发展程度较高的资本主义形式。"(313 页)

　　据此,必须深入分析,不能任意把明代的处在生产以外的,小规模的收购商人统称之为包买主。

《毛泽东选集》二卷,《矛盾论》:"我们承认总的历史发展中是物质的东西决定精神的东西,是社会的存在决定社会的意识;但是同时又承认而且必须承认精神东西的反作用,社会意识对于社会存在的反作用,上层建筑对于经济基础的反作用。"(792 页,一版)

　　只注意正面不行。

2.列宁论包买主

《列宁全集》第二卷《1894—1875年皮尔姆省手工业调查以及"手工"工业中的一般问题》(1897年。中文版303—401页)

第一篇,一、总的材料

"'概述'将各种类型的手工业者,基本上分成两大部类(统计表中以罗马数字Ⅰ和Ⅱ来表示):即从事农业经营的(Ⅰ)和没有从事农业经营的(Ⅱ)。其次,每一部类又分成3个分类(以阿拉伯数字1,2,3来示):即(1)自做自卖的手工业者;(2)为定购的消费者工作的手工业者;(3)为定购的包买主工作的手工业者。在后两种分类中,手工业者的原料主要是由定购者供给。"(306—307页)

　　案,这种部类的分法列宁认为"是十分合理和必要的",但对分类中的"手工业者"未将"手艺人"分出去,是不对的,"应该将为市场工作的商品生产者(第一分类)与为消费者工作的手艺人(第二分类)严格加以区别(309页)。因为这两种工业形式,按其社会经济意义说来,是两种完全不同的类型"(309页)。(分类还有其他缺点不具录)

"同样,也要将第三分类——为包买主(和工厂主)工作的手工业者严格加以区别,他们与前两分类的'手工业者'有着本质上的不同。"(309页)

"(有人会反驳说:)在家里工作是资本主义的低级形式。"(313页)(与下条相连)

"然而,我们在下面就可以看到,在这些包买主中有很多是工厂主,他们占有许多大资本主义企业。在家里工作在这里成了工厂的附属品,它意味着生产和资本的大量集中(原括弧不抄),意味着大规模的分工,因此,它是发展程度较高的资本主义形式。"(313页)

"资本主义只不过是彻底发展了的商品经济。"(314—315页)

"在商品生产占优势以及雇佣劳动不是偶然地而是经常地使用的地方,那里就具备了资本主义的全部特征。"(315页)

二、"手工业者"和雇佣劳动

"手艺人的生产是最分散的,他们是最孤立的个体生产者,并且他们在生产中极少采用协作。"(319页)手艺人指为定购的消费者工作的手工业者,原料由定购者供给,手艺常常被商品生产排挤(311页)。

"在手工业发展以前,商品流通(它是手工业发展的条件)早已根深蒂固了。"(316页)

　　此条应移前(一)内最末。

"'家庭协作'是资本主义协的保证和基础。"(322页)"'家庭协作'其实是发展资本主义协作的保证。"(320页)

"常年工人通常是吃老板的,而包工则是吃自己的。"(327页)

三、"公社或劳动的继承性"

"农民中小生产的增长,意味着新的生产部门的出现,若干新的原料加工部门分裂成为独立的工业部门,这是社会分工中的一个进步,是资本主义的初级过程,到大作坊吞并小作坊时,就说明资本主义已前进了一步,而即将最终形成资本主义的高级形式。小作坊在农民中的扩展,扩大了商品经济,并为资本主义准备了基地(造成了许多小业主和雇佣工人),而手工业工场和工厂对小作坊的吞并,就是大资本对这一准备好了的基地的利用。"(329页)

第二篇　四、"手工业者"的农业

五、大作坊和小作坊。手工业者的收入

"许多行业的材料,证明大作坊(按工人总数而言)不同于中小作坊的地方是:(1)劳动生产率极高;(2)雇佣工人的工资较高;(3)纯收入极高。"(357页)

"这些作坊的生产率高达上万卢布,每一作坊的雇佣工人竟达10个或10个以上。可见这些大作坊乃是资本主义的作坊。"(357页)

"不应忽视,这些材料并未包括包买主在内,因此上述的收入分配是极其不确切的。我们看到,有2346户和5628个工人在为包买主工作(第3分类),可见这里得到主要收入的是包买主。不把包买主算作工业者,这是一种完全人为的和毫无根据和作法。在述说大工厂工业的经济关系时,不说明工厂主的收入数量,这是不正确的,同样,在述说'手工'工业的经济时,不说明包买主的收入——这一收入是从手工业者也参加的这一生产中得来的,它是手工业者所制造的产品的价值的一部分,——这也是不正确的。"(364页)

第三篇　六、什么是包买主

"上面我们把包买主称之为最大的工业者。从通常的民粹派的观点看来,这简直是胡说。在我国,人们习惯于把包买主描绘成一种处于生产之外

的、外来的、与工业本身无关而'仅仅'依赖于交换的人物。"(366页)

"这种观点的产生,是由于不了解现代工业(也包括手工工业)的共同的和主要的根底、基础和背景,也就是不了解商品经济,在商品经济中,商业资本是必要的组成部分,而不是偶然的和外来的东西。"(366页)

"必须详尽而周密地研究:包买主是如何经营的,他们的资本是如何积累起来的,这种资本在购买原料和销售产品方面是如何运用的,资本在这些方面活动的条件(社会经济条件)是怎样的,包买主在组织购销方面的开支是多少,这些开支是怎样根据商业资本的大小和购销的多少而使用的,有时包买主先在自己作坊里对原料进行部分加工,然后交给工人在家里继续加工(有时还要由包买主最后加工),有时包买主又先把原料卖给小工业者,然后再在市场上购买他们的制成品,造成这种情况的条件是什么。"(367页)

"只有这样的经济研究,才能对下列的问题作出确切而科学的回答:什么是包买主,包买主在经济上的意义,包买主在商品生产工业形式的历史发展中的意义。"(367页)

"在那里(天挺案,指纺织工业),'包买主'是进行机器大生产的大工厂主的直接先驱者,是他们的前辈。"(368页)

"而这个时候'人为的'和'毫无根基的''盘剥者'(案,指包买主)却沿着自己的老路前进,继续集中资本,'聚集'生产资料和生产者,扩大原料采购的规模,使生产更细致地分为许多单个工序(整经、纺织、染色和染整等等),并把分散的、技术落后的、以手工劳动和奴役为基础的资本主义手工工场改变为资本主义机器工业。"(368页)

"根据大多数行业情况看来,我们可以断定,包买主同生产有极为密切的关系,他们甚至是直接参加生产的,就象有雇佣工人的作坊主'参加'生产一样。"(378页)

"(民粹派认为——抄时加的)为包买主工作,只不过是某种不正当行为、某种偶然事件、某种'交换过程资本化'的结果,而不是生产的结果,这种说法是最荒唐不过的了。"(378页)

"按工业形式的科学分类来说,在工业形式的顺序发展中,为包买主工作多半可以算作资本主义手工工场。……(中举四项理由)……大家知道,正是这些特征表明了手工工场的科学概念,它是资本主义在工业发展中的一个独特的阶段(见《资本论》第一卷第十二章)。大家知道,这一工业形式标志着资本主义的深刻统治,它是资本主义最后和最高的形式——大机器工业的直接先驱者。就是说,为包买主工作是资本主义的一种落后的形式,在现代社会中,这种落后现象使为包买主工作的劳动者的生活状况特别恶化,使他们受着一系列中间人的剥削,使他们变得零星分散,只能得到最低微的工资,只能在最不卫生、工作日极长的条件下工作——而最重要的是,他们只能在极难对生产实行社会监督的条件下工作。"(378—379 页)

1960.8.3

3. 毛主席论基础与上层建筑的辩证关系

《关于正确处理人民内部矛盾的问题》(1957.2.27 讲演):

"马克思主义哲学认为,对立统一规律是宇宙的根本规律。这个规律,不论在自然界,人类社会和人们的思想中,都是普遍存在的。矛盾着的对立面又统一,又斗争,由此推动事物运动和变化。矛盾是普遍存在的,不过按事物的性质不同,矛盾的性质也就不同。对于任何一个具体的事物说来,对立的统一是有条件的、暂时的、过渡的,因而是相对的,对立的斗争则是绝对的。"(人民出版社版,10 页)

"矛盾不断出现,又不断解决,就是事物发展的辩证规律。"(13 页)

《矛盾论》(1937.8):

四、主要的矛盾和主要的矛盾方面:

"有人觉得有些矛盾并不是这样。例如,生产力和生产关系的矛盾,生产力是主要的;理论和实践的矛盾,实践是主要的;经济基础和上层建筑的矛盾,经济基础是主要的;它们的地位并不互相转化。这是机械唯物论的见解,不是辩证唯物论的见解。诚然,生产力、实践、经济基础,一般地表现为主要的决定的作用,谁不承认这一点,谁就不是唯物论者。然而,生产关系、理论、上层建筑这些方面,在一定条件之下,又转过来表现为主要的决定的作用,这也是必须承认的。当着不变更生产关系,生产力就不发展的时候,……当着政治文化等等上层建筑阻碍着经济基础的发展的时候,对于政治上和文化上的革新就成为主要的决定的东西了。我们这样说,是否违反了唯物论呢? 没有。因为我们承认总的历史发展中是物质的东西决定精神的东西,是社会的存在决定社会的意识;但是同时又承认而且必须承认精神的东西的反作用,社会意识对于社会存在的反作用,上层建筑对于经济基础的反作用。这不是违反唯物论,正是避免了机械唯物论,坚持了辩证唯物

论。"（一版二卷,792 页）

《关于正确处理人民内部矛盾的问题》：

一、两类不同性质的矛盾：

"在社会主义社会中,基本的矛盾仍然是生产关系和生产力之间的矛盾,上层建筑和经济基础之间的矛盾。不过社会主义的这些矛盾,同旧社会的生产关系和生产力的矛盾,上层建筑和经济基础的矛盾,具有根本不同的性质和情况罢了。"（10 页）

"社会主义社会的矛盾同旧社会的矛盾,例如同资本主义社会的矛盾,是根本不相同的。资本主义社会的矛盾表现为剧烈的对抗和冲突,表现为剧烈的阶级斗争,那种矛盾不可能由资本主义制度本身来解决,而有社会主义革命才能够加以解决。"（10 页）

　　案,封建主义社会矛盾应该也是一样。

《再论无产阶级专政的历史经验》（1956.12.29 人民日报编辑部写成）：

"但是在基本制度适合需要的情况下,在生产关系和生产力之间,在上层建筑和经济基础之间,也仍然存在着一定的矛盾。这种矛盾表现成为经济制度和政治制度的某些环节上的缺陷。这种矛盾,虽然不需要用根本性质的变革来解决,仍然需要及时地加以调整。"（一论再论合刊本《无产阶级专政的历史经验》,23 页）

"制度是有决定性的,但是制变本身并不是万能的。无论怎样好的制度,都不能保证工作中不会发生严重的错误。有了正确的制度以后,主要的问题就在于能否正确地运用这种制度,就在于是否有正确的政策、正确的工作方法和工作作风。"（23 页）

"马克思列宁主义的辩证法科学告诉我们,任何一种生产关系以及在这种生产关系的基础上建立起来的上层建筑,都有它的发生、发展和灭亡的过程。生产力发展到一定阶段,旧的生产关系基本上不能再同它相适应;经济基础发展到一定阶段,旧的上层建筑基本上不能再同它相适当。在这样的时候,就必然要引起根本性质的变革。谁要抵抗这种变革,谁就会被历史所抛弃。这一规律,以不同的形态适用于一切社会。"（22 页）

陆定一《在列宁的革命旗帜下团结起来》（1960.4.22）：

"有一种理论认为:人类社会中,只有敌我矛盾,没有人民内部矛盾;在社会主义社会里,生产关系同生产力之间,上层建筑同经济基础之间,只有互相适应的一面,没有互相矛盾的一面;社会主义建设,只要依靠技术,不需要依靠群众;社会主义制度,只要巩固,无须发展,即使还要发展,还要前进到共产主义,也无须经过斗争,无须经过质的飞跃;所以,人类社会的不断革命的过程,就到此为止了。这在哲学思想上是形而上学的观点,而不是辩证唯物主义的观点。"(《列宁主义万岁》,88—89 页)

其他社会应该也有互相矛盾一面。

1960. 11. 20

二、周扬同志在编写中国通史座谈会上发言

我们主张厚今薄古,是反对颂古非今,反对只注意古代不注意近现代,只注意史料不注意理论。

"主席从来认为必须注意三个方面,那就是'理论、历史、现状'。'理论、历史、现状'是相结合的。"

"历史知识少,理论少,对事物的理解就不能丰富,不能概括,不能比较,故对思想领域很狭窄。"

"主席在八大二次会议上曾经讲到过'才、学、识'的问题。识就是观点立场方法。"

"以识为主是中国几千年来的好传统。"

"分期问题也是识的问题,也就是判断的问题。一定要有判断。有人以为把马列主义公式一套算有了思想性,以我看,应该以对材料的观察的结果,做出马列主义的判断,否则'识'就太容易了。所以我们强调识。"

"马列主义不是教条,要有创造性,我们讲'思想挂帅'。"

才应该是分析能力,学应是文献积累。主席原意是否如此待证。天

会务今后的方向

忽视理论重视史料在天津史学界很严重

史论统一

阶级观点,批判刘节

史学界阶级斗争

学习毛泽东思想,起而战斗

阶级教育

作文章驳帝国主义修正主义

思想改造　改造世界观

学术与政治　古为今用　为现实政治服务

两条路线斗争问题

批判继承　抽象继承

有无纯客观资料(傅尚文)？没有(傅)

古人是否也是史论结合(傅)有,而与今天有本质不同(傅)

轻理论的结果(傅),取消阶级斗争

附录四 郑天挺明清史讲义清史部分现存卡片原顺序目次

一、明清之战事

明清史清史

第二编

第四章

第三节 明清之战争 目录附

一、清太祖伐明

二、抚顺清河之战

三、(萨尔浒之战)明杨镐征辽

四、明边帅之数更与清太祖之对策

五、清太宗之扰明

1. 事·清·政　　　　　奴儿哈赤始为患一
2. 事·清·政　　　　　奴儿哈赤始为患二
3. 事·清·政　　　　　奴儿哈赤始为患三
4. 事·清·政　　　　　奴儿哈赤始为患四
5. 事·金·政·俗　　　　金太祖伐辽告天
6. 事·清·政·军　　　　清太祖告天七大恨一
7. 事·清·政·军　　　　清太祖告天七大恨二
8. 事·清·政·军　　　　清太祖告天七大恨三
9. 事·清·政·军　　　　清太祖告天七大恨四
10. 事·清·政·军　　　清太祖告天七大恨五
11. 事·清·政·军　　　清太祖告天七大恨六
12. 事·清·政·军　　　清太祖告天七大恨七
13. 事·清·政·军　　　清太祖告天七大恨八
14. 事·清·政·军　　　清太祖告天七大恨九
15. 事·清·政·军　　　清太祖告天七大恨十

16. 事·清·政·军	清太祖告天七大恨十一
17. 事·清·政·军	清太祖告天七大恨十二
18. 事·清·政·军	清太祖告天七大恨十三
19. 事·清·政·军	清太祖告天七大恨十四
20. 事·清·政·军	清太祖告天七大恨十五
21. 事·清·政·军	清太祖告天七大恨十六
22. 事·清·政·军	清太祖告天七大恨十七
23. 事·清·政·军	清太祖告天七大恨十八
24. 事·清·政·军	清太祖告天七大恨十九
25. 事·清·军	木刻七大恨榜文一
26. 事·清·军	木刻七大恨榜文二
27. 事·清·军	木刻七大恨榜文三
28. 事·清·军	木刻七大恨榜文四
29. 事·清·军	木刻七大恨榜文五
30. 事·清·军	木刻七大恨榜文六
31. 事·清·军	木刻七大恨榜文七
32. 事·明·清·军	清太宗之扰明一
33. 事·明·清·军	清太宗之扰明二
34. 事·明·清·军	清太宗之扰明三
35. 事·明·清·军	清太宗之扰明四
36. 事·明·清·军	清太宗之扰明五
37. 事·明·清·军	清太宗之扰明六
38. 事·明·清·军	清太宗之扰明七
39. 事·明·清·军	清太宗之扰明八
40. 事·明·清·军	清太宗之扰明九
41. 事·明·清·军	清太宗之扰明十
42. 事·明·清·军	清太宗之扰明十一
43. 事·明·清·军	清太宗扰明情形一
44. 事·明·清·军	清太宗扰明情形二
45. 事·明·清·军	清太宗扰明情形三
46. 事·明·清·军	清太宗扰明情形四
47. 事·明·清·军	清太宗扰明情形五

80. 事·清·军　　　　　清太祖初起兵对明要求之条件一

81. 事·清·军　　　　　清太祖初起兵对明要求之条件二

82. 事·明·政　　　　　明朝所传金使礼节

83. 事·明·清·政　　　满洲与明朝之和议一

84. 事·明·清·政　　　满洲与明朝之和议二

85. 事·明·清·政　　　满洲与明朝之和议三

86. 事·明·财　　　　　满洲初起时与明互市地

87. 事·明·清·军　　　松山战后之明清和议一

88. 事·明·清·军　　　松山战后之明清和议二

89. 事·明·清·军　　　松山战后之明清和议三

90. 事·明·清·军　　　松山战后之明清和议四

91. 事·明·清·军　　　松山战后之明清和议五

92. 事·明·清·军　　　松山战后之明清和议六

93. 事·明·清·军　　　松山战后之明清和议七

94. 事·明·清·军　　　松山战后之明清和议八

95. 事·明·清·军　　　松山战后之明清和议九

96. 事·明·清·军　　　松山战后之明清和议十

97. 事·明·清·军　　　松山战后之明清和议十一

98. 事·明·清·军　　　松山战后之明清和议十二

99. 事·明·清·军　　　松山战后之明清和议十三

100. 事·明·清·军　　松山战后之明清和议十四

101. 事·明·清·军　　松山战后之明清和议十五

102. 事·明·清·军　　松山战后之明清和议十六

103. 事·明·清·军　　松山战后明清和议日表一（未完）

二、明清史参考书

明清史讲稿

　第一编　绪论

　　第三章　明清史之参考书

　　　第一节　史籍（清代）

　　　　第二节　史料

1. 书·清代书　　　　　　　纪传

2. 书·清代史　　　　　　　清史稿之修成一

3. 书·清代史　　　　　　　清史稿之修成二

4. 书·清代史　　　　　　　清史稿

5. 书·清代史　　　　　　　清史稿取材

6. 书　　　　　　　　　　　清史稿纂修时初拟从删篇目

7. 书·清代史　　　　　　　清史稿纂修姓氏一

8. 书·清代史　　　　　　　清史稿纂修姓氏二

9. 书·清代史　　　　　　　清史稿纂修人手一

10. 书·清代史　　　　　　　清史稿纂修人手一

11. 书·清代史　　　　　　　清史稿纂修人手二

12. 书·清代史　　　　　　　清史稿纂修人手三

13. 书·清代史　　　　　　　清史稿纂修人手四

14. 书·清代史　　　　　　　清史稿纂修人手五

15. 书·清代史　　　　　　　清史稿纂修人手六

16. 书·清代史　　　　　　　清史稿纂修人手七

17. 书　　　　　　　　　　　清史稿之批评一

18. 书　　　　　　　　　　　清史稿之批评二

19. 事·书·清　　　　　　　清史稿的私改一

20. 事·书·清　　　　　　　清史稿的私改二

21. 事·书·清　　　　　　　清史稿的私改三

22. 事·书·清　　　　　　　清史稿的私改四

23. 书·清代史　　　　　　　实录

24. 事·清·文　　　　　　　清史有纪表

25. 书·清代史　　　　　　　东华录

26. 事·清·文　　　　　　　清国史纂修列传

27. 书·清代史·开国　　　　明元清系通纪

28. 书·清代史·开国　　　　满洲源流考

29. 书·清代·编年　　　　　开国方略

30. 书·清代史·武功　　　　平定台湾

31. 书·清代史·武功　　　　平定苏四十三

32. 书·清代史·武功　　　　平定准噶尔

33. 书·清代史·武功　　　平定朔漠

34. 书·清代史·武功　　　平定金川

35. 书·清代史·武功　　　戡定山东

36. 书·清代史·武功　　　平定两金川

37. 书·清·史　　　　　　清代实录一

38. 书·清·史　　　　　　清代实录二

39. 书·清　　　　　　　　满洲实录

40. 书·清代·政书　　　　清会典

41. 书·清代·政书　　　　八旗通志

42. 书·清代·政书　　　　大清则例

43. 书·清·政书　　　　　大清通礼

44. 书·清代·政书　　　　皇朝文献通考

45. 书·清代·政书　　　　皇朝通志

46. 书·清·史　　　　　　清代史籍一

47. 书·清·史　　　　　　清代史籍二

48. 书·清·史　　　　　　清代史籍三

49. 书·清·史　　　　　　清代史籍四

50. 书·清代史　　　　　　近人著作一(以日人著作为蓝本,新派)

51. 书·清代史　　　　　　近人著作二(旧派)

52. 书·清代史·纪传　　　传记

53. 书·清代史　　　　　　传记

54. 书·清史·传记　　　　名儒

55. 书·清代史　　　　　　传记

56. 书·清史　　　　　　　传记引得

57. 书·清　　　　　　　　老档一

58. 书·清代史　　　　　　建国史料

59. 书·清代史·史料　　　分辑

60. 事·清　　　　　　　　顺治时之政治目录

61. 事·清·政　　　　　　清初之迁都

62. 人·事·清　　　　　　清代世系

63. 事·明·政　　　　　　清初之法明一

64. 事·明·政　　　　　　清初之法明二

65. 事·清·政	清康熙自称法明
66. 事·清·政	康熙推崇明太祖
67. 人·清·学	明末遗民

三、清史资料

1. 清史资料	
2. 清史资料	编年史
3. 书·清·史	清代编年史
4. 书·清·史	清代传记一
5. 书·清·史	清代传记二
6. 书·清·史	碑传集一
7. 书·清·史	碑传集二
8. 书·清·史	清史稿印行先后
9. 书·清·史	清史稿的关内本与关外本一
10. 书·清·史	清史稿的关内本与关外本二
11. 书·清·史	清史稿的关内本与关外本三
12. 书·清·史	清史稿的关内本与关外本四
13. 书·清·史	清史稿的关内本与关外本五
14. 书·清·史	清史稿的关内本与关外本六
15. 书·清·史	清史稿关内关外本异同
16. 书·清·史	禁清史稿
17. 书·清·史	对史稿关内关外本意见一
18. 书·清·史	对史稿关内关外本意见二
19. 书·清·史	对史稿关内关外本意见三
20. 书·清·史	台湾出版清史一
21. 书·清·史	台湾出版清史二
22. 书·清·史	康熙时修三朝国史
23. 书·清·史	清代国史
24. 书·清·史	清代史
25. 书·清·史	清代政书
26. 书·清·政	枢垣纪略一

27. 书·清·政　　　　枢垣纪略二
28. 书·清·政　　　　枢垣纪略三
29. 书·清·政　　　　枢垣纪略四
30. 书·清·政　　　　清代则例一
31. 书·清·政　　　　清代则例二
32. 书·清·政　　　　清代则例三
33. 书·清·政　　　　清代则例四
34. 书·清·政　　　　清代则例五
35. 书·清·政　　　　清代则例六
36. 书·清·政　　　　清代则例七
37. 书·清·政　　　　清代则例八
38. 书·清·政　　　　清代则例九
39. 书·清·政　　　　书目答问介绍的经济名臣一
40. 书·清·政　　　　书目答问介绍的经济名臣二
41. 书·清·政　　　　书目答问介绍的经济名臣三
42. 书·清·政　　　　书目答问介绍的经济名臣四
43. 书·清·史　　　　清代史丛书
44. 人·现·文　　　　日本研究明清史的学者一
45. 人·现·文　　　　日本研究明清史的学者二
46. 人·现·文　　　　日本研究明清史的学者三
47. 人·现·文　　　　日本研究明清史的学者四
48. 书·清·史　　　　清人笔记
49. 书·清·笔记　　　清末笔记
50. 书·清·史　　　　清末民初笔记
51. 书·清·政　　　　养吉斋丛录一
52. 书·清·史　　　　清史稿人名的错误一
53. 书·清·史　　　　清史稿人名的错误二
54. 书·清·史　　　　清史稿人名的错误三
55. 理论学习　　　　毛主席论学历史一
56. 理论学习　　　　毛主席论学历史二
57. 理论学习　　　　毛主席论学历史三
58. 理论学习　　　　毛主席论学历史四

59. 理论学习　　　　　　　毛主席论学历史

60. 理论学习　　　　　　　毛主席论学历史

61. 叙述与分析的分别

62. 分析不同与有意抑扬褒贬

63. 明史的古典读物（著作）和它的读法

64. 书·史·明　　　　　　清人关于明史著作一

65. 书·史·明　　　　　　清人关于明史著作二

66. 书·史·明　　　　　　清人关于明史著作三

67. 书·史·明　　　　　　清人关于明史著作四

68. 书·清·史　　　　　　有关满洲入关前记载各书一

69. 书·清·史　　　　　　有关满洲入关前记载各书二

70. 书·清　　　　　　　　清初问题参考论文

71. 书·清　　　　　　　　满洲初起参考一

72. 书·清　　　　　　　　满洲初起参考二

73. 书·清　　　　　　　　满洲初起参考三

74. 书·清　　　　　　　　满洲初起参考四

75. 书·清·军　　　　　　八旗制度参考

76. 书·清　　　　　　　　清史参考书

77. 书·清　　　　　　　　建州卫所在之参考一

78. 书·清　　　　　　　　建州卫所在之参考二

79. 书·清　　　　　　　　明末清初故实参考书一

80. 书·清　　　　　　　　明末清初故实参考书二

81. 书·清　　　　　　　　明末清初故实参考书三

82. 书·清　　　　　　　　明末清初故实参考书四

83. 书·清　　　　　　　　明末清初故实参考书五

84. 书·清　　　　　　　　明末清初故实参考书六

85. 书·清　　　　　　　　明末清初故实参考书七

86. 书·清　　　　　　　　明末清初故实参考书八

87. 书·清　　　　　　　　明末清初故实参考书九

88. 书·清　　　　　　　　明末清初故实参考书十

89. 书·清　　　　　　　　明末清初故实参考书十一

90. 书·清　　　　　　　　明末清初故实参考书十二

四、清代之先世

第一节清代之先世

　　二、清代之种族

7. 事·明·社	满洲与"外族"
8. 事·明·政	明太祖对辽左之态度
9. 事·清	女真之三部
10. 事·清	清代祖居　建州三卫一
11. 事·清	清代祖居　建州三卫二
12. 事·清	清代祖居　建州三卫三
13. 事·清	清代祖居　建州三卫四
14. 事·明·地	建州三卫与女真迁徙一
15. 事·明·地	建州三卫与女真迁徙二
16. 事·明·地	建州三卫与女真迁徙三
17. 事·清代	清代先世世系一
18. 事·清·帝系	清代先世世系二
19. 事·清·帝系	清代先世世系三
20. 事·清·帝系	清代先世世系四
21. 事·清·帝系	清代先世世系五
22. 事·清·帝系	清代先世世系六
23. 人·清	清太祖武皇帝实录所列太祖世系
24. 人·清	清史稿所列太祖世系
25. 人·清	清史稿所列蒙哥帖木儿世系
26. 人·清	清史稿所列阿哈出世系
27. 事·明	清祖系之疑
28. 事·清	清先世与朝鲜及明朝之关系一
29. 事·清	清先世与朝鲜明朝之关系二
30. 事·清	清先世与朝鲜明朝之关系三
31. 事·清	清先世与朝鲜明朝之关系四
32. 事·明·政	明初辽东女直人来归
33. 事·清	清代祖居——斡朵里在朝鲜之证据一
34. 事·清	清代祖居——斡朵里在朝鲜之证据二
35. 事·清	清代祖居——斡朵里在朝鲜之证据三
36. 名·清·政	满洲与诸申

64.事·清·礼·政　　　　清顺治时自论与金代之关系一

65.事·清·礼·政　　　　清顺治时自论与金代之关系二

66.明清史清史

　　第　　编

　　第　　章

　　　第一节　清代之先世

　　　　三、清代先世世系

67.事·清　　　　　　　清代祖居——康乾所推定之俄漠惠所在

68.事·清　　　　　　　清代祖居——俄漠惠所在

69.地图

70.事·清　　　　　　　明初建州女真居地之迁徙一

71.事·清　　　　　　　明初建州女真居地之迁徙二

72.事·清　　　　　　　明初建州女真居地之迁徙三

73.事·清　　　　　　　明初建州女真居地之迁徙四

74.事·清　　　　　　　明初建州女真居地之迁徙五

75.事·清　　　　　　　明初建州女真居地之迁徙六

76.事·清　　　　　　　明初建州女真居地之迁徙七

77.事·清　　　　　　　明初建州女真居地之迁徙八

78.事·清·政　　　　　满洲强大之故

79.建州女真附近诸图　据和田清说

80.人·清·政　　　　　弩尔哈齐

81.事·清·军　　　　　清太祖初时与之争衡诸人

82.事·清·民　　　　　满清初起东北各民族一

83.事·清·民　　　　　满清初起东北各民族二

84.事·清·民　　　　　满清初起时东北各民族三

85.事·清·地　　　　　满洲入关前附近诸国一

86.事·清·地　　　　　满洲入关前附近诸国二

87.事·清·地　　　　　满洲入关前附近诸国三

88.事·清·地　　　　　满洲入关前附近诸国四

89.人·清　　　　　　　清太祖一

90.人·清　　　　　　　清太祖二

91.人·清　　　　　　　清太祖三

92.	人·清	清太祖之称号
93.	清·事·军	太祖之武功与李成梁一
94.	事·清·军	太祖之武功与李成梁二
95.	事·清·军	太祖之武功与李成梁三
96.	事·清·军	太祖之武功与李成梁四
97.	事·清·军	太祖之武功与李成梁五
98.	事·清	后金建国一
99.	事·清	后金建国二
100.	事·清	后金建国三
101.	事·清·政	满洲兴起与蒙古

五、满洲入关

1. 明清史清史

　　第二编

　　　第四章　清代之先世与统一中原

　　　第四节　满洲入关　目录附

　　　　一、多尔衮

　　　　三、清军入关

　　　　四、入关之初政与迁都北京

2. 明清史

　　第三编

　　　第八章

　　　第二节　满洲入关

　　　　一、顺治之立与多尔衮辅政

　　　　　1. 帝位之争

　　　　　2. 多尔衮之政策

　　　　二、满洲入关与吴三桂请兵

　　　　　1. 入关之议

　　　　　2. 吴三桂请兵

　　　　　3. 山海关之战

　　　　　4. 入关之政策

第三节　明代之复兴运动

34. 事·明·清·军　　　　　一片石之战

35. 事·明·清·军　　　　　山海关之战

36. 人·清·政　　　　　　多尔衮年岁

37. 事·清·政　　　　　　多尔衮之称号

38. 事·清·政　　　　　　多尔衮府第一

39. 明清史清史
　　　第　编
　　　第四章
　　　　第四节　满洲入关
　　　　　二、入关之议论

40. 崇祯十七年(1644)清顺治元年

41. 人·清·政　　　　　　范文程一

42. 人·清·政　　　　　　范文程二

43. 人·清·政　　　　　　范文程三

六、入关前的社会

1. 清入关前满洲族社会性质

2. 清入关前满洲族社会性质二

3. 清入关前满洲族社会性质三

4. 清入关前满洲族社会性质四

5. 清入关前满洲族社会性质五

6. 事·清·社　　　　　　清开国时的学习汉俗

7. 人·清·政　　　　　　奴儿哈赤

8. 事·清·政　　　　　　奴儿哈赤始见李朝实录

9. 事·清·政　　　　　　朝鲜记载中之奴儿哈赤一

10. 事·清·政　　　　　朝鲜记载中之奴儿哈赤二

11. 事·清·经　　　　　朝鲜往探奴儿哈赤一

12. 事·清·经　　　　　朝鲜往探奴儿哈赤二

13. 事·清·经　　　　　满洲初期的农村一

14. 事·清·经　　　　　满洲初期的农村二

15. 事·清·经　　　　　满洲建国前的虏掠人口

七、军机处与议政大臣

12. 事·清·政	议政大臣三
13. 事·清·政	议政大臣四
14. 事·清·政	议政大臣五
15. 事·清·政	议政大臣的设立与废止一
16. 事·清·政	议政大臣的设立与废止二
17. 事·清·政	议政大臣的设立与废止三
18. 事·清·政	南书房
19. 事·清·政	雍正之政一
20. 事·清·政	雍正之政二
21. 事·清·政	军机处设立原因
22. 事·清·政	嘉庆时不改军机处名称
23. 事·清·政	军机大臣一
24. 事·清·政	军机大臣二
25. 事·清·政	军机大臣三
26. 事·清·政	军机大臣四
27. 事·清·政	军机大臣五
28. 事·清·政	军机大臣六
29. 事·清·政	军机处与奏折廷寄
30. 事·清·政	廷寄
31. 事·清·政	军机处文件日行三百里　紧急公文日行六百里
32. 事·清·政	军机处职制皆张廷玉所定
33. 事·清·政	军机处要求慎密
34. 事·清·政	大学士必兼军机大臣始为真宰相
35. 事·清·政	军机处一
36. 事·清·政	军机处二
37. 事·清·政	军机处三
38. 事·清·政	军机处四
39. 事·清·政	军机处五
40. 事·清·政	军机处六
41. 事·清·政	军机处七
42. 事·清·政	军机处八
43. 事·清·政	军机处九

八、明之复兴运动、明清之战事、三藩之平定

12. 事·明·清·军　　　　　明清萨尔浒之战四

13. 事·明·清·军　　　　　明清萨尔浒之战五

14. 地图

15. 事·明·军　　　　　　杨镐与萨尔浒之战一

16. 事·明·军　　　　　　杨镐与萨尔浒之战二

17. 事·明·军　　　　　　杨镐与萨尔浒之战三

18. 文·明·军　　　　　　记萨尔浒之战一

19. 文·明·政　　　　　　记萨尔浒之战二

20. 文·明·政　　　　　　记萨尔浒之战三

21. 文·明·政　　　　　　明成祖朝鲜选妃

22. 事·明·政·军　　　　明末之辽帅一

23. 事·明·政·军　　　　明末之辽帅二

24. 事·明·清·政·军　　明代辽帅之数更与太祖之对策一

25. 事·明·清·军·政　　明代辽帅之数更与清太祖之对策二

26. 事·明·清·军·政　　明辽帅之数更与清太祖之对策三

27. 人·事·清　　　　　　清太祖太宗在位年数

28. 事·清·军　　　　　　清太祖侵明先后一

29. 事·清·军　　　　　　清太祖侵明先后二

30. 事·清·政　　　　　　明朝所传清太祖死讯一

31. 事·清·政　　　　　　明朝所传清太祖死讯二

32. 事·清·政　　　　　　明朝所传清太祖死讯三

33. 明清史清史

　　第二编

　　　第四章　清代之先世与统一中原

　　　　第三节　明清之战事

　　　　　五　清太宗之扰明

　　　　　　1. 明清之形势与和议

　　　　　　2. 满洲征朝鲜

　　　　　　3. 岛事

　　　　　　4. 五次扰明

　　　　　　5. 大凌河之役

　　　　　　6. 杏山之役

　　　　7. 松山战后之和议

　　　　8. 扰明之目的

34. 事·人·政·军·明　　　袁崇焕治辽策

35. 文·清·政　　　　　　皇太极名号之由来

36. 文·清·政　　　　　　清太宗与三国演义

37. 明清史清史

　　第　编

　　第四章

　　第七节　三藩之平定

　　　　三　吴三桂之起兵与其军事计划

　　　　　1. 明清之形势与和议

　　　　　2. 清军之布置

　　　　　3. 达赖之调停

　　　　　4. 两军之攻守

　　　　四　三藩之平与清之统一

　　　　　1. 三桂称帝与死

　　　　　2. 耿、尚之前降

　　　　　3. 清军之进剿

　　　　　4. 三桂失败与清军胜利之原因

　　　　　5. 清之统一

38. 明清史清史

　　第　编

　　第四章　清代之先世与统一中原

　　第七节　三藩之平定

　　　　一、清初四王之封与其威势之重

　　　　二、三藩乞归与撤藩之议

39. 事·明·清　　　　　三藩之抗清运动目录

40. 人·事·清　　　　　三藩世系

41. 事·清·军　　　　　平定三藩

42. 事·清·政·军　　　三藩

43. 事·清·政　　　　　三藩之封

44. 人·事·清·政　　　孔有德一

45.	人·事·政·军	孔有德二
46.	人·事·政·军	孔有德三
47.	人·事·政·军·清	耿仲明一
48.	人·事·清·军·政	耿仲明二（子继茂）
49.	人·事·清·政·军	尚可喜一
50.	人·事·清·政·军	尚可喜二
51.	人·事·清·政·军	尚可喜三
52.	人·事·明·政	孔尚耿与毛文龙
53.	事·清·政·军	清初孔耿尚之镇两粤
54.	人·清·政	洪承畴之经历一
55.	人·清·政	洪承畴之经历二
56.	人·清·政	洪承畴之经历三
57.	人·清·政	洪承畴之经历四
58.	人·清·政	洪承畴之经历五
59.	人·清·政	洪承畴之经历六
60.	事·清·军	吴三桂入清之武功一
61.	事·清·军	吴三桂入清后之武功二
62.	事·清·军	吴三桂之镇云南
63.	事·清·政·军	吴三桂镇滇之权势一
64.	事·清·政	吴三桂镇滇之权势二
65.	事·清·政·军	三藩之乞老一
66.	事·清·政·军	三藩之乞老二
67.	事·清·政	三藩之乞老三
68.	事·清·政	撤藩之议一
69.	事·清·政	撤藩之议二
70.	事·清·政	撤藩之议三
71.	事·清·政	撤藩之议四
72.	事·清·政	撤藩之议五
73.	事·清·军	吴三桂起兵一
74.	事·清·军	吴三桂起兵二
75.	事·清·军	吴三桂起兵三
76.	事·清·军	吴三桂叛时之军事计划

九、郑成功与台湾

郑成功反初期殖民主义的斗争（演讲提纲）

我国历史上的杰出的民族英雄（演讲提纲）

关于郑成功的报告（演讲提纲）

1. 事·明·政	郑成功封潮王
2. 事·明·外	有关台湾的记载
3. 书·明·史	台湾纪事本末与台湾外纪一
4. 书·清·史	台湾纪事本末与台湾外纪二
5. 书·清·史	台湾郑氏始末一
6. 书·清·史	台湾郑氏始末二
7. 书·清·史	华夷变态一
8. 书·清·史	华夷变态二
9. 书·清·史	华夷变态三
10. 事·清·经	郑氏与海洋船只一
11. 事·清·经	郑氏与海上船只三（二缺）
12. 事·清·经	郑氏与海洋船只四
13. 事·清·经	郑氏与台湾及西方诸国一
14. 事·清·经	郑氏与台湾及西方诸国二
15. 事·清·经	郑氏与台湾及西方诸国三
16. 事·清·经	郑氏与台湾及西方诸国四
17. 事·清·经	郑氏与台湾及西方诸国五
18. 事·清·经	郑氏与台湾及西方诸国六
19. 事·清·经	郑氏与台湾及西方诸国七
20. 事·清·经	郑氏与台湾及西方诸国八
21. 事·清·经	郑氏与台湾及西方诸国九
22. 事·清·经	郑氏与台湾及西方诸国十
23. 事·清·经	郑氏与台湾及西方诸国十一
24. 事·明·外	明与亚洲各国之关系一
25. 事·明·外	明与亚洲各国之关系二
26. 事·明·外	西方殖民国家之东来
27. 事·清·经	台湾与和兰一
28. 事·清·经	台湾与和兰二
29. 事·清·经	台湾与和兰三
30. 事·明·地	台湾与和兰的侵入一
31. 事·明·地	台湾与和兰的侵入二
32. 事·明·地	台湾与和兰的侵入三

33. 事·明·地　　　　台湾赤嵌楼一

34. 事·明·地　　　　台湾赤嵌楼二

35. 事·明·地　　　　台湾与倭

36. 文·地　　　　　　流求与台湾二（一缺）

37. 事·清·地　　　　台湾多宋钱

38. 事·清·军　　　　台湾的几次反清运动

39. 事·明·政　　　　台湾与郑氏一

40. 事·明·政　　　　台湾与郑氏二

41. 事·明·政　　　　郑氏与台湾一

42. 事·明·政　　　　郑氏与台湾二

43. 事·明·政　　　　郑氏与台湾三

44. 事·明·政　　　　郑氏与台湾四

45. 事·明·政　　　　郑氏与台湾五

46. 事·明·政　　　　郑氏与台湾六

47. 事·明·政　　　　郑氏与台湾七

48. 事·清·经　　　　郑成功入台湾一

49. 事·清·经　　　　郑成功入台湾二

50. 台湾历史报告一

51. 台湾历史报告二

52. 书·事·清·政　　　清平台湾参考

53. 书·明·清·地　　　有关台湾著作一

54. 书·明·清·地　　　有关台湾著作二

55. 事·明·清·地　　　有关台湾著作三

56. 事·明·清·地　　　有关台湾著作四

57. 事·明·清·地　　　有关台湾著作五

58. 书·明·政　　　　台湾参考

59. 书·清·政　　　　台湾郑氏参考书一

60. 书·清·政　　　　台湾郑氏参考书二

61. 书·清·政　　　　关于郑成功的参考书一　"国姓爷"

62. 书·清·政　　　　关于郑成功的参考书二　"国姓爷"

63. 书·清·政　　　　关于郑成功的参考书四（三缺）

64. 书·清·政　　　　关于郑成功的参考书五

十、清初圈地与土地制度

107.事·清·社	清代祖先与农业五
108.事·清·社	清代祖先与农业六
109.事·清·社	清代祖先与农业七
110.事·清·社	清代祖先与农业八
111.事·清·社	清代祖先与农业九
112.事·清·社	清代祖先与农业十
113.事·明·经	草场均徭
114.事·清·工	熟制人参
115.事·清·经	清入关前之采矿
116.事·清·社	满洲之社会组织
117.事·清·社	觉罗
118.事·清·经	明代的辽东
119.事·清·经	明代辽东的生产一
120.事·清·经	明代辽东的生产二
121.事·清·经	明代辽东的生产三
122.事·清·经	明代辽东生产四
123.事·清·经	明代辽东生产五
124.事·清·经	明代辽东生产六
125.事·清·经	明代辽东生产七
126.事·清·经	明代辽东生产八
127.事·清·经	明代辽东生产九
128.事·清·经	明代辽东生产十

129.《人民南开》1958.3.14 新第 201 期《落后一步就有落后一万步的危险》

130.《清入关前满洲族的社会性质》(初稿)

十一、康雍乾政治

1.明清史清史

第二编

　　第五章　康乾疆土之拓展与文教之振兴

　　　第一节　康熙初之政治

　　　　一、顺治之遗诏与康熙之即为

　　　　1. 遗诏与太后
　　　　2. 康熙即位与辅政
2. 事·清　　　　　　　康乾疆土拓目录一
3. 事·清　　　　　　　康乾疆土拓展目录二
4. 事·清　　　　　　　康乾疆土拓展目录三
5. 事·清·政　　　　　顺治遗诏一（卡片二至五未见）
6. 事·清·政　　　　　顺治遗诏六
7. 事·清·政　　　　　顺治遗诏七
8. 事·清·政　　　　　顺治遗诏八
9. 事·清·政　　　　　吴良辅之诛一
10. 事·清·政　　　　吴良辅之诛二
11. 事·清·政　　　　吴良辅之诛三
12. 事·清·政　　　　圣祖幼育宫外一
13. 事·清·政　　　　圣祖幼育宫外二
14. 事·清·政　　　　圣祖即位一
15. 事·清·政　　　　圣祖即位二
16. 事·清·政　　　　圣祖即位三
17. 事·清·政　　　　清初之辅政
18. 事·清·政　　　　圣祖初年之辅政一
19. 事·清·政　　　　圣祖初年之辅政二
20. 事·清·政　　　　康熙时辅政之政治一
21. 事·清·政　　　　康熙时辅政之政治二
22. 事·清·政　　　　康熙时辅政之政治三
23. 事·人·清　　　　清初党争诸案
24. 事·清·政　　　　康熙初四辅政之关系
25. 人·事·清·政　　圣祖即位时存在之重要王公
26. 明清史清史
　　第二编
　　第五章
　　　第一节　康熙初之政治
　　　　二、康熙亲政
　　　　　1. 亲政原因

　　　　2. 亲政后之辅政

　　　　3. 亲政后之要政　a. 三藩　b. 治河　c. 漕运

　　　　4. 博学鸿儒

27. 事・清・政　　　　　　康熙亲政一

28. 事・清・政　　　　　　康熙亲政二

29. 人・事・清・政　　　　世祖崩后不使亲王辅政之原因

30. 事・清・政　　　　　　康熙四辅政之死

31. 事・清・政　　　　　　世祖圣祖之生平

32. 事・清・政・文　　　　博学鸿儒科一

33. 事・清・政・文　　　　博学鸿儒科二

34. 事・清・政・文　　　　博学鸿儒科三

35. 事・清・政・文　　　　博学鸿儒科四

36. 事・清・政・文　　　　博学鸿儒科五

37. 事・清・政・文　　　　博学鸿儒科六

38. 事・清・政・文　　　　清代历法之争一

39. 事・清・政　　　　　　清代历法之争二

40. 事・清・政・文　　　　清代历法之争三

41. 事・明・文　　　　　　明代历法一

42. 事・明・文　　　　　　明代历法二

43. 事・明・文　　　　　　明代历法三

44. 事・明・文　　　　　　明代历法四

45. 事・明・文　　　　　　明代历法五

46. 事・明・文　　　　　　明代历法六

47. 事・明・文　　　　　　明代历法七

48. 事・清・历　　　　　　清初历书一

49. 事・清・历　　　　　　清初历书二

50. 事・清・历　　　　　　清初历书三

51. 事・清・历　　　　　　清初历书四

52. 明清史清史

　　第二编

　　　　第五章

　　　　　　第三节　康雍骨肉之变

一、康熙之废太子

　　1. 康熙诸子

　　2. 废太子

二、世宗入统

　　1. 入统之经过

　　2. 诸弟之获谴

附录四　郑天挺明清史讲义清史部分现存卡片原顺序目次　1089

79. 事·清·政　　　　　　隆科多与允禵之获谴

80. 明清史清史

　第二编

　　第五章

　　　第四节　康雍之政治

　　　　一、康熙之移易风气

　　　　　1. 理学之提倡

　　　　　2. 党争

　　　　二、雍正之政

81. 事·清·政　　　　　　圣祖之移易风俗一

82. 事·清·政　　　　　　圣祖之移易风俗二

83. 事·清·政　　　　　　圣祖之移易风俗三

84. 政·人·清·党争　　　康熙（1）

85. 人·政·清·党争　　　康熙（2）

86. 人·政·清·党争　　　康熙（3）

87. 人·政·清·党争　　　康熙（4）

88. 政·人·清·党争　　　康熙

89. 人·政·清·党争　　　康熙

90. 事·清·政　　　　　　清代文字狱一

91. 事·清·政　　　　　　清代文字狱二

92. 事·清·政　　　　　　清代文字狱三

93. 事·清·政　　　　　　清代文字狱四

94. 事·清·政　　　　　　清代文字狱五

95. 事·清·政　　　　　　清代文字狱六

96. 事·清·政　　　　　　清世宗之生平

97. 康熙的幼年

98. 康熙的时代所处

99. 康熙的时代。在历史上的地位

100. 康熙在政治上的措施

101. 我们为什么都知道有个康熙

102. 二、康熙在历史上的重大业绩

103. 康熙随时留心

104. 康熙的好学

105. 康熙的为人

106. 完成统一①平三藩②平郑氏

107. 康熙的完成统一　平三藩　平郑氏

108. 康熙的重大措施

109. 康熙的留心闻见、实践

110. 康熙的重实践

111. 事·清·政　　　　　康熙在国际间不愿战争一

112. 事·清·政　　　　　康熙在国际间不愿战争二

113. 事·清·经　　　　　康熙的治河一

114. 事·清·经　　　　　康熙的治河二

115. 事·清·经　　　　　康熙的治河三

116. 事·清·经　　　　　康熙的治河四

117. 事·清·经　　　　　康熙的治河五

118. 事·清·经　　　　　康熙的治河六

119. 事·清·政　　　　　清代治河的特点一

120. 事·清·政　　　　　清代治河的特点二

121. 事·清·文　　　　　康熙帝的好学

122. 事·清·政　　　　　康熙的随时询问改正

123. 事·清·政　　　　　康熙的留心闻见

124. 人·清·文　　　　　康熙帝重实证一

125. 事·清·人　　　　　康熙帝重实证二

126. 事·清·文　　　　　康熙帝重实证三

127. 事·清·文　　　　　康熙帝重实证四

128. 事·清·政　　　　　康熙论靳辅

129. 康熙不偏袒满人与权势

130. 事·清·社　　　　　康熙时旗人与县民争煤窑一

131. 事·清·社　　　　　康熙时旗人与县民争煤窑二

132. 事·清·政　　　　　康熙的政治意见二（原缺一）

133. 事·清·政　　　　　康熙不迷信蝗虫

134. 事·清·经　　　　　康熙时禁工匠包揽买铜

135. 事·清·政　　　　　康熙南巡与治河四（前缺）

168. 事·清·政　　　　　南巡的剪彩为花

十二、清代田赋

1. 雍正时政治　清代田赋　丁粮合一
2. 事·清·政　　　　　雍正特定之制一
3. 事·清·政　　　　　雍正特定之制二
4. 事·清·政　　　　　雍正之初政一
5. 事·清·政　　　　　雍正之初政二
6. 事·清·财　　　　　清代田赋一
7. 事·清·财　　　　　清代田赋二
8. 事·清·财　　　　　清代田赋三
9. 事·清·经　　　　　清代口赋一
10. 事·清·经　　　　　清代口赋二
11. 事·清·经　　　　　清代口赋三
12. 事·清·经　　　　　清代口赋四
13. 事·清·财　　　　　起运钱粮一　存留钱粮附
14. 事·清·财　　　　　起运钱粮二
15. 事·清·财　　　　　起运钱粮三
16. 事·清·财　　　　　起运钱粮四　存留钱粮附
17. 事·清·经　　　　　更名田、更名屯丁
18. 事·清·经　　　　　雍正乾隆免地丁
19. 事·清·政　　　　　清代人口数
20. 事·清·经　　　　　清末差徭仍重一
21. 事·清·经　　　　　清末差徭仍重二
22. 事·清·财　　　　　耗羡归公一
23. 事·清·财　　　　　耗羡归公二
24. 事·清·财　　　　　乾隆时议火耗一（史料实习用）
25. 事·清·财　　　　　乾隆时议火耗二
26. 事·清·财　　　　　乾隆时议火耗三（史料实习）
27. 事·清·财　　　　　乾隆时议火耗四（史料实习）
28. 事·清·财　　　　　乾隆时议火耗五

十三、清初封爵、康乾武功、顺治政治

1. 事·政·清　　　　　　清代封爵之特点
2. 事·清·政　　　　　　清初封爵一
3. 事·清·政　　　　　　清初封爵二
4. 事·清·政　　　　　　清初封爵三
5. 事·清·政　　　　　　清初封爵一　　袭次
6. 事·清·政　　　　　　清初封爵二　　袭次
7. 事·清·政　　　　　　清初封爵三　　袭次
8. 事·清·政　　　　　　清初封爵四　　袭次
9. 事·清·政　　　　　　清初封爵五　　袭次
10. 事·清·政　　　　　清初封爵六　　袭次
11. 明清史清史
　　第二编
　　　第五章
　　　　第二节　康熙时蒙藏之绥定
　　　　　一、绥服蒙古
　　　　　二、平定西藏
12. 事·清·经　　　　　清代开辟疆土之原因
13. 事·清·经　　　　　满洲进关后向外拓展的原因一
14. 事·清·经　　　　　满洲进关后向外拓展的原因二
15. 事·清·经　　　　　满洲进关后向外拓展的原因三
16. 事·清·军　　　　　绥服蒙古——康熙亲征准噶尔一
17. 事·清·军　　　　　康熙亲征准噶尔二
18. 事·清·军　　　　　康熙亲征准噶尔三
19. 事·清·军　　　　　康熙亲征准噶尔四
20. 事·清·军　　　　　清初征噶尔丹之当时记载一
21. 事·清·军　　　　　清初征噶尔丹之当时记载二
22. 事·清·军　　　　　清初征噶尔丹之当时记载三
23. 事·清·政　　　　　札萨克一　　制度
24. 事·清·政　　　　　札萨克二　　制度

57. 事·军·政　　　　　　康熙擒假达赖之故一
58. 事·清·政　　　　　　康熙擒假达赖之故二
59. 事·清·政　　　　　　康熙擒假达赖之故三
60. 事·清·政　　　　　　清与西藏一
61. 事·清·政　　　　　　清与西藏二
62. 事·清·政　　　　　　清与西藏三
63. 事·清·政　　　　　　清与西藏四
64. 明清史清史
　　第二编
　　　第五章
　　　　第五节　雍乾武功之继续
　　　　　二、再定西藏
　　　　　　1. 雍正噶布伦之变
　　　　　　2. 乾隆朱尔墨特之变
　　　　　　3. 西藏镇抚制度之确定
　　　　　　4. 乾隆平定廓尔喀
65. 事·清·军　　　　　　再定西藏一
66. 事·清·军　　　　　　再定西藏二
67. 事·清·军　　　　　　再定西藏三
68. 事·清·军　　　　　　乾隆平定西藏一
69. 事·清·军　　　　　　乾隆平定西藏二
70. 事·清·军　　　　　　乾隆平定西藏三
71. 明清史清史
　　第二编
　　　第五章
　　　　第五节　雍乾武功之继续
　　　　　一、平定青海喀木
　　　　　　1. 和硕特之强大
　　　　　　2. 罗卜藏丹津之乱
　　　　　　3. 青海善后
72. 事·清·军　　　　　　平定青海喀木一
73. 事·清·军　　　　　　平定青海喀木二

74. 事·清·军	平定青海喀木三
75. 事·清·军	平定青海喀木四
76. 事·清·军	平定青海喀木五
77. 事·清·政	清与青海一
78. 事·清·政	清与青海二
79. 事·清·政	清与青海三
80. 事·清·政	清与青海四
81. 事·清·军	青海之善后一
82. 事·清·军	青海之善后二
83. 事·清·军	青海之善后三
84. 事·清·军	青海之善后四
85. 事·清·军	青海之善后五
86. 事·清·军	平定青海参考
87. 事·清·政	青海改旗与土司一
88. 事·清·政	青海改旗与土司二
89. 人·事·清·政	清初统兵王公之世系一
90. 人·事·清·政	清初统兵王公之世系二
91. 人·事·清·政	清初统兵王公之世系三
92. 事·清·政	清代世袭罔替之王爵一
93. 事·清·政	清代世袭罔替之王爵二
94. 事·清·政	清代世袭罔替之王爵三
95. 人·事·清	顺治时两太后一
96. 人·事·清	顺治时两太后二
97. 人·事·清	顺治董妃一
98. 人·事·清	顺治董妃二
99. 人·事·清	顺治董妃三
100. 人·事·清	襄昭亲王
101. 书·事·清	记顺治死事之书
102. 事·清·政	顺治之削发一
103. 事·清·政	顺治之削发二
104. 人·事·清	顺治、多尔衮等之年龄一
105. 人·事·清	顺治、多尔衮等之年龄二

十四、清代职官（有其他内容）

13. 事·清·政	奴籍壮丁同样征调二
14. 事·清·政	奴籍壮丁同样征调三
15. 事·清·军	清军的俘戮原则
16. 事·清·政	入关前拔出奴籍一
17. 事·政·清	入关前拔出奴籍二
18. 事·政·清	入关前拔出奴籍三
19. 事·清·法	发尚阳堡为民　入关前
20. 事·清·社	入关前的民与奴
21. 事·清·政	入关前清军骚扰
22. 事·清·政	满洲贵族心目中之逃人
23. 事·清·经	清入关前的徭役
24. 事·清·政	议政王会议的议事
25. 事·清·政	章京不专指武官
26. 文·清·政	章京汉语为属吏一
27. 文·清·政	章京汉语为属吏二
28. 事·清·军	安塘笔帖式一
29. 事·清·军	安塘笔帖式二
30. 事·清·经	安塘制度
31. 事·清·军	南怀仁为清廷造炮
32. 事·清·经	顺康间八旗已有贫民
33. 事·清·社	汉人称满人为达子
34. 事·清·文	清戒旗人妄为诗歌
35. 制·清·政	满官应称臣不称奴才一
36. 制·清·政	满官应称臣不称奴才二
37. 事·清·社	乾隆时的土地集中一
38. 事·清·社	乾隆时的土地集中二
39. 制·清·政	贴黄
40. 制·清·政	揭帖格式一
41. 制·清·政	揭帖格式二
42. 制·清·政	题本格式一
43. 制·清·政	题本格式二
44. 制·清·政	题本与奏本一

45. 制·清·政　　　　　题本与奏本二

46. 制·清·政　　　　　奏折格式一

47. 制·清·政　　　　　奏折格式二

48. 制·清·政　　　　　奏本格式一

49. 事·清·政　　　　　奏本格式二

50. 事·清·经　　　　　康熙选植稻种

51. 事·清·制　　　　　康熙初辅臣辅政仍有议政王一

52. 事·清·制　　　　　康熙初辅臣辅政仍有议政王二

53. 事·清·制　　　　　康熙初辅臣辅政仍有议政王三

54. 事·清·制　　　　　清代九卿

55. 事·清·官　　　　　粘竿处

56. 事·明·社　　　　　明末四川人少

57. 语·清·政　　　　　哈哈珠子

58. 事·清·文　　　　　雍正中允禟改满文

59. 事·清·制　　　　　档子

60. 事·清·政　　　　　科目一

61. 事·清·教　　　　　科目二

62. 事·清·教　　　　　府州县学

63. 事·清·学　　　　　考证之学

64. 事·清·政　　　　　康熙时满汉官吏之矛盾

65. 人·清·文　　　　　法式善

66. 事·清·教　　　　　国子监

67. 同治时福建军事

68. 咸丰时福建军事

69. 事·清·文　　　　　清修三朝国史

70. 事·明·制　　　　　明大小九卿

71. 事·清·工　　　　　铙堤

72. 中苏分界、中蒙分界

73. 事·清·政　　　　　京官

74. 事·清·政　　　　　考绩、京察

75. 事·清·政　　　　　任官之法一

76. 事·清·政　　　　　内外官互用　任官之法二

十五、清初礼俗

27. 事·清·俗	清初起已有城一
28. 事·清·俗	清初起已有城二
29. 事·清·俗	清初起已有城三
30. 事·清·俗	清初起已有城四
31. 事·清·俗	清初起已有屋室一
32. 事·清·俗	清初起已有屋室二
33. 事·清·俗	清初人之修饰与鹰犬
34. 事·清·礼·俗	清初禁同族嫁娶
35. 事·金·礼	金之拜天
36. 事·清·俗	满洲初起时已有丧葬一
37. 事·清·俗	满洲初起时已有丧葬二
38. 事·清·俗	满洲初起时之祭告一
39. 事·清·俗	满洲初起时之祭告二
40. 事·清·俗	满洲初起时之祭告三
41. 事·清·俗	满洲初起时之祭告四
42. 事·清·俗	满洲初起时之祭告五
43. 事·清·礼	祭堂子一
44. 事·清·礼	祭堂子二
45. 事·清·礼	祭堂子三
46. 事·清·礼	祭堂子四
47. 事·清·礼	祭堂子五
48. 事·清·礼	祭堂子六
49. 事·清·礼	祭堂子七
50. 事·清·礼	祭堂子八
51. 事·清·礼	祭堂子九
52. 事·清·礼	祭堂子十
53. 事·清·礼	祭堂子十一
54. 事·清·礼	祭堂子十二
55. 事·清·俗	祭祀之牛
56. 事·俗·清	清初之丧仪一
57. 事·清·俗	清初之丧仪二
58. 事·清·俗	清初之丧仪三

59. 事·清·俗　　　　　　清初之丧仪四
60. 事·清·俗　　　　　　清初之丧仪五
61. 事·清·俗　　　　　　清初之丧仪六
62. 事·清·俗　　　　　　清初之丧仪七
63. 事·清·俗　　　　　　清初之丧仪八
64. 事·清·礼　　　　　　清丧仪中之丹旐一
65. 事·清·礼　　　　　　清丧仪中之丹旐二
66. 事·清·礼　　　　　　清丧仪中之丹旐三
67. 事·清·礼　　　　　　清丧仪中之丹旐四
68. 事·清·政·俗　　　　丧内音乐嫁娶一
69. 事·清·政·俗　　　　丧内音乐嫁娶二
70. 事·清·政·俗　　　　丧内音乐嫁娶三
71. 事·清·俗　　　　　　殉葬一
72. 事·清·俗　　　　　　殉葬二
73. 事·清·政　　　　　　清代殉葬之禁一
74. 事·清·政　　　　　　清代殉葬之禁二
75. 事·清·政·俗　　　　清初之聘礼一
76. 事·清·政·俗　　　　清初之聘礼二
77. 事·清·政·俗　　　　清初之聘礼三
78. 事·清·政·俗　　　　清初之聘礼四
79. 事·清·政·俗　　　　清初起之婚礼一
80. 事·清·政·俗　　　　清初起之婚礼二
81. 事·清·政·俗　　　　清初起之婚礼三
82. 事·清·政·俗　　　　清初起之婚礼四
83. 事·清·政·俗　　　　清初起之婚礼五
84. 事·金·文　　　　　　金碑

85.《明史》二十二《熹宗本纪》

86.《明史》二十一《神宗本纪》

87. 事·清·政　　　　　　清未入关前用明会典一
88. 事·清·政　　　　　　清未入关前用明会典二
89. 事·明·军　　　　　　朝鲜仁祖与明协力对胡之政策一
90. 事·明·军　　　　　　朝鲜仁祖与明协力对胡之政策二

十六、清代农民起义、乾隆武功

3.事·清·社	清白莲教的初起三
4.事·清·社	清白莲教的初起四
5.事·清·政·军	三省教军一
6.事·清·政·军	三省教军二
7.事·清·政·军	三省教军三
8.事·清·政·军	三省教军四
9.事·清·政·军	三省教军五
10.事·清·军·政	三省教军六
11.事·清·政·军	三省教军七
12.事·清·军·政	三省教军八
13.事·清·军·政	三省教军九
14.事·清·政·军	三省教军十
15.事·清·政·军	三省教军十一
16.事·清·军	三省教军十二
17.事·清·政·军	三省教军十三
18.事·清·政	三省教军之进军一
19.事·清·军	三省教军之进军二
20.事·清·社	秘密结社一
21.事·清·社	秘密结社二
22.事·清·社	秘密结社三
23.事·明·军	明末白莲教一
24.事·明·军	明末白莲教二
25.事·明·军	明末白莲教三
26.事·明·军	明末白莲教四
27.事·清·政	清初禁秘密教
28.事·清·教	三省教军起义时的白莲教领袖
29.事·清·事	川陕楚教军一
30.事·清·军	川陕楚教军二
31.书	三省教军起义
32.事·清·军	嘉庆教匪一
33.事·清·军	嘉庆教匪二
34.事·清·军	畿辅教案

35. 事·清·军	义和团与八卦教一
36. 事·清·军	义和团与八卦教二
37. 事·清·军	乾隆十全武功一
38. 事·清·军	乾隆十全武功二
39. 事·清·军	乾隆十全武功三
40. 事·清·政	台湾
41. 事·清·政	朱一贵一
42. 事·清·政	朱一贵二
43. 事·清·政	林爽文起义一
44. 事·清·政	林爽文起义二
45. 事·清·政	林爽文之役一
46. 事·清·政	林爽文之役二
47. 事·清·政	林爽文
48. 事·清·军	海上的蔡牵一
49. 事·清·军	海上的蔡牵二
50. 事·清·军	海上的蔡牵三
51. 事·清·军	海上的蔡牵四
52. 事·清·军	海上的蔡牵五
53. 事·清·边	缅甸一
54. 事·清·边	缅甸二
55. 事·清·边	缅甸三
56. 事·清·边	缅甸四
57. 事·清·边	缅甸五
58. 事·清·边	缅甸六
59. 事·清·边	缅甸七
60. 事·清·边	缅甸八
61. 事·明·外	明中叶后之安南一
62. 事·明·外	明中叶后之安南二
63. 事·清·边	安南一
64. 事·清·边	安南二
65. 事·清·边	安南三
66. 事·清·军	乾隆平定廓尔喀一

十七、八旗(内务府附宗室)

17. 事·清·政·制　　　　　八旗三

18. 事·清·政·制　　　　　八旗四

19. 事·清·政·制　　　　　八旗五

20. 事·清·政·制　　　　　八旗六

21. 事·清·政·制　　　　　八旗七

22. 事·清·政·制　　　　　八旗八

23. 事·清·政·制　　　　　八旗九

24. 事·清·政·制　　　　　八旗十

25. 事·清·军　　　　　　　八旗的旗色

26. 事·清·政　　　　　　　八旗的次第一

27. 事·清·政　　　　　　　八旗的次第二

28. 事·清·政　　　　　　　八家与八旗

29. 事·清·政　　　　　　　佐领可以定属下人罪

30. 事·清·政　　　　　　　本期,本王

31. 朝鲜李民寏紫岩集卷六建州闻见录(正面)

　　　清太祖卒时诸子之年龄及主持之旗(反面)

32. 事·清·政　　　　　　　世管佐领与公中佐领一

33. 事·清·政　　　　　　　世管佐领与公中佐领二

34. 事·清·政　　　　　　　世管佐领一

35. 事·清·政　　　　　　　世管佐领二

36. 事·清·政　　　　　　　世管佐领三

37. 事·清·政　　　　　　　世管佐领四

38. 事·清·政　　　　　　　世管佐领五

39. 事·清·社　　　　　　　入关前祭仪各族不同

40. 事·清·社　　　　　　　清开国以前之人口数

41. 事·清·政　　　　　　　清太祖起兵人少兵少一

42. 事·清·政　　　　　　　太祖起兵人少兵少二

43. 事·清·政　　　　　　　清太祖起兵人少兵少三

44. 事·清·政　　　　　　　和硕与多罗

45. 事·清·政　　　　　　　天命时的贝勒

46. 事·清·政　　　　　　　弩尔哈齐与旗人

47. 事·清·政　　　　　　　清开国前降附之人一

十八、清代军制

25. 事·清·军	八旗驻防的管理
26. 事·清·制	驻防军之管理
27. 事·清·军	清初八旗军已腐败
28. 事·清·政	清初驻防之累民
29. 事·清·军	绿旗营用旗员
30. 事·清·军	乾隆论明末重文轻武
31. 事·清·军	清代的驻防与绿营之别
32. 事·清·军	汉军之始
33. 事·清·军	清代八旗兵额
34. 事·清·军	各省驻防军一
35. 事·清·军	各省驻防军二
36. 事·清·军	各省驻防军三
37. 事·清·军	各省驻防军四
38. 事·清·军	清军入关后之武功一
39. 事·清·军	清军入关后之武功二
40. 事·清·军	清军入关后之武功三
41. 事·清·军	清军入关后平定州县日表一
42. 事·清·军	清军入关后平定州县日表二
43. 事·清·军	清军入关后平定州县日表三
44. 事·清·军	清军入关后平定州县日表四
45. 事·清·军	清军入关后平定州县日表五
46. 事·清·军	清军入关后平定州县日表六
47. 事·清·军	清代武功与绿营一
48. 事·清·军	清代武功与绿营二
49. 事·清·军	清代武功与绿旗营三
50. 事·清·军	清代绿营兵一
51. 事·清·军	清代绿营兵二
52. 事·清·军	清代绿营兵三
53. 事·清·军	清代绿营兵四
54. 事·清·军	清代绿营兵五
55. 事·清·军	清代绿营兵六
56. 事·清·军	清代绿营兵七

十九、投充、逃人及治河

二十、清代国家收支、红楼梦的时代

二十一、清代海禁、外贸、朝贡、澳门

二十二、清代漕运

二十三、清代经济、物价、关税、盐法

50. 事·清·经　　　明清冶铁比较

51. 事·清·经　　　明清烧造之比较

52. 事·清·财　　　清初钱价一

53. 事·清·财　　　清初钱价二

54. 事·清·财　　　清初钱价三

55. 事·清·经　　　明清皮革生产量比较

56. 事·清·经　　　明清钱法比较一

57. 事·清·经　　　明清钱法比较二

58. 事·清·财　　　盐法一

59. 事·清·财　　　盐法二

60. 事·清·财　　　盐法三

61. 事·清·财　　　盐法四

62. 事·清·财　　　盐法五

63. 事·清·财　　　漕粮海运一

64. 事·清·财　　　漕粮海运二

65. 事·清·农　　　上海种烟叶之始

66. 事·清·农　　　上海种蔗之始

67. 事·清·农　　　花生到上海

68. 事·清·经　　　并丁于粮明已有之

69. 事·明·经　　　银额之始一

70. 事·明·经　　　银额之始二(未完)

71. 事·明·经　　　戚臣庄田还官

72. 司马光

73. 文·明·清·经　　日本人对明清土地问题的研究一(未完)

74. 制·事·清·政　　半个牛录

75. 事·清·礼　　　清代祭金朝陵

76. 事·清·刑　　　清初诗中之尚阳堡一

77. 事·清·刑　　　清初诗中之尚阳堡二

78. 事·清·刑　　　清初诗中之尚阳堡三

79. 事·清·刑　　　清初诗中之尚阳堡四

80. 事·清·社　　　明清之际农民苦况一

81. 事·清·经　　　明清之际农家苦况二

二十四、清修《明史》

15. 事·清·文　　　　朱氏三代家信手卷八

16. 事·清·文　　　　朱氏三代家信手卷九

17. 事·清·文　　　　朱氏三代家信手卷十

18. 事·清·文　　　　朱氏三代家信手卷十一

19. 事·清·文　　　　朱氏三代家书手卷十二

20. 书·明·史　　　　《明史提纲》

21. 人·清·学　　　　朱彝尊一

22. 人·清·学　　　　朱彝尊二

23. 人·清·学　　　　朱彝尊三

24. 人·清·学　　　　朱彝尊四

25. 人·学·清　　　　朱彝尊五

26. 人·清·文　　　　朱彝尊六

27. 书·明·史　　　　明国史孝宗大纪与河渠志　本朝国史

28. 事·清·政　　　　康熙时的起居注

29. 人·清·学　　　　潘耒

30. 事·清·政　　　　康熙时党争

31. 事·清·政　　　　清康熙时党争　海口浚河之议一

32. 事·清·政　　　　清康熙时党争　海口浚河之议二

33. 事·清·政　　　　清康熙时党争　海口浚河之议三

34. 事·清·政　　　　博学鸿儒授官经过

35. 事·清·政　　　　四布衣的去官

36. 事·清·文　　　　康熙博学鸿儒科亦称博学鸿词

37. 事·明·文　　　　天启再请修国史

38. 事·清·文　　　　清修明史一

39. 事·清·文　　　　清修明史二

40. 事·清·文　　　　清修明史三

41. 事·清·文　　　　清修明史四

42. 事·清·文　　　　清修明史五

43. 事·清·文　　　　清修明史六

44. 事·清·文　　　　清修明史七

45. 事·清·文　　　　清修明史八

46. 事·清·文　　　　熊赐履修明史一

| 47. 事·清·文 | 熊赐履修明史二 |
| 48. 事·清·文 | 万斯同明史稿 |

二十五、清代考据学

1. 清代的考据学一 1964.6.13
2. 清代的考据学二
3. 清代的考据学三
4. 清代的考据学四
5. 清代考据学五
6. 清代考据学六
7. 清代考据学七
8. 清代考据学八
9. 清代考据学九
10. 清代考据学十
11. 清代考据学十一
12. 清代考据学十二
13. 清代考据学十三
14. 清代考据学十四
15. 清代考据学十五
16. 清代考据学十六
17. 清代考据学十七
18. 清代考据学派的方法
19. 清代考据学派的态度一
20. 清代考据学派的态度二

21. 事·清·文	清代考据家重说文
22. 事·清·文	考据家与训诂名物
23. 事·清·文	汉学家的考证
24. 事·清·文	考据家尊东汉
25. 事·清·文	清代宋学家论汉学家
26. 事·清·文	清代的汉学
27. 事·清·文	江藩论清经学吴皖两派

28. 事·清·文	考据家驳杂不切实际
29. 书·清	说文有脱漏(原卡片 21 至 29 右上角有编号 1—10,内缺第 9 张)
30. 汉学、宋学　今文、古文	
31. 事·清·文	清代汉学家论宋学
32. 事·清·文	清代调停朱陆的学者
33. 人·清·文	清代学者的行辈一
34. 人·清·文	清代学者年岁行辈二
35. 人·清·文	清代学者的行辈三
36. 人·清·文	清代学者行辈四
37. 事·清·文	汉学家从文字入手
38. 事·清·文	治学从句读始文字
39. 事·清·文	汉学家要证据
40. 事·清·文	清汉学家治学之弊
41. 事·清·文	汉学家方法
42. 事·清·文	论证
43. 事·清·文	清学人的体例
44. 事·清·文	博而不矜
45. 事·清·文	触类而通
46. 事·清·文	亭林论博学
47. 事·清·文	亭林论经世
48. 事·清·文	穷经
49. 事·清·文	顾亭林论时学
50. 事·清·文	改经之病
51. 事·清·文	实学
52. 事·清·文	清代的古学
53. 事·清·文	清人所称古学
54. 事·清·文	八股与古学
55. 事·清·文	文字要有来历
56. 事·清·文	清代的实学
57. 事·清·文	黄文旸通史发凡
58. 清·学·历	清初学历诸人

二十六、越南、出劫纪略

27. 书·清·史	出劫纪略二
28. 书·清·史	出劫纪略三
29. 书·清·史	出劫纪略四
30. 清·书·史	出劫纪略五
31. 书·清·史	出劫纪略六
32. 书·清·史	出劫纪略七
33. 书·清·史	出劫纪略八
34. 书·清·史	出劫纪略九
35. 书·清·史	出劫纪略十
36. 书·清·史	出劫纪略十一
37. 书·清·史	出劫纪略十二
38. 书·清·史	出劫纪略十三
39. 书·清·史	出劫纪略十四
40. 书·清·史	出劫纪略十五
41. 书·清·史	出劫纪略十六
42. 书·清·史	出劫纪略十七
43. 书·清·史	出劫纪略十八
44. 事·明·文	铜鼓

二十七、清代阶级矛盾

1. 清田地人口、阶级分化、阶级矛盾	
2. 参考资料	各县耕地数目一
3. 参考资料	各县耕地数目二
4. 事·明·经	地主田地的增加
5. 事·明清·经	明末清初的大地主
6. 事·清·财	绅衿差徭
7. 事·清·财	清初绅衿免徭役
8. 事·清·政	清初的官僚地主
9. 事·清·财	清初江南奏销案一
10. 事·清·财	清初江南奏销案二
11. 事·清·财	清初江南奏销案三

12. 事·清·财	清初江南奏销案四
13. 事·清·财	清初江南奏销案五
14. 事·清·财	清初江南奏销案六
15. 事·清·财	清初江南奏销案七
16. 事·人·清·社	清初苏松人家一
17. 事·人·清·社	清初苏松人家二
18. 事·清·政	派修城工一
19. 事·清·政	派修城工二
20. 事·明清·经	亩产量与工作量
21. 事·明·清·经	明清地主的在乡与在城
22. 吴桥人口、土田问题	
23. 农民过去耕种数量	
24. 事·明清·经	明末清初的抗租
25. 事·清·经	地主与佃户之矛盾一　　欠租
26. 事·清·经	地主与佃户之矛盾二　　欠租
27. 事·清·政	地主与佃户的矛盾三　　欠租
28. 事·清·经	清代奴仆的地位一
29. 事·清·经	清代奴仆地位二
30. 事·清·经	清代佃户之地位一
31. 事·清·经	清代佃户之地位二
32. 事·清·人	清代人口中之良贱一
33. 事·清·人	清代人口中之良贱二
34. 事·清·经	清初禁买佃作仆一
35. 事·清·经	清初禁买佃作仆二
36. 事·清·经	清初禁买佃作仆三
37. 事·清·经	清初禁买佃作仆四
38. 事·清·社	清初江苏奴仆求解放
39. 事·清·社	顾亭林家世仆
40. 事·清·社	废除世仆伴儅一
41. 事·清·社	废除世仆伴儅二
42. 事·清·社	废除世仆伴儅三
43. 事·清·经	明代奴仆的地位

76. 事·秦·社　　　　人奴产子与奴产子二

77. 事·秦·社　　　　人奴产子与奴产子三

78. 事·秦·社　　　　人奴产子与奴产子四

79. 事·清·社　　　　清初田租的一个例

80. 事·清·经　　　　康熙时福建粮食不足

81. 事·清·经　　　　康熙时贵州米价

82. 事·清·经　　　　雍正时米价

83. 事·清·经　　　　各地粮价高下不一一

84. 事·清·经　　　　各地粮价高下不一二

85.《清实录》历年人丁田地数①

86. 事·清·经　　　　清初人口田地一

87. 事·清·经　　　　清初人口田地二

88. 事·清·经　　　　清初人口田地三

89. 事·清·经　　　　清初人口田地四

90. 事·清·经　　　　清初人口田地五

91. 事·清·经　　　　清初人口田地六

92. 事·清·经　　　　清初人口田地七

93. 事·清·经　　　　康熙时官僚置田产一

94. 事·清·经　　　　康熙时官僚置田产二

95. 事·清·经　　　　康熙时官僚置田产三

96. 事·汉·经　　　　汉志之田一

97. 事·汉·经　　　　汉志之田二

98. 事·汉·经　　　　汉志之田三

99. 事·汉·经　　　　汉志之田四

100. 事·汉·经　　　　汉志之田五

101. 事·周·经　　　　战国之田一

102. 事·周·经　　　　战国之田二

103. 事·秦·经　　　　自实田

104. 事·周·经　　　　战国之耕赋

105. 事·三国·财　　　三国时徭役

———————————

① 编者注:该卡片题目为整理者所拟。

二十八、新疆、改土归流

关于中国农民问题　　　　6、15、17、22、47、597、663

84. 经济基础与上层建筑

　　生产力与生产关系

85. 事·清·财　　　　　　钱粮册十四

86. 事·清·财　　　　　　钱粮册二十八

87. 事·清·财　　　　　　钱粮册二十九

88. 事·清·财　　　　　　钱粮册三十

二十九、近代史

（一）

1. 注意近代史者　注意太平天国史者

2. 事·清·政　　　　　　清代种族之偏见一

3. 事·清·政　　　　　　清代种族之偏见二

4. 事·清·财　　　　　　咸同间山东人民负担一

5. 事·清·财　　　　　　咸同间山东人民负担二

6. 事·清·财　　　　　　咸同间山东人民负担三

7. 事·清·财　　　　　　咸同间山东人民负担四

8. 事·民·外　　　　　　蒙古独立纪年一

9. 事·民·外　　　　　　蒙古独立纪年二

10. 事·民·外　　　　　外蒙古问题一

11. 事·民·外　　　　　外蒙古问题二

12. 事·清·社　　　　　庚子拳盛时杀白莲教一

13. 事·清·社　　　　　庚子拳盛时杀白莲教二

14. 事·清·社　　　　　庚子拳盛时杀白莲教三

15. 事·清·政　　　　　鸦片战争时汉满斗争之加甚

16. 事·清·政　　　　　道光以后的首席军机大臣

17. 事·清·政　　　　　清代皇帝即位的年龄

18. 事·清·政　　　　　外官一

19. 事·清·政　　　　　外官二　道员

20. 府州县

21. 清代的政治制度一

22. 书	海国图志三
23. 新书录要	沙发诺夫中国社会发展史九
24. 事·清·政	庚申北狩与甲午迁避之议一
25. 事·清·政	庚申北狩与甲午迁避之议二
26. 事·清·政	咸丰不回京之原因一
27. 事·清·政	咸丰不回京之原因二
28. 事·清·政	咸丰不回京之原因三
29. 事·清·政	咸丰不回京之原因四
30. 事·清·政	咸丰帝不愿回京之原因五
31. 事·清·政	咸丰帝不愿回京之原因六
32. 事·清·政	咸丰帝不愿回京之原因七
33. 事·清·政	咸丰帝不愿回京之原因八
34. 事·清·外	庚子东南互保与赵凤昌
35. 事·清·财	清代银库
36. 事·清·政	张之洞在中国战后之主张一
37. 事·清·政	庚子入陕自鹿传霖意
38. 事·清·军	清文宗之死
39. 事·清·军	清末新式陆军一
40. 事·清·经	鸦片战争后中国财经情况八
41. 事·清·社	鸦片战后中国社会情况一
42. 事·清·外	英法联军时期之美国三
43. 事·清·经	鸦片战争后中国财经情况六
44. 事·清·经	鸦片战争后中国财经情况七
45. 事·清·财	咸同间山东人民之负担十二
46. 事·清·政	咸同中团练之抗粮一
47. 事·清·军	咸同间北方农民起义二
48. 事·清·外	第二次鸦片战争时的世界二
49. 事·清·外	亚罗号划艇事件一
50. 史目	范史目录八
51. 事·清·财	咸丰末之财政二
52. 事·清·财	咸丰末之财政三
53. 事·清·外	中俄伊犁条约十八

150. 事·清·政　　　　　云南回族起义七
151. 事·清·政　　　　　云南回族起义八
152. 事·清·政　　　　　云南回族起义九
153. 事·清·政　　　　　云南回族起义十
154. 事·清·政　　　　　云南回族起义十一
155. 事·清·政　　　　　云南回族起义十二
156. 事·清·政　　　　　云南回族起义十三
157. 事·清·政　　　　　云南回族起义十四
158. 事·清·政　　　　　云南回族起义十五
159. 事·清·政　　　　　云南回族起义十六
160. 事·清·政　　　　　云南回族起义十七
161. 事·清·政　　　　　云南回族起义十八
162. 事·清·政　　　　　云南回族起义十九
163. 事·清·政　　　　　云南回族起义二十
164. 事·清·政　　　　　云南回族起义二十一
165. 事·清·政　　　　　云南回族起义二十二
166. 事·清·政　　　　　云南回族起义二十三
167. 事·清·政　　　　　云南回族起义二十四
168. 事·清·政　　　　　云南回族起义二十五
169. 事·清·政　　　　　云南回族起义二十六
170. 事·清·政　　　　　云南回族起义二十七
171. 事·清·政　　　　　云南回族起义二十八
172. 事·清·政　　　　　云南回族起义二十九
173. 事·清·政　　　　　云南回族起义三十
174. 事·清·政　　　　　云南回族起义三十一
175. 事·清·政　　　　　云南回族起义三十二
176. 事·清·政　　　　　云南回族起义三十三
177. 事·清·政　　　　　云南回族起义三十四
178. 事·清·政　　　　　云南回族起义三十五
179. 事·清·政　　　　　云南回族起义三十六
180. 事·清·政　　　　　云南回族起义三十七
181. 事·清·政　　　　　云南回族起义三十八

182. 事・清・政	云南回族起义三十九
183. 事・清・政	云南回族起义四十
184. 事・清・政	云南回族起义四十一
185. 事・清・政	云南回族起义四十二
186. 人・事・清	云南起义军官名一
187. 人・事・清	云南起义军官名二
188. 人・事・清	云南起义军官名三
189. 人・事・清	云南起义军官名四
190. 人・事・清	云南起义军官名五
191. 人・事・清	云南起义军官名六
192. 人・事・清	云南起义军官名七
193. 人・事・清	云南起义军官名八
194. 人・事・清	云南起义军官名九
195. 人・事・清	云南起义军官名十
196. 人・事・清	云南起义军官名十一
197. 事・清・教	同治初法国教士在西南之不安分一
198. 事・清・教	同治初法国教士在西南之不安分二
199. 事・清・军	咸同贵州起义军一
200. 事・清・军	咸同贵州起义军二
201. 事・清・军	咸同贵州起义军三
202. 事・清・军	咸同间贵州平坝军事
203. 事・清・社	福建小刀会一
204. 事・清・社	福建小刀会二
205. 事・清・社	福建小刀会三
206. 事・清・社	福建的小刀会一
207. 事・清・社	福建的小刀会二
208. 事・清・政	上海租界一
209. 事・清・政	上海租界二
210. 事・清・政	上海租界三
211. 事・清・政	上海租界四
212. 事・清・政	上海租界五
213. 事・清・政	上海租界六

214. 事·清·政　　　　　　外人在上海侵略中国主权之发展一
215. 事·清·政　　　　　　外人在上海侵略中国主权之发展二
216. 事·清·政　　　　　　外人在上海侵略中国主权之发展三
217. 事·清·政　　　　　　外人在上海侵略中国主权的发展四
218. 事·清·政　　　　　　外人在上海侵略中国主权的发展五
219. 事·清·政　　　　　　外人在上海侵略中国主权的发展六
220. 事·清·政　　　　　　小刀会刘丽川一
221. 事·清·政　　　　　　小刀会刘丽川二
222. 事·清·政　　　　　　刘丽川与西人一
223. 事·清·政　　　　　　刘丽川与西人二
224. 事·清·政　　　　　　刘丽川与西人三
225. 事·清·政　　　　　　刘丽川与西人四
226. 事·清·政　　　　　　刘丽川与西人五
227. 事·清·政　　　　　　刘丽川与西人六
228. 事·清·政　　　　　　刘丽川与西人七
229. 事·清·政　　　　　　刘丽川与西人八
230. 事·清·政　　　　　　刘丽川一
231. 事·清·政　　　　　　刘丽川二
232. 事·清·政　　　　　　刘丽川三
233. 事·清·政　　　　　　刘丽川四
234. 事·清·政　　　　　　刘丽川五
235. 事·清·政　　　　　　刘丽川六
236. 事·清·政　　　　　　刘丽川七
237. 事·清·政　　　　　　刘丽川八
238. 事·清·政　　　　　　刘丽川九
239. 事·清·政　　　　　　刘丽川十
240. 事·清·政　　　　　　刘丽川十一
241. 事·清·政　　　　　　刘丽川十二
242. 事·清·政　　　　　　刘丽川十三
243. 事·清·政　　　　　　刘丽川十四
244. 事·清·政　　　　　　刘丽川十五
245. 事·清·政　　　　　　刘丽川十六

5. 中俄伊犁条约十五

6. 中俄伊犁条约十九

7. 亚罗号事件叶名琛的照会一

8. 英法联军时期之美国四

9. 江宁条约善后事宜一

10. 各国要求改约

附录五　郑天挺清史专题现存卡片原顺序目次

一、清史专题卡片（一）

1. 清史研究和档案
2. 清史研究和档案　　　　　档案在历史研究中的地位
3. 清史研究和档案　　　　　清档整理的成果
4. 清史研究和档案　　　　　清档整理的成果
5. 清史研究和档案　　　　　用整理档案带动清史研究
6. 清史研究和档案
7. 清史研究和档案
8. 事·清·政　　　　　　　清代总督
9. 事·清·地　　　　　　　清保甲之累
10. 事·清·地　　　　　　　清代保甲任务
11. 事·清·地　　　　　　　保甲的沿革
12. 事·清·地　　　　　　　清代保甲组织一
13. 事·清·地　　　　　　　清代保甲组织二
14. 事·清·地　　　　　　　清代保甲的目的
15. 事·清·政　　　　　　　顺治初年的政治、军事、经济一
16. 事·清·政　　　　　　　顺治初年的政治、军事、经济二
17. 事·清·政　　　　　　　顺治初年的政治、军事、经济三
18. 事·清·政　　　　　　　顺治初年的政治、军事、经济四
19. 事·清·政　　　　　　　顺治初年的政治、军事、经济五
20. 事·清·军　　　　　　　清初抗清斗争的失败一
21. 事·清·军　　　　　　　清初反清斗争的失败二
22. 事·清·军　　　　　　　清军入关时的形势一
23. 事·清·军　　　　　　　清军入关时的形势二
24. 事·清·军　　　　　　　清军入关南下侵略之先后一
25. 事·清·军　　　　　　　清军入关南下侵略之先后二

58. 事·清·经	乾嘉时商人的投机三
59. 事·清·经	乾嘉时商人的投机四
60. 理论学习	注意理论的完整性
61. 理论学习	列宁论包买主一
62. 理论学习	列宁论包买主二
63. 理论学习	列宁论包买主三
64. 理论学习	列宁论包买主四
65. 理论学习	列宁论包买主五
66. 理论学习	列宁论包买主六
67. 理论学习	列宁论包买主七
68. 理论学习	列宁论包买主八
69. 理论学习	列宁论包买主九
70. 理论学习	列宁论包买主十
71. 理论学习	列宁论包买主十一
72. 毛主席论基础与上层建筑的辩证关系一	
73. 毛主席论基础与上层建筑的辩证关系二	
74. 毛主席论基础与上层建筑的辩证关系三	
75. 毛主席论基础与上层建筑的辩证关系四	
76. 事·清·军	张格尔起义参考书
77. 事·清·军	张格尔起义一
78. 事·清·军	张格尔起义二
79. 事·清·军	张格尔起义三
80. 事·清·军	张格尔起义四
81. 事·清·军	张格尔起义十
82. 事·清·政	回疆积弊二

二、清史专题卡片（二）

1. 文·清·满	满文
2. 周扬同志在编写中国通史座谈会上发言	
3. 事·清·政	清初松江均田均役一
4. 事·清·政	清初松江均田均役二

37. 事·清·财	钱粮册二十七（未完）
38. 事·清·外	中俄伊犁条约七
39. 事·清·外	中俄伊犁条约八
40. 事·清·外	中俄伊犁条约九
41. 事·清·外	中俄伊犁条约十（未完）
42. 事·清·经	清初官田加赋与民田相同
43. 事·清·政	内阁职掌一
44. 事·清·政	内阁职掌二
45. 事·清·政	内阁职掌三
46. 事·清·政	内阁职掌四
47. 事·清·政	内阁职掌五
48. 事·清·政	内阁职掌六
49. 事·清·政	内阁中书一
50. 事·清·政	内阁中书二
51. 事·清·政	内阁中书三
52. 事·清·政	内阁大库墙倾
53. 事·清·文	内阁大库藏书一
54. 事·清·文	内阁大库藏书二
55. 事·清·文	内阁大库藏书三
56. 事·清·文	内阁大库藏书四
57. 事·清·帝	清代诸陵二
58. 事·清·帝	清代诸陵三
59. 事·清·社	逃人二次再逃
60. 事·清·刑	逃人逃匿三次
61. 事·清·社	逃档逃牌
62. 事·清·社	逃档逃牌
63. 事·清·刑	窝藏逃人罚则
64. 事·清·社	满洲雇工
65. 事·清·法	逃人窝藏连坐
66. 事·清·刑	逃妇产后鞭责
67. 事·清·社	逃人之妻一并归给本主一
68. 事·清·社	逃人之妻一并归给本主二

探微技艺精　宏论卓识高

——《郑天挺清史讲义》反映的
清史教学与研究（代整理后记）

常建华

郑天挺先生是继孟森之后我国二十世纪卓越的清史学家,我对郑先生的清史研究已有专门论述,[1]其中包含了对于郑先生清史讲义卡片若干内容的介绍。这里则以《郑天挺清史讲义》为中心,探讨郑先生的清史教学以及清史研究。

一、郑天挺的清史教学体系

郑天挺(1899—1981)原名庆甡,字毅生,籍贯福建长乐,出生于北京。1920年毕业于北京大学国文系,1922年考入北京大学国学门为研究生,并于1924年毕业。

早在研究生阶段,郑天挺已经从事有关清史的学术研究。1922年9月,郑先生到法权讨论委员会,为会长也是表兄的张耀曾当秘书。法权讨论委员会是当时政府筹备收回列强在中国的领事裁判权的机构,会中保存了大批中外文献及一些外交档案。郑先生编写汉文资料,并以该会名义撰写了《列国在华领事裁判权志要》一书,于1923年8月正式出版,这是他编撰的第一部学术著作,论述的是中国近代史上的重要问题。

郑先生的学术志趣始终在清史。他出生于清末,在北京长大,耳闻目睹了许多清人掌故,对清史有浓厚兴趣,非常想研究清史。1933年,郑先生应邀去北大校友范文澜主持的北平大学女子文理学院讲授中国近三百年史,[2]开启了他的清史教学。

郑先生1933年12月之后,在北大中文系执教,陆续讲授过古地理学、校

---

[1]　常建华:《郑天挺先生与20世纪的清史研究》,《安徽史学》2019年第4期。

[2]　郑嗣仁:《郑天挺教授大事记》,封越健、孙卫国编:《郑天挺先生学行录》,北京:中华书局,2009年,第532页。

勘学、魏晋南北朝史、隋唐五代史课程。据说 1936—1937 年间郑先生在北大也开设过"明清史",可能是兼课。[1] 1938 年后,郑先生转入北大历史学系,而他正式讲授明清史则从 1939 年在西南联大开始,他在《自传》中说:"我在一九三九年后,在联大即讲授明清史及清史研究、中国目录学史等课程。"[2]西南联合大学文学院先后设置历史社会学系、史学系,郑天挺在此开设明清史课程。"当时年青的学生激于爱国热情,都想更多地了解中国的近世史,尤其瞩目于明清时期,故每次选修该课的多达一百数十人,情况前所未见。"[3]1946 年 10 月北大复校至 1952 年春,郑先生在北京大学历史系教课以明清史、近代史为主。1952 年秋郑天挺在调入天津的南开大学后仍教授明清史,直到 1980 年代。

《郑天挺清史讲义》系整理郑天挺先生清史分类卡片而成,在诸多分类卡片前,置有导引卡片,当是上课的大纲,分别插入相关部分。我们将其抽出合为《清史讲义大纲》,从中可见郑先生清史课讲授的基本框架与内容。《清史讲义大纲》内容分为两编,第一编绪论,内有第三章明清史之参考书,根据清史属于明清史课程之一部的设计,《郑天挺明史讲义》第一编绪论所含第一章明清史之特点,第二章明清史之分段,其中的清史内容,应当就是清史的第一、二章。郑先生多是将明清合而论之,专论清史的第一章之八"明清史中几个可注意的问题",关于"清史":

　　1. 元与清同为外族入主中原,何以享国修短不同?

　　2. 清未入关前因八旗制度而成功、强大,何以入关后失其功用?

　　3. 中国接受现代文明在日本以前,何以日本成为近代国家而中国反未成?

郑先生要求"注意其因果关系,环境的影响"。

　　还有单独论述清史者尤可注意,如在"清之年代"中,郑先生指出:"自顺治元年(1644)入关,至宣统三年(1911)逊位,凡 268 年。乾隆四十二年(1777)正当一半,故以乾隆二十年至六十年为清中叶最相宜,如为易记可以

---

[1]　尚小明:《北大史学系早期发展史研究(1899—1937)》之表 16《1929—1931 各年度北大史学系开设课程》,北京:北京大学出版社,2010 年,第 97 页。

[2]　《郑天挺自传》,收入冯尔康、郑克晟编:《郑天挺学记》,北京:生活·读书·新知三联书店,1991 年,第 394 页。

[3]　《郑天挺自传》,收入冯尔康、郑克晟编:《郑天挺学记》,第 394 页。

乾隆为中叶,在乾隆前共92年,乾隆后116年。"他将清划分为创业(太祖、太宗的关外期)、统一(世祖、圣祖的入关期)、开拓(世宗、高宗的民族拓展期)、守成(仁宗、宣宗的外力侵入期)、衰亡(文宗、穆宗、德宗、宣统的外力压迫期)五期。再如在"清史之地位与难易"中,郑先生列出六点:

一、清史尚未成书,无一可资遵循之正史。此难者一事。

二、《清史稿》虽非成功之作,但《实录》、《方略》、《国史传》、诸家奏议俱在,可据之以考证《史稿》,故《史稿》尚非不可依据之书。此易者一事。

三、清室覆灭未久,故老尚存,史料易于搜讨。此易者一事。

四、清亡未久,是非未定,史实难于定论。此难者一事。

五、革命初期,于满清不无过分贬损,研究上更应客观。此难者一事。

六、清末主政者之子孙尚存,其所论不免偏倚。此难者一事。

这六点实为三组治清史的难易问题,符合民国的时代背景。郑先生的清史教研中,特别注意考证《清史稿》作为基本清史文献,同时征询故老、广搜史料、寻求真相,防止革命史观与遗民立场影响治史的客观性。"清之年代"、"清史之地位与难易"这两个条目的卡片,作于1947年10月1日,应是在北大讲授明清史课的绪论内容。

绪论中的"近人研究清史之方法"强调"大部分因袭日本人所作,此可不必论",有依据国外著作、故老遗民之说、传闻野记者亦不可信,"有钩稽正史,细检其隙,以求真实者,其法较善"。主张依据正史治断代史。郑先生列有孟森《清史讲义》的清史分段章节,视为重要的学术参考,而郑先生的分段与此不同,自成体系,他在"清史分段私见"中加以说明。

第二编清代勃兴至鸦片战争,包括第四章清代之先世与统一中原,第五章康乾疆土之拓展与文教之振兴。第四章下有七节:清代之先世,清太祖之崛起,明清之战事,满洲入关,入关前的风俗,明之复兴运动,三藩之平定;第五章下有六节:康熙初之政治,康熙时蒙藏之绥定,康雍骨肉之祸,康雍之政治,雍乾武功之继续,康乾文教之振兴。这一清史内容是作为"明清史的一部分"授课的,未能全部展开,只是郑先生最重视的部分,构成授课的主体,比较反映1949年之前清史讲义的内容。现存清史卡片的内容超出了这个大纲不少,特别还有近代史的讲义,可以构成较为完整的清史内容。

现存郑天挺完整的清史讲义大纲,是1949年以后主要是1950年代的,我们在此略作考察。《郑天挺明史讲义》①下册附录二为"中国史下（元、明、清）教学大纲与讲义"，主要是郑先生讲授作为中国通史的"元、明、清"部分的教学大纲与讲义，我们可从中了解清史部分的情况。

1949年春季学期北京大学"中国史二下"的教学大纲表明，该学期16周，每周四课时。除去复习考试的2周，实际讲授了14周。具体来说，元史2周，明史5周，清史7周。教学大纲共五章，第一章讲元之盛衰；第二、三章都是明代的；第四章明之衰弊与满洲之统一，讲授四个问题，一是满洲的兴起，二是张、李之起兵，三是满洲入关，四是清之统一与初期政治，除了第二之外，其余三个是清史内容；第五章清代的文治与武功，下分三个部分，其一疆土之拓展，其二雍正改制，其三对内外之武功。从"对内外之武功"中使用"白莲教匪"、"天理教匪"的用语并结合开课的时间，推测这一大纲基本反映了郑先生在西南联大、北大复校后的清史教学体系，特点是简明扼要，重视满洲的统一与边疆民族问题，以政治军事为主。

1952年春季学期北京大学史学系"中国史四"的教学大纲，改动较大。大纲分为十章，元代四章，明代三章，清代三章。清代的三章是满清入关，清代的政治经济制度，内外的用兵。这个大纲的清代部分内容较少，更加简明。

1952年秋季学期南开大学"中国史第三段"的教学大纲，明清部分十六章，第七章满洲民族的兴起及其对明朝的侵扰，第十章满洲民族的入关与清初的民族斗争，第十一章清代政策与制度，第十二章清代财政经济的特殊情况，第十三章国内少数民族问题与高压政策，第十四章各地人民的起义，第十五章鸦片战争前的对外关系，第十六章明清两代的文化，这些是清史部分。这个大纲全面系统，增加了经济、对外关系、文化的内容，特别是阶级斗争的内容，大纲有章节目，细致详实。大纲附有三道试题，反映了郑先生强调的明清史问题：一是元末农民起义与明末农民起义以及清代农民起义其同异若何，二是清代统治少数民族的政策，三是西学东渐对中国所起的作用。

1955—1958年度南开大学"中国史三明清部分"讲义，实际上是1955年的清史专题与1958年的补课大纲。由于有授课要点，可以进一步了解授课内容。该讲义涉及清史部分为：第十章走向崩溃的明朝封建政权的第二节满清的崛起及其对明朝的侵略，第十二章满清统治中国，第十三章清代的社

会经济,第十四章国内各族人民的反清起义,第十五章明清的文化。

《郑天挺清史讲义》附录五种有关清史的大纲或讲义,我们分别介绍如下:

1955 年 2 月南开大学"清史专题"讲义,计划 16 周,其中有 2 周是讨论课。课程分为二大专题,其一满清入关前的社会,包含五个问题:建州卫人民生活,八旗制度,世管佐领和满洲氏族,入关前的土地与生产,统治阶级内部斗争所反应的社会情况;其二满清入关后的政治与经济,包含八个问题:逃人法,圈地,包衣与内务府,海禁问题,摊丁入亩,手工业与商业,军机处,驻防与绿营。第一次讨论满清入关前的社会性质,第二次讨论鸦片战争前夕的中国社会。关注社会性质是这一课程的特色,这一讲义每节都有"简单地概括",由于使用社会性质的理论分析,观点新颖,开启了清史教研的新局面。如郑先生在"八旗制度"部分的讲义中分析说:

> 在初期八旗制度来看,它的性质是一种由氏族社会末期飞跃到初期封建社会的一种过渡制度,而且包含少许蓄奴成分,也就是国家形成仍保存氏族组织的形式与蓄奴成分的制度。

> 根据本部族的习惯,尽量保留下氏族色彩,家长族长的管理一家一族,以血缘关系为组织,像氏族社会,而家长不参加生产,又不完全像。八旗各有自己的公共财产,近似氏族制,而各人还有私人财产,又有继承,又不一样。当时有军队,有法律,有阶级,则国家已形成,不是氏族制。人民要当兵,是封建义务。

> 努尔哈赤诸子待遇不平等,诸子之母亦不平等,此为特点之一,另作一文。

> 满洲初起,有奴隶,但与生产奴隶又不同,如又有殉葬之事,奴隶亦可挞责,而与纯粹之奴隶亦不同(当兵)。

> 究竟满清祖先经过奴隶社会没有,还待研究。

这带来对八旗制度的革命性认识,已经提出努尔哈赤时期的满洲社会"它的性质是一种由氏族社会末期飞跃到初期封建社会的一种过渡制度"的看法,后来就此正式发表了论文,①成为清入关前社会性质问题研究的重要成果。

1956 年南开大学明清史补课提纲,这里是第九至十五章,其中第十章满洲的兴起,第十二章清军入关和关内的抗清斗争,第十三章统一的多民族的

①　郑天挺:《清入关前满族的社会性质》,《历史研究》1962 年第 6 期。

清帝国,第十四章清中期的经济政治和清代对外关系,第十五章明清的文化,为清史部分。这份提纲以 1955 年清史专题讲义为基础,做了适当调整。

1958 年中国史明清部分补课提纲,受当时政治运动和高教部教学大纲的影响,教学基调明显发生了变化。开宗明义列出五点要求:

1. 贯彻历史为政治服务的精神;

2. 体现厚今薄古的方针(另见卡片);

3. 克服教学改革期间大字报揭发的缺点;

4. 保证正确的观点(1958.9.19《中共中央关于教育工作的指示》中提出:阶级观点,群众观点,集体观点,劳动观点和辩证唯物主义观点)和材料与观点的统一;

5. 注意历史上的全面关系(参考毛主席十大关系的指示)

郑先生还说明:"为了便于连接上学期未讲完部分,章节次序仍按高教部教学大纲进行,至于讲稿采用本年暑假师生编写本,两者章节基本上是一致的。我们上学期已讲到清入关,还有三章没讲,就是清朝前期和清朝中叶的历史以及明清的文化,我们现在补讲这三章。首先谈第四十三章。"这个大数字的章,应是高教部教学大纲中国通史的设章,是统一的教学大纲。讲述内容都是先分成(一)讲述目的、(二)概略两部分介绍,再按照节列出内容。第四十三章统一的多民族的清帝国(1644—1728),强调该章阐述统一多民族国家的重要性,郑先生在概述中还提出不少重要看法。他指出明清时代的社会性质:"我认为中国虽然没有发展到末期封建社会,不等于说没有发展到晚期。晚期与末期是不同的。末期是指这一制度已经完全腐烂瓦解并向另一制度过渡的阶段;晚期是指这一制度开始逐步走向瓦解,而在某些方面还有一定的发展余地。中国的确没有发展到末期封建社会,但有晚期。明清正处于中国封建社会晚期。"他提出新的清史分为三期的看法:一、入关至摊丁入亩(1644—1723),共 80 年,此为清代前期,又分两段:1. 入关至统一(康熙二十年云南平),共 38 年;2. 统一至摊丁入亩(1681—1723),共 43 年。二、摊丁入亩至鸦片战争(1723—1840),共 118 年,此为清代中期,又分两段:1. 摊丁入亩至白莲教起义(1723—1796),共 74 年;2. 白莲教起义至鸦片战争(1796—1840),共 45 年。三、鸦片战争至辛亥革命(1840—1911),共 72 年,此为清代后期,入半殖地半封建阶段。该章包括三节:1. 清朝前期的经济,2. 清朝前期的政治,3. 清帝国内各民族联合的加强。

第四十四章清中期的经济政治和清代对外关系(1724[8]—1840),强调清代中期在经济发展(1724[8]—1796)之际,各地即有不断的起义,中外矛盾也日益突出。这章包括三节:1. 清政权的逐渐衰弱和社会矛盾的加剧;2. 各族人民的反清起义;3. 清代对外关系。这一章需要注意的内容:"简单说就是这样几个问题:1. 乾隆以后社会经济是不是有发展;2. 到了乾隆为什么还没进入资本主义(包括为什么没有以少数族地区作原始积累的源泉);3. 清朝怎样衰落的。"郑先生总结清代中期的特点:经济又有进一步的发展,领土逐步巩固(扩大),对外关系加繁,国内各族各地人民不断的起义。

　　第四十五章明清的文化,讲述目的强调:找出特点,适当估价,(加以)清理。此一章包括三节:1. 哲学思想;2. 文学、史学和艺术;3. 科学。提出下面六个内容:1. 王守仁主观唯心主义思想的出现,这是反映社会经济的变化,还是反映对朱子学说的反抗? 2. 顾炎武思想以经世致用为主,而发展到乾嘉的考证学派反而脱离了实际政治和实际生活流入烦琐无用,这是不是由于这个流派要没落? 3. 明代中叶以后,资本主义萌芽,于是在文学方面出现了一些反映现实市民生活思想和社会面貌的小说,如"三言二拍",但是为什么在诗文方面反映少? 我们是不是可以说,这不是资本主义萌芽的反映。4. 徐光启《农政全书》、宋应星《天工开物》、李时珍《本草纲目》这些书的内容究竟是西方传教士传来的西学呢? 还是由于和西方文明接触之后而刺激起中国人对古代科学的发掘呢? 5. 这些科学技术的发明发现,同时也就是中国劳动人民对世界文明的贡献,它的影响和发展是不容忽视的。6. 明清神权的发展是否正说明社会变化之剧烈? 郑先生进而提出这样几个问题:

　　　1. 明清两代哲学思想主流是什么?(是明末清初黄宗羲的民主思想,明末和清中叶王夫之、戴震的唯物思想。)

　　　2. 封建晚期文化的特点是什么?(是民主思想,是市民文学,是神权信仰,是艺巧欣赏。)

　　　3. 耶稣会士东来对中国文化起了什么作用?(带来科学? 中国过去没有吗? 刺激了对固有科学的发掘? 使中国科学复兴? 接收了新的发扬了旧的? 新旧结合? 几方面虽然都有,而主要的是劳动人民在劳动实践中敢想敢干的果实。)

应当说这些研究内容丰富多彩,提出的问题值得研究。

　　1958—1959 年度的明清史补课提纲,为另一班讲第四十章"满洲的兴起"和第四十二章"清军入关和关内的抗清斗争",郑先生补列第四十二章提纲。第四十二章提纲正好可以弥补 1958 年补课提纲所缺的内容,该章讲述目的强调三点：一是凡是落后的民族一定会成为被欺侮、被侵略的对象，二是历史必须是劳动人民的历史，三是人类社会的民族压迫离不开阶级压迫，而阶级压迫只有在反抗斗争下才能得到轻减。这一章包括四节：1. 满洲的兴起；2. 明和满洲的关系；3. 清军入关；4. 关内的抗清斗争。该章强调注意到下面几个问题：1. "满洲"是中国东北境内一个少数族；2. 满洲族在奴儿哈赤时已进入封建社会；3. 满洲入关以后向西向南进攻的性质如何？什么力量是抗清的主力；4. 我们应该怎样批判过去学者对满洲入关明朝亡国原因的荒谬解释，和他们对农民起义军的诬蔑。

现存的郑先生清史教学大纲与讲义告诉我们，他对清史的内容、分期、特点有着自己完整的认识，特别是 1950 年代通过学习马克思主义史学理论，分析清史，形成了新的清史叙述体系。

1962 年郑先生为中央党校讲授清史，讲义《清史简述》（中华书局 1980 年版）对清史进行整体说明，是清史入门的必读书。概说部分指出清朝所处的时代有六个特点，八个重大事件。该书被誉为："建国以来第一本用马克思主义理论指导概述有清一代历史的专著，其学术价值不仅在于填补了解放后清朝断代史的空白，而且更重要的是开拓了我国清史研究的新路，为大部头的清朝断代史的问世奠定了一定的基础。"①事实上，该书正是郑先生 1950 年代运用马克思主义原理探讨清史的产物，他的清史讲义大纲、讲义以及大量卡片充分说明此点。

二、清史资料的取精用弘

郑先生在"清史资料"的条目中指出："研究明清史有一个优越条件，就是资料多。两朝实录基本完整，文集多，方志多，笔记多，官修书籍多。但问题亦在此。如何甄用？"对于繁多的清史资料，郑先生列出《清史稿》、实录、《东华录》、《满洲实录》、政书、清代史籍、近人著作、传记，对清代编年史、清代传记、清代则例、清人笔记等有系统考察，反映出广博的资料收集视野，"清史资料"收有 66 个条目，多是较长篇幅者。

从对"清史资料"的研究来看，郑先生对于《清史稿》用力最勤。有关

---

① 周远廉、朱诚如：《一本简明而富于创见的清代史——读郑天挺教授的〈清史简述〉》，《史学史研究》1983 年第 3 期。

《清史稿》的条目有"《清史稿》"、"《清史稿》之修成"、"《清史稿》取材"、"《清史稿》纂修时初拟从删篇目"、"《清史稿》纂修姓氏"、"《清史稿》纂修人手"、"《清史稿》之批评"、"《清史稿》的私改"、"《清史稿》印行先后"、"《清史稿》的关内与关外本"、"《清史稿》关内关外本异同"、"禁《清史稿》"、"对《史稿》关内关外本意见"、"《清史稿》人名的错误"等 14 条,这些条目较多作于 1939 年、1955 年、1963 年诸年份。

郑先生阅读《清史稿》,收集史料的过程中,通过内证发现诸多问题,从《清史稿》标点本的更正印证郑先生的先见之明。如《耿仲明传》有句"天聪七年五月从仲明",郑先生指出"应作有德";《尚可喜传》有句"九年可喜与继茂",郑先生谓"耿仲明子,传中前未见继茂名,不应不叙其姓,此纂修失察处";读《吴三桂传》,注意到"吴三桂死后清军之进剿",数称彰寿之名,比较列传四《阿巴泰传》附《彰泰传》,可知"是彰寿乃彰泰之误"。

上述说明郑先生对于传记文写作的研究深入。如 1949 年 5 月 21 日所作"清代重臣统兵"摘录的随文札记,看出了问题所在:

> 《清史稿》列传一百七十九,赛尚阿、讷尔经额传《论》:"清沿故事,有大军事辄以满洲重臣督师。乾嘉时,如阿桂、福康安、勒保、额勒登保等,皆胸有韬略,功在旗常。道光以来,惟长龄平定回疆,差堪继武。其后禧恩之征猺,奕山、奕经之防海,或以骄佟召谤,或以轻率偾事。至粤匪初起,李星沅不胜任易以赛尚阿,驭将无方,遂致寇不可制。讷尔经额庸懦同之,畿甸震惊。自是朝廷始知其弊,惟僧格林沁犹以勋望膺其任(天案,此十二字似与下文不相属,疑后来改稿者之所加),不复轻以中枢阁部出任师干,即有时亲藩遥领,亦居其名不行其实(前十二字或应缀于此)。盖人材时会使然,固不可与国初入关时并论也。"

玩味原文,郑先生的看法言之成理。

郑先生强调读正史先读志,重视志所记载典章制度的重要性,对志的写作要求甚高。如《清史稿·食货志一·田制》记载:"明之设卫也,以屯养军,以军隶卫。洎军政废而募民兵,屯军始专职漕运,无漕者受役不息,屯户大困。清因明之旧,卫屯给军分佃,罢其杂徭。……百余年来,屯田利病与漕运终始,及南漕改海运,屯卫隐蔽难稽,至是而一大变。"郑先生指出:"此用《清通考·田赋考》,而概括未尽。"认为《清史稿》的概括不够完善。

再如"咸丰时督抚权势渐高"摘录《清史稿》一一六《职官志三》:"文宗莅政,命浙江、安徽、江西、陕西、湖南、广西、贵州各巡抚(均总督兼辖省分)

节制镇、协武职；总督兼辖省分，由巡抚署考会题，校阅防剿，定为专责，职权渐崇（此谓巡抚职权）。光绪季年，裁同城巡抚，其分省者，权几与总督埒，所谓兼辖，奉行文书已耳。宣统间，军政、盐政，厚集中央，督抚权削矣。"郑先生作案语：

> 《志》文叙述未详。咸丰后由统兵将帅任督抚（握军权），又创厘金（握财权），又兼盐政（财权，道咸加）、外交（与外国资本主义国家联系，道咸以后），而地方督抚职权渐重，演成曾、胡、左、李、张、刘、袁、岑的局面，宣统初感到督抚权重，始收回军、盐诸政以削其势。

补充了《志》文的不足之处。

利用《清史稿》纪表志传互证发现问题，也是常采取的考察该书的方法。如1947年所作"军机大臣"条：

> 天挺案，军机房之设，《年表》谓始于雍正七年，《张廷玉传》谓始于八年，《职官志》谓始于十年。考怡亲王逝世在雍正八年五月，又《本纪》八年十月甲寅有"以马尔赛、张廷玉、蒋廷锡久参机务，各予伯爵世袭"之语，则军机房之设不应在八年以后。又命将讨准噶尔噶尔丹策零在雍正七年三月。

发现《清史稿》《年表》、《张廷玉传》、《职官志》记载军机处出现的三个不同年份：雍正七年、八年、十年。又结合《本纪》，排除了十年说。从提示"命将讨准噶尔噶尔丹策零在雍正七年三月"来看，似倾向于七年说。

对于《清史稿》本纪也有研究。如"西洋入贡"条，列出本纪所载顺治、康熙、雍正朝外国朝贡的年份出处，接着指出"《高宗本纪》以后散入各月"，发现了记载的方式不同。

"咸同间团练之抗粮"条辑录《清文宗实录》卷一六七咸丰五年五月十一日所载："谕军机大臣等：王履谦奏，稽查上游河口并地方情形一折。……至近来地方团练原以保卫乡间，乃河南彰、卫、怀及开封等属，抗粮滋事之案层见叠出，皆因联庄会借团练为名，纠众抗官，该府县平日既办理不善，临时又补救无方，以致相率效尤，后患何堪涉想？着英桂督饬该地方官剀切晓谕，不遵者严行惩办，庶几地方日就安静，而征收钱漕亦渐有起色。现在北路军务已平，所办联庄是否可以裁撤？并着该抚酌量办理。"郑先生加有案语：

> 王履谦时以副都御史稽查黄河上游河口，英桂为河南巡抚。此诏亦见《清史稿·文宗本纪》，惟有"各督抚其尚加意整顿，勿令日久酿患"

之语，与此专饬英桂者不合。又其后有"是时山东已有黑团之害，尚未上闻，其后卒以兵力平之"一段，盖纂史者所加。《文宗本纪》原稿出吴廷燮手，爽良复辑，或即二人所加。

郑先生将《清史稿·文宗本纪》与《清文宗实录》相关记载比勘，指出了《清史稿·文宗本纪》的修纂问题。

郑先生开设"史料学"的课程，主要内容讲授明清史料，其中探讨《清史稿》的纂修问题，还论述了清史史料错误、史料补充、史料批判问题。

重视《清史稿》反映了郑先生治史重视正史的观点。《清史稿》不是定本，问题大，需要谨慎使用，故多加考证。认真考察《清史稿》也为了修订或新修，1963 年吴晗发表《论修清史》[①]一文，与郑先生议论编写清史之事，郑先生写了《关于编写清史、民国史之设想》[②]，可见郑先生对于《清史稿》的认识以及新修清史的主张。[③]

郑先生重视向满族皇室后裔了解清朝掌故证史。读史遇到满语词汇需要证实。如"和硕与多罗"条的札记："天挺闻之溥雪斋，和硕满语为'方面'，多罗为'隅'为'角'。"再如"领催"条目摘录《清史稿·兵志一》："曰领催：供会计书写，马甲之长也。"下面说："领催，据溥雪斋云满文曰拨什库。拜唐阿，汉语执事人也。'拜唐'，事也。'阿'，人也。亦溥雪斋云。"溥雪斋（1893—1966），道光皇帝的曾孙，祖父为皇五子惇亲王奕誴，父为贝勒载瀛。幼年袭封为"贝子"，著名书画家，辅仁大学教授，本名溥伒，以字行。郑先生与溥雪斋有着多年的交往。[④] 应当说，以溥雪斋的身份与学养揭示满语问题，具有很大的可靠性。

郑先生还从溥雪斋处得到其他清史问题的看法。1949 年 8 月 5 日的"清文宗之死"条记载：

溥雪斋伒今日语余，清文宗之死盖出于自裁，文宗在热河尝召五

---

① 原载《前线》1963 年第 2 期，收入国家清史编纂委员会体裁体例工作小组编：《清史编纂体裁体例讨论集》下册，北京：中国人民大学出版社，2005 年。

② 郑天挺：《及时学人谈丛》，北京：中华书局，2002 年。

③ 常建华：《试说新修清史的编纂体裁体例》，《清史编纂体裁体例讨论集》上册。

④ 《郑天挺西南联大日记》1946 年 4 月 25 日记载作者与朋友到溥雪斋家鉴赏书画，其中有唐伯虎山水立轴，郑先生说："立轴绝精，雪斋向不示人，相交十余年，今始得见。"（北京：中华书局，2018 年，第 634 页）据此，则郑溥二人相交始于 1936 年之前。

爷、六爷,顾穆宗而言曰"我无面目回京师,尔等其挈吾子还"。六爷者,恭王奕䜣,五爷者,惇王奕誴即雪斋之祖也。文宗之走热河,惇王力谏,文宗谓之曰吾非畏死,恐受辱耳。惇王言去易而还难,异日将何以为辞?故文宗终不还。孝钦以此深恨奕誴,每称文宗之死由于五爷所逼,其后奕誴之不得意亦由于此。雪斋言及此事不只一次,今日复谓其祖在日屡告之,必不误。余检《史稿·文宗纪》,文宗走热河,恭王实未从,所谓召五爷、六爷者,或仅五爷耳。雪斋又言其祖不主太后临朝,盖与端华、肃顺意最投,苟非文宗亲弟必无幸。

郑先生还加了旁注:"文宗患吐血亦见《本纪》。"

1950年6月12日所作"清代诸陵"条,在询问溥雪斋清帝陵墓位置后,作了案语:

> 溥雪斋(忻)云:东陵原为马兰镇,西陵原为泰宁镇。东陵凡九陵,以圣祖景陵为最富丽,陵前碑亭外尚有圣德神功碑及蒙古王公所立之四种文字碑,俗称对儿碑,他陵所无也。孝陵、景陵、裕陵前均有石人牲,定陵以后无之,以国家穷也。东陵树木最盛,曹锟为总统时斩伐已尽。西陵凡六陵,规模气势远不及东陵。又云:有《万年统志》一书,记东陵甚详,无刊本。

据此补充了相关知识。

1962年9月24日所作"皇子抚养于官员家"条,辑录王先谦《东华录》九十康熙五十一年七月丁酉史料,所作案语谈到:"皇子及王公子抚养于属下官员之家,余曾以询溥雪斋,雪斋言不知其事,或道咸以后所无也。"可知就此事征询过溥雪斋。

郑先生针对清史资料繁多的情形,采取大量笔录卡片予以收集,用力之勤,罕有其匹,因此为我们留下了大量卡片资料。郑先生读书、摘录以及做札记,不仅长年累月进行,即使出门、酷暑、年节也往往坚持不辍。"清初禁同族嫁娶"条卡片记载,1943年2月4日壬午除夕还在阅读《清史稿·太宗本纪》,注意到:天聪五年七月甲戌"并禁官民同族嫁娶,犯者男妇以奸论"。发现"此事《东华录》失载"。

读书有所收获,兴奋之情跃然纸上。1943年郑先生正在研究清初礼俗。7月7日晚上所作"清代殉葬之禁"条卡片,是阅读《清史稿》列传五十一《刘楗传》附《朱裴传》札记,卡片记载:"前于书肆见《松下杂钞》有朱裴禁殉葬一条,其后欲求其书不得,时耿于怀,今日检《史稿》得其传不禁狂喜。"得到想要的资料,喜形于色,使用了"不禁狂喜"的字眼,这种直抒胸臆的记载不多见于郑先生的读书札记,可见其高兴的程度。请注意,当天是七七事变正式抗战纪念日,学者勤奋治学别具意义。《郑天挺西南联大日记》记载了这一学术发现,并有具体考证,详细程度超过了卡片上的札记。

郑先生在西南联大期间,作息时间比较规律。一般是晚上十二点就寝,次日早上六点起床,八点到校办公。每天晚上休息六小时,时间不算多,有时因读书睡觉还要少。"松山战后明清和议日表"条卡片所作时间为"二十八年十二月二十日夜一时,实二十一日晨矣"。郑先生读书不辍,甚至节假日也是如此。"清初禁同族嫁娶"条是阅读《清史稿》二《太宗本纪》的卡片,作于1943年2月4日壬午除夕。"内务府"、"内务府与税差织造"条考察内务府机构,作于1962年9月13日的中秋节之夜。"清代丝织业机匠前后之不同"的卡片,所署时间为1963年1月24日壬寅除夕,"清代江苏踹匠工资"条篇幅较长,作于1963年1月25日的癸卯元旦以及此后三日。

旅途中也读书不辍。"郑成功收复台湾"条所署为"1962.2.22厦门旅途"。盛夏酷暑,仍在读书。"1953.7.18天津挥汗"署于"鸦片烟在内地种植"条末尾,"1953.7.20挥汗"署于"番薯明万历时入福建"卡片摘录之后,看来该年夏季天津够热的。身体不适,坚持读书。"乡兵"条,系读《清史稿·兵志四》所作,卡片所署时间为"1955.5.23—24大流鼻血后"。

郑先生对于史料的深入研究,表现在探微精细的考证上。或与学界商榷,如"满洲初期的汉人"条为摘录李朝《宣祖实录》卡片,该书卷七一,二十九年(万历二十四年,1596)正月丁酉记载:"南部主簿申忠一书启:……歪乃本上国人,来于奴酋处掌文书云,而文理不通,此外之人更无解文者,且无学习者。"郑先生做札记:

> 此申忠一(朝鲜官吏)所见。时奴儿哈赤三十八岁。
> 日本人以<u>歪乃</u>即<u>外郎</u>之异译,<u>龚正六</u>也。但以外郎为官名,又以正六为正陆皆未安。《李录》有二处作正陆,余均作正六。
> 日本人又谓教其子乃教其弟之误,亦非。

郑先生不同意日本学者将"歪乃"作为"外郎"的异译并专指"龚正六"(龚正陆)的看法,事实上关于"歪乃"一词的理解已成为满学界的争议问题,或理解为职称名,以"外郎"解,著名满学、清史专家王钟翰先生著有《歪乃小考》①一文,实际写作可能是在 1990 年代,认为"歪乃之为人名而非职称名",郑老的上述札记推测作于 1950 年代,否定外郎为官名,得到了王钟翰先生的进一步证明。

"佟养正与佟养真非一人"亦为读李朝《宣祖实录》札记,指出:佟养正"1592 年已为参将,时在 1618 年满洲入占抚顺前二十七年,如果属一人,则降清时已在五十岁以上。日本人及孟心史先生均以为佟养正即佟养真,且言真改正为避世宗讳。此必不然,《宣祖实录》早成,不能避后来清人讳也。"这也是利用年代学、避讳学考证的事例。

读书之细,善于排比归纳,会有各种发现。卡片"吴三桂失败之原因"认为:"吴三桂失败以军略失着为最大原因,而诸将年龄太高实为造成此原因之故。"列出吴三桂起兵时年六十二,主要战将已经四五十岁。

1942 年 9 月 21 日所作"圣祖幼育宫外"条,也是探微的发现之一。俞正燮《癸巳存稿》卷九"查痘章京"依据《圣祖仁皇帝御制文集》、《恩福堂笔记》、《钦定日下旧闻考》,指出康熙帝幼年未出痘由保母护视于紫禁城外西华门北街东福佑寺,郑先生发现王氏《东华录》康熙三十八年闰七月壬子记载,谕令礼部恩封去世的乳母瓜尔佳氏,于是寻礼部议封为保圣夫人。郑先生判断:"此当即护视于宫外之人。"后又作"康熙的幼年"条,补充说:"世传曹妻,李煦之姊,为康熙乳母,盖非正式乳母,乃帮贴乳母,当时乳母不止一人,而一人为正。曹氏、李氏子弟即哈哈珠子(使唤小子)之流,故甚亲近。"

三、满洲的崛起与统一中国

这是郑先生清史课的基本内容,《郑天挺清史讲义》的"清代之先世"、"满洲入关前的礼俗"、"满洲入关前的社会"、"明清之战事"、"满洲入关与顺治朝"、"平定三藩"、"郑成功与台湾"这七个专题,属于满洲的崛起与统一中国的教研范围。

"清代之先世"专题收录 41 个条目,是在孟森先生《明元清系通纪》、《清史讲义》基础上的讨论。"清代先世世系"条的案语依据《太祖武皇帝实录》卷一记载指出:"是范嚓是否为布库里英雄之子或孙或数世孙,均不可考,孟先生列之二世盖伪定之论耳。但孟特木为范嚓孙,决无可疑。"提出与孟森

①　王钟翰:《清史补考》,沈阳:辽宁大学出版社,2004 年。

不同的看法。"清祖系之疑"条又指出:"金之亡在金哀宗天兴三年,即宋理宗端平元年,蒙古太宗六年,西1234。去宣德八年(1433)八月蒙哥帖木儿之死,凡200年。宣德八年(1433),去奴儿哈赤之生,嘉靖三十八年,西1559,凡127年。何以前200年传四世或五世(40—50年一世),而后127年传五世至六世(20—25年一世)。此点诸家未谈。金亡而斡朵里改封,亦孟先生说。"强调清祖系的疑点。关于满洲的名称,作于1947年4月22日的"满洲与诸申"条提出了重要看法:

> 天挺读藤冈胜二所译《满文老档》,凡称满洲处多用gušen字,其满洲字待查(5,8,30,31,45,148,431等页均有),当即太宗时禁用之珠申、诸申Chu-Shên。此字当从女真gu-chên,gusjen而来,或肃慎Su-shên而来。待求语音上之证据。

> 满洲在《老档》亦有称manju者(30页),或系后来太宗所改。

> 满洲亦有称Aisin(爱新)国者(722页),当为初改之号。

认为诸申(珠申)从女真或肃慎而来,后来的学者从语音上进行了论证。[①]"满洲名义之起源前论"条强调:"我们在旧日载籍及民间习俗上证明了满洲二字在清代只是与汉族对待的名称,并非专指某一个地方——如东三省。称东三省为满洲为清末之事。""满洲名义之起源"条指出,满洲名义之来源其说有四,即国名、部族名、地名、尊称,郑先生作了案语:

> 以上四说皆有未安。二说既谓是佛号非地名,而又云本部族名,且清代以前亦无此部族名,此可议也。三说假造满洲二字以代建州,其说似矣,但何以不用其他字而必用满洲?其说亦不圆。傅斯年以建满为叠韵,亦未确。罗莘田云建在愿韵,读为Kjĭen;满在缓韵(均依《广韵》),读为muan,并非叠韵但同为山摄耳。四说最近,但谓文殊为佛之最尊称,即以尊其渠酋,亦未必然。窃疑《隋书》所谓其酋曰"瞒咄"必有所本;其后知佛号中有文殊位甚尊,遂取来附会瞒咄译音,以欺迷信佛法之民族,如西藏等;但佛号中国知之最悉,不能以相欺,故清太宗改为音近之满洲,兼以避去建州之名。

此说虽非定论,但是思虑缜密,极具启发性。作于1941年5月27日的"清顺

---

① 王文郁:《"女真"族称的由来》,《南开史学》1980年第2期;《满洲族称的由来——读满文〈满洲实录〉札记之二》,《南开史学》1981年第2期。又,常建华:《试谈诸申的族称问题》,常建华:《清代的国家与社会研究》,北京:人民出版社,2006年。

治时自论与金代之关系"条,依据《东华录》顺治十四年正月戊午有关修整金陵的记载,指出:"据此谕可知:明代时上下均知清之先代与金代有关,清太宗亦自知其先代与金代有关。而谕中'于金何与'盖当时已得中原欲讳之矣。"揭示出清与金的关系。

　　满洲的崛起是郑先生关注的重要问题,民国时期与进入共和国后在满洲研究方法与历史分析方面,发生了重要变化。1947 年 4 月 30 日所作卡片"满洲强大之故"记载:

　　　　满洲所以能强大之因素:

　　　　一、由于人　太祖及其所用文武。

　　　　二、由于制度　八旗。

　　　　三、由于知道文化之重要　创制文字。

时过境迁,1953 年 5 月 11 日,郑先生在该卡片上继续写到:"此六年前一九四七年之所见也,强调个人、强调制度而不知从经济生产分析,满洲之所以能强大:一由于在其邻近有文化较高之中国与朝鲜,使其社会急遽发展,由有氏族残余的奴隶社会一变而入封建社会,生产提高,促使其内部团结,有余力向外发展。"可见,运用马克思主义史学的社会形态学说重新分析历史,历史观发生的转变。

　　"满洲入关前的礼俗"专题收录 34 条,主要作于 1942 以及 1943—1944 年,个别作于 1940、1950、1953 年,实际上是集中考察、准备演讲的产物。1942 年 12 月 8 日晚,郑先生为西南联大文史讲演会讲演,讲题本定"清初文化之调融",拟分六节:一、满洲未称帝前所保留之女真文化成分,二、满洲入关前所沾染之汉文化,三、满洲入关前所提倡之汉化,四、清初诸帝与汉文汉化,五、入关后所行之汉化,六、入关后对于满化之恢复。其后以内容太繁,改讲"清初几种礼俗之演变",分六节:一、渔猎,二、祭天堂子附,三、丧葬殉葬及丹旐附,四、婚聘清初无服尊卑通婚附,五、剃发剃发祸附,六、冠服冠服之祸附。当时所讲未立稿,有学生笔记。① 笔记者为何鹏毓,后复增加例证,广为《满洲入关前后几种礼俗之变迁》长文,②从渔猎、祭告、祭堂子、丧葬、殉死、婚嫁、薙发、衣冠几方面,论述了满族礼俗的变化及其与汉族的关系。郑先生另一长文《清代皇室之氏族与血系》,文末附记:"1943 年 6 月 27 日大雨中初

---

① 郑天挺:《郑天挺西南联大日记》,北京:中华书局,2018 年,第 634 页。

② 《郑天挺西南联大日记》记载不断修改讲演稿,见 1943 年 2 月 3 日、4 日,第 661 页。

稿成于昆明靛花巷,1944 年 4 月 11 日讲于西南联大文史讲演会。"①该文探讨了清代以满洲表部族、满族先世在元明之地位、爱新觉罗得姓稽疑、氏族与族籍、清代诸帝之血系、佟氏与汉人、清初通婚政策、选秀女之制,分析了满族与汉族的关系。两文修订后收入《清史探微》出版。

"满洲入关前的社会"专题收录 64 条,主要作于三个时期。第一个时期主要是 1942 年 10 月底至 11 月中旬,从所作满洲初起之寺庙、满洲初起时之习俗、清太祖太宗所居地、汉化之防范等条目来看,当是集中探讨清初文化调融、礼俗问题的卡片,"满洲入关前的礼俗"1942 年的卡片同属一批。所谓清初文化调融实即满汉文化的关系,当今清史学界存在清朝统治汉化还是满化之争,郑先生实际上是汉化说的提出者,同时又不否认清朝对于满族文化的坚守,很好地处理了二者的关系,既有"汉化之提倡",也有"汉化之防范"这些相反例证的条目,再请看"清初汉化成功之原因"条:

一、未入关前已用汉人制度,其来已渐。

二、汉人多而满人少。

三、清代公文书及考试,满汉并重,而仍以汉文为主。考试用满文者仍系翻译汉文。

四、多尔衮、世祖、圣祖均为崇拜明太祖之人,本人汉化程度极高。世祖、圣祖均成长于汉人之手——太监及其他侍候之人。

五、满汉不同居,使满洲人羡慕不同之风俗,反而法效易而速。

再看"清代一代保存之满洲文化"条:

一、衣冠始终未改。

二、八旗制度存在,精神已变。

三、语言文字在满洲集团仍保留,但在同时仍用汉人语言文字为法定之语言文字。有不知满文满语之人,而无不知汉语之人。

四、满洲祭祀存在,汉俗之祭祀不废。

---

① 《郑天挺西南联大日记》1943 年 5 月 9 日记载"检《清史稿》《清通志》,草'清代诸帝之血系'初稿,于六时成"。第 687—688 页;6 月 24 日日记"草《清代诸帝血系》论文",25 日记"草论文",27 日日记:"八时论文成。此文随作随辍且两月,此可见余之栖栖终日不遑笔墨。然百忙中有此一二小文,亦差可对抗战之大时代及国家民族也。"第 711 页;7 月 18 日记"改《清代血系》文稿",第 719 页;9 月 15 日日记"九时雯儿来,嘱之抄《清代诸帝血系》文稿"。

五、婚嫁丧葬习俗掺入汉俗之中。

从这些分析来看，我们不妨说清朝统治的成功，既不是汉化，也不是满化，而是"文化调融"。"文化调融"接近我们现在说的"民族融合"，郑先生在1940年代即从"文化调融"看待清代的汉化、满化问题，直指清史的核心问题，其看法愈久弥新。

第二个时期主要是1955年，进入共和国后郑先生尝试运用社会形态理论研究清初社会，1950年5月23日所作"满洲之社会组织"、"觉罗"条目，参考国外有关满洲族社会构成的研究，思考依血族团体分为姓（hala）、氏（gargan，枝之意）、族（mukūn）的问题。此后郑先生一直思考满洲的社会性质问题，1955年3月作有"恩军"、"明代辽东"、"明代辽东的生产"、"清代祖先与农业"等条目，前三条利用明代资料《辽东志》认识当地的社会经济状况。该月还作有"舒尔哈齐父子"、"褚英之死"、"莽古尔泰之死"、"代善与皇太极之矛盾"、"太祖时迁都之争"等条目，郑先生主要考察满洲贵族的内部斗争，考察与氏族组织、社会性质的关系，不乏精彩之处。如长条目"努尔哈赤长子褚英之死"，郑先生注意到蒋氏《东华录》不载褚英之死，《满洲实录》亦不载，而见于王氏《东华录》，《太祖高皇帝实录》的记载则为王氏《东华录》所从出，《太祖实录》有删削。郑先生接着考察褚英事迹，指出：褚英之废在八旗制定之前，褚英死在闰八月（乙卯，1615），八旗设于同年。褚英未被罪前应与代善同属红旗，褚英代善为同母兄弟。《朝鲜实录·光海君日记》载天命六年褚英之子杜度领镶白旗，但八旗通志中镶白旗不见其迹。杜度本传与代善同征战之事为多，又杜度死于崇德七年（1642），其时镶白旗久属多铎，杜度何时离镶白旗待考。杜度或代多铎领旗，或未当领旗也。这些涉及八旗的改旗等重要问题。郑先生从褚英不多的事迹中，看出了重要的大问题：

1. 满洲当时并无长子继承制度。否则其家人兄弟必不敢攻讦之。

2. 褚英被谗至于焚表告天以自明，可见当时斗争必甚激烈，而此种斗争后面一定有强固的、不相同的集团。因为各人所代表的阶级是一样的，利益是一致的，那末发生斗争原因是内部斗争，是各人的斗争，是各人属下的斗争，是各人属下的氏族斗争。

3. 褚英的反对背明，一定是畏惧明朝，反映出满清自己的人少，兵力不够，生产还不够多；也反映出他们的封建统治还不够成熟，所以看不出明朝封建统治已趋衰落。

将无长子继承制作为理解爱新觉罗家族内部斗争的关键,可谓真知灼见。郑先生继续探讨努尔哈赤次子代善与八子——后来登基的皇太极的矛盾,提出重要观点:

> 案,皇太极所举代善之罪九款,实无一可以论罪之处,乃以退位相胁,诸贝勒勉强议罪只得四款,均极微细之事,而责罚甚重,竟至革大贝勒,削和硕贝勒,夺十牛录,盖无可如何者也。皇太极亦不能不免之。盖皇太极所争者为封建王朝皇帝之体统,代善之所以放纵者在氏族关系之长兄。八旗制度至天聪末,氏族色彩日薄,封建色彩日浓,昔之所谓旗有制者已变为族主所有制矣,观于旗主之日富,旗民之日穷可知。而旗主们一方用封建剥削以自己享受,另一方用氏族关系以自己逃避皇帝之统治。皇太极所以如此作法,亦以不如此不能突破旗主们的把持。果然在此事之后半年,遂国号为清,改年号为崇德,改称号为皇帝,而代善亦封兄礼亲王,不复存大贝勒制度矣。

八旗制度至天聪末昔之所谓旗有制者已变为族主所有制,可谓学术发明,以此把握皇太极登基后不复存大贝勒制度,呈现出对于社会性质的深刻观察。其他条目如“太祖时迁都之争”指出:“当时迁都甚速,必其人无安土重迁之思想,习俗如此故也。抑亦无私财之证。”又指出:“太祖频于迁都盖为经济条件所促成。”对于太祖迁都问题提出了看法。1956 年的两个条目“女真之氏族社会”、“辽东海运的兴废”,继续利用明杨循吉《金小史》、李辅《全辽志》考察辽东社会。

第三时期为 1962 年,仍在阅读明嘉靖《辽东志》,摘录“建州朝贡由抚顺关”、“《东戍见闻录》”、“辽东边墙始于正德”等资料,也阅读清人著述,作有“奴籍壮丁同样征调”等条目。翌年,并阅读朝鲜李朝实录,摘录“满州初期的农村”等卡片,使用明、清与朝鲜三方资料综合分析辽东社会。

郑先生有一些卡片是专门整体思考满洲入关前社会与研究方法论的。1955 年 3 月 29 日所作“清开国时的学习汉俗”指出:

> 弩尔哈齐天命十一年(1626)八月十一日卒。十二月三十日皇太极、代善仍孝服。
>
> 此与汉俗不同,汉俗孝服百日,此已逾百日,且一百四十日矣。
>
> 此与后来之满俗亦不同,满人穿孝百日,百日毕易吉服。
>
> 看出皇太极、代善是学汉人而不合,莽古尔泰则仍用满俗着吉服。
>
> 就此事正看出当时满清正在向汉人的高度封建主义转变。所谓汉

化应该理解为高度封建化,不能只看做文化习俗,应该看做一个为基础服务的上层建筑。

这是将汉化问题与社会形态理论结合的看法。此外,"满洲入关前的社会性质"条列出 12 条要点,郑先生上述一系列的研究思考,形成了《清入关前满族的社会性质》(《历史研究》1962 年第 6 期)一文。

"明清之战事"专题计 41 条,卡片主要形成于 1939—1949 年。其中尤以 1939 年的卡片为多,应当是因为本年郑先生在西南联大讲授明清史集中备课的原因所致。此前也有 1930 年的"清太宗扰明情形"、"教士所记之多尔衮辅政",1938 年的"朝鲜目中之毛文龙兵力"等条,1939 年 11 月、12 月间的条目则多起来,有:"清太祖告天七大恨"、"满洲与明朝之和议"、"明与朝鲜"、"明清和议条款"、"明末之辽帅"、"松山战后之明清和议"、"松山战后明清和议日表"、"清太宗扰明之目的",其中明清和议问题的比较集中。1940 年 7 月有三个条目:"四路征辽之败与朝鲜"、"朝鲜与毛文龙"、"朝鲜目中之满洲",主要是谈明、清、朝鲜之间关系的。此外,1941 年 4 月作"木刻七大恨榜文"条,1942 年 4 月作"清太祖、太宗在位年数"条,1943 年 4 月作"清太祖侵明先后"、"清太祖初起兵对明要求之条件"条,围绕明清关系。1949 年 4 月留下的条目也多,一类是阅读史料摘录:"明朝所传金使礼节"、"明朝所传清太祖死讯"、"皮岛所在";另一类是阅读其他学者论文的摘录,读王崇武论文作"杨镐与萨尔浒之战"、"明成祖朝鲜选妃"条,读李光涛论文作"记萨尔浒之战"、"皇太极名号之由来"、"清太宗与《三国演义》"、"清入关前之真象"、"南海岛大捷"、"清太宗求款始末提要"条。

"满洲入关与顺治朝"专题 45 条,但是卡片署有时间的较少,以涉及多尔衮的为多。郑先生以研究多尔衮成名,所作条目集中在 1930 年,有"于七党"、"顺治董妃与吴梅村诗"、"阿玛王"诸条,此外 1942 年作"多尔衮之称号"条,1943 年作"吴三桂请兵之人"条,1951 年作"流徙宁古塔"条,1956 年12 月作"清初抗清斗争的失败"条,1959 年 7 月作"清军入关时的形势"、"清军入关南下侵略之先后"条。"清初抗清斗争的失败"条指出,李自成部下李来亨在康熙三年八月初五日失败自杀,李军抗清武装告终。永历帝在顺治十八年(1661)十二月被俘,次年(1662)遇害,李定国亦于康熙元年(1662)死,张军抗清武装告终。台湾郑克塽于康熙二十二年(1683)降清,海上抗清武装告终。此外起义者尚多,皆属微弱,于是抗清斗争转入地下。接着分析抗清斗争所以没有成功的原因:

一、人民在长期战争之后(自崇祯元年[1628]农民战争起),要求恢复生产的安定局面,因之参加斗争者不是太多,而且一遇挫折即行退入生产。一方面清廷宣传对农民让步,取消明末加派和苛征,以缓和阶级矛盾,农民信其宣传,归田生产者多。抗清心不巩固,不持久。这是主要的。

二、清朝强调明朝的阶级斗争,声言为明复仇,以缓和民族矛盾,明臣受其愚弄,投降者很多,内部分化。

三、清军入关,中国的统一局面破坏,失去了中心和重心,因而造成了分裂局面,各地军阀拥兵、观望,形同割据。如左良玉以及四镇,分散了军事力量。

四、南明在1646以前,没有和农民起义军合作共同抗清。

五、军事上,明军不能共同作战,没有配合,如1654李定国到广东,曾约郑成功出兵,郑没有出兵(其年张攻镇江)。又如1659郑攻南京,时李已退至滇边。

六、政治上,明朝没有鲜明的反清口号。

虽然郑先生在案语之后标有"待正"二字,表明尚非定论,但我们看这一分析还是相当全面和成熟的。既将久战人心思定与清缓和阶级矛盾的政策生效作为主要原因,又各种抗清势力不能团结合作作为重要原因,符合当时历史。郑先生的分析,很好地处理了阶级矛盾与民族矛盾的关系。

未署时间的条目,有的梳理学术编年,便于授课与研究,如"多尔衮生平"、"多尔衮年岁"、"入关先后日表"、"顺治初年的政治军事经济"(因旁注:"与形式卡片参看",判断此条也作于1959年)、"南明政权"等。有的条目则提出一些重要的观点,如"多尔衮入关之原因"条指出:"太宗既卒,争立之人甚多,多尔衮辅政顺治,诸人未必尽服,多尔衮盖假入关以转国人目标,暂离是非之地,如立功更可减诸人之反对,塞诸人之口。"这个看法应是比较符合实际的,有益于我们理解清兵入关问题。"顺治时之政治"条对于顺治朝有提纲挈领的概括,特色鲜明。指出:

顺治十八年间,其政治可分二期,元年至七年(1644—1650)为多尔衮摄政期,八年至十八年(1651—1661)为顺治亲政期。此二期除多尔衮御满洲人及宗室较严,而顺治于满洲及宗室时有敷衍之处外,大体相同。多尔衮与顺治同为明太祖崇拜者,故两人之政治主张亦皆法明,清初除薙发及衣冠外,一切政制、经济、法律皆沿明之旧。此由于所用之

> 人如范文程、洪承畴、冯铨、陈名夏诸人之关系者半,由于崇拜明太祖个
> 人者亦半。

> 顺治时之政治重要者有四:曰法明,减赋,圈地,投充。前二者固
> 善。后二者则莠政也。

其中强调多尔衮摄政与顺治亲政二期的一致性,"御满洲人及宗室较严",特
别是"多尔衮与顺治同为明太祖崇拜者,故两人之政治主张亦皆法明",并分
析原因:"此由于所用之人为范文程、洪承畴、冯铨、陈名夏诸人之关系者半,
由于崇拜明太祖个人者亦半。"笔者孤陋寡闻,未见他人论述,深以为然也。①

"平定三藩"专题有 29 个条目,从 1940 年 6 月 4 日所作"吴三桂之叛"、
"耿精忠之叛"的条目来看,该类条目主要形成于此时。也有进入共和国后
所作条目,如 1950 年 6 月 6 日作有"洪承畴之经历"条。从条目的内容来
看,主要是为了教学,资料主要取材于《圣武记》与《清史稿》,多谈概括性的
事情,如三藩世系、撤藩之议、三藩之叛大事表、吴三桂之叛、三藩时清军之
防守与攻战、吴三桂死后清军之进剿、吴三桂失败之原因、三藩平定之原因、
吴三桂与清之统一原因、吴三桂与清之统一以及藩王的介绍等。郑先生也
提出一些观点,如"吴三桂失败之原因"条指出:"吴三桂失败以军略失着为
最大原因,而诸将年龄太高实为造成此原因之故。"

"郑成功与台湾"专题 35 条,主要作于共和国时期。1954 年 12 月 2 日,
美国与台湾当局签订"共同防御条约",不承认台湾属于中华人民共和国,大
陆掀起反美以及探讨台湾问题的趋势。在这种形势下,郑先生开始研究台
湾史,1954 年 12 月到 1955 年 1 月间,所作条目有"郑氏与台湾"、"有关台湾
著作"、"中国史书上的台湾"、"台湾赤嵌楼"、"台湾与和兰的侵入"、"台湾
与倭"等。1955 年 1 月 8 日,郑先生在南开作"台湾历史报告"。此外 1956
年作有"台湾与郑氏"条。1961 年 12 月底到 1962 年 2 月中是郑先生又一个
集中阅读有关台湾与郑成功资料的时期,这是因为 1962 年 2 月中旬参加厦
门大学举行的郑成功学术讨论会。卡片中有 1961 年所作"《台湾纪事本末》
与《台湾外纪》"、"《台湾郑氏始末》"、"郑氏与台湾及西方诸国"、"台湾与和
兰"、"郑成功入台湾"、"台湾郑氏参考书"等条,还有 1962 年做的"《台湾外
记》"、"《华夷变态》"、"郑成功海上船只"、"关于郑成功的参考书"诸条。这

---

① 参见常建华:《明太祖对清前期政治的影响》,朱鸿林编:《明太祖的治国理念及其实
 践》,香港中文大学出版社,2010 年。

些条目中对于有关台湾的一些文献进行细致考察,值得关注。郑先生还于1963 年 9 月 22 日为天津市历史工作者、历史爱好者作"关于郑成功"的报告。[①] 卡片中除了收录这篇讲稿,该年还作有"李率泰论荷兰生衅"等条目。此外,还有讲稿"我国历史上的杰出的民族英雄"。

四、清前期的统治与社会

这是断代性清史的主体部分,由"清初圈地、薙头、投充、逃人问题"、"康熙及雍正治国"、"康雍乾西北西南用兵"、"乾嘉道农民起义"、"社会矛盾与保甲组织"五个专题构成。

"清初圈地、薙头、投充、逃人问题"专题 25 条。郑先生有"清初之五严政"条,列出《东华录》顺治三年(1646)十月记载,当时社会上对于薙发、衣冠、圈地、投充、逃人五事不满,而清廷禁止官员就此奏请改革。郑先生的教学大纲特设专门部分论述这些清初的弊政,这类卡片形成于两个时期:一是 1939 年 6 月 22 日作"薙头"条,1940 年 3、4 月间连作"逃人"、"投充"、"逃人法"三个条目;二是 1950 年 5 月利用北大藏顺治题本(隐匿类)作了九个条目讨论逃人问题:"清初人口买卖之价格"、"逃人窝藏连坐"、"逃人二次再逃"、"逃妇产后鞭责"、"逃人之妻一并归给本主"、"逃档逃牌"、"满洲雇工"、"窝藏逃人罚则"、"逃人逃匿三次",这些档案比较详细地记载了一些逃人的家庭、生活与社会关系,是认识社会生活的重要资料,其学术价值已经超越逃人问题。此外 1953 年 6 月 8 日作"清代圈地",1955 年 4 月 14、18 日作"康熙初的圈换土地",探讨圈地问题。

"康熙及雍正治国"专题 70 条,因涉及两朝,内容丰富。康熙朝储位问题是政治大事,早在 1940 年 5 月郑先生所作"康熙诸子"、"太子允礽之立与废"条目中,就处理了这一问题。前一条归纳了与世宗接近之兄弟:怡亲王允祥、庄亲王允禄、果亲王允礼;世宗朝获罪之兄弟:诚郡王允祉、阿其那允禩、塞思黑允禟、辅国公允䄉、恂勤郡王允禵;世宗朝禄终之兄弟:恒北王允祺、淳亲王允祐、愉恪郡王允祸、简靖贝勒允祎。二十一子以下均幼。在后一条中。郑先生指出:"或以为《圣祖实录》为世宗所改,以《朝鲜

---

①　郑天挺:《关于郑成功》,发表于《郑成功研究论文选续集》,福州:福建人民出版社,1984 年;收入郑天挺《及时学人谈丛》第 217—223 页。

实录》证之实不然,盖世宗与太子之废实无所干预。"有助于认识《清圣祖实录》之简与所记载储位之争问题。郑先生对于清初历法之争比较重视,1947 年作有"清代历法之争"、"明代历法"条目,1951 年 7 月 30 日又有"清初历书"之条。关心持久多有卡片的是康熙治河问题,1947 年 11 月所作条目:"清代黄河之大改道"、"靳辅治河八疏"、"陈潢治河策"、"清代以前之治河"、"康熙南巡与视河"等,南巡与视河相关,1955 年 4 月作了为实习所用的"康乾南巡"卡片,1956 年 5、6 月作的条目有:"运河"、"河工夫役工资"、"明清运河改道"、"运河的中河"。此外,1962 年 9 月所作的卡片,反映出郑先生对于康熙朝的关注:"康熙时旗人与县民争煤窑"、"康熙帝重实证"、"康熙的随时询问改正"、"康熙的留心闻见"、"康熙的治河",这些条目反映康熙帝的治国与社会状况。

郑先生从整体上把握康熙时代,卡片中有"康熙的时代所处"、"康熙在政治上的措施"、"康熙的完成统一"、"平三藩"、"平郑氏"等概括性文字,"康熙的时代在历史上的地位"条目是为专题讲座准备的大纲,①郑先生对康熙帝评价很高,强调其在历史上其他帝王没作过的五点重大业绩:

  1. 完成统一
  2. 保证国境的安全
  3. 滋生人丁永不加赋
  4. 治河通漕
  5. 维护人民习俗

关于治理黄河,除了上述明确记载时间的条目外,未记时间的还有:"崔维雅治河策"、"清代治河的特点"、"康熙论靳辅"、"康熙时治河"。郑先生的考察细致,如王先谦《东华录》载康熙十七年七月乙卯工部议复河道总督靳辅奏疏,同意靳辅"加筑戗堤"的建议,对于"戗堤",郑先生称:

> 河工、海塘均有戗堤,初不得其解。字书只言戗古创字,又器物饰金称为戗金,读锵去声,qiàng。据此戗堤是加固堤身的护堤。

> 戗堤,在堤内加厚也,1963.8.29《天津日报》言:"戗堤又称后戗,紧

---

① 刘大年《论康熙》发表于《历史研究》1961 年第 3 期,给予康熙皇帝高度评价,在史学界影响很大。郑先生于 1962 年 8 月应北京历史学会邀请,在北京历史博物馆作《论康熙》的报告,估计郑先生的卡片作于报告前后。郑嗣仁:《郑天挺教授大事记》,封越健、孙卫国编:《郑天挺先生学行录》第 540 页。

贴在大堤坡脚后面,象靠山似的支持着堤身。"今制,每低一米做坡宽四米,余 63.8.27 在堤上亲见。

郑先生为了弄清楚"戗堤",查了字书,借鉴了报纸上的文章,还亲自在堤上考察。

关于运河,"河工夫役工资"条依据清人傅泽洪《行水金鉴》卷一七二引《山东全河备考》,列出不同地区夫役月工资:东平州坝夫月合八钱四分六厘九毫,曹州黄河徭夫月合一两,宁阳县泉夫月合七钱九分五厘六丝。并指出曹州最多,宁阳最少。又卷一七三引会典"雇夫每日给工食银四分",并引淮扬道档案下注引"荟蕞云:……但雇夫每日给工食银四分,载在会典,当此农人务闲之候,获四分现给之银,以糊其八口,无不欣然子来恐后者。第恐官役扣克,有名无实,仍为穷民之苦累"。郑先生作案语:"所引淮扬道档案即著者官淮扬道时所存之档案,时为康熙六十一年四月。'荟蕞'云云,即著者委托撰述本书之人或审定本书之人的案语。每日四分工食,则每月为一两二钱,转较常设工役为高。"如此考察河工夫役工资,对于了解治河、认识当时的社会经济十分必要。

郑先生总结了"康熙治河的特点",他先比较明清之不同,指出明潘季驯"束水归漕",而清靳辅"属浚于筑",即筑堤刷沙,而康熙帝坚筑堤防、深浚河身、河湾浚直、急流刷沙,后来总结成"筑高培厚"、"裁湾取直",参考《康熙圣训》总结康熙治河成功的原因:

　　　　1. 不征调民工
　　　　2. 河工费用作正开支(卷三三,页6上)　不惜费(三四,1下)
　　　奖励廉勤(三五,3上)　钱粮实用于河工(三四,2上)
　　　　3. 用人专(三四,1下)
　　　　4. 多研究　以永定河作试验(三三,6下)　作木模型研究(三三,6下)亲自视察　问群臣　问淮扬人(三三,6下)　问土民

最后,指出康熙的局限性:"康熙治河是有成绩的,但他远不知防止水土流失,也不懂修建水库。"笔者对于康熙帝"治河通漕"也有所探讨,[1]感到郑先生的相关研究是很深入的。

此外,郑先生对于康熙朝的党争问题也有关注,作有"党争"、"康熙时党

① 常建华:《清顺康时期对运河及漕运的治理》,李泉主编《"运河与区域社会研究"国际学术研讨会论文集》,中国社会科学出版社,2015年,第54—78页。

争"、"康熙时的门户之争"等条目。

对于雍正的研究郑先生也是先行者,"清世宗之生平"条列出了 9 件
大事:

　　一、夺嫡与嗣统

　　二、并地丁,停编审——丁随地起　雍正元年

　　三、定火耗,加养廉　二年　提解火耗,耗羡归公

　　四、改八旗制

　　五、骨肉之祸

　　六、青海喀木之善后

　　七、再定西藏

　　八、雍正之死

　　九、雍正与文化　禅学,书院(十一年),尊孔

可以说这是研究雍正皇帝的大纲。郑先生认为其中的第二、三条是清代的
创制,作"雍正特定之制"条目论述。"雍正之初政"条指出:"圣祖在位六十
一年政事务为宽大,不肖官吏恒恃包荒任意亏欠,上官亦曲相容隐,勒限追
补视为故事,世宗深悉其弊,综核名实一清积弊,亦未尝立予惩治,自能洞见
外省情伪,此政治一大刷新。"肯定了雍正帝的政治改革。清初世祖、圣祖二
帝都极力赞扬明太祖,欲为清朝争取民心,世宗时统治稳定,则不太在乎明
太祖,郑先生敏锐注意到此点,1951 年 6 月 15 日作有"清世宗批评明太祖"
条目。对于清朝的政治弊病也有考察,1951 年 8 月 1 日所作"清代文字狱"
条目,罗列了康熙、雍正时的文字狱案件。

"康雍乾西北西南用兵"专题计 50 条。康雍乾西北用兵主要是解决准
噶尔蒙古问题,清与准噶尔的乌兰布通之战,清朝官方史书说是清军大败噶
尔丹,今之学者颇为怀疑。[①] 郑天挺先生早在 1949 年 10 月 27 日所作卡片
"清初征噶尔丹之当时记载"中已经质疑,郑先生引清昆山人柴桑《京师偶
记》:"厄鲁特噶尔丹违背誓约,与喀尔喀构怨,数为边患。闻部下有南人教
之侵扰。乌澜布通之役,诱之深入,距京师七百里,已成擒矣,卒使之得志而
去。"指出:"此条所记战事固未大胜,与官书大异。"真是敏锐至极。同时他
还考证出,该书"当成于康熙中",又记中有"于公罢相,仓皇出都,以节中所
收蜡烛赠一亲故,鬻之得八百金"一条,郑先生考证:"清代大学士惟乾隆时

---

① 　张羽新:《乌兰布通之战的胜败考察》,《历史研究》1986 年第 5 期。

于敏中以贪婪著,但敏中死于位,未尝罢。此或指余国柱,国柱好货,以康熙二十七年正月革职。然则'于'乃'余'之讹"。同年 6 月所作"札萨克"条对于清代札萨克制度条分缕析,系统呈现。

1950 年代,郑先生持续考察蒙古问题。1954 年 5 月 27 日所作"乾隆时对准噶尔部之统治"条,摘录魏源《圣武记》资料后,作案语总结:

> 据以上所述,准噶尔平后,清廷政策有三:
>
> 一、设州县　　　　　　如迪化
> 二、割其土地并入喀尔喀　如乌梁海
> 三、迁移其民　　　　　　如科布多

关注清朝在准噶尔部原控制区采取的统治方式。

清朝控制西藏问题也是郑先生关注的。卡片中有关的条目有:"第巴"、"抚绥西藏"、"再定西藏"、"乾隆平定西藏"等。1951 年 7 月 23 日所作"康熙擒假达赖之故"条深刻指出:"蒋氏《东华录》所述,康熙当时实与策妄争蒙古、西域、西藏之领导权,诸地皆奉喇嘛教,能得达赖者即能得各地之领导权,故不惜以全力争之。"1953 年所作"清与西藏"概括了二者的关系。

清朝控制青海地区的条目则有:"平定青海喀木"、"青海之善后"、"平定青海参考"、"青海改旗与土司"等,1953 年 6 月 16 日所作"清与青海"条梳理了二者关系的编年。

清朝对南疆的用兵,"新疆南八城"、"伊犁新疆河北九城"、"回疆十一城"、"乾隆回部用兵"、"乾隆新疆驻兵"、"清初回城之管辖"等条是这方面的内容,主要是 1954 年辑录的。

乾隆皇帝用兵号称十全武功,有关战事的条目也有。如"乾嘉征苗"、"缅甸"、"安南"、"乾隆平定廓尔喀"、"廓尔喀善后"、"乾隆十全武功"、"大小金川"等条目,都是这方面的。

郑先生对清朝在西南地区的改土归流问题提出自己的看法。1951 年 7 月 25 日的卡片"清代改土归流之先后"摘录《清史稿·土司传一》湖广、云南、贵州、广西的事例后,郑先生作了案语:

> 一、改土归流在明代弘治、嘉靖已行之,康熙时亦曾实行,但看条件成熟与否。条件尚未完全成熟者或在土官之下加设流官佐之。或流官下以土官佐之。
>
> 二、雍正时之改土归流,是条件未成熟而以武力强制改流的。
>
> 三、改土归流不但夺土官之统治权、土地权,而且侵蚀其财产甚至

没收其财产,所以满清官吏借口种种原因压迫土官改流。目的在侵吞
财产。

四、改流之土官有的还要强迫使他迁往他省居住。

五、我们研究改土归流更重要的是在归流后对这个少数族的经济
文化生活是不是提高了、发展了来看,要注意整个的问题,而不应只强
调军事一面。

如上所述,不仅梳理了明清改土归流的脉络,还提出雍正改土归流"是条件
未成熟而以武力强制改流的"[①],"目的在侵吞财产",同时辩证地认为"研究
改土归流更重要的是在归流后对这个少数族的经济文化生活是不是提高
了、发展了来看"。实事求是的态度与方法,跃然纸上。

郑先生在清代民族政策的研究上,颇多新见解,如1951年8月1日所作
"满清统治少数民族的政策"卡片:

满清统治(新参加的)少数民族的政策   待澄待正

一、满清境内少数民族发展是不平衡的,有的民族特有的奴隶制,
有的统治别族,有的被别族统治,这样对全国总统治者是不利的,所以
要求清朝境内的各族平等地统属于清廷,不允许某一民族被统属于另
一民族。就是说在中国境内各民族全要由满清直接统治。因此有野心
统治别民族或征服别民族者,满清一定要打倒它,不恤用兵。——如打
准噶尔。

二、同样理由,也不允许在满清统治下的民族再去统属别的民族,
这样还是有的民族不能直接由满清统治,而有"二统治者"掺在中
间。——如青海改旗时喀尔喀部另编,不编在内。

三、所有民族全分别制定办法,组织起来,统属起来,而由满清直接
管理他们的最高首长,但是同时各阶层的贵族或首长满清也同他们有
联系。就是说在统制时或公事时由最高首长传达,在分布恩惠时或私
事时由满清直接与各阶层贵族交往。因此好事全是满清直接,坏事可
以推在各民族的最高首长与满清官吏身上。——如喀尔喀部王公联姻
赏赐不经过库伦办事大臣与盟长,而一切统治制度要经过等等。

[①] 参阅常建华:《确立统治与形成秩序:清顺治康熙时期对南方土司的处置》,中国社会
    科学院历史研究所清史研究室编《清史论丛》2012年号,中国广播电视出版社,2011
    年;《清雍正朝改土归流起因新说》,《中国史研究》2015年第1期。

四、少数民族贵族的名义与地位仍要维持,权力加以限制。

五、满清对少数民族统治政策是发展的,是结合实际而变化的。——如驻藏办事大臣之权力。

概括起来,要点是"清朝境内的各族平等地统属于清廷,不允许某一民族被统属于另一民族"。但是也有间接统治的民族,"所有民族全分别制定办法,组织起来,统属起来,而由满清直接管理他们的最高首长,但是同时各阶层的贵族或首长满清也同他们有联系"。这些看法,很有特色。

"乾嘉道农民起义"专题计23条。社会动乱、农民起义是郑先生研究的领域之一,1949年进入共和国后尤其明显。郑先生关注康熙末年的朱一贵起事、乾隆时期的林爽文起事,也关注海上的蔡牵活动,对于川楚陕白莲教起事,所作条目较多,如"清代白莲教的初起"、"三省教军"、"三省教军之进军"、"三省教军起义时的白莲教领袖"、"川陕楚教军"等条目即是。不过对于民众起事的评价前后经历较大变化。以嘉庆元年爆发的川楚陕起事为例,从前称之为贬义的"教匪",如有"嘉庆教匪"条,值得注意的是该条札记分析"近因:一、有旨大索白莲教余党,县吏奉行不善,株连罗织教千人;二、时川湖粤贵方以苗事困;三、无赖之徒亦以严禁私盐私铸失业,仇官思乱"。颇为准确。后来改称为中性的"教军"或褒义的"教军起义",摘录的条目有"三省教军"、"三省教军之进军"、"川陕楚教军"、"三省教军起义时的白莲教领袖"、"三省教军起义"等,作于1951年的"三省教军"条很有概括性,列举了起义先后、兵起原因、教军情况、清军情况、民间情况、清军政策、军事结束、清军胜利原因多方面的情形,"兵起原因"较之前述有所补充:

内乱之原,无不出于吏虐。

乾隆时总督多用旗人,风气大坏,时方自谓极盛,乱机已遍伏。

王三槐被勒保绐(约降而俘之),俘至京,廷讯时供"官逼民反"。(三年,1798)人民皆颂刘清为刘青天,信之不疑,且爱戴之,以如此信任官府之人民而起兵,可知官逼民反之非藉口。

苗事方亟,民不堪命。

这一论述更加全面。还有新史料的发现,1953年摘录的"三省教军起义"条记载:"朝鲜柳得恭《滦阳录》,又《燕台再游录》,均见《辽海丛书》,间记教军事。教军建国号'代汉',见《燕台再游录》二页。"注意到朝鲜史料的相关记载。

此外,还摘录了"畿辅教案"、"乾嘉之际西南少数民族起义"、"乾隆甘肃回民起义"等条目。道光初年发生于新疆的张格尔起事,评价发生过较大变化。1951年9月2日所作"张格尔起义"条,认为起义的原因是"满清政府回疆之贪暴荒淫"。列举了多种现象,如:参赞大臣三年一任以为利薮,专工搜括。各城官吏养廉不敷办公,陋规甚多,公开地贪污。回官大小伯克之任命,全由贿赂而成,因之对回民谋求无厌,以取偿。

"社会矛盾与保甲组织"专题计有52条。清代社会矛盾建立在土地所有制基础之上,制约阶级关系,在人口激增的背景下被激化,郑先生在这些问题上均有探讨。地主的土地占有究竟是多少,史料比较缺乏,传统文献上有说财主"良田万顷"的,郑先生采取从了解现代一个县所有土地数量进行推测的办法。1956年所作"各县耕地数目"条,根据《人民日报》1952年12月9日报道,广东潮汕平原上的澄海、潮安、潮阳、揭阳和普宁五个县共有一百八十九万亩耕地,玛纳斯河流域垦区被开垦和种植的土地已经扩大到一百四十多万亩。郑先生加以换算:一百八十九万亩合一万八千九百顷,五县平均不过3780顷。一百四十多万亩,合一万四千多顷。"可知一县的耕地并不太多,因此过去所谓'良田万顷'等等说法,只是文学的描述,不是历史的记录。""吴桥人口土田问题"条根据1959年5月26日《天津日报》报道:天津市"郊区最南边的一个县分,南部和山东德州紧紧接连。全县共有十七个'人民'公社,人口七十九万多,耕地二百〇二万余亩"。郑先生认为:"今天全县只有七十九万多人,耕地二万〇二百顷,平均每人二亩五分五厘地,过去历史上太夸大。"郑先生还具体考察历史文献中的土地占有情况,卡片中有如下条目:"地主田地的增加"、"明末清初的大地主"、"清初土地的集中"、"乾隆时的土地集中"。清初官府打击绅衿,江南地区尤其突出,郑先生考察清初绅衿情况,"绅衿差徭"、"清初绅衿免徭役"、"清初的官僚地主"、"清初江南奏销案"、"清初苏松人家"、"派修城工"诸条就是这方面的。相关的还有"明清地主的在乡与在城"。郑先生也对农民的耕种情况关心,作了这些条目的卡片:"亩产量与工作量"、"农民过去耕种数量"。明清之际奴变、抗租等主佃、主仆斗争激烈,郑先生的相关卡片还有"明末清初的抗租"、"地主与佃户之矛盾欠租"、"清代奴仆的地位"、"清代佃户之地位"、"清代人口中之良贱"、"清初禁买佃作仆"、"清初江苏奴仆求解放"、"顾亭林家世仆"、"废除世仆伴僮"。清初社会矛盾是多方面的,人民比较困苦,相关的卡片揭示了这些情况:"满清初期屠杀政策的后果"、"明清之际农民苦况"、"清初之苛役——捉船"、"雨中贫富之对比"、"清代赈灾与官吏"、"清初之兵扰"。

　　粮价增长过快会激化社会矛盾，引起骚乱。郑先生关注粮价，所作卡片有"康熙时福建粮食不足"、"康熙时贵州米价"、"雍正时米价"、"各地粮价高下不一"等，所论多是康雍时期的。清中叶人多地少，激化社会矛盾，郑先生就此所作考察的卡片有"据《清实录》抄顺康人口田地数字"、"清初人口田地"、"清代的人口论"，土地集中情况则有"康熙时官僚置田产"、"乾隆时的土地集中"等。

　　钱庄、高利贷的问题上，"乾嘉时商人的投机"条指出："乾隆末商人已运用资本作投机倒把生意，与其前已不相同。此资本主义萌芽进一步发展也。当时术语有与今尚同者，如'行情''成交'之类。"郑先生关注清代高利贷问题，摘录多种资料考察，特别是利用小说资料，令人称道。"清代高利贷"作于 1950 年，他说："小说《济公传》约为清代人所作，(详待考)其中有高利贷记载两条，可作清代的典型例子，《济公传》为最通俗的小说，其所反映的社会情况，与余所知者相较均不虚，则所述高利贷亦当系实际情况，非虚构者也。"该小说第二十七回述济公与凤鸣居酒馆店伙王禄谈话，王禄好赌，负债累累，"和尚说:你有钱么？王禄说:有。我告诉你说罢；我刚借了二十吊印子钱，坐地八扣，给九六钱。十吊给八吊，二十吊实给十六吊。一天打二吊四满钱，打一百天，合满钱二十四吊。连底子我得出十吊钱利钱。没法子，不能不借"。郑先生对此分析说：

　　　案，此中所述均为清代中叶后之北京情况，"印子钱"为北京高利贷之一，总借而分期还，由贷主用小折注明，期数钱数，每还一次盖一印，还清而印满，故曰"印子钱"。"满钱"为北京通用制钱时一种钱法，凡十足付给者曰"满钱"(每百实付百文，每千实付千文)，照百分之九十八付给者曰"九八钱"(每百实付九十八文，每千实付九百八十文)，照百分之九十六付给者曰"九六钱"(每百实付九十六文，每千实付九百六十文)，最低有至"九二钱"者。"坐地八扣"谓有回扣二成，实交八成。此云"坐地八扣，给九六钱"，则名义上曰二十吊，实得仅十五吊三百六十文($10 \times 80\% \times 96\%$)。实借十五吊三百六十文，一百天还二十四吊清结，利息之高可惊。

　　　北京谓钱一千曰一吊。"底子"谓中间人之佣费。

使我们了解了清代中叶后北京高利贷之一"印子钱"的详细情况。

　　上海徐家汇天主堂光绪七年四月十七日(1881.5.14)出版的《益闻录》

第一百号刊载《苏绅公呈》，内容反映了当时的主佃关系，郑先生以"苏州地主收租办法及其内部矛盾"为题，随文做了诸多札记，注意到"'司事'为地主之帐房，'催甲'为地方上催租之衙役，'经造'为乡村中专管田务之公差"，"地主一贯的收租办法"，"城乡地主不同"，"官绅矛盾"，"蠲免钱粮定例"，"城乡地主矛盾"，"绅士地主仗势抑勒"，"业佃成仇"，"地主敲扑佃户"，"不问荒年熟年一律追比"，"有意解为荒田熟田"，"田多农少。地主害怕退田。佃户用退田作斗争"，"地主强迫佃户子侄还租"。又据该报光绪七年四月二十四日（1881.5.21）刊载《续录苏绅公呈》，强调："催甲隶属官衙，此官业矛盾"，"经造额外勒索小租"，"地主与经造之矛盾。地主与县官之矛盾"，"城乡地主同样苛虐"，"各县严刑追比钱粮"。此条作于1961年2月5日，是运用阶级分析所作的分析。郑先生还根据《益闻录》清光绪六年九月二十日（1880.10.23）出版的72号上的《贫富互仇》，作"湖北的转庄"条，揭露"转庄"是一种额外剥削。

满汉关系、满洲内部关系是认识社会矛盾的重要方面。郑先生对于清代旗人问题颇为留意。还作有条目："顺康间八旗已有贫民"、"汉人称满人为达子"、"清戒旗人妄为诗歌"等。清朝统治具有满族特色，满族君臣关系反映在称谓上。"满官应称臣不称奴才"条作于1950年，郑先生引用《清代文字狱档》事例：乾隆三十三年三月十六日，浙江巡抚觉罗永德查办齐召南资产奏折，自称奴才，四月初二日奉上谕："再该抚嗣后除请安、谢恩各折外，其办理地方公务奏折，俱应书写臣字，以符体制。"其后永德数折均自称臣，不用奴才字样。郑先生认为："可见满官自称奴才，并非清代体制，但出于臣僚献谀而已。至清末汉人武官亦自称奴才，尤缪。"又举数例证明："乾隆初，两官称臣与称奴才者均有。"

郑先生也留意清代基层社会制度。有乡社、里社的卡片"明清乡社组织土著曰社"、"清初的里社"，更多的是保甲的摘录："清保甲之累"、"清代保甲任务"、"保甲的沿革"、"清代保甲组织"、"清代保甲的目的"等。

五、经济问题种种

郑先生以研究满族史、清入关前后历史成名，实际上他对于清代经济问题的研究也相当深入。这方面可由"土地、赋役与国家收支"、"漕运与经济"两个专题构成。在上一部分的"社会矛盾与保甲组织"专题中，已经有不少从经济角度论述社会关系、社会问题的条目,这一部分则主要以土地制度、赋役制度、资本主义萌芽、财政问题以及资本主义萌芽展示出郑先生的教研活动。

"土地、赋役与国家收支"专题计有94条,可以分为土地制度、赋役征收、国家收支三个部分。

中国封建土地所有制形式问题,是新中国历史研究的五朵金花之一,郑先生也着力颇多。郑先生《清代的土地制度》一文,①概述了清代土地制度的来源和类别、特点、性质与几种经营方式,是他对清代土地制度的高度概括。《郑天挺清史讲义》可以看到具体研究,如清代的国有土地涉及满族的官庄,郑先生深入考察了官庄。郑先生根据乾隆《临榆县志》考察"清代官田名称",又据《总管内务府现行则例》会计司部分摘录"法令中所见清代官地名称"、"八旗典卖地亩"、"旗地旗房不准民人典买"、"清查旗民地亩,多余撤出入官"、"乾隆论官吏中饱入官田亩租额"、"绝嗣产业"、"业主改变,原佃不变"、"斤石与仓石"、"晌"条,对《总管内务府现行则例》会计司卷二《粮庄地亩定额》所记:"雍正三年三月,奏准将山海关外地亩,每六亩编作一晌。"(咸丰二年修,故宫博物院铅印本,36页)利用本书内证指出:"'晌'早见于康熙二十四年,不始于雍正三年。"(同上,2页)利用《清史稿》作"庄田"条,摘录官庄、粮庄、王庄、旗庄、内监庄田方面的资料。依据《光绪会典事例》,作"庄田来源与分配"、"庄头"、"旗地不准增租夺佃"、"畿辅官兵庄田"、"清代宗室庄田"、"乾隆初的各旗公产收租"等卡片。特别是1961年11月24日摘录《总管内务府现行则例》会计司所作"清代粮庄"条,多有考证,发现:粮庄初期与屯田相近,每庄十人,每人给地七十八亩(以六亩一晌计)。康熙时改为每庄十五人,给地十八顷,每人一百二十亩。超过耕作能力。以十五人耕作而只收二百五十石粗谷,则庄头之收益未免太大。(至少每庄年获一千八百石,以一亩一石计)粮庄余地及无庄头之粮庄地亩均可地方官招种征租。粮庄地亩亦系分别佃种。每庄额定十五人,除庄头外只十四人,而垦地十八顷,事实作不到,其结果必致于由庄头再找佃户分种。庄头为世袭的,其地位远在壮丁之上。壮丁地位低于人民,与奴仆无异,不准考试,不准仕进。庄头地位稍高于壮丁,但除旧庄头外亦不能考试仕进,仍低于人民。

郑先生也关注各地田土问题。作有条目:"临榆(山海关)学田"、"廪

---

① 郑天挺:《及时学人谈丛》,第165—171页。

田"、"广东雷州洋田"、"广州沙田"、"广州香山土田"等。

明末清初的土地赋役遭受鼎革之变,相关的条目有"更名地"、"更名田"、"清初田赋额"、"清初徭里银"、"旗租"、"屯垦　屯田"、"垦荒"、"顺治时的山东荒田"等。雍正在北方进行井田、水田实验,郑先生不仅关注,还联系到明代的北方水田实验。

赋役征收是关系国计民生的大事,清代赋役制度变化较大,需要深入探讨。"钱粮册"条目作于 1950 年 12 月,系浙江布政使李士桢奏销康熙十四年分地丁起存等项钱粮完解支销文册的摘录,长达 30 张卡片。郑先生还依据康熙二十一年《锦州府志》考察该府田赋。根据《光绪会典事例》考察清代田赋制度,制作的条目有"清代田赋"、"清代口赋"、"起运钱粮(存留钱粮附)"、"更名田　更名屯丁"等。

清代赋役征收中的火耗是一个不易解决的问题,雍正帝推行耗羡归公的改革,但乾隆时期有官员建议恢复旧制,郑先生不仅作"耗羡归公"辑录资料,更将"乾隆时议火耗"作为史料实习用,以深化对于这一改革的认识。

地丁合一是雍正的另一重大赋役改革,郑先生就此问题联系前后不同时期考察。全面考察的条目有"清代丁粮合一"、"地丁原始"条目,追溯明代有"明代地丁"、"并丁于粮明已有之"等条,认识实施改革背景的有"从清初大赦诏看明末剥削"、"清初的包丁与荒粮"、"清入关时势要之扰民"、"王宏祚与《赋役全书》"、"顺治时再议一条鞭"等。康熙朝的相关问题,有如下条目:"康熙十三年均田法"、"康熙时均田实即均役"、"康熙时已有丁从地起"、"清初松江均田均役"。专门谈论清代丁银的条目较多,"清代丁徭"、"清初丁役"、"丁役费用增加之故"、"丁银摊征"、"条鞭以见丁制役"诸条即是。

财政收入与支出的国用问题,也是郑先生关注的。所作卡片有:"清代收入"、"清代之国用"、"清初征银数"、"清代全国赋额"、"清初收支"、"清代岁出岁入"、"清康乾库存"、"乾隆时的商捐"、"乾嘉时的收支"等条目,主要作于 1950 年代初期。其中反映了郑先生的一些重要观察,如"清代岁出岁入"条依据《清史稿·食货志六·会计》,统计了顺治九年、乾隆三十一年等年份岁入岁出情况,特别在乾隆三十年满汉兵饷项岁出 17,000,000 两下,计算了"占入 35%,占岁出 49.2%",可见对于军费的关注。此外,"《红楼梦》的社会背景"条指出从国家岁入看,关税增加。以顺治八年、康熙二十年、乾隆三十一年地丁、盐课、关税等的收入数量比例,看关税三个年份 100 万两、

200万两、540万两的增加速度分别为4.1%、6.1%、11.1%。

　　"漕运与经济"专题计有83条,主要集中在漕运问题上。清朝治河很大程度上是为了漕运,郑先生对于漕运、漕粮问题着力不少。这方面郑先生20世纪60年代前后所作卡片有"清代漕运"、"漕运演变　清初用明制"、"漕粮官收官兑"、"漕粮总纲"、"漕粮　正兑　改兑"、"各省漕粮"、"白粮"、"漕粮例不改折"、"漕粮改征"、"漕粮折征"、"灰石米折"、"漕粮正耗"、"漕耗"、"漕粮仓耗"、"漕米"、"漕运限期"、"随漕款目　漕费"、"漕运总督"、"施世纶为总漕"、"督粮道"、"水次六仓"、"京师十三仓　通州三仓"、"坐粮厅"、"运丁穷苦"、"运丁　运军"、"尖丁"、"漕运纤夫听军弁自办"、"漕粮之弊运军之苦"、"丁漕五弊"、"漕船"、"漕船载运额数"、"漕船回空"、"漕船揽载私货"、"漕船禁例"、"清改海运"、"江南漕粮实征情况"、"清代漕运参考"、"漕粮海运",共计39条,构成系统全面的专题资料,不乏真知灼见。"清代漕运"条将清代漕运问题概括为六大方面:

　　一、漕运:制度

　　二、漕粮:1.正兑　改兑　2.供漕省分　3.白粮　4.加征——耗米
　　　　　　①正耗②漕耗③仓耗　5.改征　6.折征　7.漕米

　　三、拨运:1.限期　2.漕费　3.督运　4.仓庾

　　四、运丁:1.运丁　2.运军之苦

　　五、漕船:1.额船　2.贴造　3.运额　4.回空　5.客货　6.禁例

　　六、海运

"各省漕粮"条指出:"在摊丁入亩之后,各省仍银粮兼征,粮充本省经费,八省漕运京师外,仍留本省。""漕粮正耗"条比较《清朝文献通考》和《熙朝纪政》后发现:"纪政所载耗费,较通考为低。""漕费"条摘录《熙朝纪政》后指出:"漕费,《清史稿·食货志三》较详,可参看。""水次六仓"条指出《清史稿》记载七仓中凤阳二仓,《清朝文献通考》这一记载中凤阳一仓。"京师十三仓"条指出《清朝文献通考》记载京师十三仓,"实有十四",而《清史稿·食货志二·仓库》记载"此十五仓较《通考》多内仓、恩丰二仓,而少清河一仓,或中叶以后制度"。

　　资本主义萌芽问题研究上,郑先生利用碑刻资料对苏州丝织业加以考察。1959年三联书店出版《江苏省明清以来碑刻资料选集》,郑先生精研资料,做了数条重要的研究札记。其中"清代江苏踹匠工资"条,在仔细分析了康熙九年(1670)苏州立"奉督抚各大宪核定踹匠工价给银永遵碑记"、康熙

三十二年（1693）立"苏州府规定以后踹布工价数目碑"、康熙五十四年（1715）十二月立"奉钦差部堂督抚各宪驱逐踹染流棍禁碑"、康熙五十九年（1720）七月立"长吴二县踹匠条约碑"、乾隆四十四年（1779）立"苏州府规定踹匠每布一匹工价连薪菜米加等计银一分三厘,该商等给发坊主伙食银一两给钱八百二十文,以后不许增加碑记"、乾隆六十年（1745）立"长元吴三县规定各布号给发踹布工价碑"、同治十一年（1872）立"苏州府规定踹价每匹银一分四厘,九八兑九六色,大小加头在外,立折登记,统归三节结算碑"七种碑文后,郑先生又加以概括:

综合上录各碑,知:

（1）苏州踹匠不下万余人（康熙五十九年,1720,43页）均非苏州土著（有丹阳人）。

（2）苏州踹坊包头约三百余户（仝上,44页）,或有两作,或有三坊。

（3）每一踹坊"用管帐一人,专责稽查,名曰坊长,凡有踹匠投坊佣趁,必须坊长识认来历,方许容留"（44页）。有封建关系。

（4）踹布工价,每匹:

1670（以前）	银一分一厘	
1715	一分一厘三毫	较前加 2.8%
1720（加、米加、捐助）	一分一厘五毫九丝	较前加 2.7%
1772	一分三厘	较前加 12%
1872	一分四厘	较前加 7.7%
二百年间,经过多次斗争,仅增加		28%

（5）从上表可以看出当时的斗争是艰巨的,但是发展是快的,越来越快（1772年以后,虽然一百年间只加7.7%,但其间有鸦片战争和太平天国起义,有停歇）。

（6）踹坊备伙食、布石等,其具体办法待考。

（7）踹匠斗争主要对布商（1670年,32页）,有时亦与坊主有矛盾（1795年,51页）;布商有时挑拨踹户（坊主）共对付踹匠,有时兼对踹户踹匠。

（8）踹行在嘉庆二十五年（1820）前均系"布号自行择坊发踹",此是自由竞争之萌芽,但踹坊即加抵制,于1820年订立"随牌"名目,垄断把持,后经禁止（53页）,至道光十二年（1832）又起争议,调停后1834立碑:"（听号择坊发踹）择其踹踏光明,又无勒借情弊,即行照旧交踹,不得无端另换,致力作贫民失其生计;设有领布积压,不能克期交号,及灰黯不能行销,准号另择发端,不准借折把持。"(54 页)

"清代丝织业机匠前后之不同"条,也根据乾隆六年立"苏州织造府严禁织造局管事向年老告退及病故机匠子侄堪行顶补者需索陋规并隐瞒不报碑记"、雍正十二年立"奉各宪永禁机匠叫歇碑记"、道光二年元和县"为晓谕机匠揽织概向机房殷书立承揽交户收执……碑记",得出如下看法:

> 乾隆六年(1741)时机匠尚非自由应雇,而须由织造看验按缺顶补。
>
> 雍正十二年(1734)时,机户可以自由遣散机匠,而机匠应工则不同。
>
> 道光二年(1822),机匠已可自由应雇。此是一大进步。
>
> 道光二年碑有"至应给工价,如各户用洋,悉照每日钱铺兑价作算"之规定,是一进步。

以上述两条札记为基础,郑先生提出染踹业出现记件工价制度,说明苏州丝绵织业出现资本主义萌芽,但工价冻结,破坏了工匠生产积极性,引发叫歇斗争。踹匠和机匠招工中,渗透着封建因素。郑先生将其归纳为"资本主义萌芽受到摧折",写入《鸦片战争前清代社会的自然经济》一文。①

物价问题。"明末清初上海物价"条依据叶梦珠《阅世编》卷七《食货》记载,列表统计。"康熙时布价"条辑录《苏州织造李煦奏折》中织造衙门采办青蓝布定价资料,郑先生札记如下:

> 案,布匹三十万匹给价十六万两有零,是每匹约银五钱三分三厘上下。而康熙三十四年至四十四年十年不变。
>
> 《清续通考》三八五卷,光绪之季,出口布约 146,171 匹(各种土粗布),价值海关银二百五十七万七千余两,则每匹(幅长不一)平均合银十七两六钱上下。较清初高多矣。

《苏州织造李煦奏折》是郑先生重视的资料,还辑有"康熙时的采办青蓝布"、"清康熙丝价"、"清代织造"等条目,还利用明末叶绍袁《启祯记闻录》的资料,作了明末清初机户、清入关初的织造的卡片。"康熙时江苏产米情况"条指出:"据此,一遇米粮外贩则米价顿贵,说明产米在全国看是不够的,此地米缺价高则从米贱之处运来,旁地米一外运则米价又高,再从他地米贱之处运去,彼此贩运,彼此调剂,总之还是米不够吃,此所以洋米入口可以免

---

① 郑天挺:《及时学人谈丛》,第 227—229 页。

税减税,以召来。又案,李煦奏折无康熙四十九年与五十年两年者,不能与张伯行折对照一下。"

海关的条目也有"清初四海关"、"清初海关"、"江海关所在"、"明清关税比较"、"关税额税",这些卡片作于 1955 年、1956 年。

郑先生对于"工业"问题也十分留意。"清代工业"条罗列了工程之大者:治河、营建(大工)、铸钱。技艺之精者:织造(苏州、江宁、杭州)由内务府司员内奏简,隶内务府广储司;织染局,隶广储司;官窑,景德镇,隶养心殿造办处。并举出三种重要著作:允礼撰《工程做法》、麟庆撰《河工器具图式》、吴允嘉撰《浮梁陶政志》。郑先生还辑录《清史稿·艺术传》资料,作"清瓷"、"康熙时之蒙养斋与如意馆"、"戴梓"、"刘源"诸条。

比较明清经济的条目引人注意。如"明清织造之比较"、"明清冶铁比较"、"明清烧造之比较"、"明清皮革生产量比较"、"明清钱法比较"等条目,具有启发性。与钱法相关,另有"清初钱价"条目。此外,辑有"盐法"、"漕粮海运"的条目。粮棉生产问题多有关注,相关条目有"康熙选植稻种"、"有关棉花的记载"、"无锡的棉布生产"、"乾隆时银价棉价米价"、"嘉庆时上海工商业"。

明清时期国外新作物传入较多,郑先生注意这方面的问题。他辑录叶梦珠《阅世编》七《种植》资料,作有"上海种烟叶之始"、"上海种蔗之始"、"花生到上海"的卡片。利用刘献廷《广阳杂记》辑录"楷树子作油"、"番薯"等条目。

六、政治、军事以及满洲特色制度

这是郑先生治清史所擅长的领域,由"政治制度"、"军事制度"、"八旗与内务府"三个专题构成。

"政治制度"专题计 68 条。

"清代的政治制度"条是郑先生授课讲述清代政治制度的大纲,郑先生对清朝统治的总看法是:"清代已入封建社会晚期,吸收了三千年的封建统治经验,在封建统治暴力机关的组成上,可以说是集封建统治的大成。加之满洲是少数民族统治多数民族的汉族,它不能不更加对臣民的防制。"他提出清朝在政治上始终坚持了三点:

1. 皇帝至高无上
2. 绝对中央集权

　　3.保证满族的优越地位

认为清朝"在入关以后,在宣布效法明朝以后,历代对官制、仕进、考试都有
不少改变,主要是为了维持三个原则",具体表现在:

　　　　他们在策略上有意识地玩弄"恩威莫测"。

　　　　他们在用人上主张人才,反对庸才,害怕霸才,提倡中才。

　　　　他们在施政上主张作事,反对误事,害怕多事,提倡无事。

　　　　他们在考试文字上主张淹洽,反对批缪,害怕恢奇、雄伟奇异,提倡
　　平正。

郑先生对于清代政治的观察是独到而深刻的。

　　郑先生对于清代政治制度具体的研究贡献是多方面的。封爵问题,早
在1940年代就已关注,1943年的"清初封爵"条,综合主要官书,详考爵等、
袭次,呈现出封爵制度。同年所作"清初统兵王公之世系"、"清代世袭罔替
之王爵"也是相关的条目。1947年郑先生概括"清代封爵之特点":

　　　　一、清代皇帝之子,不一定封王。

　　　　二、封王不一定世袭罔替。

　　　　三、世袭不一定选嫡长,且不一定由始封人之子孙承袭。(如庄王)

　　　　四、封爵无采邑,世居京师。

　　　　五、世爵统军,执政,无限制,但须帝命。

　　　　六、民爵袭次有定制,计算极易。(晋爵改封最易计算。)

这对于把握清代封爵制度十分重要。此外,1949年所作"宗室王公章京世袭
爵秩册",提出重要问题:

　　　　又卷一阿敏名下注曰"天命元年正月以功封和硕贝勒";卷二于代
　　善名下注曰"天命元年封和硕贝勒";岂天命元年时已有四大贝勒乎?

或可证明郑先生之前提出的"太祖初仅四旗,由四大贝勒主之"的看法。

　　了解封爵制度在一定意义上说也是为了认识清朝的亲贵政治。郑先生
作有"清初的亲贵政治"、"顺治时议政大臣"、"康熙八年之议政大臣"、"康
熙时辅政大臣"、"顺治时之议政王"、"议政大臣"、"议政大臣的设立与废
止"、"议政王会议的议事"、"康熙初辅臣辅政仍有议政王"诸条,探讨亲贵
及其议政制度。"康熙八年之议政大臣"条,举出议政王贝勒大臣会议列衔
二十六人名单,郑先生认为:"据此议政皆满人,内有都统十,六部不全,大学
士仅一人。似与清初八旗贝勒主政之制近。"

　　清代最有特色的中央机构是军机处,郑先生摘录的卡片也较多。计有

"军机大臣"、"军机处与奏折廷寄"、"廷寄"、"军机处文件日行三百里　紧急公文日行六百里"、"军机处职制皆张廷玉所定"、"军机处要求慎密"、"大学士必兼军机大臣始为真宰相"、"军机处"（二条，一纲要，一摘录）、"清代军机大臣"、"清代首席军机大臣"、"军机章京"、"清代军机"等。郑先生持续关注军机处问题，他的看法值得注意。其"军机处"一条概括这一制度：

> 军机处为清代与明代不同的政治制度之一。为雍正重大改革之一。

> 军机大臣虽参领机要，大学士兼军机大臣虽有真宰相之称，领班军机大臣（首席，第一军机大臣）虽有首枢、首揆（宰相揆度百事）之称，但是皇帝的辅佐（幕僚长、秘书长）不是执政。与清代的辅政大臣（如鳌拜），古代的宰相、丞相（如曹操、王安石），资本主义国家的政府首脑（如英国）不同。他们不能任用或罢免自己所好恶的人员，不能自己发号施令，不能有自己的政治主张，必须皇帝允许，由皇帝宣布。

> 这是由清初制度参酌明代设置大学士精神，发展而来的。

郑先生还具体论述了清军机处设立前的中央政治中心、军机处的设置、军机大臣、军机章京等问题。军机处虽然重要，但内阁也不应忽视，"内阁职掌"、"内阁中书"两条是这方面的内容。

清朝的公文书制度体现满族统治特色。郑先生探讨了贴黄、揭帖格式、题本格式、题本与奏本、奏本格式、奏折格式等问题，1962 年所作的这组卡片，依据的是档案资料。

科举、学校、任官制度在《清史稿》属于"选举志"，郑先生的探讨体现在"科目"、"府州县学"、"贡生"、"大挑"、"保举"、"捐纳"、"国子监"、"京官"、"京察"、"任官之法"、"清代教习庶吉士制度"等条目，"科目"条概述清代科举制度，条分缕析，言简意赅。"府州县学"、"贡生"、"国子监"、"京官"、"京察"、"任官之法"、"捐纳"诸条亦是如此。

明代出现的总督巡抚，在清代固定化，郑先生探讨了督抚问题。"清代总督"、"督抚同城"、"督抚职掌"、"咸丰时督抚权势渐高"、"雍正前满族督抚"、"总督久任"诸条，体现了郑先生的看法。

"八旗与内务府"专题 64 条。

八旗是满族与清朝的重要制度，孟森《八旗制度考实》发表于 1936 年，是八旗研究的开创性成果，视八旗为"军国民制度"。郑先生继续研究八旗，则较为关注八旗的社会层面。如 1939 年所作卡片有"八旗人民之义务"，详列出征行猎一切差徭分任,指出:"(1)凡赏赉新附之人皆八家(旗)均出,八家每家出羊若干,貂裘野兽酒米筵宴若干;(2)年岁荒歉八家均出米粟赈济贫民。"还有"八旗"条目,摘录《八旗制度考实》重要观点,在引用《大清会典》卷一《宗人府》不入八分公原注"天命间立八和硕贝勒共议国政,各置官属,凡朝会燕飨皆异其礼,锡赉必均及,是为八分。天聪以后宗室内有特恩封公,及亲王余子授封公者皆不入八分,其有功加至贝子准入八分,如有过降至公仍不入八分"后做札记:"案,此条为旧史料未湮之仅存者,甚可宝。心史先生之文与此同见。"强调八和硕贝勒共议国政、八分在理解清朝历史中的重要性。1943 年卡片有"乾隆时八旗人数"、"八旗兵数"等。这些卡片出于教学所需,1940 年代郑先生发表的《清代皇室之氏族与血系》中有"氏族与旗籍",《满洲入关前后几种礼俗之变迁》的"渔猎"部分,都涉及对于八旗的认识。此外,1947 年的卡片有"八家与八旗"、"本旗本王"、"天聪初八旗负责人"、"清初诸人之背景"、"清代驻防"、"八旗驻防"、"清初驻防之累民"等,关注八旗的旗主与清代驻防八旗问题。1950 年作"入关前之八旗主",1954 年作"八旗驻防的发展"、"清代的驻防与绿营之别"、"汉军之始"、"清代八旗兵额"、"各省驻防军"、"八旗二十四旗与绿旗"、"军士饷米",关注作为军制的八旗。1955 年作有一组卡片,包括"世管佐领与公中佐领"、"世管佐领"、"清太祖起兵人少兵少"、"清开国前降附之人"、"入关前八旗与氏族"等,多涉及八旗内部管理。1962 年作"旗人生计"、"满洲考试科举

八旗科举"等,则是旗人社会与文化方面的关注点。郑先生在 1954 年 10月摘录张之毅介绍苏联伯恩斯坦(А. Бернщтам)1946 年所著之《六、八世纪鄂尔浑、叶尼塞流域突厥人的社会经济结构》一书所写的《游牧的封建社会》(《科学通报》一卷八期 532—534 页)一文,所作"游牧封建社会"卡片,内容是氏族社会的突厥人如何进入封建社会。将这一理论性的论述置于八旗类卡片之首,反映出将八旗作为社会形态看待的思路。1955 年 3 月所作"清开国初的婚媾关系"条,还有"清开国初的养子问题"条,都引用了恩格斯《家庭、私有制和国家的起源》的相关论述。

郑先生也关注八旗社会的各种人,相关的卡片有"清初的分俘"、"牛录下厮养卒"、"包衣"、"清初免功臣徭役"、"清开国八王"、"公主下嫁赏赐"等条目,有助于认识满洲的社会形态。

郑先生是最早研究内务府的学者。"内务府"条辑录王庆云《熙朝纪政》、《总管内务府现行则例》概述内务府七司、三院、六库职掌,"内务府与税

差织造"条讨论《总管内务府现行则例》的官制问题。此外,还有"外国贡品交内务府接收"、"内管领"的卡片。

被罚入内务府的有称为辛者库的一类人,相关的卡片较多:"辛者库与包衣"、"身者库"、"辛者库"、"辛者库人"、"入辛者库即籍入内务府"、"辛者库"、"辛者库的解释"、"各亲王下辛者库"、"编入包衣即为奴"、"给功臣家为奴"等条目。

"军事制度"专题计有 33 条。

这批卡片形成于三个时段:第一个时段是 1940 年代,"八旗兵制"条作于 1943 年 3 月,从《大清会典》九十六《八旗都统·兵制》摘录了"八旗设兵之制"、"畿辅驻防"两段资料,有札记:"案,八旗军队编制,《会典》、《清史稿·兵志》均无详细记录,姑举此以见例,然非通制也。详查诸书记载每"领催"下最多不过二十四人,少者八九人不等,或当时无明白规定也。又八旗抽丁分隶之法甚善,益统率者非一人,且不全属本旗,无挟兵自重者矣。(亲军,护军,步军,前锋,火器,本旗,凡六隶。)""清代驻防"条作于 1947 年 10 月,摘录《清史稿·兵志一》"八旗驻防之兵"、"各直省驻防制"并列出历年增设的情况,还补充《清史稿·食货志一》"八旗人丁定例三年编审一次"的规定。同年 11 月摘录《清史稿》王鸿绪传记,作"清初驻防之累民"条目。"清代武功与绿营"条作于 1949 年 6 月,摘录《清史稿》蔡毓荣、赵国祚传而成。由上可知,郑先生是较早关注八旗兵制与八旗驻防问题的学者,对于绿营驻防也有探讨。此外,1950 年 5 月 25 日所作"八旗设置之始",讨论八旗的设置时间与旗色等问题。

第二个时段为 1954 年 11 月—12 月间以及 1955 年 5 月,署作 1954 年的有 13 个条目:"八旗二十四旗与绿旗"、"清代的驻防与绿营之别"、"汉军之始"、"清代八旗兵额"、"军队的本质"、"驻防军之管理"、"绿旗营用旗员"、"八旗驻防的发展"、"绿旗兵之统辖与训练"、"军士饷米"、"明清军费之比较"、"各省驻防军"、"清代绿营兵",如此集中做卡片,是为了撰写论文《清代的八旗兵与绿营兵》,该文完成于 1954 年 12 月 12 日,翌年《历史教学》第 1 期发表。这是一篇言简意赅论述清代兵制的文章,在清代军事制度研究上具有开创性。1955 年 5 月,郑先生阅读《清史稿》兵制部分,摘录"乡兵"、"防军"两个条目。

第三个时段是 1962 年。"清代军制"卡片作于 1962 年 11 月 1 日,实为授课和研究大纲,首先论述了军制的演变:

自 1583 努尔哈赤起兵至 1911 清亡,前后三百二十八年间,可以分五个不同阶段:

1. 关外的满洲兵与汉兵(1583—1644)
2. 入关后的八旗兵与绿营(1644—1796)
3. 嘉庆后的乡兵、团练(1796[嘉元]白莲教起义—1852)
4. 咸丰后的湘淮军与防练军(1852—1894)
5. 光绪后的新军、陆军(1894[中日]—1911)

接着讨论兵额与兵饷,其中谈到几次大战役的军费;三是论述兵源;四是训练与军器问题,包括军械、军装等。"清代军制"条,实为清代军制研究的纲领。

七、中外关系与近代史研究

郑先生非常关注明清时期西方传教士来华问题,我们将这方面的论述收入《郑天挺明史讲义》的"耶稣会士携来之西洋学术会士"一目①,其中清代部分有不少条目,主要作于 1941 年,摘录了《熙朝崇正集》、《熙朝定案》等重要文献。1950 年代,郑先生关注清代中外关系,特别是开设中国近代史,加强了对清后期的研究,我们将这两部的内容合在一起介绍。

"中外关系"专题计 45 条。

明清时期是中外大规模接触的时期,鸦片战争后西方势力全面进入中国。应当是出于研究近代史的需要,新中国成立之初郑先生就很关注中外关系史的问题。1950 年下半年,阅读夏燮《中西纪事》一书,作有"清开海禁之始"、"清代对外贸易之三变"等卡片,还阅读《清史稿·邦交志》摘录"英使臣来华"等资料,同时学习 Cartton J. H. Hayes 著《近代欧洲政治社会史》(曹绍濂译,1924 年版)、苏联叶菲莫夫编《近代世界史》(王易今译,开明书局 1949 年版),作了卡片"产业革命"、"产业革命后的英国"。1951 年下半年,阅读苏联学者古尔柏等撰《殖民地保护国新历史》(光华书店 1947 年版),作"海上走私"卡片,摘录《清史稿·邦交志》,作了"清初外商税额旧例"、"各国对华贸易之始"、"英国派使"等条目。1953 年 5 月摘录光绪《清会典事例·礼部·朝贡·朝仪》作"西洋使节晋见"卡片,6 月,据何汉文《中

---

① 孙卫国等整理:《郑天挺明史讲义》,第 651—699 页。

俄外交史》（中华书局1935年版）摘录卡片"满清与帝俄"条目，7月阅读多种书籍，摘录"英国商馆"、"商馆"、"十三行"、"各国派使来华之始"、"鸦片烟在内地种植"、"番薯明万历时入福建"等卡片，11月继续做卡片"商馆防闲五策"、"通商与洋行及吏胥"。1955年5月2日，摘录光绪《清会典事例》作了"清代海禁"、"洋船禁令"、"清与海外各国关系"、"朝鲜贡物"、"荷兰贡物"、"英使马戛尔尼带来的方物"诸条目，特别是"朝贡交易及禁令"条就贸易禁令、市易、免税、禁令、从人限制、文书规律等作了摘录，5月9日又有卡片"清初银两与外舶"。此后，这一题目的卡片少了，但是也有1961年所作《尼布楚条约》"条目，1958年12月所作"葡萄牙强占澳门"一条多有考辨。

　　现存的中国近代史卡片，我们称之为"近代史讲义"，作为"清史讲义"的一部分处理。"近代史讲义"共计114个条目，然而有些条目的卡片遗失，使得内容不完整。这批卡片分为两大部分：第一部分250张卡片，分属"近代史"、"清代种族之偏见"、"咸同间山东人民负担"、"蒙古独立纪年"、"外蒙古问题"、"庚子拳盛时杀白莲教"、"鸦片战争时汉满斗争之加甚"、"道光以后的首席军机大臣"、"清代皇帝即位的年龄"、"外官"、"清代的政治制度"、"《海国图志》"、"沙发诺夫中国社会发展史"、"庚申北狩与甲午逃避之义"、"咸丰不回京之原因"、"庚子东南互保与赵凤昌"、"清代银库"、"张之洞在中国战后之主张"、"庚子入陕自鹿传霖备"、"清文宗之死"、"清末新式陆军"、"鸦片战争后中国财经情况"、"鸦片战后中国社会情况"、"英法联军时期之美国"、"咸丰中团练之抗粮"、"咸丰间北方农民起义"、"第二次鸦片战争时的世界"、"亚罗号划艇事件"、"范史目录八"、"咸丰末之财政"、"中俄伊犁条约"、"清末纷争"、"太平天国不算资产阶级革命"、"太平战时之官军"、"中国近代史提纲"、"鸦片战后太平起义前之社会"、"清末新式陆军"、"太平起义前清朝吏治之腐败"、"太平起义前清朝之国用"、"中国近代史提纲"、"近代史之分期"、"中国近代史的分段"、"中俄伊犁交涉始末"、"中国排外"、"太平天国之赋税"、"同光时之四谏"、"邓廷桢与烟"、"林则徐销毁鸦片"、"广州入城问题"、"徐广缙与洋人入城"、"阻英人入城之地方人士"、"英法联军前之英国"、"洪仁玕入天京"、"太平起义前清朝之国用"、"粤组团练阻英人入城"、"中英鸦片战争事记"、"鸦片事宜"、"太平初起的训诫"、"鸦片烟税"、"洋钱"、"纹银外流"、"鸦片入口数"、"斯大林关于语言学问题"、"清代海军军费"、"清之海军"、"教案及排外运动"、"日本"、"新式学校"、"华侨参考书"、"清末外国借款"、"清末新企业"、"左宗棠举外债"、"清末瓜分之说与列国忠告”、“朝鲜李氏世系”、“清代购用轮船之始云南回族起义”、“云南起义军官名”、“同治初法国教士在西南之不安分”、“同贵州起义军”、“咸同间贵州平坝军事”、“福建小刀会”、“福建的小刀会”、“上海租界”、“外人在上海侵略中国主权之发展”、“小刀会刘丽川”、“刘丽川与西人”、“刘丽川”、“太平军在上海专辑”、“《觉梦录》”、“《红乱纪事草》”、“《星周纪事》”、“《枭林小史》”、“咸丰九年之上海”、“李华客记刘丽川”，共计93个条目。

　　第二部分是分类卡片，共分六类：政治类70张卡片，分属“李莼客所记道咸民变”、“清末党争”、“太平起义前之广西巡抚”、“《海国图志》”、“初起之义和拳”、“禁鸦片烟”、“宋景诗与佃户平分麦收”、“福建竹崎江事件”、“咸同间团练之抗粮”、“同光间的门户”、“第四章第二次鸦片战争和太平天国革命的失败1856—1864”、“三元里之愤”、“咸同间团练之抗粮”、“汉军设四旗”、“汉军由四旗改八旗”、“洪秀全与耶稣教”、“古代对少数民族的政策”、“太平战役中俄法欲助清”、“《戊戌政变记》两本同异”、“勾军清册残卷”20个条目；军事类13张卡片，分属“捻在太平天国之前”、“咸同间北方农民起义”、“清末新式陆军”、“勾军”4个条目；经济类14张卡片，分属“林则徐销毁鸦片”、“咸同间山东人民负担”、“纹银外流”、“鸦片烟税”、“咸同间官吏之侵蚀”、“鸦片入华之始”、“蒙元的土地政策”7个条目；社会类2张卡片，属于“鸦片战后太平起义前之社会”条目；宗教类3张卡片，分属“义和拳与八卦教”、“七七教”、“太平天国与孔子”3个条目；外交类19张卡片，分属“中俄伊犁条约”、“亚罗号事件叶名琛的照会”、“英法联军时期之美国”、“江宁条约善后事宜”、“各国要求改约”5个条目。这六类条目合计121张卡片，分属40个条目。

　　这两部分卡片有重复之处（“咸同间山东人民负担”、“林则徐销毁鸦片”、“鸦片战后太平起义前之社会”、“中俄伊犁条约”、“纹银外流”），也有不属于近代的部分（如“汉军”、“古代对少数民族的政策”、“勾军”、“蒙元的土地政策”），可能是由于授课的需要移动于此，“近代史讲义”经过合并、移出，最后留下111个条目。

　　从第二部分将近代史卡片分为政治、军事、经济、社会、宗教、外交六类来看，或许反映了郑先生对近代史按照性质进行专题教研的想法，不过现存的卡片数量不是太大，且各类不易清晰划分，我们未按照这六类排比卡片，而是依照近代历史的过程兼顾条目前后顺序排列。

　　郑先生的近代史基本体系。从“中国近代史提纲”来看，主要参考了范文澜等学者的论述,也参考了斯大林、基洛夫、日丹诺夫对于近代史（世界的）分期的意见。从现存卡片来看,郑先生重视两次鸦片战争、太平天国运动、义和团运动以及戊戌变法的讨论,不仅如此,还重视社会问题,不仅有"鸦片战后太平起义前之社会"的条目,还对咸丰、同治时期社会历史多有论述,如"咸同间山东人民负担"、"咸同间团练之抗粮"是篇幅较大的两个条目,均为摘录《清文宗实录》、《清穆宗实录》而成,后一条注意到"黑团"问题,提出"黑团为人民自建之武装,未经官庭承认不受团练大臣管理者,故曰'私立'。当时俗语称非正式者为黑。黑团亦有称为伪团者"。民变也是关心的重点,如辑有"咸丰间北方农民起义"条目,特别是对"小刀会与刘丽川"、"云南回民起义"这两条考察细致,前者由 23 张卡片构成,后者的卡片有 42 张之多,加上"刘丽川与西人"8 张卡片、"云南起义军官名"11 张,可见郑先生对这些问题的重视。郑先生对于边疆民族、中外关系也较为重视,如"中俄伊犁条约"系摘录《光绪东华续录》而成,用了 19 张卡片。

八、《明史》纂修与清代考据学及其它

清修《明史》是清朝历史的大事,郑先生对于这一问题有着精深研究,形成了系统的读书卡片,我们将之放入《郑天挺明史讲义》绪论部分的"明清史参考书"之"《明史》及明史源流"目下①,不过《郑天挺清史讲义》中还有涉及《明史》纂修的部分卡片,我们连同郑先生对于清代考据学的专题研究,再加上未归类的"其它"类,将这三个专题在此介绍。

"《明史》纂修"专题计有 20 条。

郑先生重视清修《明史》的活动,将其与清朝政治、党争问题联系起来考查,这一问题集中思考在 1964 年,当时郑先生承担了标点《明史》的工作,进一步思考《明史》纂修问题。康熙十八年清开特科博学鸿儒科,征天下学者,录取者用于纂修明史,郑先生考察纂修《明史》,亦重视这一问题,尤其关注其中的朱彝尊,留下了阅读朱彝尊文集《曝书亭集》等资料的卡片。"朱彝尊"条多有考证:依据陈廷敬《竹垞朱公墓志铭》指出:朱彝尊"应生于崇祯二年（1629）,举鸿博授翰林时（康熙十八年,1679）年五十一"。《清史列传·朱彝尊传》记载康熙二十二年朱彝尊入值南书房,而李光地《榕树语录续集》

---

① 孙卫国等整理:《郑天挺明史讲义》,第 30—80 页。

卷十五说:"朱锡鬯忽点讲官,东海(徐乾学)恐其至南书房踞其上,遂嗾人为上言其毫无所知,动不得笔,而人又轻躁,遂乃斥去。"郑先生指出,据此,朱似未入南书房,与本传异。但是《曝书亭集》十二有《元日南书房宴归,上复以肴果二席赐及家人恭纪》一首,卷十一有《二十日召入南书房供奉》者,则本传为确。于是指出:"李光地敌视徐乾学,以恶归之,似非是。"根据朱彝尊集中记载自己获谴、翰林院检讨庞氏改调,郑先生又指出:"当时党争殊烈,而竹垞深有所不满。"还根据集中赵执信寄朱竹垞诗与朱答诗,认为:"可以反映当时士夫之不安情况,亦可证党争之存在。"在考察朱彝尊生平的基础上,"朱彝尊冯福贞夫妇"条,列出朱氏的主要活动年谱。特别是1964年5月初,郑先生借阅武汉大学唐长孺教授藏朱彝尊与子孙的信札,其中朱彝尊十札,其子昆田六札,其孙桂孙一札摘录成"朱氏三代家信手卷"条目,有助于了解朱彝尊及其参与修《明史》事情。年底所作"清修《明史》"对清初纂修《明史》活动多有考察,如顺治二年五月清廷即命内三院大学士冯铨、洪承畴、李建泰、范文程、刚林、祁充格等纂修《明史》,然而多尔衮死后,顺治八年冯铨以多尔衮党勒令致仕,祁充格、刚林以多尔衮党论斩,范文程以多尔衮党革职留任。郑先生认为:"《明史》纂修中断即在此时。"并指出:"顺治帝推崇朱洪武,悲念明崇祯,修茸明诸陵,其于王承恩碑有'朕自践阼以来,斟酌前代之典章,每于有明用深嘉叹',则绝非不关心于明代史乘者。孟心史尝谈谷应泰《明史纪事本末》获谴事,亦一证。"根据顾炎武《亭林文集·答潘次耕书》记载:"辛亥之夏,孝感持柬相招,欲吾佐之修史。"郑先生指出:"辛亥为康熙十年,孝感为熊赐履,修史修《明史》。亭林先生尚有文记其事。此在博学鸿儒前。"又据《东华录》记载康熙十五年朝鲜国王李焞奏"今闻新命纂修《明史》"等语,指出:"可证《明史》仍在续修中。"还作有"熊赐履修《明史》"条,考察出:"王鸿绪、汤斌、徐乾学为《明史》总裁在康熙二十一年(汤斌年谱,《清史列传》八《汤传》,卷十《徐传》、《王传》),熊为监修,传未言年月,应在二十七年以后。"此外,郑先生还有多个条目论述纂修《明史》事,如"陈之遴修史诗"、"修史与实录不同"、"明末邸报"、"《明史提纲》"、"明国史《孝宗大纪》与《河渠志》 本朝国史"、"潘耒"、"博学鸿儒授官经过"、"康熙博学鸿儒科亦称博学鸿词"、"熊赐履召顾亭林修史"、"万斯同《明史稿》"等条目。

考据学在清代全盛,形成了清儒的治学特色,郑先生对于清代考据学有全面系统的考察。"清代考据学"的专题卡片由两大部分构成:一是1950年代的 15 个条目,二是 1960 年代主要是 1964 年的 45 条。

1950 年代胡适思想受到批判,因胡适高度评价清代考据是符合科学、客观的治学方法,考据方法也被批判,郑先生加强了对清代考据学的研究。早在 1950 年,郑先生就有"清代考据学派的方法"卡片,1954 年作有"清代亲王与文人"条目。1959 年所作的卡片"清代汉学"、"清代汉学宗派参考书"、"清初徐乾学等在学术上的党派",反映出郑先生对于清代汉学的重视。"清代汉学"条是读李元度《国朝先正事略》卷二十七至三十六列出的有关学者:顾炎武、黄宗羲、阎若璩、万斯同、马骕、焦循、王鸣盛、钱大昕、戴震、崔述、段玉裁、王念孙以及邵晋涵等。还录出该书"凡例"划分的清朝两派经学家:宗汉与宗宋程朱的学者。此外,尚有条目:"明末清初诸儒"、"清代著名技艺家"、"清代思想家"、"清代学问家"、"清代的所谓朴学和它们的方法"、"颜李学派"、"戴震思想"、"世宗高宗之文教提倡"、"道光时士夫风气之改变",清代的汉学又称朴学,"清代的所谓朴学和它们的方法"一条,首先提出问题:"明末由于国内的腐败和国外的压迫,出现之明末清初的'经世致用'的以黄梨洲、顾亭林为首的学术思想,为什么到了清中叶反而脱离了政治?"接着就朴学的来源、名称、内容、方法介绍,提纲挈领,概括了清代朴学。

1960 年代初学术界日益重视研究乾嘉史学与考据学,[1]1964 年郑先生开设"清代考据学"的专题课。作于 1964 年 6 月 13 日的讲授大纲保留下来,完备而详细,讨论清代考据学派的形成和发展、治学态度和方法、成就和批判三大部分,列有参考书目。大纲提出了一些重要观点,如:"对于考据学派是由文字狱威胁下养成的看法,不完全正确,不够全面。"这一专题下的 45 条,写于 93 张卡片。郑先生依据《清史列传》顾炎武、黄宗羲、钱澄之、江永、沈彤、余廷灿、诸锦、万斯大、胡匡衷、王鸣盛、钱大昭、顾谈、李颙、全祖望、陈厚耀、惠周惕、阎若璩、钱大昕、宗稷辰、顾栋高、惠士奇、汪由敦等学者的传记,探讨了清代考据学派的方法与态度、清代的汉学、清代调停朱陆的学者、清代的古学等,又依据顾炎武的文集等重点考察其治学主张,有"治学从句读始"、"博而不矜"、"触类而通"、"亭林论博学"、"亭林论经世"、"穷经"、"顾亭林论时学"、"改经之病"、"实学"、"文字要有来历"诸条目。"亭林论

---

① 特别是上海的《学术月刊》1964 年第 5 期发表一组文章讨论清代的乾嘉考据学:罗思鼎《论乾嘉考据学派及其影响》、刘益安《论章学诚对乾嘉考据学的批判》、尤置《关于乾嘉学派的评价》。

博学"作案语："不专读古籍，而要多出游多交友。读书只能得十之五六。"依据《日知录》作"汉学家方法"，强调重证据与阙疑等。又据方东树《汉学商兑》探讨考据家，条目有"清代考据家重《说文》"、"考据家与训诂名物"、"汉学家的考证"、"考据家尊东汉"、"考据家驳杂不切实际"、"清代汉学家论宋学"。郑先生也从考据派学者文集中探讨其治学特色，如读钱大昕《廿二史考异》，作"汉学家从文字入手"、"汉学家要证据"、"清汉学家治学之弊"等条，郑先生批评钱大昕的《考异》有繁琐、武断之嫌。又引江藩《汉学师承记》，作"江藩论清经学吴皖两派"，认为："江氏始为此说，而未明言两派，后人虽力辨吴皖为两派，其实不然。两派著书立说，教益后进，无显著差异，一也。两派弟子相互学习，无入主出奴之病，二也。""汪中论清代汉学家"、"阮元论尊汉学"、"清代考据之始"诸条也是依据《汉学师承记》所作。

　　其它类是单独或散在专题中的卡片，计有 38 条。这其中，1956 年 5、6 月所作较多，主要是阅读《辽海丛书》辽东地方志和笔记的摘录，如"清初命旗丁修路"、"康熙初的辽阳"、"康熙初之铁岭"、"《全辽志》"、"清初宁古塔粮价地价"、"八旗王公宗室按旗采参珠"、"人参价"、"清初按定旗围猎"诸条即是，反映出对于辽东与清初历史的关注。有意思的是"内阁大库藏书"条，记载书商推销名家缪荃孙保存书札未买而摘录的经过，卡片开头的案语说："《刘树屏致缪小山书》，《缪小山黏存师友书札》六册，鼎古斋书贾送来，索价六十万元，不能留藏，姑抄此函。1951. 1. 28"文末是对该信的考证，颇见郑先生的学术功力。

　　郑先生购书引发的研究还有故事。《熙朝新语》一书，郑先生 1956 年夏得之沈阳，该书署名余金，字德水，歙人。书前有嘉庆戊寅（二十三年，1818）吴郡翁子敬、履庄氏序，序称该书系 1815 年所得稿本，但有 1816 年事，加之余氏既为歙人而所记多苏州事，于长洲蒋氏近事尤多。郑先生"疑其书即翁氏所自辑，而记名余德水（鱼得水）；否则亦卷末有翁氏补辑者也"。又因书有"君山"朱文印，"考古书房珍藏"朱文印，以及日本纪年，郑先生认定此书曾为日本人所藏。并疑"君山"者或许是日本著名清史学者稻叶君山。

九、结语

　　综上所述，《郑天挺清史讲义》是一部继孟森《清史讲义》之后具有很高学术价值的清史著述，集教材、资料与研究于一身，是学习清史以及清史教学与研究的重要参考文献。

《郑天挺清史讲义》建立了马克思主义史学的清史体系,反映了20世纪清史研究的学术变迁。民国时期的郑天挺继承乾嘉学风,在孟森清史研究的基础上展开自己的教研活动,早期的清史教研不为清朝遗老与激烈革命史观的立场所左右,追求客观、科学的清史学,为未来纂修传世的清史之正史从事学术活动,进行学术积累。抗战爆发后,郑先生的清史教研又发挥了抵制日本为侵华服务的清史论调的作用,体现出爱国主义的情怀。新中国成立后,郑天挺接受了马克思主义史学,在明清史的历史分期、土地所有制形式、农民战争、资本主义萌芽等热点问题上,均有深入研究,从而建立起马克思主义史观下的清史学体系。关于教材问题,郑先生参加了1953年9月的综合大学会议、1954年7月的文科教学研究座谈会、1956年6月的教材会议。1961年3月初郑先生又参加了教育部的文科教材工作,任历史组副组长(组长是翦伯赞,副组长还有尹达、周一良),①郑先生主编了《中国通史参考资料》第八册《封建社会七——清(清鸦片战争前)》(中华书局1966年版)体现了他对于清史的整体结构性认识,实际上1950—1960年代涉及清史的教学大纲、教材,很大程度上吸收了郑先生的有关看法,即来源于郑先生的马克思主义清史学,郑先生新的清史体系一直影响至今。

《郑天挺清史讲义》体系全面系统,内容充实丰富。纵向来看,郑先生的清史教研囊括清入关前、清前期、清后期三大时段,他既开设清史课,也开设中国近代史,从清入关前到清亡,均有研究,可谓清全史;横向来看,郑先生的清史教研包括清代政治、军事、经济、社会、民族、思想文化、中外关系各个方面,属于清通史。郑先生的这部讲义纵横交织、点面结合,有史有论,难能可贵。

《郑天挺清史讲义》提出一系列重要的学术观点,对于清史教研具有指导意义。除了史学界较熟悉的明清时期处于封建社会晚期、清入关前社会由原始社会末期跨入封建社会、清代土地所有制属于地主阶级的土地所有制性质、明清制墨业生产的变化等等之外,郑先生有关清代满汉关系的"文化调融"的观点极具现实意义,对于认识清代统一多民族国家的形成问题有着不可低估的学术价值。郑先生倡导康熙、雍正的研究,极具启发性。民国时期郑先生就已强调雍正朝历史的重要性,关注雍正改制,共和国时期不仅

---

① 《郑天挺自传》,第401页。

继续研究雍正改革问题,又对于康熙朝历史给予全面探讨。

　　《郑天挺清史讲义》中的学术札记,显示出高超的考证学技艺。我国学术界公认郑先生是考证学的大师,技艺炉火纯青。郑先生的《发羌之地望与对音》、《关于徐一夔与〈织工对〉》均是小考证解决大问题的典范,前者得出发羌即西藏人自称 Bod 对音的结论,后者证明《织工对》叙述的是元末杭州丝织业织工。在清史领域,郑先生早年的《多尔衮称皇父之臆测》、《杭世骏〈三国志补注〉与赵一清〈三国志注补〉》、《〈张文襄书翰墨宝〉跋》均是利用考证解决疑难问题的力作。而郑先生的这部讲义中,在"史料批判"的学术思想指导下,探微索隐、决疑辩难的考证随处可见,精彩之处,美不胜收。

2018 年 6 月 6 日星期三完稿